PATRÍCIA RAMOS BRAICK
Mestre em História das Sociedades Ibero-Americanas e Brasileira pela PUC-RS
Professora do Ensino Médio em Belo Horizonte, MG

MYRIAM BECHO MOTA
Doutoranda em História e Culturas Políticas pela UFMG
Professora do Ensino Médio e Superior em Itabira, MG

HISTÓRIA

DAS CAVERNAS AO TERCEIRO MILÊNIO

Volume único

3ª edição

MODERNA

MODERNA

Coordenação editorial: Maria Raquel Apolinário
Edição e preparação de texto: Wanderley Loconte, Nubia Andrade e Silva, Eloísa Aragão Maués, Maria Selma de V. Cavalcanti, Ricardo Van Acker
Coordenação de *design* e projetos visuais: Sandra Botelho de Carvalho Homma
***Designer*:** Everson de Paula
Projeto gráfico (miolo e capa): Marcia Signorini
Fotos da capa: marca na rua que relembra o antigo Muro de Berlim, Thierry Tronnel/Corbis-LatinStock; pintura rupestre localizada no México, Charles O'Rear/Corbis-LatinStock
Coordenação de produção gráfica: André Monteiro, Maria de Lourdes Rodrigues
Coordenação de revisão: Estevam Vieira Lédo Júnior
Revisão: São Sebastião Serviços Editoriais
Edição de arte: Renata Susana Rechberger
Cartografia: Alessandro Passos da Costa, Anderson de Andrade Pimentel
Editoração eletrônica: ON PAGE Comunicação
Coordenação de pesquisa iconográfica: Ana Lucia Soares
Pesquisa iconográfica: Maiti Salla, Odete Ernestina Pereira e Thaisi Lima
As imagens identificadas com a sigla CID foram fornecidas pelo Centro de Informação e Documentação da Editora Moderna.
Coordenação de tratamento de imagens: Américo Jesus
Tratamento de imagens: Rubens Mendes Rodrigues
Saída de filmes: Helio P. de Souza Filho, Marcio Hideyuki Kamoto
Coordenação de produção industrial: Wilson Aparecido Troque
Impressão e acabamento: Prol Editora Gráfica

Dados Internacionais de Catalogação na Publicação (CIP)
(Câmara Brasileira do Livro, SP, Brasil)

Braick, Patrícia Ramos.
História : das cavernas ao terceiro milênio, volume único / Patrícia Ramos Braick, Myriam Becho Mota. — 3. ed. reform. e atual. — São Paulo : Moderna, 2007.

Bibliografia.

1. História I. Mota, Myriam Becho. II. Título.

07-4277 CDD-907

Índice para catálogo sistemático:
1. História: Ensino médio 907

ISBN (LA) = 978-85-16-05663-6
ISBN (LP) = 978-85-16-05664-3

EDITORA MODERNA LTDA.
Rua Padre Adelino, 758 - Belenzinho
São Paulo - SP - Brasil - CEP 03303-904
Vendas e Atendimento: Tel. (0_ _11) 2790-1500
Fax (0_ _11) 2790-1501
www.moderna.com.br
2014
Impresso no Brasil

1 3 5 7 9 10 8 6 4 2 R.O.

APRESENTAÇÃO

"A educação é o ponto em que decidimos se amamos o nosso mundo o bastante para assumirmos a responsabilidade por ele e, com tal gesto, salvá-lo da ruína que seria inevitável nao fosse a renovação e vinda dos novos e dos jovens. A educação é, também, onde decidimos se amamos nossas crianças o bastante para não expulsá-las de nosso mundo e abandoná-las a seus próprios recursos, e tampouco arrancar de suas mãos a oportunidade de empreender alguma coisa nova e imprevista para nós."

ARENDT, Hannah. *Entre o passado e o futuro*. São Paulo: Perspectiva, 1972.

A tarefa de construir um saber histórico voltado para a vida, para os problemas contemporâneos, que possibilite explicar as bases materiais sobre as quais se assenta a nossa civilizaçao e reconhecer os rumos para onde elas estão nos conduzindo é um dos grandes objetivos desta obra.

Faz parte da tarefa do educador auxiliar o aluno a reconhecer a relação dinâmica que une o passado, o presente e o futuro. O jovem deve perceber que não se pode compreender o presente sem conhecer o passado nem conhecer o passado ignorando o presente. É justamente essa riqueza de possibilidades que torna a história um campo de estudo tão fascinante.

Esta 3ª edição da obra *História: das cavernas ao terceiro milênio*, volume único, apresenta uma metodologia que transforma a aprendizagem num saber significativo, amparada em referenciais conhecidos e contemporâneos e, por isso mesmo, dotada de sentido e interesse.

A tarefa de enfocar o saber histórico como uma relação dinâmica entre passado-presente--futuro concretiza-se particularmente nas *Aberturas de capítulos*, nas leituras e questões dos *Textos complementares* e nas atividades da seção *A história e o tempo presente*.

A variedade de documentos, incluindo os que surgiram da revolução da informática, os textos e as atividades propostas no livro permitem a inserção de novos objetos históricos, entre os quais as relações do homem com a natureza, a história das doenças e epidemias, das relações com o próprio corpo, dos excluídos (mulheres, crianças, prisioneiros, doentes mentais, camponeses, negros, entre outros).

Neste novo trabalho esperamos transmitir a ideia de que a história, resultante de diversas influências e ações, pertence a todos os atores sociais e que sua interpretação, embora finita, é aberta. Procuramos contemplar os diferentes discursos, vozes e ações, tratados como expressão das tensões históricas.

Construir o conhecimento histórico dessa forma é buscar caminhos possíveis para transformar a relação entre ensino e aprendizagem e criar estratégias que contribuam para formar uma prática social humanizada e cidadã.

As autoras

SUMÁRIO

INTRODUÇÃO O fazer história

UNIDADE 1 Dos primeiros humanos ao legado cultural do helenismo

UNIDADE 2 A construção dos sentidos

SUMÁRIO

O fazer história

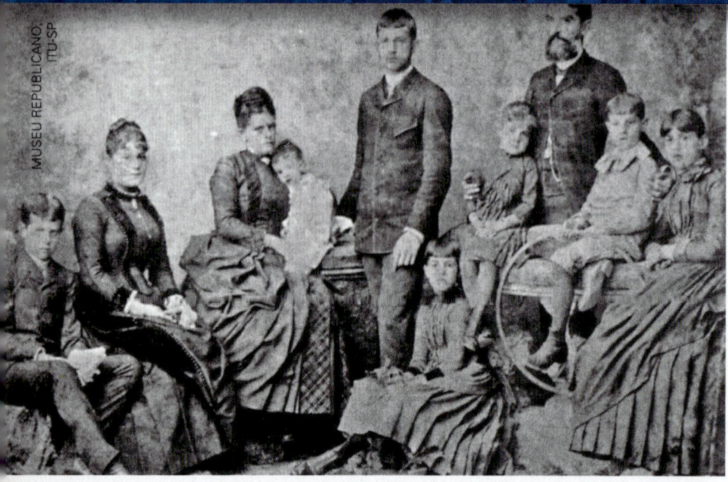
MUSEU REPUBLICANO, ITU-SP

Foto do século XIX da família de Prudente de Morais, presidente do Brasil entre 1894 e 1898.

ALEX SALIM

São Pedro, escultura em madeira policromada feita pelo artista brasileiro Aleijadinho, final do século XVIII.

COLEÇÃO PARTICULAR

Charge ironizando o governo Hermes da Fonseca, que se viu obrigado a assinar a anistia aos participantes da Revolta da Chibata, no início do seu governo, em 1910.

INTRODUÇÃO

► A fotografia, a gravura e a escultura ao lado são consideradas fontes históricas. O que você entende por isso?

► As fontes históricas podem ser classificadas de várias maneiras. Qual é o tipo de fonte de cada um dos objetos representados? Que informações as fontes podem fornecer? Quais os cuidados que devemos ter ao analisar um documento histórico?

► O texto do historiador francês Marc Bloch traz uma característica muito importante da ciência histórica. Qual é essa característica?

O sentido da história

"A palavra história é uma palavra antiquíssima. [...] Seguramente, desde que surgiu, já há mais de dois milênios, nos lábios dos homens, ela mudou muito de conteúdo. [...] Mesmo permanecendo pacificamente fiel a seu glorioso nome helênico, nossa história não será absolutamente, por isso, aquela que escrevia Hecateu[1] de Mileto; assim como a física de lord Kelvin ou Langevin[2] não é a de Aristóteles. [...]"

BLOCH, Marc. *Apologia da história, ou o ofício de historiador*. Rio de Janeiro: Jorge Zahar, 2002.

[1] Hecateu de Mileto (cerca de 546 a 480 a.C.) foi historiador e geógrafo grego, nascido na cidade de Mileto, na atual Grécia.

[2] Lord Kelvin, inglês, e Paul Langevin, francês, eram físicos.

Capítulo 1

A construção da história

Patrimônio da humanidade

EDMAR MELO/AG. A TARDE

O samba de roda do Recôncavo Baiano foi declarado, no dia 25 de novembro de 2005, patrimônio da humanidade pela Unesco, o órgão da ONU para Educação, Ciência e Cultura. O samba foi eleito na categoria Patrimônio Oral e Imaterial da Humanidade. Na foto, apresentação do grupo de samba de roda de Cairu, durante a segunda edição do Projeto Brincantes, em Paulo Afonso, Bahia (2005).

WAGNER SANTOS/KINO

Santuário do Bom Jesus do Matosinhos, em cujo adro estão as esculturas em pedra-sabão dos 12 profetas, de Aleijadinho. Congonhas do Campo, Minas Gerais.

As imagens que você vê ao lado são exemplos de importantes manifestações da cultura brasileira. Recentemente, a Unesco reconheceu o samba de roda do Recôncavo Baiano como patrimônio da humanidade. O título é uma forma de valorizar e proteger a produção cultural imaterial dos países.

No Brasil, a Unesco atua na área do patrimônio cultural em parceria com outras autoridades nacionais. O programa *Monumenta*, do qual faz parte a cidade de Congonhas do Campo, em Minas Gerais, tem o objetivo de preservar e revitalizar o rico patrimônio material brasileiro. O patrimônio cultural de uma região, estado ou país é de fundamental importância para a história e para a memória de seu povo.

O patrimônio cultural de um povo é um documento histórico. A reavaliação do conceito do que é documento ou fonte histórica e que deve ser preservado para a posteridade ocorreu no século XX. Não só os registros oficiais mereciam o título de documento histórico, mas toda a produção humana, como objetos, monumentos, moradias, instrumentos de trabalho, pinturas, poesias, músicas, lendas, relatos orais, além de diferentes registros escritos. Antes disso, considerava-se fonte histórica apenas os documentos oficiais, emitidos pelos órgãos públicos, como certidões de nascimento, atas e editais.

Nesse sentido, a noção do que é um documento histórico foi substancialmente alterada, como você pôde verificar na iniciativa de premiar o samba de roda baiano.

▶ O que é história?

História é um vocábulo de origem grega que significa "conhecimento por meio de uma indagação". Ele deriva de hístor: "sábio" ou "conhecedor". São muitas as definições que se fizeram dessa ciência. O historiador francês Marc Bloch definiu a história como a ciência dos homens no transcurso do tempo; o francês Lucien Febvre, também historiador, destacou que a história é o processo de mudança contínua da sociedade humana.

JOÃO CALDAS/ OLHAR IMAGEM

Objetos, como esta cerâmica marajoara, do Pará, também são documentos históricos.

E o que dizem os pensadores brasileiros? Para Aurélio Buarque de Holanda Ferreira, escritor e lexicógrafo, história é a "narração metódica dos fatos notáveis ocorridos na vida dos povos, em particular, e na vida da humanidade, em geral". Já para o historiador e sociólogo Sérgio Buarque de Holanda, a história "é o estudo do que os homens do passado fizeram, da maneira pela qual viviam, das ideias que tinham".

De acordo com os conceitos citados, podemos concluir que a história é o estudo que os pesquisadores fazem dos homens do passado, mostrando como viviam e o que realizaram os povos que nos precederam. É importante deixar claro que história não é a soma dos acontecimentos do passado, mas o resultado das várias pesquisas feitas sobre esse passado. Em outras palavras, o esforço intelectual para compreender e explicar como era a vida em outros tempos.

Existem muitas outras definições de história e diversos modos de conceituá-la. No decurso da obra teremos a oportunidade de ver várias interpretações em ação.

▶ As fontes históricas

O trabalho do historiador consiste em interpretar os fatos históricos ou as experiências humanas, por meio da análise de registros que foram deixados por uma sociedade em um determinado tempo e local. Graças a esse procedimento, ele se torna capaz de compreender e interpretar a história.

Para investigar, explicar e compreender os fatos históricos, o historiador necessita estudar documentos ou fontes históricas, ou seja, os registros, vestígios ou marcas da presença dos homens que viveram no passado.

O que chamamos de documento ou fonte histórica não é necessariamente produzido pelos indivíduos com o objetivo de deixar testemunhos para aqueles que viverão no futuro. São os pesquisadores, ao estudarem um determinado documento ou fonte histórica, que atribuem um sentido a esses documentos. Cada pesquisador ou grupo de estudiosos elege, baseado em estudos, experiência pessoal e objetivo de trabalho, um conjunto de critérios científicos para definir a relevância do material histórico que tem em mãos.

FOTOS: RANGEL ESTÚDIO/CID

Os documentos são a principal matéria-prima para o trabalho dos historiadores.

Existem diferentes tipos de documentos históricos: escritos, orais, sonoros, visuais e os que compõem a chamada cultura material. Sendo assim, podem ser encontrados em forma de documentos oficiais (leis, contratos, registros contábeis, registros de cartórios) ou particulares (de empresas ou pessoais), publicações científicas, imprensa (livros, revistas e jornais), letras de música, inscrições em monumentos, dados estatísticos, pinturas, esculturas, construções, filmes, vídeos, fotografias, discos, roupas, chapéus, calçados, utensílios domésticos, joias, moedas, enfim, qualquer objeto criado pelo homem e que seja capaz de transmitir ou conservar uma informação. Os documentos ou **fontes orais** são as entrevistas, os relatos, os "causos", os contos, as lendas, os mitos, as fábulas, entre outras manifestações verbais.

A ausência da escrita no período denominado Pré-história dificulta os estudos sobre a organização social dos povos que viveram naquele tempo. A **arqueologia** busca informações nos vestígios materiais, como armamentos, restos de alimentos e peças de cerâmica.

Arqueologia

(do grego *arque*, velho): ciência que estuda a vida e a cultura dos povos antigos, principalmente pela interpretação de restos materiais encontrados.

O aparecimento da grafia mudou radicalmente a forma como podemos analisar o passado. Documentos escritos, mesmo quando parecem sem importância, como uma lista de gastos com a manutenção de um engenho de açúcar do período colonial brasileiro, nos fornecem valiosas informações como o tipo de alimentação, as possíveis causas de doenças da época, entre outras características. Quando articulados com outras fontes, documentos desse tipo ajudam a montar um panorama mais completo da época estudada.

Grande parte das fontes históricas materiais é encontrada em instituições públicas ou privadas, tais como museus, arquivos, universidades, igrejas, galerias de arte e outros espaços. Esse conjunto de fontes materiais é denominado **patrimônio histórico** e **cultural** de um povo.

No Brasil, órgãos federais, estaduais e municipais são responsáveis pelo **tombamento** e conservação do patrimônio histórico e artístico do país. Entre eles destacam-se o Instituto do Patrimônio Histórico e Artístico Nacional (Iphan), órgão federal, os Institutos Estaduais e os Conselhos Municipais, que podem ser de natureza deliberativa ou consultiva.

A preservação do patrimônio histórico e artístico do Brasil vem recebendo recursos da iniciativa privada, uma vez que as verbas públicas têm sido escassas para investimentos nessa área.

▶ Lidando com o tempo

Ao trabalhar com as fontes históricas, o historiador lida também com o tempo. E isso é mais complexo do que parece à primeira vista. Você já deve ter escutado expressões como: *estou sem tempo, perdi a hora, o tempo passou e nem percebi*. Praticamente, todas as nossas ações cotidianas estão relacionadas ao tempo. Medir o tempo tornou-se uma necessidade para muitas pessoas. Os documentos históricos nos mostram que cada sociedade encontrou uma maneira diferente de contar o tempo, de acordo com o seu modo de vida.

Tombamento

Iniciativa de colocar sob a guarda do poder público, para conservar e proteger, os bens (materiais ou não) importantes como produto e testemunho de tradição artística e/ou histórica de um povo ou de uma região. São exemplos de bens culturais: construções, obras literárias, músicas, festas folclóricas e muitos outros.

FLAVYA MUTRAN/FOLHA IMAGEM

O complexo do Ver-o-Peso, situado na cidade de Belém, no estado do Pará, reúne uma série de construções, entre elas o Mercado de Ferro, o Mercado da Carne, a Praça do Relógio, a Feira do Açaí, a Ladeira do Castelo e o Solar da Beira. Todo o conjunto arquitetônico e paisagístico do Ver-o-Peso foi tombado em 1977 pelo Iphan. Foto de 2002.

O senso comum tende a considerar o tempo como algo fluido que avança implacavelmente para o futuro, um ambiente dentro do qual os fatos se sucedem. Em outras palavras, o contínuo passado — presente — futuro. Mas as coisas não são bem assim. De um lado porque, como você vai verificar, o tempo histórico nem sempre corresponde ao tempo cronológico. De outro lado, devido à própria dificuldade em definir o tempo de maneira satisfatória. No século V, Santo Agostinho resumiu sua dificuldade para estabelecer um conceito de tempo com a seguinte questão: "O que é, então, o tempo? Enquanto não me perguntam, eu sei; se me perguntam e quero explicar, não sei".

▷ O tempo cronológico e os calendários

Os primeiros povos marcavam o tempo seguindo os ciclos naturais, como a alternância entre o dia e a noite, as diferentes fases da lua, o movimento das águas (rios e mares), a posição dos astros e das estrelas no céu e a posição do sol. A observação contínua fez com que eles começassem a marcar as horas, os dias, as melhores épocas para a semeadura, a colheita e para as orações entre outros. Apesar das diferenças entre os diversos calendários do Ocidente e do Oriente, a maior parte dos povos considerou os ciclos dos astros para determinar e medir o tempo.

Ao longo da história, o ser humano encontrou diferentes maneiras de registrar e medir o tempo, dando origem aos calendários. Os calendários são convenções, ou seja, as sociedades em diferentes épocas utilizaram critérios próprios para marcar o tempo, o dia, o mês e o ano.

O texto a seguir ilustra a dificuldade de estabelecer uma medida universal para o tempo. Leia-o com atenção.

Mitos sobre a origem da vida

"Em todas as épocas e lugares, os homens sempre buscaram uma explicação para a 'origem do mundo'. E, por isso mesmo, sempre tiveram muito medo de que um dia ele acabasse! Na *Bíblia*, por exemplo, está escrito que Deus criou o mundo em apenas seis dias e descansou no sétimo, e no último livro do Novo Testamento lemos profecias terríveis sobre o destino da humanidade, como aquela que nos diz que o mundo pode terminar em um grande incêndio (o 'apocalipse'). Os maias, no entanto, acreditavam que o mundo já havia sido criado, destruído e recriado várias vezes. E eles não viam nisso o 'fim dos tempos', pois haviam elaborado um calendário baseado na ideia de ciclos da natureza e da história [...] os deuses bons e maus é que comandavam os ciclos de criação e destruição do mundo. Você pode concluir, então, que os calendários sempre foram um instrumento muito importante para que as religiões de diferentes povos fixassem a 'origem do mundo' e o 'começo dos tempos'. Com isso, procurava-se explicar a história daquele povo sobre a Terra."

TURAZZI, Maria Inez e GABRIEL, Carmem. *Tempo e história*. São Paulo: Moderna, 2000.

ED VIGGIANI/SAMBAPHOTO

Relógio de sol em Congonhas do Campo, Minas Gerais, que utiliza o mesmo princípio dos antigos relógios egípcios.

A ampulheta, a lamparina graduada e a vela-relógio são alguns exemplos dos vários modos que o homem encontrou para contar o tempo e tentar controlá-lo.

Como você pôde perceber, estabelecer uma medida universal para o tempo não foi uma tarefa simples, mesmo porque a contagem do tempo não foi e nem é igual para todas as sociedades. Isso significa que existiam e existem calendários diferentes, que variam de acordo com a crença, a cultura e os costumes de cada povo.

Muitos grupos indígenas brasileiros associam os meses do ano a fenômenos da natureza, como as diferentes atividades agrícolas e o ciclo de reprodução dos animais.

Os cristãos datam a história da humanidade tendo como referência o nascimento de Cristo, ou seja, o ano de 2007 representa o número de anos que se passaram desde o nascimento de Jesus. No mundo ocidental, quando se estuda algum fato histórico, é comum utilizar as siglas **a.C.** e **d.C.**, que significam respectivamente **antes de Cristo** e **depois de Cristo**.

Os muçulmanos datam a história da sua civilização a partir da **Hégira**, evento que marca a fuga do profeta Maomé da cidade árabe de Meca para Medina (também localizada na Arábia), no ano de 622 d.C. Maomé é o fundador da religião islâmica.

Já os judeus datam a história a partir da **Criação** descrita na *Bíblia*, que teria ocorrido numa data equivalente a 7 de outubro de 3760 a.C., ao pôr-do-sol. É por isso que, pelo calendário judaico, os dias começam ao anoitecer. Observe o exemplo que se segue:

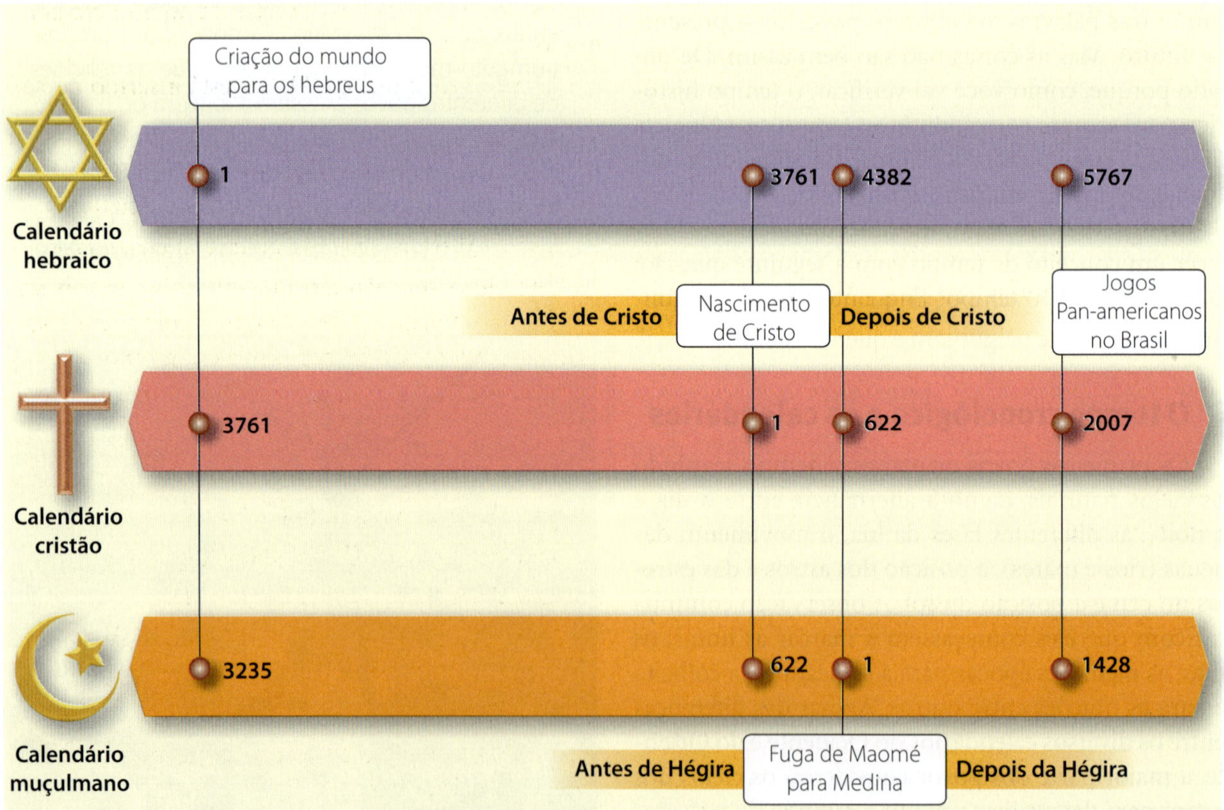

Observe a correspondência das datas nos calendários hebraico, cristão e muçulmano. Trata-se de uma correspondência aproximada, pois o calendário cristão baseia-se no ano solar (365 dias), o muçulmano no ano lunar (354 ou 355 dias) e o hebraico altera anos lunares com anos de 383, 384 ou 385 dias.

O calendário judaico

"No calendário civil, o dia começa à meia-noite e vinte e quatro horas se contam a partir daí. Já no calendário judaico, o dia começa e termina ao pôr-do-sol. No calendário judaico, uma pessoa nascida às nove horas da noite de quinta-feira, dia 1º de janeiro de 1981, é considerada como se tivesse nascido na sexta-feira, 26 de Tevet de 5741, que corresponde a 2 de janeiro de 1981. [...]"

KOLATCH, Alfred J. *Livro judaico dos porquês.* São Paulo: Sêfer, 1997.

Em suas pesquisas, muitas vezes os historiadores precisam utilizar medidas de tempo tais como: o século, o ano, o mês, o dia e, até mesmo, a hora em que determinado fato ocorreu.

Milênio: período de 1.000 anos.
Século: período de 100 anos.
Quartel: período de 25 anos.
Década: período de 10 anos.
Quinquênio: período de 5 anos.
Biênio: período de 2 anos (por isso falamos em bienal).

A datação dos fatos da história humana permite ao historiador organizá-los em ordem cronológica. Muitos desses acontecimentos recebem uma atenção especial dos historiadores por entenderem que são **marcos** na história de um povo, ou seja, assinalam importantes mudanças na vida daquela sociedade. O tempo que transcorre entre um marco e outro, que sinalizam o fim ou o início de um novo modo de vida, é chamado de **período.** Chamamos de **era** o tempo que é contado depois de algum marco considerado memorável. Por exemplo, no Ocidente vivemos na era cristã, que tem como marco fundamental o nascimento de Jesus Cristo.

Historiadores europeus estabeleceram uma periodização da história que tem como marco inicial a invenção da escrita, que teria ocorrido por volta de 4000 a.C. Tudo o que ocorreu antes dessa data, segundo a divisão europeia clássica, faz parte da **Pré-história**. Os marcos iniciais de cada período dessa divisão são eventos que esses historiadores consideram fundamentais na organização de um novo modo de vida, característico de um período histórico. Dessa forma,

ORONOZ

A Revolução Francesa é o marco histórico que divide a Idade Moderna da Idade Contemporânea. Óleo sobre tela, século XVIII, de autor desconhecido, representando a Tomada da Bastilha em 14 de julho de 1789.

a Revolução Francesa teria sido um marco decisivo para o início da **Idade Contemporânea** (veja a foto).

▷ O cálculo do tempo

Quando você considera uma data qualquer, pode identificar a que século ela pertence por meio de operações matemáticas simples.

Se a data que você estiver examinando terminar em dois zeros, o século corresponde ao(s) primeiro(s) algarismo(s) que está(ão) à esquerda do número analisado. Observe:

Ano 200 a.C.: o ano 200 a.C. está inserido no século II a.C.

Ano 400: o ano 400 está inserido no século IV.

Ano 1600: o ano 1600 está inserido no século XVI.

Ano 2000: o ano 2000 está inserido no século XX.

Quando o ano não termina em dois zeros, basta eliminar a unidade e a dezena que o compõem e somar 1 ao restante do número. Veja o exemplo:

Ano 450 a.C.: século V a.C. (4 + 1 = 5)
Ano 324: século IV (3 + 1 = 4)
Ano 80: século I (0 + 1 = 1)
Ano 1830: século XIX (18 + 1 = 19)
Ano 1998: século XX (19 + 1= 20)
Ano 2005: século XXI (20 + 1 = 21)

Se o fato ocorreu após o nascimento de Cristo, subtraia do ano corrente o ano em que o fato aconteceu. Veja o exemplo:

Em 2007, quantos anos se completaram desde a independência política do Brasil?

2007 – 1822 = 185

Portanto, no ano de 2007 completaram-se 185 anos desde a independência do Brasil.

Se o fato aconteceu antes do nascimento de Cristo, somam-se as duas datas. Observe o exemplo:

Em 539 a.C., o Segundo Império Babilônico foi conquistado pelos persas. Quantos anos se passaram desde a conquista desse império?

539 + 2007 = 2.546

Portanto, faz 2.546 anos que o Segundo Império Babilônico foi conquistado pelos persas.

Essas regras são fundamentais para o estudo e a compreensão da história, pois essa ciência precisa lidar com o tempo e o espaço.

Tempo histórico, tradição e mentalidade

Até agora, analisamos as distintas formas de como o ser humano conta o tempo e como essa contagem se relaciona com o modo de vida de cada povo. Porém, o tempo é muito mais do que as horas marcadas por um relógio, ou os dias de um calendário, ou os anos de um século; é também tradição, mentalidade e ritmo.

Na sociedade ocidental, por exemplo, há vários rituais como o Carnaval e a Páscoa (judaica e cristã), entre inúmeros outros, que são celebrados hoje em dia e têm centenas de anos de existência. A esses rituais damos o nome de **tradição**, ou seja, uma reminiscência do passado que chegou até nós pela transmissão cultural dos mais velhos, pelas crenças religiosas, pelos ideais de um grupo, entre outros. A tradição é a memória viva de um evento passado que, por sua importância na vida das pessoas, é perpetuado de geração em geração. É um costume, uma recordação que não pode ser esquecida.

Não só a tradição marca o tempo passado, as gerações também o marcam. Em qualquer sociedade, há uma gradação populacional que vai dos recém-nascidos aos mais velhos, formando as gerações. Cada geração possui a sua própria **mentalidade**, ou seja, o seu modo de ver e dar significado à vida. Por isso, numa sociedade, assim como em uma família, podemos ter um confronto entre mentalidades ou conflito de gerações. Da mesma forma, podemos ter sobrevivências, na nossa época, de hábitos e ritmos que pertencem a uma outra época e modo de vida, ou seja, em uma mesma época podem coexistir diferentes **tempos históricos**. Por exemplo, muitos dos pescadores jangadeiros do Nordeste do Brasil usam técnicas de pesca da época colonial e mantêm praticamente o mesmo ritmo e horários de trabalho daquele período, embora incorporados ao mercado capitalista.

Leia o boxe a seguir para aprender um pouco sobre o modo de vida dos Tuareg. Eles vivem no Deserto do Saara, na África, e preservam muitas características da vida dos seus antepassados.

PEDRO SERÁPIO/GAZETA DO POVO-FUTURA PRESS

AGLIBERTO LIMA/AE

Em um mesmo tempo cronológico, podemos observar diferentes modos de vida. Na foto ao lado, alunos de escola pública em Curitiba, Paraná, usam o caderno digital, uma nova tecnologia criada para melhorar o desempenho escolar (2002). Já na foto de cima, crianças estudam em uma escola improvisada em acampamento do MST (Movimento dos Trabalhadores Rurais Sem-Terra), na rodovia MS-164, ao lado da Fazenda Itamaraty, em 2003.

Os Tuareg

"Esse nome evoca fantásticas imagens de maravilhosos cenários no deserto do Saara. Imagens de intermináveis e vagarosas caravanas de camelos entre dunas de areia avermelhada. De fogosos esquadrões de cavalos montados por bandidos com turbantes de um azul inconfundível. De esbeltas figuras femininas com seus belos rostos emoldurados por longos cabelos finamente trançados.

Hoje, no entanto, os Tuareg são sinônimo de minoria oprimida e de povo perseguido por sua rebeldia. Já foram 'senhores do deserto', e agora se veem condenados a exibir seu aspecto folclórico para turistas que percorrem livremente seu antigo reino.

A falta de um censo oficial torna impossível determinar o número dos 'homens do deserto'. Calcula-se que são 1 milhão, distribuídos em cinco países: Níger, Mali, Líbia, Burkina Fasso e Argélia. A metade vive na Argélia. Outros 300 mil, no Mali.

Os vestígios de suas origens se perderam, mas se sabe com certeza que, durante muito tempo, dominaram enormes extensões do deserto. Viviam do pastoreio e do comércio, atacando caravanas e os povoados à sua volta. [...]

O nome 'Tuareg' lhes foi dado pelos europeus, a fim de distingui-los de outros povos. Sua verdadeira designação, porém, é *kel tamashek* — aqueles que falam o *tamashek*, sua língua comum.

Sua escrita original, o *tifinarh*, de origem fenícia, tem sido objeto de intensos estudos. Ainda hoje encontramos seus caracteres gravados nas figuras rupestres tão abundantes no Saara. No passado, só as mulheres tuaregues sabiam escrever.

Existe também uma 'linguagem muda', usada para transmitir mensagens secretas. Os Tuareg a empregam tanto em transações comerciais quanto nas relações amorosas. Nela, o dedo indicador traça complexos ideogramas na palma da mão daquele a quem se dirige a mensagem.

A organização social dos Tuareg é típica dos povos pastores e guerreiros: dá-se muita importância à nobreza de sangue. [...]

A alimentação dos Tuareg, tanto agora como antes, tem sua base no leite e seus derivados. Só se abatem animais por ocasião das grandes festas. [...]

Em geral, os Tuareg vivem em tendas — *imahan* —, ou em cabanas transportáveis. [...]

Os Tuareg praticam a monogamia, embora um homem que faça uma longa viagem possa ter concubinas de castas inferiores.

YANN LATRONCHE/GAMMA/OTHER IMAGES

Festival do Deserto, realizado no oásis de Essakane, Mali, em janeiro de 2004.

As mulheres gozam de mais consideração do que em outras sociedades muçulmanas. Inclusive, pode ser da mulher a iniciativa de pedir o divórcio.

A religião é uma mistura de islamismo e crenças ancestrais, relacionadas com o *juun*, o espírito da natureza. [...]

A maior parte do povo tuaregue foi parar nas grandes cidades africanas da região. Os ricos formaram uma nova classe: a burguesia urbana. Os pobres se viram obrigados a mendigar ou vender objetos de madeira e couro nas entradas dos hotéis.

Muitas jovens caíram na prostituição. Alguns descobriram profissões mais modernas, como as de mecânico ou guia de turismo.

A imagem dos 'homens azuis', que nunca mostram o rosto e têm a pele tingida de azul, é um mito para o turista ocidental em busca de exotismo.

O estilo de vida dos Tuareg mudou por completo. Hoje, os arrogantes guerreiros nômades se encontram deslocados de seu *hábitat* natural. Além disso, sofrem uma verdadeira perseguição em um mundo que não compreende sua forma de ver a vida. [...] Para os povos sedentários, é muito difícil compreender a vida nômade dos Tuareg."

Poder e rebeldia dos "homens azuis".
Revista *Sem Fronteiras*, n. 250, maio 1997.

▶ Periodização da história ocidental

Quando se organiza a linha do tempo de uma sociedade ou do mundo, temos várias possibilidades de elaboração. Como vimos, o historiador determina os marcos cronológicos que considera mais relevantes por meio de uma pesquisa das fontes históricas, que é conduzida de acordo com alguns critérios escolhidos pelo especialista.

Em função disso, no Ocidente, tornou-se tradicional seguir a divisão da história baseada nos marcos da história europeia, que tem os seguintes períodos: **Idade Antiga**, **Idade Média**, **Idade Moderna** e **Idade Contemporânea**. O marco inicial corresponde à invenção da escrita, por volta de 4000 a.C. Toda a trajetória anterior dos homens, desde o aparecimento do **gênero *Homo*** sobre a face da Terra, tem sido tradicionalmente denominada de **Pré-história**. (No capítulo seguinte, você vai examinar as realizações culturais desse extenso período.)

PERIODIZAÇÃO DA HISTÓRIA OCIDENTAL

KENNETH GARRETT/NATIONAL GEOGRAPHIC-GETTY IMAGES

◀ *Crânio de Australopithecus robustus de cerca de 2 milhões de anos.*

RESINO RAMOS/CID

▲ *Tábua de pedra com escrita cuneiforme.*

Cerca de 120 mil anos atrás. Surgimento do *Homo sapiens*, ou seja, o homem moderno

Ano 1 Nascimento de Cristo

IDADE ANTIGA

PRÉ-HISTÓRIA

Cerca de 2 milhões de anos atrás. Surgimento dos primeiros representantes do gênero *Homo*

Cerca de 10 mil anos atrás. Desenvolvimento da agricultura

Cerca de 5 mil anos atrás. Uso dos metais

Cerca de 4 mil anos a.C. Invenção da escrita

CID

Pintura em tumba de faraó egípcio, que representa o uso do gado para moer trigo, de cerca de 1567-1320 a.C. ▶

STAPLETON COLLECTION/ CORBIS-LATINSTOCK

▲ *Imperador Rômulo Augusto representado em ilustração de Jacques Grasset de Saint-Sauveur, de 1796.*

Este símbolo indica que o segmento não é proporcional à quantidade de anos que ele representa.

Existe uma certa dose de **preconceito** nessa definição, que coloca à margem da história todos os povos que não fazem uso da escrita. Hoje em dia, existem grupamentos que desconhecem a escrita e, apesar disso, são agentes de sua própria história. A mesma coisa ocorreu no passado. Sendo assim, se acreditarmos que o **sujeito** da história é o **homem**, então ele fez história desde que surgiu no planeta.

Gênero *Homo*

Surgiu há cerca de 2 milhões de anos. Fazem parte desse gênero as espécies *Homo habilis*, *Homo erectus*, *Homo neanderthalensis* e o *Homo sapiens*, ou seja, o homem moderno.

Preconceito

Conceito ou opinião formados antecipadamente, sem maior ponderação ou conhecimento dos fatos.

CID

Detalhe das Muralhas de Carcassone, na França. Durante a Idade Média, as muralhas garantiam a segurança dos moradores dos castelos.

PHILIP DE BAY/HISTORICAL PICTURE ARCHIVE/CORBIS-LATINSTOCK

Gravura do século XV representando a cidade de Constantinopla.

IDADE MÉDIA | IDADE MODERNA | IDADE CONTEMPORÂNEA

HISTÓRIA

476 Queda do Império Romano do Ocidente

1453 Tomada de Constantinopla

1789 Revolução Francesa

GIANNI DAGLI ORTI/CORBIS-STOCKPHOTOS

Iluminura de um manuscrito do século XV representando um cavaleiro medieval.

BRIDGEMAN ART LIBRARY, LONDRES-KEYSTONE

A queda da Bastilha, 14 de julho de 1789. *Quadro de Jean-Pierre Houel, século XIX.*

TEXTO COMPLEMENTAR

Canción por la unidad latinoamericana

O fragmento da canção '*Canción por la unidad latinoamericana*', reproduzido a seguir, é uma adaptação de Chico Buarque de um poema de Pablo Milanés, compositor cubano.

"[...]
E quem garante que a história
É carroça abandonada
Numa beira de estrada
Ou numa estação inglória

A história é um carro alegre
Cheio de um povo contente
Que atropela indiferente
Todo aquele que a negue

É um trem riscando trilhos
Abrindo novos espaços
Acenando muitos braços
Balançando nossos filhos

Lo que brilla con luz propia
Nadie lo puede apagar
Su brillo puede alcanzar
La oscuridad de otras costas

Quem vai impedir que a chama
Saia iluminando o cenário
Saia incendiando o plenário
Saia inventando outra trama

Quem vai evitar que os ventos
Batam portas mal fechadas
Revirem terras mal socadas
E espalhem nossos lamentos

E enfim que paga o pesar
Do tempo que se gastou
De las vidas que costó
De las que puede costar

Já foi lançada uma estrela
Pra quem souber enxergar
Pra quem quiser alcançar
E andar abraçado nela"

Canción por la unidad latinoamericana, Pablo Milanés (versão de Chico Buarque).
CD *Clube da Esquina 2*, EMI Odeon.

Compreendendo o texto

1. Qual o tema central da canção?

2. De acordo com o texto, qual o papel e a função da história na sociedade?

3. Releia a estrofe a seguir:

"Quem vai impedir que a chama
Saia iluminando o cenário
Saia incendiando o plenário
Saia inventando outra trama"

Relacione a estrofe acima com o que você aprendeu no capítulo a respeito da importância do estudo da história.

ATIVIDADES

Explorando o conhecimento

1 Você estudou que, para compreender a história, é necessário interpretar documentos e registros que foram deixados por uma sociedade em determinado tempo e local. Com base nesse estudo, conceitue as palavras e expressões a seguir:

a) documento histórico (cite exemplos).

b) fonte oral.

c) tempo histórico.

d) tempo cronológico.

e) patrimônio histórico.

f) vestígios materiais.

g) tombamento.

2 Leia o texto abaixo e responda às perguntas apresentadas a seguir.

Enquanto isso, no Nordeste...

"São Pedro continua distribuindo mal a chuva. Mas, mesmo assim, há males que vêm para bem. O açude de Coroboró, na Bahia, atingiu o nível mais baixo desde que foi inaugurado há 30 anos. [...] No entanto, os historiadores estão eufóricos. Com as águas tão baixas, as ruínas do arraial de Canudos estão no seco. Utensílios domésticos, armas, cartuchos e construções da cidade de Belo Monte podem agora ser estudados."

IstoÉ Dinheiro, 10 mar. 1999.

a) Os fatos ocorridos no arraial de Canudos bem como o arraial fazem parte do patrimônio histórico e cultural do Brasil. De acordo com o texto, qual foi o tratamento dado ao acervo histórico do arraial de Canudos pelo governo brasileiro?

b) Explique o que é patrimônio histórico e cultural e a importância desse patrimônio para uma sociedade.

3 Releia o texto "Os Tuareg", que está na página 17. Após a leitura compare a vida cotidiana desses povos com o modo de vida dos indígenas que habitavam o Brasil na época da chegada dos portugueses.

4 Leia o trecho a seguir e responda às questões apresentadas no final.

Tempo de vento

"[...] Sentei perto do meu irmãozinho e falei com calma.

– Péra aí que eu vou pensar um brinquedo.

Mas logo, logo a fala da inocência passou voando numa nuvem branca que agitou as folhas das árvores, os capinzais do valão... Um sorriso iluminou seu rosto maltratado.

– Foi você quem fez isso, Minguinho?

– Eu, não.

– Ah que beleza, então é o tempo do vento que está chegando.

Na nossa rua havia tempo de tudo. Tempo de bola de gude. Tempo de pião. Tempo de colecionar figurinhas de artistas de cinema. Tempo de papagaio, o mais bonito de todos os tempos. Os céus ficavam por todos os lados repletos de papagaios de todas as cores. Papagaios lindos de todos os feitios. Era a guerra no ar. As cabeçadas, as lutas, as laçadas e os cortes.

As giletes cortavam as linhas e lá vinha um papagaio rodopiando no espaço, embaraçando a linha do cabresto com a cauda sem equilíbrio; era lindo tudo aquilo. O mundo se tornava só das crianças da rua. De todas as ruas de Bangu. [...]"

VASCONCELOS, José Mauro de. *Meu pé de laranja lima.* São Paulo: Melhoramentos, 1968.

a) Explique como os meninos veem a passagem do tempo.

b) Na sua opinião, todas as pessoas, crianças ou adultas, morando no campo ou na cidade, trabalhando ou estudando, veem o tempo da mesma forma? Justifique sua resposta.

c) E para você, o que é o tempo? Como ele se manifesta?

d) Crie um calendário personalizado, com suas atividades escolares e de lazer ao longo do ano.

A história e o tempo presente

5 Forme um grupo com seus colegas e, juntos, façam uma linha do tempo registrando acontecimentos importantes que ocorreram no Brasil, ao longo da década de 1990, e que acompanharam a trajetória da vida do grupo. Consulte a biblioteca da sua escola, seu professor de História e *sites* da internet.

6 O tempo existe, mas não podemos vê-lo ou apertá-lo nas nossas mãos. Porém, comparando cronologicamente acontecimentos importantes da história das sociedades, é possível medi-lo e representá-lo. Apresente as principais características do nosso calendário, escolha 3 datas consideradas importantes na história do Brasil e justifique por que foram definidas como feriados nacionais.

7 Forme um grupo com seus colegas. Procurem saber se na sua cidade existe algum bem tombado pelo patrimônio histórico ou em processo de tombamento. Em caso positivo, pesquisem a história desse patrimônio. Caso não exista, pesquisem a história de sua cidade e citem alguns bens locais que vocês acreditam que deveriam ser tombados pelo patrimônio histórico. Levem para a sala de aula o resultado da pesquisa e apresentem para os demais grupos.

Vestibular / ENEM

1 (UnB-DF) Pelo olhar do poeta, também é possível compreender determinados aspectos essenciais para a conceituação de história. Leia, por exemplo, Carlos Drummond de Andrade:

> "Aconteceu há mil anos?
> Continua acontecendo.
> Nos mais desbotados panos
> estou me lendo e relendo."

Ou, ainda, do mesmo autor:

> "O tempo é a minha matéria, o tempo presente, os homens presentes, a vida presente."

Com o auxílio das observações de Drummond, julgue os seguintes itens, referentes ao conceito de história e ao ofício do historiador.

a) Tendo por objeto o estudo do passado, a história parte das contingências da "vida presente" para inquirir aquilo que passou.

b) Especialmente em épocas de crise generalizada, sobressai o papel que se espera do historiador: lembrar o que os outros esqueceram.

c) O quarteto acima traz a ideia de que o passado é continuamente reescrito, a partir de cada presente e de seus novos interesses, eliminando, assim, a possibilidade de a história conter um caráter científico.

d) A reconstrução do passado, exatamente como ele ocorreu, é o que fazem os historiadores, independentemente de suas convicções ideológicas e pessoais.

2 (Uece) Por muito tempo, os historiadores acreditavam que deveriam e poderiam reproduzir os fatos "tal como haviam ocorrido". Dentre as características do conhecimento histórico que assim produziam, podemos apontar corretamente:

a) ao privilegiarem a realidade dos fatos, os historiadores esperavam produzir um conhecimento científico, que analisasse os processos e seus significados.

b) era uma história linear, cronológica, de nomes, fatos e datas, que pretendia uma verdade absoluta, expressão da neutralidade do historiador.

c) como se percebeu ser impossível chegar à verdadeira face do que "realmente aconteceu", todo o conhecimento histórico ficou marcado pelo relativismo total.

d) os fatos privilegiados seriam aqueles poucos que eram amplamente documentados, como as festas populares e a cultura das pessoas comuns.

3 (Enem-MEC) Michel Eyquem de Montaigne (1533-1592) compara, nos trechos, as guerras das sociedades tupinambás com as chamadas "guerras de religião" dos franceses que, na segunda metade do século XVI, opunham católicos e protestantes.

> "[...] não vejo nada de bárbaro ou selvagem no que dizem daqueles povos; e, na verdade, cada qual considera bárbaro o que não se pratica em sua terra. [...] Não me parece excessivo julgar bárbaros tais atos de crueldade [o canibalismo], mas que o fato de condenar tais defeitos não nos leve à cegueira acerca dos nossos. Estimo que é mais bárbaro comer um homem vivo do que o comer depois de morto; e é pior esquartejar um homem entre suplícios e tormentos e o queimar aos poucos, ou entregá-lo a cães e porcos, a pretexto de devoção e fé, como não somente o lemos, mas vimos ocorrer entre vizinhos nossos conterrâneos; e isso em verdade é bem mais grave do que assar e comer um homem previamente executado. [...] Podemos, portanto, qualificar esses povos como bárbaros em dando apenas ouvidos à inteligência, mas nunca se compararmos a nós mesmos, que os excedemos em toda sorte de barbaridades."

MONTAIGNE, Michel Eyquem de. *Ensaios.*
São Paulo: Nova Cultural, 1984.

De acordo com o texto, pode-se afirmar que, para Montaigne,

a) a ideia de relativismo cultural baseia-se na hipótese da origem única do gênero humano e da sua religião.

b) a diferença de costumes não constitui um critério válido para julgar as diferentes sociedades.

c) os indígenas são mais bárbaros do que os europeus, pois não conhecem a virtude cristã da piedade.

d) a barbárie é um comportamento social que pressupõe a ausência de uma cultura civilizada e racional.

e) a ingenuidade dos indígenas equivale à racionalidade dos europeus, o que explica que os seus costumes sejam similares.

4 (UFC-CE) Analise o texto a seguir.

> "E repare o leitor como a língua portuguesa é engenhosa. Um contador de histórias é justamente o contrário do historiador, não sendo um historiador, afinal de contas, mais do que um contador de histórias. [...]"
>
> ASSIS, Machado de. In: CHALHOUB, S. e PEREIRA, L. A. de M. (Orgs.). *A história contada.* Rio de Janeiro: Nova Fronteira, 1998. p. 67.

Ante as novas tendências interpretativas da história, há uma diferença entre o contador de histórias e o historiador, de acordo com a qual é correto afirmar que:

a) a literatura torna-se inexpressiva ao historiador, que se fundamenta nos documentos manuscritos e impressos.

b) o contador de história recorre à ficção e o historiador envolve-se com o real, de acordo com a sua interpretação e as práticas sociais consideradas.

c) a interpretação do historiador, apesar de valorizar a diversidade de informações, deve limitar-se à do contador de histórias.

d) a história do cotidiano passou a ser depreciada pelos profissionais da história por menosprezar a análise social.

e) a autenticidade dos fatos históricos exclui a força da subjetividade, presente na reconstrução do passado.

5 (Enem-MEC) Para o registro de processos naturais e sociais devem ser utilizadas diferentes escalas de tempo. Por exemplo, para a datação do sistema solar é necessária uma escala de bilhões de anos, enquanto que, para a história do Brasil, basta uma escala de centenas de anos.

Assim, para os estudos relativos ao surgimento da vida no planeta e para os estudos relativos ao surgimento da escrita, seria adequado utilizar, respectivamente, escalas de

	Vida no planeta	Escrita
a)	Milhares de anos	Centenas de anos
b)	Milhões de anos	Centenas de anos
c)	Milhões de anos	Milhares de anos
d)	Bilhões de anos	Milhões de anos
e)	Bilhões de anos	Milhares de anos

Ampliando o conhecimento

Leitura

TURAZZI, Maria Inez e GABRIEL, Carmen Tereza. *Tempo e história*. São Paulo: Moderna, 2000. (Coleção Desafios)

Aborda as diferenças entre o tempo vivido individualmente e o compartilhado pelos grupos sociais, as representações humanas de tempo, as diferenças entre tempo cronológico e histórico e outros conceitos fundamentais.

Filmes

Geração roubada

Direção de Phillip Noyce. Austrália, 2002. 94 min.

Baseado na história real de Molly Craig, uma aborígine negra, e mais duas meninas que, em 1931, são retiradas de sua aldeia pelo Estado e encaminhadas para um campo australiano de preparação para o trabalho.

Narradores de Javé

Direção de Eliane Caffé. Brasil, 2003. 100 min.

Ao saber que Javé corre o risco de desaparecer com a construção de uma usina hidrelétrica, a comunidade decide preparar um documento contando os acontecimentos heroicos da cidade, para que ela seja tombada e escape da destruição.

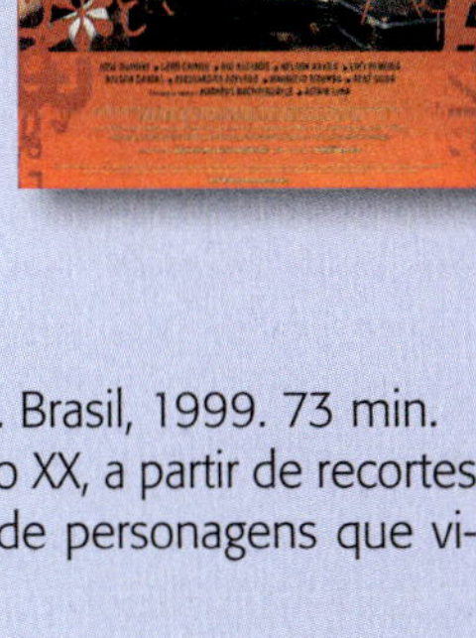

REPRODUÇÃO

Nós que aqui estamos por vós esperamos

Direção de Marcelo Masagão. Brasil, 1999. 73 min.

Filme memória sobre o século XX, a partir de recortes biográficos reais e ficcionais de personagens que viveram no século passado.

Dos primeiros humanos ao legado cultural do helenismo

A

AKG IMAGES-LATINSTOCK

B

AKG IMAGES-LATINSTOCK

C

ERICH LESSING/

Capítulos da Unidade 1

UNIDADE 1

D

ERICH LESSING/ ALBUM-LATINSTOCK

Da esquerda para a direita: (A) deusa Potnia, escultura pré-histórica encontrada em Çatal Hüyük na Turquia cerca de 5000 a.C.; (B) escultura da deusa egípcia Sekhmet, cerca de 1400 a.C.; (C) cópia da escultura grega, de Miron (450 a.C.), representando Atena, a deusa da sabedoria e da justiça; (D) Vênus de Milo, escultura helenística (c. 130 a.C.) representando Afrodite (Vênus para os romanos), a deusa grega do amor e da beleza.

- **Observando a imagem A, estudiosos deduziram que sua função seria a de reverenciar a fertilidade. Quais são as características desse objeto que permitem fazer essa suposição?**
- **Que explicação se poderia dar para a mistura entre animal e ser humano encontrada na escultura da deusa Sekhmet?**
- **Quais são as principais semelhanças e diferenças que há entre as esculturas de Afrodite e Atena?**
- **Há uma grande diferença entre as imagens A e B em relação à C e à D na forma como representam o ser humano. Que possíveis mudanças ocorreram na maneira de pensar que explicariam essa diferença?**

Capítulo 2 Da origem do ser humano à formação dos primeiros Estados

Evolucionistas *versus* criacionistas

ARQUIVO ICONOGRÁFICO CORBIS-STOCK PHOTOS

Caricatura de Charles Darwin e de sua obra A origem das espécies, *publicada em revista do século XIX. Teorias novas provocam, inicialmente, muitas reações contrárias, até que possam ser apreciadas racionalmente e de forma menos apaixonada.*

MUSEU METROPOLITANO DE ARTE, NOVA IORQUE

Obra Adão e Eva, *de Albrecht Dürer, 1504. A narrativa judaico--cristã de Adão e Eva, baseada na interpretação da* Bíblia, *está presente na pintura, na literatura e em outras expressões culturais do Ocidente.*

As imagens acima representam duas explicações diferentes sobre a origem do homem: a evolucionista, criada por Charles Darwin, e a criacionista, centrada na *Bíblia* e nas figuras de Adão e Eva. À medida que cientistas e pesquisadores descobrem novos dados e fósseis, novas teorias são formuladas e a história da origem do homem é reconstruída.

Ao longo deste capítulo, você vai descobrir quais foram as habilidades elementares que possibilitaram a sobrevivência de nossa espécie, e as invenções técnicas que permitiram o surgimento de sociedades organizadas em torno do Estado.

A origem do homem

Duas hipóteses principais tentam explicar a origem do homem. Uma delas é a teoria da evolução defendida por Charles Robert Darwin (1809-1882); a outra, centrada na imagem de Adão, é defendida pelos criacionistas.

A hipótese em que se baseia o **criacionismo** é de que o mundo e a humanidade foram criados por Deus, conforme relata o primeiro livro da *Bíblia*, o Gênesis, que narra a criação do mundo e de Adão e de Eva, considerados os primeiros seres humanos segundo os criacionistas. Trata-se de uma concepção sustentada pelo pensamento fundamentalista judaico e cristão, baseada na aceitação literal dos textos sagrados.

Em oposição ao criacionismo, a teoria evolucionista ou **darwinismo** afirma que o homem e os demais seres vivos se originaram de organismos mais simples, que sofreram transformações ao longo do tempo. Associado atualmente às pesquisas genéticas, o evolucionismo tornou-se um dos marcos do pensamento contemporâneo.

É importante você perceber que esse quadro permanece em construção. A cada pesquisa a possibilidade de surgirem novas pistas aumenta. Novas descobertas têm acrescentado informações a respeito da evolução do gênero *Homo*. Um exemplo: o *Homo ergaster*, que viveu na África entre 2 milhões e 1,5 milhão de anos. Outra espécie foi encontrada na Espanha: trata-se do *Homo antecessor*, que viveu há 800 mil anos e é considerado um antepassado do Neanderthal e do homem moderno.

A evolução humana

Pesquisas desenvolvidas nos campos da antropologia e da arqueologia sugerem que os hominídeos apareceram há cerca de 3,5 milhões de anos, na África, e evoluíram até chegar à forma do *Homo sapiens*.

Outros estudos indicam a linha provável de evolução dos hominídeos, enfatizando o parentesco biológico molecular entre os humanos e os primatas. Mostram por exemplo que, do ponto de vista genético, homem e chimpanzé são 99% idênticos.

Cientistas de todo o mundo continuam a buscar conclusões acerca da origem e da evolução do homem. A procura do "elo perdido" — o tão procurado espécime que dividiria características de primatas e de humanos — envolve grande número de pesquisadores. Ao mesmo tempo, a ciência tem apontado para vários "elos perdidos", uma vez que cada hominídeo

Darwin e a origem das espécies

Charles Robert Darwin nasceu na Inglaterra em 1809 e desde cedo interessou-se pelas ciências naturais. Em 1825 foi para Edimburgo estudar medicina, mas logo abandonou o curso. Matriculou-se então no Christ's College, em Cambridge, decidido a tornar-se clérigo. Ali fez amizade com o botânico John Stevens Henslow, cuja influência foi decisiva para que Darwin fosse convidado a participar, como naturalista, da viagem de circunavegação do navio Beagle, promovida pelo Almirantado britânico.

Realizada entre 1831 e 1836, a viagem deu suporte às pesquisas iniciais de Darwin sobre a origem das espécies. Ele pôde verificar como espécies aparentadas apresentavam características distintas, de uma região para outra. Notou ainda que entre as espécies extintas e as atuais existiam traços comuns, embora diferenciados. Tais fatos levaram-no a supor que os seres vivos não são imutáveis, mas se transformam. Tal conclusão abalou suas convicções religiosas, a ponto de, por mais de duas décadas, ele se recusar a apresentá-la.

JULIA MARGARET CAMERON/CORBIS-LATINSTOCK

Retrato do naturalista Charles Darwin, de 1869.

Na base de sua teoria evolucionista, Darwin colocou a luta pela vida, segundo a qual somente os mais aptos conseguem sobreviver e transmitir suas características genéticas favoráveis a seus descendentes. Assim, as transformações que favorecem a adaptação do indivíduo ao meio ambiente continuam a se propagar por meio dos descendentes e, após longo tempo, é possível identificar uma nova espécie originária da antecedente, mas diferente dela.

Sua obra *Sobre a origem das espécies por meio da seleção natural ou a conservação das raças favorecidas na luta pela vida*, publicada em 1859, colocou-o no centro de acirradas polêmicas. Darwin morreu em consequência de um ataque cardíaco em 19 de abril de 1882.

que for descoberto com idade aproximada de 4,4 milhões de anos pode ser reconhecido como um novo "elo" na cadeia da evolução.

Uma periodização questionável

Em sua longa história evolutiva, o ser humano adaptou-se ao meio ambiente e assim garantiu e ampliou sua subsistência, desenvolveu o raciocínio e foi capaz de produzir recursos materiais para aperfeiçoar seu estilo de vida. A maior parte dessas conquistas ocorreu em um período denominado **Pré-história**.

O termo "Pré-história" é uma convenção e só o utilizamos neste livro porque essa nomenclatura, e a periodização sobre a qual ela se assenta, é um elemento facilitador e organizador dos estudos históricos.

Ao deixar à margem da história a quase totalidade da experiência humana, essa periodização assume uma conotação negativa. As sociedades "pré-históricas" ou primitivas muitas vezes são caracterizadas de maneira igualmente negativa, a partir do critério da falta: sociedades sem Estado, sem escrita, sem história, sem tecnologia e, no plano econômico, sociedades de economia de subsistência, sem produção de excedentes e, portanto, sem mercado.

Analisar essas sociedades sob o prisma da **carência** significa analisá-las sob o ponto de vista da cultura do grupo a que pertence o analista, ou seja, impõe-se a própria cultura como padrão de análise e medida para as demais culturas. Portanto, trata-se de uma análise preconceituosa, tendenciosa, feita de "fora para dentro".

PASCAL GOETCHELUCK/SCIENCE PHOTO LIBRARY-LATINSTOCK

Fóssil de crânio de Homo ergaster, encontrado no Quênia.

Carência

Falta, ausência, privação, necessidade ou precisão.

Fóssil

"Qualquer vestígio de vida que remonta a uma época muito antiga. Podem se tornar fósseis não só os organismos ou partes deles – ossos, pólen, madeira, conchas – mas também certas marcas de sua existência – pegadas, pedras trabalhadas, partes de habitações."

FACCHINI, Fiorenzo. *O homem*. São Paulo: Moderna, 1997. (Coleção Origem e Evolução)

20TH CENTURY FOX FILM/EVERETT COLLECTION-KEYSTONE

Cena de A guerra do fogo *(1981), do cineasta Jean Jacques Annaud. Nesse filme, grupos pré-históricos travam uma verdadeira guerra pela posse do fogo, que eles ainda não sabiam produzir.*

A **Pré-história** pode ser dividida em três períodos: o **Paleolítico** ou período da pedra lascada, que se estendeu por 2 milhões de anos; o **Neolítico** ou período da pedra polida, que teve início há mais de 10 mil anos; e a **Idade dos Metais**, por volta de 5000 a.C.

O início da longa marcha humana: o Paleolítico

Os humanos do Paleolítico garantiram sua subsistência por meio da caça, da pesca e da coleta de frutas e raízes. Formavam, portanto, uma sociedade de caçadores e coletores, que viviam em grupos e dividiam coletivamente o espaço e as atividades, utilizando objetos feitos com pedra lascada, madeira, ossos e dentes de animais.

Os grupos humanos desse período eram nômades, castigados pelas intempéries e pela busca incessante de alimentos. Mas uma conquista humana fundamental ocorreu há mais de 500 mil anos, no Paleolítico: o controle do fogo, que permitiu o aquecimento durante o frio, a defesa contra animais e a preparação de alimentos.

Fala-se com frequência do "homem das cavernas", como se os grupos pré-históricos tivessem vivido, cotidianamente, nas profundezas das grutas. Segundo pesquisas, eles ocupavam a entrada de cavernas ou abrigos sob as rochas, inclinações formadas pela erosão nos arenitos, nos calcários e nos basaltos. Em regiões mais quentes, chegaram a ter por teto a copa das árvores.

As descobertas arqueológicas não cessam de acontecer, suscitando permanentemente a elaboração de novas teorias e refutando outras até então aceitas pela comunidade científica.

▷ A transição mesolítica

Os últimos 100 mil anos do período Paleolítico assistiram ao aperfeiçoamento dos artefatos, num processo de crescente elaboração cultural que deu origem ao arco, à flecha, às lanças e a utensílios variados de argila, ossos e dentes. Além disso, as modificações do ambiente terrestre se refletiram nos hábitos dos homens, contribuindo para a sedentarização de alguns grupos, isto é, sua fixação em determinadas regiões. Esse período de transformações recebeu a designação de **Mesolítico** e representou uma transição para o Neolítico. O estudo das sociedades dessa época pode ser feito com base em instrumentos e armas e também nas magníficas pinturas **rupestres** que elas criaram (veja a foto).

Rupestre
Gravado ou traçado na rocha.

EDSON SATO/PULSAR

Pintura rupestre de aproximadamente 8000 a.C. encontrada no município de Barão de Cocais, Minas Gerais.

AS ETAPAS DA EVOLUÇÃO HUMANA

Hominídeos
Família que inclui o gênero *Ardipithecus*, o gênero *Australopithecus* e também o gênero humano. Entre seus representantes estão o *Ardipithecus ramidus* (5 a 4 milhões de anos); o *Australopithecus anamensis* (4,2 a 3,9 milhões de anos) e o *Australopithecus afarensis* (3,9 a 3 milhões de anos). Acredita-se que tanto o *anamensis* quanto o *afarensis* já caminhavam sobre os dois pés.

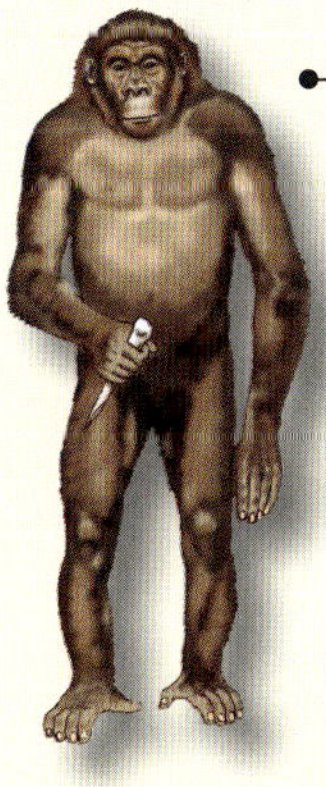

Homo habilis
Primeiro hominídeo do gênero *Homo*. Viveu por volta de 2,4 milhões a 1,5 milhão de anos atrás. Fabricava instrumentos grosseiros de pedra e provavelmente desenvolveu uma linguagem rudimentar.

Homo erectus
Descendente do *Homo habilis*, viveu entre 1,8 milhão e 300 mil anos atrás. Saiu da África e alcançou a Europa, a Ásia e a Oceania. Foi o descobridor do fogo. Fabricava instrumentos de pedra mais complexos, cobria o corpo com peles de animais e tinha uma linguagem mais elaborada.

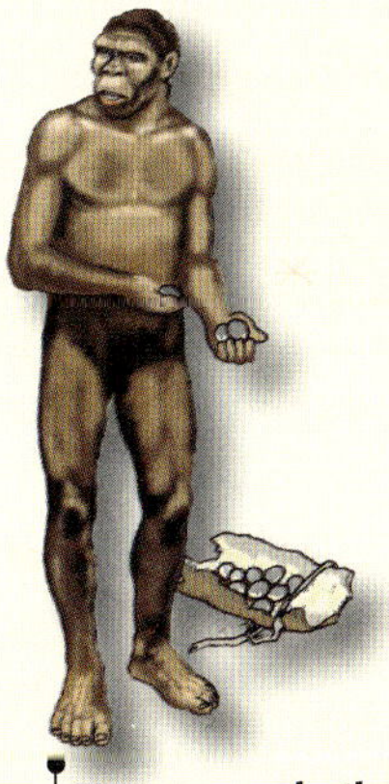

Homo neanderthalensis
Provável descendente do *Homo erectus*, o homem de Neanderthal viveu entre 230 mil e 30 mil anos. Criou ferramentas e armas sofisticadas e enterrava seus mortos com flores e objetos. Conviveu com os primeiros homens modernos e desapareceu por motivos até hoje inexplicados.

Homo sapiens
Descendente do *Homo erectus*, surgiu há cerca de 120 mil anos. Trata-se do homem moderno, a espécie a que pertencemos.

Fonte: Baseado em FACCHINI, Fiorenzo. *O homem*. São Paulo: Moderna, 1997. (Coleção Origem e Evolução)

A arte rupestre

Os desenhos registrados nas paredes das cavernas e as esculturas feitas pelos primeiros seres humanos são denominados arte rupestre, uma manifestação cultural do período da Pré-história. Cientistas que se dedicam a estudar essa arte acreditam que os desenhos são um tipo de linguagem entre as pessoas daqueles grupos. Na arte rupestre aparecem as figuras de seres humanos, de animais, como os cavalos e bisões, e algumas figuras que faziam parte da imaginação dos artistas como unicórnios (animais imaginários que possuiriam um chifre no meio da testa). A escultura foi usada tanto para criar objetos de culto quanto para modelar utensílios domésticos. A arte foi a primeira forma de expressão do homem primitivo, e os símbolos criados por esses grupos humanos representavam o mundo em que viviam e o seu cotidiano.

A Revolução Neolítica

No início do período Neolítico (10 mil anos a.C.), os grupos de caçadores e coletores já dispunham de razoável bagagem cultural. A experiência lhes ensinara a identificar quais animais podiam caçar e quais plantas eram comestíveis ou úteis no tratamento de doenças. Aprenderam a construir canoas, jangadas e barcos, importantes para suas migrações. Também começaram a triturar alimentos e a polir seus instrumentos de pedra, criando peças mais duráveis que as usadas antes. E haviam desenvolvido crenças religiosas, em seu esforço para compreender os fenômenos da natureza (veja a foto abaixo).

Por volta de 10 mil anos atrás, a descoberta da agricultura mudaria a vida das comunidades neolíticas, revolução que se difundiu por toda a Europa nos 6 mil anos seguintes. A atividade agrícola forneceu aos indivíduos uma fonte estável de alimento, contribuindo para que eles se fixassem nas áreas mais férteis, em aldeias de casas de madeira, pedra, barro ou adobe (tijolos de barro). Também se desenvolveram a domesticação de animais e o pastoreio.

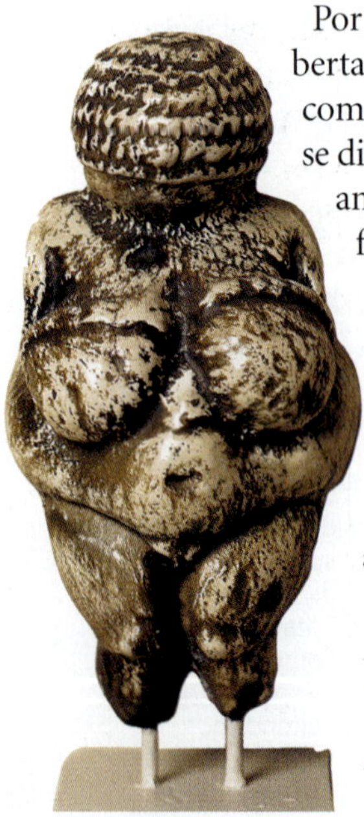

RANGEL/MAE-USP

Réplica do original da Vênus de Willendorf de cerca de 20.000 anos. Acredita-se que estivesse ligada aos rituais agrícolas de fertilidade.

Os estudos indicam que essas transformações tiveram início no **Crescente Fértil**, nome que se dá à faixa de terra que se estende desde o vale do Rio Nilo, no Egito, até a Mesopotâmia, cortada pelos rios Tigre e Eufrates e correspondente ao território do Iraque e da Síria atuais (veja o mapa abaixo). Conhecidas como **Revolução Neolítica** ou **Revolução Agrícola**, essas mudanças ampliaram o domínio do homem sobre a natureza, resultando em maior produção de alimentos e no consequente crescimento populacional.

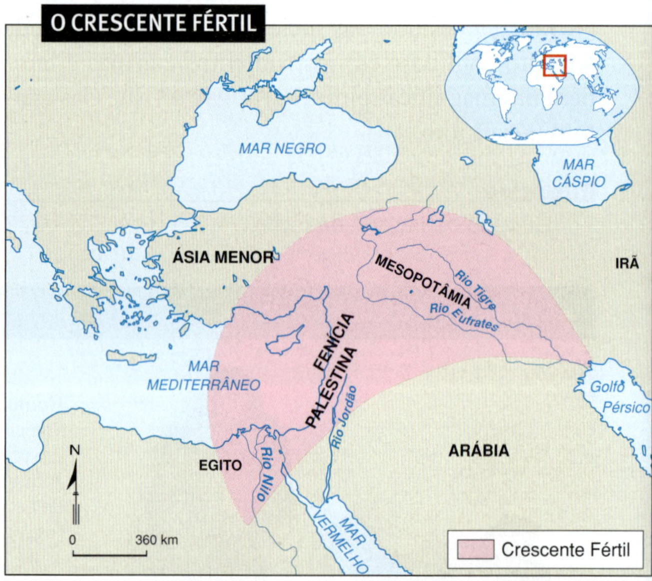

Fonte: VIDAL-NAQUET, Pierre e BERTIN, Jacques. *Atlas histórico*. Lisboa: Círculo de Leitores, 1990.

A vida nas aldeias neolíticas

As pesquisas arqueológicas nos mostraram como os seres humanos viviam numa aldeia do Crescente Fértil. Quase todos eram aparentados entre si, pois a comunidade era constituída por poucas famílias extensas, conhecidas como famílias clânicas ou **clãs**. Um clã era integrado por grupos familiares com um antepassado comum e, juntamente a outros clãs, formava uma tribo. O poder político convencional ainda não existia. A tomada de decisões na aldeia estava a cargo dos chefes de família, os anciãos, encarregados de administrar eventuais conflitos. Para isso, eles recorriam à persuasão, sem impor sua vontade pela força.

Mais tarde surgiu a figura do **patriarca**, escolhido entre os mais valentes e sábios chefes de família. Líder religioso e político, o patriarca exercia também a função de proteger a comunidade contra os ataques dos grupos rivais, que investiam contra as aldeias em busca de alimentos e de animais domesticados. Os relatos da *Bíblia* sobre Abraão e outros patriarcas hebreus descrevem bem a autoridade exercida por esses chefes de comunidades.

Na aldeia, a atividade fundamental era o cultivo dos campos, feito pelos grupos familiares, que depois se apropriavam coletivamente da colheita. A divisão do trabalho, quase inexistente, limitava-se à diferenciação entre as tarefas dos homens e das mulheres, ou seja, não havia lugar para trabalhadores especializados, que se dedicassem exclusivamente a uma tarefa. Mesmo atividades como a tecelagem e a cerâmica eram executadas pelo grupo familiar.

A economia de uma comunidade neolítica era de subsistência, gerando poucos excedentes. Além da agricultura, criavam-se cabras, porcos e bovinos. O cão, já domesticado, era um valioso auxiliar no pastoreio. Entre as plantas cultivadas estavam o trigo e a cevada, produtos essenciais para a alimentação da época. A arqueologia comprova a existência de fibras tanto vegetais (linho) como animais (lã), utilizadas na fabricação de vestimentas que substituíram o uso de peles de animais.

SANCHEZ MILLAN/CID

Machados da Idade do Bronze, encontrados em Zaragoza, Espanha.

A formação das cidades

Com o tempo, as aldeias foram cercadas de muros de proteção. Seus habitantes aprenderam a conhecer o regime das chuvas e das estiagens, a drenar os pântanos para ampliar as áreas de cultivo, a construir diques para conter as enchentes e a abrir canais de irrigação. Desenvolveram-se novas técnicas de plantio com o aparecimento do arado-semeador. A agricultura irrigada e os demais avanços tecnológicos e nos métodos de trabalho possibilitaram um aumento considerável na produção de alimentos, gerando excedentes em maior escala.

O crescimento das colheitas teve consequências importantes. O alimento mais abundante assegurou melhores condições de sobrevivência, o que resultou num acentuado crescimento populacional. Além disso, os camponeses passaram a dedicar-se exclusivamente ao cultivo e à troca de excedentes agrícolas por arados e outros objetos: surgia o comércio, inicialmente baseado em escambo, isto é, na troca de produtos.

A criação das cidades é geralmente atribuída aos sumérios, um povo do sul da Mesopotâmia. Mas outras surgiram em todo o Crescente Fértil e também na Índia e na China. Uma das mais antigas foi Jericó, na Palestina — um núcleo habitado há 11 mil anos, nas proximidades do Rio Jordão. No ano 8000 a.C., Jericó era uma grande aldeia cercada de muralhas de pedra. Por volta de 3000 a.C., era um centro de funções nitidamente urbanas, rodeado de muros. Por essa época, o Oriente estava pontilhado de cidades cercadas por aldeias agrícolas. Uruk, no atual Iraque, era a maior cidade da Suméria — um núcleo com uma área aproximada de 400 hectares e com cerca de 40 mil habitantes.

A Idade dos Metais

No último período da Pré-história, conhecido como Idade dos Metais, os instrumentos de pedra foram aos poucos substituídos pelos de metal: o cobre foi o primeiro metal a ser explorado (5 mil anos atrás), seguido do bronze e mais tarde do ferro.

Com a metalurgia uma nova atividade veio a se somar à dos coletores, agricultores e pastores: a do artesanato, ofício desenvolvido em centros urbanos.

Inicialmente o cobre, por ser muito maleável, era moldado a frio, trabalhado a marteladas, conforme registros de arqueólogos que encontraram objetos de cobre de aproximadamente 7 mil anos. Tempos depois, ocorreu uma modificação na forma de aproveitar os metais: eles eram aquecidos, despejando-se o material derretido em moldes de cerâmica ou pedra. Com o desenvolvimento da metalurgia, arados, enxadas e foices mais resistentes foram criados e contribuíram com o aperfeiçoamento das atividades agrícolas. Por volta de 1500 a.C., os metais já eram utilizados amplamente na confecção de joias, objetos de arte, armas e outras utilidades.

Entre os metais, o ferro foi o mais difícil de manusear, pois sua moldagem requeria enorme habilidade e um forno de elevada temperatura (1100 °C). No entanto, suas qualidades eram promissoras. Em razão de sua durabilidade e flexibilidade, o ferro foi capaz de substituir os outros metais na confecção de numerosos artigos a partir dos séculos V e IV a.C.

▷ O campo e a cidade: divisão do trabalho e desigualdade

A organização urbana abriu espaço para a especialização profissional, que dividiu a população ativa entre produtores de alimentos e especialistas das mais variadas funções, intensificando o comércio.

No campo, enquanto algumas famílias possuíam os melhores lotes de terra, com numerosos rebanhos e vários trabalhadores, outras cultivavam trechos áridos que produziam más colheitas. Nesse longo processo, as aldeias foram perdendo sua antiga autonomia e autossuficiência. Muitos trabalhadores envolvidos com as atividades artesanais abandonaram a agricultura. Os que ficaram nos campos produziam, agora, não só para o próprio sustento e de seus familiares como também para garantir a sobrevivência da coletividade, incluindo os habitantes das cidades. O sustento de um número maior de pessoas só seria possível com a produção de excedentes para o comércio: a terra, as colheitas e o próprio trabalho do camponês tornaram-se mercadorias.

Por volta de 8000 a.C., quando o comércio começou a ser praticado, já existiam diferenças econômicas e sociais no mundo neolítico. Essas mudanças iniciaram-se no norte da África, no Oriente Médio, na Europa mediterrânea e em regiões férteis da China e da Índia. A partir daí, a desigualdade social e os conflitos ligados à posse da terra vão acompanhar a história da humanidade.

TOP FOTO-KEYSTONE

Ruínas da cidade de Jericó, no atual território controlado por Israel. A expansão urbana é consequência não só do crescimento populacional e do comércio, mas também de uma maior divisão do trabalho, que propiciou o surgimento de inúmeras novas profissões.

▷ O surgimento do Estado

A tradicional autoridade dos chefes de famílias, adequada para comunidades agropastoris, mostrou-se insuficiente para gerir uma sociedade mais complexa, baseada na articulação entre aldeias e cidades. Tornou-se necessário criar estruturas de poder aceitas pela maioria. Foi aí que surgiu o **Estado**.

O aparecimento do Estado não ocorreu simultaneamente em todas as sociedades, nem devido aos mesmos fatores em todas as regiões. A maioria dos estudiosos admite que o surgimento do poder político esteve ligado às necessidades surgidas com a diversificação das atividades econômicas. A coordenação de obras de interesse coletivo, como os diques e canais de irrigação, e a regulamentação do comércio exigiam a presença de pessoas encarregadas dessas funções, com poderes para impor suas decisões, muitas vezes por meio da força.

Os primeiros governantes do Crescente Fértil foram **reis-sacerdotes**, numa evidência de que o poder político nasceu ligado à religião. Depois, os reis-sacerdotes foram substituídos por chefes políticos que não exerciam funções religiosas. Na maioria dos documentos encontrados, porém, o rei era designado como o representante máximo da divindade e o responsável pela exploração das terras.

Outra mudança fundamental ligada à formação do Estado foi o aparecimento da **propriedade privada**. Nas comunidades agrárias, a terra, as águas e os produtos do trabalho pertenciam à coletividade. O surgimento das cidades (veja o mapa na página 33) e da divisão do trabalho tornou esse quadro mais complexo, e o fortalecimento dos templos e do poder político, com seus funcionários, introduziu novos elementos de desigualdade. Uma elite ligada aos reis e aos sacerdotes passou a se apropriar de uma parte das colheitas, assim como das terras produtivas

Estado

"[...] conjunto organizado das instituições políticas, jurídicas, policiais, administrativas, econômicas etc., sob um governo autônomo e ocupando um território próprio e independente."

JUPIASSÚ, Hilton e MARCONDES, Danilo. *Dicionário básico de filosofia*. Rio de Janeiro: Jorge Zahar, 1996.

AS PRIMEIRAS CIDADES

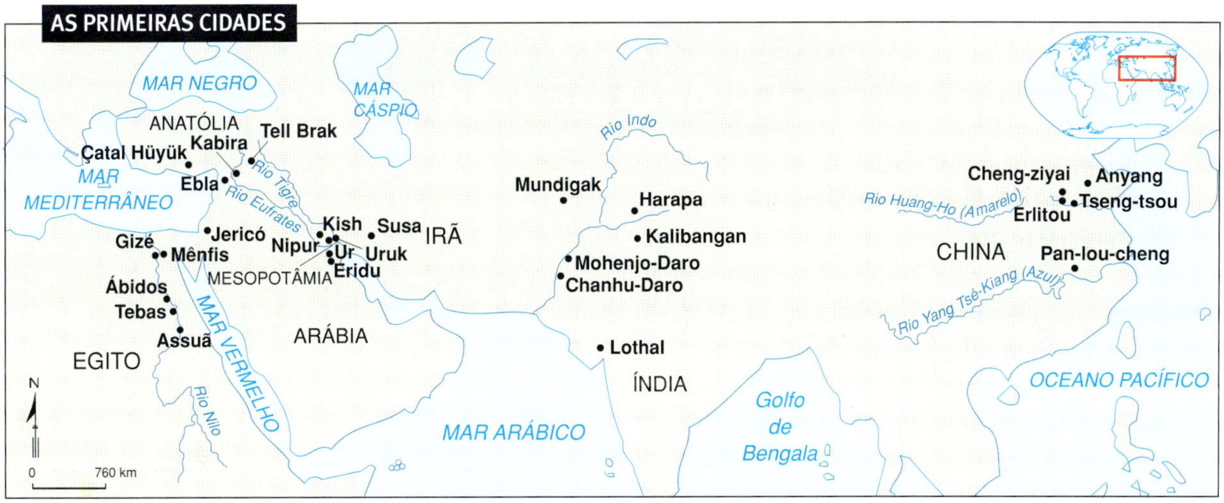

Fonte: *A aurora da humanidade*. Rio de Janeiro: Time-Life/Abril, 1993. (Coleção História em Revista)

A união de algumas cidades ou Estados, que podiam ou não fazer parte da mesma civilização, deu origem a impérios que dominaram muitos povos e se estenderam por vastos territórios. Foi nesse contexto que se desenvolveram, na África e na Ásia, as grandes civilizações da Antiguidade, que você estudará nos próximos capítulos.

Os primeiros povos africanos

Importantes sítios arqueológicos encontrados no continente africano permitem desvendar um pouco da história dos primeiros povos da região.

O território que hoje é a África do Sul possui sítios arqueológicos dos primeiros assentamentos da humanidade. As pesquisas mostram que durante a maior parte dos últimos 100 mil anos o território foi ocupado por grupos nômades que viviam da caça e da colheita. Mais tarde foram deslocados por um grupo de agricultores e pastores cuja presença remonta a 2 mil anos atrás.

No norte da África surgiram os povos berberes, povo caucasoide não-semita, que existem desde os tempos pré-históricos nas regiões ao longo da costa mediterrânica, do Egito ao Atlântico (veja a foto ao lado).

O berbere (língua da família das línguas afro-asiáticas) é falado por cerca de 10 milhões de habitantes (cerca de um terço são argelinos e os restantes dois terços marroquinos). A origem dos berberes ainda é desconhecida. Estudos genéticos indicam a possibilidade de descenderem de vários povos que imigraram para a região, alguns há 50 mil anos.

Esses imigrantes vieram de diversas zonas, como o Cáucaso e a costa africana do Mar Vermelho. Como os berberes são uma mistura de diferentes grupos étnicos, o termo "berbere" refere-se mais à linguagem do que propriamente a uma raça específica. Os primeiros escritos que mencionam os povos berberes foram os do antigo Egito.

O atual território angolano é habitado desde a Idade da Pedra, como indicam os vestígios de arte rupestre ao longo do litoral. Na Idade do Ferro surgiram os primeiros povos que dominavam as técnicas do trabalho com os metais, os bantu.

Vindos do norte do continente africano, provavelmente da região onde hoje estão a Nigéria e Camarões, os bantu introduziram novas técnicas, como a metalurgia, a cerâmica e a agricultura, criando-se a partir de então as primeiras comunidades agrícolas.

PAWEL WYSOCKI/HEMIS.FR/AFP

Mulheres berberes preparando cuscuz em Tataouine, Tunísia. Foto de 2006.

TEXTO COMPLEMENTAR

Vantagens e desvantagens da evolução

Ao longo do processo evolutivo, o ser humano vem adquirindo algumas características que facilitam sua adaptação ao meio. No entanto, esses ganhos só foram possíveis com a perda de outras habilidades importantes. O texto a seguir faz um divertido balanço sobre a evolução.

"Os homens em sua evolução foram ganhando coisas e perdendo coisas. Algumas perdas foram graves. Os ganhos foram poucos.

O olfato, por exemplo, foi uma perda essencial. Qualquer bicho tem faro melhor que o nosso, se orienta por ele para procurar comida e namorada. Andam até no escuro, guiados pelos cheiros.

Grave, também, foi a perda do focinho e o encolhimento da boca, mas teve a vantagem de permitir que a gente abandonasse o hábito de usar a boca antiga para carregar as coisas. Para isso, começamos a usar as mãos, que também se aperfeiçoaram com o polegar, que permite manipulações delicadas.

A perda do pelame foi lamentabilíssima. Um cachorro ou um macaco, ao natural, quer dizer, nus, estão vestidos. Nós, nuelos, provocamos escândalos. Isso porque nos faltam os pelos, que é a vestimenta natural dos seres. Sem eles, se tem que fabricar roupa e também que ficar na moda, sobretudo as mulheres, o que fica muito caro.

A perda mais grave, a meu juízo, foi a do belo rabão dos macacos. Trocamos o rabo pela bunda acolchoada que temos. Mau negócio. Nada podia ser mais útil do que bons rabos. Com eles, nos verteríamos em primatas desbundados. A única vantagem que trouxe foi nos dar a possibilidade de usar cadeiras para sentar, mas não seria ruim sentar no rabo enrodilhado no chão. Pense só na beleza que seria passear, pulando de galho em galho, com a garantia que o rabo dá para se equilibrar. Melhor, ainda, seria nas fábricas, nas escolas, em toda parte, os seres providos de rabos teriam os pés e as mãos livres para fazer coisas. [...] Em lugar de carteiras, teríamos traves, de parede a parede, onde o pessoal se dependuraria, liberando as patas e as mãos para o trabalho. Dependurado nas traves, você podia segurar o livro com a mão esquerda, pegar a caneta com a mão direita, usar a pata esquerda para consultar o dicionário e, ainda, a pata direita para coçar a orelha. Formidável, não é?

A perda mais radical foi a da posição quadrúpede, que usamos durante muitos milhões de anos, para a posição ereta. Como quadrúpedes, púnhamos as quatro patas no chão, o que dava muito mais solidez. Sobre duas patas, ficamos sempre meio desequilibrados e, depois, quando se perde uma, fica muito complicado viver e trabalhar. A consequência principal da adoção da posição bípede foi a dor ciática, que castiga demais os velhos. É uma dor terrível no traseiro. Dizem que é a saudade da nossa posição quadrúpede, porque, enquanto tínhamos quatro patas no chão, as vísceras se dependuravam na espinha, postas em posição vertical.

Levantando os braços, as vértebras se comprimem umas nas outras, o que provoca aquela dor insuportável. O ganho único foi a possibilidade de subir escadas. Você acha que valeu a pena?"

RIBEIRO, Darcy e ZIRALDO. *Noções de coisas.* São Paulo: FTD, 1995.

Compreendendo o texto

1. De acordo com o texto, por que o ser humano mais perdeu do que ganhou com a evolução?

2. Ainda segundo o texto, que vantagens o ser humano obteve com o processo evolutivo?

3. Você concorda com a opinião dos autores? Explique.

ATIVIDADES

Explorando o conhecimento

1 Para alguns estudiosos, a história da humanidade só começou a partir da descoberta da escrita, que as sociedades pré-históricas não conheciam.

Examine a imagem que ilustra a questão e leia a legenda. Produza um pequeno texto concordando ou discordando da ideia de que a descoberta da escrita marcou o início da história.

CID

O período registrado desde o aparecimento do homem até a invenção da escrita é convencionalmente chamado de Pré-história. Esta sociedade tribal africana, em foto do final do século XX, não domina a escrita. Em razão disso, seus integrantes não são agentes históricos?

2 Compare a utilidade do fogo na Pré-história e na vida do homem contemporâneo, determinando pelo menos duas semelhanças e/ou diferenças.

3 Explique as principais atividades realizadas pelo homem paleolítico para garantir a sua sobrevivência.

4 Um dos significados da palavra revolução é: mudança radical nas instituições políticas de uma nação ou modificação, em qualquer ramo do pensamento humano, abandonando ideias, sistemas e métodos tradicionais para adotar novas técnicas.

a) Considerando a conceituação anterior, explique a razão de o período Neolítico ser apontado como um momento revolucionário na história humana.

b) Enumere algumas das características e ações humanas que foram essenciais para impulsionar as mudanças no período Neolítico.

5 Conceitue as expressões: Crescente Fértil, clã, patriarca, Idade dos Metais, Estado, Revolução Urbana, reis-sacerdotes.

A história e o tempo presente

6 Leia os textos e analise a figura para responder à questão:

A ausência de documentos escritos deixados pelos indivíduos do período denominado Pré-história não nos impede de levantarmos hipóteses sobre como viveram. Embora muitas questões fiquem sem resposta, os vestígios arqueológicos encontrados permitem conhecer parte do cotidiano dos indivíduos daquela época.

"O homem paleolítico deixou-nos belíssimas representações nas paredes das cavernas e objetos decorados com fino senso artístico. O cuidado com os mortos, já comum entre os homens de Neanderthal, é enriquecido com símbolos, isto é, sinais, com significado, que remetem a uma vida futura. [...] Ele recorre a sinais que não atendem apenas a necessidades básicas, como os animais. O homem inventa sinais, sons e gestos de um valor simbólico porque remetem a algum significado. Esses sinais podem ir além das necessidades de sobrevivência (arte, religião)."

FACCHINI, Fiorenzo. *O homem*. São Paulo: Moderna, 1997. (Coleção Origem e Evolução)

CID

Pintura rupestre na caverna de Lascaux, na França. Pelas pesquisas mais recentes, acredita-se que as imagens de Lascaux tenham sido feitas 15 mil anos a.C.

- O que você imagina que os homens do passado queriam transmitir com as imagens que eles pintaram nas paredes das cavernas?

7 O homem neolítico construía diques e canais. Os açudes brasileiros podem ser comparados a essas obras? Por quê? Existem açudes no seu estado? Eles estão em terras públicas ou em propriedades particulares? Faça uma pesquisa em jornais, revistas, livros ou na internet para verificar quem é mais beneficiado pela construção dessas obras.

8 A abundância da água foi uma das razões para o desenvolvimento de muitas cidades na antiga região do Crescente Fértil. Desde o século XX, além das disputas travadas em torno do petróleo, boa parte dos entraves que cercam as negociações de paz no Oriente Médio passa pela questão da hidrografia. A água é um dos itens mais importantes do conflito no Oriente Médio, mas é também um dos menos abordados. Pesquise nos meios disponíveis — televisão, jornais, internet, livros, vídeos — a disputa pela água no Oriente Médio.

Vestibular / ENEM

1 (UFPE) "Já se afirmou ser a Pré-história uma continuação da História Natural, havendo uma analogia entre a evolução orgânica e o progresso da cultura."

Sobre a Pré-história, qual das alternativas a seguir é incorreta?

a) Várias ciências auxiliam o estudo, como a antropologia, a arqueologia e a química.

b) A Pré-história pode ser dividida em Paleolítico e Neolítico, no que se refere ao processo técnico de trabalhar a pedra.

c) Sobre o Paleolítico, podemos afirmar que foi o período de grande desenvolvimento artístico, cujo exemplo são as pinturas antropomorfas e zoomorfas realizadas nas cavernas.

d) O Neolítico apresentou um desenvolvimento artístico diferente do Paleolítico, através dos traços geométricos do desenho e da pintura.

e) Os primeiros seres semelhantes ao homem foram o *Australopithecus* e o Homem de Java que eram bem mais adaptados que o Homem de Neanderthal.

2 (Fuvest-SP) Sobre o surgimento da agricultura — e seu uso intensivo pelo homem — pode-se afirmar que:

a) foi posterior, no tempo, ao aparecimento do Estado e da escrita.

b) ocorreu no Oriente próximo (Egito e Mesopotâmia) e daí se difundiu para a Ásia (Índia e China), Europa e, a partir desta, para a América.

c) como tantas outras invenções teve origem na China, donde se difundiu até atingir a Europa e, por último, a América.

d) ocorreu, em tempos diferentes, no Oriente Próximo (Egito e Mesopotâmia), na Ásia (Índia e China) e na América (México e Peru).

e) de todas as invenções fundamentais, como a criação de animais, a metalurgia e o comércio, foi a que menos contribuiu para o ulterior progresso material do homem.

Ampliando o conhecimento

Leituras

A Pré-história. São Paulo: Ática, 1996.
Livro ilustrado da vida pré-histórica. Aborda o desenvolvimento de plantas e animais, dos mais primitivos ao ser humano.

REPRODUÇÃO

MERLEAU-PONTY, Claire e GIRARDET, Sylvie. *A gruta de Lascaux*. São Paulo: Companhia das Letrinhas, 2000.
Saiba como foi descoberta a caverna de Lascaux, na França, conhecida pela presença de pinturas rupestres.

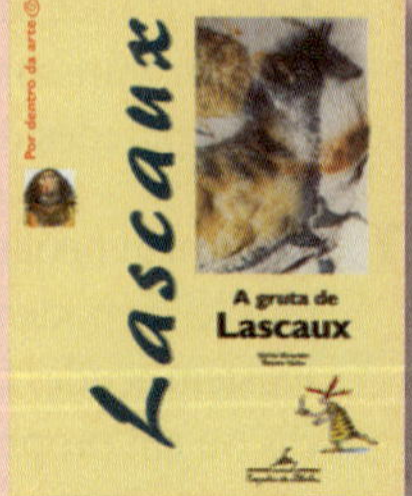

REPRODUÇÃO

RODRIGUES, Rosicler Martins. *O homem na Pré-história*. São Paulo: Moderna, 2003. (Coleção Desafios)
Livro que une narrativa e ilustrações para recriar a vida na Pré-história. A autora percorre um caminho de milhões de anos para contar a história de nossa espécie.

Filme

A guerra do fogo

Direção de Jean Jacques Annaud. França e Canadá, 1981. 97 min.
Filmado no Quênia, na Escócia, na Islândia e no Canadá. A história gira em torno da descoberta do fogo em uma tribo pré-histórica.

REPRODUÇÃO

Capítulo 3

A identidade do homem americano

Humanos ocuparam o Piauí há 58 mil anos

AURELIANO MÜLLER/FOLHA IMAGEM

Boqueirão da Pedra Furada, localizado no Parque Nacional da Serra da Capivara, em São Raimundo Nonato, Piauí, 2006.

“A arqueóloga Niède Guidon riu por último. Evidências apresentadas ontem indicam que as ferramentas de pedra descobertas pela pesquisadora no Boqueirão da Pedra Furada, em São Raimundo Nonato, foram mesmo feitas por seres humanos, e têm entre 33 mil e 58 mil anos de idade. São, portanto, a evidência mais antiga da ocupação da América. Durante mais de duas décadas Guidon, paulista de origem francesa, foi ridicularizada por seus colegas por propor uma idade tão antiga para os instrumentos[...].

Os artefatos têm causado controvérsia desde a sua descoberta, em 1978. Eles foram achados juntamente com supostas fogueiras no abrigo, cujo carvão foi datado em até 50 mil anos. Uma datação realizada depois na Austrália recuou a idade ainda mais: 58 mil anos. O problema era que, naquela época, as evidências apontavam que a presença humana tinha no máximo 15 mil anos no continente. A arqueologia era dominada pelo chamado paradigma ‘Clovis first’, segundo o qual os ancestrais dos índios chegaram recentemente, por uma ponte terrestre aberta entre a Sibéria e o Alasca na última glaciação.”

GARCIA, Rafael. *Folha de S.Paulo*, 20 dez. 2006.

Fonte: FERREIRA, Graça M. L. *Atlas geográfico*: espaço mundial. São Paulo: Moderna, 2004.

A origem do homem americano

A presenca humana no continente americano data entre 33 mil e 58 mil anos, conforme aponta a matéria de abertura deste capítulo. Mas as pesquisas arqueológicas, geológicas e paleontológicas sempre avançam e surpreendem com dados novos.

Há três hipóteses tradicionais sobre a origem das populações que habitaram o continente. A primeira estabelece que o homem americano é autóctone, isto é, surgiu no próprio continente. Tal tese é refutada pela comunidade científica, especialmente porque não se encontrou na América nenhum fóssil anterior ao *Homo sapiens.*

Outra hipótese tradicional é defendida por estudiosos do sítio arqueológico de Clóvis, situado próximo da cidade de Clóvis, no Novo México (Estados Unidos), que afirmam ser a região a mais antiga em vestígios humanos, com 11.500 anos. Para eles, ao final da última era do gelo (que durou de 1,6 milhão de anos a 10 mil anos) o nível da água dos mares estava tão baixo por causa da glaciação que fez emergir uma faixa de terra ligando a Sibéria ao Alasca, por onde teriam atravessado grupos humanos de características mongolóides ou pré-mongoloides, oriundos da Mongólia e da Sibéria (Ásia). De acordo com as comprovações mais recentes, a teoria de Clóvis tem sido questionada.

Uma terceira hipótese supõe que grupos humanos, em migrações esporádicas ocorridas antes da chegada de humanos que atravessaram o Estreito de Bering, navegaram pelo Oceano Pacífico para chegar à América, vindos da Ásia, Polinésia ou Oceania (veja no mapa).

Os primeiros brasileiros

Até o final dos anos 1990, os especialistas acreditavam na hipótese, chamada modelo Clóvis, de que o homem teria ocupado a América há não mais que 11.400 anos.

No entanto, o modelo Clóvis foi bastante questionado a partir de 1997, quando novas descobertas arqueológicas, no sul do Chile, demonstraram que o ser humano ocupava a região havia pelo menos 12.300 anos. Tal descoberta causou grande impacto no meio científico. Novas pesquisas, desde 1997, acabaram resultando na localização de outros sítios arqueológicos com povoamento anterior a 11.400 anos.

É fato que nossos ancestrais deixaram vestígios nos locais por onde passaram e fixaram residência. Esses lugares, conhecidos como sítios arqueológicos, foram encontrados na Ásia, Oceania, Europa e nas Américas.

Entre 1835 e 1845, o naturalista dinamarquês Peter Lund descobriu em grutas de Lagoa Santa (MG) os primeiros fósseis humanos no Brasil. Datados em cerca de 11 mil anos, os esqueletos ficaram conhecidos como fósseis do Homem de Lagoa Santa.

Em 1975, nessa mesma região, pesquisadores desenterraram restos fósseis de um ser humano, que posteriormente foram guardados no Museu Nacional da Quinta da Boa Vista, na cidade do Rio de Janeiro. Em 1999, Walter Neves, pesquisador da Universidade de São Paulo (USP), estudou o fóssil e concluiu que o crânio, de aproximadamente 11.500 anos, era feminino e tinha feições negroides. O resultado da reconstituição do rosto de Luzia, nome dado ao fóssil, foi surpreendente. O esperado era que tivéssemos aqui populações com características próximas às dos atuais índios do Brasil, semelhantes,

ROTAS POSSÍVEIS DE MIGRAÇÕES HUMANAS PARA A AMÉRICA

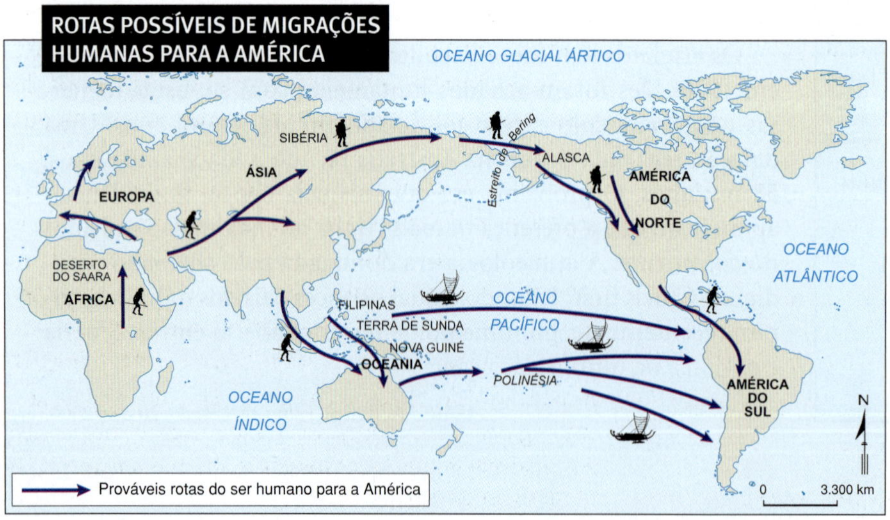

Fonte: *A aurora da humanidade.* Rio de Janeiro: Time-Life/Abril, 1993. (Coleção História em Revista)

No primeiro plano, crânio de Luzia encontrado em 1975, em Lagoa Santa, Minas Gerais. No segundo plano, reconstituição de seu rosto. A descoberta de Luzia representou uma grande conquista da arqueologia brasileira.

GREGG NEWTON/REUTERS-NEWSCOM

portanto, aos povos asiáticos. A análise, porém, demonstrou que Luzia se parece mais com os habitantes de algumas regiões da África e da Oceania.

Sítios arqueológicos no Brasil

Outros sítios arqueológicos, de enorme riqueza, estão situados no Parque Nacional da Serra da Capivara, criado em 1979 e tombado em 1991 pela Unesco como Patrimônio Mundial da Humanidade. O parque fica no município de São Raimundo Nonato, no Piauí (veja mapa abaixo).

PRINCIPAIS SÍTIOS ARQUEOLÓGICOS AMERICANOS

Fonte: NEVES, Walter A. e HUBBE, Mark. Luzia e a saga dos primeiros americanos. Revista *Scientific American*, edição especial, nov. 2003.

Pesquisas dirigidas pelos arqueólogos Niède Guidon e Fábio Parente revelaram a existência na região de mais de 250 sítios arqueológicos, com um acervo que inclui 30 mil pinturas rupestres. As figuras — signos, objetos, animais e pessoas — estão bem conservadas, graças à aridez do clima e à dificuldade de acesso ao local. Segundo a arqueóloga Niède Guidon, as pinturas foram datadas em pelo menos 20 mil anos, e os restos de fogueiras encontrados nos sítios, em mais de 50 mil anos.

A Amazônia também é pródiga em vestígios arqueológicos. Na década de 1990, a arqueóloga norte-americana Anna Roosevelt descobriu pinturas rupestres na caverna da Pedra Pintada (PA) com mais de 11 mil anos e sítios com peças de cerâmica que datam de aproximadamente 9 mil anos. Em 2003, a arqueóloga Edithe Pereira apresentou o resultado de um amplo mapeamento na região amazônica, apontando a existência de 111 sítios arqueológicos em que se encontra vasto patrimônio de arte rupestre.

A Pré-história americana

O período Paleolítico

Na classificação da Pré-história americana, o primeiro período é denominado Paleolítico inferior. Os instrumentos produzidos pelos humanos que viveram nesse período são pedras talhadas com uma ou duas faces e uma espécie de raspadeira, além de utensílios de ossos de mastodontes, mamutes, bisões e camelídeos.

No começo do período chamado Paleolítico superior, entre 17 mil e 16 mil anos, os grupos humanos na região tornaram-se caçadores. Sabiam explorar os recursos do meio onde viviam e eram muito eficientes no ataque aos animais, garantindo alimento, aproveitamento de peles e fabricação de diversos utensílios. Em relação ao período, foram encontradas pontas de flecha de duas faces, facas e outros instrumentos de pedra com técnica mais aperfeiçoada, de lascamento por pressão.

No sítio arqueológico de Monte Verde, no Chile, localizado em um terreno alagado com água parada e de pouca profundidade, pesquisadores encontraram artefatos de madeira, plantas medicinais, ferramentas, pedaços de carne e ossos de mastodontes, além de pegadas humanas. Graças à formação da turfa, material constituído de restos de vegetais em decomposição em regiões pantanosas, os fósseis foram preservados. Estima-se que esses fósseis tenham datação entre 13.500 e 11.800 anos.

FABIO COLOMBINI

Pintura rupestre em paredão no Parque Nacional da Serra da Capivara, localizado no Piauí. Foto de 2000.

Na Patagônia (sul da Argentina), os materiais encontrados referentes ao período paleolítico são pinturas rupestres, pontas de lanças e restos de fogueiras, o que evidencia, de acordo com análise dos especialistas, a chegada do ser humano ao local há bem mais do que 11.500 anos. Esses habitantes do extremo sul do continente americano provavelmente praticavam a pesca e a coleta de mariscos, como atestam os depósitos de conchas (sambaquis) encontrados. Supõe-se que usavam a carne do lobo-marinho para a alimentação e sua pele para construir embarcações e confeccionar agasalhos.

O período Neolítico

Pesquisas apontam que a Revolução Neolítica em algumas zonas do México, América Central e Andes se iniciou entre 5000 e 4000 a.C., em um processo semelhante ao ocorrido no continente europeu, mas cronologicamente posterior. Essa fase caracterizou-se pela coleta sistemática de vegetais; sedentarização e urbanismo incipiente; confecção de cerâmica, cestaria, tecidos e artefatos de pedra associados à agricultura.

A economia agrícola americana, consolidada entre 3000 e 1500 a.C., caracterizou-se especialmente pelo aproveitamento das espécies vegetais autóctones (milho, batata, abóbora, cacau, mandioca, girassol e outras), graças a técnicas como irrigação, cultivo em terraços escalonados e fertilização. Também há indícios da criação de lhamas e alpacas, membros andinos da família dos camelos.

Na América do Sul, além das culturas andinas, destacaram-se os caraíbas, tupis e guaranis, encontrados do Orinoco às regiões meridionais, e os araucanos do Chile e do norte da Argentina.

Os povos dos sambaquis

Há cerca de 10 mil anos, com a elevação da temperatura e do nível dos oceanos, os paleoíndios, nome dado aos primeiros habitantes da América, mudaram-se para o litoral em busca de alimentação abundante. Mantiveram as atividades de caça e de coletas de frutos silvestres, mas passaram a consumir especialmente moluscos e crustáceos. Ao lado das conchas do mar, que iam se reunindo nas praias, esses povos construíam suas casas, armazenavam alimentos e enterravam os mortos. Nos locais onde esses povos se fixavam, acumulavam-se materiais que com o tempo formavam montes.

O registro da presença desses grupos são os sítios arqueológicos chamados **sambaquis**, termo de origem tupi que significa amontoado de mariscos ou conchas. Neles, geralmente são encontrados vestígios da ocupação humana como pedras, sepulturas, fogueiras, restos de alimento e recipientes de barro não cozido.

Grandes sambaquis foram encontrados nos Estados Unidos, no Peru, no Chile e ao longo da Cordilheira dos Andes. Os maiores sambaquis brasileiros encontram-se nos municípios de Laguna, Garuva e São Francisco do Sul, localizados no Estado de Santa Catarina, onde chegam a atingir 30 metros de altura e 400 metros de comprimento.

TEXTO COMPLEMENTAR

Monólogo das mãos

No teatro, o monólogo é uma longa fala ou discurso feito por uma única pessoa, que fala consigo mesma. A fala do ator, ao encenar, é carregada de drama (choro, riso, indignação, pavor...). O monólogo que você vai ler a seguir foi escrito pelo poeta mineiro Giuseppe Artidoro Ghiaroni, nascido na Paraíba do Sul, Minas Gerais, em 1919.

"Para que servem as mãos?

As mãos servem para pedir, prometer, chamar, conceder, ameaçar, suplicar, exigir, acariciar, recusar, interrogar, admirar, confessar, calcular, comandar, [...] perdoar, desprezar, desafiar, aplaudir, reger, benzer, humilhar, reconciliar, exaltar, construir, trabalhar, escrever... [...]

As mãos de Maria Antonieta, ao receber o beijo de Mirabeau, salvaram o trono da França e apagaram a auréola do famoso revolucionário [...] as mãos dos Césares romanos decidiam a sorte dos gladiadores vencidos na arena;

Pilatos lavou as mãos para limpar a consciência;

os antissemitas marcavam a porta dos judeus com as mãos vermelhas como signo de morte! [...]

A mão serve para o herói empunhar a espada e o carrasco, a corda; o operário construir e o burguês destruir; [...]

Com as mãos atira-se um beijo ou uma pedra, uma flor ou uma granada, uma esmola ou uma bomba!

Com as mãos o agricultor semeia e o anarquista incendeia!

As mãos fazem os salva-vidas e os canhões; os remédios e os venenos; os bálsamos e os instrumentos de tortura, a arma que fere e o bisturi que salva.

Com as mãos tapamos os olhos para não ver, e com elas protegemos a vista para ver melhor.

Os olhos dos cegos são as mãos. [...]

O autor do 'Homo Rebus' lembra que a mão foi o primeiro prato para o alimento e o primeiro copo para a bebida;

a primeira almofada para repousar a cabeça, a primeira arma e a primeira linguagem.

Esfregando dois ramos, conseguiram-se as chamas.

A mão aberta, acariciando, mostra a bondade; fechada e levantada mostra a força e o poder; empunha a espada a pena e a cruz!

Modela os mármores e os bronzes; dá cor às telas e concretiza os sonhos do pensamento e da fantasia nas formas eternas da beleza. [...]

O noivo para casar-se pede a mão de sua amada; [...]

Com as mãos limpamos as nossas lágrimas e as lágrimas alheias. [...]

Quando nascemos, para nos levar a carícia do primeiro beijo, são as mãos maternas que nos seguram o corpo pequenino.

E no fim da vida, quando os olhos fecham e o coração para, o corpo gela e os sentidos desaparecem, são as mãos, ainda brancas de cera, que continuam na morte as funções da vida.

E as mãos dos amigos nos conduzem...

E as mãos dos coveiros nos enterram!"

Giuseppe Artidoro Ghiaroni.

Compreendendo o texto

1. De acordo com o monólogo, quais são as principais funções das mãos?

2. Retire do texto funções das mãos que você classifica como positivas e aquelas que você considera negativas.

3. Releia o trecho sublinhado no monólogo e o relacione aos vestígios arqueológicos deixados pelos primeiros povos que habitaram o continente americano.

4. Que outras referências históricas você consegue identificar no monólogo?

ATIVIDADES

EXPLORANDO O CONHECIMENTO

1 No período pré-histórico americano foram encontradas as fases paleolítica e neolítica do desenvolvimento humano. Apresente as principais características das atividades dos homens nas duas fases.

2 Defina a expressão sítio arqueológico.

3 Que tipos de imagens predominam nos sítios arqueológicos de São Raimundo Nonato? Qual é a idade das pinturas e restos de fogueiras encontrados nesses sítios? Destaque os reflexos das datações de São Raimundo Nonato sobre as teorias referentes à presença humana na América.

CLOVIS FERREIRA/AE

Pintura rupestre no Parque Nacional da Serra da Capivara, em São Raimundo Nonato (PI), em foto de 1993.

4 Depois de medir e analisar crânios de diferentes grupos primitivos — entre eles o de Luzia —, os cientistas desfizeram mais uma certeza: a de que os primeiros habitantes da América tinham as mesmas características físicas, pois tinham a mesma origem. Como se vê, Luzia trouxe novas respostas... Mas também novas perguntas!

Forme um grupo de estudo e organize uma lista de hipóteses sobre as diferentes origens do homem americano. Observe o mapa da página 38 para auxiliar na elaboração das hipóteses.

A HISTÓRIA E O TEMPO PRESENTE

5 Comparando as imagens a seguir, identifique alguns elementos que demonstram as mudanças que ocorreram e vêm ocorrendo nas comunidades indígenas e produza um pequeno texto crítico, reunindo as observações feitas.

STUDIO R

Índio xavante filmando atividades na tribo em Xavantina, MT.

MUSEU PAULISTA-USP

Pintura O missionário, *de Henrique Bernadelli, século XIX.*

6 Leia o trecho a seguir:

> "De acordo com as informações recebidas até agora, cerca de 60 paramilitares do Partido Revolucionário Institucional (patrocinados pelos governos federal e estadual) atacaram com armas de grosso calibre os indígenas que se encontravam refugiados em Acteal, no estado do México. Como resultado da agressão, que durou cerca de 4 horas, foram assassinados, no mínimo, 45 indígenas, entre os quais 9 homens, 21 mulheres e 15 crianças (uma delas com menos de 1 ano de idade). Além dos mortos, ficaram feridos 7 homens (4 deles são meninos) e 10 mulheres (4 delas são meninas)."
>
> Disponível em <www.chiapas.hpg.ig.com.br>. Acesso em dez. 1997.

A cultura indígena faz parte do patrimônio material e imaterial do continente americano. O desaparecimento de elementos culturais importantes e o descaso com o futuro dos grupos remanescentes são comprovados pelos inúmeros incidentes e massacres que envolvem essas comunidades.

a) Em grupo faça uma pesquisa sobre as heranças indígenas presentes na nossa cultura como palavras, ritmos, mitos, hábitos alimentares, artesanato, entre outros.

b) Escolham uma comunidade indígena e pesquisem quais suas condições de vida atualmente.

c) Debatam em sala as informações obtidas na pesquisa.

Vestibular / ENEM

1 (UFPE) O longo processo evolutivo, que se realizou na África, culminou com a aparição do homem na Terra (o chamado gênero *Homo*), a partir de um ancestral comum ao homem e aos macacos antropoides. O *Homo erectus* e o *Homo ergaster* migraram da África, há pelo menos um milhão de anos, e povoaram a Ásia. O *Homo antecessor* iniciou o povoamento da Europa, há 800.000 anos. Há 100.000 anos, o homem de Neanderthal ocupava também a Europa e a Ásia Menor. Todas essas espécies extinguiram-se, restando apenas o *Homo sapiens* moderno, única espécie sobrevivente, à qual todos pertencemos. Baseado nessas informações, analise as proposições a seguir:

1) A América estava completamente despovoada quando Colombo ali chegou, pela primeira vez, descobrindo o chamado Novo Mundo.

2) A América, antes dos descobrimentos dos espanhóis e portugueses, já estava povoada por numerosos grupos humanos de diferentes culturas, embora todos pertencessem à mesma espécie humana, a do *Homo sapiens* moderno.

3) Depois de povoar a Ásia, o *Homo erectus* conseguiu chegar também à América, faz meio milhão de anos.

4) Os primeiros homens que povoaram a América chegaram desde a Ásia, através do Estreito de Bering.

5) Os primeiros habitantes da América pertenciam a uma espécie humana hoje extinta.

Estão corretas apenas:

a) 1 e 2
b) 2 e 3
c) 3 e 5
d) 2 e 4
e) 1 e 5

2 (UFSC) Sobre a ocupação humana no continente americano, assinale a alternativa incorreta.

a) Existem elementos que comprovam ter ocorrido há mais de 30 mil anos.

b) Grupos nômades ocuparam o litoral atlântico.

c) Grupos agricultores fixaram-se nos altiplanos andinos.

d) Teorias comprovam a origem asiático-polinésia do homem americano.

e) Teorias comprovam a origem autóctone do homem americano.

Ampliando o conhecimento

Leituras

AQUINO, Rubim Santos Leão de et al. *Os primeiros brasileiros*. Rio de Janeiro: Record, 2000.
História de uma tribo pré-histórica, do tempo dos sambaquis, que luta contra a fome em sua migração para chegar ao território que viria ser o Brasil.

NEVES, Ana Maria Bergamin e HUMBERG, Flávia Ricca. *Os povos da América*: dos primeiros habitantes às primeiras civilizações urbanas. São Paulo: Atual, 2003. As autoras discutem as teorias sobre a origem do homem americano e traçam um panorama dos primeiros povos que habitaram o continente.

Filme

Tainá 2 — A aventura continua

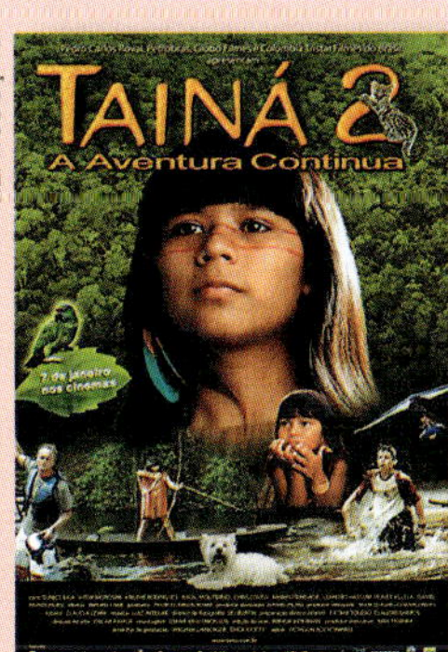

REPRODUÇÃO

Direção de Mauro Lima. Brasil, 2005. 90 min.
A indiazinha pré-adolescente Tainá se divide entre enfrentar os bandidos e dar atenção à pequenina Catiti, de 6 anos, que foge da aldeia querendo imitar Tainá como protetora do meio ambiente.

Capítulo 4

Mesopotâmia e Egito

Fonte: VIDAL-NAQUET, Pierre e BERTIN, Jacques. *Atlas histórico*. Lisboa: Círculo de Leitores, 1990.

A história da água e do homem

"Foi nas origens das primeiras sociedades que as ofertas de água doce exerceram um papel muitas vezes determinante na dinâmica da vida humana e no desenvolvimento técnico e material. Data de aproximadamente 3.100 a.C. o surgimento da civilização suméria, na região banhada pelos rios irmãos Tigre e Eufrates, no atual Iraque.

Estes rios, através de seu regime de cheias e vazantes anuais, provê as terras adjacentes com matéria orgânica fertilizante. [...] Graças à abundância das colheitas eles obtinham mais alimento do que o necessário para a sobrevivência imediata. O armazenamento deste excedente dava aos sumérios algumas vantagens na época: a liberação de alguns indivíduos da lavoura para o trabalho com a arquitetura e a escrita. [...]

Há uma hipótese geral, no estudo das origens das diferentes sociedades, de que a produção de um excedente agrícola é necessária para que os agrupamentos humanos cresçam. [...] Os rios e suas dinâmicas anuais de cheias-vazantes propiciaram a fartura nas agriculturas nas sociedades suméria, acadiana e egípcia."

Revista *Com ciência*. Número 13, set. 2000.
Disponível em <http://comciencia.com.br>. Acesso em jun. 2007.

EVARISTO SÁ/AFP

Vista da ponte sobre o Rio São Francisco, que liga as cidades de Juazeiro, no estado da Bahia, e Petrolina, em Pernambuco. Foto de 2005.

A água é um recurso natural indispensável à vida humana. Cerca de 60 a 70% do nosso peso corpóreo é constituído de água, que, além de regular nossa temperatura interna, ainda é responsável por boa parte das funções do organismo. A água ainda é utilizada na geração de energia elétrica, na agricultura, na indústria e nas atividades cotidianas.

Contudo, apenas 3% da água do planeta é doce. A maior parte desse total concentra-se nos aquíferos, nas geleiras e calotas polares. Esses reservatórios localizam-se em regiões muito distantes dos centros consumidores, o que significa que a água realmente disponível representa apenas uma pequena parcela. A irregularidade na distribuição das chuvas, a poluição das fontes de água e o desperdício tendem a agravar a escassez desse recurso.

Hoje, estudiosos afirmam que em alguns anos a disputa de terras com maior disponibilidade de água doce levará países do Oriente Médio e da África a travar grandes conflitos. E foi justamente a necessidade de água que levou as primeiras civilizações a se estabelecer na região entre os rios Tigre e Eufrates.

A antiga Mesopotâmia, a "região entre rios", testemunhou a passagem pelo território dos povos sumérios, acadianos, assírios, babilônios, persas e os gregos de Alexandre. Essas civilizações da Antiguidade oriental nos deixaram muitas contribuições importantes, como os primeiros registros escritos, formas de medir o tempo e de determinar as estações do ano. Muitos elementos de sua cultura permanecem vivos até hoje.

Mesopotâmia: terra entre rios

Localizada no Crescente Fértil, cercada por montanhas ao norte e desertos ao sul, esses elementos não impediram, ao longo da história da Mesopotâmia, as migrações de sociedades nômades. Atraídos pelas condições favoráveis à prática da agricultura, povos como sumérios, acádios, amoritas, assírios e caldeus migraram para essa área em diferentes épocas, entrando em conflito com os ocupantes anteriores — e sedentarizando-se com rapidez. Cada um desses povos dominou a Mesopotâmia em um determinado momento. Assim, as sucessivas invasões não favoreceram a formação de um império duradouro e unificado como no Egito.

Contudo, uma importante semelhança entre as sociedades mesopotâmicas e egípcia é que ambas podem ser consideradas as duas primeiras áreas civili-

Fonte: *Atlas histórico escolar.* Rio de Janeiro: FAE, 1991.

zadas a surgir em vales fluviais inundáveis, o Vale do Nilo (Egito) e o vale entre o Tigre e o Eufrates (Mesopotâmia). Além disso, o trecho entre os dois rios mesopotâmicos foi a única região do Velho Mundo a chegar por si mesma a uma urbanização completa e aos aspectos variados daquilo que se convencionou chamar de **civilização**. Foi um longo processo, que vai do surgimento de aldeias sedentárias, por volta de 7000 a.C., à constituição de múltiplas cidades-Estado no sul mesopotâmico, no final do quarto milênio, antes da era cristã.

Antes que surgissem as cidades, já estava em curso uma crescente diferenciação social na Mesopotâmia. Os indivíduos ativos passaram a ser divididos de acordo com as atividades que exerciam, entre produtores de alimentos e especialistas. Os primeiros permaneceram nos centros urbanos e, aos poucos, constituíram um segmento detentor de prestigio, poder e riqueza. Os habitantes das aldeias passaram a depender das cidades para a sobrevivência, tornando-se tributários.

Os povos mesopotâmicos

A região onde se desenvolveu a sociedade mesopotâmica costuma ser dividida entre Alta Mesopotâmia, parte norte montanhosa e menos fértil; e Média e Baixa Mesopotâmia, centro e sul do vale entre o Tigre e o Eufrates. O quadro geográfico e o clima semiárido fazem lembrar o Egito; contudo, os dois rios principais não se assemelham ao Nilo. As enchentes do Tigre e do Eufrates são mais violentas, na maioria das vezes provocando inundações devastadoras. Várias dessas catástrofes inspiraram poemas sumerianos e babilônios como a *Epopeia de Gilgamesh* e o *Mito do dilúvio*, que encontramos na Bíblia.

▷ Os sumérios e os acádios

A primeira sociedade a desenvolver uma civilização na Mesopotâmia foi a dos **sumérios**. No final do quarto milênio antes de Cristo, esse povo veio do Planalto do Irã e fixou-se na Caldeia (Média e Baixa Mesopotâmia), na região que ficou conhecida como Súmer. Os sumérios foram responsáveis pelo aperfeiçoamento das técnicas de irrigação, arquitetura, artes e comércio. Também criaram a mais antiga forma de escrita, designada como **escrita cuneiforme** por ser composta de caracteres em forma de cunha, gravados com um estilete em argila mole, que era depois secada e endurecida ao sol ou em um forno para ganhar resistência (veja a foto abaixo). Essa escrita foi decifrada no século XIX, a partir das pesquisas do alemão Georg Grotenfend e do inglês Henry Rawlinson, permitindo o conhecimento da rica literatura mesopotâmica, que incluía textos religiosos, mitológicos, históricos, fábulas, provérbios e códigos de leis.

Os sumérios trouxeram uma contribuição importante à chamada **Revolução Urbana**, que parece ter se iniciado na Mesopotâmia por volta de 3000 a.C. A organização político-administrativa desse povo deu-se em torno de doze cidades-Estado, como Ur, Uruk, Nipur e Lagash, cada uma constituída por um núcleo urbano e as terras que o circundavam. O chefe de cada cidade-Estado era chamado de *Patesi.* Rei-sacerdote que acumulava funções religiosas e militares, desfrutando de poder absoluto, o *Patesi* controlava ainda as obras públicas, como a construção de canais, celeiros e templos.

Independentes e rivais entre si, as cidades-Estado sumerianas viviam em guerra, disputando o controle central do território. Por volta de 2350 a.C., esses núcleos ficaram sob a influência de um povo de origem semita, os acádios, formando com eles o **Império Acádio** — o primeiro grande Estado a se constituir na Mesopotâmia. A língua suméria tornou-se, a partir daí, pouco conhecida, sendo utilizada apenas em alguns rituais religiosos.

HERITAGE/OTHER IMAGES

Placa de argila com escrita cuneiforme de aproximadamente 1359.

▷ Os amoritas ou babilônios

Por volta de 1900 a.C., as regiões dos sumérios e acádios foram dominadas pelos amoritas, também de origem semita, que criaram o segundo império organizado na Mesopotâmia: o **Império Babilônico**.

Dentre os reis amoritas destacou-se Hamurábi (1728-1686 a.C.), que governou o império de forma centralizadora e autoritária, conquistando e unificando toda a Mesopotâmia. Durante seu governo, a cidade de Babilônia tornou-se um dos maiores centros comerciais da Antiguidade. Hamurábi é o autor do maior código de leis escrito até então, com 280 artigos. O **Código de Hamurábi**, como ficou conhecido, baseou-se na chamada *Lei de talião* (olho por olho, dente por dente), que determinava que cada crime deveria ser punido com prática idêntica ao delito cometido. Gravado em um monumento de pedra medindo 2 metros de altura por 35 centímetros de largura, o Código de Hamurábi foi encontrado em 1902 e está exposto no Museu do Louvre, em Paris.

Leia a seguir trechos do Código de Hamurábi:

> "Se a esposa de um homem é apanhada na cama com outro homem, os dois serão amarrados e lançados na água. Se o marido da mulher quer poupá-la, o rei também poderá poupar o seu súdito.
>
> Se um médico fizer uma operação difícil com faca de metal em um homem livre e lhe causar a morte ou destruir seu olho, a sua mão será amputada.
>
> Se um médico tratar com faca de metal a um escravo e este morrer, o médico dará outro escravo para substituir o morto.
>
> Se um arquiteto construir para outrem uma casa e ela não for bastante sólida, se a casa ruir matando o dono da casa, este arquiteto é passível de morte.
>
> Se um homem negligenciar a conservação de seu dique, se uma brecha nele se abrir e os campos se inundarem, este homem será condenado a restituir o trigo destruído por sua falta."
>
> Citado em GRIMBERG, Carl. *História universal.* Madri: Daimon, 1981.

A morte de Hamurábi levou o império à decadência, motivada principalmente por novas ondas migratórias, como as dos cassitas e dos hititas.

POVOS DA MESOPOTÂMIA: DOMÍNIOS E EXPANSÕES

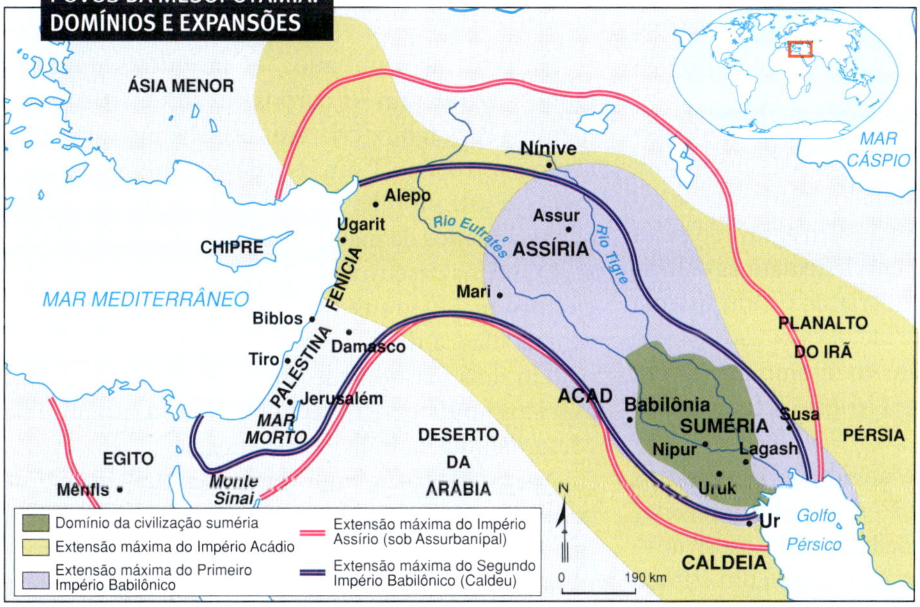

Fonte: VIDAL-NAQUET, Pierre e BERTIN, Jacques. *Atlas histórico*. Lisboa: Círculo de Leitores, 1990.

Os assírios e os caldeus

A partir de 1300 a.C. ocorreu a ascensão dos assírios, um povo que habitava as margens do Rio Tigre, onde praticava a agricultura e a caça. Fixaram-se no norte da Mesopotâmia, no Planalto de Assur, nú- cleo do **Império Assírio** (1300-612 a.C.).

Nessa região desértica, os assírios desenvolveram-se diferentemente dos povos do centro e do sul. Tudo indica que tiveram o primeiro exército organizado da história, com tropas de arqueiros e lanceiros, carros de combate e cavalaria. Graças a essa máquina de guerra, conseguiram formar um grande império que, além da Mesopotâmia, chegou a dominar os territórios que hoje correspondem a Armênia, Síria, Palestina e Egito.

Em suas incessantes campanhas, os assírios tratavam os vencidos com extrema crueldade: mutilações, torturas e deportação em massa das populações derrotadas eram práticas habituais.

Em 612 a.C., os caldeus, povo de origem semita, derrotaram os assírios e fundaram o **Segundo Império Babilônico** ou **Neobabilônico** (612 a.C. a 539 a.C.). Foi no reinado de Nabucodonosor (604 a.C. a 561 a.C.) que o império viveu o apogeu do desenvolvimento arquitetônico, representado pelas construções públicas, como as muralhas da cidade, a Torre de Babel e os palácios e Jardins Suspensos da Babilônia, também considerados uma das sete maravilhas do mundo antigo (veja a imagem ao lado).

Os domínios de Nabucodonosor abrangeram o reino de Judá, no sul da Palestina, e chegaram até as fronteiras do Egito. Todavia, após a morte do rei, seus sucessores não conseguiram manter a unidade do vasto território. Em 539 a.C., o Segundo Império Babilônico foi conquistado pelos persas. Foi o fim da história dos grandes Estados mesopotâmicos.

Economia e vida social

A sociedade mesopotâmica foi marcada por rígida divisão social: as funções de cada indivíduo eram estabelecidas de acordo com a camada a que pertencia. Nobres, guerreiros, sacerdotes e funcionários ocupavam posições privilegiadas. Na base da pirâmide social estavam os escravos e os camponeses, além de gran-

BRIDGEMAN ART LIBRARY, LONDRES-KEYSTONE

Os Jardins Suspensos da Babilônia constituem uma das sete maravilhas do mundo antigo. Tudo indica que foi construída pelo rei Nabucodonosor, para agradar sua esposa preferida Amitis. Entretanto, até hoje, nenhum vestígio arqueológico da contrução foi encontrado para comprovar sua existência. Os jardins suspensos da Babilônia, *de Ferdinand Knab (1886).*

de número de trabalhadores que prestavam serviços à comunidade. Esses grupos eram constantemente convocados para o serviço militar e para a construção de obras públicas.

As violentas enchentes dos rios da Mesopotâmia costumavam causar a destruição das plantações e grandes catástrofes. Os resultados eram a crise no abastecimento e a fome — um quadro agravado pelas guerras frequentes, que também destruíam as colheitas. Essas condições exigiram a criação de um sistema de irrigação e drenagem, que incluía a construção de diques e barreiras de proteção. Ao mesmo tempo, era necessário acumular água para irrigar os campos nas épocas de seca.

Na verdade, a prática de atividades agropastoris em escala mais ampla na região só se tornou possível graças à ação coletiva dos trabalhadores. A construção das obras de proteção e de irrigação exigia um esforço permanente, conjunto e disciplinado pela lei. Mobilizar forças para essas obras era uma das prioridades dos Estados que se organizaram na Mesopotâmia. As cidades também se tornavam cada vez mais ricas e complexas. Documentos iconográficos encontrados pelos arqueólogos comprovam a importância que o artesanato teve para a sociedade mesopotâmica. Segundo os desenhos, os artesãos produziam vasilhas de argila, pedra, vidro e madeira. Eles dominavam a produção de cerveja, de tijolos (base das construções), tecidos, objetos de metal, couro, artigos de madeira etc.

O comércio também ganhou importância crescente: zona de passagem, ponto de encontro de povos e culturas, a região mesopotâmica tornou-se um dos polos mercantis do Oriente. O próspero artesanato atraiu a atenção de diversos povos, que por meio de cartas de crédito efetivaram vultosos negócios na área. Outras operações bancárias, como empréstimos a juros, corretagem e associações, também ocorriam com frequência entre os mercadores. O padrão de troca comercial eram barras de metal.

Ciência e arquitetura

Há cerca de 4 mil anos, os sacerdotes mesopotâmicos estudaram os corpos celestes e seus movimentos. Para tanto, criaram diversos instrumentos, como o astrolábio. Com isso, desenvolveram a astrologia e a astronomia, assim como aperfeiçoaram os conhecimentos da matemática. Nesse campo, os mesopotâmicos desenvolveram a álgebra e dividiram o círculo em 360 graus. O calendário lunar, a semana de sete dias, a divisão do ano em doze meses e do dia em dois períodos de doze horas — todos esses aspectos fundamentais da nossa cultura surgiram na Mesopotâmia há milhares de anos.

Apesar de suas importantes contribuições, os babilônios não estabeleceram princípios gerais nem procuraram demonstrar as suas operações matemáticas. Tampouco observavam o céu para encontrar relações de causa e efeito entre os fenômenos astronômicos, mas, sim, para descobrir a vontade dos deuses. Os mesopotâmicos acreditavam que, conhecendo o desejo divino, eles poderiam organizar melhor sua vida, em termos políticos, sociais e morais. A religião influenciava tanto o desenvolvimento das ciências quanto a vida das pessoas: eram estreitos os limites entre a ciência e o misticismo.

Preocupados em ficar mais próximos do céu, a suposta morada dos deuses, os mesopotâmicos construíram templos altos e majestosos, os **zigurates**, cujas torres davam a impressão de apontar para o firmamento. Chegando a possuir vários pavimentos e escadarias externas, os zigurates funcionavam não só como locais para rituais sagrados, mas também como celeiros, hospitais, bibliotecas e observatórios astronômicos. No alto, ficavam os altares de cerimônias, de onde os sacerdotes observavam os corpos celestes.

Zigurate de Nanna, construído cerca de 4.100 anos atrás, na cidade de Ur, na Mesopotâmia.

Religião e literatura

Assim como a ciência, a literatura babilônica foi fortemente influenciada pela religião. Poemas e narrativas literárias contavam histórias de heróis, deuses ou semideuses, destacando-se duas obras sumerianas: o *Mito da criação e a Epopeia de Gilgamesh*. O primeiro faz um relato da origem do mundo por obra do deus Marduk. Por sua vez, a *Epopeia de Gilgamesh* é um extenso poema que narra as aventuras do gigante Gilgamesh, rei da cidade sumeriana de Uruk.

Um dos trechos mais conhecidos da *Epopeia de Gilgamesh* narra um episódio semelhante — mas anterior — ao relato bíblico sobre o Dilúvio e a Arca de Noé. Gilgamesh encontra um homem imortal, Utnapishtim, que lhe revela "um triste mistério dos deuses". Utnapishtim conta que as divindades decidiram "submergir a terra de Shurupak", mas que ele, homem devoto, recebeu ordem de construir um barco em meio ao deserto e nele se abrigar com sua família, seus amigos, "e os quadrúpedes e as aves de sua escolha". Depois do dilúvio, que durou 6 dias e 6 noites, os deuses concederam a Utnapishtim a imortalidade.

No campo da religião, as divindades na Mesopotâmia eram representadas como figuras masculinas ou femininas, geralmente imortais, detentoras de grandes poderes sobre o homem e a natureza e associadas a características do comportamento humano, tanto positivas quanto negativas.

O centro da vida religiosa eram suntuosos templos, mas realizavam-se adorações aos deuses em residências, bosques ou outros ambientes. Assim como acontecia no Egito, os sacerdotes e as sacerdotisas cumpriam numerosas funçoes econômicas, sociais e políticas.

Os mesopotâmicos acreditavam na vida após a morte, uma dimensão em que as pessoas passariam a viver na escuridão sob suas próprias leis. No funeral, cujo ritual era menos elaborado do que no Egito, as tumbas abrigavam alguns bens do morto e variavam conforme as condições financeiras. Podiam ser potes (para crianças), câmaras subterrâneas, hipogeus (túmulos subterrâneos escavados nas rochas) ou mausoléus (grandes construções funerárias para vários membros da mesma família).

A lenda de Gilgamesh

"Existe na Babilônia uma maravilhosa lenda que conta a façanha do gigante Gilgamesh. Inúmeros poetas contribuíram para a criação dessa lenda, mas seus nomes foram perdidos na noite dos tempos.

Gilgamesh, havia séculos, reinava na cidade de Uruk, e quis forçar seu povo a construir uma gigantesca muralha fortificada ao redor da cidade.

Assustados com esse trabalho, muito fatigante para forças humanas, seus súditos imploraram a ajuda dos deuses.

Os deuses os ouviram: a deusa Ishtar lhes enviou Enkidu, seu protegido, que vivia só nos fundos das florestas de cedros, entre os animais selvagens. Enkidu deveria desafiar o gigante para um combate singular, onde o mataria, mas os dois adversários, contrariando o desígnio da deusa, tornaram-se amigos. Juntos organizaram harmoniosamente o mundo, livrando-o dos monstros que ameaçavam a espécie humana.

Um dia Enkidu levou seu companheiro para visitar Ishtar. Esta, descobrindo que ele a tinha abandonado por Gilgamesh, tentou seduzir o gigante. Este, porém, sabia que todo aquele que amasse a deusa estava destinado a morrer, e por isso repeliu suas seduções. Despeitada, Ishtar fez Enkidu morrer leproso e afligiu Gilgamesh com o mesmo mal [...]."

Jornal do Mundo. São Paulo: Ibrasa, 1968.

Às margens do Nilo: o Egito

O Egito está localizado no nordeste da África, em uma região conhecida no passado como Crescente Fértil. Apesar dessa designação, ocupa um território predominantemente desértico. A maior parte do país corresponde ao Deserto da Líbia e apenas 5% do solo é utilizado para a agricultura. Hoje, as terras estão concentradas nas mãos de grandes proprietários, que preferem produzir algodão para o comércio externo a gerar alimentos. No tempo dos faraós, porém, o Egito tornou-se um celeiro de grãos.

Em larga medida, isso aconteceu graças ao Rio Nilo. É o mais longo do planeta, com 6.671 quilômetros de extensão, e corta o país no sentido norte–sul. A fertilidade trazida pelo grande rio possibilitou a fixação de povos nômades em uma das regiões mais áridas da Terra. Durante as cheias, entre os meses de junho e outubro, as águas cobriam as margens desérticas do Nilo. Mas, quando o rio voltava ao nível normal, uma grossa camada de limo fertilizante (húmus) era deixada sobre a terra. Então os camponeses iniciavam as semeaduras favorecidas por um terreno fertilizado e rico.

O EGITO E A ÁFRICA EM 2007

Fonte: IBGE. *Atlas geográfico escolar.* Rio de Janeiro: IBGE, 2004.

O povo egípcio logo aprendeu a se utilizar melhor das cheias periódicas e, por meio de grandes obras hidráulicas, realizava a drenagem dos pântanos e distribuía a água por meio de diques e canais. Desse modo se desenvolveu, no Vale do Nilo, uma economia baseada na agricultura irrigada. Os egípcios cultivavam trigo, cevada, linho, papiro, legumes e frutas. Criavam bois, carneiros, cabras, aves e porcos. Além de garantir a sobrevivência de pessoas, animais e plantas, as águas do Nilo eram cortadas por barcos que asseguravam a ligação permanente entre as terras do sul e as regiões pantanosas do delta, ao norte. Por esses motivos, os egípcios reverenciavam o grande rio como uma divindade protetora e suas cheias, embora por vezes destruíssem moradias e afogassem homens e animais, eram vistas como uma bênção divina.

Mas as cheias, por si só, não garantiriam uma agricultura farta e diversificada. Foram os habitantes do vale, e em especial os camponeses (os *felás*) que aprenderam a transformar a natureza em benefício da sociedade. Foi necessário muito esforço, criatividade e trabalho coletivo para construir diques e canais de irrigação, que reduziam os danos e estendiam a regiões distantes os benefícios das cheias do Nilo.

▷ Uma sociedade diversificada

O Egito foi marcado por rígida divisão social. Na base da pirâmide social estavam os escravos e os camponeses, além de um grande número de trabalhadores que prestavam serviços à comunidade. Esses grupos eram constantemente convocados para a construção de obras públicas.

Com o tempo, a sociedade ficou mais diversificada, abrangendo comerciantes, artesãos, construtores, soldados, embalsamadores, funcionários públicos, escribas, sacerdotes e pessoas de muitas outras profissões. Como acontece hoje em certos países, a ocupação profissional dos indivíduos determinava sua posição na sociedade.

Os **camponeses** compunham a imensa maioria da população. Em geral eram trabalhadores independentes, que prestavam serviço nas propriedades agrícolas e recebiam como salário uma pequena parte da colheita. Eles não eram escravos, portanto não pertenciam aos proprietários de terras. Viviam em casas feitas de madeira, barro e papiro, quase sempre erguidas nas áreas de plantio. Quando não estavam trabalhando na agricultura, os camponeses podiam prestar serviços nas construções do faraó.

Os **escravos** constituíam a camada social mais explorada. Eram geralmente estrangeiros prisioneiros de guerras.

O surgimento do Estado

"Nas grandes planícies inundadas e nos terrenos baixos perto dos rios, a necessidade de grandes obras públicas para secar e irrigar a terra e proteger as aldeias produziu um desenvolvimento social e a organização da economia.

Os habitantes do Egito [...] foram obrigados a organizar alguma forma de comércio regular para garantir o abastecimento de matérias-primas essenciais. A fertilidade das terras deu aos seus habitantes os meios de satisfazer suas necessidades de importações. [...]

Dentro em pouco, havia necessidade de soldados para proteger as caravanas, de escribas para manter registros de transações que se tornavam cada vez mais complicadas. [...]

E, assim, aproximadamente em 3000 a.C. o quadro que se vê do Egito já não é apenas o de comunidade de agricultores simples, mas o de um Estado, que reúne várias profissões e classes.

O primeiro plano é ocupado pelos sacerdotes, príncipes, escribas e autoridades, e um exército de artesãos especializados, soldados profissionais e trabalhadores diversos, todos afastados da tarefa de produzir alimentos."

CHILD, V. Gordon. *O que aconteceu na história.* Rio de Janeiro: Zahar, 1973.

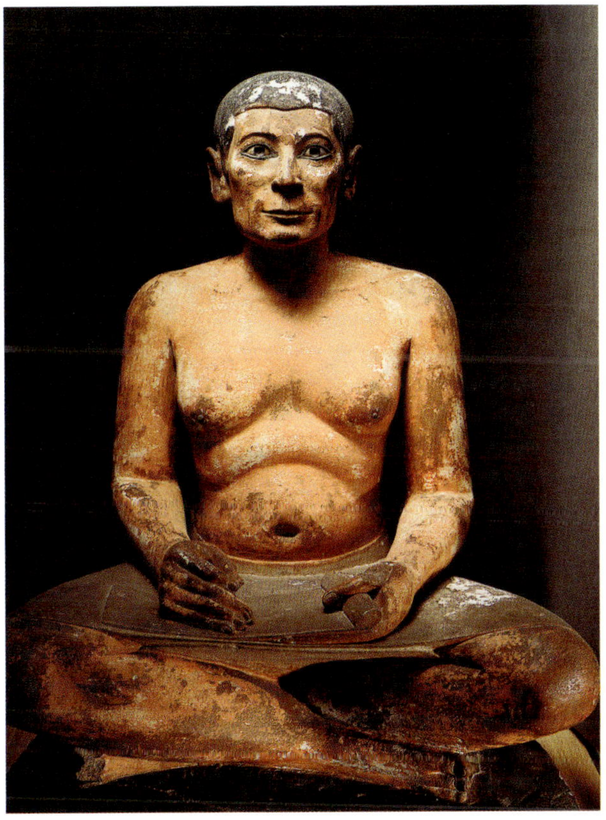

Escultura representando escriba egípcio, de cerca de 2500 a.C. A escrita, como a matemática, surgiu para poder registrar e contabilizar as riquezas produzidas, calcular as estruturas das obras, contar os acontecimentos importantes e administrar o reino.

Entre os segmentos privilegiados estavam os **sacerdotes** e **sacerdotisas**, respeitados pelo conhecimento e por serem vistos como mediadores da relação dos homens com os deuses. Esses profissionais enriqueciam com as oferendas dos devotos e não pagavam impostos, até mesmo de suas propriedades particulares.

Eram responsáveis pela administração dos templos e de escolas nas quais os médicos, escribas e outros profissionais obtinham seus conhecimentos.

Sacerdotes e sacerdotisas cultuavam e serviam as divindades; no entanto, as funções dos sacerdotes não se resumiam aos aspectos religiosos. Um complexo conjunto de funções econômicas, sociais, políticas e funerárias fazia parte das atribuições sacerdotais.

O **soldado** exercia uma profissão de prestígio, fonte de ascensão social. Quando serviam diretamente ao chefe do Estado, por um longo período de tempo, os militares eram recompensados com ouro, terras e altos cargos.

O **escriba**, ou seja, o escrivão profissional, estava entre os poucos que sabiam ler, escrever e contar. Ele controlava a cobrança dos impostos, classificação dos valores de todas as propriedades, contagem do número de trabalhadores do reino, organização das leis, fiscalização das atividades econômicas e por outras importantes funções públicas (veja a foto ao lado).

O escriba recebia salários. Não na forma como conhecemos hoje, porque o dinheiro ainda não tinha sido inventado. Os salários e os impostos eram pagos em produtos — como trigo, pão, carne, frutas, gordura, sal — ou trocados por prestação de serviços. Nas guerras, os escribas acompanhavam os exércitos, encarregando-se de manter os registros em dia.

O **funcionário público** era importante na administração da sociedade. Ele era responsável pela arrecadação dos impostos, chefiava a polícia, fiscalizava as construções e administrava as obras públicas.

Os artesãos produziam lanças, arcos e escudos para as tropas que combatiam as guerras. Também fabricavam objetos, como vasos de cerâmica, cestos, sandálias, perucas, tecidos, barcos fluviais e estátuas gigantescas. Para as camadas privilegiadas, esses profissionais produziam joias, esculturas, quadros e objetos destinados a enfeitar as tumbas. Existiam também artesãs que fabricavam perfumes, óleos para o corpo, roupas e produtos de maquiagem.

Graças ao trabalho do **comerciante**, os egípcios adquiriam produtos importados, como a madeira da Fenícia, para a construção de navios, móveis e sarcófagos, e metais como cobre e estanho, vindos da Núbia (atual Sudão), importantes para a confecção das armas. Também eram trazidas da Grécia e do Oriente Médio plantas cuja resina era usada na mumificação.

Após o embalsamamento, o corpo era depositado na tumba juntamente com objetos associados ao falecido, como estatuetas de escravos e camponeses, armas, pinturas de caça e pesca, cenas de família. Acreditava-se que, dessa forma, o morto poderia recordar certos aspectos de sua vida na terra.

No topo da estrutura social estava o **faraó**. Assessorado pelos funcionários públicos, pelos altos militares e pelos escribas, o faraó fiscalizava as obras públicas e comandava o exército. Também exercia, muitas vezes, funções religiosas: sua participação era considerada fundamental nas cerimônias destinadas a assegurar a vitória nas guerras ou a garantir que as cheias dos rios não fossem insuficientes ou excessivas.

▶ A terra dos deuses

A sociedade do Egito antigo atribuía a condição de deuses e deusas às forças da natureza — entre as quais o sol, o céu, a terra e o Rio Nilo. Havia centenas de divindades, algumas cultuadas apenas numa região, outras veneradas em todo o Egito. Eram associadas aos acontecimentos da vida diária, à morte e aos fenômenos naturais. A religião **politeísta** (adoração de vários deuses) e **antropozoomórfica** (divindades representadas por seres híbridos, com uma parte humana e outra animal) assumia diferentes formas, até mesmo a adoração de animais.

As crenças religiosas estavam na base de manifestações culturais como a arte, a medicina, a astronomia, a literatura e o próprio governo do Egito. E também com a vida após a morte, uma preocupação generalizada na sociedade egípcia.

HERITAGE-OTHER IMAGES

Túmulo do faraó Tutankamon com sarcófago, no Cairo, Egito.

▷ Aton, o deus único

O domínio dos milenares deuses do Egito foi quebrado durante o reinado do faraó Amenófis IV (1353 a.C. a 1336 a.C.), que tentou implementar o culto ao deus único. A reforma religiosa tinha o objetivo de diminuir a autoridade crescente dos sacerdotes, que ameaçava o poder central. A experiência monoteísta (crença num só deus) baseou-se no culto ao deus Aton, simbolizado pelo disco solar. O faraó passou a intitular-se Akenaton — sacerdote de Aton, aquele que é útil a Aton — e fundou uma nova capital, Akhetaton (horizonte do disco solar), nas proximidades de Tebas, então capital do Egito. Combatido pelos sacerdotes dos velhos deuses, o monoteísmo declinou após a morte de Akenaton. Mas os hinos de louvor a Aton, escritos pelo próprio faraó, atravessaram os séculos.

O documento de época abaixo descreve a situação dos templos no período em que Amenófis governou o Egito:

> "[...] Quando Sua Majestade apareceu como rei, os templos dos deuses e deusas, de Elefantina até os pântanos do Delta, estavam tombados como ruínas. Suas capelas estavam devastadas, transformadas em lugares onde cresciam ervas. Seus santuários, era como se nunca tivessem existido: onde haviam sido suas paredes estava agora um caminho percorrido pelos pés. O país estava em angústia, pois os deuses o haviam abandonado. Se um exército fosse enviado à Fenícia para ampliar as fronteiras do Egito, não tinha absolutamente sucesso. [...]"
>
> Citado em CARDOSO, Ciro Flamarion. *Deuses, múmias e ziggurats*: uma comparação das religiões do Egito e da Mesopotâmia. Porto Alegre: Edipucrs, 1999.

No entanto, o faraó Tutankhamon, filho e sucessor de Amenófis, durante seu reinado ordenou a restauração dos templos, e sua decoração com novas estátuas de deuses e deusas. Além disso, foram nomeados sacerdotes, bailarinas e cantoras para alegrar as divindades. O documento de época a seguir mostra os resultados obtidos pelo novo faraó – pelo menos do ponto de vista de sacerdotes e escribas:

> "[...] Então o coração dos deuses e das deusas que residem neste país alegrou-se, os senhores dos santuários se rejubilaram. As margens do Nilo gritavam e exultavam. Uma felicidade brilhante se espalhou pelo país inteiro, pois uma situação ditosa se apresentara."
>
> Citado em CARDOSO, Ciro Flamarion. *Deuses, múmias e ziggurats*: uma comparação das religiões do Egito e da Mesopotâmia. Porto Alegre: Edipucrs, 1999.

▶ Dois reinos, três impérios

Inicialmente, o Egito estava dividido em pequenas aldeias independentes conhecidas como *nomos*, lideradas pelos *nomarcas*. A prática da agricultura, favorecida pelo quadro natural do território, propiciou o desenvolvimento da região com a formação das primeiras cidades. A união das populações do Vale do Nilo na construção de canais de irrigação e diques, para melhor controlar os efeitos das inundações, originou a formação de dois reinos: o Alto Egito ou Terra do Sul e o Baixo Egito ou Terra do Norte.

Por volta de 3200 a.C., ocorreu a unificação do Egito, que passou a estar submetido à autoridade de um único soberano, o Faraó, termo que significa "Casa Grande". Identificado a *Hórus*, filho de Rá, o deus-sol, o faraó detinha em suas mãos a administra-

O julgamento de Osíris

Para os egípcios, o outro mundo encerrava os mesmos prazeres desfrutados na Terra — criados, caça, pesca, lazer em família, boa comida e músicas. Mas, para ter acesso a tudo isso, o morto precisava ser absolvido num julgamento final.

Acreditavam que, independentemente da condição socioeconômica do falecido, logo após a sua morte ele se apresentava ao Tribunal de Osíris, o deus dos mortos, para ser julgado por seus erros. Nesse momento o espírito lia um trecho do *Livro dos Mortos*, manual de conselhos que o orientava a se portar diante do Tribunal de Osíris. Algumas das transgressões que o morto não podia ter cometido eram: matar, falsificar medidas, roubar, mentir, escutar conversas dos outros, cometer adultério ou manter relações homoeróticas, provocar tumulto. Finalmente, no momento do julgamento, Osíris colocava o coração do morto em uma balança para ser pesado. Se o peso do coração fosse muito grande, ele não teria acesso ao Dual, o reino subterrâneo dos mortos.

GIANNI DAGLI ORTI/CORBIS-LATINSTOCK

Na história do Egito antigo, o rei Akenaton e sua esposa Nefertiti são considerados personagens simbólicos da civilização egípcia por terem sido a origem do único cisma profundo conhecido pelo Egito no decorrer de seus três mil anos de história. Na foto, Akenaton e sua família representados em relevo de cerca de 1349 a.C.

ção e os tribunais de justiça. Era também o sacerdote chefe dos templos, liderava o exército, intervinha no comércio, nas minas e nos celeiros.

A história do Egito unificado é normalmente dividida em três períodos: o Antigo Império, o Médio Império e o Novo Império.

O **Antigo Império**, com a capital em Mênfis, iniciou-se com a unificação dos dois reinos, empreendida pelo faraó Menés, e estendeu-se até 2130 a.C. Esse período caracterizou-se por grandes obras de irrigação e pelo desenvolvimento da agricultura, além da construção das grandes pirâmides de *Quéops*, *Quéfren* e *Miquerinos*, no planalto de Gizé, consideradas uma das sete maravilhas do mundo antigo. Designadas pelos nomes dos respectivos faraós que as construíram, elas desafiam os conhecimentos de engenharia até os dias de hoje.

Nesse período o Estado egípcio era pacifista e mantinha-se praticamente isolado de outros povos. Mas aos poucos o poder central se debilitou. Sua decadência pode ser atribuída às manobras dos grandes proprietários de terras e dos líderes dos antigos nomos, que desafiaram, muitas vezes, a autoridade do faraó. A partir de 2200 a.C., as lutas entre os nomarcas tornaram inevitável o esfacelamento do império.

Grandes pirâmides de Quéops, Quéfren, Miquerinos, *no planalto de Gizé, Egito.*

VCL/TAXI-GETTY IMAGES

O **Médio Império** teve início em 2052 a.C., ainda em meio aos conflitos, e conseguiu restabelecer a unidade do Egito. A cidade de Tebas tornou-se a capital dos dois reinos. Foi um período próspero, marcado pela expansão territorial e pelo início das relações comerciais entre os egípcios e outros povos, como os fenícios, os sírios e os cretenses. As obras públicas de irrigação receberam novo impulso, ampliando as áreas agrícolas, e a vida cultural floresceu.

A trajetória do Médio Império sofreu uma brusca interrupção por volta de 1630 a.C., quando o Egito foi conquistado pelos **hicsos**. Povo nômade da Ásia, os hicsos utilizavam armas de ferro e carros de guerra conduzidos por cavalos, desconhecidos dos egípcios. Os conquistadores permaneceram por mais de um século no território egípcio.

O **Novo Império** (1539-525 a.C.) resultou de um processo de união dos egípcios contra os hicsos. Sob a liderança do faraó Amósi I, a sociedade conseguiu expulsar os invasores. Outros povos que haviam se estabelecido no Egito, como os hebreus, foram perseguidos e transformados em escravos. O pacifismo deu lugar a uma política expansionista: exércitos egípcios anexaram a Núbia, a Palestina, a Etiópia, a Síria e a Fenícia.

A partir de 1075 a.C., iniciou-se um longo período de decadência e o Egito foi sucessivamente conquistado por outros povos. No século VII a.C., o território foi ocupado pelos assírios, em 525 a.C. caiu em poder dos persas e em 332 a.C., quando era uma província persa, foi dominado por Alexandre da Macedônia. Passou então a integrar o mundo helenístico, de cultura greco-asiática. Afinal, em 30 a.C., o Egito foi anexado pelos romanos.

HERITAGE/OTHER IMAGES

► A chave da escrita egípcia

Até o início do século XIX, a escrita egípcia permaneceu envolvida pelo mistério. Os hieróglifos encontrados nos túmulos e nas pirâmides só foram estudados a partir de 1798, quando o general francês Napoleão Bonaparte invadiu o Egito e nomeou estudiosos para registrar os monumentos encontrados. Um deles tornou-se conhecido como Pedra de Roseta — uma lápide de basalto preto, de 114 cm de altura e 72 cm de largura. A lápide continha um texto gravado em três escritas diferentes. Uma delas era o grego, a outra se assemelhava aos signos gravados nos monumentos, chamada escrita hieroglífica, e a terceira parecia ser uma variante do egípcio, utilizada nos documentos administrativos do período helenístico, conhecida como escrita demótica (veja a foto abaixo).

No ano de 1802, o francês Jean François Champollion, um menino de apenas 12 anos de idade, decidiu dedicar-se a resolver esse enigma. Passados onze anos ele conseguiu decifrar os primeiros hieróglifos e, em 1821, iniciou o estudo mais aprofundado da Pedra de Roseta.

Os escritos gregos revelaram que se tratava de um decreto de 196 a.C., época do governante Ptolomeu V Epifano. A conclusão foi imediata: na lápide estava gravado um documento bilíngue — grego e egípcio — em três escritas. Em 1822, Champollion conseguiu decifrar a palavra "Ptolomeu" V, gravada na Pedra de Roseta em 196 a.C.

A partir dessa descoberta outros documentos egípcios puderam ser lidos e a história dessa importante civilização passou a ser conhecida e admirada.

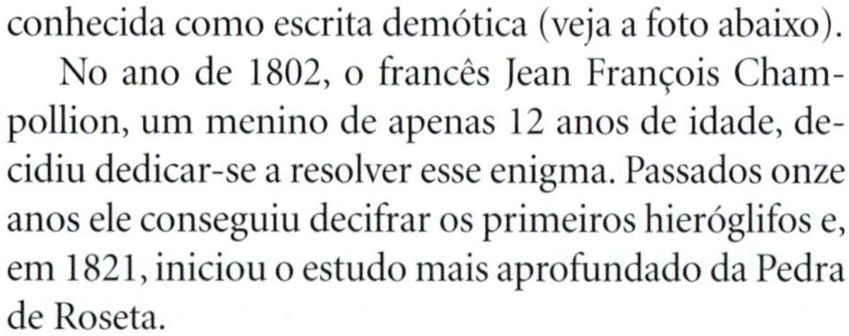

MUSEU BRITÂNICO, LONDRES

À esquerda, lápide conhecida como Pedra de Roseta, decifrada pelo francês Jean François Champollion. Acima, detalhe das três escritas gravadas na pedra. A primeira está em hieróglifos, a segunda em egípcio da era helenística, e a terceira em grego.

TEXTO COMPLEMENTAR

A mais antiga cozinha do mundo

Na Mesopotâmia formou-se a base da culinária do Oriente Médio e do Ocidente. Diversos alimentos cultivados no Crescente Fértil há milênios constituem ainda hoje a base da alimentação de vários povos.

"Por muito tempo se acreditou que o primeiro livro de cozinha do mundo foi o que nos deixou Marco Gavio Apício, gastrônomo romano do século I d.C., autor do precioso tratado *De re coquinaria*. [...] No ano passado, porém, o historiador francês Jean Bottéro [...] contestou formalmente essa convicção [...]. Ele afirma que as primeiras receitas do mundo surgiram na Mesopotâmia, milênios antes de Apício. [...]

A antiga paisagem da Mesopotâmia difere da presente. Nas áreas onde hoje se localizam extensos desertos encontravam-se hortas e lavouras verdejantes. O solo e o clima não só eram diversos, como os povos mesopotâmicos possuíam um eficiente sistema de irrigação. [...] A região produzia trigo e cevada, dois ingredientes teoricamente originários do vale do Eufrates; gergelim, lentilha, grão-de-bico, abóbora, cebola, [...] figo, romã, amora, tâmara e uva de mesa, pois o vinho não se destacava: perdia em popularidade para a cerveja, que ainda era elaborada sem lúpulo. [...]

O historiador Bottéro fez suas revelações amparando em documentação inédita, que afortunadamente sobreviveu à extinção da Mesopotâmia: três tabletes de argila com inscrições cuneiformes. Neles encontrou quatro dezenas de receitas. [...] Bottéro aponta as preferências gastronômicas dos ancestrais do [ex-] ditador Saddam Hussein, do Iraque. Adoravam caldos, nos quais mesclavam nabo ou beterraba e carnes de cervo, gazela, cabrito e pombo. Para temperar, usavam cominho, cebola, coentro e alho. Compreensivelmente, as receitas ainda careciam de precisão. Não informavam como eram preparados os ovos, por exemplo. Nem o tempo de cozimento dos alimentos. Isso dificulta enormemente a reprodução fiel de seus pratos. Em compensação, os tabletes de argila descrevem tipos de pão e técnicas de preservação dos alimentos. [...]

A cozinha mesopotâmica formou a base das culinárias do Oriente Médio e, de certa forma, da praticada no Ocidente. Pode-se dizer que as delícias exibidas modernamente nas mesas de muitos países europeus, como França, Itália e Espanha, evocam os velhos prodígios dos vales do Tigre e Eufrates."

DIAS LOPES, J. A. *O Estado de S.Paulo*, 28 fev. 2003.

Compreendendo o texto

1. Que alimentos cultivados pelos povos da Mesopotâmia são consumidos ainda hoje no Brasil?

2. Identifique na leitura:

a) uma técnica desenvolvida na Mesopotâmia para melhorar a produção agrícola;

b) uma lacuna de informação nas receitas mesopotâmicas;

c) a fonte pesquisada para obter as informações gastronômicas.

3. Na sua opinião, qual a importância de pesquisar o tipo de alimentação de um povo?

4. A obesidade vem sendo tratada em diversos países como um grave problema de saúde. A magreza excessiva, porém, também acarreta problemas físicos. Converse com seus amigos sobre a existência dos diferentes padrões de beleza, e sobre como a alimentação está relacionada à manutenção da saúde.

ATIVIDADES

Explorando o conhecimento

1 Mesopotâmia significa, em grego, "região entre rios", uma referência às terras situadas às margens dos rios Tigre e Eufrates. Compare o nascimento da sociedade mesopotâmica com a egípcia, destacando o papel dos rios para essas civilizações.

2 A guerra e a violência parecem ser marcas registradas da região da Mesopotâmia. Da Antiguidade até os dias de hoje a região tem vivido constantes conflitos.

Explique a origem das primeiras guerras mesopotâmicas.

3 A característica guerreira da sociedade mesopotâmica deu origem a uma rígida divisão do trabalho, marcado por uma sociedade desigual. Cada indivíduo tinha tarefas a cumprir na sociedade, de acordo com a camada social a que pertencia. A aristocracia guerreira ocupava posição privilegiada na sociedade, ao lado dos nobres, sacerdotes e funcionários.

Descreva a função de cada um dos segmentos sociais na vida política, religiosa e econômica da Mesopotâmia.

4 A sociedade egípcia era organizada em torno do faraó, chefe político visto pela sociedade como um deus e considerado responsável por quase tudo que acontecia na vida cotidiana. Os demais membros da sociedade exerciam funções diferenciadas e sua importância estava ligada ao papel que desempenhavam na sociedade.

Caracterize os grupos sociais que compunham a sociedade egípcia.

5 No Egito antigo, os indivíduos adoravam centenas de deuses e deusas tidos como responsáveis pela vida, pela fertilidade do solo, pela morte e pela natureza.

a) Conceitue as palavras *politeísta* e *antropozoomórfica*.

b) Avalie a importância da vida após a morte para os egípcios.

6 A história do Egito unificado é normalmente dividida em três períodos. Caracterize cada um deles apontando os acontecimentos importantes que marcaram cada época.

A história e o tempo presente

7 Os princípios do Código de Hamurábi (olho por olho, dente por dente) estenderam-se a todos os setores da vida, inclusive às relações pessoais. Além disso, influenciaram as normas de outras civilizações. Informe-se se os princípios do Código de Hamurábi ainda sobrevivem nos países do Oriente. Anote em seu caderno os dados que encontrar.

8 Forme um grupo com os colegas e faça uma pesquisa sobre as guerras entre o Iraque e os Estados Unidos ocorridas em 1991 e no ano de 2003. Para facilitar o trabalho, o grupo pode seguir o roteiro:

- Quem foi Saddam Hussein?
- Características do governo de Saddam Hussein.
- Xiitas e sunitas no Iraque.
- Relações políticas e econômicas do Iraque com os Estados Unidos nos últimos 20 anos.
- Causas e consequências da guerra para os dois países.
- Atuação da ONU e da comunidade internacional no conflito.
- O julgamento de Saddam Hussein e a execução da sua pena.
- Atual situação política, econômica, social e cultural do Iraque.

9 A sociedade egípcia era profundamente religiosa e devotada à ideia da vida após a morte. Você acha que isso também acontece na sociedade brasileira? Faça uma pesquisa sobre as religiões de maior crescimento no Brasil. O que explica a popularidade delas? Que explicações elas fornecem para a vida após a morte?

Vestibular / ENEM

1 (Fuvest-SP) No antigo Egito e na Mesopotâmia, assim como nos demais lugares onde foi inventada, a escrita esteve vinculada ao poder estatal. Este, por sua vez, dependeu de um certo tipo de economia para surgir e se desenvolver.

Considerando as afirmações acima, explique as relações entre:

a) escrita e Estado;

b) Estado e economia.

2 (UFRN) As sociedades que, na Antiguidade, habitavam os vales dos rios Nilo, Tigre e Eufrates tinham em comum o fato de:

a) terem desenvolvido um intenso comércio marítimo, que favoreceu a constituição de grandes civilizações hidráulicas.

b) serem povos orientais que formaram diversas cidades-Estado, as quais organizavam e controlavam a produção de cereais.

c) haverem possibilitado a formação do Estado a partir da produção de excedentes, da necessidade de controle hidráulico e da diferenciação social.

d) possuírem, baseados na prestação de serviço dos camponeses, imensos exércitos que viabilizaram a formaçao de grandes impérios milenares.

3 (FEI-SP) Podem ser consideradas características das civilizações da Antiguidade Oriental:

a) o monoteísmo e uma rígida divisão social.

b) o politeísmo e uma sociedade organizada de maneira igualitária.

c) o politeísmo e uma rígida divisão social.

d) o monoteísmo e uma sociedade organizada de maneira igualitária.

e) o politeísmo e uma sociedade de classes.

4 (UFSE) Analise as proposições sobre os *egípcios* e *povos mesopotâmicos*.

a) A religião monoteísta foi o elemento cultural mais atuante em todos os períodos da história política do Egito Antigo.

b) A medicina, a arquitetura e a engenharia no Egito foram pouco utilizadas e insignificantemente estimuladas pelo poder central.

c) Estimulados pelos faraós e pelos sacerdotes, técnicos e artistas, atuando como verdadeiros funcionários do Estado, buscaram, em vão, através dos estudos da astronomia, elaborar um calendário.

d) Mesopotâmia — nome dado pelos gregos e que significa "terra entre dois rios" — compreendia os vales e planícies irrigados pelos rios Tigre e Eufrates, onde é território do Iraque e terras próximas.

e) Durante o reinado de Nabucodonosor (604 a.C.-561 a.C.), o Segundo Império Babilônico viveu o seu apogeu. Foi a época das grandes construções públicas como os templos para vários deuses, especialmente o de Marduk, as grandes muralhas da cidade e os palácios, a exemplo dos "Jardins Suspensos da Babilônia", considerados pelos gregos como uma das maiores "maravilhas do mundo".

5 (UFC-CE) Leia com atenção as afirmativas a seguir sobre as condições sociais, políticas e econômicas da Mesopotâmia.

I – As condições ecológicas explicam por que a agricultura de irrigação era praticada através de uma organização individualista.

II – Na economia da Baixa Mesopotâmia, a fome e as crises de subsistência eram frequentes, causadas pela irregularidade das cheias e também pelas guerras.

III – Na Suméria, os templos e *ziggurats* foram construídos graças à riqueza que os sacerdotes administravam à custa do trabalho de grande parte da população.

IV – A presença dos rios Tigre e Eufrates possibilitou o desenvolvimento da agricultura e da pecuária e também a formação do primeiro reino unificado da história.

Sobre as afirmativas anteriores, é correto afirmar:

a) I e II são verdadeiras.

b) III e IV são verdadeiras.

c) I e IV são verdadeiras.

d) I e III são verdadeiras.

e) II e III são verdadeiras.

6 (Vunesp) Os Estados teocráticos da Mesopotâmia e do Egito evoluíram acumulando características comuns e peculiaridades culturais. Os egípcios desenvolveram a prática de embalsamar o corpo humano porque:

a) se opunham ao politeísmo dominante na época.

b) os seus deuses, sempre prontos para castigar os pecadores, desencadearam o dilúvio.

c) depois da morte a alma podia voltar ao corpo mumificado.

d) construíram túmulos, em forma de pirâmides truncadas, erigidos para a eternidade.

e) os camponeses constituíam categoria social inferior.

7 (Vunesp) Caracterize as relações entre os camponeses e o Estado no Egito antigo.

8 (Unioeste-PR) Se tomarmos como referência a antiguidade oriental, é correto afirmar sobre a sociedade egípcia que

a) os faraós, apesar de estarem no topo da hierarquia social, deviam obediência aos sacerdotes, que detinham o poder teocrático.

b) a alta nobreza era constituída pelos parentes do faraó, pelos altos funcionários do palácio, pelos oficiais superiores do exército, pelos chefes locais da administração e pelos sacerdotes.

c) os escribas, homens letrados, eram considerados os "olhos e ouvidos" do faraó.

d) os camponeses e os artesãos constituíam uma camada social dinâmica que controlava a economia agroindustrial egípcia.

e) os escravos não recebiam proteção dos seus senhores e eram maltratados em todas as situações.

9 (UFRN) A religião estava presente em todos os aspectos da vida no Antigo Egito. A medicina, inclusive, era impregnada de elementos mágicos e religiosos.

A relação entre religião e medicina no antigo Egito era evidente na medida em que

a) as práticas médicas estavam voltadas apenas para o tratamento dos faraós, cuja imagem era associada aos deuses.

b) as técnicas desenvolvidas na medicina foram estimuladas pela necessidade de preservar o corpo para a vida após a morte.

c) os médicos, recrutados entre as mais altas camadas sociais, acumulavam também a função de promover o culto religioso.

d) os médicos queriam prolongar a existência terrena, estimulados pelas crenças religiosas que negavam a imortalidade da alma.

10 (UEL-PR) A arquitetura dos templos do antigo Egito forneceu para a posteridade a mais fértil e expressiva documentação sobre a cultura egípcia. Entre suas principais características pode-se indicar a

a) ausência de telhados, uma vez que a chuva era muito rara.

b) utilização de tijolos de argila queimada na construção de paredes, escadarias e de colunas.

c) grandeza nas dimensões e construções sólidas.

d) adoção de diversos tipos de materiais, conforme as figuras retratadas.

e) preocupação em atrelar arte e ciência em uma mesma construção.

Ampliando o conhecimento

Leituras

AL-MUQASFA, Ibn. *A epopeia de Gilgamesh*. São Paulo: Martins Fontes, 2001.
Os poemas narram a epopeia de Gilgamesh, o rei de Uruk, na Mesopotâmia e revelam uma preocupação bastante humana com a mortalidade, a busca do conhecimento e uma tentativa de escapar ao destino do homem comum, em uma mistura de aventura, moralidade e tragédia.

OLIVER, Tiano. *Nos passos dos... deuses do Egito*. Rio de Janeiro: Rocco, 2005.
Fartamente documentada, esta obra apresenta diversos aspectos da mitologia, da vida dos faraós, das pirâmides, dos escribas, entre outros temas da civilização egípcia.

Antigas civilizações. São Paulo: Ática, 1996. (Coleção Atlas Visuais).
Fotos e ilustrações de objetos, monumentos e obras de arte das mais importantes civilizações da Antiguidade enriquecem e facilitam o entendimento sobre esses povos.

Filme

O príncipe do Egito

DREAMWORKS SGK/ALBUM-LATINSTOCK

Direção de Brenda Chapman, Steve Hickner, Simon Wells. EUA, 1998. 99 min.
Reproduz, em desenho animado, a história de Moisés, patriarca hebreu que conduziu o povo hebreu do Egito para a Terra prometida, na região da Palestina. Rico em efeitos especiais.

Site

Babilônia Brasil

<www.babiloniabrasil.com>
Site dividido em seções autoexplicativas (mitologia, deusas e deuses, cotidiano) com *links*, ensaios e conteúdos a respeito da Mesopotâmia antiga.

Capítulo 5

Hebreus, fenícios e persas

Uma região marcada pelo conflito

JOE RAEDLE/GETTY IMAGES

RAMZI HAIDAR/AFP/GETTY IMAGES

Os territórios habitados pelos antigos hebreus e fenícios hoje correspondem ao Estado de Israel, Líbano e Síria. A área, uma das mais explosivas do planeta, é cenário de tensões permanentes envolvendo grupos políticos e religiosos rivais. À esquerda, trecho do muro que está sendo construído pelo governo israelense para separar Israel dos territórios palestinos da Cisjordânia. À direita, construção danificada durante a guerra civil no Líbano. Fotos de 2006.

Neste capítulo você vai estudar os povos hebreu, fenício e persa. Os hebreus, também chamados de judeus ou israelitas, habitavam a Palestina, território localizado entre a Mesopotâmia e o Egito. Foi nessa região que nasceu Jesus Cristo. Hoje, a área corresponde mais ou menos ao Estado de Israel e às terras administradas pela Autoridade Nacional Palestina. A Fenícia reduzia-se a uma estreita faixa de terra localizada às margens do Mediterrâneo. Hoje esse território corresponde ao Líbano e parte da Síria. No planalto do Irã, habitavam os persas, que formaram um império que reunia vários povos, entre eles os próprios fenícios e hebreus.

Atualmente, na região do Oriente Médio vivenciam-se violentos conflitos político-religiosos. Quais são as raízes dessas guerras? A resposta envolve um vasto número de debates centrados no choque de civilizações. A radicalização das interpretações religiosas de todos aqueles que se sentem os únicos e verdadeiros intérpretes da palavra de Deus dificulta os processos de paz. No entanto, não é apenas a questão religiosa que determina o estado de guerra em que vivem. As esferas do sagrado e do político nunca estão totalmente separadas, mesmo nos dias de hoje. Certas formas de interpretar um preceito religioso têm relação direta com a maneira de governar uma sociedade e seus interesses.

A instabilidade política e econômica no Oriente Médio decorre de guerras constantes que marcam a relação entre o islamismo e o judaísmo e os interesses de dois povos que disputam o mesmo pedaço de terra.

▶ Hebreus

Os hebreus são importantes para a cultura do mundo ocidental. A moral e a ética dos hebreus foram o seu mais importante legado e serviram de base para o judaísmo e o cristianismo, duas das principais religiões do mundo atual.

O território ocupado pelos hebreus era constituído por uma estreita faixa de terra cercada pela Fenícia (atual Líbano), pela Síria e pelo Deserto da Arábia. Essa região é cortada pelo Rio Jordão e banhada, na costa oeste, pelo Mar Mediterrâneo, no centro de importantes rotas comerciais da Antiguidade (veja o mapa).

Ao longo do tempo, vários povos exerceram influência sobre essa região. Mas a herança histórica mais marcante foi deixada pelos judeus e árabes, cuja trajetória estudaremos em outro capítulo.

Ainda hoje, as relações entre árabes e judeus são marcadas por conflitos constantes. Ambos lutam pela hegemonia sobre a Palestina: os judeus julgam-se com direitos históricos sobre a região, e os árabes palestinos afirmam possuir direitos adquiridos pela longa e contínua ocupação.

A civilização hebraica, de origem **semita**, desenvolveu-se na região da antiga Palestina. O território

ANTIGA PALESTINA: BERÇO DOS HEBREUS

Fonte: HILGEMANN, Werner e KINDER, Hermann. *Atlas historique*. Paris: Perrin, 1992.

Torá em rolo de pergaminho.

é cortado pelo Rio Jordão, que o fertiliza e o torna propício à agricultura. Nas áreas não banhadas pelo Jordão viviam grupos nômades de pastores. Um desses grupos era formado pelos hebreus, organizados em clãs patriarcais seminômades que se dedicavam à criação de gado nos oásis dos desertos da Arábia.

A sociedade hebraica formou-se no segundo milênio antes de Cristo, momento em que o Egito e a Mesopotâmia já eram considerados grandes impérios. Uma das principais fontes de pesquisa sobre a história do povo hebreu é a Torá (veja a foto), que corresponde ao *Pentateuco* — os cinco primeiros livros do Antigo Testamento da *Bíblia*: Gênesis, Êxodo, Levítico, Números e Deuteronômio. Além destes, o Antigo Testamento traz 41 livros. Por meio desses textos podemos conhecer a história, os costumes, os mitos, as ciências, as leis, a moral, as práticas sociais e o padrão de comportamento do povo judeu.

Os hebreus acreditavam ser o povo eleito de Deus, a quem chamavam de Iaweh ou Jeová. Confiavam que Deus escolheria determinados membros do grupo para que estes comandassem os demais e fizessem os planos divinos se cumprirem. Abraão, Isaac, Jacó e Moisés teriam sido alguns desses escolhidos.

A sociedade hebraica era patriarcal, formada por famílias numerosas, que seguiam com devoção uma das mensagens de Deus: "Crescei e multiplicai-vos". Muitas vezes, avaliava-se o valor de uma mulher pelo número de filhos que ela conseguia gerar.

A partir dos 10 anos de idade, os meninos começavam a ser treinados pelo pai para assumirem um papel de destaque na tribo. Já as meninas eram cercadas de

Semita

Povo proveniente da Ásia que, segundo a *Bíblia*, descende de Sem, filho de Noé. Dos semitas originaram-se os povos hebreu e árabe, entre outros.

Bíblia: O livro sagrado cristão

A palavra Bíblia é derivada do grego *Biblos* = "papiro, papel, livro" e significa o conjunto dos livros sagrados, não importando qual seja o credo. Usualmente, a palavra *Bíblia* é ligada ao livro sagrado dos cristãos, seguidores de Jesus Cristo, mas ela também pode designar o livro sagrado dos judeus.

A *Bíblia* cristã é basicamente dividida em duas partes: o Antigo Testamento (AT), relativo à tradição religiosa judaica, e o Novo Testamento (NT), que corresponde aos escritos dos apóstolos de Jesus Cristo. No tocante ao número de livros contidos na *Bíblia* cristã, há duas versões: a protestante, que conta com 39 livros no AT, e a católica, com 45. Em relação ao NT, as duas contêm 27 livros.

A *Bíblia*, diferentemente de alguns outros livros sagrados, é considerada uma obra inspirada por Deus (judaico e cristão); é a revelação de Deus aos homens. Por isso, é chamada de a Palavra de Deus. Para os fiéis, portanto, lê-la é uma das principais formas de se conhecer a vontade de Deus.

Além do aspecto religioso, a *Bíblia* é considerada um documento histórico; traz, entre outras coisas, a história dos judeus, referências a outros povos da antiga Palestina, filosofia antiga, costumes e tradições judaicas, elementos do cotidiano desse povo, referências a locais e episódios da história antiga do Oriente Médio.

JAVIER JAIME/CID

A *Bíblia*.

O período histórico de elaboração da *Bíblia* situa-se entre 1200-1100 a.C. e 100 d.C. Por volta de 1200 a.C., ainda não havia uma bem definida escrita hebraica. Até então, a *Bíblia* judaica era transmitida oralmente. Apenas por volta do reinado de David (1025 a 985 a.C.) é que foram feitas as primeiras versões escritas dos textos sagrados. Os primeiros cinco livros, conhecidos como Pentateuco ou Torá, que inclui o Gênesis (relato da formação do universo e do homem por Deus), foram finalizados em 398 a.C. Devido à fragilidade do material em que foram escritos, foi necessário, durante séculos, fazer várias cópias dos manuscritos originais. Estes não existem mais.

cuidados e, desde cedo, preparadas para o casamento. Evitava-se o relacionamento entre adolescentes do sexo oposto, para que as meninas permanecessem "puras" e virgens até o matrimônio. Quando se casavam, elas tornavam-se propriedade dos maridos. Tal fato demonstra a inferioridade social da mulher na sociedade hebraica.

O Décimo Mandamento de Deus comprova a condição da mulher entre os hebreus, nivelando-a com as demais "coisas":

> "Não cobiçarás a casa do teu próximo. Não cobiçarás a mulher do teu próximo, nem o seu servo, sua serva, seu boi ou seu jumento, nada do que pertença a teu próximo."
>
> Êxodo, 20, 17. *Bíblia*: tradução ecumênica. São Paulo: Loyola, 1994.

A exemplo dos demais povos do Oriente, a sociedade hebraica era escravocrata. Os escravos eram divididos em dois grupos: o dos escravos hebreus e o dos escravos estrangeiros, prisioneiros de guerra. Ambos detinham alguns direitos assegurados pela lei religiosa, como o de possuir bens materiais e os de converter-se ao judaísmo e casar.

A fase inicial de organização política e econômica dos hebreus é conhecida como **Período dos Patriarcas**. Além de exercerem as funções de sacerdotes, juízes e chefes militares, os patriarcas eram a autoridade política e moral do clã e conduziam seus descendentes e seus rebanhos de oásis em oásis. Por muitas gerações o povo hebreu foi dirigido pelos patriarcas e se dedicou ao pastoreio e à agricultura.

▷ O exílio no Egito

Por volta de 1750 a.C., segundo a tradição bíblica, um grande período de seca assolou a região e os he-

Princesa egípcia retira Moisés do cesto que estava no Rio Nilo, em cena do filme O príncipe do Egito.

breus migraram para o Egito. Fixaram-se na região do Delta do Nilo e lá permaneceram durante 400 anos. Nessa época o Egito estava sob o domínio dos hicsos, que chegaram a contratar muitos hebreus para trabalhos diversos, confiando-lhes inclusive importantes cargos públicos. Depois que os hicsos foram expulsos pelos egípcios, os hebreus passaram a sofrer perseguições e chegaram a ser escravizados.

Liderados por Moisés, os hebreus deixaram o Egito e iniciaram o retorno à Palestina, num episódio que ficou conhecido como **Êxodo**. Segundo a *Bíblia*, Moisés era filho de hebreus, e sua mãe, para impedir que o menino fosse morto pelos soldados do faraó, colocou-o num cesto de vime e o soltou no Rio Nilo, próximo do local onde uma princesa banhava-se todos os dias em companhia de suas servas. A princesa, ao ver o cesto com a criança, tirou-o do rio, considerando-a presente dos deuses. Levou o menino para o palácio e criou-o como príncipe do Egito, dando-lhe o nome de Moisés, que quer dizer "nascido das águas".

Quando cresceu, Moisés descobriu sua verdadeira identidade e revoltou-se com o tratamento humilhante e cruel dispensado ao seu povo. Então foi viver entre os hebreus. Mais tarde, recebeu de Iaweh a missão de libertá-los da servidão no Egito e conduzi-los de volta à Palestina, a Terra Prometida.

Segundo alguns especialistas em História Antiga, há dúvidas quanto à veracidade do fato de que os judeus estiveram aprisionados no Egito. Parece não existir relatos sobre tal episódio nos registros egípcios. Não resta dúvida, porém, quanto à importância do episódio do Êxodo na constituição da identidade cultural do povo judeu e ao papel desempenhado por Moisés na construção dessa identidade. Ele entrelaçou a ideia do Deus único nas normas de vida desse povo em formação.

Segundo a tradição judaica, foi durante o retorno à Palestina que Moisés recebeu de Iaweh, no Monte Sinai, as **Tábuas da Lei** (duas placas de pedra nas quais foi escrito o **Decálogo**, ou os **Dez Mandamentos**). O Decálogo, também conhecido como Lei Mosaica, é o cerne das regras civis, morais e religiosas dos hebreus. Moisés morreu antes de chegar à Palestina, e a liderança do grupo foi assumida por Josué.

A partir da crença em um Deus único e das leis associadas aos Dez Mandamentos, apresentadas nos livros da *Bíblia*, foi desenvolvida a primeira grande religião monoteísta, o **judaísmo**, que influenciou a formação do cristianismo e mais tarde do islamismo. Hoje, os judeus, os cristãos e os muçulmanos consideram a *Bíblia* um livro sagrado.

▷ O Estado hebraico e sua decadência

Coube a Josué iniciar a luta pelo controle da Palestina ou Canaã, onde já viviam outros povos. Na Terra Prometida, os Filhos de Israel dividiram-se em doze tribos lideradas pelos **Juízes**, chefes militares e políticos escolhidos pelo povo. As tribos eram autônomas e só se uniam diante das ameaças comuns nas guerras contra os **filisteus e cananeus**, além de manterem uma unidade cultural representada principalmente pela língua e pela religião. Entre os chefes temporários das tribos destacaram-se Sansão, Gedeão e Samuel.

No decorrer das lutas com os cananeus, os filisteus e outros povos de Canaã, as tribos de Israel perceberam a necessidade de reforçar sua unidade, por meio da constituição de um Estado politicamente organizado. Assim, por volta do ano 1000 a.C., optaram pela implantação da monarquia. Saul, o primeiro rei de Israel, realizou conquistas militares, mas depois de sofrer algumas derrotas começou a encontrar forte oposição por parte do seu povo. Em decorrência disso, suicidou-se, sendo sucedido por Davi. O novo soberano foi proclamado inicialmente rei de Judá, a porção sul do território, e mais tarde de todo Israel. Davi definiu e organizou o Estado e conquistou Jerusalém, escolhendo-a para ser a capital política e religiosa do reino. Na tradição judaica, Davi era um jovem pastor que, inspirado por Deus, derrotou o gigante Golias, o guerreiro dos filisteus.

Filisteus e cananeus

Povos originários da Antiga Palestina e rivais dos hebreus pelo controle da região.

Gravura do século XIX de Gustave Doré Moisés com as tábuas da lei, *representando o momento em que Moisés mostra as tábuas com os mandamentos ao povo de Israel.*

O governo de Salomão, filho de Davi, marcou o apogeu da monarquia. Salomão fortaleceu o poder, criou uma administração organizada e eficiente, promoveu a expansão do comércio com outros povos do Oriente e construiu palácios e templos — dentre esses monumentos destacou-se o suntuoso templo de Jerusalém.

Porém, para sustentar a política de grandes construções e o luxo da corte, Salomão instituiu impostos opressivos para as doze tribos e criou um corpo de funcionários encarregados da fiscalização e cobrança dos tributos. Além disso, os camponeses eram recrutados à força para trabalhar nas obras públicas. Tais medidas geraram descontentamentos e acarretaram revoltas sociais.

Com a morte de Salomão, em 935 a.C., instalou-se uma crise político-sucessória que levou à divisão entre as tribos. Assim, formaram-se dois Estados: o **Reino de Israel**, constituído pelas dez tribos do norte lideradas por Jeroboão, com capital em Samaria; e o **Reino de Judá**, governado por Roboão, filho de Salomão. Era integrado pelas tribos de Benjamim e Judá e tinha sua capital em Jerusalém. Esse episódio ficou conhecido como **Cisma**. Os habitantes do Reino do Norte (Israel) passaram a ser chamados de israelitas, e os do Reino do Sul (Judá) tornaram-se conhecidos como judeus.

A partir de então, crises frequentes enfraqueceram os dois reinos, que ficaram sujeitos às invasões de outros povos, como os assírios, egípcios e babilônios. Em 721 a.C., os assírios conquistaram o Reino de Israel, e as dez tribos que o constituíram desapareceram da história. Em 596 a.C. o rei da Babilônia, Nabucodonosor, conquistou o Reino de Judá, e em 586 a.C., depois de sufocar uma revolta dos judeus, ordenou a transferência da população para a Mesopotâmia. Esse episódio, que ficou conhecido como **Cativeiro da Babilônia**, durou até 538 a.C. quando Ciro, rei da Pérsia, após conquistar os territórios babilônicos (inclusive a Palestina), permitiu que os judeus retornassem a Jerusalém e reconstruíssem o Templo.

Depois da hegemonia persa, a Palestina foi conquistada, em 332 a.C., por Alexandre da Macedônia. Uma nova invasão ocorreu em 63 a.C., colocando o território sob o controle de Roma. Durante a dominação romana, grupos nacionalistas judaicos se organizaram e incitaram revoltas, duramente reprimidas, até serem definitivamente esmagadas no ano 70 da era cristã. Os judeus foram então expulsos da Palestina, proibidos de retornar àquela região e dispersos pelas províncias romanas. Esse episódio tornou-se conhecido como **Diáspora**, termo que significa dispersão.

Espalhados pelo mundo, os judeus passaram a viver em pequenas comunidades. Sem território próprio, preservaram sua unidade cultural (língua, religião, costumes etc.) e mantiveram-se como nação até

JAAFAR ASHTIYEH/AFP-GETTY IMAGES

A intolerância por parte de palestinos e israelenses dificulta o processo de paz na região da Palestina. Na foto, palestinos bloqueiam passagem de escavadora do exército de Israel durante uma operação na Cisjordânia, 2006.

1948, quando a ONU criou o Estado de Israel, permitindo o retorno do povo judeu ao antigo território. Porém, a criação de Israel provocou conflitos com os palestinos, populações de origem árabe que havia séculos ocupavam a região — e essa situação perdura até os dias atuais.

Observe abaixo o fragmento de uma entrevista de Hassan El-Emleh, deputado do Conselho Nacional Palestino:

> "Diz a lenda religiosa que Deus prometeu aos judeus um lar na Palestina. Mas nunca teria prometido expulsar os árabes cananeus da Palestina, nem tampouco falou com Moisés, nem com Abraão para matar os palestinos ou os árabes cananeus. Por isso, eu não concordo com a história que diz que eles são donos da Palestina, pois ficaram pouco tempo nela, especialmente em Jerusalém, e nunca ocuparam toda a região."
>
> GROSSO, Lejeune Mato. Palestinos na formação do mundo árabe. Revista *Princípios*. São Paulo: Anita Garibaldi, maio/jun., 1991.

ERICH LESSING/ALBUM-LATINSTOCK

Relevo fenício em marfim encontrado na Síria, do século VIII a.C.

▸ Fenícios

Assim como vários outros povos da Antiguidade, os fenícios praticavam inicialmente a agricultura. Porém, sua posição geográfica — próxima às passagens das caravanas nômades — favoreceu o contato com diversos povos estrangeiros e a atividade comercial.

Inicialmente, os mercadores praticavam o escambo, ou seja, faziam trocas de mercadorias; só depois de muito tempo os governantes começaram a produzir moedas. Os fenícios obtiveram grandes lucros com o comércio de madeira e desenvolveram a construção naval, a metalurgia e a produção têxtil.

No norte da África e no Oriente Médio, as cargas eram transportadas em caravanas, nos lombos de mulas e camelos, em carroças e navios. Atravessavam desertos, florestas, rios e mares. Nessas idas e vindas levavam as mercadorias de um lugar para outro, transformando-se também em grandes transmissores de cultura.

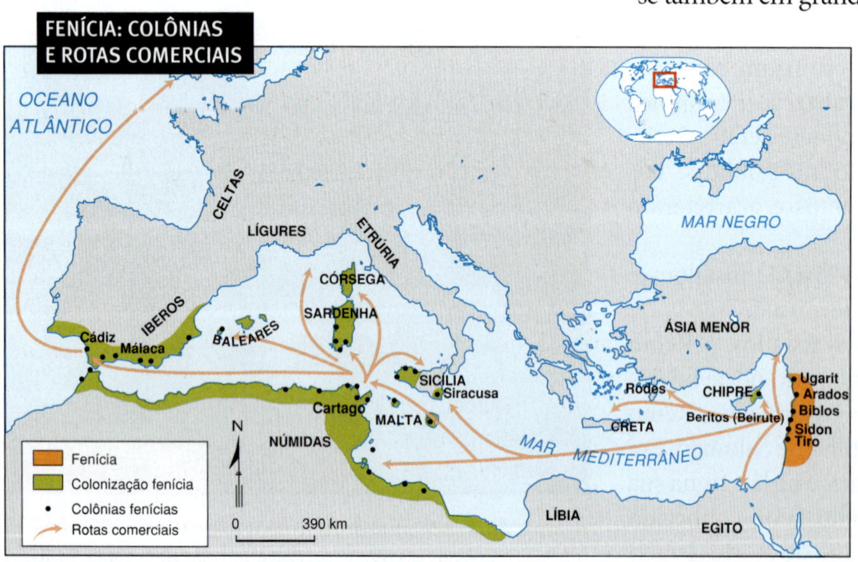

Fonte: KINDER, Hermann e HILGEMANN, Werner. *Atlas histórico mundial*. Madri: Istmo, 1983.

A expansão do comércio e da indústria favoreceu o crescimento de poderosas cidades. Os fenícios dominaram outros territórios e estabeleceram novos pontos comerciais estratégicos, como o de Cartago, no norte da África, os da Sicília, no sul da Península Itálica, o de Cádiz, no sul da Espanha, e várias ilhas do Mediterrâneo.

Não existiu na Fenícia um Estado unificado, nos moldes daquele que se desenvolveu no Egito. Cada cidade era um Estado independente, governado por dois *sufetas* e organizado como uma monarquia ou uma república **plutocrática** (isto é, controlada pelos cidadãos ricos). Predominavam o poder da elite mercantil, formada por grandes comerciantes e armadores, e o dos sacerdotes. As principais cidades fenícias (Sidon, Biblos, Tiro e Ugarit) estenderam suas rotas comerciais por todo o Mediterrâneo, estabelecendo feitorias e colônias em pontos estratégicos.

▷ A sociedade fenícia

Artesãos hábeis, os fenícios empregavam os metais, a madeira e o marfim na confecção de armas, joias, cerâmicas e objetos de vidro transparente e colorido. Também dominavam a técnica da tinturaria de tecidos, utilizando a "púrpura", espécie de corante vermelho escuro extraído de uma concha chamada de *múrice*. Importavam tecidos, vestimentas e tapetes da Mesopotâmia, marfim, ébano, essências aromáticas e ouro da Arábia, e cavalos da Ásia Menor. Navegadores exímios, os fenícios foram para a Península Ibérica em busca de prata, ferro, estanho e chumbo e chegaram até a atual Inglaterra e às costas do Mar do Norte. Também realizaram viagens em torno da África.

As feitorias e colônias fenícias no norte da África e em alguns portos da Espanha, da França e de Chipre eram usadas como entrepostos comerciais. Na África, a colônia de Cartago (que significa "Cidade Nova") desempenhou importante papel no comércio do Mediterrâneo.

Entre os séculos XII e IX a.C., as cidades fenícias alcançaram grande desenvolvimento, dominando o Mar Mediterrâneo, o Mar Negro e o Mar Cáspio. Mas a partir do século VIII a.C. a Fenícia foi sucessivamente anexada aos impérios Assírio, Babilônico, Persa e Macedônico. Com a conquista de Tiro por Alexandre da Macedônia, em 332 a.C., a hegemonia do universo fenício passou para Cartago, que resistiu aos romanos no episódio conhecido como **Guerras Púnicas**. Porém, os romanos alcançaram a vitória final em 146 a.C., e os cartagineses foram escravizados.

▷ Inventando o alfabeto

A religião dos fenícios era animista, isto é, atribuía poderes sagrados às montanhas, árvores e às manifestações da natureza. Além disso, estava centrada em ritos e deuses locais. Cada cidade tinha o seu deus principal (*Baal*), mas também havia a prática de cultos dedicados a divindades comuns a todas as cidades.

A necessidade de organizar e controlar melhor as atividades comerciais — já naquela época, era necessário anotar entradas e saídas, encomendas e preços — levou os fenícios a desenvolverem símbolos para facilitar a comunicação entre as pessoas. Se você é um usuário de uma das salas de bate-papo da internet, deve ter seus próprios códigos de comunicação. Pois bem, assim como você, os fenícios também criaram códigos para facilitar seu trabalho e a administração dos negócios. A escrita desenvolvida pelos fenícios deu origem ao alfabeto, posteriormente adaptado pelos gregos e pelos romanos. Esse sistema de códigos difundiu-se por todo o Mediterrâneo e constituiu o alfabeto base de várias línguas modernas.

BRIDGEMAN ART LIBRARY, LONDRES-KEYSTONE

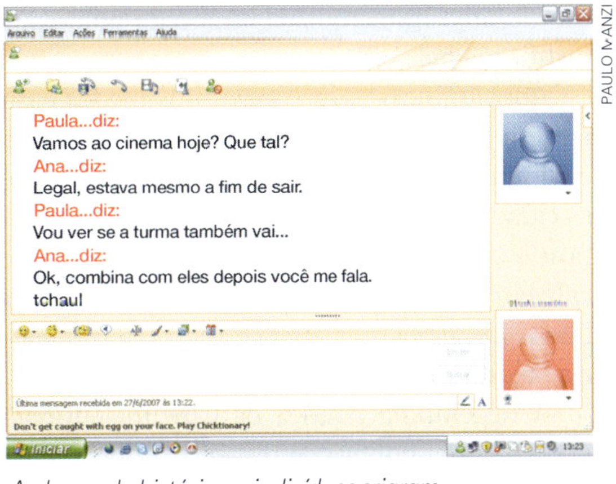

PAULO MANZI

Ao longo da história, os indivíduos criaram símbolos de linguagem para facilitar a comunicação entre as pessoas. Ao lado, detalhe de inscrição fenícia em sarcófago do século V a.C. Acima, página do comunicador instantâneo MSN. Foto de 2007.

IMPÉRIO PERSA

Fonte: LEONE, Alba Rosa. *Orientarsi nella storia*. Milão: Sansoni, 1995.

Persas

Aproximadamente, em 2000 a.C., as terras do atual Irã foram habitadas pelos medos, que por muitos séculos dominaram os persas, outro povo a ocupar a região. Porém, por volta de 550 a.C., um príncipe persa, Ciro, o Grande, conquistou o Reino da Média, unificando-o com o da Pérsia, passando a estender seu poder, ao longo de 25 anos, por ampla extensão de terras. Esse enorme Estado desapareceu em 330 a.C., conquistado pelos exércitos de Alexandre, o Grande. Todavia, em seus dois séculos de existência, a concepção de uma monarquia centralizada politicamente e justificada pela religião atingiria grande expressão.

Após unificar os territórios dos medos e dos persas, em 550 a.C., Ciro procurou ampliar as fronteiras do império recém-formado, conquistando a Lídia e as cidades gregas da Ásia Menor. Em 539 a.C., dominou a cidade de Babilônia (libertando os judeus do cativeiro imposto por Nabucodonosor e permitindo que voltassem à sua pátria) e anexou a Fenícia, a Síria e a Palestina.

A hegemonia política de Ciro foi reforçada por meio de uma política de respeito às diferenças culturais e religiosas dos povos conquistados. Como resultado, Cambises, filho e sucessor de Ciro, herdou em 529 a.C. um império rico e um exército poderoso. Ele deu continuidade ao expansionismo persa, conquistando o Egito na **Batalha de Pelusa**, em 525 a.C.

Com a morte de Cambises em 522 a.C., sem deixar herdeiros, o trono persa foi entregue a Dario I, que recebeu o apoio da cúpula política do reino. Dario foi considerado um grande estadista, responsável pelo apogeu do Império Persa.

Uma moderna forma de administrar

Para governar domínios tão extensos, nos quais viviam populações das mais diversas origens, Dario empreendeu uma ampla reorganização político-administrativa e criou um sistema eficiente de administração pública. O império foi dividido em províncias chamadas *Satrapias*, dirigidas por governadores, os sátrapas, que pagavam ao Estado impostos proporcionais à riqueza da província. Para fiscalizar a ação dos *sátrapas* e prestar contas dos tributos, Dario criou um serviço de informações, formado por funcionários de sua confiança conhecidos como "Olhos e Ouvidos do Rei". O sistema de impostos foi unificado com a cria-

A infraestrutura do correio

"A 'estrada real' construída por Dario I media perto de 2.400 quilômetros de comprimento e cortava o império, unindo Sardes, nas proximidades do Mar Egeu (Ásia Menor) ao palácio de Susa, no Golfo Pérsico. A segurança da estrada era garantida por uma constante patrulha imperial e possuía mais de 100 postos onde mensageiros reais faziam a troca de cavalos e passavam o correio, um trajeto que durava apenas uma semana em todo o seu percurso."

HERÓDOTO. *História*. Brasília: UnB, 1988.

ção do *dárico*, moeda de ouro, tida como a primeira unidade monetária internacional. As moedas locais continuaram a existir, porém com importância cada vez menor.

Para efetivar o contato entre as províncias, Dario organizou um funcional sistema de correios e pavimentou uma ampla rede de estradas ligando as grandes cidades como Pasárgada, Susa e Persépolis. Por elas passaram a seguir as grandes caravanas de mercadores que levavam e traziam mercadorias dos mais variados pontos do império.

Apoiado no seu poderoso exército, Dario I e depois seu filho tentaram subjugar as colônias gregas da Ásia Menor. Foi essa a origem das chamadas **Guerras Greco-Pérsicas**, entre os persas e as cidades-Estado do mundo grego. Elas assinalaram o enfraquecimento do Império Persa, até sua total submissão em 330 a.C., com a derrota de Dario III, o último imperador, no confronto com Alexandre da Macedônia.

Zoroastrismo: o bem *versus* o mal

Os persas sofreram influências culturais dos muitos povos que dominaram. Seus palácios, monumentos e obras de arte em geral demonstravam características egípcias, babilônicas, assírias e dos demais povos da Mesopotâmia. Na religião, porém, a cultura persa mostrou sua originalidade, basicamente devido à influência reformadora do profeta Zoroastro (c. 628-c. 551 a.C.).

Os princípios pregados por Zoroastro estão contidos no *Zend Avesta*, livro sagrado dos antigos persas. Contrariando as demais religiões do Oriente, sua doutrina negava a magia, o politeísmo e os sacrifícios de sangue. Em vez dessas práticas, o zoroastrismo enfatizava a capacidade de os indivíduos optarem entre o bem e o mal. Zoroastro e seus seguidores ensinavam a crença em **Ahura-Mazda**, o deus do bem, da luz, da justiça e da sabedoria. Mas além dele havia também **Arimã**, o espírito das trevas. As pessoas tinham liberdade de escolher entre os dois.

Para ser aceito pelo espírito do bem, cada indivíduo tinha que dizer sempre a verdade e ser bom para os outros. A recompensa por esse comportamento era a vida eterna no Paraíso. Aos seguidores do espírito do mal, estava reservado o inferno, uma vida de tormentos. Hoje, essa religião ética e dualista está presente na Índia — onde seus adeptos são conhecidos como Parsis, "persas". No Irã, onde a crença em Ahura-Mazda nasceu, restam uns poucos milhares de seguidores do profeta Zoroastro em meio aos 67 milhões de iranianos, 99,1% dos quais adeptos do islamismo.

MARYAM BAKNSHI/REUTERS/LATINSTOCK

Crianças participam de dança ritual de zoroastrismo, em comemoração aos 3 mil anos de sua crença em Teerã, Irã, em 2003. Em todo o mundo existem cerca de 200 mil seguidores dessa religião; metade deles vive no Irã.

TEXTO COMPLEMENTAR

O muro da discórdia

O governo israelense está construindo um muro em torno da Cisjordânia e de Jerusalém Oriental, com o objetivo de isolar os territórios palestinos. O muro é uma fortificação de arame farpado, espessura de oito metros de concreto e torres de controle a cada 300 metros.

"O 'muro de segurança' que o governo israelense está construindo em torno da Cisjordânia e de Jerusalém vai modificar radicalmente a paisagem geográfica e política do Oriente Médio. Edificando uma muralha três vezes mais alta e duas vezes mais larga do que o muro de Berlim – que a Alemanha Oriental chamava de 'muro da paz' e a Alemanha Ocidental, de 'muro da vergonha' –, Israel vai anexar unilateralmente uma parte substancial da Cisjordânia e aumentar as barreiras militares em torno das cidades palestinas, encerrando eficazmente aí os habitantes.

Um primeiro muro havia sido construído em torno de Gaza durante a primeira Intifada (1987-1993), quando o Estado hebreu cercou essa faixa de terra com uma barreira eletrificada e hermeticamente fechada. Esta lhe permitiu manter a autoridade sobre suas 16 colônias assim como controlar os movimentos dos palestinos. [...]

A primeira etapa consiste em separar Israel da maior parte do norte da Cisjordânia. A muralha acompanha as fronteiras de 1967, anexando várias colônias; cerca estritamente vários territórios-chave palestinos e corta outros. Zonas palestinas, como a aldeia de Qaffin, se veem privadas de 60% de suas terras agrícolas, enquanto outras, como a cidade de Kalkilya, não somente são privadas de suas terras, mas cortadas tanto da Cisjordânia como de Israel. Essa parte do muro custa ao governo israelense mais de um milhão de dólares o quilômetro e é fortificada com paredes de concreto de oito metros, torres de controle a cada 300 metros, trincheiras com profundidade de dois metros, arame farpado e estradas de contorno. [...]

A construção do muro em torno de Jerusalém Oriental é ainda mais devastadora para as aspirações palestinas de se tornar um Estado. Enquanto ao norte o muro nunca se estende para além de oito quilômetros no interior das terras, em Jerusalém avança bem mais profundamente. [...] Essa anexação da Grande Jerusalém ao Estado hebreu coloca muitos e graves problemas, uma vez que acaba por incorporar um grande número de palestinos, destacando as contradições entre os imperativos da demografia e dos da segurança. A fim de resolver esse problema, Israel tenta construir dois muros em torno de Jerusalém. O primeiro é uma separação interna, construída principalmente em torno das fronteiras municipais, definidas por Israel. O segundo será uma separação externa em torno dos blocos de colônias."

BRUBACHER, Matthew. O novo muro da vergonha. *Le Monde Diplomatique*, nov. 2002. Disponível em <http://diplo.uol.com.br>. Acesso em abr. 2007.

Compreendendo o texto

1. Considerando a atual situação diplomática e política entre israelenses e palestinos, quais objetivos o governo israelense pretende alcançar ao construir os muros que separam Israel de terras palestinas?

2. Quais as implicações da construção dessas barreiras para os palestinos?

3. O governo norte-americano também iniciou a construção de um enorme muro na fronteira do México com os Estados Unidos a fim de impedir que imigrantes ilegais, principalmente mexicanos, entrem nos Estados Unidos.

a) Na sua opinião, a construção de barreiras físicas, como a israelense e a norte-americana, é a melhor forma de combater o terrorismo e a imigração ilegal?

b) Converse com seus colegas sobre o assunto.

ATIVIDADES

EXPLORANDO O CONHECIMENTO

1 Os hebreus foram os primeiros a defender a crença em um Deus único.

a) Compare a religião dos hebreus com a dos egípcios e mesopotâmicos.

b) Caracterize o modelo de sociedade hebraica existente na Antiguidade.

2 Segundo o Antigo Testamento, o primeiro grande líder dos hebreus foi Abraão. Guiado por Deus, por volta de 2000 a.C., Abraão conduziu seu povo desde a cidade de Ur, na Caldeia, até Canaã (terra dos cananeus), na Palestina, a Terra Prometida. Inicialmente o povo hebreu, semelhante aos demais povos da Antiguidade, vivia em tribos, sem contar com um Estado politicamente organizado.

a) Caracterize o poder político dos hebreus nos primeiros tempos.

b) Comente os fatores que impulsionaram a migração dos hebreus para o Egito.

3 O alfabeto foi uma invenção dos fenícios. Qual a utilidade do alfabeto para os povos daquela época?

4 A Fenícia, que corresponde atualmente ao Líbano, era uma área estreita, cercada pelo Mar Mediterrâneo e por montanhas, com litoral formado por numerosas ilhas e portos, bem na encruzilhada de rotas comerciais.

a) Explique de que forma a posição geográfica dos povos fenícios favoreceu o desenvolvimento do comércio.

b) Produza um pequeno texto sobre a organização política dos povos fenícios.

5 Conceitue:

a) Plutocracia.

b) Religião animista.

6 Em 539 a.C., o Segundo Império Babilônico foi conquistado pelos persas, sob o comando de Ciro, que iniciou a formação do grande Império Persa. Foi o fim da história dos grandes impérios mesopotâmicos.

Caracterize a administração dos persas, sob o domínio do rei Dario I.

A HISTÓRIA E O TEMPO PRESENTE

7 Neste capítulo, você examinou a origem dos conflitos entre judeus e palestinos, que até hoje assolam o Oriente Médio. Individualmente ou em grupo, faça uma ampla pesquisa sobre esse assunto em jornais, revistas e na internet. De que maneira está feita a separação do território da Palestina entre esses dois povos? Como é a convivência de árabes e judeus com a minoria cristã que também habita aquela região?

8 Leia o texto a seguir.

Mundo condena pior ataque de Israel no Líbano; veja repercussão

"A comunidade internacional condenou o ataque mais violento desde o início da guerra não declarada entre o grupo terrorista libanês Hizbollah e Israel. Ao menos 56 pessoas morreram nos bombardeios contra o vilarejo de Qana na madrugada deste domingo. Dentre as vítimas, 37 eram crianças, segundo fontes da polícia libanesa e das equipes de resgate. [...]

O representante das Relações Exteriores da União Européia, Javier Solana, afirmou em um comunicado que 'nada pode justificar' a morte de civis inocentes.

O presidente do Egito, Hosni Mubarak, classificou como 'irresponsável' o bombardeio. Na nota, o presidente egípcio voltou a pedir um imediato cessar-fogo na guerra não declarada entre Israel e o Hizbolah. [...]

O presidente palestino, Mahmoud Abbas, acusou Israel de ter cometido um crime em Qana, no sul do Líbano, e pediu à ONU que instaure um cessar-fogo imediato.

Washington pediu a Israel que 'tenha mais cuidado', mas não mencionou um cessar-fogo imediato após o massacre, classificado como 'incidente trágico e terrível' em comunicado do porta-voz da Casa Branca, Blair Jones.

O secretário-geral da ONU (Organização das Nações Unidas), por sua vez, que convocou reunião de emergência para domingo, disse ser necessário 'que o Conselho [de Segurança] tome medidas para evitar que a situação se torne incontrolável e a escalada de violência se espalhe.'

O papa Bento 16 também pediu, durante a bênção do Angelus, um cessar-fogo imediato no Oriente Médio. 'Em nome de Deus me dirijo a todos os responsáveis por esta espiral de violência, para que as armas sejam depostas imediatamente por todas as partes', disse em Castel Gandolfo, a residência de verão dos papas, perto de Roma."

Folha on line, 30/7/2006. Disponível em <www.folha.uol.com.br> Acesso em jan. 2007.

a) Identifique o conflito tratado no texto.

b) Cite o fato do conflito que maior repúdio provoca em autoridades e na opinião pública em geral.

c) Em sua opinião, como pode repercutir entre os fiéis a declaração do papa Bento 16 sobre o conflito?

Vestibular / ENEM

1 (UFSC) Entre as civilizações da Antiguidade que tiveram o Mar Mediterrâneo como cenário do seu desenvolvimento, destacaram-se os hebreus (judeus, israelitas), por terem sido o primeiro povo conhecido que afirmou sua fé em um único Deus. As bases da história, da filosofia, da religião e das leis hebraicas estão contidas na *Bíblia*, cujos relatos, em parte confirmados por achados arqueológicos, permitem traçar a evolução histórica e cultural do povo hebreu e identificar sua influência sobre outras civilizações. Identifique a(s) proposição(ões) correta(s) nas suas referências à cultura hebraica.

a) Entre os princípios religiosos contidos na *Bíblia* está o politeísmo, isto é, a crença em muitos deuses.

b) O vínculo visível das influências do judaísmo sobre o cristianismo está na pessoa de Cristo, considerado "O Messias" pelas duas religiões.

c) Os hebreus destacaram-se em diferentes áreas do conhecimento humano e nos legaram os livros do Antigo Testamento.

d) O cristianismo e o islamismo, religiões que têm hoje milhões de seguidores, receberam influências do judaísmo.

e) O Pentateuco, o Talmud e o Alcorão representam o conjunto dos escritos que reúnem os preceitos do judaísmo.

2 (PUC-SP) O cristianismo, na sua origem, está repleto de heranças (em geral modificadas) da religião judaica; mas há, também, elementos que não são partilhados por essas duas concepções religiosas. Dentre eles, podemos destacar

a) a referência ao Antigo Testamento como escritura sagrada.

b) o conceito de culpa como elemento estruturante da moral religiosa.

c) a fé em um deus único.

d) o alcance universal do ideal de salvação.

e) a adoção de uma moral sexual que valoriza a monogamia.

3 (FGV-SP) Das alternativas abaixo, a que melhor caracteriza a sociedade fenícia é:

a) a existência de um Estado centralizado e o monoteísmo;

b) o monoteísmo e a agricultura;

c) o comércio e o politeísmo;

d) as cidades-Estados e o monoteísmo;

e) a agricultura e a forma de Estado centralizado.

Ampliando o conhecimento

Leituras

GAARDER, Jostein. *O livro das religiões*. São Paulo: Companhia das Letras, 2000.
Descreve as características e a base de cada fé, expondo suas semelhanças e diferenças, apresenta deuses desconhecidos e a possibilidade de entrar em contato com um mundo em que não faltam demonstrações de sabedoria, fé e muitos conflitos.

SCLIAR, Moacyr. *Judaísmo*: dispersão e unidade. São Paulo: Ática, 1994.
O escritor Moacyr Scliar procura ampliar a compreensão da trajetória dessa que é mais do que uma religião. Trata-se antes de tudo da cultura, no sentido mais amplo da palavra, de um povo que soube manter a unidade, preservando suas crenças e tradições ao longo de milênios, até nossos dias.

Filme

Os Dez Mandamentos

Direção de Cecil B. DeMille. EUA, 1956. 220 min.
Superprodução épica que narra a história de Moisés desde o nascimento no Egito até a liderança do povo hebreu rumo à Terra Prometida.

REPRODUÇÃO

Site

Confederação Nacional das Entidades Líbano-Brasileiras

<www.confelibra.org.br>
Site em que se divulgam textos sobre a cultura libanesa e sua formação, além de fomentar o intercâmbio entre o Brasil e o Líbano.

Capítulo 6 O legado da Grécia para a civilização ocidental

Paralelamente aos Jogos Olímpicos atuais ocorrem os Jogos Paraolímpicos, uma competição esportiva que busca a reabilitação, a inserção social, o lazer e a profissionalização de portadores de deficiência. Na foto o maratonista Aurélio Guedes e o nadador José Afonso carregam a bandeira do Brasil, na cerimônia de abertura dos XII Jogos Paraolímpicos, em Atenas, Grécia. Foto de 2004.

FABIO MOTTA/AE

A origem dos Jogos Olímpicos

"Embora não seja possível precisar com exatidão quando os Jogos Olímpicos foram criados, os primeiros registros oficiais de sua existência datam de 776 antes de Cristo. Os Jogos eram celebrados em Olímpia, um vilarejo na Grécia.

Como a maior parte dos torneios celebrados na Grécia, uma das finalidades dos Jogos Olímpicos era homenagear Zeus, maior divindade do Olimpo, segundo a mitologia grega. Os Jogos eram realizados de quatro em quatro anos e tinham o poder de interromper guerras, batalhas e combates. As disputas reuniam atletas e espectadores de todas as cidades da Grécia.

Apenas os cidadãos livres e natos que estivessem inscritos para a competição podiam participar dos Jogos Olímpicos. Os atletas treinavam em suas cidades de origem durante os quatro anos que separavam os Jogos Olímpicos. Esse período era denominado Olimpíada. No entanto, a 60 dias dos Jogos, todos os atletas se concentravam na cidade de Elis, onde passavam a se dedicar integralmente à sua preparação física.

A participação dos atletas era estabelecida por um código rígido de conduta e qualquer infração era punida com rigor. As mulheres eram proibidas de assistir às disputas e as que fossem casadas corriam o risco de serem condenadas à pena de morte caso fossem flagradas nos locais de competição.

A vitória nos Jogos Olímpicos consagrava o atleta e proporcionava glória também à sua cidade de origem. De acordo com os registros oficiais, a celebração dos Jogos Olímpicos durou até o ano de 394 depois de Cristo, quando, por questões religiosas, foi banida pelo Imperador Teodósio, de Roma."

A origem dos Jogos Olímpicos. Comitê Olímpico Brasileiro. Disponível em <www.cob.org.br>. Acesso em jun. 2007.

A cultura grega sempre exerceu grande fascínio sobre os pesquisadores. A arte, a literatura e o pensamento gregos continuam ligados ao nosso cotidiano. Prova disso são as Olimpíadas modernas e o culto ao corpo, assuntos que ainda hoje despertam interesse nos meios de comunicação, estudiosos e apreciadores de esportes.

Todos esses valores fazem parte de um contexto maior, o modo como a sociedade grega via o ser humano: um indivíduo que deveria desenvolver amplamente suas capacidades, tanto físicas quanto intelectuais.

BRIDGEMAN ART LIBRARY-KEYSTONE

Cerâmica cretense, proveniente de Cnossos, Creta (século XVII a.C. aproximadamente).

O mundo grego

A Hélade, território dos antigos gregos, abrangia o sul dos Bálcãs (Grécia Continental), a Península do Peloponeso (Grécia Peninsular) e as ilhas do Mar Egeu (Grécia Insular). Também foram fundadas colônias na costa da Ásia Menor e na Sicília e no sul da Península Itálica, região conhecida como Magna Grécia. Seu primeiro polo cultural foi a Ilha de Creta, a maior do Egeu. A civilização cretense floresceu entre 2000 e 1400 a.C. Nesse período, Creta dominou o comércio marítimo no Mediterrâneo e estendeu sua influência à Grécia Continental.

Sabemos pouco sobre como se organizava sua sociedade, mas é certo que palácios tinham uma grande importância. Os arqueólogos descobriram suas ruínas em Cnossos, Faístos e Malia. O palácio era o centro da vida econômica e política. Era lugar de residência de um rei, que governava com auxílio de funcionários e de uma nobreza. Os palácios tinham armazéns para guardar os produtos agrícolas entregues como tributos por uma população de camponeses. Nos arquivos palacianos foram encontradas tabuinhas de cerâmica com uma escrita ainda não decifrada, mas talvez utilizada para contabilizar os bens do soberano. À diferença dos palácios encontrados no Oriente Próximo, aqueles de Creta não eram circundados por muralhas, indicando a falta de necessidade de proteção contra invasores externos.

Antropólogos e historiadores têm colocado questões sobre a sociedade cretense, especialmente no que diz respeito ao *status* da mulher. Muitos elementos sugerem que sua religião tinha como base o culto à Grande-Mãe, deusa da fertilidade, considerada a mãe de todos os seres vivos. Segundo alguns especialistas, a preponderância feminina na religião estaria associada a uma organização social semelhante ao sistema matriarcal. Outros, porém, acreditam que os dados iconográficos — pinturas encontradas em cerâmicas — não são suficientes para fundamentar essa interpretação, uma vez que nem sempre é fácil distinguir as representações divinas e as imagens de sacerdotes, sacerdotisas e adoradores.

Dos heróis de Homero ao "Período Obscuro"

Em torno de 1400 a.C. a sociedade cretense encontrou seu fim. As causas não são muito claras: terremotos, revoltas das populações submetidas aos palácios e invasões de povos estrangeiros são algumas causas apontadas. Os historiadores acreditam que Creta foi subjugada pelos aqueus, tribos de origem indo-europeia que se estabeleceram em Micenas e em outras cidades da Grécia Continental por volta de 1900 a.C. Sob a hegemonia de Micenas, os aqueus também conquistaram a cidade de Troia, na Ásia Menor, numa guerra que se estendeu por dez anos. Diz a lenda que o conflito resultou do rapto de Helena, a linda esposa de Menelau, rei de Esparta, pelo príncipe Páris, filho do rei Príamo, de Troia. A arqueologia nos traz uma outra versão: fundada em 3000 a.C., Troia era uma rica cidade e os aqueus provavelmente empreenderam uma guerra com motivo de saque. Em 1220 a.C. Troia foi conquistada.

As campanhas militares contra essa cidade foram cantadas por poetas ao longo dos séculos e, entre os séculos IX e VIII a.C., ganharam uma forma escrita que a tradição atribui a Homero. O poema épico *Ilíada* (Troia também era chamada de Ílion) narra a guerra, enquanto a *Odisseia* conta as aventuras do herói grego Odisseu (Ulisses) em seu retorno para casa, após os combates.

Tribos indo-europeias

Tribos cuja língua descendia do indo-europeu. Acredita-se que o indo-europeu teria sido falado por volta de 3000 a.C. e que teria começado a separar-se em diferentes idiomas cerca de mil anos depois. Com exceção do basco, todas as línguas oficiais dos países da Europa Ocidental pertencem a quatro ramos da família indo-europeia: o helênico (grego), o românico (português, italiano, francês, castelhano etc.), o germânico (inglês, alemão) e o céltico (irlandês, gaélico). Um quinto ramo, o eslavo, engloba diversas línguas atuais da Europa Oriental. Existem ainda ramos asiáticos, como o indo-iraniano (subgrupos indo-ariano e iraniano).

De economia essencialmente agrícola, a sociedade micênica também tinha seu centro em palácios, cujos chefes eram reis. Uma aristocracia guerreira possuía terras e controlava o trabalho de camponeses e escravos.

Outros grupos aparentados aos aqueus, como os eólios e os jônios, povoaram a Grécia até o século XII a.C., quando finalmente os dórios dominaram a região e provocaram o colapso da cultura micênica. A agricultura e o artesanato decaíram e as armas de bronze finamente trabalhadas foram substituídas por artefatos grosseiros feitos de ferro. Surgiu uma cerâmica com pintura geométrica. O sepultamento em magníficos túmulos deu lugar à cremação simples dos corpos. A escrita e as formas artísticas ligadas à vida palaciana desapareceram.

GIUSEPPE GIOSCELLI/CID

Vista das ruínas de um templo em Olímpia, uma das cidades-Estado da Grécia na Antiguidade.

A maior de todas as transformações foi precisamente o surgimento de uma nova estrutura comunitária, não mais baseada na centralização política e econômica dos palácios.

▷ Os helenos arcaicos

Durante a **Grécia Arcaica**, entre 800 e 500 a.C., as cidades tornaram-se essencialmente núcleos residenciais nos quais se concentravam proprietários rurais e lavradores. Havia uma população estabelecida no campo, mas a maioria dos agricultores vivia dentro das muralhas urbanas e saía todos os dias para trabalhar a terra, regressando à noite. Desse modo, o padrão urbano da cultura grega começou a se firmar. Cada cidade e os campos a seu redor se transformaram numa comunidade independente, uma **cidade-Estado** ou **pólis**, com sua própria organização socioeconômica e política. Essa forma político-administrativa teve sua origem na diminuição do poder dos reis em favor de um poder compartilhado por uma aristocracia guerreira. A existência de uma assembleia que discutia os assuntos de interesse da comunidade, tendo como princípio a igualdade entre todos os aristocratas, era a principal característica da pólis. De início apenas os aristocratas eram cidadãos, mas ao longo do tempo os setores mais pobres foram sendo incluídos, como ocorreu em Atenas nos séculos VI e V a.C.

Além das atividades agropastoris, a economia das cidades-Estado favoreceu o desenvolvimento do comércio e do artesanato. Moedas eram cunhadas para facilitar o comércio e também para afirmar a autonomia política das cidades. Contudo, a base da economia sempre foi a agricultura. As terras mais férteis pertenciam, em geral, às famílias aristocráticas. A transmissão de terras dentro da família era hereditária, ou seja, a cada filho homem era destinado um pedaço de terra como herança. Esse processo conduzia a uma inevitável carência de terras e diminuição dos lotes ao longo do tempo. Além disso, os aristocratas tendiam a arrebatar as terras dos camponeses pobres, que se tornavam então seus empregados. Também existiam escravos, alguns dos quais eram camponeses empobrecidos que não conseguiram pagar dívidas contraídas com os grandes proprietários. O desenvolvimento da escravidão por dívida ampliou as fileiras da mão-de-obra cativa, mas não o suficiente para caracterizar a sociedade grega dos séculos VIII a

VI a.C. como escravista. Naquele período, os escravos constituíam uma pequena parcela da população e não tinham grande importância na vida econômica.

A falta de terras, somada a um aumento populacional, gerou fortes tensões sociais e colocou a necessidade de as cidades-Estado fundarem colônias em outras regiões. Entre os séculos VIII e VI a.C., colônias gregas pontilharam a orla do Mediterrâneo e do Mar Negro, estendendo-se da Espanha ao sul da Rússia (veja o mapa).

A colonização grega do Mediterrâneo incentivou o comércio entre as cidades e também proporcionou a construção de uma identidade cultural entre os gregos, pois ao conquistarem novas terras entraram em contato com diferentes povos, com línguas, religiões e modos de vida diversos. Foi esse sentimento que levou os descendentes dos aqueus, eólios, jônios e dórios a se autodesignarem como **helenos**.

No plano político, o período entre 650 e 510 a.C. caracterizou-se pelo advento da **tirania** em algumas cidades-Estado. Os tiranos eram, em geral, membros da aristocracia que buscavam apoio político no *demos* (povo). Também representavam grupos de proprietários de terras e comerciantes enriquecidos. Seus poderes baseavam-se em atender a algumas reivindicações da massa desprivilegiada dos habitantes urbanos e camponeses pobres, como partilha de terras e abolição das dívidas.

No final do século VIII a.C. camponeses, artesãos, comerciantes também passaram a exigir maior participação na vida política das cidades. A adoção de uma nova técnica de guerra, a falange hoplítica (*hoplon* era o escudo redondo usado pelos guerreiros) permitiu que as camadas mais pobres tomassem parte dos exércitos, nos quais antes os aristocratas tinham maior peso.

Ao dissolver a dominação tradicional dos aristocratas, as tiranias constituíram-se numa transição crucial para a pólis do período clássico.

Heleno

Aquele que é natural de Hélade, denominação da Grécia antiga; grego.

Tirania

Regime político em que uma pessoa ou um pequeno grupo exerce o poder independentemente da aprovação dos governados e à margem da legalidade.

GRÉCIA: EXPANSÃO COLONIAL

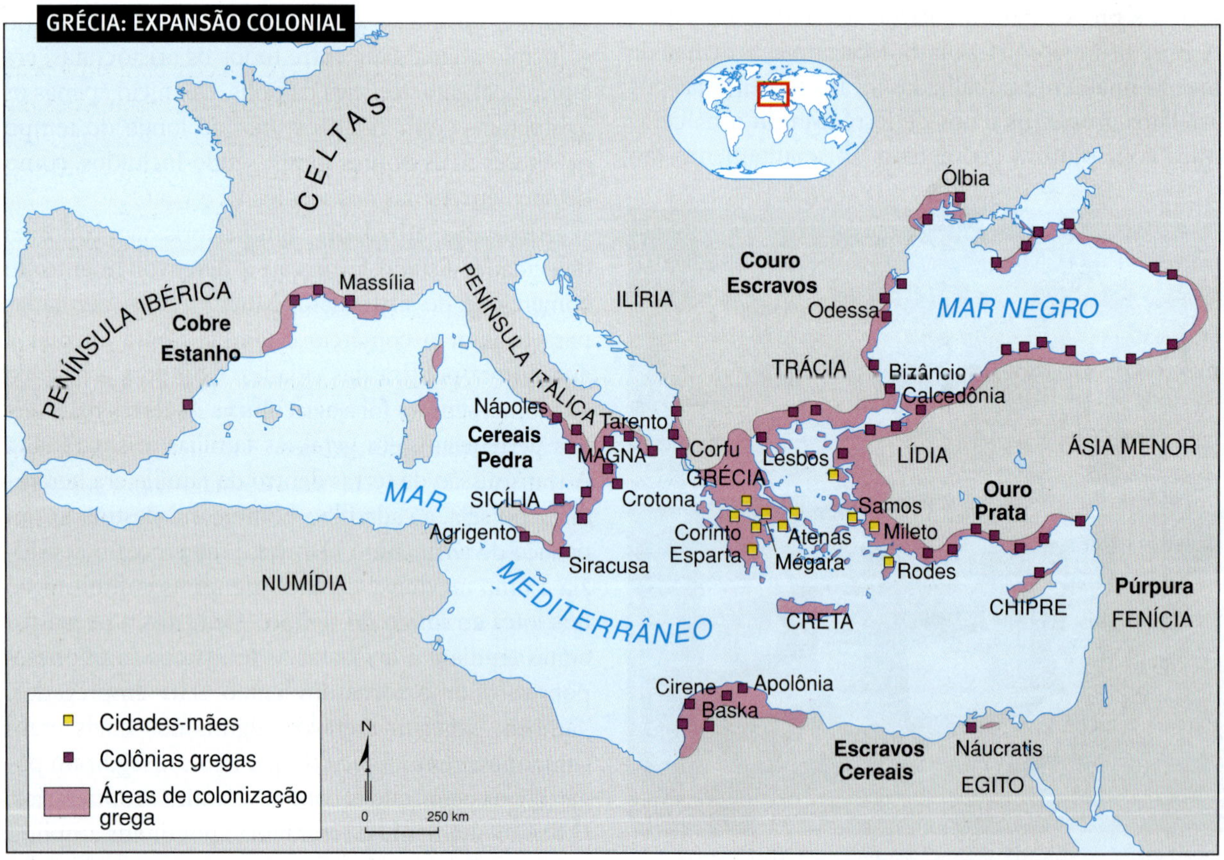

Fonte: HILGEMANN, Werner e KINDER, Hermann. *Atlas historique*. Paris: Perrin, 1992.

O nascimento da democracia

Em fins do século VI a.C., as tiranias predominantes nas cidades gregas no último século do período arcaico foram derrubadas por grupos comandados por aristocratas. Em Atenas, por exemplo, o **ostracismo** teria sido introduzido de início como instrumento para impedir o retorno de tiranos, condenando ao exílio qualquer líder de uma facção política que aspirasse à tirania.

Em quase todas as cidades-Estado, salvo Esparta e Tessália, os reis tradicionais foram depostos ou reduzidos a figuras decorativas. A autoridade foi retomada pelas aristocracias locais, porém em bases diferentes daquelas da fase anterior à tirania. A partir de então, em algumas cidades-Estado, a democracia iniciou seu processo de desenvolvimento.

Também se desenvolveram a produção artesanal e o comércio, trazendo a necessidade de ampliar as áreas de cultivo e estabelecer novas colônias para resolver o problema da falta de terras nas cidades gregas e também ampliar o fornecimento de cereais e a exportação de produtos como o vinho e o azeite. Tal expansão econômica só seria possível graças à utilização da mão-de-obra escrava, que trabalhou nos mais diversos setores produtivos. O escravismo teve lugar sobretudo nas cidades-Estado onde a escravização de cidadãos foi proibida, levando à necessidade de utilizar indivíduos de fora da comunidade, em especial prisioneiros de guerra, como força de trabalho.

Mais do que nunca, a pólis, a cidade-Estado, constituiu-se no foco da vida grega. A pólis era o ponto de reunião da população que vivia dentro e fora dos muros urbanos. Nela faziam-se negócios, fabricavam-se produtos de cerâmica, metal e couro, realizavam-se cerimônias e ritos religiosos, discutiam-se assuntos públicos e tomavam-se decisões políticas. Na grande maioria dos casos, correspondia a uma área restrita, com uma população reduzida. Em toda pólis grega encontravam-se as mesmas instituições: assembleia, conselho e magistraturas. Existiram na Grécia mais de 1500 cidades-Estado, mas conhecemos com maior detalhe apenas duas delas: Esparta e Atenas, que seguiram processos de desenvolvimento diferentes.

Ostracismo

Ato da assembleia que bania alguém da Ática por dez anos, mas sem que isso implicasse perda dos direitos de propriedade. Seu nome deriva de *ostrákon*, pedaço de cerâmica onde os cidadãos presentes na assembleia escreviam o nome do indivíduo a ser banido.

CID

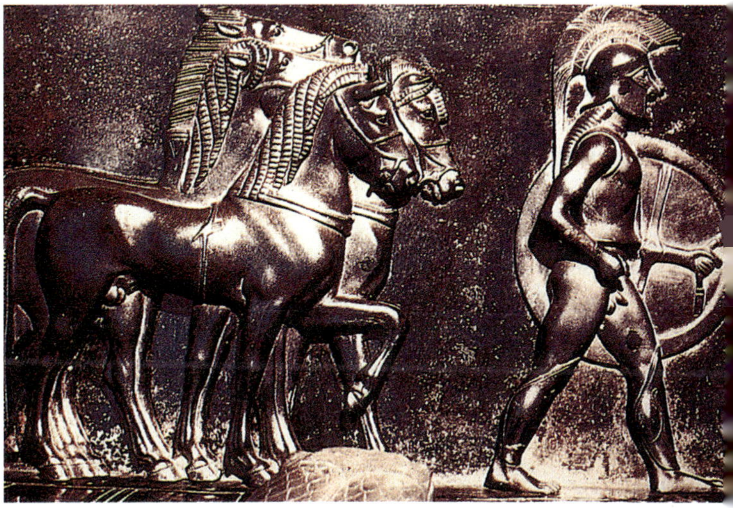

Vaso de bronze do século VI a.C. que mostra um guerreiro espartano na luta contra os persas.

Esparta, o prazer da guerra

Você conhece a expressão "vida espartana", que se refere a uma existência dura e austera? E "frase lacônica", isto é, de poucas palavras, simples e concisa? Elas expressam bem o espírito de Esparta, uma cidade fundada na Lacônia, na Península do Peloponeso, por grupos dórios que dominaram os antigos habitantes. Para manter sua hegemonia, a aristocracia de origem dória montou uma estrutura voltada para uma ação militar contínua. A preocupação das instituições era fazer de cada membro dos setores dominantes um elemento permanente do exército: Esparta encontrava na guerra sua justificativa e sua vocação.

A composição política de Esparta é atribuída a Licurgo, um lendário legislador. A cidade era uma *diarquia*, isto é, dois reis governavam ao mesmo tempo. Os reis desempenhavam funções de caráter religioso e militar: além de comandantes do exército, eram os sumos sacerdotes e os juízes supremos. À *Gerúsia*, um Conselho composto de 28 anciãos (*gerontes*) com mais de 60 anos, cabiam as decisões mais importantes e a elaboração de leis. A *Ápela*, assembleia formada por todos os cidadãos com mais de 30 anos, tinha como função escolher os membros da Gerúsia e ratificar ou não suas decisões. Cinco *Éforos* (vigilantes) comandavam as reuniões da Gerúsia e da Ápela, além de fiscalizar a vida pública e econômica dos cidadãos. Podiam inclusive vetar projetos de lei.

A essa estrutura política correspondia uma sociedade hierarquizada, constituída por três grupos distintos. No topo estavam os **esparciatas** ou **espartanos**, descendentes dos dórios, que gozavam de todos os privilégios e viviam sob rígida disciplina militar.

Seguiam-se os **periecos**, antigos habitantes da Lacônia, que se dedicavam ao artesanato e ao comércio. Eles não tinham direitos políticos, embora fossem livres e cultivassem suas próprias terras. Havia ainda os **hilotas**, uma espécie de escravos da pólis, que eram destinados aos esparciatas para cultivarem suas terras. Sem direitos ou qualquer proteção legal, os hilotas chegavam a sofrer massacres periódicos, disfarçados como "exercícios militares" e destinados a manter o equilíbrio demográfico entre eles e os esparciatas.

A educação espartana visava à formação de bons soldados e cidadãos leais, privilegiando a preparação física e militar.

A partir dos sete anos, os meninos eram entregues ao Estado, que procurava fazer deles soldados obedientes e capazes de resistir às fadigas.

As mulheres também recebiam, desde a infância, um rigoroso treinamento físico e psicológico. Mas gozavam de algumas liberdades inexistentes em outras cidades-Estado. Por exemplo, as espartanas praticavam ginástica e participavam de jogos. Também podiam comparecer às reuniões públicas, além de administrarem o patrimônio familiar juntamente com seus maridos.

Atenas, o prazer de viver

Atenas, hoje a capital da Grécia, foi fundada pelos jônios no centro da planície da Ática, próximo ao Mar Egeu. Devido aos solos pouco férteis, a população voltou-se para o mar. Do porto do Pireu, próximo ao núcleo urbano, os atenienses desenvolveram o comércio no Mediterrâneo e abriram sua cidade às influências externas. Atenas conheceu formas de governo como a monarquia, a aristocracia, a oligarquia, a tirania e a democracia, e também desigualdades sociais e ásperos conflitos, mas soube desenvolver uma brilhante cultura.

CHRISTIE'S IMAGES/ CORBIS-LATINSTOCK

Vaso grego, do século VI a.C., representando cena de guerreiros em combate.

De acordo com o filósofo Aristóteles (que escreveu uma *Constituição de Atenas*, no século IV a.C.), a sociedade ateniense estava dividida em: **eupátridas** ou "bem-nascidos", ou seja, membros da aristocracia que podiam reivindicar ancestrais prestigiosos; *georgói*, camponeses; e *demiurgói*, ou artesãos. Estes três grandes grupos comporiam a classe dos cidadãos. Para ter a cidadania, isto é, gozar de direitos políticos e possuir terras, era preciso ter pai e mãe atenienses. Os **metecos** (estrangeiros) e os **escravos** não eram considerados cidadãos. Mulheres e crianças tinham uma cidadania restrita, pois não podiam participar da vida política. Em outras palavras, a comunidade da pólis clássica, independentemente de suas divisões internas, ergueu-se sobre uma maioria excluída da participação política: as mulheres, os estrangeiros e os escravos.

O papel atribuído às mulheres

A sociedade ateniense foi organizada para o mundo masculino. Às mulheres estavam reservadas funções domésticas. Os pais tratavam dos casamentos das filhas adolescentes, as quais, após as núpcias, ficavam sob o domínio total dos maridos. Docilidade e submissão: esse era o comportamento esperado das mulheres de Atenas. Assim, quando os esposos recebiam convidados para o jantar, elas ficavam em seus aposentos, normalmente no andar superior das casas, ungindo o corpo com essências aromáticas e óleos perfumados para gozar posteriormente da companhia dos maridos. Mas esse era um ideal aristocrático de vida. As mulheres pobres tinham que trabalhar na preparação de alimentos e cuidar dos filhos, atividades que as mais ricas podiam deixar a cargo de escravos ou escravas.

Assim como no caso das mulheres, os homens eram educados de acordo com as possibilidades de sua posição econômica e social. Os filhos de famílias ricas eram educados por professores particulares e tinham tempo disponível para praticarem esportes e atividades artísticas, como a música. Exercícios militares também faziam parte da educação. Os homens das classes subalternas, pelo contrário, muitas vezes trabalhavam lado a lado com escravos na produção de artesanato ou na agricultura.

Conflitos e reformas

Até meados do século VIII a.C., existiu em Atenas uma monarquia cujo rei (*basileus*) acumulou as funções de chefe religioso, militar e jurídico. Daí em diante, a aristocracia eupátrida fortaleceu-se, em detrimento dos reis. O poder passou então para as mãos de uma oligarquia de nobres, os **arcontes**.

Apenas os eupátridas podiam tornar-se arcontes e, portanto, membros do *Areópago*, o conselho soberano de Atenas. Os arcontes tinham o privilégio de aplicação da justiça, pois lhes cabia a interpretação de leis não escritas, que apenas eles conheciam a fundo.

À medida que a nobreza se apropriava das melhores terras e, consequentemente, reforçava seu poder político, os pequenos proprietários empobreciam e se endividavam. Não conseguindo saldar as dívidas, perdiam suas propriedades e até mesmo a liberdade. Gregos tornaram-se escravos de gregos, ao lado de cativos de outras origens, como os prisioneiros de guerra e escravos adquiridos em mercados especializados.

Em meados do século VII a.C., o povo ateniense se rebelou com o apoio de ricos mercadores, enriquecidos com o comércio entre Atenas e suas colônias. A cidade foi envolvida por lutas entre o *demos* (povo) e os eupátridas. O partido aristocrático recusou-se a fazer concessões ao partido popular, que exigia o fim da escravidão por dívidas, a redistribuição das terras, leis escritas e maior participação no governo. Como resultado político dessa crise, surgiram os legisladores ou **reformadores**.

Em 621 a.C., o arconte Drácon foi encarregado de redigir um código de leis obrigatórias para todos, mas manteve os privilégios dos aristocratas. Você conhece a expressão "medida draconiana", que significa medida severa, inflexível? Ela indica bem o espírito das leis instituídas por Drácon.

Em 594 a.C., o arconte Sólon decretou o fim da escravidão por dívidas e a libertação dos devedores escravizados. Além disso, substituiu o critério de nascimento pelo de riqueza para a participação política do cidadão. Sólon classificou os cidadãos em quatro classes de acordo com a riqueza. A participação no exército e o exercício de magistraturas passaram a obedecer a esse critério de classificação. Os indivíduos mais pobres, embora não pudessem ser magistrados, podiam votar na assembleia popular — a *ekklésia* — que escolhia os magistrados. Foi criado ainda um outro conselho, a *boulé*, composto por 400 membros escolhidos pela *ekklésia*, que elaboravam as leis a serem votadas pela assembleia popular.

Em 546 a.C., Pisístrato, apoiado pelo partido popular, tornou-se o primeiro tirano de Atenas. Seu governo teve um grande significado para a cidade: empreendeu uma reforma agrária, distribuindo terras e créditos aos camponeses pobres; realizou obras públicas geradoras de empregos; incentivou as artes e prestigiou festas esportivas e religiosas. Começou nesse período a projeção de Atenas como grande centro comercial e cultural da Grécia. Os sucessores de Pisístrato, entretanto, não conseguiram dar continuidade a sua política, e em 507 a.C. a escolha de Clístenes como arconte marcou o fim do governo dos tiranos. As reformas político-administrativas de Clístenes instituíram a democracia ateniense, que floresceria no século V a.C. — o século de ouro de Atenas, também conhecido como século de Péricles.

▷ O poder nas mãos dos cidadãos

Durante o governo de Péricles (461 a 429 a.C.), a democracia ateniense atingiu sua plenitude por meio do estabelecimento dos princípios da **isonomia**, igualdade de todos perante a lei; da **isegoria**, igualdade de direito ao acesso à palavra na assembleia; e da **isocracia**, igualdade de participação no poder. Tratava-se de uma democracia direta, enquanto hoje, nas sociedades ocidentais, vigora a democracia representativa.

No tempo de Péricles, o comparecimento à Assembleia soberana era aberto a todo cidadão. A Assembleia era um comício ao ar livre que reunia centenas de atenienses do sexo masculino, com idade superior a 18 anos. Todos os que compareciam tinham o direito de fazer uso da palavra. As decisões da Assembleia representavam a palavra final na guerra e na paz, nos tratados, nas finanças, na legislação, nas obras públicas, no julgamento dos casos mais importantes, na eleição dos administradores, enfim, na totalidade das atividades governamentais.

A concentração da autoridade na Assembleia impossibilitou a criação de uma elite política institucionalizada, com sua máquina eleitoral. Além disso, não havia na cidade-Estado burocracia ou funcionários públicos, exceto uns poucos escriturários — em geral escravos de propriedade do Estado — que registravam as decisões e faziam cópias de tratados e leis.

SÉRGIO LIMA/FOLHA IMAGEM

Votação realizada no plenário da Câmara dos Deputados, do Congresso Nacional, em Brasília, um exemplo de funcionamento da democracia representativa. Foto de 2007.

A ausência de burocratas remunerados e a fragmentação e o rodízio dos cargos administrativos serviram também para evitar uma liderança direta e pessoal. Observe as palavras de Péricles:

> "Nossa constituição é chamada de democracia porque o poder está nas mãos não de uma minoria mas de todo o povo. Quando se trata de resolver questões privadas, todos são iguais perante a lei, quando se trata de colocar uma pessoa diante de outra em posições de responsabilidade pública, o que vale não é o fato de pertencer a determinada classe, mas a competência real que o homem possui."
>
> Discurso fúnebre de Péricles. Citado em Secretaria de Educação do Estado de São Paulo. Disponível em <www.educacao.sp.gov.br>. Acesso em abr. 2007.

Em geral, organizações estudantis são exemplos da democracia direta. Organizados em assembleias, os estudantes debatem, propõem e votam as políticas que devem ser seguidas por eles (veja a foto abaixo).

ANTONIO QUEIRÓS/AGÊNCIA A TARDE

Assembleia geral dos estudantes da Universidade Federal da Bahia (UFBA). Reivindicando a contratação de novos docentes, os alunos decidiram iniciar uma paralisação por tempo indeterminado como forma de protesto. Foto de 2004.

▶ As Guerras Greco-Pérsicas

Entre os séculos VI e V a.C., a expansão do Império Persa, que já envolvera as colônias gregas da Ásia Menor, passou a ameaçar a própria Grécia Continental. O confronto entre o império asiático e as cidades-Estado se manifestou nas Guerras Greco-Pérsicas ou Guerras Médicas (assim denominadas porque os gregos chamavam os persas de medos).

Entre 500 e 494 a.C., as cidades jônias da Ásia Menor rebelaram-se contra os persas. Depois de dominar a revolta, o rei persa Dario I decidiu castigar os atenienses, que haviam apoiado os núcleos gregos. A primeira invasão da Grécia, em 492 a.C., fracassou depois que uma tempestade destruiu parte da frota persa. Em 490 a.C., porém, navios persas desembarcaram tropas na Planície de Maratona, a 40 km de Atenas. Apesar de inferiorizados numericamente, os atenienses derrotaram os persas e retornaram à cidade antes que a frota de Dario I a atacasse. Conta a tradição que, logo após a batalha, um soldado correu até a pólis e deu a notícia da vitória, morrendo em seguida de exaustão. A prova olímpica da **maratona** homenageia seu sacrifício.

Dario passou então a preparar uma invasão em larga escala, mas morreu antes de concretizar seu projeto. Seu filho e sucessor, Xerxes, teve de adiar o ataque, o que deu tempo para que as cidades da Grécia se unissem e para que Atenas criasse uma frota poderosa. A ofensiva persa só foi lançada em 480 a.C. Sob a liderança conjunta de atenienses e espartanos, os helenos venceram os persas nas batalhas de Salamina, Plateia e Micala, obrigando o rei Xerxes a voltar à Pérsia.

Uma vez afastada a ameaça persa no continente, os espartanos se retiraram da guerra, enquanto Atenas e outras cidades continuaram a luta para expulsar o inimigo do Mar Egeu e da costa asiática. As cidades mobilizadas contra os persas formaram a **Liga de Delos**, confederação presidida por Atenas. Cada cidade-membro contribuiu com homens, navios e dinheiro para o tesouro comum — que serviu em boa parte para cobrir de construções e esculturas magníficas a Atenas de Péricles.

▶ A Guerra do Peloponeso

A hegemonia ateniense, com a expansão de sua influência política, foi combatida por Esparta, que não desejava que o império de Atenas colocasse em risco as alianças de Esparta com outras cidades. A formação da Liga do Peloponeso inseriu-se nesse contexto. O confronto entre as cidades rivais acabou por levar à guerra, conhecida como Guerra do Peloponeso, iniciada em 431 a.C. Foram 28 anos de lutas, que terminaram com a derrota ateniense.

Na primeira fase da guerra, de 431 a 421 a.C., houve um certo equilíbrio entre espartanos e atenienses. Seguiu-se um período de trégua, quebrada entre 415 e 413 a.C. pelos atenienses, que desejavam conquistar regiões dominadas pelos espartanos. Mas Atenas foi derrotada e perdeu parte da sua frota. Os anos seguintes, de 413 a 404 a.C., assistiram à ofensiva de Esparta, que derrotou os enfraquecidos atenienses.

A conquista macedônica

A supremacia espartana teve curta duração, sendo seguida pelo predomínio de Tebas e por um período de perturbações generalizadas. A verdade é que, no século IV a.C., as principais cidades gregas estavam esgotadas por décadas de guerras. Nenhuma delas tinha condições de impor um projeto político próprio. Divididas, eram alvos fáceis para um inimigo exterior.

Foi o que aconteceu. Dessa vez, o adversário era um reino ao norte da Grécia: a Macedônia. Aproveitando-se da decadência e desunião dos gregos, o rei da Macedônia, Filipe II, preparou um poderoso exército a fim de conquistar o território helênico.

A política de Filipe II consistiu em fomentar a rivalidade entre as cidades-Estado enquanto preparava a invasão. O ateniense Demóstenes, em célebres discursos conhecidos como *Filípicas*, tentou alertar o povo contra as reais intenções do rei da Macedônia. Tudo em vão, pois em 338 a.C. Filipe II venceu os gregos na batalha de Queroneia.

TOPFOTO/KEYSTONE

Detalhe de mosaico em Pompeia em que se destaca a figura de Alexandre, o Grande, na batalha de Issus (79 a.C.).

A política expansionista de Filipe II teve continuidade em seu filho e sucessor Alexandre, que consolidou a dominação da Grécia e conquistou os territórios persas. Alexandre tornou-se o senhor do maior império até então formado, que só seria superado pelo Império Romano séculos depois (veja o mapa).

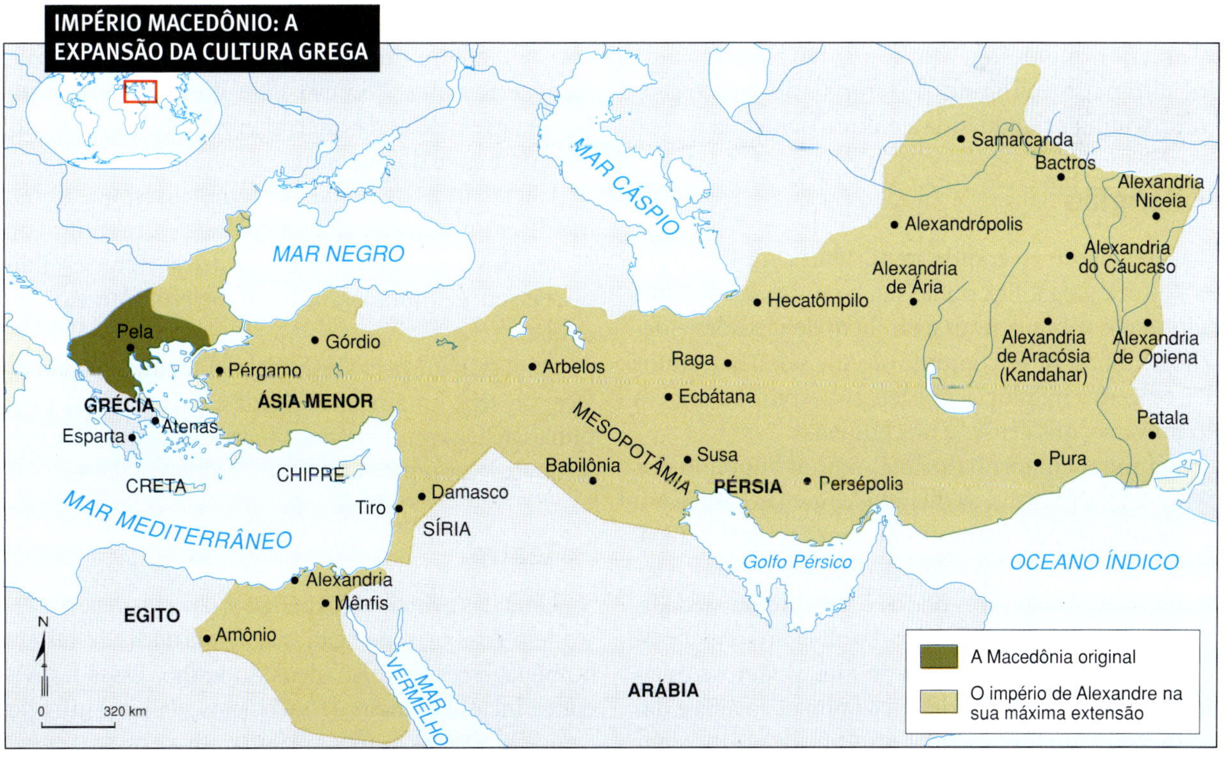

Fonte: LEONE, Alba Rosa. *Orientarsi nella storia*. Milão: Sansoni, 1995.

Habilmente, Alexandre intitulou-se libertador dos territórios conquistados, procurando evitar rebeliões capazes de desgastar seu processo de expansão. Respeitou as instituições políticas e religiosas dos povos vencidos e promoveu casamentos entre seus oficiais e mulheres das populações locais; ele próprio desposou uma princesa persa.

A fusão dos valores gregos com as tradições das várias regiões asiáticas conquistadas deu origem a uma nova manifestação cultural, o **helenismo**. Seus polos foram as cidades de Pérgamo, na Ásia, e Alexandria, no Egito, fundada pelo próprio Alexandre. Na cidade de Alexandria havia centenas de teatros, um museu e uma vasta biblioteca, a maior da Antiguidade.

Após a morte de Alexandre, o império foi dividido em três grandes reinos: o reino da Síria, que abrangia a Síria, a Ásia Menor e a Mesopotâmia; o reino do Egito, que compreendia, além deste país, a Arábia e parte da Palestina; e o reino da Macedônia, que englobava a Grécia. Cidades da Pérsia e Índia recuperaram sua autonomia. Entre os séculos II e I a.C. todos esses grandes reinos e outros menores foram conquistados pelos romanos.

Apolo de Belvedere, escultura em mármore, cópia do original atribuído a Leocares, século V a.C.

O amor pelo belo

Os gregos alcançaram notável desenvolvimento cultural e artístico. O século de Péricles ou século de ouro de Atenas (V a.C.) consolidou a produção cultural anterior, que cresceu e tornou-se tão rica e fecunda que ultrapassou os limites do tempo e do espaço geográfico, influenciando toda a cultura ocidental.

Religião

A religião teve grande importância na formação da cultura grega. Era politeísta, com deuses dotados de poderes sobrenaturais e também de virtudes e defeitos humanos. O conjunto de divindades e mitos deu origem à mitologia, que tentava explicar a origem do universo, dos deuses e dos homens.

Reunidas em torno de Zeus, senhor supremo dos deuses e dos homens, as divindades gregas habitavam o monte Olimpo. Eram bem numerosas: Palas Atena, deusa da sabedoria, padroeira de Atenas e das artes domésticas; Apolo, deus do Sol e patrono da verdade, do tiro com arco, da música, da medicina e da profecia; Artemis, deusa-virgem da Lua, poderosa caçadora, protetora das cidades, dos animais jovens e das mulheres de qualquer idade; Afrodite, deusa do amor e da beleza; Hera, protetora do casamento, das mulheres casadas, das crianças e dos lares; Deméter, deusa das colheitas, dispensadora dos cereais e dos frutos; Hermes, guardião dos viajantes, protetor dos rebanhos e também dos ladrões; Poseidon, deus do mar e dos terremotos; Dioniso, deus do vinho e da fertilidade; Ares, deus da guerra; e, finalmente, Hefesto, deus do fogo e dos artífices.

Havia ainda os heróis ou semideuses, que geralmente eram filhos de uma divindade e um mortal ou protegidos dos deuses. Eis alguns deles: Héracles, Édipo, Perseu, Cadmo, Jasão, Teseu, Belerofonte, Aquiles e Ájax.

A religião grega era essencialmente uma religião cívica, ou seja, uma religião ligada à cidade. Cada pólis tinha seu deus protetor, e os rituais e festas eram formas de estabelecer uma relação entre homens e deuses.

Teatro

Uma das principais expressões da arte grega, o teatro tem suas origens ligadas às *Dionisíacas*, festas em homenagem a Dioniso, deus do vinho. Essas festividades incluíam, além de sacrifícios, danças, músicas e poesias. Desses festivais originaram-se os dois gêneros clássicos do teatro grego: a tragédia e a comédia.

Vista das ruínas do Teatro de Delfos, na Grécia.

Teatro e democracia

"O teatro em Atenas era uma instituição chave, intrínseca, da cidade democrática no final do século V a.C. As tradicionais cerimônias religiosas da procissão, do sacrifício e da prece sacerdotal precediam e conduziam à encenação teatral. [...] Outras cerimônias que precediam os espetáculos incluíam a apresentação de órfãos de guerra que eram criados às custas da cidade e uma exibição do tributo em prata imposto por Atenas aos aliados ou súditos e estocado na câmara oeste do Partenon. A exibição para os atenienses do seu papel imperialista e da sua ideologia coletiva dava relevo político às apresentações. Soldados e juízes, eleitores e pais assistiam à forma de representação escolhida pela própria Atenas. No teatro, a cidade democrática estava em desfile."

BEARD, Mary e HENDERSON, John. *Antiguidade Clássica:* uma brevíssima introdução. Rio de Janeiro: Jorge Zahar, 1998.

Entre os poetas trágicos destacaram-se: **Ésquilo** (525-456 a.C.), que exaltou a glória de Atenas em *Os Persas, Os Sete contra Tebas e Oresteia.* O teatro de Ésquilo apresentou importantes inovações, tais como o uso de máscaras, a presença do coro e o recurso do diálogo, fatores que atribuíram maior veemência dramática à tragédia.

Sófocles (496-406 a.C.), autor de obras tais como *Antígona, Édipo Rei* e *Electra,* mostrou a influência dos desígnios divinos na vida dos homens. A obra *Édipo Rei* consagrou-o como o maior trágico da sua época. Sófocles inovou a técnica teatral graças à inserção de um terceiro ator no palco. Desse modo foi ampliado o número de personagens, uma vez que um ator poderia desempenhar vários papéis.

O interesse de **Eurípides** (480-406 a.C.) pelas paixões e misérias humanas se manifestou nas personagens de *Medeia, Hipólito, Andrômaca* e *As Troianas.* E em especial nas personagens femininas. Eurípides foi o primeiro trágico a dar destaque às mulheres, por considerá-las mais sujeitas a emoções como a ternura, o ódio e a paixão.

Na comédia, gênero mais voltado para o cotidiano e para os costumes, desenvolveram-se a crítica e a sátira. Um dos autores mais expressivos foi **Aristófanes** (445-386 a.C.), que escreveu *A paz, As vespas* e *As nuvens,* dentre outras obras. Aristófanes destacou-se por suas sátiras sociais e políticas. Em seus enredos não poupava figuras ilustres, instituições e até mesmo deuses.

▷ Pensamento filosófico e científico

Considerado um dos marcos da cultura grega, o pensamento filosófico e científico iniciou seu desenvolvimento no final da época arcaica e atingiu sua maior expressão no período clássico. No início do século V a.C. surgiram os *sofistas*, que negavam a existência de uma verdade absoluta e buscavam conhecimentos úteis para a vida por meio da retórica. O mais destacado dos sofistas foi **Protágoras** (c. 480-410 a.C.), autor da frase "O homem é a medida de todas as coisas".

Vieram a seguir os três principais **filósofos** gregos: **Sócrates** (470-399 a.C.), **Platão** (429-348 a.C.) e **Aristóteles** (384-322 a.C.).

Sócrates defendeu que a reflexão e a virtude eram fundamentais à vida. Por criticar as instituições políticas e sociais de Atenas, foi condenado à morte em 399 a.C. O que se sabe do pensamento socrático foi registrado por seus discípulos, principalmente por Platão.

Fundador da Academia de Atenas, Platão afirmava que o real existia no plano das ideias, ao passo que as coisas concretas, perceptíveis aos sentidos, não passavam de sombras ou projeções. A tarefa dos filósofos, no pensamento platônico, seria libertar os homens das impressões sensoriais para que pudessem perceber as coisas como realmente eram. Deixou registro de seu pensamento nas obras: *A república*, *Apologia de Sócrates* e *O banquete*, entre outras.

Aristóteles é considerado o "Pai da Lógica". Partindo de Sócrates e de Platão, sistematizou os princípios da lógica que ele chamou de analítica. Em sua teologia, Aristóteles procurou demonstrar racionalmente a existência de Deus, o "primeiro motor móvel", o "ato puro".

Nas ciências do período helenístico, merecem destaque certas áreas específicas e alguns nomes: **Eratóstenes** (275-195 a.C.), na **geografia**, que calculou a medida da circunferência da Terra; na **matemática** e na **física**, são fundamentais as contribuições de **Euclides** (século III a.C.), criador das bases da geometria, e de **Arquimedes** (287-212 a.C.), que descobriu princípios como os da alavanca e da roldana, além de formular leis de flutuação dos corpos.

História e artes plásticas

Os gregos foram os primeiros a tratar a história como objeto de pesquisa sistemática, separando as lendas dos fatos. **Heródoto de Halicarnasso** (484-425 a.C.), conhecido como o "pai da História", relatou as Guerras Greco-Pérsicas. Preocupado em conhecer os povos cujas histórias contava, visitou o Egito, a Península Itálica e a Ásia Menor. Outro historiador, **Tucídides** (c. 460-c. 400 a.C.), considerado o criador da história objetiva, escreveu a *História da Guerra do Peloponeso*.

Nas artes plásticas, o grande destaque é o escultor **Fídias** (c. 490-430 a.C.), que, no tempo de Péricles, embelezou Atenas com estátuas e monumentos. Fídias também supervisionou a construção do Partenon, o magnífico templo de Palas Atena erguido na Acrópole de Atenas pelos arquitetos Ictinus e Calícrates. Os trabalhos tiveram início em 447 a.C. e se prolongaram até 432 a.C.

DE LEIVA RODRIGUEZ/CID

A acrópole de Atenas é até hoje símbolo da grandiosidade cultural e econômica que essa cidade grega atingiu durante o século V a.C.

TEXTO COMPLEMENTAR

A escultura grega

A representação da figura humana foi o tema preferido dos escultores gregos ao longo de sua história. É possível perceber três fases distintas da escultura grega.

No **período arcaico** (séculos VII e VI a.C.), nota-se a nítida influência da arte egípcia na representação humana, chamada genericamente de *kouros*, escultura destinada a celebrar o triunfo de algum atleta ou de algum soldado morto heroicamente em combate.

No **período clássico** (séculos V e IV a.C.), a arte grega alcança seu esplendor. A escultura passa a ser mais realista, com volume, movimento e proporção. O domínio da técnica permitiu alcançar um elevado grau de perfeição na reprodução das vestes e do corpo humano.

No **período helenístico** (séculos IV a II a.C.), acentuou-se na escultura o realismo na representação humana. Além da intenção de reproduzir na arte as formas reais, os artistas também procuravam representar sentimentos humanos, como a dor, a angústia e o medo.

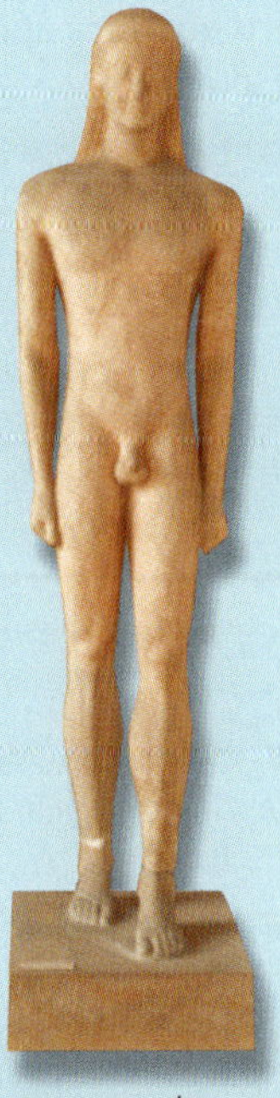
CID

Kouros, *escultura em mármore, cerca de 550 a.C. A rigidez da postura lembra uma estátua egípcia.*

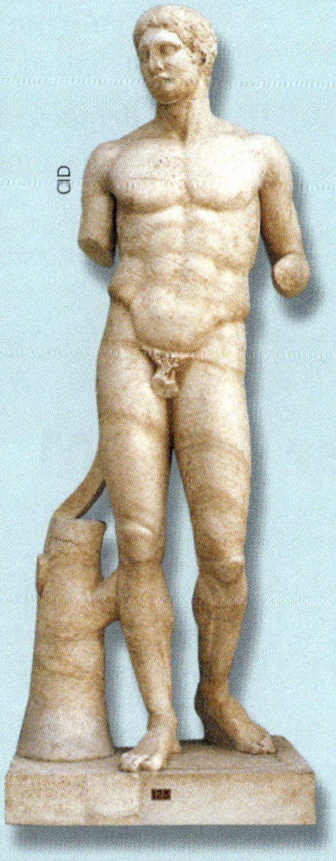
CID

Doríforo, *de Policleto, escultura do século V a.C. Observe a harmonia e a sensação de movimento criada pela obra.*

LEIVA RODRIGUES/CID

Laocoonte, *escultura feita por volta do século III a.C., em que podemos ver a dor e a angústia humanas diante da morte.*

Compreendendo o texto

1. Compare as três esculturas e cite semelhanças e diferenças entre elas.

2. Procure relacionar cada escultura com o contexto histórico da Grécia em que foram produzidas.

3. Qual das três esculturas mais o agrada? Por quê?

4. Na sua opinião, por que a escultura grega ainda fascina as pessoas na atualidade?

ATIVIDADES

Explorando o conhecimento

1 Apresente algumas características da pólis ou cidade--Estado.

2 Caracterize as sociedades de Esparta e Atenas estabelecendo as principais diferenças entre elas.

3 Leia o item **conflitos e reformas**, na página 76, e responda às questões a seguir:

a) Cite os fatores que motivaram as lutas entre o povo ateniense e os ricos proprietários.

b) Caracterize as reformas do legislador Sólon, que representaram uma importante iniciativa para a implantação da democracia.

4 Durante o governo de Péricles, a democracia ateniense atingiu a plenitude. Naquela época, qual o significado de democracia plena? A democracia atingia toda a população? Justifique sua resposta.

5 Mostre a importância cultural do império criado por Alexandre da Macedônia.

A história e o tempo presente

6 Tendo em vista o que você leu e/ou discutiu em sala de aula, responda:

- Comparando o papel das mulheres na Grécia Clássica com o seu papel na sociedade atual, que mudanças e permanências podemos destacar?

7 De maneira geral, podemos conceituar a democracia contemporânea como um regime político baseado nos princípios da soberania popular e da distribuição igualitária do poder. Trata-se de um regime de governo que se caracteriza pelo voto livre e universal, pela divisão dos poderes — em Legislativo, Executivo e Judiciário — e pelo controle da autoridade, isto é, dos poderes de decisão e de execução.

Tendo em vista essa definição e o que você aprendeu sobre a democracia ateniense, responda:

a) A democracia baseia-se no consenso e visa o interesse nacional?

b) O Brasil é um Estado de regime democrático? Justifique sua resposta.

Vestibular / ENEM

1 (Unicamp-SP) "Os deuses, quaisquer que tenham sido as suas origens longínquas, nada mais são do que seres humanos, maiores, mais fortes, mais belos, eternamente jovens; adquiriram não só a forma humana, mas também os sentimentos, as paixões, os defeitos e até os vícios dos homens; o mundo divino apresenta, portanto, uma imagem engrandecida, mas não depurada da humanidade."

JARDÉ, A. *A Grécia antiga e a vida grega*, 1977.

Usando as informações contidas no texto e outras de que você dispõe sobre o assunto, cite cinco características da religião na Grécia antiga.

2 (Fuvest-SP) "Usamos a riqueza mais como uma oportunidade para agir que como um motivo de vanglória; entre nós não há vergonha na pobreza, mas a maior vergonha é não fazer o possível para evitá-la... olhamos o homem alheio às atividades públicas não como alguém que cuida apenas de seus próprios interesses, mas como um inútil... decidimos as questões públicas por nós mesmos, ou pelo menos nos esforçamos por compreendê-las claramente, na crença de que não é o debate que é o empecilho à ação, e sim o fato de não se estar esclarecido pelo debate antes de chegar a hora da ação."

Esta passagem de um discurso de Péricles, reproduzido por Tucídides, expressa:

a) os valores ético-políticos que caracterizam a democracia ateniense no período clássico.

b) os valores ético-militares que caracterizaram a vida política espartana em toda a sua história.

c) a admiração pela frugalidade e pela pobreza que caracterizou Atenas durante a fase democrática.

d) o desprezo que a aristocracia espartana devotou ao luxo e à riqueza ao longo de toda a sua história.

e) os valores ético-políticos de todas as cidades gregas, independentemente de sua forma de governo.

3 (UFRN) Leia o fragmento a seguir.

A civilização da Grécia, em especial na sua forma ateniense, fundava-se em ideais de liberdade, otimismo, secularismo, racionalismo, glorificação tanto do corpo como do espírito e de grande respeito pela dignidade e mérito do indivíduo. A religião era terrena e prática, servindo aos interesses dos homens. A religião era um meio de enobrecimento do homem.

Adaptado de BURNS, Edward McNall. *História da civilização ocidental*. Rio de Janeiro: Globo, 1986. v. 1. p. 123.

O fragmento trata principalmente do(a):

a) hegemonia cultural da Grécia na cultura antiga.

b) politeísmo na religião grega.

c) antropocentrismo na cultura grega.

d) influência dos gregos sobre o Ocidente.

4 (Enem-MEC) Os Jogos Olímpicos tiveram início na Grécia, em 776 a.C., para celebrar uma declaração de paz. Na sociedade contemporânea, embora mantenham como ideal o congraçamento entre os povos, os Jogos Olímpicos têm sido palco de manifestações de conflitos políticos. Dentre os acontecimentos apresentados abaixo, o único que evoca um conflito armado e sugere sua superação, reafirmando o ideal olímpico, ocorreu

a) em 1980, em Moscou, quando os norte-americanos deixaram de comparecer aos Jogos Olímpicos.

b) em 1964, em Tóquio, quando um atleta nascido em Hiroshima foi escolhido para carregar a tocha olímpica.

c) em 1956, em Melbourne, quando a China abandonou os Jogos porque a representação de Formosa também havia sido convidada para participar.

d) em 1948, em Londres, quando os alemães e os japoneses não foram convidados a participar.

e) em 1936, em Berlim, quando Hitler abandonou o estádio ao serem anunciadas as vitórias do universitário negro, Jesse Owens, que recebeu quatro medalhas.

5 (UFV-MG) A Grécia antiga, no século V a.C., foi marcada por grandes disputas entre dois blocos rivais de cidades-Estado: a Liga de Delos, liderada por Atenas (a pólis democrática), e a Liga do Peloponeso, liderada por Esparta (a pólis oligárquica e militarizada). Os confrontos entre essas ligas resultaram na Guerra do Peloponeso. Por que se pode dizer que a Guerra do Peloponeso levou ao esgotamento das cidades-Estado?

6 (UFC-CE) Analise a democracia grega levando em consideração o papel social dos seguintes sujeitos históricos: o cidadão, a mulher e o escravo.

7 (Unicamp-SP) A relutância dos aliados da Liga de Delos em pagar tributos aumentou quando Atenas decidiu dedicar o enorme excedente acumulado por quase trinta anos para reconstruir os templos e monumentos da Acrópole ateniense, destruídos pelos persas em 480 e 479 a.C.

Adaptado de Peter Jones (org.). *O mundo de Atenas*: uma introdução à cultura clássica ateniense. São Paulo: Martins Fontes, 1997. p. 241.

a) O que foi a Liga de Delos e quais foram seus objetivos iniciais?

b) Quais mecanismos asseguravam a hegemonia ateniense sobre seus aliados nesse período?

c) Qual a importância da Acrópole na Atenas clássica?

8 (Fuvest-SP) "Cada um deve observar as religiões e os costumes, as leis e as convenções, os dias festivos e as comemorações que observavam nos dias de Dário. Cada um deve permanecer persa em seu modo de vida, e viver em sua cidade (...). Porque eu desejo tornar a terra bastante próspera e usar as estradas persas como pacíficos e tranquilos canais de comércio."

"Edito de Alexandre para os cidadãos das cidades persas conquistadas." (331 a.C.)

A partir do texto, responda:

a) Quem foi Alexandre e quais foram os objetivos de suas conquistas?

b) Indique algumas características do "helenismo".

9 (Faap-SP) As consequências das conquistas de Alexandre, entre outras, foram:

1. Formação de grandes focos da cultura helenística: Alexandre fomentou a fusão entre vencedores e vencidos. Dez mil soldados gregos e macedônicos casaram-se com mulheres persas. Ele mesmo desposou a filha do rei Dario III, Estátira.

2. Difusão da cultura grega: a língua grega foi assimilada por muitos povos. A escrita grega substituiu a escrita cuneiforme e demótica. A indumentária grega e o mobiliário foram adotados pelos vencidos, bem como cerimônias, danças e canções.

3. Progresso econômico: com o desenvolvimento do comércio e da agricultura. O tráfico da seda e da porcelana intensificou-se. As cidades tornaram-se grandes centros mercantis. Os portos foram restaurados. Estradas foram abertas. Levantaram-se fortalezas para proteger as caravanas de mercadores.

Responda com apoio no seguinte código:

a) desde que apenas 1 esteja correta.

b) desde que apenas 2 esteja correta.

c) desde que apenas 3 esteja correta.

d) desde que todas estejam corretas.

e) desde que todas estejam erradas.

10 (UFG-GO) "Os fatos na Antiguidade foram muito próximos de como os descrevi, não dando muito crédito, de um lado, às versões que os poetas cantaram, adornando e amplificando seus temas, e de outro considerando que os logógrafos [primeiros escritores gregos] compuseram as suas obras mais com a intenção de agradar os ouvidos que de dizer a verdade [...] deve-se olhar os fatos como estabelecidos com precisão suficiente, à base de informações mais nítidas."

TUCÍDIDES. *História da Guerra do Peloponeso.* Brasília: Ed. da UnB, 1999. p. 25. (I, 21.).

O desenvolvimento do pensamento filosófico e o nascimento da história (a investigação que localiza as "informações mais nítidas"), como atividade que distingue mito e verdade, foram concomitantes ao nascimento da "*polis*" e conheceram um período de florescência no denominado "Século de Péricles". Discorra sobre os aspectos culturais e políticos desse período da história da Grécia antiga.

11 (Vunesp) "Depois da colonização grega do século VIII a.C., a riqueza fundiária não mais representou a única riqueza possível. Ninguém mais podia subestimar a riqueza mobiliária. Ora, com maior frequência, esta não chegou às mãos dos nobres, afastados pelos velhos preconceitos das atividades comerciais e industriais. A classe dirigente teve de contar com as reivindicações dos novos-ricos encorajados pelos seus êxitos e que também desejavam participar dos negócios da cidade."

AYMARD, André e AUBOYER, Jeannine. *O Oriente e a Grécia Antiga.* (texto adaptado)

O texto faz referência a um dos fatores da:

a) guerra contra os persas.

b) decadência ateniense no período arcaico.

c) crise do regime aristocrático nas cidades gregas.

d) queda da monarquia e implantações da república.

e) criação do tribuno da plebe.

Ampliando o conhecimento

Leituras

SÓFOCLES. *Édipo Rei*. Porto Alegre: L&PM editores, 1998.
Durante o reinado de Édipo em Tebas a fome e as doenças dizimavam seus cidadãos, e as mulheres se tornavam estéreis. Tirésias, o cego adivinho, revelou a Édipo a razão de tantos males. A partir daí desenrola-se uma das maiores tragédias da Antiguidade clássica grega.

FLORENZANO, Maria Beatriz B. *Nascer, viver e morrer na Grécia antiga*. São Paulo: Atual, 1996. (Coleção Discutindo a história)
Este livro analisa os rituais de passagem do nascimento, puberdade, casamento e morte, mostrando como eles são reveladores do modo de viver e de conceber a vida entre os gregos antigos.

POUZADOUX, Claude. *Contos e lendas da mitologia grega*. São Paulo: Companhia das Letras, 2001.
Reunião das grandes histórias da mitologia grega. O livro também traz um apêndice contextualizando as narrativas.

Filme

Troia

Direção de Wolfgang Petersen. EUA, 2004. 162 min.
Em 1193 a.C., Páris, príncipe troiano, provoca uma guerra entre gregos e troianos ao afastar Helena de Menelau, seu marido, rei de Esparta. Troia é defendida pelo seu grande herói Heitor, enquanto Aquiles, o maior herói da Grécia, representa a força grega.

Site

Comitê Olímpico Brasileiro
<www.cob.org.br>
Site com dados sobre a participação do Brasil nos Jogos Olímpicos e nos Pan-Americanos, informações sobre eventos, como as Olimpíadas Escolares e Universitárias, e tudo sobre o Pan-Americano, com sede no Rio de Janeiro, em 2007.

Capítulo 7

O esplendor de Roma

O Coliseu, em Roma, era constantemente palco de grandes lutas de gladiadores.

CID

DREAMWORKS/EVERETTCOLLECTION/KEYSTONE

O simbolismo e o gigantismo do Coliseu foram representados por meio de efeitos especiais no filme Gladiador, de 2000.

Os gladiadores na visão do cinema

"A visão que Hollywood oferece dos combates de gladiadores como um banho de sangue [...] é um insulto para a história. [...] Especialistas [...] descobriram que os gladiadores tinham uma notável falta de ferimentos múltiplos e mutilação, o que sugere que aos combatentes restringia-se um tipo de arma para cada combate homem a homem e que não era permitido atacar o adversário ferido. [...]

O filme *Gladiador*, de Ridley Scott, retrata a arena como um local de violência brutal e mutilações, no qual o gladiador vencido era morto violentamente após ser condenado à morte por uma multidão aos gritos. Mas trabalhos artísticos e literários da era romana sugerem que os gladiadores adversários se equiparavam em suas habilidades e seguiam uma série de regras impostas por dois árbitros."

Cinema não mostra gladiador com fidelidade, diz estudo. *Folha Online*, 23 fev. 2006. Disponível em <www.folha.uol.com.br> Acesso em jan. 2007.

Roma, a capital da atual Itália, foi na Antiguidade o centro da região do Mediterrâneo, a principal cidade de um enorme império. Está situada na Península Itálica, região europeia limitada ao norte com a Cordilheira dos Alpes; ao sul com o Mar Jônico; a leste com o Mar Adriático; e a oeste com o Mar Tirreno. A península é cortada pelos rios Pó, Arno e Tibre e, no sentido norte–sul, pela Cadeia dos Apeninos. Nas suas proximidades encontram-se as grandes ilhas da Sicília, Sardenha e Córsega.

No século VIII a.C., quando Roma foi fundada, a península era habitada por diversos povos. Na fértil planície do Rio Pó viviam os gauleses. Ao sul da chamada Gália Cisalpina, na planície entre os rios Arno e Tibre, estavam os **etruscos**. A Planície do Lácio, no centro da península, era o território dos italiotas, que abrangiam grupos como os latinos e os **sabinos**. Nas áreas montanhosas mais ao sul viviam os samnitas, aparentados aos sabinos. No sul da península e nas ilhas próximas — região conhecida como Magna Grécia —, os gregos fundaram várias colônias. À exceção dos etruscos, todos esses povos falavam línguas de origem indo-europeia.

Roma foi fundada na região do Lácio pelos latinos, descendentes de grupos italiotas que chegaram à Península Itálica por volta de 1800 a.C. A história de Roma costuma ser dividida em três grandes períodos: **Monarquia**, **República** e **Império**.

Monarquia

Conta a tradição que Roma foi fundada em 753 a.C. pelos gêmeos **Rômulo** e **Remo**, criados por uma loba, e governada por sete reis; Rômulo teria sido o primeiro deles. Os quatro primeiros reis foram latinos e sabinos e os três últimos, etruscos, o que evidencia a participação desses três grupos na formação do povo romano.

Etrusco

Povo que habitou a Etrúria, atual região italiana da Toscana, e que influenciou o desenvolvimento da cultura romana. Os mais antigos cultos religiosos de Roma têm influência etrusca, e o alfabeto grego chegou aos romanos por intermédio dos etruscos.

Sabino

Povo italiota que teve importante participação na formação do povo romano. A lenda do "rapto das sabinas", capturadas para se tornarem esposas dos fundadores de Roma, ilustra essa contribuição.

ROMA: ESPAÇO E OCUPAÇÃO

Fonte: VIDAL-NAQUET, Pierre e BERTIN, Jacques. *Atlas histórico*. Lisboa: Círculo de Leitores, 1990.

A própria urbanização da cidade de Roma foi, em grande parte, obra dos etruscos, que construíram canais de drenagem para secar os pântanos nas planícies e tornaram a área do Fórum o núcleo da cidade, onde se realizavam o mercado e as assembléias políticas.

A sociedade romana à época da Monarquia era formada basicamente por dois grupos: patrícios e plebeus. Os patrícios formavam uma aristocracia de sangue, possuíam mais riquezas em terras e gado, e por muito tempo apenas eles podiam lutar no exército. Os plebeus viviam como agricultores ou artesãos. Muitos plebeus eram clientes dos patrícios, ou seja, trabalhavam suas terras em troca de ajuda e proteção financeira e judiciária. Os plebeus não tinham direito à participação no governo da cidade, um fato que geraria tensões sociais no período republicano. Existiam ainda poucos escravos nesse momento da história romana, sendo mais comum a escravidão por dívidas.

Durante a Monarquia o Senado era o conselho que reunia os chefes das famílias patrícias de Roma, e sua principal tarefa era eleger o rei. Este, contudo, não tinha poderes ilimitados, tanto que cabia a comícios compostos pelos guerreiros com até 45 anos aceitar ou não o rei eleito no Senado.

Em 509 a.C., o último rei, **Tarquínio, o Soberbo**, foi deposto por uma revolta dos patrícios que expulsou os etruscos e estabeleceu o regime republicano.

TOPFOTO/KEYSTONE

A imagem da loba amamentando as crianças é uma referência à origem lendária de Roma. As duas crianças são Rômulo e Remo, abandonados num cesto no Rio Tibre até que uma loba os encontra e os amamenta. Mais tarde um pastor os recolhe e cria. Quando adultos, Rômulo e Remo fundam a cidade de Roma. Escultura em bronze feita por volta do século V a.C., provavelmente em oficinas etruscas ou da Magna Grécia.

▶ *Res publica* ou "coisa pública" (509 a 31 a.C.)

Nos primeiros tempos da República romana, a sociedade continuava dividida em patrícios e plebeus. Os primeiros — em geral grandes proprietários rurais — dominavam as instituições políticas republicanas, enquanto os **plebeus** — a maioria da população composta por pequenos agricultores, comerciantes, artesãos e pastores — eram clientes dos patrícios ou trabalhavam em suas próprias terras ou oficinas. Os **escravos**, no início da República, eram pouco numerosos, mas seu número aumentou vertiginosamente como consequência das guerras de conquistas empreendidas por Roma no Mediterrâneo.

No período republicano, a estrutura do poder em Roma se concentrou em instituições como o Senado, as Assembleias ou Comícios e as Magistraturas, que abrangiam o conjunto dos cargos do poder executivo como os dos cônsules, pretores, questores e edis.

O **Senado** compunha-se de 300 membros vitalícios, escolhidos entre os cidadãos mais importantes (inicialmente apenas entre os patrícios). Os senadores

ESTRUTURA DO PODER DURANTE A REPÚBLICA ROMANA

Fonte: Baseado em STUMPO, E. Beniamino e TONELLI, M. Teresa. *Il nuovo libro di storia*. Milão: Le Monnier, 1997.

Os magistrados exerciam atribuições variadas na República romana. Na foto, escultura de magistrado romano do século III a.C.

eram responsáveis por propostas de leis, pelas finanças, pela declaração de guerra ou assinatura de tratados de paz.

A participação política dos cidadãos na Roma republicana tinha lugar predominantemente em assembleias (*comitia*). Em Roma, destacaram-se três tipos de assembleias, segundo o modo de divisão dos cidadãos: a assembleia por centúrias, a por tribos e os concílios da plebe.

A assembleia por centúrias votava declarações de guerra ou tratados de paz e também elegia as magistraturas mais elevadas (cônsules, pretores e tribunos militares). Essa assembleia seguia um modelo militar: os cidadãos eram convocados ao som de cornetas e compareciam ao Campo de Marte portando armas. A assembleia dividia-se em cinco classes censitárias, de acordo com a riqueza de cada cidadão, registrada no censo. O voto em cada centúria era por indivíduo, sendo que a maioria dos sufrágios no interior de uma centúria constituía o voto desta centúria. A decisão da assembleia era aquela expressa pela maioria dos votos por centúria. Para um total de 193 centúrias, era preciso uma maioria de 97.

Já nas assembleias por tribos os cidadãos eram classificados e distribuídos em tribos de acordo com sua origem ou local de residência. Em 241 a.C., das 35 tribos, apenas quatro eram urbanas e a distribuição dos cidadãos nas tribos dependia dos censores e do Senado. Competia a essas assembleias a eleição das magistraturas inferiores. Por sua vez, na assembleia da plebe (*concilium plebis*) votavam-se leis relativas à plebe, os plebiscitos, e se elegiam tribunos e edis.

Existiam também as assembleias por cúrias, cuja origem remontava ao tempo da Monarquia e tratava da confirmação de sacerdotes, adoções e testamentos. Sua competência foi progressivamente limitada pelas assembleias por centúrias.

As **magistraturas** eram constituídas pelo conjunto dos mais altos funcionários da República. Eleitos pelas Assembleias, os magistrados cumpriam mandato temporário como: **cônsules**, principais magistrados da República que, em número de dois, comandavam o exército, dirigiam o Estado e convocavam o Senado; **pretores**, encarregados da justiça; **censores**, responsáveis pelo recenseamento dos cidadãos e pela vigilância dos costumes; **questores**, encarregados da arrecadação dos impostos e do tesouro público; **edis**, responsáveis pelos serviços públicos, organização de festas cívicas e religiosas, manutenção de edifícios e policiamento. Havia ainda o cargo de **ditador**, eleito em situação de crise e de guerra, com plenos poderes e mandato de seis meses, renovável se necessário.

▷ Os movimentos sociais

As desigualdades políticas entre patrícios e plebeus geraram muitos conflitos sociais, pois, embora muitos plebeus tivessem riquezas e formassem grande parte das forças militares necessárias à proteção da cidade, estavam excluídos dos principais cargos públicos. As lutas entre patrícios e plebeus marcaram o período republicano. Em 494 a.C., centenas de plebeus rebelados se retiraram para o Monte Sagrado (o Monte Aventino) e ameaçaram não lutar mais no exército, caso suas reivindicações não fossem atendidas. Entre diversas exigências, as camadas populares alcançaram o direito de eleger seus próprios magistrados, os **tribunos da plebe**. Sua pessoa era inviolável e dispunha de poder de veto, isto é, podia suspender a aplicação de atos dos magistrados ou das decisões do Senado que considerasse contrários aos interesses dos plebeus.

Outra importante conquista, em 450 a.C., foi a publicação de leis escritas, que asseguraram a igualdade jurídica entre patrícios e plebeus. Gravadas em placas de bronze e expostas no fórum para conhecimento de toda a população, as **Leis das Doze Tábuas** constituíram um dos fundamentos do Direito Romano.

GARCIA PELAYO/CID

Tapeçaria do Palácio Real de Madri, onde está representada a batalha da Zama, 202 a.C., quando o general romano Scipião venceu os cartagineses.

O casamento entre patrícios e plebeus era proibido até 445 a.C. No entanto, com a expansão comercial, muitos plebeus enriqueceram, enquanto numerosas famílias patrícias haviam empobrecido. Dessa forma, o casamento tornou-se interessante para ambos os grupos e passou a ser permitido pela **Lei Canuleia**. Dessas uniões se originou uma nova aristocracia, a **nobilitas** (os notáveis).

Finalmente, após uma longa luta política, os plebeus conquistaram em 367 a.C. o direito de participar do consulado graças à promulgação da **Lei Licínia**, que também regulamentou a exploração das terras públicas (*ager publicus*). Dos dois cônsules eleitos anualmente, um seria patrício e o outro, plebeu. A abolição da escravidão por dívidas — em que o camponês se submetia a trabalhar para um proprietário de terras até saldar suas dívidas, e caso não conseguisse podia até ser vendido como escravo — foi abolida em 326 a.C. pela **Lei Poetélia Papíria**, uma outra vitória dos plebeus.

Nas décadas seguintes, a unidade reforçada entre patrícios e plebeus aumentou a eficácia das legiões de soldados-cidadãos, que empreenderam uma série de conquistas, primeiro na península, depois por toda a região do Mediterrâneo. No último século da República, quando o conflito social voltou a se reacender, apresentou os traços de um confronto entre despossuídos e privilegiados, entre camponeses e grandes proprietários de terras.

A República imperialista

A política expansionista da República romana teve inicialmente como objetivos básicos a defesa diante de povos vizinhos rivais e a obtenção de terras necessárias à agricultura e ao pastoreio, mas logo se revelou uma fonte de riquezas em metais preciosos e em escravos. Como resultado, em cinco séculos de guerras a dominação romana se estendeu a boa parte da Europa, da Ásia e da África.

No decorrer dos séculos IV e III a.C., Roma enviou suas legiões para o norte, contra os etruscos, e para o sul da península, em guerras contra os samnitas e algumas cidades da Magna Grécia. A arrancada para o sul colocou os romanos em confronto com os cartagineses, que controlavam parte da Sicília. Antiga colônia fenícia no norte da África, Cartago dominava o comércio marítimo no Mediterrâneo. A rivalidade entre cartagineses e romanos resultou nas **Guerras Púnicas** (os romanos chamavam os cartagineses de *poeni*).

As Guerras Púnicas desenvolveram-se em três etapas, durante o período de 264 a 146 a.C. A primeira etapa foi vencida pelos romanos em 241 a.C.; Cartago viu-se obrigada a pagar uma pesada indenização e a reconhecer o domínio romano sobre as ilhas da Sicília, Córsega e Sardenha.

Entre 149 e 146 a.C., ocorreu a terceira e última fase das Guerras Púnicas, que terminou com a completa destruição de Cartago. Os sobreviventes derrotados foram vendidos como escravos e o território cartaginês tornou-se província romana. Afastada a concorrência cartaginesa, Roma iniciou sua expansão pelo Mediterrâneo oriental e nos dois séculos seguintes conquistou os reinos helenísticos da Macedônia, da Síria e do Egito. Desse modo, o Mediterrâneo transformou-se num lago romano, o *Mare nostrum* ("nosso mar").

As guerras de conquistas favoreceram um grande fluxo de riquezas para Roma na forma de espólios de guerra e tributos. A *nobilitas* foi o principal grupo que saiu ganhando com esse processo, pois sobretudo os senadores continuaram a controlar os principais cargos públicos e militares e também a administração dos novos territórios. Consolidou-se nesse momento também um novo grupo social: os **cavaleiros**. Diante do acúmulo de riquezas nas mãos dos senadores, um tribuno da plebe fez aprovar em 218 a.C. um plebiscito que impedia aos senadores e seus descendentes que exercessem qualquer atividade econômica que não a agricultura. Instituiu-se então a ordem equestre, assim chamada porque nela podiam ser inscritos os indivíduos que, nos exércitos, lutavam na cavalaria. A partir de Caio Graco, os cavaleiros podiam cobrar impostos e atuar como jurados. Mas a ordem equestre era sobretudo uma via de acesso à ordem senatorial: os senadores eram geralmente recrutados entre os cavaleiros mais ricos.

Do ponto de vista econômico, havia muito em comum entre senadores e cavaleiros. Ambos os grupos concentraram terras e escravos, o que levou ao surgimento de propriedades escravistas onde se produziam vinho e azeite para o comércio. Essa situação redefiniu a paisagem agrária na Itália, colocando em risco a pequena propriedade camponesa.

A questão agrária

Um dos problemas enfrentados pelos políticos romanos foi a questão da terra, associada à grande desigualdade social que afligia a maior parte da população. Os irmãos **Tibério** e **Caio Graco**, eleitos sucessivamente tribunos da plebe, procuraram solucionar a crise por meio da realização de reformas que atendessem às reivindicações populares.

Em 133 a.C., Tibério Graco conseguiu a aprovação de uma lei agrária que limitou a extensão das propriedades fundiárias da nobreza e autorizou a distribuição de terras públicas para os cidadãos com menos posses. Essa lei desagradou aos grandes proprietários, que se opuseram à sua aplicação. Em 132 a.C., Tibério Graco e mais 500 partidários da lei agrária foram assassinados.

ANTONIO CRUZ/ABR

Marcha de integrantes do MST (Movimento dos sem-terra), em Brasília, encerrando o 5º Congresso do movimento. Foto de 2007. A bandeira da reforma agrária, defendida pelo movimento dos sem-terra no Brasil atual, já era motivo de intensos conflitos na Roma antiga.

O projeto de reforma agrária foi retomado em 123 a.C. pelo tribuno Caio Graco, que obteve o apoio dos cavaleiros para aprovar uma lei que aumentava a participação dos representantes da plebe na administração do Estado. Além disso, o tribuno conseguiu a aprovação da **lei frumentária**, que baixou o preço do trigo para os cidadãos pobres. Outro projeto estendia

A reforma agrária

O projeto de Tibério Graco propôs a obediência rigorosa à lei do *ager publicus*, pela qual cada pessoa poderia ocupar no máximo 309 acres do solo público. Como as terras dos latifundiários ultrapassavam em muito esse limite, eles seriam obrigados a entregar parte delas ao Estado, para distribuição entre os camponeses. A reforma visava multiplicar as pequenas propriedades, reforçando o campesinato que fornecia soldados às legiões.

a cidadania romana a populações latinas, para diminuir a oposição à reforma agrária. Mas a proposta foi rejeitada pelos grandes proprietários rurais, ciosos de seus privilégios. Os choques entre os partidários da reforma agrária e o Senado resultaram no assassinato de Caio Graco num tumulto e na condenação à morte de centenas de seus seguidores.

O projeto de reforma agrária e extensão da cidadania romana às populações peninsulares voltaria a ser apresentado em 91 a.C. pelo tribuno **Marco Lívio Druso**. Como acontecera no tempo dos Graco, a proposta foi rejeitada, e seu defensor, assassinado. Desta vez, porém, a península mergulhou na chamada **Guerra Social** (90 a.C.). O movimento chegou a mobilizar 100 mil combatentes e num primeiro momento venceu as legiões romanas. Para desarticulá-lo, Roma concedeu a cidadania àqueles que a solicitassem e no ano 89 derrotou os que prosseguiram na luta.

Enquanto a questão da terra mobilizava as camadas mais pobres da sociedade romana, setores ainda mais explorados lutavam por um direito mais elementar: a liberdade e a vida. Entre os anos de 136 e 132 a.C. e de 104 a 101 a.C., ocorreram revoltas de escravos na Sicília. Na primeira revolta siciliana, os escravos rebelados, dentre eles muitos pastores, tomaram uma cidade e proclamaram como seu rei um escravo sírio de nome Euno. Após uma longa guerra, as tropas romanas conseguiram debelar o movimento. O segundo levante servil na Sicília decorreu da recusa dos proprietários de escravos de obedecerem a uma resolução do Senado romano, que ordenava que os indivíduos de cidades aliadas de Roma que tivessem sido reduzidos à escravidão fossem libertados. Legiões romanas também suprimiram o movimento. Décadas mais tarde, entre 73 e 71 a.C., ocorreu a mais famosa rebelião de escravos da história romana: a revolta de **Espártaco**, que teve lugar na Península Itálica e mobilizou mais de 90 mil escravos. Liderados pelo gladiador trácio Espártaco, os escravos chegaram a derrotar várias tropas romanas, mas acabaram vencidos e impiedosamente castigados. Todas essas revoltas não tinham como lema a abolição geral da escravidão. Foram insurreições pelas quais os escravos buscavam obter a liberdade pessoal, mas sem negar o escravismo.

▷ Uma República em crise

No século I a.C. Roma não era apenas uma cidade-Estado, mas uma cidade que controlava um império cuja proporção crescia cada vez mais com as guerras de conquista. Consequentemente, as instituições concebidas para o autogoverno de uma sociedade de pequenos proprietários agrícolas não funcionavam mais.

IMPÉRIO ROMANO: COMÉRCIO E EXPANSÃO

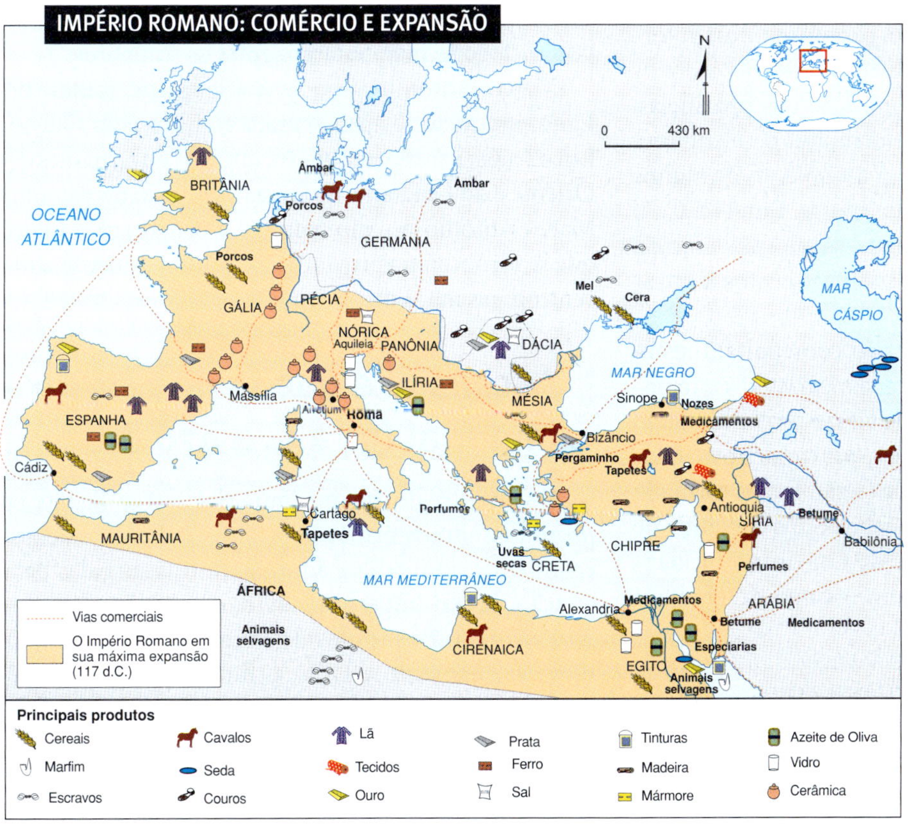

Fonte: HILGEMANN, Werner e KINDER, Hermann. *Atlas historique*. Paris: Perrin, 1992.

Num clima de crescente instabilidade, diversos chefes militares passaram a disputar o poder. Roma conheceu os governos autoritários dos generais **Mário** e **Sila**. Este último derrotou Mário e se tornou ditador vitalício, mas abdicou em 79 a.C. Nas duas décadas seguintes, crises sucessivas abriram caminho para os triunviratos (governo de três pessoas).

O **Primeiro Triunvirato** foi composto em 59 a.C. por três políticos de prestígio: **Pompeu**, **Crasso** e **Júlio César**. Os dois primeiros gozavam de reputação militar, enquanto César exercia o consulado e ocupava o cargo de Pontífice Máximo. Coube a Júlio César o comando do exército da Gália, a Pompeu os regimentos da Espanha e a Crasso as forças militares do Oriente. César conquistou, entre 58 e 51 a.C., todo o território da Gália (atual França) e parte da ilha da Bretanha (atual Inglaterra), consagrando-se como o maior general da época.

Em 53 a.C., com a morte de Crasso durante uma fracassada invasão da Mesopotâmia, controlada na época pelos **partas**, os senadores aproximaram-se de Pompeu e afastaram César do governo. A guerra civil desencadeada por essa crise permitiu a César e suas legiões a tomada do poder. O Senado não teve outra escolha senão conferir a César o título de Ditador Vitalício (46 a.C.).

Júlio César acumulou os poderes de cônsul, tribuno, sumo sacerdote e supremo comandante do exército. Durante seu governo, promoveu uma reforma político-administrativa, distribuiu terras entre os soldados, impulsionou a colonização das províncias, construiu obras públicas e reformulou o calendário. Mas seus poderes despertaram a oposição de alguns senadores, que tramaram a sua morte. Em 44 a.C., o ditador foi assassinado por uma conspiração liderada por Brutus e Cássio, que se diziam dispostos a salvar a República.

Todavia, os conspiradores não conseguiram restabelecer as instituições republicanas. Em vez disso, o poder passou a três partidários de César: o cônsul Marco Antônio; Lépido, chefe da ordem dos cavaleiros; e Otávio, sobrinho e filho adotivo de César. Estava formado o **Segundo Triunvirato**, que estabeleceu o comando de **Marco Antônio** no Oriente e de **Otávio** no Ocidente, enquanto **Lépido** ficava com o cargo de Pontífice Máximo. Intensas rivalidades pela supremacia política, porém, logo se manifestaram entre os triúnviros.

Parta

Povo que integrou o Império Persa e depois formou um Estado autônomo (247 a.C. a 224 d.C.). Os partas resistiram a vários ataques das legiões, barrando a expansão romana na Mesopotâmia e na Pérsia.

Escultura representando o imperador Otávio Augusto do século I a.C.

BRIDGEMAN ART LIBRARY/ LONDRES/KEYSTONE

Marco Antônio aliou-se a Cleópatra, rainha do Egito por quem se apaixonara, e rompeu com Otávio. Em 32 a.C., irrompeu a guerra entre os governantes do Oriente e do Ocidente. As forças de Otávio derrotaram Marco Antônio no ano seguinte e ocuparam o Egito, que se tornou uma província romana. O poder se concentrou nas mãos de um único governante, Otávio.

Ascensão e queda do Estado imperial (31 a.C. a 476 d.C.)

O advento do regime imperial esteve ligado às profundas transformações das condições sociais, econômicas, militares e administrativas surgidas pela criação de um império. **Otávio**, o primeiro imperador, acumulou os títulos de: **Augusto**, de conotação religiosa; *Princeps senatus*, primeiro dos senadores; *Imperator*, comandante absoluto do exército; *Pontifex maximus*, sacerdote supremo; o tribunato vitalício da plebe; e *Pater patriae*, pai da pátria, jamais concedido anteriormente.

Como esses títulos indicam, o imperador passou a deter um poder político superior ao do Senado e demais magistrados. A participação política popular, comum na República, também saiu perdendo. As atribuições eleitorais das assembleias foram progressivamente reduzidas pelo desenvolvimento da prática da recomendação de candidatos aos comícios. Ou seja, os cônsules, edis, questores e pretores eram indicados pelo imperador. Mas, se, por um lado, o Senado como instituição política teve sua influência diminuída, por outro lado, os senadores individualmente foram beneficiados porque passaram a ocupar a maioria dos cargos criados pelo novo regime, como comandos no exército e postos administrativos nas províncias instauradas por Augusto. A partir de então, o acesso às magistraturas civis e militares passou, em grande parte, a depender de uma rede de relações particulares de amizade e clientelismo entre imperador, senadores, ordem equestre e elites provinciais.

Sob a orientação de Augusto, foi abandonada a política agressiva de conquistas e aperfeiçoada a administração das províncias. Esse novo curso contribuiu para que o império vivesse um período de tranquilidade sem precedentes, que se tornou conhecido como *pax romana*, a paz romana, e se estendeu pelos dois primeiros séculos da era cristã.

"Pão e circo"?

É muito citada a expressão do satirista latino Juvenal (60-140 d.C.) de que a plebe da cidade de Roma vivia do "pão e circo" fornecido pelos imperadores, que assim promoviam uma estabilidade social. Mas o quadro não era bem esse. A frase de Juvenal traduz uma determinada visão que as elites tinham da população pobre e faz-nos esquecer a dura realidade de vida dos pobres na cidade de Roma, marcada por condições precárias de habitação e alimentação. Com cerca de um milhão de habitantes, apenas uma pequena parcela dos romanos pobres tinha direito ao trigo gratuito do Estado e parte considerável da população não tinha acesso aos espetáculos (o Coliseu comportava 50 mil pessoas e o Circo Máximo 250 mil). Ademais, é equivocado afirmar que a simples promoção de espetáculos pelo imperador garantia a ausência de rebeliões sociais. Era justamente no circo ou no anfiteatro que a plebe demonstrava sua insatisfação, por exemplo, com relação a impostos ou ao preço do trigo.

ERICH LESSING/ALBUM/LATINSTOCK

Detalhe de relevo produzido no século II, no qual o imperador Marco Aurélio oferece sacrifícios no templo de Júpiter.

Da morte de Augusto, em 14 da era cristã, até o ano 235 sucederam-se quatro dinastias de imperadores: os Júlio-Cláudios, os Flávios, os Antoninos e os Severos. Conhecida como **Alto Império**, essa fase conheceu governantes como **Calígula**, **Nero** e **Cômodo**, que tinham forte apelo popular; em linhas gerais, o Alto Império foi um período caracterizado pela crescente integração política das aristocracias das várias províncias do império. O Senado, por exemplo, passou a abranger indivíduos provenientes das províncias, começando pelas Gálias e Espanha e depois se estendendo pelo Oriente grego e pelo norte da África, até atingir no século II a região do Danúbio. Essa integração era feita principalmente pela concessão de cidadania romana às lideranças provinciais, que lhes dava direito de ingressarem nas instituições políticas de Roma.

A crise e a desagregação do Império

O **Baixo Império** foi um período de mudanças políticas em Roma. Desde o início do século III, uma crise generalizada se abateu sobre as instituições. Embora poderoso, o Estado não conseguiu preservar a unidade política e administrativa do imenso território, habitado por povos de origens e culturas diversas. Para guarnecer as fronteiras e conservar o controle das províncias, os governos tiveram de manter grandes contingentes militares, chegando ao ponto de obrigar os filhos de soldados a seguir a carreira dos pais. Isso gerou enormes despesas para o Estado. O desequilíbrio entre a receita e a despesa pública provocou a desvalorização da moeda, a alta dos preços e um violento processo inflacionário. A crise se acentuou graças ao colapso do escravismo e sua gradual substituição pelo sistema de **colonato**: pessoas empobrecidas do campo e das cidades procuravam os grandes proprietários rurais e, em troca de proteção, passavam a trabalhar em suas terras como colonos, sem poder deixar o lote recebido, numa prestação de serviços de vida inteira e hereditária. Muitos proprietários preferiam libertar seus escravos — um luxo cada vez mais caro — e transformá-los em colonos, arrendando-lhes parte da terra. Ao mesmo tempo, as cidades se despovoavam, o comércio decaía e os metais preciosos escasseavam: receber salário em moeda tornava-se quase impossível.

No plano político, as sucessivas lutas pelo poder entre os chefes militares e o Senado minaram a coesão político-militar do exército. Desarticulado, este não conseguiu conter a pressão dos povos germânicos sobre as fronteiras, sempre presente desde o governo do imperador **Marco Aurélio** (161-180), da dinastia antonina.

Em 284, Diocleciano foi proclamado imperador pelas tropas sediadas no Oriente. Na busca de uma saída para a crise ele introduziu uma reforma conhecida como **tetrarquia**. Haveria dois coimperadores, os **Augustos**, que governariam as metades oriental e ocidental do Império Romano. Cada um teria seu auxiliar direto, que receberia o título de **César** e mais tarde se tornaria coimperador. Na prática, era a divisão do império em duas porções diferenciadas: a ocidental, cada vez mais pobre, e a oriental, ainda viável.

O imperador **Constantino**, sucessor de **Diocleciano**, restabeleceu a unidade do poder. Mas, consciente de que a força do império dependia cada vez mais das províncias do Oriente, estabeleceu em 330 sua capital na cidade de Constantinopla (atual Istambul, na Turquia), fundada por ele no estreito de Bósforo, limite entre a Europa e a Ásia, onde já existia a antiga colônia grega de Bizâncio.

Menos de cinquenta anos depois, tiveram início as chamadas **grandes migrações dos povos bárbaros**. Pressionados pelos **hunos**, os grupos germânicos dos **ostrogodos** e **visigodos** cruzaram as fronteiras do Danúbio e se estabeleceram no território do Império. Era a intensificação de um processo que já havia conduzido povos germânicos, como os **francos**, para dentro das fronteiras romanas. De início, a penetração ocorreu pacificamente. Em 378, porém, a cavalaria dos visigodos esmagou as tropas imperiais na batalha de Adrianópolis.

O imperador Teodósio conseguiu pacificar os visigodos, cedendo-lhes territórios e colocando-os a serviço da defesa do Império. Ele também tornou o cristianismo religião oficial do Estado, pelo *Edito de Tessalônica*, em 391. Sua última medida, no ano 395, foi a divisão do Império Romano em **Império do Oriente**, com capital em Constantinopla, e **Império do Ocidente**, com capital em Milão. Ruralizado, fragmentado e enfraquecido por sucessivas invasões, o Império do Ocidente recebeu o golpe fatal em 476, ano em que foi deposto Rômulo Augústulo, seu último soberano. O Império do Oriente manteve-se ainda, por centenas de anos, forte e centralizado, vivendo uma era de grande esplendor.

Colonato

O colonato foi um sistema de trabalho compulsório que se desenvolveu no período de desagregação do Império Romano, quando camponeses empobrecidos passaram a trabalhar como colonos nos domínios dos grandes proprietários. Esses latifundiários ofereciam terra, proteção e parte dos rendimentos da produção aos colonos, que não podiam abandonar a propriedade e transmitiam aos filhos a condição de servos.

A força do poder espiritual

O cristianismo surgiu na Galileia, região da Palestina conquistada e anexada pelos romanos em 40 a.C. Segundo os Evangelhos, baseava-se nos ensinamentos de **Jesus**, que nasceu em Belém de Judá durante o governo de Otávio Augusto. Contava a tradição judaica que nessa pequenina cidade nasceria o Messias anunciado pelos profetas, que viria à Terra para anunciar o reino dos justos e a salvação da humanidade.

Aos 30 anos, Jesus iniciou suas pregações e recrutou um grupo de seguidores, os apóstolos. Suas palavras e atitudes desafiavam tanto a elite religiosa judaica quanto as autoridades romanas. Embora Jesus afirmasse que o Reino de seu Pai não era deste mundo, foi visto como um rebelde e condenado à morte na cruz.

Graças ao trabalho dos apóstolos, o cristianismo difundiu-se pelo Império Romano. Era uma religião para as camadas populares, uma palavra de esperança para aqueles que, desalentados pela opressão e pelo sofrimento, esperavam a salvação após a morte.

Durante o governo de Nero iniciou-se a perseguição aos cristãos, acusados de não cultuar os deuses romanos nem o divino imperador. Mas a repressão se mostrou ineficaz: a própria intensificação dos problemas econômico-sociais do mundo romano, especialmente a partir do século III, fez aumentar o número de adeptos do cristianismo.

Durante 250 anos os cristãos sofreram perseguições alternadas com longos momentos de paz. Em 313, o imperador Constantino publicou o **Edito de Milão**, que concedeu liberdade de culto e de crença para os cristãos. Em 391, quando Teodósio tornou o cristianismo religião oficial do Estado, Roma já não era mais o centro político do império. Nos séculos seguintes, porém, o bispo da cidade — o papa — recorreria à centralização administrativa característica do Império Romano para impulsionar o crescimento da Igreja Católica.

A diversificação cultural de Roma

A cultura romana soube absorver as contribuições dos mais diversos povos. Por exemplo, a religião tradicional romana, desprovida de dogmas e imediatista, praticamente se limitava ao culto aos antepassados e aos deuses da cidade e à crença nos auspícios e prodígios (manifestações divinas através dos fenômenos da natureza). Mas o Panteão romano acabou incorporando deuses e cultos de origem grega e oriental, ganhando maior diversidade e sofisticação. Entre as deidades greco-romanas estavam **Júpiter** (deus supremo), **Juno** (irmã e esposa de Júpiter), **Plutão** (deus do mundo além-túmulo), **Netuno** (deus do mar), **Ceres** (deusa da colheita), **Minerva** (deusa da sabedoria e do valor), **Apolo** (deus da beleza e da destruição), **Diana** (deusa da natureza), **Marte** (deus da guerra), **Vênus** (deusa do amor) e muitos outros.

Os primeiros templos de Roma, como o de Júpiter Capitolino (séc. VI a.C.), mostram uma nítida influência etrusca. Outras manifestações artísticas iniciais também refletem a presença cultural etrusca e mais tarde helenística. Entretanto, os romanos também fi-

CRISTIANISMO: DIFUSÃO NO IMPÉRIO ROMANO

Fonte: STUMPO, E. Beniamino e TONELLI, M. Teresa. *Il nuovo libro di storia*. Milão: Le Monnier, 1997.

ROBERT HARDING WORLD IMAGERY/GETTY IMAGES

Aqueduto romano Pont du Gard, *do século I a.C., na França. Entre as várias contribuições deixadas pelos romanos estão a sua engenharia e seu sistema de saneamento sanitário. Este, durante muito tempo, serviu de modelo para vários planos de urbanização em distintas cidades do mundo.*

zeram contribuições originais, em especial na arquitetura: eles foram, por exemplo, os criadores da abóbada, teto côncavo autossuportante de uma construção. A capacidade técnica de seus arquitetos manifestou-se na construção de estradas, pontes, represas e aquedutos (veja a foto acima). No urbanismo, a criatividade romana se fez sentir sobretudo nas termas públicas, nos monumentos, em construções ornamentais — tais como os arcos de triunfo e obeliscos, passeios e jardins. Além disso, o gosto romano pelos espetáculos públicos contribuiu para a construção de teatros e anfiteatros, como o **Coliseu**, erguido no ano 80 da era cristã.

Os romanos destacaram-se igualmente na prática política, na administração e no Direito. Este último, codificado no século VI, durante o governo do imperador Justiniano, forneceu as bases do Direito da Europa medieval e dos códigos jurídicos de vários povos contemporâneos.

Uma contribuição decisiva de Roma foi a difusão do latim. Língua indo-europeia do ramo itálico (que incluía os subgrupos osco-úmbrio e latino), o latim acabou se tornando um idioma universal — até a modernidade — graças à expansão romana. Na Idade Média, deu origem às línguas neolatinas, tais como o espanhol, o italiano, o português, o francês, o catalão e o romeno.

Outro legado fundamental romano diz respeito à contagem do tempo. Os meses de julho e agosto têm esses nomes em homenagem a Júlio César e Otávio Augusto. Além disso, César reajustou o calendário da República romana com base em pesquisas astronômicas e dividiu o ano em 12 meses, correspondentes a 365 dias e 6 horas. Era o **calendário juliano**, modificado em 1582 pelo papa Gregório XIII.

Aspectos cotidianos do povo romano

A cidade era de suma importância para a sociedade romana, uma vez que, além de centro político-administrativo, econômico e cultural, era também um espaço de entretenimento popular — cenário de espetáculos de teatro, corridas de biga, jogos de dados e lutas de gladiadores.

As moradias da maioria dos romanos eram simples. Os mais pobres costumavam viver em pequenos apartamentos em edifícios de até seis andares, que apresentavam riscos de desabamento e incêndio. Apenas uma minoria tinha casas amplas e confortáveis que contavam com água encanada, rede de esgoto, sala de banhos e luxuosa decoração interior.

A educação variou de acordo com a classe social e o sexo. Os meninos das classes mais abastadas aprendiam a ler e a escrever latim e grego com seus preceptores. Além da alfabetização, os garotos ainda aprendiam agricultura, astronomia, religião, geografia, matemática e arquitetura. Em contrapartida, os meninos das classes menos privilegiadas, que não dispunham de tempo integral para os estudos, dedicavam-se ao trabalho agrícola ou artesanal.

As mulheres, independentemente da classe social à qual pertenciam, eram educadas para ser esposas e mães, e em hipótese alguma podiam participar das decisões políticas.

O casamento foi uma das instituições mais respeitadas e valorizadas na sociedade romana. Muitas garotas com doze anos já se casavam por meio de arranjos familiares. O divórcio também era comum, e os motivos das separações, variados. Os filhos do casal sempre ficavam com os ex-maridos.

TEXTO COMPLEMENTAR

A *cena* e o *prandium*

Os antigos romanos faziam dois tipos diferentes de refeições, uma relacionada ao lazer e outra característica do mundo do trabalho, das atividades militares e políticas.

"Os romanos conheciam dois tipos de refeições opostas, a *cena* e o *prandium*. A primeira reunia homens, sempre deitados (quando há mulheres, elas, tradicionalmente, ficam sentadas) em um lugar coberto – casa, pórtico ou jardim coberto [...]; um grupo social bem definido — família, clientela, amigos da mesma idade, corporação profissional ou sacerdotal, vizinhos — partilha os prazeres da mesa por ocasião de uma festa. O número de convivas é limitado a uma dezena, mas o número de salas de jantar pode-se multiplicar. Mesmo que os banqueteadores se limitem aos habitantes de uma quinta — um camponês, sua mulher, seus filhos, suas noras, seus netos, alguns criados – a *cena*, de qualquer maneira, é uma festa, apesar do pouco luxo; ela é sempre uma ocasião especial. [...]

Mas o romano geralmente come apenas o bastante para se restaurar, sem cerimônia, frequentemente só, não importando onde e quando. Porém, ele não consome qualquer coisa: come apenas alimentos revigorantes, 'frugais', compostos de *fruges*. Este é o *prandium*.

Assim, o dia do romano não é regulado pelo horário das refeições, uma vez que o alimento indispensável é consumido quando ele sente necessidade, e os banquetes constituem eventos especiais. Em compensação, a oposição entre *cena* e *prandium* inscreve-se nas oposições de tempo e de espaço pré-existentes.

A *cena* pertence ao tempo do *otium*, ou seja, do lazer e da paz. O *otium* romano implica duas formas de vacuidade. O *otiusus* não é um guerreiro, o *otiusus* não está engajado em uma atividade cívica. Uma *cena*, geralmente, acontece numa tarde de inverno, na sala de jantar de uma casa de Roma ou de uma quinta do campo romano; reúne, durante duas ou três horas, homens lavados, sossegados, vestidos com togas ou túnicas largas, esquecidos das preocupações com a labuta da manhã. O banquete termina ao cair da noite.

Em compensação, o *prandium* é a única refeição dos romanos engajados na guerra, na atividade política ou em qualquer outra que requeira esforço (*labores*). Ele pode consistir em um desjejum matinal, uma refeição leve em torno do meio-dia, mas não tem nada de obrigatório. É, também, o jantar do solitário e do soldado em campanha, a única refeição das famílias enlutadas. [...]"

FLANDRIN, Jean-Louis e MONTANARI, Massimo. *História da alimentação*. 4. ed. São Paulo: Estação Liberdade, 1998.

Compreendendo o texto

1. Diferencie a *cena* e o *prandium*.

2. Descreva as características das refeições que você faz diariamente (local onde elas são feitas, tipos de alimentos consumidos, pessoas que participam das refeições, objetivo de cada refeição, etc.).

3. Identifique uma diferença e uma semelhança entre as refeições dos antigos romanos e as que você faz atualmente.

4. A obesidade é uma enfermidade caracterizada pelo acúmulo excessivo de gordura corporal, que acarreta sérios problemas de saúde. O crescimento da população obesa, em todas as faixas de idade, tende a ser um dos graves problemas do século XXI.

Na sua opinião, quais as causas do aumento da obesidade? O que fazer para combater a doença?

ATIVIDADES

Explorando o conhecimento

1 Em Roma, ocorreram vários conflitos sociais provocados principalmente pela desigualdade entre ricos e pobres.

a) Explique as razões dos conflitos entre plebeus e patrícios.

b) Cite e explique as principais conquistas da plebe.

2 O avanço das forças militares romanas colocou o império em choque com Cartago e Macedônia, potências que nessa época dominavam o Mediterrâneo. As rivalidades entre os cartagineses e os romanos resultaram nas Guerras Púnicas.

Explique o significado das Guerras Púnicas para a história dos romanos.

3 O historiador e senador Tácito (55-120 d.C.) classificava a plebe de Roma como "sórdida e lançada ao teatro e ao circo" (*Histórias*, 1, 4).

a) Como você qualificaria a visão acima?

b) Com base no que você leu no capítulo, faça uma crítica à ideia que Tácito tinha da plebe.

4 A partir do século III o Império Romano começou a dar sinais de crise. Embora fosse poderoso, o Estado não conseguiu manter a unidade política e administrativa do imenso território.

a) Produza um pequeno texto analisando as razões da desagregação do Império Romano.

b) Conceitue colonato.

A história e o tempo presente

5 Os projetos de reforma agrária se arrastam pelo mundo desde o século I a.C. No Brasil, a ideia também não é nova. Observe a charge e responda às questões a seguir.

LOR

a) O que tem sido feito pelo governo brasileiro para resolver o problema dos sem-terra?

b) A reação das elites agrárias romanas diante dos projetos de reforma agrária é semelhante à reação da nossa aristocracia rural? Justifique sua resposta apontando, ao menos, um exemplo.

6 Um dos títulos do papa é o de Sumo Pontífice, sacerdote supremo, que na República romana coube a patrícios ilustres como Júlio César e depois foi atribuído aos imperadores. Na sua opinião, tal fato caracteriza certa continuidade entre o poder de Roma e o da Igreja Católica, ainda que seja no plano simbólico?

Vestibular / ENEM

1 (Vunesp) Dos séculos III a I a.C., através de guerras de conquista, os patrícios romanos estenderam a sua dominação sobre quase todos os povos do Mediterrâneo. Mas essa vitória externa de Roma contribuiu para transformar a sua própria ordem social interna. Como uma das mais importantes transformações, podemos citar:

a) a queda da Monarquia e o estabelecimento da república.

b) a Lei das XII Tábuas, que equiparou patrícios e plebeus.

c) a escravização generalizada dos plebeus e estrangeiros residentes em Roma.

d) a introdução do latifúndio cultivado por escravos, em larga escala.

e) a generalização do trabalho assalariado, estimulada pela expansão mercantil.

2 (UnB-DF) A civilização romana finaliza o período histórico denominado Antiguidade Clássica. Acerca dessa civilização, julgue os itens seguintes.

a) Durante a Realeza, patrícios e plebeus constituíam as principais categorias sociais, mas os plebeus eram desprovidos de direitos políticos, religiosos e civis.

b) À época republicana, os romanos iniciaram as conquistas militares e expandiram a utilização da mão-de-obra escrava, fato este que provocou uma crescente ociosidade dos plebeus.

c) Com o estabelecimento do Império, a sociedade romana conseguiu o equilíbrio entre as forças políticas, pois restabeleceu os poderes do Senado.

d) A crise do século III deveu-se às insurreições dos escravos, à rejeição da doutrina religiosa católica pelos patrícios e à disseminação, entre os bárbaros, do Direito romano.

3 (Enem-MEC)

> "Somos servos da lei para podermos ser livres."
>
> Cícero

> "O que apraz ao príncipe tem força de lei."
>
> Ulpiano

As frases acima são de dois cidadãos da Roma Clássica que viveram praticamente no mesmo século, quando ocorreu a transição da República (Cícero) para o Império (Ulpiano). Tendo como base as sentenças acima, considere as afirmações:

I – A diferença nos significados da lei é apenas aparente, uma vez que os romanos não levavam em consideração as normas jurídicas.

II – Tanto na República como no Império, a lei era o resultado de discussões entre os representantes escolhidos pelo povo romano.

III – A lei republicana definia que os direitos de um cidadão acabavam quando começavam os direitos de outro cidadão.

IV – Existia, na época imperial, um poder acima da legislação romana.

Estão corretas, apenas:

a) I e II

b) I e III

c) II e III

d) II e IV

e) III e IV

4 (Fuvest-SP) Indique e comente quatro elementos da Antiguidade greco-romana presentes ainda hoje no mundo ocidental.

5 (PUC-SP) Dentre os itens a seguir, dois representam características integrantes do ideário cristão que, à época do reconhecimento do cristianismo como religião oficial de Roma (séc. IV), funcionaram como elementos facilitadores da aliança que uniu os interesses da Igreja Cristã aos do Estado de Roma:

1. o dogma da transcendência divina.
2. as noções de culpa original dos homens e de perdão divino.
3. os dogmas da criação e do juízo final.
4. o missionarismo expansionista.
5. a moral celibatária.
6. as concepções de inferno, purgatório e reino dos céus.
7. a estrutura hierárquica da organização clerical.

Os itens corretos são os de número:

a) 5 e 1.

b) 3 e 6.

c) 4 e 7.

d) 6 e 4.

e) 3 e 7.

Ampliando o conhecimento

Leitura

MACHADO, Carlos A. Ribeiro. *Roma e seu império*. São Paulo: Saraiva, 2004.
O livro aborda a política expansionista romana, as guerras contra outros povos, a formação do exército, a prosperidade econômica, a decadência do Império e outros temas.

Filmes

Spartacus

Direção de Stanley Kubrick. EUA, 1960. 183 min.
O filme é a história de Spartacus, que de escravo se tornou líder de uma revolta que ameaçou o poder romano durante o período republicano.

Gladiador

Direção de Ridley Scott. EUA, 2000. 155 min.
O general romano Maximus é vítima do ciúme de Cômodo, filho do imperador Marco Aurélio, e foge quando sua mulher e filho são assassinados. Maximus acaba se tornando gladiador nas arenas do Coliseu e alimenta o profundo desejo de vingar o assassinato de sua família.

A construção dos sentidos

A

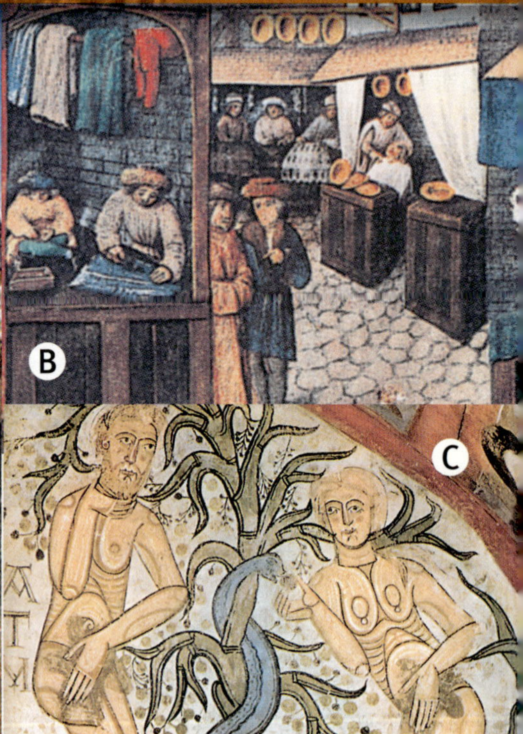
B

C

UNIDADE 2

Capítulos da Unidade 2

D

A: *Iluminura do mês de junho do* Livro das ricas horas do duque de Berry, *de 1415.*

B: *Cena de comércio em uma cidade medieval francesa, representada nesta miniatura que ilustra a obra literária* Renaud de Montauban, *século XV.*

C: *Afresco* Tentação de Adão, *séculos XI e XII.*

D: *Afresco* A expulsão do paraíso, *de Tommaso Masaccio, de 1427.*

As imagens ilustram alguns temas que serão estudados nesta unidade. Descreva cada imagem, registrando o período histórico e a sociedade a que se refere.
O que você sabe sobre esse período da história europeia? Liste algumas características desse momento histórico e as exponha para os colegas.

Capítulo 8

Alta Idade Média

Em busca de uma vida melhor

ROBYN BECK/AFP

Milhares de pessoas participam de manifestação pela igualdade de direitos para os imigrantes, em Los Angeles, Estados Unidos, 2006.

MAZE/CORBIS/LATINSTOCK

Homem coloca tela em muro construído na fronteira entre Estados Unidos e México com o objetivo de conter a entrada de imigrantes ilegais mexicanos nos Estados Unidos. Foto de 2005.

Na história da humanidade, sempre ocorreram movimentos de populações. Migrações para outros países, para outras cidades e do campo para os centros urbanos. Uma parcela considerável da sociedade frequentemente esteve em movimento, pelas mais diversas razões, de maneira pacífica ou violenta, aberta ou clandestinamente, em geral provocando comoções sociais. Ainda hoje isso acontece.

Esses deslocamentos muitas vezes ocasionam problemas econômicos, sociais e políticos que agravam as relações, sempre delicadas, entre as minorias e as maiorias étnicas dos Estados nacionais. Nos conflitos decorrentes desse processo, é comum as maiorias responsabilizarem as minorias pelos complexos problemas existentes nos países em que vivem e que julgam serem "seus", por exclusividade. Os resultados das migrações maciças carregam vertiginosas desordens sociais, entre elas o aumento da **xenofobia**, ou seja, da aversão a pessoas estrangeiras.

As migrações dos bárbaros

Tais problemas — e as reações provocadas por eles — ocorreram na Europa durante a Idade Média, um período cujo início está ligado aos movimentos migratórios dos séculos IV e V. Grupos nômades de diferentes origens ultrapassaram as fronteiras do enfraquecido Império Romano, saquearam suas cidades e ocuparam boa parte do território. No final do século V, o Império Romano do Ocidente havia sido derrubado pela sucessão de golpes dos chamados povos bárbaros (veja o mapa).

A palavra **bárbaro**, de origem grega, tinha inicialmente o sentido de "gago" ou "balbuciante". Foi usada pelos helenos para designar os estrangeiros, incapazes de falar corretamente a língua grega e considerados rebeldes à sua civilização. Mais tarde os romanos passaram a empregá-la para denominar os grupos que não partilhavam a cultura greco-romana e viviam fora dos limites do império.

Depois que esses grupos estrangeiros cruzaram as fronteiras imperiais, as populações sob domínio romano e os recém-chegados mesclaram-se profundamente. Como resultado, os povos bárbaros — basicamente de origem germânica e eslava, mas também de outras etnias — deram uma contribuição decisiva à formação étnica, cultural, linguística e religiosa do Ocidente.

O contato inicial entre romanos e bárbaros, principalmente os germanos, ocorreu de forma relativamente pacífica, ao longo da fronteira formada pelo Rio Reno. Em 12 a.C., no governo de Augusto, os romanos avançaram até o Rio Elba, mas esse projeto de expansão foi contido no ano 9 a.C., quando os germânicos destruíram três legiões imperiais. Após a derrota, Augusto decidiu recuar a fronteira do império até o Reno, desistindo de conquistar o resto da Germânia.

Com o passar do tempo, os guerreiros germânicos ocuparam postos de destaque na sociedade romana. Começaram a ser contratados para a guarda pessoal dos imperadores. Alguns grupos foram reconhecidos como povos federados, ocupando em caráter permanente regiões da fronteira e protegendo-a contra novas invasões.

A partir da segunda metade do século IV, multiplicaram-se os deslocamentos de povos para o Império Romano. O governo tentou barrar o acesso de novos grupos, porém a oposição fez apenas as migrações adquirirem caráter ainda mais ameaçador. As investidas de visigodos, ostrogodos, vândalos e outros povos germânicos levavam o terror à população. As estruturas políticas e socioeconômicas do império entraram em colapso (veja mapa da página seguinte).

Havia invasores ainda mais temíveis. Os hunos, de origem mongólica, foram comparados a animais por historiadores da época. Leia o texto abaixo, escrito no século IV pelo bispo Amiano Marcelino:

A visão de um romano

"Todos eles têm membros compactos e firmes, pescoços grossos, e são tão prodigiosamente disformes e feios que os poderíamos tomar por animais bípedes ou pelos toros desbastados em figuras que usam nos lados das pontes. [...] Tendo porém o aspecto de homens, embora desagradáveis, são rudes no seu modo de vida, de tal maneira que não têm necessidade nem de fogo nem de comida saborosa; comem as raízes das plantas selvagens e a carne semicrua de qualquer espécie de animal que colocam entre as suas coxas e os dorsos dos cavalos para as aquecer um pouco."

Citado em ESPINOSA, Fernanda. *Antologia de textos históricos medievais*. Lisboa: Sá da Costa, 1972.

OS POVOS BÁRBAROS NO SÉCULO II

Fonte: VIDAL-NAQUET, Pierre e BERTIN, Jacques. *Atlas histórico*. Lisboa: Círculo de Leitores, 1990.

Esses guerreiros de aspecto assustador descritos no texto "A visão de um romano" deram o empurrão inicial nas migrações germânicas, que esfacelaram o Império Romano. Em 375, os hunos investiram contra os ostrogodos, então estabelecidos entre os rios Don e Dniester (na região localizada nas atuais Ucrânia e Rússia). No ano seguinte, atacaram os visigodos que ocupavam a atual Romênia, lançando-os contra os domínios romanos. Depois penetraram no centro da Europa, colocando em fuga numerosos povos germânicos, que se refugiaram em terras romanas. Esse processo deslocou populações inteiras de um extremo a outro da Europa e ainda mais longe. Os vândalos, por exemplo, saíram de territórios alemães e foram parar no norte da África. Em 451, quando os hunos comandados por Átila foram finalmente vencidos, a batalha decisiva ocorreu na Gália, e os romanos tiveram o apoio de guerreiros visigodos, que na ocasião dominavam o sul da França.

AVANÇO BÁRBARO: O DOMÍNIO DA EUROPA

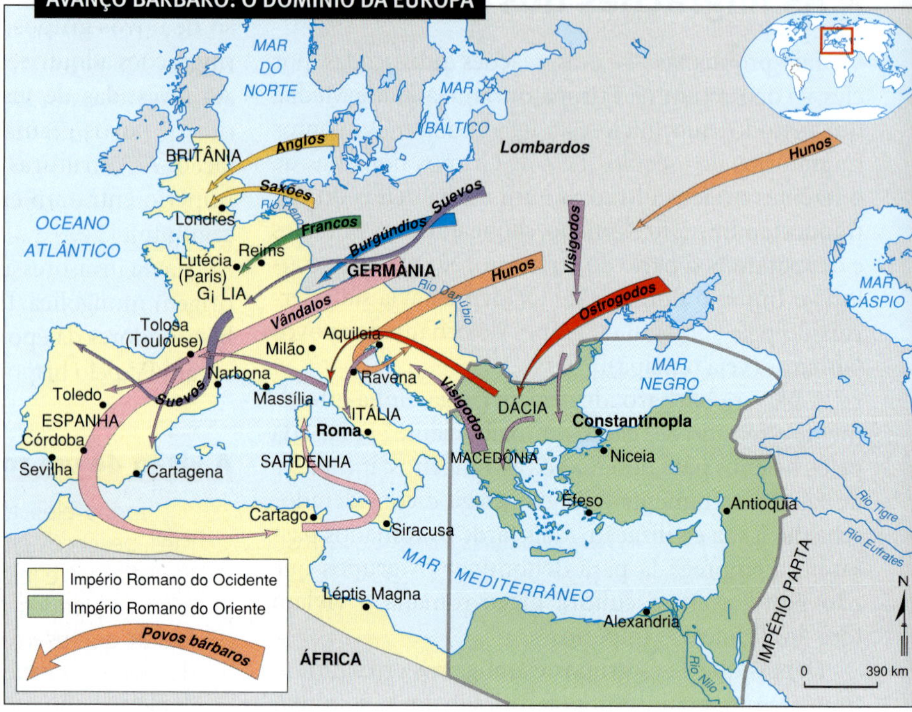

Fonte: LEONE, Alba Rosa. *Orientarsi nella storia*. Milão: Sansoni, 1995.

As incursões dos hunos e dos demais povos bárbaros nos territórios romanos do Oriente e do Ocidente provocaram pânico e mudanças no cotidiano da sociedade. No Ocidente, em especial, a crise generalizada fez com que as massas camponesas e as populações urbanas empobrecidas praticamente não resistissem aos invasores. O enfraquecimento do poder político exercido pelas grandes cidades favoreceu o processo de ruralização, que já vinha em andamento desde o século III, consagrado por instituições como o **colonato**, no governo do imperador Diocleciano. A ruralização e a fragmentação do poder político forneceram os elementos para a formação dos reinos bárbaros, nos territórios antes submetidos a Roma. E também contribuíram para o desenvolvimento das instituições feudais, características do período medieval.

Os germanos

À exceção dos galo-romanos, os povos que se instalaram no Império Romano eram, todos eles, de origem germânica (veja boxe abaixo). Os primeiros relatos sobre esses povos foram deixados por autores romanos. Júlio César, por exemplo, no livro *De Bello Gallico* — sobre a guerra da Gália, conquistada por

A diversidade cultural da Europa

"Os povos instalados no Império Romano formam, com populações que aí viviam, Estados colocados sob a autoridade de um chefe conquistador que toma o título de rei e instaura uma dinastia reinante: os godos e depois os lombardos em Itália, os visigodos na Aquitânia e em Espanha, os francos na Gália, os anglo-saxões numa multiplicidade de pequenos reinos na Grã-Bretanha.

Assim se desenha um primeiro esboço da Europa sobre um duplo fundamento: a componente comunitária de cristandade, moldada pela religião e pela cultura, e a componente plural dos diversos reinos assentes em tradições étnicas importadas ou pluriculturais antigas (germanos e galo-romanos, por exemplo, na Gália). É a prefiguração da Europa das nações, pois a Europa mostra desde suas origens que a unidade pode ser feita da diversidade das nações: nações e unidades europeias estão ligadas."

LE GOFF, Jacques. *A velha Europa e a nossa*. Lisboa: Gradiva, 1995.

A espada germânica é um dos símbolos desse povo guerreiro. Na foto, punho de espada anglo-saxônica do século VIII.

ele entre os anos 58 e 50 a.C. —, descreve os germanos como guerreiros ferozes, ainda mais temíveis que os gauleses. Mais tarde, na obra *Germânia*, escrita em 98 d.C., o historiador romano Tácito deixou um dos mais completos relatos da vida, da cultura e dos costumes das tribos que ocupavam o território entre os rios Reno e Danúbio, correspondente à Alemanha e à República Tcheca atuais. O trabalho foi baseado em documentação já existente na época e em registros do próprio autor, que observou os germanos por aproximadamente quatro anos.

Segundo Tácito, os germanos desconheciam o Estado e as cidades como organismos político-administrativos. A vida social centrava-se na tribo ou no clã, ou seja, nos laços de sangue. A base de toda a estrutura social residia no *sippe* — comunidade de linhagem que assegurava a proteção das pessoas sob sua autoridade. Tal estrutura tornava o guerreiro o elemento de maior prestígio social: as tribos eram governadas por assembleias de guerreiros.

A economia tinha como base a agricultura e a pecuária. Essas atividades eram desempenhadas basicamente pelo grupo familiar, embora o trabalho dos escravos domésticos ou temporários (por dívidas) se somasse ao dos homens livres. Havia terras particulares, mas o cultivo era coletivo: os germanos plantavam e colhiam em grupos. Além disso, praticavam a caça e a pesca e não excluíam a pilhagem como atividade complementar às necessidades da tribo.

A metalurgia desempenhou papel de relevo na sociedade germânica. A importância da guerra refletiu-se na fabricação de armas, carros de combate e barcos bastante eficientes.

Os aspectos culturais e religiosos estavam diretamente vinculados ao espírito guerreiro da sociedade. Os poemas e as canções improvisadas nas festas enalteciam os heróis dos combates. Cada tribo cultuava o seu herói real ou mitológico, sempre lembrado nos rituais. Os germânicos não possuíam unidade religiosa nem templos. Tácito descreve ritos religiosos ocorridos ao ar livre, nos bosques ou nas montanhas, nos dias de lua nova ou em ocasiões particulares de cada clã. Os sacrifícios humanos e de animais eram geralmente orientados pelos chefes das famílias ou das tribos.

Idade Média: uma nova concepção

A Idade Média é um período da história europeia que se estende da segunda metade do século V até a primeira metade do século XV.

No longo processo, do século VI ao VIII, em que a Europa ocidental lutou para superar a fragmentação do império e a deterioração da civilização greco-romana, surgiu um novo modelo de organização sociopolítica que só floresceria séculos mais tarde. Nela prevaleceram os elementos remanescentes greco-romanos, as tradições dos povos migrantes e a cultura cristã, em seu conjunto uma configuraçao bem diferente da Antiguidade Clássica.

Em virtude dessas características, alguns pensadores do século XVII consideravam o período um retrocesso cultural, a "idade das trevas", para eles um tempo no qual a humanidade foi subjugada pela ignorância e pelo arbítrio da Inquisição.

Catedral de Chartres, na França. Construída no século XIII, a Catedral possui magníficos vitrais que retratam a vida dos santos e histórias religiosas.

Embora essa concepção sobre a Idade Média ainda esteja presente, ela é rejeitada pela grande maioria dos historiadores. Alguns deles, na tarefa de combater o preconceito presente nos escritos sobre a Idade Média, elaboraram estudos em que ressaltam os avanços alcançados no período, a exemplo do aumento do emprego de pedra e ferro nas construções, do progresso no domínio marítimo, do desenvolvimento da cartografia, entre outros.

No ano 476, escolhido para marcar o início da Idade Média, ocorreu a deposição do último soberano do Império Romano do Ocidente, Rômulo Augústulo. Em 1453, a conquista pelos turcos da cidade de Constantinopla, derradeiro baluarte do Império Romano do Oriente ou Império Bizantino, marca o fim da Idade Média. Os quase mil anos entre os dois eventos são geralmente divididos em dois períodos, **Alta Idade Média** (século V ao X) e **Baixa Idade Média** (século XI ao XV).

No percurso da época, o cristianismo foi fundamental na formação da mentalidade e sociedade europeias. As magníficas catedrais erguidas na França e em outros países europeus dão testemunho da intensa religiosidade desse período (veja a foto da página 107).

A expansão dos francos e o Império Carolíngio

As migrações maciças das tribos dos francos para o norte da Gália (norte da França e Bélgica) ocorreram no século V. Em 481, um chefe franco, Clóvis, foi coroado rei. Ele pertencia à dinastia merovíngia, assim chamada devido ao nome de seu avô, Meroveu. Em 494, Clóvis já dominava todo o norte da Gália. Depois de converter-se ao cristianismo, voltou-se contra os visigodos no sul da Gália, vencendo-os em 507.

Na base das vitórias de Clóvis estava uma sólida aliança com a Igreja Católica Romana, que o apoiou no projeto de unificação do território. Mais tarde o rei franco e seus sucessores consolidaram sua autoridade por meio de práticas como a distribuição de terras para o clero e a aristocracia de guerreiros. Desse modo, favoreceram o processo de ruralização da Europa ocidental, que atingiria sua forma definitiva com as estruturas sociais do feudalismo.

No final do século VII, enfraquecida pelas sucessivas divisões dos domínios francos entre os herdeiros de cada rei, a dinastia merovíngia entregou o poder efetivo a um grupo de altos funcionários, conhecidos como "prefeitos do palácio". O mais importante desses prefeitos foi Carlos Martel, que venceu os árabes em 732, impedindo que invadissem a França — o reino dos francos. Em 751, seu filho Pepino, o Breve, afastou o último soberano merovíngio e foi coroado rei da França com o apoio do papa. Era o início da dinastia carolíngia, assim chamada em razão do nome de seu maior soberano: Carlos Magno.

Filho de Pepino, o Breve, Carlos sucedeu ao pai em 768. Em 774 derrotou os lombardos, tornando-se rei deste povo. Em seguida subjugou os saxões e os converteu pela força ao cristianismo. Carlos também dominou a região alemã da Baviera e conduziu os exércitos francos até o reino dos avaros, na Hungria atual, afirmando sua hegemonia sobre muitos povos eslavos. Dessa forma, o rei franco tornou-se o mais poderoso da cristandade ocidental. Era um valioso aliado dos papas, uma vez que, unidos, o monarca e o pontífice tinham forças para se contrapor à influência política e religiosa de Constantinopla. Sancionando a hegemonia do rei franco, o papa Leão III o coroou imperador no ano 800, na cidade de Roma. Havia de novo um Império do Ocidente. Foi

Fonte: STUMPO, E. Beniamino e TONELLI, M. Teresa. *Il nuovo libro di storia.* Milão: Le Monnier, 1997.

essa a origem do **Sacro Império Romano Germânico**, que logo se diferenciou do reino franco e só desapareceu formalmente em 1806.

Carlos Magno procurou combater as tendências desagregadoras decorrentes da ruralização da economia e da sociedade. Guerreiros experientes sob seu controle administravam áreas estratégicas como a **Marca Hispânica**, que separava o reino franco dos domínios árabes na Península Ibérica. Ele também incentivou a atividade intelectual nos mosteiros e procurou cercar-se de religiosos conhecidos pela erudição, a ponto de esse período tornar-se conhecido como **Renascimento Carolíngio**. No entanto, a reputação guerreira e conquistadora dos francos não deixou de existir. Como afirmava um ditado popular da época: "Se um franco é seu amigo, com certeza não é seu vizinho".

Com a morte de Carlos Magno, em 814, seu filho, Luís, o Piedoso, procurou consolidar o império. Mas isso era muito difícil, numa sociedade cada vez mais ruralizada. Não havia moeda para pagar soldados e funcionários, que recebiam terras por seus serviços. A própria multiplicidade de povos sob domínio carolíngio dificultava a centralização do governo. Além dos nobres que buscavam aumentar seu poder às expensas do imperador, Luís teve de enfrentar seus próprios filhos rebelados. Depois de sua morte, em 840, o território franco foi dividido entre seus três filhos, pelo **Tratado de Verdum**, assinado em 843.

Aproveitando-se da instabilidade da autoridade central, a nobreza guerreira passou a exercer um poder cada vez maior em suas regiões. Além disso, nos séculos IX e X, a Europa sofreu uma nova série de invasões. Vindos do norte da África e da Espanha, os mouros devastaram as regiões costeiras da Europa meridional. No final do século IX, as tribos magiares deixaram as estepes, cruzaram os Montes Cárpatos e ocuparam as planícies do Danúbio, dando origem ao reino da Hungria. A maior ameaça foi a dos guerreiros e navegadores do sul da Escandinávia conhecidos como *vikings* — termo de origem escandinava que significa "piratas". Entre os séculos IX e XI, eles assaltaram o litoral e os vales dos rios da Inglaterra, Irlanda e dos domínios carolíngios (veja a foto). Portos e vilarejos foram destruídos, a população foi dizimada, e a atividade comercial, duramente atingida. Além disso, os ataques provocaram o colapso da autoridade política dos reis, que já não era muita. Na França, para apaziguar os normandos ou homens do norte — termo que designava os *vikings* —, a Coroa francesa cedeu-lhes terras em 911. Foi a origem do ducado da Normandia, retaguarda dos normandos para a conquista da Inglaterra em 1066, que já havia sido invadida pelos dinamarqueses no século IX e, depois, no início do século XI. Entre 1016 e 1035, a Inglaterra integrou os domínios do rei Canuto, também soberano da Dinamarca e da Noruega.

BRIDGEMAN ART LIBRARY, LONDRES/KEYSTONE

Manuscrito do século XIV representando o desembarque dos vikings *na Inglaterra.*

A Europa dos feudos

A nova onda de migrações intensificou a insegurança política e acelerou o processo de descentralização iniciado com o declínio de Roma. Os nobres passaram a julgar-se donos das terras que defendiam e administravam em nome do rei. Os camponeses e trabalhadores livres de cada região consideravam o nobre como o senhor local e o único a quem deviam prestar obediência e serviços. A expansão do trabalho servil, o fortalecimento do poder dos nobres e a consagração das relações de dependência e fidelidade no meio aristocrático são algumas das características do sistema que se estruturou na Europa a partir do século IX, conhecido como **feudalismo**.

Ainda não há, entre os historiadores, um acordo sobre a conceituação ideal de feudalismo. Optamos por utilizar o conceito proposto por Jacques Le Goff, um dos maiores especialistas em história da Idade Média:

O que é feudalismo

"Um sistema de organização econômica, social e política baseado nos vínculos de homem a homem, no qual uma classe de guerreiros especializados — os senhores —, subordinados uns aos outros por uma hierarquia de vínculos de dependência, domina uma massa campesina que explora a terra e lhes fornece com que viver."

LE GOFF, Jacques. *Para um novo conceito de Idade Média*. Lisboa: Estampa, 1980.

Feudo é sinônimo de benefício. Significa um bem ou direito cedido a alguém em troca de fidelidade e várias obrigações, em especial militares. Imediatamente após o juramento de fidelidade, incorporava-se a cerimônia da homenagem, estabelecendo-se então uma relação de pessoa para pessoa. A fidelidade era a base sobre a qual se firmavam os laços feudais, e neles ficavam estabelecidos os direitos e as obrigações de ambas as partes.

Aquele que cede o bem se torna **suserano**, e quem o recebe passa a ser seu **vassalo**. A relação de vassalagem normalmente ocorria "de cima para baixo", isto é, seguindo a hierarquia da nobreza. A terra, o bem mais valioso, passou a ser concedida como feudo; quem a recebia tornava-se um **senhor feudal**. Formou-se desse modo uma cadeia de proprietários de terras, ligados uns aos outros por **laços de suserania e vassalagem**. Todos eles viviam da renda e do trabalho dos camponeses, situados na base da pirâmide social.

O rei, no topo da hierarquia, era em geral (mas nem sempre) o mais rico e o mais poderoso dos senhores, mas sua autoridade efetiva se limitava a seus próprios feudos. Após o desmoronamento do poder central, a aplicação da justiça e das demais atribuições do governo ficava a cargo de cada senhor, que a instituía nos limites territoriais de seu feudo. Não existiam códigos de leis de âmbito geral. Assim, predominava o **direito consuetudinário**, ou seja, as normas seguidas nos feudos originavam-se de usos e costumes tradicionais de cada povo.

O cerimonial transcrito abaixo, representativo do relacionamento estabelecido entre nobres, determinava as condições para a doação dos feudos, em um sistema de reciprocidade.

A organização do feudo

No centro do feudo ficava o castelo, a residência fortificada do senhor feudal, construído para servir de defesa contra eventuais ataques externos. Além da residência senhorial, o feudo dividia-se em três partes principais: manso senhorial, manso servil e manso comum.

- **Manso senhorial**: correspondia a aproximadamente um terço do feudo e era cultivado pelos camponeses. Eles trabalhavam gratuitamente nessas terras alguns dias da semana, uma obrigação que recebia o nome de **corveia**. Toda a produção dessas terras pertencia ao senhor feudal.
- **Manso servil**: faixa de terra dividida em lotes para o cultivo dos camponeses. Em troca, eles deviam entregar parte da produção obtida nessas terras ao senhor do feudo, uma obrigação que recebia o nome de **talha**.
- **Manso comum**: terras de uso coletivo, ou seja, os produtos nelas existentes podiam ser retirados por todos os moradores do feudo. As terras de uso comum eram compostas pelos terrenos baldios, as áreas para a criação de gado e os bosques, de onde se retiravam lenha e mel e se praticava a caça.

Uma cerimônia de vassalagem

"Aos 7 dos idos de Abril, quinta-feira, foram prestadas as homenagens ao conde; o que foi cumprido segundo as formas determinadas para prestação de fé e de fidelidade, segundo a ordem seguinte.

Em primeiro lugar, eles fizeram homenagem assim: o conde perguntou ao futuro vassalo se queria tornar-se seu homem sem reserva, e este respondeu:

— 'Quero-o', — depois, com as mãos apertadas entre as do conde, aliaram-se por um beijo.

Em segundo lugar, aquele que tinha feito homenagem empenhou a sua fé [...] e, em terceiro lugar, ele jurou isto sobre as relíquias dos santos.

Em seguida, com a vara que tinha na mão, o conde deu-lhes investidura (a posse simbólica do feudo), a todos que acabavam de prestar-lhe homenagem, de prometer-lhe fidelidade e de prestar-lhe juramento."

BRUGES, Gilberto de. História da morte de Carlos, o Bom, conde de Flandres. In: FREITAS, Gustavo de. *900 textos e documentos de História*. Lisboa: Plátano, 1977.

CID

Miniatura de manuscrito do século XII representando ritual entre senhor feudal e vassalo.

Na foto, castelo de Bodiam, Sussex, Inglaterra, construído por volta de 1385.

Feudalismo: heranças germânicas e romanas

O feudalismo resultou da combinação de instituições romanas e tradições germânicas, principalmente do colonato e do *comitatus*.

O **colonato** se desenvolveu desde o século III, quando a crise econômica se agravou no Império Romano. Por iniciativa própria ou estimulados pelo governo, trabalhadores livres fixaram-se nas grandes propriedades, na condição de colonos. Desse modo perdiam a autonomia, pois não podiam deixar a propriedade, mas ganhavam um mínimo de proteção e garantiam a subsistência, ainda que de maneira precária. Nos séculos seguintes, a insegurança gerada pelas invasões reforçou essas práticas, fazendo surgir no campo uma massa de trabalhadores dependentes de seus senhores.

O ***comitatus*** era uma instituição de tradição germânica que ligava os chefes militares aos seus guerreiros por meio de obrigações mútuas de serviços e lealdade. O juramento de fidelidade entre chefes germânicos e subordinados originou as relações entre suseranos e vassalos, típicas da época feudal.

Outra tradição germânica que veio a fazer parte das práticas feudais foi o ***beneficium***, que consistia na concessão do direito de usar a terra em troca de serviços e tributos.

Um feudo buscava a autossuficiência, isto é, procurava produzir o necessário para a sobrevivência dos que nele viviam. Enquanto alguns servos cultivavam a terra e criavam porcos, galinhas e patos, outros produziam tecidos, sapatos, artefatos de madeira e de metal e o que mais fosse preciso. Uma vez que a produção destinava-se ao consumo interno, sem visar à obtenção de excedentes, a venda de bens agrícolas ou artesanais para fora dos feudos restringiu-se ao mínimo. Como resultado, o comércio sofreu um forte golpe.

A sociedade feudal

A divisão da sociedade em três ordens — clero, nobreza e camponeses — constituía uma característica fundamental do feudalismo. Com uma estrutura social rigidamente hierarquizada, determinada pelo nascimento, as possibilidades de movimentação entre as camadas da sociedade eram muito reduzidas, como mostra o texto a seguir:

> "[...] Deus tinha distribuído tarefas específicas a cada homem; uns deviam orar pela salvação de todos, outros deviam lutar para proteger o povo; cabia aos membros do terceiro estado, de longe o mais numeroso, alimentar, com seu trabalho, os homens de religião e da guerra. Este padrão, que rapidamente marcou a consciência coletiva, apresentava uma forma simples e em conformidade com o plano divino e assim sancionava a desigualdade social e todas as formas de exploração econômica [...]"
>
> DUBY, Georges. *As três ordens ou o imaginário do feudalismo*. Lisboa: Estampa, 1982.

Clero

Os religiosos desempenharam um papel essencial na "Idade da Fé", como também ficou conhecido o período medieval. A partir do século VI, os mosteiros dos beneditinos e de outras ordens religiosas se multiplicaram. Neles, os monges copiavam os manuscritos que haviam sobrevivido ao caos resultante das invasões germânicas, ajudando a preservar a herança cultural greco-romana. Enquanto as paróquias dividiam entre si o território europeu, formando uma organização centralizada que muitas vezes serviu de apoio a um poder político fragmentado, os padres e bispos assumiam perante a sociedade a função de intermediários entre Deus e os homens.

CID

O mosteiro de Alcobaça, em Portugal, construído em 1178, é reconhecido como patrimônio mundial pela Unesco.

Nessa intermediação, o clero difundia dogmas para as pessoas cumprirem estritamente, como um caminho exclusivo para alcançarem a vida eterna. O peso da violência, o medo do sexo e da morte, eis alguns ingredientes do período capazes de criar nos indivíduos uma culpa surda e servir de obstáculo à felicidade dos homens. O medo do inferno, no entanto, se revelava mais forte que a crença na salvação.

A força da Igreja

"Por toda a Europa reinava apenas uma Igreja; se um homem não era batizado na Igreja, não era membro da sociedade. Quem quer que fosse excomungado pela Igreja perdia automaticamente seus direitos civis e políticos [...]. Era a Igreja que insistia em recomendar que os pobres não jejuassem tanto quanto os ricos e que proibia trabalho servil aos domingos. Era a Igreja que prestava serviço social aos pobres [...]. Durante muito tempo nunca houve outra fonte de educação, além da eclesiástica.

E era enorme a autoridade que a Igreja possuía, não só sobre as almas dos homens como também sobre seus negócios."

FREMANTLE, A. *Idade da fé*. Rio de Janeiro: José Olympio, 1970. (Biblioteca de História Universal Life)

Para conquistar corações e mentes, a Igreja não explorou apenas os temores deste mundo e do além. Santos e anjos foram apresentados como protetores, capazes de neutralizar os projetos dos demônios e ao mesmo tempo ajudar as pessoas no seu dia-a-dia, protegendo a saúde de crianças e adultos, favorecendo a fertilidade da terra e dos rebanhos e afastando as catástrofes da natureza. Além disso, práticas pagãs se mesclaram à doutrina do cristianismo, dando-lhes forte apelo popular e uma nova aparência que subsiste até os dias atuais. Eis alguns exemplos:

"O próprio calendário cristão demonstra bem esse sincretismo. No ano de 336, a Igreja fixou o dia 25 de dezembro como data comemorativa do nascimento de Jesus, dando origem à festa do Natal. Antes, nessa mesma data, comemorava-se o nascimento de Mitra, o deus de origem persa.

O dia da semana em que tradicionalmente se rendia culto ao 'Sol Invencível', chamado no paganismo de 'dia do Sol', passou a chamar-se domingo, isto é, 'dia do Senhor', e na nova tradição deveria ser um dia de descanso e orações a Cristo e às coisas sagradas.

MACEDO, José Rivair. *Religiosidade e messianismo na Idade Média*. São Paulo: Moderna, 1996.

Além disso, deve-se admitir que a Igreja Católica medieval às vezes prestava auxílio aos carentes e miseráveis. Por ocasião das festas nos castelos, das guerras ou das pestes, o clero e a nobreza distribuíam pães aos famintos.

PAUL ALMASY/CORBIS-LATIN STOCK

O homem medieval sentia-se permanentemente observado por criaturas do mal, como representam as estátuas das Gárgulas (seres com chifres) do século XII, na Catedral de Notre-Dame, em Paris.

A caridade podia estar a serviço da ordem feudal. Mas, seja como for, as festividades religiosas representavam um momento de descanso e congregação, suavizando a dura existência da grande massa camponesa.

Nobreza

O grupo dos nobres era composto pela fidalguia ou **aristocracia**, indivíduos detentores de terras e de poder político. Esse grupo se diferenciava pelo título nobiliárquico de cada indivíduo, que correspondia a determinado nível da cadeia hierárquica. A alta nobreza era uma camada numericamente reduzida, representada pelos príncipes, arquiduques, duques, marqueses e condes; a pequena nobreza compunha-se de viscondes, barões e cavaleiros.

O **cavaleiro** era um especialista no uso das armas. Portava lança, espada, escudo e outras armas de combate e de caça e devia manejar todo esse armamento com destreza (veja a foto ao lado). Também precisava ter cavalos para a guerra e para as caçadas, parte essencial do seu estilo de vida. Às vezes era detentor de uma extensão maior de terras, e então contava com um meio seguro de subsistência, pois vivia do trabalho dos camponeses nos seus domínios. Assim, podia dedicar-se inteiramente ao treinamento e ao serviço militar. Em outros casos, os recursos provinham do seu suserano e não raro se mostravam insuficientes. Mas, fosse ele rico ou pobre, a glória alcançada por um guerreiro era considerada mais importante do que os benefícios que viesse a receber. A vitória nos combates e o reconhecimento dos seus feitos constituíam o prêmio mais cobiçado por um cavaleiro.

Outro traço distintivo do cavaleiro era sua moral, baseada na fidelidade ao seu senhor. A quebra de um juramento de fidelidade constituía falta grave, sujeita a severas punições. Também fazia parte do código de

HERITAGE/OTHER IMAGES

Cavaleiro medieval (século XIV).

Duques, condes e marqueses

Muitos títulos medievais de nobreza se originaram do exercício de funções públicas confiadas a certos indivíduos pelo poder real.

O *dux romano* era um alto comandante militar, encarregado da defesa de uma região. O **duque** medieval exercia a mesma função, atribuída a ele pelo rei. Depois ganhou autonomia e tornou-se, em muitos casos, tão poderoso quanto o soberano.

O título de **conde** (do latim *comes*) designava um companheiro do rei, isto é, um integrante civil ou militar da casa real, e era atribuído a funcionários. Mais tarde o título tornou-se hereditário, concedido à nobreza territorial.

O **marquês** era um funcionário encarregado de defender uma marca, região de fronteira no Império Carolíngio. Assim, além dos marqueses, existiram "duques da marca" e "condes da marca".

Já o título de **barão** não remetia a uma função pública, mas a uma relação feudal. Barão era todo nobre que havia recebido seu feudo diretamente do rei. Depois, o título passou a designar os detentores de feudos importantes.

Aristocracia
Classe nobre, elite, fidalguia, nobreza.

A vocação guerreira da nobreza

"A própria vocação do nobre lhe proibia qualquer atividade econômica direta. Ele pertencia de corpo e alma à sua função própria: a do guerreiro. [...] um corpo ágil e musculoso não é o bastante para fazer o cavaleiro ideal. É preciso ainda acrescentar a coragem. E é também porque proporciona a esta virtude a ocasião de se manifestar que a guerra põe tanta alegria no coração dos homens, para os quais a audácia e o desprezo da morte são, de algum modo, valores profissionais."

BLOCH, Marc. *A sociedade feudal.* Lisboa: Edições 70, 1987.

honra do cavaleiro a luta em defesa dos fracos, dos injustiçados, das viúvas e da Igreja Católica.

Os feitos reais ou imaginários de cavaleiros famosos inspiraram romances épicos e as **canções de gesta**, gênero literário popular de base poética. Assim, as canções populares exaltavam os feitos de Carlos Magno e os Doze Pares da França — os companheiros do imperador. Em outros casos, a própria existência dos personagens imortalizados nessas criações permanece envolvida em lendas e mitos.

Um exemplo típico dessa literatura medieval mitológica foram os romances arturianos. As histórias do rei Artur e dos cavaleiros da Távola Redonda, escritas na segunda metade do século XII, deram origem à criação de personagens inesquecíveis, como Lancelot e Tristão.

BIBLIOTECA PIERPONT MORGAN, NOVA IORQUE

Iluminura do mês de julho do Livro das horas da Virgem, *c. 1515, representando aspectos da vida dos camponeses medievais.*

▷ Camponeses

Os camponeses formavam a esmagadora maioria da população. Trabalhavam para produzir alimentos para a família e para os senhores. Algumas glebas eram cultivadas pelo grupo familiar, enquanto noutras trabalhava a comunidade. Também era frequente a ajuda mútua entre os camponeses: aquele que possuía ferramentas, carroças ou arados partilhava-os com os companheiros, visto que as colheitas tinham vital importância para todos.

Ao contrário do escravo, que podia ser vendido e não tinha bens, o camponês típico da Idade Média podia contar com um pedaço de terra para sustentar sua família e ser proprietário de ferramentas agrícolas e alguns outros pertences. E não podia ser vendido, permanecendo no feudo quando este, por qualquer motivo, passava a outro senhor. Era o regime da **servidão de gleba**.

Os servos estavam sujeitos a uma série de tributos, que os condenava a uma vida de penúria e trabalho exaustivo. Um dos tributos era a **corveia**, que consistia no trabalho compulsório e gratuito nas terras do senhor em dias determinados da semana. Outra forma de tributação era a **talha**, que obrigava os camponeses a entregar ao senhor feudal parte da produção obtida nas terras do manso servil. Pelo uso de ferramentas e equipamentos de trabalho do feudo, como o arado, o moinho e os fornos, havia as **banalidades**, que davam ao senhor também o direito de se apropriar de parte da produção.

No feudo, além dos servos, havia os **vilões**, camponeses que estavam sujeitos também a um sistema de pesadas obrigações. No entanto, ao contrário dos servos, os vilões não estavam presos à terra, o que lhes permitia vagar pelos feudos em busca de trabalho e, às vezes, adquirir suas próprias faixas de terra ou enriquecer com a atividade comercial.

Para o campesinato, o quadro econômico que emergiu no período medieval trouxe novos desafios. Áreas que ofereciam poucas possibilidades para o cultivo tiveram de ser trabalhadas no sentido de tornarem-se férteis e produtivas. Houve também o aproveitamento de pântanos e florestas, que forneciam frutas silvestres, alimento para os animais e a madeira necessária para lenha e construções. O peixe dos rios complementava a dieta. Muitos se dedicavam à criação de abelhas, pois o mel já era usado como adoçante, e a cera, aproveitada na fabricação de velas para a iluminação.

Embora os feudos produzissem basicamente para a própria subsistência, existiu um mínimo de atividade comercial. Portanto, não podemos dizer que houve total retrocesso a uma economia "natural". Mas sem dúvida ocorreu uma escassez generalizada de moedas, em razão da pequena circulação, da distribuição desigual da renda e da tendência ao entesouramento da aristocracia.

TEXTO COMPLEMENTAR

Os laços sociais

Vivendo em um período marcado pela insegurança, o homem medieval estabeleceu algumas formas de relações pessoais para se proteger.

"Diante da fraqueza do poder público e da necessidade de segurança, desenvolveram-se as relações pessoais, diretas, sem intermediação do Estado. Estreitaram-se os laços de sangue, as relações dentro das linhagens, grupos cuja solidariedade podia proteger melhor os indivíduos dos perigos de fora. De acordo com essa forma de pensar, a morte violenta de uma pessoa atingia todo o grupo, o que punha em ação a *faide*, a 'vingança dos parentes'. Ou seja, na falta de instituições públicas que pudessem punir o agressor, os amigos e parentes da vítima faziam justiça pelas próprias mãos. Dentro do mesmo espírito, pelo velho costume germânico do *wergeld*, 'o preço do homem', a culpa de um indivíduo comprometia toda a sua família e devia ser resgatada por meio de um pagamento à família da pessoa ofendida ou prejudicada. [...]

Esse forte sentimento de parentesco, tanto no seio da aristocracia quanto no do campesinato, era contudo insuficiente para as necessidades sociais. Daí a formação de vínculos para fora dos laços de sangue. [...]

Como os laços familiares não bastavam, criaram-se laços artificiais, uns ligando homens livres entre si, outros ligando homens livres a dependentes. Este último — relação de nobre-camponês — baseava-se na desigualdade, estabelecendo, como já vimos, complexos vínculos econômicos, políticos e religiosos: o senhor era um misto de protetor e propiciador. A relação entre nobres, baseada na igualdade, fundamentava-se no contrato feudo-vassálico. [...]

Quando alguém se tornava 'moço' *(vassalo)* de um ancião *(senior)* estabelecia-se um pseudoparentesco entre filho e pai. Entre eles, como nas relações biológicas entre pais e filhos, devia haver respeito e fidelidade: um devia servir, outro sustentar."

FRANCO JÚNIOR, Hilário. *Feudalismo*: uma sociedade religiosa, guerreira e camponesa. São Paulo: Moderna, 1999.

Compreendendo o texto

1. Contextualize historicamente as afirmações do autor a respeito da fraqueza do poder público.
2. O texto permite afirmar que a Alta Idade Média foi uma época com um sentimento mais intenso de fraternidade e de solidariedade? Explique.
3. Quais as consequências da ausência do poder público para o cotidiano das pessoas na sociedade medieval?

ATIVIDADES

Explorando o conhecimento

1 Os movimentos migratórios que ocorreram na Europa ocidental, entre os séculos IV e VII, foram uma das razões que provocaram a fragmentação do Império Romano. Além disso, outros fatores contribuíram para quebrar a unidade romana. Aponte mais dois elementos que ajudam a entender a crise romana.

2 Dentre os povos bárbaros que migraram para o antigo Império Romano do Ocidente, os que mais se destacaram foram os germânicos. Originários da Germânia, esses povos estavam em busca de terras férteis e de prosperidade. Caracterize o estilo de vida política, econômica, social, cultural e religiosa dos germânicos.

3 As imagens ilustram o cotidiano da sociedade feudal. Observe-as com atenção e responda às questões a seguir:

a) Descreva as cenas e os grupos sociais representados em cada imagem.

b) Quais as funções de cada um desses grupos na sociedade feudal?

c) Sintetize as relações existentes entre os segmentos sociais representados nas imagens.

BIBLIOTECA NACIONAL DA FRANÇA, PARIS

Miniatura do livro de Lancelot du Lac, de 1579, representando uma cena de batalha medieval.

BIBLIOTECA PIERPONT MORGAN, NOVA IORQUE

Iluminura do calendário do trabalho do Livro das horas da Virgem, *mês de abril, c. 1515.*

4 O cristianismo prevaleceu como religião dominante, durante a Idade Média, principalmente na primeira fase. Muitos fatores podem explicar a hegemonia cristã. O clero manteve ligações com os centros de poder político e econômico e soube buscar, muitas vezes, a conciliação com as simbologias, práticas, rituais e calendários de festividades das crenças pagãs. Por outro lado, a Igreja também praticou a repressão aos diferentes cultos, práticas e crenças que questionavam os dogmas religiosos e a sua autoridade. Escreva um pequeno texto com as suas conclusões sobre a influência da religião na vida da sociedade medieval.

A história e o tempo presente

5 Leia o texto a seguir e responda às questões:

> "O medo do estrangeiro oprime as populações. No entanto, a Europa soubera digerir e integrar os saqueadores [...]. Essas invasões tinham tornado menos claras as fronteiras entre o mundo pagão e a cristandade e estimulado o crescimento econômico. A Europa, então terra juvenil, em plena expansão, estendeu-se aos quatro pontos cardeais, alimentando-se, com voracidade, das culturas exteriores. Uma situação muito diferente da de hoje, em que o Velho Continente se entrincheira contra a miséria do mundo para preservar suas riquezas."
>
> DUBY, Georges. *Ano 1000, ano 2000*: na pista de nossos medos. São Paulo: Editora da Unesp, 1995.

Na Europa ocidental, hoje vivem mais de 25 milhões de imigrantes, em geral provenientes de regiões afetadas por crises socioeconômicas e políticas, como África, Ásia, América Latina e Leste Europeu. Muitos desses imigrantes se estabeleceram na Europa ocidental. Uma parte foi para lá atraída pela expansão econômica das décadas anteriores, e muitos outros em consequência de políticas governamentais de estímulo à imigração. No entanto, atualmente enfrentam o racismo e a xenofobia, impasses que desafiam a convivência entre os povos no continente.

a) Retire do texto uma frase que comprove a crítica do autor ao comportamento do europeu diante dos atuais movimentos migratórios.

b) Você conhece casos de hostilidade a estrangeiros no Brasil? E em relação aos próprios brasileiros pelo fato de terem nascido em estados diferentes?

c) Faça uma pesquisa sobre as razões de europeus agirem de forma preconceituosa contra imigrantes. Aponte algumas consequências, tanto em âmbito nacional quanto internacional para os países empreendedores dessas políticas, das medidas anti-imigração e das ações agressivas contra a presença do estrangeiro. Proponha um debate sobre o tema com os seus colegas.

Vestibular / ENEM

1 (UFPE) Com o fim das invasões bárbaras na Europa, entre os séculos XI e XIV, a população europeia experimentou um clima de maior segurança e, consequentemente, houve um aumento quantitativo desta população. Com relação a este período, identifique a alternativa correta.

a) O aumento de nascimento na classe nobre gerou problemas em relação às terras, resultando em guerras entre os feudos.

b) As cruzadas também ocorreram nesse período e podem ter motivado o aumento da população.

c) Houve um desenvolvimento em todos os níveis devido ao aumento da produção e das atividades comerciais, com o restabelecimento completo das rotas com o Oriente e o crescimento das cidades.

d) É um período marcado por grandes perdas na produção agrícola.

e) No final desse período, a Europa assiste a uma nova invasão dos chamados "povos bárbaros".

2 (UFSC) Leia o texto:

"A razão (de ser) dos carneiros é fornecer leite e lã; a dos bois é lavrar a terra; e a dos cães é defender os carneiros e os bois dos ataques dos lobos. Se cada uma destas espécies de animais cumprir a sua missão, Deus protegê-la-á. Deste modo, fez ordens, que instituiu em vista das diversas missões a realizar neste mundo. Instituiu uns os clérigos e os monges para que rezassem pelos outros [...]. Instituiu os camponeses para que eles, como fazem os bois com o seu trabalho, assegurassem a sua própria subsistência e a dos outros. A outros, por fim, os guerreiros, instituiu-os para que [...] defendessem dos inimigos, semelhantes a lobos, os que oram e os que cultivam a terra."

CANTERBURY, Bispo Eadmer de. Transcrito por FARIA, Ricardo. *História para o Ensino Médio*. Belo Horizonte: Lê, 1988.

Com base no texto, identifique a(s) proposição(ões) **verdadeira(s)**:

a) As relações sociais descritas eram típicas da chamada sociedade feudal, em alguns dos países da Europa Ocidental.

b) No texto, justifica-se o poder do monarca e a participação do povo (os que trabalhavam) no governo, uma vez que a sociedade em questão teria sido organizada por Deus.

c) No texto, justifica-se a existência de uma sociedade dividida em três ordens: a dos que oram, a dos que combatem e a dos que trabalham.

d) Aos camponeses cabia a produção, o trabalho na terra, cujo excedente possibilitava que o clero rezasse e os guerreiros lutassem.

e) O texto faz referência às relações sociais características do capitalismo, à divisão da sociedade em classes e à relação de trabalho assalariado.

3 (Enem-MEC) Considere os textos a seguir.

"[...] de modo particular, quero encorajar os crentes empenhados no campo da filosofia para que iluminem os diversos âmbitos da atividade humana, graças ao exercício de uma razão que se torna mais segura e perspicaz com o apoio que recebe da fé."

Papa João Paulo II. Carta Encíclica *Fides et Ratio* aos bispos da Igreja Católica sobre as relações entre fé e razão, 1998.

"As verdades da razão natural não contradizem as verdades da fé cristã."

São Tomás de Aquino, teólogo e pensador medieval.

Refletindo sobre os textos, pode-se concluir que:

a) a encíclica papal está em contradição com o pensamento de São Tomás de Aquino, refletindo a diferença de épocas.

b) a encíclica papal procura complementar São Tomás de Aquino, pois este colocava a razão natural acima da fé.

c) a Igreja medieval valorizava a razão mais do que a encíclica de João Paulo II.

d) o pensamento teológico teve sua importância na Idade Média, mas, em nossos dias, não tem relação com o pensamento filosófico.

e) tanto a encíclica papal como a frase de São Tomás de Aquino procuram conciliar os pensamentos sobre fé e razão.

4 (Fuvest-SP) Segundo o historiador Robert S. Lopez (A Revolução Comercial da Idade Média 950-1350), "o estatuto dos construtores das catedrais medievais representava um grande progresso relativamente à condição miserável dos escravos que erigiram as Pirâmides e dos forçados que construíram os aquedutos romanos".

As catedrais medievais foram construídas por

a) artesãos livres e remunerados.
b) citadinos voluntários trabalhando em mutirão.
c) camponeses que prestavam trabalho gratuito.
d) mão-de-obra especializada e estrangeira.
e) servos rurais recompensados com a liberdade.

5 (UFJF-MG) Os versos a seguir demonstram como a sociedade feudal era estruturada a partir de relações de dependência pessoal.

Leia-os com atenção.

"Se o meu senhor for morto, eu quero que me matem,
Se ele for enforcado, enforcai-me com ele,
Se ele for posto na fogueira, quero ser queimado,
E, se ele se afogar, lançai-me à água com ele."

Citado em BLOCH, M. *A sociedade feudal.* Lisboa: Setenta, 1989.

A respeito desta sociedade, é **incorreto** afirmar que:

a) o soberano mantinha um papel predominantemente simbólico, mas, na verdade, exercia o seu poder de fato como senhor feudal de suas próprias terras.
b) os servos, que recebiam de seus senhores os lotes de terra para produzirem, estavam, em contrapartida, submetidos a uma série de taxas como a talha e as banalidades.
c) os suseranos e os vassalos estavam ligados entre si por uma relação de dependência e de obrigações mútuas a serem cumpridas.
d) os vilões, descendentes de pequenos proprietários rurais de origem romana, dependiam da proteção dos grandes proprietários de terra.
e) a sociedade se dividia, basicamente, em duas ordens dependentes entre si: uma reunia os indivíduos descendentes dos romanos e a outra os dos germânicos.

Ampliando o conhecimento

Leituras

MACEDO, José Rivair. *Movimentos populares na Idade Média*. São Paulo: Moderna, 2003. (Coleção Desafios)
O livro enfoca diversas manifestações sociais das camadas populares durante a Idade Média, apontando muitos traços dos problemas que, até hoje, permanecem nas sociedades contemporâneas.

RESENDE FILHO, Cyro de Barros. *Guerra e poder na sociedade feudal*. São Paulo: Ática, 1999.
A obra trata da estrutura econômica, social e cultural que modelou a sociedade da Idade Média, tendo como eixos fundamentais a guerra e o poder.

Filmes

Lancelot – o primeiro cavaleiro

Direção de Jerry Zucker. Estados Unidos, 1995. 113 min. Envolvente versão do triângulo amoroso entre o rei Artur, sua amada Lady Guinevere e o cavaleiro Lancelot, que remonta aos romances de cavalaria na transição do século XII para o XIII. Na película, destaca-se também o sistema de vassalagem da sociedade feudal.

O incrível exército de Brancaleone

Direção de Mário Monicelli. Itália, 1965. 116 min. O filme, com grande dose de humor, retoma os costumes da cavalaria medieval. A figura central é Brancaleone, um cavaleiro atrapalhado que conduz um exército de maltrapilhos em suas andanças pela Europa em busca de um feudo. A história é uma paródia do romance *Dom Quixote*, do escritor espanhol Miguel de Cervantes.

Capítulo 9

Nascimento e expansão do islamismo

Islã: enigma e preconceito

"No dia 11 de setembro de 2001, três aviões norte-americanos mudaram o rumo da história. Os atentados contra o World Trade Center, em Nova York, e o Pentágono, nos arredores de Washington, provocaram a morte de aproximadamente 3.700 pessoas e reforçaram o cerco de preconceitos e mal-entendidos em torno da segunda maior religião do mundo: o Islã.

Todos os países muçulmanos e seus principais líderes religiosos condenaram as ações terroristas. 'Matar homens, mulheres e crianças inocentes é um ato horrível que nenhuma religião monoteísta aprova e que é rejeitado por todo espírito humano são', afirmou o xeque Muhammad Sayyd Tantawi, da Universidade de Al Azhar (fundada no século 10, no Egito), a mais prestigiosa instituição teológica sunita.

Apesar disso, o saudita Osama bin Laden, acusado de orquestrar os ataques, e defensores da confusa e frágil teoria do 'choque de civilizações' anunciaram tratar-se de um embate entre o Islã e o Ocidente, como se fosse possível reduzir conceitos complexos [...] a dois campos excludentes. As tentativas de polarizar o conflito logo renderam resultados. O discurso maniqueísta do presidente George W. Bush, que anunciou uma 'luta do bem contra o mal', a aprovação em Washington de leis que permitem a detenção de estrangeiros com base em critérios puramente étnicos ou religiosos e as declarações do premiê da Itália, Silvio Berlusconi, sobre a 'superioridade da civilização ocidental' serviram de pretexto para ações de xenofobia e intolerância religiosa."

FARAH, Paulo Daniel. *O Islã*. São Paulo: Publifolha, 2001. (Coleção Folha Explica)

O desconhecimento sobre o islamismo gerou crescente intolerância contra os seguidores dessa religião, principalmente nos Estados Unidos, após os ataques de 11 de setembro em 2001. Na foto, peregrinos muçulmanos oram na Grande Mesquita de Meca. Foto de 2006.

MOHAMMED ABED/AFP

Generalizações indevidas caracterizam, na maior parte das vezes, a visão que o Ocidente cristão tem do Oriente islâmico e vice-versa. Pensadores que jamais conviveram nas sociedades que analisam contribuem para interpretações quase sempre preconceituosas das duas religiões em questão.

Com mais de 1,2 bilhão de adeptos, o islamismo é a crença que mais cresce no mundo. Já predomina no Oriente Médio e em vastas regiões da Ásia e da África e ganha seguidores de maneira impressionante também na Europa, nos Estados Unidos e nas repúblicas da ex-União Soviética. Estima-se que, no decorrer do século XXI, vai se tornar o culto mais difundido no planeta. No Brasil, existe atualmente cerca de 1,5 milhão de adeptos do islamismo, que frequentam as quase cem mesquitas do país.

PAUL ALMASY/CORBIS-LATINSTOCK

Menina muçulmana lê trechos do Alcorão em Ibadan, Nigéria.

A crença que mais cresce no mundo

A religião que seduz tantos corações e mentes tem seu nome derivado do termo árabe *islam*, que significa "submissão" [a Deus]. A palavra "muçulmano", igualmente usada para designar o adepto do islamismo, deriva de *muslim* e tem o mesmo significado: aquele que acredita no Islã e se submete a Deus. A doutrina islâmica ou muçulmana baseia-se no livro sagrado *Corão* ou *Alcorão* e nos atos, ditos e ensinamentos de Maomé (Muhammad), considerado pelos muçulmanos o último profeta enviado por Deus. Para os seguidores do islamismo, Maomé foi o maior de todos os profetas, mas não é visto como filho de Deus no sentido atribuído a Jesus pelo cristianismo. Segundo a crença muçulmana, Alá, o Deus único, não tem filhos, a não ser no sentido de que todos são seus filhos. Assim, os muçulmanos rejeitam a Santíssima Trindade (Pai, Filho e Espírito Santo) porque consideram ser ela contrária à ideia de que Deus é absoluto. Vale lembrar que nem todo árabe é muçulmano e nem todo muçulmano é árabe, embora Maomé e seus primeiros seguidores tivessem nascido na Arábia e o *Alcorão* tenha sido escrito em árabe.

Existem diversas variações da fé islâmica, mas todas têm o *Alcorão* como base comum. Hoje o Islã concentra-se nas regiões mais pobres do planeta e é abalado pelos efeitos do preconceito ocidental. A partir do atentado terrorista contra os Estados Unidos, atribuído a terroristas islâmicos, em 2001, aumentou o preconceito contra a religião no Ocidente. É daí que o fundamentalismo extrai sua força e ganha adeptos entre os seguidores de uma doutrina que prega a tolerância: a raiz do termo *islam* é *salam*, que significa "paz".

As origens do islamismo

A Arábia é uma região de difícil sobrevivência para os seres humanos em razão da predominância do clima desértico, marcado por escassez de chuvas e grandes variações térmicas (dias muito quentes e noites muito frias), uma vegetação escassa e terrenos pedregosos. Apesar dessas condições, a Arábia pré-islâmica, do início do século VII, conhecia um movimentado fluxo comercial. Caravanas de mercadores cruzavam continuamente o deserto, transportando mercadorias para a Índia e para o Ocidente.

Esses deslocamentos traziam lucros aos árabes, às populações locais, que controlavam os oásis da região. Organizados em grupos nômades ou seminômades, os árabes ou beduínos viviam sob a autoridade de chefes eleitos conhecidos como *xeques*. Sua religião era politeísta: eles adoravam animais e plantas, astros e pedras sagradas. A mais importante era a **pedra negra**, que se encontrava exposta à adoração com os demais ídolos na **Caaba** (casa de Deus), templo da cidade de Meca.

Maomé nasceu em Meca, provavelmente em 570. Segundo a tradição, foi no ano de 610 que ele começou a receber mensagens do anjo Gabriel, o mesmo que, pelos Evangelhos, anunciou a Maria o nascimento de Jesus. As revelações teriam sido enviadas a Maomé em um período de cerca de 23 anos.

Maomé passou a divulgar sua doutrina, que condenava a adoração de ídolos e imagens e afirmava a existência de um único Deus. Sua mensagem foi inicialmente recebida com hostilidade. Os moradores de Meca, tradicionalmente politeístas, negavam-se a abandonar suas crenças para aceitar a ideia de um Deus único. Apenas os segmentos mais empobrecidos, além de comerciantes judeus, deram ouvidos ao profeta e passaram a acreditar nos seus ensinamentos.

Com o tempo, cresceu o número de adeptos de Maomé, que passaram a sofrer perseguições dos sacerdotes dos cultos dominantes, apoiados pelos mais ricos mercadores da região. Esses grupos temiam que a difusão de um credo monoteísta acabasse com as peregrinações de fiéis a Meca, tradição que beneficiava o comércio. Os ataques aos seguidores da nova crença foram responsáveis pela retirada de Maomé e seus partidários para a cidade de Yatreb (atual Medina), a quatrocentos quilômetros de Meca. Conhecido como **Hégira** (emigração), esse deslocamento marca o ano 1 do calendário muçulmano (ano 622 do calendário cristão).

Em sua maioria, os habitantes de Yatreb eram pagãos e judeus, que foram facilmente convertidos à doutrina pregada por Maomé. Assim, a cidade tornou-se o primeiro reduto islâmico e passou a ser chamada de Medina, a cidade do Profeta. Nos dez anos seguintes, Maomé unificou as tribos árabes numa força poderosa dedicada a Alá e à difusão da fé islâmica. Aqueles que se mostraram hostis a seus ensinamentos foram eliminados militarmente, ação que os islâmicos chamaram de *jihad*, que significa esforço em favor de Deus. Por ocasião da morte de Maomé, no ano de 632, praticamente toda a Arábia havia se convertido ao islamismo, pelo poder de suas palavras ou de sua espada.

CID

Imagem representando a fuga de Maomé e de seus seguidores da cidade de Meca.

A doutrina do Islã

Os sucessores de Maomé trataram de registrar seus ensinamentos, até então transmitidos oralmente. Desse modo, foram criados dois documentos que contêm a fundamentação política e religiosa do islamismo: a *Suna* e o *Corão* (ou *Alcorão*). A *Suna* reúne textos sobre a vida de Maomé referentes a sua atuação como guerreiro e estadista. O *Alcorão*, livro sagrado, traz as revelações do anjo Gabriel a Maomé e os princípios básicos do islamismo. Suas disposições procuram regular, em detalhes, todos os aspectos das relações humanas.

Os ensinamentos do *Alcorão* apresentam o islamismo como a conclusão e o aperfeiçoamento do judaísmo e do cristianismo. Os muçulmanos consideram Jesus e os antigos profetas hebreus como mensageiros de Deus e valorizam suas mensagens de compaixão e igualdade entre os seres humanos. Mas, por outro lado, dão testemunho de que Maomé foi o último profeta de Alá, o único Deus, criador do universo. Esse testemunho, repetido em cada prece, constitui um dos cinco "pilares do Islã", os princípios fundamentais da fé muçulmana. Os outros quatro são: a oração cinco vezes ao dia, com o corpo voltado em direção à cidade sagrada de Meca, berço do islamismo; destinar à caridade o equivalente a 2,5% da renda anual do muçulmano; fazer uma peregrinação (o *Haji*) a Meca, pelo menos uma vez na vida, para aqueles que têm condições físicas e financeiras; e jejuar no mês do Ramadã, abstendo-se de comer, beber e manter relações sexuais entre a alvorada e o anoitecer.

As normas do *Alcorão* também moldaram a organização do Estado islâmico, uma teocracia na qual governo e religião eram inseparáveis; não podia haver distinção entre autoridade secular e espiritual. Para os muçulmanos, Deus era a fonte de toda a autoridade legal e política, e o profeta e seus sucessores, os representantes de Deus na Terra. O governante que não aplicasse a lei divina, registrada no *Alcorão*, falhava no cumprimento de suas obrigações.

Vida em família

O matrimônio é um dos compromissos mais importantes na vida dos homens e mulheres islâmicos.

O *Alcorão* prega que o casamento é um ato "virtuoso", de "responsável devoção", devendo os cônjuges esforçarem-se para tornar a união permanente.

O homem é considerado o "chefe de família", estabelece as relações externas ao lar, devendo prover o sustento da família. A mulher é responsável pela organização da vida doméstica. Os filhos devem lealdade e obediência aos pais, desde que isso não os afaste do "caminho de Deus".

A expansão do Islã

A morte de Maomé ocasionou disputas internas pelo poder. O califado, sistema de governo adotado após o desaparecimento do fundador do Islã, era uma espécie de monarquia não-hereditária: *khalifat rasul Allah*, o título dos **califas**, significa "sucessor do Profeta de Deus". Mas como escolhê-lo? Alguns sustentavam que o califa poderia ser indicado entre os principais chefes da tribo *coraixita*, a que pertencia Maomé, enquanto outros diziam que a sucessão deveria ocorrer exclusivamente na família do profeta. Portanto, o califa deveria ser Ali, primo e genro de Maomé, que até mesmo o teria escolhido antes de morrer. Mas Ali abriu mão de seus supostos direitos, em nome da unidade islâmica, e Abu-Béquer, sogro e companheiro mais próximo de Maomé, tornou-se o primeiro califa. Ele morreu em 634, mas teve tempo de unir as tribos e de lançá-las na guerra santa pela difusão do islamismo. Aqueles que morressem em combate teriam um lugar garantido no paraíso. Os que sobrevivessem teriam trocado a dura existência no deserto pelas riquezas das terras bizantinas e persas.

O Islã propiciou aos árabes unidade, disciplina e organização para vencerem suas guerras de conquista. Sob o governo dos quatro primeiros califas (632 a 661), Abu-Béquer, Omar, Otman e Ali, os árabes dominaram a Pérsia, a Mesopotâmia (então submetida aos persas) e províncias bizantinas como a Palestina, a Síria e o Egito. Além disso, começaram a atacar a África do Norte, anunciando uma segunda etapa da expansão.

A princípio os muçulmanos foram tolerantes com os povos dominados, o que favoreceu a consolidação da hegemonia do Islã. Os vencidos puderam manter seus costumes, propriedades e práticas religiosas, sendo obrigados, porém, a pagar impostos aos dominadores. Por sua vez, aqueles que se converteram ao Islã puderam usufruir privilégios, tais como o acesso a cargos públicos e a isenção de impostos. A tolerância, no entanto, só existia em relação aos judeus e cristãos, os "Povos do Livro", seguidores das religiões monoteístas das quais os árabes se consideravam herdeiros.

ARQUIVO ICONOGRÁFICO CORBIS-LATINSTOCK

Exército do califa Ali em batalha contra adversários, pintura provavelmente do século XIII, autor anônimo.

Todavia, desde esse período de vitórias, manifestaram-se crises na sucessão dos califas. Omar foi assassinado por um escravo e Otman morreu em luta contra grupos rebelados. Ali, genro de Maomé, pai dos descendentes masculinos do profeta e considerado por muitos seu legítimo herdeiro, tornou-se o quarto califa em 656 — mas morreu em 661, derrubado do poder pelos **omíadas**, ligados pelo sangue ao califa Otman. A partir daí, as divergências quanto à sucessão ganharam bases teológicas. Os muçulmanos dividiram-se em duas grandes seitas: os sunitas e os xiitas.

Os **sunitas**, atualmente correspondentes a 90% dos muçulmanos, consideram-se ortodoxos, seguidores da *Suna* e do *Alcorão*. Os **xiitas**, por sua vez, além de darem prioridade a uma interpretação literal do *Alcorão*, desenvolveram a crença no *imman*, que viria para salvar os fiéis dos erros dos governantes muçulmanos. Ali foi considerado o primeiro *imann*.

Omíada

Dinastia árabe originária da Síria que governou o império muçulmano de 661 a 750.

Omíadas e abássidas

Os califas omíadas permaneceram no poder entre 661 e 750. Eles estabeleceram sua capital em Damasco, na Síria, onde ergueram construções magníficas, como a Grande Mesquita. Para leste, seus exércitos seguiram rumo à Ásia central, ocupando as terras dos atuais Afeganistão, Turquestão e o vale do Rio Indo. Para oeste, incorporaram a África do Norte ao Islã. De início, os berberes, que habitavam a região, resistiram ao invasor, mas depois de convertidos ao islamismo participaram ao lado dos árabes da conquista da Península Ibérica em 711. Em 732, porém, os exércitos dos francos barraram a expansão muçulmana na Europa Ocidental.

No ano de 750, os **abássidas** derrotaram os omíadas e estabeleceram uma nova dinastia com capital em Bagdá. Foi um período de florescimento cultural, estimulado por governantes como o califa Harum al-Rashid. Eruditos árabes estabeleceram uma espécie de ponte cultural com a Grécia antiga. Além de traduzirem, para o árabe, textos gregos e latinos, cientistas islâmicos deram enorme impulso a praticamente todas as áreas do conhecimento. Foram eles que introduziram na Europa os algarismos indianos (também conhecidos como arábicos) e o conceito do número zero. Áreas da matemática como a trigonometria e a álgebra foram desenvolvidas nesse período, e o mesmo aconteceu à medicina. Nesse campo, destaca-se a contribuição de **Avicena** (980-1037), autor do *Livro da Cura* e de uma monumental enciclopédia médica, o *Cânon da Medicina*.

A partir do século XI, o império abássida começou a ruir. Disputas internas pelo poder, gastos com guerras de conquista e a invasão de povos estrangeiros podem ser apontados como fatores que levaram à decadência. Em 1258, os mongóis conquistaram Bagdá, pondo fim à dinastia. Ainda assim, houve califas descendentes dos abássidas no Cairo até 1517.

A presença árabe na Península Ibérica

Após a derrota dos omíadas em 750, um membro da dinastia, Abdul Rahman, escapou do massacre promovido pelos abássidas e refugiou-se na Península Ibérica. Ele logo trocou a condição de fugitivo pela de conquistador: em 755, Abdul Rahman estabeleceu

Abássida

Dinastia de governantes muçulmanos que dominou o mundo árabe por 500 anos (séculos VIII ao XIII). De origem persa, os abássidas são assim denominados devido ao nome do fundador da dinastia, Abu al-Abas.

O IMPÉRIO MUÇULMANO NOS SÉCULOS VII E VIII

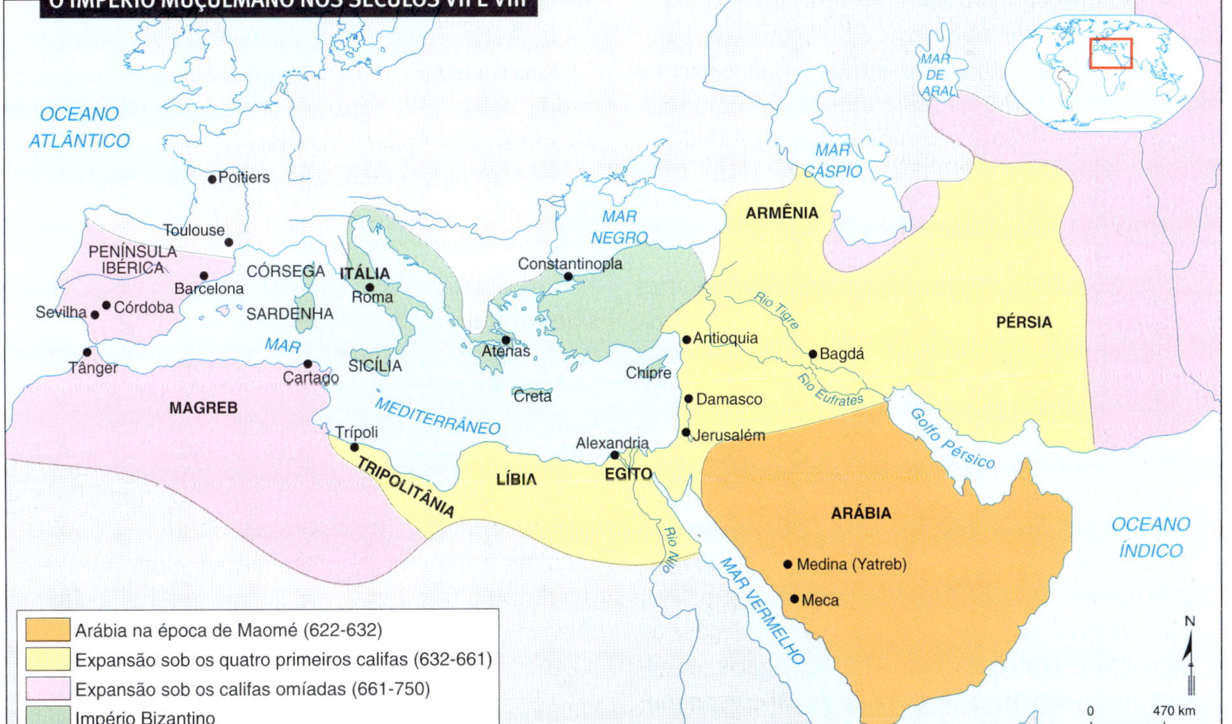

Fonte: HILGEMANN, Werner e KINDER, Hermann. *Atlas historique.* Paris: Perrin, 1992.

TOP FOTO/KEYSTONE

Do longo período de dominação árabe na Península Ibérica, restaram belíssimas construções como a Grande Mesquita, em Córdoba, na Espanha.

na península o Emirado de Córdoba. Nessa cidade e, a partir do século XIII, em Granada, os islâmicos construíram uma brilhante civilização, constituída de um polo urbano movimentado, no qual circulavam sábios e comerciantes, das mais variadas origens, bem diferente do que predominava no restante da Europa Ocidental. Foi uma experiência exemplar na história da humanidade que tem muito a ensinar à nossa época, marcada pela "globalização" e por conflitos étnicos e religiosos.

No governo de Abdul Rahman III (912-961), o primeiro emir de Córdoba a se proclamar califa, a cidade dispunha de bibliotecas e hospitais comparáveis aos de Bagdá e superiores a tudo o que existia no mundo cristão. Córdoba tinha mais de 100 mil lojas e casas e 3 mil mesquitas, coroadas pela Grande Mesquita. Construída em 780 por ordem de Abdul Rahman I, com o objetivo declarado de se equiparar às mesquitas de Damasco, a suntuosa construção tinha 500 arcos e mesclava harmoniosamente influências arquitetônicas árabes, visigóticas e românicas.

As contribuições da civilização árabe da Península Ibérica não se limitaram à esfera arquitetônica. O respeito às características culturais, religiosas e étnicas das tradições monoteístas de muçulmanos, judeus e cristãos permitiu que esses grupos convivessem em relativa paz. Essa lição de tolerância — apesar de alguns períodos em que estiveram no poder governantes marcados pelo fanatismo religioso — foi a mais significativa contribuição da presença muçulmana em terras ibéricas.

Essa sociedade mais tolerante começou a ser construída desde a conquista islâmica. Os judeus, que chegaram à península antes da era cristã, deixaram de sofrer perseguições e foram equiparados aos cristãos.

Alfanjes, azeitonas e alfinetes

O texto a seguir mostra a influência dos árabes na cultura e no modo de vida dos portugueses.

"Os séculos de presença moura na Península Ibérica influenciaram a cultura espanhola e portuguesa em aspectos como a arte, os costumes, as práticas agrícolas, a culinária e o idioma. [...]

Um traço distintivo de muitas palavras de origem árabe é a presença do artigo semita *al*, aglutinado ao substantivo. Assim, al Faris, 'o cavaleiro', transformou-se em *alferes*, um posto na hierarquia militar.

A maioria dos substantivos árabes corresponde às seguintes categorias: cargos e organização administrativa (alcaide, aldeia, arrabalde, alferes, almoxarife, alfândega, alvará); termos militares (arraial, alcácer, atalaia, alfanje, refém); plantas cultivadas e silvestres (arroz, algodão, azeitona, alcachofra, cenoura, laranja, açúcar, alfarroba, alecrim, açucena, alfazema); profissões (alfaiate, almocreve); unidades de medida (alqueire, arroba); animais (atum, alcatraz, javali); particularidades topográficas (albufeira, recife); artigos de luxo e instrumentos musicais (almofada, alcatifa, marfim, alfinete, rabeca, alaúde); produtos agrícolas e industriais (azeite, álcool, alcatrão); criação de gado (rês, zagal); arquitetura (adobe, chafariz, alvenaria, alicerce); ciências (algarismo, álgebra, cifra, auge, zênite, nadir, alquimia, química etc.)."

PIEL, Joseph-Maria. Estrutura do léxico português. Disponível em <www.instituto-camoes.pt>. Acesso em maio 2002.

Os camponeses também se beneficiaram, pois, ao se converterem ao islamismo, trocavam a condição de servos dos senhores feudais visigodos pela de homens livres. Além disso, os mouros — termo que designa os árabes e berberes da Península Ibérica e do norte da África — submetiam a sociedade a uma carga de impostos menos pesada. O resultado foi uma ampla conversão dos ibéricos à fé muçulmana. Seriam necessários mais de sete séculos de lutas, no processo conhecido como Reconquista, para os reis cristãos recuperarem as posições perdidas no século VIII.

A construção de uma sociedade pluralista, aberta às contribuições de árabes, judeus e cristãos, resultou em experiências singulares nas artes, nas ciências, na arquitetura, na filosofia, na teologia, na medicina, na literatura e mesmo em campos nos quais as iniciativas partiam de pessoas anônimas, como os da vestimenta, do artesanato e dos costumes em geral. Muitos intelectuais muçulmanos têm sua trajetória associada aos domínios mouros na península. Entre eles, podemos citar Al Idrisi (c. 1096-c. 1166), que nasceu em Ceuta (norte da África) e estudou em Córdoba. Mais tarde, tornou-se um geógrafo famoso, que criou cerca de 70 mapas e prestou serviços à corte do rei normando Roger II da Sicília. Outro destaque é **Averróis** (1126-1198), médico e filósofo nascido em Córdoba. Como médico, Averróis prestou serviços na corte do sultão Saladino. Na área da filosofia, destacou-se como comentarista de Aristóteles e é considerado um dos mais ilustres pensadores de todo o período medieval.

A derrocada árabe e a ascensão otomana

No final do século XIV, os islâmicos haviam perdido grande parte da Península Ibérica para os cristãos. Em 1492, a região de Granada, último reduto mouro, foi tomada pelos cristãos. Mas, nessa época, os árabes já não estavam na vanguarda da expansão muçulmana.

A partir do século X, os árabes aumentaram seus contatos com os turcos, grupos nômades originários da Ásia Central. Convertidos ao islamismo, os turcos passaram a ocupar territórios muçulmanos no Oriente. No século XI, os turcos seljúcidas formaram um império que chegou a incluir a Mesopotâmia, a Síria, a Palestina e parte do Irã, antes de desaparecer em razão de conflitos internos. Os turcos otomanos, por sua vez, estabeleceram domínio ainda mais vasto e duradouro em ampla região. Seu nome vem de Osman ou Othman (1258-1324), fundador da dinastia, que consolidou seus domínios no planalto de Anatólia, na atual Turquia. Em 1453, conquistaram Constantinopla, sede e último reduto do Império Bizantino. No século seguinte, os otomanos conquistaram o Egito, a Síria e outros territórios dos antigos califas árabes, à exceção do Irã. Formou-se desse modo um império que em seu apogeu incluía territórios europeus — Hungria, Sérvia, Albânia, Bósnia, Grécia, Romênia, Ucrânia — e asiáticos: Ásia Menor, Mesopotâmia, Síria, Palestina e a Península Arábica, além do Egito e de boa parte da África do Norte.

O ISLAMISMO NA ATUALIDADE

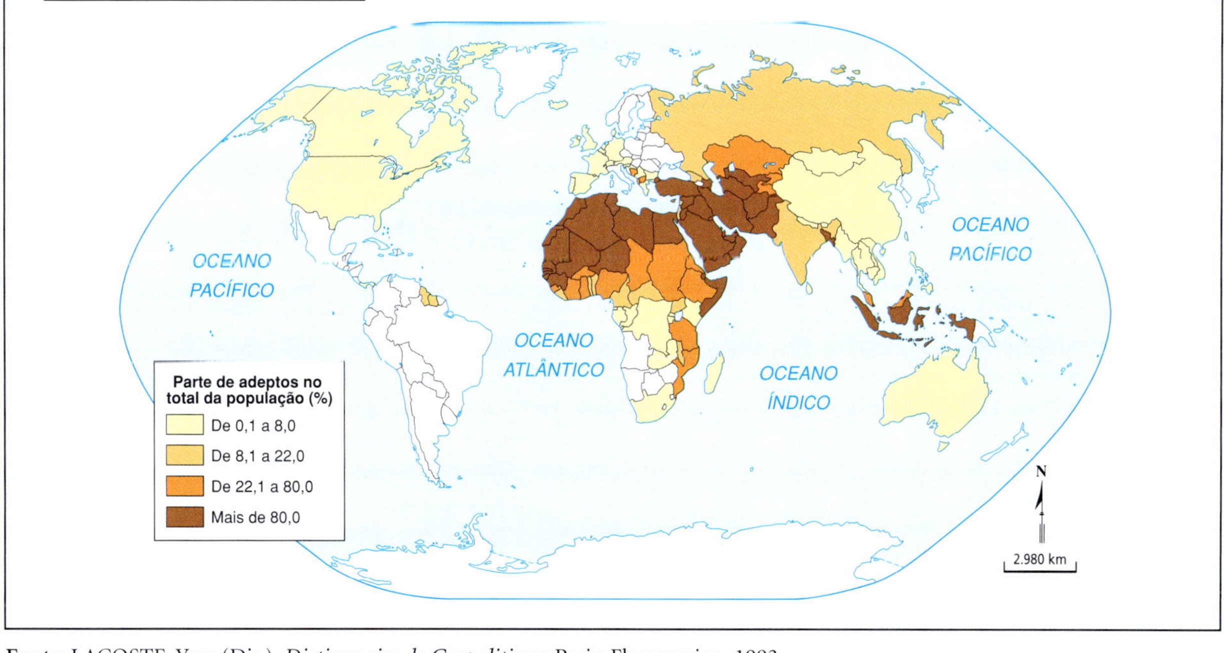

Fonte: LACOSTE, Yves (Dir.). *Dictionnaire de Geopolitique*. Paris: Flammarion, 1993.

TEXTO COMPLEMENTAR

As mulheres e o véu no mundo islâmico

O uso do véu, do chador, da burca e de outros adereços da cultura islâmica feminina varia de acordo com as tradições de cada país.

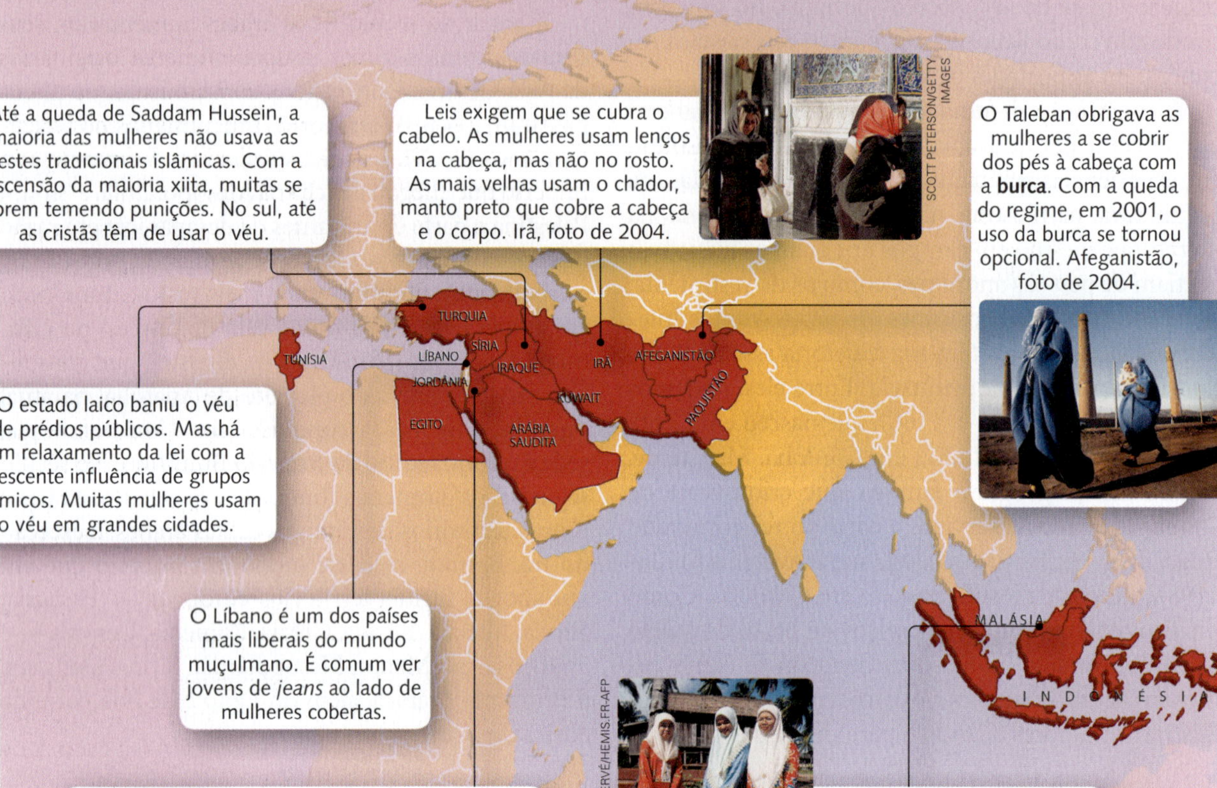

Até a queda de Saddam Hussein, a maioria das mulheres não usava as vestes tradicionais islâmicas. Com a ascensão da maioria xiita, muitas se cobrem temendo punições. No sul, até as cristãs têm de usar o véu.

Leis exigem que se cubra o cabelo. As mulheres usam lenços na cabeça, mas não no rosto. As mais velhas usam o chador, manto preto que cobre a cabeça e o corpo. Irã, foto de 2004.

SCOTT PETERSON/GETTY IMAGES

O Taleban obrigava as mulheres a se cobrir dos pés à cabeça com a **burca**. Com a queda do regime, em 2001, o uso da burca se tornou opcional. Afeganistão, foto de 2004.

GETTY IMAGES

O estado laico baniu o véu de prédios públicos. Mas há um relaxamento da lei com a crescente influência de grupos islâmicos. Muitas mulheres usam o véu em grandes cidades.

O Líbano é um dos países mais liberais do mundo muçulmano. É comum ver jovens de *jeans* ao lado de mulheres cobertas.

ALI JAREKJI/REUTERS-LATINSTOCK

Não há debate público sobre o tema, mas em famílias conservadoras é comum mulheres usarem o **hijab**, véu que cobre o rosto e deixa só os olhos à mostra. Jordânia, foto de 2005.

HUGHES HERVÉ/HEMIS.FR-AFP

O uso do véu cobrindo a cabeça e o pescoço, chamado de **tudung**, aumentou nos últimos quinze anos. Hoje as mulheres são pressionadas a usá-lo. Malásia, foto de 2006.

OLIVEIRA, Gisele. J. As mulheres e o véu no mundo islâmico. *O Estado de S.Paulo*, 20 nov. 2006.

Compreendendo o texto

1. Escolha três países que demonstram a variação nas regras estabelecidas para o uso do *hijab* pelas mulheres.

2. Na sua opinião, qual a importância para o islamismo do uso de adereços tradicionais por parte das mulheres?

3. Na Europa Ocidental, o uso do véu islâmico pelas mulheres nas escolas e locais públicos tem gerado um intenso debate, em que estão em jogo, ao mesmo tempo, a liberdade individual e a preservação do caráter laico dos Estados europeus. O governo francês, por exemplo, proibiu o uso do véu, do quipá e de outros símbolos religiosos ostensivos nas escolas públicas do país.

Qual a sua opinião sobre o assunto? O Estado deve interferir em assuntos religiosos? Pense e exponha seu ponto de vista aos colegas.

ATIVIDADES

Explorando o conhecimento

1 No Oriente Médio, em uma península árida banhada pelo Oceano Índico e pelo Mar Vermelho, nasceu o islamismo, resultado das pregações e dos ensinamentos de Maomé.

a) Conceitue islamismo.

b) Estabeleça a diferença entre os termos *árabe* e *muçulmano*.

c) Cite a principal característica religiosa comum entre o islamismo, o judaísmo e o cristianismo.

2 Maomé transmitiu oralmente seus ensinamentos para os seguidores de sua fé. Após a sua morte, os muçulmanos decidiram organizar e registrar a obra do profeta.

a) Identifique os dois documentos que apresentam os fundamentos políticos e religiosos do islamismo.

b) Cite os cinco principais pilares do islamismo contidos no *Alcorão*.

3 Explique as principais diferenças entre xiitas e sunitas.

4 Especifique as contribuições dos árabes para a cultura dos países ibéricos.

5 Construa uma linha do tempo organizando os principais acontecimentos que marcaram a expansão do islamismo pelo Oriente e pela Península Ibérica.

A história e o tempo presente

6 Releia o texto *Islã: enigma e preconceito*, que abre este capítulo. O autor discute o forte preconceito de muitos ocidentais em relação aos muçulmanos. Acreditamos que o primeiro passo para superar o preconceito e desenvolver uma atitude de respeito e valorização de todos os povos é procurar conhecer sua cultura, é descobrir como cada povo constrói uma identidade própria através de uma arte, de uma ciência e de um código de valores e costumes característicos.

a) Com esse objetivo, façam, em grupo, uma pesquisa sobre a religião e a cultura islâmicas. Procurem conhecer as principais características do islamismo, os códigos de comportamento estabelecidos no *Alcorão*, as contribuições dos árabes para o desenvolvimento científico, a literatura, a música, a arquitetura e os costumes. Cada grupo pode ficar responsável por um desses temas.

b) Procurem saber se na sua cidade ou estado existe alguma mesquita ou grupo de seguidores do Islã. Em caso afirmativo, tentem entrar em contato com eles para conhecer melhor a sua crença e complementar as informações da pesquisa.

c) Ao final da pesquisa, sintetizem e organizem as informações obtidas num painel, ilustrem com imagens relacionadas ao tema e exponham os resultados na sala de aula.

Vestibular / ENEM

1 (UFSC) Numa sexta-feira, 8 de agosto de 1998, dois atentados aterrorizaram o mundo. Bombas explodiram nas embaixadas dos Estados Unidos em Nairobi e Dar es-Salaan, deixando 248 mortos. Os atentados foram reivindicados pelo grupo "Exército de Libertação dos Santuários Islâmicos".

Sobre o Islã e os grupos islâmicos fundamentalistas que aterrorizam o Ocidente, identifique a(s) proposição(ões) **verdadeira(s)**.

a) O Islã surgiu a partir das pregações de Maomé.

b) No *Alcorão*, que segundo a tradição foi transmitido a Maomé, estão as leis e ensinamentos da religião islâmica.

c) Os fundamentalistas islâmicos pretendem um Estado dirigido pelas leis do *Alcorão*.

d) Um número expressivo de fundamentalistas islâmicos prega a guerra santa contra a sociedade ocidental, principalmente contra os Estados Unidos.

2 (UFPE) O islamismo, uma religião tão comentada no século XXI, foi fundada por Maomé (570-632). De caráter monoteísta, esta religião, também conhecida por muçulmana ou maometana, foi a base do Estado Muçulmano de caráter teocrático criado por Maomé, que passou inicialmente a dominar a Península Arábica. Em face desse enunciado, analise as afirmações seguintes e identifique as corretas.

a) A expansão muçulmana, principalmente após a morte de Maomé, fez com que esse Estado dominasse vastos territórios, desde o norte da África, noroeste da China e quase toda a Península Ibérica.

b) O livro sagrado do islamismo é o *Alcorão*, que teria sido resultado das revelações do Deus Alá ao profeta Maomé. Além de ditar a conduta religiosa, este livro contém recomendações de como manter a ordem social e os interesses dos grandes comerciantes.

c) A força do *Alcorão*, para alguns, deve-se à obediência a alguns princípios como: fazer cinco orações diárias; crer em Alá, deus único, e em Maomé, seu profeta; ir em peregrinação a Meca, pelo menos uma vez na vida; ser generoso com os pobres e dar esmolas.

d) Maomé, ao pregar o monoteísmo, foi de encontro à religião politeísta que dominava entre os árabes. Entretanto, conseguiu organizar um exército de seguidores e, através dele, proibir o politeísmo e assim unir as diversas tribos árabes em torno da religião.

e) A decadência do Império Islâmico é atribuída às disputas internas, que provocaram o desmembramento do Império. No entanto, deve-se também levar em consideração a reação dos diversos povos submetidos à dominação árabe.

3 (UFG-GO) A história do Mediterrâneo é a história das migrações populacionais e da circulação de valores de culturas distintas.

Discorra sobre a expansão árabe, a partir da unificação islâmica na Idade Média.

4 (UEL-PR) Analise o mapa apresentado a seguir.

ÁREAS DE INFLUÊNCIA DO ISLAMISMO

O islamismo se expandiu tanto, a partir do século VII, que hoje é uma das três religiões mais difundidas no mundo. A sua grande difusão deve-se, sobretudo,

a) ao seu vínculo com a etnia árabe e com os povos semitas, marginalizados pelo judaísmo e cristianismo.

b) a sua oposição ao monoteísmo, característico do judaísmo e cristianismo, mas ausente nas religiões tribais africanas.

c) a sua tradição de não usar a força para converter os povos conquistados.

d) a sua maior flexibilidade moral, se comparada com o rigor da moralidade judaica e cristã.

e) ao respeito às diferenças raciais e à capacidade de absorver elementos das culturas dos povos onde se instalou.

5 (Vunesp) A invasão e a dominação de vastas regiões pelos árabes na Península Ibérica provocaram transformações importantes para portugueses e espanhóis, que os diferenciaram do restante da Europa medieval. As influências dos árabes, na região, relacionaram-se a:

a) acordos comerciais entre cristãos e mouros, a fim de favorecer a utilização das rotas de navegação marítima em torno dos continentes africano e asiático, para obter produtos e especiarias.

b) conflitos entre cristãos e muçulmanos, que facilitaram a centralização da monarquia da Espanha e Portugal, sem necessitar do apoio da burguesia para efetivar as grandes navegações oceânicas.

c) difusão das ideias que ocasionaram a criação da Companhia de Jesus, responsável pela catequese nas terras americanas e africanas conquistadas através das grandes navegações.

d) acordos entre cristãos e muçulmanos, para facilitar a disseminação das ideias e ciências romanas, fundamentais para o crescimento comercial e das artes náuticas.

e) contribuições para a cultura científica, possibilitando ampliação de conhecimentos, principalmente na matemática e astronomia, que permitiram criações de técnicas marítimas para o desenvolvimento das navegações oceânicas.

6 (Enem-MEC) O ano muçulmano é composto de 12 meses, dentre eles o Ramadã, mês sagrado para os muçulmanos que, em 2001, teve início no mês de novembro do calendário cristão, conforme a figura que segue.

Considerando as características do calendário muçulmano, é possível afirmar que, em 2001, o mês Ramadã teve início, para o Ocidente, em:

NOVEMBRO 2001

Dom	Seg	Ter	Qua	Qui	Sex	Sáb
				1	2	3
4	5	6	7	8	9	10
11	12	13	14	15	16	17
18	19	20	21	22	23	24
25	26	26	28	29	30	

ming	nova	cres	cheia
8	15	22	1/30

a) 1º de novembro.

b) 8 de novembro.

c) 16 de novembro.

d) 20 de novembro.

e) 28 de novembro.

7 (UFPE) A expansão muçulmana atingiu territórios da Europa, contribuindo para a divulgação de hábitos culturais que marcaram a formação histórica da Península Ibérica. Além disso, mudou as relações comerciais da época. Em relação a outros povos e à Igreja Católica, os muçulmanos:

a) mantiveram, ao longo de sua história, uma tradição de total tolerância religiosa.

b) eram temidos, em razão do seu grande poderio militar.

c) mantiveram uma convivência sem choques culturais, revelando-se, no entanto, intolerantes com os judeus.

d) foram intolerantes e violentos, não assimilando as culturas adversárias.

e) só eram temidos em Portugal, pelos cristãos e pelos judeus, sendo bem aceitos na Espanha.

8 (UEL-PR) A religião muçulmana, que contribuiu para unificar os povos de origem árabe e lhes forneceu amparo espiritual ao longo de sua expansão,

a) inspirava a forma de governo parlamentar, pois os líderes religiosos reuniam-se numa assembleia proporcional.

b) pregava o politeísmo na medida em que reconhecia a adoração de vários deuses.

c) retirava a sua orientação dos textos considerados sagrados, contidos no *Alcorão*.

d) reconhecia em Maomé o único e verdadeiro Deus a ser adorado pelos islamitas.

e) tinha, como seu mais importante centro espiritual, a cidade de Bagdá.

Ampliando o conhecimento

Leituras

CONY, Carlos Heitor. *As melhores histórias das mil e uma noites*. Rio de Janeiro: Ediouro, 2001.
Nesta coletânea voltada ao público jovem, o autor recria as aventuras fabulosas que fizeram da obra um clássico da literatura árabe.

HUSAIN, Shahrukh. *O que sabemos sobre o islamismo*. São Paulo: Callis, 2001.
Cuidadosamente ilustrado, o livro traça um panorama das principais informações sobre a origem, os preceitos religiosos e os locais sagrados do islamismo.

Filmes

A maçã

Direção de Samira Makhmalbaf. Irã, 1997. 86 min.
Mescla de documentário e ficção, o filme conta a história de duas meninas que, por extenso período da infância, foram trancadas em casa pelo pai. Elas nunca tinham tido contato com outras pessoas até serem descobertas por uma assistente social a partir da denúncia de vizinhos.

A Caminho de Kandahar

REPRODUÇÃO

Direção de Mohsen Makhmalbaf. Irã, 2001. 85 min.
O filme traz a história de Nafas, uma jornalista afegã refugiada no Canadá durante o regime controlado pela milícia islâmica Talebã. Ao receber uma carta da irmã menor, em que revela o seu sofrimento diante da situação das mulheres no Afeganistão, Nafas resolve retornar ao país.

Site

Centro de Estudos e Divulgação do Islã

<www.islam.org.br>

O *site* trata da filosofia, dos princípios e das orações da religião islâmica, além de apresentar diversas informações sobre o Alcorão.

Capítulo 10

A civilização bizantina

A reaproximação entre católicos e ortodoxos

“A declaração conjunta de Bento XVI e Bartolomeu I é um dos momentos mais significativos da viagem do Sumo Pontífice à Turquia no âmbito do diálogo entre religiões e para a unidade dos cristãos.

Os líderes religiosos assinaram o documento depois de um encontro na Igreja de São Jorge, em Fanar, sede do patriarcado ortodoxo, no final de uma liturgia bizantina, que contou com a participação de Bento XVI.

No documento, Bento XVI e Bartolomeu I asseguram que ‘apoiam a direção da formação da União Europeia’, mas sublinham que os ‘seus precursores não podem deixar de ter em conta os direitos inalienáveis da pessoa, em especial da liberdade religiosa’.

Também apelam para a proteção das raízes cristãs na Europa perante a possibilidade da existência de outras religiões, numa clara referência à possível adesão de países não-cristãos à União Europeia, como será o caso da Turquia. [...]

O papa Bento XVI e o patriarca ecumênico ortodoxo Bartolomeu I em missa na Catedral do Espírito Santo em Istambul, Turquia, 2006.

ARTURO/MARI/OSSERVATORE ROMANO/ AFP/GETTY IMAGES

Bento XVI e Bartolomeu I também recordaram os lugares do mundo onde vivem cristãos e existem guerras, fome e terrorismo, assim como as diferentes formas de exploração dos pobres, imigrantes, mulheres e crianças, qualificando de ‘ofensa contra Deus e a humanidade’ a morte de inocentes em nome da religião. [...]

A declaração conjunta serviu também para renovar o compromisso entre católicos e ortodoxos para continuar o caminho da unidade, mas não houve qualquer avanço na questão de aproximar as suas doutrinas.”

Agência Lusa, 30 nov. 2006. Disponível em <www.rtp.pt>. Acesso em fev. 2007.

O Império Bizantino, também conhecido pela denominação de Império Romano do Oriente, apresentou grande contraste com as sociedades da Europa Ocidental. Enquanto o Império Romano do Ocidente foi incapaz de resistir às migrações dos germanos e hunos, fragmentando-se em reinos independentes, o Império Bizantino sobreviveu onze séculos, recorrendo à guerra e à diplomacia para impedir ou desviar os inúmeros povos invasores que se abateram sobre seus domínios.

O Império Bizantino foi o local de origem da Igreja Ortodoxa. A Igreja Ortodoxa resultou de um progressivo distanciamento da Igreja sediada em Roma. Conflitos de interesses políticos e econômicos entre o papado e o Estado bizantino, aliados ao aparecimento de correntes religiosas que questionavam pontos da doutrina católica e a autoridade do papa, aprofundaram as diferenças entre a Igreja do Oriente e a Igreja de Roma.

O papa, estabelecido em Roma, resistia às tentativas de domínio do imperador oriental, e os bizantinos não queriam aceitar o "bispo de Roma" como o chefe de todos os cristãos. Além disso, havia diferenças quanto à doutrina e às práticas religiosas. As divergências crescentes acabaram se transformando em discussões que deram margem ao surgimento de novas doutrinas declaradas **heréticas** pela Igreja estabelecida.

YURI KADOBNOV/AFP/GETTY IMAGES

Clérigos ortodoxos, durante culto, caminham pela Praça Vermelha, Moscou, em maio de 2005. Na Rússia atual, os cristãos ortodoxos são maioria.

Uma das heresias de maior impacto foi o **monofisismo**, que se baseia na ideia de que Cristo possuía unicamente a natureza divina, em contraposição à teoria católica que admite a coexistência das naturezas humana e divina de Cristo. Tal corrente de pensamento foi absorvida por algumas províncias asiáticas subordinadas a Constantinopla, que, aproveitando-se da discórdia religiosa, identificaram-na com aspirações de libertação política.

Outro fato considerado heresia pelos cristãos de Roma foi a ação dos **iconoclastas**, indivíduos que criticavam a idolatria ou a adoração de imagens religiosas. Os conflitos associados a essas doutrinas heréticas converteram-se em frequentes ameaças ao trono imperial.

O confronto maior, porém, ocorreu no seio da ortodoxia católica, entre a Igreja de Roma e a de Constantinopla. O resultado dessas controvérsias foi a separação, em 1054, entre a Igreja sediada em Roma e a Igreja de Constantinopla. Esta divisão ficou conhecida como **Cisma do Oriente** e perdura até os dias de hoje.

A Igreja Ortodoxa

A Igreja Ortodoxa resultou da ruptura com a Igreja de Roma, em 1054. Até ocorrer o Cisma, duas grandes tradições conviviam no interior do cristianismo: a latina, no Império Romano do Ocidente, com sede em Roma, e a bizantina, no Império Romano do Oriente, sediada em Constantinopla (antiga Bizâncio e atual Istambul, na Turquia).

A Igreja Ortodoxa adota os mesmos sacramentos da Igreja Católica. No entanto os rituais ortodoxos são cantados sem o acompanhamento de instrumentos musicais e as imagens esculpidas de santos são proibidas, exceto o crucifixo e os ícones sagrados.

Os ortodoxos não admitem o conceito de infalibilidade do papa e do purgatório, lugar intermediário entre o Céu, reservado aos crentes, e o Inferno, destinado aos pagãos. Também rejeitam a doutrina católica da Imaculada Conceição, segundo a qual Maria teria nascido sem pecado e concebido seu filho virgem. De acordo com os ortodoxos, esse dogma não faz parte da narrativa bíblica e contraria a doutrina tradicional do pecado original.

Herético
Herege, que vai contra a fé.

BRIDGEMAN ART LIBRARY, LONDRES/KEYSTONE

Mosaico bizantino de cerca de 1050, em catedral da cidade de Kiev, Ucrânia.

Uma civilização, muitas etnias

O Império Bizantino foi constituído por povos originados de vários cantos do mundo. O texto apresenta um pequeno histórico das etnias que formaram o império.

"É essencial lembrar que 'bizantino' não tem conotação étnica, mas civilizacional, correspondendo aos indivíduos de fala grega (ainda que seu idioma materno fosse outro) e religião cristã ortodoxa. Assim, tal grupo de indivíduos (gregos, asiáticos, egípcios, semitas, eslavos) variou ao longo da história bizantina conforme as alterações territoriais e/ou religiosas ocorridas no império. [...] De fato o termo 'bizantino' foi vulgarizado apenas a partir do século XVI, depois do desenvolvimento do império, que em vida se via como herdeiro e continuador do Império Romano.

Num certo sentido isso era verdadeiro, pois aquilo que se tornou conhecido por Império Bizantino era na origem o Império Romano do Oriente (Grécia, Egito, Síria-Palestina, Mesopotâmia, Ásia Menor). E realmente, como Roma, Bizâncio uniu, através de uma língua e uma determinada maneira de sentir e de pensar, povos que nada tinham em comum entre si. Como os antigos gregos e romanos, os bizantinos consideravam-se os únicos habitantes do mundo civilizado, rotulando de bárbaros todos os que não partilhavam de sua cultura. [...] Por isso mesmo suas relações com o Ocidente medieval sempre foram difíceis. [...]"

FRANCO JÚNIOR, Hilário e ANDRADE FILHO, Ruy de Oliveira. *O Império Bizantino*. São Paulo: Brasiliense, 1994.

O Império Bizantino: um mosaico de culturas

A origem do Império Bizantino está ligada às mudanças ocorridas no centro do poder administrativo do Império Romano, a partir de meados do século III. Naquele momento, o governo de Roma experimentou uma série de transformações que desencadearam uma crise de alcance político, econômico e social que abalou profundamente suas estruturas. As perturbações levaram o imperador Constantino a transferir, no ano de 330, sua capital para a cidade de Bizâncio (ou Constantinopla, como ficou conhecida), na parte oriental do Império, menos atingida pela crise.

No ano de 395, o imperador Teodósio decidiu pela divisão política dos territórios sob seu governo. O Império Romano do Ocidente tinha a capital em Milão (posteriormente transferida para Ravena), e o Império Romano do Oriente tinha a capital em

O IMPÉRIO BIZANTINO EM SUA MAIOR EXTENSÃO

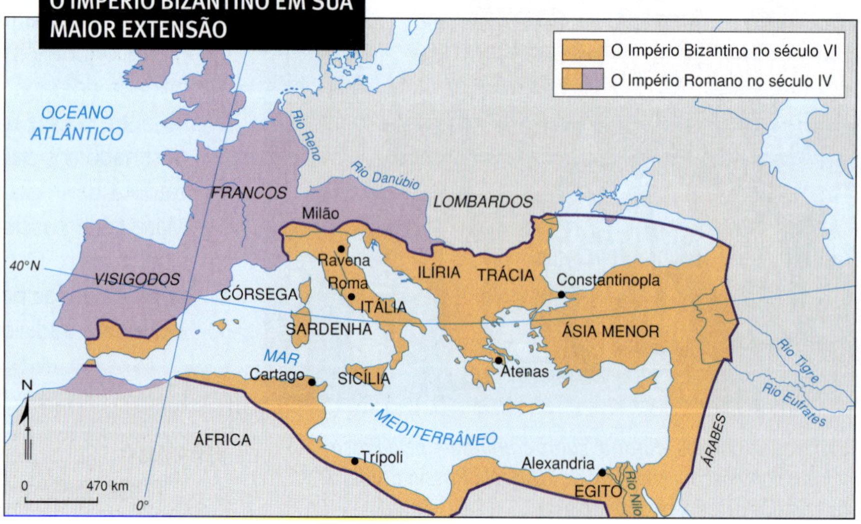

Fonte: VIDAL-NAQUET, Pierre e BERTIN, Jacques. *Atlas histórico:* da Pré-história aos nossos dias. Lisboa: Círculo de Leitores, 1990.

Catedral de Santa Sofia em Istambul (antiga Constantinopla), na Turquia. Construída no século VI, a catedral foi transformada em mesquita após a conquista turca, ocorrida no século XV. Atualmente, a antiga catedral funciona como museu.

Constantinopla. No Ocidente, o processo de ruralização fragmentou a região em diversos reinos bárbaros; no Oriente, consolidou-se a civilização bizantina. As diferenças entre as duas regiões tornaram-se cada vez mais evidentes. Enquanto na Europa Ocidental o poder político estava nas mãos dos senhores feudais, no mundo bizantino o imperador mantinha o poder centralizado.

O Império Bizantino englobava a Grécia, o Egito e outras regiões de cultura helenística. Por essa razão, o helenismo predominou em Constantinopla e o grego transformou-se em língua oficial. A miscigenação cultural greco-romana exerceu forte influência no Oriente. Estreitamente ligada à fé cristã, a cultura bizantina valorizava os estudos de literatura difundidos nas várias escolas e bibliotecas construídas na cidade.

Embora a história bizantina tenha abrangido um período equivalente ao da Idade Média, o padrão cultural era bem diferente do que predominava no Ocidente. A variedade de povos e culturas reunidos no Império dificulta uma caracterização geral sobre a cultura dos bizantinos. Sendo assim, qualquer tentativa de generalização torna-se precária.

Constantinopla: centro comercial da Idade Média

A eficiência administrativa e a posição geográfica de Constantinopla, cercada de água e por uma elevada muralha que a protegia de ataques, são apontadas como as razões que levaram à escolha da cidade para sediar a nova capital do Império Romano Oriental.

Em importância e desenvolvimento, Constantinopla logo superou Roma e transformou-se no centro comercial e urbano da Europa. Comerciantes originados de diversas localidades chegavam a empreender meses de viagem para ter acesso à variedade de produtos comercializados na região. As feiras expunham mercadorias europeias, indianas, chinesas, árabes, entre outras. Caravanas e frotas vindas de regiões distantes despejavam suas mercadorias nas alfândegas, nos depósitos e nas oficinas da capital.

A diversificada economia bizantina abrangia atividades agrícolas, comerciais e manufatureiras. Em troca da prestação de serviços militares, a aristocracia recebia do imperador grandes extensões de terras, desapropriando grande número de camponeses e pequenos posseiros. Foi somente no século X que o governo de Bizâncio tomou medidas para impedir os senhores de continuarem a apropriar-se das terras das camadas empobrecidas.

A indústria e o comércio foram atividades muito lucrativas para Bizâncio. Constantinopla centralizava grande parte das atividades comerciais no período medieval. O comércio bizantino era muito superior ao do Ocidente. O governo exercia forte controle sobre as atividades, principalmente sobre o comércio e a indústria. Os mercadores lidavam sobretudo com produtos de luxo, especiarias, joias e objetos de arte.

O cotidiano na cidade de Constantinopla

Nas ruas de Constantinopla conviviam ricos e pobres, sem que houvesse diferenciação de locais para a construção de moradias. Era comum existirem quarteirões residenciais elegantes rodeados por sobrados de madeira, ocupados por grupos médios ou ainda por pequenos casebres, pertencentes aos trabalhadores pobres. Contudo, a existência de muros altos em torno das moradias dos grupos privilegiados impedia o convívio entre pessoas de diferentes *status* sociais.

Casamentos precoces

O texto a seguir mostra a importância do casamento para os jovens bizantinos.

"A família determinava o futuro de seus jovens e com ela a **parentela** toda. A idade em que ocorriam essas escolhas constitui objeto de informações divergentes em nossas fontes. A maioria das histórias sobre as vidas de santos mostra adolescentes ou jovens adultos que tomam sua decisão ascética ao recusar um projeto de casamento. Euthymios, o jovem, falecido em 898, aceita o casamento aos dezoito anos para garantir a continuidade de sua casa – proprietários militares de província – e refugia-se na vida monástica quando se constata a gravidez da esposa e da irmã, também casada. Thomaís de Lesbos, que em meados do século X coloca a obediência aos pais acima do próprio desejo de virgindade, só se casa aos 24 anos. Mas em geral os jovens eram pressionados pela urgência ou por uma oportunidade que deveriam aproveitar. [...]

Ao longo de uma longa evolução, uma lei do final do século VIII fazia da bênção nupcial o passo necessário e suficiente para a celebração do casamento. No entanto, pelo menos desde o século VI, o noivado adquiria crescente importância até produzir efeitos comparáveis aos do casamento. Oferecia, pois, uma solução às famílias apressadas demais para esperarem a nubilidade legal, classicamente fixada em doze anos para as meninas e catorze para os meninos, pois podia-se celebrá-lo a partir da idade requerida para o consentimento."

ARIÈS, Philippe e DUBY, Georges. *História da vida privada*: do Império Romano ao ano mil. São Paulo: Companhia das Letras, 1995.

Parentela
Parentes.

Em Constantinopla, a vida urbana concentrava-se praticamente em torno de três grandes construções: a Igreja de Santa Sofia, o Hipódromo e o Palácio Imperial, que representavam respectivamente a religião, o povo e o poder do governo. Os prédios ficavam numa praça pública, bem próximos uns dos outros.

Era no Hipódromo que a sociedade da época se encontrava. As roupas estavam entre os principais indicativos da condição social. Os grupos hierarquicamente superiores usavam casacos ricamente bordados e as mulheres ostentavam turbantes e chapéus pontudos, revestidos de peles de animais. Também apreciavam as joias e os cosméticos. Os homens usavam barba, sendo que muitos deles consideravam o ato de barbear-se um costume vulgar dos ocidentais.

Na maioria das vezes, o casamento dos nobres constituía um ato diplomático. Damas da sociedade eram enviadas a reinos estrangeiros distantes para desposar e "civilizar" nobres ricos e poderosos, ou seja, levar até eles a cultura helenística.

Alguns autores relatam que para o casamento de um imperador, o processo era diferente. Era tradição que um grupo de funcionários reais saísse à procura de uma noiva por todo o território do Império. As candidatas deveriam ser muito bonitas, discretas e possuírem as medidas do busto, da cintura e dos pés de acordo com o gosto do rei.

A Igreja desempenhava um importante papel na educação das crianças. Tanto as famílias mais abastadas como as parcelas mais empobrecidas da sociedade tinham a oportunidade de mandar seus filhos para as escolas. O ensino religioso processava-se paralelamente ao laico. Nas escolas religiosas — com raras exceções — era permitido o estudo de escritores e filósofos pagãos. As crianças começavam a frequentar as escolas aos seis anos de idade, e faziam estudos mais aprofundados, equivalentes ao nível superior, por volta dos dezoito ou vinte anos. Esses estudos incluíam a filosofia e conhecimentos gerais de matemática, geometria, música e astronomia.

Os segmentos mais pobres, no Império Bizantino, viviam melhor que os de outras sociedades cristãs da época. O desenvolvimento comercial, urbano e manufatureiro dos bizantinos propiciou maior estabilidade econômica, aumentando a oferta de empregos.

Mesmo as camadas mais humildes de Constantinopla eram servidas por água abundante e canalizada. Esta era transportada por aquedutos e armazenada em muitas cisternas abertas e cobertas.

das cisternas, era encanada para fontes localizadas em esquinas de ruas e nas praças públicas, onde todos podiam servir-se gratuitamente. O esgoto era desviado para o mar por meio de um sofisticado sistema de drenagem subterrânea. A cidade dispunha de banhos públicos, acessíveis para homens e mulheres em horários diferentes, e o governo e a Igreja proporcionavam cuidados médicos e hospitalares para aqueles que não podiam pagar.

O eleito de Deus

O governo bizantino era despótico e teocrático, pois os imperadores — conhecidos como Basileus — autonomeavam-se representantes de Deus na Terra. Eram considerados sagrados e exerciam o poder absoluto em nome de Deus. O imperador tinha poderes ilimitados sobre quase todos os aspectos da vida social. Além disso, era visto por seus súditos como o "vigário de Deus", com autoridade religiosa equiparada à autoridade política. Os imperadores bizantinos acumulavam uma série de funções públicas e as desempenhavam com o auxílio de burocratas. O imperador chefiava o exército, as relações diplomáticas e a igreja, além de controlar as construções públicas e supervisionar a cobrança de impostos. Também exercia controle direto sobre a economia.

Essa concepção de poder foi responsável por numerosas conspirações contra o governo. Dos 88 imperadores que governaram o império entre os anos de 324 e 1453, 29 sofreram morte violenta (esquartejamento, envenenamento, decapitação, morte a cacetadas, afogamento) e 13 fugiram do império ou refugiaram-se em mosteiros, temendo ser assassinados.

O esplendor e a decadência do Império Bizantino

O auge do Império Romano do Oriente ocorreu durante o governo de Justiniano (527-565). Ele adotou uma política externa expansionista, responsável pela reconquista do norte da África e das penínsulas Ibérica e Itálica, antes em poder dos bárbaros. Justiniano também empreendeu uma monumental obra jurídica, a partir da revisão e sistematização do Direito Romano. Surgiram assim o **Código** (reunião de todas as constituições imperiais editadas desde o governo do imperador Adriano), as **Novelas** (constituições elaboradas depois de 534), o **Digesto** (síntese de toda jurisprudência romana) e as **Institutas** (manual para uso dos estudantes). Todo esse conjunto formava o ***Corpus Juris Civilis*** (Corpo do Direito Civil).

Assim, ao lado da religião, o direito romano era usado para garantir a unidade e o poder do imperador. O Código de Justiniano tem influência até os dias de hoje.

As contínuas lutas pelo poder dentro do império e as despesas para apaziguar povos vizinhos são alguns dos fatores que levaram à decadência do Império Bizantino, após longos anos de glória. Outros aspectos também podem ser mencionados: a perda de ricas províncias como o Egito, a Síria e a Palestina, conquistadas pelos árabes no século VII; a sucessão de conflitos entre a Igreja de Roma e a Igreja de Constantinopla; a competição comercial com o Ocidente e, principalmente, a invasão do império pelos turcos otomanos, que culminou com a conquista de Constantinopla em 1453.

IMPÉRIO BIZANTINO: AS CONQUISTAS DE JUSTINIANO

Fonte: DUBY, Georges. *Atlas historique*. Paris: Larousse, 1987.

TEXTO COMPLEMENTAR

Religião e poder em Constantinopla

Havia uma relação estreita entre o cristianismo e o poder no Império Bizantino. Conforme a doutrina que lá se propagava, Jesus Cristo teria escolhido os bizantinos para ser o seu povo. Dessa forma, o imperador cumpria o papel de Cristo perante a humanidade. E assim a imagem imperial foi construída.

Os palácios reais eram decorados como uma igreja e não como uma residência. Os rituais oficiais se assemelhavam a rituais religiosos. Era comum as obras de arte representarem os reis como ícones sagrados. Alguns monumentos de Constantinopla traziam a inscrição *"Christos basileus"*, cujo significado é: "Cristo, imperador de Bizâncio".

O imperador que melhor representou essa relação entre o poder político e o sagrado foi Justiniano, que governou entre 527 e 565. Observe a seguir uma representação do imperador Justiniano e sua corte.

ÁLBUM-LATINSTOCK

Justiniano e sua corte. Mosaico da parede esquerda da Basílica de San Vitale, em Ravena, c. 540-550.

Compreendendo o texto

1. Identifique no mosaico a figura do imperador. Em comparação a outras personagens do mosaico, como ele foi representado?
2. Compare o mosaico de Justiniano com o mosaico que se encontra na catedral em Kiev, na Ucrânia (ver página 132). Há semelhanças entre as duas imagens? Justifique.
3. Tente identificar as outras personagens que aparecem no mosaico. Como o artista representou a relação entre elas e o imperador?

ATIVIDADES

Explorando o conhecimento

1 No ano de 330, momento da transferência da capital do Império Romano para Constantinopla, já existiam fortes sinais da crise romana. Explique as consequências da ação do imperador Constantino para o futuro do império.

2 Confira o mapa do antigo Império Bizantino, na página 132. Confronte as regiões com um planisfério e cite os países.

3 Comente a teoria do monofisismo.

4 Explique a afirmação: "O Império Bizantino era despótico e teocrático".

5 Explique os principais fatores que levaram à decadência do Império Bizantino.

A história e o tempo presente

6 Leia com atenção o texto abaixo:

Igreja Ortodoxa da Rússia procura santo padroeiro da internet

"O clero russo diz que, com o maior uso dos computadores nas tarefas diárias, é preciso escolher um protetor espiritual dos internautas. Após uma vasta pesquisa, foram escolhidos dois finalistas: São João Crisóstomo e São Feofan, o Eremita.

Há alguns anos, a Igreja Católica Romana nomeou Giacomo Alberione como o santo padroeiro da internet. Porém, a decisão do Vaticano não teve muita influência sobre os ortodoxos russos. Alguns padres russos veem a internet como um instrumento do Satã.

Mas, para o padre Andrey Kurayev, que leciona na Universidade de Moscou, a internet é uma ferramenta muito útil, sendo que muitas igrejas ortodoxas já têm seu próprio website. 'Se tivermos um padroeiro da internet, o próximo passo será formular uma prece para lidar com os vírus', disse Kurayev".

Igreja Ortodoxa Russa procura santo padroeiro da internet. Disponível em <www.bbc.co.uk/portuguese>. Acesso em dez. 2004.

Você sabe o que é Igreja Ortodoxa? Conhece as diferenças entre a Igreja Ortodoxa e a Igreja Católica? O chefe da Igreja Católica tem boas relações com a Igreja Ortodoxa?

Faça uma pesquisa sobre o assunto, registre os dados e debata com os seus colegas.

Você vai encontrar material para a sua pesquisa na biblioteca da sua escola, revistas, jornais e *sites* da internet.

7 Individualmente ou em grupo, faça uma pesquisa sobre os mosaicos, elemento central da arte bizantina.

Que tipo de artistas se dedicavam a essa prática? Que materiais utilizavam?

Que construções daquela época, representativas da arte dos mosaicos, podem ser vistas nos dias atuais?

Se for possível, monte um painel ou uma pequena exposição.

Vestibular / ENEM

1 (UFES) Segundo a crença dos cristãos de Bizâncio, os ícones (imagens pintadas ou esculpidas de Cristo, da Virgem e dos Santos) constituíam a "revelação da eternidade no tempo, a comprovação da própria encarnação, a lembrança de que Deus tinha se revelado ao homem e por isso era possível representá-lo de forma visível".

FRANCO JR., H.; ANDRADE FILHO, R. O. *O Império Bizantino*. São Paulo: Brasiliense, 1994. p. 27.

Apesar da extrema difusão da adoração dos ícones no Império Bizantino, o imperador Leão III, em 726, condenou tal prática por idolatria, desencadeando assim a chamada "crise iconoclasta".

Dentre os fatores que motivaram a ação de Leão III, podemos citar:

a) a intolerância da corte imperial para com os habitantes da Ásia Menor, região onde o culto aos ícones servia de pretexto para a aglutinação de povos que pretendiam se emancipar.

b) a necessidade de conter a proliferação de culto às imagens, num contexto de reaproximação da Sé de Roma com o imperador bizantino, uma vez que o papado se posicionava contra a instituição dos ícones e exigia a sua erradicação.

c) a tentativa de mirar as bases políticas de apoio à sua irmã, Teodora, a qual, valendo-se do prestígio de que gozava junto aos altos dignitários da Igreja Bizantina, aspirava secretamente a sagrar-se imperatriz.

d) a aproximação do imperador, por meio do califado de Damasco, com o credo islâmico que, recuperando os princípios originais do monoteísmo judaico-cristão, condenava a materialização da essência sagrada da divindade em pedaços de pano ou madeira.

e) o descontentamento imperial com o crescente prestígio e riqueza dos mosteiros (principais possuidores e fabricantes de ícones), que atraíam para o serviço monástico numerosos jovens, impedindo-os, com isso, de contribuírem para o Estado na qualidade de soldados, marinheiros e camponeses.

2 (UECE) Na origem do chamado "Cisma do Oriente", pode-se apontar corretamente:

a) as desavenças entre os membros da hierarquia católica e o Imperador bizantino diziam respeito à cobrança das indulgências e à corrupção dos bispos.

b) significou o aparecimento de inúmeras seitas "reformadas", que se desligaram da Igreja romana.

c) no Império Bizantino, a Igreja era submetida ao Imperador e promovia um excessivo culto aos ídolos e às imagens.

d) em Bizâncio, ao contrário do cristianismo ocidental, as imagens e os ídolos dos santos não eram objetos de adoração e culto.

3 (Fuvest-SP) Ao longo da Idade Média, a Europa Ocidental conviveu com duas civilizações, às quais muito deve nos mais variados campos. Essas duas civilizações, bastante diferentes da Ocidental, contribuíram significativamente para o desenvolvimento experimentado pelo Ocidente, a partir do século XI, e para o advento da Modernidade no século XV.

a) Quais foram essas civilizações?

b) Indique suas principais características.

4 (PUC/Campinas-SP) O Império Bizantino, ao longo de sua história, apresentou um governo que se caracterizou por:

a) proporcionar condições sociais que possibilitaram eliminar, desde suas origens, o problema da escravidão.

b) procurar eliminar suas origens romanas e por restringir o poder dos soberanos, que era bastante limitado.

c) apresentar um caráter despótico associado à grande influência religiosa, dando-lhe uma feição teocrática.

d) controlar, chegando a eliminar completamente, o poder da burocracia no Estado.

Ampliando o conhecimento

Leituras

ANGOLD, Michael. *Bizâncio, a ponte da Antiguidade para a Idade Média*. São Paulo: Imago, 2002.
A história de Bizâncio até a invasão da Quarta Cruzada.

BELTRÃO, Cláudia. *O mundo bizantino*. São Paulo: FTD, 2000. (Coleção Para conhecer melhor)
A história de uma civilização que incorporou influências gregas, romanas e orientais e de sua resistência, por onze séculos, aos mais diversos golpes recebidos.

Filme

REPRODUÇÃO

Casamento grego

Direção de Joel Zwick. Estados Unidos, 2002. 95 min.
Tula, moça de família grega, se apaixona por um professor inglês. O casal decide oficializar a relação, e para agradar a noiva e sua família o jovem aceita submeter-se aos rituais religiosos bizantinos e casar-se de acordo com a tradição ortodoxa.

Sites

Igreja Ortodoxa no Brasil
<www.ecclesia.com.br>
O portal traz informações sobre a instituição situada em vários países e notícias sobre as ações da igreja no Brasil e no mundo.

Catedral Metropolitana de São Paulo
<www.catedralortodoxa.com.br>
O *site* trata não só da Catedral Metropolitana de São Paulo, mas traz também informações sobre o patriarcado de Antioquia, a imigração de sírios e libaneses para o Brasil e a contribuição deles para a expansão da doutrina ortodoxa em todo o país.

Capítulo 11

Baixa Idade Média

PALAZZO PÚBLICO, SIENA

Neste detalhe do afresco O bom governo da cidade *(1137-1340), de Ambrogio Lorenzetti, podemos notar o dinamismo da cidade na Baixa Idade Média.*

A cidade medieval

"A cidade contemporânea, apesar de grandes transformações, está mais próxima da cidade medieval do que esta última da cidade antiga. A cidade da Idade Média é uma sociedade abundante, concentrada em um pequeno espaço, um lugar de produção e de trocas em que se mesclam o artesanato e o comércio alimentados por uma economia monetária. É também o cadinho de um novo sistema de valores nascido da prática laboriosa e criadora do trabalho, do gosto pelo negócio e pelo dinheiro. É assim que se delineiam, ao mesmo tempo, um ideal de igualdade e uma divisão social da cidade, na qual os judeus são as primeiras vítimas. Mas a cidade concentra também os prazeres, os da festa, os dos diálogos na rua, nas tabernas, nas escolas, nas igrejas e mesmo nos cemitérios. Uma concentração de criatividade de que é testemunha a jovem universidade que adquire rapidamente poder e prestígio, na falta de uma plena autonomia."

LE GOFF, Jacques. *Por amor às cidades.* São Paulo: Editora da Unesp, 1998.

No século XI, a sociedade europeia vivia o auge do modelo feudal. Mas também assistia ao início de sua desintegração. Este período marcado por amplas transformações da realidade europeia é chamado de Baixa Idade Média. As cidades, que passaram por um refluxo durante a Alta Idade Média, se revigoraram e se tornaram um importante local para a produção e o comércio e também para as práticas culturais.

Mudanças na "casa de Deus"

A sociedade na Alta Idade Média era extremamente hierarquizada. Na Baixa Idade Média a sociedade permanecia dividida em três categorias. Na primeira situavam-se aqueles que faziam a intermediação entre os homens e Deus: o **clero**. Seguiam-se os que combatiam, encarregados da proteção dos feudos, dos fracos e das mulheres: a **nobreza leiga**. Enfim, encontravam-se na terceira categoria os **servos** (camponeses ligados à terra, encarregados de produzir o sustento das camadas privilegiadas), os **vilões** (trabalhadores sem vínculos e obrigações para com o senhor feudal), os **comerciantes** e os **trabalhadores urbanos**.

A base de sustentação das relações sociais era fornecida pela religião cristã, para a qual o Pai, Filho e Espírito Santo compõem uma divindade una. É o que mostram as palavras do bispo Adalberão, que viveu no século XI:

O papel de cada um na "casa de Deus"

"Tripla é pois a casa de Deus, que se crê una: embaixo uns rezam, outros combatem, outros ainda trabalham; os três grupos estão juntos e não suportam ser separados; de forma que sobre a função de um repousam os trabalhos dos outros dois, todos por sua vez entreajudando-se."

Citado em DUBY, Georges. *As três ordens ou o imaginário do feudalismo*. Lisboa: Editorial Estampa, 1982.

Na verdade, a "casa de Deus" — a sociedade feudal — estava mais ampla, com novos espaços, e mais bem cuidada. A começar pela Igreja Católica, a mais poderosa das instituições medievais, a única a cobrir todo o território e a obedecer a uma direção centralizada. Das fileiras dos religiosos, que sabiam ler e escrever em latim, haviam saído os quadros administrativos a serviço dos reis e da alta nobreza. Ao mesmo tempo, os mosteiros haviam preservado parte da herança cultural da Antiguidade clássica e serviam de centros de ensino para os leigos. Na Baixa Idade Média, porém, a ligação entre a Igreja e a cultura passou a ser afirmada não apenas nos mosteiros, mas também num novo tipo de instituição de ensino: a **universidade**. As primeiras foram a Universidade de Bolonha, que surgiu no final do século XI, e a de Paris, fundada entre 1150 e 1170. Ligados à Igreja em sua grande maioria, seus professores dariam origem a uma nova categoria social, a dos intelectuais. Coube a eles esboçar o que seria uma das tarefas mais árduas dos humanistas: desvincular a razão da fé (veja a figura).

Os senhores feudais, por sua vez, desfrutavam na "casa de Deus" uma vida cada vez mais confortável. Viviam nos castelos juntamente com a mulher, filhos legítimos e ilegítimos, parentes e agregados.

O crescimento da economia

No período da Baixa Idade Média, surgiram avanços tecnológicos como a charrua, uma espécie de arado mais eficiente. O moinho hidráulico foi aperfeiçoado e desenvolveram-se novas formas de atrelar os animais, o que aumentou o poder de tração. Também foi difundida a prática da rotação de culturas, segun-

BIBLIOTECA BODLEIAN, OXFORD

Hugo de São Vítor ensinando (século XII).

do a qual parte da terra ficava em repouso, para que não se esgotassem os nutrientes do solo. As consequências dessas inovações possibilitaram aumento da produtividade agrícola, que favoreceu o crescimento populacional e permitiu a geração de excedentes para uma atividade comercial cada vez mais intensa.

Embora a vida econômica da Idade Média se baseasse principalmente na produção agrícola de subsistência, desde os primórdios do período medieval comerciantes e artesãos asseguraram, ainda que em bases precárias, a produção e a circulação de bens entre os domínios senhoriais. Essas pessoas habitavam os **burgos**, lugares fortificados que impulsionaram a retomada da vida urbana. O estilo de vida de seus habitantes, os **burgueses**, mostrava-se bem diferente daquele que ocorria dentro dos feudos, e suas atividades estariam entre os fatores responsáveis pela destruição do próprio sistema feudal.

De início, os burgos surgiram em pontos estratégicos dos feudos e permaneceram sob controle dos nobres. Mas logo tiveram condições de comprar sua autonomia — e o desenvolvimento econômico foi acelerado a partir do crescimento da vida urbana. Já no século XIII, antigos núcleos de origem romana haviam sido revitalizados e muitos burgos tinham se transformado em cidades importantes.

As indústrias manufatureiras (indústria aqui entendida como um conjunto das atividades que participam da fabricação de produtos manufaturados a partir de matérias-primas) se expandiram nesse período

MUSEU BRITÂNICO, LONDRES

Banqueiros representados em miniatura de manuscrito genovês do século XIV. A figura do banqueiro começou a se expandir na Europa na Baixa Idade Média.

em resposta às necessidades de vestuário e moradia e às exigências das constantes guerras. O crescimento populacional também incentivou a procura de maior conforto entre as camadas mais ricas, bem como a construção e a reforma das igrejas, que aumentaram consideravelmente após o século XI. As doações dos burgueses para as obras religiosas foram feitas, muitas vezes, em troca de recompensa espiritual. Eles também pretendiam, com isso, neutralizar a oposição do clero

FEIRAS MEDIEVAIS: LOCAIS DE GRANDES NEGÓCIOS

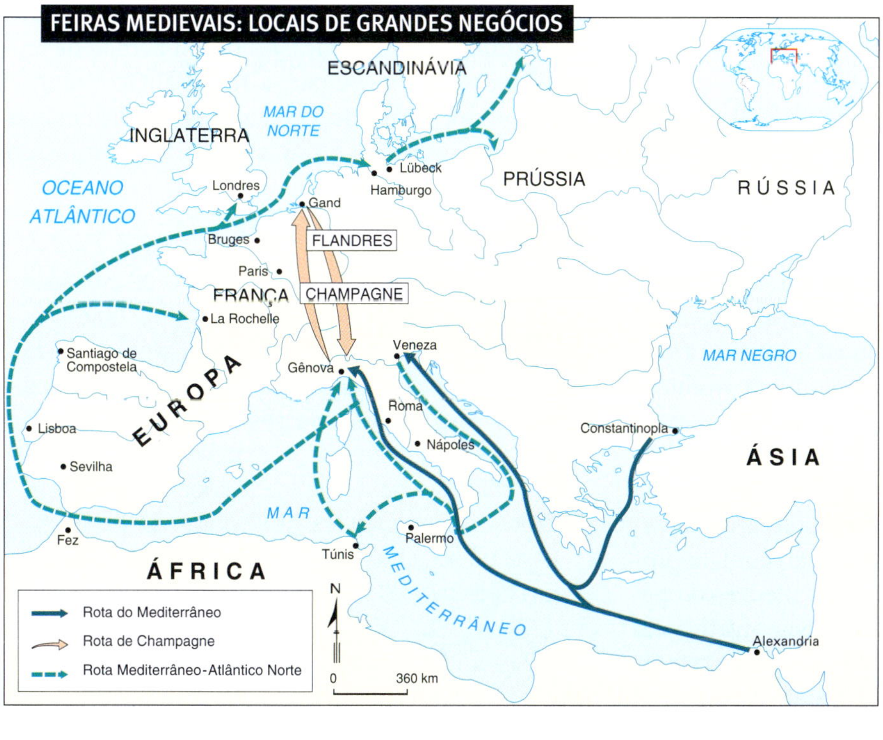

Fonte: *Atlas histórico.* São Paulo: Encyclopaedia Britannica do Brasil, 1989.

Burgueses e nobres

"1. [...] Nenhum homem tem a sua vida mais curta como o burguês. E sabeis por quê? Porque ele come muito e não faz nenhum exercício [...] Nenhum homem incomoda tanto a seu amigo como o burguês pobre, e em nenhum homem a pobreza é tão vergonhosa como no burguês. Ninguém desfruta de tão poucos méritos ao fazer a caridade como um burguês [...]."

"2. [...] Concede hospitalidade frequentemente por cortesia, age como avalista das dívidas dos amigos [...] arma conspirações, processos, visitas às cortes, prepara casamentos, faz amor com as mulheres, joga dados [...] toma empréstimo com usura [...]."

Citados em MUNDY, Henri. *Europe in the High Middle Ages*: 1150-1309. Nova York: Basic Books, 1973.

às suas atividades: além de se dedicar ao comércio, os burgueses também emprestavam dinheiro a juros, contrariando as normas da Igreja Católica que proibiam a usura. As generosas doações não impediram, porém, que a Igreja medieval visse com suspeita os comerciantes e perseguisse ativamente os não-cristãos, em particular os judeus.

A partir de meados do século XIII, com o aparecimento de banqueiros, cambistas e usurários das mais variadas origens, ocorreu uma expansão de crédito, o que veio favorecer as atividades comercial e manufatureira, nitidamente urbanas. Desenvolveram-se também o comércio marítimo costeiro e o terrestre, realizados a curta ou longa distância.

O mundo do trabalho também assistiu a transformações importantes durante a Baixa Idade Média. Nos domínios dos senhores, foram abolidas algumas obrigações servis, e os camponeses, principalmente após o século XII, passaram a exigir pagamento em dinheiro ou em parte do excedente agrícola. Alguns deles conseguiram obter rendas vendendo seus excedentes nos mercados locais, enquanto outros abandonaram as lavouras e se especializaram na produção artesanal e no comércio.

Nos burgos, desenvolveram-se as **corporações de ofício**. Responsáveis pela organização e distribuição de determinados produtos manufaturados, essas associações típicas da sociedade medieval reuniam profissionais do mesmo ramo, desde os mestres de perícia reconhecida até os aprendizes. Seu objetivo era proteger o artesão tanto da concorrência do estrangeiro quanto da dos colegas de ofício.

Todas essas mudanças provocadas pelo incremento comercial, manufatureiro e urbano provocaram o confronto entre as visões de mundo dos senhores feudais, por um lado, e dos comerciantes e artesãos, por outro. A questão da riqueza talvez tenha sido um dos pontos centrais de controvérsia. A riqueza, para um senhor feudal, apesar de não estar unicamente relacionada à terra, se associava ao número de seus vassalos diretos, isto é, dependentes e agregados que viviam dentro de suas propriedades. Já para a burguesia, riqueza significava poupança e investimentos adquiridos com a administração de seus bens. Para os nobres, tudo isso era sinônimo de avareza.

Observe nos documentos a seguir o desprezo que os dois grupos em questão sentiam um pelo outro. O primeiro ilustra a concepção de um nobre a respeito de um burguês. O segundo é uma crítica da burguesia aos gastos excessivos da nobreza.

As cruzadas

As cruzadas consistiram em expedições guerreiras estimuladas pelo papado com o objetivo de reconquistar a Terra Santa, isto é, os locais da Palestina nos quais Jesus viveu e que havia séculos estavam sob o domínio muçulmano. Foram convocadas em 1095 pelo papa Urbano II, em nome de um projeto de união da Cristandade contra os "infiéis", detentores dos Lugares Santos e em ofensiva contra os povos cristãos do Oriente. Os que delas participavam eram chamados de cruzados; receberiam da Igreja de Roma uma indulgência específica, ou seja, o perdão de seus pecados caso partissem para a Terra Santa.

Ao propor a cruzada, Urbano II pretendia também reaproximar os ramos latino e grego do cristianismo,

Os objetivos das cruzadas

"Os promotores das cruzadas e os cruzados haviam se colocado, pelo menos, três objetivos: a conquista da Terra Santa de Jerusalém, a ajuda aos bizantinos e a união da cristandade contra os infiéis. Mas nenhum desses objetivos havia sido alcançado plenamente. Nas palavras de um importante historiador da Idade Média, 'Se os cruzados são os grandes perdedores da expansão cristã no século XII, os grandes ganhadores foram, em definitivo, os comerciantes'. [...]"

Citado em LE GOFF, Jacques. *La Baja Edad Media*. Madrid: Siglo XXI, 1985.

BIBLIOTECA DE KONINKLIJKE, HOLANDA

Detalhe do mapa de Jerusalém, do século XIII, representando cavaleiros cristãos partindo para as cruzadas.

que haviam se dividido em 1054, em meio a excomunhões recíprocas entre o patriarca de Constantinopla e o papa Leão IX. Essa meta não foi alcançada: a Igreja Católica e a Igreja Ortodoxa permaneceram desunidas e hostis entre si.

No terreno militar, porém, os cruzados foram bem-sucedidos num primeiro momento. Apesar de inferiorizados numericamente, os participantes da Primeira Cruzada (1096) conseguiram paralisar a pressão muçulmana sobre os territórios bizantinos e conquistar Jerusalém e outros trechos da Síria e da Palestina, nos quais estabeleceram Estados feudais, os chamados reinos francos ou latinos.

Mas o êxito dos europeus teve curta duração. Sob a liderança do sultão Saladino, os muçulmanos derrotaram os cruzados em 1187 e reconquistaram Jerusalém. Os reinos latinos ficaram reduzidos a alguns trechos litorâneos da Palestina e da Síria. A Igreja e a nobreza reagiram e em 1189 organizaram a Terceira Cruzada, liderada pelo imperador Frederico I do Sacro Império Romano Germânico e pelos reis Filipe Augusto da França e Ricardo da Inglaterra, conhecido como Ricardo Coração de Leão.

Guerreiro famoso, Ricardo obteve algumas vitórias, mas não conseguiu recuperar as posições perdidas e terminou por estabelecer, em 1192, uma trégua com Saladino. As expedições subsequentes também fracassaram na reconquista de Jerusalém. Algumas nem tentaram: os participantes da Quarta Cruzada consideraram mais lucrativo saquear Constantinopla, em 1204, do que enfrentar os muçulmanos na Terra Santa. No total, foram realizadas oito cruzadas, além de expedições menores. Elas não conseguiram impedir, em 1291, o fim dos últimos enclaves da cristandade ocidental no Oriente.

As cruzadas exerceram forte influência na evolução da civilização europeia. Os mercadores enriqueceram, pois, aproveitando-se das viagens, criaram novas oportunidades de comércio. Com isso, houve o forta-

AS CRUZADAS

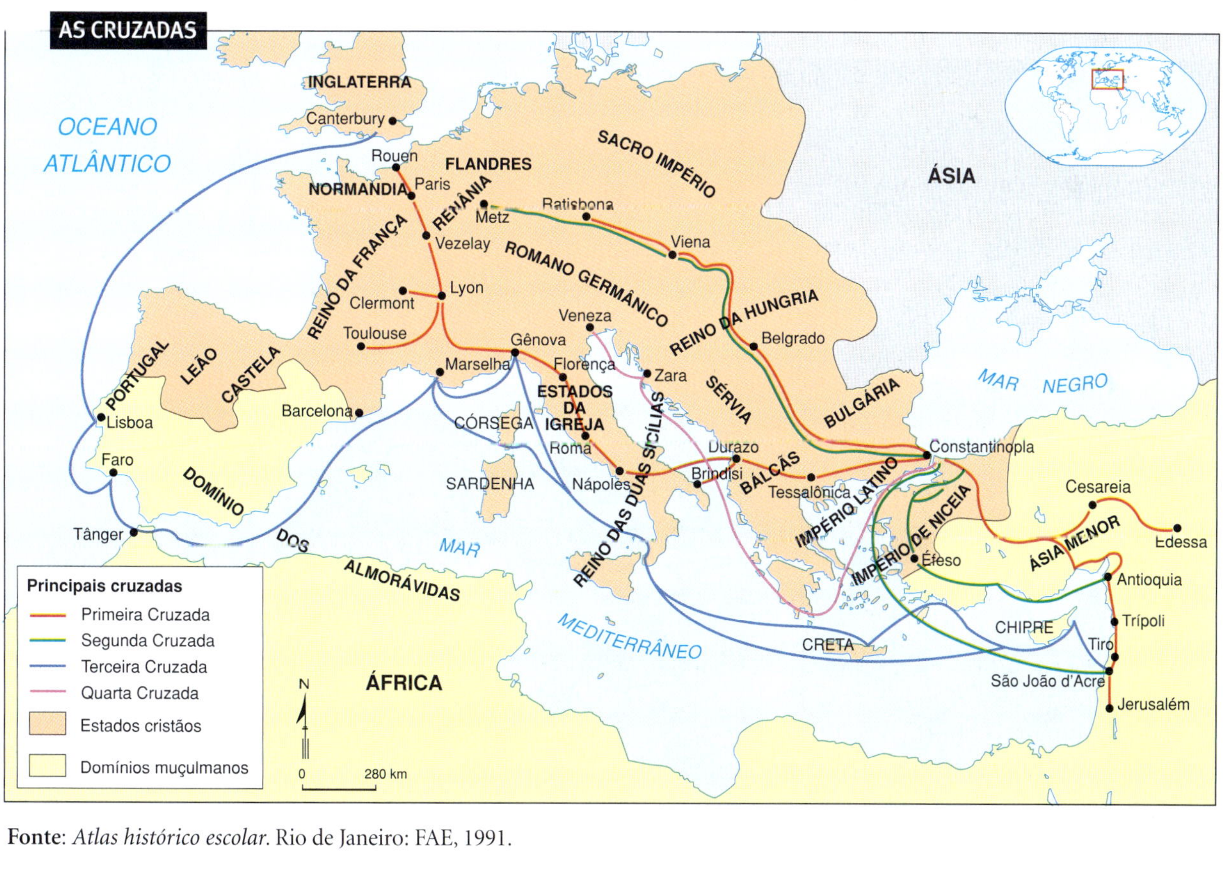

Fonte: *Atlas histórico escolar*. Rio de Janeiro: FAE, 1991.

Miniatura do século XIV representando o Concílio de Clermont, ocasião em que o papa Urbano II conclamou os fiéis para as cruzadas.

lecimento do poder real, uma vez que os negociantes apoiavam a Coroa. Por outro lado, a crescente necessidade de transportar os peregrinos propiciou novos investimentos na construção naval e na indústria de bens de consumo. Não se pode, entretanto, exagerar a importância dessas expedições. O historiador Hilário Franco Júnior observa que uma das consequências das cruzadas foi o contato entre os europeus e as civilizações bizantina e muçulmana. Obras de ciência e filosofia greco-romana, desaparecidas na Europa Ocidental, voltaram a se tornar conhecidas a partir de sua tradução para o árabe. E a influência cultural islâmica se estendeu a muitos outros campos, das táticas de combate à culinária, com a introdução das especiarias e outros temperos orientais.

Peste e rebeliões: a agonia da ordem feudal

No decorrer dos séculos XIV e XV, após um longo período de relativa prosperidade, a economia da Europa Ocidental passou por uma violenta crise. Entre as causas da retração, podemos citar os efeitos da **peste negra**, introduzida na Europa por volta de 1348. Provavelmente de origem oriental, a peste foi responsável pela morte de milhões de pessoas. Acredita-se que um quarto da população europeia tenha sido dizimada, o que provocou a desorganização da produção e, com isso, a fome generalizada.

A concentração urbana e a falta de higiene favoreceram a propagação da epidemia. Grande quantidade de lixo ficava espalhada pelas cidades medievais e o esgoto corria pelas ruas, contribuindo para a disseminação da doença. Mas a população desconhecia isso.

Na tela O triunfo da morte *(1562), Pieter Bruegel representa os horrores da peste e as incertezas do homem medieval.*

Apavorados, muitos procuravam as causas da peste em explicações sobrenaturais e até mesmo preconceituosas.

Para alguns grupos sociais — separados por quase sete séculos —, tanto a peste negra quanto a aids representam castigos divinos ao pecado. Na desordem social causada pelos efeitos das doenças, logo foram apontados os maiores culpados. A peste negra foi atribuída à ação dos leprosos, judeus e estrangeiros; no caso da aids, a culpa recaiu sobre os homossexuais. Em ambos os momentos, ocorreram atos de violência contra os supostos responsáveis.

Enquanto alguns olhavam com ódio para os doentes e estrangeiros, responsabilizando-os pelas epidemias, outros começaram a ver o mundo de um modo diferente, questionando a ordem feudal. Associada à crise econômica, a mudança de mentalidade contribuiu para profundas modificações políticas, econômicas, sociais e culturais, que resultaram no colapso de muitas estruturas do sistema em vigor.

Uma crise, várias soluções

As secas, a diminuição da produção agrícola (em consequência da morte de muitos camponeses) e a fome agravaram ainda mais a situação. Nos campos vazios, os sobreviventes exigiram melhores condições de trabalho e uma parcela maior da produção. A resposta dos senhores foi a imposição de medidas restritivas visando dificultar a saída dos servos dos feudos. Ao mesmo tempo, nas cidades, os reis tentavam impor aos artesãos os antigos salários, anteriores à epidemia.

Mas era impossível voltar no tempo. Os trabalhadores urbanos rebelaram-se contra a ordem feudal em levantes como o dos jornaleiros belgas (1323-1328). Na França, o campesinato sublevou-se em 1358, num movimento que ficou conhecido como **jacqueries** e que deu seu nome às revoltas rurais dos séculos seguintes, que foram reprimidas com ferocidade. Tais mobilizações ameaçaram a própria sobrevivência da nobreza e do clero.

Enquanto as revoltas e as fugas dos camponeses se multiplicavam, apesar da repressão, nas cidades cresciam as diferenças entre os ricos mercadores e os mestres das corporações. Estes tentavam controlar desde a etapa da produção até o preço final das mercadorias. Mas isso era impossível: o comércio internacional obtinha lucros crescentes. Os produtos orientais difundidos pelas cruzadas alcançavam altos preços, em boa parte graças à existência de grande número de intermediários entre o Oriente e as praças de comércio no Ocidente.

Jacqueries

Nome dado aos movimentos sociais rurais franceses. A expressão derivou-se de *Jacques bon homme*, isto é, Jacques, o simples, apelido pejorativo dado aos camponeses pela nobreza.

JUCA VARELLA/FOLHA IMAGEM

Assim como a peste negra se desenvolveu na Idade Média devido às péssimas condições de higiene, a falta de saneamento básico é responsável por provocar doenças na população ainda hoje. Na foto, esgoto a céu aberto na cidade de Mauá, estado de São Paulo (2000).

A crise generalizada obrigou as várias categorias sociais a buscar uma resposta. A dos oprimidos do campo e da cidade foram as *jacqueries* e os levantes urbanos. A da nobreza foram os conflitos dinásticos, que ofereciam a oportunidade de obter novos feudos. O mais grave foi a **Guerra dos Cem Anos**, travada entre a nobreza da França e da Inglaterra. O conflito estendeu-se de 1337 a 1453, alternando tempos de combates e de tréguas em meio a rebeliões camponesas e à mortandade causada pela peste.

Outra resposta, apoiada pela burguesia comercial, baseava-se no fortalecimento do poder dos reis para restabelecer a ordem e abrir novos mercados. Para algumas nações, isso implicava uma política de expansão marítima. Esse projeto atraiu muita gente que não pertencia às fileiras dos burgueses ricos, aventureiros que sonhavam em conhecer novas terras, ver de perto as maravilhas descritas por Marco Polo (1254-1324) e outros viajantes e, ao mesmo tempo, fazer fortuna nessas regiões exóticas. Todos os sonhos pareciam possíveis, na mesma medida em que a natureza e a sociedade já não pareciam tão sem surpresas, tão definidas e imutáveis. Os novos atores, movidos pela curiosidade e pela conjuntura, fervilhando de descobertas e possibilidades, não conseguiam — nem tentaram — evitar os choques com a velha ordem nobiliárquica e eclesiástica.

Os presságios de uma nova ordem estavam a caminho. Em breve a "Europa do latim" deixaria de existir.

A Guerra dos Cem Anos

A Guerra dos Cem Anos pode ser compreendida no contexto da formação dos Estados nacionais europeus. O motivo do atrito entre a França e a Inglaterra foi a disputa sobre a região de Flandres, importante produtora de tecidos e centro comercial, ligada à França por laços de vassalagem, mas vinculada economicamente à Inglaterra, da qual obtinha a lã.

Outra razão da guerra foi a disputa pelo trono francês, reivindicado por Henrique III, da Inglaterra, que no entanto era neto de Felipe IV (morto em 1328).

Em 1415, o exército da Inglaterra invadiu a França, ocupou a cidade de Paris e aprisionou o rei Carlos VI. Posteriormente, com a assinatura do Tratado de Troyes, o poder político francês foi entregue a Henrique V, de Lancaster. O tratado estabeleceu também a divisão do território da França, estando o norte sob domínio inglês.

Os franceses reagiram com rigor contra as determinações do tratado. Em 1429, a camponesa Joana D'Arc, à frente de um exército, comandou a vitória sobre os ingleses em Orléans.

Em 1435 foi firmada a paz entre a França e Borgonha. No ano seguinte, Paris foi libertada, e os ingleses, gradualmente derrotados.

GSL MONT/ALBUM-LATINSTOCK

Cena do filme Joana D'Arc de Luc Besson *(1999), com a atriz Mila Jovovich no papel principal. A camponesa Joana D'Arc lutou pelo exército francês na Guerra dos Cem Anos. Acusada por seus inimigos de prática de bruxaria, foi julgada, condenada e queimada na fogueira.*

TEXTO COMPLEMENTAR

Os efeitos da peste negra

A obra *Decameron* foi concluída em 1353 pelo italiano Giovanni Boccaccio. Uma das mais importantes criações literárias da Europa medieval, *Decameron* é uma coleção de contos ambientados nos anos terríveis da peste negra. Dez jovens, fugindo da epidemia, se refugiam em ricas mansões florentinas, onde passam os dias a contar histórias satíricas e irreverentes.

"Afirmo, portanto, que tínhamos atingido já o ano bem farto da Encarnação do Filho de Deus, de 1348, quando, na mui excelsa cidade de Florença, cuja beleza supera de qualquer outra da Itália, sobreveio a mortífera pestilência. [...]

Na cidade de Florença, nenhuma prevenção foi válida nem valeu a pena qualquer providência dos homens. A praga, a despeito de tudo, começou a mostrar, quase ao principiar a primavera do ano referido, de modo horripilante e de maneira milagrosa, os seus efeitos. A cidade ficou purificada de muita sujeira, graças a funcionários que foram admitidos para esse trabalho. A entrada nela de qualquer enfermo foi proibida. Muitos conselhos foram divulgados para a manutenção do bom estado sanitário. Pouco adiantaram as súplicas humildes, feitas em número muito elevado, às vezes por pessoas devotas isoladas, às vezes por procissões de pessoas, alinhadas, e às vezes por outros modos dirigidas a Deus.

A peste, em Florença, não teve o mesmo comportamento que no Oriente. Neste, quando o sangue saía pelo nariz, fosse de quem fosse, era sinal evidente de morte inevitável. Em Florença, apareciam no começo, tanto em homens como nas mulheres, ou na virilha ou na axila, algumas inchações. Algumas destas cresciam como maçãs; outras, como um ovo; cresciam umas mais, outras menos; chamava-as o populacho de bubões. Dessas duas referidas partes do corpo logo o tal tumor mortal passava a repontar e a surgir por toda parte. Em seguida, o aspecto da doença começou a alterar-se; começou a colocar manchas de cor negra ou lívidas nos enfermos. Tais manchas estavam nos braços, nas coxas e em outros lugares do corpo. Em algumas pessoas, as manchas apareciam grandes e esparsas; em outras, eram pequenas e abundantes. E do mesmo modo como, a princípio, o bubão fora e ainda era indício inevitável de morte futura, também as manchas passaram a ser mortais, depois, para os que as tinham instaladas. [...]

Tornara-se enorme a quantidade de curandeiros, assim como de cientistas. Contavam-se entre eles homens e mulheres que nunca haviam recebido uma lição de medicina. Assim como era certo que poucos se curavam, também é certo que, ao contrário desses, quase todos, após o terceiro dia do surgimento dos sinais referidos acima, faleciam. Sucumbiam uns mais cedo, outros mais tarde; a maioria ia-se para o túmulo sem qualquer febre nem outra complicação."

BOCCACCIO, Giovanni. *Decameron*. São Paulo: Abril Cultural, s.d.

Compreendendo o texto

1. Segundo o texto, quais os efeitos causados pela peste negra? Qual a postura das pessoas em relação à doença? Justifique sua resposta exemplificando com trechos da leitura.

2. A peste negra está inserida em um contexto de crises que assolaram a Europa ocidental no século XIV. Que outros fatores colaboraram para essa crise?

ATIVIDADES

EXPLORANDO O CONHECIMENTO

1 Elabore uma ficha sobre as cruzadas. Siga o roteiro:

a) O que foram as cruzadas e quais seus objetivos.

b) Quem as organizou.

c) As principais cruzadas.

d) Grupos sociais que delas participaram.

e) Dificuldades enfrentadas pelos cruzados.

f) Resultados que elas promoveram.

2 Qual era a situação do Império Bizantino quando se realizou a Primeira Cruzada? Como ficou o relacionamento entre cristãos ocidentais e orientais após a Quarta Cruzada?

3 Faça uma pesquisa sobre a Guerra dos Cem Anos e crie uma linha do tempo referente ao conflito, assinalando outros eventos importantes que tenham ocorrido na França entre 1337 e 1453.

4 Qual era a situação de Portugal enquanto franceses e ingleses se enfrentavam na Guerra dos Cem Anos? As pesquisas para responder a essa questão vão tornar mais claro o pioneirismo português no estabelecimento de uma monarquia nacional.

A HISTÓRIA E O TEMPO PRESENTE

5 Os homens fazem sua história, mas limitados pelas circunstâncias. Dentre essas circunstâncias, as epidemias estão entre as que provocam maiores transformações.

a) Identifique as transformações provocadas pela peste negra.

b) Pesquise as principais doenças contagiosas da atualidade ainda sem cura.

Vestibular / ENEM

1 (Fuvest-SP) Na Europa Ocidental dos nossos dias, em consequência do processo de integração, verifica-se um problema parecido com o que existiu durante a Baixa Idade Média. Trata-se do problema de articulação das três esferas do poder político: o poder local, o poder do Estado-Nação e o poder supranacional. Hoje, se a integração se concretizar, ela será feita, ao contrário do que ocorreu no fim da Idade Média, em prejuízo do poder do Estado-Nação. Indique:

a) quem exercia cada uma das três esferas do poder durante a Baixa Idade Média.

b) qual delas, no fim deste período histórico, se sobrepôs às demais e por quê.

2 (UFMG) Uma conjugação de fatores é responsável pela dissolução da sociedade feudal e pelo surgimento de uma ordem capitalista. Dentre eles, destacamos dois: a ação do comércio e do mercado e a peste negra do século XIV.

Descreva, sucintamente, de que forma esses fatores contribuíram para a desagregação do mundo feudal.

a) A ação do comércio e do mercado.

b) A peste negra do século XIV.

3 (Uneb-BA) Controlando a educação, dispondo a seu favor de instrumentos repressivos inquestionáveis, a Igreja conseguiu, durante a Idade Média, de um lado, manter uma aparente unidade religiosa do Ocidente Europeu, e de outro,

a) introduzir a liberdade no exame da *Bíblia*.

b) defender a extinção da hierarquia eclesiástica.

c) justificar a natureza das relações sociais da sociedade feudal.

d) propor o uso das línguas nacionais nas cerimônias litúrgicas.

e) disseminar a crença na salvação da alma obtida exclusivamente pela fé.

4 (Unicamp-SP) "O *tempo*, que do ponto de vista dos grandes capitalistas significava também dinheiro, contrapunha-se à ideia conservadora de *espaço*, representada pela propriedade imóvel da terra." (Adaptado de *História das grandes civilizações*.)

O texto citado trata da transição de um período histórico para outro.

a) Identifique essa transição.

b) Caracterize a sociedade em que predomina o espaço e aquela em que predomina o tempo.

5 (UEL-PR) "[...] o aumento demográfico, ocorrido do século XI ao XVI, permitiu uma multiplicação da nobreza cada vez mais parasitária. Seus hábitos de consumo tor-

naram-se mais exigentes e maiores, o que determinava uma necessidade de renda cada vez mais elevada. Segue-se, pois, uma superexploração do trabalho dos servos, exigindo-se destes um maior tempo de trabalho [...]".

O texto descreve uma das causas, na Europa, da:

a) formação do modo de produção asiático.
b) consolidação do despotismo esclarecido.
c) decadência do comércio que produziu a ruralização.
d) crise que levou à desintegração do feudalismo.
e) prosperidade que provocou o processo de industrialização.

6 (UFRN) O crescimento das cidades é um fenômeno da Europa ocidental a partir do século XI. Tratando sobre a questão, Pierre Vilar afirma:

> "As cidades dependiam dos senhores. Mas elas foram mais fortes que as aldeias para discutir com seus amos, rebelarem-se, obter ou impor 'cartas de franquias'. Coletivamente, continuavam vinculadas ao sistema feudal [...]. Mas em seu território, e sobretudo no recinto dentro da muralha, os habitantes eram livres e participavam da organização coletiva."
>
> VILAR, Pierre. *Do feudalismo ao capitalismo.* São Paulo: Contexto, 1992. p. 39.

Refletindo sobre essa afirmação, pode-se concluir que:

a) os moradores das cidades gozavam de significativa autonomia, mesmo submetidos à autoridade dos senhores, que lhes cobravam taxas.
b) os camponeses das aldeias medievais impuseram aos senhores feudais um documento que garantia autonomia política à comunidade.
c) os habitantes das cidades libertaram-se de inúmeras obrigações, entre elas a de participar das corporações de ofício.
d) as populações urbanas eram isoladas por muralhas que as impediam de estabelecer relações socioeconômicas com o mundo feudal.

7 (Unifor-CE) A situação de extrema miséria no campo, em virtude das calamidades naturais, aliada à opressão das obrigações servis, levou os camponeses da Europa medieval a se revoltarem contra a nobreza. Dessas insurreições, as mais significativas foram:

a) as Lutas em Poitiers em 1355 e a Revolta de Brétigny em 1356.
b) a Jacquerie de 1358, na França e a Rebelião dos Lollards, em 1381 na Inglaterra.
c) a de Bertrand Duguesclin em 1364 e a Rebelião dos Armagnacs em 1380.
d) a tomada do forte de Orléans por Joana D'arc em 1429 e a Rebelião dos Borguinhões em 1430.
e) a conquista de Bordeaux em 1453 e o conflito com o bispo inglês Thomas Becket.

Ampliando o conhecimento

Leitura

BARTLETT, W. B. *História ilustrada das cruzadas*. Rio de Janeiro: Ediouro, 2003.
Fartamente ilustrado e de fácil compreensão, relata a dramática história do movimento das cruzadas e a "guerra santa" que se estendeu por dois séculos.

Filmes

Coração valente

Direção de Mel Gibson. Estados Unidos, 1995. 177 min.
A vida de William Wallace, herói lendário dos escoceses na luta contra os ingleses pela independência da Escócia, na Baixa Idade Média, é narrada de forma ágil e vibrante.

REPRODUÇÃO

Cruzada

Direção de Ridley Scott. Estados Unidos, 2005. 146 min.
Um ferreiro francês é convocado a contragosto para as cruzadas, após o suicídio de sua mulher. Chegando a Jerusalém, ele se apaixona pela irmã do rei.

O nome da Rosa

Direção de Jean-Jacques Annaud. Alemanha, França e Itália, 1986. 130 min.
Monge franciscano é encarregado de investigar uma série de mortes estranhas que passam a ocorrer em um mosteiro durante a Baixa Idade Média. O espírito investigativo do monge expressa a tentativa de conciliar a fé e a razão, uma importante mudança que caracterizou o pensamento escolástico desenvolvido no período.

REPRODUÇÃO

Capítulo 12

A consolidação das monarquias na Europa moderna

Símbolos nacionais

RALPH ORLOWSKI/GETTY IMAGES

Torcedores brasileiros comemoram a vitória da seleção brasileira sobre Gana na Copa do Mundo de 2006, na Alemanha.

BILL BACHMANN/TOPFOTO-KEYSTONE

Bandeiras de vários países diante da sede da ONU, em Nova York.

ALASTAIR GRANT/AP/REUTERS-NEWSCOM

Rainha Elizabeth II, acompanhada do príncipe Philip, passa pela Galeria Real do Palácio de Westminster a caminho da Casa dos Lordes (Parlamento), para o pronunciamento tradicional de abertura do ano parlamentar inglês.

As imagens retratam alguns dos símbolos dos Estados nacionais. Esses símbolos servem para preservar a memória de um país, ajudar a contar a história dos antepassados e garantir vínculos com as gerações do futuro. Cada Estado nacional tem os seus símbolos: bandeiras, objetos, músicas, monumentos, hinos, entre outros.

Neste capítulo você vai estudar o desenvolvimento dos primeiros Estados nacionais ocidentais. Até meados da Idade Média não existiam, no Ocidente, símbolos nacionais nem Estados como Portugal, França e Inglaterra. Naquela época ninguém afirmava ser inglês, português, francês ou espanhol. A maior parte das pessoas identificava-se, unicamente, com as cidades onde tinham nascido, pois ainda demoraria muito tempo para surgirem os Estados modernos europeus.

A formação dos Estados nacionais

Como vimos nos capítulos anteriores, a Idade Média no Ocidente europeu foi marcada primeiramente pela fragmentação do território — concedido pelos diferentes reis aos seus nobres — e pela consequente diminuição do poder real.

Posteriormente, o novo papel assumido pelo comércio e pelas cidades fez surgir um grupo que começou a rivalizar em grau de importância com a nobreza: o grupo da burguesia.

A atuação dos diferentes grupos sociais — a partir de interesses às vezes complementares e às vezes conflitantes entre si — foi determinante para o surgimento dos Estados nacionais em algumas regiões da Europa.

Um jogo de interesses

Na fase final da Idade Média, a situação da nobreza não era confortável. Muitos nobres descuidaram de suas terras para lutar nas cruzadas, além de terem contraído dívidas ao organizar exércitos para combater os muçulmanos na Terra Santa. Aqueles que retornaram muitas vezes encontraram suas terras sem cultivo, ou abandonadas pelos trabalhadores, ou ainda tomadas por revoltas camponesas.

Grande parte das vezes os exércitos dos nobres voltavam reduzidos a poucos homens que não tinham condições de controlar os revoltosos, daí a necessidade da nobreza em negociar o apoio dos reis na defesa de suas terras em troca de abrir mão de certos privilégios.

Já para a burguesia a unificação do território era interessante, pois significava a unificação das leis, da moeda e dos padrões de pesos e medidas, muito importantes na produção e comercialização de produtos. Além disso, acabaria a cobrança de taxas cada vez que se entrava em um feudo: o tributo seria pago apenas ao rei.

Por sua vez, o rei, fortalecido de um lado pela injeção de dinheiro da burguesia e de outro pela dependência da nobreza, reunia as condições necessárias para consolidar seu poder.

Foi assim que entre os séculos XII e XV várias monarquias se consolidaram na Europa, sendo as mais expressivas aquelas estabelecidas em Portugal, na Espanha, na Inglaterra e na França. Entretanto, na Itália e na Alemanha o Estado nacional veio a se consolidar apenas no século XIX.

Estado e Nação

Até o século XII, data do surgimento de Portugal, não existiam ainda Estados nacionais centralizados. O poder político era instituído a partir de relações pessoais, de laços estabelecidos dentro da sociedade de ordens (nobres, clero e setores burgueses e populares).

Na Europa Ocidental, os primeiros embriões de Estado germinaram ao longo da modernidade. O processo de construção da unidade nacional foi dirigido por um chefe que contou com o apoio das elites, ambos interessados nas vantagens que a centralização do poder poderia proporcionar.

A ideia de Nação não se consolidou do dia para a noite, mas resultou de um período de grandes mudanças, tais como a gradativa perda de força dos senhores feudais, o desenvolvimento do comércio e das cidades e a retomada da autoridade dos reis. Nesse contexto, os antigos interesses regionais, baseados nos laços de fidelidade característicos da sociedade medieval, foram lentamente substituídos por necessidades maiores e mais amplas.

A autonomia dos feudos cedeu lugar à centralização do poder nas mãos de um monarca, o que firmou a noção de que todos os habitantes de um determinado território, incluindo nobres, burgueses, camponeses e clero, deviam obediência ao rei.

Para compreender o significado de um **Estado nacional** é preciso, primeiramente, entender o conceito de Nação.

Nação é um contrato político. Seus integrantes não se identificam uns com os outros apenas por solidariedades de ordem étnica, linguística ou religiosa, mas se sentem parte da mesma nação porque com-

SEBASTIAN WILLNOW/AFP-GETTY IMAGES

Será que torcer pelo Brasil na Copa é uma manifestação do sentimento nacional? Torcida brasileira na Copa do Mundo disputada na Alemanha em 2006.

partilham um contrato histórico, estabelecido durante séculos. Ser brasileiro, português, inglês, russo ou francês é compartilhar de um sentimento nacional que se originou e se desenvolveu no decorrer da formação dos Estados nacionais. A ruptura desse contrato deflagra movimentos separatistas que destroem o Estado nacional.

O **Estado**, por sua vez, não é definido com precisão por nenhum padrão ou norma. No mundo inteiro, os Estados nacionais surgiram em momentos históricos diferentes, aproveitando-se de situações peculiares e sofrendo múltiplas influências internas e/ou externas. Analogamente, suas funções se modificaram ao longo do processo histórico. De forma abrangente, podemos denominar o Estado como um organismo político-administrativo que exerce um poder soberano sobre determinado território, mediante a aplicação de leis e o funcionamento de aparatos judiciais e policiais encarregados de assegurar a obediência ao poder constituído.

Na época da formação dos Estados nacionais, o projeto de Nação estava vinculado à necessidade de apoiar a soberania do rei, vital para a construção de um Estado forte e competitivo, apto a justificar as decisões no contexto da política internacional. Tal concepção fez aumentar a necessidade de estabelecer fronteiras precisas entre um reino e seus vizinhos, pois o Estado deixava de ser um agregado de feudos para se tornar "nacional", algo com que todos se identificavam. Em geral, os limites eram fixados ao longo dos rios, mas também houve fronteiras determinadas por meio de linhas imaginárias. As fronteiras marítimas, principalmente após as grandes navegações, tornaram-se uma questão de Estado, e muitas vezes exigiram a interferência do poder da Igreja, instituição muito influente da época. Um exemplo é o Tratado de Tordesilhas (1494), que dividiu a América entre portugueses e espanhóis, sob os olhos atentos do papa Alexandre VI.

A base social do Estado moderno

O Estado unificado representou a consonância entre o rei e a comunidade nacional, convertendo-se em base do desenvolvimento socioeconômico.

Para a burguesia, um Estado nacional centralizado e forte era indispensável para o estímulo da economia mercantil, enquanto os nobres acreditavam que a nova ordem política significaria um aparelho mais forte de dominação contra as rebeliões camponesas e outras manifestações populares.

Assim, para a sociedade europeia ocidental de fins da Idade Média, a unidade nacional parecia ser a palavra de ordem. Exército nacional, moeda única, território demarcado, língua e cultura, administração única — enfim, um caldeirão de sentimentos nacionais borbulhava na Europa Ocidental, anunciando a grave crise do sistema feudal que se tornaria irreversível no século XV.

A exacerbação dessa crise favoreceu o surgimento dos Estados modernos, governados por monarquias nacionais. Em alguns casos, estas assumiram um caráter absolutista. Foi o que aconteceu, por exemplo, na França, em Portugal e na Espanha.

A formação da Espanha e de Portugal

Como vimos no capítulo 9, os muçulmanos conquistaram a Península Ibérica no século VIII e só foram expulsos definitivamente no século XV. Até o século XI cristãos e muçulmanos que viviam na Península Ibérica conviveram alternando períodos de paz e conflito, quando, nesse século, como reflexo das cruzadas, tiveram início as lutas para expulsar os muçulmanos.

Essas lutas foram chamadas **Reconquista**, pois o principal objetivo era reaver para os cristãos os territórios ocupados pelos muçulmanos. À medida que os territórios eram reconquistados, em Portugal ficavam sob a administração de **condes**, sendo por isso chamados **condados**. Na Espanha, eles deram origem a vários reinos.

Portugal nasceu exatamente a partir de uma faixa de terra retomada por cristãos sob o comando do rei Afonso VI de Leão, que passou sua administração ao nobre francês Henrique de Borgonha, em reconhecimento por seu empenho na luta contra os muçulmanos.

O território recebeu o nome de Condado Portucalense e permaneceu nessa condição até 1139, quando o filho de Henrique de Borgonha — Afonso Henrique — e o grupo político que o apoiava conquistaram a independência do condado, dando início ao reino de Portugal.

Os reis católicos Fernando de Aragão e Isabel de Castela representados em escultura do século XVII. Esta obra se encontra na Capela Real, Espanha.

A RECONQUISTA IBÉRICA

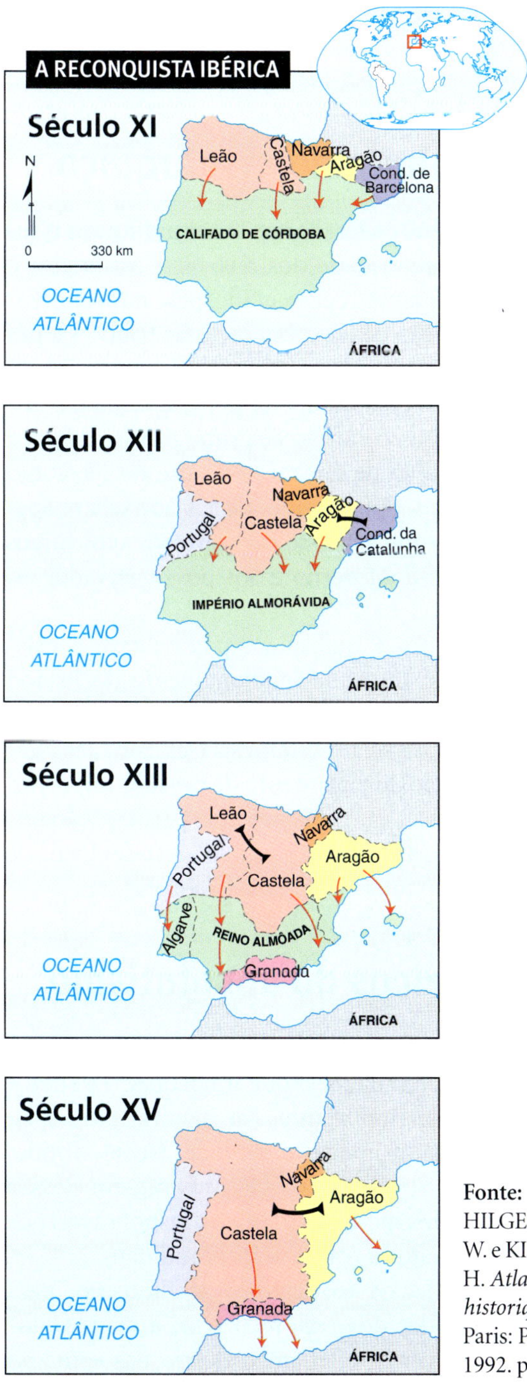

Fonte: HILGEMANN, W. e KINDER, H. *Atlas historique*. Paris: Perrin, 1992. p. 182.

Do mesmo modo que Portugal, a formação da Espanha deu-se a partir da expulsão dos muçulmanos de seu território. Os territórios reconquistados tornaram-se reinos: Leão e Castela, Navarra e Aragão. Aos poucos, alguns deles foram incorporados por meio de lutas ou então anexados por alianças de casamento. Foi assim, por exemplo, com o reino de Leão e Castela e o reino de Aragão.

Fernando — herdeiro do trono de Aragão — casou-se com Isabel — irmã do rei de Leão e Castela —, promovendo a união desses reinos e consolidando o domínio sobre quase todo o território que hoje corresponde à Espanha (veja o mapa ao lado).

Motivados por um forte sentimento cristão, Fernando e Isabel tiveram um importante papel na expulsão final dos muçulmanos da Península Ibérica, em 1492. Tal empenho fez com que eles se tornassem conhecidos como os Reis Católicos.

A monarquia na Inglaterra

Antes de tornar-se uma monarquia centralizada, as Ilhas Britânicas eram formadas por quatro reinos. A centralização ocorreu no século XII com o rei Henrique II. Seu sucessor, Ricardo Coração de Leão, passou a maior parte de seu reinado lutando nas cruzadas ou contra os franceses.

A ausência do rei e os altos custos militares provocaram um sentimento de insatisfação entre os nobres, os quais conseguiram limitar a ação dos sucessores de Ricardo por meio da Magna Carta, assinada em 1215.

A monarquia constitucional, regime de governo em vigor hoje na Inglaterra, teve sua origem na Magna Carta.

Para os historiadores Christopher Hill e René Rémond, a monarquia inglesa constitui um caso peculiar e específico, devido ao modo pelo qual o poder político se organizou no país após o século XII, com a assinatura da Magna Carta em 1215 pelo rei João Sem Terra.

Estatuto político tipicamente feudal, a Magna Carta não pretendia ser um documento popular, no sentido de garantir liberdades ao cidadão comum. Ela estabelecia os limites do poder real, fixando os direitos e deveres da monarquia e de seus súditos. Posteriormente, quando foi criado o Parlamento na Inglaterra, no século XIII, o seu alcance se estendeu. Por determinação da lei o monarca deveria respeitar o Parlamento e este não poderia ser dissolvido.

O Parlamento inglês era bicameral, constituído pela Câmara dos Lordes, que reunia nobres leigos e eclesiásticos, estes escolhidos pelo rei, e pela Câmara dos Comuns, formada por elementos da baixa nobreza (*gentry*) eleitos por voto censitário (voto vinculado às posses do eleitor). As duas Câmaras passaram a exercer funções legislativas e a controlar a cobrança dos tributos do Estado.

As várias correntes historiográficas diferem quanto à apresentação da monarquia inglesa, mostrando-a ora como absolutista, ora como aristocrática autoritária. A discussão gira em torno da divisão dos poderes: o argumento utilizado pelos adeptos da segunda teoria é o de que os poderes Executivo, Legislativo e Judiciário não se concentravam nas mãos do soberano.

Do outro lado do canal da Mancha, porém, não havia dúvidas. O Estado francês constituía-se no modelo clássico do absolutismo europeu. Na Europa do Ocidente, a França desponta não somente como a maior e mais povoada nação europeia, mas também como a mais solidamente centralizada.

A unificação na França

No início da Baixa Idade Média, o território da França estava tão fragmentado que alguns nobres eram mais poderosos que o próprio rei.

As disputas com a Inglaterra pelo controle da região de Flandres e pela sucessão do trono francês (que resultaram na Guerra dos Cem Anos) possibilitaram aos reis franceses criar mecanismos que fortaleceram seu poder. As alianças com setores da nobreza, enfraquecida pela guerra, e a criação de um exército assalariado controlado pelo rei permitiram a concentração de poderes nas mãos reais. A vitória francesa sobre os ingleses na Guerra dos Cem Anos foi fundamental para a construção de uma identidade nacional francesa, a consolidação da monarquia e a unificação do território.

ALBUM-LATINSTOCK

Baile da corte francesa no Palácio do Louvre representado em pintura de 1582.

O absolutismo monárquico

À medida que os territórios eram unificados e subordinados à autoridade dos reis, estes assumiam o papel anteriormente representado pela nobreza feudal na formulação de leis, cobranças de tributos e nas funções militares.

Mas, ao contrário do que se possa imaginar, a nobreza manteve sua condição de grupo privilegiado por meio da concessão de favores por parte do rei, como privilégios fiscais, um conjunto de leis que valiam apenas para esse grupo, o acesso exclusivo aos altos cargos administrativos do governo e aos postos elevados do exército etc.

A contradição é que quem possibilitava a existência dessa estrutura de funcionamento do Estado absolutista era justamente quem não tinha qualquer poder político, ou seja, a burguesia e as camadas mais pobres, por meio do pagamento de pesados impostos. A exigência dessas camadas por uma participação política mais efetiva se tornaria um dos grandes focos de tensão social no interior do Estado absolutista.

Os teóricos do absolutismo

A manipulação do imaginário social, para a construção da imagem daquele que irá ocupar o poder, é particularmente importante. Na maioria das vezes, não basta mostrar apenas a verdade. Nesse sentido, os teóricos do absolutismo agiram como em nossos dias atuam os **marketeiros** políticos, responsáveis por convencer o eleitor a votar em um candidato.

Dessa forma, os teóricos do absolutismo, para justificar o poder dos reis, recorriam a teorias filosóficas que decerto refletiam o desejo das camadas sociais interessadas em manter a autoridade centralizada. Mas esses pensadores fizeram mais do que simplesmente "vender" a imagem da realeza. Eles empreenderam uma profunda reflexão sobre o Estado e a política, em busca de uma conclusão a respeito dos modelos ideais de Nação e de poder.

O florentino **Nicolau Maquiavel** (1469-1527) introduziu dois conceitos importantes para o pensamento político moderno: ***Virtù*** (**Virtude**) e **Fortuna**. Para Maquiavel, Virtude era a capacidade de o governante escolher a melhor estratégia para a ação de seu governo, enquanto Fortuna remetia às contingências às quais os homens estão submetidos. Um bom governante seria aquele que, com sabedoria, soubesse combinar Virtude e Fortuna, sem priorizar uma ação em detrimento da outra. Para alcançar a plenitude na política, os reis precisariam de autonomia e não poderiam estar submetidos a nenhuma instituição — nem mesmo à Igreja Católica.

Sobre o governo dos príncipes, Maquiavel afirmou:

> "O príncipe não precisa ser piedoso, fiel, humano, íntegro e religioso, bastando que aparente possuir tais qualidades. [...] Um príncipe não pode observar todas as coisas a que são obrigados os homens considerados bons, sendo frequentemente forçado, para manter o governo, a agir contra a caridade, a fé, a humanidade, a religião [...]. O príncipe não deve se desviar do bem, se possível, mas deve estar pronto a fazer o mal, se necessário."
>
> MAQUIAVEL, Nicolau. O príncipe. In: *Maquiavel.* Sao Paulo: Nova Cultural, 1986. (Os Pensadores)

Juntamente com Maquiavel, o inglês **Thomas Hobbes** (1588-1679) é um dos principais teóricos do absolutismo. A partir da expressão "o homem é o lobo do homem" (*homo homini lupus*), Hobbes justificou a necessidade de a sociedade civil organizar-se politicamente para sair do estado de natureza, que, para ele, era sinônimo de caos. O estado de natureza, segundo Hobbes, era uma situação em que os homens viviam em sociedade apenas por uma questão de sobrevivência, para atender a suas necessidades vitais, e não por se sentirem seres sociais. Hobbes sustentava que, sem um governo forte e capacitado, os homens não respeitariam os limites necessários a uma boa convivência social. O caos estaria sempre presente no cotidiano das pessoas.

Sendo assim, a sociedade abdicaria de seus direitos em nome do rei, capaz de manter a ordem social e como

ERICH LESSING/ALBUM-LATINSTOCK

Retrato de Nicolau Maquiavel, pintado por Santi di Tito.

consequência a segurança nacional. Para Hobbes, autor de ***Leviatã***, o Estado seria então um mal necessário, porém capacitado a assegurar um comportamento social mais pacífico dos membros da sociedade. Ele considerava o Estado um monstruoso aparato administrativo, que, por meio de um Contrato Social firmado com a população, poderia absorver o direito de resolver por ela, soberanamente, as questões do bem comum. Portanto, para escapar ao caos e ter assegurada a sobrevivência, o homem perderia a liberdade política.

Segundo Thomas Hobbes:

> "O fim último, causa final e desígnio dos homens (que amam naturalmente a liberdade e o domínio sobre os outros), ao introduzir aquela restrição sobre si mesmos sob a qual os vemos viver nos Estados, é o cuidado com sua própria conservação e com uma vida mais satisfeita. Quer dizer, o desejo de sair daquela mísera condição de guerra que é a consequência necessária (conforme se mostrou) das paixões naturais dos homens, quando não há um poder visível capaz de os manter em respeito, forçando-os por medo do castigo, ao cumprimento de seus pactos e ao respeito àquelas leis de natureza [...]."
>
> HOBBES, Thomas. In: *Hobbes.* São Paulo: Abril Cultural, 1979. (Os Pensadores)

O direito divino dos reis

Para outra corrente de pensadores, que divergia da teoria do Contrato Social, a legitimação jurídica da monarquia perpassava pelas questões religiosas. Eles viam nos reis a expressão mais perfeita da autoridade delegada por Deus, e por isso falavam em **monarquia por direito divino**. O trecho a seguir é de autoria de **Jacques Bossuet** (1627-1704), renomado teórico absolutista francês:

"O trono real não é o trono de um homem, mas o trono do próprio Deus. [...] Três razões fazem ver que este governo [o da monarquia hereditária] é o melhor. A primeira é que é o mais natural e se perpetua por si próprio [...] A segunda razão [...] é que esse governo é o que interessa mais na conservação do Estado e dos poderes que o constituem: o príncipe, que trabalha para o seu Estado, trabalha para seus filhos, e o amor que tem pelo seu reino, confundido com o que tem pela sua família, torna-se-lhe natural [...]. A terceira razão tira-se da dignidade das casas reais [...]. A inveja, que se tem naturalmente daqueles que estão acima de nós, torna-se aqui em amor e respeito; os próprios grandes obedecem sem repugnância a uma família que sempre viram como superior e à qual se não conhece outra que a possa igualar [...]."

BOSSUET, Jacques-Bénigne. A política inspirada na Sagrada Escritura. In: FREITAS, Gustavo de. *900 textos e documentos de história*. Lisboa: Plátano, 1977.

BIBLIOTECA NACIONAL DA FRANÇA, PARIS

No frontispício da obra Leviatã, *de Thomas Hobbes, publicada em 1651, aparece um rei muito alto, majestoso, sobre sua terra. Seu corpo é feito de humanos, e suas mãos seguram os símbolos da autoridade real (a espada) e do poder religioso (cajado do bispo).*

AKG-IMAGES-LATINSTOCK

Retrato de Jean Bodin, especialista francês do Direito Público, de 1580.

Também adepto da teoria do direito divino dos reis, **Jean Bodin** (1530-1596) tornou-se conhecido como "Procurador Geral do Diabo" devido a sua incansável perseguição a feiticeiras e hereges. Bodin negava veementemente o direito à existência do Parlamento, sustentando que o órgão legislativo, diante de Deus, não possuía soberania para resolver qualquer questão, principalmente se estivesse em desacordo com o rei. Veja algumas de suas concepções:

"O rei sábio deve governar harmonicamente o seu reino, entremeando suavemente os nobres e os plebeus, os ricos e os pobres, com tal discrição, no entanto, que os nobres tenham alguma vantagem sobre os plebeus, pois é bem razoável que o gentil-homem, tão excelente nas armas e nas leis quanto o plebeu, seja preferido nos **estados da judicatura** ou da guerra; e que o rico, em igualdade das demais condições, seja preferido ao pobre nos estados que têm mais honra que lucro; e que ao pobre caibam os ofícios que dão mais lucro que honra; assim, todos ficarão contentes [...]."

BODIN, Jean. Seis livros da República. In: CHEVALLIER, Jean-Jacques. *As grandes obras políticas*: de Maquiavel a nossos dias. Rio de Janeiro: Agir, 1976.

Estado da judicatura
Emprego ligado à magistratura, ofício de juiz.

Os rituais falam

É interessante observar, pela ótica do simbolismo, do imaginário, dos sentimentos e dos mitos, o significado das práticas e representações políticas do Antigo Regime, principalmente na França, desde os primórdios da centralização do poder político até o seu esplendor no século XVII.

O imaginário político medieval foi importante para que a sociedade moderna compreendesse o verdadeiro significado do rei no processo de consolidação dos Estados nacionais. Para os medievos, o poder político era rodeado de simbologias inquestionáveis, baseadas no misticismo.

Séculos depois, a sagração do poder real na França conservava seu caráter mágico. A cerimônia, geralmente realizada na Catedral de Reims, ficava a cargo da Igreja, o que permite perceber claramente a intermediação entre as esferas secular e espiritual durante o Antigo Regime. Naquele momento, toda a sociedade podia participar da comunhão que se oficializava entre o Sagrado e a Nação.

Outro exemplo de ritual político era o "Leito de Justiça", uma das maiores celebrações que compunham o cerimonial do Estado francês, desde o final da Idade Média. Era uma espécie de "guerra de rituais" travada no Parlamento de Paris: a realeza valia-se de toda a complexidade do código cerimonial para afirmar sua superioridade e ao mesmo tempo ofuscar e rebaixar os membros do tribunal.

A relação entre a realeza e seus súditos, expressa por meio desses rituais, corresponde a uma analogia orgânica, na qual a figura do rei representa a cabeça do reino, e os súditos, os membros (observe essa imagem no frontispício da obra **Leviatã**, na página 156). É possível afirmar, nesse instante, que a ordem política cristã iniciava o seu declínio, uma vez que a imagem da realeza apropriava-se de certas funções pontifícias, antes praticadas pelos mais altos representantes da Igreja.

A imagem do rei, no período da transição do feudalismo para a sociedade burguesa, estava associada à justiça, à virtude e à própria natureza da nação. O rei era o agente responsável pela manutenção da ordem, pela prosperidade da nação, pelas vitórias nas guerras, pelos êxitos culturais. A realeza passava a ser um conceito místico. Concepções medievalistas que se utilizavam da metáfora do esposo e da esposa — o amor de Cristo pela Igreja — eram transferidas do espiritual ao secular, para definir a ligação entre Príncipe e Estado. O rei era o "esposo mítico" da República, aqui entendida como Estado.

ALFREDO DAGLI ORTI/THE ART ARCHIVE/CORBIS-LATINSTOCK

A imagem do monarca moderno deveria estar associada à de um estadista empreendedor. O retrato de Luís XIV com as plantas de Versalhes, pintado por Charles Le Brun (1619-1690), sugere que o rei francês teria acompanhado pessoalmente a construção de seu palácio.

Durante a modernidade, o corpo do rei foi visto simbolicamente como se, na verdade, fosse a junção de dois corpos distintos. O primeiro, representado pelo corpo físico, sujeito a sentimentos, paixões e morte. O segundo, o corpo político, cujos membros representariam os súditos, e a cabeça, o rei. Nesse corpo o rei estaria imune às manifestações humanas, inclusive à morte. No final do século XVIII, a Revolução Francesa empreenderia a crítica radical dessa e de outras concepções do Antigo Regime.

TEXTO COMPLEMENTAR

A corte

Este texto é um pequeno relato da corte francesa durante o reinado de Luís XIV, em que se realça a importância da figura e da imagem do rei.

"Hoje o nome 'Versailles' evoca não somente uma construção, mas um mundo social, o da corte, e em particular a ritualização da vida cotidiana do rei. Os atos de levantar de manhã e ir para a cama de noite foram transformados nas cerimônias de *lever* e do *coucher* — sendo a primeira dividida em duas etapas, o *petit lever*, menos formal, e o *grand lever*, mais formal. As refeições do rei também foram ritualizadas.

Luís podia comer mais formalmente (o *grand couvert*) ou menos formalmente (o *petit couvert*), mas até as colações menos formais, o *très petit couvert*, incluíam três serviços e muitos pratos. Essas refeições eram encenações perante uma audiência. Era uma honra ser autorizado a ver o rei comer, honra ainda maior receber uma palavra sua durante a refeição, honra suprema ser convidado a servi-lo ou a comer com ele. Todos os presentes usavam chapéu, exceto o rei, mas o tiravam para falar com este quando lhes dirigia a palavra, a menos que estivessem à mesa.

Como assinalou o sociólogo Norbert Elias, numa argumentação paralela à de Marc Bloch sobre o toque real, esses rituais não devem ser desprezados como meras curiosidades. Deveriam ser analisados pelo que podem nos contar sobre a cultura circundante — sobre a monarquia absoluta, a hierarquia social e assim por diante. Seria sensato ampliar essa abordagem a todo o resto da vida cotidiana do rei — sua missa diária, suas reuniões com seus conselheiros, e até suas campanhas, suas expedições de caça e suas caminhadas por seus jardins. Talvez se pense que estender assim a análise seria diluir o termo 'ritual' até esvaziá-lo da maior parte de seu sentido. No entanto, os observadores registravam que todos os atos do rei eram planejados 'até o mínimo gesto'. Os mesmos eventos se produziam todos os dias nas mesmas horas, a tal ponto que uma pessoa poderia acertar seu relógio pelo rei.

Havia normas formais para a participação nesse espetáculo: quem tinha direito a ver o rei, a que horas e em que partes da corte, se tal pessoa podia se sentar numa cadeira ou num tamborete (*tabouret*) ou tinha que permanecer de pé. A vida diária do rei compunha-se de ações que não eram simplesmente recorrentes, mas carregadas de sentido simbólico, porque eram desempenhadas em público por um ator cuja pessoa era sagrada. Luís esteve no palco durante quase toda a sua vida vígil. Os objetos materiais mais intimamente associados ao rei também se tornavam sagrados por sua vez, porque o representavam. Assim, era uma ofensa dar as costas ao retrato do rei, entrar em seu quarto de dormir vazio sem fazer uma genuflexão ou conservar o chapéu na sala em que a mesa estava posta para o seu jantar"

BURKE, Peter. *A fabricação do rei*: a construção da imagem pública de Luís XIV. Rio de Janeiro: Jorge Zahar, 1992.

Compreendendo o texto

1. Liste as regras de etiqueta, citadas no texto, que envolviam o rei francês Luís XIV e seus súditos.

2. Existem, nos dias de hoje, regras de etiqueta consideradas adequadas quando os cidadãos se dirigem a uma autoridade política ou religiosa? Quais são elas?

ATIVIDADES

Explorando o conhecimento

1 A crise do sistema feudal e a mudança na natureza do poder político da nobreza contribuíram para a formação dos Estados nacionais em algumas regiões da Europa.

a) Conceitue Estado nacional.

b) Cite três características dos Estados nacionais.

c) Compare os Estados nacionais com o poder político no feudalismo.

2 De acordo com o que você estudou, Estado e Nação não são sinônimos. Estabeleça a diferença entre os dois conceitos.

3 De que modo a Reconquista ibérica possibilitou a formação dos Estados nacionais de Portugal e Espanha?

4 A principal função dos teóricos absolutistas era construir a imagem positiva do rei. Além de enaltecer as qualidades do governante, eles tinham que induzir o povo a acreditar que o rei era um ser supremo.

Cite e explique as teorias que foram formuladas para justificar o absolutismo monárquico.

A história e o tempo presente

5 O conceito de nacionalismo é muito amplo e não pode ser compreendido se não consideramos as formas como os seres humanos se vinculam, se identificam, se relacionam e se agrupam uns com os outros em sociedade.

Observe com atenção a charge e a foto.

Charge de Angeli.

ANGELI

EPITACIO PESSOA/AE

Manifestação exigindo o impeachment do então presidente do Brasil Fernando Collor de Mello, em São Paulo, 1992.

a) Faça uma comparação estabelecendo os sentimentos expressos em cada figura.

b) A partir dessa comparação, você pode concluir que o nacionalismo no Brasil é um sentimento temporário? Explique e anote suas conclusões no caderno.

c) O autor da charge ironiza um tema relevante e atual na sociedade brasileira. Identifique a crítica do autor e o papel do Estado na solução do problema social representado na charge.

Vestibular / ENEM

1 (Enem-MEC)

I. Para o filósofo inglês Thomas Hobbes (1588-1679), o *estado de natureza* é um *estado de guerra* universal e perpétuo. Contraposto ao estado de natureza, entendido como estado de guerra, o *estado de paz* é a sociedade civilizada.

Dentre outras tendências que dialogam com as ideias de Hobbes, destaca-se a definida pelo texto a seguir.

II. "Nem todas as guerras são injustas e, correlativamente, nem toda paz é justa, razão pela qual a guerra nem sempre é um desvalor, e a paz nem sempre um valor."

BOBBIO, N.; MATTEUCCI, N.; PASQUINHO, G. *Dicionário de política*. 5. ed. Brasília: Universidade de Brasília; São Paulo: Imprensa Oficial do Estado, 2000.

Comparando as ideias de Hobbes (texto I) com a tendência citada no texto II, pode-se afirmar que:

a) em ambos, a guerra é entendida como inevitável e injusta.

b) para Hobbes, a paz é inerente à civilização e, segundo o texto II, ela não é um valor absoluto.

c) de acordo com Hobbes, a guerra é um valor absoluto e, segundo o texto II, a paz é sempre melhor que a guerra.

d) em ambos, a guerra ou a paz são boas quando o fim é justo.

e) para Hobbes, a paz liga-se à natureza e, de acordo com o texto II, à civilização.

2 (UFV-MG) A formação dos Estados Nacionais da Europa ocidental, durante a Época Moderna (século XV ao XVIII), embora tenha seguido uma dinâmica própria em cada país, apresentou semelhanças em seu processo de constituição. Sobre estas semelhanças, é **incorreto** afirmar que:

a) politicamente, o regime instituído é a monarquia absoluta, do qual a França é o modelo clássico.

b) o clero e a nobreza tinham posição e prestígio assegurados pela posse de terras e estavam sempre juntos na defesa de seus interesses.

c) em termos sociais, esse período se caracteriza pela lenta afirmação da burguesia, que estava à frente de quase todos os grandes empreendimentos da época.

d) para fortalecer o Estado, os reis adotaram um conjunto de medidas para acumular riquezas e desenvolver a economia nacional, denominado de mercantilismo.

e) a centralização do poder político na Itália ocorreu devido à crescente influência da burguesia mercantil de Gênova e de Veneza.

3 (FGV-SP) "Daqui nasce um dilema: é melhor ser amado que temido, ou o inverso? Respondo que seria preferível ser ambas as coisas, mas, como é muito difícil conciliá-las, parece-me muito mais seguro ser temido do que amado, se só se puder ser uma delas [...]."

MAQUIAVEL, N. *O príncipe*. 2. ed. Trad. Mira-Sintra — Mem Martins. Ed. Europa-América, 1976. p. 89.

A respeito do pensamento político de Maquiavel, é correto afirmar:

a) Mantinha uma nítida vinculação entre a política e os princípios morais do cristianismo.

b) Apresentava uma clara defesa da representação popular e dos ideais democráticos.

c) Servia de base para a ofensiva da Igreja em confronto com os poderes civis na Itália.

d) Sustentava que o objetivo de um governante era a conquista e a manutenção do poder.

e) Censurava qualquer tipo de ação violenta por parte dos governantes contra seus súditos.

4 (UFMG) Leia este trecho, escrito por um pensador cujas ideias foram influentes no processo de formação dos Estados nacionais na Europa ocidental:

"Há, porém, duas maneiras de tornar-se príncipe o homem comum, as quais não podem ser inteiramente atribuídas ou à sorte ou ao merecimento, e não me parece que deva deixá-las de lado, embora de uma delas se possa mais extensamente falar no lugar em que se discorrer sobre as repúblicas. São elas: quando, por qualquer forma criminosa ou nefanda, se ascende ao principado; e quando, mediante o favor dos seus concidadãos, torna-se alguém príncipe de sua pátria."

As ideias contidas nesse trecho podem ser associadas a:

a) Maquiavel, que considerava a fortuna e a virtude fatores importantes para se alcançar o poder.

b) Bodin, que defendeu, quando necessário, a investidura do soberano no poder por meios ilícitos.

c) Grotius, que preconizava a existência de um Estado forte para controlar a sociedade civil.

d) Hobbes, que pregava a afirmação da soberania de cada um dos indivíduos frente ao Leviatã.

Ampliando o conhecimento

Filme

Elizabeth

Direção de Shekhar Kapur. Inglaterra, 1998. 124 min.
O filme narra a história de Elizabeth I, a primeira rainha da Inglaterra, filha do rei Henrique VIII, mostrando além de suas paixões os bastidores do poder real.

REPRODUÇÃO

Site

Comissão da União Europeia

<http://ec.europa.eu/index_pt.htm>
Portal em português da União Europeia, em que se destacam tópicos de atualidades e políticas do bloco, informações que fornecem um panorama geral sobre a União Europeia e a relação entre os países-membros.

Capítulo 13

O Renascimento cultural e científico

O talento de Leonardo da Vinci

MUSEU DO LOUVRE, PARIS

La Gioconda (Monalisa), *de Leonardo da Vinci, pintura feita entre 1503 e 1506.*

ROYAL LIBRARY, LONDRES

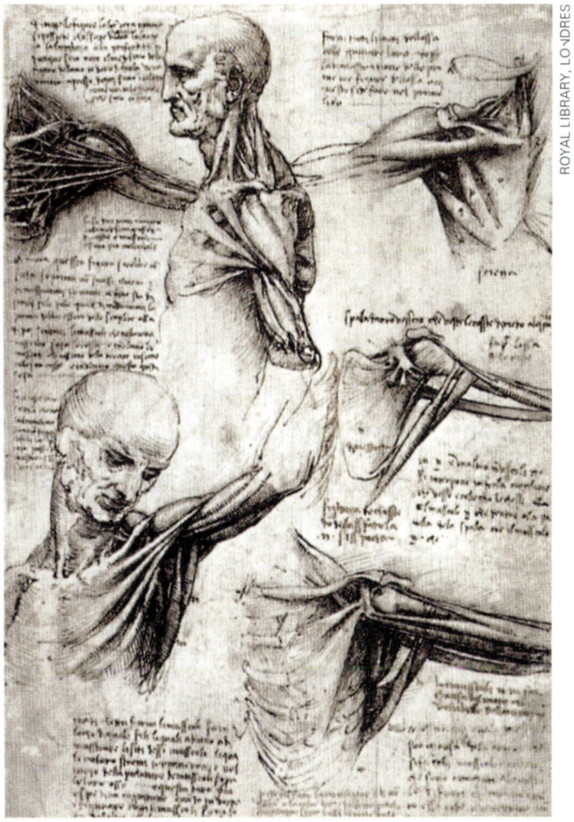

Estudo sobre ombros feito por Leonardo da Vinci (cerca de 1510).

BIBLIOTECA AMBROSIANA, MILÃO

Em seu estudo sobre o voo mecânico, Leonardo da Vinci criou este esboço de paraquedas (cerca de 1483-1486).

Leonardo da Vinci (1452-1519), autor dos desenhos e da pintura da página anterior, foi arquiteto, pintor, matemático, poeta e engenheiro militar. Autor de desenhos e projetos em matemática, mecânica, astronomia, perspectiva, ótica e hidráulica, desenhou, também, uma máquina para voar. Nos seus estudos demonstrou evidências de que a Terra girava ao redor de seu eixo de rotação, ideia esta não aceita em sua época.

Baseado nos estudos de Arquimedes, Leonardo da Vinci criou uma bomba hidráulica, para elevar água, a primeira do gênero. Projetou, ainda, uma ponte parabólica e vários modelos de barco, incluindo um movido a rodas de pás — como os navios a vapor de trezentos anos depois. Em Veneza foi acusado de pecador, por dissecar cadáveres, o que constituía crime, além de ser um terrível desrespeito contra a humanidade e a Igreja.

Um dos maiores gênios de todos os tempos, Leonardo distinguiu-se como mestre da pintura com apenas meia dúzia de quadros — os únicos que lhe podem ser atribuídos com toda certeza e exclusividade —, entre os quais estão a *Monalisa* e *A última ceia*, alguns dos mais famosos do mundo.

CID

Visão mítica da natureza do homem e do seu lugar no cosmo, *autor anônimo. A representação humana é inexpressiva, assexuada e os membros não são proporcionais. A religiosidade pode ser vista por meio da cruz desenhada no abdome. Essas características são fruto da visão teocentrista.*

AKG BERLIM/INTERCONTINENTAL PRESS

Davi, *de Michelangelo, escultura em mármore feita em 1504. A obra é um exemplo da valorização das formas humanas, uma das características do Renascimento.*

A extraordinária versatilidade de Leonardo da Vinci não foi um caso isolado. Movimento característico de uma era de inquietude, o Renascimento abriu espaço para a manifestação de indivíduos intelectualmente curiosos, interessados a um só tempo nas artes, nas ciências e na política, capazes de conduzir seu próprio destino. Esses indivíduos tornaram-se conhecidos como humanistas.

Neste capítulo você terá a oportunidade de saber o que foi o Renascimento, além de conhecer várias das contribuições desse movimento para a cultura atual.

Renascimento: ruptura ou evolução?

No período em que ocorreu o movimento chamado Renascimento — entre o século XII e o XVI — as pessoas experimentaram uma sensação geral de que as coisas não eram como antes e que não estavam funcionando como de costume. Mais do que isso, as explicações sobre o mundo — até aquele momento tidas como únicas e verdadeiras — começaram a parecer insuficientes.

Pois bem, esse conjunto de transformações que tomou conta da Europa e deu origem ao movimento renascentista teve início no período conhecido como Baixa Idade Média, que você estudou no capítulo 11 deste livro.

Essas transformações ocorreram no campo das artes, da política, das técnicas e no conhecimento que o ser humano tinha do universo e de si mesmo e foram alterando profundamente a mentalidade e o modo de vida das pessoas, embora a mentalidade medieval ainda predominasse em diversas regiões da Europa.

A partir do século XII, a cultura greco-romana foi reafirmada por indivíduos que se viam como herdeiros diretos da Antiguidade Clássica. Eles afirmaram que o período anunciava o fim da Idade Média ou "idade das trevas".

Porém, houve o trabalho minucioso dos monges na transmissão dos valores da cultura greco-romana, tendo em vista que eles ajudaram a preservar textos de autores pagãos e dos primeiros pensadores da cristandade.

O homem e a natureza

"[...] Que obra incrível é o homem! Com tanta nobreza de razão, com qualidades infinitas, tão admirável na forma e nos movimentos! Quando está agindo, parece um anjo, e quando reflete, parece mais um deus! A coisa mais bela do mundo! O primeiro entre os animais! [...]"

SHAKESPEARE, William. *Hamlet*. Rio de Janeiro: Objetiva, 2003.

"[...] O sol ainda estava bem alto, porque a conversação tinha sido breve. Por isso, logo que Dioneu e os outros rapazes se puseram a jogar gamão, Elisa chamou de parte as donzelas e lhes disse: Desde que chegamos aqui eu tenho desejado levá-las a um lugar muito perto de onde estamos, e aonde até agora não creio que nenhuma de nós tenha ido: Vale das Mulheres. Até hoje, quando o sol ainda vai alto, nunca tinha achado tempo de levá-las até lá.

[...] Não andaram mais de milha e chegaram ao Vale das Mulheres. Nele entraram por uma passagem muito estreita, onde corria um límpido regato, nascido em um dos extremos. Viram que o vale era o mais lindo e aprazível que se pudesse conceber, especialmente naquele tempo de calor forte. [...]."

BOCCACCIO, Giovanni. O vale das mulheres. In: *Contos de Decameron*. São Paulo, Scrininum, 1996.

BIBLIOTECA REAL, WINDSOR

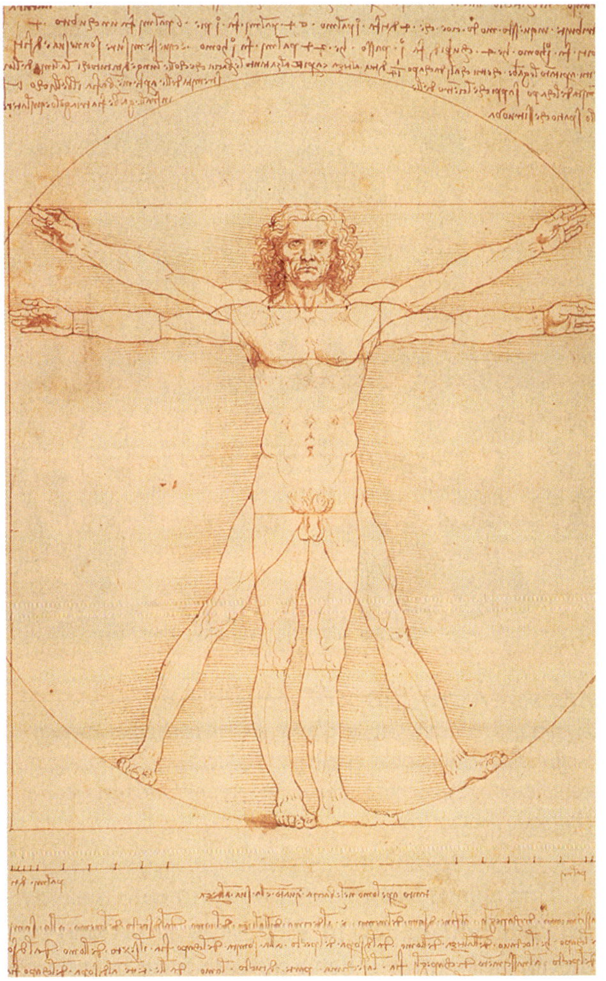

Homem Vitruviano *(1490), Leonardo da Vinci. O homem tem expressão e sexo definidos, a perspectiva e a proporção do desenho demonstram os conhecimentos matemáticos do artista.*

A partir do século VIII, muitos eruditos cristãos trocaram os mosteiros pela corte de Carlos Magno. Ali desenvolveram uma atividade cultural intensa e esse período ficou conhecido como Renascimento Carolíngio (conforme apresentado no capítulo 8). O domínio mouro na Península Ibérica ajudou a difundir na Europa ocidental textos de autores greco-romanos traduzidos para o árabe. O intercâmbio entre eruditos muçulmanos e cristãos aumentou nos séculos XI e XII, com as cruzadas. E a criação das primeiras universidades, no final da Idade Média, abriu novos espaços para a difusão do conhecimento.

Foi nesse momento que Nicolau Maquiavel (1469-1527), escritor e cientista político, afirmou que o homem renascentista deveria ser dotado de *Virtù*, característica de um homem obstinado por liberdade e que dirigia o seu destino. Isso significa que o humanismo e o Renascimento foram gerados pelas expectativas e aspirações de homens ávidos por uma nova ordem. Maquiavel escreveu *O Príncipe*, importante livro em que analisa a estrutura do poder político e orienta os reis sobre como mantê-lo.

ACERVO PINACOTECA DO VATICANO/FOTO: L.A.R.A./CID

A Escola de Atenas (1508-1511), afresco de Rafael. Na pintura renascentista, os planos servem para dar a ideia de profundidade. Para obter esse efeito, Rafael teve que empregar complexos cálculos matemáticos, empregando uma técnica chamada perspectiva.

Para alguns historiadores, o movimento renascentista representou uma total oposição ao período medieval; para outros, o Renascimento foi mais um processo evolutivo do que uma ruptura profunda, pois diversas manifestações renascentistas foram identificadas já no início do século XII.

O comércio e o Renascimento

Vantagens comerciais decorrentes da posição geográfica, a existência de um grande número de unidades políticas independentes e o desenvolvimento manufatureiro fizeram do norte da Península Itálica o precursor do movimento renascentista.

Soma-se a isso a presença de uma tradição clássica muito forte, pois a região foi o centro do Império Romano e, além disso, sofreu a influência dos bizantinos que se fixaram na península para escapar aos ataques dos turcos contra Constantinopla. Outro fator importante foi o papel desempenhado pelos **mecenas**: papas, cardeais, príncipes ou ricos mercadores que, movidos pela ambição, pela busca de popularidade e poder, passaram a contratar os serviços dos artistas e se tornaram os grandes incentivadores da cultura italiana.

A partir do século XV a cultura renascentista difundiu-se pela Europa, assumindo entre suas principais características o classicismo, hedonismo, naturalismo, racionalismo e humanismo.

O **classicismo** manifestou-se sobretudo nas artes plásticas, no ideal de serenidade e harmonia, mas esteve presente em todas as esferas da criação renascentista. Essa característica pode ser explicada a partir da retomada dos valores da Antiguidade, como correntes de pensamento, doutrinas políticas, concepções filosóficas e históricas. Assim, o classicismo representou uma espécie de "depósito de pensamentos" sujeito a transformações de acordo com as necessidades ou desejos da época.

Um exemplo dessa transformação foi a passagem da "civilização terrestre" medieval para uma "civilização marítima". O mar é um elemento-chave em *Os Lusíadas*, a epopeia de Luís de Camões (c.1525-1580), uma das expressões supremas do Renascimento em Portugal, enquanto na obra *A Divina Comédia*, de Dante Alighieri (1265-1321), eram a Terra e o céu os elementos fundamentais.

Já no romance *Dom Quixote*, o espanhol Miguel de Cervantes (1547-1616) critica particularmente os elementos do feudalismo, tais como as pretensões dos nobres como únicos defensores da honra e do direito.

O **hedonismo** renascentista, por sua vez, consistia na valorização do corpo, dos prazeres terrenos e espirituais, no culto do belo e da perfeição. Giovanni Boccaccio (1313-1375), François Rabelais (1494-1553) e William Shakespeare (1564-1616) são exemplos de autores renascentistas cujas obras personificam o intenso amor pelas coisas humanas e terrestres. O **naturalismo** pode ser definido como o interesse dos artistas em retratar os homens e os animais, o cuidado rigoroso em mostrar a natureza como de fato ela é. A valorização do retrato fiel estimulou o estudo da anatomia humana, das plantas e dos animais, a fim de transportar para a arte o conhecimento obtido na investigação científica. O **racionalismo** consistia na busca da verdade por meio da investigação e da experiência e não mais com base em princípios religiosos e explicações sem fundamento científico.

Finalmente, em vez do **teocentrismo** medieval, o **humanismo** reservava ao ser humano o papel de centro do universo. A partir dessa concepção, também chamada antropocentrismo, cabia às pessoas a capacidade de descobrir verdades por conta própria e de crescer, material e espiritualmente, a fim de deixar sua marca no mundo.

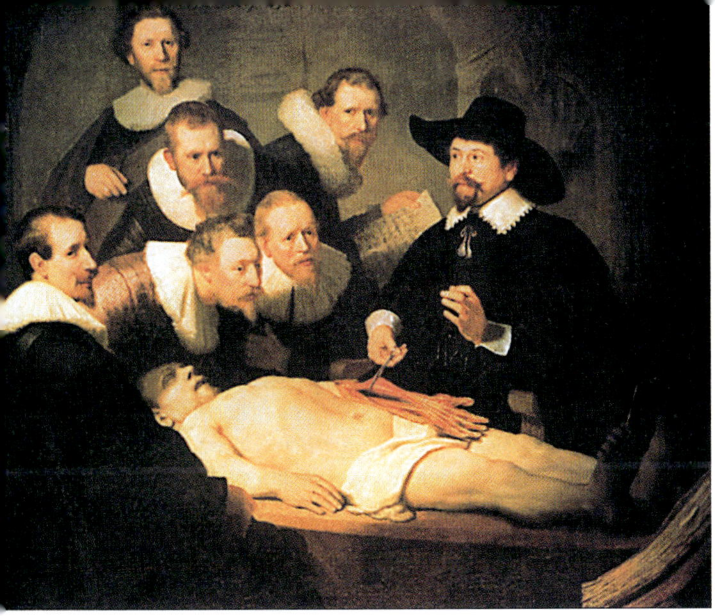

GALERIA MAURITSHUIS ROYAL PICTURE, HAIA

Lição de anatomia do Dr. Nicolaes Tulp, *tela do holandês Rembrandt. Realizada em 1632, a obra traz o estudo da anatomia humana como tema central.*

Nessa nova esfera de compreensão intelectual, era também humana a propriedade de contar sua história, o legado para as gerações futuras como um testemunho da sua existência a partir da sua excelência e imortalidade.

Em certa medida, porém, essa atitude implicou conflito com as concepções religiosas, ou seja, os pensadores renascentistas questionaram não só o conservadorismo da Igreja, mas também formularam novos princípios. Eles terminaram por deflagrar os movimentos religiosos reformadores, entre os quais a ruptura impulsionada por Martinho Lutero, conhecida como Reforma Protestante.

▸ O desenvolvimento científico

Com base no estudo do homem e da natureza fundamentado no espírito crítico, o Renascentismo contribuiu em larga medida para o desenvolvimento científico. Em especial, os campos da astronomia, da matemática, da física e da medicina tiveram importantes avanços.

O grande feito da astronomia foi a comprovação da **teoria heliocêntrica** que se contrapôs à teoria geocêntrica de Ptolomeu. Enquanto os geocentristas defendiam a ideia de que o Sol girava em torno da Terra, os heliocentristas defendiam a ideia de que a Terra girava em torno do Sol. A teoria geocêntrica foi refutada abertamente pela primeira vez por **Nicolau de Cusa** (1401-1464). Posteriormente, o polonês **Nicolau Copérnico** (1473-1543), estudioso de direito civil e canônico que frequentou importantes universidades na Itália, interessou-se pela astronomia e, com base em cálculos matemáticos e sugestões de alguns importantes cientistas italianos, concluiu que os planetas giravam em torno do Sol. O resultado de suas pesquisas só seria divulgado no século XVI, uma vez que o cientista polonês temia a hostilidade da Igreja Católica.

Galileu Galilei (1564-1642), um dos mais renomados cientistas italianos, comprovou a teoria heliocêntrica de Copérnico. De posse de um telescópio, Galileu descobriu os anéis de Saturno, os satélites de Júpiter e as manchas do Sol. Além disso, Galileu concluiu que a Via Láctea era uma aglomeração de corpos celestes independentes do nosso sistema solar.

Nos estudos de física destacaram-se Galileu Galilei e Leonardo da Vinci. O primeiro desenvolveu a lei da queda dos corpos, e o segundo empreendeu pesquisas no campo da hidráulica e da hidrostática.

No campo das ciências relacionadas à medicina distinguiram-se **Mundinus** (c. 1270-1326), que introduziu a prática da dissecação de cadáveres para obter um conhecimento legítimo da anatomia humana; **Falópio** (1523-1562), o descobridor dos **ovidutos** humanos ou trompas de Falópio; **Eustáquio** (1520-1574), que desvendou a ligação entre o ouvido médio com a garganta, e, dentre outros, **Miguel Servet** (1511-1553) e **William Harvey** (1578-1657), que realizaram trabalhos referentes à circulação do sangue.

O alemão **Johann Kepler** (1571-1630) e o suíço **Paracelso** (1493-1541) também se notabilizaram como cientistas. Kepler aperfeiçoou a teoria de Copérnico ao comprovar que os planetas se movimentavam em torno do Sol em uma órbita elíptica e não circular. Por sua vez, o alquimista e médico Paracelso (cujo nome verdadeiro era Theophrastus von Hohenheim) escreveu o primeiro manual de cirurgia, focalizou o papel da química na medicina, fez uma descrição clínica da sífilis e descobriu a relação entre o **cretinismo** dos filhos e o **bócio** dos pais.

Oviduto

Canal que conduz os óvulos do ovário para outros órgãos do sistema reprodutor feminino.

Cretinismo

Estado de debilidade produzido pela ausência ou insuficiência da glândula tireoide.

Bócio

Hipertrofia da glândula tireoide.

TEXTO COMPLEMENTAR

A força criativa de Sandro Botticelli

O Renascimento foi um movimento de ampla repercussão na Europa, mas teve na Península Itálica sua origem e seu alcance mais expressivo. Nessa região, o Renascimento foi tradicionalmente dividido em três períodos: o ***Trecento*** (século XIV), o ***Quattrocento*** (século XV) e o ***Cinquecento*** (século XVI).

Sandro Botticelli, renomado expoente da pintura do *Quattrocento*, criou vários quadros com base em temas da Antiguidade grega. Nessas obras, ele imprimiu traços graciosos e ritmo suave às figuras representadas, como em *O nascimento de Vênus* (cerca de 1483). Analise agora esse monumental trabalho artístico.

GALLERIA DEGLI UFFIZI, FLORENCE, ITÁLIA

O nascimento de Vênus, *de Sandro Botticelli, 1483.*

Compreendendo o texto

1. Descreva a cena e o ambiente representados na tela.
2. Explique por que o artista foi buscar na mitologia grega os elementos para produzir essa obra.
3. O ideal do humanismo moveu o espírito do Renascimento. Cite elementos da obra de Botticelli que confirmam sua inclusão naquele movimento.

ATIVIDADES

Explorando o conhecimento

1 Você estudou que o impulso do movimento renascentista revigorou alguns valores que faziam parte da tradição da Antiguidade clássica. Em todos os campos do saber emergiu uma vitalidade cultural que contrariava os limites tradicionais.

a) Conceitue Renascimento.

b) Cite e explique duas características do Renascimento.

2 O Renascimento teve início na Península Itálica, numa época em que na região já havia uma economia próspera, geradora de excedentes que puderam ser investidos na cultura.

a) Que fatores contribuíram para o pioneirismo da Península Itálica no movimento renascentista?

b) Identifique o papel dos mecenas nesse processo.

3 Os renascentistas consideravam o meio urbano o local ideal para o florescimento das artes. Nos séculos XV e XVI, as regiões mais urbanizadas da Europa ocidental localizavam-se na Península Itálica e nos Países Baixos.

a) Explique as razões de o ambiente urbano ser mais propício para o desenvolvimento da arte e da cultura renascentista.

b) Por que as regiões mencionadas no texto eram as mais urbanizadas da Europa ocidental daquela época?

4 Nas diversas transformações ligadas ao advento do mundo moderno, destaca-se um fenômeno que pode ser chamado de Revolução Científica. Tal processo, relacionado aos estudos de Kepler, Copérnico e Galileu, entre outros, levou a profundas mudanças nas concepções acerca da construção do saber.

a) Explique o sentido do termo Revolução Científica.

b) Escolha um dos cientistas apresentados no texto e faça uma pesquisa sobre a sua vida e obra. Com base nas informações obtidas, monte uma ficha biográfica do autor.

c) Procure juntar ao seu trabalho imagens e curiosidades sobre esse personagem.

d) Junto com seus colegas, organize um mural para expor os trabalhos da turma.

A história e o tempo presente

5 Leia o texto e responda às questões a seguir.

O legado do Renascimento

"[...] Podemos dizer sem exagero que no Renascimento a humanidade começou a se libertar das condições que lhe eram impostas pela natureza. O homem deixou de ser apenas uma parte da natureza. A natureza passou a ser algo que se podia usar e explorar. 'Saber é poder', dizia o filósofo inglês Francis Bacon, sublinhando com isto a aplicação prática do conhecimento. E isto era uma coisa nova. A humanidade passou a intervir na natureza e a querer controlá-la.

– Mas isto não foi uma coisa positiva?

– Sim e não. Vamos retomar aqui os fios do bem e do mal que se entrelaçam em tudo o que o homem faz. A ruptura tecnológica iniciada no Renascimento levou aos teares e ao desemprego, aos remédios e a novas doenças, à eficiência controlada da agricultura e à exploração da natureza, a novos utensílios como máquinas de lavar e geladeiras, e também à poluição ambiental e às montanhas de lixo. O fato de assistirmos hoje à terrível degradação de nosso meio ambiente levou muitos a ver a ruptura tecnológica como um perigoso desvio das condições de vida que nos são dadas pela natureza. Para estas pessoas, o homem colocou em marcha um processo que não pode mais controlar. Outros, mais otimistas, acreditam que ainda nos encontramos na 'infância' da tecnologia. A civilização tecnológica, acreditam eles, também tem suas 'doenças de infância'; mas no fim os homens vão aprender a controlar a natureza, sem com isto ameaçá-la em seus pontos vitais. [...]"

GAARDER, Jostein. *O mundo de Sofia*. São Paulo: Companhia das Letras, 1998.

a) Que tipo de relação homem-natureza foi introduzida pelo Renascimento?

b) Identifique os aspectos positivos e negativos que, segundo o texto, foram gerados pela ruptura tecnológica iniciada no Renascimento.

c) O texto apresenta duas visões diferentes a respeito da relação futura entre homem, natureza e tecnologia. Quais são elas?

1 (Enem-MEC)

"[...] Depois de longas investigações, convenci-me por fim de que o Sol é uma estrela fixa rodeada de planetas que giram em volta dela e de que ela é o centro e a chama. Que, além dos planetas principais, há outros de segunda ordem que circulam primeiro como satélites em redor dos planetas principais e com estes em redor do Sol. [...] Não duvido de que os matemáticos sejam da minha opinião, se quiserem dar-se ao trabalho de tomar conhecimento, não superficialmente mas duma maneira aprofundada, das demonstrações que darei nesta obra. Se alguns homens ligeiros e ignorantes quiserem cometer contra mim o abuso de invocar alguns passos da Escritura (sagrada), a que torçam o sentido, desprezarei os seus ataques: as verdades matemáticas não devem ser julgadas senão por matemáticos."

COPÉRNICO, N. *De Revolutionibus orbium caelestium.*

"Aqueles que se entregam à prática sem ciência são como o navegador que embarca em um navio sem leme nem bússola. Sempre a prática deve fundamentar-se em boa teoria. Antes de fazer de um caso uma regra geral, experimente-o duas ou três vezes e verifique se as experiências produzem os mesmos efeitos. Nenhuma investigação humana pode se considerar verdadeira ciência se não passa por demonstrações matemáticas."

VINCI, Leonardo da. *Carnets.*

O aspecto a ser ressaltado em ambos os textos para exemplificar o racionalismo moderno é

a) a fé como guia das descobertas.

b) o senso crítico para se chegar a Deus.

c) a limitação da ciência pelos princípios bíblicos.

d) a importância da experiência e da observação.

e) o princípio da autoridade e da tradição.

2 (Fuvest-SP)

"Há muitas maravilhas mas nenhuma é tão maravilhosa quanto o homem. [...] homem de engenho e artes inesgotáveis [...] soube aprender sozinho a usar a fala e o pensamento mais veloz que o vento [...] sagaz de certo modo na inventiva além do que seria de esperar e na destreza, que o desvia às vezes para a maldade, às vezes para o bem [...]."

SÓFOCLES, *Antígona*, 497-406 a.C.

"Este animal previdente, sagaz, complexo, penetrante, dotado de memória, capaz de raciocinar e de refletir, ao qual damos o nome de homem [...]. Único entre todos os vivos e entre todas as naturezas animais, só ele raciocina e pensa. Ora, o que há [...] de mais divino que a razão, que chegada à maturidade e à sua perfeição é justamente chamada de sabedoria?"

CÍCERO, *Sobre as leis*, 106-43 a.C.

"Eu não te dei, Adão, nem um lugar pré-determinado, nem quaisquer prerrogativas [...]. Tu mesmo fixarás as tuas leis sem estar constrangido por nenhum entrave, segundo teu livre-arbítrio, a cujo domínio te confiei [...]. Poderás degenerar à maneira das coisas inferiores, que são os brutos, ou poderás, segundo tua vontade, te regenerar à maneira dos superiores, que são as divinas."

MIRANDOLA, Pico della, *Sobre a dignidade do homem*, 1463-1494.

a) Qual o assunto dos textos e como é denominada a concepção neles presente?

b) Qual a relação existente entre o universo cultural de Pico della Mirandola e o de Sófocles e Cícero?

3 (PUC-MG) O Renascimento, enquanto fenômeno cultural observado na Europa ocidental no início da Idade Moderna, encontra-se inserido no processo de transição do feudalismo para o capitalismo, expressando o pensamento e a visão de mundo próprios de uma sociedade mercantil e, portanto, mais aberta e dinâmica. Manifestando-se principalmente através das artes e da filosofia, o movimento renascentista tinha como eixo:

a) a sabedoria popular e domínio da maioria, como mecanismo de combate ao poder aristocrático e de oposição aos novos segmentos sociais em ascensão.

b) a oposição a todas as religiões organizadas, pois os princípios religiosos impediam a liberdade de opinião e tornavam o homem alienado.

c) a igualdade jurídica de todos os indivíduos, suprimindo-se os privilégios de classe e equiparando os direitos e obrigações dos cidadãos.

d) a liberdade de trabalho inerente a qualquer pessoa, como instrumento capaz de possibilitar a criação e o crescimento do ser humano, sendo necessário abolir as corporações de ofício.

e) a valorização do homem por sua razão e por suas criações, difundindo a confiança nas potencialidades humanas e superando o misticismo dominante no período medieval.

4 (Uneb-BA) "O pintor que trabalha rotineira e apressadamente, sem compreender as coisas, é como o espelho que absorve tudo o que encontra diante de si, sem tomar conhecimento."

"Experiência, mãe de toda a certeza."
"Só o pintor universal tem valor."

São trechos de Leonardo da Vinci, personagem destacada do Renascimento. Neles, o autor exalta compreensão, conhecimento, experiência, universalismo, valores que marcaram o:

a) Teocentrismo, como princípio básico do pensamento moderno.
b) Epicurismo, em alusão aos princípios dominantes na Idade Média.
c) Humanismo, como postura ideológica que configurou a transição para a Idade Moderna.
d) Confuncionismo, por sua marcada oposição ao conjunto dos conhecimentos orientais.
e) Escolasticismo, dado que admitia a fé como única fonte de conhecimento.

5 (UEL-PR) O renascimento, amplo movimento artístico, literário e científico, expandiu-se da Península Itálica por quase toda a Europa, provocando transformações na sociedade. Sobre o tema é correto afirmar:

a) O racionalismo renascentista reforçou o princípio de autoridade da ciência teológica e da tradição medieval.
b) Houve o resgate, pelos intelectuais renascentistas, dos ideais medievais ligados aos dogmas do catolicismo, sobretudo da concepção teocêntrica de mundo.
c) Nesse período, reafirmou-se a ideia de homem cidadão, que terminou por enfraquecer os sentimentos de identidade nacional e cultural, os quais contribuíram para o fim das monarquias absolutas.
d) O humanismo pregou a determinação das ações humanas pelo divino e negou que o homem tivesse a capacidade de agir sobre o mundo, transformando-o de acordo com sua vontade e interesse.
e) Os estudiosos do período buscaram apoio na observação, no método experimental e na reflexão racional, valorizando a natureza e o ser humano.

Ampliando o conhecimento

Leitura

ACKER, Maria Tereza van. *Renascimento e humanismo:* o homem e o mundo europeu do século XIV ao século XVI. São Paulo: Atual, 1996. (Coleção História geral em documentos)
Excelente abordagem sobre a evolução da mentalidade do homem renascentista, seus valores e suas invenções.

Filmes

Agonia e êxtase

Direção de Carol Reed, EUA, 1960. 140 min.
Produção meticulosa e envolvente, narra a história do conflituoso relacionamento entre o grande pintor do renascimento cultural, Michelangelo, e seu patrocinador, o papa Júlio II.

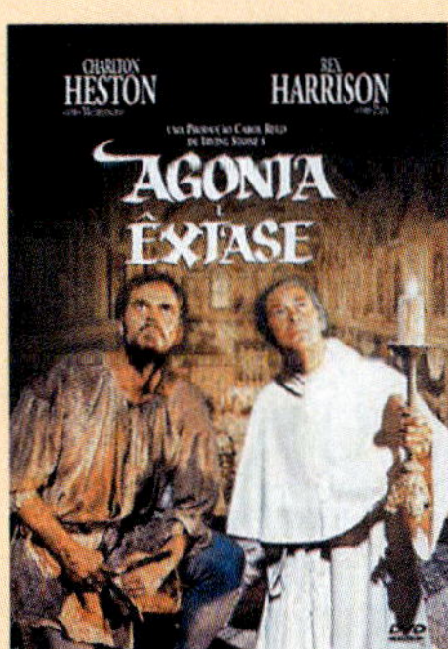

Giordano Bruno

Direção de Giuliano Montaldo. Itália, 1973. 116 min.
Giordano Bruno, representante dos tempos do Renascimento, notabilizou-se por seus debates com Caluino e por elaborar diversos trabalhos que envolveram discussões sobre a organização do Universo e da posição da Terra em relação ao Sol.

Sites

Pintores famosos

<www.pintoresfamosos.com.br>
Site com as biografias dos mais famosos pintores do mundo, entre outros, Leonardo da Vinci e Michelangelo.

Passeio virtual – Leonardo da Vinci

<www.universiabrasil.net/especiais/davinci>
Neste passeio virtual, podemos conhecer duas facetas que balizaram o trabalho de Leonardo da Vinci: a do artista e a do cientista.

Capítulo 14

A expansão ultramarina europeia e o mercantilismo

A globalização

"A globalização é um fenômeno antigo, desenvolvendo-se a partir da expansão marítima de Portugal e Espanha no século XVI. A globalização em si não é boa nem má, o problema é como se implanta esse processo que, hoje, acelerado pela tecnologia, cria novas relações sociais, provoca traumas econômicos e amplia os contrastes entre a miséria e a abundância."

CHIAVENATO, Júlio José. *Ética globalizada & Sociedade de consumo.* São Paulo: Moderna, 2004.

Entre os principais produtos importados pelas classes médias brasileiras estão roupas, brinquedos, tênis, relógios, celulares, computadores e objetos eletrônicos portáteis. Muitos deles são produzidos na China e outros países asiáticos, conhecidos por pagarem baixos salários aos trabalhadores.

PAULO MANZI

O aumento, ainda que tímido, do poder aquisitivo do brasileiro, somado à diminuição da carga tributária sobre as importações e a recente desvalorização do dólar em relação ao real, proporcionaram o crescimento das importações no país. A maior parte dos produtos que entram no Brasil são peças industriais, combustíveis, produtos eletrônicos, alimentos e bebidas, que são produzidos em diversas partes do mundo.

A globalização, nome dado ao crescente intercâmbio de produtos, capitais e culturas de todo o mundo, tem sido acompanhada por um constante aprimoramento técnico e científico e pela reorganização geopolítica do mundo, com a criação de grandes blocos comerciais.

A integração da produção, das trocas e das culturas em um circuito mundial, no entanto, não é um processo recente. Muitos estudiosos afirmam que ele foi deflagrado pelas grandes navegações, cerca de cinco séculos atrás, e intensificou-se nas últimas décadas. A expansão europeia e a submissão dos territórios ultramarinos aos interesses mercantilistas das potências colonizadoras causaram grandes impactos demográficos e socioculturais sobre os povos da América, da Ásia e da África, muitos deles até então desconhecidos pelos europeus.

Assim como ocorreu com a expansão europeia dos séculos XV e XVI, a globalização dos tempos atuais produz contradições e fortes impactos socioculturais: seja pela introdução de produtos de alta tecnologia em sociedades tradicionais, seja pelo paradoxo que se aprofunda entre o consumismo desenfreado e a extrema pobreza em que vive grande parte da população mundial.

O grande apelo do desconhecido

O espírito aventureiro dos indivíduos deve ser considerado quando falamos de expansão ultramarina. Se o ser humano não fosse curioso, arrojado e criativo, os ousados projetos dos governantes não teriam resultado. No caso da expansão ultramarina os europeus tinham outras motivações. Entre elas, o desejo de conhecer "as maravilhas" narradas pelos poucos homens que haviam tido a oportunidade de viajar naquela época.

Os relatos de viagens e os textos dos pesquisadores mesclavam realidade e fantasia. O *Livro das maravilhas*, do italiano Marco Polo, e as histórias do francês Jean de Mandeville são bons exemplos da união entre o real e o imaginário (veja a figura).

Os mitos que cercavam o homem moderno, e que se ligaram de forma intrínseca ao movimento ultra-

"[...] fizera-se fazer um belíssimo jardim, com todos os frutos e árvores que soubera encontrar e, ao redor daqueles, diversos e vários palácios e casas, adornados com trabalhos em ouro, pinturas, e equipados com tecidos de seda. Ali, por algumas canaletas que desembocavam em diversas partes desses palácios, se via correr vinho, leite e mel e água claríssima e ali se fizera morar donzelas graciosas e belas, que sabiam cantar e tocar qualquer instrumento e dançar e, sobretudo, treinadas em fazer aos homens todas as carícias e agrados que se possam imaginar."

POLO, Marco. *Livro das maravilhas.* Porto Alegre: L&PM, 1996.

Uma das maravilhas encontradas por Marco Polo foi a produção de pimenta na Ilha de Java. Ilustração do Livro das maravilhas.

BIBLIOTECA NACIONAL DA FRANÇA, PARIS

marino dos séculos XV e XVI, tinham suas origens na mentalidade medieval, que fundia o mito e a busca do paraíso com motivos religiosos e a procura de riquezas. Os relatos de Marco Polo e de outros viajantes medievais que haviam percorrido a Ásia e a região do Índico favoreceram o surgimento de fantasias referentes à descoberta de novas terras, nas quais haveria a possibilidade de se encontrar riquezas e "monstros". Essa tradição mitológica medieval foi fertilizada na modernidade pelos complexos modos de ver e de sentir a aventura do além-mar.

Apesar de sua curiosidade e espírito arrojado, os europeus temiam o desconhecido. Além disso, durante longo tempo enfrentava-se a insuficiência de mapas cartográficos.

As grandes viagens de exploração só foram possíveis a partir do século XV, graças ao avanço da cartografia e da tecnologia marítima, com a invenção da caravela e o aperfeiçoamento dos mapas e de instrumentos como a bússola e o astrolábio. Os renascentistas desempenharam papel importante nesse momento.

Ptolomeu (Cláudio Ptolomeu, 100-175 d.C.)

Astrônomo e geógrafo que trabalhou na cidade de Alexandria, no Egito. Sua obra mais conhecida, o *Almagesto*, consistia em um manual completo de astronomia.

Além de situar a Terra no centro do universo e explicar os movimentos dos planetas, o *Almagesto* incluía quadros detalhados dos movimentos solares e lunares, com previsões de eclipses, e um catálogo que determinava as posições e grandezas de 1.022 estrelas. Sua obra geográfica era composta por oito livros intitulados *Guia à Geografia*. Os mapas contidos nesses volumes incluíam um mapa-múndi, que constituiu a base dos mapas europeus do século XV.

BIBLIOTECA BRITÂNICA, LONDRES

Mapa-múndi baseado nas descrições de Ptolomeu. Publicação alemã de 1486. Na sua famosa obra Guia à Geografia, *Ptolomeu desenhou 27 mapas utilizando-se de informações recolhidas de viajantes e crônicas de viagem.*

Até a assinatura do Tratado de Tordesilhas (1494), a cartografia do Velho Mundo praticamente se baseava nas teorias de Ptolomeu. O conhecimento cartográfico, a partir do século XV, passou a significar poder e múltiplas vantagens para os Estados nacionais, como no caso dos portugueses, que no final do século XV lideraram a confecção de mapas. O conhecimento cartográfico era segredo de Estado.

As limitações da época foram responsáveis por erros consideráveis na descrição da Terra. Existem enganos, por exemplo, nos mapas mediterrâneos de Ptolomeu: ele supunha que a África estava ligada por terra à Ásia, fechando o Oceano Índico. Acreditava-se

O Tratado de Tordesilhas

A expansão marítima portuguesa e espanhola foi seguida por inúmeras petições (pedidos ou solicitações dentro das formalidades legais) à Igreja com o objetivo de proteger o acesso aos metais preciosos, às especiarias orientais e às oportunidades missionárias do Oriente.

Portugueses e espanhóis obtiveram como resposta às suas petições uma série de bulas papais (documentos emitidos pelos papas de caráter internacional e oficial) que lhes concediam o monopólio no Mar Oceano. Dentre esses documentos destacou-se a Bula Intercoetera, de 1493. Em 1494, o rei lusitano opôs-se à última concessão papal e exigiu novas negociações. Um acordo foi alcançado em junho daquele ano, por meio do Tratado de Tordesilhas.

Por esse documento, assinado entre os dois governos na cidade de Tordesilhas, na Espanha, uma linha imaginária foi traçada 370 léguas a oeste das Ilhas de Cabo Verde. As terras localizadas a leste dessa linha pertenciam a Portugal e as encontradas a oeste pertenciam à Espanha.

Pode-se dizer que tal tratado amenizou a disputa entre os países ibéricos. Mas, quando outros países entraram na corrida marítima, não houve acordo que os detivesse.

BRIDGEMAN ART LIBRARY, LONDRES-KEYSTONE

Bússola do século XV.

HERITAGE IMAGES/OTHER IMAGES

Astrolábio de 1574.

na existência de um continente ao sul do Índico, e a Ásia era mostrada bem mais a leste do que realmente está. Esse acervo cartográfico foi utilizado por Cristóvão Colombo para defender, equivocadamente, que tinha chegado às Índias.

A visão europeia representada nos mapas

Com o passar do tempo, a visão cartográfica aproximou-se cada vez mais do real, mas as alegorias e os valores ideológicos dominantes no período permaneceram nos mapas da época moderna. Observe a descrição de um mapa de 1574, feita pelo historiador francês Jacques Le Goff, que ilustramos com as imagens dos quatro continentes até então conhecidos.

BIBLIOTECA DO VATICANO, ROMA

Representação italiana dos quatro continentes: (A) Europa, (B) Ásia, (C) África e (D) América. Xilogravuras de Tozzi, publicadas em 1618.

"Em posição proeminente encontramos a Europa [...] Está retratada com vestes de soberana, com coroa e cetro, a segurar um globo imperial [...] uma princesa oriental ornada de joias [...] personifica a Ásia das especiarias; [...] a África tem o aspecto de uma negra pobremente vestida [...] A América reconhece-se na mulher impudicamente nua [...] com a cabeça de um homem [...] a indicar que se alimenta de carne humana [...] na ignorância de qualquer forma de organização civil e política."

LE GOFF, Jacques. *Para um novo conceito de Idade Média.* Lisboa: Editorial Estampa, 1980.

Os mapas apresentados na modernidade europeia renascentista, centro da cultura cristã, espelhavam-se na imagem criada pelo europeu. A posição saliente da Europa ricamente vestida é uma mostra de como o Velho Mundo se via em relação às outras partes do globo.

A América é apresentada como uma região que desconhece as estruturas políticas, de acordo com o significado da palavra para os europeus. A prática do canibalismo, um hábito condenado pelos cristãos, também era evidenciada.

Um contraponto a essa visão eurocêntrica vem dos cartógrafos muçulmanos, que projetavam seus mapas adotando uma representação diferente daquela dos europeus. Nessas cartas, o Oriente é privilegiado com relação à posição dos continentes no globo terrestre. No mapa de autoria do astrônomo e geógrafo Muhammad Al Biruni (973-1048):

IN CORREIO DA UNESCO, RJ, ED. FGV, 21.08.1974

IN CORREIO DA UNESCO, RJ, ED. FGV, 21.08.1974

"[No mapa à esquerda] o norte está embaixo, o sul no alto. Ao lado, [à direita], o mesmo mapa invertido, com o norte em cima, para facilitar a identificação de diferentes regiões: 1 — Mar Cáspio, 2 — China, 3 — Índia, 4 — Golfo Pérsico, 5 — Mar Vermelho, 6 — Mar Negro, 7 — Mediterrâneo, 8 — Egito, 9 — Marrocos, 10 — Andaluzia, 11 — Mar Báltico, 12 — Mar Circundante."

INÁCIO, Inês da Conceição; LUCA, Tânia Regina. *Documentos do Brasil colonial.* São Paulo: Ática, 1993.

Inferno e paraíso

A leitura cristã feita do encontro dos europeus com os habitantes da América tinha forte conotação maniqueísta. De um lado, estava o "bem", simbolizado por Deus e pela busca do paraíso; de outro, o "mal", representado pelo Diabo e o inferno. Assim, a ideia da conquista de novas terras vinha acompanhada pelo desejo de levar a palavra de Deus para as "criaturas demonizadas" do Novo Mundo, por meio da catequese. A ideia da existência de uma "humanidade inviável" nas terras ultramarinas, sustentada pelas considerações imprecisas de alguns viajantes, ratificava a lógica da identificação desses povos com o Demônio.

Em torno desse tema, articulou-se uma sucessão de representações fantásticas que se transformaram em perfeitas epopeias. O pensamento cristão havia se adaptado à política expansionista, e a propagação da fé vinculava-se à empresa marítima. O próprio "descobrimento" do Brasil recebeu uma explicação teológica. Para os religiosos portugueses, dentre as diversas nações do planeta, Portugal teria sido escolhido por Deus para concretizar tal realização. Afirmava o jesuíta Padre Vieira que:

> "Os portugueses se imbuíram sinceramente de seu papel missionário. Os outros homens, por instituição divina, têm só obrigação de ser católicos: os portugueses têm obrigação de ser católicos e de ser apostólicos. Os outros cristãos têm obrigação de crer a fé: o português tem obrigação de a crer e mais a propagar."
>
> SOUZA, Laura de Mello e. *O Diabo e a Terra de Santa Cruz*. São Paulo: Companhia das Letras, 1994.

Foi somente a partir do século XV que as viagens ultramarinas ganharam impulso. Num primeiro momento, elas eram organizadas por governos e companhias de comércio, com o objetivo de exploração. A necessidade de obter metais preciosos para a cunhagem de moedas impulsionava a expansão ultramarina. Além disso, portugueses e espanhóis precisavam encontrar o caminho marítimo para as Índias, pois isso lhes permitiria aumentar a lucratividade do comércio de artigos orientais, até então monopolizado pelos italianos. Sem o apoio dos governos, esse empreendimento não teria sido possível.

Ao lado da necessidade de metais preciosos e produtos orientais — particularmente as especiarias —, havia o dever missionário, o desejo de agradar a Deus

RIJKMUSEUM, AMSTERDÃ

O contato do europeu com o Novo Mundo estimulou a imaginação dos viajantes. Representações de seres e animais exóticos ou fantásticos e alegorias eram comuns como em América *(c. 1600), de Adriaen Colaert e Marten de Vos.*

com a conversão dos pagãos (indivíduos que ainda não haviam sido batizados), e o espírito de aventura dos navegadores.

O expansionismo ibérico

No início do século XV, os portugueses iniciaram seus grandes empreendimentos marítimos em direção à Ásia, navegando pelo Oceano Atlântico. As viagens tornaram-se mais intensas após a tomada de Constantinopla pelos turcos, em 1453. A passagem terrestre da Europa para o Oriente foi bloqueada, o que agravou a urgência de se achar um novo caminho para as Índias.

O pioneirismo português nessa "aventura marítima" pode ser explicado pelos seguintes fatores: consolidação precoce do regime monárquico; relativa escassez de recursos naturais; existência de um grupo mercantil forte e enriquecido; liderança em tecnologia náutica; espírito de aventura.

A primeira conquista dos portugueses no continente africano foi a cidade marroquina de Ceuta, em 1415. A seguir, navegadores portugueses atingiram a Ilha da Madeira (1419) e, entre 1427 e 1431, o Arquipélago dos Açores. Em 1434 Gil Eanes ultrapassou a barreira do Cabo Bojador, que, segundo a tradição grega, era o limite máximo para se navegar sem o perigo de ser queimado ou engolido por um monstro marinho. Em 1440, as explorações ganharam um importante apoio tecnológico com o desenvolvimento das caravelas, mais leves e manejáveis. Utilizando caravelas, os portugueses atingiram o Arquipélago de Cabo Verde em 1444 e continuaram a explorar a costa africana.

Tapeçaria do século XVI representando a chegada de Vasco da Gama a Calcutá, Índia, em 1498.

O projeto de exploração marítima receberia novo impulso no reinado de D. João II. Em 1482 Diogo Cão chegou à foz do Rio Congo e nos três anos seguintes conduziu seus navios mais para o sul. Depois foi a vez de **Bartolomeu Dias**, que, entre 1487 e 1488, conseguiu chegar ao extremo meridional do continente africano, que passou a ser chamado de Cabo da Boa Esperança. Em 1497, **Vasco da Gama**, nomeado pelo rei D. Manuel I, partiu de Portugal à frente de uma expedição que descobriu o caminho marítimo para as Índias. Contornando a costa oriental da África, a frota portuguesa passou por Moçambique e, em 1498, finalmente chegou a Calicute, na costa sudoeste da Índia. Em 1524, Vasco da Gama refez seu trajeto, implantando as bases para o domínio português no Oceano Índico.

Finalmente, em 1500, **Pedro Álvares Cabral**, nobre que se destacara na corte portuguesa como hábil negociador, viajou para as Índias como enviado especial de D. Manuel, encarregado de estabelecer contatos diplomáticos com os reis daquela região. Cabral aportou na Ilha de Vera Cruz, primeiro nome dado ao Brasil, e depois seguiu viagem até a Índia. Ao regressar com a notícia de que havia tomado posse das terras do Novo Mundo, ampliando as possessões lusitanas, recebeu várias homenagens.

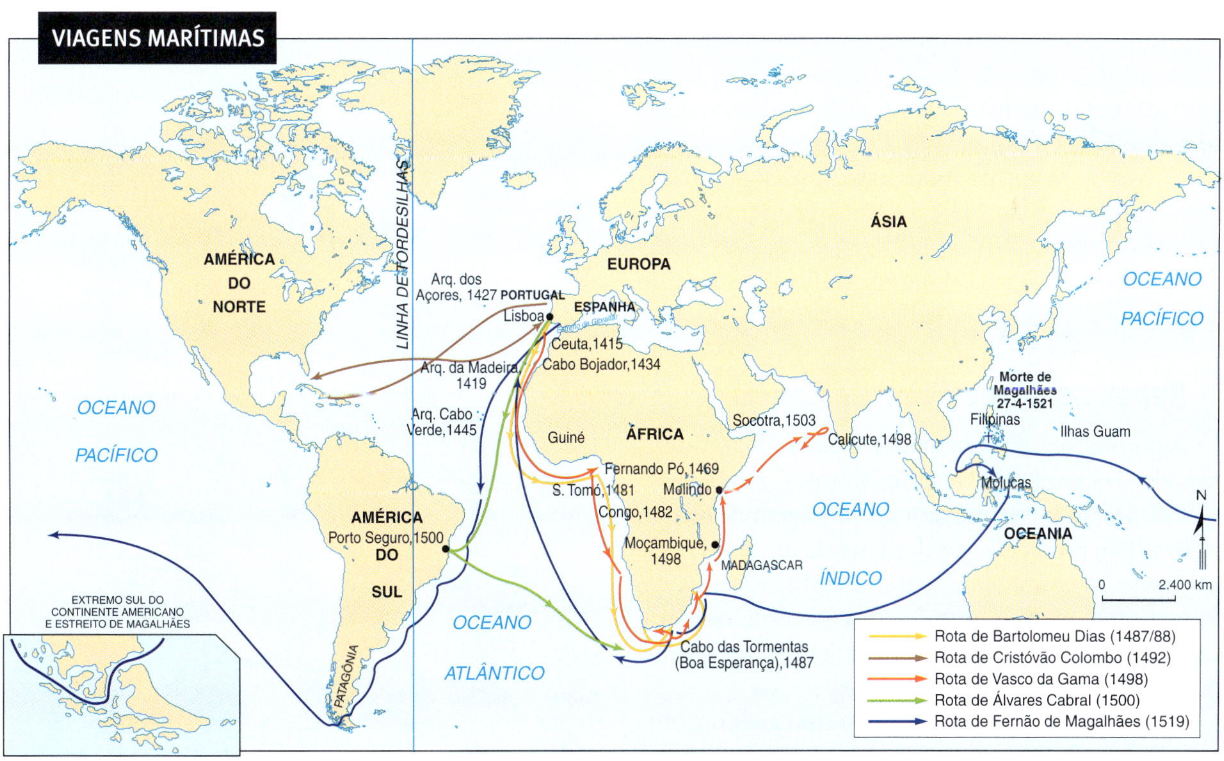

Fontes: *Atlas histórico escolar*. Rio de Janeiro: FAE, 1991. *Atlas Verbo de história universal*. Lisboa/São Paulo: Times/Verbo, 1997.

Diferentemente dos portugueses, os espanhóis optaram por outra rota, na tentativa de descobrir também um caminho para as Índias: o poente (oeste).

Cristóvão Colombo foi um dos primeiros navegadores a fantasiar a descoberta do que seria a América: ele acreditava que o seu empreendimento abriria as portas para o paraíso. Navegador italiano, ele foi financiado pela coroa espanhola após a queda de Granada, último reino muçulmano na Península Ibérica (1491). Sua chegada em 1492 à América — que ele julgava ser parte das Índias — e as expedições subsequentes ao Novo Mundo acirraram as disputas entre Espanha e Portugal.

A rota ocidental para o Oriente foi retomada em 1519, com a expedição de **Fernão de Magalhães**, navegador português financiado pela Espanha. Magalhães partiu da Espanha com cinco navios. Dirigiu-se ao Atlântico sul, passou pelo extremo meridional do continente, utilizando a passagem hoje conhecida como Estreito de Magalhães, cruzou o Oceano Pacífico e em 1521 chegou às Filipinas, onde foi morto num conflito com os nativos. A viagem durou três anos e, pelo que consta, dos 237 homens a bordo dos cinco navios, apenas dezoito retornaram, num único barco. Entre o punhado de sobreviventes estava Francisco Pigaffeta, navegante e escritor. Ele foi o responsável pelos relatos da viagem, que comprovavam que a Terra era redonda: a primeira circunavegação do planeta se realizou sob a bandeira espanhola.

Outros Estados como Inglaterra e França seguiram os passos dos ibéricos. Assim, foi a serviço da Inglaterra que o italiano João Caboto realizou duas viagens ao Canadá, em 1497 e 1498. Em meados do século XVII, os habitantes de todos esses países já haviam tido contato com a América. Isso acabou por modificar profundamente o conhecimento que os homens tinham do mundo e de si mesmos, abrindo caminho para novos interesses e maneiras de pensar.

▷ Repensando a viagem de Cabral

Algum navegador português teria vindo à América antes da expedição de Pedro Álvares Cabral?

Documentos comprovam que a viagem de Cabral ao Brasil foi precedida por duas outras dirigidas pelos navegadores espanhóis Vicente Yañez Pinzón e Diego de Lepe, que navegaram pelas costas brasileiras entre janeiro e março de 1500. Mas há uma questão polêmica, em aberto entre os historiadores.

Uma tese afirma que, em 1498, o navegador português Duarte Pacheco Pereira, a serviço de D. Manuel I, teria ancorado no litoral brasileiro. Esse feito estaria registrado no livro *Esmeraldo de Situ Orbis*, ou *Sobre os Mares do Mundo*, escrito pelo navegante entre 1505 e 1508. Leia um trecho dessa obra:

> "[...] Portanto, bem aventurado Príncipe, temos sabido e visto como no terceiro ano de vosso reinado do ano de Nosso Senhor de 1498, donde nos Vossa Alteza mandou descobrir a parte ocidental, passando além da grandeza do mar oceano, onde é achada e navegada uma tão grande terra firme, com muitas ilhas adjacentes a ela, que se estende a 70 graus de ladeza da linha equinocial contra o Polo Ártico e, posto que seja assaz fria, é grandemente povoada, e do mesmo círculo equinocial torna outra vez e vai além em 28 graus e meio de ladeza contra o Polo Antártico e tanto se dilata sua grandeza e corre com muita longura, que de uma parte nem da outra não foi visto nem sabido o fim e cabo dela; [...] assim que temos sabido que das praias e costa do mar destes reinos de Portugal. [...]
>
> PEREIRA, Duarte Pacheco. As viagens de Cabral, Pinzón e Lepe, o verdadeiro descobridor do Brasil. *Globo Ciência*. São Paulo: Abril, 1997.

ESCOLA NAVAL, RIO DE JANEIRO

Pintura em azulejos representando a Armada de Pedro Álvares Cabral. Autor desconhecido, século XVI.

O encontro entre as duas culturas

Os projetos de expansão marítima dos portugueses e espanhóis atendiam aos interesses de diversos grupos sociais e instituições que compunham a sociedade ibérica, visto que lhes oferecia uma saída para a retração econômica e outros aspectos da crise da ordem feudal. As grandes navegações receberam apoio financeiro da nobreza e da burguesia, interessadas na exploração de outras terras e no alargamento do comércio, e também dos reis, desejosos de encontrar novas fontes de renda. A Igreja, por sua vez, sonhava em conquistar novos fiéis e em empreender seu trabalho de catequese em territórios virgens — ideais que não se opunham à descoberta e à posse de novas riquezas. Como escreveu Colombo numa carta, o ouro tinha a virtude de enviar almas ao paraíso.

A verdade é que a Europa do século XV sofria as consequências da escassez de metais preciosos. A formação das monarquias nacionais e a expansão do comércio, que em parte encontrava barreiras devido ao monopólio muçulmano, exigiam o aumento da circulação monetária, insuficiente para atender às necessidades sociais. As narrativas lendárias da existência de tesouros no além-mar aumentavam a cobiça dos europeus, que pretendiam buscá-los a todo custo.

Entre esses tesouros estavam as especiarias, indispensáveis à conservação das carnes e importadas da Ásia a peso de ouro. O hábito de comer carne difundiu-se pela sociedade europeia no início da modernidade, assim como o consumo de certas drogas aromáticas (canela, noz-moscada, pimenta, gengibre etc.). O extraordinário aumento dos preços das especiarias motivou os europeus a buscarem os condimentos nas suas origens, burlando o monopólio muçulmano. Os portugueses foram os primeiros a chegar à Ásia navegando pelo Oceano Atlântico. Voltaram com os navios abarrotados de especiarias, que lhes proporcionaram uma riqueza inimaginável.

As conquistas ultramarinas produziram grandes transformações tanto na Europa como nas Américas. No final do século XVII, tais modificações eram claramente perceptíveis. A base geográfica da Europa ocidental foi ampliada. O comércio tornou-se mundial, deslocando o eixo econômico do Mediterrâneo para o Atlântico. Os italianos perderam de vez o monopólio comercial, e o declínio das repúblicas italianas acentuou-se. Portugal, Espanha, Inglaterra e França passaram a ocupar papéis de destaque na economia da modernidade. O grande afluxo de metais provenientes das colônias americanas provocou uma verdadeira revolução nos preços dos produtos.

Os europeus introduziram na América uma série de animais e plantas até então desconhecidos pelos nativos: galinhas, cavalos, cabras, pombos, patos, ovelhas, trigo, centeio, arroz, laranjeira, limoeiro, vinha. Técnicas baseadas em movimentos circulares, muito utilizadas na moagem do açúcar brasileiro, também foram importadas da Europa. Do mesmo modo, as instituições políticas, a religião católica e as doenças acompanharam os conquistadores pelo Novo Mundo.

Epidemias na América

"'Naquele tempo, não havia doenças, nem febres, nem doenças dos ossos ou de cabeça [...] Naquele tempo, tudo estava em ordem. Os estrangeiros mudaram tudo quando chegaram.' De fato, por mais saudosismo que possa expressar esse lamento, parece mesmo que as doenças do Velho Mundo foram mais frequentemente mortais nas Américas do que na Europa. Um missionário alemão chegou inclusive a escrever, no finalzinho do século XVIII, que 'os índios morrem tão facilmente que só a visão ou o cheiro de um espanhol os fazem passar deste para o outro mundo'. Umas quinze epidemias dizimaram a população do México e do Peru."

FERRO, Marc. *História das colonizações*: das conquistas às independências — séculos XIII a XX. São Paulo: Companhia das Letras, 1996.

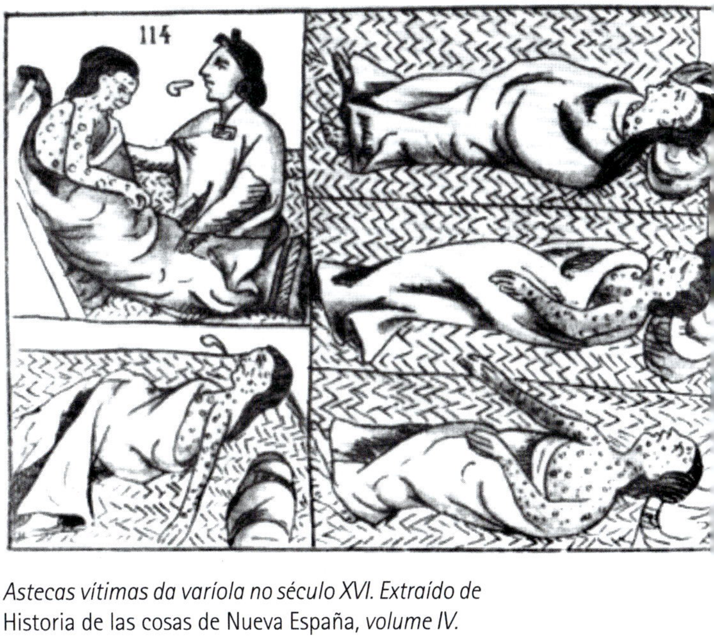

Astecas vítimas da varíola no século XVI. Extraído de Historia de las cosas de Nueva España, *volume IV.*

O olhar sobre o desconhecido

Quando ocorreu o encontro dos diferentes povos que habitavam o planeta no século XV, parece que a reação foi de espanto geral. As características observadas no outro eram bem diversas das que as pessoas estavam acostumadas a ver nos seus iguais. Observe a sequência de documentos a seguir:

A descrição que os índios [maias] fizeram dos europeus

"[...] Seus rostos eram estranhos
os senhores os tomaram por deuses,
nós mesmos, vosso pai,
fomos vê-los
quando entraram em Yximchée. [...]"

LÉON-PORTILLA, Miguel. *A conquista da América vista pelos índios*. Petrópolis: Vozes, 1985.

O efeito que a fauna americana causou nos europeus

"[...] É um animal estranho, tem as pernas curtas, cheias de escamas, o focinho comprido cheio de conchas, as orelhas pequenas e a cabeça que é toda cheia de conchinhas; os olhos pequenininhos, o rabo comprido, cheio de lâminas redondas [...] quando este animal teme outro, mete-se todo debaixo destas armas, sem lhe ficar nada de fora [...] têm as unhas grandes, com que fazem as covas debaixo do chão, onde criam. Mantêm-se de frutas silvestres e minhocas, andam devagar e, se caem de costas, têm trabalho para se virar e têm a barriga vermelha toda cheia de verrugas. [...]"

GANDAVO, Pero de Magalhães. *Tratado da terra do Brasil*: história da província de Santa Cruz. Belo Horizonte: Itatiaia; São Paulo: Edusp, 1980.

A surpresa dos portugueses em relação aos indígenas

"[...] A feição deles é parda, um tanto avermelhados, com bons rostos e bons narizes, bem feitos. Andam nus, sem nenhuma cobertura. Não fazem o menor caso de encobrir ou de mostrar suas vergonhas, e nisso têm tanta inocência como em mostrar o rosto. Ambos traziam o lábio de baixo furado e metido nele seus ossos de verdade, brancos e do comprimento duma mão travessa, da grossura dum fuso de algodão, agudos na ponta como furador. [...]

GANDAVO, Pero de Magalhães. Tratado da Terra do Brasil. In: RONCARI, Luiz. *Literatura brasileira*: dos primeiros cronistas aos últimos românticos. São Paulo: Edusp, 1995.

O espanto dos índios diante dos cavalos vindos da Europa

"[...] Atahuallpa viu chegar os primeiros soldados espanhóis, montados em briosos cavalos [...]: tomado pelo pânico, o inca caiu de costas. O cacique Tecum, à frente dos herdeiros dos maias, decapitou o cavalo de Pedro Alvarado, convencido de que formava parte do conquistador: Alvarado, levantou-se e o matou. [...] Poucos cavalos [...] dispersavam as massas indígenas e semeavam o terror e a morte."

Citado por GALEANO, Eduardo. *As veias abertas da América Latina*. Rio de Janeiro: Paz e Terra, 1985.

BRIDGEMAN, ART LIBRARY, LONDRES/KEYSTONE

Miniatura do século XVI representando encontro entre o espanhol Cortez e o imperador asteca Montezuma.

O mercantilismo

Com a expansão marítima europeia, compreendida entre os séculos XIV e XVII, foram abertos novos mercados, e os transportes, aperfeiçoados, graças às novas tecnologias empregadas. Desde então, a arte de comerciar passou por inúmeras transformações.

A "descoberta" do Novo Mundo foi decisiva para a sistematização da economia que vamos chamar de mercantilismo.

Com a abertura dos caminhos das Índias e das Américas, diferentes civilizações, até então isoladas, se integraram à economia europeia. Foi assim que se iniciou a expansão do mercado em escala mundial. Diante desse quadro, intelectuais de várias nações europeias desenvolveram reflexões no sentido de transformar o comércio numa fonte ainda maior de riqueza. A partir dessas teorias traçaram-se diferentes políticas econômicas, destinadas a orientar os governos quanto às intervenções que eventualmente deveriam efetuar, com o objetivo de aumentar a prosperidade nacional.

"[...] o mercantilismo deve ser entendido como o conjunto de ideias e práticas econômicas que caracterizam a história econômica europeia e, principalmente, a política econômica dos Estados modernos europeus durante o período situado entre os séculos XV, XVI e XVIII."

FALCON, Francisco J. C. *Mercantilismo e transição.* São Paulo: Brasiliense, 1987.

A EUROPA NO FIM DA IDADE MÉDIA: EXPANSÃO COMERCIAL

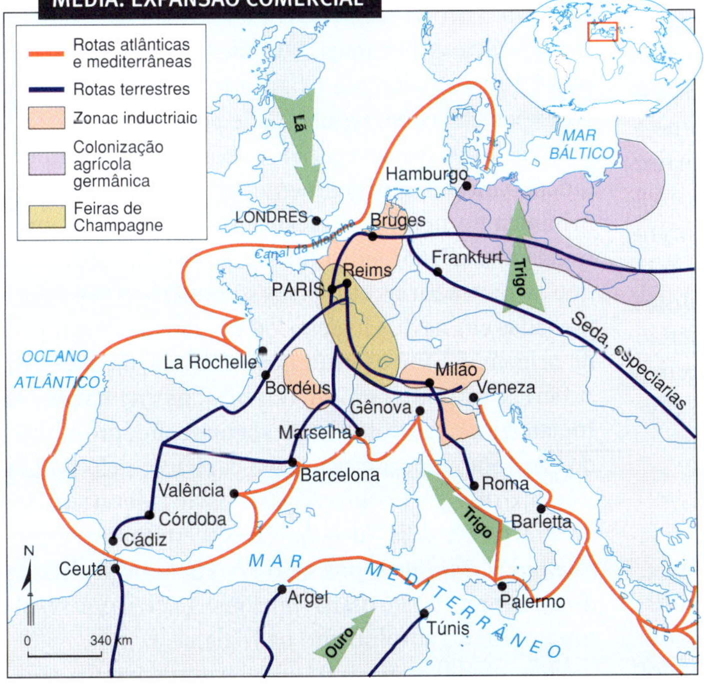

Fonte: VIDAL-NAQUET, Pierre e BERTIN, Jacques. *Atlas histórico*. Lisboa: Círculo de Leitores, 1990.

As práticas mercantilistas

Em geral, o processo de desenvolvimento econômico que transformou a Europa em líder comercial do mundo, desde a modernidade até meados do século XX, é atribuído à interação de variáveis políticas e sociais.

Durante o feudalismo, alguns nobres toleraram e até incentivaram as atividades de mercadores, banqueiros, negociantes de armas e artesãos em seus domínios. Esse comércio restringia-se a produtos a granel (mercadorias que podem ser transportadas sem qualquer embalagem ou acondicionamento). Por isso, deu-se prioridade a produtos tais como madeira, cereais, vinho, lã, arenques etc., principalmente por meio do transporte marítimo e fluvial, muito mais econômico que o transporte terrestre feito por caravanas. Tal fato acabou contribuindo para a expansão da indústria de construção naval.

Aos poucos e de maneira desigual, iniciou-se um processo de centralização da autoridade política, indispensável ao desenvolvimento econômico. Isso ocorreu principalmente na Europa Ocidental; os Estados nacionais emergentes da região optaram por políticas econômicas diversas, que ficaram conhecidas como **práticas mercantilistas**. Essas políticas foram responsáveis por uma expansão sem precedentes e desencadearam uma competição predatória.

As práticas mercantilistas variaram no tempo e no espaço, ou seja, não foram aplicadas simultaneamente por todos os Estados europeus. E, ainda assim, todas elas apresentaram características comuns, tais como a intervenção do Estado na economia (com o objetivo de regulamentá-la), busca da balança comercial favorável, metalismo e proteção alfandegária visando o fortalecimento do Estado e a riqueza nacional.

O mercantilismo na Península Ibérica

Os governos de Portugal e Espanha adotaram o **metalismo** ou **bulionismo** (termo derivado do inglês *bullion*, que significa metal precioso). Segundo esse princípio, a riqueza estava diretamente relacionada à capacidade de acumular o máximo de ouro e prata.

Assim, Portugal concentrou-se primeiramente no monopólio do comércio de especiarias orientais. Mais tarde, passou a enfatizar a política colonialista, em especial no que se referia a seus territórios na América.

Entre os séculos XVI e XVII, a descoberta de metais preciosos levou os espanhóis a adotarem duas regras básicas: evitar ao máximo as importações, a fim de impedir a saída de metais preciosos do país, e praticar uma política econômica protecionista, que impunha restrições aos produtos estrangeiros, com o objetivo de estimular a indústria nacional, ou proteções econômicas em contratos comerciais assinados entre nações (a chamada "balança de contratos").

Estima-se que 18 mil toneladas de prata e duzentas toneladas de ouro foram levadas da América para a Espanha entre os séculos XVI e XVII. Embora a extração de metais preciosos da América fosse a base do sistema colonial espanhol, o comércio de escravos negros, a pilhagem, a agricultura e a pecuária, especialmente a criação de gado bovino, também se converteram em valiosas fontes de riqueza.

A ideia de uma **balança comercial favorável** teve como resultado duas práticas que ficaram conhecidas como **industrialismo** e **comercialismo**. O objetivo era promover um *superávit* da balança comercial, isto é, exportar mais do que importar. Isso permitiria o ingresso de riquezas, expresso em entrada de moeda metálica, no Estado nacional.

COLEÇÃO PARTICULAR, ESPANHA

Pintura de Sánchez Coelho representando um enfrentamento naval no porto fluvial de Sevilha, na Espanha, em que se vê a cidade ao fundo. O quadro é do final do século XVI, durante o reinado de Felipe II.

▷ O mercantilismo na França

O Estado francês adotou o **industrialismo** ou **colbertismo** — termo derivado do nome de **Jean-Baptiste Colbert** (1691-1683), ministro das finanças durante o reinado de Luís XIV. Especialmente durante o século XVII, a França incentivou a indústria manufatureira, cuja produção era mais regular e mais previsível do que a de outros setores da economia (como a agricultura) e que gerava bens exportáveis de maior valor específico. Tecidos de luxo, malharia, tapeçaria, porcelana, objetos de vidro, armas e papéis passaram a fazer parte da pauta de exportações.

Tal política atendeu ao desejo dos mercantilistas franceses, que recomendaram o estímulo ao comércio nacional para impedir que mercadores estrangeiros retirassem ouro e prata do reino. Além disso, eles preconizaram a conquista colonial, fonte de riquezas.

▷ O mercantilismo na Inglaterra

Já os ingleses optaram pelo **comercialismo**, baseado no estímulo à produção manufatureira, especialmente de têxteis. Também houve incentivo ao desenvolvimento da marinha mercante e às atividades dos corsários, que pilhavam os galeões espanhóis carregados de metais preciosos.

A política mercantilista inglesa dos séculos XVI e XVII coincidiu com a expansão marítima e colonial. A Companhia das Índias Orientais, organizada em 1600, estabeleceu entrepostos na Índia e na Indonésia. Posteriormente os ingleses se instalaram na Pérsia (atual Irã), Bombaim (Índia) e na América, tanto nas Antilhas quanto no continente, onde fundaram as Treze Colônias.

O resultado dessa política expansionista refletiu-se no desenvolvimento do comércio exterior e na marinha mercante britânica. Minérios como o *alúmen*, o papel e principalmente os artigos têxteis passaram a ser exportados com regularidade pelos ingleses.

Dois "Atos de Navegação" tiveram enorme importância para o desenvolvimento da marinha mercante britânica no período mercantilista. O primeiro, promulgado em 1651 por **Oliver Cromwell**, estabelecia que as mercadorias europeias só poderiam ser transportadas em navios ingleses ou em navios de seu país de origem. Assim, os produtos da África, da Ásia e da América só poderiam ser importados em navios da Inglaterra ou das colônias. O segundo ato, promulgado em 1660, especificava que o capitão e pelo menos três quartos da tripulação dos navios deveriam ser britânicos. Os dois "Atos de Navegação" foram implementados durante o processo revolucionário chamado de Revolução Puritana, uma guerra civil que resultou no fim do absolutismo na Inglaterra.

Tais medidas mostraram-se cruciais para o enriquecimento do Estado inglês, a expansão colonial do país e a vitória sobre seus concorrentes.

O mercantilismo nos Estados germânicos

Já os Estados germânicos — fragmentados em centenas de unidades, com diferentes tamanhos e graus de soberania — adotaram um modelo de política econômica mercantilista totalmente diferente dos de outras nações europeias, que ficou conhecido como **cameralismo**. Essa expressão origina-se de Kammer (tesouro real) e serve para designar as medidas que pretendiam combater os efeitos da divisão territorial excessiva.

A política econômica adotada pelos cameralistas teve como objetivo o aumento da riqueza tributável, isto é, o aumento dos impostos, e como consequência o crescimento da renda dos Estados. Por meio de regulamentações, os príncipes das unidades políticas mais significativas, sobretudo a Áustria, organizaram e controlaram a produção agrícola e manufatureira. As exportações de matérias-primas e as importações de produtos manufaturados foram proibidas.

Essas práticas sobreviveram nos Estados germânicos durante quase três séculos e contribuíram para que estes se aproximassem da autossuficiência econômica no século XIX, quando os territórios germânicos que não integravam a Áustria foram unificados em uma nova entidade política, a Alemanha imperial.

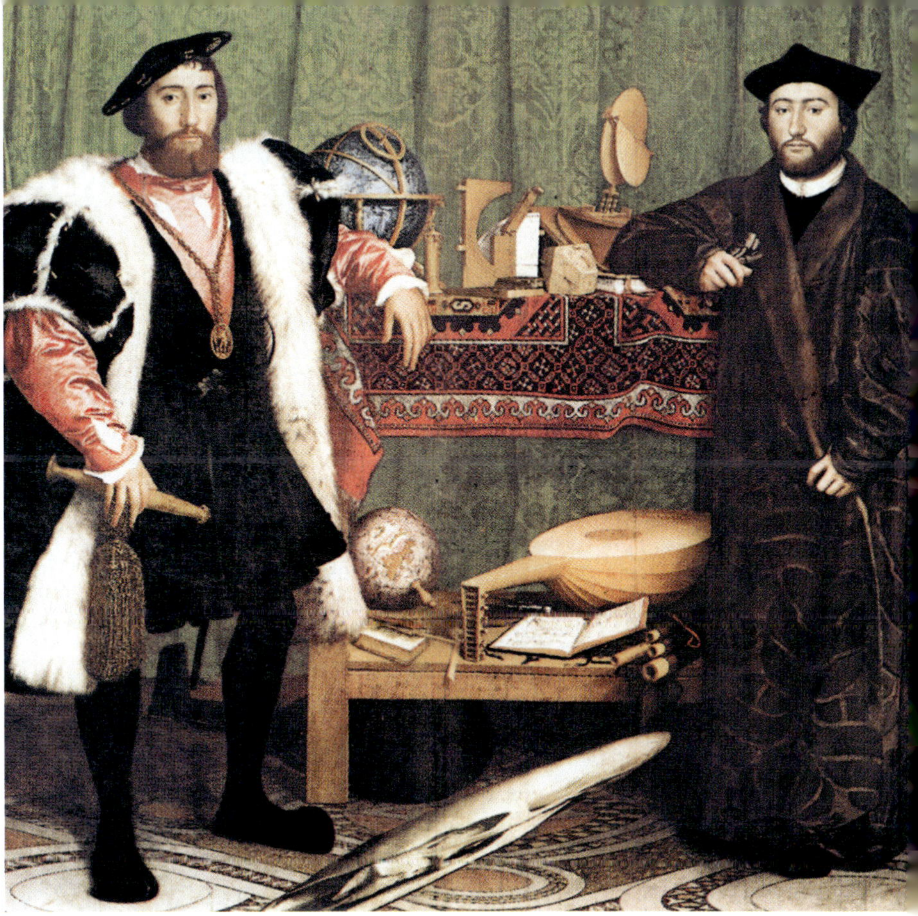

GALERIA NACIONAL BRITÂNICA, LONDRES

Produtos de luxo conquistavam o mundo. Observe a quantidade de tipos de trabalhos artesanais que aparecem representados no quadro Os embaixadores franceses *(1533), de Hans Holbein: tecelagem, tapeçaria, bordados, joias, mosaicos, marcenaria, alfaiataria, artes em couro etc.*

O mercantilismo na Holanda

Na Holanda, uma ativa burguesia mercantil e bancária desenvolveu uma política mercantilista apoiada em três sólidos pilares: a Companhia das Índias Orientais, encarregada de dirigir o comércio holandês no Oriente (compras, remessas de ouro, venda das mercadorias recebidas) e de explorar os recursos de territórios ultramarinos; o Banco de Amsterdã, responsável pelo fornecimento de crédito e de moedas de todos os países aos mercadores, para que estes pudessem comprar mercadorias de qualquer origem; e uma frota mercante capacitada a transportar cargas pesadas e volumosas ao longo das rotas marítimas.

Os holandeses desenvolveram ainda várias atividades de transformação. Dentre elas destacaram-se a indústria de lanifícios e tecidos, o tingimento e a tecelagem da seda, o acabamento de tecidos ingleses, o corte de diamantes, a cervejaria, a destilaria, a preparação de sal, tabaco e cacau, o trabalho de chumbo, o polimento de lentes ópticas, a fabricação de microscópios, pêndulos e instrumentos de navegação e a impressão de mapas (terrestres e marítimos) e de livros em diversas línguas.

Os governos que adotaram o **colonialismo**, por sua vez, tiveram como preocupação incorporar extensas regiões da África, do Oriente e da América à economia europeia. Para isso, estabeleceram o chamado **pacto colonial**.

Pelo pacto ou exclusivismo colonial, a colônia existia em função da metrópole, e apenas para ela. Isso significa que a produção colonial deveria possibilitar lucros elevados aos comerciantes e à Coroa metropolitanos, que monopolizavam as importações e as exportações. A atividade econômica das colônias deveria ser mero complemento da economia das respectivas metrópoles, sem jamais concorrer com ela. Essa política restritiva foi adotada por Portugal e outros Estados detentores de impérios coloniais.

TEXTO COMPLEMENTAR

Diário de Pero Lopes de Sousa

Em 1530 veio ao Brasil a primeira expedição colonizadora, sob o comando de Martim Afonso de Sousa. Pero Lopes de Sousa, também participante da expedição, registrou suas observacões sobre ela.

"Na era de 1530, sábado 3 dias do mês de dezembro, parti desta cidade de Lisboa, deixando da capitania de Martim Afonso de Sousa, meu irmão, que ia por capitão de uma armada e governador da terra do Brasil: com vento leste saí fora da barra, fazendo caminho sudoeste. [...]

Terça-feira 31 do dito mês no quarto d'alva vimos terra que nos demorava a oeste: chegando-nos mais a ela houvemos vista de uma nau e demos as velas todas e a fomos demandar: e mandou o Capitão I dois navios, na volta do norte, — na volta em que a nau ia, e outros dois na volta do sul: a nau como se viu cercada arribou a terra, e meia légua dela surgiu e lançou o batel fora. Como fomos dela um tiro de bombarda se meteu a gente toda no batel e fugiu para a terra. Mandou o Capitão I a Diogo Leite, capitão da caravela princesa, que fosse com o seu batel após o batel da nau: quando já chegou a terra era já a gente metida pela terra dentro, e o batel quebrado. Fomos a nau, e nela não achamos mais que um só homem; tinha muita artilharia e pólvora, e estava toda abarrotada de brasil... Tomamos esta nau de França defronte do cabo de Percaauri...

Domingo 13 dias do mês de março pela manhã éramos de terra quatro léguas: e como nos chegamos mais a ela reconhecemos ser a Baía de Todos-os-Santos; e ao meio-dia entramos nela... Aqui estivemos tomando água e lenha, e corrigindo as naus, que dos temporais que nos dias passados nos deram, vinham desaparelhados. Nesta baía achamos um homem português que havia vinte e dois anos que estava nesta terra; e deu razão larga do que nela havia. Os principais homens da terra vieram fazer obediência ao Capitão I e nos trouxeram muito mantimento, e fizeram grandes festas e bailes; mostrando muito prazer por sermos aqui vindos. O Capitão I lhes deu muitas dádivas.

A gente desta terra é toda alva; os homens mui bem dispostos, e as mulheres mui formosas, que não hão nenhuma inveja as da Rua Nova de Lisboa... Aqui deixou o Capitão I dois homens, para fazerem experiência do que a terra dava, e lhes deixou muitas sementes... [...]"

CASTRO, Terezinha de.
História documental do Brasil.
Rio de Janeiro: Record, 1968.

Compreendendo o texto

1. No dia 31 de janeiro de 1531, a expedição colonizadora encontrou um navio francês na costa brasileira. O que os portugueses fizeram? Qual foi a reação dos tripulantes da embarcação francesa?
2. Descreva o encontro entre os integrantes da expedição e os moradores da Baía de Todos-os-Santos.
3. Com que objetivo o capitão português deixou dois homens no local de desembarque?

ATIVIDADES

Explorando o conhecimento

1 O projeto expansionista europeu atendeu a múltiplos interesses. Redija um comentário sobre os grupos envolvidos na expansão ultramarina e seus respectivos interesses.

2 Você estudou que a conquista de novas terras estimulava a imaginação das pessoas e, ao mesmo tempo, inspirava o medo do desconhecido.

a) O que causava mais temor nos viajantes?

b) Os navios da época ofereciam segurança para os navegadores? Justifique sua resposta.

c) O que estimulou os viajantes a participarem das Grandes Navegações?

3 Cite duas consequências da expansão ultramarina para as sociedades europeias e duas consequências para as sociedades americanas.

4 Leia com atenção o poema a seguir.

Mar português

"Ó, mar salgado, quanto do teu sal
São lágrimas de Portugal!
Por te cruzarmos, quantas mães choraram,
Quantos filhos em vão rezaram!
Quantas noivas ficaram por casar
Para que fosses nosso, ó mar!
Valeu a pena? Tudo vale a pena
Se a alma não é pequena.
Quem quer passar além do Bojador
Tem que passar além da dor.
Deus ao mar o perigo e o abismo deu,
Mas nele foi que espelhou o céu."

PESSOA, Fernando. *Mensagem*. São Paulo: Difel, 1986.

a) Qual é a ideia central do poema de Fernando Pessoa?

b) Na sua opinião, quais são os versos mais expressivos? Explique sua resposta.

5 Leia o texto e faça o que se pede.

"O mercantilismo não é, efetivamente, uma política econômica que vise ao bem-estar social, como se diria hoje; visa ao desenvolvimento nacional a todo custo. Toda forma de estímulo é legitimada, a intervenção do Estado deve criar todas as condições de lucratividade para as empresas poderem exportar excedentes ao máximo."

NOVAIS, Fernando. *Portugal e Brasil na crise do antigo sistema colonial (1777-1808).* 2. ed. São Paulo: Hucitec, 1981.

Explique a ideia central do texto, relacionando-o às práticas mercantilistas estudadas neste capítulo.

A história e o tempo presente

6 Leia os trechos a seguir.

"O potencial da Lua de abrigar 'atividade humana significativa e contínua' dividiu os cientistas que participaram recentemente do seminário *Ciência lunar e recursos*. O uso da Lua como base de explorações espaciais faz parte da nova política espacial norte-americana, anunciada pelo presidente George W. Bush."

"Cientistas ligados à Nasa (a agência espacial norte-americana) revelaram que dados coletados por um módulo espacial de pesquisa indicam que humanos poderiam sobreviver às condições na superfície do planeta Marte."

"'A Europa chegou à Lua. Estamos na órbita lunar', afirmou o professor David Southwood, diretor do departamento de ciência da Agência Espacial Europeia."

Disponíveis em <www.bbc.co.uk/portuguese>. Acesso em jun. 2006.

Cientistas norte-americanos e europeus estão empenhados em ampliar as conquistas espaciais de seus países. Que relação podemos estabelecer entre esses cientistas e os grandes navegadores do século XVI? Que interesses comuns você consegue identificar entre a conquista de outros astros na atualidade e a colonização da América no passado? Os medos, os imprevistos e as surpresas são semelhantes? Anote todas as suas conclusões e depois debata o tema com seus colegas.

7 O texto a seguir é um fragmento da Carta de Pero Vaz de Caminha, descrevendo os habitantes da América.

A visão de um europeu

"A feição deles é serem pardos, um tanto avermelhados, de bons rostos e bons narizes, bem feitos. Andam nus, sem cobertura alguma. Nem fazem mais caso de encobrir ou deixar de encobrir suas vergonhas do que de mostrar a cara. Acerca disso são de grande inocência. Ambos traziam o beiço de baixo furado e metido nele um osso verdadeiro, de comprimento de uma mão travessa, e da grossura de um fuso de algodão, agudo na ponta como um furador. Metem-nos pela parte de dentro do beiço; e a parte que lhes fica entre o beiço e os dentes é feita a modo de roque de xadrez. E trazem-no ali encaixado de sorte que não os magoa, nem lhes põe estorvo no falar, nem no comer e beber. [...]

Contudo, o melhor fruto que dela se pode tirar parece-me que será salvar esta gente. E esta deve ser a principal semente que Vossa Alteza em ela deve lançar. [...]"

GANDAVO, Pero de Magalhães. Tratado da Terra do Brasil. In: RONCARI, Luiz. *Literatura brasileira*: dos primeiros cronistas aos últimos românticos. São Paulo: Edusp, 1995.

a) Identifique palavras ou expressões que você considere preconceituosas nessa descrição da sociedade indígena.

b) Vivencie uma experiência interessante. Peça a três parentes ou conhecidos que descrevam (ou desenhem) como eles imaginam ser um extraterrestre e relatem seus possíveis costumes. Procure identificar descrições preconceituosas. Debata com seus colegas acerca do preconceito em relação ao desconhecido.

Vestibular / ENEM

1 (Fuvest-SP) Observe o mapa e explique:

BIBLIOTECA NACIONAL DE ESPANHA, MADRI

Mapa-múndi de Henricus Martellus, 1498.

a) Por que não estão representados todos os continentes?

b) Quais os conhecimentos necessários na época, final do século XV, para se confeccionar um mapa com essas características?

2 (UnB-DF) Sobre a expansão marítima portuguesa e espanhola pode-se afirmar que:

a) a princípio, a expansão portuguesa foi promovida pela burguesia e caracterizou-se pelos seus fins pacíficos e comerciais.

b) os portugueses conseguiram manter o monopólio comercial no Oriente e este monopólio garantiu ao Estado português grandes lucros.

c) com o apoio dos armadores espanhóis e da Rainha Isabel de Castela, o italiano Cristóvão Colombo chegou à América em 1492.

d) a exploração colonial espanhola de metais preciosos inflacionou os preços na Europa.

3 (UFPI) A expansão marítima de Espanha e de Portugal tinha por objetivo, além dos interesses econômicos, impor à América uma cultura cristã. A respeito do papel da Igreja Católica neste projeto, leia as afirmativas seguintes.

I – A Igreja Católica estava interessada em expandir o catolicismo para compensar a perda de fiéis na Europa.

II – A Igreja Católica educava os filhos dos colonizadores dentro de sua concepção de cristianismo.

III – A Igreja Católica concedia plena liberdade de culto a colonizadores e colonizados.

IV – A Igreja Católica desconsiderava a cultura nativa para implantar o catolicismo.

Identifique a opção correta.

a) I, II e III estão erradas.

b) I, II e IV estão corretas.

c) II, III e IV estão corretas.

d) I e IV estão erradas.

e) I, III e IV estão corretas.

4 (UFMG) Pe. Antônio Vieira reiterou o papel missionário dos portugueses na sua expansão ultramarina:

"Os outros homens, por instituição divina têm só a obrigação de ser católicos: o português tem obrigação de ser católico e de ser apostólico. Os outros cristãos têm a obrigação de crer a fé: o português tem obrigação de a crer e mais de a propagar."

Essa ideia de Vieira se contrapõe às análises usuais sobre o expansionismo português.

Cite e analise a razão mais frequentemente apresentada para o expansionismo português dos séculos XIV e XV.

5 (Uerj)

ENTRADAS DE OURO E PRATA AMERICANOS NA CASA DE CONTRATAÇÃO DE SEVILHA			
Período	**kg de ouro**	**kg de prata**	**Valor total das entradas (em milhões de pesos)**
1551-1560	42.620	303.121	17.86
1561-1570	11.530	942.858	25.34
1571-1580	9.429	1.118.592	29.15
1581-1590	12.101	2.103.027	53.20
1591-1600	19.451	2.707.626	69.60
1601-1610	11.764	2.213.631	53.38
1611-1620	8.855	2.192.255	52.10
1621-1630	3.889	2.145.339	49.67
1631-1640	1.240	1.396.759	31.98
1641-1650	1.549	1.056.430	24.36

SANTIAGO, Théo A. (Org.). *América colonial.* São Paulo: Ícone, 1988.

Usando as informações contidas na tabela, explique a razão do poderio econômico da Espanha de meados do século XVI até o início do XVII.

6 (UFMG) O mercantilismo foi um sistema de política econômica, em vigor entre os séculos XV e XVIII, no qual os meios econômicos conduziam a fins de natureza política. Estes fins se resumiam:

a) na tomada do poder político pela nobreza.

b) na centralização e no fortalecimento do Estado nacional.

c) na defesa de entidades supranacionais como o papado.

d) no expansionismo europeu, incorporando novas áreas.

e) no estímulo à livre competição e à livre iniciativa.

7 (UFSM-RS)

Fonte: DOMINGUES, F.; FIUSA, L. *História:* o Brasil em foco. São Paulo: FTD, 1996. p. 36.

Escolha a afirmativa que melhor expressa a crítica contida na charge.

a) As diferentes nações europeias negociavam seus conflitos diplomaticamente.

b) Os habitantes da América percebiam a civilização europeia como um modelo de relação entre os povos.

c) A civilização europeia propunha negociações que envolviam guerras entre os adeptos de uma religião e os ateus.

d) Os habitantes da América aguardavam que os colonizadores resolvessem suas contendas.

e) A civilização vivida pelos europeus significava disputa entre as nações.

8 (Unifor-CE)

"O mercantilismo, conjunto de ideias e práticas econômicas dominantes do século XV ao XVIII, era coerente com seu objetivo de fortalecer o Estado moderno; no entanto, os meios para atingir esse objetivo eram variados..."

A ideia do texto pode ser constatada pelo fato de a

a) Holanda ter procurado, através da intervenção estatal, incentivar a indústria têxtil, ao passo que

Portugal deu ênfase às importações de ouro e prata.

b) Inglaterra ter procurado desenvolver o comércio externo através de um amplo programa de ampliação da marinha mercante, ao passo que a França deu ênfase às atividades manufatureiras.

c) Espanha ter procurado conquistar mercados coloniais na África, ao passo que os Países Baixos deram ênfase ao comércio de especiarias vindas do Oriente.

d) Alemanha ter procurado acumular metais preciosos, ao passo que a Áustria deu ênfase ao desenvolvimento da empresa agrícola no continente americano.

e) Itália ter procurado investir na construção de embarcações marítimas, ao passo que a Bélgica deu ênfase ao tráfico de escravos africanos.

9 (Unesp)

Um mercantilista inglês escreveu: Os meios ordinários para aumentar nossa riqueza e tesouro são pelo comércio exterior, para o que devemos obedecer sempre a esta regra: vender mais aos estrangeiros em valor do que consumimos deles.

MUN, Thomas. *Discourse on England's treasure by foreign trade*, 1664.

a) O autor desse fragmento exprime um princípio essencial da política mercantilista. Era através dele que os mercantilistas explicavam a origem da riqueza dos Estados. Que princípio era este?

b) Por que as áreas coloniais da América foram fundamentais para a satisfação desse princípio mercantilista?

Ampliando o conhecimento

Leituras

DUVIOLS, Jean-Paul. *Nos passos de... Cristóvão Colombo*. Rio de Janeiro: Rocco, 2003.
A viagem de Cristóvão Colombo é o pano de fundo para o leitor descobrir, por meio de diversos documentos, o dia-a-dia a bordo das caravelas e as aventuras dos marinheiros, as riquezas do Novo Mundo e os conhecimentos técnicos disponíveis nos séculos XV e XVI.

FUNARI, Pedro. *Os antigos habitantes do Brasil*. São Paulo: Editora da Unesp/Imprensa Oficial, 2002.
Neste livro você vai conhecer quem habitava o território que viria a ser o Brasil antes da chegada dos portugueses: os povos indígenas, sua cultura e tradições.

TUFANO, Douglas. *A carta de Pero Vaz de Caminha*. São Paulo: Moderna, 1999.
Edição comentada e ilustrada da carta de Pero Vaz de Caminha ao rei de Portugal por ocasião do "achamento" do Brasil. Fotos, mapas e ilustrações complementam o texto.

REPRODUÇÃO

Filmes

REPRODUÇÃO

1492 – A conquista do Paraíso

Direção de Ridley Scott. Estados Unidos, França e Espanha, 1992. 140 min.
A prodigiosa viagem de Cristóvão Colombo às Índias mudaria a vida de muitos povos.

Piratas

Direção de Roman Polanski. França, 1986. 124 min.
Comédia que trata das pilhagens de piratas ingleses no século XVIII, no Mar do Caribe.

Site

Instituto Socioambiental

<www.socioambiental.org/pib/index.html>
No canal temático do Instituto Socioambiental, "Povos Indígenas do Brasil", você terá acesso a diversas informações sobre a realidade desses povos: quem, quantos são e onde estão, como vivem, as línguas, as políticas indigenistas, as narrativas indígenas e muito mais.

Capítulo 15

A Reforma Protestante e a Contrarreforma Católica

Romeiros participam da Missa do Chapéu, em Juazeiro do Norte, Ceará. A Missa do Chapéu marca a despedida dos fiéis que participam de procissões e carreatas em homenagem a Nossa Senhora das Dores e do Padre Cícero Romão Batista. Foto de 2006.

PAULO PEREIRA/FOLHA IMAGEM

O Brasil é o maior país pentecostal do mundo

"O Brasil é o maior país pentecostal do mundo. Segundo o World Christian Database, cerca de 24 milhões de brasileiros são evangélicos pentecostais. Em segundo lugar, mas bem longe do Brasil, aparecem os Estados Unidos, com quase 5,8 milhões de fiéis pentecostais. O World Christian Database é um banco internacional de dados criado pelo Seminário Teológico Gordon-Conwell, dos EUA. O banco de dados foi atualizado no ano passado. O pentecostalismo é uma vertente das religiões protestantes surgidas no início do século passado. No Brasil, os principais representantes são a Assembleia de Deus, a Igreja Universal do Reino de Deus e a Renascer em Cristo. A influência dos pentecostais no país é tamanha que constituíram na Câmara dos Deputados a chamada 'bancada evangélica'. Os 24 milhões de pentecostais, no entanto, estão distantes dos 125 milhões de brasileiros católicos apontados pelo Censo 2000."

Brasil é o maior país pentecostal do mundo. *O Estado de S. Paulo.* Disponível em <www.estadao.com.br>. Acesso em maio 2007.

ANTÔNIO GAUDÉRIO/FOLHA IMAGEM

Fiéis da Igreja Universal do Reino de Deus participam da Reunião dos empresários com os 318 pastores, culto voltado a pessoas com problemas financeiros, em templo localizado na cidade de São Paulo. Foto de 2003.

A religião é a experiência humana do encontro com o sagrado. É algo que escapa de explicações racionais ou palpáveis. Mesmo assim está presente na vida de milhões de pessoas que afirmam seguir um credo que lhes dá suporte para entender e administrar diferentes situações que ocorrem em suas vidas diariamente.

No Brasil, ao longo da década de 1990, a Igreja Católica perdeu um grande número de fiéis para confissões religiosas evangélicas pentecostais e neopentecostais. O pentecostalismo teve origem nos Estados Unidos, no início do século XX, fora dos espaços de expressão do protestantismo tradicional. Ele está intensamente relacionado à crença nas manifestações do Espírito Santo e à missão de evangelização, que se faz principalmente por meio do uso da mídia e do carisma pessoal de seus líderes.

As divisões no cristianismo e o surgimento de igrejas que se autodenominam protestantes têm origem na Europa ocidental, no início da modernidade. Nesse período ocorreram importantes transformações na sociedade europeia que indicavam a falência definitiva do sistema feudal e a ascensão do capitalismo.

Naquele contexto, a questão religiosa estava igualmente em pauta. Confrontos entre defensores e adversários da hierarquia católica, perseguições a indivíduos acusados de heresia e feitiçaria, a fusão das questões religiosas com os choques entre Estados e com os interesses dos diferentes setores sociais despertaram em muitos indivíduos uma inquietação profunda e os levaram a questionar o mundo em que viviam e o catolicismo romano, até então praticamente soberano na Europa ocidental.

A Reforma no contexto da modernidade

A Reforma Protestante e a Contrarreforma Católica integram um conjunto de acontecimentos que marcaram a transição do feudalismo para uma sociedade nos moldes burgueses no oeste da Europa. O alcance da Reforma Protestante foi além da crítica aos dogmas e práticas do catolicismo, que abalaram a autoridade da hierarquia eclesiástica. Com o apoio de segmentos sociais interessados na diminuição do poder do papa, ela contribuiu para modificar as instituições políticas, sociais e econômicas europeias. O termo **protestantismo** não designa uma Igreja ou denominação específica, mas o movimento de reforma religiosa iniciado na Alemanha, no século XVI, por Martinho Lutero, que deu origem a diversos grupamentos evangélicos.

As expressões **Reforma Católica** ou **Contrarreforma**, por sua vez, referem-se ao movimento que pretendeu repensar o catolicismo, abalado pelas críticas e iniciativas dos reformadores protestantes. Entretanto, no Concílio de Trento (1545-1563), o papa e os cardeais concluíram que a doutrina católica não precisaria ser modificada (veja a foto). Em vez disso, Roma reforçou seus dogmas, criando mecanismos eficazes para o combate à heresia, isto é, a qualquer doutrina contrária ao que fora definido pela Igreja em matéria de fé. Heresia, palavra de origem grega, significa opção, escolha. Para a Igreja Católica no momento de transição para a modernidade, religião não era uma questão de livre-arbítrio.

CORBIS-LATINSTOCK

Detalhe do afresco Concílio de Trento, *de Hermano Zucarelli, feito entre 1560 e 1566.*

Enforcamento de mulheres acusadas de bruxaria na Inglaterra. Gravura do século XVII.

O combate às heresias

A multiplicação das heresias na Baixa Idade Média foi um sintoma da crise da ordem feudal, incapaz de atender às necessidades espirituais e materiais de largos setores da população. Muitos grupos declarados heréticos pela Igreja denunciavam a corrupção do clero e propunham uma vida simples e igualitária, tal como a dos primeiros cristãos. Com isso, criticavam também os privilégios e o estilo de vida da nobreza, que se uniu aos eclesiásticos na repressão a esses movimentos. Várias heresias foram esmagadas, seus partidários condenados à forca ou lançados nas fogueiras. Mas suas ideias contribuíram, séculos depois, para a reforma religiosa nos Estados germânicos, atual Alemanha, e também para a rebelião do campesinato local contra a opressão dos príncipes.

Com o objetivo de combater as heresias e as seitas contrárias aos dogmas do catolicismo, a Igreja criou durante o século XIII o Tribunal do Santo Ofício, também chamado **Inquisição**, cuja finalidade era investigar e punir crimes contra a fé católica. Durante mais de 300 anos, na Europa e em muitas colônias milhares de pessoas foram condenadas à tortura e à morte. Foi o caso de numerosas mulheres que, por serem consideradas pela Igreja bruxas ou feiticeiras, foram queimadas vivas ou enforcadas em cerimônias públicas (veja a imagem acima).

Os precursores da Reforma

Alguns intelectuais dos séculos XIV e XV podem ser considerados precursores do movimento reformista. Entre eles está o inglês **John Wycliffe** (c. 1330-1384), professor em Oxford, que denunciou a corrupção do clero e desafiou a autoridade da Igreja ao afirmar que qualquer um que tivesse fé poderia conseguir a salvação eterna. Suas ideias sobre a salvação pela fé e não pela prática de "boas obras", como a compra de indulgências, serviram de inspiração para as 95 teses que marcaram a ruptura de Martinho Lutero com a Igreja Católica.

Outro precursor da Reforma foi o padre **Jan Huss**, natural da Boêmia (região que hoje integra a República Tcheca), que morreu queimado na fogueira em 1415. Profundo conhecedor dos textos bíblicos e do pensamento de Wycliffe, Huss pregava a obediência estrita às Escrituras e denunciou a corrupção e o luxo do clero. Ele traduziu textos sagrados para a língua do seu povo.

A execução de Huss deu origem ao hussismo, movimento de massas contra a autoridade eclesiástica e imperial. O hussismo passou a ser a bandeira de rebelião das massas camponesas empobrecidas, e também uma das expressões do nacionalismo boêmio. Em 1434, depois de numerosas vitórias, os hussitas foram massacrados. Um século depois, Lutero admitiria que Huss era o grande precursor da Reforma.

Questionando verdades estabelecidas, sacramentadas pela Igreja, o homem do Renascimento lançou-se na aventura de pensar livremente. A teoria do heliocentrismo de **Nicolau Copérnico**, o método científico de **Francis Bacon** (1561-1626), a física de **Isaac Newton** (1642-1727), as múltiplas pesquisas empreendidas por **Leonardo da Vinci** apontavam o caminho, levando ao abandono de muitas concepções medievais e enfatizando a importância da razão e da liberdade de pensamento. Essa atitude seria estendida à esfera religiosa: a Reforma não propunha intermediários entre Deus e o homem.

A formação das monarquias nacionais também contribuiu para o movimento reformista, uma vez que o conflito entre o poder temporal, representado pelo rei, e o poder espiritual, representado pelo papa, constituiu um obstáculo ao fortalecimento da autoridade central. Além disso, os dízimos transferidos para Roma prejudicavam as finanças dos Estados nacionais. E os extensos feudos da Igreja em cada país eram cobiçados pelos reis e pela nobreza territorial, que se apoderaram deles no decorrer da reforma religiosa.

Os fatores imediatamente associados à proposta de reforma religiosa diziam respeito às práticas da Igreja Católica: a venda de indulgências para o perdão dos pecados, as negociatas em torno dos cargos religiosos, o despreparo e a vida desregrada de muitos sacerdotes tornavam-na alvo de críticas de grande impacto popular.

Na esfera teológico-filosófica, estavam em confronto duas propostas. De um lado o tomismo, doutrina do teólogo italiano **São Tomás de Aquino** (1225-1274), adotada oficialmente pela Igreja Católica, e que tentava conciliar o cristianismo com a teoria do livre-arbítrio; do outro lado, as concepções de **Santo Agostinho** (354-430), doutor da Igreja nascido na África romana, que pregava a predestinação e a fé. A doutrina agostiniana serviria de base para a Reforma Protestante.

REPRODUÇÃO

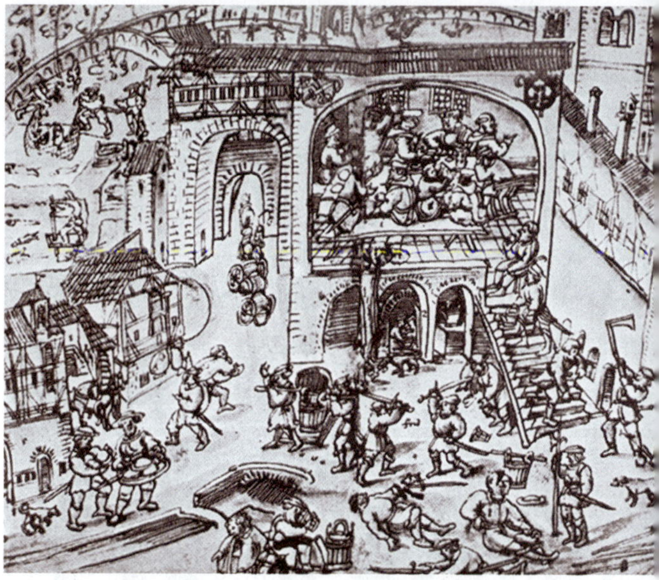

Ilustração representando invasão e saque de um mosteiro por camponeses germânicos em 1524.

▶ Martinho Lutero: a justificação pela fé

Martinho Lutero, monge agostiniano e doutor em Teologia pela Universidade de Wittenberg, foi o impulsionador da reforma religiosa na região da atual Alemanha. Ele aceitava as ideias de Jan Huss principalmente no que dizia respeito às propostas de liberdade de culto e de liberdade de consciência individual. Divergindo das orientações de Roma, Lutero acreditava que a salvação da alma resultava da fé, a graça divina mais importante do homem; e que as boas obras em nada influíam para a salvação. A partir dessas ideias, Lutero condenou a venda de indulgências como passaporte para o reino dos céus.

LUÍS VEIGA/EDITORA ABRIL

Seguidores do luteranismo estão presentes em muitos países, inclusive no Brasil. Na foto, igreja luterana em Domingos Martins, no Espírito Santo, 1994.

As condições políticas e econômicas do Sacro Império Romano Germânico, que abrangia boa parte dos territórios alemães, favoreceram a difusão das concepções de Lutero. O Império era formado por diversos principados independentes, governados por nobres que elegiam o imperador. O poder imperial estava nas mãos da dinastia dos Habsburgos, representada por Carlos V, que tinha fortes ligações com a Igreja Católica, tanto que vários cardeais eram eleitores do Sacro Império. Além disso, muitos feudos eram controlados pelo clero, que conseguia grandes lucros com o arrendamento dessas terras. Outras fontes de renda da Igreja provinham da arrecadação do dízimo e do comércio de indulgências. Diante do poderio econômico e dos abusos cometidos pelos eclesiásticos, diversos segmentos sociais faziam fortes críticas à Igreja, criando um terreno favorável para a reforma religiosa.

Os diferentes grupos sociais dos principados alemães tinham características, objetivos e interesses diferentes. A burguesia queria um clero menos intransigente e ao mesmo tempo desejava reduzir a transferência de capitais para Roma; a nobreza desejava apoderar-se das terras eclesiásticas, enquanto os camponeses viam na Igreja Católica um dos maiores exploradores do Império, devido à cobrança dos dízimos. Eles queriam terras para cultivar. E também estavam dispostos a lutar para se livrar da dominação dos grandes nobres, qualquer que fosse a sua religião.

Em 1517, a decretação de uma bula (carta pontifícia de caráter solene) do papa Leão X, promulgando uma das mais notáveis vendas de indulgências já vistas na Europa, acelerou a crise. Na bula, o papa estabelecia que aqueles que contribuíssem para a construção da Catedral de São Pedro, em Roma, receberiam de Deus o perdão total de seus pecados. Para efetivar o "negócio", Leão X propôs acordos com a França e a Inglaterra e também com os banqueiros alemães. Os signatários do acordo dividiram com Roma parte dos lucros obtidos na arrecadação. No mesmo ano, denunciando a venda de indulgências e a doutrina da salvação pelas obras, Lutero afixou na porta da Igreja de Wittenberg, onde era sacerdote, um documento que continha noventa e cinco críticas ao papado, conhecido como as 95 Teses de Lutero. Eis duas delas:

Tese 6

"O papa não pode remitir culpa alguma senão declarando e confirmando que ela foi perdoada por Deus, ou, sem dúvida, remitindo-a nos casos reservados para si. Se estes forem desprezados, a culpa permanecerá por inteiro."

Tese 22

"Com efeito, ele não dispensa as almas do purgatório de uma única pena que, segundo os cânones, elas deveriam ter pago nesta vida."

LUTERO, Martinho. *Obras selecionadas*. Porto Alegre: Sinodal e Concórdia Editora, 1991.

A publicação das 95 Teses deu início ao confronto entre Roma e o monge rebelde. Leão X exigiu que Lutero se retratasse, sob pena de ser considerado herético. Lutero respondeu à ordem papal queimando publicamente o documento que continha a intimação vinda de Roma. Como consequência, foi excomungado, mas, com a proteção da nobreza alemã, conseguiu manter-se escondido por algum tempo.

Em apoio às decisões do papa, o imperador Carlos V convocou Lutero a comparecer diante da Dieta de Worms, assembleia imperial, para que fosse julgado pelos príncipes alemães. O julgamento foi favorável a Lutero, uma vez que a maioria dos nobres era hostil a Roma. Contrariando a decisão da assembleia, Carlos V determinou o banimento de Lutero dos territórios imperiais. Lutero foi, então, acolhido pelo eleitor Frederico III da Saxônia, que o recebeu nos seus domínios, situados entre o Rio Reno e o Mar Báltico. Outros príncipes financiaram a divulgação das ideias luteranas por todo o Império.

Reforma e revolução

Lutero tinha a expectativa de que a nobreza alemã abraçasse a religião reformada e pusesse em prática suas concepções. Havia, porém, outros setores comprometidos com a Reforma, mais radicais do que os príncipes: os cavaleiros e as massas camponesas reunidas em torno da seita dos **anabatistas**. Este grupo admitia apenas o batismo dos adultos, pois as crianças não tinham maturidade para optar. Sua proposta de maior apelo popular era o retorno ao igualitarismo do tempo dos apóstolos, com a partilha das riquezas e especialmente da terra.

A radicalização desses grupos não tardou. Já em 1523 ocorreu a revolta dos cavaleiros. Integrantes da pequena nobreza empobrecida, eles não possuíam terras nem prestígio social. Pregavam a melhor distribuição das rendas e a diminuição do poder político da alta nobreza. Motivados pelas ideias luteranas, que criticavam a riqueza do clero, os cavaleiros invadiram as propriedades eclesiásticas e dividiram-nas com os camponeses. Lutero condenou as ações radicais feitas em seu nome e apoiou os grandes senhores na luta contra os cavaleiros, declarando que as reformas deveriam partir da alta nobreza, com quem as terras da Igreja deveriam ficar após o movimento reformista.

BIBLIOTECA UNIVERSITÁRIA DO ESTADO, BERNA, SUÍÇA

Gravura atribuída a Lutero, que satiriza o papa Alexandre VI (1545), em um jogo visual que demoniza a figura papal.

Entre 1523 e 1525, começaram a acontecer as mobilizações do campesinato alemão, de início em apoio aos cavaleiros e depois como um movimento autônomo. Os camponeses eram liderados por Thomas Münzer, porta-voz dos anabatistas e um dos seguidores mais radicais de Lutero. Percebendo que as propostas luteranas beneficiavam prioritariamente a aristocracia, Münzer rompeu com Lutero e estabeleceu sua própria doutrina, que pregava o fim da propriedade privada. Seus adeptos, principalmente camponeses e aprendizes das cidades, revoltaram-se contra o domínio da nobreza, dos sacerdotes e dos cidadãos mais ricos.

Na Alemanha Central, o movimento tornou-se tipicamente revolucionário, com os camponeses exigindo a abolição da servidão e a posse comunitária da terra. Lutero mais uma vez manifestou-se contrário ao movimento popular, condenando publicamente Münzer e os camponeses. Thomas Münzer rebateu as acusações vindas do pastor, chamando Lutero de "Doutor Mentiroso".

Tropas militares financiadas pela alta nobreza reprimiram brutalmente o movimento camponês. O saldo da rebelião foi a morte de 100 mil pessoas, entre as quais Thomas Münzer, que morreu decapitado.

Reforma e conciliação

Em 1530, com o auxílio do teólogo **Filipe Melanchthon**, Lutero redigiu um documento que fundamentava sua doutrina. Nele, afirmava que a fé constituía a única e verdadeira fonte da salvação e que o dogma absoluto da religião reformada seria o texto das Escrituras. Lutero mostrava-se favorável à livre interpretação da *Bíblia* e à sua tradução nas línguas nacionais; ele próprio traduziu a *Bíblia* para o alemão. Sua proposta previa a existência de uma Igreja nacional, sem hierarquias religiosas como a que existia na Igreja Católica, em que o papado estava acima de todos os demais cargos eclesiásticos. O celibato dos padres desapareceria. Haveria apenas dois sacramentos: o batismo e a eucaristia. Lutero também negou o ato da transubstanciação (transformação do pão e do vinho em corpo e sangue de Cristo), sugerindo que o ato religioso fosse visto não como a transformação, mas como a bênção sagrada e divina no pão e no vinho, que ele chamou de consubstanciação.

Em 1555, na tentativa de promover a conciliação com o poder imperial, a nobreza luterana firmou um acordo conhecido como **Paz de Augsburg**. O acordo determinou que cada príncipe pudesse escolher sua religião, assim como a de seus súditos. Como resultado, o luteranismo predominou nos Estados alemães do norte, enquanto o sul permanecia católico. A paz voltou a reinar temporariamente nas fileiras da alta nobreza alemã. Mas a unidade religiosa na Europa ocidental e central se rompeu para sempre.

João Calvino: a predestinação absoluta

A reforma religiosa na Suíça representou, antes de tudo, uma necessidade burguesa. O país estava dividido em cidades-repúblicas, como Zurique, Basileia, Berna e Genebra, todas elas importantes centros comerciais. O poder político nessas cidades estava nas mãos de uma burguesia nascente, impedida de expandir seus negócios devido às fortes barreiras impostas pela Igreja Católica. O clero combatia a liberdade econômica e o crescente lucro dos setores mercantis. A burguesia necessitava, desse modo, de novos parâmetros morais, econômicos e religiosos que legitimassem a obtenção do lucro por meio do comércio e da exploração do trabalho assalariado.

Huldrych Zwingli, ardente defensor das ideias de Lutero, foi o iniciador da reforma religiosa na Suíça. De formação humanista, ordenou-se padre em 1517, mostrando-se sempre muito crítico em relação aos dogmas da Igreja Católica. Sua atuação humanitária no auxílio aos pobres e doentes nas ruas de Zurique, durante a peste bubônica que assolou a Suíça em 1519, tornou-o muito popular. Essa passagem de sua vida levou-o a refletir sobre a necessidade de viver mais intensamente a religião. Em seus sermões, passou a discutir a urgência de reformar o catolicismo.

A conduta protestante e o capitalismo

"No célebre estudo sobre a ética protestante e o espírito do capitalismo, Max Weber procurava demonstrar a existência de uma íntima afinidade entre a ideia protestante de 'vocação' e a contenção do impulso irracional para o lucro através de atividade metódica e racional, em busca do êxito econômico representado pela empresa. Por essa via, apresentava-se a ideia de que um determinado tipo de orientação de conduta na esfera religiosa — a ética protestante — poderia ser encarada como uma causa do desenvolvimento da conduta racional em moldes capitalistas na esfera econômica."

COHN, Gabriel. *Weber*. São Paulo: Ática, 1986.

BIBLIOTECA NACIONAL DA FRANÇA, PARIS

Ilustração representando cerimônia calvinista em Lyon, França, 1564.

Zwingli defendia a predestinação e condenava a confissão, alegando que cabia a Deus e não aos padres perdoar os pecados. Por iniciativa sua, a religião reformada estendeu-se pelo norte da Suíça. Em 1531, quando tentava levar seus ensinamentos a grupos mais conservadores, teve início uma guerra civil que provocou a morte em combate do reformador. Mas suas propostas saíram vitoriosas, consagradas no acordo conhecido como a Paz de Kappel (1531), pelo qual o governo de cada região suíça teria o direito de escolher sua própria religião.

As revoltas religiosas estenderam-se até Genebra, região submetida a um duplo poder político, dividido entre o bispo católico local e os duques de Savoia. Os habitantes de Genebra enfrentaram esse duplo poder e tornaram-se independentes. A cidade-república de Genebra foi o cenário e o laboratório para a atuação de um dos maiores impulsionadores da Reforma, o teólogo francês **João Calvino** (1509-1564).

Ao converter-se ao luteranismo por volta de 1530, Calvino renunciou a alguns benefícios eclesiásticos. Em razão disso, foi perseguido e transferiu-se para Genebra em 1536. Nesta cidade publicou *Instituições da religião cristã*, na qual expunha seus princípios teológicos. Calvino reafirmava as doutrinas luteranas da salvação pela fé e levava às últimas consequências a Teoria da Predestinação.

Os princípios calvinistas pregavam o rigor da disciplina, a valorização moral do trabalho e da poupança, oferecendo aos setores burgueses uma justificativa religiosa sólida e bem elaborada para suas atividades. Esse aspecto de justificativa ideológica contribuiu para que a doutrina calvinista ganhasse adeptos nas principais cidades-repúblicas da Suíça. A partir de 1541, tanto o governo como a religião de Genebra estavam nas mãos de Calvino, que exerceu o poder por intermédio de uma oligarquia religiosa conservadora sob o controle de um Consistório (assembleia). Detendo uma autoridade ilimitada, esse órgão controlava o cotidiano das pessoas, obrigando-as a participar de cultos e da comunhão.

As ideias de Calvino expandiram-se pela Europa ocidental, região na qual o desenvolvimento das práticas capitalistas abria um campo favorável para uma reforma religiosa que impulsionasse as atividades dos setores mercantis e manufatureiros. Assim, na Inglaterra (puritanos), na Escócia (presbiterianos), na França (huguenotes) e em muitas outras regiões surgiram adeptos da fé e da ética calvinista.

A Reforma Anglicana: catolicismo sem Roma

A penetração das ideias de Lutero, e mais tarde de Calvino, nas camadas sociais como a *gentry*, pequena nobreza envolvida com as questões comerciais e nos setores mercantis e profissionais, teve repercussões importantes para a história do protestantismo na Inglaterra.

O início da reforma religiosa inglesa deu-se por iniciativa do rei Henrique VIII, que encontrou apoio em seus súditos para a organização da Igreja Anglicana. Em 1527, **Henrique VIII** solicitou ao papa Clemente VII que anulasse seu casamento com a espanhola Catarina de Aragão, para casar-se com Ana Bolena. Mas o papa evitava intervir nessa questão, uma vez que Catarina era tia do imperador Carlos V, que auxiliava a Igreja no combate aos luteranos. Os infindáveis adiamentos do papa levaram Henrique VIII a tomar a iniciativa em 1531, obrigando o Parlamento a votar uma série de leis que colocou a Igreja Católica inglesa sob o controle do Estado. Em 1534, o **Ato de Supremacia** proclamou o rei chefe supremo da Igreja Anglicana, podendo nomear os eclesiásticos e determinar os dogmas religiosos. A resposta do papa foi a excomunhão de Henrique VIII.

A partir de 1536, muitos mosteiros deixaram de existir. As terras dos mosteiros e os outros feudos do clero foram expropriados e vendidos a nobres, comerciantes e fazendeiros, que passaram a ser o sustentáculo político da Igreja Anglicana.

Cena do filme Ana dos mil dias, *com Geneviève Bujold e Richard Burton, interpretando Ana Bolena e Henrique VIII, respectivamente.*

A complementação da obra reformista de Henrique VIII foi realizada no reinado de **Elizabeth I** (1533-1603), sua filha com Ana Bolena. Entremeando características do anglicanismo e do calvinismo, a nova Igreja Anglicana procurou chegar a uma conciliação das regras religiosas na Inglaterra, na tentativa de impedir a divisão do reino por questões de crença.

A contraofensiva católica

As origens da **Reforma Católica** ou **Contrarreforma** podem ser buscadas nos últimos anos do século XV, antes mesmo, portanto, da Reforma Protestante. Em países como Espanha e Itália, por iniciativa de alguns clérigos, foram tentadas medidas no intuito de restabelecer a disciplina eclesiástica e regenerar a vida espiritual. Mas a Igreja Católica como um todo preocupou-se apenas em adotar medidas concretas no instante em que os movimentos de reforma passaram a questionar seriamente o corpo doutrinário e a ameaçar o poder político-econômico do clero.

A reação de Roma diante da expansão do protestantismo veio por meio de várias medidas, entre elas a reorganização do Tribunal do Santo Ofício, que atuava na Europa desde a Idade Média, julgando e punindo aqueles que fossem suspeitos de difundir ideias e práticas religiosas em desacordo com a Igreja Católica.

Além disso, por iniciativa do papa **Paulo III**, a Igreja Católica realizou um dos encontros mais importantes de sua história milenar: o **Concílio de Trento**. O Concílio realizou-se de 1545 a 1563, com algumas interrupções, e teve como objetivo principal posicionar-se diante das críticas protestantes. Dentre as decisões mais importantes tomadas em Trento, destacaram-se a reafirmação dos dogmas católicos, a manutenção dos sacramentos, a confirmação da transubstanciação, da hierarquia do clero e do celibato clerical.

O Concílio também formulou normas para coibir abusos, como a venda de indulgências, e aprovou propostas para a fundação de seminários de teologia, destinados a melhorar a formação do clero. Por último, surgiu o *Index Librorum Proibitorum*, uma lista dos livros cuja leitura era proibida aos católicos. Obras como *O elogio da loucura*, do humanista católico **Erasmo de Roterdam**; *Decameron* e todas as novelas de Boccaccio, e o *Livro de La oración* do respeitado teólogo Frei Luís de Granada constavam da lista proibitiva. O *Index*, constantemente revisto, foi abandonado apenas em 1966.

Leia algumas decisões do Concílio de Trento:

"I – Se alguém disser que o homem se pode justificar para com Deus por suas próprias obras [...] ou pela doutrina da lei, sem a divina graça adquirida por Jesus Cristo, seja excomungado."

"V – Se alguém disser que o livre-arbítrio do homem está perdido e extinto depois do pecado de Adão, ou que ele é um simples nome sem objeto, ou que ele é uma ficção introduzida pelo demônio na Igreja, seja excomungado."

ARTOLA, Miguel. *Textos fundamentales para la historia*. Madri: Alianza, 1985.

O movimento católico foi ainda reforçado pela estruturação de ordens religiosas, como a Companhia de Jesus, fundada por **Inácio de Loyola** em 1540. Os jesuítas, como ficaram conhecidos seus integrantes, organizaram-se como um verdadeiro exército para a contraofensiva católica. Responsáveis pelo fortalecimento do catolicismo em muitos dos países em que atuaram, transformaram-se em educadores e desempenharam papel fundamental na catequese dos povos nativos das colônias portuguesas e espanholas na América.

MUSEU DO PRADO, MADRI

Detalhe de São Domingos e os Albigineses, *de Pedro Berruguete, representando queima de livros (século XVI).*

▶ O preço da fé

A reforma religiosa impulsionada por Lutero e Calvino contribuiu decisivamente para a desestruturação das relações sociais predominantes no feudalismo. Em um primeiro momento porque, ao criar uma moral econômico-religiosa, permitiu a médio prazo a ascensão da burguesia, sem traumas nem culpa, no universo econômico. Em seguida, porque provocou a ruptura da cristandade, fator importante da queda do prestígio e da autoridade do papa, um dos sustentáculos do mundo feudal. Os efeitos mais contundentes da Reforma Protestante foram a divisão da cristandade ocidental em diversas tendências hostis entre si. A liberdade de culto, a livre interpretação das Escrituras e a substituição do latim pelas línguas nacionais nas cerimônias religiosas incentivaram de certa forma o nacionalismo nos Estados. Entretanto, liberdade de culto não significou, a princípio, liberdade religiosa. A intolerância, a perseguição aos adversários, a caça às bruxas, em sentido figurado e literal, também fizeram parte da ortodoxia protestante.

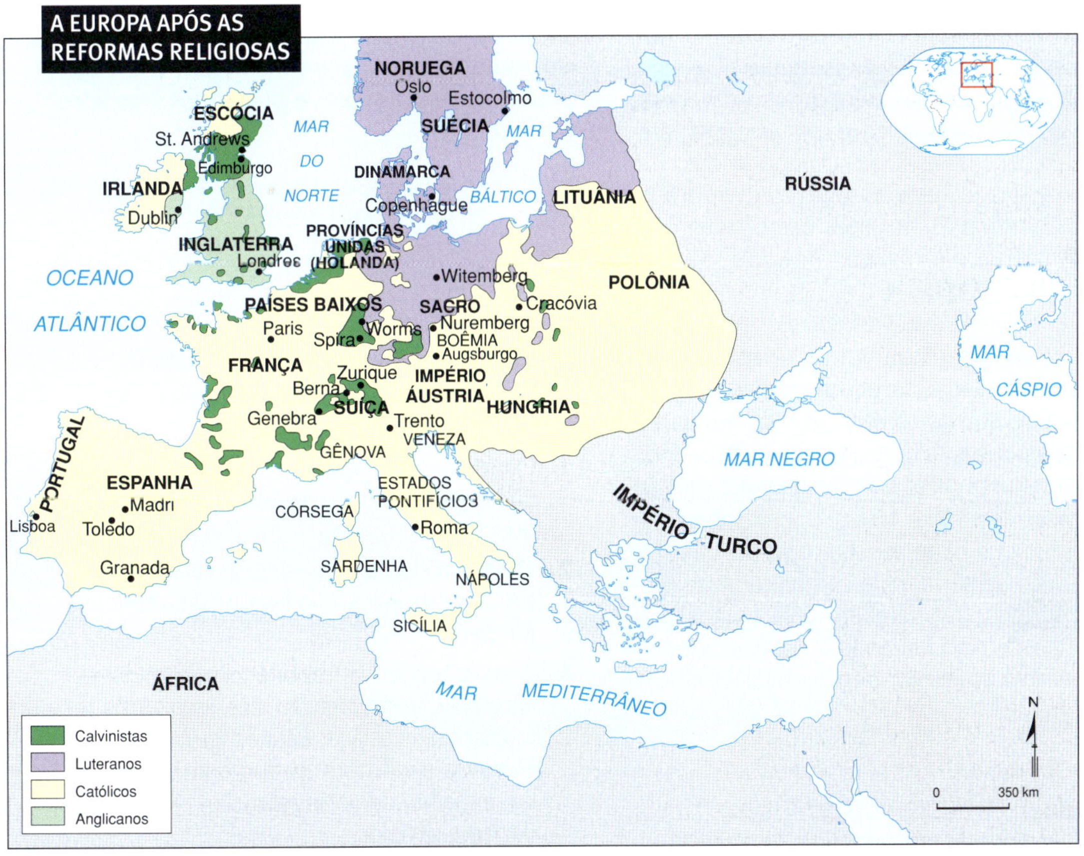

Fonte: GLIOZZI, Giuliano e PIAZZA, Ada Ruata. *Tutto storia*: dal rinascimento alla fine dell'ottocento. Torino: Petrini, 1997. v. 2. p. 118.

TEXTO COMPLEMENTAR

A revolução permanente da impressão gráfica

A imprensa, uma das grandes invenções do período renascentista, foi um instrumento fundamental para o desenvolvimento da Reforma Protestante.

"Se a cidade-estado italiana foi o ambiente onde se desenvolveu o Renascimento, sua correspondente alemã, a 'cidade livre', como Nuremberg ou Estrasburgo [...] foi o centro da Reforma. [...] Martinho Lutero (1483–1546), favorável a um envolvimento mais direto de leigos com as atividades religiosas, [...] incentivou a leitura da *Bíblia* e a liturgia em **vernáculo** – o que envolveu novas traduções. Ele justificava esse envolvimento pelo que chamou de 'sacerdócio de todos os crentes', a ideia de que cada um tivesse acesso direto a Deus sem necessidade de mediação dos clérigos.

[...] O envolvimento do povo na Reforma foi tanto causa quanto consequência da participação da mídia. A invenção da impressão gráfica solapou o que foi descrito, com certo exagero, como monopólio de informação da Igreja medieval, e algumas pessoas tinham consciência disso na época. O protestante inglês John Foxe, por exemplo, pregava que 'o papa deve abolir o conhecimento e a impressão gráfica, ou esta, a longo prazo, vai acabar com ele'. Como vimos, os papas parecem ter concordado com Foxe, e foi por essa razão que se criou o *Index* de Livros Proibidos.

Depois que as igrejas protestantes se estabeleceram, [...] elas começaram a transmitir suas tradições por intermédio da educação das crianças. Peças, pinturas e impressos agora eram rejeitados em favor da palavra, fosse ela escrita ou falada, *Bíblia* ou sermão. Por outro lado, na primeira geração ([...] décadas de 1520 e 1530), os protestantes se baseavam no que pode ser chamado de 'ofensiva da mídia', não somente para comunicar suas próprias mensagens, mas também para enfraquecer a Igreja Católica, ridicularizando-a, usando o repertório tradicional do humor popular para destruir o inimigo pelo riso. [...]

Um dos principais objetivos dos reformadores era se comunicar com todos os cristãos. [...] Nesse sentido, a impressão gráfica converteu a Reforma em uma revolução permanente.

Para o desenvolvimento do protestantismo a longo prazo, a tradução da *Bíblia* de Lutero foi ainda mais importante do que seus panfletos. [...] Mais de 80% dos livros em alemão publicados no ano de 1532 [...] tratavam da reforma da Igreja. [...]

Eles foram descritos, com algum exagero, como um 'meio de comunicação de massa'.

[...] Como somente uma minoria da população sabia ler, e menos ainda escrever, presume-se que a comunicação oral deva ter continuado a predominar na chamada era da impressão gráfica. Ela teve muitas formas distintas em diferentes contextos, indo de sermões e conferências em igrejas e universidades a rumores e boatos nos mercados e tabernas."

BURKE, Peter e BRIGGS, Asa. *Uma história social da mídia:* de Gutenberg à Internet. Rio de Janeiro: Jorge Zahar, 2004.

Vernáculo
Língua própria de um país ou de uma região.

Compreendendo o texto

1. Quais as estratégias defendidas e empregadas por Martinho Lutero para conquistar fiéis?

2. De que modo a impressão gráfica representou uma ameaça à Igreja Católica na Idade Média?

3. O texto registra a importância da mídia escrita para a propagação dos ideais dos reformadores cristãos. Para as igrejas, a mídia continua sendo um instrumento primordial no trabalho de evangelização? Argumente dando exemplos.

ATIVIDADES

EXPLORANDO O CONHECIMENTO

1 O gráfico apresenta o perfil atual das religiões no Brasil. Após analisar atentamente a figura, enumere três informações que você conseguiu extrair.

AS RELIGIÕES NO BRASIL (2000)

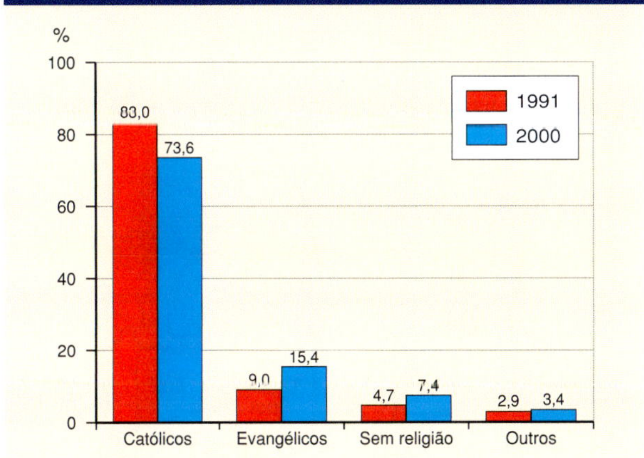

Fonte: Censo IBGE, 2000.

2 Leia o documento e responda às questões a seguir.

> "Deus chama cada um para uma vocação particular cujo objetivo é a glorificação dele mesmo. O comerciante que busca o lucro, pelas qualidades que o sucesso econômico exige: o trabalho, a sobriedade, a ordem, responde também ao chamado de Deus, santificando de seu lado o mundo pelo esforço, e sua ação é santa."
>
> CALVINO, João. In: MOUSNIER, Roland. *História geral das civilizações*: os séculos XVI e XVII: os processos da civilização europeia. São Paulo: Difel, 1973. Tomo IV, v. 1.

a) Com base no texto, explique a Teoria da Predestinação desenvolvida por João Calvino.

b) Relacione a expansão das ideias defendidas no texto com o desenvolvimento do capitalismo a partir do século XVI.

3 A partir de profundo estudo do pensamento de Santo Agostinho, o teólogo Martinho Lutero foi o primeiro a organizar um movimento bem-sucedido contra o clero católico.

a) Cite as principais críticas de Lutero contra a Igreja Católica.

b) Apresente as propostas que fundamentaram a doutrina luterana.

c) Analise a posição de Lutero diante da revolta dos camponeses na Alemanha, liderada pelo trabalhador Tomas Münzer.

4 A Igreja Católica, motivada pela Reforma Protestante e por críticas do próprio clero à degradação espiritual dos católicos, tomou a decisão de reunir as mais altas autoridades da Igreja na cidade de Trento, na Itália, para definir uma posição em relação ao Cisma Protestante.

a) Caracterize o Concílio de Trento.

b) Cite cinco decisões estabelecidas no Concílio de Trento.

A HISTÓRIA E O TEMPO PRESENTE

5 O texto a seguir é parte de uma entrevista do teólogo brasileiro Leonardo Boff, um dos principais representantes da Teologia da Libertação. Na entrevista, ele faz referência a um processo judicial movido pela Congregação para a Doutrina da Fé, no Vaticano, em 1984. Na época, o organismo da Igreja era dirigido pelo cardeal Josef Ratzinger, atual papa Bento XVI.

> "Fui interrogado por ele durante três horas [...]. E também fui por ele punido com o silêncio obsequioso, deposição da cátedra e proibição de escrever e falar. Depois, por intervenção do próprio papa (João Paulo II), que não queria se equiparar aos líderes brasileiros que silenciavam jornalistas, ele permitiu que eu continuasse a falar e escrever [...]"
>
> Entrevista concedida em 19 de abril de 2005. Disponível em <www.bbc.co.uk/portuguese>. Acesso em maio 2006.

a) Em grupo, façam uma pesquisa sobre a atuação da Congregação para a Doutrina da Fé, procurando identificar diferenças e semelhanças com a Inquisição do início da Idade Moderna.

b) Informem-se também sobre a Teologia da Libertação e o processo judicial movido contra o ex-padre Leonardo Boff.

c) O grupo deve fazer um relatório sintetizando as informações obtidas. Em classe troquem informações sobre a pesquisa realizada.

Vestibular / ENEM

1 (Fuvest-SP) Antes de o luteranismo e calvinismo surgirem, no século XVI, e romperem com a unidade do cristianismo no ocidente, houve, na Baixa Idade Média, movimentos heréticos importantes, como o dos cátaros e dos hussitas, que a Igreja Católica conseguiu reprimir e controlar.

Explique:

a) Como a Igreja Católica conseguiu dominar as heresias medievais?

b) Por que o luteranismo e o calvinismo tiveram êxito?

2 (PUC-PR) Nos começos do século XVI teve início a Reforma Religiosa, com a atuação de Martim Lutero, monge agostiniano, então em Wittenberg. Sobre as causas desse movimento, é correto afirmar:

I – Os reformados tiveram apoio da burguesia, desejosa de firmar sua atividade capitalista de obter lucros, limitados pela Igreja e indicativos de pecado.

II – Um sentimento nacionalista surgira na Alemanha e Norte da Europa, passando o papa a ser visto como um estrangeiro a interferir em assuntos internos.

III – Em matéria de religião ocorreu o abuso de setores do clero, com a exploração das "relíquias sagradas" e venda de indulgências.

IV – O documento inicial que desencadeou a Reforma Luterana foi a Declaração de Augsburgo, redigida por Felipe Melanchton.

V – Ao tempo do início da Reforma Luterana era papa Júlio II, mecenas do Renascimento e que interpretou o ato de rebeldia de Lutero como uma simples querela de agostinianos contra dominicanos.

Estão corretas:

a) III, IV e V.

b) I, II e V.

c) I, II e III.

d) Apenas III e V.

e) Apenas IV e V.

3 (UFRN) No século XVI surgiu, na Europa, um movimento de caráter religioso, político e econômico que deu origem à Reforma Protestante, iniciada como uma reação:

a) ao progresso do capitalismo comercial, que preconizava o lucro e estimulava o desenvolvimento das atividades mercantis, condenados pela Igreja Católica.

b) à crise da Igreja Católica, que se manifestava através da vida desregrada, do luxo do alto clero, da venda de cargos eclesiásticos e de relíquias sagradas.

c) à teoria religiosa católica, que estava alicerçada na predestinação absoluta, na salvação pela fé e no livre exame da *Bíblia*.

d) ao fortalecimento do Estado nacional absolutista, cuja consolidação representava o apoio à teoria da supremacia e do universalismo do poder papal.

4 (Unicamp-SP) A caricatura adiante, intitulada *A besta papal de sete cabeças*, de 1530, representa o papa e a hierarquia eclesiástica sob uma cruz na qual está escrito, em alemão: "por dinheiro, uma bolsa de indulgências". Caricaturas como esta e outras semelhantes foram impressas e circularam amplamente na Europa nessa época.

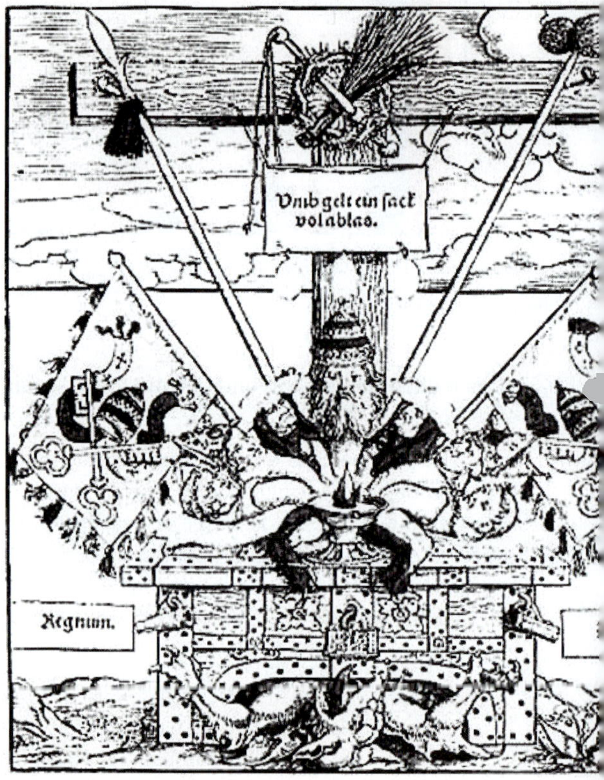

Caricatura da besta papal.

a) Que movimento religioso essa caricatura representa e qual a sua crítica à Igreja Católica?

b) Qual o papel da imprensa na difusão desse movimento em toda Europa?

5 (UFMG) Leia o texto.

"[...] é a vida profissional do homem que lhe dá certo treino moral, uma prova de seu estado de graça para a sua consciência, que se expressa no zelo e no método, fazendo com que ele consiga cumprir a sua vocação. Não é trabalho em si, mas um trabalho racional, uma vocação, que é pedida por Deus."

A concepção sobre o trabalho descrita nessa passagem é a defendida pelo:

a) anglicanismo, religião cristã originada na Inglaterra, na Reforma ocorrida no século XVI.

b) calvinismo, religião cristã originada das concepções de João Calvino, no século XVI.

c) catolicismo, religião cristã, com sede em Roma e obediente à autoridade do Papa.

d) islamismo ou religião muçulmana, originada na Arábia ocidental, no século VII.

6 (PUC-MG) Diante do avanço do protestantismo, o papa Paulo III convoca o XVIII Concílio Ecumênico da Igreja Católica, reunido em Trento, na Itália, a partir de 1545, apresentando como resultados, exceto:

a) o reconhecimento do batismo e do casamento como únicos sacramentos válidos.

b) a instituição dos seminários destinados à formação dos clérigos.

c) o fortalecimento da autoridade pontifical através da infalibilidade do Papa.

d) a adoção do latim como língua litúrgica oficial da Igreja Católica.

e) a determinação do celibato clerical e o combate aos movimentos heréticos.

7 (UnB-DF) A Reforma Protestante rompeu a unidade cristã existente na Europa e deu origem a uma reforma religiosa na Igreja Católica, a chamada Contrarreforma. A esse respeito, julgue os itens adiante.

a) O combate ao lucro e à usura, bases da vida comercial e financeira que se dinamizava ao final da Idade Média, mostrava o descompasso da Igreja romana em relação às transformações ocorridas na sociedade.

b) As ideias de Lutero centravam-se na salvação pela fé e na leitura direta e interpretação pessoal do Evangelho, além de contestarem a supremacia da Igreja sobre o Estado.

c) Exaltando o trabalho e a poupança na conduta humana, Calvino consagrava valores morais e políticos defendidos pela burguesia mercantil.

d) A Contrarreforma significou a tentativa da Igreja Católica de reorganizar-se com base em princípios liberais: abrandamento da hierarquia clerical e da autoridade papal, tolerância quanto aos hereges e abandono das práticas de censura.

Ampliando o conhecimento

Leitura

STRATHERN, Paul. *Santo Agostinho em noventa minutos.* Rio de Janeiro: Jorge Zahar, 1999.
Conta a história do filósofo que, depois de levar uma vida atribulada, converte-se à religião cristã, deixando importantes contribuições no campo da filosofia, como a fusão do cristianismo e do neoplatonismo.

Filmes

Lutero

Direção de Eric Till. Alemanha e Estados Unidos, 2003. 112 min.
A história do monge agostiniano Martinho Lutero, a publicação de suas 95 Teses, a perseguição movida pela Igreja e a divulgação da nova doutrina compõem o enredo do filme.

Ana dos mil dias

Direção de Charles Jarrot. Inglaterra, 1969.
O romance do rei da Inglaterra Henrique VIII com Ana Bolena desencadeou o processo de ruptura da Igreja inglesa com Roma. Casada com Henrique VIII, Ana é afastada do trono por não conseguir gerar um herdeiro homem para o rei. Difamada pelo próprio marido, a rainha é presa e condenada à morte.

Sites

Igreja Evangélica Luterana do Brasil
<www.ielb.org.br>
No *site* oficial da Igreja Luterana no Brasil, você conhecerá um pouco de suas origens, crenças e propostas.

Igreja Episcopal Anglicana do Brasil-IEAB
<www.ieab.org.br>
Site oficial da Igreja Anglicana no Brasil. Disponibiliza informações sobre a história da instituição, crenças e o trabalho desenvolvido.

Conferência Nacional dos Bispos do Brasil (CNBB)
<www.cnbb.org.br>
Contém informações sobre o papa Bento XVI, bispos e dioceses, ações das pastorais, entre outros temas.

As terras que os europeus conquistaram

Colombo chega à América e é recebido pelos índios. Theodore de Bry, gravura do século XVI.

BIBLIOTECA NACIONAL DA FRANÇA, PARIS

Índios trabalhando em uma mina de prata na cidade de Potosí. Theodore de Bry, gravura do século XVI.

BRIDGEMAN-ART LIBRARY, LONDRES/KEYSTONE

Capítulos da Unidade 3

UNIDADE 3

▶ As gravuras A, B e C foram feitas pelo belga Theodore de Bry (1528–1598) baseadas em crônicas de viajantes europeus que estiveram na América. A gravura D representa uma prática introduzida pelos europeus na África que gerou muitos lucros aos comerciantes de vários países e tragédias demográficas, socioeconômicas e culturais aos povos africanos.

▶ Converse com seus colegas sobre a relação que existe entre as imagens e o título desta unidade.

BIBLIOTECA NACIONAL DA FRANÇA, PARIS

Colonizadores espanhóis torturam índios para que estes revelem onde se encontram as minas de ouro. Theodore de Bry, gravura do século XVI.

UNIVERSIDADE DA VIRGÍNIA, EUA

Captura de negros na África, gravura do século XIX.

Capítulo 16 As culturas indígenas americanas

Índio quer escola

"A população cresce, as matrículas aumentam, mas faltam recursos materiais e humanos.

Existe um país que cresce 7,9% ao ano. É essa a taxa estimada de crescimento médio, entre 2004 e 2005, do número de estudantes das escolas indígenas. Enquanto a população brasileira como um todo aumenta 1,4% ao ano, a população indígena cresce 3,4% ao ano. A demanda se achava reprimida até 1991, mas explodiu desde que os governos estaduais e municipais passaram a ser os responsáveis pela educação indígena, em lugar da Funai. [...]

A morte de várias crianças indígenas por desnutrição em Dourados (MS), desde o início de 2006, ilustra um abandono que resistiu a 505 anos de história. Para os índios, a educação é exatamente um recurso indispensável para enfrentar esse descaso. Mas o que seria solução passa a ser um problema, porque faltam escolas, professores, carteiras e material didático. [...]

Desde 2002, aumentou em 31,6% o número de matrículas em escolas indígenas. Entre 2002 e 2004, o número dessas escolas no país saltou de 1.724 para 2.232. Mas a necessária ampliação da infraestrutura não aconteceu. Por isso, o próprio MEC relata que faltam até itens básicos como giz, lápis e cadernos. 'Isso é uma prova cabal da injusta distribuição dos recursos', resume Kleber Gesteira (coordenador de Educação Escolar Indígena do MEC). [...]"

CASTILHO, Alceu Luís e AMARAL, Flávio. *Revista Educação*, edição 96. São Paulo: Segmento, 2006. Disponível em <http://revistaeducacao.uol.com.br>. Acesso em jul. 2006.

RENATO SOARES

Escola indígena Kamayurá, Parque Indígena do Xingu, Mato Grosso, 2002.

As primeiras escolas indígenas surgiram no Brasil no século XVI, logo após a chegada dos portugueses. Naquela época, a educação escolar era pautada no princípio da catequização orientada pelos missionários jesuítas.

Nas últimas duas décadas, a partir da mobilização de grupos indígenas e de iniciativas do governo federal, essa situação vem mudando gradativamente. A política educacional voltada para os indígenas começou a mudar a partir da Constituição Federal promulgada em 1988. O parágrafo 2º do artigo 210 da Constituição legisla que o ensino fundamental regular será ministrado em língua portuguesa, porém "assegura às comunidades indígenas também a utilização de suas línguas maternas e processos próprios de aprendizagem". Em 2000, a Câmara dos Deputados decretou o Plano Nacional de Educação e estipulou entre suas metas a criação da categoria oficial de "escola indígena" para assegurar a especificidade do modelo de educação intercultural e bilíngue. A escola indígena passou a ser vista como um espaço para o resgate da identidade étnica desses povos.

ARQUIVO HISTÓRICO ULTRAMARINO, LISBOA

Gravura de Charles Legrand de 1840, representando o padre Antônio Vieira catequizando índios no Brasil. O ensino ministrado pelos religiosos do período colonial desconsiderava os valores e as tradições dos povos indígenas.

Os primeiros habitantes da América

No final do século XV, existiam de cinco a seis milhões de índios no Brasil, falantes de aproximadamente 1.150 diferentes línguas e dialetos. Desde então, massacres, mortes por doenças contagiosas, suicídios, perda de terras e guerras tribais contribuíram para o desaparecimento de grande parte dos povos indígenas. Atualmente, essas línguas e dialetos foram reduzidos a aproximadamente 180, falados por 218 diferentes etnias. Mesmo assim, essa situação faz do Brasil um dos países mais ricos, se não o mais rico, em diversidade cultural, patrimônio estratégico em um mundo que se globaliza aceleradamente.

Para facilitar nosso estudo, optamos por agrupar as comunidades indígenas que aqui viviam no início da colonização de acordo com um conjunto de características comuns entre elas. Isso não significa que desprezamos as particularidades de cada um desses povos. É preciso lembrar sempre da diversidade cultural existente tanto entre as comunidades indígenas como entre elas e a nossa sociedade.

Neste estudo, vamos dividir as diferentes nações indígenas que habitavam a América do período inicial da colonização em dois grandes grupos: o dos agricultores, caçadores e coletores e o das grandes civilizações agrícolas. No primeiro grupo incluímos os **sioux**, da América do Norte, e os **tupis-guaranis**, da América do Sul. Como exemplo de grandes civilizações agrárias vamos estudar os **maias**, os **astecas** e os **incas**. Essa abordagem não pretende valorizar alguns grupos em detrimento de outros. Trata-se de abrir um maior leque de opções, para compreendermos melhor a vida desses povos.

Sociedades de caçadores, coletores e agricultores

Nas sociedades que praticavam a agricultura, além da caça e da pesca, as tarefas cotidianas se distribuíam de acordo com o sexo e a faixa etária. As mulheres encarregavam-se das atividades domésticas, da coleta, da agricultura e da produção de cestos e outros artefatos, enquanto os homens se dedicavam à caça, à pesca, à derrubada e preparação das terras para o cultivo e também à guerra.

Nessas sociedades, até o contato com o europeu, instrumentos e armas eram feitos de madeira, pedra e osso. Os ameríndios dominavam a arte de fazer fogo a partir da rotação rápida de um pedaço de madeira dura em outro mais flexível. O fogo era utilizado para o preparo de alimentos, aquecimento, iluminação, proteção contra animais silvestres, bem como para a fabricação de recipientes de barro, de maior ou menor grau de elaboração conforme o grupo indígena.

Essas sociedades não deixaram monumentos, como os majestosos templos encontrados na América de colonização espanhola. Os materiais utilizados pelos indígenas nas construções eram madeira, cipó e capim, encontrados em grande abundância mas que se deterioram com facilidade. Os únicos restos arqueológicos que ainda podem ser encontrados são os objetos de cerâmica e os **sambaquis** — depósitos formados de restos de comida, principalmente as conchas, encontrados no litoral atlântico —, além, é claro, de pinturas rupestres.

A tribo era a organização social mais abrangente dessas populações. Dependendo do número de seus membros, podia reunir várias aldeias e controlar um extenso território. Os assuntos mais importantes eram discutidos pelos guerreiros mais experientes ou pelos homens adultos. Nesses conselhos tribais ou de aldeia, as opiniões dos **xamãs** eram sempre ouvidas com atenção. Para a comunidade, os xamãs conheciam os espíritos associados às manifestações da natureza e sabiam curar doenças, neutralizando os espíritos que as provocavam. Em sua maioria, os povos indígenas não reconheciam a existência de fronteiras nítidas entre o mundo dos homens e o mundo dos espíritos; cabia aos xamãs — a quem os tupis-guaranis chamavam de **pajés** — acompanhar a passagem de um plano ao outro.

Algumas tribos se dividiam em clãs integrados por indivíduos que se julgavam descendentes da mesma entidade mítica — uma águia, por exemplo. Também era comum a existência de líderes de bandos, de autoridade temporária, escolhidos para coordenar as ações durante uma caçada ou uma expedição guerreira. Mas nessas sociedades não existia um poder político que determinasse o que as pessoas deveriam fazer e que punisse quem não obedecesse. Mesmo que a tribo tivesse optado pela paz com um inimigo tradicional, por exemplo, um grupo de guerreiros poderia contrariar a decisão e partir para o combate.

Xamã

Personagem do grupo que, por meio do êxtase, tinha poderes para curar doenças e colocar a comunidade em contato com o plano dos espíritos. Os xamãs até hoje são encontrados não apenas entre os grupos indígenas americanos, mas também entre os aborígenes australianos e alguns povos nômades da Sibéria e outras regiões asiáticas.

CULTURAS INDÍGENAS PRÉ-COLOMBIANAS

Fonte: SALMORAL, Manoel Lucena. *América – 1492*: retrato de un continente hace quinientos años. Madri: Anaya, 1990.

▶ Os sioux na América do Norte

Entre os povos indígenas mais aguerridos — e mais famosos — da América do Norte no tempo da colonização estavam os **sioux**, palavra que significa "serpente" e que era usada pelas tribos inimigas para designar um povo que chamava a si mesmo de **dakota**. Os sioux ou dakotas abrangiam três grandes grupos: os santees, os yanktons e os tétons. Estes últimos, por sua vez, subdividiam-se em diversas tribos, das quais se destacaram os oglalas, brulés, hunkpapas e outras. Esses grupos viviam no noroeste dos atuais Estados Unidos, nas extensas pradarias cortadas pelos rios das bacias do Mississipi e do Missouri. Na região também viviam povos aliados dos sioux, como os **cheyenne**, e inimigos, como os **crow**. Cada nação indígena tinha seu próprio idioma, mas uma linguagem de sinais permitia a comunicação entre as diversas tribos.

Os sioux praticavam a agricultura, em especial a do milho, mas sua sobrevivência dependia basicamente da caça do bisão e do búfalo. Manadas com milhares de animais cortavam as planícies; para abatê-los, os

Caçada de búfalos, *tela de George Catlin, cerca de 1832. A utilização do cavalo mudou sensivelmente o cotidiano dos índios norte-americanos.*

índios mobilizavam aldeias inteiras. Após a caçada, as famílias repartiam a carne dos animais. Os ossos e os chifres eram utilizados para a fabricação de armas e instrumentos de uso diário, e com o couro confeccionavam vestimentas, utensílios domésticos e tendas.

A existência dos sioux e das demais tribos das planícies do Oeste pode ser dividida em duas fases: antes e depois da introdução do cavalo no continente americano. Introduzidos na América do Norte pelos espanhóis que conquistaram o México, os animais se espalharam pelo continente e deram aos indígenas uma mobilidade que antes eles não conheciam. Graças às montarias, os caçadores puderam acompanhar as migrações dos bisões e dos búfalos. Com isso, a preocupação pela busca de alimento diminuiu. A cultura tribal modificou-se, pois boa parte das horas e das energias antes destinadas à caça foi reservada aos rituais religiosos e mágicos. Entre as cerimônias sioux mais importantes estava a Dança do Sol. Os participantes, com estacas afiadas cravadas na pele, presas por tiras de couro a um poste de madeira, dançavam horas a fio em torno do poste, expostos ao Sol, até a pele se romper e receberem a visão transmitida pelos espíritos.

Os tupis-guaranis na América do Sul

Na América do Sul, cerca de duzentos anos antes de avistarem pela primeira vez um guerreiro sioux, os europeus entraram em contato com outro grupo indígena. Esses europeus vinham de Portugal, e o ponto de encontro foi a costa do atual território brasileiro, e os nativos pertenciam à grande família linguística **tupi-guarani**, do tronco Tupi.

Mais numerosos do que as tribos de qualquer outro grupo linguístico existente nesse território, como as famílias jê ou aruaque, os tupis-guaranis podiam ser encontrados ao longo do litoral sul-americano, desde o litoral norte até o Rio da Prata, no sul, assim como em algumas áreas do interior do subcontinente. As informações sobre eles datam do século XVI, quando os primeiros cronistas se depararam com esses grupos litorâneos.

Os registros informam que os tupis-guaranis viviam em aldeias instaladas temporariamente em determinado local; cada uma delas contava com uma população de aproximadamente 500 a 750 habitantes, repartidos entre seis e dez grandes casas, de 50 a 200 metros de comprimento por 15 a 16 metros de largura. O mobiliário era composto de redes, objetos de madeira e cerâmica, utensílios de pedra e de osso. Utilizavam machados e facas de pedra para facilitar o trabalho diário. Além de serem exímios caçadores e coletores, os tupis-guaranis desenvolveram atividades agrícolas nas terras próximas às aldeias. Cultivavam mandioca (aipim ou macaxeira), milho, batata-doce, amendoim, abacaxi, pacoba ou pacova (variedade nativa da banana) e outros frutos.

Nas aldeias não existia uma autoridade formal, responsável pelo controle do grupo, mas os guerreiros mais valorosos tinham grande prestígio, e o mesmo acontecia aos pajés. Os tupis-guaranis acreditavam na vida futura e na reencarnação dos antepassados em

Índios guaranis da aldeia Morro da Saudade, em São Paulo (SP), em 1999. Pesquisadores apontam que a busca por trabalho, saúde, educação e a perda de terras tradicionais levam ao deslocamento de índios para a cidade.

uma criança. Temiam os espíritos do mal e as almas dos mortos, responsabilizados pelas doenças, acidentes, derrotas nas guerras e fenômenos meteorológicos, como tempestades e trovoadas.

Um dos costumes indígenas que horrorizou os europeus foi o **ritual antropofágico**, praticado entre os tamoios e outros grupos tupis-guaranis, como os tupinambás. Não se tratava, porém, de uma evidência de extremo primitivismo: comer a carne de um guerreiro inimigo capturado em combate tinha um significado místico arraigado na cultura das comunidades ameríndias. Alguns cronistas, como Antonio Pigafetta (século XVI) e Frei Vicente do Salvador (autor de *História do Brasil* — 1627), descreveram os costumes de algumas comunidades indígenas brasileiras. Leia o texto a seguir sobre o ritual antropofágico:

O significado ritual da antropofagia

"Com frequência, os relatos de canibalismo vinculam a ingestão de carne humana à violência. Essa regra, porém, nem sempre é válida para todas as etnias americanas. [...] Entre os tapuias era o amor o responsável pela ingestão de carne humana [...]. A antropofagia era um ato de amor. Para nós seria impossível pensar que o sentimento maternal levaria uma mãe a consumir um filho morto. A relação entre amor e canibalismo também intrigou os colonos holandeses e luso-brasileiros, que ouviram e registraram histórias e imagens sobre os tarairius [...]

Entre os tupis, os festins canibais eram desdobramentos das guerras. Depois de capturado pelos guerreiros, o inimigo era conduzido à aldeia pelas mulheres, onde, mais tarde, encontraria a morte em ritual que era marcado pela vingança e coragem. Logo após a chegada, o chefe designava uma mulher para casar com ele, mas ela não podia afeiçoar-se ao esposo. O dia da execução era uma grande festa. No centro da aldeia, os índios, sobretudo as índias, se alvoroçavam. Os vizinhos também estavam convidados, todos provariam da carne do oponente. No ritual, homens, mulheres e crianças lembravam e vingavam-se pelos parentes mortos. Imobilizada pelos índios, a vítima não esquecia do ímpeto guerreiro: enfrentava com bravura os inimigos e perpetuava o sentimento de vingança.

Depois de morto, a carne era dividida entre músculos e entranhas. As partes duras eram moqueadas (secadas) e consumidas pelos homens; mulheres e crianças ingeriam as partes internas cozidas em forma de mingau. O matador, sempre masculino, não participava do banquete, entrava em resguardo e trocava de nome. Com a colonização, esse rito foi paulatinamente abandonado, provocando, segundo Eduardo Viveiros de Castro, a perda de uma dimensão essencial da sociedade tupinambá: a identidade. [...]

RAMINELLI, Ronald. Canibalismo em nome do amor. Revista *Nossa História*. São Paulo: Vera Cruz; Rio de Janeiro: Biblioteca Nacional. Ano 2, n. 17, mar. de 2005.

BIBLIOTECA MARIO DE ANDRADE, SÃO PAULO

Nesta gravura do século XVI, de Theodore de Bry, vemos índios tupinambás devorando carne de um inimigo abatido, diante dos protestos do náufrago Hans Staden.

A complexidade das culturas pré-colombianas

"[...] Estão longe os tempos em que autores [...] podiam considerar as altas culturas pré-colombianas como primitivas. Elas eram, pelo contrário, como tem sido demonstrado cada vez com maior clareza e riqueza de dados, sofisticadas e complexas; e apresentavam, em suas relações sociais e em suas categorias de pensamento, lógicas coerentes [...]."

CARDOSO, Ciro Flamarion. Poder político e religião nas altas culturas pré-colombianas: astecas, maias e incas. In: VAINFAS, Ronaldo (org.). *América em tempo de conquista*. Rio de Janeiro: Jorge Zahar, 1992.

▶ As grandes civilizações agrícolas

Quando os espanhóis chegaram às terras que depois denominaram América, encontraram comunidades altamente desenvolvidas. Além de talhar monumentos gigantescos em pedra, essas sociedades conheciam a escrita, os sistemas matemáticos e a astronomia, tinham calendários mais precisos que o europeu e viviam em centros urbanos magníficos, bem maiores que Sevilha, a maior cidade da Espanha na época. As sociedades consideradas "de alta cultura" reuniam cerca de 80% da população ameríndia continental. Haviam se desenvolvido em duas áreas distintas: a Mesoamérica, que compreendia terras dos atuais México e América Central ístmica, sede das culturas maia e asteca, e a região andina, hoje ocupada pelo Equador, Peru, norte do Chile e Bolívia, na qual floresceu a cultura inca.

▶ Os astecas, guerreiros dos deuses

No século XVI, quando os espanhóis pisaram em terras do atual México, os **astecas** eram senhores de um poderoso império na região. Os astecas souberam absorver a cultura de povos vencidos ou de civilizações que haviam florescido antes mesmo que iniciassem sua expansão pelo vasto território. Entre as contribuições que os astecas receberam de outros povos estão a dos **maias**, na astronomia e na contagem do tempo, e a da cultura **olmeca**, que se desenvolveu no século XII a.C. no litoral sul do México e é considerada a matriz de todas as culturas posteriores da Mesoamérica. Tem origem maia, por exemplo, o calendário solar dos astecas, composto de 18 meses de 20 dias cada e mais 5 dias complementares. A influência olmeca, por sua vez, estendeu-se aos mais variados campos, da arquitetura à religião.

▷ Política e sociedade no Império Asteca

Do ponto de vista político, os astecas viviam sob uma espécie de monarquia de caráter teocrático e militar. O governante superior ou *Tlacatecuhtli* (chefe dos guerreiros) tinha como principal atribuição comandar os exércitos e cuidar da política externa. As cidades-Estados submetidas aos astecas conservavam suas dinastias tradicionais, mas colocavam as questões militares sob o controle do *Tlacatecuhtli*.

CID

Vista frontal da Pirâmide do Sol, em Teotihuacán, no México, em 1998. Construída por volta do século V, a cidade de Teotihuacán exerceu forte influência sobre as civilizações indígenas posteriores, inclusive a asteca.

Ruínas da cidade asteca de Tenochtitlán, que teve seus templos destruídos pelos espanhóis para serem substituídos por edifícios católicos. Hoje, a antiga capital asteca foi quase toda coberta pela moderna Cidade do México.

O domínio pelas armas, porém, não era a única base da hegemonia asteca. Para combater a aridez das terras do planalto, os astecas desenvolveram engenhosos sistemas de irrigação. A agricultura sofisticada possibilitou uma grande concentração humana nos domínios do império e uma enorme hierarquização social. A sociedade, rigidamente estratificada, era encabeçada pela **nobreza**, uma camada social privilegiada da qual participavam os chefes militares, altos funcionários do Estado e sacerdotes. Logo abaixo existia uma camada intermediária, integrada pelos **comerciantes** e **artesãos de elite**. Vinham, em seguida, os **escravos** e **camponeses** e, finalmente, os **prisioneiros de guerra**, que em ocasiões especiais eram sacrificados aos deuses.

O poder e a estratificação social entre os astecas estavam fundamentados na ideia de que os deuses colocaram os nobres acima dos homens comuns por serem estes violentos e incapazes de governar a si mesmos. Mas a supremacia da nobreza implicava certas responsabilidades: os deuses vigiavam de perto os nobres e o governo. Se estes deixassem de cumprir com suas obrigações, uma eventual rebelião dos súditos estaria justificada e contaria com o auxílio divino.

Muito desenvolvidas, a arquitetura e a organização urbanística astecas evidenciavam um profundo conhecimento de cálculos matemáticos. Em Tenochtitlán, capital do império, encontravam-se suntuosos canais, praças, templos, palácios, lojas e residências que se estendiam por uma superfície duas vezes superior à de Sevilha. Estima-se que a população da capital asteca alcançava 300 mil habitantes. Conquistadores europeus chegaram a afirmar que a cidade podia ser equiparada, com vantagens, a Constantinopla ou a Roma.

Os maias, senhores do tempo

Os maias estavam organizados em cidades-Estados independentes. Politicamente, cada núcleo era uma teocracia, forma de governo em que a autoridade, emanada dos deuses, é exercida por seus representantes na Terra. Entre os maias, esse representante, de caráter hereditário, era o *Halach Uinic*, responsável pela política interna e externa. Tanto ele como a elite que o cercava eram guerreiros e exerciam funções po-

Nesta ilustração, na parte superior, temos alguns conjuntos silábicos que compunham a linguagem maia. Na parte inferior da figura, vemos uma combinação que forma o nome Tomas.

A cidade de Tenochtitlán

"Quando lá chegamos, ficamos atônitos com a multidão de pessoas e a ordem que prevalecia, assim como com a vasta quantidade de mercadorias. Cada espécie tinha seu lugar particular, que era distinto por um sinal. Os artigos consistiam em ouro, prata, joias, plumas, mantas, chocolate, peles curtidas ou não, sandálias e outras manufaturas de raízes e fibras de juta, grande número de escravos homens e mulheres, muitos dos quais estavam atados pelo pescoço, com gargalheiras, a longos paus."

Citado em MEGGERS, Betty J. *América pré-histórica*. Rio de Janeiro: Paz e Terra, 1972.

CID

Os majestosos templos maias atestam a grandiosidade da arquitetura pré-colombiana. Templo maia nas ruinas da cidade de Tikal, na Guatemala (foto de 2000).

líticas e religiosas. Seu prestígio, muitas vezes, estava ligado à capacidade de fazer prisioneiros, durante as guerras, para sacrificá-los em rituais religiosos.

Entre os séculos IV e X da era cristã, a cultura maia floresceu no sul do México, na península mexicana de Iucatã, e na América Central. As cidades-Estados maias já se encontravam em declínio no momento da conquista espanhola. Esse aspecto, aliado à destruição quase total de seus registros, limitou o conhecimento sobre esse povo, pois sua escrita, de caracteres hieroglíficos, ainda não foi completamente decifrada.

Apesar da documentação escassa, os estudos permitiram reconhecer o extraordinário impulso dado pelos maias aos conhecimentos matemáticos e astronômicos. Os maias conheciam os eclipses solares e o movimento dos planetas. Seus cálculos, nos quais utilizavam a noção do zero, lhes permitiram elaborar calendários complexos, usados para prever os movimentos dos astros ao longo de milhares de anos. Mais precisos que os de qualquer outra cultura, esses calendários até hoje perturbam os pesquisadores.

Os súditos do Inca

Cerca de 15 milhões de habitantes e um território que abrangia terras dos atuais Peru, Equador, Bolívia, Chile e Argentina: assim era o **Império Inca**, o mais extenso da América pré-colombiana. Surgira no século XIV, nas terras em torno do núcleo quíchua de Cuzco, no Peru, e em cem anos expandiu-se vertiginosamente em várias direções. Não houve tempo para consolidar as conquistas ou para organizar efetivamente sua administração, e talvez essa carência tenha contribuído para que ruísse em 1532, sob os golpes de um punhado de espanhóis. Mas estes foram os primeiros a se maravilhar com a civilização que se desenvolveu nos altiplanos dos Andes.

A cidade de Cuzco

"[...] Era grande e majestosa e deve ter sido fundada por gente capaz e inteligente. Tem ruas muito boas, embora estreitas, e as casas estão construídas de maciças pedras [...]. Cuzco era a cidade mais rica das Índias, pelo grande acúmulo de riquezas que chegavam a ela com frequência [...]."

LEÓN, Pedro Cieza de. The travels of Pedro Cieza de León, 1553. In: GALDAMES, Osvaldo Silva. *Civilizaciones prehispánicas de América.* Santiago de Chile: Editorial Universitaria, 1985.

CID

Ruínas da cidade de Machu Picchu, no Peru, na década de 1990. Construída no século XV, toda de pedra, Machu Picchu era provavelmente um local sagrado para os incas. A cidade foi descoberta por um arqueólogo norte-americano em 1911.

Formado por diversos povos, predominantemente pela etnia quíchua, o império constituía uma monarquia teocrática hereditária, na qual os poderes do governante, o **Inca**, só eram limitados pelos costumes da comunidade. Ele era considerado descendente direto do Sol e sua encarnação, sendo adorado como um deus. O Inca era também legislador e o comandante supremo do exército. Podia ter várias mulheres, além da *coya*, a esposa principal, escolhida entre suas irmãs.

Como não havia regras definidas para a sucessão, eram frequentes os conflitos entre irmãos pelo poder. Choques desse gênero haviam enfraquecido o Império Inca pouco antes da conquista espanhola, tornando-a mais fácil. Também contribuíram para a instabilidade os confrontos frequentes entre os altos funcionários do Estado, pertencentes à etnia quíchua, e a "aristocracia" dos povos incorporados ao império.

Em contrapartida, a base da sociedade andina mostrou extraordinária solidez, a ponto de sobreviver à queda do império e atravessar os séculos com pequenas alterações: era o ***ayllu***, a comunidade camponesa. O trabalho do campesinato sustentava diretamente o luxo dos setores privilegiados: a nobreza local, os funcionários quíchuas, a família do imperador e o próprio Inca. Os camponeses também forneciam dias de trabalho para a construção de canais de irrigação e das estradas que cortavam todo o império.

Em termos culturais, os incas se destacaram por suas cidades como Cuzco e Machu Picchu, nas quais ergueram grandes pirâmides em degraus e outras construções de pedra e adobe. Também domesticaram a alpaca e o lhama, utilizados para transportar cargas, fornecer lã e alimento. Seus sacerdotes e sábios conheciam a astronomia, a astrologia e dominavam conceitos matemáticos, tendo desenvolvido um sistema numérico decimal. Leia, no boxe abaixo, como funcionava o método contábil criado pelos incas.

Os quipus

"Os quipus (que em língua quíchua significam nós) consistiam em um simples e engenhoso artefato: um cordão principal (de 30 centímetros até vários metros de comprimento) e dele pendiam muitas cordinhas coloridas com nós espaçados (quipus). As cordas eram usadas para registrar números segundo o sistema decimal e havia um número para o zero, ou seja, um cordão com um 'espaço vazio': o que lhes permitia contar até mais de 10.000. Os nós representavam números; se um governador visitava uma tribo recém-conquistada e o Inca queria saber quantos índios fisicamente capazes viviam nela, ele os contava e o número resultante era representado com nós no quipu. É possível que tivessem um símbolo ou denominação heráldica para designar 'homens'; mas se isso existiu não chegou até nós. Com cada governador ou funcionário andava um intérprete de cordas com nós, denominado *quipuamayoc*, cujo dever era anotar os registros. Ele tinha que recordar o que continha cada quipu, número de homens, mulheres, lhamas etc. nos territórios submetidos. Quando um governador era recebido em audiência pelo Inca, podia, valendo-se dos registros das cordas e do 'rememorador', recitar os fatos e dados compilados. Era um notável e eficaz método de contar, o que muito admirou os conquistadores quando o conheceram.

As diversas cores dos fios de lã provavelmente tivessem significado especial; o modo de trançar o nó e torcer o fio, ou a distância entre um e outro nó, constituíssem outros matizes. Mediante os quipus o Inca sabia o número de tribos, lhamas, mulheres, anciãos etc. Além dos números, das cores, dos fios mais curtos, verde, azul, amarelo, branco e vermelho, talvez, segundo se crê, tivessem significados especiais e até é possível que tenham expressado ideias abstratas."

DE LA VEGA, Garcilaso. *Comentarios reales (1586).* Lima: Editorial Mercurio, s.d.

WERNER FORMAN ARCHIVE-KEYSTONE

O quipu podia conter informações como o número de lhamas, ou a quantidade de alimentos produzidos em uma colheita. Século XVI.

▶ Povos extintos

Os encontros, desencontros ou confrontos que ocorreram há centenas de anos deixaram marcas profundas em nosso continente. A desestruturação das comunidades ameríndias tornou-se instrumento da manutenção da supremacia de certos grupos, causando perdas culturais irreparáveis, e muitos povos nativos foram simplesmente exterminados. Nas ilhas do Caribe, por exemplo, houve casos em que a população indígena desapareceu por completo.

Mas será que faz sentido diluir a responsabilidade da civilização ocidental pelo massacre, atribuindo-o a uma "perversidade" exclusivamente espanhola? Foi o que fizeram as burguesias de outras metrópoles europeias que, nos séculos XVI e XVII, disputavam com a Espanha a hegemonia mundial. Tais burguesias alimentaram a chamada "Legenda Negra da Conquista", retirando a ocupação da América da perspectiva universal e atribuindo a responsabilidade apenas à Espanha.

"América diabólica e infernal", eis o olhar do europeu, e não apenas do espanhol, empenhado em registrar o triunfo ocidental, a vitória de Deus sobre o Diabo. Mas, para o "Bem" triunfar sobre o "Mal", o preço foi a morte generalizada dos ameríndios, num verdadeiro genocídio.

Grande parte dos descendentes dos povos que viviam na América antes da chegada dos europeus compõe hoje as camadas sociais mais pobres e tem um longo caminho a percorrer antes de obter a mesma segurança das sociedades organizadas que seus ancestrais usufruíram. O texto a seguir, de Rodrigo Montoya Rojas, nos ajuda a compreender a situação atual de milhares de latino-americanos.

A potencialidade dos movimentos indígenas

"O último terço do século XX encontra-se marcado, no mundo e na América Latina, pela emergência de vários movimentos étnicos que têm a força de mostrar os profundos limites do sistema democrático construído a partir do ideal de Estado-nação.

[...] As mais importantes reivindicações dos movimentos indígenas na América Latina são as seguintes: o reconhecimento de seu território, a defesa de sua cultura, de sua língua, de sua dignidade, o respeito que merecem enquanto povos e a defesa da natureza da qual se sentem parte. Nenhuma delas aparece nas reivindicações de organizações e partidos políticos de direita ou de esquerda. Esta constatação é suficiente para sublinhar a importância política dos movimentos indígenas e sua potencialidade para o futuro em cada país onde se desenvolvem.

[...] É lamentável que o aparecimento dos movimentos indígenas tenha se desenvolvido paralelamente aos maiores processos de empobrecimento de nossos povos, da chegada das empresas multinacionais do petróleo, da dura violência política na Guatemala e no Peru, e da penetração do narcotráfico de modo tão intenso na Colômbia, no Peru e na Bolívia.

Apesar de todos os problemas e de contexto tão adverso, a potencialidade dos movimentos indígenas me parece evidente, porém sua fragilidade deve ser considerada com maior seriedade [...]."

ROJAS, Rodrigo Montoya. Movimentos indígenas na América do Sul: potencialidades e limites. In: BARSOTTI, Paulo e PERICS, Luiz Bernardo (orgs.). *América Latina: história, ideias e revolução*. São Paulo: Xamã, 1998.

MARIANA BAZO/REUTERS-NEWSCOM

Membros do Movimento Rebelde Tupac Amaru (MRTA), do Peru, em treinamento em 1997. No Peru, no México, na Bolívia, no Brasil e em outros países da América Latina, a luta dos povos indígenas pelo direito à terra e à preservação de suas tradições está no centro das principais mobilizações.

TEXTO COMPLEMENTAR

A mortandade indígena

A conquista europeia afetou os povos indígenas em todos os níveis: provocou uma drástica redução populacional, desorganizou as atividades econômicas que tradicionalmente praticavam e quebrou a unidade cultural que os ligava a seus antepassados.

"O trauma da conquista não se limitava ao impacto psicológico da chegada do homem branco e da derrota dos antigos deuses. O governo espanhol, ao mesmo tempo em que fazia uso das instituições nativas, realizava sua desintegração, deixando apenas estruturas parciais que sobreviveram fora do contexto relativamente coerente que lhes havia dado sentido. As consequências destrutivas da conquista afetaram as sociedades nativas em todos os níveis: demográfico, econômico, social e ideológico.

Após seu primeiro contato com os europeus, a população ameríndia sofreu, em toda parte, um declínio demográfico de proporções historicamente excepcionais. Para o planalto central mexicano, Sherburne F. Cook e Woodrow Borah propuseram o número (talvez excessivo) de 25 milhões de habitantes antes da chegada dos espanhóis. Para os Andes várias estimativas foram feitas; mas uma população de cerca de dez milhões para todo o Império Inca parece uma estimativa razoável.

Nos trinta anos que se seguiram à invasão, no entanto, a população decaiu vertiginosamente. Os índios da ilha de Hispaniola, por exemplo, foram varridos completamente do mapa, enquanto no planalto mexicano a população decresceu em mais de noventa por cento, de acordo com Cook e Borah. [Veja tabelas a seguir.]

POPULAÇÃO INDÍGENA NO PLANALTO MEXICANO (1519-1580)	
1519	25,0 milhões
1532	16,8 milhões
1548	6,3 milhões
1568	2,65 milhões
1580	1,5 milhão

[...] O declínio da população nos Andes setentrionais, na costa ou nos vales quentes, alcançou níveis comparáveis aos da Mesoamérica. Até onde as fontes fragmentárias nos permitem avaliar, o decréscimo geral foi, como no México, muito vertiginoso até a década de 1560, tornando-se depois mais gradativo:

POPULAÇÃO INDÍGENA NOS ANDES (1530-C.1590)	
1530	10,0 milhões
c. 1560	2,5 milhões
c. 1590	1,5 milhão

Quais foram os motivos dessa catástrofe? A causa principal foram as doenças. Os europeus trouxeram consigo novas doenças (varíola, sarampo, gripe, peste) contra as quais os índios americanos, isolados por milhares de anos do restante da humanidade, não tinham defesas. Já em 1519 a resistência asteca havia sido enfraquecida pela epidemia de varíola que irrompeu durante o cerco de Tenochtitlán. A epidemia espalhou-se em seguida pela América Central e talvez mesmo até os Andes: em 1524, mesmo antes da primeira expedição de Pizarro, uma estranha doença, caracterizada como uma espécie de varíola ou sarampo, causou milhares de mortes (inclusive a do Inca Huayna Cápac) no Império Inca. No período de 1529-1534 o sarampo mais uma vez atingiu primeiramente as Antilhas, depois o México e a América Central. O famoso *matlazahuatl* devastou a Nova Espanha em 1545 e a Nova Granada e o Peru no ano seguinte. Em 1557, uma gripe epidêmica, vinda diretamente da Europa, atingiu a América Central; em 1558-1559 a varíola novamente se espalhou pelo Peru. *Matlazahuatl* ressurgiu em 1576 no México. E nos anos de 1586-1589 uma

BRIDGEMAN ART LIBRARY-KEYSTONE

Gravura representando trabalho forçado realizado por astecas, no México, da obra escrita e ilustrada pelo frei Bernardino de Sahagun, século XVI.

tríplice epidemia de varíola, peste e gripe, provinda de Quito, Cuzco e Potosí, devastou os Andes inteiros. [...]

Mesmo admitindo-se que essas epidemias tenham sido a causa principal do declínio demográfico, não se pode negar que a conquista espanhola foi por si mesma um período de opressão sanguinária. Os primeiros censos demográficos sobre a população nativa mostram uma taxa excessivamente alta de mortalidade masculina, mais provavelmente devido à guerra e às **exações** dos tributos. Outros documentos relatam suicídios coletivos ou individuais e práticas de aborto, que ao mesmo tempo revelam um clima de desespero e servem como forma de protesto. As pirâmides etárias que se podem construir para a segunda metade do século XVI sugerem uma queda na taxa de natalidade, que se pode interpretar como uma consequência do trauma da conquista.

É evidente que um declínio populacional dessa magnitude desorganizou completamente as estruturas tradicionais das sociedades nativas. As respostas a um questionário que formou a base das *Relaciones Geográficas de Indias* [1582-1586] informam-nos como os próprios índios percebiam sua situação demográfica. Os investigadores perguntaram a seus informantes se o número de índios havia aumentado ou diminuído desde antes da conquista, se tinham saúde melhor ou pior, e pediam que explicassem as causas de quaisquer mudanças ocorridas. As respostas, em sua maioria, apontam na mesma direção: os índios sentiam que viviam menos e tinham saúde pior. As causas do declínio que davam, em ordem de importância, eram: a guerra, as epidemias, as migrações das populações e o excesso de trabalho. Essas causas parecem plausíveis e em correta correspondência mútua. Mas a natureza aparentemente absurda e implausível de algumas das respostas torna-as ainda mais reveladoras. Em alguns casos, os índios atribuíam o seu declínio populacional ou seu menor tempo de vida ao fato de terem menos trabalho a fazer, de serem mais livres e mais bem alimentados."

BETHELL, Leslie (org.). *América Latina colonial.* v. 1. São Paulo: Edusp, 1998.

Exação

Cobrança rigorosa de tributos.

Compreendendo o texto

1. Explique a causa principal da grande mortandade indígena ocorrida após a chegada dos espanhóis.
2. Enumere os outros fatores, citados no texto, que explicam o elevado declínio populacional indígena depois do século XVI.
3. Com os dados estatísticos do texto, construa um gráfico de colunas ou de barras representando a redução populacional indígena no planalto mexicano e na região andina.
4. Cite alguns fatores que, segundo os depoimentos indígenas, foram responsáveis pela redução populacional dos povos ameríndios.

ATIVIDADES

Explorando o conhecimento

1 As comunidades indígenas são muito diferentes umas das outras. No momento da chegada dos europeus, a partir do século XV, a Europa tomou conhecimento da diversidade cultural dos habitantes do Novo Mundo.

a) Explique as principais características da vida política, econômica, social e religiosa das sociedades caçadoras e coletoras.

b) Compare as sociedades caçadoras e coletoras com as grandes civilizações agrícolas, utilizando os critérios da questão anterior.

2 Explique o funcionamento e o simbolismo de um ritual antropofágico.

3 Releia o item *As grandes civilizações agrícolas* (página 207) e responda à questão a seguir.

Compare a cultura dos incas, astecas e maias com as sociedades orientais do Egito e da Mesopotâmia. Utilize como critérios de comparação a cultura, as invenções, os aspectos religiosos, a arquitetura, a organização política e a arte.

A história e o tempo presente

4 Leia a seguir um trecho da Constituição do Brasil de 1988.

Capítulo VII – Dos índios

"**Artigo 231.** São reconhecidos aos índios sua organização social, costumes, línguas, crenças e tradições, e os direitos originários sobre as terras que tradicionalmente ocupam, competindo à União demarcá-las, proteger e fazer respeitar todos os seus bens.

§ 1º São terras tradicionalmente ocupadas pelos índios as por eles habitadas em caráter permanente, as utilizadas para suas atividades produtivas, as imprescindíveis à preservação dos recursos ambientais necessários a seu bem-estar e as necessárias a sua reprodução física e cultural, segundo seus usos, costumes e tradições.

§ 2º As terras tradicionalmente ocupadas pelos índios destinam-se a sua posse permanente, cabendo-lhes o usufruto exclusivo das riquezas do solo, dos rios, dos lagos nelas existentes.

§ 3º O aproveitamento dos recursos hídricos, incluídos os potenciais energéticos, a pesquisa e a lavra das riquezas minerais em terras indígenas, só pode ser efetivado com autorização do Congresso Nacional, ouvidas as comunidades afetadas, ficando-lhes assegurada participação nos resultados das lavras, na forma da lei.

§ 4º As terras de que trata este artigo são inalienáveis e indisponíveis, e os direitos sobre elas são imprescritíveis.

§ 5º É vedada a remoção dos grupos indígenas de suas terras, salvo, 'ad referendum' do Congresso Nacional, em caso de catástrofe ou epidemia que ponha em risco sua população, ou no interesse da soberania do País, após deliberação do Congresso, garantindo, em qualquer hipótese, o retorno imediato logo que cesse o risco.

§ 6º São nulos e extintos, não produzindo efeitos jurídicos, os atos que tenham por objeto a ocupação, o domínio e a posse das terras a que se refere este artigo, ou a exploração das riquezas naturais do solo, dos rios e dos lagos nelas existentes, ressalvado relevante interesse público da União, segundo o que dispuser lei complementar, não gerando a nulidade e a extinção do direito à indenização ou a ações contra a União, salvo, na forma da lei, quanto às benfeitorias derivadas da ocupação de boa-fé. [...]

Artigo 232. Os índios, suas comunidades e organizações são partes legítimas para ingressar em juízo em defesa de seus direitos e interesses, intervindo o Ministério Público em todos os atos do processo."

Constituição da República Federativa do Brasil, 1988.

Muitos países americanos já aprovaram reformas constitucionais que estabelecem os direitos indígenas e as relações entre as comunidades indígenas e o Estado nacional.

a) Sintetize as determinações estabelecidas pela Constituição de 1988 para a vida dos povos indígenas.

b) Agora a classe vai realizar uma pesquisa com o objetivo de aprofundar a realidade atual dos descendentes dos primeiros habitantes do nosso continente.

- Junto com seus colegas de grupo e professor, façam uma pesquisa e verifiquem se as leis constitucionais que garantem os direitos dos índios são respeitadas nos países latino-americanos.
- O Peru foi o primeiro país a eleger um presidente da República com raízes indígenas, o economista

Alejandro Toledo, em 2001. Investiguem sobre a participação política dos índios em outros países da América. Antes de começar a pesquisar, leiam novamente o texto de abertura do capítulo.

- Procurem em jornais, revistas ou na internet alguma reportagem para ilustrar a pesquisa. Organizem um painel na sala de aula com as informações que o grupo encontrou. No final do texto, citem as fontes que vocês consultaram.

5 Como será o futuro para os povos indígenas do Brasil? Na sua opinião, eles poderão preservar suas identidades ou perderão suas línguas e suas tradições, diluindo-se nas demais camadas da população? Organize com seus colegas um debate sobre essa questão. Como apoio para a discussão, consulte, na internet, *sites* voltados para a preservação das culturas indígenas, alguns deles organizados por comunidades indígenas.

Vestibular / ENEM

1 (FGV-SP) Em 2001, Alejandro Toledo tornou-se o primeiro peruano com ascendência indígena a assumir a presidência da república de seu país. A cerimônia de posse, em Machu Picchu, foi marcada por rituais e símbolos do império incaico.

A respeito dos incas, é **correto** afirmar:

a) Eram monoteístas antes da chegada dos espanhóis à América e chegaram a associá-los ao seu deus Viracocha.

b) Na sociedade incaica, havia uma clara separação entre política e religião, de tal modo que a seu governante, o Inca, não era atribuído nenhum caráter divino.

c) Cuzco, além do principal núcleo político do império fundado em torno do século XII, era considerado pelos incas o Centro do Mundo, o lugar mais sagrado da Terra.

d) A metalurgia para a produção de armas, adornos e ferramentas era a base econômica do império.

e) Ao contrário do tratamento dispensado a outros povos da América, não tiveram suas estruturas político-sociais profundamente alteradas e puderam preservar suas tradições religiosas até os dias de hoje.

2 (UFG-GO) Leia o seguinte texto:

"Têm alma os índios e os negros? Onde foram parar os terríveis monstros marinhos e a zona tórrida do Equador, capaz de tudo queimar? Cadê o caos? Por que povos bárbaros e infiéis conseguiram acumular tantas riquezas? Como pessoas tão simples e ingênuas conseguem aparentar tanta felicidade? Como essa gente pode viver sem o verdadeiro Deus? Quem explica essa indiferença, esse desprezo pelo ouro, enquanto nós matamos e morremos por ele? Afinal, quem tem razão — esses povos ou nós? Que sei eu?

Essas foram perguntas que europeus do século XVI se fizeram. Os grandes descobrimentos marítimos, frutos de uma série de profundas transformações em toda a Europa, geraram, por sua vez, mudanças radicais na própria Europa e em todo o mundo descoberto."

AMADO, J. e GARCIA, L. F. *Navegar é preciso.* São Paulo: Atual, 1987. p. 62.

A partir da leitura do texto analise o encontro entre europeus e ameríndios, no processo de conquista da América, destacando as mudanças econômicas, sociais e culturais que afetaram a vida de ambos.

3 (UFU-MG) "A terra queimará e haverá grandes círculos brancos no céu. A amargura surgirá e a abundância desaparecerá. Será o tempo da dor, das lágrimas e da miséria. É o que está por vir."

Profecia maia.

São formas de dominação, impostas pelos conquistadores espanhóis aos povos indígenas na América, que mostram o cumprimento da profecia maia, exceto:

a) A espada, significando a superioridade bélica dos espanhóis.

b) A cruz, associando o trabalho de catequese da Igreja à dominação.

c) A fome, como consequência da mudança das relações de trabalho.

d) As epidemias, transmitidas pelos europeus aos indígenas.

e) A indolência, que levava os indígenas a se recusarem a trabalhar.

4 (Unicamp-SP) "Herói ou vilão, Colombo simboliza a conquista."

Folha de S.Paulo, 12/10/91.

a) Por que Colombo é tratado como herói ou vilão?

b) Por que ele é o símbolo da conquista?

5 (Unicamp-SP) "Nosso mundo acaba de descobrir um outro, não menos povoado e organizado que o nosso [...] Os que o subjugaram [...] usavam coletes de uma pele luminosa e dura e armas cortantes e resplandecentes para quem, pelo milagre da luz de um espelho ou de uma faca, iam trocando uma grande riqueza em ouro e pérolas [...].

Quantas cidades arrasadas, quantas nações exterminadas, quantos milhões de povos passados a fio de espada [...]: vitórias mecânicas."

Montaigne, escritor do século XVI, referindo-se aos colonizadores espanhóis na América.

a) Como Montaigne explica a conquista da América?

b) Em que consiste, para Montaigne, a superioridade europeia sobre os povos conquistados? Explique.

6 (Vunesp)

"Vi também as coisas que trouxeram ao rei, do novo país do ouro: um sol todo em ouro medindo uma toesa[1] de largura; do mesmo modo, uma lua toda de prata e igualmente grande; também dois gabinetes repletos de armaduras idênticas e toda sorte de armas por eles usadas, escudos, bombardas, armas de defesa espantosas, vestimentas curiosas [...]"

Albert Dürer, pintor alemão.

"As pessoas [...], tanto homens quanto mulheres, andam nuas assim como suas mães as pariram, exceto algumas das mulheres que cobrem suas partes com uma única folha de grama ou tira de algodão [...]. Eles não possuem armas, exceto varas de cana cortadas [...], e têm receio de usá-las [...]; são tratáveis e generosos com o que possuem. Entregavam o que quer que possuíam, jamais recusando qualquer coisa que lhes fosse pedida [...]"

Trecho da Carta de Cristóvão Colombo, de 15 de fevereiro de 1493.

[1] Antiga medida francesa de comprimento, equivalente a dois metros.

Os textos referem-se aos habitantes da América na época dos descobrimentos.

a) Dê dois exemplos de grupos indígenas que podem ser identificados com os textos.

b) Por que os dois relatos são diferentes?

7 (UFU-MG) "Assim, não pense ninguém que foram tirados o poder, os bens e a liberdade (dos indígenas): e sim que Deus lhes concedeu a graça de pertencerem aos espanhóis, que os tornaram cristãos e que os tratam e os consideram exatamente como digo. [...] Ensinaram-lhes o uso do ferro e da candeia [...]. Deram-lhes moedas para que saibam o que compram e o que vendem, o que devem e possuem. Ensinaram-lhes latim e ciências, que valem mais do que toda a prata e todo o ouro que eles tomaram. Porque, com conhecimentos, são verdadeiramente homens, e da prata nem todos tiravam muito proveito."

GÓMARA, Francisco López de. *Historia general de las Índias*: coletânea de documentos para a História da América. São Paulo: CENP, 1978.

O texto acima expressa uma forma de se ver a conquista e a colonização da América pelos espanhóis. A partir da análise do texto e de seus conhecimentos sobre este processo histórico:

a) faça um comentário sobre a visão antropocêntrica do autor, destacando a forma como os valores culturais de espanhóis e indígenas são tratados no texto.

b) identifique e caracterize uma das três principais sociedades indígenas conquistadas pelos espanhóis — maias, astecas ou incas — mostrando como viviam e se organizavam social e politicamente no período imediatamente anterior à conquista.

8 (Unicamp-SP)

a) A respeito dos astecas, comente as características urbanas de Tenochtitlán.

b) Por que foi fundamental para os espanhóis construir a Cidade do México sobre Tenochtitlán?

9 (FVG-SP) "A língua deste gentio, toda pela Costa, é uma: carece de três letras — não se acha nela F, nem L, nem R, cousa digna de espanto, porque assim não têm fé, nem lei, nem rei; e desta maneira vivem sem justiça e desordenadamente."

Pero de Magalhães Gandavo, século XVI.

A partir do trecho dado podemos afirmar tratar-se de um texto que:

a) subestima a cultura indígena.

b) respeita as especificidades das diferentes culturas.

c) está isento de valores.

d) é de forte caráter relativista.

e) vê como completas as sociedades indígenas.

Ampliando o conhecimento

Leituras

REPRODUÇÃO

BOFF, Leonardo. *O casamento entre o céu e a terra:* contos dos povos indígenas do Brasil. São Paulo: Salamandra, 2001.
Dividido em duas partes, este livro apresenta narrativas de povos indígenas brasileiros e textos que tratam da contribuição indígena à formação da cultura do nosso país.

DEARY, Terry. *Assombrosos astecas.* São Paulo: Melhoramentos, 2004.
Este livro conta tudo sobre os misteriosos maias e os poderosos astecas, curiosidades como: por que os astecas gostavam de comer escuma de lago, quando o mundo vai acabar, como jogar bola de um modo realmente violento e outros mistérios da história.

MINDLIN, Betty. *Primeiro homem e outros mitos dos índios brasileiros.* São Paulo: Cosac & Naify, 2001.
Uma antologia de mitos indígenas. São nove histórias, de seis povos diferentes, que foram ouvidas nas línguas indígenas por antropólogos, depois traduzidas para o português e então escritas.

MUSSET, Alain. *A América pré-colombiana, os maias e os astecas.* São Paulo: Augustus, 1994. (Coleção Povos do passado)
Neste livro vamos descobrir as diferenças entre maias e astecas, a beleza e organização de algumas antigas cidades pré-colombianas e as tradições que ainda estão vivas.

STADEN, Hans. *A verdadeira história dos selvagens, nus e ferozes devoradores de homens*. Rio de Janeiro: Dantes, 2000.
Relatos do aventureiro alemão Hans Staden, que percorreu parte do litoral brasileiro e conviveu com os índios tupinambás.

Filme

Hans Staden

REPRODUÇÃO

Direção de Luiz Alberto Pereira. Brasil, 1999. 123 min.
Narra a história do viajante alemão Hans Staden, que visitou diversos pontos do litoral brasileiro, durante o século XVI. Em 1554, foi capturado pelos índios tupinambás e por pouco não foi devorado em um ritual antropofágico. Depois de conviver durante meses com os indígenas, Hans Staden conseguiu retornar à Europa, onde escreveu dois livros contando suas experiências no Brasil.

Sites

Fundação Nacional do Índio

<www.funai.gov.br>
Portal oficial que trata das questões de temática indígena no Brasil, com matérias especiais, legislação, eventos e notícias.

Instituto Socioambiental

<www.socioambiental.org>
Site oficial do Instituto Socioambiental, que trabalha pela manutenção dos direitos dos povos indígenas e pela preservação do meio ambiente.

Capítulo 17

A África dos grandes reinos e impérios

Descobrindo a África

Aldeia zulu, na cidade de Melmoth, África do Sul, em 2000. Repare a semelhança entre as construções do povo zulu e as moradias de alguns povos indígenas brasileiros.

TOPFOTO/KEYSTONE

DAVID REED/CORBIS/LATINSTOCK

É possível que você perceba que conhecer a história dos povos africanos é entender ainda melhor a origem do povo brasileiro. Sabemos que os negros africanos obrigados a vir para a América portuguesa como escravos tiveram importante papel na formação da nossa cultura. Entre os séculos XVI e XIX, aproximadamente dez milhões de africanos foram trazidos para a América, sendo quatro milhões para o Brasil.

Os navios negreiros que aqui chegaram traziam mais do que braços escravos para trabalhar. Em seus porões, viajavam também culturas, idiomas e religiões estranhos aos portugueses.

Neste capítulo, vamos verificar que existiu uma ampla diversidade de povos no território africano, cuja imagem não combina com a de selvagens vivendo como bárbaros. No nosso estudo conheceremos uma pequena parte da história de alguns desses povos, desde a Antiguidade até a Idade Moderna, quando africanos escravizados começaram a chegar ao Brasil.

A cidade de Grande Zimbábue é testemunho da poderosa cultura que floresceu entre os séculos IX e XIV na África atlântica.

África: um imenso continente

Atualmente, o continente africano é constituído de 53 países, cobrindo uma área de 30 milhões de quilômetros quadrados (veja o mapa abaixo). Destes, mais de 8 milhões de quilômetros quadrados correspondem ao Deserto do Saara. Por sua vasta extensão, a África apresenta muitos povos e muitos contrastes. O continente abriga povos falantes de mais de mil línguas e dialetos diferentes, com cultura, costumes e hábitos diversificados. Infelizmente, a ideia que muitas pessoas têm da África é a de um continente homogêneo, onde todas as pessoas são iguais em todos os aspectos culturais, linguísticos, cor da pele e desenvolvimento tecnológico.

Quando o assunto é a África, o que vem à nossa cabeça? Animais selvagens, búfalos, elefantes, safáris (expedições de caça), belezas naturais, guerras tribais, fome e Aids. Poucas pessoas fazem referência ao continente africano destacando a sua tecnologia, a produção intelectual, os impérios antigos, os músicos e artistas.

Outra ideia que precisamos tirar da cabeça é a de que todos os africanos são negros. Não é verdade. No continente africano existem pessoas negras, morenas, brancas, famosas, ricas, pobres e doentes como em qualquer outro lugar do planeta.

Neste capítulo vamos dar maior destaque para a história dos povos que ocuparam a **África atlântica**, região que vai do Senegal a Angola, e local de origem da grande maioria dos africanos que vieram escravizados para o Brasil. Esse território é povoado por grupos que, desde há muito tempo, são conhecedores de técnicas avançadas de produção agrícola, marcenaria, ourivesaria e metalurgia. Alguns grupos africanos, como os habitantes de Tombuctu (no Mali, oeste da África), desenvolveram eficientes sistemas matemáticos para controlar o comércio de mercadorias. Tinham conhecimentos de astronomia e medicina que serviram de base para a ciência moderna.

Conhecimentos e organização do trabalho na África atlântica

A tradição oral é forte nas culturas africanas, mas alguns povos sabiam ler, escrever e viviam em cidades desenvolvidas. Como os egípcios antigos, muitos po-

Fonte: FERREIRA, Graça Maria Lemos. *Atlas geográfico*: espaço mundial. 2. ed. São Paulo: Moderna, 2003.

vos africanos que viviam ao sul do Saara constituíram impérios e desenvolveram complexos conhecimentos tecnológicos. Foi a África atlântica, em parte por ser a área mais populosa do continente, que sofreu com mais intensidade o impacto do comércio internacional de escravos e forneceu a maior parte da mão-de-obra africana explorada nas terras da América.

Apesar de pouco estudados, os impérios de **Gana**, **do Mali**, do **Songai** e do **Hauçá** deixaram importantes registros escritos e arqueológicos que comprovam o desenvolvimento técnico local. A cidade de Grande Zimbábue, localizada no atual Zimbábue, é um testemunho de uma poderosa cultura que floresceu entre os séculos IX e XIV. Observe a figura abaixo.

Os povos que falavam o idioma **banto** travaram uma verdadeira luta contra a natureza para garantir a sobrevivência. A crescente desertificação do Saara e o desmatamento das regiões ao sul do deserto dificultaram a vida das pessoas. Homens, mulheres e crianças foram obrigados a migrar para as planícies e colinas. As viagens eram muito perigosas e as pessoas tinham de evitar os animais silvestres e grupos inimigos.

Tumbas construídas pelo povo tellem *entre os séculos XI e XV. Falésia de Bandiagara, Mali.*

A dificuldade de sobrevivência estimulou a criatividade desses agrupamentos humanos, que dominaram técnicas avançadas de agricultura. Um exemplo interessante é o do povo ***tellem***, que sobreviveu durante muito tempo na região do Mali, onde praticava a agricultura nas frestas de pedras nas áreas mais externas das cavernas.

Outras sociedades, localizadas na região de florestas ao sul da África, plantavam uma variedade de produtos agrícolas como banana, inhame, milhete, palma, tanchagem (planta medicinal). Os ancestrais dos **iorubas** construíram mais de 10.000 quilômetros de cercas para proteger suas aldeias dos saques de grupos inimigos.

As organizações sociais e políticas da África foram bastante diferentes entre si. Encontramos, em um mesmo período histórico e em uma região, pequenas aldeias, microestados e impérios administrados por um rei com estruturas políticas bem organizadas.

A expansão da pecuária

"O homem africano aprendeu a domesticar gado e, a breve trecho [em seguida], a cultivar alimentos. Isso ocorreu primeiramente no vale do Nilo e na África subsaariana. Após o ano 3000 a.C. aproximadamente, boas raças de gado, aclimatadas às condições africanas, foram gradualmente levadas para o sul por uma variedade de povos criadores de gado. [...] Pouco a pouco esse gado continuou a se alastrar para o sul, à medida que mais e mais povos aprendiam a lidar com ele e a utilizá-lo, até que, há cerca de mil anos, se tornou comum na ponta meridional do continente. Ao mesmo tempo ainda havia muitas regiões onde as pessoas não podiam criar gado por causa da floresta densa ou da presença da mosca **tsé-tsé**."

DAVIDSON, Basil. *À descoberta do passado de África*. Lisboa: Sá da Costa, 1981.

Tsé-tsé

Mosca comum na África subsaariana que transmite ao ser humano e ao gado a doença do sono.

Portão norte da fortaleza de Grande Zimbábue, construída entre os séculos XIV e XV.

Exímios astrônomos

Provavelmente, o povo dogon era de origem egípcia. Estudos apontam que eles saíram da Líbia há milhares de anos e foram se estabelecer no Mali. Seus conhecimentos astronômicos remontam ao Egito anterior a 3200 a.C. Ao estudar esse povo africano nos anos 40 do século XX, os pesquisadores ficaram fascinados com o nível de conhecimento existente. O famoso astrônomo norte-americano Carl Sagan, que faleceu em 1996, concluiu que os "Dogon, em contraste com todas as sociedades pré-científicas, sabiam que os planetas, incluindo a Terra, giravam sobre si próprios e à volta do Sol".

CYNTIA BRITO/PULSAR

Representação do orixá Iansã, que protege seus fiéis dos ventos e das tempestades. É um dos orixás mais populares na umbanda e no candomblé brasileiros.

▶ Família e vida cotidiana

Na maioria das culturas africanas, a fertilidade constituía atributo essencial para homens e mulheres. Quem não podia ter filhos era desprezado pelo grupo social. O número de filhos de uma família era proporcional ao seu prestígio na comunidade. As mulheres férteis eram disputadas e até raptadas pelos seus pretendentes. Homens ricos podiam casar com dezenas de mulheres e ter centenas de filhos. A maternidade inspirou artistas da época, como se pode ver na estatueta mostrada na foto. A disputa por esposas gerou muitos conflitos. A proteção das mães e das crianças era da responsabilidade de todos.

As casas eram construídas de pedra ou de uma mistura de barro e óleo de dendê. Nos locais onde os construtores utilizaram materiais duráveis, como pedras, foi possível conhecer melhor o modo de vida dos indivíduos.

Arqueólogos e pesquisadores têm pesquisado os vestígios de alguns centros urbanos importantes em áreas do Congo, Moçambique, Chade, entre outros. As pesquisas revelam a importância política e comercial de algumas cidades como Mbansa Kongo, Benin, Grande Zimbábue, Kano e muitas outras. Nesses locais, a vida urbana foi dinâmica, lúdica (com danças, jogos e cantorias) e comercialmente ativa. Há indícios de que a vida média dos indivíduos tenha sido aproximadamente de 40 anos.

WERNER FORMAN ARCHIVE/ INTERCONTINENTAL PRESS

Escultura de madeira representando uma mãe com seu filho. Cultura Bambara Bamana, Mali, sem data.

O estudo das religiões africanas é dificultado pela variedade de ritos e cultos existentes. Contudo, sabemos que o culto aos animais e à natureza fez parte de suas manifestações religiosas. Muitos acreditavam que os espíritos estavam nas pedras, nas montanhas, nos rios, nas árvores, nos trovões, no Sol e na Lua. Os sacerdotes eram responsáveis pelo alívio dos sofrimentos humanos.

Por acreditarem na existência de uma vida após a morte, alguns desses povos enterravam seus mortos acompanhados de seus pertences, de forma semelhante ao que ocorria na cultura egípcia. No Reino de Gana havia um ritual religioso especial para o sepultamento dos reis: nesse dia, vários servidores do rei eram sacrificados e enterrados na mesma tumba do monarca.

Os iorubas veneravam divindades conhecidas como *orixás*, que eram associados a elementos da natureza como água, terra, arco-íris, trovão. Era atribuído aos orixás um poder divino muito grande junto ao deus criador, Oludumaré ou Olodumarê. O culto aos orixás foi introduzido no Brasil durante o período colonial pelos africanos escravizados.

A religião islâmica na África

A religião islâmica, fundada no século VII por Maomé, expandiu-se pelo norte e leste da África. O nome Islã vem do árabe e significa "submissão a Deus". O livro sagrado do islamismo é o Alcorão (ou Corão), considerado uma representação da palavra divina. Chama-se muçulmano o adepto dessa crença religiosa. No século VIII, milhares de africanos foram convertidos ao islamismo.

"O Alcorão chega junto com as barras de sal, os fardos dos tecidos, os cestos, os objetos de cobre e os alimentos. [...] A gente local, devota de divindades ligadas à terra, às águas, às árvores, temia e respeitava este misto de comerciantes e sacerdotes, que perambulavam com talismãs ao pescoço — saquinhos de couro contendo um trecho do Corão capazes de protegê-los de feitiçarias e inimigos. Além disso, previam o futuro, cuidavam dos enfermos e rezavam para chover."

PRIORE, Mary Del e VENÂNCIO, Renato Pinto. *Ancestrais:* uma introdução à história da África atlântica. São Paulo: Edusp, 2004.

A chegada dos muçulmanos e a expansão do islamismo no continente africano alteraram bastante a religião de parte da população africana. Os povos convertidos ao Islã aprenderam a ler e escrever, fato que facilitou o estudo da cultura islâmica africana.

▶ O olhar estrangeiro sobre a África

Musorongo, mbanda, bariba, ioruba, ovimbundo, hauçá, nalu, bornos. Para quem ouve pela primeira vez, essas palavras podem soar estranhas e sem importância. Mas, desde o século XVI, elas estão estritamente ligadas à história do Brasil e, de algum modo, à nossa vida. Cada palavra faz referência a um dos povos africanos que foram trazidos à força para o Brasil colônia e imperial. Cada povo com língua e costumes diferentes. Povos que, durante o período de escravidão, deixaram forçosamente o continente africano para fincar raízes em solo brasileiro.

Na Antiguidade, a África era chamada de Etiópia, e os africanos, de etíopes (em grego, terra dos homens de pele negra). Durante muitos séculos, o desconhecimento sobre a história da África foi comum em várias partes do mundo. Até meados do século XV, os europeus conheciam apenas os territórios localizados acima do Deserto do Saara, nos limites do Mediterrâneo. A elaboração de nomes ou expressões para designar a África demonstra que a marca da relação entre os africanos e os estrangeiros foi o estranhamento de ambos os lados.

▷ A visão dos medievais e dos modernos sobre os africanos

Na Idade Média, as imagens sobre os africanos estavam influenciadas pelo cristianismo e pela *Bíblia*. A figura tentadora do Diabo que aparecia nas cerimônias religiosas era sempre negra, semelhante a um etíope. Ao contrário, os anjos e santos eram todos brancos.

Na Idade Moderna, ampliou-se o conhecimento geográfico sobre o continente africano. Os contatos dos europeus ocorreram ao sul do Deserto do Saara, na região da África subsaariana, banhada pelos oceanos Atlântico e Índico. Mesmo assim, o preconceito contra os africanos permaneceu. No século XV, os reis de Portugal, por meio de documentos papais, obtiveram o direito de escravizar os islâmicos, os pagãos e os povos negros em geral.

O imaginário preconceituoso dos navegantes europeus iria sobreviver nos séculos seguintes. Os temores sobre o Mar Tenebroso (Oceano Atlântico) e a região abaixo da linha do Equador iriam alimentar as representações dos europeus sobre os africanos. Monstros, terras inóspitas, seres humanos deformados, imoralidades, regiões e hábitos demoníacos seriam elementos constantes nas descrições de viajantes, aventureiros e missionários.

Os africanos também ficaram espantados com a cor da pele e os modos dos europeus.

Os africanos na visão do pai da história

A distância e o desconhecimento sobre a África levaram à divulgação de ideias erradas sobre os povos africanos. Leia, a seguir, a opinião do historiador grego Heródoto — considerado o "pai da história", no século V a.C.

"Os homens daquelas regiões são negros por causa do calor e os 'etíopes' da Líbia são entre todos os homens os de cabelos mais 'crespos'. [...] O sêmen por eles ejaculado quando se une às mulheres também não é branco [...], e, sim, negro como a sua tez (acontece o mesmo com o sêmen dos etíopes)."

HERÓDOTO. *História.* São Paulo: Ediouro, 1988.

A África no imaginário europeu medieval

"Quando os europeus começaram a imaginar a África para além do Saara, idealizaram um continente fantástico, povoado por excentricidades tenebrosas e sobrenaturais. Ranulf Higden, monge beneditino que mapeou o mundo por volta de 1350, dizia que a África era habitada por gente de um olho só, que usava os pés para cobrir a cabeça. No século seguinte, um geógrafo anunciou que o continente era habitado por povos pernetas, com três caras e a cabeça de um leão. Em 1459, um monge italiano, Fra Mauro, declarou que a África era o hábitat do Roca, um pássaro tão grande que podia carregar um elefante no bico.

Na Idade Média, quase ninguém na Europa tinha condições de saber se a África abrigava pássaros gigantes, gente de um olho só ou qualquer outra coisa. Na costa mediterrânea viviam os mouros hostis, e poucos europeus ousavam tentar pôr os pés ali, que dirá avançar mais ao sul, pelo Saara. Quanto a tentar navegar pela costa ocidental africana, todo mundo sabia que assim que os navios ultrapassassem as Canárias entrariam no *Mare Tenebroso*."

HOCHSCHILD, Adam. *O fantasma do rei Leopoldo*: uma história de cobiça, terror e heroísmo na África colonial. São Paulo: Companhia das Letras, 1999.

A primeira impressão dos africanos sobre os europeus

Leia o relato de viagem de um mercador veneziano que ficou encantado com a paisagem da costa da África e fez anotações sobre o povo que lá vivia.

"Estes negros, tanto machos como fêmeas, vinham ver-me como uma maravilha, e parecia-lhes coisa extraordinária ver um cristão em tal lugar, nunca dantes visto: e não menos se espantavam do meu trajo e da minha brancura; o qual trajo era à espanhola, com um jubão de damasco preto e uma capinha de gris; reparavam para o pano de lã, que eles não têm, e reparavam para o jubao, e muito pasmavam; alguns tocavam-me nas mãos e nos braços, [e] com cuspo esfregavam-me, para ver se a minha brancura era tinta ou carne; e vendo que era carne branca, ficavam-se em admiração. Eu ia a estes mercados para ver coisas novas, e também para ver se lá ia alguém que tivesse ouro em quantidade para vender: mas de tudo se achava pouco [...]."

CADAMOSTO, Luís de. *Viagens de Luís de Cadamosto e de Pedro de Sintra*. 2. ed. Lisboa: Academia Portuguesa de História, 1988.

BIBLIOTECA NACIONAL DA FRANÇA, PARIS

Esta imagem sobre a Etiópia, do século XV, mostra que, no imaginário europeu, a África era habitada por seres fantásticos. Iluminura de Charles d'Angoulême em Les secrets de l'histoire naturelle *(1480).*

▷ A curiosidade dos portugueses

Os portugueses iniciaram a conquista da África pela cidade de Ceuta, em 1415. Desde os primeiros contatos com os povos africanos, os lusitanos obtiveram importantes informações sobre a origem do ouro africano.

A confirmação da existência do metal precioso reforçou a curiosidade dos portugueses em desvendar uma antiga lenda sobre um reino cristão africano governado pelo imperador **Preste João**. De acordo com o mito, o reino de Preste João era o verdadeiro Paraíso Terrestre.

Posteriormente, com o início das Grandes Navegações, o sonho de encontrar o Paraíso Terrestre acabou. Viajantes que percorreram a Etiópia estabeleceram relações diplomáticas com os etíopes e iniciaram uma tarefa missionária na região.

O cristianismo foi introduzido na Etiópia pela ação de monges sírios no século IV. Nos primeiros anos, a Igreja cristã da Etiópia era uma extensão da Igreja de Alexandria, no Egito, e seus seguidores utilizavam o grego nos textos e nas cerimônias religiosas. Com o passar do tempo, os chefes da Igreja etíope passaram a escrever em sua própria língua. A partir do século XV, com as viagens de exploração, a ação evangelizadora foi retomada.

▶ Reinos africanos

O continente africano é composto por uma enorme diversidade física, cultural e socioeconômica.

Todas essas culturas sofreram com o domínio europeu no século XIX e estão em constante mudança, devido à influência de outros povos estrangeiros. A seguir, você vai conhecer alguns dos reinos que mais se destacaram antes da chegada dos portugueses ao continente africano.

▷ O povo banto

A palavra *bantu* significa seres humanos. Essa expressão refere-se ao conjunto de povos africanos que falam as línguas do grupo banto. Acredita-se que esse tronco linguístico formou-se há milhares de anos na região dos rios Níger e Benue, na parte leste da África ocidental, mais especificamente nas províncias atualmente conhecidas como Catanga e Kasai, na República Democrática do Congo. Aproximadamente em 1000 a.C., os bantos começaram a migrar para o centro-sul do continente, atuais regiões de Angola, Congo, Camarões, Gabão, Uganda, Namíbia, Zâmbia, Moçambique, Botsuana e Zimbábue. Veja o mapa da página 219.

Dentre os milhões de africanos que vieram para o Brasil como escravos, boa parte deles pertencia ao povo banto.

Com a chegada dos africanos ao Brasil, no século XVI, o povo banto se concentrou em regiões de produção de açúcar, onde reproduziram sua organização, sua arte e visão de mundo. Instrumentos como o berimbau e a cuíca; lutas como a capoeira; danças e cerimônias como cateretê, congada, caxambu, batuque, jongo, lundu, maracatu, coco de zambê e o candomblé-de-angola são heranças do povo banto.

As línguas africanas

Na África falam-se mais de mil línguas. Algumas delas são utilizadas por milhões de pessoas, como o mandinga, o igbo, o ioruba e o hauçá, no oeste; o suaíli, no leste; o amárico e o orono, no noroeste; o zulu e o soto, no sul; e o árabe, no norte. A maioria das línguas é falada por um número de pessoas que varia entre centenas e um milhão. Como as culturas da África não estão livres de influências externas, muitos africanos passaram a falar, também, línguas europeias, como inglês, francês, português.

As origens da capoeira

"[...] Suas raízes repousam em terreno ainda desconhecido. [...] Durante decênios praticantes e estudiosos deram créditos a versões sem nenhum fundamento, como a de que o berço da capoeira era Palmares (quilombo de escravos na divisa de Pernambuco e Alagoas, na serra da Barriga), e que ela era uma arma dos escravos fugitivos. Estudos atuais apontam para a hipótese mais provável de que ela foi o somatório de diversas danças rituais praticadas em um amplo arco da África que abasteceu os negreiros e que se encontraram no ambiente específico da escravidão brasileira. Registros documentados de Angola na era da escravidão revelam práticas lúdicas e marciais tradicionais que se parecem muito com a capoeira que chegou com os navios negreiros. Desta forma, a capoeira seria um mosaico, formado por diversas danças africanas ancestrais que se teriam amalgamado em definitivo na terra americana.

[...] Nas tradições africanas, principalmente entre os povos chamados *bantu* [...], a luta sempre tem características de dança. A capoeira moderna junta os dois conceitos."

LÍBANO, Carlos Eugênio. Golpes de mestres. Revista *Nossa História*. São Paulo: Vera Cruz; Rio de Janeiro: Biblioteca Nacional, ano 1, n. 5, mar. 2005.

▷ O Reino de Gana

Situava-se a oeste do continente africano, na área em que, atualmente, situam-se Mali e o sul da Mauritânia. O reino floresceu a partir do século III da Era Cristã graças ao comércio que se estabeleceu entre os árabes e ganenses. Caravanas árabes, do norte da África, trocavam ouro por tecidos, cobre, sal, joias, tâmaras e figos.

O Reino de Gana ou de Ganata conheceu seu apogeu político e econômico entre os séculos VII e XI. Durante o século X, o reino foi dominado pelos **soninques** (povo que atualmente habita o Senegal), que expandiram o domínio de Gana sobre as regiões ricas em ouro, do Senegal ao Deserto do Saara. Durante aproximadamente um século, os povos dominados pelo soninques eram obrigados a pagar tributos sobre o comércio de mercadorias e a produção de metais preciosos, o que contribuiu para a formação de um poderoso exército.

Entre as cidades do reino, destacaram-se a capital, Kumbi Saleh, durante o século XI, e Audagoste, um dos principais centros do comércio saariano.

A difusão do islamismo no norte da África, o ressentimento de alguns povos **berberes** contra o domínio de Gana e sublevações dos povos dominados colocaram o reino em franca decadência a partir do século XI. Audagoste e Kumbi Saleh foram tomadas e o reino mergulhou em lutas tribais até o século XIII, quando os últimos territórios ganenses foram incorporados ao Reino de Mali.

Cerâmica da cultura djenne representando figura feminina. Mali, c. 1500 a 1700.

BRIDGEMAN ART LIBRARY, LONDRES/KEYSTONE

▷ O Reino de Mali

Este império desenvolveu-se entre os séculos XIII e XVI, período em que impôs sua hegemonia sobre a bacia do Rio Níger.

Constituído pela atual República de Mali e algumas regiões dos atuais Senegal e Guiné, o Reino de Mali, no século XIV, expandiu-se através da anexação das cidades de Tombuctu, Gao e Djenne.

PRINCIPAIS REINOS AFRICANOS (SÉC. III A XVII)

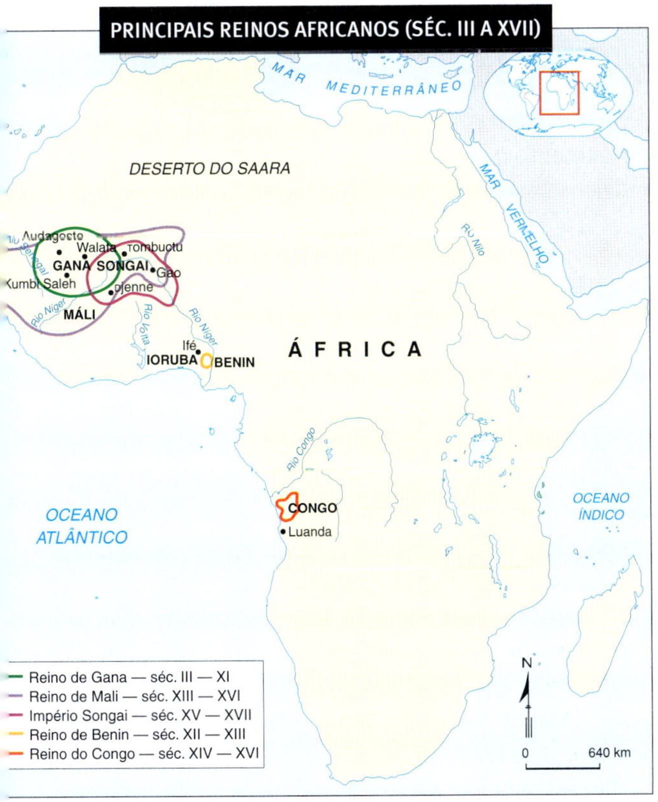

Fonte: PARKER, Geoffrey. *Atlas verbo de história universal.* Lisboa: Verbo, 1997.

Tombuctu se tornou um dos principais centros de cultura do continente africano, graças a vastas bibliotecas, madrasas (universidades islâmicas) e magníficas mesquitas. Além disso, a cidade passou a ser ponto de encontro de poetas, intelectuais e artistas da África e do Oriente Médio. Mesmo após o declínio do império, Tombuctu permaneceu como um dos principais polos islâmicos da África subsaariana.

No século XIV, comerciantes muçulmanos se estabeleceram na cidade de Djenne, localizada no delta do Rio Níger. Lá, o sal do Saara, mercadorias da África setentrional e sedas finas eram trocados por ouro, escravos e marfim.

Também foi a partir do século XIV que se iniciou a desagregação do império. A cidade de Gao se emancipou e criou obstáculos ao comércio entre Mali e os reinos árabes; os **tuaregues**, nômades do Deserto do Saara, ocuparam Walata e Tombuctu. Por volta de 1550, o Império de Mali perdeu sua hegemonia ao ser derrotado e incorporado pelo Império Songai.

▷ O Reino Ioruba: terra de comerciantes e artistas

Os iorubas se desenvolveram a partir do século XI. Constituíram uma sociedade tipicamente urbana, detentora de uma economia diversificada e ofícios especializados. Esses povos deram origem aos atuais estados de Benin e da Nigéria, o mais populoso da África.

Berbere
Povo de maioria muçulmana que ocupa o norte da África, principalmente as regiões montanhosas.

A maioria dos escravos trazidos para a Bahia era de ascendência ioruba (também conhecidos como *nagôs*). Eles deixaram forte marca na cultura afro-brasileira.

Ifé, cidade ioruba

Conta a lenda que Ifé foi fundada por Odudua (orixá da Criação; criador da Terra) a mando do deus supremo Olorum, também conhecido como Olodumare (o dono do Céu). Odudua se tornou o primeiro governante, o **Ooni**, de Ifé.

Sabe-se muito pouco sobre o exercício do poder do primeiro Ooni, como o território foi administrado ou quando a monarquia começou. O que se sabe com precisão é que a cidade de Ifé se desenvolveu numa região de florestas tropicais e savana, elementos responsáveis por uma terra muito fértil, de chuvas abundantes. A cidade se localizava na região da atual Lagos, capital da Nigéria.

A cultura islâmica e os escravos do Brasil

Escravos originários do Reino do Mali foram transportados para a América portuguesa, principalmente para a Bahia. Eles se distinguiam dos outros africanos por usar um pequeno cavanhaque e por serem alfabetizados em língua árabe. Apesar de seu número reduzido, exerceram considerável influência sobre outros negros do Brasil. Receberam o nome genérico de *malês* e promoveram diversas rebeliões, em que pretendiam matar tanto os senhores de escravos e brancos como também os negros que não aderissem ao movimento.

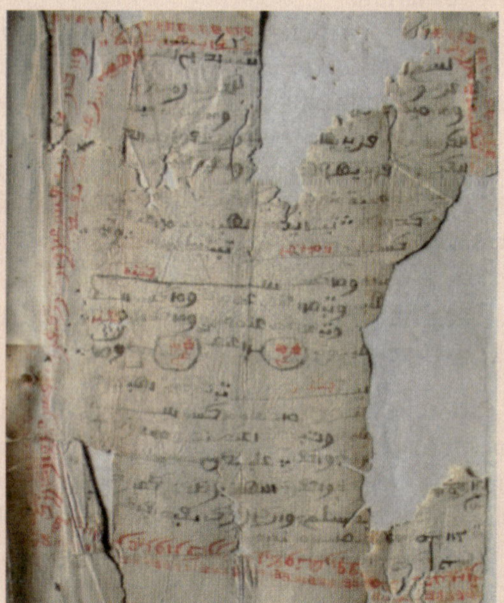

ARQUIVO PÚBLICO DO ESTADO DA BAHIA

Textos em árabe apreendidos pela polícia na Bahia, em 1844.

TOPFOTO/KEYSTONE

Máscara de marfim do povo edo. Reino de Benin, provavelmente do século XVI.

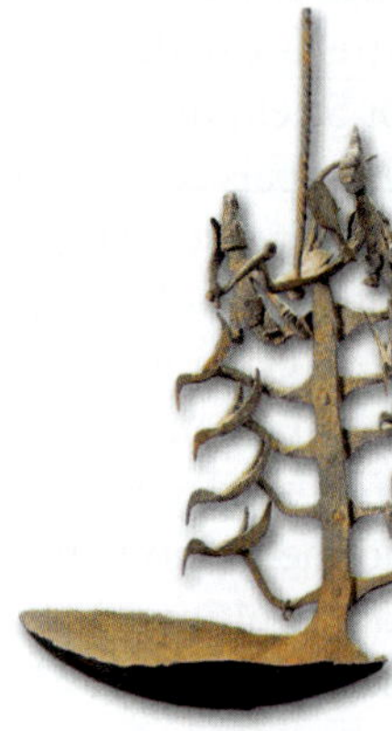

BRIDGEMAN ART LIBRARY, LONDRES/KEYSTONE

Ornamento cerimonial ioruba, provavelmente de Ifé, Nigéria, século XIX.

Excelentes artesãos

Diversos povos da África pré-colonial criaram monumentos e estatuárias que representavam os seus governantes. Os artesãos do Benin, por exemplo, representaram com refinamento o rei, seus músicos e soldados.

BRIDGEMAN ART LIBRARY, LONDRES/KEYSTONE

Escultura em madeira de Odudua, Nigéria, sem data.

▷ O Reino de Benin

Este reino situava-se a sudoeste de Ifé. Há indícios de que o reino tenha se desenvolvido entre os séculos XII e XIII. Uma das primeiras informações escritas sobre esse centro urbano de poder e comércio foi feita por um comerciante de escravos chamado João Afonso Aveiro, no final do século XV. Cem anos após o início da visita dos portugueses, uma missão holandesa comparou a região com Amsterdã.

A monarquia de Benin está intimamente relacionada à de Ifé. O primeiro rei, ou obá, de Benin, foi tradicionalmente um descendente de Odudua, chamado **Oraniã** (orixá das profundezas da Terra, filho de Odudua e rei de Ifé).

Diz a lenda que Oraniã ficou em Benin o suficiente para ser pai de uma criança que nasceu do seu relacionamento com a filha de um chefe local. Assim, seu filho Eweka foi considerado o primeiro rei pela sociedade de Benin. Alguns historiadores, no entanto, sugerem que o mito do casamento entre Oraniã e uma moça de Benin foi criado para esconder a desagradável verdade de que o reino estava sob domínio de estrangeiros que se tornaram seus regentes.

No século XV, o famoso obá Ewuare aumentou seu poder por meio de reformas importantes. Sob seu governo, o território de Benin se expandiu e o comércio com os europeus se intensificou. Produtos como pimenta e marfim, monopólio dos obás, tecidos e escravos eram comercializados ativamente. Entretanto, o governo, para prevenir a redução da população nativa, proibiu a exportação de escravos masculinos, especialmente durante os séculos XVI e XVII. Assim, importou escravos da África ocidental para serem comercializados com os europeus.

Ricos e poderosos, os obás se tornaram protetores de artesãos e artistas. Os artesãos de Benin se especializaram em esculturas de bronze e cobre. O bronze foi utilizado sobretudo para a confecção de placas para adornar as paredes do palácio real; o cobre, utilizado em esculturas de cabeças para celebrar o poder dos monarcas.

O reino se desintegrou no século XIX, sob o domínio dos ingleses.

▷ O Reino do Congo

Fundado no século XIV, o império ocupava grande extensão da África centro-ocidental e reunia diversas províncias. A população era formada por grupos de etnia banto, especialmente os **bakongo**.

Da região do Congo-Angola saiu a maior parte dos africanos que vieram para o Brasil, especialmente para o atual estado de Minas Gerais, a partir do século XVIII, quando se iniciou a grande fase da mineração no Brasil.

Em 1483, o navegador português Diogo Cão esteve, pela primeira vez, nas proximidades do Congo. Ele ficou impressionado com o dinamismo do comércio local e a variedade de mercadorias disponíveis nos mercados.

Naquela época, os comerciantes lucravam com a comercialização de tecidos, sal, metais e derivados de animais. O comércio poderia ser à base de trocas ou com moedas (conchas chamadas de *nzimbu*) encontradas na região de Luanda. O contato com os portugueses dinamizou o comércio regional e internacional, principalmente o comércio de escravos.

Em 1485, Diogo Cão retornou à região e foi recebido pelo **manicongo**, nome dado ao rei do Congo, procurando participar do rico comércio local de escravos.

AKG BERLIM-LATINSTOCK

O rei do Congo recebe embaixadores europeus. Século XVII.

Diogo Cão tinha recebido instruções do rei de Portugal para estabelecer contatos amistosos com o governo do Congo. O navegador foi acompanhado por intérpretes e conhecedores das línguas africanas. No momento em que retornou a Portugal, levou consigo um grupo de congoleses. Tratados como amigos, os congoleses aprenderam um pouco dos hábitos, da religião e da língua do reino. Posteriormente, foram levados de volta à África com presentes para o manicongo.

A partir daí o relacionamento entre os governos do Congo e de Portugal estreitou-se.

BRIDGEMAN ART LIBRARY, LONDRES/KEYSTONE

Escultura congolesa em marfim, do século XIX, mostra um africano em trajes europeus.

Batismo do rei do Congo. Gravura do século XVIII.

O manicongo se converte ao cristianismo

O rei do Congo iniciou um processo de assimilação da cultura portuguesa e de estreitamento das relações diplomáticas e econômicas em uma tentativa de "aportuguesamento".

Disposto a abraçar o catolicismo, em 1489, o rei congolês formalizou seu desejo de se converter ao catolicismo. Pediu aos portugueses o envio de padres, assim como de artesãos, mestres de pedraria e carpintaria, trabalhadores da terra, burros e pastores. Além disso, o congolês solicitou ao rei português que providenciasse professores para ensinar os mandamentos da fé católica e a língua portuguesa para o grupo enviado.

O rei do Congo mandou construir uma igreja de madeira, ornamentada com objetos vindos de Portugal. Queria ser batizado acompanhado de seu filho e teve seu desejo realizado ao receber o nome cristão de Manuel, e seu filho, de Antônio.

Afonso I, um cristão no Congo

No início do século XVI, ascendeu ao trono dom **Afonso I**, o mais importante rei da história luso-congolesa, chefe político e espiritual da cristianização do Reino do Congo. Afonso apaziguou o reino e governou por trinta e sete anos, sendo apontado como um dos maiores imperadores da região.

Durante o reinado de Afonso I, o comércio ganhou impulso com a ajuda dos portugueses. Mercadorias europeias podiam ser encontradas nas mãos de comerciantes congoleses. Também o comércio de escravos com os portugueses, em fase inicial de implantação, tornou-se monopólio real.

Afonso I centralizou o poder político, expandiu as fronteiras do reino e desenvolveu as cidades do império. Fez o papel de um missionário na divulgação dos mandamentos cristãos e da necessidade da educação formal, valorizando a leitura e a escrita.

É importante ressaltar que o catolicismo não pôs fim às tradições religiosas locais, do que resultou uma religião sincrética, própria dos povos congoleses.

As relações luso-congolesas estabelecidas no reinado de Afonso I entraram em lento, mas progressivo colapso, a partir da segunda metade do século XVI.

▶ O comércio no continente africano

Produtos como sal, alimentos, peles de animais, artefatos de ferro, ouro, marfim, pimenta-vermelha e escravos eram, entre outros, produtos de grande importância no mercado africano, comercializados numa intricada rede de rotas comerciais.

Os comerciantes do norte da África, os berberes, atravessavam o Deserto do Saara para comerciar com os povos da África ocidental. Uma caravana de camelos, carregada de variadas mercadorias, percorria mais de dois mil quilômetros no meio do deserto. Era uma verdadeira aventura.

As regiões localizadas ao longo das rotas comerciais foram favorecidas. Muitas delas deram origem a grandes impérios como Gana e Mali, localizados ao sul do Saara. A atividade comercial possibilitou o intercâmbio cultural entre os diversos povos do continente.

Apesar da riqueza do território, o escravismo se tornou fundamental para a economia africana, especialmente no que diz respeito ao comércio exterior.

► A escravidão africana

Segundo o psiquiatra negro americano, Frantz Fanon, "o negro nunca foi tão negro quanto a partir do momento em que foi dominado pelos brancos". Tal como em outras sociedades escravistas, os escravos no continente africano eram considerados bens móveis, ou seja, eles podiam ser comprados e vendidos.

A escravidão era praticada na África desde os tempos mais remotos. De maneira geral, a escravização se iniciou no continente por intermédio das guerras. Nas batalhas os prisioneiros eram escravizados. Ataques para obtenção de escravos, banditismo e sequestro também eram frequentes no continente. Além disso, a escravidão era utilizada como punição pela Justiça, principalmente para crimes como assassinato, roubo, bruxaria e adultério.

Finalmente, existiu também a escravização voluntária: quando as pessoas se viam ameaçadas de morte por causa da fome, entregavam-se a um senhor como escravas.

▷ O comércio transatlântico de escravos

A expansão do tráfico europeu de escravos através do Oceano Atlântico teve um impacto decisivo na evolução da escravidão no continente africano.

A tabela que se segue apresenta o número de escravos negociados entre os séculos XV e XIX.

O COMÉRCIO ATLÂNTICO DE ESCRAVOS DA ÁFRICA

Período	Número de escravos contabilizados
1450-1600	409.000
1601-1700	1.348.000
1701-1800	6.090.000
1801-1900	3.466.000
Total	11.313.000

Fonte: LOVEJOY, Paul E. *A escravidão na África:* uma história de suas transformações. Rio de Janeiro: Civilização Brasileira, 2002.

A expansão do escravismo

O escravismo já existia no continente africano antes da chegada dos europeus, mas a utilização em massa do escravo foi fruto da introdução do comércio europeu. Os escravos chegaram a ser o principal item de exportação africana.

"A abertura do Atlântico ao comércio marcou uma ruptura radical na história da África, especialmente porque este comércio também envolvia a exportação de milhões de escravos. Antes desse desenvolvimento comercial, as costas atlânticas da África tinham estado praticamente isoladas do mundo exterior. Uma certa quantidade de sal e peixe era comercializada no interior em troca de alimento, mas, de um modo geral, a linha do litoral era uma barreira. A mudança tecnológica do transporte oceânico teve um enorme impacto econômico, tornando disponíveis novas fontes de riqueza para os habitantes locais, facilitando a mudança política numa escala sem precedentes. A escravidão ali estava intimamente associada a essa transformação, não apenas porque os escravos eram o principal item de exportação, mas também porque eles tornaram-se muito mais comuns na sociedade local do que anteriormente. [...]"

LOVEJOY, Paul E. *A escravidão na África:* uma história de suas transformações. Rio de Janeiro: Civilização Brasileira, 2002.

FUNDAÇÃO BIBLIOTECA NACIONAL/DRD/DIV. DE ICONOGRAFIA, RJ

Negros em porão de navio, *litogravura de Johann-Moritz Rugendas, 1835.*

TEXTO COMPLEMENTAR

Grande Zimbábue

Grande Zimbábue é uma grande fortificação localizada no sul da África. Estudos arqueológicos indicam que a região abrigou uma próspera cidade.

"No extremo sul do platô do Zimbábue, entre os rios Zimbábue e Lampopo, está o maior e mais adorável sítio arqueológico da África subsaariana. Com sua torre cônica, seus muros de pedra longos e curvilíneos e seus artefatos cosmopolitas, Grande Zimbábue testemunha a existência de uma próspera cidade que deve ter dominado o comércio e a cultura na África austral em algum ponto entre os séculos XII e XVII. Sua arquitetura única e suas esculturas [...] contam uma história rica, cujos pedaços os arqueólogos continuam a juntar ainda hoje. A nação do Zimbábue — antes Rodésia, até sua independência da Inglaterra em 1980 — foi batizada em referência a esse sítio. [...]

Erguida entre 1100 e 1600, Grande Zimbábue parece não ter sido planejada em torno de um plano central, mas alterada para melhor acomodar sua população e sua importância cambiantes. Sua escala é muito maior do que a de sítios regionais similares, o que sugere que Grande Zimbábue foi o centro político e econômico da região. Como a cidade estava situada no caminho mais curto entre os campos de ouro do norte, em cujos rios se procurava o metal, e o Oceano Índico, os soberanos de Grande Zimbábue provavelmente regulavam o florescente comércio medieval de ouro.

Grande Zimbábue cobre uma área de 7,2 quilômetros quadrados, e a área central compreende três zonas construídas: o Complexo da Colina, o Grande Recinto e as Ruínas do Vale. A primeira, chamada de Acrópole pelos europeus, forma a parte mais velha do sítio; há evidência de que agricultores ou caçadores tenham se instalado ali no século V.

De sua posição na colina rochosa de quase 80 metros de altura, o recinto oval do Complexo da Colina — com cerca de 100 metros de comprimento e 45 metros de largura — teria permitido a seus habitantes enxergar potenciais invasores. O muro externo, com mais de 10 metros de altura, também deve ter oferecido proteção. Do lado de dentro das muralhas, assim como de todos os outros recintos, erguiam-se casas de *daga*, estruturas recurvadas em forma de cabana feitas do material de construção mais comum na África: terra seca, lama e cascalho.

Logo abaixo da colina fica a construção mais espetacular da cidade, o Grande Recinto, ou Prédio Elíptico. Chamado *Imbahuru* — que significa 'a casa das grandes mulheres' — pelos povos de língua *karanga* que viveram ali durante o século XIX, o edifício foi construído quando Grande Zimbábue estava no auge de seu poder. (O *karanga* é o dialeto mais comum da língua *xona* e é falado pelos habitantes do centro-sul do Zimbábue). [...]

Imagina-se que o recinto tenha servido como palácio real. Devido à presença de fendas nos muros (representando talvez a anatomia feminina) e de estruturas fálicas, alguns historiadores postularam que o local fosse usado para ritos de iniciação de adolescentes ou para outras cerimônias importantes. Também pode ter abrigado as várias esposas do governante. [...]

Grande Zimbábue é incomum não só no tamanho, mas na qualidade de seus trabalhos em pedra. Muitas das estruturas são feitas de blocos retangulares, cortados de afloramentos de granito vizinhos. [...]

O trabalho em pedra é incrivelmente sofisticado: degraus arredondados enfeitam algumas entradas e adornos em forma de cunha decoram alguns muros. As muralhas também são pontilhadas com drenos e, ocasionalmente, com portais de 1,22 metro de largura.

Artefatos desenterrados em Grande Zimbábue dão pistas sobre a organização social e cultural do sítio e o distinguem de outros da Idade do Ferro. Em particular, um conjunto de pássaros esculpidos em pedra-sabão, alguns deles com 35 cm de altura e colocados no topo de colunas de um metro, é diferente de qualquer escultura encontrada em outros lugares. Cada pássaro tem um padrão ou marcações diferentes; nenhum é identificável como uma criatura local. Como os *xona* atuais nutrem respeito pelos seus mortos e algumas tribos usam bastões de ferro para marcá-los, alguns arqueólogos propuseram que os ícones aviários indicam agregados de ancestrais usados em rituais.

Outros artefatos mostram que Grande Zimbábue estava bem estabelecida como uma comunidade comercial no século XIV. Objetos de terras distantes chegaram à cidade: vidro sírio, pratos chineses de jade (principalmente da dinastia Ming, 1368).

Hoje Grande Zimbábue é um símbolo do desenvolvimento cultural africano. Livros populares tornaram o monumento mais acessível ao povo do país. No entanto, devido aos erros arqueológicos no passado, grande parte da história do sítio é desconhecida. E, dadas as condições da arqueologia contemporânea no sul da África, há poucas chances de que isso mude logo."

NDORO, Webber. Grande Zimbábue. In: *Cultura e mistérios dos povos antigos — Scientific American Brasil*, edição especial, n. 10, jun. 2005.

ROBERT HOLMES/CORBIS-LATINSTOCK

Ruínas de Grande Zimbábue, foto da década de 1990.

Compreendendo o texto

1. O que a preservação desse sítio arqueológico significa, para a África atual, especialmente para a cultura do Zimbábue?

2. Que elementos da arqueologia desmentem o mito das culturas africanas como simples grupos tribais?

ATIVIDADES

Explorando o conhecimento

1 Explique a especificidade da cultura africana na Bahia.

2 Relacione o desenvolvimento político e econômico dos reinos africanos com o desenvolvimento do comércio de escravos.

3 A conversão do rei do Congo ao cristianismo foi um caso singular na história dos reinos africanos. Formule hipóteses para explicar o declínio da influência cristã no Congo, após o século XVI.

4 Na Antiguidade, as civilizações agrícolas desenvolveram-se às margens de rios importantes. Identifique as principais civilizações africanas estudadas no capítulo e localize o principal rio em torno do qual se desenvolveram essas civilizações.

5 A gravura abaixo foi produzida no século XVII. Ela representa o rei do Congo recebendo representantes da Coroa portuguesa, segundo a visão que os europeus tinham da realeza. Após observá-la, responda às questões a seguir:

a) Quais elementos da gravura podemos considerar como tipicamente europeus?

b) Qual era a visão predominante que os europeus construíram da África durante a Idade Moderna?

c) Você acredita que as gravuras elaboradas pelos europeus para representar a África refletiam a realidade do continente? Justifique.

A história e o tempo presente

6 Releia o item "O olhar estrangeiro sobre a África" (página 222) e discuta: a cor da pele é um fator significativo na formação de uma identidade cultural? Escreva uma redação sobre isso.

7 Existe uma tendência para criar fantasias sobre aquilo que não se conhece, ou exagerar as características daquilo que está distante de nós. Reúna-se em grupo com os colegas e faça uma lista de ideias que vocês têm sobre a África hoje. Em seguida, identifiquem quais dessas ideias têm fundamento na realidade e quais são mitos ou têm origem no preconceito.

UNIVERSIDADE DA VIRGÍNIA, EUA

Gravura do século XVII representando o rei do Congo e membros da corte portuguesa.

Vestibular / ENEM

1 (UFMG) Leia os versos:

"Seiscentas peças barganhei:
— Que pechincha! — no Senegal
A carne é rija, os músculos de aço,
Boa liga do melhor metal.

Em troca dei só aguardente,
Contas, latão — um peso morto!
Eu ganho oitocentos por cento
Se a metade chegar ao porto."

HEINE, Heinrich. Citado em: BOSI, Alfredo. *Dialética da colonização*. São Paulo: Companhia das Letras, 1992.

a) Identifique a atividade a que se referem esses versos.
b) Cada estrofe desenvolve uma ide ia central. Identifique essas idéias.

2 (UFMG) Leia o texto seguinte.

"[...] Não castigar os excessos que eles [os escravos] cometem seria culpa não leve, porém estes [senhores] hão de averiguar antes, para não castigar inocentes, e se hão de ouvir os delatados e, convencidos, castigar-se-ão com açoites moderados ou os meterem em uma corrente de ferro por mão própria e com instrumentos terríveis e chegar talvez aos pobres com fogo ou lacre ardente, ou marcá-los na cara, não seria para se sofrer entre os bárbaros, muito menos entre os cristãos católicos."

ANTONIL, André João. *Cultura e opulência do Brasil*, 1711.

Esse texto, escrito por um padre jesuíta em 1711, pode ser relacionado à:

a) associação entre a escravidão e a moral cristã.
b) condenação dos castigos aplicados aos escravos.
c) oposição do clero católico à escravidão.
d) regulamentação das relações entre senhores e escravos.

Ampliando o conhecimento

Leituras

FORD, Clyde W. *O herói com rosto africano:* mitos da África. São Paulo: Sello Negro, 2000.
Obra sobre mitologia do continente africano, que revela um sem-número de lendas populares e mitos das mais diversas fontes. Inclui um mapa detalhado dos povos e mitos da África.

PINGUILLY, Yves; MILLET, Cathy. *Contos e lendas da África*. São Paulo: Companhia das Letras, 2005.
São contadas histórias que constituem a literatura oral das diversas nações africanas, graduadas no imaginário dos homens e mulheres e que percorrem as diferentes paisagens que formam o continente.

SOUZA, Marina de Mello e. *África e Brasil africano*. São Paulo: Ática, 2006.
Panorama dos principais povos e reinos da África, desde as suas origens até a chegada dos europeus. Analisa a influência do comércio de escravos na África e no Brasil.

Filme

Atlântico negro: na rota dos orixás

Direção de Renato Barbieri. Brasil, 1998. 54 min.
Filmado em Benin, no Maranhão e na Bahia, é uma busca das origens africanas da cultura brasileira. Historiadores, antropólogos e sacerdotes africanos e brasileiros relatam fatos históricos e dados surpreendentes sobre as inúmeras afinidades culturais que unem os dois lados do Atlântico.

Sites

Casa das Áfricas

<www.casadasafricas.org.br>
Site que promove e incentiva cultura, estudos e atividades relacionados às sociedades africanas.
Secretaria Municipal da Educação e Cultura de Salvador.

Fundação Cultural Palmares

<www.palmares.gov.br>
Fundação vinculada ao Ministério da Cultura, responsável por programas e projetos voltados para o reconhecimento e a preservação da cultura africana na sociedade brasileira.
O *site* traz informações sobre patrimônio e ações afirmativas, galeria de fotos e *links* sobre o tema, entre outros recursos.

Secretaria Municipal da Educação e Cultura de Salvador

<http://smec.salvador.ba.gov.br>
Reúne documentos sobre a presença africana na história e na cultura do Brasil.

Capítulo 18 A colonização da América espanhola

Uma arte mestiça

Muro do Palácio Inca Roca, na cidade de Cuzco. Observe que nenhuma das pedras deste muro repete o formato de outra e que não há argamassa entre elas. Sobre o muro foram edificadas construções de modelo europeu.

CHARLES & JOSETTE LENARS/CORBIS-LATINSTOCK

FRANCESCO VENTURI/CORBIS-LATINSTOCK

Esta imagem de Cristo apresenta traços fisionômicos da população incaica. Em 1650, a cidade de Cuzco foi sacudida por um forte terremoto. As construções incas e o Cristo se salvaram milagrosamente. A partir de então, a população o apelidou de Nuestro Señor de los Temblores e esse passou a ser o nome oficial da imagem na Igreja Católica.

As imagens desta abertura fazem parte do patrimônio histórico da cidade peruana de Cuzco, capital do antigo Império Inca, que foi conquistada pelos espanhóis em 1534. A partir daí iniciou-se uma profunda transformação na história política, econômica e cultural dos povos andinos.

Durante o período colonial, o barroco espanhol fundiu-se com a rica tradição inca, o que deu origem à **arte mestiça**. Na cidade de Cuzco, a arte introduzida pelos colonizadores tinha finalidade didática, sobretudo catequética, uma vez que os espanhóis utilizaram a pintura como uma das formas de converter as almas pagãs ao catolicismo.

Para os conquistadores, as imagens eram eficientes mecanismos para transmitir o catolicismo. Apostando na evangelização dos povos da América, o governo da Espanha enviou artistas religiosos para produzir obras doutrinárias e criar escolas de pintores índios ou mestiços, não apenas para Cuzco, mas também para toda a área colonizada. A Escola de Cuzco é um exemplo desse tipo de empreendimento.

É importante lembrar que a conquista da América representou um dos maiores genocídios registrados na história da humanidade. Em aproximadamente um século, as populações ameríndias sofreram baixas impressionantes. Para você ter uma ideia, na época da conquista a população do México era de cerca de 25 milhões. Um século após a chegada dos espanhóis, essa população era de 1 milhão de pessoas. Além dos massacres, as doenças trazidas pelos europeus, para as quais essas populações não tinham defesas orgânicas, os abortos e os suicídios foram responsáveis pela mortalidade. O desastre foi acompanhado pela destruição de grandes culturas existentes na América pré-colombiana.

A conquista da América hispânica

O continente feminino

"A América é uma mulher... Pelo menos assim ela aparece nas iconografias entre o século XVI e XVIII; o ventre opulento, o longo cabelo amarrado com conchas e plumas, as pernas musculosas, nus os seios. [...] A representação assim construída pelos europeus traduzia um discurso que tentava se impor como concepção social sobre o Novo Mundo: a América, como uma bela e perigosa mulher, tinha que ser vencida e domesticada para ser melhor explorada. A metáfora para a exploração do continente serviu, na prática, para ilustrar as relações de gênero, no período da conquista."

PRIORE, Mary Del. Imagens da terra fêmea: a América e suas mulheres. In: VAINFAS, Ronaldo (org.). *América em tempo de conquista.* Rio de Janeiro: Jorge Zahar, 1992.

Desde o final do século XV, europeus e ameríndios disputavam a posse do território americano. Se os nativos eram infinitamente mais numerosos, o punhado de estrangeiros estava bem equipado para o jogo mortal de sedução. Cavalos, canhões, armas de fogo, tudo isso era desconhecido na América e teve um forte impacto psicológico nas populações indígenas.

Em 1519, liderados por Hernán Cortez, os conquistadores tiveram o primeiro contato com o Império Asteca. Os espanhóis foram bem recepcionados e receberam presentes.

Um dos presentes era uma jovem escrava, de origem nobre e falante das línguas maia e *nahuatl.* Principalmente por meio dessa jovem, Cortez procurou comunicar-se com os nativos. Batizada com o nome de Marina e geralmente conhecida como Malinche, ela se tornou uma valiosa colaboradora dos espanhóis na conquista do México.

Ao tomar conhecimento da riqueza dos astecas, Cortez iniciou a invasão. Os historiadores e cronistas da época tentaram desvendar por que motivo o imperador Montezuma não tentou resistir aos espanhóis comandados por Cortez. Procuraram em vão pelas respostas, às vezes concluindo que o chefe asteca era louco, em outros momentos proclamando sua sabedoria. Talvez seu comportamento prenunciasse as manifestações desse instinto de morte e o holocausto que serviu de doloroso rito de passagem à formação da América Latina.

"Montezuma deve ter sido um homem fraco e de pouca coragem, para ter-se deixado prender assim e, mais tarde, por nunca ter tentado fugir, mesmo quando Cortez lhe oferecia a liberdade e seus próprios homens suplicavam que aceitasse."
López de Gómara – Historiador espanhol.

Citado em: TODOROV, Tzvetan. *A conquista da América:* a questão do outro. São Paulo: Martins Fontes, 1982.

Os núcleos da ocupação espanhola

A conquista e a colonização da América espanhola foram feitas com a implantação de núcleos de ocupação permanente. O centro inicial foi a Ilha de Hispaniola, atual São Domingos, onde se localizam a República Dominicana e o Haiti. Entre 1496 e 1516, milhares de espanhóis para lá se dirigiram no intuito de explorar e conquistar as terras antilhanas. Expedições de exploração daí partiram para dominar as ilhas que hoje correspondem a Porto Rico, Jamaica e Cuba. Mas o sonho do ouro empurrou os espanhóis para a conquista e a colonização das áreas continentais, diminuindo dessa forma o fluxo migratório para o Caribe.

Em terras do atual Panamá, já na parte ístmica ou continental da América Central, foi implantado o segundo núcleo de ocupação, em 1509. O Panamá acabou se transformando em um foco de irradiação da colonização espanhola para o norte, nas terras das atuais Costa Rica e Nicarágua, e, para o sul, em territórios das atuais Venezuela e Colômbia, ocupadas entre 1525 e 1546. Também partiram do Panamá os conquistadores do Império Inca.

O terceiro núcleo de ocupação localizou-se no México, atingido em 1517. Entre 1519 e 1521, Cortez e um

HULTON ARCHIVE/GETTY IMAGES

O Inca Atahualpa ajoelhado diante de Pizarro, que o capturou em 1531. Gravura de 1754.

grupo de espanhóis vindos de Cuba conquistaram o Planalto Mexicano, sede do Império Asteca. A região tornou-se conhecida como Nova Espanha, e de lá partiram expedições que acabaram dominando e explorando as atuais repúblicas de Honduras, El Salvador e Guatemala. Além disso, fluxos migratórios para o norte favoreceram a conquista de territórios que hoje integram os Estados Unidos, como a Califórnia e o Texas.

O Peru, quarto núcleo de ocupação, foi conquistado entre 1531 e 1533. Nas três décadas seguintes, serviu de base para a exploração e a colonização das terras dos atuais Equador, Bolívia e Chile.

O quinto núcleo de ocupação, entre os anos de 1536 e 1580, instalou-se na região da bacia do Rio da Prata. Uma expedição organizada na Espanha fundou o núcleo de Buenos Aires, atual capital da Argentina, em 1536 e, no ano seguinte, Assunção, atual capital do Paraguai. Boa parte do território argentino, porém, foi ocupada por grupos de colonos vindos do Chile, Peru e Paraguai.

Aos poucos, a presença espanhola se fortaleceu. Os registros indicam que, de 1509 a 1559, vieram para a América 15.480 pessoas, e o número de clandestinos foi bem superior. Muitos deles enriqueceram graças ao trabalho dos indígenas. Outros se integraram à máquina político-administrativa, montada para garantir o monopólio espanhol na exploração de suas possessões americanas.

A institucionalização da conquista

A Coroa espanhola não pretendia gastar muito com a ocupação do Novo Mundo. Assim, os aventureiros interessados na empresa foram incentivados a assinar contratos com a monarquia para explorar as terras americanas. Esses indivíduos receberam o título de *adelantados* ("adiantados", "os que vão antes"), concedido na Idade Média a representantes do rei de Castela. Juntamente com o título vinham amplas prerrogativas jurídicas e militares, entre as quais o direito vitalício de fundar núcleos de ocupação e construir fortalezas na América. Em troca, deveriam promover a cristianização dos índios e entregar ao Estado um quinto da produção das terras que explorassem.

Se os *adelantados* dispunham de uma boa margem de autonomia, do outro lado do Atlântico a Coroa controlava, com extremo rigor, o monopólio de exploração mercantil. Em 1503 foi criada a **Casa de Contratação**, sediada em Sevilha, na Espanha. Cabia a esse órgão a gestão dos negócios coloniais, a garantia do monopólio do comércio e a fiscalização da cobrança do quinto, imposto real que recaía sobre a mineração e todas as transações comerciais nas colônias. O órgão regulamentava a administração colonial, nomeava os funcionários e, além disso, funcionava como Supremo Tribunal de Justiça.

Na base do sistema comercial espanhol estava o **regime de porto único**, instituído em 1503, que estabelecia a exclusividade do porto de Sevilha no comércio com as colônias. Posteriormente, a Casa de

SCHEEPVAART MUSEUM, AMSTERDÃ

Pintura do século XVII que representa combate entre navios corsários ingleses e galeões espanhóis. Os ataques de navios piratas representavam uma ameaça permanente aos tesouros americanos levados à Europa pelos espanhóis.

Contratação autorizou a passagem dos navios também pelo porto de Cádiz, na Andaluzia, que passou a usufruir privilégios econômicos.

O regime de frotas e galeões surgiu em 1540. Tinha a finalidade de obrigar os comerciantes a organizar comboios (navios mercantes que navegam juntos, com uma escolta de naves de guerra), com a obrigatoriedade de enviar, no mínimo, duas frotas anuais à América. Tal medida visava principalmente evitar os ataques de navios piratas.

Estruturas político-administrativas

No decorrer do século XVI, a Espanha aprimorou seu controle sobre o Novo Mundo. Muitos *adelantados* foram substituídos por magistrados. Criaram-se as **Audiências**, instituições de competência administrativa e judiciária instaladas nos centros mais importantes da colônia. Elas estavam diretamente subordinadas ao **Conselho das Índias**, criado em 1524, que centralizava a legislação e a administração da América espanhola.

Fonte: DUBY, Georges. *Atlas historique*. Paris: Larousse, 1987.

Em 1535, formou-se o primeiro **Vice-reinado**, o da Nova Espanha (México). Vieram a seguir o Vice-reinado do Peru (1543) e, no século XVIII, o da Nova Granada (Colômbia) e o do Rio da Prata. Pertencentes à alta nobreza, os vice-reis representavam na colônia os interesses do rei da Espanha. Eram responsáveis pelo controle das minas e da administração, supervisionavam a evangelização dos nativos e presidiam as sessões das Audiências.

Havia ainda **Capitanias Gerais**, implantadas em áreas estratégicas ou não pacificadas. A primeira foi a de Cuba, que forneceu recursos para a conquista do México; a da Guatemala expressava a força política da próspera elite local, que conseguiu manter o território independente do Vice-reinado da Nova Espanha; a da Venezuela esteve ligada à Audiência de São Domingos e depois ao Vice-reinado da Nova Granada; e a do Chile, organizada numa região pobre, dependia totalmente do Vice-reinado do Peru.

Na prática, o poder nas colônias ficou nas mãos dos altos funcionários enviados pela Coroa espanhola. Suas atividades escapavam a qualquer controle efetivo por parte da burocracia metropolitana, devido à dificuldade e à lentidão nas comunicações. Em tais circunstâncias, os altos funcionários administrativos adquiriram grande autonomia, adotando uma desobediência polida em relação à Espanha, expressa na fórmula "obedeço, mas não cumpro". E a corrupção generalizada permaneceu impune.

Para cuidar dos problemas e necessidades do cotidiano dos municípios foram criados os ***Cabildos***. Esse órgão assemelhava-se às câmaras municipais, pois exercia o poder local nas vilas e cidades. Os membros dos *Cabildos* em geral eram escolhidos entre os ***criollos***, filhos de espanhóis nascidos na América, que formavam a elite colonial. Apenas os *Cabildos* podiam ser ocupados por americanos. Os demais cargos da administração colonial eram exclusivos dos ***chapetones***, nascidos na Espanha. Os privilégios dos espanhóis no exercício dos cargos políticos mais importantes foram um dos fatores que levaram os *criollos*, no início do século XIX, a liderar as lutas pela independência.

▶ Atividades econômicas e formas de trabalho

Os sonhos dourados que trouxeram os espanhóis ao Novo Mundo logo se tornaram realidade. Em sua primeira viagem, Colombo recolhera nas Antilhas amostras do que imaginava ser o "ouro das Índias". Com o início da colonização, os espanhóis recorreram ao trabalho de indígenas escravizados, notadamente o das mulheres, para extrair o ouro de aluvião de rios nas Antilhas e na América Central. Os conquistadores também conseguiram se apoderar do ouro e das demais riquezas dos impérios asteca e inca. Porém, em meados do século XVI, com a descoberta das minas de prata em Potosí, no Alto Peru (atual Bolívia), os sonhos mudaram de cor. A prata assegurou sua longa hegemonia, seduzindo os europeus que sonhavam com as riquezas hispano-americanas. A extração desse metal foi a atividade predominante da economia colonial da América hispânica, o que resultou na intensa ocupação da região mineradora.

Juridicamente, as minas não eram propriedade privada. O subsolo estava sob o poder exclusivo da Coroa. Os mineradores receberam, porém, em caráter permanente, concessões para a exploração das terras.

DIVISÃO POLÍTICO-ADMINISTRATIVA DA AMÉRICA ESPANHOLA (SÉCULO XVIII)

Fonte: DUBY, Georges. *Atlas historique.* Paris: Larousse, 1987.

CID

Crueldade com os indígenas, ilustração do livro O paraíso destruído: *brevíssima relação da destruição das Índias, do frei Bartolomeu de Las Casas, 1552.*

Mais tarde, a necessidade de comprar equipamentos especializados para a extração dos metais no fundo das minas, que exigia investimentos elevados, eliminou os pequenos e médios concessionários, deixando a atividade extrativista nas mãos de grupos financeiros elitizados.

▷ *Repartimientos* e *encomiendas*

O sistema de trabalho empregado na atividade mineradora foi basicamente o ***repartimiento*** de índios, conhecido como *mita* nos países andinos e *cuatéquil* no México.

O *repartimiento* de índios era um sistema de trabalho utilizado principalmente nas minas e nos setores de beneficiamento do minério. Nos dois casos, tinha um caráter obrigatório e temporário, mobilizando mão-de-obra escolhida geralmente por sorteio. Os indígenas selecionados poderiam ser levados para qualquer região da colônia. Na maioria das vezes, deviam desenvolver uma atividade árdua e insalubre em troca de um salário baixíssimo. Mais tarde, além do salário, passaram a receber o *partido*, isto é, parte da produção do minério extraído. Numa fase posterior, com a diminuição das comunidades indígenas, o sistema de *repartimiento* foi substituído pelo trabalho livre.

Encomendar significa "recomendar", no sentido de "confiar". A ***encomienda*** representou um tipo especial de *repartimiento*, estabelecido em 1512: tribos inteiras de índios, dirigidas por seus chefes naturais, foram confiadas aos colonos espanhóis, que assim dispunham de trabalhadores para a agricultura e a extração de metais. Nesse tipo de contrato, o *encomendero* comprometia-se a assegurar a instrução cristã a

Uma guerra injusta, tirânica e sangrenta

"Aqueles que foram de Espanha para esses países (e se têm na conta de cristãos) usaram de duas maneiras gerais e principais para extirpar da face da terra aquelas míseras nações. Uma foi a guerra injusta, cruel, tirânica e sangrenta. Outra foi matar todos aqueles que podiam ainda respirar ou suspirar e pensar em recobrar a liberdade ou subtrair-se aos tormentos que suportam, como fazem todos os Senhores naturais e os homens valorosos e fortes; pois comumente na guerra não deixam viver senão as crianças e as mulheres: e depois oprimem-nos com a mais horrível e áspera servidão a que jamais tenham submetido homens ou animais."

LAS CASAS, Frei Bartolomeu de. *O paraíso destruído*: brevíssima relação da destruição das Índias [1552]. Porto Alegre: L&PM, 2001.

"seus" índios. Em contrapartida, estes deveriam recompensá-lo com seu trabalho e pagar tributos em espécie. Concedida pela Coroa, a *encomienda* podia ser transferida apenas para duas gerações posteriores à do beneficiado. As autoridades também proibiram que o *encomendero* se apoderasse das terras indígenas. Mas na prática não havia controle, e esse regime de trabalho, junto com o *repartimiento*, foi um dos responsáveis pela dizimação das populações nativas.

Os *encomenderos* receberam severas críticas por parte de padres e de leigos, tamanha era a violência com que tratavam os indígenas. O dominicano Bartolomeu de Las Casas (1474-1566), o "Apóstolo dos Índios", foi o mais veemente crítico desse sistema.

▷ As *haciendas*

Em linhas gerais, a *hacienda* da América espanhola correspondia ao sistema de ***plantation***, termo em inglês que designa a grande propriedade monocultora de produtos tropicais e subtropicais de exportação. Outros elementos característicos da *hacienda* eram o trabalho compulsório e o autoritarismo com que o proprietário controlava as atividades produtivas e a vida dos que dele dependiam econômica e social-

AKG-LATINSTOCK

BIBLIOTECA DO PALÁCIO REAL, MADRI/CID

Acima, indígenas trabalhando em minas de ouro, gravura de Theodore de Bry para a obra Sobre a viagem de Girolando Benzoni à América, *publicada na Alemanha, em 1594; à direita, índios penteando lã, ilustração de Baltasar Martinez, datada do século XVIII. Observe duas situações diferentes na relação estabelecida entre índios e europeus na América espanhola.*

mente. A grande propriedade rural hispano-americana, porém, não produzia prioritariamente para a metrópole e sim para um mercado mais restrito — local, regional, entre zonas da mesma colônia ou quando muito intercolonial.

No entanto, houve importantes exceções. O México e as Antilhas produziam açúcar, destacando-se a participação cubana, notadamente no século XVIII. Desde o século XVI, a produção de algodão no litoral peruano adquiriu importância no comércio internacional. Na América Central, especialmente em El Salvador, o índigo, matéria-prima para o fabrico do anil, ocupou grande parte das *haciendas*.

Poucos territórios da América hispânica utilizaram, sistematicamente, o trabalho escravo africano. As colônias espanholas contaram com um percentual próximo a 10% de africanos em suas áreas de trabalho, introduzidos apenas para suprir a carência da mão-de-obra indígena. Cuba foi uma exceção, uma vez que, devido à alta dos preços do açúcar na Europa durante a segunda metade do século XVIII, os *ingenios* (engenhos) cubanos se expandiram e passaram a ser operados por um grande contingente de africanos. Estima-se que, entre 1774 e 1807, mais da metade dos escravos africanos introduzidos na América espanhola foram levados para Cuba, para atender à demanda da indústria açucareira.

▶ Um mundo predominantemente mestiço

"[...] A primeira colonização foi feita por um punhado de homens. Na Espanha, desde o início, a emigração era controlada pela *Casa de Contratación*: precisava-se de uma licença para se instalar na América, só os súditos da Coroa de Castela podiam consegui-la — os conversos de origem judaica estavam excluídos. [...]"

FERRO, Marc. *História das colonizações: das conquistas às independências – séculos XIII a XX*. São Paulo: Companhia das Letras, 1996.

A colonização deu origem a novos tipos de relações sociais, econômicas e políticas na América espanhola. A miscigenação e as uniões inter-raciais foram praticadas em todos os níveis da população, o que representou, em certa medida, um meio de ascensão social. Além disso, tais uniões facilitaram a exploração da mão-de-obra indígena. No Paraguai, em especial, desenvolveu-se a prática do **cunhadismo**, pela qual um espanhol, amancebado com dezenas de mulheres nativas, colocava inúmeros parentes para trabalhar em sua propriedade. Os registros paraguaios informam que alguns espanhóis formaram verdadeiros haréns, que reuniam cerca de 80 mulheres.

Meninas em escola na Guatemala, 2002. A mestiçagem entre europeus e indígenas compõe um traço marcante em grande parte das sociedades hispano-americanas até hoje.

No entanto, o processo de mestiçagem foi acompanhado por um considerável preconceito social: surgiram bloqueios e resistências que até hoje ainda dificultam a plena integração do mestiço nas sociedades latino-americanas.

Os filhos originados do relacionamento entre brancos e índios ou entre negros e brancos engrossavam as fileiras dos excluídos sociais. Segundo estimativas, a porcentagem de filhos bastardos declarados, nascidos na América espanhola, aproximava-se de 40% no século XVI, chegando a 70% entre 1640 e 1649. Geralmente essas pessoas, quando do sexo masculino, optavam pela atividade militar e se tornavam soldados. Mas eram proibidos de usar armas de fogo ou cavalos e não tinham acesso ao sacerdócio.

A situação dos negros era ainda mais difícil que a dos mestiços. As Américas foram palco de numerosas rebeliões de escravos negros. Todas elas fracassaram, com a honrosa exceção da revolta que, em 1791, tomou conta do Haiti — na porção ocidental da ilha de Hispaniola, colônia francesa desde 1697.

O espírito de revolta se manifestava de várias maneiras, desde as fugas até os atos de sabotagem no mundo do trabalho, os quais criaram o mito do "negro preguiçoso". Os suicídios coletivos, as mutilações e autoviolências, de modo geral, também foram muito comuns entre as comunidades negras.

TEXTO COMPLEMENTAR

O Conselho das Índias

O documento a seguir traz a resposta de uma autoridade do Conselho das Índias ao rei da Espanha, em que defende a legitimidade e a conveniência do tráfico negreiro.

"Dois pontos são o que contém o real decreto de Vossa Majestade.

O primeiro, que conveniência acarreta à América que se conduzam negros a ela, e que prejuízos se seguiriam de não os ter.

O segundo se tem havido juntas de togados e teólogos para reconhecer se é lícito o comércio dos negros e fazer ***asiento*** deles, e se há autores que tratem deste ponto.

No que tange ao primeiro ponto, o conduzir-se negros para a América, não só é conveniente mas precisamente necessário, porque há falta de braços na parte mais importante da América; os negros são os que cultivam as fazendas, sem que possam cultivar nem se cultivem por espanhóis [...]. As fazendas principais dos moradores de engenhos de açúcar, vinhas do Peru, criação de gado, todas se mantêm com negros, servem também de carregadores e marinheiros, de sorte que se estes faltassem faltaria de todo o alimento para manter a vida humana e as riquezas, porque o mais importante consiste nesta fazenda, sendo também necessários para o serviço pessoal, porque nem crioulos nem espanhóis servem.

Da grande necessidade desses escravos facilmente se tiram as consequências do prejuízo que ocorrerá de não os ter, pois se eles são os que cultivam as fazendas sem que haja outros que o possam fazer porque os índios faltaram, e onde os há não se lhes pode obrigar ao serviço pessoal, segue-se necessariamente que, se se proíbe de continuar a conduzi-los, cessaria o alimento para todos do Reino; as fazendas cuja riqueza depende principalmente dos escravos negros perder-se-iam, expondo-se a América a uma total ruína [...]

E nas Índias, desde o ano de mil quinhentos e dez, como o refere Herrera no lugar citado, onde tanto eclesiásticos como seculares serviram-se destes escravos para toda espécie de afazeres, sem se excetuar as religiões, pois todas os têm em grande número em suas fazendas [...], sem que nisso tenham escrúpulo, e na Espanha têm-se também praticado, julgando-se tão comum que sobre o produto desta negociação impuseram cinquenta contos de renda de juros [...]."

O Conselho das Índias e a legitimidade do tráfico negreiro, 1685. In: CORRÊA, Anna Maria M. e BELLOTTO, Manoel Lelo (orgs.). *A América Latina de colonização espanhola:* antologia de textos históricos. São Paulo: Hucitec/Edusp, 1979.

Asiento

Acordo realizado entre a Coroa espanhola e particulares mediante o qual a Coroa arrendava o direito exclusivo de explorar comercialmente um produto ou atividade. Um dos *asientos* mais importantes foi o de escravos negros, pelo qual a Coroa autorizava os comerciantes a trazer africanos para a América para substituir os indígenas em certas tarefas.

Compreendendo o texto

1. Qual o objetivo do autor ao redigir esta carta ao rei da Espanha?
2. Em que atividades, segundo o documento, os escravos negros trabalhavam?
3. De acordo com o documento, que prejuízos a proibição do tráfico negreiro poderia causar?
4. Copie do texto o trecho que indica que o trabalho escravo dos africanos era utilizado por diferentes setores da América espanhola.
5. Segundo o documento, faltavam índios para o trabalho nas fazendas. Explique, com base no que você estudou, as razões desse fato.

ATIVIDADES

Explorando o conhecimento

1 No período colonial, a mineração foi a atividade econômica mais importante da América espanhola. A exploração sistemática das riquezas minerais se concretizou com a adoção de duas formas principais de exploração do trabalho indígena: o *repartimiento* e a *encomienda.* Caracterize esses dois regimes de trabalho.

2 O poeta chileno Pablo Neruda referiu-se à conquista da América pelos espanhóis através da seguinte expressão: "... a espada, a cruz e a fome iam dizimando a família selvagem...". Faça uma análise crítica das palavras do poeta.

3 A administração espanhola em terras americanas tinha características muito rígidas. Identifique e caracterize as estruturas político-administrativas implantadas no Novo Mundo pela Coroa espanhola.

4 "Os primeiros escravos negros chegaram ao Novo Mundo no início do século XVI. Por três séculos e meio, as principais potências marítimas competiram entre si em torno do lucrativo tráfico de escravos, que levou aproximadamente dez milhões de africanos para as Américas."

DAVIS, David Brion. *O problema da escravidão na cultura ocidental.* Rio de Janeiro: Civilização Brasileira, 2001.

Caracterize a escravidão negra na América espanhola durante o período colonial.

5 As *haciendas* constituíam um tipo de propriedade diretamente relacionada com as formas de organizar a produção rural nas colônias espanholas da América. Caracterize esse tipo de propriedade agrícola.

A história e o tempo presente

6 Leia o texto a seguir.

"Nos anos 1575-1600, Potosí produziu talvez a metade de toda a prata hispano-americana. Tal profusão de prata não teria vindo à tona sem a concomitante abundância de mercúrio de Huancavelica, que naqueles mesmos anos estava também produzindo como nunca havia feito. Outro estimulante para Potosí foi claramente a mão-de-obra barata e abundante fornecida através da *mita* de Toledo."

BETHELL, Leslie (org.). História da América Latina. In: *América Latina colonial.* v. 2. São Paulo: Edusp, 1999. p. 141.

O uso de mercúrio na mineração é uma prática que ainda se mantém nos dias atuais. Além de causar danos ao meio ambiente, o uso indiscriminado desse elemento químico na exploração mineral pode contaminar o ser humano e desenvolver um mal denominado "doença de Minamata".

a) Pesquise sobre a "doença de Minamata" na biblioteca da sua escola, jornais, revistas ou internet.

b) Identifique os vários tipos de mercúrio utilizados na mineração e explique qual deles é o mais perigoso para os seres humanos.

c) Como ocorre a contaminação do meio ambiente e quais as consequências para a flora e fauna contaminadas?

7 Observe o mapa e responda.

Fonte: *Indicadores do Desenvolvimento Mundial.* Banco Mundial, 2005.

a) Que características econômicas e tecnológicas predominam nos países de colonização espanhola?

b) Na sua opinião, existe relação entre o quadro atual desses países e o tipo de colonização que predominou nessas áreas? Justifique sua resposta.

Vestibular / ENEM

1 (UFSM-RS) A colonização da América espanhola se desenvolveu nos quadros da expansão europeia dos Tempos Modernos. Nesse contexto, houve a consolidação dos Estados Nacionais que, centralizados por monarquias absolutistas, desenvolveram variadas práticas mercantilistas. Identifique a alternativa que não expressa característica do mercantilismo espanhol do século XVI até meados do século XVIII.

a) As zonas mineradoras do México e do Peru constituíram-se nos polos fundamentais do império colonial hispano-americano.

b) O monopólio régio estabelecia a Casa de Contratação de Sevilha como o órgão responsável pela administração dos negócios comerciais e fiscais relativos à América hispânica.

c) O sistema monopolista se baseava no regime de porto único na metrópole, estabelecendo a exclusividade de Sevilha no comércio com as colônias.

d) Os portos da América colonial espanhola podiam realizar transações comerciais com os variados grupos de comerciantes metropolitanos.

e) O regime de frotas e galeões instituiu a obrigação da navegação por comboios, com roteiro e periodicidade pré-estabelecidos.

2 (UFRGS-RS)

"O Almirante Colombo encontrou, quando descobriu esta ilha de Espanhola, um milhão de índios, dos quais, e dos que nasceram então, não creio que estejam vivos, no presente ano de 1535, quinhentos, incluindo tanto crianças como adultos, que sejam naturais, legítimos e da raça dos primeiros índios. Alguns fizeram esses índios trabalhar excessivamente. Outros não lhes deram nada para comer, como bem lhes convinha. Além disso, as pessoas desta região são naturalmente tão inúteis, corruptas, de pouco trabalho, melancólicas, covardes, sujas, de má condição, mentirosas, sem constância e firmeza, que vários índios, por prazer e passatempo, deixaram-se morrer com veneno para não trabalhar. Outros se enforcaram pelas próprias mãos. E quanto aos outros, tais doenças os atingiram que em pouco tempo morreram. Quanto a mim, eu acreditaria antes que Nosso Senhor permitiu, devido aos grandes, enormes e terríveis pecados dessas pessoas selvagens, rústicas e animalescas, que fossem eliminadas e banidas da superfície terrestre."

Gonzalo Fernández de Oviedo

A respeito do texto, considere as seguintes afirmações:

I – A *mita*, posta a serviço da dominação hispânica, é um exemplo de trabalho excessivo a que se refere o texto.

II – Epidemias como a gripe, o sarampo e a varíola são algumas das "tais doenças" a que o texto se refere.

III – A ilha de Espanhola (ou Hispaniola) a que o texto se refere é atualmente ocupada pelo Haiti e República Dominicana.

Quais estão corretas?

a) Apenas I
b) Apenas II
c) Apenas III
d) Apenas II e III
e) I, II e III

3 (PUC-SP) Sobre as civilizações indígenas americanas no momento da conquista europeia, podemos afirmar:

a) Somente os maias e tupis foram escravizados e tiveram sua cultura destruída no processo de conquista e colonização da América.

b) Cheienes, cheroquis, iroqueses e dakotas ocupavam várias regiões na América do Norte, foram exterminados pela colonização francesa, e sua marcha expansionista de norte a sul e de leste a oeste teve como resultado a dominação das terras dos atuais EUA.

c) Tupis, jês, nuaruaques e caraíbas ocupavam praticamente toda a região do atual território brasileiro, foram caçados para serem transformados em escravos pelos senhores espanhóis e holandeses, cujo objetivo seria vendê-los como produtores de especiarias para o Oriente.

d) Maias, astecas e incas, que viviam na América Central, Vale do México e Região Andina, foram dominados pelos espanhóis no século XVI e perderam autonomia e controle sobre sua sofisticada organização sociocultural e política permanecendo submetidos através do sistema de *encomiendas*, *mitas* ou *quatequil* que os reduzia à escravidão permanente ou temporária.

e) Os indígenas brasileiros tupis e jês foram exterminados no processo da conquista portuguesa, sendo apenas possível seu conhecimento pela arqueologia.

4 (UFMG) "Quando, em 1556, os soberanos da Espanha proibiram o uso das palavras conquista e conquistadores em relação à América, elas desapareceram dos atos oficiais, mas ficaram nos fatos."

ROMANO, Ruggiero. *Revoluções*. São Paulo: Ed. Três, 1974. p. 16. v. 2.

Com respeito à colonização espanhola da América, indique:

a) dois aspectos relativos à imposição de novas estruturas políticas nas colônias.

b) duas estratégias adotadas na organização econômica das colônias.

c) uma característica da estrutura religiosa imposta às colônias.

5 (Fuvest-SP) No século XVI, a conquista e ocupação da América pelos espanhóis:

a) desestimulou a economia da metrópole e conduziu ao fim do monopólio de comércio.

b) contribuiu para o crescimento demográfico da população indígena, concentrada nas áreas de mineração.

c) eliminou a participação do Estado nos lucros obtidos e beneficiou exclusivamente a iniciativa privada.

d) dizimou a população indígena e destruiu as estruturas agrárias anteriores à conquista.

e) impôs o domínio político e econômico dos *criollos*.

6 (PUC-RIO) A conquista e a colonização europeias na América, entre os séculos XVI e XVII, condicionaram a formação de sociedades coloniais diversas e particulares. Sobre tais sociedades podemos afirmar que:

I – Nas áreas de colonização espanhola, explorou-se, exclusivamente, a força de trabalho das populações ameríndias, sob a forma de relações servis, como a *mita* e a *encomienda*.

II – Nas áreas de colonização portuguesa, particularmente nas regiões destinadas ao fabrico do açúcar, foi empregada, em larga escala, a mão-de-obra escrava de negros africanos e/ou de indígenas locais.

III – Ao norte do litoral atlântico norte-americano, área de colonização inglesa, houve o estabelecimento de pequenas e médias propriedades, nas quais se utilizou tanto o trabalho livre quanto a servidão por contrato.

IV – Na região do Caribe, em áreas de colonização inglesa e francesa, assistiu-se à implantação da grande lavoura, voltada para a exportação e assentada no uso predominante da mão-de-obra de escravos africanos.

Assinale a alternativa correta.

a) Apenas as afirmativas I e II estão corretas.

b) Apenas as afirmativas I, II e III estão corretas.

c) Apenas as afirmativas II, III e IV estão corretas.

d) Apenas as afirmativas I, III e IV estão corretas.

e) Todas as afirmativas estão corretas.

Ampliando o conhecimento

Leitura

FERREIRA, Jorge Luiz. *Conquista e colonização da América espanhola.* São Paulo: Ática, 1992.
Conta o choque entre civilizações com experiências históricas e culturais muito diversas, que resultou na ruína das civilizações pré colombianas.

Filmes

Aguirre, a cólera dos deuses

Direção de Werner Herzog. Alemanha, 1972. 95 min.
O filme conta a história da expedição de Pizarro, colonizador espanhol, na Amazônia, em 1560, em busca do El Dourado. O filme discute a violência e o preconceito do europeu diante dos habitantes do Novo Mundo.

A outra conquista

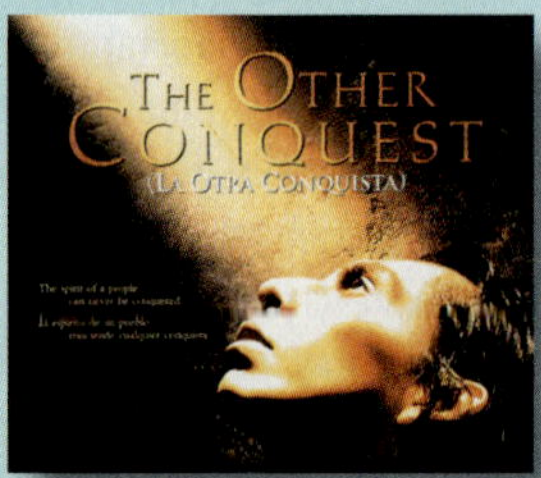

REPRODUÇÃO

Direção de Salvador Carrasco. EUA, 1998. 105 min.
México, 1520.
Para sobreviver ao massacre do Grande Templo, o escriba asteca Topiltzin finge-se de morto escondido sob um cadáver. Após a saída dos espanhóis, ele encontra os corpos de seus familiares. Quando uma esquadra comandada pelo capitão Cristóbal e pelo frade Diego descobrem o sacrifício clandestino de uma princesa asteca, duas maneiras de viver incompatíveis se defrontam e a violência explode.

Capítulo 19

A colonização da América inglesa e francesa

Em busca do paraíso

“Num protesto batizado ‘Um Dia sem Imigrantes’, milhares de pessoas tomaram as ruas das grandes cidades dos Estados Unidos, principalmente de Chicago, em Illinois, Houston, no Texas, e Los Angeles, na Califórnia. O chamado dos organizadores era para que essa fatia da população boicotasse as atividades econômicas do país por 24 horas.

Em Los Angeles, segundo a polícia, duas manifestações reuniram mais de 600 mil pessoas. Em Chicago, cerca de 400 mil pessoas foram às ruas, também pelos cálculos da polícia. Em Washington, milhares se reuniram em frente ao Capitólio, sede do poder legislativo, e parte dos restaurantes e bares permaneceu fechada.

A ideia era fazer sentir o peso econômico dos imigrantes num momento em que o Senado estuda endurecer a lei sobre a entrada de estrangeiros para trabalhar no país. Cerca de 12 milhões de ilegais vivem nos EUA, a maioria mexicanos; deste total, 7,9 milhões trabalham e chegam a movimentar US$ 1,2 bilhão por dia.”

DÁVILA, Sérgio. Milhares aderem ao “Dia sem imigrantes”. *Folha de S.Paulo*, 2 maio 2006.

Manifestantes protestam contra a política de imigração norte-americana. Chicago, maio de 2006.

JOSHUA LOTT/AFP/GETTY IMAGES

A manifestação, organizada pela comunidade latino-americana nos Estados Unidos e inspirada no filme mexicano *Um dia sem os mexicanos*, pediu o reconhecimento dos direitos do imigrante a trabalho, educação de seus filhos e atendimento médico. Além de protestar contra o novo projeto de Lei de Imigração, os imigrantes pretendiam demonstrar ao governo dos Estados Unidos a importância econômica da população hispânica naquele país.

O projeto de lei de imigração dos Estados Unidos transforma a imigração ilegal em crime e prevê punição para quem empregar ou ajudar imigrantes nessa condição. Além disso, uma emenda à lei de imigração garante a construção de um duplo muro de proteção em trechos da fronteira com o México.

O imigrante, principalmente o latino-americano, está na base da formação da identidade dos Estados Unidos. Desde o século XVIII, quando o país se libertou do domínio inglês, o território tem atraído estrangeiros de todos os continentes em busca de melhores condições de vida e oportunidades de trabalho. Tal fato pode ser explicado pelas condições peculiares da história dos Estados Unidos desde o período colonial.

BRIDGEMAN ART LIBRARY, LONDRES/KEYSTONE

Primeiro Dia de Ação de Graças, *tela de J. L. M. Ferres representando o primeiro* Thanksgiving Day, *comemorado com nativos americanos em 1621. A data é celebrada nos Estados Unidos para agradecer os bons acontecimentos do ano.*

▶ Os peregrinos do *Mayflower*

Em 1620, algumas famílias, a bordo de um navio denominado *Mayflower*, deixaram a Inglaterra e buscaram do outro lado do Atlântico não uma Terra Santa já edificada, mas uma nova Terra Prometida, a ser santificada à custa de suor e devoção. Essas famílias, provenientes da pequena burguesia, de artesãos, comerciantes, camponeses e pequenos proprietários rurais, seguiam as doutrinas reformistas de Calvino. Para Calvino, o trabalho honesto, a poupança e o sucesso no trabalho eram sinais da bênção de Deus, da graça e da salvação. Os adeptos dessas crenças na Inglaterra, conhecidos como **puritanos**, sonhavam encontrar na América uma terra de asilo na qual pudessem praticar sua religião livremente, sem as perseguições do Estado. E também sonhavam com uma vida mais próspera; afinal, segundo sua crença, Deus abençoa os esforços dos eleitos para formar o seu rebanho.

No mesmo ano, os puritanos fundaram na costa do atual Estado de Massachusetts o núcleo de Plymouth, iniciando a colonização da chamada **Nova Inglaterra**. Hoje, os participantes dessa primeira onda migratória são conhecidos como ***pilgrim fathers***, pais peregrinos — os pais de uma nação.

Os primeiros colonos ingleses desembarcaram na América em 1607, onde fundaram a colônia de Virgínia, que não prosperou e foi abandonada. Entretanto, veja qual foi a impressão de John Smith, um dos pioneiros:

"Nunca o céu e a terra se combinaram em parte alguma numa harmonia mais perfeita para proporcionar ao homem um lugar para sua habitação."

HOCKETT, Homer C. *Political and social history of the United States (1492-1828)*. Nova York: Macmillan, 1925.

▶ A tardia expansão colonial inglesa

Os puritanos vieram para o Novo Mundo por iniciativa própria e à sua própria custa, fugindo das autoridades que os perseguiam por motivos políticos e religiosos. Mas mesmo os colonos seguidores do anglicanismo, a religião oficial da Inglaterra, praticamente não receberam estímulos da Coroa. Foi apenas no século XVII que os ingleses conseguiram concluir um projeto colonial para as terras do além-mar, muito depois de Portugal e Espanha terem elaborado suas estratégias colonialistas.

Ao longo dos séculos XV e XVI a Inglaterra enfrentou um período de guerras e disputas dinásticas. Após a reforma anglicana promovida por Henrique VIII, a Inglaterra atravessou mais um período de conflitos, dessa vez religiosos, entre anglicanos, católicos e grupos calvinistas como o dos puritanos. Tudo isso consumiu energias e adiou para o século XVII o projeto de expansão colonial inglês. Quando esse projeto afinal se concretizou, veio entrelaçado aos conflitos religiosos e políticos que expressavam as profundas transformações em curso na economia e na sociedade britânicas.

▷ O crescimento urbano na Inglaterra

Na Inglaterra, a partir do século XVI, o crescimento das manufaturas de tecidos exigia a expansão das áreas destinadas à criação de ovelhas, que forneciam a matéria-prima para produzir tecidos de lã. Iniciou-se então o processo conhecido como **cercamentos**. Os produtores de lã se apropriavam das terras camponesas e substituíam a atividade agrícola pela criação de ovelhas. Formou-se assim, na Inglaterra, uma poderosa classe de proprietários rurais ligados à produção de lã. No início, os cercamentos ocorreram por iniciativa particular. A partir do século XVIII, o Estado acelerou esse processo, fixando as Leis de Cercamentos.

Para obter novas terras agrícolas, foi empreendida a drenagem em larga escala dos pântanos. Essas medidas beneficiavam os ricos e rendiam taxas para o governo, mas prejudicavam os ocupantes pobres das terras comunais e os moradores dos pântanos. O aumento do êxodo rural foi inevitável, agravando a miséria nas cidades.

A população mais pobre, expulsa dos campos, sonhava com uma vida melhor, na América ou na própria Inglaterra. Para isso, era preciso emigrar.

Problemas gerados pelo cercamentos

"[...] um dos problemas econômicos cruciais do século XVII era expandir as áreas cultivadas para poder alimentar a população que crescia, mas à custa de quem isso se daria? Durante o governo de Carlos I, em 1640, suas ações [...] objetivavam levantar dinheiro multando aqueles que invadiam as florestas reais, a fim de as cultivar, ou os que faziam cercamentos que implicavam em despovoamento. Esse governo tentou igualmente participar dos lucros antecipados, provenientes das drenagens em larga escala dos pântanos. No entanto a Coroa e os grandes latifundiários não eram as únicas partes interessadas. Movimentos populares de protesto contra a perda dos direitos, ocorridos em Wiltshire e na Floresta de Dean, em 1629-1630, e nos pântanos, em finais da década de 1630, bem como os conflitos que surgiram por causa dos cercamentos e que se deram em toda a Inglaterra, de 1640 a 1643, expressaram o ponto de vista dos agricultores de menores recursos."

HILL, Christopher. *O eleito de Deus.* Oliver Cromwell e a revolução inglesa. São Paulo: Companhia das Letras, 1990.

▶ A fundação das Treze Colônias

O fluxo migratório britânico do século XVII não reuniu apenas pessoas da pequena-burguesia puritana, mas contou também com elementos da nobreza e das camadas populares. Os ingleses eram a grande maioria, mas também houve imigrantes holandeses, suecos e de outros países europeus.

HULTON ARCHIVE-GETTY IMAGES

Vista da cidade de Londres, gravura de 1616. As inúmeras construções indicam o dinamismo econômico da capital inglesa, uma das mais prósperas da Europa da época.

AS TREZE COLÔNIAS (1735)

Fonte: KINDER, Hermann e HILGEMANN, Werner. *Atlas historique*. Paris: Perrin, 1992.

Em muitos casos, homens e mulheres foram habilmente persuadidos a migrar para a América. William Penn, fundador da Pensilvânia, querendo constituir na América uma comunidade fortemente marcada pela religião, percorreu a Grã-Bretanha convidando famílias interessadas numa nova vida no Novo Mundo, um lugar sem injustiças e pecados.

Toda essa gente construiu, na América inglesa, as chamadas **Treze Colônias** (veja o mapa). Eram núcleos separados, marcados por uma forte autonomia, que mais tarde, ao se formar a república norte-americana, estaria na base do conceito de "direitos dos Estados". Nada de semelhante ocorreu nas Américas espanhola e portuguesa. A Inglaterra, enfraquecida pelas divisões político-religiosas, não conseguiu impor nas colônias o modelo de colonização implantado pelas monarquias ibéricas. Nas colônias ibéricas, o Estado supervisionou a produção e o acúmulo de riquezas, concentrando todas as decisões. Na América inglesa, ao contrário, grande parte das decisões permaneceu na esfera local, reforçando o sentimento de autonomia que conduziria à luta pela independência em 1776.

▷ Norte: a força puritana

As colônias nortistas de Massachusetts, Connecticut, Rhode Island e New Hampshire correspondiam à Nova Inglaterra, uma região de invernos rigorosos e cujas características não se enquadravam nos princípios mercantilistas de exploração. Em vez de grandes fazendas monocultoras, nos vales dos rios multiplicaram-se pequenas propriedades rurais que apresentavam uma produção diversificada, com base no trabalho familiar. Em muitas delas, foram montados engenhos hidráulicos para moagem de trigo e milho. O excedente da produção destinava-se aos mercados locais e regionais.

Ao lado da policultura, a pecuária recebeu forte impulso com a criação de gado bovino e ovino, responsável pelo desenvolvimento das indústrias de carne, banha e têxtil. A pesca e a instalação de serrarias, nas quais a madeira local era utilizada para construir navios, também representaram atividades importantes.

Basicamente destinada ao mercado local e regional, a produção manufatureira beneficiou-se da existência de mão-de-obra especializada e de matéria-prima disponível do setor primário. As oficinas e fábricas estavam localizadas nas vilas e cidades fundadas ao longo do litoral recortado. Nelas desenvolveu-se uma sociedade dinâmica, com os ricos comerciantes urbanos no topo da pirâmide, seguindo-se os pequenos proprietários rurais, os comerciantes, os artesãos e os trabalhadores braçais.

Tempos de "caça às bruxas"

Os centros urbanos da Nova Inglaterra, além de representarem o terreno ideal para a afirmação da ética protestante voltada para o trabalho, foram espaço privilegiado para a manifestação do lado mais sombrio da conduta puritana: a intolerância e as perseguições religiosas, a "caça às bruxas". No norte, o domínio dos puritanos era quase absoluto. As pessoas podiam ser condenadas à prisão por uma simples blasfêmia, e não faltava quem acusasse seus vizinhos de impiedade. A cidade de Salém, hoje Danvers, viveu uma grave histeria coletiva em 1692, quando um grupo de adolescentes acusou algumas mulheres de praticarem bruxaria. Várias delas foram julgadas e condenadas à forca.

COMÉRCIO TRIANGULAR

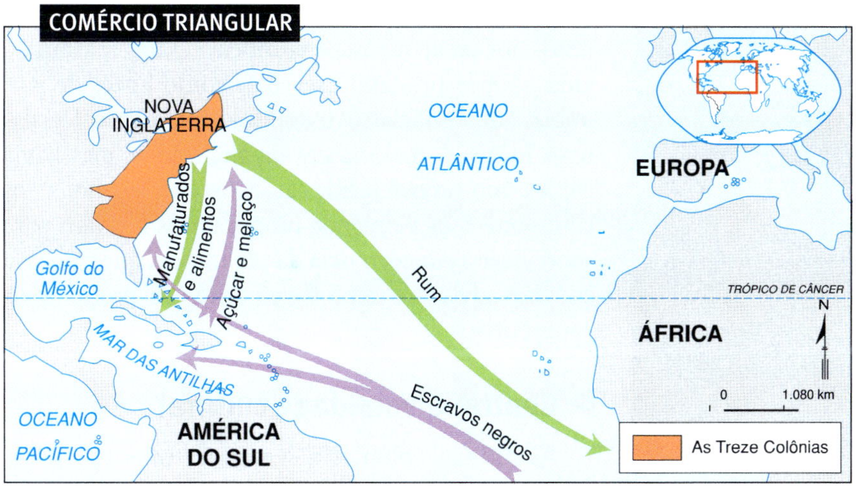

Fonte: DAVIDSON, Basi. *À descoberta do passado de África*. Lisboa: Sá da Costa, 1981.

As perspectivas mercantis

O clima temperado das colônias do norte impediu o cultivo de produtos tropicais de exportação, como ocorreu na América ibérica. Por outro lado, as reentrâncias naturais da costa formavam excelentes portos e favoreciam o comércio marítimo.

Nessas áreas desenvolveu-se uma bem-sucedida indústria naval, que teve importante papel no chamado **comércio triangular**. Esse rico comércio envolvia os colonos da Nova Inglaterra, as Antilhas e a África. Basicamente, os colonos do norte compravam açúcar e melaço produzidos nas Antilhas e transformavam o melaço em rum. O rum tinha mercado fácil na África, para onde era levado nos navios da Nova Inglaterra e trocado por escravos. Os escravos africanos obtidos nessas transações seguiam para as fazendas nas Antilhas, para as colônias do sul e até para o mercado europeu. Após a venda dos escravos nesses mercados, os navios retornavam à Nova Inglaterra com mais melaço e açúcar.

Como o comércio triangular era altamente lucrativo, os navios viajavam sempre carregados de produtos. O comércio, em alguns casos, envolvia também a Europa, para onde eram enviados navios com açúcar antilhano. Na volta, os porões traziam manufaturas para serem vendidas na América.

▷ Sul: monocultura e escravidão

Bem diferentes dos núcleos da Nova Inglaterra, as colônias meridionais (Virgínia, Carolina do Norte, Carolina do Sul, Maryland e Geórgia) ofereceram amplas possibilidades para a economia de exportação nos moldes mercantilistas. O meio geográfico, com planícies extensas cortadas por correntes fluviais navegáveis, clima subtropical e solo fértil, propiciou a implantação do sistema de *plantation*, que consistia em grandes fazendas especializadas no cultivo de tabaco e, posteriormente, de arroz, índigo e algodão. Essa condição assemelhava as colônias do sul às colônias ibéricas.

Durante muitos anos, o fumo foi o principal produto de exportação da economia sulista. O cultivo do tabaco exigiu uma crescente expansão do espaço agrícola e uma abundante mão-de-obra. De início, juntamente com o trabalho familiar, empregou-se a **servidão por contrato**. Em geral, os trabalhadores eram pessoas pobres que tinham sua passagem para a América paga pelo proprietário da terra, em troca da prestação de serviços, sem remuneração, por um certo tempo. Com frequência, o trabalhador comprometia-se a desempenhar atividades na *plantation* por sete a nove anos, re-

A educação na colônia

"A educação formal, de escola, tomou nas colônias uma forma toda especial. A existência de protestantes colaborou para isto. Ora, uma das causas da revolta protestante na Europa era justamente a defesa da livre interpretação da *Bíblia*. Para poder livremente interpretá-la, é necessário que ela seja lida por cada pessoa. [...] Não faltaram várias edições da *Bíblia* em inglês. [...]

A preocupação de que todos aprendessem a ler e escrever está muito mais presente nas colônias inglesas que nas ibéricas. [...]

É importante notar que os documentos sobre educação nas colônias inglesas apresentam um caráter religioso, mas não clerical. As propostas são, na verdade, leigas. A educação será feita por membros da comunidade e paga pela comunidade. [...]

[...] Há a mesma preocupação com o conhecimento das coisas relativas à religião. Do ensino primário ao superior, o conhecimento da *Bíblia* parece ter orientado todo o projeto educacional das colônias inglesas."

KARNAL, Leandro. *Estados Unidos:* da colônia à independência. São Paulo: Contexto, 1996.

RICHARD A. COOKE/CORBIS-LATINSTOCK

No sul dos Estados Unidos, são mantidas tradições que cultuam o estilo de vida e a história da região. Foto de encenação de uma batalha da Guerra Civil, estado da Virgínia, década de 1990.

cebendo no final uma retribuição que, às vezes, incluía um pedaço de terra, em geral de 20 hectares.

Os latifundiários, porém, logo passaram a dar preferência ao trabalho dos africanos escravizados. À medida que o escravismo passava a predominar nas relações de produção, as pequenas e médias propriedades foram sendo absorvidas pelas grandes, devido à falta de recursos para a compra de escravos negros. Essa situação acabou gerando um alto índice de deslocamento, tanto de ex-proprietários de terras como de "servos brancos" que, resgatando suas dívidas com os fazendeiros, viam-se livres para migrar para outras regiões.

Nas colônias do sul, desenvolveu-se uma sociedade marcada pela desigualdade social e étnica. O preconceito racial no sul assumiu dimensões de violência e intolerância extremas, tendo como maior protagonista a sociedade secreta racista Ku Klux Klan, criada no século XIX.

Os ricos fazendeiros construíam palacetes comparáveis aos da aristocracia europeia e participavam da vida pública prestando serviços como juízes de paz, oficiais das milícias e membros dos órgãos legislativos locais. A maioria era de anglicanos, mas havia até mesmo proprietários católicos. Paralelamente, os lavradores e os pequenos proprietários lutavam para sobreviver à concorrência da *plantation*, que utilizava escravos africanos e produzia artigos a preços mais competitivos.

▷ Centro: diversidade cultural

As últimas colônias a surgir na América inglesa foram as centrais, localizadas entre a Nova Inglaterra e as colônias sulistas, numa área na qual já existiam núcleos criados por holandeses, franceses, alemães e suecos. As colônias do centro (Nova York, Nova Jersey, Pensilvânia e Delaware) souberam mesclar o dinamismo da Nova Inglaterra com a tolerância religiosa das terras meridionais.

Assim, nas planícies irrigadas por chuvas abundantes da região central, desenvolveram-se atividades semelhantes às das colônias do norte, tais como a policultura e a criação de gado. Ali também prosperaram a atividade manufatureira e um comércio de âmbito local e regional. Isso fez surgir importantes centros urbanos e, com eles, uma sociedade de características semelhantes às da Nova Inglaterra. No entanto, a sociedade das colônias centrais era mais cosmopolita e tolerante do que a nortista.

O povoamento da área central teve início com a fundação, em 1681, das colônias da Pensilvânia e de Delaware por William Penn. A sede da Pensilvânia era a cidade de Filadélfia, conhecida pelo seu planejamento urbanístico e pelo movimentado comércio marítimo. No século XVIII, antes das lutas pela in-

Vista de Nova Amsterdã, gravura anônima de 1660. Fundada por holandeses no início do século XVII, Nova Amsterdã passou para o domínio inglês em 1664 e passou a se chamar Nova York.

AKG BERLIN/INTERCONTINENTAL PRESS

AKG-LATINSTOCK

Vista da Filadélfia, Pensilvânia, nos Estados Unidos, gravura de 1750.

dependência, a região contava com aproximadamente 30 mil habitantes de credos e línguas diferentes. Na Filadélfia predominavam os *quakers*, seita fundada na Inglaterra por volta de 1640, pacifista e partidária do retorno à espiritualidade do cristianismo primitivo.

O aprendizado do autogoverno

A máquina político-administrativa estabelecida na América inglesa foi responsável por uma relativa autonomia política, em especial nas colônias do norte e do centro. O alto grau de liberdade usufruído pelos colonos se explica principalmente pelo pouco interesse da Coroa inglesa naquelas áreas, mais preocupada com suas possessões coloniais nas Antilhas, grandes produtoras de açúcar. Nos debates sobre os problemas públicos, cívicos, a população ganhou a experiência do **autogoverno**.

A atuação dos colonos nas assembleias deliberativas serviu de degrau para uma crescente participação política, que os levou a assumir quase totalmente o controle das finanças. Cada colônia tinha um governador, que podia ser nomeado pela Coroa, como era costume no sul, ou ser eleito, prática utilizada no norte e no centro. Em cada território havia um Conselho ou Câmara Alta, composto de indivíduos nomeados pelos segmentos mais influentes ou ricos. Em Massachusetts, Connecticut e Rhode Island, porém, os conselheiros eram eleitos. Esse Conselho funcionava como um órgão de apoio ou assessoramento do governador nos assuntos coloniais.

As Câmaras Legislativas ou dos Representantes existiram em toda a América inglesa. Eleitas pelos homens livres ou "gente de bem", donos de terras ou possuidores de determinada renda, eram responsáveis pela elaboração de leis e fixação dos tributos. Na prática, todas as colônias gozavam de grande autonomia, experiência que não ocorreu na América espanhola e na portuguesa. O aprendizado da cidadania no manejo da máquina político-administrativa contribuiu para o desenvolvimento dos sentimentos separatistas que fariam das Treze Colônias uma república independente: os **Estados Unidos da América**.

A colonização francesa nas Américas

Desde o século XVI e, especialmente, no século XVII, os franceses tentavam participar da corrida colonial, dando prioridade à ocupação de territórios americanos de Portugal e da Espanha. Esse projeto, porém, não foi bem-sucedido, e a América francesa ficou restrita a pequenos territórios em meio aos domínios ibéricos. A França teve mais êxito na América do Norte — mas a rivalidade com a Inglaterra colocou em xeque sua soberania sobre um extenso território, que se estendia do Canadá ao Golfo do México.

A participação francesa na corrida colonialista nas Américas teve início em 1555, no Brasil, com a ocupação de um pequeno trecho do litoral fluminense, no qual foi estabelecida a **França Antártica**. A colônia serviu de refúgio para os calvinistas franceses, que estabeleceram boas relações com os nativos. Registro deixado por Jean de Léry, que esteve no Rio de Janeiro em 1557, informa que, se não fosse a preciosa ajuda dos tupinambás, os franceses não conseguiriam carregar um navio de porte médio com toras de pau-brasil em menos de um ano. Afirmava ele:

> "[...] Em troca de algumas roupas, camisas de linho, chapéus, facas, machados, cunha de ferro e demais ferramentas trazidas pelos franceses e outros europeus, (os índios) cortam, serram, racham, atoram e desbastam léguas de distância, por montes e sítios escabrosos até a costa junto aos navios ancorados, onde os marinheiros os recebem. [...]"
>
> LÉRY, Jean de. *Viagem à terra do Brasil.* Belo Horizonte: Itatiaia; São Paulo: Edusp, 1980.

Os franceses e os tupinambás, porém, acabaram vencidos pelos portugueses e seus aliados indígenas. Uma investida francesa em terras do atual Maranhão, entre 1612 e 1615, também foi derrotada.

A ocupação efetiva de parte da América pela França só ocorreu no século XVII, nos moldes de um projeto mercantilista. Na América Latina, foram ocupadas parte das Guianas e das Antilhas — algumas dessas áreas até hoje fazem parte dos territórios franceses ultramarinos. Nas duas regiões, a colonização foi incentivada com o cultivo da cana-de-açúcar e do aproveitamento de plantas nativas, como mandioca e tabaco. A produção de gêneros tropicais favoreceu o desenvolvimento de uma economia de *plantation*, com o uso da mão-de-obra escrava.

Na América do Norte, o ponto de partida foi a fixação francesa no Quebec (Canadá), no início do século XVII. Na década de 1680, os franceses também ocupavam os vastos territórios da Louisiana, junto ao Golfo do México. Ali foi fundada, trinta anos depois, junto ao Mississípi, a cidade de Nova Orleans, até hoje a "metrópole francesa" dos Estados Unidos. Entre o Canadá francês e a Louisiana estendiam-se as pradarias do centro do continente, percorridas por caçadores e mercadores de peles franceses.

A França não empreendeu uma colonização efetiva como aconteceu na América inglesa. Como a metrópole se recusava a assumir as despesas da colonização, o projeto foi impulsionado pela iniciativa privada, por meio de companhias de comércio. Em muitas áreas os franceses se dedicaram à caça, à pesca e à extração de madeiras, atividades nômades ou seminômades, que favoreciam a dispersão dos colonos.

A América francesa recebeu um sério golpe com a Guerra dos Sete Anos (1756-1763), travada entre duas coalizões europeias lideradas respectivamente pela França e pela Inglaterra. Em 1759, os britânicos conquistaram Quebec. Em 1763, com o fim do conflito, as duas nações assinaram o **Tratado de Paris**, que determinou a entrega do Canadá e de parte das Antilhas francesas à Coroa inglesa.

BRIDGEMAN ART LIBRARY, LONDRES/KEYSTONE

Morte do general James Wolfe nos braços de seus companheiros militares e de um índio iroquoi, grupo aliado aos britânicos, após vencer a batalha que derrotou os franceses na tomada de Quebec em 1759. Tela de Benjamin West, cerca de 1771.

O tratado ainda estabeleceu que a região a leste do Rio Mississípi passaria a fazer parte do império colonial inglês e que a Louisiana seria entregue aos espanhóis — uma forma de compensação à Coroa espanhola, que havia perdido a Flórida para os ingleses. Em 1800, a Louisiana foi devolvida à França, que a vendeu aos Estados Unidos três anos depois.

Fonte: *Atlas histórico escolar*. Rio de Janeiro: FAE, 1978.

TEXTO COMPLEMENTAR

Paris tupinambá

"Índios brasileiros foram uma grande atração na França do século XVII. Em concorridas cerimônias, vestidos à moda europeia, receberam nomes cristãos e tiveram de prestar reverência ao rei.

O antropólogo francês Pierre Verger registrou, em 1947, a presença de São Luís, rei de França, numa *Casa dos Nagôs* de São Luís do Maranhão, onde se praticava o culto dos orixás nagô-iorubás. [...]

A sobrevivência da representação de São Luís – monarca francês do século XIII, cultuado como protetor da França – ganha sentido se relembrada a história da França Equinocial, a colônia francesa fundada em 1612 no Maranhão. Esse episódio só durou quatro anos, mas da experiência resultaram várias publicações importantes, entre elas a *História da missão dos padres capuchinhos à ilha do Maranhão...*, de 1614. O autor, padre Claude d'Abbeville, faz aí uma descrição completa da viagem que fez do Maranhão à França, fazendo-se acompanhar do senhor de Razilly, lugar-tenente do rei de França no Maranhão, e de seis 'embaixadores' tupinambás, que protagonizaram um curioso espetáculo em Paris: foram batizados, instados a trocar as plumas tribais por roupas europeias e a reverenciar o rei Luís XIII. [...]

Segundo Claude d'Abbeville, [...] a devoção coletiva era considerada fenômeno político importante, numa perspectiva mais ampla de constituição de uma comunidade católica universal que unisse a ilha de *Maragnan* ao reino de França. [...]

A imagem do índio bom, conversível e civilizável é amplamente divulgada após os eventos de Paris. A obra dos capuchinhos franceses no Maranhão faz parte, na verdade, de um empreendimento muito mais ambicioso, que é a difusão universal dos modos de ser, de fazer, de ver e de pensar europeus, que se inicia a partir do século XVI. Os índios são ocidentalizados, convertidos a uma mesma religião – o catolicismo –, e aprendem as regras da civilidade e da escrita alfabética. Trata-se de uma uniformização das práticas de europeus e de índios americanos que, uma vez ocidentalizados, têm os próprios costumes aniquilados. Foi desse modo que os tupinambás foram exibidos em espetáculo de conversão à religião e à civilização dos franceses, 'transplantados' da nova França Equinocial para a velha França, como escreveu o próprio Claude d'Abbeville, no momento em que chegou a Paris: 'Estávamos ansiosos por mostrar aos franceses o fruto de nossa missão e os primeiros transplantes da nova colônia'."

DAHER, Andréa. Revista *Nossa História*. São Paulo: Vera Cruz; Rio de Janeiro: Biblioteca Nacional. Ano 1, n. 9, jul. 2004.

COLEÇÃO JOSÉ MINDLIN

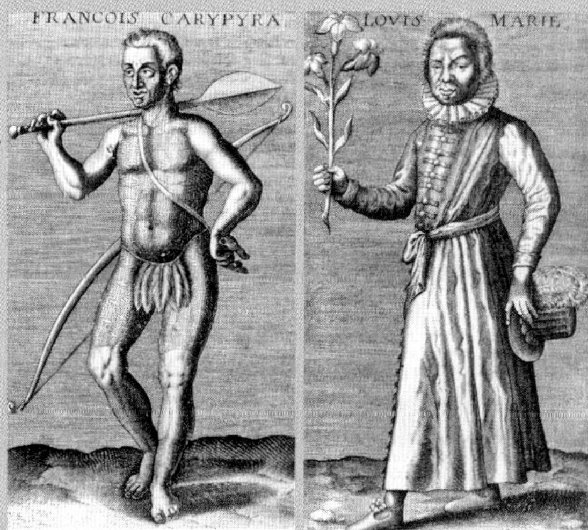

Dos seis índios levados à França, três morreram durante a viagem. As xilogravuras que ilustram o livro do frei Claude d'Abbevile representam o processo de aculturação dos indígenas.

Compreendendo o texto

1. De acordo com o que foi descrito no texto, pode-se afirmar que a presença francesa deixou marcas culturais na sociedade maranhense? Justifique.

2. Explique o significado político e cultural da viagem dos indígenas à França.

3. Identifique no texto elementos que demonstrem o sincretismo religioso entre o cristianismo e crenças de origem africana.

4. Realize uma breve pesquisa sobre Pierre Verger e a importância de seu trabalho.

ATIVIDADES

Explorando o conhecimento

1 Sobre a colonização inglesa na América do Norte:

a) relacione o processo de conquista e colonização com a Reforma Protestante na Inglaterra.

b) compare o tipo de colonização que se desenvolveu nas colônias inglesas do sul com a que se desenvolveu no norte e no centro, destacando os fatores que explicam essa diferença.

2 Observe o esquema e responda ao que se pede.

O COMÉRCIO TRIANGULAR

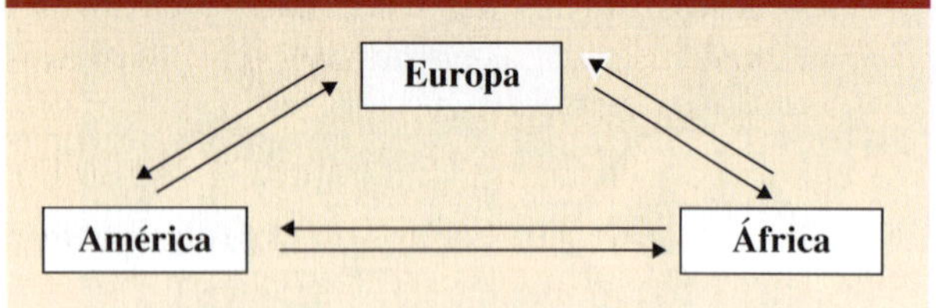

Fonte: NARO, Nancy P. *A formação dos Estados Unidos*. São Paulo: Atual; Campinas: Unicamp, 1986.

a) Cite os produtos envolvidos nas trocas comerciais entre Europa, África e América e as regiões de onde provinham os comerciantes que as realizavam.

b) Explique de que forma esse comércio promoveu o enriquecimento de Estados europeus e das colônias do norte da América inglesa.

3 Caracterize a estrutura político-administrativa das Treze Colônias inglesas, diferenciando-a do tipo de administração que se desenvolveu na América espanhola.

4 Caracterize a estrutura colonial implantada pelos franceses na América.

A história e o tempo presente

5 Leia o texto e responda às questões a seguir.

Discriminação

"[...] Para o professor do Departamento de Estudos Afro-americanos da Universidade de Harvard, nos EUA, o filósofo negro Kwame Anthony Appiah, o racismo é 'o pecado original' dos EUA. Filho de pai ganense e mãe britânica, Appiah nasceu no Reino Unido, cresceu em Gana e é naturalizado americano. Segundo Appiah, 'o princípio de tudo é a escravidão. Os negros foram trazidos como escravos e, depois da abolição, foram mantidos em um sistema de subordinação. Quando se pergunta se um país é racista, é preciso lembrar duas coisas: uma é o racismo nas instituições públicas; outra é perguntar se os cidadãos de um país são racistas. Claramente, há racismo individual e ainda é verdade que algumas instituições públicas tratam as pessoas desigualmente até hoje. [...]

A discriminação não é só entre brancos e negros, mas também, por exemplo, contra hispânicos. A divisão fundamental de raça nos EUA era a questão branco–negro. Há outros grupos que permanecem substancialmente discriminados, como chineses, indianos e vietnamitas. Há, claro, algum antissemitismo individual. Estou novamente distinguindo o fato de que há atitudes individuais e uma prática, ainda que não oficial, das instituições. O tratamento diferenciado é considerado ilegal, mas há um nível de hostilidade racial sob a superfície da vida cotidiana'."

ESCÓCIA, Fernanda. Política externa agrava xenofobia. *Folha Online*, 16 set. 2001. Disponível em <www1.folha.uol.com.br>. Acesso em mar. 2007.

a) Por que, segundo o autor, o "racismo é o pecado original dos Estados Unidos"?

b) Explique a seguinte afirmação: "[...] há um nível de hostilidade racial sob a superfície da vida cotidiana".

c) Tal como nos Estados Unidos, no Brasil também se utilizou a mão-de-obra escrava africana. Na sua opinião, no Brasil, a relação entre brancos e negros é diferente daquela estabelecida nos Estados Unidos? Justifique sua resposta.

6 Leia o texto e responda.

"[...] A questão da unidade da nação é tão importante quanto qualquer outro problema enfrentado atualmente pelos americanos. Os Estados Unidos, afinal de contas, já passaram pela experiência de uma Guerra Civil cujos custos em derramamento de sangue jamais foram esquecidos [...]."

WOLFE, Alan. Disponível em <www.usinfo.state.gov>. Acesso em mar. 2007.

a) Relacione a afirmativa do cientista político Alan Wolfe ao processo de colonização dos Estados Unidos.

b) Na sua opinião, no Brasil existem diferenças regionais profundas? Justifique sua resposta com pelo menos três exemplos.

Vestibular / ENEM

1 (UFF-RJ) A colonização inglesa nas Treze Colônias da América, estruturada durante os séculos XVII e XVIII, apresentou características distintas nas regiões norte e sul. Na região norte, destacamos a(o):

a) utilização da mão-de-obra escrava africana.

b) produção exclusiva para o mercado externo.

c) proteção às culturas agrícolas do tabaco e do algodão.

d) desenvolvimento da grande propriedade agrária.

e) fortalecimento da economia mercantil e manufatureira.

2 (UFMG) Todas as alternativas apresentam fatores relacionados com a colonização inglesa na América do Norte, exceto:

a) A criação do anglicanismo como religião oficial da Inglaterra no século XVII.

b) A violenta perseguição religiosa desencadeada contra os católicos e protestantes ingleses.

c) O impulso dado ao mercantilismo pelo fortalecimento do absolutismo inglês durante o reinado de Elizabeth I.

d) O poder crescente dos puritanos e calvinistas durante a dinastia Stuart no século XVII.

3 (Fuvest-SP) Compare os sistemas de colonização adotados na América por Espanha e Inglaterra.

4 (Fuvest-SP) Sobre a colonização inglesa na América do Norte,

a) estabeleça sua conexão com os desdobramentos da Reforma Protestante na Inglaterra.

b) explique por que na região sul se originou uma organização socioeconômica diferente da do norte.

5 (Unicamp-SP) Nas leis da Nova Inglaterra encontramos o germe e o desenvolvimento da independência local. Na América pode-se dizer que o município foi organizado antes da comarca, a comarca antes do estado e o estado antes da União.

Alexis de Tocqueville.

a) Cite duas características da colonização da Nova Inglaterra.

b) A partir do texto, explique por que a Constituição dos Estados Unidos estabelece o sistema federativo.

Ampliando o conhecimento

Leitura

KARNAL, Leandro. *Estados Unidos:* a formação da nação. São Paulo: Contexto, 2001.

Esta obra analisa o surgimento e o crescimento dos Estados Unidos desde o período colonial até os conflitos finais com a metrópole britânica, que resultaram na independência.

Filmes

As bruxas de Salém

Direção de Nicholas Hytner. Estados Unidos, 1996. 123 min.

Na Nova Inglaterra do século XVII, um grupo de jovens é acusado de bruxaria. Uma rede de intrigas e uma onda de histeria coletiva se instauram, levando à formação de um tribunal religioso e ao enforcamento dos acusados.

O novo mundo

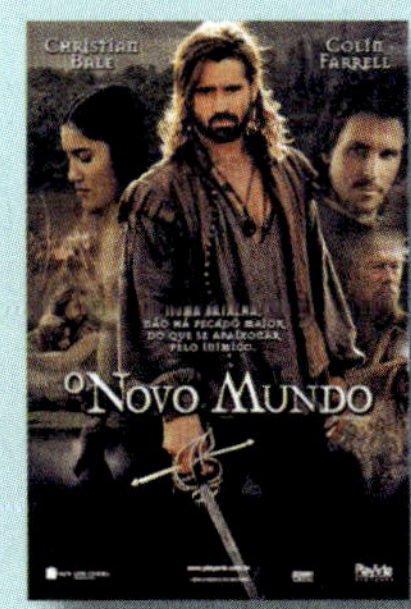

REPRODUÇÃO

Direção de Terrence Malick.

135 min. Estados Unidos, 2005.

No início do século XVII, exploradores ingleses chegam à costa do atual Estados Unidos, onde fundam a vila de Jamestown. John Smith, um dos navegadores, se apaixona por uma índia chamada Pocahontas.

É uma casa portuguesa, com certeza!

Os irmãos pedintes, *litografia de Jean-Baptiste Debret. Século XIX.*

Capítulos da Unidade 4

UNIDADE 4

- Analise cuidadosamente a figura e descreva os vários elementos que a compõem.
- É possível encontrar atualmente a cena representada na imagem? Justifique.
- Se você adaptar a cena representada ao que ocorre nos dias de hoje, que outros elementos sociais você inseriria?
- Passados cerca de 120 anos da decretação da abolição da escravatura no Brasil, como você justificaria o texto e a campanha da Pastoral da Terra? É possível afirmar que o que lemos no texto é fruto da herança colonial que carregamos até hoje?

"A prática do trabalho escravo em nosso país tem aumentado assustadoramente nos últimos anos. Em vários estados como Pará, Maranhão, Mato Grosso, Minas Gerais e outros, a escravidão se dá nas lavouras de algodão, cana-de-açúcar, frutas cítricas e ainda nas carvoarias, desmatamento etc. Os trabalhadores submetidos à escravidão nos nossos dias, na maioria, vivem em extrema pobreza e, por causa disso, arriscam a sorte acreditando em promessas de 'gatos' e fazendeiros, na esperança de ganhar algum dinheiro para continuar sobrevivendo. No ano de 1995 a Comissão Pastoral da Terra registrou denúncia de mais de 26.000 vítimas de trabalho escravo no país, enquanto em 1991 a mesma entidade totalizou denúncias de 4.883 vítimas."

Texto retirado da Cartilha de Orientação da Comissão Pastoral da Terra, publicado em 19 nov. 2003, para a campanha permanente *"Olho Aberto" para não virar escravo.*

Disponível em <www.cptnac.com.br>. Acesso em jul. 2006.

Capítulo 20

Organização político--administrativa na América portuguesa

Os direitos da Coroa

"[...] O rei delimitou as vantagens da colonização, reservando para si o dízimo das colheitas e do pescado, o monopólio do comércio do pau-brasil, das especiarias e das drogas, o quinto das pedras e metais preciosos. O governo português não punha no negócio o seu capital, ao tempo escasso e comprometido em outras aventuras. Servia-se dos particulares — nobres e ricos, com suas clientelas e parentes sem cabedal acenando-lhe com a opulência e o lucro fácil, móveis de ação tipicamente capitalistas [...]."

FAORO, Raymundo. *Os donos do poder*: formação do patronato político brasileiro. v. 1 São Paulo: Globo; Publifolha, 2000.

MUSEU MARIANI PROCÓPIO, JUIZ DE FORA, MG

Gravura da cidade de Salvador, cerca de 1624. Salvador foi a primeira capital da América portuguesa.

O império português e o papel do Brasil

No início do ano de 1500, uma grande esquadra comandada por Pedro Álvares Cabral saiu de Portugal em direção ao Oriente a fim de aumentar os contatos comerciais com as Índias, nome genérico com que os europeus se referiam a toda a região do Oriente. Além disso, tinham a intenção de confirmar as vantagens obtidas com a assinatura do **Tratado de Tordesilhas**.

Quando Cabral e sua esquadra aportaram em Porto Seguro, no litoral da terra que ele nomeou de Ilha de Vera Cruz e, depois, Terra de Santa Cruz, os portugueses já dispunham de uma larga experiência em conquista e colonizaçao. Primeiro, eles ocuparam trechos estratégicos do litoral da África e da Ásia, que poderiam servir de pontos de apoio na expansão do comércio de ouro e especiarias. Mais tarde, criaram áreas de ocupação colonial efetiva como, por exemplo, as ilhas da Madeira e dos Açores.

O poderio naval do Estado português possibilitou aos lusitanos conquistar e controlar, entre os séculos XV e XVI, as rotas mercantis do Oriente, região estratégica para o abastecimento do comércio europeu. Tal fato acabou contribuindo para que o comércio se transformasse numa atividade mundial. Nesse contexto, a colônia portuguesa foi desprezada, pelo governo português, em função dos lucros adquiridos com o comércio das especiarias. Durante as três primeiras décadas do século XVI, o Brasil praticamente serviu ao reino português apenas como local de abastecimento para os navios que seguiam para as Índias, como fizera a frota de Cabral. Na verdade, a chegada dos portugueses à América não provocou o mesmo entusiasmo da viagem de Vasco da Gama às Índias, rica em especiarias e artefatos de luxo. Aparentemente, nada disso existia na *terra brasilis*.

Em compensação, alguns países europeus prestes a iniciar sua expansão ultramarina reagiram às determinações do Tratado de Tordesilhas, que dividia o mundo entre portugueses e espanhóis. Os franceses, em especial, iniciaram incursões à costa da colônia, questionando o domínio luso sobre terras que permaneciam desocupadas. A justificativa jurídica de seu questionamento e de suas ações era o chamado *uti possidetis*, ou seja, o direito de posse dependia da sua ocupação e exploração.

Os portugueses, estimulados pela necessidade de garantir a posse do território, eliminar a concorrência francesa, explorar geograficamente a região e pesquisar o litoral em busca de riquezas a serem aproveitadas, organizaram e enviaram as primeiras expedições para a colônia.

Tratado de Tordesilhas

Foi assinado em 1494 entre os reinos de Portugal e Espanha. Esse acordo, mediado pelo papa e de caráter internacional, dividiu as terras descobertas ou por descobrir entre os dois países, através de um meridiano situado 370 léguas (cerca de 2.500 quilômetros) a oeste das ilhas de Cabo Verde. As terras a leste dessa linha ficaram sob a jurisdição dos portugueses, enquanto as do oeste ficaram sob jurisdição espanhola.

Fonte: *Atlas histórico escolar*. Rio de Janeiro: FAE, 1991. p. 14.

O pioneirismo português

"[...] Qualquer explanação sobre o papel histórico de Portugal nas Américas deve começar pelo vínculo entre a Coroa e a exploração ultramarina. [...] Tal sucesso foi possibilitado por uma combinação de fatores: consolidação precoce da monarquia, uma estrutura social que dava importância ao comércio, combinado à liderança em tecnologia náutica, um envolvimento de longo prazo em redes comerciais oceânicas, um instinto por comércio em vez de colonização e uma sede coletiva de aventura. [...]"

SKIDMORE, Thomas E. *Uma história do Brasil.* Rio de Janeiro: Paz e Terra, 1998.

▷ *Caesalpinia echinata*: o pau-brasil

O primeiro empreendimento de exploração econômica ao qual se dedicaram os portugueses foi a extração do **pau-brasil** (*Caesalpinia echinata*), encontrado numa larga faixa litorânea que se estendia dos atuais estados do Rio Grande do Norte ao Rio de Janeiro. As propriedades dessa madeira faziam dela um valioso produto comercial. Da sua casca extraía-se um corante vermelho que servia para tingir tecidos e fabricar tinta de escrever. Além disso, sua grande durabilidade tornava-a muito apreciada na construção de móveis e navios.

A extração do pau-brasil era feita mediante uma concessão da Coroa a particulares. Os contratantes recebiam o monopólio da extração. Em contrapartida, obrigavam-se a implantar o sistema de **feitorias** — armazéns fortificados onde era guardada a madeira a ser transportada para a metrópole. Além disso, a cada ano de contrato, deveriam enviar pelo menos seis navios a fim de explorar trezentas léguas (cerca de 2 mil quilômetros) do litoral.

O **escambo** foi a maneira utilizada para assegurar o trabalho indígena na extração do pau-brasil. Em troca de miçangas, tecidos e roupas, canivetes, facas e outros objetos, os nativos derrubavam as árvores, obtinham as toras e as armazenavam nas feitorias. Esse sistema viabilizou a exploração da madeira dentro dos interesses mercantis.

Entre 1503 e 1505, o monopólio de exploração do pau-brasil, concedido pela Coroa, esteve nas mãos de Fernando de Noronha e de seus consorciados. Nesse período, sob o patrocínio do governo português, foram realizadas as expedições exploradoras de Cristóvão Jacques, Fernão de Magalhães, Diogo Garcia e Sebastião Caboto para reconhecimento do litoral.

Cabe destacar que, nesse período inicial, algumas dezenas de europeus já conviviam com os nativos. Eram degredados (exilados) abandonados nas praias, marinheiros desertores e mesmo náufragos. Esses homens serviram normalmente como tradutores nos contatos dos europeus com os nativos.

▷ A criação das capitanias hereditárias

As expedições enviadas pela Coroa, no entanto, demonstraram ser incapazes de repelir a constante presença de corsários franceses na costa brasileira, que vinham principalmente contrabandear o pau-brasil. Diante da ameaça externa, a Coroa decidiu iniciar efetivamente a colonização das terras americanas, enviando para cá, em 1530, a expedição de Martim Afonso de Sousa. O enviado do rei estava encarregado de proteger a costa da colônia, fundar vilas e fortificações no litoral e iniciar o cultivo de cana-de-açúcar no território, atividade que faria da colônia uma área geradora de muitos lucros para a metrópole.

Em 1532, Martim Afonso fundou o primeiro núcleo colonial, a vila de São Vicente, no litoral do atual estado de São Paulo. Lá também implantou o cultivo de cana-de-açúcar e mandou construir o primeiro engenho nas terras brasileiras, lançando as bases da agroindústria açucareira na América portuguesa.

Dois anos depois, em 1534, seguindo o princípio de transferir para terceiros as despesas com a coloni-

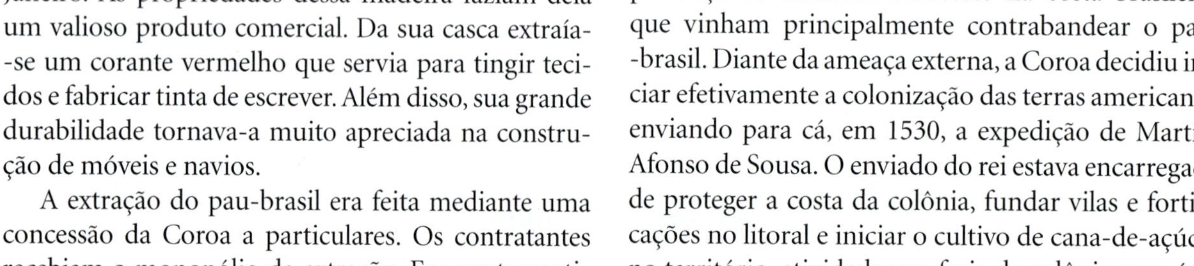
MUSÉES DEPARTAMENTAUX DE LA SEINE-MARITIME, ROUEN, FRANÇA

Utilização de mão-de-obra indígena na exploração de pau-brasil representada em uma obra entalhada em carvalho. Corte e transporte do pau-brasil, *autor anônimo francês, 1530.*

CAPITANIAS HEREDITÁRIAS

Fonte: *Atlas histórico escolar*. Rio de Janeiro: FAE, 1991. p. 16.

zação do Brasil, a Coroa instituiu o sistema de **capitanias hereditárias**. Pelo sistema, as terras que cabiam a Portugal pelo Tratado de Tordesilhas foram divididas em lotes e entregues aos **capitães donatários**.

Os capitães donatários formavam um grupo heterogêneo, composto de gente da pequena nobreza, burocratas e comerciantes ligados à Coroa. Recebiam a capitania pela **Carta de Doação**, um documento que lhes concedia a posse da terra. Como não tinham a propriedade plena desse bem patrimonial, mas apenas a concessão, não podiam vender nem doar a capitania. Esse direito cabia exclusivamente ao rei de Portugal.

Os direitos e deveres dos capitães donatários constavam de um documento denominado **Foral**. No tocante à administração, gozavam do direito de fundar vilas e doar **sesmarias** (lotes de terra não cultivados), além de exercerem o monopólio da justiça e o comando militar. No setor econômico, cabia-lhes o domínio das moendas de água, dos engenhos de açúcar e das marinhas de sal; também podiam, anualmente, escravizar e mandar vender em Portugal 24 "peças", ou seja, índios apresados; ficavam com a vintena (a vigésima parte) do valor da exploração do pau-brasil, a metade do dízimo do pescado, a redízima (um centésimo) das rendas da Coroa, o dízimo dos metais preciosos e, ainda, com os direitos de passagem em rios, portos e "outras águas".

Os objetivos pretendidos com a criação das capitanias hereditárias não se consolidaram totalmente. A falta de recursos financeiros, a inexperiência de alguns donatários, o precário sistema de transporte e comunicação e o relacionamento hostil entre portugueses e indígenas levaram ao fracasso a quase totalidade das capitanias. As exceções foram Pernambuco e São Vicente, que prosperaram graças à implantação da agroindústria do açúcar.

▷ O governo-geral

A estrutura política consolidada na colônia a partir da instituição das capitanias hereditárias divergia do modelo metropolitano. Enquanto em Portugal o poder era centralizado, na colônia os donatários gozavam de relativa autonomia político-administrativa. Esse qua-

Ordenações reais

"Eu, el-rei, faço saber a vós, Tomé de Sousa, fidalgo de minha Casa, que vendo quanto serviço de Deus e meu é conservar e enobrecer as capitanias e povoações das Terras do Brasil [...], ordenei ora de mandar nas ditas terras fazer uma fortaleza e povoação grande e forte, em um lugar conveniente, para daí se dar favor e ajuda às outras povoações [...]; e por ser informado que a Bahia de Todos os Santos é o lugar mais conveniente da costa do Brasil [...], que na dita Bahia se faça a dita povoação e assento, e para isso vá uma armada com gente, artilharia, [...] e tudo o mais que for necessário. E pela muita confiança que tenho em vós [...] hei por bem de vos enviar por governador às ditas terras do Brasil [...]."

BONAVIDES, Roberto e AMARAL, Paulo. Regimento de Tomé de Sousa, 17 de dezembro de 1548. In: *Textos políticos da história do Brasil*. Brasília: Senado Federal; Subsecretaria de Edições Técnicas, 1966.

Tomé de Sousa, *pintura de Manoel Victor Filho, século XIX.*

dro mudaria a partir de 1548, com o estabelecimento do **governo-geral** — um esforço centralizador na administração colonial. De fato, as atribuições estabelecidas pela Coroa portuguesa para o primeiro governador-geral, expressas num documento régio denominado **Regimento**, conferiam-lhe plenos poderes.

Com vistas ao assentamento definitivo dos colonos, os governadores incentivaram a implantação de engenhos, promoveram o aglutinamento dos índios junto aos povoados e vilas, estabeleceram feiras regulares, combateram o comércio ilegal de pau-brasil e organizaram e garantiram as rendas da Coroa. Para assessorá-los no desempenho dessas atribuições, foram criados alguns cargos político-administrativos. Os mais importantes foram os de ouvidor-mor, responsável pela Justiça; provedor-mor, que supervisionava as finanças e a arrecadação de impostos; e o de capitão-mor, que cuidava da defesa da colônia.

As detalhadas instruções do Regimento sobre assuntos fiscais e estímulos econômicos a serem concedidos aos portugueses estabelecidos no Brasil tinham por objetivo reforçar a presença da Coroa na colonização, no intuito de garantir o máximo rendimento das atividades econômicas capazes de engordar os cofres públicos metropolitanos. A outra face da moeda foi a busca, por parte de indivíduos ou grupos, de favores especiais para contornar o aparato do Estado. Desse modo, o modelo implantado acabou consolidando o **clientelismo**, prática comum até hoje na política brasileira.

Entre 1572 e 1578, a América portuguesa viveu uma situação político-administrativa peculiar: tentando tornar a administração mais eficiente, o rei D. Sebastião instituiu na colônia dois governos-gerais. Um governo foi estabelecido ao norte, tendo como sede Salvador, e outro ao sul, no Rio de Janeiro. Mas os resultados insatisfatórios levaram a metrópole a restabelecer a antiga ordem. Em 1578, a administração foi reunificada, tendo como sede a cidade de Salvador.

Em 1621, surgiu uma nova divisão político-administrativa, bem mais duradoura: a criação do Estado do Brasil, que se estendia do Rio Grande do Norte às terras meridionais, e do Estado do Maranhão, que englobava parte do Pará e os atuais estados do Maranhão, Piauí e Ceará. Suas respectivas sedes administrativas eram Salvador e São Luís. O objetivo da Coroa ao criar o Estado do Maranhão era consolidar o controle da região, ameaçado pelos franceses. O Maranhão permaneceu separado da unidade colonial até 1774, respondendo diretamente a Lisboa.

As capitanias, por sua vez, continuaram a existir até o século XVIII. A última a ser extinta, a de São Vicente, desapareceu em 1759. Durante todo esse tempo, os direitos dos donatários foram cada vez mais limitados pelos governadores-gerais, interessados em consolidar sua autoridade.

Clientelismo

"Prática eleitoreira de certos políticos que consiste em privilegiar uma clientela (conjunto de indivíduos dependentes) em troca de seus votos; troca de favores entre quem detém o poder e quem vota."

HOUAISS, A. *Dicionário Houaiss da língua portuguesa*. São Paulo: Objetiva, 2004.

HAROLDO PALO JR./KINO

Ruína de igreja jesuíta e pelourinho, na cidade de Alcântara, no estado do Maranhão. Essa cidade foi o principal ponto de apoio dos portugueses para expulsar os franceses que fundaram a cidade de São Luís no século XVII.

▷ Sob a égide do espírito missionário

A face missionária da conquista

"[...] Entre os semeadores do Evangelho há alguns que saem a semear, há outros que semeiam sem sair. Os que saem a semear são os que vão pregar à Índia, à China, ao Japão; os que semeiam sem sair são os que se contentam com pregar na Pátria. Todos terão sua razão, mas tudo tem sua conta. [...]"

VIEIRA, Antônio. *Sermões*. 12. ed. Rio de Janeiro: Agir, 1995.

MARCELO CARAVANA/AG. O GLOBO

O primeiro grande evento ocorrido nas terras portuguesas na América foi uma missa, em 26 de abril de 1500, demonstrando o papel central da Igreja no processo de colonização. Quinhentos anos depois, comemorou-se o "descobrimento do Brasil" com uma nova missa. Coroa Vermelha (BA), 26 de março de 2000.

Num trecho do Regimento de Tomé de Sousa, o rei D. João III afirmava que "a principal coisa que me moveu a mandar povoar as ditas terras do Brasil foi para que a gente delas se convertesse à nossa Santa Fé católica [...]". Esse sentimento era muito forte: num período no qual a religião assumia uma importância crucial para a vida, os portugueses acreditaram realmente em seu papel missionário. Nas palavras do padre jesuíta Antônio Vieira, os lusos saíam a semear, indo "pregar à Índia, à China, ao Japão" — e ao Brasil. Desse modo, a cristianização interligou-se às necessidades do desenvolvimento mercantil e aos interesses políticos, assumindo uma importância decisiva no projeto português para o Novo Mundo.

A religião forneceu a base ideológica da conquista e da colonização da América e, além disso, encobriu, com subterfúgios, as atrocidades cometidas em nome da fé. Portanto, a colonização foi motivada por questões materiais e políticas e pelo discurso universalista da Igreja, de conversão e sujeição dos povos nativos.

A catequese e a legitimação da conquista

"[...] a religião (por meio da catequese do gentio) aparece desde o início como o discurso legitimador da expansão que era vista, assim, como 'conquista espiritual'; é junto ao papado que os reinos ibéricos, pioneiros da colonização e expansão, buscam autoridade para dirimir as disputas pela partilha dos mundos a descobrir; e, a partir daí, a legitimação da conquista pela catequese. [...]"

NOVAIS, Fernando. Condições da privacidade na colônia. In: SOUZA, Laura de Mello e. *História da vida privada no Brasil:* cotidiano e vida privada na América portuguesa. São Paulo: Companhia das Letras, 1997.

▸ Os "homens bons" das Câmaras Municipais

A partir da fundação da vila de São Vicente, os núcleos de povoamento pontilharam o território brasileiro. Deles surgiram vilas e cidades que se transformaram em bases da administração metropolitana, bem como do poder da elite colonial.

O modelo municipal português implantado nas vilas e cidades coloniais ocasionou a criação de diversos órgãos político-administrativos. Destes, o mais significativo foi a **Câmara Municipal**, que representava teoricamente os interesses da população local. Entretanto, como estava subordinada ao governador, muitas vezes acabou se transforman-

"[...] A Coroa via com frequência suas ordens canceladas ou ignoradas, o que era provavelmente inevitável dado o tamanho da colônia e os escassos recursos disponíveis a ela. Embora tendo jurado lealdade à Coroa, [...] administradores com frequência usavam sua própria autoridade para enriquecer a si e a sua família. O contrabando, por exemplo, predominava, em especial nas fronteiras do Norte e do Sul, subtraindo à Coroa ganhos valiosos. [...]"

SKIDMORE, Thomas E. *Uma história do Brasil.* Rio de Janeiro: Paz e Terra, 1998.

do num agente cumpridor de suas deliberações. A subordinação da Câmara Municipal a uma instância superior não impossibilitou o clientelismo e a corrupção. Pelo contrário: enquanto, de um lado, a elite colonial obtinha favores do Estado, de outro, vários administradores portugueses usavam seu poder para aumentar suas riquezas particulares.

Dentre as funções habituais das Câmaras Municipais nas esferas política, social e econômica destacavam-se: a administração municipal; a regulamentação das feiras e dos mercados; a execução de obras públicas, como estradas e pontes; a construção de edifícios; a conservação de ruas, a limpeza urbana e a arborização; a regulamentação dos ofícios e do comércio local. A renda utilizada para gerir os negócios públicos provinha do patrimônio municipal (em geral resultante do aluguel de prédios ou do arrendamento de pastos) e dos impostos arrecadados à população.

Podiam fazer parte das Câmaras os homens nascidos na comunidade local. Mas, para votar e ser votado, era necessário ser "qualificado", isto é, ser "homem bom", aquele que não estava ligado a nenhuma atividade manual. Dessa forma, o voto ficou restrito aos proprietários de terras e de escravos, com a exclusão, durante muito tempo, dos comerciantes, camponeses e artesãos.

Se dependesse apenas da vontade de Lisboa, as restrições seriam ainda maiores, descartando os mulatos. Leia o texto a seguir, referente à Capitania de Minas Gerais no século XVIII.

"[...] ponderando-se o acharem-se hoje as Vilas dessa Capitania tão numerosas como se acham, e que sendo uma grande parte das famílias dos seus moradores de limpo nascimento, era justo que somente as pessoas que tiverem esta qualidade andassem na governança delas, porque se a falta de pessoas capazes fez a princípio necessária a tolerância de admitir os mulatos aos exercícios daqueles ofícios, hoje, que tem cessado esta razão, se faz indecoroso que eles sejam ocupados por pessoas em que haja semelhante defeito [...]."

Ordem régia, 27 de janeiro de 1726.

Deve-se dizer que a Câmara de Vila Rica resistiu às pressões, sustentando que a presença dos mulatos era importante para o governo local.

MARCOS PERON/KINO

As Câmaras Municipais correspondem ao Poder Legislativo do município. Na foto, de 2005, Casa da Câmara e cadeia em estilo colonial, obra concluída em 1798, no município de Mariana, Minas Gerais.

TEXTO COMPLEMENTAR

A primeira missa

No dia 26 de abril de 1500 foi celebrada a primeira missa no Brasil. Observe como o escrivão da armada de Cabral descreveu o solene acontecimento.

"No domingo [...], pela manhã, determinou o Capitão de ouvir missa e pregação naquele ilhéu [pequena ilha]. Mandou a todos os capitães que se arranjassem nos batéis e o acompanhassem. E assim foi feito.

Naquele ilhéu, mandou armar um pavilhão e, dentro dele, um altar muito bem preparado. E ali, na presença de todos, mandou rezar missa, a qual foi rezada pelo padre Henrique, em voz entoada, e acompanhada com aquela mesma voz pelos outros padres e sacerdotes. A missa, segundo meu parecer, foi ouvida por todos com muito prazer e devoção.

O Capitão estava com a bandeira da Ordem de Cristo, com a qual saiu de Belém. Ela esteve sempre levantada, da parte do Evangelho.

Acabada a missa, desvestiu-se o padre e subiu a uma cadeira alta, enquanto nós nos espalhamos pelo areal. E pregou ele uma solene e proveitosa pregação da história do Evangelho, ao fim da qual tratou da nossa vinda e do achamento desta terra, lembrando-nos da Cruz, sob cuja obediência viemos. Essas palavras vieram bem a propósito e provocaram muita devoção.

Enquanto assistíamos à missa e à pregação, folgava na praia um grupo de gente [...] com seus arcos e setas. E olhando-nos, sentaram-se. Depois de acabada a missa, quando estávamos sentados ouvindo a pregação, muitos deles levantaram-se e começaram a tocar corno ou buzina, saltando e dançando por um bom tempo. Alguns deles se metiam em jangadas — duas ou três que lá tinham — as quais não são feitas como as que eu já vi: somente são três traves, atadas entre si. E nelas subiam quatro ou cinco, ou os que quisessem, não se afastando quase nada da terra, indo só onde dava pé."

TUFANO, Douglas. *A carta de Pero Vaz de Caminha*. São Paulo: Moderna, 1999.

MUSEU NACIONAL DE BELAS ARTES/RJ

Primeira missa no Brasil, *de Victor Meirelles. Óleo sobre tela, 1869.*

JOÃO CANDIDO PORTINARI/PROJETO PORTINARI

A primeira missa no Brasil, *pintura de Candido Portinari, 1948.*

Compreendendo o texto

1. Quem é o narrador do texto? Ele é uma testemunha dos acontecimentos? Explique sua resposta.

2. Comente, a partir desse trecho da carta de Caminha, o aspecto evangelizador da colonização.

ATIVIDADES

Explorando o conhecimento

1 Observe as imagens da página 265 e responda.

a) Compare as duas pinturas, que representam a primeira missa rezada no Brasil. Alguma delas é contemporânea do acontecimento tratado? Que impressão cada artista transmitiu em sua obra? Na sua opinião, as pinturas retratam a primeira missa como de fato ela ocorreu? Justifique.

b) Releia o texto complementar e compare-o com essas pinturas. Identifique as diferenças e as semelhanças entre a descrição que Caminha fez da primeira missa e a forma como os artistas pintaram esse acontecimento.

2 A colonização efetiva das terras portuguesas na América somente se iniciou com a chegada de Martim Afonso de Sousa. Sua expedição pode ser considerada um divisor de águas em nossa história, determinando a passagem do período denominado "pré-colonial" para o período colonial. Explique as razões que motivaram o início da organização do sistema colonial a partir de 1530.

3 Explique o que foi o Tratado de Tordesilhas.

4 Em 1534 o governo de Portugal criou o sistema de capitanias hereditárias, o primeiro passo efetivo para empreender a colonização do Brasil.

a) Observe o mapa das capitanias hereditárias na página 261 e, a partir dele, comente o funcionamento desse sistema.

b) Explique as razões do insucesso desse sistema e a saída encontrada pela Coroa portuguesa para efetivar a colonização do Brasil.

5 O modelo de administração implantado pelos portugueses nas vilas e cidades coloniais ocasionou a criação de diversos órgãos político-administrativos. Destes, o mais significativo foi a Câmara Municipal.

a) Cite as funções das Câmaras Municipais.

b) Conceitue o termo "homens bons".

c) Releia com atenção o documento *Ordem régia*, de 27 de janeiro de 1726, página 264, e retire do texto palavras ou expressões que comprovem o caráter elitista das Câmaras Municipais.

A história e o tempo presente

6 Leia o texto e responda às questões a seguir.

Impostos ontem e hoje

"O tributo deve ser o preço da liberdade de viver dignamente em sociedade. É o bilhete de ingresso que o cidadão consciente paga e que o autoriza a exigir respeito aos seus direitos fundamentais de indivíduo e cidadão. [...] Os tributos previstos pela Constituição são os impostos, as taxas, a contribuição de melhoria e as contribuições sociais [...].

Na colônia [...] os tributos eram pagos aos três poderes: político (rei), econômico (senhores) e religioso (Igreja). A Carta Real que concedeu as capitanias hereditárias já previa os primeiros impostos a serem arrecadados na colônia, respeitando a repartição tripartida. Esse sistema se perpetuou por todo o período colonial."

PEREIRA, Ivone Rotta.
A tributação na história do Brasil.
São Paulo: Moderna, 1999.

a) Segundo o texto, para que servem os tributos cobrados pelo poder público?

b) Na sua opinião, a função social dos tributos tem sido cumprida em nosso país? Justifique sua resposta e a exponha para os colegas.

7 Organize um grupo de estudos para realizar a seguinte atividade:

a) Visitem a Câmara Municipal de sua cidade. Informem-se sobre as funções e/ou atividades desse órgão, como são escolhidos os vereadores e o que eles fazem. Após coletar dados, façam uma comparação entre o papel das Câmaras no período colonial e no atual, estabelecendo diferenças e semelhanças.

b) Conversem com um vereador do município onde vocês moram e busquem conhecer algumas de suas propostas, ou mesmo projetos encaminhados para a Câmara. Avaliem esse(s) projeto(s) em sala de aula quanto à sua viabilidade e utilidade pública. Ao final elaborem um relatório com as conclusões do grupo.

Vestibular / ENEM

1 (UFSM-RS) "Esta terra, Senhor, é muito chã e muito formosa. Nela não podemos saber se haja ouro, nem prata, nem coisa alguma de metal; porém, a terra em si é de muitos bons ares [...] querendo aproveitar dar-se-á nela tudo [...]."

Esse trecho é parte da carta que Pero Vaz de Caminha escreveu, em 1500, ao rei de Portugal, com informações sobre o Brasil. Com base no texto, é correto afirmar:

a) havia a intenção de colonizar imediatamente a terra, retirando os bens exportáveis para atender o mercado internacional.

b) iniciava-se o processo de ocupação da terra, circunscrito aos limites do mercantilismo industrial e colonial.

c) desde o princípio, os portugueses procuraram escravizar os povos indígenas a fim de encontrarem os metais preciosos.

d) estava evidente o interesse em explorar a terra nos moldes do mercantilismo.

e) era preponderante a intenção de estabelecer a agricultura, com o trabalho livre e familiar, no Brasil.

2 (Uece) "A armada de Martim Afonso de Sousa, que deveria deixar Lisboa a 3 de dezembro de 1531, vinha com poderes extensíssimos, se comparados aos das expedições anteriores, mas tinha como finalidade principal desenvolver a exploração e limpeza da costa, infestada, ainda e cada vez mais, pela atividade dos comerciantes intrusos."

HOLANDA, Sérgio Buarque de. As primeiras expedições. In: HOLANDA, Sérgio Buarque de (org.). *História geral da civilização brasileira.* Tomo I, vol. 1. São Paulo: Difel, 1960.

Com base nesta citação, assinale a alternativa que indica corretamente os principais objetivos das primeiras expedições portuguesas às novas terras descobertas na América:

a) expulsar os contrabandistas de pau-brasil e combater os holandeses instalados em Pernambuco.

b) garantir as terras brasileiras para Portugal, nos termos do Tratado de Tordesilhas, e expulsar os invasores estrangeiros.

c) instalar núcleos de colonização estável, baseados na pequena propriedade familiar, e escravizar os indígenas.

d) estabelecer contatos com as civilizações indígenas locais e combater os invasores franceses na Bahia.

3 (Unirio-RJ) O início da colonização portuguesa no Brasil, no chamado período "pré-colonial" (1500-1530), foi marcado pelo(a):

a) envio de expedições exploratórias ao litoral e pelo escambo do pau-brasil.

b) plantio e exploração do pau-brasil, associado ao tráfico africano, deslocamento, para a América, da estrutura administrativa e militar já experimentada no Oriente.

c) fixação de grupos missionários de várias Ordens Religiosas para catequizar os indígenas.

d) implantação da lavoura canavieira, apoiada em capitais holandeses.

4 (UFRJ) "... sois grandes loucos, pois atravessais o mar e sofreis grandes incômodos, como dizeis quando aqui chegais, e trabalhais tanto para amontoar riquezas para vossos filhos ou para aqueles que vos sobrevivem. Não será a terra que vos nutriu suficiente para alimentá-los também? Temos pais, mães e filhos a quem amamos; mas estamos certos de que, depois da nossa morte, a terra que nos nutriu também os nutrirá..."

Registro deixado por Jean de Léry, que esteve no Rio de Janeiro, em 1557.

Esta citação foi uma resposta dada por um Tupinambá a um francês, depois de saber que ele vinha de terras tão longínquas a fim de buscar lenha para a extração de tintas.

a) Explique uma das principais diferenças culturais entre os portugueses e os povos que habitavam o Brasil, evidenciando a propriedade da terra.

b) Cite duas características do modelo econômico mercantilista, predominante na Europa, no período a que o texto se reporta.

5 (Enem-MEC) Jean de Léry viveu na França na segunda metade do século XVI, época em que as chamadas guerras de religião opuseram católicos e protestantes. No texto a seguir, ele relata o cerco da cidade de Sancerre por tropas católicas.

"[...] desde que os canhões começaram a atirar sobre nós com maior frequência, tornou-se necessário que todos dormissem nas casernas. Eu logo providenciei para mim um leito feito de um lençol atado pelas suas duas pontas e assim fiquei suspenso no ar, à maneira dos selvagens americanos (entre os quais eu estive durante dez meses), o que foi imediatamente imitado por todos os nossos soldados. De tal maneira que a caserna logo ficou cheia deles. Aqueles que dormiram assim puderam confirmar o quanto esta maneira é apropriada tanto para evitar os vermes quanto para manter as roupas limpas [...]."

Neste texto, Jean de Léry

a) despreza a cultura e rejeita o patrimônio dos indígenas americanos.

b) revela-se constrangido por ter de recorrer a um invento de "selvagens".

c) reconhece a superioridade das sociedades indígenas americanas com relação aos europeus.

d) valoriza o patrimônio cultural dos indígenas americanos, adaptando-o às suas necessidades.

e) valoriza os costumes dos indígenas americanos porque eles também eram perseguidos pelos católicos.

6 (Fuvest-SP) A escravidão indígena adotada no início da colonização do Brasil foi progressivamente abandonada e substituída pela africana entre outros motivos, devido:

a) ao constante empenho do papado na defesa dos índios contra os colonos.

b) à bem-sucedida campanha dos jesuítas em favor dos índios.

c) à completa incapacidade dos índios para o trabalho.

d) aos grandes lucros proporcionados pelo tráfico negreiro aos capitais particulares e à Coroa.

e) ao desejo manifestado pelos negros de emigrarem para o Brasil em busca de trabalho.

7 (Unirio-RJ) A colonização brasileira no século XVI foi organizada sob duas formas administrativas, Capitanias Hereditárias e Governo Geral. Assinale a afirmativa que expressa corretamente uma característica desse período.

a) As capitanias, mesmo havendo um processo de exploração econômica na maior parte delas, garantiram a presença portuguesa na América, apesar das dificuldades financeiras da Coroa.

b) As capitanias representavam a transposição para as áreas coloniais das estruturas feudais e aristocráticas europeias.

c) As capitanias, sendo empreendimentos privados, favorecem a transferência de colonos europeus, assegurando a mão-de-obra necessária à lavoura.

d) O Governo Geral permitiu a direção da Coroa na produção do açúcar, o que assegurou o rápido povoamento do território.

e) O Governo Geral extinguiu as Donatarias, interrompendo o fluxo de capitais privados para a economia do açúcar.

Ampliando o conhecimento

Leituras

AMADO, Janaína e FIGUEIREDO, Luiz Carlos. *A formação do império português (1415-1580)*. São Paulo: Atual, 1999.
O livro possibilita ao leitor compreender como a chegada dos navegadores portugueses ao Brasil transformou o pequeno reino ibérico de Portugal na maior potência marítima e comercial do século XV.

PRIORE, Mary Del. *Religião e religiosidade no Brasil colonial*. São Paulo: Ática, 2000.
O livro aborda as profundas relações entre o catolicismo oficial e as práticas e crenças populares. O livro também trata da atuação dos jesuítas na educação e da relação de grupos religiosos como os dos judeus, africanos e cristãos-novos com a Inquisição.

Filmes

Desmundo

Direção de Alain Fresnot. Brasil, 2003. 110 min.
Órfã portuguesa desembarca no Brasil colônia para casamento forçado, mas apaixona-se por um comerciante judeu. Aborda o papel da Igreja, a escravidão indígena, as dificuldades de comunicação e outros aspectos do período.

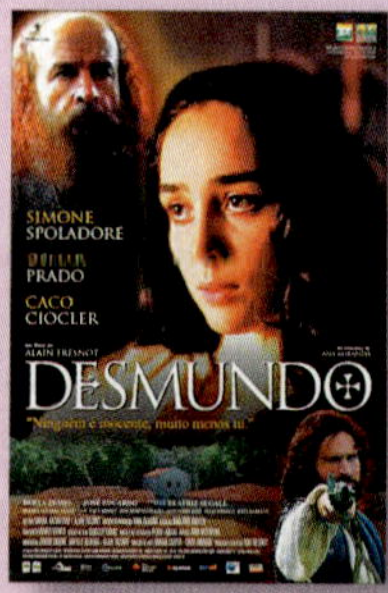

República Guarani

Direção de Sylvio Back. Brasil, 1982. 100 min.
Durante a expulsão dos jesuítas das Américas, numa área dominada por índios guaranis, vingou um projeto religioso, social, econômico e arquitetônico sem equivalência na história das relações entre indígenas e europeus.

Capítulo 21

A economia na América portuguesa e o Brasil holandês

A riqueza e a pobreza por trás do etanol

"Se na última safra – 2006/07 – os brasileiros cortaram e moeram mais de 425 milhões de toneladas de cana-de-açúcar, este ano as estimativas preveem uma produção 10% maior. [...] O feito consolida o país no invejável patamar de maior produtor mundial de álcool e etanol. [...] Tal riqueza atraiu os olhares do mundo para o produto. [...] Empresários, banqueiros e até o presidente dos Estados Unidos se interessaram pelo tesouro e desembarcaram no Brasil buscando transformá-lo numa alternativa barata aos combustíveis fósseis. [...]

Relatório do Ministério do Trabalho, divulgado no início do mês de março [2007], mostra que só no ano passado 450 trabalhadores do setor sucro-alcooleiro morreram nas usinas. Alguns foram assassinados, mas muitos morreram em consequência de banais acidentes de transporte. Outros foram carbonizados durante as queimadas. Vários perderam a vida simplesmente por excesso de trabalho. [...]

Este crescimento acelerado no plantio e na produção preocupa governantes e economistas. Muitos temem que esse *boom* leve o Brasil de volta à monocultura. Hoje, várias plantações de alimentos e áreas de pastagem estão sendo substituídas por lavouras de cana-de-açúcar."

RODRIGUES, Alan e NAGAMI, Hélcio. A morte por trás do etanol. *IstoÉ*. Disponível em <www.terra.com.br/istoe/>. Acesso em mar. 2007.

CLÁUDIO ROSSI/EDITORA ABRIL

Cortadores de cana na região de Campos, Rio de Janeiro, em 2005. Observe as condições precárias de trabalho desses adolescentes que não utilizam botas nem luvas e ainda manuseiam instrumentos de corte perigosos.

Os canaviais fizeram a riqueza de Pernambuco e de outros territórios da colônia nos séculos XVI e XVII. Naquele período, o lucro dependia do trabalho escravo.

Hoje, a crescente demanda por uma fonte de energia menos poluente e mais barata tem levado muitos usineiros brasileiros a conseguirem lucros recordes por meio do cultivo da cana-de-açúcar e do uso inescrupuloso de mão-de-obra semiescrava de adultos e crianças.

Apesar de todo o esforço do governo brasileiro em eliminar a exploração do trabalho de crianças e adolescentes e fiscalizar as condições de trabalho dos adultos, ainda é significativo o uso de mão-de-obra infantil no país e os abusos cometidos contra os trabalhadores.

No caso do corte da cana, além de trabalhar longas jornadas seguidas em busca de melhores remunerações, os trabalhadores manuseiam instrumentos de corte afiados e estão sujeitos a danos respiratórios graves ao entrarem em contato com a fumaça expelida pela emissão de gases provenientes da queima da cana. Essas duríssimas condições de trabalho são enfrentadas por milhares de brasileiros, grande parte crianças e adolescentes.

▶ A economia colonial

Em linhas gerais, a economia colonial na América portuguesa caracterizou-se pela mão-de-obra escrava, pelo latifúndio, pela cultura de produtos tropicais e pela exploração de metais e pedras preciosas. Outras atividades também desempenharam importante papel, coexistindo com aquelas que interessavam mais diretamente à política mercantilista metropolitana. A agroindústria do açúcar foi a primeira dessas atividades estratégicas. Sua implantação articulou a exploração da América e da África — fornecedora de mão-de-obra — e ajudou a contornar a crise do comércio oriental, num período em que o monopólio português das especiarias era posto em xeque pelos holandeses e ingleses.

EXPORTAÇÕES DO BRASIL COLONIAL

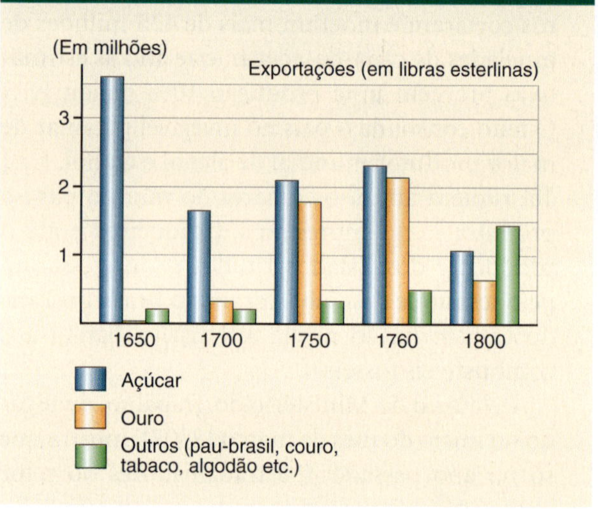

Fonte: *IstoÉ Brasil:* 500 anos. São Paulo: Três, 1998.

SEÇÃO ICONOGRÁFICA DO MUSEU NACIONAL DA DINAMARCA, COPENHAGUE

Fazenda de cana-de-açúcar, detalhe da obra Mulher tupi com criança, *do pintor holandês Albert Eckhout, 1641. Observe, ao fundo da foto, a casa-grande, símbolo de poder do Nordeste colonial.*

COLEÇÃO PARTICULAR

Moenda em engenho de roda-d'água, como os que funcionaram no período colonial. Gravura de autoria desconhecida, de 1816.

▷ O açúcar e o doce sabor da riqueza

Os portugueses e o açúcar

"[...] Impulsionado pelo príncipe D. Henrique, o Navegador, colonizadores portugueses se instalaram nas ilhas de Açores e Madeira, aproximadamente em 1425. [...] Mercadores genoveses logo viram a possibilidade de cultivar cana-de-açúcar nas ilhas. [...] Nas Ilhas de Açores os canaviais cobriam parte das terras, uma vez que a cultura de cereais encontrou clima favorável. Na Ilha da Madeira, e posteriormente nas Ilhas Canárias e São Tomé, a história foi diferente. Ali, agricultores puderam cultivar cana-de-açúcar em grande quantidade e na maior parte das terras da ilha. O açúcar proveniente da Ilha da Madeira começou a chegar a Portugal em 1450; no final do século XV, o açúcar proveniente das ilhas do Atlântico era mais barato do que aquele produzido no continente europeu, na região mediterrânea. [...]"

SOLBRIG, Otto T. e SOLBRIG, Dorothy J. *So shall you reap:* farming and crops in human affairs. Washington, D.C.: Island Press, 1994.

Segundo o Tratado de Tordesilhas, uma parte do território brasileiro já pertencia aos portugueses antes mesmo de 1500, mas muitos países europeus não aceitavam os termos da partilha feita em 1494. Para promover a efetiva ocupação da colônia, Portugal optou, por volta de 1530, pela organização de um empreendimento agrícola que fosse rentável para a Coroa e também para os investidores metropolitanos. O produto escolhido foi o açúcar, de alto preço no mercado europeu. Além disso, os portugueses tinham larga experiência no comércio e na produção açucareira, realizados nas ilhas do Atlântico desde o século XV.

Os europeus consideravam o açúcar uma especiaria. Até a Idade Média, ele era utilizado apenas para fins medicinais. Com o passar do tempo, o açúcar foi sendo valorizado, até se tornar um produto de primeira necessidade.

A Europa mediterrânea já cultivava a cana desde o século VIII, sobretudo nas regiões da Espanha árabe e na Sicília. Com o início da expansão ultramarina, no século XV, os portugueses implantaram o cultivo nas ilhas do Atlântico africano, como Madeira e Açores.

A produção do açúcar na América portuguesa foi organizada, principalmente no Nordeste, em sistema de *plantation*, ou seja, na forma de grandes propriedades rurais monocultoras, baseadas no trabalho escravo e em escala agroindustrial. Na *plantation*, a produção destinava-se ao mercado europeu, mas também havia atividades complementares, voltadas para o consumo local, numa espécie de economia natural.

Os engenhos ocuparam várias regiões da colônia. Naquela época podiam ser encontradas fazendas produtoras de açúcar no Nordeste e nos atuais estados do Espírito Santo, Minas Gerais, Rio de Janeiro e São Paulo. Delas saíam os açúcares mascavo e semirrefinado e aguardentes de cana — a conhecida cachaça.

A produção de açúcar exigiu extensas propriedades, grande número de escravos, pastos para animais de tração, transportes e áreas florestais para obtenção de madeira e lenha e ainda a proteção dos canaviais contra predadores naturais. A necessidade de unir a produção agrícola a uma atividade beneficiadora do açúcar tornou indispensáveis as instalações de alto custo e a utilização de grande quantidade de mão-de-obra especializada. O capital para tamanho empreendimento foi obtido por meio de empréstimos, concedidos por banqueiros flamengos – termo que designa os naturais de Flandres, região da atual Bélgica –, italianos e alemães.

▷ Os engenhos de açúcar

Algumas **fazendas canavieiras** possuíam engenhos, um conjunto de construções, em geral interligadas, que incluíam a moenda, a casa das caldeiras e fornalhas e a casa de purgar.

A **moenda** era o local onde se esmagava a cana para extrair o caldo (garapa). Os engenhos movidos por tração animal (trapiche) eram mais comuns que os de roda-d'água (reais), pois a construção de uma represa era dispendiosa, sem contar as irregularidades no fluxo fluvial. A etapa do cozimento processava-se na **casa das caldeiras** e **fornalhas**, em enormes tachos, geralmente feitos de cobre. O beneficiamento completava-se na **casa de purgar**, com a retirada das impurezas do produto.

No Brasil, eram produzidos o açúcar branco, destinado ao mercado externo, e o açúcar mascavo (escuro e grosso). O emprego da técnica de purgar pelos engenhos brasileiros deveu-se, principalmente, à inexistência de refinarias em Portugal. Depois de branqueado, o açúcar era embalado em caixas e enviado para Lisboa e, de lá, para Antuérpia, para ser distribuído. Posteriormente, no século XVII, a cidade de Amsterdã passou a desempenhar esse papel, onde também foram instaladas refinarias.

Todo esse processo produtivo transformou a produção de açúcar numa atividade agroindustrial sofisticada, na qual se combinavam terra, técnica, trabalho compulsório, plantação de cana-de-açúcar e equipamentos.

PRINCIPAIS ATIVIDADES ECONÔMICAS DO BRASIL NO SÉCULO XVII

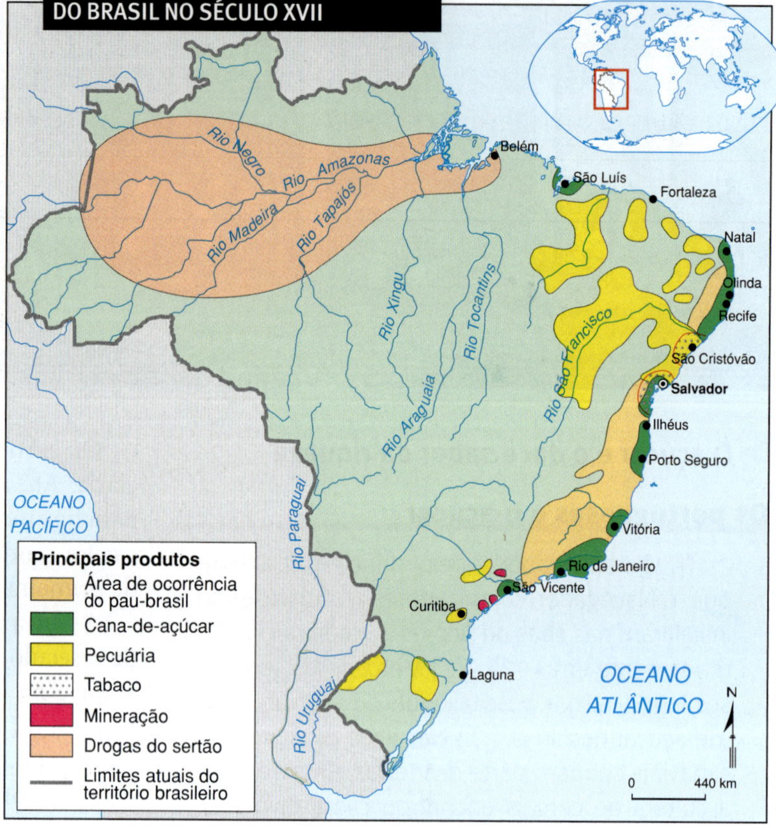

Fonte: *Atlas histórico escolar*. Rio de Janeiro: FAE, 1991.

A produção e a comercialização do açúcar foi vital tanto para consolidar o império mercantil português no Atlântico quanto para a expansão colonial e a formação de grupos de poder e prestígio na colônia. Mais ainda, sua unidade produtiva — o latifúndio exportador e escravista — formou a base da sociedade colonial brasileira.

Fazenda canavieira

Somente as fazendas de proprietários mais abastados é que possuíam engenhos. Mas todas elas tinham a casa-grande (moradia do fazendeiro), as senzalas (moradias dos escravos), casas para trabalhadores livres, reserva florestal (para o fornecimento de madeira), áreas de pastagem e de agricultura de subsistência. Os fazendeiros que não possuíam engenhos eram chamados de **lavradores de cana**. Com o tempo, a denominação **engenho** passou a designar a fazenda canavieira que possuía o aparato para a produção de açúcar.

▷ À margem da *plantation*

O sistema de *plantation* não representou a única forma de organização econômica existente na América portuguesa. Outros produtos, tais como o algodão e o tabaco, foram cultivados em pequenas unidades de exploração, com vantagens econômicas para os colonos. Mesmo a cana-de-açúcar, quando plantada para a produção da rapadura e da cachaça, adaptou-se a esse modelo de exploração, que exigia pouco investimento e menores insumos de matérias-primas.

O algodão já era um produto conhecido pelos indígenas, que utilizavam seus fios para tecer redes. No início do período colonial, o cultivo de algodão destinava-se ao consumo interno, principalmente à manufatura de tecidos para as vestimentas dos escravos.

A partir da segunda metade do século XVIII, o algodão passou a ser exportado em grandes quantidades. Isso ocorreu devido ao aumento do preço do produto no mercado internacional e à guerra de independência dos Estados Unidos. As colônias norte-americanas eram as maiores produtoras de algodão e, com a instabilidade gerada pela guerra, suas exportações caíram sensivelmente. Já no início do século XIX, os Estados Unidos retomaram sua produção, o que ocasionou uma grande queda nas exportações da América portuguesa.

O tabaco é uma planta nativa da América e, além de ser consumido na colônia, era destinado aos mercados europeus, nos quais o número de consumidores era crescente. Algumas propriedades produziam o tabaco para que servisse como "moeda" na compra de escravos na África. A principal área produtora era o litoral baiano.

Os negócios, nos mercados locais, mobilizavam produtores e mercadores. Comercializavam-se alimentos produzidos na região e produtos importados (com fornecimento irregular e preços bastante elevados). Dentre os produtos produzidos na colônia, destacaram-se a farinha de mandioca, de milho e de trigo, feijão, açúcar, rapadura, aguardente, toucinho, charque e carne fresca, fumo, couro, peixe seco e fresco. Dentre os produtos importados, os de maior procura eram vinagre, azeite, vinho, bacalhau, azeitonas, pimenta-do-reino, especiarias, tecidos finos, linhas, agulhas para costura, papel, pena e tinta para escrever, anzóis e linhas para pesca, pratos, jarros, vasilhas, panelas, tachos e vasos para uso doméstico, pregos, cobre e ferramentas, caixas, cordas e o sal, importante monopólio régio.

▷ Os reis do laço: a pecuária

As origens da pecuária do sertão nordestino estão no chamado **gado de quintal**. O gado bovino, trazido pelos portugueses no início da colonização, era criado, nos engenhos de açúcar, para uso na tração animal, no transporte de cargas e pessoas. Aos poucos o número de reses aumentou. Isso gerou um sério problema para os proprietários dos engenhos, pois o gado destruía o canavial e ocupava um espaço que, pela concepção mercantilista, estava reservado à cana-de-açúcar.

No início do século XVIII, a administração portuguesa proibiu a criação de gado numa faixa de oitenta quilômetros da costa para o interior. Essa medida contribuiu decisivamente para o desbravamento do "grande sertão", além do limite fixado pelo Tratado de Tordesilhas. Partindo do Rio São Francisco e penetrando pelos atuais estados do Piauí, Maranhão, Paraíba, Rio Grande do Norte e Ceará, os criadores chegaram aos rios Tocantins e Araguaia.

"[...] Para Roberto Simonsen, quatro foram os instrumentos econômicos que ampararam a expansão para o interior: a criação de gado, como 'retaguarda econômica das zonas de engenho e, mais tarde, em decidido apoio à mineração'; a caça ao índio, como suprimento de mão-de-obra em face do comércio africano em declínio, em meados do século XVII; e a busca de especiarias e drogas do sertão.

Entretanto, o elemento mais importante, nesta fase, foi o gado e a sua expansão através de currais, na luta de vida e morte contra o primeiro ocupante da terra, desfazendo-se o mito, caro à historiografia brasileira, da boa convivência dos índios com os currais. [...]"

SILVA, Francisco Carlos Teixeira da. Conquista e colonização da América portuguesa. In: LINHARES, Maria Yeda L. *História geral do Brasil.* Rio de Janeiro: Campus, 1990.

MUSEUS CASTRO MAYA/IBPC, RJ

Para conservar a carne, os vaqueiros do sul da colônia a salgavam e a colocavam para secar ao sol. Ainda hoje o charque (ou carne-seca) é apreciado em várias regiões brasileiras. Engenho de carne-seca brasileiro, *obra de Jean-Baptiste Debret, início do século XIX.*

A originalidade da pecuária sertaneja está ligada principalmente às relações de trabalho nela estabelecidas, bem como à sua importância para o conjunto da economia interna colonial, uma vez que, no século XVIII, a carne consumida na área de mineração vinha também dos rebanhos nordestinos.

Na criação, predominava o trabalho de negros libertos, mestiços livres, de todo tipo, e brancos pobres. Havia também escravos africanos. Vaqueiro e peão recebiam pagamento. Entretanto, o vaqueiro se diferenciava dos demais trabalhadores, pois, após quatro ou cinco anos de serviço, em cada quatro crias cabia-lhe uma. Podia assim formar seu próprio rebanho e fundar sua fazenda.

O sal é um importante complemento alimentar do gado, e a descoberta de salinas no Ceará e no atual estado de Alagoas e a existência de barreiros salgados no vale do Rio São Francisco favoreceram a expansão criadora. A Ilha de Marajó, no atual Pará, foi também importante centro criatório de gado desde o início do século XVIII. A expansão contínua dos currais em terras que os sesmeiros isoladamente não podiam explorar deu origem aos "sobrados", nome dado às sobras das sesmarias ocupadas pelos vaqueiros.

No sul da colônia, o gado tem origem em áreas de domínio espanhol. A criação de gado bovino para o **charque** (carne salgada e em porções) e de equinos e muares para tração e transporte favoreceu a ocupação local e também o abastecimento da chamada **região das minas**. As áreas meridionais tornaram-se fornecedoras de gado muar e equino para as zonas mineradoras. Os animais normalmente eram comercializados em feiras realizadas em Sorocaba e em outras cidades e vilas dos atuais estados de São Paulo e Minas Gerais.

As drogas do sertão

Amazonas é o nome com o qual o espanhol Francisco de Orellana designou, em 1542, o principal rio do continente americano, que corta a Região Norte do Brasil. Essa área, pertencente aos domínios espanhóis na América, foi conquistada e explorada pelos portugueses. Antes deles, os ingleses e holandeses já haviam tentado ocupar a região, entre o final do século XVI e princípio do séculoXVII, quando se instalaram na foz do grande rio.

A campanha dos portugueses na Amazônia resultou na edificação do forte de Belém e na expulsão dos invasores em 1616. Depois realizaram-se algumas entradas exploratórias até que, em 1637, uma expedição comandada por Pedro Teixeira abriu o território para a colonização lusitana.

FERNANDO FAVORETTO/CID

Muitas especiarias procuradas pelos portugueses na Amazônia continuam fazendo parte da nossa alimentação. Nas fotos: pau-cravo (A); baunilha (B); castanha-do-pará (C); guaraná (D); cacau (E); urucum (F).

O que levou os portugueses para o interior da floresta foi a possibilidade de aprisionar nativos para escravizar e, em especial, a busca da riqueza representada pelas **drogas do sertão**. Essa expressão designava diversos produtos amazônicos: anil, guaraná, salsa, urucum (corante), pau-cravo, noz de pixurim, castanha-do-pará, gergelim, baunilha e cacau, explorados a partir do século XVIII. Por muito tempo, a base econômica da Amazônia consistiu no extrativismo desses produtos com a utilização do trabalho indígena, em regime escravo ou não.

O interesse português pelas drogas do sertão surgiu exatamente no momento em que o comércio do Oriente entrava em decadência. Daí a necessidade de promover a ocupação e exploração de uma região dotada de produtos exóticos, de "especiarias da floresta", capazes, quem sabe, de substituir as especiarias orientais.

As missões religiosas

As ordens religiosas exerceram papel fundamental no projeto português de ocupar e explorar a Amazônia, uma vez que, por meio da catequese, foi assegurada a submissão espiritual e política dos indígenas, a mão-de-obra do extrativismo. Dentre as missões fundadas na região destacaram-se as das ordens dos franciscanos, carmelitas e jesuítas.

Por outro lado, as missões acabaram se transformando em empreendimentos lucrativos para suas respectivas ordens, uma vez que tinham à disposição um enorme contingente de mão-de-obra indígena, de baixo custo. Até meados do século XVIII, estima-se que tenham existido aproximadamente 50 aldeias missionárias nas regiões setentrionais. Eram a contrapartida amazônica do empreendimento jesuítico que se desenvolvia no sul do continente, em terras hoje correspondentes ao estado do Rio Grande do Sul, ao Uruguai, à Argentina e ao Paraguai. No trecho compreendido entre o Alto Paraná e o Alto Paraguai, os discípulos de Inácio de Loyola criaram reduções ou missões com o objetivo de evangelizar os guaranis e outros habitantes da região.

As missões da Amazônia estiveram na origem de diversos núcleos de povoamento europeu, trazendo uma contribuição decisiva para a integração da região à colônia. Não foram poucos, porém, os conflitos entre religiosos e colonos nas terras do norte. Esses conflitos, em geral associados ao uso da mão-de-obra nativa, persistiram até o final do século XVIII, quando as ordens religiosas perderam o direito de explorar o trabalho indígena. O poderoso Marquês de Pombal, ministro do rei português Dom José I, não estava disposto a favorecer o que ele via como a tentativa de criação, pelos jesuítas, de um Império Temporal Cristão nos dois extremos da colônia.

A Holanda no século XVII

Eram tradicionais os laços estabelecidos entre a burguesia comercial e financeira holandesa e os portugueses. Amsterdã, principal cidade comercial da província da Holanda, fornecia à Península Ibérica trigo e madeiras da região do Mar Báltico e pescados do Mar do Norte. Em troca, adquiria de Lisboa vinho, sal, especiarias orientais e açúcar. Com a independência das **Províncias Unidas**, em 1579, os holandeses assumiram um destaque ainda maior no comércio regional europeu.

Em pouco tempo, porém, os holandeses se tornaram mais agressivos e procuraram ocupar os entrepostos comerciais na África e na Índia, estabelecidos não só pelos espanhóis, mas também pelos portugueses. A criação de duas poderosas companhias comerciais, a **Companhia das Índias Orientais**, organizada em 1602, e a **Companhia das Índias Ocidentais**, formada em 1621, deu às Províncias Unidas os instrumentos para desafiar os dois reinos ibéricos. Desse modo, o novo país consolidou sua independência e, no mesmo processo, construiu seu império. Nesse momento teve início a guerra de independência contra a metrópole espanhola.

A União Ibérica

Em 1578, o rei D. Sebastião, de Portugal, morreu em combate na África. Como o soberano não tinha herdeiros diretos, foi desencadeada uma crise dinástica que conduziu à união dos tronos espanhol e português, em 1580, na figura do rei Filipe II da Espanha, que era neto de D. Manuel I de Portugal. Iniciava-se, desse modo, a **União Ibérica**, que duraria até 1640.

A união das coroas ibéricas teve consequências importantes para o Brasil. Por um lado, tornou sem efeito a linha divisória do Tratado de Tordesilhas, o que estimulou o avanço dos portugueses em direção ao interior, no sul da colônia e na Amazônia. Por outro lado, trouxe problemas para os domínios portugueses, uma vez que Portugal herdou os inimigos dos espanhóis.

Dentre esses adversários estava a Holanda, em guerra com a Espanha para ter reconhecida sua independência. A União Ibérica rompera, além disso, os laços comerciais entre portugueses e holandeses. Dessa forma, em busca de lucros e de medidas contra os espanhóis, os holandeses viram-se estimulados a empreender a conquista das zonas de produção açucareira no Brasil.

Os holandeses invadem o Brasil

A primeira investida holandesa ocorreu em 1624, na Bahia. A campanha foi organizada e financiada pela Companhia das Índias Ocidentais, que recebera o monopólio por 24 anos de navegação, comércio, transportes e conquista de todas as terras da costa atlântica situadas na América e na África.

A força holandesa chegou à cidade de Salvador com 26 navios, centenas de canhões e mais de três mil homens. Os portugueses nada puderam fazer, pois não dispunham de tropas suficientes para deter os invasores. Em 1625, porém, uma esquadra luso-espanhola bem armada retomou a capital da colônia.

Províncias Unidas

Províncias protestantes dos Países Baixos, com destaque para a Holanda. Tornaram-se independentes do Império Espanhol em 1579.

WARDSWORTH ATHENEUM, HARTFORD, ESTADOS UNIDOS

A forte armada holandesa ajudou a consolidar o domínio e a ocupação de Pernambuco. Quadro *Navio de guerra holandês chegando às Índias Ocidentais*, obra de Bonaventura Pieters, cerca de 1648.

A Companhia das Índias Ocidentais contou com as pilhagens de Piet Hein e outros corsários para financiar um segundo ataque às terras da colônia. Dessa vez, o alvo escolhido foi a capitania de Pernambuco.

Em 1630, uma armada holandesa ocupou Olinda e o Recife. Contudo, os invasores ficaram isolados nos núcleos urbanos, devido à resistência dos portugueses liderados pelo governador Matias de Albuquerque. Ele organizou suas defesas numa elevação próxima das áreas invadidas, o Arraial do Bom Jesus, de onde lançou contínuos ataques e emboscadas, dificultando por cinco anos a expansão dos adversários.

Entre 1632 e 1635, com reforços vindos da Europa e a ajuda de moradores da terra, os holandeses conquistaram pontos decisivos como a Ilha de Itamaracá, a Paraíba, o Rio Grande do Norte e, por fim, o Arraial do Bom Jesus, consolidando a ocupação de Pernambuco.

PONTOS DA DOMINAÇÃO HOLANDESA NO BRASIL

Fonte: *Atlas histórico escolar*. Rio de Janeiro: FAE, 1991.

Dentre os colaboradores dos holandeses, destacou-se a figura de Domingos Fernandes Calabar. Mulato nascido em Alagoas, perito conhecedor das terras onde se desenvolvia a **guerra brasílica** — as guerrilhas contra os holandeses —, Calabar aparece como vilão na historiografia luso-brasileira. Integrante inicialmente das forças que tentavam impedir a conquista do território pernambucano, acabou tornando-se um eficaz colaborador dos holandeses, até ser preso, executado e esquartejado pelos luso-brasileiros.

▷ Nassau: soldado e humanista

O conde **João Maurício de Nassau-Siegen** chegou ao Recife, em princípios de 1637, para administrar o território conquistado. Encontrou a produção açucareira em total desorganização, graças à retirada de inúmeros proprietários rurais para a Bahia, à destruição de engenhos e canaviais e, em especial, às fugas de escravos. Aproveitando-se da crise associada ao conflito entre holandeses e luso-brasileiros, centenas de cativos, que haviam fugido para as matas da Ser-

"Maurício, desde que entrou no Brasil, quis lhe fossem do agrado labores e perigos [...]. De tal forma combinou entre os estrangeiros a bravura, a prudência, a probidade, virtudes exímias dos generais, que aos soldados deu exemplo de seu denodo bélico e aos domésticos o de uma vida moderada exata [...]. Severo guarda do direito e da justiça, conteve, com lei igual, os mais altos e os mais humildes, os bárbaros e os cristãos, os mercadores e os cidadãos. Velou por tudo quanto era em proveito e glória da Companhia. [...]"

BARLEUS, Gaspar. História dos feitos recentemente praticados durante oito anos no Brasil (1647). In: INÁCIO, Inês C. e LUCA, Tania Regina de. *Documentos do Brasil colonial.* São Paulo: Ática, 1993.

FUNDAÇÃO BIBLIOTECA NACIONAL, RJ

Maurício de Nassau, *obra de Frans Post, 1653.*

PRINCIPAIS QUILOMBOS DO BRASIL (SÉCULOS XVII-XIX)

Fonte: *IstoÉ Brasil 500 anos:* Atlas histórico. São Paulo: Três, 1998.

ra da Barriga (no atual estado de Alagoas), ajudaram a consolidar o maior, mais duradouro e organizado **quilombo** do Brasil, o Quilombo dos Palmares, formado no início do século XVII.

Assim, os primeiros anos de administração de Nassau foram dedicados à reconstrução da economia açucareira. Para tal, ele mandou conceder empréstimos para a aquisição dos engenhos abandonados e reconstrução dos destruídos. A iniciativa fez com que boa parte dos senhores de engenho estabelecesse vínculos cordiais com os invasores. O desempenho militar de Maurício de Nassau foi expressivo: ocupou Alagoas e tomou o forte português que defendia a costa do Ceará, embora tenha fracassado num ataque a Salvador em 1638. Mas foi como administrador que seu nome se imortalizou.

Para contornar as sucessivas crises de desabastecimento, Nassau obrigou os proprietários de terras a cultivar mandioca, na proporção do número de pessoas que teriam de alimentar dentro de seus engenhos. Também instituiu um regime de liberdade relativa no comércio, ou seja, de livre comércio para os moradores das capitanias conquistadas que tivessem capital investido em engenhos. E procurou, com habilidade, conciliar os interesses da heterogênea população que convivia no Recife: colonos nascidos no território, portugueses, holandeses, franceses e ingleses, católicos, calvinistas e judeus, índios e negros escravos. Além disso, urbanizou um primitivo bairro do Recife, que denominou Cidade Maurícia, e incentivou o trabalho dos artistas e estudiosos que trouxera para o Nordeste quando veio da Europa. Os artistas de Maurício de Nassau criaram importantes registros do Brasil holandês.

Quilombo

"O mesmo que mocambo; local onde se refugiavam escravos. No intuito de impedir a recaptura pelos capitães-do-mato, normalmente eram escolhidos lugares de difícil acesso, como nas matas, montanhas ou locais estrategicamente situados perto das estradas, o que facilitava assaltos aos viajantes que ali passavam. Também nos quilombos escondiam-se índios e criminosos perseguidos pela justiça. [...] Muitos duraram anos, outros, meses ou dias, e variavam de tamanho conforme o número de habitantes. Os quilombolas viviam da caça, da pesca, de coleta de frutos, do banditismo, da agricultura, da pecuária [...]."

BOTELHO, Angela Vianna e REIS, Liana Maria. *Dicionário histórico Brasil:* Colônia e Império. Belo Horizonte: Dimensão, 1998.

O Quilombo dos Palmares

"Palmares cresceu com o avanço da economia açucareira e o aumento do tráfico africano em substituição ao cativeiro indígena no litoral [...]. O número de quilombolas de Palmares cresceu muito nas décadas de 1630-50, pois as guerras luso-flamengas enfraqueceram o controle senhorial, facilitando a fuga de escravos [...]. O experiente capitão-mor Fernão Carrilho, depois de diversas batalhas, deu Palmares por destruído, em 1678, mas na verdade só prendera muitos líderes palmarinos, dentre os quais os parentes de Ganga Zumba, líder dos quilombolas. Com esse trunfo, o governador Aires Sousa e Castro pressionou o 'rei de Palmares' para firmar o 'acordo de Recife' [...]. O acordo deu início a nova fase na história do quilombo: provocou dissidências e fez surgir a liderança de Zumbi, que insistiu na guerra [...]. Em 1695, Zumbi foi morto pelos bandeirantes, sendo degolado e tendo sua cabeça enviada para Recife como troféu. A importância da vitória sobre Palmares foi tamanha para a metrópole que chegou a ser chamada de 'gloriosa Restauração de Palmares', sendo comparada ao triunfo sobre os holandeses."

HERMANN, Jacqueline. Palmares. In: VAINFAS, Ronaldo (dir.). *Dicionário do Brasil colonial (1500–1808)*. Rio de Janeiro: Objetiva, 2000.

O fim da União Ibérica

Em 1640, Portugal libertou-se do domínio espanhol e assinou uma trégua com os holandeses na Europa. Nassau, entretanto, continuou sua campanha militar, com a conquista de Sergipe e a invasão do Maranhão. No outro lado do Atlântico, os holandeses conquistaram, em 1641, Luanda e outras localidades angolanas.

No início de 1644, choques entre Nassau e a direção da Companhia resultaram na demissão do governador e no seu retorno à Europa. Esse episódio encerrou o período da expansão holandesa no Brasil. Ao mesmo tempo, irrompeu a chamada **Insurreição Pernambucana**, que levaria à rendição e à retirada dos holandeses em 1654.

A Insurreição Pernambucana

De início, a insurreição contra os holandeses não teve apoio da Coroa portuguesa. Envolvido numa guerra com a Espanha, que só reconheceria a independência portuguesa em 1668, o novo rei, D. João IV, estava disposto a manter a trégua que reconhecia o domínio holandês em partes da África e da América portuguesas.

Nesse período, porém, o açúcar brasileiro enfrentou dificuldades devido à queda dos preços no mercado europeu e à diminuição da safra. Tal conjuntura abalou as relações da Companhia das Índias Ocidentais com os senhores de engenho. De um lado, estavam os produtores, pressionados pela cobrança das dívidas atrasadas; de outro, estavam os credores, exigindo receber a qualquer custo. Nesse contexto, eclodiu em junho de 1645 a insurreição, motivada pelos interesses dos proprietários: alguns queriam fugir das dívidas com os holandeses, enquanto outros, refugiados na Bahia, tentavam reaver suas propriedades.

As primeiras conquistas dos revoltosos ocorreram no interior de Pernambuco. A seguir, tropas vindas da Bahia obtiveram outras vitórias e marcharam para o Recife. Posteriormente, os holandeses foram expulsos de Alagoas e Sergipe. As duas batalhas decisivas ocorreram nos Montes Guararapes, em Pernambuco. O primeiro combate foi travado em abril de 1648, e o segundo, em fevereiro de 1649. Os luso-brasileiros obtiveram a vitória nas duas ocasiões.

Nesse mesmo período, em 1648, uma expedição organizada no Brasil expulsou os holandeses do território angolano. A situação dos holandeses tornou-se insustentável, até que, em fins de 1653, uma armada portuguesa cercou o Recife por mar, enquanto as tropas dos insurretos atacavam por terra. Entre dois fogos, as forças holandesas renderam-se na Campina da Taborda, em 26 de janeiro de 1654.

Não obstante as campanhas militares dos luso-brasileiros, o historiador pernambucano Evaldo Cabral de Mello apresentou uma outra interpretação sobre a "derrota" dos holandeses. Em seu livro *O negócio do Brasil*: Portugal, os Países Baixos e o Nordeste — 1641–1649, o historiador diz que a expulsão dos holandeses não foi resultado de guerras valentes, mas de um acordo pelo qual Portugal pagou 4 milhões de cruzados (equivalentes a 63 toneladas de ouro) para ter o Nordeste de volta.

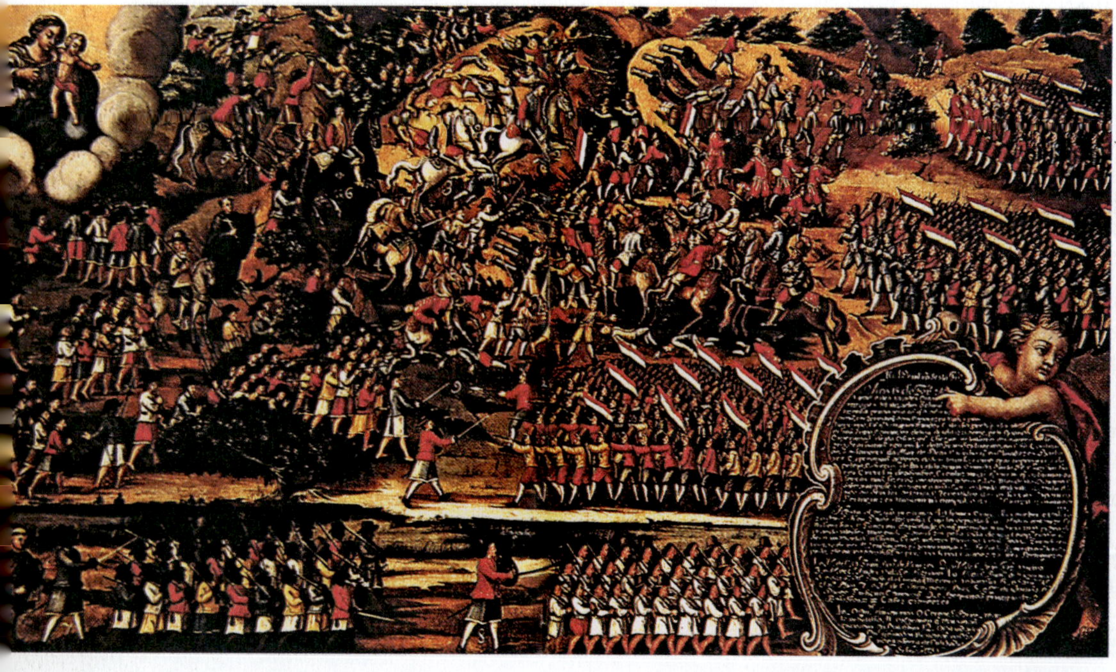

MUSEU HISTÓRICO NACIONAL, RJ

Batalha dos Guararapes, *pintura de autor desconhecido, cerca de 1758. Observe no lado esquerdo da obra, onde estão posicionadas as tropas portuguesas, a presença de religiosos e uma representação da Virgem Maria e o menino Jesus.*

TEXTO COMPLEMENTAR

A pintura naturalista de Eckhout

O pintor holandês Albert Eckhout integrou a comitiva de artistas e cientistas trazida ao Brasil pelo conde Maurício de Nassau na primeira metade do século XVII.

Com uma pintura de características naturalista, descritiva e paisagística, Eckhout nos deixou valiosos registros da visão europeia do Novo Mundo e dos tipos humanos do Nordeste colonial.

O artista pintou oito grandes telas representando os habitantes da colônia. Nessas telas, Eckhout expressou a classificação europeia de povos civilizados, relativamente civilizados e completamente selvagens.

Logicamente, nessa escala evolutiva, os europeus estavam no topo da civilização. Assim, quanto mais próximos dos europeus estivessem os outros povos, mais civilizados eles seriam.

Uma das grandes telas pintadas por Eckhout foi a *Mulher mameluca*, que reproduzimos ao lado.

NATIONALMUSSET, COPENHAGUE, DINAMARCA

Mulher mameluca, *pintura de Albert Eckhout, de 1641.*

Compreendendo o texto

1. Que personagem o artista pintou nessa tela? Como ela foi representada? Como é a paisagem pintada pelo artista?

2. Com base nessa tela, explique por que a pintura de Eckhout é considerada naturalista e descritiva.

3. Na sua opinião, a personagem dessa tela foi representada de acordo com os padrões de beleza clássica da pintura renascentista? Justifique.

4. Considerando a classificação de povos civilizados aceita por Eckhout, em que categoria a *Mulher mameluca* se encaixaria?

5. Considerando o que você estudou no capítulo, responda: o que a vinda de Eckhout e de outros artistas e cientistas para a colônia revela sobre o governo de Maurício de Nassau em Pernambuco?

ATIVIDADES

EXPLORANDO O CONHECIMENTO

1 Leia o texto a seguir.

> "A primeira preocupação dos Estados colonizadores será de resguardar a área de seu império colonial em face das demais potências; a administração se fará a partir da metrópole, e a preocupação fiscal dominará todo o mecanismo administrativo. Mas a medula do sistema, seu elemento definidor, reside no monopólio do comércio colonial."
>
> NOVAIS, Fernando A. O Brasil nos quadros do antigo sistema colonial. In: FENELON, Dea Ribeiro. *50 textos de história do Brasil.* São Paulo: Hucitec, 1974.

De acordo com o historiador Fernando Novais, o elemento definidor do sistema colonial residia no monopólio do comércio colonial. Explique como funcionava e quais os objetivos do monopólio metropolitano.

2 A agromanufatura do açúcar no Brasil colonial garantia todo o processo de produção, desde o plantio da cana até o produto final, pronto para ser exportado para a Europa. Observe a pintura do artista holandês Frans Post e responda.

COLEÇÃO BEATRIZ E MÁRIO PIMENTA CAMARGO, SÃO PAULO

Engenho, *de Frans Post. Óleo sobre tela, 1661.*

A partir da imagem e do texto do capítulo, descreva:

a) o funcionamento do engenho colonial.

b) o processo de produção do açúcar no engenho.

3 De acordo com o Tratado de Tordesilhas, a região amazônica fazia parte dos domínios espanhóis na América. A partir do século XVII, no entanto, os portugueses conseguiram fixar presença no território e expulsar outros europeus.

a) Explique os interesses dos portugueses na região amazônica.

b) Comente o papel das ordens religiosas na região amazônica.

4 Produza um pequeno texto sobre a expansão da pecuária na colônia. Considere:

a) O emprego do gado nos engenhos.

b) A interiorização da pecuária.

c) O tipo de mão-de-obra utilizada nas fazendas de gado.

d) As diferenças principais entre a pecuária nordestina e a pecuária sulista.

5 O conde Maurício de Nassau administrou o território brasileiro ocupado pelos holandeses entre os anos de 1637 e 1644. Baseado no texto, explique por que ele pode ser considerado um governante de linha humanista.

6 Cite algumas mudanças políticas e econômicas introduzidas no Nordeste açucareiro por Maurício de Nassau.

7 Releia as informações sobre o Quilombo dos Palmares e faça uma ficha sobre o quilombo, destacando:

a) O que foi o Quilombo dos Palmares.

b) Onde ele se localizava.

c) Principais líderes do quilombo.

d) O desfecho da história do quilombo.

e) A importância para as autoridades portuguesas da vitória sobre Palmares.

8 Explique os motivos políticos internos e externos que ocasionaram a expulsão dos holandeses do Brasil.

A HISTÓRIA E O TEMPO PRESENTE

9 A biodiversidade amazônica continua atraindo os mercados internacionais. Um bom exemplo é a exploração comercial de muitas plantas para fins medicinais e cosméticos.

Inúmeras empresas internacionais, farmacêuticas e cosméticas estão monopolizando a exploração de determinadas plantas e contrabandeando-as. Essa prática recebeu o nome de **biopirataria**.

Em grupo, façam uma pesquisa levando em consideração as questões a seguir. Depois discutam os resultados com os demais grupos.

a) Quais são as plantas mais procuradas e qual sua utilização?

b) O governo e a sociedade estão tomando iniciativas para inibir a biopirataria? Quais? Estão surtindo efeito?

c) Na opinião de seu grupo, é correto permitir que grandes empresas nacionais ou internacionais explorem a flora amazônica? Justifiquem.

10 A preservação da memória é uma das formas de construir a história. Era pela afirmação dessa memória, dessa história, que o poeta gaúcho Oliveira Silveira sugeria ao seu grupo que o 20 de novembro fosse comemorado como o "Dia Nacional da Consciência Negra", pois era mais significativo para a comunidade negra brasileira do que o 13 de maio. No dia 20 de novembro de 1695 foi assassinado Zumbi, um dos últimos líderes do Quilombo dos Palmares, que se transformou em um grande símbolo da resistência negra ao escravismo e da luta pela liberdade.

a) Segundo o poeta Oliveira Silveira, o dia 20 de novembro é mais significativo para as comunidades negras do que a data que marca a abolição dos escravos. Você concorda com essa opinião? Por quê?

b) Procure saber se na sua cidade existe alguma comunidade remanescente de quilombo, ou alguma instituição que trata da preservação da cultura negra. Faça contato com as pessoas envolvidas e busque informações sobre as iniciativas e os projetos desenvolvidos. Registre sua pesquisa e troque as informações com os colegas.

c) No início de seu mandato, em 2003, o presidente Luiz Inácio Lula da Silva aprovou a inclusão do Dia Nacional da Consciência Negra no calendário escolar e tornou obrigatório o ensino da história e da cultura afro-brasileira nas escolas públicas e particulares do país. Junto com os seus colegas, levante pelo menos três argumentos que justifiquem a importância do estudo sobre a África.

Vestibular / ENEM

1 (UFRN) No texto abaixo, encontram-se, em destaque, duas passagens que fazem referência a objetivos lusitanos para a conquista do Novo Mundo.

"Pelo sertão nos pareceu, vista do mar, muito grande, porque, a estender olhos, não podíamos ver senão terra com arvoredos que nos parecia muito longa. Nela, até agora, não pudemos saber que haja ouro, nem prata, nem coisa alguma de metal ou ferro, nem lho vimos. Porém a terra em si é de muito bons ares, assim frios e temperados [...] as águas são muito; infindas. E em tal maneira é graciosa que, querendo-a aproveitar, dar-se-á nela tudo, por bem das águas que tem. Porém o melhor fruto, que dela se pode tirar, me parece que será salvar esta gente. E esta deve ser a principal semente que vossa alteza nela deve lançar. [...]"

CAMINHA, Pero Vaz de. *Carta a el-rei D. Manuel*, maio de 1500.

Explicite as consequências, para os indígenas, da concretização de cada um desses objetivos.

2 (Fuvest-SP) "[...] e em lugar de ouro, de prata e de outros bens que servem de moeda em outras regiões, aqui a moeda é feita de pessoas, que não são nem ouro, nem tecidos, mas sim criaturas. E a nós a vergonha e a de nossos predecessores, de termos, em nossa simplicidade, aberto a porta a tantos males [...]."

Garcia II, rei do Congo, século XVII.

Comente os acontecimentos a que se refere o rei africano e como estão relacionados à colônia brasileira.

3 (Enem-MEC) O mapa a seguir apresenta parte do contorno da América do Sul, destacando a bacia amazônica. Os pontos assinalados representam fortificações militares instaladas no século XVIII pelos portugueses. A linha indica o Tratado de Tordesilhas, revogado pelo Tratado de Madri, apenas em 1750.

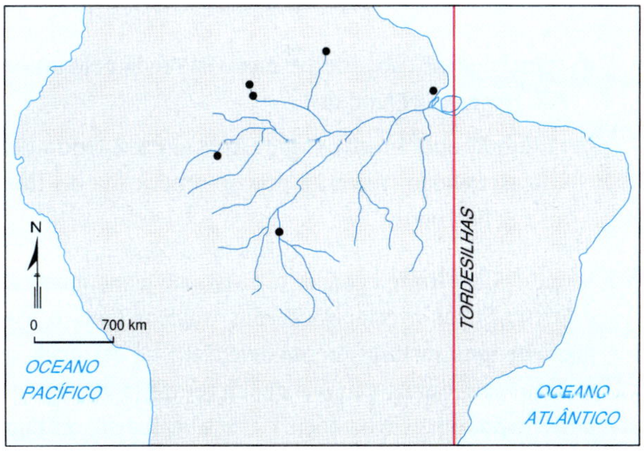

Fonte: Adaptado de MATTOS, Carlos de Meira. *Geopolítica e teoria de fronteiras.* s/l: Biblex Cooperativa, 2003.

Pode-se afirmar que a construção dos fortes pelos portugueses visava, principalmente, dominar

a) militarmente a bacia hidrográfica do Amazonas.

b) economicamente as grandes rotas comerciais.

c) as fronteiras entre nações indígenas.

d) o escoamento da produção agrícola.

e) o potencial de pesca da região.

4 (Vunesp) "Em um engenho sois imitadores de Cristo crucificado porque padeceis em um modo muito semelhante o que o mesmo Salvador padeceu na sua cruz, e em toda a sua paixão. [...] Os ferros, as prisões, os açoites, as chagas, os nomes afrontosos, de tudo isto se compõe a vossa imitação, que se for acompanhada de paciência, também terá merecimento de martírio."

Padre Antônio Vieira.
Sermão pregado na Baía à irmandade
dos pretos de um engenho, no ano de 1633.

Pode-se concluir dos argumentos do padre Vieira que os jesuítas, no Brasil,

a) eram favoráveis à abolição da escravidão dos negros.
b) viviam em conflito aberto com os senhores de engenho.
c) consideravam necessário castigarem-se os escravos.
d) estimulavam a escravidão de povos não-europeus.
e) reconheciam os sofrimentos produzidos pela escravidão.

5 (Vunesp) "No Brasil, costumam dizer que para os escravos são necessários três PPP, a saber, 'pau', 'pão' e 'pano'. E, posto que comecem mal, principiando pelo castigo que é o pau, contudo, prouvera a Deus que tão abundante fosse o comer e o vestir como muitas vezes é o castigo."

ANTONIL, André João.
Cultura e opulência do Brasil, 1711.
Belo Horizonte: Itatiaia; São Paulo: Edusp, 1982.

a) Qual a crítica ao sistema escravista feita pelo autor do trecho apresentado?
b) Indique dois motivos que explicam a introdução da escravidão negra na porção americana do Império Português.

6 (Fuvest-SP) "No seu conjunto, e vista no plano mundial e internacional, a colonização dos trópicos toma o aspecto de uma vasta empresa comercial [...] destinada a explorar os recursos naturais de um território virgem em proveito do comércio europeu. É este o verdadeiro sentido da colonização tropical, de que o Brasil é uma das resultantes; e ele explicará os elementos fundamentais, tanto no social como no econômico, da formação e evolução dos trópicos americanos."

PRADO JÚNIOR, Caio. *História
econômica do Brasil*. São Paulo: Brasiliense, 1996.

Com base neste texto, podemos afirmar que o autor

a) indica que as estruturas econômicas não condicionam a vontade soberana dos homens.
b) demonstra a autonomia existente entre as esferas social e econômica.
c) propõe uma interpretação econômica sobre a colonização do Brasil, acentuando seu sentido mercantil.
d) dá ao Brasil uma especificidade dentro do contexto de colonização dos trópicos.
e) confere ao sentido da colonização uma relativa autonomia em relação ao mercado internacional.

7 (UFC-CE) Nos primórdios do sistema colonial, as concessões de terras efetuadas pela metrópole portuguesa visaram tanto a ocupação e o povoamento como a organização da produção do açúcar, com fins comerciais.

Identifique a alternativa correta sobre as medidas que a Coroa portuguesa adotou para atingir esses objetivos.

a) Dividiu o território em capitanias hereditárias, cedidas aos donatários, que, por sua vez, distribuíram as terras em sesmarias a homens de posses que as demandaram.
b) Vendeu as terras brasileiras a senhores de engenho já experientes, que garantiram uma produção crescente de açúcar.
c) Dividiu o território em governações vitalícias, cujos governadores distribuíram a terra entre os colonos portugueses.
d) Armou fortemente os colonos para que pudessem defender o território e regulamentou um uso equânime e igualitário da terra entre colonos e índios aliados.
e) Distribuiu a terra do litoral entre os mais valentes conquistadores e criou engenhos centrais que garantissem a moenda das safras de açúcar durante o ano inteiro.

8 (Fuvest-SP) A dominação espanhola (1580-1640) provocou mudanças no império colonial português; por isto mesmo, D. João IV, que subiu ao trono com a Restauração ocorrida em 1640, teria dito que "o Brasil é a vaca leiteira de Portugal".

a) Quais mudanças do império derivaram da dominação espanhola?
b) Que relação há entre as mudanças e a ideia de que o Brasil se tornou a "vaca leiteira" de Portugal?

9 (Enem-MEC) Ruy Guerra e Chico Buarque de Holanda escreveram uma peça para teatro chamada *Calabar*, pondo em dúvida a reputação de traidor que foi atribuída a Calabar, pernambucano que ajudou decisivamente os holandeses na invasão do Nordeste brasileiro, em 1632.

"— Calabar traiu o Brasil que ainda não existia? Traiu Portugal, nação que explorava a colônia onde Calabar havia nascido? Calabar, mulato em uma sociedade escravista e discriminatória, traiu a elite branca?"

Os textos referem-se também a esta personagem.

Texto I: "... dos males que causou à Pátria, a História, a inflexível História, lhe chamará infiel, desertor e traidor, por todos os séculos".

Visconde de Porto Seguro. In: SOUSA JÚNIOR, A. *Do Recôncavo aos Guararapes*. Rio de Janeiro: Bibliex, 1949.

Texto II: "Sertanista experimentado, em 1627 procurava as minas de Belchior Dias com a gente da Casa da Torre; ajudara Matias de Albuquerque na defesa do Arraial, onde fora ferido, e desertara em consequência de vários crimes praticados." (os crimes referidos são o de contrabando e roubo)

CALMON, P. *História do Brasil*. Rio de Janeiro: José Olympio, 1959.

Pode-se afirmar que:

a) A peça e os textos abordam a temática de maneira parcial e chegam às mesmas conclusões.

b) A peça e o texto I refletem uma postura tolerante com relação à suposta traição de Calabar, e o texto II mostra uma posição contrária à atitude de Calabar.

c) Os textos I e II mostram uma postura contrária à atitude de Calabar, e a peça demonstra uma posição indiferente em relação ao seu suposto ato de traição.

d) A peça e o texto II são neutros com relação à suposta traição de Calabar, ao contrário do texto I, que condena a atitude de Calabar.

e) A peça questiona a validade da reputação de traidor que o texto I atribui a Calabar, enquanto o texto II descreve ações positivas e negativas dessa personagem.

Ampliando o conhecimento

Leituras

BUARQUE, Chico e GUERRA, Ruy. *Calabar:* o elogio da traição. Rio de Janeiro: Civilização Brasileira, 2000. Texto integral da peça que conta a trajetória de Domingos Calabar e questiona a versão construída sobre a sua colaboração com os holandeses.

FERLINI, Vera Lucia Amaral. *A civilização do açúcar:* séculos XVI a XVIII. São Paulo: Brasiliense, 1994. (Coleção Tudo é História)
O livro trata da organização da economia açucareira do Nordeste colonial, destacando aspectos sociais relacionados ao mundo do engenho.

REPRODUÇÃO

FREITAS, Décio. *Palmares:* a guerra dos escravos. Rio de Janeiro: Paz e Terra, 1990. (Biblioteca da história)
Livro que analisa a guerra ocorrida no Quilombo de Palmares, maior foco da resistência negra no período colonial.

Filmes

Menino de Engenho

Brasil, 1965. Direção de Walter Lima Jr. 110 min. Baseado no romance homônimo de José Lins do Rego, narra a vida de um menino que, após a morte da mãe, vai viver em um engenho, no interior do Nordeste brasileiro.

Quilombo

Brasil, 1984. Direção de Carlos Diegues. 119 min. Luta dos escravos africanos contra o domínio senhorial no Nordeste do século XVII. Os fugitivos constroem uma comunidade conhecida como Quilombo dos Palmares, que se torna refúgio e símbolo da resistência contra a escravidão.

Site

Fundação Cultural Palmares

<www.palmares.gov.br>
A fundação dedica-se à luta contra o racismo e pela preservação da cultura afro-brasileira.

Capítulo 22

A mineração no Brasil colonial

A imagem da exploração

Observe as duas fotos de Serra Pelada, no Pará. A foto A foi tirada quando o local despontava como um novo eldorado e gente de todo o país migrava para a região em busca do ouro. A foto B mostra a mesma região das escavações 20 anos depois. A retomada da exploração mineral da área enfrenta um grande jogo de interesses entre o Sindicato dos Garimpeiros de Serra Pelada (Singasp), diversas cooperativas de garimpeiros da região e o Governo Federal.

SAMUEL LAVELBERG/KINO

EDUARDO NICOLAU/AE

Observe dois momentos na história de Serra Pelada, em Carajás, no Pará: na foto A, garimpeiros explorando as riquezas (1986) e, na foto B, lagoa formada na cava em que era explorado o ouro (2006).

O impacto da mineração sobre a terra e os seres que a habitam tem sido objeto de estudo de diversos especialistas. Em geral, pequenas operações de mineração pouco afetam o meio ambiente. Porém, o desenvolvimento de grandes centros de extrativismo provoca transformações profundas e significativas.

No Brasil, a atividade mineradora teve início no período colonial. Como consequências favoreceu a expansão territorial para além dos limites do Tratado de Tordesilhas, o desenvolvimento de novas cidades, a expansão e a diversificação das atividades econômicas. No entanto, a mineração foi responsável pelo desmatamento, envenenamento do solo e dos recursos hídricos em decorrência do uso indiscriminado de mercúrio e outras substâncias tóxicas.

Hoje, esse impacto destrutivo pouco difere daquele provocado nos tempos coloniais. Na tentativa de minimizar os problemas ambientais existentes, instituições financeiras internacionais vêm criando projetos que, infelizmente, surtem pouco ou nenhum efeito, já que muitos produtores locais estão mais interessados em aumentar seus lucros do que em preservar o ambiente. Resta-nos então uma pergunta: Como conciliar a expansão do capital com desenvolvimento sustentável?

Atrás de uma bandeira

Na segunda metade do século XVII, em razão do declínio do comércio de açúcar no mercado europeu, a Coroa portuguesa estimulou a procura de metais e pedras preciosas em terras de sua colônia da América, através de expedições conhecidas como **entradas** e **bandeiras**.

Entradas foram expedições oficiais organizadas pelas autoridades, nos séculos XVI e XVII, que partiam do litoral com o objetivo de explorar o interior, apresar indígenas destinados à escravidão e procurar minas. **Bandeiras** foram as expedições armadas e organizadas em geral por particulares de São Paulo (vila da capitania de São Vicente) que partiam para o sertão em busca de índios para escravizar (**bandeiras de apresamento**), de pedras e metais preciosos (**bandeira prospectora**) e para combater índios rebeldes ou destruir quilombos (**sertanismo de contrato**).

Os ataques às missões

Organizadas desde o século XVI, as bandeiras de apresamento reuniam milhares de indivíduos. O armamento básico nessas expedições eram o arco e a flecha, o mesmo dos "índios bravos" que os paulistas pretendiam capturar. No século XVII, porém, aproveitando-se da União Ibérica, os bandeirantes avançaram muito além da linha de Tordesilhas e descobriram presas mais fáceis: os guaranis das missões jesuíticas, já convertidos ao cristianismo e acostumados ao trabalho agrícola.

As missões ou reduções do sul do continente surgiram entre 1610 e 1631, integrando as províncias jesuíticas de Guairá, Tape, Uruguai, Paraná e Itatim. Nas aldeias, as plantações, as oficinas, os meios de transporte e o próprio comércio tinham caráter coletivo. Todos trabalhavam; os frutos do esforço comum eram repartidos pela comunidade, que se encarregava de cuidar dos doentes, idosos, viúvas e órfãos. Fora da jornada de trabalho, que não costumava ultrapassar seis horas diárias, os guaranis dedicavam-se à escultura, ao artesanato e à música.

Prospecção
Método empregado para localizar jazidas de pedras e metais preciosos, bem como para calcular o valor econômico das jazidas descobertas.

BANDEIRAS DOS SÉCULOS XVII E XVIII

Fonte: *Atlas histórico escolar*. Rio de Janeiro: FAE, 1991.

Ruínas de São Miguel das Missões (RS), herança da influência jesuítica na América portuguesa. Foto de 1998.

Esse modelo de colonização alternativo ao dos reinos ibéricos foi posto em xeque pelos ataques bandeirantes. Entre 1619 e 1632, os paulistas destruíram as aldeias da província do Guairá, no atual estado do Paraná. Naquele mesmo ano começaram os ataques às missões do Itatim (atual Mato Grosso do Sul), que desapareceram em 1648. Seguiram-se as investidas contra as missões do Tape (1635-1637) e do Uruguai (1638), em terras gaúchas e uruguaias.

Com o fim da União Ibérica, os espanhóis permitiram que os indígenas se armassem. O confronto ficou mais equilibrado, e os guaranis chegaram a derrotar os bandeirantes. Nas décadas seguintes, muitos paulistas voltaram-se para o **sertanismo de contrato**. Foi o caso de Domingos Jorge Velho, que lutou contra "índios bravos" no Nordeste e participou da ofensiva que destruiu, em 1694-1695, o Quilombo de Palmares. Outros bandeirantes, porém, continuaram a se embrenhar no sertão, em busca do ouro. E afinal o encontraram.

Os caminhos do ouro

Sempre que uma entrada ou bandeira se internava pelo sertão, ainda que seu objetivo principal fosse apresar índios, não deixava de se preocupar com os metais preciosos. Pelas suas andanças nos sertões, os paulistas descobriram, por volta de 1695, ouro em abundância na região do Rio das Velhas, em terras dos atuais municípios mineiros de Sabará e Caeté. Em 1696, a descoberta de novas jazidas deu início à ocupação do vale do Ouro Preto. Os anos seguintes viram ser abertos caminhos auríferos em Mato Grosso e Goiás e, ao lado do ouro, a descoberta de diamantes no norte de Minas, na região do Serro Frio.

O ouro foi inicialmente encontrado no leito dos rios e riachos; ficava em depósitos chamados faisqueiras, porque ao sol os grãos maiores faiscavam. Era o **ouro de aluvião**, encontrado em depósitos de cascalho, areia e argila que se formam junto às margens ou na foz dos rios. Exploraram-se também depósitos localizados nas encostas das montanhas, técnica conhecida como **grupiara**. A exploração do subsolo, ou seio das montanhas, era feita por meio da construção de poços e galerias, de pouca profundidade e comprimento, uma vez que os mineradores não dispunham de processos de escoramento, drenagem ou ventilação suficientes para realizar tal técnica.

A notícia da descoberta trouxe para as zonas auríferas uma enorme multidão: calcula-se que tenham chegado à região cerca de 30 a 50 mil aventureiros. Vinham de Portugal e de todas as partes da colônia, atraídos pelo metal precioso e pela possibilidade de realizar fantásticos negócios, uma vez que os primeiros campos de garimpeiros eram improvisados e o problema de alimentação assumia graves proporções. Pouco se plantava e os gêneros de subsistência eram escassos e muito caros. Com o tempo, o cultivo de roças e a diversificação das atividades econômicas resolveram parcialmente o problema da falta de víveres.

Em decorrência desse afluxo populacional, a região das minas alcançou uma densidade populacional relativamente alta e assistiu, além disso, ao primeiro surto urbano da vida brasileira.

"[...] Em 1776, a população de Minas Gerais, excluindo os índios, superava as 300 000 almas — o que representava 20% da população total da América portuguesa e o maior aglomerado de toda a colônia. Mais de 50% da população era negra... O resto compunha-se, em porcentagens aproximadamente iguais, de brancos, mulatos e outros mestiços de combinações raciais inteiramente americanas. Era grande a desproporção entre homens e mulheres e, no interior de vários grupos raciais, só as mulatas eram mais do que os mulatos. [...]"

SILVA, Maria B. Nizza da (coord.). *O Império Luso-Brasileiro*, 1750-1822. Lisboa: Estampa, 1986.

FUNDAÇÃO BIBLIOTECA NACIONAL

Lavagem de ouro em mina, *litogravura de Johann Moritz Rugendas, século XIX.*

A fiscalização real

Desde a descoberta das primeiras jazidas de ouro, a metrópole tratou de controlar e regulamentar a atividade mineradora, seja na distribuição das **datas** ou **lotes**, seja no tocante à arrecadação de tributos. Em 1702, foi criado o *Regimento dos Superintendentes, Guardas-Mores* e *Oficiais Deputados para as Minas de Ouro*. Entre as suas principais disposições estava a criação da **Intendência das Minas**, um governo especial para as zonas auríferas, diretamente vinculado a Lisboa. A Intendência respondia pelo policiamento da área de mineração e pela cobrança de tributos, além de funcionar como tribunal de primeira e última instância. O superintendente era sempre alguém ligado diretamente à mineração, conhecedor da legislação vigente e defensor dos interesses da Coroa.

As regiões auríferas eram propriedades do rei, que podia doá-las a particulares para exploração. Foram ocupadas por meio da distribuição de datas, porções de terra medindo 30 braças de lado (66 metros). A doação de mais de uma data só ocorria após a exploração da primeira, sendo proibida a sua venda. Esse processo, entretanto, não era uniforme em toda a região das minas. Houve casos de se estabelecer a propriedade de uma jazida mediante posse ou prioridade, o que beneficiou os mais favorecidos economicamente.

As formas de arrecadação dos tributos estabelecidas pela Coroa variaram no decorrer do tempo. Uma das primeiras foi a cobrança do **quinto** (20% sobre o total minerado de ouro, prata e diamantes). Esse sistema gerou muita fraude e foi substituído pela **finta** (quantia anual fixa de aproximadamente 30 arrobas, cerca de 450 quilogramas). Mas o governo português considerou esse sistema injusto em relação à Real Fazenda, propondo a elevação das cotas e a construção das **Casas de Fundição**. Todo o ouro extraído deveria ser levado para essas Casas e ali ser fundido em barras, depois de deduzida a quinta parte de seu valor, correspondente ao tributo, e somente depois poderiam ser negociadas.

A crescente prosperidade das minas e o extravio de ouro fizeram com que as autoridades portuguesas reformassem o sistema de tributação. O quinto passou a coexistir com o **sistema de capitação**, que consistiu na cobrança de um imposto por cabeça de escravo, produtivo ou não, de sexo masculino ou feminino, maior de doze anos. Os mineradores sem escravos também pagavam o imposto por cabeça, no caso, sobre si mesmos. O governo instituiu ainda a **derrama**: a cobrança dos quintos em atraso ou de um imposto extraordinário.

É possível separar o período entre 1733 e 1748 como o auge da produção aurífera, identificar o declínio em meados do século XVIII e a exaustão a partir de 1789. O que restou da capitania foram as "gerais", isto é, os sertões mineiros ou a região que não era especializada em mineração. Nela combinaram-se a pecuária, os engenhos de açúcar, a produção de farinha e de cereais e as manufaturas, numa relação econômica fora do sistema de *plantation* e sem orientação para o mercado externo.

RODOLFO LOEFFEL/KINO

Ouro Preto (MG), antiga Vila Rica, foi o principal centro urbano da região aurífera no século XVIII. Ganhou traçado e arquitetura que permanecem praticamente intactos até hoje (foto de 1999).

▷ A Guerra dos Emboabas

A descoberta de metais preciosos nos sertões da colônia, no final do século XVII e princípio do século XVIII, gerou ambições — e ressentimentos — entre as multidões que se dirigiram para as principais áreas de mineração.

As jazidas foram descobertas em áreas situadas nos limites da capitania de São Paulo. Por isso, sentindo-se com direito ao ouro, os paulistas se opuseram à presença de portugueses e colonos vindos de outras capitanias, aos quais chamavam de **emboabas**.

Em abril de 1700, os paulistas conseguiram uma petição junto à Câmara da Vila de São Paulo, confirmando a posse das jazidas pelos descobridores. Essa incompatibilidade deu início a um confronto direto entre paulistas e emboabas pela posse das áreas de mineração entre 1707 e 1709, quando, por despacho régio, foi criada a Capitania de São Paulo e das Minas de Ouro.

O último episódio do conflito ocorreu em 1709, no local que passou a ser chamado de Capão da Traição. Os emboabas propuseram aos paulistas que depusessem as armas, garantindo-lhes a vida. Os paulistas aceitaram a proposta e se renderam, mas foram traiçoeiramente atacados e massacrados; mais de trezentos deles foram mortos.

A luta entre paulistas e emboabas contribuiu para a abertura de novas frentes de colonização, especialmente no Centro-Oeste, onde, mais tarde, foram encontradas minas de ouro. Desse modo, o território colonial português expandiu suas fronteiras.

▶ Os diamantes

"[...] Rochedos sobranceiros, altas montanhas, terrenos arenosos e estéreis, irrigados por um grande número de riachos, sítios os mais bucólicos, uma vegetação tão curiosa quão variada, eis o que se nos apresenta no Distrito dos Diamantes; e é nesses lugares selvagens que a natureza se contenta em esconder a preciosa pedra que constitui para Portugal a fonte de tantas riquezas. [...]"

SAINT-HILAIRE, Auguste de. *Viagem pelo Distrito dos Diamantes e litoral do Brasil.* Belo Horizonte: Itatiaia; São Paulo: Edusp, 1974.

Os diamantes foram encontrados na região Comarca do Serro Frio, Minas Gerais, no início do século XVIII. A Coroa, porém, só recebeu a notícia em 1729.

"[...] Bernardo Fonseca Lobo foi o primeiro que descobriu diamantes no Serro Frio [...]. Ignora-se o ano em que se deu essa grande descoberta; todavia sabe-se que o governador D. Lourenço de Almeida, tendo remetido à corte algumas pedras transparentes, dizia, em carta de 27 de julho de 1729, que as considerava como diamantes [...]."

SAINT-HILAIRE, Auguste de. *Viagem pelo Distrito dos Diamantes e litoral do Brasil.* Belo Horizonte: Itatiaia; São Paulo: Edusp, 1974.

Para evitar o contrabando, o governo metropolitano demarcou o **Distrito Diamantino**, isolando-o do restante da capitania e submetendo-o a condições muito severas. Tijuco (atual cidade de Diamantina), sede administrativa do Distrito, permaneceu um simples arraial, isto é, sua população não gozava dos direitos civis garantidos aos habitantes das vilas. A mineração de ouro chegou a ser proibida, para não desviar braços da busca dos diamantes, e os mulatos e negros livres foram expulsos da comarca.

Em 1734, quando o Distrito Diamantino passou ao controle da Intendência dos Diamantes, a extração das pedras ocorria de maneira semelhante à do ouro, com a concessão de datas, a taxação sobre o montante de pedras extraídas (o quinto) e mão-de-obra escrava. Mas a Coroa portuguesa suspendeu a mineração entre 1734 e 1737, a fim de evitar a queda dos preços das gemas (pedras preciosas) no mercado europeu.

Fonte: *Atlas histórico escolar*. Rio de Janeiro: FAE, 1991.

ARQUIVO HISTÓRICO ULTRAMARINO, LISBOA, PORTUGAL

Extração de diamantes. *Aquarela de Carlos Julião, c. 1776.*

A partir de 1740, o antigo sistema foi substituído pelos **Contratos de Monopólio**, ou seja, deu-se a exclusividade de exploração, por tempo determinado, a um único contratador que deveria pagar uma taxa anual ao erário português. O contratador tinha plena autoridade sobre a região diamantífera e sua população, ficando subordinado apenas à Intendência dos Diamantes. O sistema vigorou até 1771, quando a Coroa criou a Real Extração e passou a controlar diretamente a atividade mineradora. A repressão, ainda mais severa, assegurou os lucros metropolitanos, numa fase em que os diamantes já começavam a escassear.

A história de João Fernandes e Xica da Silva

O último contratador de diamantes foi João Fernandes de Oliveira, famoso por seu relacionamento com a ex-escrava Francisca da Silva – a "Chica-que-manda", com quem teve treze filhos.

O luxo e a opulência eram marca registrada do casal, até que denúncias sobre a conduta de João Fernandes chegaram ao conhecimento do rei. Este enviou D. José Luís de Meneses, o governador da capitania, para verificar o que se passava no Tijuco. Parece que D. José não gostou do que viu, pois o contratador teve de seguir para Portugal e nunca mais conseguiu permissão para retornar ao Distrito Diamantino. Além disso, João Fernandes foi multado em 11 milhões de cruzados, uma soma elevadíssima, em razão das infrações contratuais que cometera. Surpreendentemente, ele pagou cada centavo à Coroa e continuou rico. Em 1799, seu filho, primogênito de Chica da Silva, herdou todos os bens do pai e tornou-se um dos homens mais ricos do Império Português.

Vassalos rebeldes

Na América portuguesa, os colonos resistiram o mais que puderam à tirania dos funcionários reais. Por outro lado, as autoridades não dispunham de meios, verdadeiramente eficientes, para administrar a sociedade de acordo com os desejos da Coroa. As distâncias e as dificuldades de estabelecer normas gerais para a colônia consistiram em outros prejuízos para a plena organização.

Foram muitos os motins, conspirações, revoltas e rebeliões no decorrer da história do domínio português sobre o Brasil, nos séculos XVII e XVIII. Alguns podem ser classificados como movimentos regionais de contestação à política metropolitana, pois não tiveram caráter separatista, isto é, não desejavam o rompimento definitivo com a metrópole. Outros, porém, assumiram nitidamente esse caráter, buscando a independência das respectivas regiões.

Dentre os movimentos regionais contestatórios, destacaram-se a **Revolta de Beckman** (1684), a **Guerra dos Mascates** (1710-1711) e a **Revolta de Vila Rica** (1720). Dentre os movimentos de caráter separatista, cabe mencionar a **Conjuração Mineira** (1789) e a **Conjuração Baiana** (1798).

Faremos um estudo de alguns dos movimentos de contestação à política metropolitana. Por sua vez, as inconfidências ou conjurações serão posteriormente trabalhadas, uma vez que ocorreram em outra conjuntura histórica.

A Revolta de Beckman

No Estado do Maranhão — estrutura político-administrativa criada no Brasil em 1621, abrangendo Maranhão, Pará e outros territórios setentrionais — ocorreu, em 1684 e 1685, um movimento de contestação que ficou conhecido como Revolta de Beckman.

A oferta de escravos africanos na região era pouca, o que levava os colonos a utilizar como força de trabalho os índios escravizados. Isso, porém, gerou um conflito com os jesuítas, contrários à escravização dos nativos.

Para resolver o problema da mão-de-obra e do abastecimento regional, a Coroa criou a Companhia Geral de Comércio do Maranhão, que tinha o monopólio do comércio na região. Entre outras atribuições, a companhia devia fornecer cerca de 500 escravos negros por ano, abastecer a região de gêneros alimentícios importados (bacalhau, vinho e farinha de trigo) e adquirir e exportar produtos locais como açúcar, cacau, tabaco e couros. A falta do cumprimento do contrato estabelecido entre a Companhia de Comércio e a população local acabou provocando o início do movimento rebelde.

Em fevereiro de 1684, moradores da região de São Luís, sob a chefia dos irmãos Beckman (Manuel e Tomás), tomaram os depósitos da companhia e o governo local. Reunidos na Câmara Municipal de São Luís, os revoltosos decidiram abolir o monopólio da companhia e compor um Governo Provisório até resolver a situação.

Tomás Beckman, escolhido representante dos sublevados, foi a Lisboa convencer as autoridades portuguesas de que o movimento se baseava em motivos justos.

Para resolver o problema, a Coroa aboliu os privilégios da companhia e nomeou um novo governador para o Estado do Maranhão. Mas Tomás Beckman não retornou; ficou preso em Portugal.

Em maio de 1685, quando o novo representante do rei chegou a São Luís, determinou a dissolução do Governo Provisório, prendeu os principais líderes e executou Manuel Beckman e Jorge Sampaio. Os demais foram condenados à prisão ou ao degredo, sendo alguns deles perdoados.

▷ A Guerra dos Mascates

A crise da economia açucareira no Nordeste brasileiro pode ser apontada como causa de um movimento ocorrido em Pernambuco, em 1710, conhecido como Guerra dos Mascates.

> "Depois da expulsão dos flamengos, o governador fixou residência em Olinda [...]. A nobreza antiga reedificou a casaria destruída, que ocupava só por ocasião das festas, pois a maior parte do ano passava nos engenhos. O Recife, graças à superioridade do porto, continuou a prosperar e adquiriu população numerosa e permanente; preferiram-no para morada os negociantes, gente que em geral procuravam enriquecer depressa, para ir desfrutar a fortuna no além-mar. Os olindenses desdenhosamente chamavam-nos mascates [...]."
>
> ABREU, Capistrano de. *Capítulos de história colonial.* 7. ed. Belo Horizonte: Itatiaia; São Paulo: Publifolha, 2000. (Grandes nomes do pensamento brasileiro)

O termo "mascate" é utilizado, até os dias de hoje, para se referir ao comerciante ambulante que circula vendendo suas mercadorias. No período colonial, essa expressão tinha um sentido pejorativo, mesmo referindo-se àqueles com local fixo para vender seus produtos. Por isso, os comerciantes do Recife eram chamados de mascates pelos senhores de engenho.

A expulsão dos holandeses de Pernambuco, em 1654, agravou a crise do açúcar na região. A concorrência com o açúcar produzido pelos holandeses nas Antilhas provocou a queda do preço do produto nos mercados europeus. Para manter os engenhos em funcionamento, os produtores de açúcar tiveram de solicitar empréstimos aos mascates, que, interessados no domínio econômico da região, tornaram-se os maiores credores.

Durante o período em que os holandeses permaneceram na região de Pernambuco (1630-1654), o Recife foi escolhido como sede da administração holandesa, recebendo diversas melhorias, que incluíram grandes investimentos nos engenhos açucareiros.

Em contrapartida, Olinda, sede da capitania, ficou praticamente destruída. Lá estavam instalados os órgãos administrativos como a Câmara, os tribunais e os membros da administração local. Para amenizar os prejuízos causados pela guerra, os administradores aumentaram os impostos. Os recifenses se opuseram e passaram a defender a elevação de seu povoado à categoria de vila, pois assim teriam direito à Câmara e aos demais órgãos de governo.

Em 1709, o Recife foi elevado à categoria de vila autônoma. Os latifundiários olindenses não aprovaram a medida, pois temiam que, com a autonomia do Recife, seus credores pudessem obrigá-los a pagar as dívidas. A definição das fronteiras, que havia ficado a cargo dos dois municípios, serviu de pretexto para o início da guerra.

O confronto entre as duas regiões teve início em 1710. Em novembro os olindenses ocuparam o Recife e instituíram um novo governo, que foi apoiado pela administração real. Logo, porém, os rebeldes do Recife organizaram uma reação. Contando com o apoio de autoridades de outras capitanias, os mascates retomaram o Recife.

Os conflitos continuaram. A pacificação ficou a cargo do novo governador nomeado pela Coroa, Félix José de Mendonça, que chegou a Pernambuco em 1711. Félix Mendonça aderiu à causa dos mascates e ordenou a prisão de cem integrantes da aristocracia olindense. Para evitar novos conflitos, o governador adotou o sistema de residir seis meses em cada vila.

▷ A Revolta de Vila Rica

A alta rentabilidade gerada pela mineração e a sua crescente importância para o governo português levaram à ideia de implantar na região uma administração diretamente subordinada à metrópole.

No ano de 1720, a capitania de Minas Gerais foi separada de São Paulo e criaram-se as Intendências das Minas, órgãos especiais que controlavam a exploração do ouro. Para garantir o controle sobre a produção de ouro, o governo metropolitano fundou as Casas de Fundição.

As novas leis foram recebidas com protestos pelos mineradores. Um dos principais movimentos ocorreu em 1720 e ficou conhecido como Revolta de Vila Rica ou Revolta de Filipe dos Santos, um tropeiro da região. Os rebeldes elaboraram um documento no qual denunciavam os funcionários do reino que atuavam nas Minas Gerais como corruptos e exigiam o fechamento das Casas de Fundição.

Para ganhar tempo, o Conde de Assumar, governador da capitania, fingiu concordar com as exigências, enquanto organizava suas tropas para combater o movimento. Com cerca de 1.500 homens, seguiu para Vila Rica e prendeu os rebeldes.

O tropeiro de origem portuguesa, Filipe dos Santos, considerado o principal líder da revolta, foi condenado à morte e ao esquartejamento.

PRINCIPAIS REVOLTAS COLONIAIS

Fonte: *Atlas histórico escolar*. Rio de Janeiro: FAE, 1991.

FUNDAÇÃO BIBLIOTECA NACIONAL, RJ

Prospecto da Vila de Recife tendo em primeiro plano Olinda, *c. 1759, manuscrito baseado no original de Padre José Caetano.*

▶ Um “ilustrado” na corte portuguesa

A exploração direta das jazidas de diamantes pela Real Extração foi uma medida adotada por Sebastião José de Carvalho, o Marquês de Pombal, todo-poderoso ministro do rei D. José I. Da coroação de D. José, em 1750, até a morte do soberano, em 1777, o ministro dirigiu com autoridade e energia as atividades da metrópole e das colônias, a ponto de esse período se tornar conhecido como “período pombalino”.

As intervenções de governantes enérgicos não ocorriam apenas em Portugal. Toda essa fase da vida europeia foi marcada pelo chamado **despotismo esclarecido**, isto é, a tentativa de conciliar as ideias iluministas às práticas políticas e econômicas, empreendidas por alguns Estados que não haviam passado por um processo revolucionário do tipo burguês clássico.

Portugal arrastava-se, havia várias décadas, numa crise econômica de grandes proporções devido principalmente à perda de suas possessões na Ásia, no decorrer do século XVII, e agravada pelos efeitos do **Tratado de Methuen**, assinado em 1703 entre os governos português e inglês.

Pelo Tratado de Methuen, Portugal, com uma economia destruída pelas décadas de dominação espanhola e de lutas pela restauração de sua independência, teria facilidades comerciais para adquirir tecidos de lã ingleses, enquanto a Grã-Bretanha compraria com impostos menores os vinhos produzidos em Portugal. Por isso, ficou conhecido também como Tratado dos Panos e Vinhos. Os efeitos do tratado foram desastrosos para o Estado português, pois impediu o franco desenvolvimento das suas atividades manufatureiras e, ao mesmo tempo, estabeleceu a dependência econômica de Portugal em relação à economia britânica.

No plano administrativo, predominou uma orientação centralizadora. O Conselho Ultramarino, criado em 1642, responsável pela administração das colônias portuguesas, perdeu parte dos seus poderes, absorvidos pelo próprio ministro. As capitanias hereditárias desapareceram, com a transferência para a Coroa dos poderes até então reservados aos capitães-donatários. A única exceção foi a capitania de São Vicente, que perdurou até 1759.

Uma das medidas mais controvertidas da administração pombalina foi a expulsão dos jesuítas da colônia, em 1759. No intuito de centralizar a administração, Pombal impediu que as missões se transformassem em um centro de poder autônomo na América.

CÂMARA DE OEIRAS, PORTUGAL

Marquês de Pombal. *Autor desconhecido, século XVIII.*

Após a expulsão dos jesuítas, os bens pertencentes à Companhia de Jesus passaram às mãos de militares e particulares, e parte foi doada ou vendida em leilão. Fazendas maiores transformaram-se em vilas, e o gado foi dividido entre os novos habitantes. Ao passar o ensino para o controle do Estado, o Marquês de Pombal criou um imposto, o chamado **subsídio literário**, para o pagamento dos professores. Seu projeto educacional, no entanto, fracassou.

O ministro tomou outras medidas consideradas modernizantes, tais como a abolição da escravidão indígena em 1757, o fim da perseguição aos chamados cristãos-novos (descendentes de judeus convertidos ao catolicismo) e a abolição da escravidão na metrópole.

TEXTO COMPLEMENTAR

Perigos externos

A presença de piratas e corsários no litoral da colônia era uma ameaça constante, que se intensificou após a descoberta das minas no interior. O medo da invasão do território por aventureiros incomodava os governantes coloniais.

"Tão logo as notícias do descobrimento das minas foram se espalhando pelos caminhos, atingindo os portos e se disseminando pelos mares, aventureiros, comerciantes, piratas e corsários de outras nações lançaram-se ao Atlântico em viagens exploratórias e de reconhecimento, com o intuito de abocanhar — por meio do contrabando ou do corso — parcela daquele tesouro.

Havia muito que o litoral da capitania do Rio de Janeiro — pontilhado de restingas, enseadas e pequenos ancoradouros desde Cabo Frio até Parati — tornara-se um dos pontos mais concorridos para a escala de navios europeus que seguiam a rota das Índias Orientais e dos Mares do Sul. Tornara-se, pelas mesmas razões, um local privilegiado para as atividades de corso e de pirataria. Embora fosse proibido o comércio com estrangeiros nas colônias, não se podia negar acolhida às naus que, depois da longa e por vezes tormentosa travessia do Atlântico, necessitassem de reparos, água ou mantimentos. Assim dispunham as chamadas leis de hospitalidade, estabelecidas pelos tratados de paz e de amizade entre os países da Europa.

Porém, constantemente apreensivos com a possibilidade do comércio ilegal ou com as investidas de piratas e corsários, [...] os governantes coloniais agiam premidos pela dúvida e pelo medo quando autorizavam tais escalas. Foi o que ocorreu em março de 1699, quando, após uma tempestuosa travessia oceânica, um dos três navios apartados de uma esquadra francesa, saída de La Rochelle em direção ao Pacífico, chegou à altura do Rio de Janeiro. Seu comandante pediu permissão ao governador Artur de Sá e Meneses para ancorar na Ilha Grande, local previamente escolhido para o reencontro das naus da expedição. Em finais de abril, sem notícias de seus companheiros de infortúnio e avaliando o risco de continuar viagem àquela época do ano, M. de Beauchesne, capitão do navio, resolveu ali permanecer durante todo o inverno. No entanto, uma carta do governador ordenando-lhe que partisse imediatamente fez com que retomasse sua rota em direção ao Rio da Prata. Na dita carta, Artur de Sá e Meneses afirmava que a presença de estrangeiros causava grande prejuízo aos habitantes de Angra dos Reis, obrigando-os a abandonar seus afazeres na lavoura e no comércio e a montar rondas e guardas ininterruptas. A intenção era impedir, por ordem do governador, a livre circulação de pessoas estranhas na região, para que não tomassem ciência das minas recém-descobertas, nem desertassem em busca de seu caminho.

Demasiado — e nem sempre infundado — era o temor das autoridades e dos colonos diante do perigo representado pela presença de estrangeiros nos mares, nas vilas e cidades do Brasil."

SOUZA, Laura de Mello e BICALHO, Maria Fernanda B. *1680-1720. O império deste mundo.* São Paulo: Companhia das Letras, 2000.

Compreendendo o texto

1. Por que o comércio de estrangeiros na colônia era proibido?

2. Explique por que as autoridades da colônia temiam a livre circulação de estrangeiros na região do Rio de Janeiro.

ATIVIDADES

Explorando o conhecimento

1 Explique as razões que motivaram os portugueses a organizar expedições exploratórias do interior da colônia americana.

2 Explique as diferenças entre entradas e bandeiras.

3 Observe atentamente o mapa "Bandeiras dos séculos XVII e XVIII", na página 285, e responda.

a) Qual o papel das bandeiras na configuração territorial da América portuguesa?

b) No século XVIII, os reis de Portugal e Espanha assinaram vários acordos que definiam os domínios territoriais de cada país na América. Explique a necessidade da assinatura desses tratados.

c) Escreva a respeito do papel dos bandeirantes em relação às populações indígenas da colônia.

4 Observe a gravura da página 287. Ela representa a grupiara, uma técnica de exploração de ouro utilizada nas áreas de mineração da colônia.

a) Explique em que consistia essa técnica.

b) Comente a importância dos escravos africanos na mineração.

5 Leia o texto a seguir.

A pobreza mineira

"É a gente levada a pensar que, num país em que há ouro e diamante, devam os seus habitantes serem imensamente ricos, dignos de inveja [...]. Ficar-se-á surpreendido com o que eu vou dizer e entretanto falo a verdade, sem exagero ou diminuição. A habitação mal merece o nome de casa; é a mais miserável barraca que a imaginação possa figurar [...]. As paredes consistem em palha rebocada de lama: um buraco com caixilho serve de janela ou uma ruim porta faz as vezes dela. As fendas abertas na taipa raramente são tapadas e muito poucas vezes vi uma casa consertada. O piso é de barro úmido e ainda mais desagradável pela imundície dos habitantes."

MAWE, John. Viagens pelo interior do Brasil. In: TOLEDO, Vera Vilhena de e GANCHO, Cândida Vilares. *O brilho dos metais:* mineração e metalurgia no Brasil. São Paulo: Moderna, 1997. (Coleção Desafios)

a) Identifique a ideia central do texto.

b) De acordo com o que você estudou, reúna outros argumentos para comprovar a ideia principal apresentada pelo autor.

6 Cite as principais mudanças introduzidas pelo Marquês de Pombal na administração política e econômica de Portugal.

7 Organize no caderno um quadro das revoltas coloniais estudadas neste capítulo. O quadro estará dividido em colunas, de acordo com o modelo a seguir:

REVOLTAS COLONIAIS				
Nome da revolta	Local e época em que ocorreu	Fatores que motivaram a revolta	Grupos sociais envolvidos	Desfecho do movimento

A história e o tempo presente

8 Muitas companhias mineradoras têm sido, ao longo do tempo, responsáveis pelo desmatamento de grandes áreas e pelo envenenamento da água e do subsolo. Individualmente ou em grupo, faça um levantamento sobre as condições em que ocorre a atividade mineradora no Brasil dos dias de hoje. Inclua o máximo de informações nessa pesquisa: a situação enfrentada pelos mineradores, as substâncias químicas utilizadas e as consequências ambientais e sociais que podem ser observadas nessas regiões. Cite as fontes (livros, jornais, revistas, *sites*) que você utilizou em sua pesquisa.

WILTON JUNIOR/AE

Bairro alagado pelo transbordamento do rio Muriaé, em razão do rompimento de um dique de uma mineradora. Foto de 2007.

Vestibular / ENEM

1 (Vunesp) "Nossa milícia, Senhor, é diferente da regular que se observa em todo o mundo. Primeiramente nossas tropas com que vamos à conquista do gentio bravo desse vastíssimo sertão não é de gente matriculada no livro de Vossa Majestade, nem obrigada por soldo, nem por pagamento de munição."

Carta de Domingos Jorge Velho ao rei de Portugal, em 1694.

De acordo com o autor da Carta, pode-se afirmar que

a) os bandeirantes possuíam tropas de mercenários, pagas pela metrópole, com o objetivo de exterminar indígenas.

b) havia proibição oficial de capturar índios para a escravização e os bandeirantes pretendiam evitar ser punidos pelos colonos e pelos espanhóis.

c) os exércitos portugueses, organizados na colônia, tinham a particularidade de serem compostos por indígenas especializados em destruir quilombos.

d) algumas tribos indígenas ameaçavam a segurança dos colonos e as bandeiras eram tropas encarregadas de transportar os nativos para as reduções religiosas.

e) muitas das bandeiras paulistas eram constituídas por exércitos particulares, especializados em exterminar e capturar indígenas para serem escravizados.

2 (UFRJ) "Cada ano, vêm nas frotas quantidade de portugueses e de estrangeiros, para passarem às minas. Das cidades, vilas e recôncavos e sertões do Brasil, vão brancos, pardos e pretos, e muitos índios, de que os paulistas se servem. A mistura é de toda a condição de pessoas: homens e mulheres, moços e velhos, pobres e ricos, nobres e plebeus, seculares e clérigos, e religiosos de diversos institutos, muitos dos quais não têm no Brasil convento nem casa."

ANTONIL, André João. Das pessoas que andam nas minas e tiram ouro dos ribeiros. In: *Cultura e opulência do Brasil*, 1711.

A corrida do ouro às minas brasileiras, ocorrida nas primeiras décadas do século XVIII, proporcionou significativas mudanças na economia e na sociedade coloniais.

Identifique duas importantes transformações ocorridas na sociedade colonial a partir do ciclo do ouro, em Minas Gerais, no século XVIII.

3 (UFC-CE) Leia o trecho abaixo.

"Na mineração, como de resto em qualquer atividade primordial da colônia, a força de trabalho era basicamente escrava, havendo, entretanto, os interstícios ocupados pelo trabalho livre ou semilivre."

SOUZA, Laura de M. *Desclassificados do ouro:* pobreza mineira no século XVIII. 3. ed. Rio de Janeiro: Graal, 1990. p. 68.

Com base neste trecho sobre o trabalho livre praticado nas áreas mineradoras do Brasil colônia, é correto afirmar que:

a) devido à abundância de escravos no período do apogeu da mineração, os homens livres conseguiam viver exclusivamente do comércio de ouro.

b) em função da riqueza geral proporcionada pelo ouro, os homens livres dedicavam-se à agricultura comercial, vivendo com relativo conforto nas fazendas.

c) perseguidos pela Igreja e pela Coroa, os homens livres procuravam sobreviver à custa da mendicância e da caridade pública.

d) sem condições de competir com as grandes empresas mineradoras, os homens livres dedicavam-se à "faiscagem" e à agricultura de subsistência.

e) em função de sua educação, os homens livres conseguiam trabalho especializado nas grandes empresas mineradoras, obtendo confortáveis condições de vida.

4 (Vunesp) "As minas do Brasil se vão de dia em dia acabando, como mostra a experiência: muitas delas já não dão nem para as despesas; antigamente [...] tirava-se tanto que só a capitania das Minas Gerais pagava dos direitos dos quintos cem arroubas de ouro todos os anos."

COUTINHO, J. J. da Cunha Azeredo. *Discurso sobre o estado atual das minas do Brasil*, 1804.

a) Aponte uma das causas do declínio da produção aurífera na região das Minas Gerais na época em que o texto foi escrito.

b) Indique duas consequências econômicas da atividade mineradora para a colônia.

5 (UFV-MG)

"O ouro brasileiro deixou buracos no Brasil, templos em Portugal e fábricas na Inglaterra."

Eduardo Galeano

Explique de que forma os fatos contidos na frase anterior estão relacionados historicamente.

6 (UFPE) Sebastião José de Carvalho e Melo, Marquês de Pombal (1699-1782), dirigiu durante 27 anos a vida política e econômica de Portugal, como ministro do Rei D. José I. Em razão da atuação de Pombal, é correto fazer as seguintes afirmações.

a) Durante o seu governo, foram criadas comissões encarregadas de fazer a demarcação das fronteiras entre terras do domínio português e terras do domínio espanhol, no território americano.

b) Na sua luta contra os jesuítas, Pombal tentou atingi-los estendendo a lei de liberdade dos índios (1755) a todo o Brasil.

c) O antijesuitismo, desenvolvido na época, foi uma estratégia de Pombal para acusar a Companhia de Jesus de ser um estado dentro de outro estado e, dessa maneira, justificar a expulsão dos jesuítas do Brasil.

d) As rigorosas leis pombalinas acabaram por incentivar a "reforma geral no ensino", tornando-o mais complexo e multiplicando as escolas e as ordens responsáveis por elas, o que deu maior desenvolvimento à cultura colonial.

e) Os jesuítas não se submeteram às ordens de Pombal e reagiram apoiando o governo de D. José I.

7 (UFRN) A Guerra dos Emboabas, a dos Mascates e a Revolta de Vila Rica, verificadas nas primeiras décadas do século XVIII, podem ser caracterizadas como:

a) movimentos isolados em defesa de ideias liberais, nas diversas capitanias, com a intenção de se criarem governos republicanos.

b) movimentos de defesa das terras brasileiras, que resultaram num sentimento nacionalista, visando à independência política.

c) manifestações de rebeldia localizadas, que contestavam aspectos da política econômica de dominação do governo português.

d) manifestações das camadas populares das regiões envolvidas, contra as elites locais, negando a autoridade do governo metropolitano.

8 (Unicamp-SP) No Brasil colonial, além da produção açucareira escravista, o historiador Caio Prado Júnior (em *Formação do Brasil contemporâneo*) enumera outras atividades econômicas importantes como, por exemplo, a mineração do século XVIII, que era também uma atividade voltada para o comércio externo.

a) Caracterize a mineração no século XVIII em termos de região geográfica, organização do trabalho e desenvolvimento urbano.

b) Cite e caracterize duas outras atividades econômicas do Brasil colonial que não eram voltadas para o comércio externo.

Ampliando o conhecimento

Leitura

BRAGA, Angela Curtopassi e REGO, Lígia Maria da Silva. *Aleijadinho*: Antônio Francisco Lisboa. São Paulo: Moderna, 1999. (Coleção Mestres das artes no Brasil)
O livro traz a vida e a obra de um dos maiores artistas do Brasil colonial, o Aleijadinho. Por meio da análise das esculturas do artista, o livro nos ajuda a compreender a sociedade e a cultura das cidades mineiras da época do ouro.

Filmes

Xica da Silva

Direção de Cacá Diegues. Brasil, 1976. 117 min.
A história do filme gira em torno de um fidalgo português, que se apaixona por uma escrava e a transforma em dama da sociedade no século XVIII, na região das minas, especificamente no Distrito Diamantino.

Chico Rei

Direção de Walter Lima Jr. Brasil, 1985. 115 min.
O filme conta a história de Calanga, rei do Congo que, no século XVIII, é aprisionado e trazido ao Brasil na condição de escravo. Levado para trabalhar nas minas de ouro de Vila Rica, consegue comprar a alforria e tornar-se proprietário de uma mina aurífera.

Site

Cidades Históricas Brasileiras
<http://cidadeshistoricas.art.br>
Portal que convida você a viajar pelo passado colonial e pelo presente majestoso das vilas e cidades mineiras. Traz a história dos mais importantes núcleos urbanos nascidos com a mineração e várias informações e imagens sobre o patrimônio histórico reunido nas cidades mineiras.

Capítulo 23

Religião e sociedade na América portuguesa

Feiticeiros negros no Brasil colonial

"A beleza, o mistério e a pompa dos terreiros de umbanda e candomblé pelo Brasil afora, em particular na Bahia, vêm de longe, no tempo e no espaço. Nasceram da cultura e da religiosidade dos negros que deixaram tantas outras marcas profundas em nossa sociedade, desde que foram retirados à força de suas comunidades e aqui desembarcaram em finais do século XVI, trazendo crenças e ritos cuja prática muitas vezes lhes custou caro. [...]"

CALAINHO, Daniela Buono. *Nossa História*. São Paulo: Vera Cruz; Rio de Janeiro: Biblioteca Nacional. Ano 2, n. 18, abr. 2005.

Grupo de baianas participa da tradicional Lavagem do Bonfim, na cidade de Salvador, Bahia, em 2006. A lavagem das escadarias da Igreja Basílica do Senhor do Bonfim acontece na segunda quinta-feira de janeiro e é a mais importante festa religiosa da Bahia, evento que expressa o sincretismo entre a religião católica e os cultos afro-brasileiros.

Caracterizado pela combinação de diferentes traços étnicos e culturais, o Brasil tem no sincretismo religioso uma das suas características mais intrigantes. Nas igrejas espalhadas em vários cantos do país pode ser encontrada a força da religião católica trazida pelos portugueses para fazer de índios e negros novos adeptos da sua religião.

Convivendo no mesmo espaço social, muitos curandeiros negros e mulatos utilizavam à vontade elementos ligados ao culto católico, como água benta, orações impressas, hóstias, terços, cruzes e outros objetos de devoções a santos, no sentido de potencializar os efeitos das curas, revelando um evidente sincretismo mágico-religioso e cultural.

Neste capítulo você vai estudar as características da religião e da sociedade colonial. Após o estudo vai perceber as heranças dos três grupos que formaram a sociedade brasileira nos dias de hoje.

MUSEU DE GRÃO VASCO, VISEU, PORTUGAL

O projeto de conversão religiosa dos índios teve eco também na pintura. No quadro Adoração dos Magos *(século XVI), atribuído a Vasco Fernandes e Jorge Afonso, o índio é mostrado como um dos reis magos.*

▶ Evangelização e Inquisição

Quando Pedro Álvares Cabral e sua esquadra aqui desembarcaram em 1500, grande parte da tripulação reuniu-se para assistir a uma missa comemorativa do encontro. Em seguida, o escrivão Pero Vaz de Caminha, conhecido como o autor da certidão de nascimento do Brasil, comentou em um dos trechos de sua carta ao rei de Portugal:

> "[os índios] Parece-me gente de tal inocência que, se nós os entendêssemos, e eles a nós, seriam logo cristãos, porque, segundo parece, não têm eles nenhuma crença. [...] Portanto, Vossa Alteza, que tanto deseja fazer crescer a santa fé católica, deve cuidar da salvação deles. [...]"
>
> TUFANO, Douglas. *A Carta de Pero Vaz de Caminha*. São Paulo: Moderna, 2000.

A preocupação de Caminha com a catequização dos índios explica-se pela estreita ligação da Igreja com o Estado, uma vez que as duas instituições defendiam interesses comuns nas esferas religiosa, política e econômica. Desse modo, aliada ao governo de Portugal, a Igreja Católica investiu na tarefa de colonizar e evangelizar os habitantes do Novo Mundo.

Nesse contexto, é importante lembrar que a Europa ocidental viveria a partir de 1517 a era da Reforma Protestante, movimento religioso que quebrou a unidade da Igreja de Roma. Assim, os grandes interesses dos governos da Península Ibérica, regidos por reis católicos, eram a expansão de seus domínios e a divulgação da fé católica entre os povos do leste europeu, da Ásia, África e América.

Entre as determinações do rei D. João III para Tomé de Sousa, primeiro governador-geral do Brasil, estava a de converter a "gente das terras do Brasil à nossa Santa Fé católica". Para cumprir essa tarefa, o governador chegou à colônia em companhia dos primeiros jesuítas. A missão inicial dos padres foi a catequese dos indígenas, "gente boa e de bela simplicidade", nos termos da carta de Caminha. Mas os jesuítas e os integrantes de outras ordens logo voltaram seus olhos para pessoas menos simples do que os nativos.

▷ O Tribunal da Inquisição

Utilizando uma instituição fundada na Idade Média — o Tribunal da Inquisição —, os religiosos passaram a combater as chamadas "seitas heréticas". O Tribunal da Inquisição, ou Tribunal do Santo Ofício, assumiu praticamente os mesmos objetivos da Reforma Católica: impedir o avanço do protestantismo, combater os saberes eruditos que se contrapunham ao catolicismo e perseguir as manifestações culturais e religiosas dos grupos populares rebeldes aos dogmas da Igreja, especialmente as práticas mágicas, a feitiçaria e as ideias ou palavras anticristãs.

A perseguição aos chamados cristãos-novos, judeus ou descendentes de judeus convertidos ao cristianismo, foi sem dúvida o traço particular das Inquisições ibéricas, desde a segunda metade do século XV até a segunda metade do século XVIII.

No período da União Ibérica (1580-1640), pensou-se seriamente em estabelecer uma sede do Tribunal da Inquisição na colônia brasileira, órgão que teria autonomia semelhante à dos tribunais de Lisboa. O projeto não foi efetivado, mas o desenvolvimento da lavoura açucareira e o enriquecimento dos senhores de engenho fizeram com que o governo português reforçasse, por razões políticas, a ação do Tribunal da Inquisição no Brasil. Assim, agentes inquisidores indicados pelo clero dirigente foram enviados à colônia, com a finalidade de investigar os suspeitos de heresia, tais como os cristãos-novos.

A prática da Inquisição em terras da colônia portuguesa na América só foi inaugurada, efetivamente, em 1591. As visitas ocorreram na Bahia e em Pernambuco, regiões cuja riqueza e prosperidade chamavam a atenção do governo.

Ao se instalar uma visita inquisitorial numa cidade, liam-se nas praças e igrejas os *éditos de fé* pelos quais se enumeravam todas as faltas que o inquisidor tinha por tarefa vigiar. O auge das perseguições inquisitoriais na América portuguesa deu-se na primeira metade do século XVIII, quando a produção do ouro dominava a economia colonial. Aproximadamente 500 cristãos-novos, entre homens e mulheres, foram levados a Portugal para julgamento, sob a acusação de serem "judaizantes".

A eficiência com que os inquisidores atuaram na colônia pode ser explicada pelo temor que, em geral, o simples nome do "Santo Ofício" provocava entre a população local. Escravos, clérigos, funcionários e muitos outros confessavam e delatavam com medo de acusações, mostrando-se subservientes e arrependidos em face do inquisidor. Não faltavam indivíduos que se apressavam em delatar amigos e parentes, no intuito de aliviar sua consciência, ou mesmo com o propósito de praticar alguma vingança.

O Deus punitivo

"Espécie de versão eclesiástica da justiça civil, o Tribunal Inquisitorial vigiava inúmeros tipos de crimes: práticas judaicas, luteranas ou maometanas; qualquer tipo de heresia, aí incluídas as blasfêmias e quebras de preceitos religiosos; feitiçarias e bruxarias; bigamia, costumes gentílicos (tais como andar nu, pintar o corpo e, particularmente, tatuar-se à moda dos índios); e sodomia. Houve casos como o do mestre e humanista português Diogo de Teive, que foi punido com 2 anos de prisão por comer carne às sextas-feiras. As punições variavam: flagelações, penitências públicas, multas em dinheiro, confisco total ou parcial dos bens, degredo, trabalho forçado nas galés, prisão perpétua e condenação à morte por fogueira. Neste último caso, o condenado era entregue às mãos do Tribunal secular, pois a Igreja se recusava a executar a sentença que ela própria prescrevera."

TREVISAN, João Silvério. *Devassos no paraíso.* São Paulo: Max Limonad, 1986.

Feiticeiros perseguidos pela Inquisição

"Apesar de a hierarquia católica ter se oposto rigorosamente, desde os tempos apostólicos, a todas as religiões não-cristãs, rebaixando-as à condição de idolatria, superstição e feitiçaria, na prática, muitas vezes, outra era a realidade, sobretudo debaixo do Equador. No Nordeste, nas Minas e no resto da Colônia, são frequentes as denúncias contra homens e mulheres que recorriam aos feiticeiros e feiticeiras, em especial quando os exorcismos da Igreja e os remédios de botica não surtiam efeito na cura de variegada gama de doenças. [...]

Diversos são os padres e frades acusados ao Tribunal de Inquisição de terem encaminhado seus fregueses aos calunduzeiros, reconhecendo a melhor eficácia dos negros no alívio de certas doenças físicas ou emocionais."

MOTT, Luiz. Cotidiano e vivência religiosa: entre a capela e o calundu. In: NOVAIS, Fernando A. *História da vida privada no Brasil.* São Paulo: Companhia das Letras, 1997. v. 1.

▶ Religiosidade popular na colônia

Antonil, jesuíta do período colonial, foi um dos primeiros a perceber a importância, em termos de controle social e ideológico, de se deixar aflorar as manifestações sincréticas da heterogênea sociedade colonial.

Uma colônia escravista estava, pois, predestinada ao sincretismo religioso, ou seja, à fusão de elementos culturais diferentes ou mesmo antagônicos. O sincretismo afro-católico dos escravos foi uma realidade que se fundiu com a preservação dos próprios ritos e mitos das religiões africanas: se, por um lado, cultuava-se Santo Antônio ou São Jorge, por outro, reverenciava-se também Ogum.

> "Negar-lhes totalmente [aos escravos negros] os seus folguedos, que são o único alívio do seu cativeiro, é querê-los desconsolados e melancólicos, de pouca vida e saúde. Portanto, não lhes estranhem os senhores o criarem seus reis, cantar e bailar por algumas horas honestamente em alguns dias do ano, e o alegrarem-se inocentemente à tarde depois de terem feito pela manhã suas festas de Nossa Senhora do Rosário, de São Benedito e do orago da capela do engenho [...]."
>
> ANTONIL, André João. *Cultura e opulência do Brasil.* Belo Horizonte: Itatiaia; São Paulo: Edusp, 1982.

▷ As irmandades leigas

A religião e a religiosidade no Brasil colonial foram bastante diferentes daquelas que existiram na Europa. A historiadora Laura de Mello e Souza descreve alguns símbolos e irreverências das missas rezadas na colônia:

> "As alegres missas promovidas por jesuítas no século XVI, em que os índios 'iam tangendo e cantando' folias 'a seu modo' ao som de maracás, berimbaus, taquaras parecem ter preconizado momentos de igual euforia religiosa: as festas do barroco mineiro setecentista que ficaram conhecidas como Triunfo Eucarístico. As procissões festivas que o bem pensante Peregrino comentava escandalizado também ilustram o lado alegre da religiosidade da colônia."
>
> SOUZA, Laura de Mello e. *O diabo e a Terra de Santa Cruz.* São Paulo: Companhia das Letras, 1994.

O catolicismo popular pode ser exemplificado pelas **irmandades leigas**, que foram ao mesmo tempo sedes de devoção e do assistencialismo. Sedes de devoção por terem construído e mantido templos para a prática de ofícios religiosos, e do assistencialismo social por terem dado assistência aos associados e seus familiares, fossem eles brancos, negros ou mestiços.

Participar de uma irmandade era muito importante para os habitantes da colônia, principalmente

FUNDAÇÃO BIBLIOTECA NACIONAL/DRD/DIV. DE ICONOGRAFIA

Festa de Nossa Senhora do Rosário, padroeira dos negros, *gravura de Johann Moritz Rugendas, 1835. O agrupamento de negros e brancos em irmandades religiosas refletia as divisões sociais que existiam na colônia.*

na região das minas, já que isso poderia significar a saída da marginalidade social. Ou seja, se o confrade fosse "bem" nascido, encontrava a projeção desejada, e quando "mal" nascido sua participação podia significar conforto e até mesmo uma forma de resistência. As irmandades eram também importantes após a morte, pois garantiam, dentro das igrejas ou em cemitérios adjacentes, um sepultamento decente aos confrades.

Ainda que indiretamente, as irmandades foram responsáveis pela construção de igrejas de estilo rococó ou **Barroco mineiro**, como ficou conhecido.

▷ O Barroco mineiro

A população das vilas mineiras era muito heterogênea. Mercadores fixos e ambulantes, artífices, pedreiros, ferreiros, carpinteiros, alfaiates, sapateiros, entalhadores, ourives, funcionários públicos, soldados, músicos, religiosos, "mulheres erradas", vadios e outros conviviam nesses núcleos. Sua presença resultou numa vida urbana rica e complexa, associada à fase de criatividade cultural conhecida como Barroco mineiro.

O mercado consumidor de arte

"No mercado de arte religiosa de Minas Gerais colonial, o público comprador era composto prioritária e predominantemente por coletividades leigas, ou seja, pelas irmandades e confrarias. Foram elas que, na medida em que se propunham construir, reconstruir, reparar ou ornamentar igrejas e capelas que invocavam e homenageavam seus oragos [santos], ocupavam a qualificada mão-de-obra que se foi constituindo na região. [...]

Para mostrar um aparente fervor religioso, o indivíduo não media recursos. A sua vaidade e o exibicionismo de sua generosidade faziam dele um contribuinte permanente das receitas financeiras das irmandades. Com isso, parece não ter havido limites para as encomendas de construção, pinturas e esculturas, que cresciam com o decorrer do século [...]."

BOSCHI, Caio C. *O Barroco mineiro*: artes e trabalho. São Paulo: Brasiliense, 1988. (Coleção Tudo é História)

ALEX SALIM

Aleijadinho produziu esta imagem de São Jorge articulada e em tamanho natural para uma procissão, em 1779.

ALEX SALIM

Uma das obras mais impressionantes do Barroco brasileiro, a igreja de São Francisco de Assis (1774-1775), em Ouro Preto (MG), tem projeto e esculturas de Aleijadinho e pintura de Manuel da Costa Ataíde.

O Barroco mineiro apresenta características específicas que o distinguem das demais manifestações artísticas coloniais, tais como o uso da pedra-sabão para esculturas e medalhões das portadas (fachada principal); colunas brancas ornadas com ouro; pinturas alegóricas e multicoloridas nos tetos com efeitos ilusionistas, e torres laterais cilíndricas. Esse estilo atingiu o auge com as igrejas e esculturas de Antônio Francisco Lisboa, o Aleijadinho (1738-1814), e nas pinturas de Manuel da Costa Ataíde (1762-1830).

De início, esses artífices incorporaram a influência de profissionais vindos de Portugal, de Salvador ou do Rio de Janeiro, mas logo desenvolveram um estilo próprio, mais leve que o Barroco português ou dos principais centros da colônia. Muitos desses artesãos eram mulatos e através do trabalho encontravam um meio de subsistência e de obter prestígio social.

▶ As várias faces da família colonial

Normalmente, a sociedade colonial tem sido caracterizada, quer nos "domínios rurais" quer nos "domínios urbanos", como patriarcal. De acordo com esse modelo, a família colonial brasileira apresentava um núcleo central composto do chefe da família, sua mulher, seus filhos e netos por linha materna ou paterna, além de um núcleo de membros considerados secundários, formado por filhos ilegítimos ou de criação, parentes, afilhados, serviçais, amigos, agregados e escravos.

O patriarca, na liderança dos dois núcleos, cuidava dos negócios, mantinha a linhagem e a honra familiar, procurando exercer sua autoridade sobre a mulher, os filhos e demais dependentes sob sua influência. Com frequência, o filho mais velho herdava o patrimônio (*primogenitura*), enquanto seus irmãos eram encaminhados aos estudos para se tornar bacharéis em Direito, médicos ou padres.

Ligados ainda à família patriarcal ou sob sua influência, por razões econômicas, políticas ou laços de **compadrio**, estavam os vizinhos: sitiantes, lavradores, gente que mantinha laços de dependência e solidariedade com o chefe da família.

Esse modelo é verdadeiro. Todavia, pesquisas evidenciam que não houve um modelo único de família na América portuguesa. Ela variou de acordo com as heranças culturais, com a região e com a condição social e jurídica de seus componentes.

No Nordeste açucareiro, entre os grandes proprietários de terras, predominou a família extensa, um verdadeiro centro de poder econômico e político local. Dela faziam parte os parentes de sangue, os parentes simbólicos (padrinhos, compadres e afilhados), os agregados ou protegidos e até escravos.

Em contrapartida, ao lado do núcleo familiar patriarcal, coexistiram formas de estruturas sociais não menos importantes. Uma dessas formas foi a família nuclear, hoje predominante. Ela difere da primeira por ser formada pelo núcleo principal, representado pelo pai, sua esposa e descendentes legítimos.

Nesse modelo, o chefe da família não tem o mesmo poder de mando que o patriarca, pois, quando casam, seus descendentes constituem sua própria família, em outro domicílio. Poucos casais reúnem em torno de si filhos casados, genros, noras e netos.

Muitas vezes, a ausência dos homens de suas casas, devido principalmente a fatores econômicos, diminuía a autoridade paterna. Nesse caso, as mulheres ficavam responsáveis pela administração do lar e pela educação dos filhos.

Compadrio

Relações entre compadres, isto é, entre o pai de uma criança e seu padrinho de batismo ou de crisma, o qual se compromete a ampará-la caso os genitores não possam mais fazê-lo. O compadrio criava laços simbólicos de parentesco entre o indivíduo escolhido para padrinho, em geral alguém dotado de poder e prestígio, e a família do afilhado.

IN CHAMBERLAIN, 1822, N. 6

Uma família brasileira. *Detalhe de uma gravura de Henry Chamberlain, 1819. Observe que os escravos carregam o cão, o filho menor e o guarda-chuva da família.*

De maneira geral, o aprendizado dos filhos decorria da experiência dos pais, uma vez que o estudo era privilégio de poucos. Por isso, e especialmente nas famílias mais carentes, os filhos ingressavam muito cedo no mundo do trabalho.

Tudo isso nos sugere que, para compreendermos a sociedade brasileira atual, não basta analisar a família patriarcal do passado, pois ela não existiu sozinha. Os diversos modelos de família apresentaram facetas bem mais diferenciadas do que em geral se imagina.

▷ Até que a vida os separe

O casamento, em geral realizado segundo as regras da Igreja Católica, era quase um monopólio da elite branca, interessada na manutenção do prestígio e da estabilidade social. Para a maioria da população, mais pobre, o comum era a união simples, considerada ilegítima pelas autoridades eclesiásticas.

A Igreja não via com bons olhos essas relações "ilícitas", pois as considerava desrespeito às normas do sacramento do matrimônio. Por isso, durante os séculos XVII e XVIII, combateu o concubinato. Chegou até a ser elaborado um código denominado *Constituições Primeiras do Arcebispado da Bahia* para tratar desses e de outros assuntos religiosos.

O Estado, porém, mostrou-se condescendente em relação às uniões consideradas "ilícitas" pela Igreja. Até porque, no início da colonização, eram raríssimas as mulheres europeias no Brasil. Por exemplo, João Ramalho e outros portugueses que viviam entre os nativos tinham dezenas de mulheres indígenas. Mesmo quando o número de mulheres vindas de Portugal aumentou, o que interessava às autoridades era a reprodução da força de trabalho e, para tal, não se fazia necessário legitimar as relações entre um homem e uma mulher.

Se, por um lado, o casamento constituiu privilégio de poucos, por outro, as separações simples, anulações e até mesmo o divórcio mostraram-se comuns na América portuguesa, ocorrendo nas mais diversas camadas sociais. A decisão dos processos era tomada pela Igreja através do Tribunal Eclesiástico.

> "[...] Em São Paulo, o processo de divórcio mais antigo de que se tem notícia data de 1700 e faz parte do acervo da Cúria Metropolitana, pois o julgamento desses casos antes da proclamação da República era de competência do Tribunal Eclesiástico. [...]"
>
> SAMARA, Eni de Mesquita. *A família brasileira.* São Paulo: Brasiliense, 1983.

De modo geral, as separações dos casais em litígio estavam relacionadas a adultério, **sevícias**, injúria grave, abandono voluntário do lar e até mesmo incompatibilidade de gênios.

▷ Sexo frágil?

A ideia do marido dominador e da mulher submissa aparece nos registros históricos e nos romances ambientados no período colonial. Mas esse não foi o único padrão de comportamento dessa época. Sem dúvida, muitas mulheres foram enclausuradas, desprezadas, vigiadas, espancadas e perseguidas por seus maridos e pais. Em contrapartida, várias reagiram às violências que sofriam. Pelos relatos ou evidências da época percebe-se que, de um lado, parte da população feminina livre esteve sob o poder dos homens, enquanto outra parte rompeu uniões indesejáveis e tornou-se senhora do próprio destino. E mesmo as mulheres privadas da liberdade acabaram desenvolvendo uma maneira própria de viver, criando cumplicidades ou alianças capazes de desordenar ou suavizar os obstáculos que encontravam na sociedade.

As práticas "mágicas", que chegavam a causar temor entre os homens, foram uma das maneiras pelas quais as mulheres enfrentaram as contrariedades do cotidiano. Numa época em que o conhecimento científico era privilégio de poucos, acreditava-se que as "feiticeiras" tinham o dom da "cura" ou o poder sobre o amor e a fertilidade, masculina e feminina, através de "poções mágicas".

> "[...] Além de filtros, poções e beberagens, as mulheres usavam de 'cartas de tocar', às quais atribuíam o poder de conquistar todas as pessoas que por elas fossem tocadas. Faziam, ainda, variadas orações, invocando santos, diabos, almas ou forças naturais. Entre as mais belas, encontramos [...] 'João eu te encanto e reencanto com o lenho da vera cruz, e com os anjos filósofos que são trinta e seis, e com o mouro encantador, que tu te não apartes de mim, e me digas quanto souberes, e me dês quanto tiveres, e me ames, mais que todas as mulheres' [...]."
>
> VAINFAS, Ronaldo. *Trópico dos pecados:* moral, sexualidade e inquisição no Brasil colonial. Rio de Janeiro: Campus, 1989.

Sevícia
Maus-tratos; crueldade.

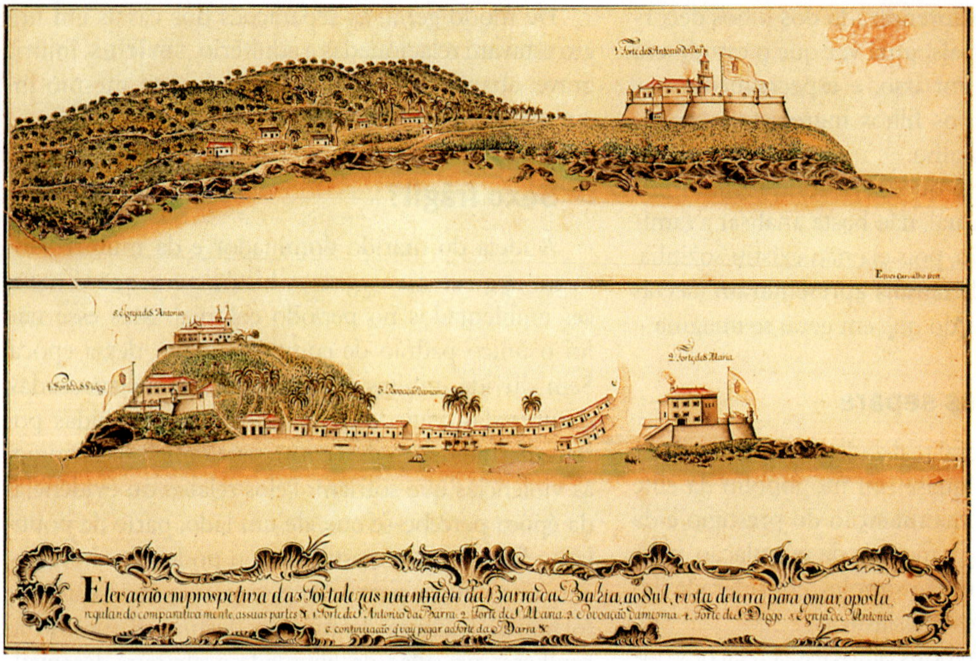

ARQUIVO HISTÓRICO DO EXÉRCITO/RIO DE JANEIRO

Elevação em perspectiva das fortalezas na entrada da Barra da Bahia, Salvador, 1775-1800.

Percebe-se, portanto, que nem sempre as mulheres foram dóceis, submissas e enclausuradas: nas relações homem-mulher, o comportamento feminino muitas vezes divergiu do estereótipo imposto pela história tradicional.

▶ Arraiais, vilas e cidades

Os arraiais, povoados, vilas e cidades da América portuguesa tiveram funções variáveis segundo as atividades econômicas de cada região. Na área açucareira, as vilas e povoados constituíram-se em simples pontos de contato entre a administração portuguesa e o poder local dos latifundiários. Além disso, cumpriam a função social de reunir os moradores dos engenhos e fazendas nas missas, festas religiosas ou populares. No setor econômico, sua função era embarcar o açúcar para os centros maiores e distribuir os produtos importados. Poucas pessoas tinham residência fixa nas vilas. A população se resumia basicamente a indivíduos ligados à administração, à Igreja (o pároco), além de mascates, alguns escravos e prostitutas.

A ocupação do interior da colônia resultou, em grande parte, da expansão da pecuária. Aldeias ou povoados surgiram nos caminhos do gado bovino e dos **tropeiros**. Algumas vilas se tornaram importantes por servirem de local para a realização de feiras nas quais se negociavam animais. Entre elas destacou-se a feira da atual cidade paulista de Sorocaba, sobretudo durante o século XVIII.

Tropeiro
Condutor de tropas de mulas que transportava mercadorias.

Os núcleos de povoamento e ocupação da região das minas foram estabelecidos a partir de arraiais (aldeias e lugarejos) formados em torno de capelas. Em geral, ocupavam o fundo dos vales, perto dos rios e das respectivas jazidas de ouro ou pedras preciosas.

Nos arraiais não existiam autoridades oficiais; portanto, era quase impossível cobrar impostos sobre o ouro. A solução encontrada por Portugal foi elevar os núcleos mais estáveis à condição de vilas, nas quais era instalado o aparelho fiscal. Entre 1711 e 1718 surgiram a Vila do Carmo (atual cidade de Mariana), Vila Rica (Ouro Preto), Sabará, Caeté, São João del Rei e muitas outras, no mais acelerado processo de urbanização do período colonial.

▶ Da "nobreza" aos desclassificados

Durante o período colonial existiu um conjunto heterogêneo de elementos, na maioria pobres, designados como **desclassificados**. Esses homens e mulheres desempenhavam papéis diferentes e até opostos: ora atuavam pela manutenção da ordem, ora a ameaçavam, na medida em que muitos não se incorporavam ao mundo do trabalho.

Tal contingente era formado por escravos libertos, mulatos, mamelucos (mestiços de branco e índio), índios aculturados e brancos pobres. Os homens tendiam a concentrar-se nos ofícios de artesão, alfaiate, sapateiro, carpinteiro, barbeiro e pescador. Já as mulheres costumavam trabalhar como costureiras e vendedoras ambulantes. Todavia, havia muitos desclassificados exercendo outras funções:

"A camada dos desclassificados ocupou todo o 'vácuo imenso' que se abriu entre os extremos da escala social, categorias 'nitidamente definidas e entrosadas na obra da colonização'. Ao contrário dos senhores e dos escravos, essa camada não possui *estrutura social configurada*, caracterizando-se pela fluidez, pela instabilidade, pelo trabalho esporádico, incerto e aleatório. Ocupou as funções que o escravo não podia desempenhar, ou por ser antieconômico desviar mão-de-obra da produção, ou por colocar em risco a condição servil: funções de supervisão (o feitor), de defesa e policiamento (capitão-do-mato, milícias e ordenanças), e funções complementares à produção (desmatamento, preparo do solo para o plantio)."

SOUZA, Laura de Mello e. *Desclassificados do ouro.* Rio de Janeiro: Graal, 1982.

Outro conjunto de pessoas, predominantemente brancas, situava-se acima dos desclassificados na hierarquia social, mas sem integrar as elites coloniais. Eram classificadas como pertencentes ao povo — termo usado em Portugal para os setores intermediários.

Esse grupo heterogêneo englobava desde os pequenos proprietários rurais, soldados, funcionários inferiores, pequenos comerciantes até os artesãos urbanos. Raras vezes essa gente conseguiu assegurar uma posição entre os "homens bons" das vilas.

Os postos mais altos da sociedade colonial eram ocupados pela aristocracia açucareira, pelos donos das ricas lavras de mineração e pelos grandes comerciantes importadores e exportadores. Num plano secundário, participavam também alguns criadores de gado e os maiores fazendeiros de algodão, tabaco e cacau.

Alguns personagens urbanos, portadores de diplomas de cursos superiores ou de simples estudos, também gozavam de um certo *status*. Dentre eles, destacavam-se os ourives, impressores, advogados, médicos e professores régios.

Os trabalhadores escravos

Dentro do universo colonial, é importante destacar o cotidiano das relações escravistas. Embora muitos proprietários vissem os cativos como simples "coisas", "bens **semoventes**", e usassem a força e outros recursos para conservá-los nessa categoria, os escravos, os libertos e seus descendentes também foram agentes transformadores de seu tempo.

"[...] na Península Ibérica, a escravidão era uma forma secundária de exploração do trabalho. Com ela, produzia-se açúcar no Mediterrâneo, no Algarve, nas ilhas da Madeira, dos Açores e Canárias. Para os proprietários, a escravidão era a melhor solução para o problema americano de mão-de-obra. [...]"

MAESTRI, Mario. *O escravismo no Brasil.* São Paulo: Atual, 1994.

Da metrópole à colônia americana, a escravidão passou de uma instituição secundária e ocasional para outra dominante, impulsionadora da economia.

No início da colonização, os indígenas foram obrigados a trabalhar no sistema de *plantation* ou nas roças de subsistência. Mas eles estavam longe de ser os escravos ideais: tinham baixa resistência às doenças de origem europeia; alguns povos indígenas resistiam com armas à captura; e, sempre que possível, fugiam para os sertões. Além disso, os índios contavam com a proteção dos jesuítas, o que provocou conflitos entre essa ordem religiosa e os colonos. Outro fator importante foi o alto lucro que o tráfico negreiro representava para a metrópole portuguesa. Esses aspectos contribuíram para a substituição do trabalho escravo nativo pelo do africano. Mas, nas regiões mais pobres, tais como São Paulo, Maranhão, Piauí e na Amazônia, continuou a predominar a escravidão do indígena, o "negro da terra".

A troca da mão-de-obra indígena escrava pela africana mostrou-se comercialmente vantajosa para a Coroa e para o traficante. A administração portuguesa submetia o comércio negreiro a uma dupla taxação: no momento em que os escravos eram embarcados na África e quando desembarcavam na América. O traficante, por sua vez, comprava os escravos na África a preços irrisórios — em troca de barricas de fumo;

Semovente

Ser que se move por si mesmo.

caixas, barris e amarrados de açúcar; aguardente; búzios; fardos e caixões de tecidos de algodão; **mosquetes**; pólvora; espelhos e contas de vidro — e depois os vendia na colônia com lucros expressivos.

Para os colonos, uma vantagem adicional da mão-de-obra africana estava no fato de os escravos não conhecerem o território onde eram explorados e, por isso, terem mais dificuldade em fugir. Outra "técnica" de controle usada pelos donos de escravos consistiu na compra de negros de diferentes etnias e, portanto, de culturas diversas, de modo a dificultar a comunicação, a solidariedade e a unidade de ação entre eles. Ainda assim, diversas estratégias de resistência foram articuladas pelos africanos escravizados.

A gravura de 1881 mostra uma cena de trabalho em canavial. Observe que o artista representou escravos e feitor conversando de forma harmoniosa. O que podemos pensar sobre isso?

▷ A diferenciação dos escravos

A escravidão africana tornou-se predominante no Brasil no início do século XVII, sendo utilizada tanto nos centros urbanos como nas zonas rurais e de mineração. Nos centros urbanos, existiam os escravos domésticos (que se ocupavam de tarefas caseiras), de ganho e de aluguel.

Mosquete

Arma de fogo antiga, similar a uma espingarda.

Status *da aristocracia colonial: a cadeirinha carregada por escravos indica a alta posição social da mulher representada. Obra de Carlos Julião, segunda metade do século XVIII.*

Os **escravos de ganho** trabalhavam em diversas funções remuneradas: transportadores de cargas e de pessoas, vendedores ambulantes, barbeiros, curandeiros, prostitutas, "negras de tabuleiros" e outras atividades. Parte do dinheiro obtido nesses serviços era repassado aos senhores, mas os escravos conservavam uma parcela, utilizada em alimentação, vestuário, compra de ferramentas e, eventualmente, na alforria, ou seja, a compra da liberdade.

Os **escravos de aluguel**, por sua vez, eram alugados a terceiros para o desempenho das mais variadas tarefas.

Nas zonas rurais e de mineração, o escravo era utilizado em todo tipo de atividade. Sua longa jornada de trabalho variava de acordo com a tarefa realizada. Estava sujeito a duros castigos e torturas: chicotadas, palmatória, correntes com peso, gargalheiras e muitas outras espécies de punições.

"[...] De simples *instrumentum vocale*, resquício da teoria jurídica romana, e de coisa, o negro cativo vem sendo examinado como agente do processo histórico, o que efetivamente o foi. Vem sendo desfeita a imagem de um ser inteiramente submisso ao poder e aos desejos do senhor, sem qualquer espaço para a expressão de suas tradições culturais e de suas convicções, desprovido de cabedais e de possibilidade de influenciar nas transformações sociais, no que se refere ao estatuto da propriedade privada. [...]

Resistir ao sistema significou diversificar as estratégias de acordo com as peculiaridades de cada região e de cada período do escravismo. Num país tão extenso e tão internamente diferenciado como o nosso, a instituição, naturalmente, não foi construída dentro de um único padrão. [...]"

PAIVA, Eduardo França. *Escravos e libertos nas Minas Gerais do século XVIII.* São Paulo: Annablume, 1995.

Gritos para a liberdade

Os negros cativos não se mostraram indiferentes ou totalmente submissos aos seus donos. Ao contrário, desenvolveram as mais diversas formas de resistência à escravidão. Fugas, rebeliões, violência contra os senhores ou seus representantes (capatazes e feitores), pouco empenho no trabalho, formação de quilombos, práticas religiosas de origem africana, criação da capoeira, abortos, suicídios, participação nas irmandades leigas, "acordos" entre cativos e senhores e, até mesmo, os relacionamentos amorosos entre as mulheres cativas e seus senhores, tudo isso fez parte de uma estratégia para uma vida menos penosa.

A "brecha camponesa"

Um mecanismo de controle e manutenção da ordem escravista, utilizado em grande escala na colônia, foi a chamada **brecha camponesa** — a concessão de pequenos lotes de terra aos escravos para uma produção agrícola voltada para o mercado interno. Naturalmente, essa concessão de terras não constituía um direito, dependendo exclusivamente da vontade do dono do escravo.

Os produtos cultivados variavam de acordo com a região, mas, de maneira geral, sabe-se que os escravos plantavam em suas roças mandioca, feijão, milho, café, batata, banana, cará, além de hortaliças. A produção agrícola também podia ser associada à atividade criatória, desde pequenos animais (porcos e galinhas) até cabeças de gado bovino e, às vezes, também equino.

Pode-se dizer que a existência da "brecha camponesa" cumpria a função de minimizar os custos de manutenção e de reprodução da força de trabalho para o dono do escravo, ao mesmo tempo que permitia ao cativo comprar suplementos à sua necessidade ou gosto: bebidas, roupas, tabaco e, até mesmo, sua alforria ou a de seus familiares. Alguns negros entregavam a administração de sua renda a pessoas livres e brancas, com o objetivo de formar uma poupança para o futuro.

No Brasil, a "brecha camponesa" foi sancionada legalmente por meio de alvarás e ordens régias a partir do final do século XVII. As normas determinavam que os escravos tivessem direito a um dia livre (que podia ser sábado, domingo ou dias santificados) para sua própria agricultura, em parcelas que recebiam nas fazendas.

Em geral, o acesso às parcelas era reconhecido legalmente: os escravos podiam até alugá-las ou doá-las por testamentos informais. Além disso, o trabalho nos lotes de subsistência escapava à supervisão dos colonos, o que permitia a sua organização em moldes africanos.

Para muitos historiadores, a prática da "brecha camponesa" representou para o escravo uma possibilidade de melhores condições de vida (materiais e psicológicas), uma vez que lhe permitiu a posse de terras para um trabalho semi-independente. Na verdade, todas as "brechas" apresentadas neste capítulo significavam formas de negociar e manter a vida em sociedade diante dos grandes conflitos existentes na colônia.

TEXTO COMPLEMENTAR

A cidade colonial

A pobreza dos núcleos urbanos coloniais contrastava com o vigor dos domínios rurais.

"Os historiadores tradicionalmente caracterizam a cidade colonial como mero aparelho administrativo, um meio caminho entre os engenhos e os centros europeus de comercialização do açúcar. Os incipientes conglomerados humanos da colônia constituiriam somente a moradia dos funcionários da administração, oficiais mecânicos e mercadores em geral. O marasmo urbano só seria quebrado na época da moagem da cana, quando os senhores de engenho se mudavam para as vilas com os familiares e a criadagem. No mês de junho, a elite colonial deixava suas propriedades no campo e, nas vilas, participava da procissão de Corpus Christi e de festas juninas [...].

Sérgio Buarque de Holanda apontou o contraste entre a pujança dos domínios rurais e a mesquinhez da vida urbana. Os proprietários descuidavam de suas habitações urbanas e privilegiavam as moradias rurais. [...] Nas vilas, os terrenos de pouco valiam, pois os fazendeiros tinham apenas a casa para descansar alguns dias, realizar algum negócio ou participar de festas religiosas. [...]

A partir do século XVII, houve uma crescente preocupação com o ordenamento da cidade, sobretudo devido à valorização do Brasil no interior do império marítimo português. Vale ainda destacar as ameaças holandesas sobre as cidades coloniais, que se tornaram mais evidentes depois da invasão de Salvador em 1624. A presença de engenheiros militares estava relacionada ao planejamento urbano, arruamento e fortificações das cidades ultramarinas. Mas o surgimento planejado de cidades e vilas não ocorria apenas no litoral. Nas fronteiras da Amazônia, durante o século XVIII, a Coroa incentivou a fundação de povoamentos para fixar as comunidades indígenas em áreas de litígio com o império espanhol. Nessas paragens distantes do litoral, os engenheiros fixavam vilas para legitimar a posse lusitana em espaços que se encontravam vazios e se tornavam alvo de disputas territoriais. Além disso, o papel comercial de alguns núcleos urbanos não pode ser desprezado. No litoral, destacaram-se Recife, Salvador, Rio de Janeiro e, no interior, as diversas vilas estimuladas pela mineração, nas Gerais, esboço de urbanização que não pode ser esquecido, inclusive em função das atividades artesanais ali desenvolvidas no 'século de ouro'. [...]"

RAMINELLI, Ronald José. Cidades. In: VAINFAS, Ronaldo (dir.). *Dicionário do Brasil colonial* (1500-1808). Rio de Janeiro: Objetiva, 2000.

Compreendendo o texto

1. Os núcleos urbanos eram representativos da riqueza produzida na sociedade açucareira?

2. A urbanização na época colonial era uma atividade essencialmente militar. Utilize informações do texto para explicar este fato.

3. Cite alguns fatores que levaram à fundação de núcleos urbanos a partir do século XVIII.

4. Por que a mineração provocou maior desenvolvimento da urbanização, em comparação com a produção de açúcar?

ATIVIDADES

Explorando o conhecimento

1 A respeito da sociedade colonial brasileira, conceitue os seguintes termos:

a) família patriarcal.

b) família nuclear.

c) desclassificados.

d) escravos de ganho.

e) escravos de aluguel.

f) sincretismo religioso.

2 Leia o texto para realizar as atividades a seguir.

Vida privada na sociedade colonial

"[...] Trabalho e lazer muitas vezes se confundiam no ambiente doméstico, pois as pessoas podiam passar horas a fio juntas, entretidas, cada uma em sua atividade, nem sempre se estabelecendo uma divisão nítida entre elas. Aqui era a escrava que socava o milho, ali a senhora que costurava ou se divertia com as crianças, acolá o senhor consertando algum utensílio, afiando seus apetrechos de trabalho. Em meio a tudo isso chegava um visitante, ou o capataz que vinha prestar contas. Enfim, era o dia-a-dia que passava vagaroso, envolvendo cada um com seus afazeres, pois o trabalho era infindável, estendendo-se às atividades voltadas para a subsistência e também àquelas que visavam ao mercado mais amplo dos produtos e serviços. Tudo havia que ser arduamente produzido na Colônia, a fim de se depender cada vez menos das frotas e do difícil transporte realizado por muares, através de estradas precárias e perigosas, que traziam ocasionalmente os mercadores. A indústria caseira era, assim, atividade básica nos grandes e pequenos domicílios, reunindo escravos e senhores. [...]"

ALGRANTI, Leila Mezan. Famílias e vida doméstica. In: SOUZA, Laura de Mello e (org.). *História da vida privada no Brasil:* cotidiano e vida privada na América portuguesa. São Paulo: Companhia das Letras, 1997. v. 1.

a) Identifique elementos que caracterizam o isolamento econômico das famílias no período colonial.

b) Explique, com base no texto, o significado de indústria caseira.

c) Caracterize a importância da estrutura familiar extensa (patriarcal) para a subsistência econômica dos habitantes das vilas e dos arraiais.

3 O papel das cidades coloniais esteve diretamente ligado à economia local. Justifique a afirmativa com pelo menos dois exemplos.

4 A Inquisição, surgida no final da Idade Média, atingiu seu auge na Época Moderna. Valendo-se do Tribunal do Santo Ofício, a Igreja atuou de forma marcante nas áreas colonizadas por Portugal e Espanha.

a) Conceitue Tribunal da Inquisição.

b) Cite os grupos que eram perseguidos pelos membros do Tribunal da Inquisição.

c) Descreva em um pequeno texto a prática da Inquisição na América portuguesa.

A história e o tempo presente

5 Leia o texto para realizar as atividades a seguir.

Raça e cor

"A característica distintiva do racismo brasileiro é que ele não incide sobre a origem racial das pessoas, mas sobre a cor da sua pele. Nessa escala, negro é o negro retinto, o mulato já é pardo e como tal meio branco, e se a pele é um pouco mais clara, já passa a integrar a comunidade branca. [...] A forma peculiar do racismo brasileiro decorre de uma situação em que a mestiçagem não é punida mas louvada. Com efeito, as uniões inter-raciais, aqui, nunca foram tidas como crime nem pecado. Provavelmente porque o povoamento do Brasil não se deu por famílias europeias já formadas, cujas mulheres combatessem todo o intercurso com mulheres de cor. Nós surgimos, efetivamente, do cruzamento de uns poucos brancos com multidões de mulheres índias e negras.

Essa situação não chega a configurar uma democracia racial, como quis Gilberto Freyre e muita gente mais, tamanha é a carga de opressão, preconceito e discriminação antinegro que ela encerra. Não o é também, obviamente, porque a própria expectativa de que o negro desapareça pela mestiçagem é um racismo. [...]"

RIBEIRO, Darcy. *O povo brasileiro*: a formação e o sentido do Brasil. São Paulo: Companhia das Letras, 1995.

a) Explique qual é, segundo o autor, a característica distintiva do racismo brasileiro.

b) Elabore uma redação sobre as condições históricas e atuais do racismo na sociedade brasileira, discutindo se há ou não uma democracia racial no país.

6 Faça um levantamento das festas religiosas que existem na região em que você vive. Quando elas surgiram? Qual a sua origem? Não se esqueça de que o Carnaval está associado à Quaresma. Com o resultado dessas pesquisas, você e seus colegas podem criar, numa segunda etapa, um painel sobre a religiosidade popular brasileira.

Vestibular / ENEM

1 (UFMG) A Companhia de Jesus foi instrumento fundamental para a evangelização das colônias americanas.

a) Cite duas estratégias usadas pela Companhia de Jesus para a difusão da fé católica.

b) Identifique os objetivos da Companhia de Jesus no Novo Mundo.

2 (Vunesp) "Parece-me cousa mui conveniente mandar Sua Alteza algumas mulheres que lá têm pouco remédio de casamento a estas partes, ainda que fossem erradas, porque casarão todas mui bem, com tanto que não sejam tais que de todo tenham perdido a vergonha a Deus e ao mundo. E digo que todas casarão mui bem, porque é terra muito grossa e larga. [...] De maneira que logo as mulheres terão remédio de vida, e os homens [daqui] remediariam suas almas, e facilmente se povoaria a terra."

NÓBREGA, Manuel da. *Carta do Brasil*, 1549.

Tendo como base a carta do padre Manuel da Nóbrega:

a) dê uma característica da colonização portuguesa nos seus primeiros tempos.

b) por que o jesuíta considera que as mulheres que viessem de Portugal teriam "remédio de vida" e os homens residentes na colônia "remediariam suas almas"?

3 (Fuvest-SP) "A fundação de uma cidade não era problema novo para os portugueses; eles viram nascer cidades nas ilhas e na África, ao redor de fortes ou ao pé das feitorias; aqui na América, dar-se-ia o mesmo e as cidades surgiriam..."

RIBEIRO, João. *História do Brasil.*

Baseando-se no texto, é correto afirmar que as cidades e as vilas, durante o período colonial brasileiro:

a) foram uma adaptação dos portugueses ao modelo africano de aldeias junto aos fortes para proteção contra ataques das tribos inimigas.

b) surgiram a partir de missões indígenas, de feiras do sertão, de pousos de passagem, de travessia dos grandes rios e próximas aos fortes do litoral.

c) foram planejadas segundo o padrão africano para servir como sede administrativa das capitais das províncias.

d) situavam-se nas áreas de fronteiras para facilitar a demarcação dos territórios também disputados por espanhóis e holandeses.

e) foram núcleos originários de engenhos construídos perto dos grandes rios para facilitar as comunicações e o transporte do açúcar.

4 (Uerj) "... E permite El-Rei que sejam estes índios escravos por estar certificado de sua vida e costumes que não são capazes para serem forros, e merecem que os façam escravos pelos grandes delitos que têm cometido contra os portugueses, matando e comendo centos deles, e milhares deles, em que entrou um bispo e muitos sacerdotes."

SOUZA, Gabriel Soares de. In: *Anais da Biblioteca Nacional.* Rio de Janeiro, 1941.

Em sua obra datada de 1587, o autor legitimava a escravidão dos indígenas brasileiros, enumerando razões para esse posicionamento.

a) Indique uma razão ideológica e uma razão econômica, utilizadas pelos agentes da colonização, para justificar a escravização do indígena.

b) Aponte um argumento utilizado pela historiografia atual para explicar a introdução da escravidão negra no Brasil.

5 (Unicamp) Trabalhando nas ruas das cidades brasileiras, no século XIX, os escravos de ganho conheciam uma vida diferente daqueles que trabalhavam na zona rural.

a) O que eram escravos de ganho e que atividades desempenhavam nas cidades?

b) Quais as diferenças, nas relações senhor/escravo, entre o escravo de ganho e o escravo das fazendas?

6 (Uerj)

Mobilidade social é mito no Brasil

O estudo do Banco Mundial derruba o mito de que o Brasil é um país de grande mobilidade social – onde os filhos dos mais pobres "sobem na vida" com o tempo. Segundo o trabalho, comparado com outros países da América Latina, o Brasil tem ainda menos mobilidade. A principal razão do fenômeno, segundo o Bird, é o acesso à educação, diretamente relacionado às oportunidades de ascensão. (...) "Na verdade, o Brasil é um dos países com o menor nível de mobilidade educacional do mundo", diz o trabalho.

Jornal do Brasil, 8 out. 2003.

A dificuldade na mobilidade social, característica da sociedade brasileira, encontra-se intrinsecamente relacionada a estruturas históricas que se originam no período colonial.

a) A escravidão estigmatizou o trabalho, mas não impediu o desenvolvimento do trabalho livre no período colonial. Identifique duas ocupações para o homem livre na colônia, uma no espaço rural e outra no espaço urbano.

b) Cite um aspecto da educação no período colonial que permaneça até os dias de hoje.

7 (Fuvest-SP) O Barroco no Brasil foi

a) uma manifestação artística de caráter religioso limitada às regiões de mineração.

b) uma expressão artística de origem europeia reelaborada e adaptada às condições locais.

c) um estilo original na pintura, mantendo a tradição manuelina nas edificações.

d) uma criação artística popular predominante em todo o Brasil colônia e no império.

e) uma produção artística, imposta pelo modelo absolutista português, na época da mineração.

8 (UFPE) Sobre o processo brasileiro de aculturação ocorrido no período colonial é falso afirmar que:

a) mitos e lendas indígenas provocaram mudanças na cultura religiosa portuguesa do século XVI, em Portugal.

b) a pesca, a caça e os frutos do Brasil serviram como base alimentar na culinária colonial luso-brasileira.

c) o uso do algodão entre os nativos brasileiros para a fabricação de redes foi reutilizado pelos colonos portugueses para a confecção de tecidos rústicos.

d) o cultivo entre algumas tribos brasileiras de frutas, milho e tubérculos foi rapidamente incorporado à agricultura de subsistência entre colonos portugueses.

e) a cultura do fumo utilizada por nativos brasileiros tornou-se um dos hábitos culturais mais apreciados pelos europeus.

9 (PUC-Minas) A situação dos mulatos em Minas Gerais, no século XVIII, tem relação com:

a) a estrutura social e demográfica que se apoiava firmemente sobre a base da escravidão africana.

b) o desejo de homens, na ausência de herdeiros legítimos, de libertar seus filhos de mãe escrava.

c) o respeito às leis e o cuidado de não cometer erros graves que colocassem em risco seus direitos.

d) os esforços para restringir as alforrias e para proibir que mulatos herdassem propriedades.

Ampliando o conhecimento

Leituras

CALAINHO, Daniela Buono. *Agentes da fé:* familiares da Inquisição portuguesa no Brasil colonial. Bauru: Edusc, 2006.
A autora aborda a atuação de comerciantes que viviam no Brasil colônia e tentavam tirar proveito da Inquisição, ganhando vantagens comerciais ou até mesmo poder político.

FURTADO, Júnia Ferreira. *Cultura e sociedade no Brasil colônia*. São Paulo: Atual, 2004.
O livro apresenta um panorama da sociedade, do cotidiano e da cultura do Brasil colonial.

Filme

O judeu

Direção de Jom Tob Azulay. Brasil, 1995. 85 min.
Narra a história do artista judeu Antônio José da Silva, nascido no Brasil, que se tornou advogado, poeta e autor teatral em Portugal do século XVIII. A narrativa se desenvolve no contexto das prisões, perseguições e torturas promovidas pelo Tribunal da Inquisição às famílias de origem judia.

REPRODUÇÃO

A era das revoluções

BIBLIOTECA NACIONAL DA FRANÇA, PARIS

Liberdade, Igualdade, Fraternidade ou a Morte, lema dos revolucionários franceses de 1789.

- Que significado tinham as palavras de ordem escritas no cartaz?
- Muitas pessoas afirmam que os ideais expressos no cartaz de 1789 ainda não se realizaram. Você concorda com essa afirmativa? Justifique.
- Leia os artigos da Declaração reproduzidos na página ao lado.
  - **a)** Se você tivesse participado da elaboração desse documento, você manteria o artigo 2º como está ou faria alguma mudança? Explique.
  - **b)** Tomando como base o artigo 4º, cite uma situação que, para você, fere o conteúdo desse artigo e outra que esteja coerente com ele.

UNIDADE 5

Capítulos da Unidade 5

BIBLIOTECA NACIONAL DA FRANÇA, PARIS

Trechos da Declaração dos Direitos do Homem e do Cidadão de 1789

"Artigo 1º

Os homens nascem e permanecem livres e iguais nos direitos. As distinções sociais só podem ser baseadas sobre a utilidade comum.

Artigo 2º

A finalidade de qualquer associação política é a conservação dos direitos naturais e imprescindíveis do homem. Estes são a liberdade, a propriedade, a segurança e a resistência à opressão.

Artigo 3º

O princípio de toda soberania reside essencialmente na Nação. Nenhum corpo ou indivíduo pode exercer qualquer autoridade que dela declaradamente não decorra.

Artigo 4º

A liberdade consiste em poder fazer tudo o que não prejudica aos outros: assim, o exercício dos direitos naturais de cada homem tem como limite apenas aqueles que garantem aos demais membros da sociedade o gozo destes mesmos direitos. Estes limites são determinados somente pela Lei. [...]"

Citado em FREITAS, Gustavo de. *900 textos e documentos de história*. Lisboa: Plátano, s/d. v. III.

Capítulo 24 O iluminismo

Os três poderes

“Há três espécies de governo: o *republicano*, o *monárquico* e o *despótico*. Para descobrir-lhes a natureza, basta a ideia que deles têm os homens menos instruídos. Suponho três definições ou, antes, três fatos: um, que o *governo republicano é aquele em que todo o povo reunido, ou apenas uma parte do povo, tem o poder soberano; o monárquico, aquele em que uma só pessoa governa, mas por meio de leis fixas e estabelecidas; enquanto, no despótico, apenas uma só pessoa, sem lei e sem regra, tudo conduz, por sua vontade e por seus caprichos*. [...]

Há, em cada Estado, três espécies de poderes: o poder legislativo, o poder executivo das coisas que dependem dos direitos das gentes, e o poder executivo das que dependem do direito civil.

Pelo primeiro, o príncipe, ou magistrado, elabora leis para um certo tempo ou para sempre, e corrige ou revoga as existentes. Pelo segundo, faz a paz ou a guerra, envia ou recebe embaixadas, instaura a segurança, impede as invasões. Pelo terceiro, pune os crimes, ou julga as pendências entre particulares. Chamaremos a este último o poder de julgar e ao outro simplesmente o poder executivo do Estado.”

MONTESQUIEU. O espírito das leis. In: WEFFORT, Francisco C. (org.). *Os clássicos da política*. São Paulo: Ática, 1989. v. 1.

Os poderes Executivo, Legislativo e Judiciário materializados na arquitetura da capital do Brasil. Praça dos Três Poderes, Brasília (DF), projeto de Oscar Niemeyer e Lúcio Costa. Foto de 1999.

DELFIM MARTINS/OLHAR IMAGEM

Na obra *O espírito das leis*, publicada em 1748, o filósofo francês Montesquieu registrou sua maior contribuição para a formação da sociedade contemporânea: a teoria da separação dos poderes. Segundo ele, para evitar um governo despótico, o poder deveria ser dividido em três partes autônomas: o **Poder Legislativo** (responsável pela elaboração das leis e representado pelas câmaras de parlamentares), o **Poder Executivo** (responsável pela administração do território e concentrado nas mãos do monarca ou regente) e o **Poder Judiciário** (responsável pela fiscalização do cumprimento das leis e exercido por juízes e magistrados). Dessa forma, cada setor do governo agiria como um contrapeso para os outros dois. A prática de separação dos poderes proposta pelo iluminista Montesquieu no século XVIII permanece até hoje na maioria dos países.

► "Luzes" contra "trevas": origens do iluminismo

O **iluminismo** foi um movimento de ideias que teve origem no século XVII e se desenvolveu especialmente no século XVIII. Essa denominação se deve ao fato de seus impulsionadores, os filósofos iluministas, verem a si mesmos como militantes da luta da razão, a "luz", contra a tradição cultural e institucional, as "trevas".

Em seus escritos, os pensadores iluministas insistiam: somente a partir do uso da razão os homens atingiriam o progresso, em todos os sentidos. A razão permitiria instaurar no mundo uma nova ordem, caracterizada pela felicidade ao alcance de todos. Universalidade, individualidade e autonomia eram o lema desse projeto civilizatório proposto pelos filósofos.

Os três princípios básicos do ideário iluminista podem assim ser decodificados:

- **universalidade** — o projeto visava a todos os seres humanos, independentemente de barreiras nacionais ou étnicas;
- **individualidade** — os seres humanos devem ser vistos como pessoas concretas e não apenas como integrantes de uma coletividade;
- **autonomia** — os homens estão aptos a pensar por si mesmos, sem a tutela da religião ou da **ideologia**, e para agir no espaço público a fim de adquirir, por meio de seu trabalho, os bens e serviços necessários à sobrevivência material e ao crescimento intelectual.

Evidentemente, não podemos nos referir ao iluminismo como movimento homogêneo. Ele foi acima de tudo uma mentalidade, uma atitude cultural e espiritual compartilhada por filósofos, burgueses, intelectuais e até mesmo por alguns reis e rainhas.

Esse modo de pensar e de sentir difundiu-se por muitos países da Europa. Suas primeiras manifestações ocorreram na Inglaterra e na Holanda, a partir do século XVII, mas foi na França do século XVIII que a decadência do governo absolutista transformou as concepções filosóficas do iluminismo numa doutrina política e social.

Os pensadores iluministas, no entanto, não propunham uma revolução, mas uma ampla reforma. Mesmo no caso da França, onde a revolução de 1789 proclamou o culto à razão, não se pode afirmar que tais propostas trouxeram em seu bojo um projeto revolucionário. Ocorre que o projeto iluminista levou a burguesia a adotar uma postura crítica em relação à tradição cultural e ao Estado absolutista e, a partir daí, a propor a transformação da antiga ordem em um mundo completamente novo, o mundo liberal

Ideologia

"[...] sistema de ideias (crenças, tradições, princípios e mitos) interdependentes, sustentadas por um grupo social de qualquer natureza ou dimensão, as quais refletem, racionalizam e defendem os próprios interesses e compromissos institucionais, sejam estes morais, religiosos, políticos ou econômicos."

HOUAISS, Antonio et al. *Dicionário Houaiss da língua portuguesa*. Rio de Janeiro: Objetiva, 2001.

GARCIA-PELAYO/CID

MUSEU DE ARTE DE GENEBRA

Acima, Montesquieu retratado por Jean-François Garnerey; à direita, Jean-Jacques Rousseau em retrato de Maurice Quentin de Tour, pinturas do século XVIII.

burguês. Os iluministas defendiam um Estado constitucional, ou seja, a existência de uma autoridade nacional central com poderes bem definidos e limitados e uma ampla margem de liberdade civil.

▶ A mentalidade ilustrada

Entre os partidários de um Estado constitucional de poderes limitados está o inglês **John Locke** (1632-1704), considerado pai da teoria política liberal ou do **liberalismo político**. Em sua obra *Segundo tratado sobre o governo civil*, Locke desenvolveu uma teoria de governo limitado, na qual afirmava que o poder monárquico era um contrato entre governo e governados, regido por uma constituição. De acordo com sua teoria, os homens viviam antes num estado natural em que prevaleciam a liberdade e a igualdade absolutas, sem o controle de nenhuma espécie de governo. A única lei existente era a da natureza, isto é, cada indivíduo punha em execução sua própria lei para proteger seus direitos naturais: vida, liberdade e propriedade. Como cada um estabelecia sua própria vontade, o resultado final seria o caos.

Na concepção de Locke, a única saída seria o estabelecimento de uma sociedade civil e a instituição de um governo. Este, porém, deveria ter seu poder limitado por um contrato político entre a sociedade e os governantes. Para o filósofo, a autoridade e o poder delegados ao governante poderiam ser retirados, pois os indivíduos mantinham o direito de substituir, rebelar-se ou derrubar um governo tirânico.

Da sociedade política ou civil

"[...] Contudo, como qualquer sociedade política não pode existir nem subsistir sem ter em si o poder de preservar a propriedade e, para isso, castigar as ofensas de todos os membros dessa sociedade, haverá sociedade política somente quando cada um dos membros renunciar ao próprio poder natural, passando-o às mãos da comunidade em todos os casos que não lhe impeçam de recorrer à proteção da lei estabelecida. [...] Os que estão unidos em um corpo, tendo lei comum estabelecida e judicatura para a qual apelar, com autoridade para decidir controvérsias e punir os ofensores, estão em sociedade civil uns com os outros; mas os que não têm essa apelação em comum, quero dizer, sobre a terra, ainda se encontram no estado de natureza, sendo cada um, onde não há outro, juiz para si e executor, o que constitui, conforme mostrei anteriormente, o estado de perfeita natureza. [...]"

LOCKE, John. Segundo tratado sobre o governo civil. In: WEFFORT, Francisco C. (org.). *Os clássicos da política*. São Paulo: Ática, 1989. v. 1.

Locke condenava o absolutismo pessoal dos monarcas ingleses e considerava que o Executivo deveria ser um mero agente do Legislativo, o poder supremo. Rejeitava, energicamente, a possibilidade da concessão de um poder ilimitado aos representantes do povo, alegando que o governo fora instituído entre os homens para a preservação da propriedade privada.

O francês **Denis Diderot** (1713-1784), por sua vez, contestou violentamente o absolutismo real e apontou elementos para a constituição da sociedade civil democrática moderna. Podemos dizer que os primeiros passos da nova ordem do século XVIII estiveram ligados ao trabalho desse filósofo, que se empenhou na tradução de enciclopédias inglesas, consideradas raridades literárias, auxiliado pelo matemático francês **Jean d'Alembert** (1717-1783). Esses filósofos, que se tornaram conhecidos como **enciclopedistas**, sofreram fortes pressões do governo e da Igreja.

▷ A *Enciclopédia*

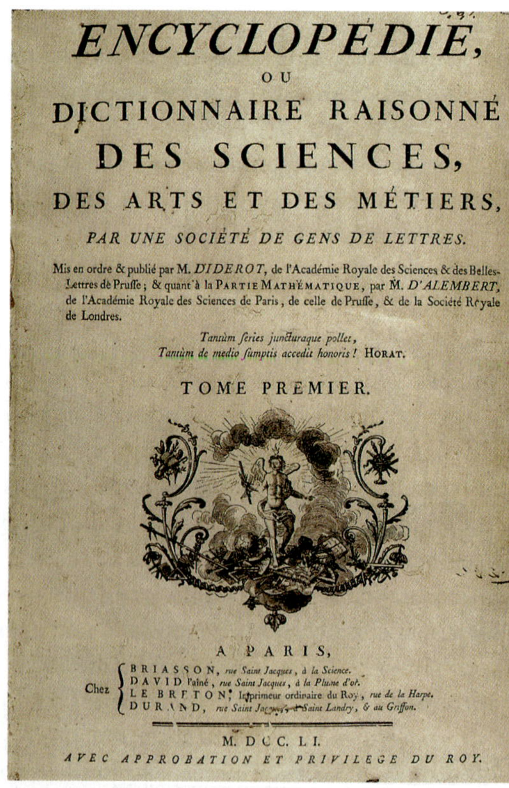
ENCYCLOPÉDIE,
OU
DICTIONNAIRE RAISONNÉ
DES SCIENCES,
DES ARTS ET DES MÉTIERS,
PAR UNE SOCIÉTÉ DE GENS DE LETTRES.
Mis en ordre & publié par M. *DIDEROT*, de l'Académie Royale des Sciences & des Belles-Lettres de Prusse; & quant à la PARTIE MATHÉMATIQUE, par M. *D'ALEMBERT*, de l'Académie Royale des Sciences de Paris, de celle de Prusse, & de la Société Royale de Londres.
Tantùm series juncturaque pollet,
Tantùm de medio sumptis accedit honoris! HORAT.
TOME PREMIER.
A PARIS,
Chez BRIASSON, *rue Saint Jacques, à la Science.*
DAVID l'aîné, *rue Saint Jacques, à la Plume d'or.*
LE BRETON, Imprimeur ordinaire du Roy, *rue de la Harpe.*
DURAND, *rue Saint Jacques, à Saint Landry, & au Griffon.*
M. DCC. LI.
AVEC APPROBATION ET PRIVILEGE DU ROY.

BIBLIOTECA NACIONAL, RJ

Frontispício ou página de rosto da primeira edição da Enciclopédia das Ciências, Artes e Ofícios, *de Denis Diderot e Jean d'Alembert.*

A *Enciclopédia das Ciências, Artes e Ofícios* foi editada pelo filósofo Denis Diderot e, durante algum tempo, pelo matemático Jean d'Alembert. A obra empreendeu uma crítica sistemática das concepções científicas, intelectuais, políticas e sociais vigentes na Europa do século XVIII. Desse modo, forneceu argumentos valiosos aos adversários do Antigo Regime. Uma segunda edição da *Enciclopédia*, revista e ampliada, foi publicada entre 1782 e 1832, somando 166 volumes.

O clero francês proibiu a circulação da *Enciclopédia*, que contava com a contribuição de importantes intelectuais da época como Jean-Jacques Rousseau e Voltaire. Os 28 volumes da obra foram publicados entre 1751 e 1780.

"[...] Nenhum homem recebeu da natureza o direito de comandar os outros. A liberdade é um presente do céu, e cada indivíduo da mesma espécie tem o direito de gozar dela logo que goze da razão. [...] Toda outra autoridade (que não a paterna) vem duma outra origem, que não é a da natureza. Examinando-a bem, sempre se fará remontar a uma destas duas fontes: ou a força e a violência daquele que dela se apoderou; ou o consentimento daqueles que lhe são submetidos, por um contrato celebrado ou suposto entre eles e a quem deferiram a autoridade. O poder que se adquire pela violência não é mais que uma usurpação e não dura senão pelo tempo por que a força daquele que comanda prevalece sobre aqueles que obedecem [...] O poder que vem do consentimento dos povos supõe necessariamente condições que tornem o seu uso legítimo útil à sociedade, vantajoso para a República, e que o fixem e restrinjam entre limites; pois o homem não pode nem deve dar-se inteiramente e sem reserva a outro homem. [...]"

DIDEROT, Denis. Autoridade política. In: FREITAS, Gustavo de. *900 textos e documentos de história*. Lisboa: Plátano, 1977.

▷ Teóricos iluministas

Voltaire (1694-1778), cujo nome verdadeiro era François Marie Arouet, descendia de família burguesa. Considerado um dos maiores pensadores franceses, partilhava com o inglês Locke a ideia de um governo com poderes limitados, visto como um mal necessário. Ele afirmava que todos os homens são dotados pela natureza do direito à liberdade, à propriedade e à proteção das leis.

Voltaire não pode ser considerado um teórico democrata, tendo em vista suas reservas quanto à participação do povo no poder político. Ao contrário, sentia forte inclinação pela ideia de uma monarquia esclarecida, ou despotismo esclarecido, exercida pelas classes abastadas. Ainda assim, sofreu perseguições na França pelas críticas e ironias que dirigiu à realeza e à Igreja Católica. Foi preso diversas vezes e exilou-se na Inglaterra. Durante o exílio publicou as *Cartas inglesas*, nas quais atacava a religião e o absolutismo.

"[...]

Que nunca lei alguma eclesiástica vigore, salvo se receber sanção expressa do governo. Foi por este meio que Atenas e Roma nunca tiveram querelas religiosas. Estas querelas constituem a divisão das nações bárbaras ou tornadas bárbaras. [...]

Que todos os eclesiásticos sejam submetidos, em todas as circunstâncias, ao governo, pois são súditos do Estado. [...]"

VOLTAIRE, François. *Dicionário filosófico*. São Paulo: Nova Cultural, 1988.

BIBLIOTECA NACIONAL DA FRANÇA, PARIS

Nessa ilustração da obra Enciclopédia, *publicada em 1751, podemos observar a valorização dos ofícios e das técnicas, expressão da capacidade intelectual do ser humano na visão iluminista.*

Charles-Louis de Secondat, o barão de **Montesquieu** (1689-1755) foi, como Voltaire, um colaborador da *Enciclopédia* e um estudioso de Locke. Negando a existência de uma forma perfeita de governo, Montesquieu achava que o despotismo era o regime político apropriado aos países com vastos territórios, a monarquia limitada constituía o ideal para os de tamanho médio e a república representava a forma de governo mais adequada aos países pequenos. Algumas de suas concepções são apresentadas na obra ***Cartas persas***, publicada em 1721, na qual ridicularizou os costumes, os hábitos e as instituições de sua época. Mas foi sua teoria da separação dos poderes que o tornou famoso.

Para Montesquieu, os homens têm a tendência natural de abusar de qualquer parcela de poder que lhes seja confiada. Portanto, para evitar um governo despótico, a ação do governo deveria ser dividida em três ramos: os poderes Legislativo, Executivo e Judiciário. Dessa forma, cada setor do governo deveria agir como um freio para os outros dois.

Jean-Jacques Rousseau (1712-1778), ao contrário da maioria dos filósofos, tinha origens modestas — e suas concepções também divergiam daquelas dos teóricos liberais. Rousseau defendia a tese de que os homens viviam, primordialmente, em estado natural, porém conceituava esse estado de modo diferente do de Locke. Enquanto para o pensador inglês o estado natural significava uma situação de caos, para Rousseau significava o paraíso. Em sua visão, existiam pouquíssimas possibilidades de conflitos quando os homens estavam em estado de natureza, uma vez que não existia a propriedade privada e todos eram iguais entre si.

Ainda segundo Rousseau, houve um momento em que alguns homens desejaram a posse da terra, e, ao demarcarem suas propriedades, iniciaram o processo de desigualdade social e dominação tirânica. A única forma de os indivíduos garantirem seus direitos seria a organização de uma sociedade civil capaz de assegurar os direitos daqueles pertencentes à comunidade. Isto se realizaria por meio de um **contrato social** em que cada indivíduo estaria de acordo em se submeter à vontade da maioria. A partir daí, nasceria o Estado.

O texto a seguir faz parte da teoria sobre a propriedade como fonte de desigualdade:

O que é a liberdade

"É bem verdade que nas democracias o povo parece fazer o que quer; mas a liberdade política não consiste em fazer o que se quer. Num Estado, isto é, numa sociedade em que existem leis, a liberdade só pode consistir em poder fazer o que se deve querer e a não ser coagido a fazer o que não se deve querer.

É preciso ter em mente o que é independência e o que é liberdade. A liberdade é o direito de fazer tudo o que as leis permitem; e se um cidadão pudesse fazer o que elas proíbem, ele não teria mais liberdade, porque os outros também teriam esse poder."

MONTESQUIEU. O espírito das leis. In: WEFFORT, Francisco C. (org.). *Os clássicos da política*. São Paulo: Ática, 1989. v. 1.

Cartas persas

A obra tem este nome porque retrata de modo satírico a civilização francesa por meio de uma suposta correspondência entre dois viajantes persas em suas andanças por Paris.

A terra não pertence a ninguém

"O verdadeiro fundador da sociedade civil foi o primeiro que, tendo cercado um terreno, lembrou-se de dizer *isto é meu* e encontrou pessoas suficientemente simples para acreditá-lo. Quantos crimes, guerras, assassínios, misérias e horrores não pouparia ao gênero humano aquele que, arrancando as estacas ou enchendo o fosso, tivesse gritado a seus semelhantes: 'Defendei-vos de ouvir esse impostor; estareis perdidos se esquecerdes que os frutos são de todos e que a terra não pertence a ninguém!' [...]"

ROUSSEAU, Jean-Jacques. Discurso sobre a origem e os fundamentos da desigualdade entre os homens. In: *Rousseau*. São Paulo: Abril Cultural, 1978. (Coleção Os pensadores)

Rousseau defendia a ideia de que a bondade natural dos homens foi pervertida pela civilização. Afirmava que a soberania era indivisível e pertencente à comunidade no momento em que esta se constituía numa sociedade civil. O poder soberano do Estado deveria estar sujeito a reduzidas limitações, já que o sufrágio universal expressaria a vontade da maioria, ao mesmo tempo que se transformaria num tribunal de última instância dos governos e dos governados.

Dessa forma, a decisão da maioria seria sempre justa, no sentido político, tornando-se absolutamente obrigatória para cada cidadão. O governo seria simplesmente um agente executivo do Estado, compreendido por Rousseau como a comunidade politicamente

Monsieur de Longueil, *obra de Louis Carrogis, da primeira metade do século XVIII, representando um nobre lendo sob as folhagens. A valorização do conhecimento, por parte dos iluministas, expressava-se na importância dedicada à leitura e ao ensino.*

MUSEU DE CONDÉ, CHANTILLY

organizada, cuja função soberana era expressar a vontade geral.

Immanuel Kant (1724-1804), professor nascido na Prússia, admirador da obra de Rousseau, era filho de um artesão humilde. Com seus livros *Crítica da razão pura* e *Crítica da razão prática*, deu importante contribuição para as bases do pensamento contemporâneo. Kant conciliou as correntes de pensamento empirista (teoria defendida por Locke, segundo a qual a consciência humana depende das experiências práticas) e idealista — teoria defendida pelo escocês **David Hume** (1711-1776), que acreditava ser o conhecimento humano derivado das sensações.

Para Kant, a soberania pertencia ao povo. Além disso, haveria dois tipos de cidadãos: os independentes e os não-independentes. Os cidadãos independentes eram aqueles que possuíam propriedades e, por isso, não dependiam dos outros. Esse grupo podia exprimir uma opinião política, bem como podia decidir a política do Estado. Já os cidadãos não-independentes eram aqueles que dependiam dos outros — logo, não detinham o direito de votar nem o de ser eleitos.

Se por um lado Kant reconhecia que a soberania pertence ao povo, por outro, ele negava a este mesmo povo o efetivo direito de exercer a soberania, uma vez que a restringia a somente uma parte da população. Em outras palavras, só era considerado cidadão ativo o proprietário.

GALERIA NACIONAL, LONDRES

A exaltação da propriedade privada permeia o pensamento iluminista e é tema recorrente na pintura europeia do século XVIII. Robert Andrews e sua esposa *(c. 1748-1750), do pintor inglês Thomas Gainsborough.*

Os economistas liberais

Os pensadores do século XVIII pregaram essencialmente o fim da intervenção do Estado na vida particular dos indivíduos e na vida pública. Assim, promoveram a crítica ao mercantilismo, propondo o fim da interferência estatal na economia. Segundo os economistas, o mercado deveria se autorregular, obedecendo a uma única lei, a **lei da oferta e da procura**.

A primeira corrente de economistas a criticar a política mercantilista surgiu na França. Dela faziam parte pensadores de renome como François Quesnay, o marquês de Mirabeau, Dupont de Nemours e Robert Turgot. Esse grupo ficou conhecido como a **Escola Fisiocrata** da teoria econômica.

Os fisiocratas acreditavam que as atividades econômicas naturais como a agricultura, a mineração e o extrativismo eram mais importantes para a prosperidade nacional do que o comércio. Para eles, o comércio era essencialmente estéril, pois se limitava a transferir de uma pessoa para outra mercadorias já existentes. Além disso, os fisiocratas sustentavam que as restrições impostas pelo Estado punham um obstáculo à expansão da economia.

Laissez faire, laissez passer et le monde va de lui-même (Deixai fazer, deixai passar e o mundo marcha sozinho) é a expressão que designa o ideário fisiocrata contra a política intervencionista do mercantilismo.

O escocês **Adam Smith** (1723-1790), estudioso das teorias fisiocratas, é considerado o pai da moderna teoria econômica. Ele afirmava que o trabalho era a verdadeira fonte de riqueza. Embora aceitasse o princípio do *laissez faire*, acreditava que certas formas de interferência governamental na economia eram toleráveis, desde que se destinassem a prevenir a injustiça e a opressão ou a incentivar a educação e proteger a saúde pública.

Outro ponto importante de sua teoria dizia respeito à divisão do trabalho. Para Adam Smith, no momento em que houvesse a especialização do trabalho, em todas as atividades econômicas, e principalmente em todas as nações, seria facilitada a produção de bens.

No plano internacional, o mundo se transformaria numa vasta oficina, executando-se o trabalho em que fosse exigida menor necessidade de tempo e esforço, graças à colaboração da natureza e ao aproveitamento das aptidões humanas. Tal divisão de trabalho criaria, mediante o desenvolvimento de atividades diferentes e complementares, a solidariedade entre os homens e as nações.

David Ricardo (1772-1823), corretor de valores enriquecido por especulações bem-sucedidas, ficou conhecido pela "lei de ferro dos salários". Nessa teoria, o inglês Ricardo defendeu a ideia de que todas as tentativas de aumentar o ganho real dos trabalhadores são inúteis, uma vez que os salários sempre permanecerão próximos ao nível de subsistência.

David Ricardo também discutiu o valor da mercadoria. Segundo ele, o valor de uma mercadoria depende da quantidade relativa de trabalho necessário para produzi-la.

O inglês **John Stuart Mill** (1806-1873), economista e filósofo, foi um estudioso das obras de John Locke, Adam Smith e David Ricardo. Ele defendeu a limitação do crescimento populacional e a criação de cooperativas, entre outras medidas, para minorar os efeitos das contradições do capitalismo, sistema que, segundo ele, condenava as classes trabalhadoras a uma existência miserável.

O reverendo inglês **Thomas Malthus** (1766-1834), economista e demógrafo, ficou conhecido, sobretudo, pela teoria segundo a qual o crescimento da população tende sempre a superar a produção de alimentos, o que torna necessário o controle da natalidade.

"[...] Em primeiro lugar, [...] a alimentação é necessária ao homem; em segundo, [...] a paixão entre os sexos é necessária e se manterá, com poucas diferenças, tal como existe agora [...] o poder da população é infinitamente maior que o poder da terra para produzir as substâncias necessárias ao homem. A população se não encontra obstáculos, cresce de acordo com uma progressão geométrica. As substâncias crescem com uma progressão aritmética. Basta um pequeno conhecimento dos números para mostrar a imensidade do primeiro poder em comparação com o segundo.

Por causa dessa lei de nossa natureza que faz com que a alimentação seja indispensável à vida do homem, os efeitos desses dois poderes desiguais devem, entretanto, ser tidos por iguais. Isto implica que a penúria de substâncias atua como um freio potente e constante sobre a população. Essa penúria deve ser aplicada em alguma parte e deve necessariamente ser sentida por uma larga porção da humanidade."

MALTHUS, Thomas. In: BEAUD, Michel. *História do capitalismo*: de 1500 aos nossos dias. São Paulo: Brasiliense, 1991.

▶ O despotismo esclarecido

Inspirados pelo iluminismo, e particularmente pelas concepções de Voltaire, alguns monarcas como os da Prússia, Rússia, Áustria, Espanha e Portugal iniciaram reformas no intuito de adequar as estruturas econômicas de seus Estados à ordem burguesa em ascensão. Desse modo, na Europa do século XVIII, surgiram regimes políticos associados ao **despotismo esclarecido**. Caracterizaram-se por utilizar os ensinamentos propostos pelas teorias iluministas, mas sem abrir mão do absolutismo na prática política.

"[...] Nesse regime monárquico pessoal, os déspotas esclarecidos procuravam reforçar a própria autoridade [...]. Os déspotas usam do poder [...] para racionalizar o governo, unificar seus povos e territórios [...]. Com efeito, entendido num sentido amplo, e não limitado a um domínio no tempo e no espaço, o despotismo esclarecido sobreviverá [...]."

RÉMOND, René. *O Antigo Regime e a revolução*: 1750-1815. São Paulo: Cultrix, 1976.

Nos séculos XVIII e XIX, os países em sintonia com o despotismo esclarecido apresentavam problemas estruturais semelhantes: suas economias baseavam-se nos princípios mercantilistas, tinham sociedades pouco diversificadas, sem capital, sem pessoal técnico e com uma burguesia incipiente. Por vezes, o poder público via-se forçado a assumir o lugar da iniciativa privada.

O que torna o despotismo esclarecido algo original, diferente do absolutismo tradicional, é que, a partir de práticas intervencionistas e autoritárias, os déspotas se consolidaram no poder. Se tomarmos como referência alguns governos da América Latina, do Oriente Médio, da Ásia, da África e até mesmo da Europa central e oriental, poderemos constatar que esse modelo persiste até os dias atuais.

Em certa medida, essa sobrevivência do autoritarismo esclarecido vem confirmar que o iluminismo é uma corrente de pensamento em progresso constante. Nas sociedades democráticas contemporâneas, não-autoritárias, a contribuição iluminista mostra-se ainda mais evidente. E, no campo dos explorados, as concepções deixadas pelos iluministas sobrevivem até os dias de hoje, servindo de incentivo para muitos povos erguerem as bandeiras da liberdade, igualdade e fraternidade, diante das injustiças e da arbitrariedade de alguns governos.

MUSEU HERMITAGE, SÃO PETESBURGO, RÚSSIA

Catharina, a Grande, rainha da Rússia e adepta do despotismo esclarecido. Pintura de Dimitri Grigorievitch Levitzki, 1783.

TEXTO COMPLEMENTAR

O iluminismo francês

O iluminismo também foi tema tratado no livro *O mundo de Sofia*. No trecho abaixo o professor Alberto explica a Sofia algumas das ideias centrais do iluminismo francês.

"– Vamos direto ao assunto – disse Alberto. – Depois de Hume o alemão Kant foi o próximo grande pensador de um sistema filosófico. Mas também a França teve muitos pensadores importantes no século XVIII. Podemos dizer que na primeira metade do século XVIII o centro filosófico da Europa esteve na Inglaterra, em meados do século se deslocou para a França e em fins do século para a Alemanha. [...]

– O primeiro conceito-chave é, portanto, a *revolta contra as autoridades*. Muitos dos filósofos do Iluminismo francês tinham visitado a Inglaterra, que em certo sentido era mais liberal do que a própria França. A ciência natural inglesa, sobretudo Newton e sua física universal, fascinou esses filósofos franceses. Mas também os filósofos ingleses foram fonte de inspiração para eles, principalmente Locke e sua filosofia política. De volta a França, eles começaram pouco a pouco a se rebelar contra o velho autoritarismo. Eles achavam que era muito importante permanecer céticos a todas as verdades herdadas e acreditavam que o próprio indivíduo deveria encontrar respostas às suas perguntas. [...]

– Os filósofos iluministas diziam que somente quando a razão e o conhecimento se tivessem difundido entre todos é que a humanidade faria grandes progressos. Era apenas uma questão de tempo para que desaparecessem a irracionalidade e a ignorância e surgisse uma humanidade iluminada, esclarecida. Este pensamento dominou a Europa ocidental até há poucas décadas. Hoje não estamos tão convencidos de que o progresso do conhecimento leva necessariamente a melhores condições de vida. Mas esta crítica da 'civilização' já tinha sido feita pelos próprios filósofos do iluminismo. [...]

– Podemos dizer com segurança que a filosofia do iluminismo francês era mais prática do que a inglesa. [...] Os filósofos iluministas franceses não se contentaram apenas com as concepções teóricas sobre o lugar do homem na sociedade. Eles lutaram ativamente por aquilo que chamaram de 'direitos naturais' dos cidadãos. No que respeita à religião, à moral e à política, o indivíduo precisava ter assegurado o seu direito à liberdade de pensamento e de expressão de seus pontos de vista. [...] Os filósofos do iluminismo queriam estabelecer determinados direitos de que todas as pessoas seriam titulares, simplesmente por terem nascido como seres humanos. É isso que eles chamam de 'direito natural'. [...] E até hoje vemos esses indivíduos – ou mesmo populações inteiras – que evocam esses 'direitos naturais' para se defender da falta de liberdade, da falta de direitos e da repressão."

GAARDER, Jostein. *O mundo de Sofia*: romance da história da filosofia. São Paulo: Companhia das Letras, 1998.

Compreendendo o texto

1. Quais foram as contribuições dos filósofos ingleses e da ciência inglesa para o desenvolvimento do iluminismo francês?

2. Quais são as principais ideias do iluminismo francês expostas no texto?

3. O que são os "direitos naturais"? De acordo com o autor, como esse conceito pode influenciar uma população?

4. "Os filósofos iluministas diziam que somente quando a razão e o conhecimento se tivessem difundido entre todos é que a humanidade faria grandes progressos." Você concorda com essa afirmação? Por quê?

ATIVIDADES

Explorando o conhecimento

1 Explique os três princípios básicos do ideário iluminista do século XVIII.

2 Releia o texto do pensador Diderot, página 317, e responda.

a) Para o autor existem duas formas de obtenção do poder. Quais são elas?

b) Que visão o autor apresenta a respeito do poder absoluto dos reis?

3 Monte e complete um quadro com o nome e algumas idéias dos principais teóricos do iluminismo.

4 Observe o gráfico a seguir e responda.

POPULAÇÃO MUNDIAL (8000 A.C. — 2050 D.C.)

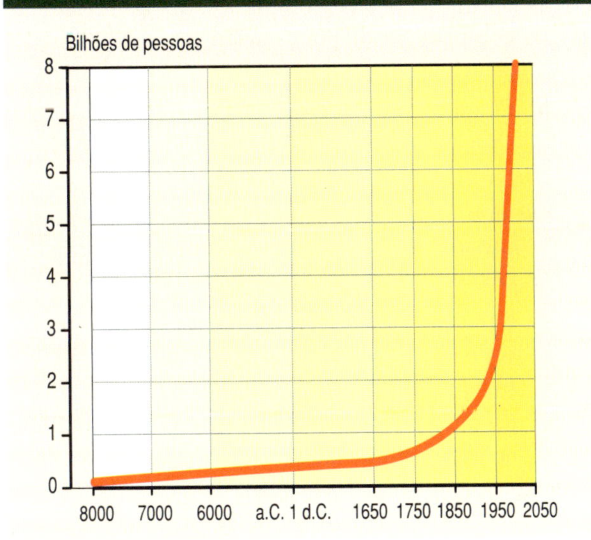

Fonte: OVERY, Richard (ed.). *Hammond Atlas of the 20 century*. Londres: Times Books, 1996.

a) Comente a informação central do gráfico.

b) De acordo com a teoria do economista Thomas Malthus, quais as implicações do fato mostrado no gráfico?

c) Para Malthus, a população cresceria em progressão geométrica (1, 2, 4, 8, 16), enquanto a produção de alimentos cresceria em progressão aritmética (1, 2, 3, 4, 5).

Sabendo disso, reproduza o gráfico. Ao lado dele, construa um novo gráfico que mostra como seria a produção de alimentos de acordo com a teoria de Malthus.

5 Leia o que escreveu o iluminista Rousseau sobre a educação das crianças.

> "Sabeis qual é o meio mais seguro de tornar vosso filho desgraçado? Acostumá-lo a tudo conseguir; pois, crescendo incessantemente seus desejos com a facilidade de satisfazê-los, mais cedo ou mais tarde a impossibilidade de atendê-lo vos forçará à recusa; e essa recusa, não habitual, lhe dará mais aborrecimento do que a própria privação do que ele deseja. Primeiramente ele desejará vossa bengala; depois irá querer vosso relógio; a seguir o pássaro voando; mais tarde a estrela brilhando; e desejará tudo o que vir."
>
> ROUSSEAU, J.-J. *Emílio*. Rio de Janeiro: Bertrand Brasil, 1995.

a) Sintetize a ideia contida nesse texto.

b) Com base no texto, como você responderia à seguinte questão: Os conflitos e vícios humanos se originam principalmente de sua própria natureza ou das condições criadas pela sociedade?

A história e o tempo presente

6 Observe o organograma a seguir.

OS TRÊS PODERES DA UNIÃO

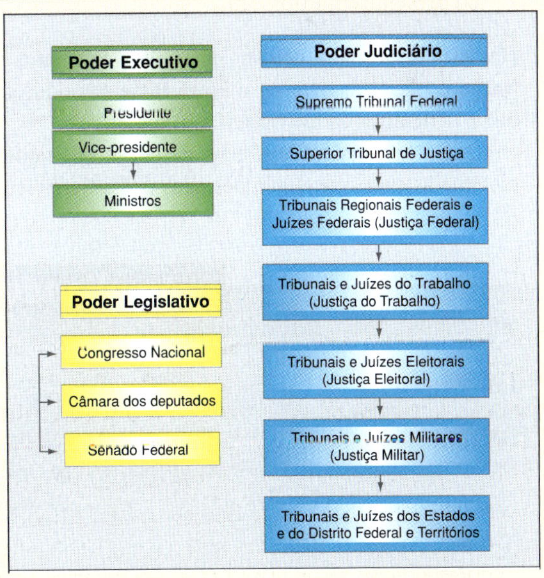

a) Descreva o funcionamento dos três poderes, no nível federal, no Brasil de hoje.

b) Explique a relação existente entre a organização do poder no Brasil atual e as ideias do pensador Montesquieu.

Vestibular / ENEM

1 (UFU-MG) Na segunda metade do século XVIII, ganha força na França um movimento intelectual conhecido como "Enciclopedismo", cujos autores de maior destaque foram os filósofos Denis Diderot e Jean d'Alembert.

Sobre o "Enciclopedismo", responda:

Qual era o objetivo no que concerne ao ideal científico e filosófico do seu tempo, e quais foram suas repercussões?

2 (UFRJ) "Dois acontecimentos que fizeram época marcam o início e o fim do absolutismo clássico. Seu ponto de partida foi a guerra civil religiosa. O Estado moderno ergue-se desses conflitos religiosos mediante lutas penosas, e só alcançou sua forma e fisionomia plenas ao superá-los. Outra guerra civil – a Revolução Francesa – preparou seu fim brusco."

KOSELLECK, Reinhart. *Crítica e crise.* Rio de Janeiro: Eduerj & Contraponto: 1999. p. 19.

a) Identifique dois aspectos que caracterizavam o exercício da autoridade pelo Estado absolutista.

b) Em 1651, em meio às guerras religiosas que assolavam a Europa, o filósofo inglês Thomas Hobbes defendia a necessidade de um Estado forte como forma de controlar os sentimentos antissociais do homem. Pouco mais de um século depois, o filósofo J.-J. Rousseau, em sua obra *Contrato social* (1762), apresentou uma outra visão sobre o mesmo problema.

Comente uma característica da concepção de Estado presente em Rousseau.

3 (UFRJ) "Que nunca percam de vista o Soberano e a Nação o fato de a terra ser a única fonte das riquezas e que a agricultura as multiplica.

Que a propriedade dos bens de raiz e das riquezas mobiliárias seja assegurada aos seus possuidores legítimos, pois a segurança de propriedade é o fundamento essencial da ordem econômica da Sociedade. [...]

Que seja mantida a inteira liberdade de comércio; pois a política de comércio interior e exterior mais segura, mais exata, mais proveitosa à Nação e ao Estado consiste na plena liberdade de concorrência."

QUESNAY, François. *Maximes générales du gouvernement économique.*

As ideias de Quesnay, médico do rei francês Luís XV, explicitam as bases da fisiocracia, pensamento econômico do século XVIII, crítico do mercantilismo praticado na Europa até então.

a) Retire do texto uma passagem em que se verifica contradição com as práticas mercantilistas.

b) Apresente uma relação entre fisiocracia e iluminismo.

4 (Fuvest-SP) Sobre o chamado despotismo esclarecido é correto afirmar que

a) foi um fenômeno comum a todas as monarquias europeias, tendo por característica a utilização dos princípios do iluminismo.

b) foram os déspotas esclarecidos os responsáveis pela sustentação e difusão das ideias iluministas elaboradas pelos filósofos da época.

c) foi uma tentativa bem-intencionada, embora fracassada, de as monarquias europeias reformarem estruturalmente seus Estados.

d) foram os burgueses europeus que convenceram os reis a adotarem o programa de modernização proposto pelos filósofos iluministas.

e) foi uma tentativa, mais ou menos bem-sucedida, de algumas monarquias reformarem, sem alterá-las, as estruturas vigentes.

Ampliando o conhecimento

Leitura

NASCIMENTO, Maria das Graças e NASCIMENTO, Milton Meira do. *Iluminismo:* a revolução das luzes. São Paulo: Ática, 1998. (Coleção História em movimento)

Panorama mais profundo sobre os pensadores iluministas, analisando o momento histórico e as principais ideias do século XVIII.

Filmes

A liberdade é azul. A igualdade é branca. A fraternidade é vermelha

Direção de Krzysztof Kieslowski. França, 1993/1994. Trilogia baseada nas cores da bandeira francesa. O objetivo do enfoque é atualizar a discussão dos ideais iluministas de liberdade, igualdade e fraternidade.

Capítulo 25 Das Revoluções Inglesas à Revolução Industrial

A evolução tecnológica e o aquecimento global

"No início deste ano [2007] o primeiro-ministro britânico Tony Blair se envolveu numa polêmica ao declarar que não pretende deixar de viajar de avião para diminuir as emissões de carbono na atmosfera. E mais, ele considera impraticável estabelecer metas individuais para amenizar os efeitos das mudanças climáticas. Para o primeiro-ministro, a solução deve vir de pesquisas que tornem os aviões mais eficientes e menos poluentes. [...]

Aviões e carros são parte de uma mudança nos modos de locomoção humana, decorrente da Revolução Industrial. 'É difícil negar direitos adquiridos pela sociedade ao longo da história. A mobilidade foi uma conquista da humanidade', defende Karen Suassuna, técnica em mudanças climáticas do WWF-Brasil. Para ela não adianta pedir para as pessoas trocarem seus carros pela bicicleta se elas vão arriscar a vida ao fazer isso. Nesse sentido, a primeira atitude para uma vida mais sustentável é exigir a melhoria do transporte público ou a construção de ciclovias."

MARIUZZO, Patrícia. Foco no indivíduo ou na estrutura? *Com ciência*. Disponível em <www.comciencia.br>. Acesso em abr. 2007.

MARCELO MIN/FOTOGARRAFA

Congestionamento na avenida Paulista, São Paulo, em agosto de 2006. O acúmulo de dióxido de carbono, metano e outros gases na atmosfera agrava o efeito estufa, o que vem provocando a elevação da temperatura da Terra e colocando em risco diferentes ecossistemas e comunidades humanas.

A discussão sobre o aquecimento global vem ganhando importância cada vez maior entre autoridades, especialistas e a população em geral. Dentre as consequências mais expressivas desse fenômeno estão o aumento da temperatura terrestre e a elevação do nível dos oceanos e mares, o que pode, a médio e longo prazo, ocasionar o desaparecimento de ilhas e países, além de contribuir para a extinção de dezenas de espécies animais e vegetais.

Desde o início da Revolução Industrial, o esforço empreendido pelas grandes potências levou a um constante aperfeiçoamento técnico em busca de menor desperdício, maior produtividade e, consequentemente, maior lucro. Entretanto, pouco se discutiu sobre o impacto que a interferência humana, potencializada pelo avanço tecnológico, traria aos recursos naturais. Com a Revolução Industrial, impôs-se um modelo de industrialização que dissociou tecnologia, natureza e homem. Hoje, conciliar crescimento econômico e preservação ambiental – o que chamamos desenvolvimento sustentável – é um debate fundamental na pauta da maioria dos países.

A Revolução Industrial ocorreu primeiramente na Inglaterra. Para entender o pioneirismo inglês na industrialização é necessário remontar às Revoluções Inglesas do século XVII, que criaram as condições políticas e econômicas para a implantação do ideário liberal burguês. Ao derrotar o absolutismo monárquico e implantar um governo liberal, as revoluções do século XVII forneceram a estabilidade necessária para garantir investimentos na atividade industrial.

▶ Despertar revolucionário

As Revoluções Inglesas do século XVII representaram um marco na vida europeia. Pela primeira vez na história do continente, a burguesia, aliada à pequena nobreza, assumiu o poder e lançou as bases para a consolidação de uma nova ordem, que se expressou pela hegemonia do parlamentarismo.

Essa transformação exigiu uma série de rupturas. Os vários conflitos do período podem ser divididos em dois momentos. O primeiro teve início com a **Revolução Puritana**, em 1640, e foi responsável pela execução do rei Carlos I e a instalação do governo republicano de Cromwell. O segundo, em 1689, conhecido como **Revolução Gloriosa**, completou o processo político liderado pela burguesia.

▷ O acirramento das tensões

Em 1588, no governo da rainha Elizabeth I, o pequeno reino havia derrotado a "Invencível Armada" da Espanha, que tentara atacar as Ilhas Britânicas. O aumento da frota para enfrentar o poderio espanhol e outras políticas adotadas por Elizabeth I atendiam aos interesses da burguesia mercantil inglesa, mas desequilibraram as finanças do reino. Para enfrentar a situação financeira, o governo teve de solicitar empréstimos ao Parlamento e recorreu a medidas como a venda dos bens da Coroa e a concessão e venda de monopólios comerciais e industriais. Tais iniciativas acabaram impedindo o poder público de seguir o exemplo de outros reinos europeus, que criaram

ABADIA DE WOBURN, BEDFORDSHIRE

O quadro Rainha Elizabeth I e a Invencível Armada *foi pintado por George Gower logo após a derrota da esquadra espanhola em 1588. Ao fundo é possível perceber os navios espanhóis sendo afundados, enquanto a rainha ocupa uma posição central no quadro, representando a posição da própria Inglaterra no mundo.*

fontes permanentes ou novas alternativas de recursos, como, por exemplo, o estabelecimento de um monopólio sobre algum produto essencial.

A morte de Elizabeth I, em 1603, criou um grave problema sucessório, pois a rainha não deixou herdeiros diretos. O trono inglês passou a seu primo, Jaime Stuart, rei da Escócia. O sucessor de Elizabeth não recebeu muito apoio político dos ingleses. Ele era defensor da teoria do direito divino dos reis e das concepções anglicanas do poder repartido entre o soberano e os bispos. Para os puritanos, isso era quase tão grave quanto ser católico.

A relação do monarca com seus súditos agravou-se por volta de 1610, quando Jaime I tentou fugir ao controle financeiro do Parlamento e impôs medidas como o monopólio real sobre as indústrias de tecidos. No mesmo período ocorreram, na Inglaterra, fortes movimentos migratórios em direção à América do Norte: muitos partiam para escapar da tirania da Coroa.

Com a morte de Jaime I em 1625, seu filho Carlos Stuart tornou-se rei da Inglaterra e da Escócia. Ele foi obrigado a assinar a *Petição de Direitos*, que proibia a Coroa de convocar o exército ou adotar medidas econômicas sem a prévia aprovação dos parlamentares. Mas Carlos I acabou determinando políticas semelhantes às do pai, de caráter autoritário, principalmente nas esferas econômica e religiosa. Um exemplo foi a tentativa de imposição do anglicanismo aos escoceses, em sua maioria seguidores do presbiterianismo. A medida quase provocou uma guerra entre escoceses e ingleses.

Em 1634, o rei resolveu retomar uma antiga lei inglesa. Tratava-se da cobrança de um imposto, já em desuso, antes arrecadado nas cidades portuárias e zonas litorâneas em caso de guerra: o *Ship Money*. Carlos I não só restabeleceu o tributo como também o estendeu a todo o reino.

A insatisfação popular diante dos conflitos religiosos e econômicos acabou gerando uma crise política. O rei viu-se pressionado, pela própria situação que criara. Os representantes do povo passaram a defender reformas e a fazer oposição sistemática às iniciativas reais. A crise chegou ao ponto da ruptura quando eles exigiram o cumprimento da lei que proibia ao rei dissolver o Legislativo e que, ao mesmo tempo, previa reuniões da assembleia pelo menos uma vez a cada três anos. A resposta de Carlos I foi a invasão do Parlamento e a prisão de alguns dos líderes que lhe faziam oposição.

A demonstração de força precipitou uma longa guerra civil, que se estenderia de 1642 a 1651. De um lado estava Carlos I, apoiado pelos lordes e pela dissidência da pequena nobreza. Do outro, a Câmara dos Comuns, falando em nome do conjunto da população inglesa.

Quem eram esses atores políticos e que segmentos sociais eles representavam nessa história?

► A Revolução Puritana

O Parlamento inglês compunha-se de duas câmaras: a **Câmara dos Lordes** e a **Câmara dos Comuns**. As cadeiras da Câmara dos Lordes eram ocupadas pelos Lordes Espirituais, isto é, pela cúpula do clero anglicano, e pelos Lordes Temporais. Esses nobres titulados (duques, barões, condes e outros) pertenciam às grandes famílias aristocráticas e herdavam seus lugares na assembleia, juntamente com enormes extensões de terras. Constituíam o grupo mais rico e poderoso da Inglaterra, pois detinham boa parte das propriedades rurais e, com elas, uma parcela essencial do poder: o monopólio da administração, funções de polícia e de justiça.

A Câmara dos Comuns era composta de grandes burgueses e pelos *gentlemen*, pertencentes à *gentry*, à pequena nobreza rural. Os *gentlemen* (fidalgos, cavalheiros ou gentis-homens) caracterizavam-se pela vida gentil, isenta do trabalho manual e de suas penas. Os parlamentares representavam o conjunto da população, embora fossem eleitos apenas pelas pessoas de posses.

> "[...] O Parlamento representava as classes proprietárias: apenas os homens que tivessem alguma propriedade tinham direito de voto, e nenhuma mulher, obviamente. As pessoas comuns não participavam diretamente na eleição dos membros do Parlamento e menos ainda das decisões políticas. [...]"
>
> HILL, Christopher. *Virando o mundo de ponta-cabeça*: o outro lado da Revolução Inglesa. Editora UFMG, Belo Horizonte: Revista Varia História. Belo Horizonte: Departamento de História da UFMG, n. 14, set. 1995.

As diferenças de classe, de origem social, expressavam-se nas diferenças políticas e religiosas e as reforçavam continuamente. Os lordes praticavam a religião anglicana. Os partidários dos Comuns eram em geral presbiterianos (da alta burguesia e da *gentry*) e puritanos (pequeno-burgueses, burgueses médios, pequenos proprietários rurais, arrendatários ou *yeomen*, camponeses, artesãos, proletários

Câmara dos Comuns, *em Londres, representada em aquarela de J. Bluck, de 1808. Os partidários dos Comuns, em sua maioria presbiterianos e puritanos, conduziram a revolução que instaurou o efêmero regime republicano na Inglaterra.*

em formação, desempregados e marginalizados). Eles deram ao Parlamento uma arma poderosa: o **Exército de Novo Tipo**.

Essa nova formação militar mostrou-se decisiva para a derrota das tropas reais. As fileiras do Exército de Novo Tipo forneciam uma amostra representativa da parcela da população que apoiava a Câmara dos Comuns: os soldados eram em sua maioria pequeno-burgueses, artesãos, proprietários rurais ou filhos de proprietários, seguidores das seitas puritanas e de outros grupos hostis à Igreja Anglicana. Tornaram-se conhecidos como *roundheads* (cabeças redondas) devido ao austero corte de cabelo que usavam, característico dos puritanos.

Outro traço distintivo do Exército de Novo Tipo residia na liberdade de organização e discussão, o que fez desse grupamento armado uma sementeira de ideias políticas.

A INGLATERRA DURANTE A REVOLUÇÃO PURITANA

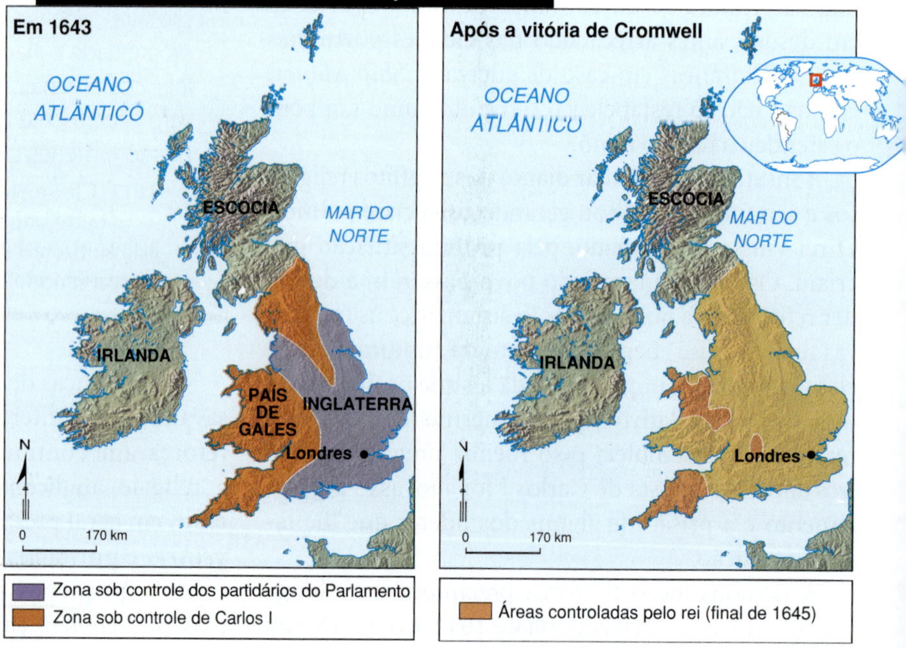

Fonte: VIDAL-NAQUET, Pierre e BERTIN, Jacques. *Atlas histórico*. Lisboa: Círculo de Leitores, 1987.

Do rei ao Lorde Protetor

Em meio à guerra civil, os presbiterianos assumiram a hegemonia no Parlamento, enquanto o exército, mais radicalizado e comandado por **Oliver Cromwell** (1599-1658), vencia as batalhas de Marston Moor (1644) e Naseby (1645), conquistando o país para os Comuns. Em 1646, estava terminada a primeira e mais importante fase do conflito, com a derrota de Carlos I. Entretanto, os presbiterianos, a ala parlamentar mais moderada, tentavam estabelecer um acordo com a realeza, uma vez que não viam com bons olhos a maré de democracia popular defendida sobretudo pelo Exército de Novo Tipo. Isso acabou provocando a radicalização do processo político.

BRITISH LIBRARY, LONDRES

O espetáculo da morte. *Pintura da época representa a decapitação de Carlos I sendo assistida por parlamentares, em 30 de janeiro de 1649.*

Em 1647, quando a maioria presbiteriana tentava desmobilizar o exército, o rei foi preso pelos soldados. Meses depois, Carlos I fugiu para a Ilha de Wight. Embora a ilha estivesse sob controle parlamentar, a fuga do monarca agravou a crise. Os realistas recobraram o ânimo e, em 1648, mobilizaram-se na Escócia e em outros pontos da Grã-Bretanha, iniciando uma nova fase da guerra civil. No entanto, foram derrotados por Cromwell e outros chefes das tropas parlamentares.

A hegemonia na Câmara dos Comuns passou então ao setor mais próximo das concepções dos soldados puritanos. A nova maioria excluiu, em 1648, os parlamentares moderados, ainda dispostos a negociar com o rei, e em 1649 ordenou a decapitação de Carlos I por traição e proclamou a República ou *Commonwealth*. Um Conselho de Estado deveria exercer as funções governamentais, respondendo a um Parlamento unicameral; a Câmara dos Lordes foi extinta.

Oliver Cromwell, presidente do Conselho de Estado, dividia-se entre as ações administrativas e militares. Assim, ele esmagou uma rebelião de católicos e realistas na Irlanda (1649-1650) e derrotou tropas escocesas que apoiavam o filho de Carlos I (1651), pondo fim à guerra civil. Na esfera político-administrativa, o governo extinguiu as taxações arbitrárias e expediu o primeiro **Ato de Navegação**, beneficiando os setores mercantis e a construção naval.

Mas os problemas se acumulavam. A destruição causada pela guerra civil foi seguida por desastrosas colheitas, alta do custo de vida, baixos salários e pesadas taxações. Embora Cromwell distribuísse terras na Irlanda aos veteranos, como pagamento de soldos atrasados, a Inglaterra vivia uma situação política e econômica explosiva.

A oposição, que era composta de presbiterianos moderados, realistas, *levellers* (grupo de puritanos radicais que exigia completa liberdade religiosa e igualdade perante a lei) e *diggers* (grupo de puritanos cuja principal reivindicação era a cessão de terras ociosas do Estado para que fossem cultivadas pelos pobres), sentiu-se enganada pelo governo republicano que, segundo eles, não havia implementado medidas de

"[...] Antes éramos governados por um rei, lordes e comuns, agora o somos por um general, uma corte marcial e a Câmara dos Comuns; e peço que me digais onde está a diferença! [...]"

Panfleto Leveller. In: HILL, Christopher. *O mundo de ponta-cabeça*. São Paulo: Companhia das Letras, 1991.

MUSEU DE BELAS ARTES DE NIMES, FRANÇA

Oliver Cromwell diante do esquife do rei Carlos I, pintura do século XVII, de Paul Delarouche.

conteúdo democrático que tirassem a maioria da população da situação penosa em que se encontrava.

Todas essas manifestações de oposição foram aniquiladas pelo governo de Cromwell. O primeiro cidadão da *Commonwealth* passou a ser visto como tirano, principalmente aos olhos dos grupos populares.

Em 1653, diante da oposicão dos conservadores e dos grupos radicais, Cromwell dissolveu o Parlamento. No mesmo ano, assumiu o título de Lorde Protetor da Inglaterra, Escócia e Irlanda. Mas sua morte, em 1658, representou o golpe de misericórdia para a efêmera República inglesa. Seu filho, Richard Cromwell, que não tinha a mesma influência do Lorde Protetor, foi deposto no ano seguinte.

A história da República Puritana terminou com a tomada do poder pelos contrarrevolucionários, nobres realistas aliados à dissidência presbiteriana, e com a proclamação de Carlos II, filho do rei decapitado, como soberano da Inglaterra e da Escócia. Iniciou-se então o período conhecido como **Restauração Monárquica**.

▶ A Revolução Gloriosa

Carlos II foi coroado graças à aristocracia e à alta burguesia. Em seu governo, o comércio e a indústria expandiram-se com rapidez e a ciência foi estimulada a partir do livre pensamento, da experimentação e de uma reforma educacional. Mas os atritos continuaram a existir entre o rei e o Parlamento.

A Restauração seguiu seu curso com a ascensão ao trono inglês, em 1685, de Jaime II, irmão de Carlos II, que morreu sem deixar herdeiros diretos. O novo monarca, partidário da religião católica, logo se tornou impopular. Quando tentou isentar os católicos do pagamento de algumas taxas, impostas a eles por motivos religiosos, e indicou alguns dos seus líderes para cargos importantes do governo, foi afastado por um golpe de Estado conhecido como Revolução Gloriosa (1688).

Sem derramamento de sangue ou desordens sociais que pudessem possibilitar o ressurgimento de exigências revolucionárias democráticas, o Parlamento estabeleceu um acordo com o protestante Guilherme de Orange, chefe do governo da Holanda e casado com Maria Stuart II, filha mais velha de Jaime II. Guilherme assumiu o governo inglês numa nova roupagem política, a monarquia parlamentar de caráter liberal, dentro da qual o capitalismo poderia se desenvolver livremente.

Dentre as leis estabelecidas destacaram-se o *Toleration Act* (Ato de Tolerância) e o *Bill of Rights* (Declaração de Direitos). O *Toleration Act* concedeu liberdade religiosa aos cristãos, exceto aos católicos. Por sua vez, o *Bill of Rights* foi um conjunto de leis que, entre outras medidas, instituiu o julgamento dos indivíduos através de um júri. Além disso, o rei perdeu a prerrogativa de suspender execuções de leis e implementar impostos sem a permissão do Parlamento.

▶ O pioneirismo inglês na industrialização

A industrialização na Grã-Bretanha teve início por volta de 1760. Os fatores desse pioneirismo não devem ser creditados unicamente à superioridade tecnológica e científica, mas também a condições favoráveis que já existiam no país antes do século XVIII.

A consolidação da monarquia parlamentar, com a Revolução Gloriosa de 1689, alterou profundamente os rumos da economia britânica. O lucro privado e o desenvolvimento industrial tornaram-se prioridades para as iniciativas governamentais.

Beneficiados pelas **Leis de Cercamentos** das áreas comunais agrícolas, promulgadas desde o século XVI, os proprietários particulares investiram capital na melhoria da produção, promovendo a modernização dos processos de produção e colheita. O movimento de cercamento ou demarcação (*Enclosure Acts*), retomado com vigor entre 1760 e 1830, foi responsável pela expropriação maciça dos camponeses e pela transformação da terra em mercadoria, um bem lucrativo monopolizado por grupos privados. As transformações das propriedades e da exploração agrícola disponibilizaram uma mão-de-obra numerosa, que pôde ser aproveitada no trabalho das minas e na produção manufatureira.

A nascente indústria britânica fabricava utilidades domésticas como alfinetes, vasilhas, facas, tesouras, tecidos, produtos alimentícios e outros, e atendia inicialmente ao próprio mercado consumidor inglês. Posteriormente, o Estado incentivou a conquista de mercados fora de seus limites territoriais, acelerando a arrancada imperialista.

A produção de lã e algodão foi responsável pela multiplicação das manufaturas têxteis e pela supremacia britânica no setor. A indústria da lã estava ligada à economia camponesa, associada desde muitas gerações à criação de ovelhas. Já a indústria algodoeira vinculava-se ao comércio ultramarino, tanto pelo fornecimento de matérias-primas (como o fustão, mistura de linho com algodão, e a chita, dos mercados orientais) quanto pelo aproveitamento do algodão cultivado em algumas áreas coloniais inglesas da América.

No curso da Revolução Industrial desenvolveu-se a indústria de base, representada principalmente pela metalurgia e, em especial, pela siderurgia. Sua demanda estava ligada ao setor militar, em menor escala, e posteriormente às ferrovias, construídas durante as primeiras décadas do século XIX e responsáveis pelo transporte de mercadorias e de um enorme contingente de pessoas.

O desenvolvimento do setor de transportes ferroviários só se tornou possível graças à pudlagem (processo de diminuição do teor de carbono de um

COLEÇÃO PARTICULAR

O uso do carvão mineral facilitou a eclosão da primeira Revolução Industrial inglesa. Gravura de autoria desconhecida, início do século XVIII.

AS FERROVIAS E A REDUÇÃO DAS DISTÂNCIAS

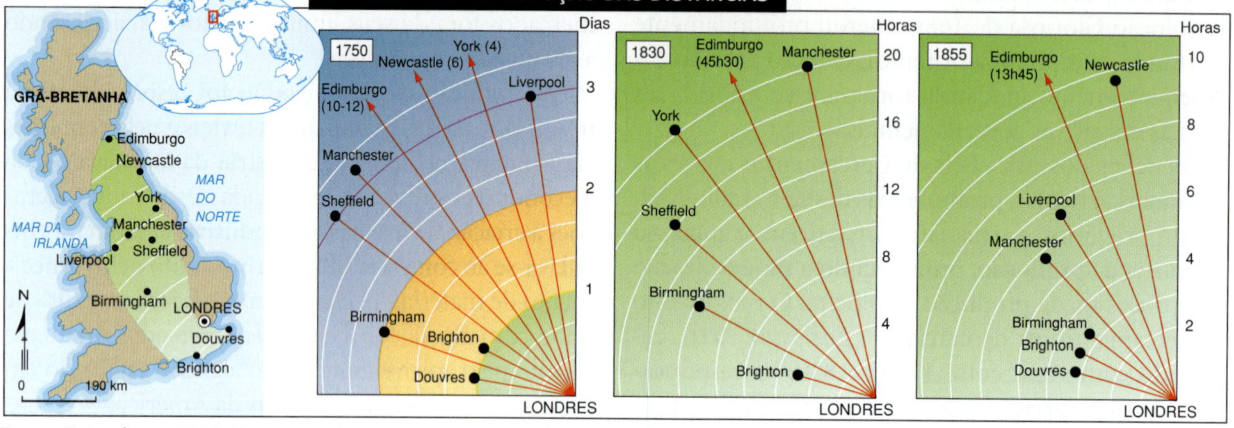

Fonte: Baseado em HOBSBAWM, Eric. *A era das revoluções*. São Paulo: Paz e Terra, 2005.

sistema composto) e à mineração do carvão, utilizado como fonte de energia para a indústria, uso doméstico e importante combustível para as locomotivas. O domínio desses processos permitiu que a burguesia britânica acumulasse bens de capital, fundamentais para a consolidação da economia industrial.

Cabe destacar o setor técnico-científico, que alguns historiadores apontam como um dos fatores determinantes do avanço britânico no setor industrial. Trata-se de um tema polêmico, uma vez que não existe uma unanimidade quanto à superioridade tecnológica e científica da Grã-Bretanha. Na obra *A era das revoluções*, o historiador Eric Hobsbawm afirma que poucos refinamentos intelectuais foram necessários para se fazer a Revolução Industrial. Ele acrescenta:

> "[...] Suas invenções técnicas foram bastante modestas, e sob hipótese alguma estavam além dos limites de artesãos que trabalhavam em suas oficinas ou das capacidades construtivas de carpinteiros, moleiros e serralheiros: a lançadeira, o tear, a fiadeira automática. Nem mesmo sua máquina cientificamente mais sofisticada, a máquina a vapor rotativa de James Watt (1784), necessitava de mais conhecimentos de física do que os disponíveis então há quase um século [...]. Dadas as condições adequadas, as inovações técnicas da Revolução Industrial praticamente se fizeram por si mesmas, exceto talvez na indústria química. Isso não significa que os primeiros industriais não estivessem constantemente interessados na ciência e em busca de seus benefícios práticos. [...]"
>
> HOBSBAWM, Eric. *A era das revoluções*. Rio de Janeiro: Paz e Terra, 1989.

CID

A Revolução Industrial não poupou a mão-de-obra feminina e infantil. A tecelã, *pintura de Ramón Planella, século XIX.*

► O trabalho na era industrial

A industrialização na Grã-Bretanha foi muito mais do que o fruto de uma revolução técnica e científica. Ela representou uma mudança social profunda na medida em que transformou a vida dos seres humanos, implicando elevados custos sociais e ambientais.

Uma das primeiras transformações diz respeito ao próprio significado da palavra *trabalho*. O que antes significava o castigo divino pelo pecado original, implicando dor e humilhação, passou a designar uma condição básica para a salvação perante Deus, que poderia propiciar riqueza e dignidade. O trabalho passou a dignificar o homem e a qualificá-lo, tornando-se um indicador de posição social.

Outro aspecto relevante é o controle técnico do processo de produção, que passou para as mãos do capitalista, no momento em que se instituiu a divisão e o parcelamento do trabalho. O resultado foi a **alienação** crescente do trabalhador, cada vez mais afastado do produto final do seu esforço. Em outras palavras, o trabalhador perdeu a visão global do processo de produção.

A "robotização do trabalhador" foi também um aspecto gerado pela Revolução Industrial. O operário especializou-se em servir a uma máquina, transformando-se em autômato destinado a desempenhar atividades cotidianas cansativas e monótonas. E um autômato mais vulnerável aos acidentes de trabalho devido à própria monotonia de suas atividades.

Se por um lado o uso contínuo de máquinas diminuiu a necessidade de mão-de-obra, por outro levou os industriais a buscarem o trabalho feminino e infantil como opção para baratear o custo da produção. A industrialização rapidamente englobou todos os membros do grupo familiar, submetendo-os ao capital.

Certas funções femininas, como as tarefas domésticas, o aleitamento e a educação das crianças, foram quase totalmente suprimidas, causando um considerável descontrole familiar. Sem contar que os salários das mulheres e das crianças eram bem menores do que os dos homens.

Alienação

"Por alienação entende-se a noção de que nossas próprias potencialidades enquanto seres humanos são realizadas ou assumidas por outras entidades. O termo foi utilizado por Marx, primeiramente, para indicar a projeção de poderes humanos nos deuses. Posteriormente, ele o empregou para referir-se à perda de controle do trabalhador sobre a natureza e o produto do seu trabalho."

GIDDENS, Anthony. *Sociology*. Londres: Polity Press, 1994.

Castigo nas fábricas

"Nosso turno era das cinco da manhã até nove ou dez da noite; e no sábado, até as onze, e frequentemente até as doze horas da noite; e ainda nos faziam vir no domingo, para limpar a maquinaria. Não havia tempo para o café-da-manhã, não se podia sentar durante o jantar e não havia tempo para o chá. Nós chegávamos à fábrica às cinco horas da manhã e trabalhávamos até aproximadamente as oito ou nove, quando nos traziam o café-da-manhã, que consistia em mingau de aveia [preparado com água, e não com leite] com bolo e cebolas, para dar sabor à comida. O jantar consistia em bolo [...] e leite. Nós bebíamos o leite e com o bolo na mão voltávamos a trabalhar, sem sentar."

Depoimento de John Birley ao jornal *The Ashton Chronicle*, 19 maio 1849.

IDADE MÉDIA DE FALECIMENTO PARA DIFERENTES GRUPOS SOCIAIS EM 1842

Centro urbano	Pequena nobreza rural	Artífices	Trabalhadores industriais
Rutlandshire	52	41	38
Truro	40	33	28
Derby	49	38	21
Manchester	38	20	17
Bethnal Green	45	26	16
Liverpool	35	22	15

Fonte: THOMPSON, E. P. *A formação da classe operária inglesa*. Rio de Janeiro: Paz e Terra, 1987.

Paul Mantoux, um estudioso da manufatura no século XVIII, primeira fase da Revolução Industrial, relata que o trabalho das crianças era muitas vezes preferido, devido à sua docilidade, à maior facilidade no aprendizado, à submissão no cumprimento das ordens e aos salários menores que recebiam.

A cidade também mudou de fisionomia, em virtude da concentração de grandes multidões nas áreas fabris. Até o início da industrialização, eram centros comerciais de dimensões relativamente reduzidas, voltadas para a administração, o comércio e todo tipo de prestação de serviços. Nelas viviam funcionários públicos, artesãos, mercadores etc.

As chaminés de Manchester

"Lembro-me muito bem do efeito que causou em mim minha primeira visão de Manchester, quando olhei para a cidade pela primeira vez [em 1842], do final da linha férrea que vinha de Liverpool, e vi uma floresta de chaminés expelindo vapor e fumaça, formando uma cobertura escura que parecia abraçar e envolver todo o lugar... Muitos anos se passaram desde aquela manhã, mas repetidas visitas a Manchester não diminuíram os efeitos daquela primeira impressão."

Notes of a tour in the manufacturing districts of Lancashire. In: BRADSHAW, L. D. (org.). *Visitors to Manchester:* a selection of British and foreign visitor's descriptions of Manchester from 1538 to 1865. Manchester: Neil Richardson, 1987.

Nos núcleos urbanos transformados pela indústria, os pobres habitavam bairros populosos ou cortiços com péssimas condições sanitárias. A burguesia optou pelos bulevares, alamedas largas, para construir suas casas suntuosas e caras, porém funcionais, na medida em que o mundo burguês procurava basear-se na praticidade e na beleza.

▶ A moral burguesa

Em termos de sexualidade, a moral burguesa nos séculos XVIII e XIX apresentou um duplo comportamento, bem próximo ao que ainda pode ser percebido em algumas sociedades contemporâneas: castidade para as mulheres solteiras e fidelidade para as casadas; muitas mulheres para os solteiros e o adultério tolerável para os casados. Mas nada poderia colocar em risco a estabilidade da família ou da propriedade burguesa. Valia a máxima: "a mãe dos meus filhos é diferente".

Ao longo do século XIX, a classe média — formada pelos profissionais liberais, pequenos proprietários (homens de negócios) e funcionários públicos — cresceu e prosperou. O mundo burguês se abriu para aqueles que possuíam talento e certo grau de escolaridade. Suas casas não eram somente o lugar que abrigava o núcleo familiar; eram também "o repouso do guerreiro" e o local de onde o empreendedor operava, sob o olhar de admiração da mulher e dos filhos, admirados pela sua capacidade de produzir riquezas e conforto.

▶ A reação dos trabalhadores

▷ Os operários contra as máquinas

A expropriação da massa de trabalhadores gerou uma sucessão de lutas, diretas ou indiretas, contra a propriedade e o capital representados pela burguesia industrial. No século XVIII ocorreram formas violentas de protestos, como a inundação de minas, a queima de colheitas e destruição de máquinas por trabalhadores urbanos e rurais. Tais ações foram designadas por alguns historiadores pelo termo **ludismo**.

Ludismo foi o nome usado para designar movimentos operários de protesto que se desenvolveram no final do século XVIII e início do século XIX e se caracterizavam por ações de quebra das máquinas, consideradas responsáveis pelo desemprego e pelos baixos salários.

"[...] O nome tem origem no lendário movimento 'Nedd Ludd' (conforme a tradição, teria sido ele o primeiro operário têxtil a quebrar o tear do patrão, devido a um conflito com o mesmo, em Loughborough, Leicestershire, lá pelo fim do século XVIII); por isso seus sequazes se chamaram ludders ou luddites (luditas)."

BOBBIO, Norberto et al. *Dicionário de política.* Brasília: Ed. UnB, 1992. v. 2.

Os movimentos luditas eclodiram nos condados ingleses de Nottinghamshire, Lancashire e Yorkshire. Em Nottinghamshire dominou o aspecto de reivindicação salarial, em Yorkshire mostrou-se fortemente politizado numa perspectiva antigovernamental, contrária à centralização de Londres, e em Lancashire apresentou-se mais organizado e militarizado.

O processo de resistência dos operários às máquinas não representou algo irrefletido ou cego, um ato contra a evolução tecnológica. Foram iniciativas contra a alienação do trabalho ao capital, um modo de afirmar seu poder sobre os instrumentos de produção. A destruição do maquinário constituía o último recurso na defesa de um estilo de vida mais digno e autônomo.

▷ A Carta do Povo

Os ingleses das décadas de 1830 e 1840 foram os primeiros a incorporar as ideias de democracia, igualdade e coletivismo a um amplo e significativo movimento de trabalhadores. Esse movimento teve suas

MUSEU BRITÂNICO, LONDRES

Distribuição de bastões a policiais especiais, na véspera da demonstração cartista em Kennington Common, Inglaterra, representada em gravura de 1848. O governo inglês mobilizou cerca de 8 mil soldados para reprimir a marcha organizada pelo movimento cartista.

origens no *Reform Act* de 1832, que conferiu o direito de voto à maioria dos homens adultos da classe média e a quase todos os pequenos proprietários e rendeiros rurais. Mas uma grande massa de trabalhadores agrícolas e industriais continuou excluída do sufrágio.

Afastado da arena pública, o proletariado urbano da Grã-Bretanha reclamava participação efetiva nas eleições, porém enfrentou forte resistência do Parlamento. Diante de tal situação, muitos trabalhadores alistaram-se com entusiasmo ao movimento conhecido como cartista.

Organizado em 1838 por Feargus O'Connor e William Lovett, o **cartismo** teve origem numa petição conhecida como **Carta do Povo**, apresentada ao Parlamento. Seu programa constava de seis pontos importantes: sufrágio universal masculino; igualdade de direitos eleitorais; voto secreto; legislaturas anuais; abolição do censo eleitoral (requisitos de propriedade) para os membros da Câmara dos Comuns; remuneração das funções parlamentares.

Em 1848, os líderes cartistas prepararam uma marcha de operários, que deveria contar com 500 mil homens, para apresentar uma petição aos parlamentares. Os organizadores imaginavam que o número de manifestantes forçaria o Parlamento a conceder as reformas.

Entretanto, no dia marcado para a apresentação, 10 de abril de 1848, uma chuva torrencial esvaziou o movimento. Apenas a décima parte dos operários compareceu à marcha. Mas o espírito do cartismo sobreviveu: com exceção da exigência de legislaturas anuais, os demais pontos do programa foram incorporados posteriormente pela sociedade britânica.

▶ A contemporaneidade da Revolução Industrial

A expansão tecnológica não foi restrita e não se encerrou com a Revolução Industrial. Na sociedade capitalista atual, ela ainda é vista como um dos fatores que dividem o mundo entre "desenvolvido" e "subdesenvolvido".

Se, por um lado, o desenvolvimento tecnológico trouxe inovações importantes para a sociedade como os avanços na medicina, nas telecomunicações, nos transportes e na produção de bens de consumo, por outro, trouxe também o chamado "desemprego estrutural". Milhares de trabalhadores, no mundo inteiro, estão sendo substituídos por máquinas ou por operários multifuncionais — isto é, por aqueles que desempenham múltiplas funções no sistema produtivo. Mais uma vez, grupos sociais inteiros vão sendo historicamente colocados à margem dos benefícios gerados pelo desenvolvimento econômico.

TEXTO COMPLEMENTAR

A Revolução Industrial e o operariado

A Revolução Industrial desencadeou uma série de transformações políticas, econômicas e sociais. O texto abaixo é um relato dos efeitos sociais da industrialização, em especial para com os trabalhadores.

"Essa revolução causa mudanças de espécies diversas. De um lado, o trabalho humano, a relação do homem com seu trabalho foram profundamente afetados. Nem sempre, como uma versão idealizada faz pensar, há um alívio no sofrimento dos homens. Num primeiro tempo, no século XIX, o trabalho industrial é mais penoso do que antes.

A Revolução Industrial modifica também as relações dos homens entre si. As máquinas, com efeito, introduzem nas estruturas tradicionais a transformação do mapa da indústria, que agora se reagrupa — ou se desenvolve — em torno das fontes de energia ou das matérias-primas, perto das cidades, porque necessita de uma mão-de-obra numerosa. A concentração geográfica e humana precipita a conjunção entre o fenômeno urbano e a atividade propriamente industrial.

Essa mão-de-obra, em geral, vem dos campos. Aqui se juntam dois fenômenos, que muitas vezes são estudados em separado: o crescimento da indústria, com a concentração da mão-de-obra em torno das manufaturas, das fábricas, das minas, e o êxodo rural que, progressivamente, esvazia os campos das populações que os congestionavam.

Esses operários de origem rural, que vão formar os batalhões da nova indústria, que enchem as manufaturas, as oficinas, não são contudo os herdeiros diretos dos **compagnons** medievais ou dos artesãos das corporações: eles constituem uma classe inteiramente nova, uma realidade social original, mesmo se nem todos os seus contemporâneos tiveram consciência exata do fenômeno. [...]

Ao mesmo tempo em que surge uma nova classe, as relações entre os grupos se modificam pouco a pouco e, como por círculos concêntricos, os efeitos, diretos ou induzidos, da industrialização vão-se ampliando.

Como o crescimento das unidades industriais supõe a aplicação de capitais, vemos também surgir uma categoria relativamente nova, a dos chefes de indústria, a dos empresários, que dispõem de capitais ou fazem empréstimos. [...]

[...] A dissociação entre esses dois grupos se acentua e ganha todos os aspectos da vida social, porque não é apenas dentro da fábrica que eles se diferenciam, mas ainda pelo acesso à instrução, pela participação na vida política, pelo hábitat. [...]"

RÉMOND, René. *O século XIX, 1815-1914.* São Paulo: Cultrix, 1981.

Compagnon
Operário, artífice.

Compreendendo o texto

1. Com base no exposto pelo autor, identifique três modificações, geográficas e sociais, ocorridas com a Revolução Industrial.
2. Conforme o autor, os trabalhadores da Revolução Industrial não são os herdeiros dos artesãos medievais. Identifique no texto as origens do operariado e quais as condições técnicas do novo sistema de trabalho.
3. Identifique as duas classes sociais surgidas do processo descrito no texto e de que forma elas se diferenciam.
4. A industrialização foi um fenômeno caracterizado simultaneamente pela concentração e pela difusão de pessoas, objetos, ações e situações. Relacione os processos ligados à Revolução Industrial que podem ser caracterizados pela "difusão" e os que podem ser caracterizados pela "concentração".

ATIVIDADES

Explorando o conhecimento

1 Caracterize, com base no estudo feito, a Câmara dos Lordes e a Câmara dos Comuns.

2 Leia o documento a seguir e responda.

A Revolução Gloriosa: a Declaração dos Direitos

"Considerando que tendo Jaime II abdicado e estando o trono vacante, Sua Alteza, o Príncipe de Orange, ordenou a eleição de deputados para o Parlamento, estes agora reunidos como representantes totais e livres desta nação, declaram:

1 - Que o pretenso poder de suspender as leis, ou a execução das leis, pela autoridade régia, sem o consentimento do Parlamento, é ilegal. [...]

4 - Que o direito de cobrar impostos para o uso da coroa, com o pretexto de privilégio, sem outorga do Parlamento, é ilegal.

5 - Que é direito dos súditos apelar para o Rei e que todos os obstáculos que lhe forem colocados são ilegais.

6 - Que o recrutamento e manutenção de um exército, em tempo de paz, é ilegal sem o consentimento do Parlamento. [...]

8 - Que a eleição dos membros do Parlamento deve ser livre.

9 - Que a liberdade de palavra nos debates e atas do Parlamento não deve ser questionada em nenhuma corte ou lugar fora do Parlamento.

Declaração dos Direitos, 1689."

Coletânea de documentos históricos para o 1º grau. São Paulo: Cenp/SE-SP, 1980.

a) Quem é o autor do documento?

b) Em que contexto ele foi redigido?

c) Caracterize a situação do Parlamento e a do rei da Inglaterra determinada por essa declaração.

d) É possível estabelecer alguma relação entre as ideias do documento e o ideário iluminista, estudado no capítulo anterior? Qual?

3 Retome as ideias dos economistas liberais, expostas no capítulo 24, e relacione-as ao texto abaixo, que descreve o processo de Revolução Industrial:

Da oficina à fábrica

"[...] O trabalho familiar que prevalecia nas oficinas foi reorganizado, e a atividade do artesão sofreu um processo de desqualificação. A era do maquinismo arrancou mulheres e crianças do lar e levou-as ao ambiente sombrio das fábricas. [...] Enquanto os camponeses e artesãos podiam dosar o ritmo de suas atividades, era bem diferente a sorte dos trabalhadores nas primeiras fábricas: trabalho ininterrupto durante horas intermináveis, disciplina severa, serviços repetitivos, frio, calor e barulho, tudo isso acarretando muita recusa ao trabalho. [...] Na Inglaterra, o operário que abandonasse a fábrica arriscava-se a ser preso. A classe produtora emergente, ao condenar a indolência, construiu uma nova moral, poderosa e eficiente aliada para a exploração das forças trabalhadoras necessárias, impondo penalidades severas a mendigos e vagabundos."

CARMO, Paulo Sérgio do. *A ideologia do trabalho.* São Paulo: Moderna, 1992.

a) Podemos considerar as ideias dos economistas liberais como representativas da mentalidade da nova classe produtora emergente? Justifique sua resposta.

b) Discuta, num pequeno texto, o que significava a liberdade econômica para os trabalhadores das fábricas do início da Revolução Industrial.

4 O historiador Eric Hobsbawm defendeu a ideia (página 332) de que as modificações técnicas do início da Revolução Industrial, no século XVIII, foram modestas. Porém, o aparecimento da locomotiva a vapor no século XIX revolucionou não apenas os transportes, mas toda a produção siderúrgica e energética. Descreva as consequências do desenvolvimento das ferrovias para a produção industrial.

5 Leia e compare os textos a seguir.

Cotidiano da fábrica

"Toda manhã, às cinco horas, o diretor deve tocar o sino para o início do trabalho, às oito horas para o café-da-manhã, depois de meia hora para o retorno ao trabalho, ao meio-dia para o almoço e às oito para o fim do expediente, quando tudo deve ser trancado."

Livro das leis da siderúrgica Crowley. In: THOMPSON, E. P. *Costumes em comum*: estudos sobre a cultura popular tradicional. São Paulo: Companhia das Letras, 1998.

Os donos das horas

"[...] na realidade não havia horas regulares: os mestres e gerentes faziam conosco o que desejavam. Os relógios das fábricas eram frequentemente adiantados de manhã e atrasados à noite; em vez de serem instrumentos para medir o tempo, eram usados como disfarces para encobrir o engano e a opressão. Embora isso fosse do conhecimento dos trabalhadores, todos tinham medo de falar, e o trabalhador tinha medo de usar relógio, pois não era incomum despedirem aqueles que ousavam saber demais sobre a ciência das horas."

Anônimo. Capítulos na vida de um garoto de fábrica de Dundee. In: THOMPSON, E. P. *Costumes em comum*: estudos sobre a cultura popular tradicional. São Paulo: Companhia das Letras, 1998.

a) Qual era, em média, a jornada de trabalho numa fábrica da Inglaterra na época tratada no texto?

b) Crie uma expressão que corresponda ao papel cumprido pelo relógio nas indústrias inglesas do início do século XIX.

c) Caracterize a exploração e alienação no trabalho industrial, a partir da leitura dos dois textos.

6 Na Inglaterra do século XIX, dois tipos de movimentos atuaram para combater a exploração dos trabalhadores da indústria. Caracterize-os, diferenciando suas ações e objetivos.

A HISTÓRIA E O TEMPO PRESENTE

7 Os conflitos entre católicos e protestantes, característicos da Era Moderna, também se manifestaram nas Revoluções Inglesas do século XVII, podendo ser apontados como um dos principais fatores do movimento. Durante quase todo o século XX, as disputas religiosas, aliadas a questões políticas e econômicas, continuaram a opor católicos e protestantes na Irlanda do Norte, controlada pelo Reino Unido.

Em grupo, pesquisem sobre a situação política da Irlanda do Norte na atualidade. Recolham informações a respeito da violência que marcou a história da Irlanda do Norte na segunda metade do século XX, destacando as ações do IRA (Exército Republicano Irlandês), o fim da luta armada contra o domínio britânico, e o processo de formação de um governo conjunto entre católicos e protestantes. Organizem em um relatório as informações obtidas.

8 Leia o texto a seguir.

Otimismo *versus* pessimismo

"[...] Assim como as gerações passadas atribuíram todos os bens e males aos espíritos, ao destino e à vontade divina, hoje somos levados a nos extasiar diante da marcha triunfante da Tecnologia – assim, com maiúscula, como Deus e o Estado. Na versão otimista, a ciência e a técnica nos libertarão do esforço, dos trabalhos desagradáveis e rotineiros. Na versão pessimista, que é a imagem da primeira devolvida pelo espelho, a tecnologia nos trouxe e nos trará desde a alienação do trabalho até o esgotamento dos recursos e a destruição universal. [...]"

ENGUITA, M. F. A face oculta da escola. In: CARMO, Paulo Sérgio do. *A ideologia do trabalho*. São Paulo: Moderna, 1992.

- Elabore argumentos que apoiem um dos dois pontos de vista, ou ambos, e, sob a orientação de seu professor, debata seus argumentos com os colegas.

Vestibular / ENEM

1 (Unicamp-SP) A Revolução Gloriosa selou um compromisso entre a burguesia e a nobreza proprietária de terras, fortaleceu o Parlamento, e criou condições favoráveis ao desenvolvimento econômico inglês e à instauração do capitalismo industrial na Inglaterra.

a) Explique os interesses dos seguintes sujeitos sociais na Revolução Inglesa: monarquia, nobreza e burguesia.

b) De que maneira a Revolução Inglesa contribuiu para fazer da Inglaterra a maior potência econômica da época?

2 (UFRGS-RS) O "Bill of Rights" (Declaração de Direitos) resultou de um processo histórico que apresentou importantes desdobramentos políticos na Inglaterra do século XVII e que se caracterizou:

a) pelo conflito político-militar que opôs a burguesia manufatureira à nobreza dos cercamentos.

b) pela consolidação de uma república social que estendeu aos "niveladores" e "cavadores" os privilégios da aristocracia proprietária.

c) pelo confronto entre o absolutismo da dinastia Stuart e as ideias do Parlamento, concluído com a execução de Henrique VIII.

d) pela aproximação econômica entre a burguesia comercial-manufatureira e a nobreza dos cercamentos configurada na Revolução Gloriosa.

e) pelo avanço dos setores católicos na economia industrial, em detrimento dos puritanos, mantenedores da ordem feudal.

3 (Enem-MEC) A Revolução Industrial ocorrida no final do século XVIII transformou as relações do homem com o trabalho. As máquinas mudaram as formas de trabalhar, e as fábricas concentraram-se em regiões próximas às matérias-primas e grandes portos, originando vastas concentrações humanas. Muitos dos operários vinham da área rural e cumpriam jornadas de trabalho de 12 a 14 horas, na maioria das vezes em condições adversas. A legislação trabalhista surgiu muito lentamente ao longo do século XIX e a diminuição da jornada de trabalho para oito horas diárias concretizou-se no início do século XX.

Pode-se afirmar que as conquistas no início desse século, decorrentes da legislação trabalhista, estão relacionadas com

a) a expansão do capitalismo e a consolidaçao dos regimes monárquicos constitucionais.

b) a expressiva diminuição da oferta de mão-de-obra, devido à demanda por trabalhadores especializados.

c) a capacidade de mobilização dos trabalhadores em defesa dos seus interesses.

d) o crescimento do Estado ao mesmo tempo que diminuía a representação operária nos parlamentos.

e) a vitória dos partidos comunistas nas eleições das principais capitais europeias.

4 (FGV-SP) "Efetivamente, em todos os pontos do reino onde se obtém a mais fina lã, portanto, a mais preciosa, os senhores, os nobres e até os santos abades não se contentam mais com os rendimentos e produtos que seus antepassados costumavam retirar de seus domínios. Não lhes é mais suficiente viver na preguiça e nos prazeres; estes homens, que nunca foram úteis à sociedade, querem-lhe ainda ser nocivos. Não deixam nenhuma parcela de terra para ser lavrada; toda ela transformou-se em pastagens. Derrubam casas, destroem aldeias, e, se poupam as igrejas, é, provavelmente, porque servem de estábulos a seus carneiros [...]

Assim, para que um insaciável devorador, peste e praga de seu próprio país, possa abarcar num único campo milhares de braças, uma quantidade de pequenos agricultores se veem escorraçados de seus bens. Uns saem enganados, outros são expulsos à força; alguns, enfim, cansados de tantos vexames, se veem forçados a vender o que possuem. Enfim, esses infelizes partem, homens e mulheres, casais, órfãos, viúvos, pais com os filhos nos braços. Todos emigram, largam seus lugares, os lugares onde viveram, e não sabem onde se refugiar. Toda a sua bagagem, que pouco valeria se tivessem a possibilidade de esperar um comprador, é cedida a preço vil, dada a necessidade de dela se desfazerem. Logo os veremos errantes, privados de qualquer recurso. Só lhes resta roubar e serem enforcados, segundo as regras."

MORUS, Thomas. *A Utopia*. 2. ed. Brasília: Ed. UnB, 1982. p. 16.

O texto refere-se a um importante elemento no processo de transição do feudalismo para o capitalismo na Inglaterra. Tal elemento é conhecido como:

a) Arroteamento, ou seja, o aproveitamento de novas terras para as atividades agrícolas.

b) Aforamento, ou seja, um tipo de concessão de terras a camponeses.

c) Afolhamento, ou seja, a organização das parcelas a serem cultivadas.

d) Cercamento, ou seja, a separação e a apropriação individual das terras comuns e dos campos abertos.

e) Descimento, ou seja, a ocupação de terras baixas para a criação de animais.

5 (Unicamp-SP)

"De pé ficaremos todos
E com firmeza juramos
Quebrar tesouras e válvulas
E pôr fogo às fábricas daninhas."

Canção dos quebradores de máquinas do século XIX, citada por HUBERMAN, Leo. *História da riqueza do homem*. Rio de Janeiro: LTC, 1986.

a) A partir do texto, caracterize o tipo de ação dos quebradores de máquinas.

b) Explique os motivos desse movimento.

6 (UFMG) "A Revolução Industrial foi também uma revolução de ideias."

Todas as seguintes afirmações confirmam o teor dessa citação, **exceto**:

a) Estimulou a associação entre iguais na defesa de interesses comuns.

b) Permitiu o início de uma nova atitude para com os problemas da sociedade humana.

c) Estabeleceu um avanço na compreensão do domínio da natureza.

d) Garantiu seus benefícios ao conjunto dos cidadãos ingleses.

7 (UFV-MG) O pioneirismo inglês no processo de constituição do capitalismo industrial é explicado por um conjunto de fatores de natureza social, política e econômica, durante os séculos XVII e XVIII. Indique três condições que favoreceram o desenvolvimento do capitalismo naquele país, sendo uma política, uma social e uma econômica.

8 (Vunesp) *Tempos difíceis* é um romance do escritor inglês Charles Dickens, publicado em 1854. A história se passa na cidade de Coketown, em torno de uma fábrica de tecidos de algodão:

> "Umas tantas centenas de operários na fábrica, umas tantas centenas de cavalos-vapor de energia [...]. O dia clareou e mostrou-se lá fora [...]. As luzes apagaram-se e o trabalho continuou. Lá fora, nos vastos pátios, os tubos de escapamento do vapor, os montes de barris e ferro velho, os montículos de carvão ainda acesos, cinzas, por toda parte, amortalhavam o véu da chuva e do nevoeiro."

a) Qual a importância do carvão e do ferro na Primeira Revolução Industrial?

b) Comente as condições de trabalho nas fábricas inglesas no século XIX, a partir do texto apresentado.

9 (UFC-CE) Sobre a sociedade industrial, na primeira metade do século XIX, afirma-se que:

> "[...] apesar dos esforços sistemáticos, em larga escala, para alargar as ruas [...] aumentar e aperfeiçoar a drenagem e a rede de esgotos [...] nas regiões em que residem as classes mais ricas, nada foi feito para melhorar as condições dos distritos habitados pelos pobres."
>
> THOMPSON, E. P. *A formação da classe operária inglesa*. Rio de Janeiro: Paz e Terra, 1987. v. 2. p. 187.

A partir do texto acima, comente as condições de vida da população pobre das cidades no contexto da Revolução Industrial.

Ampliando o conhecimento

Leituras

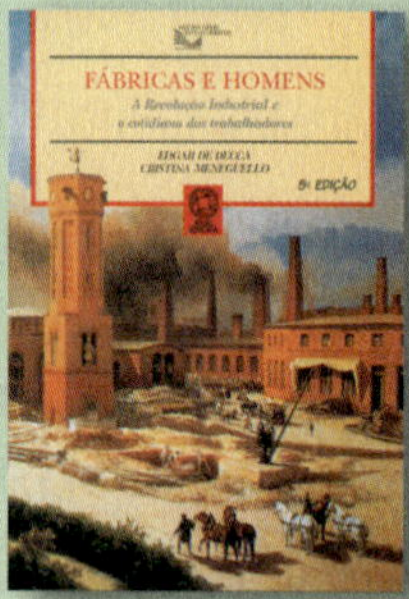

DIVULGAÇÃO

DECCA, Edgar de e MENEGUELLO, Cristina. *Fábricas e homens*: a Revolução Industrial e o cotidiano dos trabalhadores. São Paulo: Atual, 1999. (Coleção História geral em documentos)
O livro aborda vários aspectos da vida dos trabalhadores na época da Revolução Industrial inglesa: o trabalho nas fábricas, os castigos que lhes eram aplicados, a organização sindical, as greves e as formas de lazer.

DICKENS, Charles. *David Copperfield*. São Paulo: Ática, 1997.
Publicado em 1849, *David Copperfield* é o romance mais popular desse grande escritor inglês, em que se misturam construções ficcionais com elementos autobiográficos. A história está ambientada na nascente sociedade industrial inglesa, marcada pela miséria dos trabalhadores e por fortes contradições sociais.

Filmes

Cromwell

Direção de Ken Hughes. Inglaterra, 1970. 145 min. A ação se passa na Inglaterra do século XVII e conta a história de Oliver Cromwell, que liderou o Parlamento contra a tirania do rei Carlos I, dando início à Guerra Civil.

Germinal

Direção de Claude Berri. França, 1993. 180 min. Baseado no romance de Émile Zola, de 1885, o filme mostra o surgimento e o crescimento dos movimentos grevistas dos trabalhadores das minas de carvão do século XIX na França.

DIVULGAÇÃO

Tempos modernos

Direção de Charles Chaplin. Estados Unidos, 1936. 105 min. Comédia inteligente e sensível sobre o modo de vida dos trabalhadores na linha de montagem da grande indústria.

Capítulo 26

A Revolução Francesa

Um evento que revolucionou o mundo

HORÁCIO VILLALOBOS/CORBIS-LATINSTOCK

Exibição da força aérea francesa diante do Arco do Triunfo, em Paris, nas comemorações do 14 de julho, a data mais importante do calendário francês. Nessa data, além das celebrações oficiais, o povo costuma dançar nas ruas. Foto de 2005.

BIBLIOTECA NACIONAL, PARIS

A queda da Bastilha, *desenho de Claude Chollat, século XVIII.*

Em 1789, os revolucionários franceses evocaram o lema *Liberté, Egalité, Fraternité* (Liberdade, Igualdade e Fraternidade), em um dos maiores movimentos sociais e políticos da história do Ocidente. Em que medida essa proposta revolucionária se concretizou? Mais de duzentos anos depois, a humanidade assiste atônita à persistência da fome, da violência racial, da intolerância sexual, política e religiosa, do neonazismo, dos conflitos étnicos, da desigualdade econômica e de tantos outros males que os seres humanos vêm cometendo contra a sua própria espécie.

Tal como o escritor e jornalista marroquino Tahar Ben Jelloun, temos vontade de dizer: "Parem de vender armas ao mesmo tempo que celebram os direitos do homem e o bicentenário de uma revolução!".

Se, por um lado, em 1789, uma ideia mudou o mundo, por outro, ainda há muito o que aprender com a Revolução Francesa. Liberdade, igualdade e fraternidade, para quem?

MUSEU DO PRADO, MADRI

Luís XVI paramentado com os atributos do poder real, *de Antoine François Callet. Óleo sobre tela, 1788.*

As críticas ao Antigo Regime

A ruptura revolucionária iniciada em 1789 veio coroar a longa crise do **Antigo Regime** — termo que designa a organização política e a estrutura social e econômica da França no período do absolutismo monárquico. Da morte do Rei-Sol, Luís XIV, em 1715, até 1789, a opinião pública se modificou profundamente em relação ao regime político autoritário em vigor no país. O absolutismo baseado no direito divino dos reis, que já mostrava marcas de esgotamento desde o reinado de Luís XIV, passou a ser contestado. O mesmo aconteceu a uma hierarquia social que concedia honras e privilégios com base no nascimento e dividia de maneira discriminatória a população segundo ordens ou estados.

Na organização social vigente no Antigo Regime, o **primeiro estado** era composto pelo clero, que em 1789 representava 0,5% da população francesa e se dividia segundo a origem social em alto clero — originário da nobreza — e baixo clero, proveniente das camadas burguesas e populares; o **segundo estado**, composto pela nobreza, aproximava-se de 1,5% dos habitantes, e o **terceiro estado** correspondia ao restante da população. Essa estrutura barrava a ascensão até mesmo dos setores burgueses, uma vez que os privilégios, honras e títulos estavam reservados à nobreza e ao alto clero. Apenas alguns juízes e altos funcionários de origem burguesa quebraram essas barreiras, recebendo (ou adquirindo) títulos de nobreza no decorrer dos séculos XVII e XVIII, transmissíveis a seus herdeiros. Eles constituíam a nobreza togada. Para os "plebeus" — camponeses e trabalhadores urbanos que representavam a esmagadora maioria da população francesa —, o quadro de desigualdade social do Antigo Regime foi agravado por uma crise econômico-financeira que tornou ainda mais precárias as condições em que viviam. Enquanto alguns manipuladores se

ORGANIZAÇÃO SOCIAL NO ANTIGO REGIME

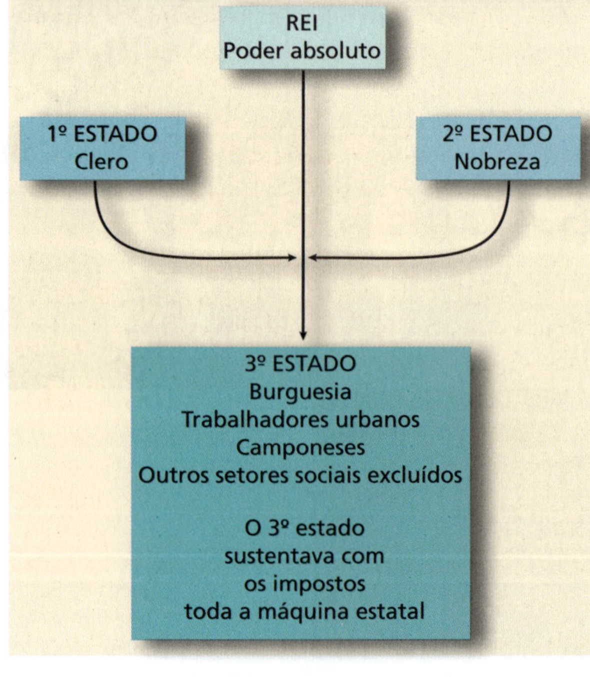

Caricatura francesa do século XVIII. Observe nessa charge a crítica ao Antigo Regime, sustentado na exploração dos camponeses.

aproveitavam da crise, a miséria rondava a população humilde de um dos estados mais ricos da Europa.

Essa estrutura rigidamente hierarquizada gerou uma forte desigualdade social e a defesa dos privilégios do primeiro e do segundo estados. No decorrer do século XVIII, essa ordem mostrava-se insustentável: a economia e a vida intelectual eram impulsionadas cada vez mais pelos setores burgueses.

Pensadores como Voltaire, Montesquieu e os enciclopedistas Diderot e D'Alembert forneceram elementos para a crítica das estruturas políticas e sociais do absolutismo e a proposta de uma ordem liberal burguesa.

Desse modo, as origens do movimento revolucionário de 1789 devem ser buscadas no conflito entre a estrutura oficial e os interesses estabelecidos no Antigo Regime e as forças sociais ascendentes.

O individualismo desenvolveu-se a partir do momento em que o terceiro estado rejeitou as ordens, as diferenças, as restrições e, ao mesmo tempo, incentivou a **laicização**, o acesso à cultura e o reconhecimento da qualificação dos indivíduos pelo mérito e não pelo privilégio de nascimento.

Por outro lado, parte da juventude aristocrata confraternizava com os intelectuais do terceiro estado nos salões, nas **lojas maçônicas** e nas academias, abandonando uma posição de superioridade firmada desde a Idade Média.

Fatores da crise

As causas sociais da ruptura já foram apontadas: a recusa do terceiro estado em continuar a obedecer às regras de uma ordem excludente. Como fatores de ordem econômica, é possível diferenciar as causas financeiras e as econômicas propriamente ditas. As causas financeiras do movimento estão ligadas diretamente ao déficit público, ou seja, o governo gastava mais do que arrecadava, em razão sobretudo da má administração e dos privilégios do clero e da nobreza. Somaram-se a essa situação as despesas oriundas da guerra de independência dos Estados Unidos (1776-1783), conflito do qual a França participou como aliada da jovem nação contra a poderosa Inglaterra.

As causas econômicas tinham caráter estrutural, isto é, estavam relacionadas com a maneira pela qual se produziam e distribuíam as riquezas do país. Nesse contexto destacaram-se os tratados de comércio e navegação assinados entre França, Estados Unidos da América, Inglaterra, Suécia e outros países. Os tratados tinham como objetivo o aumento do intercâmbio comercial por meio da diminuição das tarifas alfandegárias. Eles causaram uma grande insatisfação entre os industriais e comerciantes, que viam tais acordos como responsáveis pela queda da produção e do comércio dos produtos manufaturados franceses.

A crise da produção manufatureira também esteve ligada ao sistema vigente de corporações, modelo produtivo que empregava o trabalho compulsório, bem como fixava a quantidade, a forma e as condições pelas quais as mercadorias deveriam ser produzidas. Tudo isso contribuía para agravar ainda mais a situação do setor, o que descontentava profundamente a burguesia empreendedora.

Laicizar

Retirar a influência religiosa de uma instituição governamental.

Loja maçônica

Relativo à maçonaria, sociedade que se originou nas corporações de ofício de pedreiros livres e construtores de catedrais da Baixa Idade Média. Hoje é a maior das sociedades secretas (ou parcialmente secretas) do planeta, dedicada ao desenvolvimento de princípios de fraternidade e filantropia.

COLEÇÃO PARTICULAR

Vista do Rio Sena, Paris, em gravura do século XVIII, de autor anônimo.

Outro fator de ordem econômica foi a crise agrícola, oriunda sobretudo do aumento da população. Estima-se que, entre 1715 e 1789, a população da França tenha aumentado entre 8 e 9 milhões de pessoas. O aumento populacional trouxe consigo carência e carestia dos alimentos. A carência ocorreu porque a produção de cereais passou a ser insuficiente para alimentar a população. Tal fato acabou promovendo a carestia dos produtos agrícolas. Resultado: o país passou a conviver com o fantasma da fome.

Finalmente, as causas políticas. Entre os oponentes do governo, que contestavam a forma do regime e a organização do poder, merecem destaque os que atuavam nas instituições do próprio Estado: eram seus servidores do Parlamento.

Na França absolutista, o Poder Legislativo pertencia ao rei, fonte de todos os poderes do Estado, mas o Parlamento tinha o privilégio de reconhecer, julgar ou vetar as leis. Esse órgão funcionava como corte superior de justiça. Era constituído por magistrados, nobres ou enobrecidos, proprietários de seus cargos, que se opuseram aos esforços da monarquia para reparar os abusos e introduzir modernizações que, talvez, dessem ao regime os meios de sobreviver.

1787: o colapso fiscal

A crise estourou em 1787, quando o ministério propôs uma reforma fiscal que, além de impor a igualdade dos impostos, submetia todos os proprietários, nobres ou plebeus, ao pagamento de uma "subvenção territorial". Alegando a defesa da "bolsa do povo", mas, na verdade, buscando salvaguardar suas isenções, o Parlamento recusou-se a reconhecer os decretos fiscais. Como justificativa, declarou que só a nação, representada pelos Estados Gerais — uma assembleia com representantes das três ordens, que não se reunia desde 1614 —, poderia decidir sobre a criação de novos impostos.

Para fazer valer sua reforma tributária, Luís XVI recorreu a um "leito de justiça". Esta cerimônia, uma das mais importantes do Estado francês desde a Idade Média, era uma espécie de "guerra de rituais" travada no Parlamento de Paris. Numa sessão especial, cercado por um aparato ameaçador, o rei reafirmava seu poder absoluto, mobilizando toda a complexidade do cerimonial para rebaixar e coagir os magistrados.

A tentativa de coação, entretanto, fracassou. Indignado com o ato real, o Parlamento exilou-se. Necessitado de dinheiro a qualquer preço, o Ministério trocou algumas concessões pela volta dos magistrados.

Sem condições de efetuar a reforma fiscal, o rei pediu um empréstimo destinado a corrigir a situação de déficit do Estado. Mais uma vez o Parlamento negou, considerando o pedido ilegal. Por sua vez, Luís XVI declarava: "É legal porque eu quero". Era o início de uma guerra entre os poderes, pondo em risco o funcionamento do próprio Estado.

Em 1788, o rei reduziu o número de parlamentares, limitou suas atribuições e criou uma assembleia política e judiciária. A reforma, porém, chegou tarde demais para salvar o regime. Os parlamentares rebelados exigiram a convocação imediata dos Estados Gerais e a duplicação do número de representantes do terceiro estado. Mesmo com a duplicação, as camadas populares não estavam devidamente representadas.

O processo eleitoral compreendia duas fases. Na primeira, as eleições primárias, os eleitores votavam naqueles que, numa segunda fase, escolheriam os deputados. Só podia participar da eleição primária quem tivesse emprego público, grau universitário, um ofício ou fosse mestre de corporação. Com isso, a plebe estava excluída.

Devido à crise generalizada, as eleições, realizadas entre janeiro e abril de 1789, ocorreram num clima tenso. A maioria dos deputados eleitos representava a alta burguesia, funcionários, advogados e comerciantes, levando a massa a ir às ruas protestar contra o desprezo aos eleitores.

Para expor seus desejos e queixas, os eleitores de cada uma das três ordens redigiram seus "Cadernos de Reclamações". De sua leitura pode-se inferir que o clero, a nobreza e a burguesia eram unânimes em reclamar a liberdade individual e o direito à propriedade, bem como a elaboração de uma constituição que definisse claramente os direitos do rei e os da nação, limitando assim o poder real.

A Assembleia Nacional Constituinte

Em maio de 1789, tão logo os Estados Gerais se reuniram em Versalhes, manifestaram-se os conflitos entre as três ordens sobre o sistema de votação. A nobreza contava com 300 representantes, o clero com outros 300, e o terceiro estado, com 600. Enquanto o clero e a nobreza exigiam o "voto por ordem", o terceiro estado exigia o "voto por cabeça". Foi a primeira vitória popular: apoiado por dissidentes das outras ordens, e especialmente pelo baixo clero, o terceiro estado fez valer sua posição.

Em junho, essa nova maioria se reuniu em separado no "Salão da Péla" (um jogo parecido com o tênis) e jurou permanecer unida até dar à França uma constituição. A 27 de junho, graças sobretudo às manifestações populares, o rei reconheceu virtualmente tal direito e pressionou os demais representantes das classes privilegiadas para que se reunissem ao terceiro estado como membros de uma Assembleia Nacional. Desse modo, em 9 de julho de 1789, os Estados Gerais se transformaram numa **Assembleia Nacional Constituinte**.

Essa decisão incitou o rei a tomar medidas mais drásticas, entre as quais a demissão do ministro Jacques Necker, conhecido por suas posições reformistas. Ao saberem do afastamento do ministro patriota, as massas parisienses mobilizaram-se e passaram a controlar as ruas da capital. Em 14 de julho de 1789, o povo tomou a Bastilha, fortaleza e prisão, em busca de armas. A tomada da Bastilha tornou-se um símbolo da queda do poder absolutista francês e um marco para o movimento revolucionário, pois forçou o monarca a reconhecer o poder dos deputados constituintes. Estes retomaram imediatamente seus trabalhos, que se estenderam até 1791.

O significado da Bastilha

"[...] Em tempos de revolução nada é mais poderoso do que a queda de símbolos. A queda da Bastilha, que fez do 14 de julho a festa nacional francesa, ratificou a queda do despotismo e foi saudada em todo o mundo como o princípio da libertação. [...] a queda da Bastilha levou a revolução para as cidades provincianas e para o campo. [...]"

HOBSBAWM, Eric J. *A era das revoluções*: Europa 1789-1848. Rio de Janeiro: Paz e Terra, 1977.

PALÁCIO DE VERSALHES, FRANÇA

Juramento na sala do jogo de péla (1789), de Jacques-Louis David, pintura que representa o momento em que os membros do terceiro estado juraram permanecer unidos até a França ter uma constituição.

Em função das agitações parisienses, o movimento revolucionário espalhou-se pelo campo. Na luta pelo fim da servidão e dos direitos feudais, os camponeses invadiam os castelos da aristocracia e em muitos casos massacravam seus proprietários. Paralelamente, corriam boatos da vingança terrível que os nobres exerceriam sobre o campesinato. Essas notícias ocasionaram uma onda de pânico que se expandiu pela maioria das províncias do país, entre fins de julho e princípio de agosto de 1789, que ficou conhecida como **Grande Medo** (*La Grande Peur*).

Entre as primeiras medidas aprovadas pela Assembleia estavam a abolição dos direitos feudais — de maneira gradual e mediante amortização —, a **Declaração dos Direitos do Homem e do Cidadão**, em 26 de agosto de 1789, e o confisco das terras da Igreja. Em 1790, foi adotada a Constituição Civil do Clero, tentativa de subordinar a Igreja Católica ao Estado. De modo geral, as medidas golpeavam os privilégios da nobreza e do clero, mas não o trono. A proposta de limitação do poder do soberano por meio do estabelecimento de três poderes — Executivo, Legislativo e Judiciário — era uma tentativa de conciliar a instituição real herdada do passado com as aspirações de modernização política da França.

BIBLIOTECA NACIONAL DA FRANÇA, PARIS

Versão ilustrada da Declaração dos Direitos do Homem e do Cidadão, de 1789, uma das mais importantes conquistas da Revolução Francesa.

A lei como limitação do poder

"[...] A lei é a expressão da vontade geral. [...] Ela deve ser igual para todos, seja protegendo, seja punindo. Todos os cidadãos, sendo iguais a seus olhos, estão igualmente habilitados a todas as dignidades, lugares e empregos públicos, conforme suas capacidades e sem outra distinção além daquela da sua virtude e dos seus talentos. [...]"

Artigo 6º da Declaração dos Direitos do Homem e do Cidadão. In: *A Revolução Francesa 1789-1989.* São Paulo: Três/IstoÉ, 1989.

▷ Os limites da Constituição

A Constituição de 1791, de natureza individualista e liberal, estabeleceu que todos os homens eram iguais perante a lei. Todavia, alguns eram "mais iguais do que outros", uma vez que o texto estabeleceu o sufrágio censitário, com a distinção entre cidadãos ativos e passivos. **Ativos** eram aqueles que votavam de acordo com a sua renda, ou seja, gente de posses, os ricos; **passivos** eram os não-votantes, como os trabalhadores, os desempregados, as mulheres, enfim, os excluídos. Assim, a Constituição de 1791 mostrou que foi o reflexo das aspirações de uma burguesia moderada e preocupada em garantir a propriedade.

Apesar de moderado, esse projeto não tinha muita sustentação. De um lado, os setores populares urbanos queriam avançar com o processo revolucionário e, de outro, muitos nobres haviam se refugiado no exterior e se organizavam para destruir todas as conquistas da revolução. Os emigrados tinham o apoio de Estados absolutistas como a Áustria e a Prússia, que viam na França constitucional um exemplo perigoso.

A situação agravou-se em junho de 1791, quando Luís XVI e a família real tentaram fugir para a Áustria, terra natal da rainha Maria Antonieta. A comitiva foi presa na cidade de Varennes e reconduzida a Paris.

Em agosto de 1791, os governantes da Áustria e da Prússia declararam a necessidade de restaurar a ordem e os direitos reais na França. Tal declaração desagradou os franceses, que a viam como uma interferência nos assuntos internos do país.

▷ O fim da fase constitucional

Em setembro de 1791, depois de elaborar a Carta Magna francesa, a Constituinte dissolveu-se. A Assembleia Legislativa, que a substituiu, teve de conviver com a ameaça de intervenção externa e com uma séria crise econômica que acabou gerando especulações e um processo inflacionário. Em abril de 1792, a Assembleia declarou guerra à Áustria e à Prússia. Como os exércitos desses dois países conseguiram atravessar a fronteira e chegaram a ameaçar a cidade de Paris, a ala radical proclamou a "pátria em perigo" e distribuiu armas à população parisiense. O controle da capital passou à **Comuna de Paris**, que exigiu da Assembleia o afastamento do rei. Não sendo atendidos, os parisienses atacaram em 10 de agosto o palácio real, detendo o soberano e obrigando o Legislativo a suspendê-lo de suas funções. Esvaziada de seu poder, a Assembleia convocou a eleição de uma **Convenção Nacional**.

Em 20 de setembro, o exército popular derrotou os austríacos e prussianos na batalha de Valmy. Como prevalecia a crença de que o rei e seus adeptos haviam colaborado com os estrangeiros, Luís XVI foi declarado inimigo da revolução. No mesmo dia, a Convenção Nacional decretou o fim da monarquia e, no dia seguinte, proclamou a República. Terminou desse modo a fase do movimento revolucionário chamada **Monarquia Constitucional**, na qual a burguesia urbana e os movimentos camponeses investiram basicamente contra os nobres. A fase seguinte da Revolução Francesa seria dirigida pela Convenção.

▸ A Convenção Nacional

Os conceitos de direita e esquerda até hoje utilizados têm origem nas reuniões da Assembleia Constituinte e dos órgãos que a ela sucederam. Em 1789, os contrarrevolucionários, aristocratas e absolutistas, que se sentavam à direita no plenário, tornaram-se conhecidos como "a direita"; os revolucionários ou patriotas ocupavam os lugares à esquerda. Mais tarde esses termos designariam outros agrupamentos políticos e a disposição dos lugares na Assembleia daria origem a outras denominações. Os "montanheses", por exemplo, defensores da participação popular no processo revolucionário e da defesa nacional, formavam um setor da "esquerda" que costumava se assentar no alto do plenário. Ao centro estava a "planície" ou o "pântano", grupo assim designado por ocupar os lugares mais baixos do plenário e por suas posições políticas "movediças", sem princípios, definidas de acordo com os acontecimentos.

A "esquerda" revolucionária dividia-se em dois subgrupos, integrados por membros do clube dos Jacobinos e do clube dos Cordeliers. O grupo dos **jacobinos** foi o mais influente, a ponto de criar filiais em quase todas as províncias. Os jacobinos permitiam que deputados, escritores, jornalistas e todos aqueles

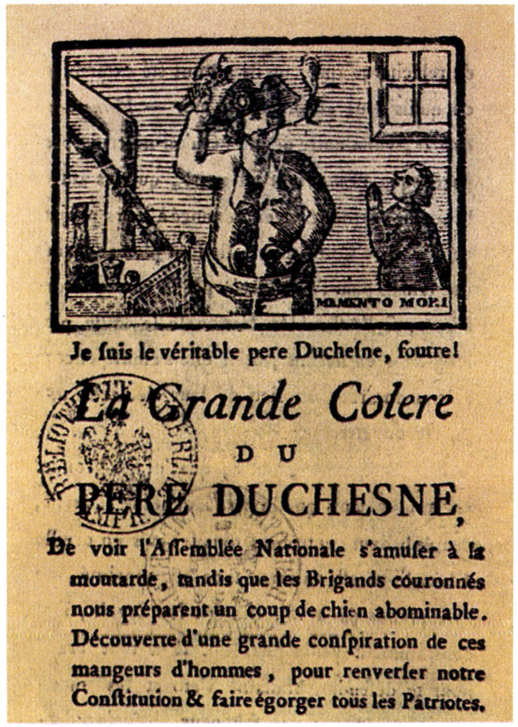
MEMENTO MORI

Je ſuis le véritable pere Ducheſne, foutre!

La Grande Colere DU PERE DUCHESNE,

De voir l'Aſſemblée Nationale s'amuſer à la moutarde, tandis que les Brigands couronnés nous préparent un coup de chien abominable. Découverte d'une grande conſpiration de ces mangeurs d'hommes, pour renverſer notre Conſtitution & faire égorger tous les Patriotes.

CID

A imprensa teve papel fundamental para divulgar os ideais revolucionários. Jornal jacobino escrito por Hébert.

que podiam pagar suas altas mensalidades participassem das reuniões. O direito de participação e discussão, porém, era vetado às mulheres, que não podiam estar presentes nem sequer como ouvintes.

Com o aprofundamento da revolução, as divergências entre os jacobinos deram origem ao grupo dos **girondinos**. O nome faz referência à província francesa da Gironda, de onde provinham muitos integrantes dessa tendência que passou a defender os interesses da alta burguesia e das correntes liberais.

Mais popular que a associação dos jacobinos, o clube dos Cordeliers tinha em sua composição representantes da população mais pobre dos subúrbios de Paris e, inclusive, mulheres. A mensalidade dos Cordeliers era bem acessível, equivalente ao preço de um pão de 460 gramas no período revolucionário. Assim, o clube acabou se tornando ponto de encontro de pequenos comerciantes, artesãos e assalariados, que ali discutiam questões como a necessidade de vigilância sobre os eleitos e os funcionários públicos administrativos. Entre as principais figuras do clube dos Cordeliers podem ser mencionados Georges Danton, Jean-Paul Marat, Camille Desmoulins e Jacques-René Hébert. Todos eles tiveram participação decisiva na segunda fase da Revolução Francesa, que proclamou a República na França e executou o rei Luís XVI e a rainha Maria Antonieta.

Deve-se dizer que as posições de "direita" e "esquerda", longe de serem imutáveis, variaram com o próprio avanço da revolução. Em 1792, os porta-vo-

Alegoria feita para representar o mês Brumário do calendário republicano, decretado pela Convenção de 1792 e abolido por Napoleão em 1º de janeiro de 1806.

MESES DO CALENDÁRIO REPUBLICANO	
Vidimário (colheita de uva)	22/09 a 21/10
Brumário (brumas, nevoeiro)	22/10 a 20/11
Frimário (geada)	21/11 a 20/12
Nivoso (neve)	21/12 a 19/01
Pluvioso (chuvoso)	20/01 a 18/02
Ventoso (vento)	19/02 a 20/03
Germinal (germinação)	21/03 a 19/04
Floreal (flores)	20/04 a 19/05
Prairal (prado)	20/05 a 18/06
Messidor (colheita)	19/06 a 18/07
Termidor (calor)	19/07 a 17/08
Frutidor (fruto)	18/08 a 21/09

zes da monarquia constitucional já haviam sido descartados. Assim, a defesa de posições moderadas ou conciliadoras, que interessavam à burguesia, coube a quadros políticos que se viam como defensores sinceros das concepções republicanas, pouco a pouco empurrados para a "direita".

A República Jacobina

A proclamação da República marcou o Ano I do novo calendário francês, bem como uma nova fase da Revolução. O poder foi exercido pela Convenção Nacional, estabelecida em setembro de 1792. Coube-lhe decidir sobre importantes medidas: elaborar uma nova Constituição, julgar e executar o rei Luís XVI — o que ocorreu em 21 de janeiro de 1793 — e traçar estratégias para fazer frente às coligações estrangeiras, apoiadas pelos nobres emigrados.

O calendário republicano substituiu o calendário cristão. Foi oficialmente introduzido em 1793 e dividia-se em 12 meses de 30 dias. Os meses tinham nomes relacionados aos ciclos agrícolas e da natureza. Os cinco dias restantes, entre 17 e 21 de setembro, foram considerados feriados públicos e denominados "dias dos ***sans-culottes***".

De início, a hegemonia na Convenção pertenceu aos girondinos, então alinhados "à direita", interessados em conter o avanço das massas. Mas esse projeto fracassou devido às próprias dificuldades do processo revolucionário. Após a execução de Luís XVI, formavam-se novas coligações europeias contra a França. Além disso, a contrarrevolução parecia ganhar força no próprio país com a revolta camponesa na Vendeia (região situada a oeste da França), inicialmente em protesto contra o alistamento obrigatório nos exércitos republicanos.

"[...] Ele [Robespierre] não era uma pessoa agradável; [...] mas é o único indivíduo projetado pela Revolução (com exceção de Napoleão) sobre o qual se desenvolveu um culto. Isto porque, para ele, como para a história, a República Jacobina não era um instrumento para ganhar guerras, mas sim um ideal: o terrível e glorioso reino da justiça e da virtude, quando todos os bons cidadãos fossem iguais perante a nação, e o povo tivesse liquidado com os traidores. [...]"

HOBSBAWM, Eric J. *A era das revoluções*: Europa 1789-1848. Rio de Janeiro: Paz e Terra, 1977.

Sans-culottes

Nome pelo qual ficaram conhecidos os grupos urbanos que defendiam ideias radicais durante a França revolucionária. Os *sans-culottes* compunham-se principalmente de artesãos e operários. O nome refere-se ao traje que usavam — calça comprida —, em oposição às calças curtas (*culottes*), usadas pelos nobres.

Apesar da participação ativa das mulheres nos conflitos durante a Revolução, as francesas permaneceram por muito tempo à margem dos processos políticos. Na França, o voto feminino só foi instituído em 1944. As fúrias da guilhotina, *gravura francesa do século XVIII.*

Para enfrentar a ameaça interna, a Convenção criou em abril de 1793 o **Comitê de Salvação Pública**, mas os *sans-culottes* foram mais longe: nas jornadas de maio e junho do Ano 1 (1793), os parisienses reivindicaram a democracia direta. A mobilização na capital resultou na expulsão de alguns líderes girondinos da Convenção e favoreceu a ascensão dos jacobinos. Os "montanheses" Maximilien Robespierre, Louis de Saint-Just, Marat, Danton e Hébert assumiram o poder.

O Ano II iniciou-se com a República Jacobina e uma Constituição mais radical e democrática do que a anterior. O novo governo suprimiu os direitos feudais que restavam, facilitando a aquisição de terras pelo pequeno produtor, tabelou gêneros de primeira necessidade, fixou salários e instituiu a escola primária pública, obrigatória e gratuita. Além disso, foram estabelecidos o sufrágio universal (apenas para o sexo masculino), o direito de greve e o direito à subsistência: nenhuma pessoa deveria viver em estado de miséria. As mulheres alcançaram maior participação na vida pública, participando de clubes, manifestações e chegando a se alistar na Guarda Nacional e nos exércitos. Mas no momento de maior impulso revolucionário, entre 1792 e 1794, foram novamente confinadas ao seu papel de mães e donas de casa, pois foram proibidas de toda e qualquer atividade política.

O principal líder do governo revolucionário foi Robespierre, um dos jacobinos mais populares entre os *sans-culottes* devido a suas posições radicais em relação às questões de ordem política e à sua reconhecida honestidade pessoal.

A fase do Terror

Robespierre assumiu um Estado à beira do colapso — em guerra contra uma coligação integrada pela Inglaterra, Áustria, Prússia, Holanda, Espanha, Rússia e Sardenha, com revoltas populares na Vendeia e em plena crise financeira e social — e sob pressão dos *sans-culottes*, que exigiam medidas que barrassem a contrarrevolução.

Para fazer frente à crise generalizada, ele e outros líderes jacobinos estabeleceram um regime sem base constitucional, que se estendeu de outubro de 1793 a julho de 1794 e se tornou conhecido como **Terror**. Nesse período, o círculo restrito do Comitê de Salvação Pública exerceu o poder de maneira implacável.

O regime implantado por Robespierre se alicerçou numa aliança entre os grupos intermediários (que correspondiam às novas camadas sociais, políticas e profissionais emergentes na época, das quais faziam parte a pequena burguesia) e as massas trabalhadoras. Mas essa frágil sustentação não demorou a ruir. De um lado, Hébert e outros líderes dos *sans-culottes* queriam manter as massas populares da capital como um ator político autônomo. De outro lado, temendo o confisco de seus bens e desejosa de liberdade nos negócios, a alta burguesia iniciou uma campanha pela anistia geral, conduzida na Convenção por líderes como Danton e Desmoulins.

Robespierre golpeou primeiro a extrema esquerda, prendendo Hébert em março de 1794 e levando-o à guilhotina pouco depois. A partir daí, as massas populares afastaram-se daquele que deveria ser o governo da "salvação pública".

BETTMANN/CORBIS LATINSTOCK

Em 27 de julho de 1794, Robespierre e seus partidários são presos. Na manhã do dia seguinte, o líder jacobino é executado. Era o fim do período do Terror.

Em seguida foi a vez da "direita". No final de março, Danton e Desmoulins foram presos. O grande tribuno Danton defendeu-se valorosamente em seu julgamento, mas foi guilhotinado em abril. Robespierre investia contra todos os adversários, mas sem dispor de uma base de apoio efetivo, após o retraimento da plebe de Paris; essa circunstância favoreceu a união de todos os que se sentiam ameaçados pelo líder jacobino. Em julho de 1794 — o mês Termidor do calendário republicano — Robespierre e Saint-Just foram presos e executados.

ATAQUES À FRANÇA REVOLUCIONÁRIA (1793)

Fonte: VIDAL-NAQUET, Pierre (org.). *Il nuovo atlante storico Zanichelli.* Bolonha: Nicola Zanichelli, 1987.

A revolução em refluxo: o Diretório

Conhecido como **Reação Termidoriana**, o golpe de Estado marcou o fim da participação popular no movimento revolucionário. A alta burguesia voltou ao poder. O novo governo, denominado **Diretório** (1795-1799), autoritário e fundamentado numa aliança com o exército, tratou de elaborar uma nova Constituição capaz de manter a sociedade burguesa livre de uma dupla ameaça: a República Democrática Jacobina e o Antigo Regime.

Apesar disso, a burguesia republicana enfrentou em 1796 a reação dos igualitaristas radicais e dos jacobinos ressurgentes. Liderado por Graco Babeuf, esse movimento de inspiração socialista ficou conhecido como **Conspiração dos Iguais**. Babeuf propunha uma "comunidade dos bens e do trabalho", como forma de alcançar a igualdade efetiva entre os homens. A revolta foi esmagada pelo Diretório, que decretou a pena de morte contra todos os participantes da conspiração.

Além das questões internas, o Diretório teve que enfrentar ameaças externas. Assim, o exército republicano francês lutou na Europa Ocidental e também na Suíça, em Malta, no Egito e na Síria. Nessas campanhas, destacou-se a figura de Napoleão Bonaparte, um talentoso oficial do exército francês que, aos 25 anos, já era general-de-brigada e herói nacional, graças sobretudo a suas vitórias na Itália. O sucesso alcançado por Napoleão acabou colocando-o à frente do Estado francês, quando em 9 de novembro de 1799 — 18 Brumário pelo calendário republicano — um golpe de Estado entregou o poder a três cônsules: Bonaparte, Sieyès e Roger Ducos. Era o início de uma nova fase do processo iniciado em 1789.

▶ Ecos da Marselhesa

No Brasil, os ecos da **Marselhesa** se fizeram presentes, como mostra este texto sobre a Conjuração dos Alfaiates ou Conjuração Baiana, de 1798:

> "[...] a conspiração, que contaria com seiscentos adeptos, foi denunciada e esmagada antes de propriamente começar. [...] Dois soldados e dois alfaiates se achavam gravemente comprometidos. Eram eles, o citado Luís da Virgens, autor dos pasquins, ex-desertor das milícias, pardo de 36 anos; Lucas Dantas do Amorim Torres, que se justificou por querer dar baixa do serviço militar, sem conseguir; João de Deus do Nascimento, alfaiate, pardo de 28 anos, partidário das ideias francesas de 'igualdade e abundância' para todos [...]"
>
> PRIORE, Mary del e VENÂNCIO, Renato Pinto. *O livro de ouro da história do Brasil.* Rio de Janeiro: Ediouro, 2001.

Marselhesa

Hino composto por Rouget de Lisle (1760-1836), letra e música, por ocasião da declaração de guerra da França à Áustria em 1792. A canção, que se tornou um dos símbolos da Revolução Francesa, representou o nacionalismo francês diante da ameaça externa representada pelos Estados absolutistas. Posteriormente, a Marselhesa passou a ser o hino nacional francês.

CID

A morte de Toussaint--Louverture, *desenho de Villain, 1803. Conduzido à metrópole francesa por soldados de Napoleão, o líder negro haitiano acabou morrendo na prisão.*

▷ A independência do Haiti

O Haiti, um dos países mais pobres da América Central insular, ex-colônia francesa, foi o pioneiro no processo de libertação dos escravos, em 1794, e também precursor da independência na América Latina. Sua população, majoritariamente negra, sofre forte influência da cultura religiosa africana, com a prática do vodu (culto de origem jeje daomeana, praticado nas Antilhas e em certos pontos do território brasileiro, como o Maranhão).

A história política do Haiti apresenta um alto grau de instabilidade. Da segunda metade do século XIX até os dias atuais, o Haiti esteve submetido a uma série quase ininterrupta de ditaduras. Também sofreu uma intervenção dos Estados Unidos, entre 1915 e 1934, que favoreceu a concentração dos poderes nas mãos dos mulatos ligados aos interesses econômicos norte-americanos.

O processo de independência haitiano percorreu um caminho diferente do restante da América colonial. A região, de colonização francesa, tinha no açúcar a base da economia. A elite branca detinha o poder político--administrativo, enquanto a economia estava sob o controle de mulatos livres. Não obstante, os princípios e as ideias da Revolução Francesa foram postos em prática na ilha de São Domingos, a futura República do Haiti.

Na fase inicial da Revolução Francesa, a escravidão fora abolida, mas apenas na metrópole. A elite branca do Haiti, entusiasmada com a queda do absolutismo, via no projeto de independência a oportunidade de consolidar sua hegemonia. Os escravos negros, por sua vez, estavam decididos a concretizar, de armas na mão, os ideais franceses de liberdade, igualdade e fraternidade.

A revolução iniciou-se em 1791, tendo à frente o líder negro Toussaint-Louverture e, como pano de fundo, os incêndios nos canaviais. Em 1794, quando o governo da Convenção aboliu a escravidão nas colônias, os haitianos já haviam conquistado sua liberdade. Toussaint--Louverture, porém, manteve a região ligada à federação francesa. Em 1801, o líder haitiano libertou os escravos da porção espanhola da ilha (a atual República Dominicana).

Em 1803, Napoleão Bonaparte enviou para a ilha seu cunhado Charles Leclerc, liderando um bem equipado exército, que prendeu o líder revolucionário e o levou para a França, onde morreu na prisão. Posteriormente, Jean-Jacques Dessalines derrotou os franceses e proclamou a independência e a República em 1804. O reconhecimento por parte da ex-metrópole ocorreu somente em 1825.

A característica peculiar do processo de independência do Haiti foi a participação maciça dos negros, que defendiam a liberdade, a igualdade e o direito à propriedade de terras.

TEXTO COMPLEMENTAR

Reclamações do terceiro estado

O texto a seguir dá a medida de como representantes do terceiro estado se sentiam nos meses que antecederam a revolução. Tente captar o estado de ânimo contido no texto.

"Nós, habitantes da paróquia de Longey abaixo-assinados, tendo nos reunido em virtude das ordens do Rei, na sexta-feira, dia 6 do presente mês de maio de 1789, resolvemos o que segue:

Pedimos que todos os privilégios sejam abolidos. Declaramos que se alguém merece ter privilégios e gozar de isenções, são estes, sem contradição, os habitantes do campo, pois são os mais úteis ao Estado, porque por seu trabalho o fazem viver.

Que até hoje foram quase os únicos a pagar os exorbitantes impostos de que esta província está carregada; que os campos estão arruinados e os cultivadores na impossibilidade de poder manter e criar sua família; que à maior parte falta o pão, visto os impostos que os sobrecarregam e as perdas que experimentam todos os anos, seja pela caça, seja por outros flagelos.

Pedimos também que as talhas com as quais a nossa paróquia está sobrecarregada sejam abolidas; que este imposto que nos oprime, e que só é pago pelos infelizes, seja convertido num só e único imposto ao qual devem ser submetidos todos os eclesiásticos e nobres sem distinção, e que o produto deste imposto seja levado diretamente ao Tesouro. Pedimos ainda que não haja mais **gabela** e que o sal se torne comerciável, o que seria um grande benefício para todo o povo e principalmente para nós, habitantes do campo, que pagamos esta mercadoria muito caro e que dela fazemos o maior consumo um imposto que nos é muito oneroso e prejudicial. (Seguem-se 12 assinaturas.)"

Caderno de Reclamações do Terceiro Estado da Paróquia de Longey. In: MATTOSO, Kátia M. de Queirós. *Textos e documentos para o estudo da história contemporânea, 1789-1963*. São Paulo: Hucitec/Edusp, 1977.

Gabela

Imposto sobre o sal.

Compreendendo o texto

1. Relacione as petições apresentadas pelos habitantes da paróquia de Longey.
2. Identifique os argumentos usados para justificar as reivindicações encaminhadas.

ATIVIDADES

EXPLORANDO O CONHECIMENTO

1 Compare o desenvolvimento da Revolução Francesa com o da Revolução Inglesa do século XVII. É possível identificar características comuns no tipo de regime que elas contestavam, nos objetivos traçados e nos resultados atingidos pelos dois movimentos? Escreva sobre isso.

2 Analise o esquema "Organização social no Antigo Regime", na página 342.

a) Descreva a composição social da população francesa às vésperas da revolução.

b) Caracterize a estrutura social do Antigo Regime, baseada na hierarquia e na situação de privilégios, que foi destruída pela revolução.

3 Leia o documento a seguir.

Reivindicações da burguesia de Nancy — 1789

"1º - A assembleia exige que a pessoa dos deputados aos Estados Gerais seja inviolável e sagrada. [...]

3º - A assembleia exige que fique irrevogavelmente estabelecido que o terceiro estado tenha, nas assembleias da nação, pelo menos tantos deputados quanto as duas outras ordens em conjunto; que as deliberações sejam tomadas pelas três ordens reunidas e que os votos sejam contados individualmente. [...]

10º - A assembleia exige que a liberdade civil seja plenamente assegurada e que as ordens de prisão arbitrária sejam, para sempre, abolidas.

11º - Exige também que a liberdade de imprensa seja estabelecida e que se possa, sem qualquer visto nem permissão, imprimir e mandar imprimir toda espécie de trabalhos escritos, com a condição de que o autor e o impressor sejam obrigados a apor seus nomes a esses trabalhos, ressalvando o direito de puni-los se os trabalhos impressos contiverem elementos contrários à Religião, à moral, à boa ordem e à honra da família."

Citado em *Coletânea de documentos históricos para o 1º grau*. São Paulo: SE/Cenp, 1980.

a) Identifique a reivindicação burguesa que contrariava a situação de privilégios característica do Antigo Regime.

b) O documento contém princípios liberais que estão presentes na Constituição do Brasil e de muitos outros países. Quais são eles?

c) Explique por que as reivindicações desse documento são próprias da burguesia e condiziam com os interesses dessa classe.

4 Analise atentamente a imagem.

MUSEU CARNAVALET, PARIS

Desenho representando a família real francesa sendo recolhida para a prisão do Temple (autor anônimo, século XVIII).

a) Que acontecimento da revolução é representado na imagem?

b) Identifique:

- A presença de um grupo social urbano de destaque no processo revolucionário.
- Um símbolo da revolução.

c) Em que fase do processo revolucionário ele ocorreu?

d) É possível afirmar que o artista, nessa obra, procurou representar a derrota do Antigo Regime? Justifique sua resposta.

5 Monte, com um grupo de trabalho, um quadro cronológico registrando os principais acontecimentos e fases da Revolução Francesa, desde a crise de 1787 até a queda do Diretório. Ilustre o trabalho com desenhos ou imagens disponíveis na internet (digite "Revolução Francesa" num *site* de busca) e afixe no mural da sala.

6 Leia alguns itens da Constituição brasileira, promulgada em 1988.

"Art. 5º Todos são iguais perante a lei, sem distinção de qualquer natureza, garantindo-se aos brasileiros e aos estrangeiros residentes no País a inviolabilidade do direito à vida, à liberdade, à igualdade, à segurança e à propriedade, nos termos seguintes:

I - homens e mulheres são iguais em direitos e obrigações, nos termos desta Constituição;

II - ninguém será obrigado a fazer ou deixar de fazer alguma coisa senão em virtude de lei;

III - ninguém será submetido a tortura nem a tratamento desumano ou degradante;

IV - é livre a manifestação do pensamento, sendo vedado o anonimato; [...]

VI - é inviolável a liberdade de consciência e de crença, sendo assegurado o livre exercício dos cultos religiosos e garantida, na forma da lei, a proteção aos locais de culto e a suas liturgias; [...]

IX - é livre a expressão da atividade intelectual, artística, científica e de comunicação, independentemente de censura ou licença;

X - são invioláveis a intimidade, a vida privada, a honra e a imagem das pessoas, assegurado o direito a indenização pelo dano material ou moral decorrente de sua violação; [...]"

Título II. Dos direitos e garantias individuais. Capítulo I. Dos direitos e deveres individuais e coletivos. *Constituição da República Federativa do Brasil*, 1988.

a) Identifique na Carta Magna do Brasil os princípios liberais iluministas, consagrados pela Revolução Francesa de 1789.

b) Por que é importante que os direitos e garantias individuais estejam fixados na lei? A existência da lei é suficiente para que a sociedade funcione de acordo com os princípios constitucionais? A realidade brasileira tem sido compatível com a Constituição? Em que aspectos o cumprimento da lei tem tido mais êxito? Em que aspectos identificamos falhas ou uma total desobediência?

c) Produza um texto registrando suas conclusões sobre o assunto.

Vestibular / ENEM

1 (PUC-RJ) Em princípios de 1789, a França era uma sociedade do Antigo Regime. A crise dessa estrutura manifestou-se ao longo desse ano, dando início a um período de transformações que se estendeu por dez anos: a Revolução Francesa.

a) Indique 3 (três) características de natureza político-social da sociedade do Antigo Regime na França.

b) Indique 3 (três) transformações operadas durante o primeiro momento da Revolução Francesa — a "Era das Instituições" (1789-1792) — que evidenciam o caráter revolucionário dessa experiência histórica.

2 (UFV-MG) Na noite de 14 de julho de 1789, em Paris, Luís XVI recebeu do duque de La Rochefoucauld-Liancourt a notícia da queda da Bastilha e da deserção das tropas reais frente ao ataque popular. O famoso diálogo que se travou entre o rei e seu mensageiro é breve e revelador. O rei, segundo consta, exclamou:

"Isto é uma revolta"; e Liancourt corrigiu-o: "Não, Senhor, isto é uma revolução".

Adaptado de: ARENDT, Hannah. *Da Revolução*. São Paulo/Brasília: Ática/UNB, 1988. p. 38.

Com base nesse diálogo e nos seus conhecimentos sobre a Revolução Francesa, responda:

a) Por que os populares investiram contra a Bastilha?

b) Diferencie, do ponto de vista conceitual, "revolta" e "revolução".

3 (PUC-RJ) "Que é o terceiro estado? Tudo. Que tem sido até agora na ordem política? Nada. Que deseja? Vir a ser alguma coisa.

Ele é o homem forte e robusto que tem um dos braços ainda acorrentados. Se suprimíssemos a ordem privilegiada, a nação não seria algo de menos e sim alguma coisa mais. Assim, que é o terceiro estado? Tudo, mas um tudo livre e florescente. Nada pode caminhar sem ele, tudo iria infinitamente melhor sem os outros [...]."

Abade Sieyès. *O que é o terceiro estado?*

Considerando o texto apresentado,

a) Identifique 2 (dois) grupos sociais que compunham o terceiro estado e explique seus descontentamentos às vésperas da Revolução Francesa.

b) Cite, a partir dos descontentamentos do terceiro estado em relação ao Antigo Regime, 2 (duas) ações empreendidas pelos revolucionários franceses que tenham contribuído para alterar esta situação.

4 (Unicamp-SP) Sobre a *Declaração dos Direitos do Homem e do Cidadão*, de 1789, o historiador inglês Eric Hobsbawm escreveu:

> "Este documento é um manifesto contra a sociedade hierárquica de privilégios nobres, mas não é um manifesto a favor de uma sociedade democrática e igualitária."
>
> HOBSBAWM, Eric. *A era das revoluções*. Rio de Janeiro: Paz e Terra, 1976. p. 231.

Utilizando-se de seus conhecimentos sobre a Revolução Francesa, explique a afirmação do autor.

5 (Unicamp-SP) Em sua obra *Os sans-culottes de Paris*, o historiador Albert Soboul escreveu: "Os cidadãos de aparência pobre e que em outros tempos não se atreveriam a apresentar-se em lugares reservados a pessoas elegantes passeavam agora nos mesmos locais que os ricos, de cabeça erguida."

HOBSBAWM, Eric. *A era das revoluções*. Rio de Janeiro: Paz e Terra, 1976. p. 231.

(nota: *sans-culottes* significa "sem culotes", "sem-calças")

Caracterize o movimento dos *sans-culottes* na Revolução Francesa.

6 (Enem-MEC) Algumas transformações que antecederam a Revolução Francesa podem ser exemplificadas pela mudança de significado da palavra *restaurante*. Desde o final da Idade Média, a palavra *restaurant* designava caldos ricos, com carne de aves e de boi, legumes, raízes e ervas. Em 1765 surgiu, em Paris, um local onde se vendiam esses caldos, usados para restaurar as forças dos trabalhadores. Nos anos que precederam a Revolução, em 1789, multiplicaram-se diversos *restaurateurs*, que serviam pratos requintados, descritos em páginas emolduradas e servidos não mais em mesas coletivas e malcuidadas, mas individuais e com toalhas limpas. Com a Revolução, cozinheiros da corte e da nobreza perderam seus patrões, refugiados no exterior ou guilhotinados, e abriram seus restaurantes por conta própria. Apenas em 1835, o *Dicionário da Academia Francesa* oficializou a utilização da palavra *restaurante* com o sentido atual.

A mudança do significado da palavra *restaurante* ilustra

a) a ascensão das classes populares aos mesmos padrões de vida da burguesia e da nobreza.

b) a apropriação e a transformação, pela burguesia, de hábitos populares e dos valores da nobreza.

c) a incorporação e a transformação, pela nobreza, dos ideais e da visão de mundo da burguesia.

d) a consolidação das práticas coletivas e dos ideais revolucionários, cujas origens remontam à Idade Média.

e) a institucionalização, pela nobreza, de práticas coletivas e de uma visão de mundo igualitária.

7 (UFC-CE) Leia abaixo o artigo 18 da Declaração dos Direitos do Homem e do Cidadão, promulgada em 26 de agosto de 1789.

> "Qualquer homem pode emprestar os seus serviços, o seu tempo, mas não pode vender-se, nem ser vendido. Sua pessoa não é uma propriedade alienável. [...] Não pode existir senão compromisso de cuidados e de reconhecimento entre o homem que trabalha e aquele que emprega."

A análise do extrato acima, que trata das relações de trabalho na França, nos permite afirmar corretamente que o texto propõe a:

a) manutenção das obrigações entre servos e senhores feudais.

b) organização da sociedade com base no trabalho livre e assalariado.

c) consolidação dos contratos entre a burguesia e as corporações de ofício em expansão.

d) interferência do Estado na regulamentação do emprego da mão-de-obra assalariada.

e) supressão das ligas operárias como mediadoras das relações entre patrões e empregados.

8 (UFPE) Sobre a Declaração Universal dos Direitos do Homem e do Cidadão, inspirada na Declaração de Independência dos Estados Unidos e aprovada em 26 de agosto de 1789, na França, pode-se afirmar:

a) determinava a supressão das distinções nobiliárquicas e a constituição de um tribunal revolucionário para julgar os inimigos da República recém-proclamada.

b) determinava a consagração das liberdades individuais dos cidadãos.

c) determinava o estabelecimento da igualdade de todos perante a lei.

d) determinava a manutenção da sociedade estamental, permitindo-se, porém, os casamentos entre nobres e burgueses.

e) determinava a abolição da escravidão nas colônias e o controle de preços dos gêneros alimentícios.

9 (PUC-MG) Entre os séculos XVII e XIX, a Europa ocidental foi palco de vários movimentos político-sociais, que alteraram profundamente as estruturas da tradicional sociedade aristocrática até então dominante. Denominadas de revoluções burguesas, tais processos históricos se caracterizavam por:

a) promover a edificação do Estado liberal e o estabelecimento da democracia representativa, consolidando o modo de produção capitalista.

b) instaurar uma nova ordem social, baseada na propriedade coletiva dos meios de produção e na supressão das diferenças entre as classes sociais.

c) generalizar a elevação dos preços em toda a Europa, em virtude da entrada maciça de metais preciosos vindos da América e garantindo os lucros dos mercadores.

d) propiciar a formação dos mercados nacionais e o desenvolvimento do comércio, através da inauguração e difusão da economia monetária.

e) preservar os métodos de cultivo do solo, garantindo a produtividade agrícola, ao eliminar as grandes propriedades agrícolas.

10 (PUC-SP) "[...] a revolução que não se radicaliza morre melancolicamente, como a burguesa. A rigor, uma só revolução existe, a que se deflagrou em 1789: enquanto viveu, ela quis expandir-se, e, assim, a República Francesa se considerou e se tentou universal — até o momento em que a pretensão de libertar o mundo se converteu na de anexá-lo, em que os ideais republicanos se reduziram ao imperialismo bonapartista."

RIBEIRO, Renato Janine. *A última razão dos reis.* São Paulo: Companhia das Letras, 1993.

O motivo pelo qual o conjunto de mudanças políticas que resultou na implantação do regime republicano na França, no século XVIII, pode, genericamente, ser classificado como uma revolução burguesa, é o fato de que nesse processo

a) a estrutura social francesa viu-se reduzida a uma polarização entre bloco de apoio ao Antigo Regime — no qual se encontravam a aristocracia, os camponeses e os trabalhadores urbanos, de um lado, e o bloco de apoio à República operário-burguesa, de outro.

b) a burguesia conseguiu a adesão ideológica da aristocracia, especialmente no que respeita à "abertura das carreiras públicas aos talentos individuais", o que possibilitou a ascensão de seus representantes ao poder de Estado.

c) o comando da burguesia desde o início se revelou como irrefutável, uma vez que ela colocou a serviço de seus objetivos revolucionários os mais variados setores da população, liderando assim uma restauração do Antigo Regime.

d) as vanguardas operário-camponesas colocaram-se ao lado da burguesia, pois tinham claro que suas reivindicações somente alcançariam um patamar de consequência numa sociedade em que as relações burguesas de produção já estivessem desenvolvidas.

e) os resultados políticos das sucessivas convulsões sociais geradas nos quadros da crise do Estado monárquico francês foram, ao final, capitalizados pela burguesia, que pôde assim dar início à viabilização de seus interesses políticos e econômicos.

Ampliando o conhecimento

Leitura

CAVALCANTE, Berenice. *A Revolução Francesa e a modernidade.* São Paulo: Contexto, 2001.
A autora faz uma reflexão sobre os principais acontecimentos da Revolução Francesa, movimento que, segundo ela, foi um divisor de águas entre a ordem tradicional e a modernidade.

Filmes

Danton: o processo da revolução

Direção de Andrzej Wajda. França, 1982. 136 min.
Durante a Revolução Francesa, o líder popular Danton prega o fim do regime do Terror que ajudara a instituir. Enfrenta Robespierre, fortemente comprometido com a organização do Estado.

Maria Antonieta

REPRODUÇÃO

Direção de Sofia Coppola. Estados Unidos, 2006. 123 min.
Filmado no palácio de Versalhes, o filme narra a história de Maria Antonieta desde sua chegada à França até a eclosão da Revolução Francesa em Paris.

Site

Especial Revolução Francesa

<http://educaterra.terra.com.br>
Site educacional que traz diversos artigos sobre os principais acontecimentos da revolução.

Capítulo 27

O Império Napoleônico e o Congresso de Viena

O Museu do Louvre, em Paris, abriga um dos mais formidáveis acervos do mundo, com obras de diversas épocas e origens. Foto de 2005.

P. J. SHARPE/ZEFA/CORBIS/LATINSTOCK

Napoleão ordenou roubo de tesouros

"Dominique Vivant Denon foi o diretor de Arte de Napoleão Bonaparte de 1797 a 1815, durante o período da expansão do império francês. Com a bênção do imperador [...], Denon mandava comissários para os países europeus conquistados, com recomendações especiais de 'trazer' para o então Museu Napoleão certas obras de arte.

Foi assim que Paris teve o essencial das obras de arte neoclássicas europeias, pinturas, esculturas e manuscritos antigos [...].

Dentre as obras 'trazidas' para o museu parisiense nesse período da expansão napoleônica, Chaudonneret destaca pinturas de Rafael e o *Apolo de Belvedere* (da Cidade do Vaticano), quadros de Rembrandt (da Holanda) e manuscritos históricos da Biblioteca de Viena.

Com a capitulação francesa em Waterloo, na Bélgica, porém, a Convenção de Armistício de 3 de julho de 1815 previa, em seu artigo segundo, [...] que a França teria de restituir todas as obras de arte para os territórios perdidos. O Museu Napoleão foi ocupado por soldados para garantir a operação de devolução das peças aos comissários estrangeiros encarregados de levá-las de volta aos países de origem. [...]

Logo após a restituição, o Museu Napoleão, que deu origem ao Louvre, partiu para a aquisição legal de obras de arte e arqueológicas mais antigas, como as egípcias e etruscas."

GIGLIOTTIDE, Fátima. *Folha de S.Paulo*, 2 abr. 2000.

Passados mais de 200 anos, Napoleão Bonaparte continua sendo um dos personagens mais conhecidos da história mundial. Gênio militar e extraordinário estadista e administrador, o seu talento como estrategista impressiona até os dias atuais.

Vários aspectos do mundo ocidental – da administração pública à arte da guerra – apresentam, até hoje, profundas marcas da influência de Napoleão Bonaparte, o prestigiado imperador da França que se converteu em herói nacional.

Nesta pintura de Jean-Antoine Gros, de 1800, Napoleão é representado triunfante na Batalha de Arcole, que lhe abriu as portas para vencer os austríacos.

A consolidação das conquistas burguesas

Em 1799, o **golpe de 18 Brumário** levou ao poder Napoleão Bonaparte (1769-1821), o general mais brilhante da França. Sua ascensão pôs fim aos distúrbios provocados pela "esquerda" igualitária e pela reação monarquista, assegurando à burguesia a desejada estabilidade política.

No **consulado**, forma de governo estabelecida após o golpe de 18 Brumário, o Poder Executivo era exercido por três cônsules. O primeiro cônsul, Napoleão Bonaparte (os outros eram Sieyès e Roger Ducos), tinha poder para propor todas as leis, nomear a administração, controlar o exército e conduzir as relações exteriores. Os cônsules deveriam ocupar o cargo por dez anos. No entanto, em 1802, a ambição política e o talento pessoal de Napoleão conseguiram transformar o consulado em cargo vitalício, por meio de um plebiscito. Em 1804, outro plebiscito deu-lhe permissão para transformar o consulado em **império**. Na Catedral de Notre Dame, o militar nascido na ilha de Córsega recebeu do papa Pio VII a coroa imperial e colocou-a sobre a própria cabeça. O general Bonaparte saía de cena. Napoleão I, imperador dos franceses, fazia sua entrada triunfal.

A presença do papa na coroação indicava que um bom relacionamento voltava a existir entre a França e a Igreja Católica, graças à concordata assinada em 1801 com a Santa Sé. Foi um triunfo importante do então primeiro cônsul Napoleão Bonaparte, pois eliminou uma área de atrito existente desde 1790, quando a Assembleia Constituinte francesa promulgou a Constituição Civil do Clero. Nos termos da concordata, os bispos passaram a receber pensões do governo e a ser nomeados pelo poder público, ficando sob o domínio político do Estado.

As reformas implementadas por Napoleão no consulado e na fase inicial do império consolidaram de maneira irreversível a ordem burguesa. O **Código Civil Napoleônico**, de 1804, representou um dos alicerces mais sólidos dessa ordem. A autoridade do pai sobre a mulher e os filhos e do patrão sobre os empregados, questões relacionadas ao casamento e à herança, todos esses aspectos foram regulamentados segundo os interesses da burguesia. O Código inspirou diversos Estados europeus e da América Latina, que adotaram seus princípios e chegaram a reproduzir algumas de suas disposições.

Como estadista, Napoleão ratificou a redistribuição de terras levada a efeito pela revolução. Reformou o sistema tributário e fundou o Banco da França com o objetivo de exercer maior controle na circulação de capitais. Obras públicas como drenagem de pântanos, construção de pontes e redes de estradas e canais foram realizadas sobretudo com objetivos militares, mas também para conquistar o apoio da burguesia.

Na esfera educacional, Napoleão instalou escolas públicas elementares em cada aldeia e cidade francesa.

PALÁCIO DE VERSALHES, FRANÇA

O pintor Jacques-Louis David (1748-1825) foi figura importante da Revolução Francesa. Depois, transformou-se no principal pintor de Napoleão e ajudou a construir a imagem do imperador, através de quadros como Sagração de Napoleão I *(1807).*

Além disso, organizou a educação secundária em bases rígidas, quase militares; fundou escolas para a formação de professores; transformou a Escola Politécnica (fundada em 1794) em um estabelecimento militar; subordinou as escolas técnicas ao Estado e estimulou o ensino superior. O essencial da política externa do imperador foi traçado com o instrumento que permitira ao general Bonaparte abrir caminho para o poder: a espada. Em 1797, o soldado que derrotara vezes seguidas os austríacos não hesitou em negociar pessoalmente com eles a Paz de Campo-Fórmio, que estabeleceu repúblicas "ao estilo francês" no norte da Itália. O imperador continuou a negociar com os adversários que derrotara; mas, esquecido dos ideais republicanos, criou novos Estados e destituiu os monarcas de vários países europeus, substituindo-os por seus parentes e generais.

Ao mesmo tempo, Napoleão passou a buscar acordos "respeitáveis" com as monarquias tradicionais. Desejava, em especial, uma aliança dinástica que referendasse a hegemonia francesa na Europa e lhe desse um herdeiro para seu império, mas não logrou êxito. Napoleão chegou a desposar uma filha do imperador da Áustria, mas jamais deixou de ser visto com reservas ou franca hostilidade pelos soberanos absolutistas. O manto imperial não impediu que eles o considerassem um usurpador — um soldado levado ao poder pela revolução que executara Luís XVI e Maria Antonieta. Como resultado, até a queda definitiva de Napoleão, em 1815, as guerras se sucederam, com poucos períodos de trégua, entre as potências em confronto.

MUSEU KUNSTHISTORISCHES, VIENA, ÁUSTRIA

Napoleão sobre o cavalo na passagem de São Bernard, *pintura de Jacques-Louis David, início do século XIX. Nesta obra, encomendada por Napoleão, o governante francês é representado como um general vitorioso, conquistador de um grande império para a França.*

▶ O senhor da Europa

Um exemplo da hostilidade permanente entre a França e os Estados rivais foi o **Bloqueio Continental**, decretado em 1806 por Napoleão contra a Grã-Bretanha e que se refletiu na vida econômica de toda a Europa. O bloqueio proibia a introdução de produtos britânicos no continente. O governo imperial acreditava que a eliminação de seu maior concorrente daria à França o predomínio nos mercados europeus.

O bloqueio, no entanto, não surtiu o efeito esperado, e a medida converteu-se em uma faca de dois gumes, submetendo a hegemonia francesa no continente a forte desgaste. Países neutros foram hostilizados por ignorar o bloqueio. Outros sofreram ocupação e tiveram seus soberanos afastados, como sucedeu à Espanha. As tropas francesas tornaram-se a base de sustentação de governantes estrangeiros impostos por Napoleão e, por isso, foram odiadas pelas populações locais. Sem a mobilidade que lhes garantira tantas vitórias, as tropas imperiais passaram a ser permanentemente castigadas por grupos guerrilheiros. Na Espanha, em Portugal e em outras regiões da Europa, a luta contra os franceses assumiu características de guerra nacional.

Bloqueio contra a Inglaterra

"[...] Considerando que este abuso monstruoso do direito de bloqueio só tem por objetivo impedir as comunicações entre os povos e construir o comércio e a indústria da Inglaterra sobre a ruína do comércio e da indústria do continente, e que é de direito natural opor ao inimigo as armas das quais ele se serve, resolvemos aplicar à Inglaterra os métodos que ela consagrou na sua legislação marítima e decretamos, consequentemente: artigo I, as Ilhas Britânicas estão em estado de bloqueio.

Assim, no texto do decreto de Berlim, tratava-se de bloquear a Inglaterra, não o continente. Como Napoleão não tinha frota suficiente, teve de fechar o continente aos navios e mercadorias inglesas. Daquela data em diante, qualquer comércio e qualquer correspondência com as Ilhas Britânicas são proibidos; qualquer indivíduo inglês, encontrado nos países ocupados pelas tropas francesas ou aliadas, será feito prisioneiro de guerra."

TULARD, Jean. *Napoleão*: o mito salvador. Niterói: Casa Jorge Editorial, 1996.

Fonte: LEONE, Alba Rosa. *Orientarsi nella storia.* Milão: RCS Libri & Grandi Opere SpA, 1995.

Nesses conflitos, destacou-se a resistência da Rússia. Assim como outras nações, esse país também desrespeitou o Bloqueio Continental, levando Napoleão a reunir um exército de aproximadamente 600 mil homens, em 1812, para invadi-lo.

A campanha da Rússia foi um desastre. Napoleão obteve algumas vitórias e chegou até Moscou. Ali aguardou a rendição do czar, mas esta simplesmente não ocorreu. A espera resultou em um cruel pesadelo para as tropas francesas, uma vez que, durante sua retirada da região, tiveram de enfrentar o terrível inverno russo. O frio, as doenças, a fome e as guerrilhas causaram milhares de perdas. Dos cerca de 600 mil soldados que deixaram a França, menos de 60 mil retornaram, doentes e famintos.

► A queda de Napoleão

A derrota na Rússia destruiu o mito da invencibilidade do "pequeno cabo" (como Napoleão era chamado pelos seus partidários, por causa de sua baixa estatura: um pouco mais de 1,50 m de altura). O mito do jovem general que conduziu seus soldados debilitados à vitória contra inimigos bem mais numerosos, a serviço das monarquias absolutistas, só mais tarde seria reconstruído no imaginário dos franceses.

Não se pode negar que Napoleão Bonaparte consolidou as conquistas burguesas da Revolução de 1789. Mas ele também destruiu o maior dos legados revolucionários: o sonho de igualdade, liberdade e fraternidade. O depoimento de um contemporâneo à revolução ilustra bem a decepção de muitos liberais com Napoleão:

> "[...] Bonaparte praticou uma traição parricida, pervertendo os poderes que lhe haviam sido confiados na qualidade de magistrado republicano, para chegar à subversão da república e à instituição de um despotismo militar em seu benefício e no de sua família. Se ele houvesse exercido seus poderes honestamente para estabelecer e fortalecer um governo livre em seu país, a França gozaria agora da liberdade e do repouso [...]. Seu egoísmo atroz bloqueou o progresso salutar dos príncipes e o inundou de rios de sangue que ainda não se esgotaram. [...]"
>
> GUSDORF, Georges. *As revoluções da França e da América*: a violência e a sabedoria. Rio de Janeiro: Nova Fronteira, 1993.

Nos últimos anos do governo imperial, as decisões de Napoleão seguiam caminhos contrários aos ideais da revolução e mesmo da fase inicial do seu governo. Em 1808 foi instituída a nobreza imperial, em vez da aristocracia aberta ao talento e ao mérito que rodeou Napoleão nos tempos do consulado e no início do império. O estadista que reorganizou a administração viu-se obrigado a desperdiçar recursos e homens para sustentar os tronos vacilantes nos quais colocara seus parentes.

PALÁCIO DE VERSALHES, FRANÇA

Napoleão também buscava passar a imagem de governante caridoso, preocupado com os desamparados. O quadro As vítimas da peste em Jafa *(1802), de Jean-Antoine Gros, mostra o imperador da França visitando doentes em um abrigo durante sua campanha na Síria.*

As colheitas medíocres, nos últimos anos de seu governo, resultaram em uma crise alimentar. O exército permaneceu fiel; porém, as campanhas desastrosas na Península Ibérica e na Rússia enfraqueceram moralmente os soldados. A opinião pública passou a se perguntar se a glória imperial valia o sacrifício das vidas de tantos jovens franceses.

Aproveitando-se da crise, Grã-Bretanha, Áustria, Prússia, Rússia e Suécia organizaram uma coligação que venceu a França em 1813, na Batalha de Leipzig. Em março de 1814, Napoleão assinou o **Tratado de Fontainebleau**, pelo qual abdicava do trono da França, recebendo em troca uma pensão anual e a soberania sobre a Ilha de Elba.

O governo francês foi entregue a Luís XVIII, irmão de Luís XVI, que tratou de confirmar as conquistas revolucionárias. Concomitantemente, o imperador exilado tramava um plano para retornar ao poder.

CID

Charge ironizando o Governo dos Cem Dias. Início do século XIX.

ASCENSÃO E QUEDA DE NAPOLEÃO BONAPARTE	
1793	O capitão jacobino Napoleão Bonaparte toma a cidade francesa de Toulon, controlada por forças realistas e inglesas.
1796-1797	Na campanha da Itália, Bonaparte derrota os austríacos nas batalhas de Milésimo, Castiglione, Arcole, Rívoli e Mântua.
1798	Bonaparte segue para o Egito. Conquista a Ilha de Malta. Vence a Batalha das Pirâmides, mas a frota francesa é destruída pelos ingleses na batalha naval de Abukir.
1799	Bonaparte retorna à França. Com o golpe de 18 Brumário, torna-se primeiro cônsul.
1800	Bonaparte derrota os austríacos na Batalha de Marengo, na Itália.
1802	Bonaparte assume o consulado vitalício.
1804	Napoleão Bonaparte torna-se imperador.
1805	Napoleão é proclamado rei da Itália. Vence os austríacos na Batalha de Ulm e entra em Viena. Vitória britânica na batalha naval de Trafalgar. Napoleão derrota os austríacos e os russos em Austerlitz.
1806	O reino de Nápoles é entregue a José Bonaparte, irmão de Napoleão. Os prussianos são derrotados na Batalha de Iena. Napoleão decreta o Bloqueio Continental.
1807	Os russos são derrotados na Batalha de Friedland. Os franceses ocupam a Península Ibérica e chegam até Lisboa. A Família Real portuguesa foge para o Brasil.
1808	José Bonaparte é colocado no trono espanhol. Os ingleses desembarcam em Portugal e derrotam os franceses que, no entanto, são autorizados a se retirar do país.
1810	Napoleão se divorcia de Josefina e desposa Maria Luísa, filha do imperador da Áustria.
1811	Nascimento de Napoleão, o rei de Roma, filho do imperador dos franceses e Maria Luísa.
1812	Napoleão invade a Rússia, ocupa Moscou, mas a campanha termina em desastre.
1813	Napoleão é derrotado por austríacos, prussianos, russos e suecos na Batalha de Leipzig.
1814	Tropas estrangeiras invadem a França. Napoleão é obrigado a abdicar.
1815	Os "Cem Dias". Napoleão escapa da Ilha de Elba, reassume o poder na França e invade a Bélgica. Derrota os prussianos na Batalha de Ligny, mas é vencido por britânicos e prussianos em Waterloo.

A oportunidade surgiu em 1815, graças à insatisfação do povo francês em relação ao novo governo. Napoleão fugiu de Elba e desembarcou no continente apoiado por militares e pela população. Seu novo governo durou apenas cem dias, uma vez que os antigos inimigos trataram de formar uma coligação com o objetivo de liquidar definitivamente o imperador.

A ruína definitiva de Napoleão ocorreu com a **Batalha de Waterloo**, na Bélgica (1815), quando um exército coligado de ingleses e prussianos venceu as tropas imperiais. Napoleão voltou a Paris e abdicou definitivamente do cargo de imperador. Em seguida foi exilado na Ilha de Santa Helena, possessão britânica no Atlântico Sul, onde morreu em 5 de maio de 1821.

O Congresso de Viena

Após a abdicação de Napoleão Bonaparte, em 1814, representantes das potências europeias – Áustria, França, Prússia e Rússia –, com o apoio da Grã-Bretanha, reuniram-se em Viena, Áustria. O **Congresso de Viena**, como ficou conhecido o encontro, foi interrompido durante o Governo dos Cem Dias e retomado após a segunda abdicação do imperador francês, em 1815. O objetivo era restaurar as dinastias derrotadas pelas tropas napoleônicas e retraçar o mapa da Europa, rasgado desde a Revolução Francesa. Mas a Europa revolucionária logo manifestou sua voz.

A reação dos conservadores

A partir de 1792, com a execução do rei e da rainha da França pelo governo revolucionário, ocorreu a ruptura entre o novo governo francês e os soberanos europeus, que viam no andamento do processo revolucionário francês uma ameaça de contágio e um perigo para a integridade de seus Estados. Decididas a sufocar a revolução, as monarquias se uniram contra o novo regime. Primeiro veio a declaração de guerra da Áustria, seguida pela Prússia, Rússia, Holanda, Espanha, Sardenha e Inglaterra. As alianças contrarrevolucionárias alcançaram a vitória em 1814, com a queda de Napoleão e o início das reuniões do Congresso de Viena.

Os diplomatas reunidos na capital austríaca tinham como objetivo estabelecer uma paz duradoura na Europa, que impedisse as guerras e revoluções e restaurasse a estabilidade abalada pela Revolução Francesa e pelas guerras napoleônicas. Para isso, tornava-se necessário restaurar as fronteiras europeias de 1789. Na verdade, a diplomacia legitimista estava

BIBLIOTECA NACIONAL, PARIS

O Congresso se diverte, *caricatura de Forceval, 1814. Enquanto os imperadores da Áustria e da Rússia e o rei da Prússia dançam de mãos dadas, o rei da Suécia segura firmemente sua coroa.*

basicamente preocupada com os direitos dos reis; o ideal, para ela, seria eliminar a influência das ideias liberais que acompanharam a Revolução Francesa. No entanto, conscientes de que seria impossível ressuscitar toda a política do Antigo Regime, até os políticos mais conservadores reconheceram a urgência de elaborar constituições que garantissem um mínimo de direitos políticos e sociais para a coletividade.

O processo de reconstrução política da Europa teve início com a entrega do trono francês a Luís XVIII, irmão de Luís XVI, assassinado durante o processo revolucionário francês. A França perdeu grande parte dos territórios conquistados por Napoleão Bonaparte e também foi obrigada a pagar uma grande indenização ao longo de cinco anos, ficando sob ocupação até quitar a dívida.

Em 1814, Luís XVIII outorgou uma Constituição que reconhecia as liberdades de opinião, imprensa e culto, mas concentrava o poder na Coroa. O sufrágio continuou limitado com a preservação do voto censitário. A Constituição francesa, **outorgada** pelo monarca, serviu de modelo para outras nações que buscavam amenizar os conflitos sociais que cresciam a cada dia.

▷ O novo equilíbrio europeu

Embora em Viena estivessem representados todos os Estados europeus, as principais decisões ficaram a cargo dos dirigentes das grandes potências: Clemente Metternich, primeiro-ministro da Áustria; Alexandre I, czar da Rússia; Robert Stewart, Visconde de Castlereagh, primeiro-ministro inglês; e Frederico Guilherme III, rei da Prússia.

Esses líderes defendiam dois princípios básicos: o da legitimidade e o do equilíbrio do poder.

O **princípio da legitimidade** determinava que as dinastias reinantes no período pré-revolucionário deveriam ter de volta seus tronos e os territórios que possuíam em 1789.

O princípio do **equilíbrio de poder** propunha que as potências vencedoras — Áustria, Prússia, Rússia e

Outorgado

Refere-se à Constituição que não passa pela discussão e aprovação de uma Assembleia Constituinte. Geralmente o governo nomeia um grupo que fica responsável pela elaboração das leis, que entram em vigor após a aprovação do chefe do Estado.

A EUROPA APÓS O CONGRESSO DE VIENA

Fonte: *Atlas histórico.* São Paulo: Encyclopaedia Britannica do Brasil, 1989.

Inglaterra — teriam o direito de obter novas possessões fora da Europa e manter aquelas que já controlassem, como recompensa pela participação na luta contra o imperador francês.

Esse último princípio facilitou a anexação de territórios pelas grandes potências europeias. Os governantes legítimos que haviam sido depostos tiveram seus tronos restabelecidos, como ocorreu na Espanha, em Portugal, no Reino das Duas Sicílias, nos Estados Pontificiais e em Estados germânicos, além da França.

O Congresso de Viena trouxe benefícios consideráveis às potências que lideraram o encontro. Contudo, a Inglaterra foi a grande vitoriosa. O estabelecimento da livre navegação dos mares e rios e o projeto que colocaria fim à escravidão contribuíram para o desenvolvimento das relações comerciais e a consolidação do poderio marítimo britânico.

▷ A Santa Aliança

Ainda em 1815, Rússia, Prússia e Áustria uniram-se na **Santa Aliança**, um pacto político-militar de caráter conservador. Criada para garantir a realização das medidas aprovadas no Congresso de Viena, a Santa Aliança dedicou-se, principalmente, a combater as revoltas liberais na Europa e a manter o sistema colonial, pois era favorável ao restabelecimento da autoridade portuguesa e espanhola nas colônias americanas. Contudo, a tentativa de reforçar o domínio colonial das duas metrópoles acabou por estimular os movimentos de emancipação. Essa questão contribuiu ainda para que a Inglaterra, interessada no comércio com as jovens nações americanas, não aderisse à Santa Aliança, embora a apoiasse em muitos momentos.

> "Em nome da Santíssima e Indivisível Trindade e conforme as palavras das Sagradas Escrituras, segundo as quais todos os homens devem ter-se como irmãos, Suas Majestades o Imperador da Áustria, o Rei da Prússia e o Imperador da Rússia permanecerão unidos por laços de verdadeira e indissolúvel fraternidade: considerando-se compatriotas, em toda ocasião e em todo lugar, eles se prestarão assistência, ajuda e socorro."
>
> Trecho do Art. 1º do Tratado da Santa Aliança.

CID

O bolo dos reis, *charge do século XIX que satiriza a voracidade dos líderes do Congresso de Viena na partilha do continente europeu.*

TEXTO COMPLEMENTAR

A Batalha de Waterloo

A Batalha de Waterloo, ocorrida em junho de 1815, decidiu os rumos da Europa. Com a derrota das tropas francesas, as potências europeias encerraram o império de Napoleão Bonaparte, o obrigaram a abdicar pela segunda vez e o deportaram para a Ilha de Santa Helena.

① Durante o Governo dos Cem Dias, uma coligação de exércitos avançou sobre a França com o objetivo de acabar com o governo de Napoleão. Os exércitos mais próximos da França eram o exército anglo-aliado (britânicos, belgas e holandeses), comandado pelo Duque de Wellington, e o prussiano, sob o comando do marechal Bücher. Juntos somavam cerca de 250 mil homens.

② Para garantir seu retorno ao poder, Napoleão conseguiu organizar um exérc de cerca de 120 mil homens, a maior par deles veteranos de antigas campanhas. Napoleão tomou a iniciativa do ataque e marchou com suas tropas para a Bélgica.

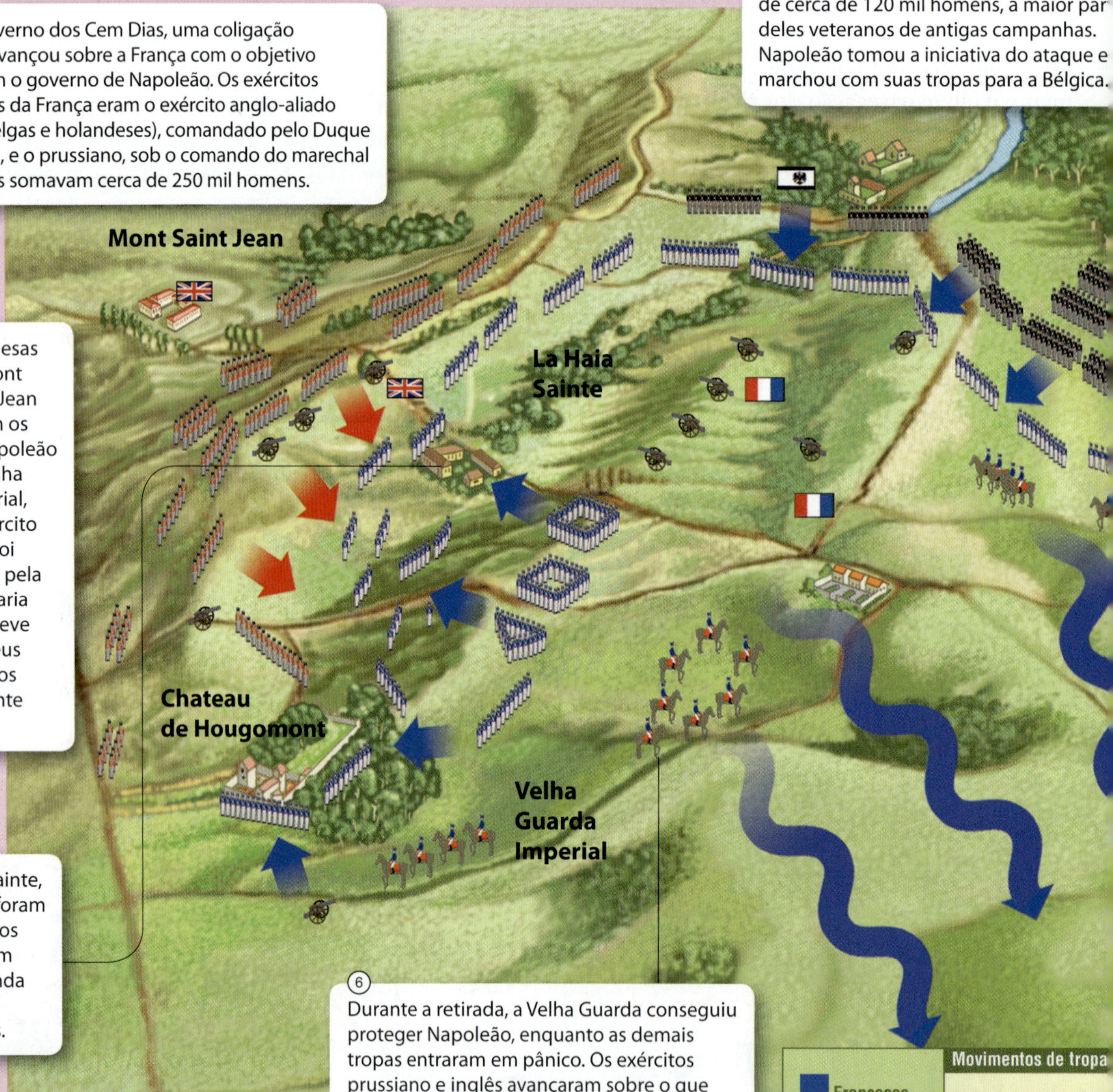

④ As tropas inglesas em Hougomont e Mont Saint Jean pressionavam os franceses. Napoleão recorreu à Velha Guarda Imperial, a elite do exército francês, que foi surpreendida pela pesada artilharia adversária e teve alguns dos seus destacamentos completamente dizimados.

③ Em La Haia Sainte, os franceses foram bem-sucedidos e conseguiram tomar a fazenda das tropas anglo-aliadas.

⑥ Durante a retirada, a Velha Guarda conseguiu proteger Napoleão, enquanto as demais tropas entraram em pânico. Os exércitos prussiano e inglês avançaram sobre o que restou do exército francês, aumentando a desorganização e marcando o fim da batalha com a vitória anglo-prussiana.

Fonte: A Batalha de Waterloo. Disponível em <www.batalhadewaterloo.com.br>. Acesso em ago. 2007.

Compreendendo o texto

1. Napoleão Bonaparte gozava de imenso prestígio junto aos soldados, principalmente entre os soldados da Velha Guarda Imperial. O que era a Velha Guarda Imperial? Qual a importância da Velha Guarda durante a Batalha de Waterloo?
2. Qual a importância de Napoleão junto às tropas? Analisando o infográfico, quais razões você aponta para a derrota francesa?
3. Por que se formou uma frente de batalha tão ampla para derrotar Napoleão? Por que a Batalha de Waterloo é considerada tão decisiva para a história europeia?

ATIVIDADES

Explorando o conhecimento

1 Destaque alguns aspectos da obra administrativa do governo napoleônico que contribuíram para consolidar a ordem burguesa na Europa.

2 Observe o quadro *Sagração de Napoleão I*, de Jacques-Louis David, na página 359, e compare-a ao texto de Georges Gusdorf (página 361). Responda:

a) Em que sentido a sagração de Napoleão como imperador pode ser vista como uma traição aos ideais da revolução?

b) Que tipo de relação entre Estado e Igreja a sagração de Napoleão reflete?

3 Enquanto comandante militar, o general Napoleão obteve uma série de sucessos. Estes, porém, não foram suficientes para manter a hegemonia francesa na Europa. A esse respeito, explique:

a) os fatores econômicos e políticos que levaram outros governos europeus a reagir contra a dominação francesa.

b) a primeira grande derrota militar do exército napoleônico e suas consequências para a imagem pública de Napoleão.

4 Considere o texto a seguir e responda.

O decreto de Berlim (1806)

"[...] Temos decretado e decretamos o que se segue:

Artigo 1º – As Ilhas Britânicas são declaradas em estado de bloqueio.

Artigo 2º – Qualquer comércio e qualquer correspondência com as Ilhas Britânicas ficam interditados. [...]

Artigo 5º – O comércio de mercadorias inglesas é proibido, e qualquer mercadoria pertencente à Inglaterra, ou proveniente de suas fábricas e de suas colônias, é declarada boa presa. [...]

Artigo 7º – Nenhuma embarcação vinda diretamente da Inglaterra ou das colônias inglesas, ou lá tendo estado, desde a publicação do presente decreto, será recebida em porto algum.

Artigo 8º – Qualquer embarcação que [...] transgredir a disposição acima será apresada e o navio e sua carga serão confiscados como se fossem propriedade inglesa. [...]

Assinado: Napoleão."

MATTOSO, Kátia M. de Queirós (org.). *Textos e documentos para o estudo da história contemporânea:* 1789-1963. São Paulo: Hucitec/Edusp, 1977.

a) Caracterize a situação descrita no texto anterior, considerando os objetivos e os seus resultados, para o comércio mundial da época e para as relações diplomáticas do Estado francês.

b) Comente, em um pequeno texto, a origem do conflito entre Inglaterra e França, relacionando-a ao processo histórico em curso a partir do final do século XVIII. Se necessário, retome informações do capítulo anterior.

5 Nos anos de 1814 e 1815, os países que formavam a aliança militar para combater a política expansionista de Napoleão Bonaparte se reuniram no Congresso de Viena.

a) Relacione os países organizadores do Congresso de Viena.

b) Cite os principais objetivos desse encontro.

c) Explique o papel de Luís XVIII, rei da França, no Congresso de Viena.

d) Enumere as principais resoluções desse congresso.

6 Explique por que a Inglaterra foi a grande vitoriosa do Congresso de Viena.

7 Compare o mapa da Europa após o Congresso de Viena, na página 364, com o da época napoleônica, na página 360.

a) Estabeleça diferenças e semelhanças.

b) Identifique uma potência que obteve ganhos territoriais em 1815.

A HISTÓRIA E O TEMPO PRESENTE

8 Tal como na França napoleônica, no Brasil também foi instituído um Código Civil, aprovado em 1916 e que entrou em vigor em 1917. Em 2002 foi aprovado um novo Código Civil.

a) O que é um Código Civil?

b) Pesquise em bibliotecas ou na internet, se você tiver acesso, exemplos de leis estabelecidas no novo Código Civil brasileiro.

c) Explique de que maneira o Código Civil brasileiro afeta o nosso cotidiano.

9 Uma das principais realizações da sociedade francesa foi a criação de um vasto sistema educacional público, consolidado pelo governo napoleônico no início do século XIX. A que princípios filosóficos e políticos esse gesto corresponde? Qual a sua importância na atualidade, em nosso país? Elabore uma redação a partir dessas questões.

Vestibular / ENEM

1 (Ufes) "A Revolução Francesa dominou a história, a própria linguagem e o simbolismo da política ocidental, desde sua irrupção até o período que se seguiu à Primeira Grande Guerra Mundial."

Do texto anterior, de Eric Hobsbawm, pode-se inferir ter sido a Revolução Francesa um dos processos mais importantes do século XVIII. Entre os acontecimentos que a marcaram, destaca-se o golpe de 18 Brumário de 1799, pelo qual

a) a burguesia girondina reassumiu o poder, retomando o controle da Revolução.

b) Napoleão Bonaparte assumiu o poder, na condição de Primeiro Cônsul.

c) se instalou a Ditadura Montanhesa, sob a liderança de Robespierre.

d) se instalou o Regime do Terror, com a aprovação da Lei dos Suspeitos.

e) foi proclamada a República, após a vitória salvadora de Valmy.

2 (Fuvest-SP) "A mais extravagante ideia que possa germinar no cérebro de um político é acreditar que basta a um povo entrar de mão armada num país estrangeiro para lhe fazer adotar as suas leis e a sua Constituição. Ninguém estima os missionários armados, e o primeiro conselho que a natureza e a prudência dão é repeli-los como inimigos."

Robespierre, janeiro de 1792.

a) Por que a ocupação da Espanha pelo exército napoleônico, em 1808, tornou o texto profético?

b) Há no momento atual alguma situação à qual o texto pode ser referido? Por quê?

3 (Fuvest-SP) "Os soldados franceses que guerrearam de Andaluzia a Moscou, do Báltico à Síria [...] estenderam a universalidade de sua revolução mais eficazmente do que qualquer outra coisa. E as doutrinas e instituições que levaram consigo, mesmo sob o comando de Napoleão, eram doutrinas universais, como os governos sabiam e como também os próprios povos logo viriam a saber."

HOBSBAWM, Eric. *A era das revoluções*: 1789-1848. Rio de Janeiro: Paz e Terra, 1989.

Baseando-se no texto, aponte as doutrinas e instituições referidas pelo autor.

4 (UEPG-PR) Sobre o Império Napoleônico, assinale o que for correto.

01) Napoleão decretou o Bloqueio Continental contra a Inglaterra com o claro objetivo de prejudicar sua economia.

02) Após a batalha de Leipzig, Napoleão consolidou seu poderio sobre toda a Europa.

04) Napoleão, ao decretar o Bloqueio Continental, planejava derrotar a Rússia, posto que a vastidão territorial do país impossibilitava sua invasão.

08) Portugal não aderiu ao Bloqueio Continental devido às fortes pressões da Inglaterra, dando pretexto para a ofensiva francesa no país.

16) O Bloqueio Continental, entre outras coisas, pretendia garantir a exclusividade dos produtos franceses nos mercados da Europa.

5 (PUC-RJ) Quais das afirmativas abaixo apresentam, de modo correto, acontecimentos da Revolução Francesa nos quais os diversos grupos sociais e políticos implementaram ações que transformaram a sociedade da época?

I - Instalada a Assembleia Nacional (1789), os constituintes se apressaram em formular a *Declaração dos Direitos do Homem e do Cidadão*.

II - Grupos camponeses promoveram invasões e saques em propriedades rurais, influenciando a decisão da Assembleia Nacional de abolir os direitos feudais.

III - Durante a Convenção (1792-1794), houve a implantação da República e a adoção do sufrágio universal.

IV - O governo de Napoleão Bonaparte decretou o *Código Civil*, que incorporou na legislação francesa os princípios liberais burgueses.

Assinale:

a) Se somente I, III e IV estão corretas.

b) Se somente I, II e IV estão corretas.

c) Se somente II, III e IV estão corretas.

d) Se somente I e III estão corretas.

e) Se todas as afirmativas estão corretas.

6 (Fuvest-SP) O Tratado de Viena, assinado em 1815, tinha por principal objetivo:

a) estabelecer uma paz duradoura na Europa, que impedisse as guerras e revoluções, consolidando o princípio de legitimidade monárquica.

b) ratificar a supremacia da Prússia, no contexto político da Europa ocidental, para garantir triunfo de uma onda contrarrevolucionária.

c) assegurar ao império Austro-Húngaro o controle da Europa continental, assim como da Inglaterra, a fim de impedir a expansão da Rússia.

d) impedir a ascensão da classe média ao poder, que iniciara uma série de revoluções em vários países da Europa ocidental.

e) criar um sistema repressivo capaz de conter as primeiras vagas do movimento socialista na Europa, através da exclusão da influência da França.

Ampliando o conhecimento

Leitura

TOLSTOI, Leon. *Guerra e paz*. 5. ed. Belo Horizonte: Itatiaia, 1997.
Clássico da literatura russa cuja história se passa durante a campanha de Napoleão na Áustria e na Rússia, abarcando o período que se estende de 1805 a 1813.

Filmes

Guerra e paz

Direção de King Vidor. Estados Unidos, Itália, 1956. 208 min.
Baseado na obra homônima de Leon Tolstoi, mostra a invasão da Rússia por Napoleão Bonaparte, em 1812. O enredo envolve paixões e intrigas no interior da nobreza russa.

Napoleão

Direção de Yves Simoneau. França, 2002.180 min.
Filme que reconta a trajetória de Napoleão, desde o início da sua carreira militar até o exílio, enfatizando sua vida pessoal e política.

DIVULGAÇÃO

Os duelistas

Direção de Ridley Scott. Inglaterra, 1977. 101 min.
Dois oficiais franceses duelam ao longo de dez anos da era napoleônica. Apesar de não mostrar o general e imperador francês, o filme é considerado a melhor obra cinematográfica sobre o período histórico.

Capítulo 28 A independência das Américas inglesa e espanhola

Martin Luther King acena para multidão logo após seu discurso no Memorial Lincoln, Washington D.C., Estados Unidos, em agosto de 1963.

TOP FOTO-KEYSTONE

Eu tenho um sonho

"Quando os arquitetos de nossa república escreveram as magníficas palavras da Constituição e a Declaração da Independência, eles estavam assinando uma nota promissória para a qual todo americano seria seu herdeiro.

Esta nota era uma promessa que todos os homens, sim, os homens negros, como também os homens brancos, teriam garantidos os direitos inalienáveis de vida, liberdade e a busca da felicidade. Hoje é óbvio que aquela América não apresentou esta nota promissória. Em vez de honrar esta obrigação sagrada, a América deu para o povo negro um cheque sem fundo, um cheque que voltou marcado com 'fundos insuficientes'. [...]

Digo-lhes hoje, meus amigos, que apesar das dificuldades e frustrações do momento, ainda tenho um sonho. É um sonho profundamente enraizado no sonho americano.

Eu tenho um sonho que um dia esta nação se levantará e viverá o verdadeiro significado de sua crença – nós celebraremos estas verdades e elas serão claras para todos, que os homens são criados iguais. [...]"

Trecho de discurso de Martin Luther King, em 28 de agosto de 1963. Disponível em <www.dhnet.org.br>. Acesso em abr. 2007.

Martin Luther King nasceu em 15 de janeiro de 1929 em Atlanta, estado da Geórgia. Filho primogênito de uma família de negros norte-americanos de classe média, Luther King dedicou grande parte de sua vida ao combate ao preconceito e à defesa da igualdade de direitos para brancos e negros.

O lema do líder negro era o uso da paz para resistir contra a discriminação. Em 1963 proferiu seu famoso discurso "I have a dream" (Eu tenho um sonho). Após ser preso diversas vezes, King foi assassinado em 4 de abril de 1968, por um racista branco. Preso, o assassino foi condenado a 99 anos de prisão.

Ainda hoje nos Estados Unidos, passados mais de 230 anos da independência, a luta contra o racismo permanece no país. Práticas segregacionistas fazem parte da história da sociedade norte-americana desde a colonização.

O confinamento de comunidades indígenas vivendo em reservas, atentados às comunidades negras e latinas e as atividades de seitas racistas lideradas por elementos da classe média branca demonstram que os direitos iguais previstos na lei não passam de letra morta, se não houver luta para efetivá-los. A história social norte-americana vem comprovando que o reconhecimento constitucional de um direito não significa, na prática, sua aplicação. Foram necessários, por exemplo, muitos sacrifícios dos militantes contra a discriminação racial e mobilizações gigantescas da comunidade negra para que a legislação sobre os direitos civis fosse promulgada e efetivamente respeitada. A existência de excluídos da sociedade civil contesta o título de "berço da democracia" que os Estados Unidos carregam desde 1776.

MUSEU DA CIDADE DE NOVA YORK

Os norte-americanos sempre gostaram de enaltecer seu espírito libertário. Inauguração da Estátua da Liberdade *(1886), pintura de Edward Moran.*

▶ Treze Colônias, uma nação

O pioneirismo da América inglesa na ruptura do sistema colonial está ligado à afirmação crescente de uma identidade própria, primeiro local e depois norte-americana. Nesse processo, colônias separadas conceberam um projeto coletivo e aproximaram-se em uma confederação de Estados, que mais tarde evoluiu para uma unidade política federativa. Tendo como marco a independência dos Estados Unidos, movimentos semelhantes aconteceram nas Américas espanhola e portuguesa, sempre utilizando como parâmetro a Declaração Unânime dos Treze Estados Unidos da América.

A crise nas Treze Colônias foi precipitada pela adoção, por parte da Coroa britânica, de medidas coercitivas que intensificavam o controle sobre o comércio norte-americano e atlântico — no momento errado. A maior intervenção veio justamente quando as colônias desejavam não apenas relaxar os laços existentes como também dar-lhes fim, não tanto por motivos de ordem econômica, mas sobretudo por fatores políticos: os "colonos" sentiam-se fortes e prósperos, queriam ter liberdade de movimentos e de ação.

▷ Dominação *versus* resistência

O que levou a metrópole a aumentar o controle? As medidas de restrição foram adotadas a partir de fatores de ordem estrutural e conjuntural. O primeiro deles, estrutural, foi a Revolução Industrial, que trouxe consigo o cerne de um modelo capitalista, necessitado da expansão de mercados consumidores. Entre os fatores conjunturais destacou-se a **Guerra dos Sete Anos** (1756-1763) entre a Grã-Bretanha e a França. Apesar da vitória britânica, as despesas do conflito esvaziaram os cofres públicos ingleses.

Em certa medida, as Treze Colônias foram as grandes vitoriosas na Guerra dos Sete Anos. Não apenas se livraram das ameaças da França, que teve de ceder aos ingleses o Canadá, como também adquiriram armas, munições e farta experiência bélica, lutando ao lado

CID

Conflito entre tropas inglesas e colonos em 1770, na cidade de Boston, representado na tela de William L. Champey, de 1856.

das tropas britânicas. Além disso, em 1763, a assinatura do Tratado de Paris, entre os países beligerantes, transformou um antigo adversário dos colonos em um aliado em potencial. Vencidos e humilhados, os franceses abraçariam poucos anos depois a causa separatista norte-americana, buscando uma revanche contra os ingleses.

▷As leis proibitivas

Muito antes da Guerra dos Sete Anos, os interesses das colônias e da metrópole já se diferenciavam. Em 1733, o *Molasses Act* (Lei do melaço) impôs uma tarifa proibitiva ao melaço procedente de territórios não-ingleses. A medida fiscal era justificada pelas queixas das colônias produtoras de cana-de-açúcar, que insistiam em ter o monopólio da fabricação de rum.

Em 1750, sob pretexto de não prejudicar a indústria britânica, os colonos de Nova York e da Pensilvânia foram proibidos de trabalhar o ferro. Em 1765, o Parlamento inglês aprovou o *Stamp Act* (Lei do Selo), estabelecendo que todos os documentos legais e oficiais em circulação nas colônias eram obrigados a receber selos provenientes da metrópole.

A tensão aumentava. O Parlamento reafirmou sua prerrogativa de legislar sobre todos os assuntos das colônias, incluindo as taxações. Os colonos, por sua vez, argumentaram que jamais haviam pagado impostos, além daqueles decretados pelas autoridades locais ou das taxas ligadas ao comércio. Lembraram ainda que eles eram cidadãos ingleses, mas não estavam representados no Parlamento — e um dos princípios da lei inglesa era o de que não haveria tributação sem que os representantes dos cidadãos houvessem votado os impostos. Surgiu, desse modo, a palavra de ordem que serviria para chamar o povo à causa dos patriotas contra a metrópole: "Nenhuma taxação sem representação".

Em 1767, o Tesouro inglês, interessado em uma arrecadação mais eficiente dos direitos impostos ao comércio americano, intensificou a administração alfandegária, lançando, ao mesmo tempo, taxas sobre o papel, o vidro, o chumbo e o chá que a Inglaterra exportava para as colônias.

A promulgação das taxas provocou uma forte reação nas colônias, levando o governo metropolitano a revogar os novos tributos, exceto o Imposto do Chá. A partir desse momento, multiplicaram-se os incidentes, especialmente em Boston, onde ocorreu o

Fonte: *Atlas Verbo de História Universal.* Lisboa/São Paulo: Verbo, 1996.

episódio que ficou conhecido como a **Festa do Chá de Boston** (*Boston Tea Party*). Em dezembro de 1773, os colonos, disfarçados de índios, jogaram ao mar carregamentos de chá trazidos pela Companhia das Índias, cujo preço baixo arruinaria os comerciantes locais, que se abasteciam em outras paragens.

A resposta da metrópole traduziu-se, em 1774, em uma série de leis que ficaram conhecidas como **Leis Intoleráveis**. Destacaram-se a Lei do Porto de Boston, que fechava o porto até o pagamento integral do chá lançado ao mar; a Lei do Aboletamento, ordenando às autoridades que dessem alojamento adequado aos soldados ingleses; e a Lei de Quebec, que garantia aos habitantes franceses do Canadá a liberdade de religião e de costumes.

Essas leis, em vez de subjugar os colonos, acabaram por uni-los contra a metrópole. Em 1774 reuniu-se o Primeiro Congresso Continental de Filadélfia, que pediu o fim das medidas restritivas ao desenvolvimento das colônias.

Em resposta, a metrópole intensificou a repressão. Os conflitos armados contribuíram para que segmentos conservadores do sul aderissem às ideias libertadoras. A intransigência inglesa favoreceu a organização do Segundo Congresso Continental de Filadélfia, em 1776, no qual, sob a liderança do virginiano Thomas Jefferson, foi redigida a Declaração Unânime dos Treze Estados Unidos da América — a **Declaração de Independência**.

O Congresso Continental confirmou o virginiano George Washington como comandante das tropas rebeldes. As lutas estenderam-se até 1783, quando o governo britânico reconheceu, pelo Tratado de Versalhes, a independência dos Estados Unidos da América.

"Nós, os representantes dos Estados Unidos da América, reunidos em Congresso plenário, tomando o Juiz supremo do mundo como testemunha da retidão de nossas intenções em nome e por delegação do bom povo destas Colônias, afirmamos e declaramos solenemente:

Que estas Colônias Unidas são, e devem ser de direito, Estados Independentes, que elas estão dispensadas de fidelidade à Coroa Britânica, e que todo vínculo político entre elas e o Estado da Grã-Bretanha está, e deve ser, inteiramente desfeito."

Declaração Unânime dos Treze Estados Unidos da América, 1776. In: APTHEKER, Herbert. *Uma nova história dos Estados Unidos*: a Revolução Americana. Rio de Janeiro: Civilização Brasileira, 1969.

MICHAEL AINSWORTH/DALLAS MORNING NEWS/CORBIS/LATINSTOCK

Mesmo na nação mais rica e poderosa do mundo, pioneira na emancipação do domínio colonial, há graves problemas sociais. Na foto de 2005, moradores de Nova Orleans se dirigem ao Superdome, estádio que serviu de abrigo às vítimas do furacão Katrina, que assolou uma das regiões mais pobres dos Estados Unidos.

Descolonização ou revolução burguesa?

A história constitucional dos Estados Unidos reflete a maturação da consciência política no seio de um povo. A Constituição dos Estados Unidos é uma obra da razão, elaborada por uma elite de homens de boa vontade, interessados no bem comum, desprovidos de avassaladoras "paixões constitucionais". Os revolucionários norte-americanos não desejavam mais do que mandar em sua própria casa.

Terá sido o movimento separatista norte-americano um processo de descolonização ou uma revolução burguesa?

Essa questão costuma gerar controvérsias entre os historiadores. Porém, ver o movimento norte-americano ora como um processo de independência, ora como uma revolução não altera sua importância histórica. Independentemente das eventuais interpretações, esse movimento representou o primeiro ensaio das ideias que seriam desenvolvidas pouco depois, no decorrer da Revolução Francesa, e, juntamente com as mobilizações dos cidadãos franceses contra o absolutismo, constituiu um exemplo e um guia para o movimento de independência nas Américas portuguesa e espanhola.

A independência da América espanhola

A América espanhola concluiu seu processo de independência no final do século XIX, com a emancipação de Cuba. Desde essa época, a sociedade latino-americana luta pela conquista da autonomia política e econômica, tentando conciliar antagonismos como república e autoritarismo, liberdade e espoliação, democracia e contrastes sociais.

A conquista da independência não proporcionou grandes benefícios às novas nações americanas. As diferenças sociais mantiveram-se praticamente inalteradas e a miséria social continuou marcando as trilhas da população latino-americana.

Além disso, embora a América espanhola tenha ficado livre do domínio colonial, os governos republicanos, tomados pelo conservadorismo e beneficiados pela economia agrário-exportadora, não mediram esforços para manter a maior parte da população afastada da esfera política. Esse quadro de exclusão permanece até hoje.

AS INDEPENDÊNCIAS NA AMÉRICA LATINA

Fonte: DUBY, Georges. *Atlas historique*. Paris: Larousse, 1995.

Independência: limites e contradições

A "descolonização" da América e a formação dos Estados nacionais latino-americanos foram lideradas por setores dominantes insatisfeitos com a impossibilidade de desfrutarem, dentro das regras do sistema colonial, as vantagens concedidas pelo desenvolvimento do capitalismo no século XIX.

A chamada elite *criolla*, nascida na América espanhola, promoveu o processo de independência e definiu os limites desse processo. Constituindo-se em classe dominante, os *criollos* não demonstravam interesse em uma ruptura com a ordem vigente. Para a aristocracia colonial, a emancipação transformou-se em um meio eficaz para a rearticulação dos novos vínculos com o mercado externo.

O suporte ideológico usado pela liderança *criolla* para combater os obstáculos mercantilistas e preparar a independência foi o pensamento liberal, importado da Europa. Mas, diferentemente do que ocorreu na Europa, o projeto revolucionário defendido pelos líderes latino-americanos não tocava nas questões sociais. O projeto de independência não pretendia discutir questões ligadas à liberdade e à igualdade. A proposta era consolidar o poder da elite local na economia e na política dos novos países.

A maçonaria

Na Europa, durante a Idade Média, os pedreiros especialistas em construção de catedrais formaram uma sociedade independente da Igreja Católica denominada **maçonaria**. Eles pretendiam manter entre si os segredos do seu trabalho. Para isso, era necessário que o grupo funcionasse como uma sociedade secreta.

No século XVI, a maçonaria perdeu seu caráter profissional e passou a agregar nobres, intelectuais e burgueses. A partir do século XVIII, a sociedade cresceu em número e importância. Pregando o lema "Liberdade, Igualdade e Fraternidade", os maçons participaram ativamente dos movimentos políticos liberais da época, como a Revolução Francesa, a Inconfidência Mineira no Brasil e as independências na América.

A atuação da maçonaria nos dias de hoje, como na "época das luzes", guia-se pelos princípios liberais franceses, além de enaltecer o trabalho, a ciência e o aperfeiçoamento moral e intelectual da humanidade.

Os membros da aristocracia colonial almejavam maior liberdade no comércio externo, sem a interferência da metrópole. Eles incorporavam a defesa do liberalismo e até exaltavam os mais elevados ideais iluministas, mas excluíam os interesses coletivos.

Um número considerável de *criollos* frequentava as reuniões da **maçonaria**, instituição que divulgava ideais iluministas. A origem da maçonaria na América espanhola pode ser explicada pela presença de comerciantes ingleses na região, considerados fortes propagandistas das ideias maçônicas. Líderes revolucionários como o venezuelano Simón Bolívar, o argentino José de San Martín e o chileno Bernardo O'Higgins eram maçons.

Uma tradição de autonomia

Desde a Idade Média, os direitos populares e o governo municipal floresciam na Espanha, em um período em que essas práticas eram desconhecidas no restante da Europa.

Os costumes espanhóis e o ideal de autonomia política acompanharam os colonos para o Novo Mundo. Desde o princípio, esses homens acreditaram na possibilidade de arrancar o poder de qualquer governo despótico. O hábito adquirido pelos colonos no dia-a-dia da América espanhola espelhava-se na ideia de driblar as leis vindas da Corte, segundo a fórmula consagrada "*Obedezco, pero no cumplo*" (Obedeço, mas não cumpro).

Nos dois primeiros séculos da colonização, ainda foi possível administrar as contradições que existiam entre os interesses da metrópole e os dos colonos. No entanto, à medida que os colonos, influenciados pelas ideias iluministas, adquiriam uma individualidade e um sentimento de divórcio em relação à metrópole, acirravam-se as hostilidades em relação às instituições oficiais.

Desde a segunda metade do século XVI, quando foram fundadas as universidades de San Marcos de Lima e do México, as primeiras do continente americano, chegavam à região livros e ensaios que descreviam as transformações no pensamento europeu. A elite intelectualizada colonial quase não se sentia prejudicada com relação à Europa, no tocante à circulação de informações e estudos científicos. A **secularização** das escolas americanas acompanhou de perto o processo da derrocada da Igreja Católica, que até o século XVI era hegemônica na Europa ocidental e dominava a cultura.

Secularização

Ato de tornar leigo aquilo que era eclesiástico; abandono da vida religiosa.

CID

Prédio da Biblioteca Central da Universidade do México, com mural do artista mexicano Orozco. A Universidade do México foi um importante centro de difusão das ideias emancipacionistas.

No final do século XVIII, as ideias de liberdade e independência chegaram às colônias espanholas na América, fortalecidas pela emancipação das Treze Colônias inglesas e pela derrubada do despotismo na França. O surdo rancor que os *criollos* transferiam para os funcionários peninsulares veio à baila em diversas manifestações contra o sistema colonial no século XVIII.

Os primeiros movimentos de rebeldia

Uma revolta no **Paraguai**, em 1721, culminou com a independência da região em relação à autoridade do vice-rei de Lima por um período de quatro anos. Os *criollos* paraguaios repudiavam a proteção dada aos índios pelos jesuítas, fator que limitava sua exploração no trabalho agrícola. A rebelião teve início com a derrubada de um governador que apoiava as decisões do clero no tocante à causa indígena. Os manifestantes exigiam maior autonomia e a consulta prévia aos habitantes para a escolha das autoridades.

O líder do movimento, José de Antequera y Castro, chegou a propor a plena liberdade do Paraguai. O movimento tomou formas republicanas, com a instalação de uma junta governamental, dirigida por

Requintes de crueldade na execução de Tupac Amaru II e outros líderes indígenas, em Cuzco (Peru), representados na pintura de Augusto Díaz Mori, século XX.

Fernando de Mompó, que comandou o Paraguai por quatro anos. Em 1735, a Espanha retomou o controle político da região.

Em 1730, em Cochabamba, no Alto Peru (atual **Bolívia**), milhares de mestiços saíram às ruas em protesto contra a tributação excessiva. O movimento resultou na conquista do direito de eleição a cargos de mando para alguns membros da facção rebelada.

A **Venezuela** foi abalada, em 1749, por um levante *criollo* dirigido por Juan Francisco de León. O foco do descontentamento era a atuação de uma das empresas mais prósperas do império espanhol, a Companhia de Caracas.

A *alcabala*, imposto sobre vendas, representou o motivo principal da revolta *criolla* de Quito em 1765. O movimento obteve a convocação de um *cabildo abierto* — espécie de assembleia municipal — e outras concessões aos rebelados do **Equador**.

Revolta semelhante, mas de cunho indianista, ocorreu no **Peru** em novembro de 1780. Sua bandeira principal era a oposição ao domínio espanhol. A liderança coube a José Gabriel Condorcanquí, Marquês de Oropesa, autodenominado Tupac Amaru II. Ele descendia de Tupac Amaru, sobrinho de Atahualpa, reconhecido pelos indígenas como o último Inca, que ensaiara uma rebelião contra o domínio espanhol e fora executado pelos conquistadores em 1572. Mais de dois séculos depois, o alvo imediato dos rebeldes eram as autoridades que infligiam tratamento cruel aos trabalhadores das tecelagens, inclusive crianças, que ficavam fechados nos *abrajes*, ou fábricas de tecidos, por quase 16 horas diárias, em troca de salários miseráveis. Outra reivindicação era um melhor tratamento aos índios que trabalhavam nas minas e plantações.

Tupac Amaru II e seus partidários indígenas foram derrotados pelas forças do vice-rei. José Gabriel teve a língua cortada e sofreu o suplício do esquartejamento em praça pública na cidade de Cuzco.

Também em 1780, na região de **Nova Granada**, ocorreu uma das mais sérias manifestações contrárias ao sistema colonial. O movimento foi provocado pela imposição de pagamentos de novos impostos anuais. Aproximadamente 30 mil pessoas reuniram-se na cidade de Socorro, com o lema "Viva o rei e abaixo o mau governo". Isso mostra que a elite colonial dirigia o movimento de oposição apenas à forma de governo exercida pela corte e não à monarquia propriamente dita.

Os revoltosos exigiam a eliminação dos novos impostos, a redução do tributo anual e da *alcabala*. Os rebeldes derrotaram as tropas reais e instalaram uma Junta Provisória. Mais tarde, porém, os reinóis dispersaram os rebeldes e executaram o líder do movimento, o camponês José Antonio Galán. Foi talvez na Nova Granada que os espanhóis tiveram maior dificuldade em reprimir as ideias revolucionárias, pois a região litorânea mantinha intenso contato com o exterior.

Assim, se por um lado os movimentos de rebeldia do século XVIII não almejavam a ruptura do sistema colonial, por outro lado representaram mobilizações de protesto contra as autoridades da metrópole. Reivindicavam o afastamento de funcionários odiosos e a reparação de injustiças, em particular no setor econômico. Sua consequência principal foi manter aceso um espírito de rebelião que voltaria a se manifestar plenamente no início do século XIX.

O Tratado de Utrecht e a ruptura do pacto colonial

Além dos movimentos de rebeldia, merecem destaque dois fatores que aceleraram a ruptura do pacto colonial nas colônias espanholas da América: o direito de *asiento* e o *permiso*, obtidos pelos ingleses em decorrência da Guerra de Sucessão Espanhola.

O conflito teve início em 1702, quando Felipe de Bourbon, neto do rei francês Luís XIV, reclamou para si o trono da Espanha, vago desde 1700 devido à morte de Carlos II, o último dos Habsburgos espanhóis. Os governos da Áustria, Inglaterra e Holanda formaram uma aliança para impedir a ascensão do pretendente ao trono espanhol. Com a vitória inglesa na Guerra de Sucessão Espanhola, a imposição do Tratado de Utrecht (1713) determinou a ascensão de Felipe V ao trono espanhol, depois que este abdicou de seus eventuais direitos à Coroa francesa.

O tratado também determinou a cessão de territórios pela França e Espanha à Inglaterra e Áustria. A França entregou os territórios da Nova Escócia e Terra Nova à Inglaterra, enquanto a Espanha cedeu Gibraltar; a Áustria anexou as províncias de Nápoles e Milão. Portugal, que apoiou os ingleses no conflito, teve reconhecida sua soberania sobre as duas margens do Rio Amazonas.

A Inglaterra também foi favorecida do ponto de vista comercial, uma vez que o país passou a ter o direito de *asiento* de negros (direito de fornecimento anual de 4.800 escravos africanos às colônias espanholas pelo prazo de 30 anos). Os ingleses também receberam o privilégio de enviar um navio por ano às colônias espanholas, para a venda direta de produtos manufaturados na região: era o *navío de permiso*.

A ruptura com a metrópole

Após a queda da monarquia francesa, a Coroa espanhola impôs uma censura rígida a seus súditos, em uma tentativa de fechar a porta às ideias "subversivas" que pareciam colocar em risco todos os tronos da Europa.

De fato, o ambiente mostrava-se propício ao "contágio da Revolução Francesa". As ideias de liberdade individual e independência política, de que o iluminismo se fez porta-voz, eram debatidas em sociedades literárias e difundidas nas páginas dos jornais, muitos deles de índole republicana. Neles, discutiam-se os direitos naturais do homem e o dever, por parte das colônias, de sacudir o jugo de uma metrópole opressora.

Anos depois, mesmo que indiretamente, Napoleão deu um impulso decisivo à independência da América espanhola. Em 1808, o imperador afastou os Bourbons da Espanha e entregou a coroa a seu irmão José Bonaparte. As autoridades na América não reconheceram a usurpação do poder metropolitano, e as colônias praticamente ficaram sob as ordens dos vice-reis. Os *criollos*, por sua vez, encontraram na crise da monarquia a justificativa para se rebelar contra a metrópole. Aproveitando-se do clima de protestos no ambiente colonial, incrementaram as discussões acerca da liberdade política. Líderes como Simón Bolívar, José de San Martín e Antonio José de Sucre, entre outros notáveis latino-americanos, conseguiram despertar o sentimento nacional em diversos segmentos sociais. Cada um deles, de forma bem particularizada, acreditava nas vantagens do separatismo — mas essa particularização iria impedir, mais tarde, a união entre os novos Estados independentes.

Os domínios espanhóis na América, com exceção da Guatemala e do Peru, revoltaram-se quase simultaneamente. Os movimentos tiveram caráter urbano, espalhando-se pelo interior. Seu êxito dependeu do caráter da liderança *criolla*, nas cidades, e do apoio que receberam nas áreas rurais. No processo, tiveram grande importância as discussões nos *cabildos*, veículos de expressão da elite colonial.

Rumo à liberdade?

Na quase totalidade da América espanhola, os movimentos de secessão consolidaram o poder de uma classe já dominante na esfera colonial. No vice-reinado de Nova Espanha, atual México, porém, o processo assumiu um caráter popular que o diferenciou das demais colônias espanholas da América. A crise espanhola, que se estendeu de 1808 a 1815, favoreceu o surgimento do primeiro movimento mexicano de independência, por iniciativa de dois padres, Miguel Hidalgo e José María Morelos, bem próximos da causa indígena. O movimento representava, desse modo, uma revolução tanto social quanto antiespanhola. Em um primeiro momento, porém, as tropas reais saíram vitoriosas. Hidalgo e Morelos, ambos executados pelos espanhóis, tornaram-se mártires da independência mexicana e latino-americana.

Após a derrota de Napoleão, em 1815, a Europa presenciou a restauração do absolutismo monárquico. Na Espanha, Fernando VII foi reconduzido ao trono que havia perdido para José Bonaparte. Os participantes do Congresso de Viena propuseram alianças com o propósito de conter as manifestações liberais e nacionais na Europa e nos respectivos impérios ultramarinos. As derrotas das manifestações anticoloniais e do movimento de independência do México levaram o governo da Espanha a sonhar com o pleno restabelecimento do pacto colonial. Mas a partir de 1817, com apoio britânico, os movimentos de libertação ganharam força, em um processo que culminou com a independência da América espanhola.

Em 1819, Simón Bolívar libertou Bogotá, capital do Vice-Reinado da Nova Granada, e proclamou a Grã-Colômbia, tornando-se o presidente da República. Bolívar promoveu a união da Venezuela, Colômbia, Equador e Panamá.

MUSEU VICTORIA E ALBERTO, LONDRES

Cruz e espada: Miguel Hidalgo em trajes civis, militares e religiosos do México *(1828), desenho de Claudio Linati.*

▷ O poder dos caudilhos

Com exceção do México, que passou por um curto período de regime monárquico (1821-1823), todos os países da América espanhola constituíram-se em repúblicas. As oligarquias dividiram-se nas facções dos **unitaristas**, favoráveis ao estabelecimento de um forte poder central, e dos **federalistas**, defensores de uma política descentralizada.

Na Conferência do Panamá, em 1826, quando quase toda a América já era independente, Bolívar tentou concretizar o seu ideal unitarista. Mas fracassou, encontrando forte oposição dos ingleses e norte-americanos, que temiam encontrar dificuldades econômicas, caso surgisse uma América unificada.

A elite *criolla*, vinculada ao capital estrangeiro, controlava o fornecimento de matérias-primas para o mercado internacional e consumia os produtos industrializados oriundos da Inglaterra. Em certa medida, a independência da América ibérica abriu caminho para uma nova ordem colonial, na qual a Grã-Bretanha e depois os Estados Unidos substituíram as antigas metrópoles.

Isso significa que a independência das colônias espanholas da América não foi acompanhada por mudanças sociais, econômicas e políticas efetivas. Continuou a vigorar o modelo colonial baseado na produção de matérias-primas para abastecer o mercado externo. Livres da onerosa metrópole espanhola, as elites preservaram seus interesses ligando-se à Inglaterra e depois aos Estados Unidos. A maioria da população foi mantida à margem das decisões do Estado.

Na política local, elementos originários das forças militares envolvidas nas guerras de independência passaram a disputar o poder em seus respectivos países, chegando ao governo por meio de golpes de Estado e responsabilizando-se por inúmeros conflitos sociais. Tais chefes políticos, os caudilhos, eram geralmente carismáticos, populares e portadores de um invejável relacionamento social.

"O caudilhismo representou em certos casos a defesa das estruturas socioeconômicas tradicionais, como também o artesanato e a indústria incipiente, contra as elites burguesas que atuavam na exportação de matérias-primas, constituindo a típica burguesia compradora.

Na América Latina, o termo *caudilho* ainda continua a ser usado, como o de cacique, para designar chefe de partido local ou de aldeia com característica demagógica."

BOBBIO, Norberto et al. *Dicionário de política.* Brasília: Editora da UnB, 1983.

TEXTO COMPLEMENTAR

Os norte-americanos na visão europeia

Neste trecho do livro *Do paraíso e do poder*, um escritor e ex-funcionário do Departamento de Estado dos Estados Unidos expõe a visão caricatural corrente na Europa de como pensam e agem europeus e norte-americanos.

"Já é tempo de parar de fingir que os europeus e os norte-americanos têm a mesma visão de mundo, ou que habitam o mesmo mundo. Na importantíssima questão do poder, da eficácia do poder, da moralidade do poder, da vontade de poder, as perspectivas norte-americana e europeia divergem. A Europa está afastando-se do poder, ou, em outras palavras, está caminhando para além do poder, rumo a um mundo isolado repleto de leis, normas, negociações e cooperações internacionais. Está entrando num paraíso pós-histórico de paz e relativa prosperidade, a concretização da 'paz perpétua' de Immanuel Kant. Os Estados Unidos, entretanto, continuam [...] exercendo o poder num **mundo hobbesiano anárquico**, onde as leis e as diretrizes internacionais não são dignas de confiança, a verdadeira segurança, a defesa e a promoção da ordem liberal ainda dependem da posse e do uso do poderio militar. [...]

Os europeus estão mais conscientes das diferenças cada vez maiores, talvez por temê-las mais que os americanos. [...] A caricatura europeia, em seu aspecto mais radical, expõe os Estados Unidos dominados por uma 'cultura da morte', seu temperamento belicoso, que é produto natural de uma sociedade violenta, onde todos os cidadãos possuem armas de fogo e na qual predomina a pena de morte. [...]

Os Estados Unidos, afirmam, recorrem à força com mais rapidez e, em comparação com a Europa, têm menos paciência com a diplomacia. Os norte-americanos em geral veem o mundo dividido entre o bem e o mal, entre amigos e inimigos, ao passo que os europeus enxergam um quadro mais complexo. Quando enfrentam adversários reais ou prováveis, os norte-americanos costumam preferir políticas de coerção, em vez de persuasão; salientam sanções punitivas, em detrimento do incentivo a melhor comportamento, preferem o castigo à recompensa. [...] Estão menos propensos a agir por intermédio de instituições internacionais como a ONU [...].

Os europeus fazem questão de afirmar que tratam dos problemas com mais delicadeza e requinte. Tentam exercer sua influência por meio de sutileza e dissimulação. São mais tolerantes com as falhas, mais pacientes quando as soluções não aparecem rapidamente. Em geral, defendem reações pacíficas aos problemas, preferem a negociação, a diplomacia e a persuasão à força. Recorrem mais depressa ao direito internacional, às convenções internacionais e à opinião internacional antes de arbitrar litígios.

Esse retrato [...] é uma caricatura, naturalmente, com sua parcela de exageros e supersimplificações. [...]

Não obstante, as caricaturas captam uma verdade essencial: os Estados Unidos e a Europa são hoje fundamentalmente diferentes."

KAGAN, Robert. *Do paraíso e do poder*: os Estados Unidos e a Europa na nova ordem mundial. Rio de Janeiro: Rocco, 2003.

Mundo hobbesiano anárquico

Mundo composto de governos fortes, porém incapazes de evitar guerras internas e externas.

Compreendendo o texto

1. Sintetize as características atribuídas aos europeus e aos norte-americanos.

2. Por que, segundo o autor, o retrato descrito no texto é uma caricatura? O fato de ser um retrato caricatural significa, segundo o texto, que não tem valor?

3. Você concorda com o retrato que o autor fez da Europa e dos Estados Unidos? Na sua opinião, quais são os aspectos caricaturais? Quais são procedentes? Justifique sua resposta com exemplos da realidade.

ATIVIDADES

Explorando o conhecimento

1 Leia o texto e responda às questões a seguir.

Declaração de Independência dos Estados Unidos

"Quando, no curso dos acontecimentos humanos, se torna necessário um povo dissolver laços políticos que o ligavam a outro, e assumir, entre os poderes da Terra, posição igual e separada, a que lhe dão direito as leis da natureza e as do Deus da natureza, o respeito digno às opiniões dos homens exige que se declarem as causas que os levam a essa separação.

Consideramos estas verdades como evidentes por si mesmas, que todos os homens foram criados iguais, foram dotados pelo Criador de certos direitos inalienáveis, que entre estes estão a vida, a liberdade e a busca da felicidade.

Que a fim de assegurar esses direitos, governos são instituídos entre os homens, derivando seus justos poderes do consentimento dos governados; que sempre que qualquer forma de governo se torne destrutiva de tais fins, cabe ao povo o direito de alterá-la ou aboli-la e instituir novo governo, baseando-o em tais princípios e organizando-lhe os poderes pela forma que lhe pareça mais conveniente para realizar-lhe a segurança e a felicidade."

Trecho da Declaração Unânime dos Treze Estados Unidos da América, 1776. Disponível em <www embaixada-americana.org.br>. Acesso em 11 set. 2006.

a) Dê exemplos de expressões que remetam ao ideário do iluminismo.

b) Explique por que era necessário para as Treze Colônias dissolver os laços políticos com a Inglaterra.

c) É possível afirmar que a independência dos Estados Unidos influenciou a Revolução Francesa e a independência das colônias ibéricas na América? Justifique sua resposta.

2 Explique como ocorreu a interferência estrangeira na guerra de independência dos Estados Unidos.

3 No capítulo 19, estudamos os diferentes tipos de colonização que se desenvolveram nas colônias do norte e do sul dos Estados unidos. As colônias do norte participaram ativamente da causa da independência, enquanto as do sul mostraram algumas resistências. O que explica essas diferentes atitudes?

4 Observe a imagem.

BRIDGEMAN ART LIBRARY-KEYSTONE

Independência, de Juan O'Gorman. Óleo sobre tela (1961) representando o padre Miguel Hidalgo (ao centro) como líder da independência mexicana.

a) Que figura o artista quis destacar como liderança da independência mexicana? Justifique sua resposta.

b) Que setores sociais aparecem como protagonistas da independência?

c) Que episódio do processo de independência do México a pintura representa?

5 Explique o significado dos seguintes termos:

a) *asiento.*

b) *permiso.*

c) caudilho.

A história e o tempo presente

6 O *USA Patriot Act* é um conjunto de leis aprovadas pelos Estados Unidos da América do Norte nove dias após os atentados de 11 de setembro de 2001, em Nova York. A nova legislação alterou a concepção de liberdade, bem como suspendeu os direitos constitucionais ligados à privacidade. Ela autoriza, entre outras coisas, uma devassa nas correspondências em circulação e nas ligações telefônicas.

a) Na sua opinião, a nova lei fere as liberdades individuais pregadas desde a independência dos Estados Unidos? Justifique sua resposta.

b) Para o governo do presidente George W. Bush (eleito em 2001 e reeleito em 2004) trata-se de uma censura justificada, uma vez que o país não pode ficar à mercê dos terroristas. Juristas, entretanto, afirmam que a lei é na verdade uma censura injustificada. Qual a sua opinião sobre essa questão?

7 Leia o texto que se segue com bastante atenção para responder às questões solicitadas.

Diferenças na participação política indígena na América do Sul

"No início da colonização brasileira eram mais de 5 milhões de índios. Na década de 80 não passavam de 250 mil e hoje, segundo o IBGE, a população indígena brasileira teve um crescimento e chega a 700 mil, mas ainda não chegaria a 0,4% da população. Em outros países da América Latina, tais como Equador, Peru e Bolívia, a população indígena ultrapassa 50%. Esse é um dos fatores que lhes garante uma forte participação política e conquista de direitos civis importantes. Veja abaixo a participação política indígena em alguns outros países da América do Sul.

Bolívia: Único país onde se estabeleceram partidos políticos importantes antes da década de 90, através dos partidos Kataristas. Destaque para o Movimento Revolucionário Tupaj Katari de Libertação, para o partido indígena-camponês Instrumento Político para Soberania dos Povos (IPSP) [...] e para o Movimento Indígena Pachakutik (MIP). Em 2002 havia 41 cadeiras de partidos indígenas no Parlamento boliviano.

Venezuela: Os índios representam apenas 1% (meio milhão) da população nacional. Possui um partido político indígena desde 1997 – Partido do Povo Unido Multiétnico da Amazônia (Puama). Em 1999 os indígenas venezuelanos ganharam na Assembleia Constituinte o direito de cadeira reservada em nível nacional, estadual e local. Em 2000, através da aliança do Puama com o partido de esquerda Pátria para Todos (PPT), foram eleitos vários representantes em diferentes esferas públicas.

Peru: Apesar da grande participação dos indígenas no conjunto da população (mais de 50%), apenas em 1996 foi criado o partido político Movimento Indígena da Amazônia Peruana (MIAP). O partido conseguiu eleger representantes nas eleições de 1998 e 2002, mas tem enfrentado problemas com fraudes e para inscrever seus candidatos nas diferentes esferas de representatividade.

Guiana: Indígenas representam 7% da população. Foi criado, em 2001, o Partido Guyana Action Party (GAP) que terminou em 3º lugar nas eleições, conseguindo duas cadeiras no Parlamento.

Colômbia: População indígena de 1,7% (700 mil). Tem uma história marcada por fortes conflitos entre guerrilha, narcotráfico e paramilitares que duram mais de 40 anos. O partido indígena Aliança Social Indígena (ASI) cresce muito no país e consegue agrupar setores populares não indígenas."

Índios e Parlamentos. Instituto de Estudos Socioeconômicos (Inesc), maio 2004. Disponível em <www.comciencia.br>.

a) De acordo com o texto, por que no Brasil a organização político-partidária das populações indígenas é mais frágil que em outros países da América Latina?

b) É importante que as populações indígenas se organizem em partidos políticos e disputem as eleições? Debata essa questão com seus colegas.

Vestibular / ENEM

1 (Unicamp-SP) "Nas leis da Nova Inglaterra encontramos o germe e o desenvolvimento da independência local. Na América pode-se dizer que o município foi organizado antes da comarca, a comarca antes do estado e o estado antes da União."

Alexis de Tocqueville

a) Cite duas características da colonização da Nova Inglaterra.

b) A partir do texto, explique por que a Constituição dos Estados Unidos estabelece o sistema federativo.

2 (Mackenzie-SP) Leis britânicas acirraram as divergências entre colonos americanos e a Coroa inglesa, provocando a luta pela independência. Dentre os objetivos dessas leis destacam-se:

a) aumentar a receita real, impedir o contrabando e o comércio intercolonial e recuperar a Companhia das Índias Orientais.

b) aumentar o consumo de chá e açúcar na colônia, obrigar o uso de selos nas correspondências e aumentar as exportações da colônia.

c) abolir a escravidão nas colônias, separar juridicamente as Treze Colônias e ajudar a Pensilvânia a anexar terras no Oeste.

d) recuperar a Companhia das Índias Ocidentais, abrir o porto de Boston às nações amigas e aumentar as importações da colônia.

e) pagar indenizações à França, devido à derrota inglesa na Guerra dos Sete Anos, revogar os Atos Townshend e favorecer os produtores locais de açúcar.

3 (Unirio-RJ) O processo de independência das 13 colônias da América do Norte, que culminou com a Declaração de Independência em 1776, relaciona-se à:

a) adoção de uma política liberal pelo Parlamento inglês, que favoreceu o desenvolvimento colonial ao encerrar o monopólio comercial da Companhia das Índias Orientais sobre a venda do chá (1773).

b) intensificação do controle sobre as colônias da América do Norte, devido à crise econômica inglesa ao final da Guerra dos Sete Anos (1756-63).

c) proibição da cobrança do "imposto do selo", decretada pela Inglaterra, o que extinguiu a principal fonte de renda do governo colonial americano (1763).

d) sublevação dos colonos, diante das decisões do Primeiro Congresso Continental de Filadélfia, que reforçava o controle político da metrópole inglesa sobre as 13 colônias (1774).

e) intervenção militar na luta pela independência e ao auxílio econômico fornecido por outras colônias americanas, tais como o México e o Canadá, que expulsaram os ingleses do território americano após a Declaração de Independência (1776).

4 (PUC-PR) Leia o texto e extraia a ideia central.

"São verdades incontestáveis para nós: todos os homens nascem iguais; o Criador lhes conferiu certos direitos inalienáveis, entre os quais os de vida, o de liberdade e o de buscar a felicidade; para assegurar esses direitos se constituíram homens-governo cujos poderes justos emanam do consentimento dos governados; sempre que qualquer forma de governo tenda a destruir esses fins, assiste ao povo o direito de mudá-la ou aboli-la, instituindo um novo governo cujos princípios básicos e organização de poderes obedeçam às normas que lhes pareçam mais próprias para promover a segurança e a felicidade gerais."

Trecho da Declaração de Independência dos Estados Unidos da América, Ministério das Relações Exteriores, EUA.

A ideia central do texto é:

a) a forma de governo estabelecida pelo povo deve ser preservada a qualquer preço.

b) a realização dos direitos naturais independem da forma, dos princípios e da organização do governo.

c) cabe ao povo determinar as regras sob as quais será governado.

d) todos os homens têm direitos e deveres.

e) cabe aos homens-governo estabelecer as regras para o povo.

5 (UFRJ) "Dos ricos é e foi fácil, desde a independência, o governo. Os pobres foram soldados, milicianos nacionais, votaram como o patrão mandou, lavraram a terra [...]. Os pobres gozaram da gloriosa independência assim como os cavalos que em Chacabuco e Maipu avançaram contra as tropas do rei."

ARCOS, Santiago. In: GALEANO, Eduardo. *As caras e as máscaras.* Rio de Janeiro: Nova Fronteira, 1985.

O texto apresenta uma visão crítica da América espanhola, a partir de sua independência política e refere-se ao fato

a) de a independência da América espanhola ter sido realizada sob a liderança da Inglaterra ("ricos"), tornando os colonos ("pobres") simples massa de manobra.

b) de os pobres da América espanhola não serem capazes de compreender o alcance do processo de independência.

c) de o processo de independência ter sido liderado pelos "criollos", elite colonial sem maiores compromissos com a situação dos índios, negros e mestiços.

d) de os pobres da América espanhola lutarem após a independência por uma revolução social que acabasse com sua exploração, tendo sido, porém, derrotados.

e) de a independência ter-se dado somente no campo político, já que a Espanha manteve a dominação econômica sobre as suas antigas colônias.

6 (Uerj) "Quinhentos anos após a descoberta da América, constatamos que ainda há muito a se descobrir sobre o Novo Mundo, por exemplo, como resolver seus problemas. Livres das metrópoles, os Estados-nações tentaram seguir os passos do Primeiro Mundo; quase dois séculos depois, descobre-se que a América Ibérica já está bem próxima do Quarto Mundo."

CAPELATO, Maria Helena Rolim. A redescoberta da América: 1920-1940. In: *A conquista da América.* São Paulo: Papirus, 1993. Cadernos Cedes.

A participação do Estado na organização das sociedades latino-americanas foi e continua sendo um de seus principais desafios.

Entre as dificuldades encontradas pelas antigas colônias espanholas em sua organização como Estados independentes, está:

a) a luta pelo poder entre defensores do federalismo e do unitarismo.

b) o rompimento entre a elite colonial e a burguesia comercial inglesa.

c) a disputa política entre o grupo *criollo* e os descendentes dos *chapetones.*

d) o enfrentamento entre os exportadores e o setor industrial voltado para o mercado interno.

7 (Uerj) Em fevereiro de 2004, o Haiti foi manchete de jornais e revistas, em função da saída de seu primeiro presidente eleito de forma direta, Jean-Bertrand Aristide, frente à crescente oposição interna. A história de lutas no Haiti começou, no entanto, no final do século XVIII, quando ocorreram os primeiros movimentos de resistência à dominação francesa. Somente em 1804, após mais de dez anos de conflitos, essa colônia conquistou sua independência, passando a se chamar Haiti.

a) Identifique o episódio da conjuntura internacional que influenciou, em agosto de 1791, no Haiti, o levante contra a dominação dos franceses e justifique sua resposta.

b) Aponte a característica que distinguiu o processo de independência do Haiti do das outras colônias americanas e um reflexo dessa característica sobre as elites brasileiras da primeira metade do século.

8 (Mackenzie-SP) Leis britânicas acirraram as divergências entre colonos americanos e a coroa inglesa, provocando a luta pela independência. Dentre os objetivos dessas leis destacam-se:

a) aumentar a receita real, impedir o contrabando e o comércio intercolonial e recuperar a Companhia das Índias Orientais.

b) aumentar o consumo de chá e açúcar na colônia, obrigar o uso de selos nas correspondências e aumentar as exportações da colônia.

c) abolir a escravidão nas colônias, separar juridicamente as treze colônias e ajudar a Pensilvânia a anexar terras no Oeste.

d) recuperar a Companhia das Índias Ocidentais, abrir o porto de Boston às nações amigas e aumentar as importações da colônia.

e) pagar indenizações à França, devido à derrota inglesa na Guerra dos Sete Anos, revogar os Atos Townsehend e favorecer os produtores locais de açúcar.

Ampliando o conhecimento

Leitura

KARNAL, Leandro. *Estados Unidos:* a formação da nação. São Paulo: Contexto, 2001.
A obra discute a formação dos Estados Unidos desde o período colonial até o movimento de independência.

Filmes

O patriota

Direção de Roland Emmerich. Estados Unidos, 2000. 164 min.
Fazendeiro vê seu filho morrer e sua casa ser destruída pelo Exército britânico. Para se vingar, ele se engaja na guerra de independência dos Estados Unidos.

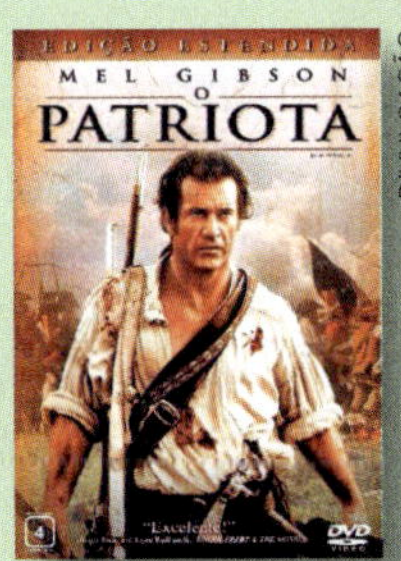

DIVULGAÇÃO

O último dos moicanos

Direção de Michael Mann. Estados Unidos, 1992.122 min.
Ingleses e franceses lutam pela posse de terras na América do Norte, durante a Guerra dos Sete Anos (1756-1763). Índios de diferentes tribos são usados como soldados.

Minha família

Direção de Gregory Nava. Estados Unidos, 1995. 126 min.
O filme narra a trajetória de uma família mexicana que procura trabalho nos Estados Unidos, nos anos 1920.

Queimada

Direção de Gillo Pontecorvo. Itália e França, 1969. 112 min.
No século XIX, um inglês é enviado a uma ilha do Caribe que se encontra sob domínio português, com o objetivo de incentivar uma revolta para favorecer os negócios da Coroa inglesa.

Sites

Embaixada dos Estados Unidos no Brasil

<www.embaixada-americana.org.br>
Disponibiliza os textos integrais da Declaração de Independência e da Constituição dos Estados Unidos.

Le Monde Diplomatique

<http://diplo.uol.com.br>
Na Biblioteca LMD do jornal eletrônico, você poderá ler ensaios de grandes escritores hispano-americanos sobre a história de seus países e da América Latina.

Capítulo 29

O processo de independência da América portuguesa

Pintura de Pedro Américo *Tiradentes esquartejado*, de 1893. A obra integra uma série de 5 quadros sobre a Conjuração Mineira, e é a única a privilegiar a visão do esquartejamento de Tiradentes na história da arte brasileira.

MUSEU MARIANO PROCÓPIO, JUIZ DE FORA

Tiradentes

"Um dos personagens mais controvertidos e idealizados da História do Brasil, tido por muitos como pioneiro e principal divulgador, ao findar do século XVIII, das 'abomináveis' ideias republicanas francesas e norte-americanas na América portuguesa, não falava, ou lia, francês nem inglês. [...] O alferes Joaquim José da Silva Xavier, por alcunha Tiradentes, [...] tampouco possuía número expressivo de livros. No momento de seu indiciamento e prisão, por crime de lesa-majestade [...], possuía apenas quatro volumes, infelizmente não identificados, o que muito o distancia de seus colegas de sedição. [...]

A figura do Tiradentes, personagem que esteve durante décadas a fio em busca de uma certa inserção econômico-social, é emblemática. Seu início de carreira como tropeiro, a 'habilidade de pôr e de tirar dentes', o conhecimento das ervas medicinais que infestavam os caminhos das Minas, bem como do território em geral, seu posterior ingresso na tropa paga da cavalaria, [...] bem como os possíveis motivos de sua permanente insatisfação e busca do novo, não deixariam, em nossa perspectiva, de se constituir em fatores explicativos relevantes de sua intensa atividade política e seu posterior envolvimento na Inconfidência Mineira de 1789."

FURTADO, João Pinto. Saberes e valores culturais entre estamentos e classes: letras e práticas "mestiças" do setecentos mineiro. In: PAIVA, Eduardo França e ANASTASIA, Carla Maria Junho (orgs.). *O trabalho mestiço*: maneiras de pensar e formas de viver – séculos XVI a XIX. São Paulo: Annablume – PPGH/UFMG, 2002.

► A Conjuração Mineira

"Não éramos e já não queríamos ser 'reinóis' ou 'filhos de Portugal', mas também não nos podíamos considerar indígenas. Tanto nos costumes como na cultura tínhamos absorvido os elementos básicos da civilização europeia, e tudo o que nossos ascendentes pretendiam era participar dela.

Quem éramos então? O que era ser brasileiro? O que deveria ser o brasileiro? De onde vínhamos e para onde íamos? Éramos piores ou melhores que o colonizador europeu? Que parentesco tínhamos com o indígena e como deveríamos considerá-lo? Eram perguntas como essas que inquietavam os homens cultos da época."

RONCARI, Luiz. *Literatura brasileira*: dos primeiros cronistas aos últimos românticos. São Paulo: Edusp, 1995.

O movimento insurrecional abortado no ano de 1789 em Minas Gerais foi um levante de natureza iluminista, de vasta repercussão política, liderado por homens considerados "notáveis". Ocorreu em um momento em que a Capitania de Minas Gerais estava em franca decadência. O ouro, até então enviado em grandes remessas para os cofres portugueses, começava a escassear, e o valor mínimo do quinto estipulado pelo governo português, de 100 arrobas anuais (1.500 quilogramas), não estava mais sendo pago pelos mineradores. Essa conjuntura se agravou com uma série de restrições econômicas impostas pelas autoridades do reino.

Dentre as medidas restritivas, destacou-se o Alvará de 1785, que proibiu o funcionamento de manufaturas no território colonial (com exceção dos tecidos grosseiros, destinados ao vestuário dos escravos e usados para enfardar e empacotar). Essa imposição da metrópole paralisou a produção mineira e obrigou os colonos a importarem tudo que consumiam, agravando a crise na região.

A situação atingiu o auge em 1788, quando chegou o novo governador da Capitania, o Visconde de Barbacena, com ordens da Coroa para aplicar a **derrama** (cobrança dos quintos em atraso). A possibilidade de aplicação de tal medida afetou toda a população.

▷ Os conspiradores

A essa conjuntura somou-se a presença, em Minas Gerais, de indivíduos com formação nas universidades europeias, que discutiam as ideias dos representantes do iluminismo, como Voltaire e Rousseau, e, em especial, as condições que tinham levado à Declaração de Independência das treze colônias inglesas em 1776.

Em sua maioria, os conspiradores não eram pobres nem pertenciam à massa da população. Ao contrário, integravam a elite colonial. Do grupo participavam mineradores, fazendeiros, padres, funcionários públicos, advogados e militares de alta patente. Dentre eles destacaram-se: o jurista Cláudio Manuel da Costa, que ganhou notoriedade por sua produção poética; o também poeta Inácio de Alvarenga Peixoto; Tomás Antônio Gonzaga, autor das *Cartas Chilenas* e dos célebres poemas da obra *Marília de Dirceu*; José Álvares Maciel, que retornara da Europa, onde estivera estudando, inflamado pelos ideais de Voltaire e de Rousseau; e ainda José de Rezende Costa, Luís Vás de Toledo Piza, Francisco Antônio de Oliveira Lopes, Domingos de Abreu Vieira, Francisco de Paula Freire de Andrade; e os padres Luís Vieira da Silva, José da Silva de Oliveira Rolim, Carlos Correia de Toledo e Melo, Manuel Rodrigues Costa e José Lopes de Oliveira. Todos deviam altas somas ao erário português.

A exceção foi **Tiradentes**. Joaquim José da Silva Xavier nasceu em 1748 na fazenda Pombal, entre São José (atual cidade de Tiradentes) e São João del Rei. Exerceu atividades como dentista prático (por isso

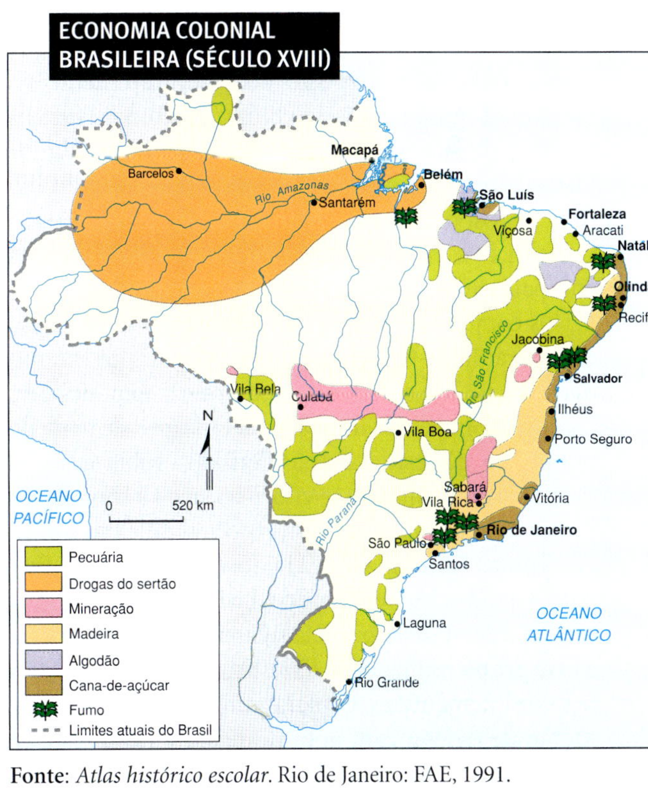

Fonte: *Atlas histórico escolar*. Rio de Janeiro: FAE, 1991.

FUNDAÇÃO BIBLIOTECA NACIONAL/DRD/DIVISÃO DE ICONOGRAFIA, RIO DE JANEIRO

Muitos conjurados bradavam por liberdade enquanto continuavam a explorar o trabalho escravo. Extração de diamantes, *aquarela de Carlos Julião, c. 1776.*

era chamado de Tiradentes), tropeiro e alferes (que hoje corresponde ao posto de segundo-tenente na hierarquia militar). Não se conhecem com certeza os motivos de sua participação no movimento. Alguns historiadores afirmam que foi uma atitude de idealismo; outros, porém, acreditam que Tiradentes aspirava alcançar a mesma riqueza e o mesmo prestígio dos companheiros, caso o levante fosse vitorioso.

Os conjurados planejavam instaurar o movimento de separação da Capitania de Minas Gerais no mesmo dia em que fosse decretada a derrama. Acreditavam, como a cobrança dos impostos afetaria grande parte da população, que esta acabaria aderindo à sublevação.

Se o movimento fosse vitorioso, após a tomada do poder seria instalado um governo republicano unitário. Tomás Antônio Gonzaga, José de Alvarenga Peixoto, Cláudio Manuel da Costa e Luís Vieira da Silva seriam os responsáveis pela sua organização. Caberia a esse grupo redigir uma Constituição e as principais leis complementares. O plano militar seria essencialmente de defesa, com apoio externo e utilização de um sistema de guerrilha. Além disso, pretendiam tomar a Caixa Real e a instalação da Casa da Moeda; extinguir o monopólio estatal sobre a extração diamantina; instalar fábricas de pólvora, tecidos e usinas metalúrgicas; conceder anistia sobre as dívidas para com a Fazenda Real; separar a Igreja do Estado; instalar a nova capital em São João del Rei; criar uma universidade em Vila Rica; abolir o exército permanente e profissional e criar símbolos nacionais como a bandeira e as armas da nova República. O fim da escravidão foi uma questão que permaneceu indefinida, pelo fato de a maioria dos conjurados ser proprietária de escravos.

A devassa

Nos últimos meses de 1788, os sublevados esperavam apenas o lançamento da derrama. No entanto, a cobrança dos impostos atrasados não foi executada pelo Visconde de Barbacena, conforme se esperava, em fevereiro de 1789, e os planos dos revoltosos foram interrompidos. Entre fevereiro e março, o governador criou uma situação de terror na Capitania ao convocar algumas pessoas do grupo a comparecer à Junta da Real Fazenda a fim de efetuar os pagamentos atrasados.

Dentre essas pessoas estava Joaquim Silvério dos Reis, que aceitou denunciar os companheiros em troca do perdão de sua dívida e um prêmio pela sua lealdade à Coroa. Outras cartas-denúncia de pessoas envolvidas diretamente ou não com o movimento vieram após a primeira delação. A partir daí, começaram as prisões em Minas e no Rio de Janeiro e a abertura das devassas, espécie de inquérito ou sindicância para se apurar um ato criminoso a partir de interrogatórios de suspeitos e testemunhas.

Em outubro de 1791, as investigações foram encerradas, passando-se então à fase de julgamento. As devassas pronunciaram 34 pessoas como réus do crime de lesa-majestade, das quais cinco eram eclesiásticos e três já falecidos.

Onze dos culpados foram sentenciados à morte, mas apenas Tiradentes foi executado. Os demais condenados tiveram suas sentenças comutadas pela "Real Piedade" e "Real Clemência" de D. Maria I, por penas de degredo perpétuo.

O mito Tiradentes

No período colonial, Tiradentes foi visto como criminoso, pois tinha cometido um crime de lesa-majestade, isto é, contra a rainha e o poder do Estado português. Durante o império, sua imagem continuou a mesma, uma vez que D. Pedro I e D. Pedro II descen-

A condenação de Tiradentes

"Depois de vinte e nove meses de processo, a 20 de abril de 1792, o tribunal da Relação do Rio de Janeiro, seguindo as instruções de uma carta régia da rainha D. Maria I, chegava à sentença definitiva contra alguns vassalos de Portugal. [...] O réu Joaquim José da Silva Xavier, considerado indigno da piedade e clemência reais, não obteve comutação de sua pena, que devia ser inteira e imediatamente executada. Eis o texto de sua condenação:

'[...] condenam o réu Joaquim José da Silva Xavier, por alcunha o Tiradentes, alferes que foi da tropa paga da capitania de Minas, a que com **baraço** e pregão seja conduzido pelas ruas públicas ao lugar da forca, e nela morra morte natural para sempre, e que depois de morto lhe seja cortada a cabeça e levada à Vila Rica; no lugar mais público dela será pregada em um poste alto até que o tempo a consuma; o seu corpo será dividido em quatro quartos e pregados em postes pelo caminho de Minas, o sítio da Varginha e de Cebolas, onde o réu teve as suas infames práticas, e os mais nos sítios de maiores povoações, até que o tempo também os consuma. Declaram ao réu infame, e infames seus filhos e netos, [...] e a casa em que vivia em Vila Rica será arrasada e salgada, e que nunca mais no chão se edifique. [...]'."

LARA, Silvia Hunold. Tiradentes e a nação esquartejada. In: Secretaria Municipal de Cultura de São Paulo. *Pátria amada esquartejada*. São Paulo: DPH, 1992.

MUSEU HISTÓRICO NACIONAL, RIO DE JANEIRO

Alferes Tiradentes, *óleo de Washt Rodrigues, século XIX. Essa pintura é uma das inúmeras representações feitas de Tiradentes.*

Baraço

Corda ou laço usado para enforcar réus; corda com que se açoitavam réus, com leitura do pregão de culpa e pena.

diam em linha direta da rainha D. Maria I, responsável pela confirmação das sentenças dos condenados.

Foi somente a partir da proclamação da República, em 1889, que Tiradentes foi elevado à condição de herói. Afinal, o alferes morrera defendendo os interesses do Brasil contra a opressão portuguesa.

A construção do herói nacional teve seu momento decisivo durante o período militar (1964-1985), quando Joaquim José da Silva Xavier se tornou o patrono da nação brasileira.

Herói, bandido ou bode expiatório? De acordo com o historiador britânico Kenneth Maxwell, o enfoque excessivo sobre a figura de Tiradentes acabou deixando de lado o real significado histórico do movimento, que foi o conflito entre grupos econômicos da colônia e do reino.

A Conjuração Baiana

No quadro dos movimentos coloniais de caráter separatista, destacou-se na Bahia, em 1798, uma manifestação que ficou conhecida como **Conjuração Baiana** ou **Conjuração dos Alfaiates**.

Diferentemente da Conjuração Mineira, não foi um movimento restrito a questões políticas liberais e liderado por pessoas instruídas ou bem-sucedidas economicamente. A Conjuração Baiana contou com a participação de pessoas anônimas que, com seus motins, sacudiram a Capitania. Seu objetivo era promover revolucionárias mudanças de caráter social, como a igualdade de raça e de cor e a abolição da escravidão e dos privilégios de classe.

O movimento foi liderado por mulatos, escravos, negros libertos e homens brancos de baixa renda, como alfaiates, pedreiros, soldados e bordadores. Assim, ele refletiu as condições de vida cada vez mais precárias da grande maioria da população baiana. Na época, a população de Salvador era de aproximadamente 50 mil habitantes.

A transferência da capital para o Rio de Janeiro, em 1763, contribuiu para agravar a situação das camadas mais pobres. A carestia e a falta de empregos deram origem a diversas manifestações populares, com ataques à Câmara por sua ineficiência no controle do preço da carne e na solução de outros problemas locais. Os saques aos armazéns em busca de alimento se generalizaram. O incêndio do Pelourinho, símbolo da dominação portuguesa, mostrava que a rebelião era vista como única saída para a massa de oprimidos. Tudo favorecia a circulação das ideias revolucionárias.

ARQUIVO HISTÓRICO ULTRAMARINO, LISBOA

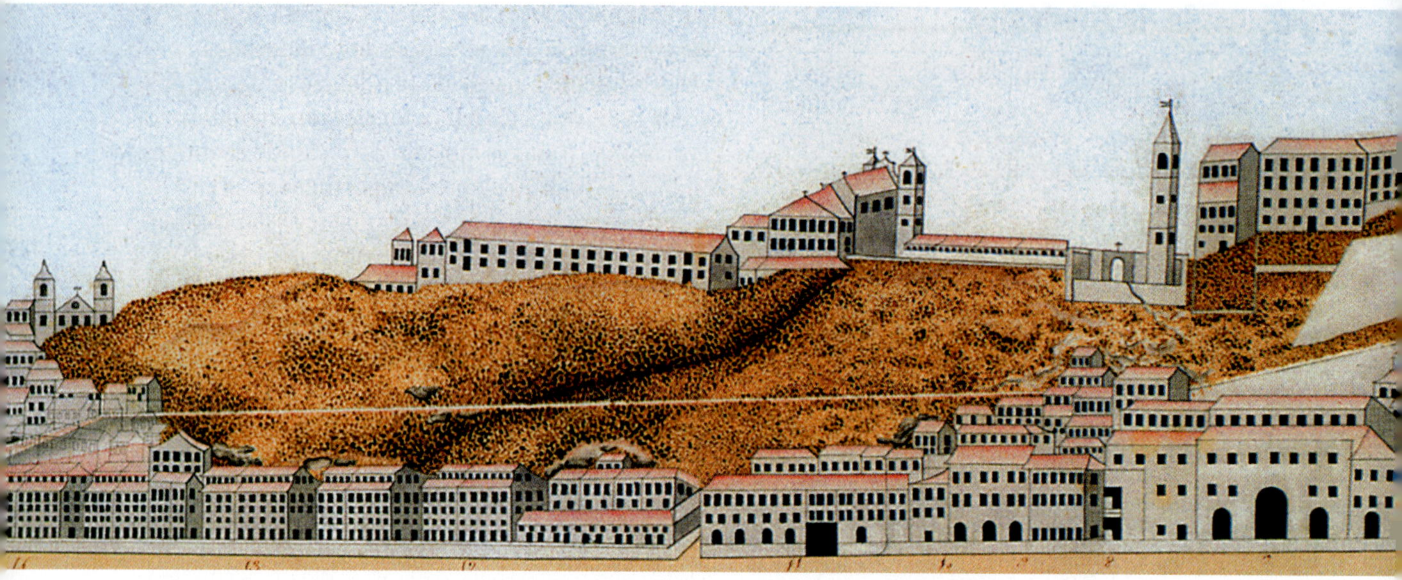

Prospecto da cidade da Bahia (Salvador), desenho de Manuel Rodrigues Teixeira, 1786.

A construção do herói

"Segundo José Murilo de Carvalho, a República não possuía nenhuma figura capaz de sintetizar e sustentar simbolicamente o novo regime. A proclamação fora o desfecho de um movimento de poucas raízes populares, praticamente um golpe militar, que precisava de legitimação. Era o momento de constituir uma figura heroica capaz de congregar diferenças, de unificar a nação e conferir legitimidade popular ao novo regime. O perfil de herói que acabou prevalecendo foi o do mártir Tiradentes, tornado uma figura cívico-religiosa. [...]

A associação do herói com Cristo faz parte deste processo. Ela já se fazia presente nos anos 60 do século XIX. O condenado que saiu da cadeia em 'solilóquios com o crucifixo', que havia perdoado a seu próprio carrasco, tinha seu momento máximo ao pé da forca. A figura do condenado ao enforcamento, com a corda no pescoço, tornou-se o grande símbolo da redenção do país. A forma de representar este símbolo daí por diante vai tomá-lo sempre nesta situação, ao pé do cadafalso, em uma cenografia que lembra inevitavelmente a imagem de Cristo ao pé da cruz. As comemorações do 21 de abril no Rio de Janeiro, em Minas Gerais e em outros lugares do país ganham cada vez mais o caráter de procissões da Paixão ou do Senhor morto."

LARA, Silvia Hunold. Tiradentes e a nação esquartejada. In: Secretaria Municipal de Cultura de São Paulo. *Pátria amada esquartejada*. São Paulo: DPH, 1992.

Em 1797 foi criada a primeira sociedade secreta da Capitania, nos moldes da maçonaria francesa (uma sociedade secreta cujo objetivo principal era divulgar os ideais iluministas). Intelectuais importantes como o cirurgião Cipriano Barata, o padre Agostinho Gomes, os professores Francisco Muniz Barreto e José da Silva Lisboa (mais tarde Visconde de Cairu), o senhor de engenho Ignácio Siqueira Bulcão, entre outros, reuniram-se para traduzir e estudar textos de pensadores iluministas como Rousseau e Voltaire.

Os **Cavaleiros da Luz**, como eram chamados os componentes da sociedade maçônica baiana, deram grande impulso ao movimento de resistência, no momento em que fizeram circular panfletos que, além de incentivar a proclamação da República na Bahia, atacavam ferozmente a administração local.

No início de agosto de 1798, começaram a aparecer, em lugares públicos e nas igrejas de Salvador, folhetos, pasquins e manuscritos que convocavam o povo a apoiar a instituição de uma República libertária e igualitária. Os boletins asseguravam que cerca de seiscentos adeptos apoiavam o levante, marcado para o dia 28 daquele mês. Até mesmo o governador da Capitania, D. Fernando José de Portugal e Castro, recebeu uma carta anônima, na qual era solicitada sua adesão ao movimento.

A proposta política dos conjurados consistia na implantação de uma república democrática na Bahia, nos moldes da república jacobina que existiu na França de 1793 a 1794. O projeto incluía desde reivindicações específicas dos grupos mais carentes da sociedade até as dos setores mais abastados: modificação no sistema tributário, aumento do soldo dos militares, abolição da escravidão, liberdade de comércio, além da representação popular e soberana no poder público.

Em um documento dirigido ao clero e ao povo, os conjurados apresentaram sua proposta de luta:

> "O poderoso e magnífico povo baiense republicano desta Cidade da Bahia Republicana, considerando nos muitos e repetidos latrocínios feitos com os títulos de imposturas, tributos e direitos que são cobrados por ordem da Rainha de Lisboa e no que respeita a inutilidade da escravidão do mesmo povo tão sagrado e digno de ser livre, com respeito à liberdade e igualdade ordena, manda e quer que para o futuro seja feita nesta cidade e seu termo a sua revolução para que seja exterminado para sempre o péssimo jugo reinável da Europa. [...]"
>
> Proclamação dos Revoltosos — Salvador, 1798. In: INÁCIO, Inês da Conceição e LUCA, Tânia Regina de. *Documentos do Brasil colonial.* São Paulo: Ática, 1993.

No momento em que os Cavaleiros da Luz perceberam a radicalização das reivindicações e a grande adesão de populares, eles se afastaram, receosos de uma revolução popular. Lucas Dantas e Luís Gonzaga das Virgens, soldados; Manuel Faustino e João de Deus, alfaiates e mulatos; Luís Pires, escravo; e vários mulatos passaram a liderar o movimento, representando a vertente popular.

A lista de suspeitos começou a ser levantada por ordem das autoridades, que chegaram facilmente aos conspiradores. Documentos e requerimentos existentes na Secretaria do Governo foram confrontados com as cartas enviadas pelos conjurados, que nem se preocuparam em disfarçar a caligrafia. Além disso, um soldado e um ferrador indicaram ao governador os locais onde ocorriam reuniões dos manifestantes. Após alguns dias de vigilância, as denúncias foram comprovadas e diversos participantes do movimento acabaram presos.

Após o processo, o governo português concluiu que o movimento não passou de uma simples conspiração de um povo desorganizado, sem cultura e "desprovido de religião". A responsabilidade maior foi atribuída a dois soldados, Luís Gonzaga das Virgens, acusado de ser o autor dos pasquins, e Lucas Dantas de Aromam. Os alfaiates condenados foram João de Deus Nascimento — pardo de 28 anos, considerado um indivíduo de "maus antecedentes", adepto das "ideias revolucionárias francesas" — e Manuel Faustino dos Santos. Os quatro foram enforcados, esquartejados e seus restos expostos em diferentes locais da Capitania. Sete outros réus foram exilados na África, e alguns escravos foram açoitados e vendidos para fora da Bahia.

Os bastidores da independência

O início do processo de independência do Brasil normalmente é associado à chegada da corte portuguesa ao Rio de Janeiro, em 1808. A imigração da elite da metrópole deu ao território uma nova condição, pois, de simples colônia, o Brasil passou a ser o centro das decisões do governo português.

FUNDAÇÃO BIBLIOTECA NACIONAL/DRD/DIVISÃO DE ICONOGRAFIA, RIO DE JANEIRO

Praça do Hospício de Nossa Senhora da Piedade, Salvador, Bahia, local onde os conspiradores foram enforcados em 1798. Gravura de Johann Moritz Rugendas, 1835.

Palácio de São Cristóvão, na Quinta da Boa Vista, antiga residência da família real portuguesa, hoje sede do Museu Nacional. Foto de Marc Ferrez, c. 1870.

A transmigração da família real lusitana para a América portuguesa ocorreu devido à invasão de Portugal pelo exército napoleônico. Ao assumir o governo da França, Napoleão Bonaparte confrontou-se diretamente com a Inglaterra, por meio do Bloqueio Continental, um decreto que proibiu o comércio entre os países europeus sob domínio francês e a Inglaterra. Entretanto, o príncipe regente de Portugal, D. João, não acatou o boicote econômico contra os ingleses devido à dependência econômica do Estado luso em relação ao Estado inglês. Diante das pressões francesas, D. João acabou aceitando um acordo com os ingleses que definia, entre outras questões, a transferência da monarquia portuguesa para o Brasil. Tendo em vista a posição do governo português, Napoleão determinou a invasão de Portugal, que esteve sob o domínio francês até 1810. Entre 1810 e 1820, o governo português permaneceu sob a tutela dos ingleses.

Sob proteção britânica, o príncipe regente D. João, a família real e a corte portuguesa, formada por cerca de 15 mil pessoas, deixaram Lisboa em novembro de 1807, chegando à Bahia em 22 de janeiro de 1808 e ao Rio de Janeiro em 7 de março de 1808. Ali permaneceram durante treze anos.

Nesse período, a cidade passou por profundas transformações urbanas e culturais. Provisoriamente, a família real acomodou-se no Convento do Carmo, localizado na atual Praça XV de Novembro. Depois,

A Biblioteca Real

Uma das pretensões de D. João ao vir para o Brasil era trazer consigo o acervo da Biblioteca Real, pois temia que ele fosse destruído pelo exército napoleônico.

Esse zelo com o acervo devia-se ao fato de a Biblioteca ter sido destruída durante o terremoto de 1755, que assolou Lisboa. Juntamente com a reconstrução da cidade, iniciou-se a restauração do acervo. Os livros, documentos e ilustrações eram preservados e respeitados como um dos grandes bens culturais do Estado português.

Apesar de todo o zelo com o acervo, o embarque da corte para o Rio de Janeiro foi tão atribulado que grande parte dos caixotes que abrigavam a coleção foi abandonada no porto.

Graças ao trabalho dos bibliotecários, esses caixotes foram enviados para o Brasil entre os anos de 1810 e 1811. O acervo trazido ao Brasil era composto de 60 mil peças, das quais se destacavam livros, estampas, manuscritos, mapas, moedas e medalhas. Ainda incluía raridades como a *Enciclopédia* dos iluministas Diderot e d'Alembert, livros ilustrados de Dürer e outras obras renascentistas e iluministas.

Em 1810, por decisão de D. João, foi fundada, na cidade do Rio de Janeiro, a Biblioteca Real, hoje chamada de Biblioteca Nacional. Porém, até 1814, a consulta era permitida apenas para estudiosos que portassem uma autorização régia. Depois disso, ela foi aberta ao público em geral.

Durante o século XIX, a Biblioteca comprou e recebeu doações de valiosas coleções, como as de Silva Alvarenga e José Bonifácio de Andrada e Silva. Atualmente, abriga um acervo de cerca de nove milhões de volumes, sendo a maior biblioteca da América Latina.

O beija-mão da família real era um ritual da corte portuguesa trazido para o Brasil por D. João VI. A charge O beija-mão real no Palácio de São Cristóvão, *satirizando o costume, foi publicada em Londres em 1826.*

um rico comerciante ofereceu a D. João, para sua residência, a Quinta da Boa Vista (no atual bairro de São Cristóvão). Os nobres preferiram se instalar nos arredores da cidade, construindo novas residências, ocupando chácaras às vezes cedidas por alguns brasileiros — ou, na maioria dos casos, confiscadas por decreto real.

A presença da família real resultou na adoção de medidas públicas que mudaram radicalmente o perfil político-econômico da colônia. Entre essas disposições, destacaram-se a revogação do Alvará de 1785 e a assinatura, em 1810, de dois tratados com a Grã-Bretanha, há muito tempo interessada na liberdade de comércio com a América portuguesa. Em relação à revogação do Alvará de 1785, é importante enfatizar que a liberação da instalação das atividades manufatureiras na colônia não promoveu o desenvolvimento do setor, uma vez que, concomitantemente a esta medida, havia sido liberado o comércio de manufaturas inglesas no mercado colonial, naquele momento incapaz de desenvolver uma concorrência efetiva contra o poderio econômico inglês.

O interesse dos ingleses pelo mercado colonial brasileiro estava diretamente ligado ao Bloqueio Continental, decretado por Napoleão, que fechara os portos europeus continentais para o comércio de mercadorias inglesas.

As concessões aos ingleses tiveram início na Bahia em 1808, quando D. João, aconselhado por José da Silva Lisboa, economista e antigo Cavaleiro da Luz, proclamou a abertura dos portos brasileiros às nações amigas, abolindo o pacto colonial. A união econômica entre Portugal e Grã-Bretanha seria definitivamente coroada em 1810, com a assinatura dos tratados de Aliança e Amizade e de Comércio e Navegação.

Os tratados concediam aos comerciantes ingleses tarifas alfandegárias preferenciais. Assim, a taxa de importação seria de 15% sobre os produtos britânicos, de 16% sobre os produtos portugueses e de 24% sobre os produtos de outras nações. Uma outra cláusula firmava um compromisso quanto ao tráfico de escravos africanos, cuja extinção era exigida pela Inglaterra.

Podemos perceber que os tratados favoreceram os interesses econômicos dos ingleses e prejudicaram a economia portuguesa — e, a longo prazo, também a brasileira. Em outras palavras, o Brasil passaria a ser, por um longo tempo, grande consumidor de manufaturas britânicas.

A inversão brasileira

Estabelecida a sede da monarquia portuguesa na capital da colônia, o príncipe regente substituiu a engrenagem administrativa colonial por um verdadeiro aparelho de Estado. Foi a chamada **inversão brasileira**.

O Rio de Janeiro passou a contar com estruturas típicas de capital. Foi estabelecida a Biblioteca Real, surgiu a *Gazeta do Rio de Janeiro* (primeiro jornal a funcionar no Brasil), foram instaladas gráficas e diversos setores de prestação de serviços antes inexistentes. Várias missões exploradoras, científicas e artísticas vieram da Europa com a finalidade de descobrir e avaliar as riquezas brasileiras.

A permanência da corte no Rio de Janeiro propiciou também a divulgação de novos hábitos e padrões de consumo até então desconhecidos pela elite local. Surgiram casas comerciais especializadas na venda de artigos de luxo europeus, principalmente roupas e acessórios, móveis e artefatos para uso doméstico.

> "Uma cidade que assistiu ao casamento de um príncipe, ao enterro de uma rainha e à coroação de um rei, pouco acostumada a esses eventos, não podia deixar de absorver os costumes importados."
>
> LIMA, M. de Oliveira. *D. João VI no Brasil.* Rio de Janeiro: Garnier, 1909.

▶ A Insurreição Pernambucana

A presença maciça de portugueses na colônia, a partir de 1808, e a grande quantidade de regalias por eles conquistadas em detrimento dos homens da terra foram alguns dos motivos que levaram à insurreição de 1817 em Pernambuco. Se para os reinóis sobravam privilégios, para a "nobreza" da terra, longe dos benefícios da corte, sobravam apenas cobranças e imposições.

Somou-se a tal situação uma recessão da economia local, provocada pelas flutuações dos preços do algodão e do açúcar, principais produtos da região, além da queda da produção em decorrência da seca que assolava o Nordeste desde 1816. Em contrapartida, os comerciantes portugueses continuavam a controlar as atividades de importação e exportação, provocando o endividamento e a dependência dos grandes proprietários. Como não bastasse, os déficits do Estado fizeram com que o governo lançasse mão de taxações consideradas inescrupulosas pela população local, fato que tornava ainda mais difícil a vida na região.

Essa conjuntura criou um quadro de tensão e indignação na aristocracia agrária e entre os homens livres pobres. Por fim, a difusão do reformismo ilustrado português, principalmente entre os membros do clero, combinado com um forte sentimento antilusitano, fez eclodir o movimento em março de 1817, que se propagou para outras áreas nordestinas.

O movimento, de caráter separatista, proclamou uma República e organizou um Governo Provisório responsável pela elaboração de uma Lei Orgânica baseada nos princípios de liberdade de consciência, de imprensa e de culto.

Enquanto a euforia revolucionária dominava o Recife, organizava-se a repressão na Bahia e no Rio de Janeiro. Uma série de confrontos ocorreu entre os sublevados e as forças oficiais, até que, em maio de 1817, terminou a resistência dos insurretos. As punições foram rigorosas, com muitas prisões e execuções.

▶ Vai-se a coroa, ficam as cabeças...

A transferência da capital do império português de Lisboa para o Rio de Janeiro gerou um clima de amargura e insatisfação na burguesia lusitana, uma vez que o país passou a ser governado por uma junta governativa inglesa que prestava contas a D. João. Muitos dos que haviam permanecido na metrópole consideravam que esta ficara relegada a uma posição secundária, principalmente quando o Brasil foi elevado à categoria de **Reino Unido a Portugal e Algarves**, por ocasião do Congresso de Viena (1814 e 1815).

Dessa forma, vítima da inversão brasileira e influenciada pelas ideias iluministas que rondavam a Europa, a elite portuguesa optou pelo fim do absolutismo. Por volta do ano de 1820, na cidade do Porto, iniciou-se um movimento revolucionário apresentando como exigências básicas o imediato retorno do rei português para a Europa e a convocação de uma assembleia nacional constituinte que, pela elaboração de uma Constituição, daria fim ao absolutismo real.

As ideias revolucionárias se espalharam rapidamente pelo país. A aprovação da sociedade tornou possível a formação de um governo provisório que convocaria as **Cortes** para dar início à elaboração da Constituição.

A Revolta do Porto apresentou aspectos contraditórios para a sociedade portuguesa. O movimento deu início à passagem efetiva do absolutismo para a ordem liberal, mas acabou interferindo na emancipação brasileira. Isso porque, ao tentarem reduzir de novo o território brasileiro à condição de colônia, as Cortes desencadearam o processo que daria fim ao jugo português na América.

Cortes

Assembleia portuguesa composta de representantes dos três estados: clero, nobreza e povo.

FUNDAÇÃO BIBLIOTECA NACIONAL, RIO DE JANEIRO

Vista do portão do Conde Maurício em Pernambuco. *É possível reconhecer traços do urbanismo do Recife (ruas estreitas, sobrados geminados, um mercado de escravos) e uma escrava de ganho. Obra de Augustus Earle, 1824.*

TEXTO COMPLEMENTAR

Um retrato do Brasil

Jean-Baptiste Debret integrou a Missão Artística Francesa, comitiva que veio ao Brasil a convite de D. João VI, e que tinha como principal finalidade fundar uma academia de belas-artes no Brasil.

Debret permaneceu quinze anos no Brasil, trabalhando como pintor e professor de arte. Como pintor histórico, o artista registrou importantes fatos que ocorreram no Rio de Janeiro durante a permanência da família real. Além disso, Debret viajou por diversas regiões do Brasil e especializou-se em retratar o cotidiano da sociedade fluminense. Estão registrados em suas obras as paisagens naturais, a arquitetura, os costumes dos habitantes, e sobretudo, a presença dos escravos. Quando Debret retornou à França publicou o livro *Viagem pitoresca e histórica ao Brasil*. Hoje, a obra do pintor é uma importante referência para o estudo da história do Brasil do período.

MUSEUS CASTRO MAIA/DIV. ICONOGRAFIA, RIO DE JANEIRO

Litografia de Jean-Baptiste Debret, Sapataria, *uma das imagens que ilustram a obra* Viagem pitoresca e histórica ao Brasil.

Compreendendo o texto

1. Que preocupação foi expressa por D. João VI ao trazer missões exploradoras, científicas e artísticas, como a Missão Artística Francesa ao Brasil?

2. Que personagens são pintados na tela? Que situação o artista retratou?

3. Debret fez importantes registros da família real enquanto esteve no Brasil, como retratos de D. João VI e Carlota Joaquina. Na sua opinião, qual a importância de um pintor como Debret para a Corte portuguesa?

ATIVIDADES

Explorando o conhecimento

1 As insurreições anticoloniais do final do século XVIII e início do XIX foram sempre manifestações de caráter local. Observe o mapa da economia colonial brasileira (página 385) e aponte elementos que justifiquem esta característica.

2 Leia o texto a seguir.

Liberalismo tropical

"Embora seja evidente a influência das ideias revolucionárias europeias nos movimentos ocorridos no país, não se deve superestimar sua importância. Inspiram-se os revolucionários vagamente nas obras dos autores europeus, conhecidas apenas de um pequeno grupo de letrados [...]. A maioria da população, inculta e atrasada, não chegava a tomar conhecimento das novas doutrinas. [...]

Importadas, estas ideias não encontrariam no Brasil uma estrutura socioeconômica correspondente [...]. A escravidão constituía o limite do liberalismo no Brasil. Invocava-se o direito de propriedade para preservá-la. [...]. Já por ocasião da Inconfidência Mineira houve quem ponderasse as dificuldades de fazer uma revolução numa terra em que o número de pretos e escravos era superior ao de brancos livres. Corria-se o risco de um levante geral. Na ocasião, Alvarenga sugeriu que se emancipassem os escravos, opinião recebida com desagrado pelos que acreditavam ser impossível explorar minas e manter lavouras sem escravos. [...]

A pequena expressão da burguesia, cujo único grupo importante era constituído de comerciantes portugueses, a preponderância dos grupos agrários, interessados na permanência do trabalho escravo, a disponibilidade revolucionária do clero, imprimiram um cunho todo especial aos movimentos liberais e nacionalistas no Brasil."

COSTA, Emília Viotti da. Introdução ao estudo da emancipação política do Brasil. In: MOTA, Carlos Guilherme (org.). *Brasil em perspectiva*. São Paulo: Difel, 1976.

a) Segundo a autora, quais seriam as limitações e peculiaridades do liberalismo no Brasil do século XVIII?

b) Identifique o exemplo que ela apresenta para confirmar os limites do liberalismo brasileiro.

c) Com base no que você estudou, aponte a insurreição anticolonial que conseguiu ultrapassar os limites apontados pela autora. Justifique sua resposta.

3 Observe o gráfico a seguir.

EXPORTAÇÕES E IMPORTAÇÕES DE PORTUGAL EM RELAÇÃO ÀS SUAS COLÔNIAS (1796-1811)

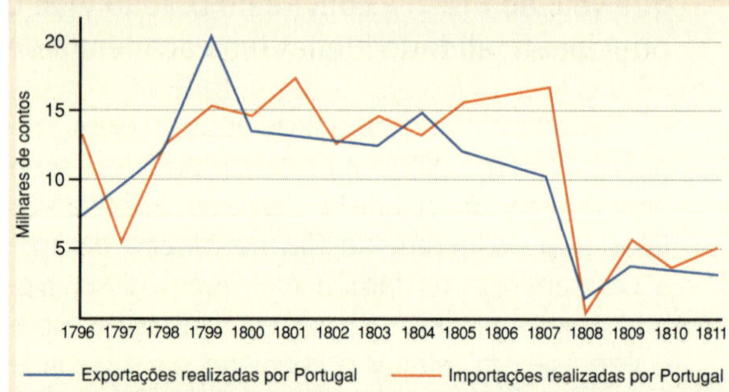

Fonte: NOVAIS, Fernando A. *Portugal e Brasil na crise do antigo sistema colonial (1777-1808)*. 2. ed. São Paulo: Hucitec, 1981.

a) Caracterize o intercâmbio comercial entre Portugal e suas colônias no período de 1796 a 1806. Destaque a relação entre importações e exportações e o sistema de comércio que regia as trocas comerciais entre colônia e metrópole.

b) Identifique no gráfico o momento em que o comércio de Portugal com suas colônias reduziu-se a zero. Com base no que você estudou, explique as razões da queda acentuada no comércio português.

A história e o tempo presente

4 Enquanto Tiradentes foi elevado à condição de mito por artistas, historiadores e políticos, pouco restou, à exceção de algumas poucas referências em livros de História, a respeito de dois soldados (Luís Gonzaga das Virgens e Lucas Dantas) e dois alfaiates (João de Deus Nascimento e Manuel Faustino dos Santos), executados na Conjuração Baiana. A esse respeito discuta em um debate coordenado pelo professor:

a) Qual o significado e a importância de manter viva, hoje, a memória histórica de personagens como Tiradentes, Zumbi, ou a dos soldados e alfaiates da Conjuração Baiana?

b) Como ocorre o processo de transformação de uma pessoa em herói, em mito? Identifique em livros e nos meios de comunicação de massa que outras pessoas, além de personagens históricas, foram ou são objeto desse processo de "mitificação".

Vestibular / ENEM

1 (Uece) "Cada hum soldado he cidadão mormente os homens pardos e pretos que vivem escornados, e abandonados, todos serão iguaes, não haverá diferença, só haverá liberdade, igualdade e fraternidade."

Manifesto dirigido ao "Poderoso e Magnífico Povo Bahiense Republicano", em 1798. Cit. por NEVES, Joana e NADAI, Elza. *História do Brasil*: da Colônia à República. 13. ed. São Paulo: Saraiva, 1990. p. 119.

Identifique a opção que melhor expressa as diferenças entre a Conjuração Baiana e a Inconfidência Mineira:

a) os mineiros eram mais radicais do que os baianos com relação à escravidão, pois defendiam não só liberdade dos negros, mas sua participação no governo.

b) enquanto em Minas os revoltosos evitavam tocar em questões delicadas como a escravidão, na Bahia a influência da Revolução Francesa era mais marcante.

c) a revolta na Bahia foi liderada e apoiada por setores instruídos da população, o que ditou seu tom mais moderado, mas em Minas a população pobre foi às ruas e expulsou as lideranças conciliadoras.

d) a influência da Independência dos EUA foi mais intensa na revolta baiana, enquanto, em Minas, a presença dos ideais franceses foi mais forte.

2 (UnB-DF) A Inconfidência Mineira não foi um fato isolado. Ela está integrada ao contexto social, político e econômico do Brasil colonial. Na Capitania de Minas Gerais, houve muitos outros, e também importantes movimentos rebeldes. Considerando a História do Brasil como um todo, a Inconfidência Mineira também não foi única: ela se coloca ao lado de movimentos como a Conjuração dos Alfaiates (Bahia, 1798), a Conjuração do Rio de Janeiro (1794) e a Revolução Pernambucana de 1817, entre outros que também enfrentaram a dominação colonial.

Adaptado de ANASTASIA, Carla. *Os temas da liberdade e da República na Inconfidência Mineira*. São Paulo: Ática, 1995.

A esse respeito é incorreto afirmar que:

a) Ao contrário do movimento de Vila Rica, fortemente marcado pela participação das elites locais, a Conjuração Baiana teve um cunho essencialmente popular.

b) Todos os movimentos citados no texto inscrevem-se no quadro geral de crise do antigo sistema colonial, quadro esse que também refletia as transformações vividas pela Europa a partir da Revolução Industrial e das revoluções liberais burguesas.

c) A Revolução Pernambucana de 1817, que eclodiu durante a permanência do Estado português no Brasil, traçou uma linha libertária que teve prolongamento na Confederação do Equador, dois anos após a Independência.

d) A imagem de Tiradentes, cultuada durante o período monárquico, sofreu forte oposição por parte daqueles que proclamaram a República, pelo que poderia inspirar contra o novo regime.

3 (UFMG) A abertura dos portos do Brasil, logo após a chegada de D. João VI, foi responsável pela entrada no país de uma grande quantidade de mercadorias inglesas, que passaram a dominar o mercado brasileiro.

Essa situação decorreu

a) da assinatura de tratados com a Inglaterra, que permitiram a importação desses produtos.

b) da estrutura industrial brasileira, que se baseava na produção de alimentos e tecidos.

c) da montagem de uma rede ferroviária, que facilitou a distribuição dos produtos ingleses no mercado brasileiro.

d) do desenvolvimento urbano acentuado, que acarretou o aumento da demanda por produtos sofisticados.

4 (Vunesp) No contexto da independência política do Brasil de Portugal, é correto afirmar que:

a) no Congresso de Viena, os adversários de Napoleão I tomaram várias decisões a favor do liberalismo.

b) a Revolução Constitucionalista do Porto (1820) defendia a ampliação do poder real.

c) o regresso de D. João VI a Lisboa significou a vitória da burguesia liberal portuguesa.

d) ao jurar a Constituição de 1824, D. Pedro I aderiu às teses democráticas de Gonçalves Ledo.

e) a abertura dos portos e os tratados de 1810 favoreceram os comerciantes portugueses.

5 (UFF-RJ) O século XIX foi marcado por ondas revolucionárias que, em 1820, incidiram sobre a Península Ibérica. No caso específico de Portugal, houve uma revolução que alterou a relação deste país com o Brasil.

a) Cite o nome dado a esta revolução.

b) Correlacione esta revolução ao processo de emancipação política do Brasil.

6 (UFU-MG)

"O final do século XVIII foi um momento de grande turbulência política internacional, com ressonâncias no sistema colonial montado pelas nações europeias. As ideias liberais agitavam as mentes, acenavam com a possibilidade de mudanças. Para as colônias, traziam a esperança de independência política."

REZENDE, Antônio Paulo e DIDIER, Maria Thereza. *Rumos da História*: a construção da modernidade — O Brasil Colônia e o mundo moderno. São Paulo: Atual, 1996. p. 238.

Tomando como referência a citação acima e seus conhecimentos sobre as revoltas coloniais no Brasil, identifique as diferenças entre a Inconfidência Mineira e a Inconfidência Baiana.

7 (Vunesp) Durante os últimos anos do século XVIII, o Brasil colonial foi abalado por diversas revoltas e insurreições em Minas Gerais, no Rio de Janeiro e na Bahia. Essas revoltas e rebeliões se caracterizaram como questionadoras da ordem colonial em seus aspectos políticos, sociais e econômicos.

a) Como ficaram conhecidas as revoltas ocorridas no final do século XVIII em Minas Gerais, no Rio de Janeiro e na Bahia?

b) Quais foram as duas grandes influências políticas e intelectuais dos revoltosos desse período?

8 (Ufes) Reforma tributária ou derrama.

"A reforma tributária em andamento é uma verdadeira derrama de final de milênio. Nunca em nosso país, nem na época de Tiradentes, se chegou tão longe."

O Globo. Rio de Janeiro, 20 ago. 1999.

Explique:

a) O que foi a derrama na época de Tiradentes, no Brasil Colônia?

b) Por que foi instituída a derrama?

Ampliando o conhecimento

Leitura

MATTOS, Ilmar Rohloff de e outros. *Rio de Janeiro:* capital do reino. São Paulo: Atual, 1995. (Coleção A vida no tempo)

A transferência da corte portuguesa para o Brasil, em 1808, modificou a pacata cidade do Rio de Janeiro. O cotidiano na nova sede do reino português, onde valores de um Brasil escravista passam a conviver com costumes da nobreza europeia, é o tema desse livro.

Filmes

Os inconfidentes

Direção de Joaquim Pedro de Andrade. Brasil, 1973. 90 min.

O filme mostra a Conjuração Mineira através de diálogos baseados no livro de poemas *Romanceiro da Inconfidência*, de Cecília Meireles, e nos *Autos da devassa*. A obra tem como pontos principais o despotismo político da Coroa portuguesa diante do julgamento dos conjurados.

Carlota Joaquina, princesa do Brasil

Direção de Carla Camurati. Brasil, 1995. 100 min.

De maneira bem-humorada e irônica, o filme reconta os acontecimentos que trouxeram a família real portuguesa ao Brasil, destacando os costumes e o comportamento da princesa e de seu marido D. João durante a permanência na América.

Tiradentes

Direção de Oswaldo Caldeira. Brasil, 1997. 125 min.

Nesse filme, o cineasta Oswaldo Caldeira apresenta a sua visão de Tiradentes, um dos mentores da Inconfidência Mineira, condenado à morte e enforcado em 1792. Ao contrário da figura santificada e trágica construída pela historiografia republicana, o filme mostra um Tiradentes aventureiro, visionário e apaixonado.

Capítulo 30

As revoluções liberais e o nacionalismo

O então presidente da França Jacques Chirac (à esquerda) cumprimenta seu sucessor, Nicolas Sarkozy, após sua chegada ao palácio Elysée para a cerimônia de transmissão do cargo. Foto de 2007.

JACQUES DEMARTHON/AFP

A direita francesa

"Há algo de fascinante nessa espécie de passo do tigre que, na França, conduziu Nicolas Sarkozy à presidência da República. O inegável gênio político que mostrou ao longo de toda a campanha – uma mistura de voluntarismo, autoridade, personalização, provocação, nacionalismo e liberalismo – conjugado a uma brilhante arte de oratória e uma temível inteligência nas comunicações de massa permitiram-lhe, devido também ao apoio maciço do poder midiático e do poder econômico, impor-se com uma clareza óbvia.

O que também provocou espanto foi a desenvoltura intelectual que levou Sarkozi a transitar sobre as linhas de demarcação que separam a direita e a esquerda. [...] A esse respeito, o novo Executivo [...] reflete a 'direitização' da sociedade francesa. Uma direitização paradoxal, já que o sofrimento social não parou de aumentar. Desde 1995, as lutas sociais continuam vivas, num mundo trabalhista duramente golpeado pela precarização, subcontratação, deslocalizações e desemprego. [...]

A era do gaulismo termina, substituída pela do sarkozysmo, ou seja, um populismo francês que – sedutor pela ilusão de movimento e abertura qualificada de 'moderna', ou mesmo de 'progressista' – propõe reunir em seu seio todas as direitas, [...] sem esquecer os centristas. E cujas fontes principais de inspiração são o modelo republicano neoconservador dos Estados Unidos, Silvio Berlusconi na Itália e José María Aznar na Espanha. Três experiências negadas recentemente pelos eleitores de tais países, diga-se de passagem."

RAMONET, Ignácio. Populismo à francesa. *Le Monde Diplomatique*, jun. 2007. Disponível em <http://diplo.uol.com.br>. Acesso em ago. 2007.

▶ Novas ondas revolucionárias

Os líderes do Congresso de Viena não conseguiram destruir o ideal da imensa maioria da população europeia, que estava centrado na luta contra a opressão. Para a burguesia, intelectuais, operários, estudantes, jornalistas e camponeses, entre outros grupos, a dupla herança de transformação das instituições e de emancipação nacional permanecia viva. Retomando a palavra de ordem da Liberdade, vários segmentos deram início a movimentos que contestavam as ideias da Santa Aliança.

Os projetos de mudança política vinham acompanhados de propostas de transformação social e econômica. Os adeptos do **liberalismo** lutavam pela liberdade individual, pelo direito de opção religiosa e pela participação política. Os **democratas** mobilizavam-se pelo sufrágio universal. Os **nacionalistas** desejavam unir grupos linguísticos e históricos em uma só nação, o que os colocou em confronto direto com os Estados que reuniam uma multidão de povos etnicamente diferentes, a exemplo do Império Austríaco e do Império Russo.

A questão do voto representou um dos pontos de discórdia entre as diversas correntes no século XIX. Os liberais acreditavam que o direito à cidadania deveria ser conquistado pela sociedade e não entregue aleatoriamente a todos os indivíduos. Para os democratas, o sufrágio universal era um direito de todos, independentemente da profissão, renda ou classe social.

O sufrágio universal não foi aplicado nas sociedades do século XIX. Liberais e conservadores pareciam concordar em um ponto: o título de cidadão deveria ser dado apenas às elites.

Mas as próprias disparidades econômicas refletidas na limitação do direito do voto apontavam que a igualdade civil e jurídica da sociedade europeia encobria uma desigualdade de fato. A partir da década de 1820, surgiram no Ocidente movimentos revolucionários que abalaram a ordem conservadora. Alguns deles foram além dos limites liberais, introduzindo novos atores político-sociais: os despossuídos, herdeiros dos *sans-culottes* da república jacobina e dos participantes das rebeliões de artesãos do final da Idade Média.

Em um primeiro momento, as camadas populares urbanas e os camponeses não foram contagiados pelas manifestações liberais, apoiadas pelos setores médios da sociedade. As manifestações cruzaram o oceano e se propagaram pela área colonial espanhola, principalmente México, Peru, Chile e Argentina.

COLEÇÃO PARTICULAR, PARIS

Mulher nas barricadas de 1830 em Paris, pintada por Maguin. Como na famosa obra A Liberdade guiando o povo, *do pintor romântico Eugène Delacroix, esta pintura evoca a figura feminina como símbolo das lutas revolucionárias do século XIX.*

Na década de 1830, porém, novos movimentos tomaram as ruas europeias, agora contando com a participação de grupos populares. Os resultados dessas mobilizações variaram em cada região. As rebeliões liberais fracassaram na Alemanha, na Itália e na Polônia, que não conseguiu se libertar do jugo czarista. Em contrapartida, a Bélgica tornou-se independente dos Países Baixos em 1831. No ano seguinte, a Grécia, que desde 1821 lutava contra o domínio otomano, teve sua independência reconhecida pelas potências europeias. O impacto maior das revoluções da década de 1830 ocorreu na França. Em 1830, três dias de lutas nas barricadas bastaram para os parisienses derrubarem o ultrarreacionário rei Carlos X, irmão de Luís XVI e Luís XVIII. O ramo principal dos Bourbons saía de cena. A coroa francesa foi entregue ao Duque de Orléans, Luís Filipe de Bourbon-Orléans, que havia apoiado a Revolução Francesa em sua fase inicial e chegara a lutar no exército republicano. Escolhido pela burguesia, Luís Filipe representava um segmento da nobreza que admitia a necessidade de realizar reformas sociais, políticas e econômicas.

▷ A Primavera dos Povos

As barricadas serviram de degrau para Luís Filipe subir ao trono — e o derrubaram dezoito anos depois. Elas não foram erguidas apenas na França: o ano de 1848 foi marcado por explosões revolucionárias em toda a Europa, que ficaram conhecidas como **Primavera dos Povos**. Nas principais cidades da França, do Império Austríaco, dos Estados alemães e de outras regiões na Europa, a população enfrentou as tropas repressoras e chegou a derrotá-las. Aliados aos liberais, os nacionalistas também demonstraram sua insatisfação, propondo mudanças na natureza do Estado.

A crise econômica que assolava a Europa, agravada por pragas e seca, prejudicou os camponeses, levando-os às ruas para exigir do governo medidas concretas que os ajudassem a superar as dificuldades. Nesse clima de grande agitação social foi publicado o ***Manifesto comunista***, em 1848, redigido pelos alemães Karl Marx e Friedrich Engels.

A obra, que foi logo traduzida para diversos idiomas, coincidiu com o ano das barricadas, das rebeliões democráticas, liberais e nacionalistas. O *Manifesto comunista* declarava que a finalidade imediata dos comunistas era pôr fim à dominação burguesa, mesmo em sua versão "civilizada", liberal, e levar o proletariado à conquista do poder político. Os operários que lutavam nas barricadas passavam a contar com novos fundamentos teóricos para sua intervenção política.

A verdade é que as diferentes manifestações revolucionárias da Primavera dos Povos tiveram muitos pontos em comum: o estilo e os sentimentos românticos, as barricadas, as bandeiras coloridas, o ideal de liberdade e uma grande dose de otimismo e mesmo de ingenuidade.

A realidade se encarregaria de desfazer essas ilusões otimistas. O gosto da vitória não adoçou a boca dos militantes por mais do que alguns meses, com exceção da França, onde foi proclamada a República.

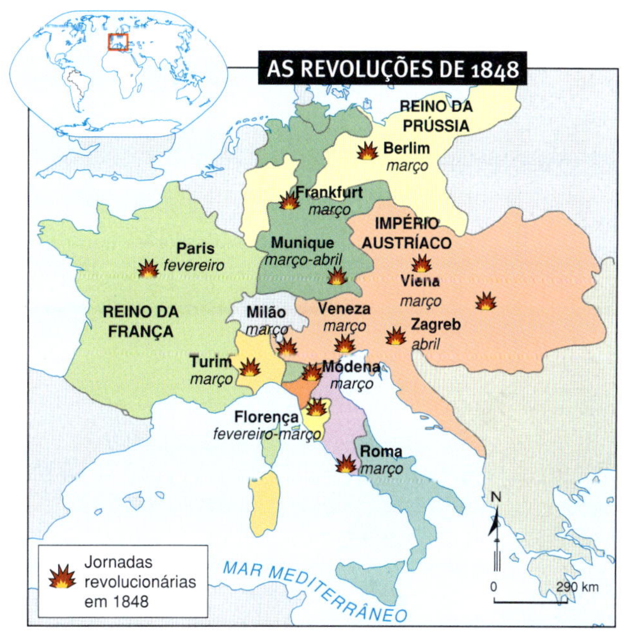

Fonte: DUBY, Georges. *Atlas historique.* Paris: Larousse, 1987.

CRONOLOGIA DAS REVOLUÇÕES	
1815	Congresso de Viena: Restauração.
1820	Revoluções na Espanha e na Itália.
1821	Início da guerra de independência grega.
1830	Revolução na França: início da monarquia de Luís Filipe. Revolução e independência da Bélgica.
1831	Revolução na Polônia.
1848	Revolução na França: proclamação da Segunda República. Revolução na Áustria: fim da servidão. Revolução na Itália, Hungria e Boêmia. Revolução na Prússia e em outros estados alemães.
1849	Vitória da reação conservadora e antinacionalista.
1852	Proclamação do Segundo Império Francês por Napoleão III (sobrinho de Bonaparte).

O que chamava a atenção nas jornadas revolucionárias na França era a composição social dos rebeldes que lutaram nas barricadas, como analisou o historiador Eric Hobsbawm:

> "Inquestionavelmente, foram os trabalhadores pobres que lutaram nas barricadas, foram a fome e a miséria que alimentaram o espírito de pauperização das sociedades, transformando os movimentos de rua em revoluções.
>
> O papel dos trabalhadores não teve a mesma importância em todos os movimentos de 1848. Na Alemanha, por exemplo, acredita-se que os camponeses foram comprados pelos governos conservadores.
>
> Em Berlim havia apenas 15 representantes das classes educadas e 30 mestres-artesãos entre os 300 mortos das lutas de março; em Milão, apenas 12 estudantes, trabalhadores de colarinho branco ou proprietários entre os 350 mortos na insurreição."
>
> HOBSBAWM, Eric J. *A era das revoluções*: Europa 1789-1848. Rio de Janeiro: Paz e Terra, 1977.

Consciência operária

Foram notórias as diferenças de mentalidade e de desejos entre os participantes das mobilizações de 1848. Diante de eventuais confrontos diretos com os movimentos de esquerda, a burguesia preferiu a manutenção da ordem, uma vez que ficaria assim garantido o direito à propriedade. Os moderados liberais e os conservadores acabaram por se unir diante do "perigo vermelho", representado pelos movimentos de tendências socialistas.

Os democratas insistiam na solidariedade aos trabalhadores, embora ao mesmo tempo não escondessem sua simpatia pela propriedade privada e pelo capital.

Ainda que os trabalhadores urbanos não conseguissem, nesse período do século XIX, avançar no terreno da política, já se anunciava o nascimento do movimento operário. Nesse momento, o embrião da consciência, enquanto classe social, surgia no mundo do trabalho, mesmo que de modo imaturo e juvenil. As associações dos trabalhadores foram pioneiras na organização sindical, lançando as bases do que seriam, ao longo do século XX, as lutas da classe trabalhadora.

COLEÇÃO PARTICULAR

Barricadas de 1848 em Milão (Itália): Cidadãos de Milão defendem suas posições após conflito com exército austríaco *(1848), autor não identificado.*

Os resultados da onda revolucionária

As rebeliões de 1848 tiveram diferentes desdobramentos:

França – derrubada de Luís Filipe em fevereiro e proclamação da República. Em junho de 1848, o operariado se revoltou, tentando aprofundar a revolução, mas foi reprimido. Eleito presidente, o príncipe Luís Napoleão, sobrinho de Napoleão Bonaparte, deu um golpe de Estado em 1851, abrindo caminho para sua ascensão ao trono imperial em 1852, com o título de Napoleão III.

Itália – a onda revolucionária começou pela Sicília, em janeiro de 1848, e levou o rei da Sardenha a assumir a luta contra o domínio austríaco. A república chegou a ser proclamada em Roma e na Toscana.

Hungria – os revolucionários asseguraram o apoio do campesinato, extinguindo a servidão e dando os lotes de terra aos que os cultivavam. De início, reivindicavam a autonomia local, mas a repressão austríaca, apoiada pelos latifundiários, levou os autonomistas a proclamar em 1849 a independência plena da Hungria. A República húngara foi esmagada no mesmo ano por tropas austríacas e czaristas.

Alemanha – a rebelião teve início em março de 1848. Além de elaborarem um projeto de constituição, os liberais ofereceram em 1849 a coroa imperial de uma Alemanha unificada ao rei Frederico Guilherme IV da Prússia, que a recusou.

As revoluções da Primavera dos Povos foram desencadeadas e vencidas em um espaço mínimo de tempo. Mas, em seu conjunto, configuraram um episódio histórico de grande importância. Se os objetivos alcançados estiveram longe dos pretendidos pelos revolucionários, eles foram, no entanto, profundos. O fim da política de tradição, do absolutismo de direito divino, base do Antigo Regime, resultou dessas revoluções.

Em outras palavras, todos os acontecimentos políticos da primeira metade do século XIX, até mesmo as revoluções derrotadas, influenciaram a consolidação da sociedade burguesa. Na medida em que se conservou o essencial das concepções burguesas, tais como as liberdades civis, a supressão dos privilégios de nascimento e da servidão, a igualdade civil de todos diante da lei, da justiça e de acesso aos cargos públicos e administrativos, a Europa presenciou a passagem de uma sociedade aristocrática para um novo modelo, liberal burguês.

A partir de 1848, a ordem burguesa assistiria a mobilizações de novo tipo, em torno de estandartes ideológicos gestados nas lutas revolucionárias do século XIX. De um lado, os trabalhadores industriais e o ideário socialista. Do outro, as camadas médias e outros setores da "sociedade educada" de cada país, agrupados em nome de seus respectivos projetos nacionais e violentamente hostis em relação aos "subversivos" e à "ameaça estrangeira".

► A construção da nação

Nação e nacionalismo são termos relativamente recentes, ligados à modernidade europeia. Esses conceitos datam do século XVIII, notadamente do período dos movimentos revolucionários burgueses. A Revolução Francesa, em especial, forneceu aos povos que desejavam transformar a sociedade uma inspiração, um discurso e um modelo a ser seguido. Seus ideais de liberdade, fraternidade e igualdade estimularam sentimentos e projetos de edificação de nações autônomas, com governos independentes. O sentimento nacionalista aflorou em diversas regiões, questionando a concepção de que o Estado é patrimônio dinástico da nobreza.

Em outras palavras, a destruição do Antigo Regime representou o grande catalisador de mudanças na Europa. O projeto de construção das nações no século XIX, na Europa e em outros continentes, foi "emprestado" ou adaptado do modelo francês e norte-americano.

> "O que era a Guerra Civil Americana, senão a tentativa de manter a unidade da nação americana frente à destruição? O que era a Revolução Meiji, senão o aparecimento de uma nova e orgulhosa 'nação' no Japão?"
>
> HOBSBAWM, Eric J. *A era do capital*: 1848-1875. Rio de Janeiro: Paz e Terra, 1982.

Nação é um conceito político que se acredita ter surgido na França revolucionária, embora naquele momento estivesse afastado do atual significado da palavra. Até o século XVIII, correspondia a uma concepção linguístico-cultural. Em meados do século XIX, o italiano Giuseppe Mazzini (1805-1872), um dos mais eloquentes defensores do nacionalismo, vinculou a expressão ao conceito de Estado.

O uso da expressão "nação política" pode ser entendido como uma organização constituída presumivelmente pela massa dos habitantes de um país, que apoia a centralização do poder político como forma de defesa do território nacional. Uma nação é organizada politicamente sob o mesmo governo e nela os indivíduos compartilham uma certa percepção e um passado coletivo, podendo inclusive realizar projetos para o futuro.

As bases do projeto de nacionalidade

Visto de um ângulo mais abrangente, **nacionalismo** pode ser identificado como um sentimento de preferência por tudo o que é próprio da nação. A expressão está ligada, portanto, à ideologia nacional, ou seja, à ideia de que existem laços culturais, históricos e linguísticos que unem os habitantes de um determinado território.

Até meados do século XIX, as ideias nacionalistas estiveram limitadas aos círculos intelectuais acadêmicos. Grupos de pequena expressividade, dedicados à "ideia nacional", empenharam-se na publicação de jornais, revistas e livros, buscando conquistar adeptos. Mas nem todos os segmentos sociais foram envolvidos nesse "empreendimento nacional". A maior parte das manifestações nacionais provinha das camadas médias, que naquele momento concebiam a ideia nacional apenas como um sentimento de xenofobia contra o dominador estrangeiro e deixavam em segundo plano os aspectos "nacionais" associados à Revolução Francesa e a outras mobilizações revolucionárias. As camadas populares permaneceram intocadas nesse primeiro momento pelas ideias nacionalistas. Os segmentos conservadores, por sua vez, foram os últimos a tomar conhecimento do que ocorria ao seu redor.

Na segunda metade do século XIX, a ideia de nacionalidade passou a fazer parte de reuniões e debates de diversos grupos sociais na Europa, sendo percebida como um fator de consciência, uma manifestação cultural. Os ideais nacionalistas ganharam força com a adesão de outros segmentos, como a nobreza, os proprietários de terras e a grande burguesia.

As chamadas "classes educadas" foram os grandes agentes do nacionalismo, responsáveis pela divulgação de seus ideais em várias regiões do planeta. Mas

MUSEU CARNAVELET, PARIS

A mobilização dos povos da Europa pela liberdade *(detalhe), alegoria de Fréderic Sorrieu, segunda metade do século XIX. Formando uma longa procissão, os povos da Europa, unidos sob suas respectivas bandeiras nacionais, reúnem-se diante da árvore da liberdade e da estátua que representa os Direitos do Homem.*

a vitória do princípio da nacionalidade não foi universal e muito menos pacífica. As diferenças políticas, ideológicas e mesmo culturais contrariavam a ideia de um passado comum, de uma identidade nacional. As nações tiveram que ser construídas por sobre as diferenças e as particularidades.

As revoluções da Primavera dos Povos, em 1848, tiveram grande importância na afirmação da nacionalidade — e também no acirramento das rivalidades entre as nacionalidades. Italianos, alemães, húngaros, romenos e outros povos não organizados em um Estado nacional afirmaram naquele momento o direito de se tornar independentes e unidos em torno de instituições comuns. Mesmo que as revoluções liberais da primeira metade do século XIX tenham fracassado, as aspirações nacionais permaneceram.

O nacionalismo exacerbado é um fermento da violência ainda hoje. Os violentos conflitos que, na década de 1990 e nos anos 2000, levaram à desagregação da ex-Iugoslávia e à formação de inúmeros pequenos países na região dos Bálcãs tiveram como fermento as lutas pela independência nacional.

MUSEU DO RESSURGIMENTO, TURIM

Giuseppe Garibaldi participou da Revolução Farroupilha, no Brasil. De volta à Itália, tornou-se líder do movimento de unificação. Foto de cerca de 1870.

A unificação italiana

Em 1815, o Congresso de Viena traçou novas fronteiras na Península Itálica, dividida desde o início da Idade Média. Ao sul, localizava-se o reino das Duas Sicílias; no centro, continuaram a existir os Estados Pontifícios, e logo acima os principados de Toscana, Módena e Parma. Ao norte, Milão e Veneza ficaram sob domínio austríaco. Também ao norte, o reino do Piemonte, ligado à Sardenha, constituiu-se em Estado soberano governado pela casa de Savoia. Dali se originou a primeira tentativa de unificação, liderada pelo rei Carlos Alberto, em 1848.

As revoluções de 1848 na Itália tiveram um caráter essencialmente nacionalista. Pretendia-se libertar as regiões que se encontravam sob domínio austríaco e, a partir daí, concretizar a unificação italiana. O fracasso desse levante revolucionário demonstrou a

A ITÁLIA APÓS O CONGRESSO DE VIENA

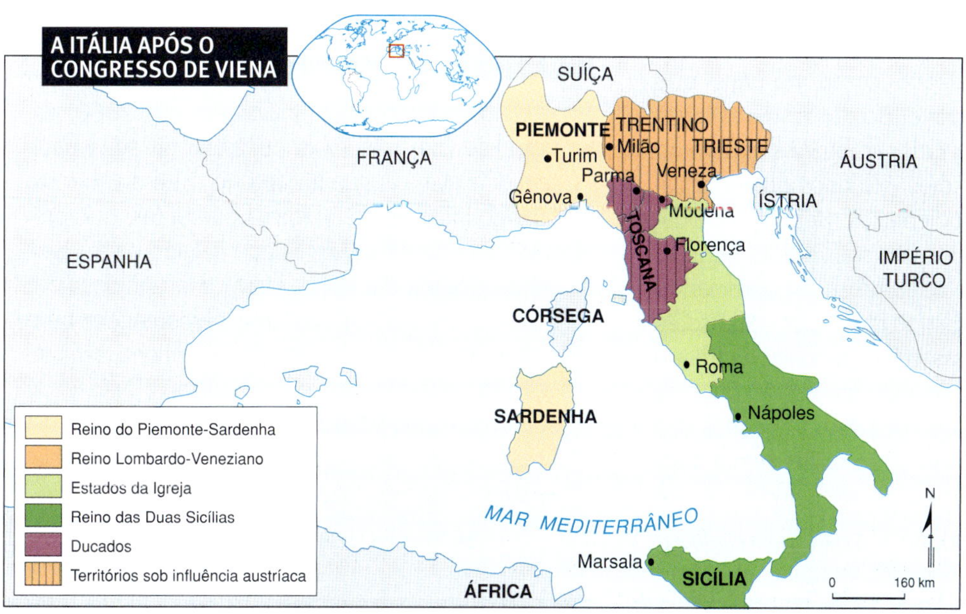

Fonte: DUBY, Georges. *Atlas historique*. Paris: Larousse, 1987.

fragilidade das ideias nacionalistas na Itália e levou os principais setores do movimento a defender a aliança com as potências estrangeiras na guerra contra a Áustria como método mais eficaz para conquistar a unidade italiana. A base da unificação seria, assim, o apoio externo e não o levante popular. Coube a Vitor Emanuel II, filho de Carlos Alberto, dar sequência ao processo de unificação e à formação do Estado nacional italiano.

Esse projeto foi concebido segundo propostas divergentes. O ***Risorgimento***, composto pela alta burguesia e pela nobreza fundiária e orientado pelo conde e grande proprietário de terras Camilo di Cavour, visava à unificação com a implantação de uma monarquia liberal. O movimento conhecido como **Jovem Itália** pretendia unificar o país e implantar um regime republicano. Era apoiado pela pequena e média burguesia e liderado por Giuseppe Mazzini. Com menor expressividade existiam os grupos religiosos que defendiam a ideia de que o melhor para a Itália seria constituir-se em uma nação presidida pelo papa.

A primeira fase do *Risorgimento* assistiu a revoltas e ações terroristas, conduzidas por sociedades secretas como os **carbonários**. Depois, a liderança do processo de unificação se dividiu entre os monarquistas do Piemonte, seguidores de Camilo di Cavour, e os "camisas vermelhas" de Giuseppe Garibaldi, que já havia lutado pelos ideais republicanos no Brasil e em outras áreas da América Latina.

Os carbonários

"Quanto aos carbonários, foram um ramo da maçonaria que prosperou na Itália com o mesmo espírito romântico e conspirativo das sociedades secretas europeias da época [...]. Considerados oficialmente pelo papado como homens que 'têm por objetivo a subversão dos poderes legítimos e a ruína da Igreja', os carbonários tinham no início, entre seus quadros, soldados desmobilizados dos exércitos napoleônicos. Depois, espalharam-se por toda a Itália com suas táticas de ação subterrânea e motins de surpresa, predominando entre eles, com o passar do tempo, os defensores de uma república democrática e social. Entretanto, com o desaparecimento dos velhos quadros militares, os carbonários chegaram a meados dos anos 30 com uma organização militarmente frágil e ineficiente."

MARKUN, Paulo. *Anita Garibaldi*: uma heroína brasileira. São Paulo: Senac, 1999.

Desde 1848, início da unificação italiana, ficou claro o interesse da burguesia em estabelecer alianças com a nobreza latifundiária e afastar a massa camponesa do processo.

Havia fortes laços entre os dois segmentos conservadores. Enquanto os grandes nomes do mundo financeiro e mercantil adquiriam títulos e propriedades rurais, tradicionais famílias rurais migraram para o mundo dos negócios, consolidando desse modo uma sociedade nobiliárquica italiana.

Em 1852, Vitor Emanuel nomeou Cavour para o cargo de primeiro-ministro de Piemonte-Sardenha. Seu projeto era a unificação da Itália sob o domínio da dinastia de Savoia. Para ele, a formação do Estado nacional deveria ser um alargamento do reino piemontês, jamais um movimento baseado nos setores populares.

Cavour acreditava que, para ter sucesso em uma guerra contra a Áustria, precisaria de aliados fortes e respeitados no cenário diplomático europeu. Por isso, decidiu aliar-se à Grã-Bretanha e à França contra a Rússia, na **Guerra da Crimeia** (1853-1856). Essa aliança aproximou Cavour do imperador francês Napoleão III, que em 1859 apoiou a casa de Savoia em uma guerra contra a Áustria. Apesar de não ter alcançado o sucesso total, o Reino de Piemonte-Sardenha praticamente dobrou seu território, anexando os ducados de Toscana, Parma e Módena e parte dos Estados Pontifícios. Com isso, tornou-se o Estado mais influente da Itália. Mas ainda havia muito a ser feito para criar um Estado nacional capaz de superar as dificuldades geradas pela multiplicidade de dialetos e de culturas na vida social italiana.

Uma Itália sem italianos

"No momento da unificação, em 1860, estimou-se que não mais de 2,5% de seus habitantes falava a língua italiana no dia-a-dia, o resto falando idiomas de tal forma diferentes, que professores enviados pelo Estado italiano para a Sicília, na década de 1860, foram confundidos com ingleses. Provavelmente uma percentagem bem maior, mas ainda uma modesta minoria, teria se sentido naquela data como italianos. Não é de se admirar que Massimo d'Azeglio (1792-1866) tivesse exclamado em 1860: 'Fizemos a Itália; agora precisamos fazer os italianos'."

HOBSBAWM, Eric J. *A era do capital*: 1848-1875. Rio de Janeiro: Paz e Terra, 1977.

O projeto unificador receberia novo impulso com a conquista, em 1860, do Reino das Duas Sicílias, governado por Francisco II, odiado descendente dos Bourbons da França. A campanha foi liderada por Garibaldi que, à frente dos "camisas vermelhas" e com apoio piemontês, tomou a região e a anexou aos domínios dos Savoias. Com essa vitória, Vitor Emanuel II tornou-se rei de grande parte da Itália.

O exército italiano só ocupou Roma em 1870. Nessa campanha, teve como adversários os franceses, que apoiavam o papa. O êxito italiano foi favorecido pela Guerra Franco-Prussiana, que obrigou as tropas de Napoleão III a voltar à França para defender a pátria. Roma tornou-se a capital do Reino da Itália, governado pela casa de Savoia. Apenas as regiões de Trentino, Trieste e Ístria permaneceram sob domínio da Áustria. Essa questão só seria solucionada definitivamente após a Primeira Guerra Mundial, no século XX.

A unificação italiana resultou em fortes conflitos com o papa Pio IX, que tomou medidas contra o governo recém-instalado, como a proibição de os fiéis votarem nas eleições e a decisão de considerar-se prisioneiro dentro do Vaticano. Conhecido como Questão Romana, o conflito entre o Estado e a Igreja na Itália só foi solucionado em 1929 com a assinatura do **Tratado de Latrão**, entre o papa Pio XI e o ditador fascista Benito Mussolini, que, necessitando do apoio papal, abriu espaço para a conciliação. Pela concordata, foi criado o **Estado do Vaticano**, dirigido pelo papa, e a religião católica tornou-se oficial no Estado italiano.

A unificação alemã

A história da formação do Estado alemão passou por várias etapas. Cerca de mil anos atrás, surgiu o Sacro Império Romano-Germânico. No século XVII, a Alemanha estava dividida em cerca de trezentas unidades separadas por motivos religiosos, dinásticos ou políticos. Após a derrota de Napoleão, em 1815, o número de Estados alemães decresceu para trinta e oito, formando a **Confederação Germânica do Norte**, sob hegemonia austríaca. Afinal, em 1870, formou-se o Estado nacional alemão, unificado em torno da Prússia.

Em 1834, uma política econômica baseada na supressão das barreiras alfandegárias entre os Estados alemães foi o primeiro passo no processo de unificação. Essa união aduaneira, o ***Zollverein***, excluía a Áustria, que tentou, em vão, integrar-se à aliança. Os reflexos dessa política fizeram-se sentir principalmente a partir de 1860, no crescimento econômico e no florescimento das cidades.

Fonte: DUBY, Georges. *Atlas historique*. Paris: Larousse, 1987.

A questão aduaneira

"Efetivamente a Prússia veio a iniciar negociações com os outros Estados alemães para o estabelecimento duma união aduaneira, como primeiro passo para uma união política, encontrando resistências, sobretudo por parte do grão-ducado de Baden, como se vê neste relatório de julho de 1831: 'Parece que neste momento se redobra de esforços para fazer adotar pelas Câmaras o projeto bávaro-prussiano de união aduaneira [...] A grande potência germânica (a Prússia) que procura a sua conclusão com uma insistência que se deverá ter por suspeita, esconde, sob as aparências dum simples desejo de crescimento do seu sistema comercial, designios de que a sua conduta com outros Estados secundários [...] podem fazer pressentir o alcance. Uma aliança comercial [...] não deixaria de fornecer pretextos a uma solicitude de que nasceria um controle o qual poderia conduzir a consequências fáceis de prever [...] Seria o fim da independência do Grão-ducado [...].'"

CHAULANGES, M. et al. Textos históricos: 1815-1848. In: FREITAS, Gustavo de. *900 textos e documentos de História*. Lisboa: Plátano, 1977.

Vista das ruínas do Forte Issy, em fevereiro de 1871, ocupado pelos soldados prussianos vitoriosos na Guerra Franco-Prussiana. A vitória germânica possibilitou costurar a unificação da Alemanha.

A unificação da Alemanha foi projetada por Otto von Bismarck (1815-1898), nomeado em 1862 chanceler do rei Guilherme I da Prússia. Bismarck pertencia à classe dos *junkers*, nobreza detentora de vastas propriedades fundiárias, que atuava dentro de uma estrutura social semifeudal. Esse grupo detinha privilégios junto ao Estado, ocupando posições decisivas na burocracia e no Exército prussiano. Aliada ao projeto da unificação encontrava-se a alta burguesia, interessada na continuidade do projeto de modernização militar implementado desde 1860.

O projeto de Bismarck, de unificação da Alemanha em torno da Prússia, exigia que a Áustria perdesse sua posição hegemônica dentro da Confederação Germânica. Em 1864, Bismarck propôs uma aliança com a Áustria contra a Dinamarca, destinada a anexar territórios de população predominantemente germânica. Com a derrota dinamarquesa, os ducados de Schleswig e Holstein foram divididos entre os dois aliados. Dois anos mais tarde, Bismarck aliou-se à Itália em guerra contra a Áustria e anexou a região de Sadowa, na Boêmia, então sob domínio austríaco.

Essa guerra teve como consequência imediata a organização da Confederação Germânica do Norte, sob a liderança da Prússia. Uma nova Constituição estabeleceu que o rei prussiano seria presidente hereditário da região. Os Estados germânicos do sul foram impedidos de aliar-se à Prússia, devido às ameaças da França, que se opunha à emergência de um novo Estado próximo a suas fronteiras. Entretanto, um compromisso militar secreto foi assinado entre as duas regiões alemãs, prevendo a possibilidade de uma guerra contra os franceses. Era esse o objetivo do chanceler prussiano, consciente de que um conflito com a França poderia estimular o nacionalismo alemão, principalmente nos Estados meridionais.

A unificação alemã veio com a **Guerra Franco-Prussiana** (1870). Os territórios alemães do sul aliaram-se à Prússia, contribuindo para sua vitória. A Batalha de Sedan pôs fim à guerra. Humilhada, a França teve de assinar o **Tratado de Frankfurt**, pelo qual entregou aos alemães as ricas regiões da Alsácia e Lorena. Outros tratados entre os Estados alemães estipularam que o império ficaria sob o governo da dinastia prussiana. O rei Guilherme da Prússia recebeu o título de *Kaiser* (imperador) da Alemanha, e Bismarck, o de chanceler do império.

TEXTO COMPLEMENTAR

As revoluções de 1848

Aparentemente, as revoluções de 1848 configuraram um quadro em que se caminhava para profundas transformações sociais. No entanto, essa perspectiva foi frustrada pelo poderio burguês.

"No início de 1848, o eminente pensador político francês Alexis de Tocqueville tomou a tribuna da Câmara dos Deputados para expressar sentimentos que muitos europeus partilhavam: 'Nós dormimos sobre um vulcão... Os senhores não perceberam que a terra treme mais uma vez? Sopra o vento das revoluções, a tempestade está no horizonte'. Mais ou menos no mesmo momento, dois exilados alemães, Karl Marx com trinta anos e Friedrich Engels com vinte e oito, divulgavam os princípios da revolução proletária para provocar aquilo que Tocqueville estava alertando seus colegas, no programa que ambos tinham traçado algumas semanas antes para a Liga Comunista Alemã e que tinha sido publicada anonimamente em Londres, por volta de 24 de fevereiro de 1848, sob o título (alemão) de *Manifesto do Partido Comunista*, para ser publicado em inglês, francês, alemão, italiano, flamengo e dinamarquês. Em poucas semanas, ou, no caso do Manifesto, em poucas horas, as esperanças e temores dos profetas pareceram estar na iminência da realização. A monarquia tinha sido derrubada por uma insurreição, a república proclamada e a revolução europeia tinha se iniciado.

Tem havido um bom número de grandes revoluções na história do mundo moderno, e certamente a maioria bem-sucedida. Mas nunca houve uma que tivesse se espalhado tão rápida e amplamente, se alastrado como fogo na palha por sobre fronteiras, países e mesmo oceanos. [...] Em poucas semanas nenhum governo ficou de pé numa área da Europa que hoje é ocupada completa ou parcialmente por vários estados, sem contar as repercussões em um bom número de outros. Além disso, 1848 foi a primeira revolução potencialmente global, cuja influência direta pode ser detectada na insurreição de 1848 em Pernambuco (Brasil) e poucos anos depois na remota Colômbia. Num certo sentido, foi o paradigma de um tipo de 'revolução mundial' com o qual, dali em diante, rebeldes poderiam sonhar e que, em raros momentos como no pós-guerra das duas conflagrações mundiais, eles pensaram poder reconhecer. De fato, explosões simultâneas continentais ou mundiais são extremamente raras. 1848 na Europa foi a única a afetar tanto as partes 'desenvolvidas' quanto as atrasadas do continente. Foi ao mesmo tempo a mais ampla e a menos sucedida desse tipo de revolução. No breve período de seis meses de sua explosão, sua derrota universal era seguramente previsível; dezoito meses depois, todos os regimes que derrubara foram restaurados, com a exceção da República Francesa que, por seu lado, estava mantendo todas as distâncias possíveis em relação à revolução à qual devia sua própria existência. [...]"

HOBSBAWM, Eric. *A era do capital*: 1848-1875. Rio de Janeiro: Paz e Terra, 1988.

Compreendendo o texto

1. Identifique:

a) as repercussões do processo revolucionário de 1848.

b) a principal característica atribuída pelo autor às revoluções de 1848.

2. Aparentemente, as revoluções de 1848 apontavam para a realização de profundas transformações sociais e políticas. Por que tais mudanças não ocorreram de fato?

ATIVIDADES

Explorando o conhecimento

1 A tela *A Liberdade guiando o povo*, do pintor francês Eugène Declacroix (1799-1863), é uma alegoria à Revolução de 1830. Observe-a e responda.

MUSEU DO LOUVRE, PARIS

A Liberdade guiando o povo, *1830, tela de Eugène Delacroix.*

a) Descreva os personagens que se destacam na tela. Podemos associá-los a algum grupo social? Qual ou quais?

b) A tela foi comprada pelo Estado francês, o que despertou muita crítica por parte dos grupos conservadores da França. Por que você imagina que essas críticas foram feitas?

c) O que representava a Liberdade para os revolucionários do período?

2 Leia o trecho do *Manifesto comunista* e responda à questão a seguir.

> "Um espectro ronda a Europa — o espectro do comunismo. Todas as potências da velha Europa unem-se numa Santa Aliança para conjurá-lo: o papa e o czar, Metternich e Guizot, os radicais da França e os policiais da Alemanha."
>
> MARX, Karl e ENGELS, Friedrich. *Manifesto do Partido Comunista* — 1848. São Paulo: Paz e Terra, 1997.

- Podemos relacionar o trecho acima com os acontecimentos da Primavera dos Povos? Justifique sua resposta.

3 O conceito de nação sofreu modificações do século XVIII ao final do século XIX. Com base no texto do capítulo e no texto do historiador Eric Hobsbawm, página 404, explique:

a) Qual o significado de nação na visão liberal do século XVIII?

b) Quais as dificuldades culturais para a aplicação dessa definição de nação, no caso da unificação italiana?

c) Qual a importância da instrução pública para o projeto italiano de afirmação da nacionalidade?

4 Defina:

a) liberalismo.

b) nacionalismo.

c) sociedade nobiliárquica italiana.

d) carbonários.

e) Questão Romana.

f) *Zollverein.*

g) *junkers.*

5 A aliança entre burguesia e nobreza latifundiária no processo de unificação da Itália e da Alemanha ocorreu em meio a uma série de batalhas militares. A esse respeito, responda:

a) Pode-se identificar um papel do Estado no estímulo à indústria militar, especialmente no caso alemão? Por que esse papel aproximava os interesses da burguesia e do Estado?

b) Retome a definição de nacionalismo, reflita e responda: Podemos perceber nas guerras e confrontos militares um fator de amenização dos conflitos entre as classes sociais? Justifique.

6 Leia o documento a seguir:

> **Preliminares da Paz de Versalhes: 26 de fevereiro de 1871**
>
> "[...] Artigo 1. A França renuncia em favor do Império Alemão a todos os seus direitos e títulos sobre os territórios situados a leste da fronteira abaixo designada [...] [segue a enumeração dos distritos e cidades pertencendo às províncias de Alsácia e Lorena, anexadas pela Alemanha]
>
> [...] Artigo 2. A França pagará à Sua Majestade o Imperador da Alemanha a quantia de cinco bilhões de francos. O pagamento de, pelo menos, um bilhão de francos

terá lugar no decorrer do ano de 1871 e o do restante da dívida num espaço de três anos a partir da ratificação das presentes [preliminares] [...]

Artigo 3. [...] Imediatamente após a ratificação, as tropas alemãs deixarão o recinto da cidade de Paris [...]. Após o pagamento de dois bilhões, a ocupação alemã limitar-se-á aos departamentos do Marne, das Ardennes, do Haut-Barne, do Meuse, dos Vosges, do Meurthe, assim como a fortaleza de Belfort com seu território, que servirão de penhora para os três bilhões restantes, onde o número de tropas alemãs não ultrapassará cinquenta mil homens. [...]

Artigo 4. As tropas alemãs abster-se-ão de fazer requisições, seja em dinheiro seja em gêneros nos departamentos ocupados. Porém, a alimentação das tropas alemãs que permanecerem na França far-se-á às expensas do governo francês pelo modo que será acertado com a intendência militar alemã. [...]"

In: MATTOSO, Kátia M. de Queirós (org.). *Textos e documentos para o estudo da história contemporânea.* São Paulo: Hucitec/Edusp, 1977.

Baseado no texto e nas informações do capítulo, responda:

a) Qual a vantagem geográfica obtida pela nação alemã com a vitória sobre o exército francês?

b) Como essa vitória repercutiu no processo de unificação alemã?

c) Identifique outras penalidades impostas à França ao final do conflito com a Alemanha.

d) Que elementos nos permitem caracterizar a Guerra Franco-Prussiana como um processo que não encerrou as rivalidades entre as duas nações?

A HISTÓRIA E O TEMPO PRESENTE

7 Leia o texto a seguir.

Imagens do proletariado

"Proletariado... o nome mesmo soa como um arcaísmo: representam-se os proletários do início do século ou do entreguerras, boné inclinado sobre a cabeça e sacola de pano sobre os ombros, dirigindo-se cedo pela manhã para as portas das usinas dos sinistros subúrbios. Ou ainda, bandeiras vermelhas às mãos, nos cortejos de 1º de maio ou aqueles operários dos manifestos. Imagens que parecem pertencer a um outro século [XIX], mesmo se as realidades que as engendraram marcaram profundamente este nosso século."

BIRH, Alan. Le prolétariat dans tous ses éclats. *Le Monde Diplomatique: manière de voir*, n. 18, 1993.

As imagens do proletariado descritas no texto estão relacionadas ao início do século XIX, momento em que a Revolução Industrial se firmava na Inglaterra.

a) Produza, com base no texto, um parágrafo comentando as mudanças e permanências na imagem dos operários daquele período em relação aos dos dias de hoje.

b) A dinâmica do movimento operário em 1848 apresenta semelhanças com o atual movimento operário no Brasil? Dê exemplos.

8 Leia este trecho de uma crônica do escritor Nelson Rodrigues, em que ele narra, de forma sarcástica e apaixonada, as emoções de uma partida de futebol entre Bélgica e Brasil, no estádio do Maracanã, em 1965.

A pátria em chuteiras

"Como se sabe, há dois anos a Bélgica venceu o Brasil, em Bruxelas, por 5 x 1. Essa humilhação ainda pingava sangue. E todo o mundo foi ao estádio para vingar a desfeita. Amigos, antes de chegar ao Maracanã, pasmei para a loucura dos automóveis e das buzinas. [...] Eles subiam nas calçadas, ou trepavam nas árvores como macacos e quase pulavam os muros.

Finalmente, dentro do Maracanã, eu espiei aquela gente toda. [...] cada brasileiro presente era um patriota. Até o Armando Nogueira [...] pingava de patriotismo. [...] E nenhum de nós ficava atrás, nos arrancos de civismo. Então, no meu canto, eu descobri o óbvio ensurdecedor, ou seja: — que o ressentimento funda uma nação. Nunca fomos tão brasileiros, tão Brasil. [...]"

"Nunca fomos tão brasileiros". *O Globo*, 4 jun. 1965. In: RODRIGUES, Nelson. *A pátria em chuteiras*: novas crônicas de futebol. São Paulo: Companhia das Letras, 1994.

a) Relacione, em um texto, futebol e identidade nacional.

b) Explique a seguinte frase do texto: "o ressentimento funda uma nação".

c) O que é ser brasileiro? Debata com os colegas essa questão.

9 A unificação alemã foi realizada a partir de uma união aduaneira (*Zollverein*). Explique o que caracteriza essa união e pesquise sobre outros projetos de união aduaneira vigentes no mundo atual.

Vestibular / ENEM

1 (Unifesp) O movimento revolucionário de 1848, que abalou, mas não destruiu, a ordem social vigente na Europa, pode ser caracterizado como um conflito no qual

a) a burguesia, ou frações desta classe, face ao perigo representado pelo proletariado, não tomou o poder.

b) o campesinato, em luta encarniçada contra a nobreza, abriu espaço para a burguesia tomar o poder.

c) a nobreza, diante da ameaça representada pela burguesia, fez concessões ao proletariado para se manter no poder.

d) o proletariado, embora fosse uma classe já madura e com experiência, ficou a reboque dos acontecimentos.

e) não houve luta de classes, e sim disputas derivadas das tensões e contradições existentes entre ricos e pobres.

2 (UFRJ) Leia o texto abaixo.

> "As revoluções de 1848 [...] tiveram muito em comum, não apenas pelo fato de terem ocorrido quase simultaneamente, mas também porque seus destinos estavam cruzados, todas possuíam um estilo e sentimento comuns, uma atmosfera curiosamente romântico-utópica e uma retórica similar, [...] Era a 'primavera dos povos' — e, como primavera, não durou."

HOBSBAWM, Eric J. *A era do capital.* Rio de Janeiro: Paz e Terra, 1977. p. 33.

A chamada "Primavera dos Povos", por sua amplitude e radicalidade, apresentou-se como uma enorme esperança de mudanças políticas e sociais no continente europeu e até fora dele (influência na Revolução Praieira em Pernambuco). A opção que caracteriza corretamente um dos movimentos revolucionários daquele período é:

a) Em 1848, a rebelião popular em Viena não conseguiu depor o ministro Metternich, dado o apoio do Império Russo ao governo conservador.

b) Na França, a partir da Revolução de Fevereiro, formou-se um governo com a participação de socialistas, responsável pela criação das Oficinas Nacionais.

c) Influenciada pela rebelião ocorrida em Viena, a Lombardia-Veneza rebelou-se contra os austríacos, com sucesso, tornando-se o centro do processo de unificação italiana.

d) Como resistência à invasão prussiana, operários franceses tomaram as ruas e ocuparam as prefeituras das cidades, gerando o movimento da Comuna de Paris, primeiro governo socialista vitorioso da história da humanidade.

e) Na França, a classe média com o apoio dos camponeses pequenos-proprietários se rebelou contra Luís Bonaparte, que, apoiado pela burguesia, deu golpe de Estado e implantou uma ditadura.

3 (Ufes) As revoluções de 1848, chamadas por Marx de "Primavera dos Povos", pela primeira vez, entre suas causas, combinaram (A) o liberalismo, (B) o nacionalismo e (C) o socialismo. Explique como esses fatores influíram na eclosão revolucionária.

4 (UFU-MG) "1848 foi a primeira revolução potencialmente global. [...] Num certo sentido, foi o paradigma de um tipo de 'revolução mundial' com o qual, dali em diante, rebeldes poderiam sonhar e que, em raros momentos [...] eles pensaram poder reconhecer. De fato, explosões simultâneas continentais ou mundiais são extremamente raras."

HOBSBAWM, E. *A era do capital.* São Paulo: Paz e Terra, 1982. p. 30.

Sobre as revoluções de 1848, identifique a alternativa correta.

a) O caráter de "revolução mundial" de que se revestiram estes movimentos deveu-se à influência da Associação Internacional dos Trabalhadores — a 2ª Internacional — que possibilitou estender os movimentos não só por toda a Europa, mas também pelas principais cidades do continente americano.

b) As revoluções de 1848 foram movimentos do proletariado industrial num contexto de crise econômica, começando na Inglaterra e atingindo a França, Alemanha e Bélgica, derrubando os governos burgueses e instalando repúblicas de orientação socialista.

c) Foram movimentos que mesclaram os interesses liberais e nacionalistas da burguesia, em sua luta contra o absolutismo, às reivindicações e ao descontentamento das massas populares, canalizadas pelo socialismo, que pregava reformas radicais.

d) Essencialmente urbanas, as revoluções de 1848 foram movimentos de resistência contra o conservadorismo, organizadas e controladas pela burguesia europeia, e inspiradas no liberalismo radical, sem a participação popular.

5 (UEPB) Na Europa, na primeira metade do século XIX, surgiram ideias nacionalistas, como afirmação dos princípios liberais aplicados à nação, entendida como um conjunto de indivíduos dotados de liberdades naturais e unidos por interesses e idioma comuns, constituindo uma "individualidade política" com direito a autodeterminação. Na segunda metade desse século, o panorama político europeu caracterizou-se pela política das nacionalidades, e nesse contexto ocorreram as unificações da Itália e da Alemanha. Sobre a unificação da Itália, é **incorreto** afirmar que:

a) A ideia de unificação partiu das zonas de crescente desenvolvimento industrial, correspondendo basicamente aos interesses de setores da burguesia, desejosos de constituir um amplo mercado nacional para seus produtos.

b) O processo de unificação se desenvolveu no sentido norte/sul, a partir do Reino do Piemonte--Sardenha.

c) O movimento nacionalista de Mazzini foi derrotado em 1830, mas recuperou força em 1849, com a fundação da República Romana.

d) O caráter popular e a radicalização dos movimentos de unificação nos anos de 1848 e 1849 levaram a burguesia a retirar o seu apoio, o que favoreceu a contrarrevolução.

e) Concluído o processo de unificação, dois importantes problemas permaneceram: a Questão Romana — recusa de Pio IX e seus sucessores em aceitar a perda de seus territórios — e a existência de minorias italianas fora do território unificado.

6 (Uerj) A partir dos anos de 1848/1850, o panorama político europeu foi caracterizado pelo processo de construção do Reino da Itália e de formação do Império Alemão.

Comparando os dois processos de unificação, descreva a participação dos setores populares em cada um deles.

7 (Vunesp) As unificações políticas da Alemanha e da Itália, ocorridas na segunda metade do século XIX, alteraram o equilíbrio político e social europeu. Entre os acontecimentos históricos desencadeados pelos processos de unificações, encontram-se:

a) a ascensão do bonapartismo na França e o levante operário em Berlim.

b) a aliança da Alemanha com a Inglaterra e a independência da Grécia.

c) o nacionalismo revanchista francês e a oposição do papa ao Estado italiano.

d) a derrota da Internacional operária e o início da União Europeia.

e) o fortalecimento do Império austríaco e a derrota dos fascistas na Itália.

8 (UFRJ) Ao longo do século XIX é possível identificar algumas tentativas de integração europeia, que não alcançaram grande repercussão. A ideia de uma Europa unida estava ainda distante. Segundo Bismarck, chanceler da Prússia e depois da Alemanha, "quem fala de Europa se equivoca. Noção geográfica... ficção insustentável".

Contudo, na segunda metade do século XX, se fortaleceu a proposta de uma maior integração econômica e política do continente, com a assinatura do Tratado de Roma e a constituição da Comunidade Econômica Europeia (CEE).

Identifique uma razão que tenha levado Bismarck a mostrar-se pessimista quanto à possibilidade de uma união europeia em fins do século XIX.

Ampliando o conhecimento

Leitura

ZOLA, Émile. *Germinal*. São Paulo: Martin Claret, 2006.

DIVULGAÇÃO

Nessa obra, o escritor Émile Zola denunciou as péssimas condições de trabalho dos operários, a fome, a falta de higiene e os efeitos das condições materiais de vida sobre a conduta individual e a organização familiar. A história se passa na segunda metade do século XIX e expressa a natureza das lutas que nasceriam das revoluções de 1848.

Filme

Os miseráveis

DIVULGAÇÃO

Direção de Billie August. Estados Unidos, 1998. 131 min.

Após ser condenado à prisão por ter roubado um pão, um homem escapa e passa a ser perseguido por um obstinado policial que fará de tudo para prendê-lo novamente. A história tem como pano de fundo as Revoluções de 1830 na França.

Uma época em ebulição

ARQUIVOS E ADMINISTRAÇÃO NACIONAL DOS REGISTROS DOS EUA

DEUTSCHES HISTORISCHES MUSEUM, BERLIM

Capítulos da Unidade 6

UNIDADE 6

A: Soldados em trincheiras antes de uma batalha durante a Guerra de Secessão, em Petersburg, Virgínia, nos Estados Unidos, em 1865. B: Pintura A batalha de Königgrätz, *de Emil Hantem (1885), representando um momento da Guerra Austro-Prussiana (1866).*

► As duas imagens tratam de um mesmo tema, a guerra. No entanto, ele é representado de maneiras distintas. A primeira imagem, uma foto, é o retrato instantâneo de um momento. A segunda é uma pintura, resultado da imaginação do artista. Na sua opinião, por que cada uma transmite um ponto de vista diferente sobre a guerra? Qual imagem podemos afirmar que está mais carregada de elementos subjetivos? Justifique.

► A maioria dos historiadores afirma que o século XIX marcou a transição para uma nova sociedade no Ocidente. Que sociedade é essa e quais são suas principais características?

Capítulo 31

A formação dos Estados Unidos

Os limites da liberdade

BO ZAUNDERS/CORBIS-LATINSTOCK

Estampados em ônibus em uma rua de Manhattan alguns dos símbolos norte-americanos mais importantes: a bandeira, a estátua da liberdade e o Empire State Building, um dos cartões postais de Nova York (Estados Unidos). Fevereiro de 2006.

DAVID S. HOLLOWAY/GETTY IMAGES

Marcha de imigrantes em situação ilegal nos Estados Unidos no Dia da Ação Nacional pela Justiça ao Imigrante, Washington DC, 10 de abril de 2006. Ao fundo, o Congresso dos Estados Unidos.

▶ A expansão norte-americana

Após a independência, os Estados Unidos conheceram um grande crescimento populacional, territorial e econômico. Em 1803, a compra da Louisiana, território que pertencia aos franceses, praticamente duplicou o tamanho do país. Em 1846, o Óregon passou do domínio britânico para o norte-americano. No mesmo ano, o Texas, antigo território mexicano, foi incorporado aos Estados Unidos, depois de dez anos de vida independente. A medida provocou uma guerra entre Estados Unidos e México que, derrotado, cedeu a Califórnia, o Novo México, Utah e outros territórios aos Estados Unidos.

Paralelamente à ampliação de suas fronteiras, os Estados Unidos receberam sucessivas levas de imigrantes, vindos principalmente da Grã-Bretanha, França, Países Baixos, Escandinávia, dos territórios germânicos e eslavos. Eles fugiam da fome e das perseguições religiosas e políticas. Sonhavam com uma vida melhor em um país onde haveria liberdade de trabalho, de expressão e de crença religiosa. Aspiravam ter seu próprio pedaço de terra — mas muitos deles tornaram-se artesãos, pequenos comerciantes e operários das fábricas e da construção civil nas cidades do norte.

O sonho do acesso à terra contribuiu para a ocupação das pradarias, processo bastante retratado por Hollywood nos filmes de faroeste.

Para alguns estudiosos da história dos Estados Unidos, tal expansão vinha concretizar o que chamavam de **Destino Manifesto**. Os defensores dessa ideologia pregavam que o país estava destinado a se estender do Atlântico ao Pacífico; havia sido escolhido por Deus para levar seus valores a territórios sob o poder de outros Estados ou dos peles-vermelhas. A fome de terras dos imigrantes e as agressões cometidas em nome do Destino Manifesto dos Estados Unidos contribuíram para empurrar suas fronteiras desde o Rio Mississípi até a costa oeste.

A ocupação das novas regiões favoreceu o desenvolvimento da economia do norte e do centro-oeste graças à ampliação das áreas agrícolas, do setor industrial, do mercado consumidor e do sistema de transporte. Na agricultura, cresceu a produção de trigo, milho e outros produtos, assim como os rebanhos bovinos, suínos e ovinos. A indústria nortista ampliou e diversificou sua linha de bens de consumo, além de construir barcos a vapor e de criar uma rede ferroviária responsável pelo escoamento de produtos finais e matérias-primas. Rapidamente se estabeleceu a infraestrutura de um dinâmico setor de bens de produção.

O sul, de economia predominantemente agrário-exportadora, baseada no trabalho escravo, também não ficou alheio à expansão territorial. As áreas agrícolas se estenderam do Mississípi ao Texas. Além do algodão, principal produto exportado, o milho, o cânhamo, o arroz, o trigo e a cana-de-açúcar desempenharam importante papel na economia sulista. A indústria regional, incipiente em comparação com a do norte, concentrava-se no beneficiamento de produtos agrícolas. Engenhos, serrarias, fábricas de linha e tecidos de algodão respondiam por 15% da capacidade industrial nacional.

A FORMAÇÃO DOS ESTADOS UNIDOS

Fonte: VIDAL-NAQUET, Pierre e BERTIN, Jacques. *Atlas histórico*. Lisboa: Círculo de Leitores, 1990.

▶ A caminho da Guerra Civil

Desde a independência, as elites nortistas e sulistas estabeleciam acordos políticos que serviam para administrar seus interesses divergentes, principalmente nos campos econômico e social. Quando esses interesses se tornaram antagônicos e ocorreu a ruptura do sistema de acordos políticos, os estados do sul se separaram da União e formaram uma confederação. Para reprimir o separatismo dos Estados Confederados sulistas e restabelecer a União, foi travada a Guerra Civil, também conhecida como **Guerra de Secessão**.

Veja, a seguir, alguns dos principais motivos de divergência entre o sul e o norte que contribuíram para a Guerra Civil.

- **Divergências em relação às tarifas sobre importações.** Os nortistas ou *yankees*, como eram chamados, pretendiam que o imposto fosse alto o bastante para proteger sua produção industrial. Os sulistas queriam um imposto baixo, para baratear os produtos importados. Graças a um acordo, as tarifas acabaram flutuando entre 20% e 30% conforme o valor da mercadoria.
- **Divergências quanto ao acesso às terras.** A partir de 1830, cresceram as pressões pela venda de terras públicas a preços simbólicos, a famílias dispostas a cultivá-las. Esse movimento provocou reações contraditórias. Evidentemente, os fazendeiros do oeste tinham interesse na distribuição de terras públicas, o que lhes permitiria ampliar suas propriedades. A burguesia nortista apoiava leis que impunham altos preços às terras, pois temia que os operários deixassem as fábricas ou forçassem uma alta dos salários. Já os pequenos proprietários, tanto do norte quanto do sul, reivindicavam terras baratas. Um outro grupo, composto de operários nortistas, defendia a gratuidade da posse da terra, temendo perder seus empregos para os imigrantes recém-chegados à América.

▷ A Lei do Homestead

Em meados do século XIX, alguns atores políticos mudaram suas posições. Percebendo que os pequenos proprietários do oeste seriam adversários da escravidão, os sulistas deixaram de apoiar o fácil acesso às terras, designando as pradarias entre o Texas e o Canadá como o "grande deserto americano". Em contrapartida, a burguesia nortista percebeu que o crescimento do oeste aumentara a oferta de gêneros alimentícios mais baratos nas cidades, ao mesmo tempo que aumentava o consumo dos produtos manufaturados pelo norte, e passou a defender a política de baixos preços para as terras. A guerra civil aproximou os interesses entre o norte e o oeste, permitindo aprovar a **Lei do Homestead**, promulgada em 20 de maio de 1862 por Abraham Lincoln.

A Lei do Homestead contribuiu decisivamente para concretizar o "sonho americano". Até o final do século XIX, cerca de 600 mil colonos haviam recebido mais de 80 milhões de acres (1 acre = 4.047 m^2).

Os indígenas foram os mais prejudicados pela lei de terras desse período. Por meio de guerras e tratados de paz desrespeitados, o governo norte-americano se apossou das terras indígenas, tornando-as de domínio público, com o propósito de serem colonizadas por cidadãos norte-americanos e imigrantes.

COLEÇÃO PARTICULAR

COLEÇÃO PARTICULAR

À esquerda, bairro da Louisiana, sul dos Estados Unidos, c. 1860; à direita, vista de Nova York na década de 1860. O contraste entre o sul agrário e o norte industrial era evidente às vésperas da Guerra Civil.

Rumo ao oeste: Comboio de carroças ao lado do Rio Medicine Bow, no Wyoming *(final do século XIX). Essa pintura, de Samuel Colman, representa caravana de conquistadores do oeste fazendo a difícil travessia das Montanhas Rochosas.*

"Qualquer pessoa que seja chefe de família, ou tenha chegado à idade de vinte e um anos, e seja cidadão dos Estados Unidos, ou tenha preenchido sua declaração de intenção de tornar-se cidadão dos Estados Unidos, e nunca empunhou armas contra o governo dos Estados Unidos, nem prestou auxílio e ajuda aos seus inimigos, terá o direito, a partir do dia primeiro de janeiro de mil, oitocentos e sessenta e três, de entrar num quarto de milha quadrada ou numa quantidade menor de **terras devolutas** desocupadas."

Lei do Homestead. In: SYRETT, Harold C. *Documentos históricos dos Estados Unidos*. São Paulo: Cultrix, 1988.

Posteriormente, durante o governo do presidente Rutherford B. Hayes, foi publicado o **Dawes Act**, que estabelecia que os índios podiam se tornar cidadãos dos Estados Unidos e participar do Homestead Act, porém a um preço terrível.

A fim de se tornar cidadão, o índio teria que se mudar de suas terras, renunciar aos seus modos tribais e aceitar a cultura anglo-saxônica. Desnecessário dizer que esse ato, originalmente elaborado para minimizar as tensões entre colonos e a população nativa, enfureceu várias nações indígenas, contribuindo para aumentar o ódio entre os dois grupos.

Terra devoluta

Aquela que, não sendo própria nem aplicada ao uso público, não se incorporou ao domínio privado.

▷ A eclosão do conflito

O nordeste, centro credor dos Estados Unidos, reivindicava a criação de um banco nacional com direitos exclusivos de emissão de uma moeda forte e o fim das múltiplas variedades de dinheiro emitido pelos bancos particulares licenciados pelos governos estaduais. Já o sudoeste, centro devedor, apoiava as múltiplas variedades de dinheiro e uma política econômica inflacionária, devido a seu envolvimento com o comércio exterior e o câmbio de moeda estrangeira.

A construção de estradas e canais e o aparelhamento dos portos foram outros pontos de discórdia entre o nordeste e o sul. Os melhoramentos internos eram custeados pelo governo federal e apoiados pelo nordeste porque facilitavam a conquista de novos mercados. Já o sul combatia tais medidas por temer que seus custos implicassem um aumento substancial das tarifas sobre importações.

Todos esses aspectos contribuíram para a ruptura entre o norte e o sul. Todavia, a questão principal, que afetou a sociedade americana e passou a ser vista como um divisor de águas, foi a da escravidão.

Até 1850, a questão do trabalho escravo esteve na pauta dos conflitos políticos entre as elites do norte e do sul, porém sem maiores implicações. Mas, a partir de meados do século XIX, a posição dos nortistas se tornou de franca hostilidade aos donos de escravos. O crescimento demográfico do norte, bem superior ao do sul, reforçou a representação no Congresso dos setores contrários ao escravismo. Mesmo assim, pactos foram assinados no intuito de manter o equilíbrio

O norte e o sul na guerra

O norte possuía uma indústria manufatureira desenvolvida e produção agrícola suficiente para abastecer o mercado interno graças à mão-de-obra assalariada.

No norte viviam cerca de 21 milhões de pessoas, no sul, 9 milhões (das quais 3,5 milhões eram escravos).

A União contou com um exército de 2 milhões de soldados, sendo 1 milhão na ativa, contra 900 mil homens do exército confederado, que teve uma força máxima de 464.500 homens.

Durante a guerra, o sul produziu 36.700 toneladas de ferro-gusa contra 580 mil toneladas do estado nortista da Pensilvânia.

O estado nortista de Nova York fabricou aproximadamente 400 milhões de dólares em mercadorias – quatro vezes mais que a produção conjunta dos estados sulistas da Virgínia, Alabama, Louisiana e Mississípi.

O sistema ferroviário do norte contava com 33 mil quilômetros de extensão e foi ampliado durante a guerra, enquanto o sul contava com 14 mil quilômetros de ferrovias.

Os estaleiros do norte produziram 671 navios de guerra contra 236 navios do sul.

O sul não tinha capacidade de custear a guerra devido ao bloqueio a suas exportações de algodão, e conseguiu poucos empréstimos no exterior.

O norte pôde levantar dinheiro suficiente para suas necessidades bélicas por meio de tributação e empréstimos externos.

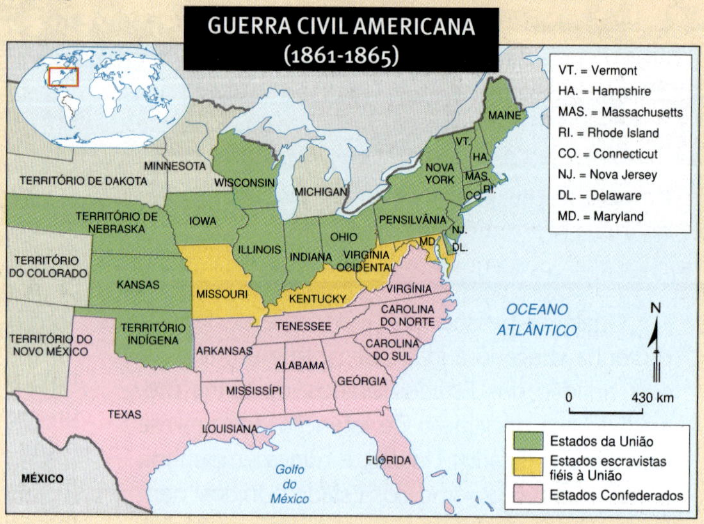

Fonte: DANIELS, Patrícia S. e HYSSLOP, Stephen G. *Atlas da história do mundo*. São Paulo: Abril/National Geographic, 2005.

entre o norte e o sul, tais como o **Compromisso do Missouri**, de 1820, que autorizava a escravidão apenas ao sul do paralelo 36 °N, e o **Compromisso de 1850**, que colocava a escravidão como uma questão a ser decidida pelos legisladores de cada estado.

As tensões entre nortistas e sulistas se agravaram em 1857, quando o norte foi atingido por uma **depressão econômica** devido à queda nas exportações de cereais, à liquidação de investimentos e depósitos bancários feitos por investidores europeus (o que causou a evasão de recursos e a falência de vários bancos) e a uma especulação desenfreada no setor de construção de estradas de ferro. O sul, por sua vez, se beneficiava dos altos preços das exportações de algodão.

A ruptura veio com as eleições de 1860. A vitória de Abraham Lincoln, um candidato nortista, abolicionista e republicano, portanto, contrário aos interesses sulistas, levou os estados do sul a deixarem a União para formar um novo país, os **Estados Confederados da América**.

Para restabelecer a União, os Estados Unidos viveram de 1861 a 1865 uma guerra civil que teve um custo social de aproximadamente 610 mil mortos e terminou com o esmagamento do sul pelas tropas federais. A superioridade econômica do norte representou um fator decisivo para a vitória das tropas da União sobre os confederados.

▶ A questão racial após a Guerra Civil

Terminada a Guerra Civil, o governo federal adotou um plano de reconstrução do país e procurou definir o papel do cidadão negro, cuja liberdade havia sido concedida mediante a 13ª Emenda da Constituição.

Em 1870 entrou em vigor a 15ª Emenda constitucional, que proibia a discriminação dos eleitores por motivos raciais. Mas isso não impediu que, no sul, o eleitorado negro permanecesse afastado das urnas, devido à ação de grupos como a **Ku Klux Klan** (sociedade secreta criada em 1866) e às pressões dos grandes fazendeiros. A economia não se baseava mais no trabalho escravo, mas os negros permaneciam subjugados, e governos conservadores se empenhavam em manter a população negra excluída dos direitos políticos.

Se isso acontecia no sul, a situação do conjunto do país não era melhor. Ao final dos anos 1870, os Estados Unidos já haviam conseguido consolidar a ordem liberal burguesa, e teoricamente deveria haver uma expansão dos direitos sociais. Na prática, porém, só os brancos de religião protestante tiveram assegurada a cidadania plena. Foram excluídos do processo os negros, os imigrantes (em especial os católicos) e a população indígena.

O engajamento gradativo dessa massa excluída só se iniciaria no século XX. A aquisição de plenos direitos de cidadania veio de modo lento e gradual, e ainda hoje permanece na pauta de discussões da sociedade norte-americana.

Em outras palavras, se a independência de 1776 teve como proposta o estabelecimento de uma nova ordem capaz de garantir a liberdade e igualdade de oportunidades, na prática a questão permanece em aberto, uma vez que as diferenças socioeconômicas e raciais nos Estados Unidos continuam gerando tensões na sociedade norte-americana.

A vocação imperial

Em 1823, quando os Estados Unidos davam os primeiros passos para sua expansão continental, o presidente James Monroe fez uma declaração ao Congresso que se tornaria conhecida como **Doutrina Monroe**. Nela era definida a posição do país diante das nações latino-americanas recém-independentes e das antigas potências coloniais.

Após o término da Guerra Civil, muitos políticos consideraram que era tempo de os Estados Unidos construírem seu próprio império. Um passo importante foi a compra do Alasca aos russos, em 1867. Seguiu-se a derrubada da monarquia do Havaí, em 1893, e o estabelecimento de uma república dominada por plantadores e comerciantes norte-americanos. Em 1898, o Havaí foi anexado pelos Estados Unidos. Paralelamente, por meio de uma interpretação mais agressiva da Doutrina Monroe, o país deixou claras suas intenções no que dizia respeito à América Latina.

No final do século XIX, a política expansionista norte-americana levou os Estados Unidos ao choque com a Espanha, que ainda mantinha as ilhas de Cuba e Porto Rico como possessões coloniais na América. Os cubanos, que lutavam pela independência desde 1895, passaram a receber apoio norte-americano. Em fevereiro de 1898, o navio norte-americano *Maine* explodiu no porto de Havana; uma campanha sensacionalista da imprensa atribuiu a explosão às autoridades espanholas, criando um clima de histeria favorável à guerra com a Espanha.

O conflito estendeu-se de abril a julho e terminou com a total derrota espanhola. Os Estados Unidos apoderaram-se da Ilha de Guam e das Filipinas, no Pacífico, e de Porto Rico. Cuba conquistou sua independência com apoio das tropas norte-americanas, que ocuparam a ilha entre 1899 e 1901. Além disso, tão logo foi elaborada a primeira Constituição cubana, o governo norte-americano impôs um artigo, conhecido como **Emenda Platt**, pelo qual se concedia aos Estados Unidos uma base na Baía de Guantánamo e o direito de intervir nos assuntos internos da nova república. Recorrendo a esse dispositivo, os norte-americanos ocuparam novamente Cuba em 1906. A emenda foi revogada em 1934 — mas Guantánamo permanece sob controle dos Estados Unidos.

NICHOLAS ROBERTS/AFP

Manifestação em Nova York contra a ocupação do Iraque por tropas norte-americanas. Fotos de setembro de 2006.

PAUL J. RICHARDS/AFP

Guarda em torre de segurança na prisão de Guantánamo, Cuba, em abril de 2007. Estimativas oficiais do exército norte-americano indicam que, desde 2001, cerca de 385 pessoas de diversas nacionalidades foram presas em Guantánamo acusadas de terrorismo.

O século XX assistiu a numerosas intervenções do governo norte-americano na América Central e nas ilhas do Caribe. Em 1903, os Estados Unidos auxiliaram o Panamá a separar-se da Colômbia. Em contrapartida, puderam dar continuidade à construção de um canal ligando o Atlântico ao Pacífico, iniciado em 1881 por uma companhia francesa. Mais tarde, por meio de acordos unilaterais, o governo dos Estados Unidos conseguiu o controle definitivo do Canal do Panamá. Na década de 1970, os panamenhos reivindicavam o controle do canal. Acordos assinados entre os dois países estabeleceram que os Estados Unidos deveriam devolver a concessão até o fim do século XX.

Em 1999, o canal foi entregue aos panamenhos. Uma empresa de Hong Kong assinou um contrato com o governo do Panamá a fim de administrar o canal por 25 anos.

Em 1904, o presidente Theodore Roosevelt elaborou um corolário, ou seja, uma reinterpretação da Doutrina Monroe, adequando-a aos interesses da política exterior dos Estados Unidos naquele período. Se a Doutrina Monroe proibia às potências estrangeiras estender seus domínios no Novo Mundo, o **Corolário Roosevelt** afirmava o direito norte-americano de intervir nos negócios dos países latino-americanos. Roosevelt inaugurava a política do **Big Stick** (grande porrete).

Entre 1909 e 1913, durante o governo do presidente William Taft, popularizou-se a expressão "diplomacia do dólar". Essa política reforçou o domínio dos Estados Unidos sobre a frágil economia das pequenas repúblicas centro-americanas, que dependiam das exportações de banana, café e outros produtos primários. Por esse motivo, elas passaram a ser conhecidas como *banana republics* (repúblicas de bananas).

Utilizando-se da tática da "mão caridosa", os Estados Unidos redobravam seus investimentos em Cuba e nas demais ilhas do Caribe, chegando a aplicar ali 42% do total dos seus investimentos no exterior. Em alguns momentos, a diplomacia do dólar se conjugava à política das canhoneiras. Por exemplo: em 1909 houve uma intervenção dos Estados Unidos na Nicarágua, a fim de dar "estabilidade" ao país, que se estendeu até 1933. Nesse período, destacou-se o líder nicaraguense Augusto César Sandino, impulsionador da luta contra o imperialismo norte-americano. Mas a resistência armada sandinista era uma exceção: dominadas por companhias norte-americanas produtoras e exportadoras de frutas, as *banana republics* obedeciam cegamente às orientações de Washington.

Em 1932, Franklin Delano Roosevelt foi eleito presidente dos Estados Unidos. O novo mandatário encontrou o país mergulhado em uma grave crise econômica, gerada pela quebra da Bolsa de Nova York. Roosevelt acreditava que a política agressiva de intervenção direta, adotada por seus antecessores, necessitava de alterações imediatas. Segundo o estadista, os mecanismos utilizados para exercer a dominação econômica deveriam ser mais sutis e sofisticados. Inaugurou-se a chamada **política de boa vizinhança**.

As inúmeras práticas intervencionistas criadas e reelaboradas pelos governos norte-americanos consolidaram o pleno domínio de Washington sobre os territórios da América Latina, debaixo da aparência de uma relação cordial entre amigos. Entretanto, após a Segunda Guerra Mundial (1939-1945), sepultou-se a política de boa vizinhança. A América Latina não tardaria a sentir os efeitos dessas alterações da política externa dos Estados Unidos, inserida no contexto da Guerra Fria.

TEXTO COMPLEMENTAR

A marcha para o oeste

A ocupação do oeste norte-americano resultou de inúmeras levas de imigrantes europeus que se deslocaram pelo território dos Estados Unidos e que, com sua passagem, modificaram profundamente a cultura e o meio ambiente locais.

"Os imigrantes viajavam sempre em caravana, para evitar um eventual extravio e como uma prevenção contra ataques indígenas. A coluna se estendia por vezes por vários quilômetros, mas à noite todos se reuniam: os carroções eram dispostos num círculo, próximo a uma fonte de água, com os animais reunidos em seu interior e presos às rodas, sob a guarda de uma sentinela armada. As intenções dos índios nem sempre eram hostis: sua cobiça se resumia aos cavalos, ao gado, e algumas vezes às provisões. A permuta era uma atividade comum entre viajantes e índios, que ofereciam mocassins ou objetos de couro. George Harter narra o encontro com um bando de trinta a quarenta sioux, homens e mulheres, que insistiam em trocar peles por qualquer alimento. Mas nem sempre as relações eram amistosas: os índios procuravam obter mercadorias à força ou através de emboscadas, fatos fartamente ilustrados em livros e filmes. Bastava aos assaltantes vigiar as fontes de água ao longo das rotas mais frequentadas e aguardar pacientemente a passagem de uma caravana. Isso explica o fato de os índios terem se tornado objeto de um ódio feroz por parte dos viajantes, convencidos de que 'o único índio bom é o índio morto'. Outros perigos os espreitavam — a sede na travessia do deserto, a doença ao longo do percurso. A cólera e a disenteria figuravam entre os males mais comuns, para os quais não havia remédio. Os mortos eram enterrados em qualquer lugar e seus túmulos marcados com uma cruz, da mesma forma que acontecia com as vítimas dos índios. Nas estradas espalhavam-se esqueletos de animais, seja do gado morto de sede, seja de uma caça abatida para substanciar as refeições. [...].

Ao findar o século, cinco linhas transcontinentais ligavam o vale do Mississípi ao oeste, sem contar companhias menos importantes. [...] Atravessar os Estados Unidos, estabelecer-se no oeste ou visitar os parques nacionais não era mais uma aventura. Os índios haviam tentado, num e noutro ponto, opor-se à invasão de suas terras pelas vias férreas, sem outro resultado a não ser a deportação e o confinamento em reservas. As locomotivas a vapor diferiam das europeias pelo imenso limpa-trilho frontal, em forma de V, para afastar os rebanhos de bisões, mas esses mesmos bisões [...] já haviam desaparecido havia muito tempo. [...]."

FOHLEN, Claude. *O faroeste:* 1860-1890. São Paulo: Companhia das Letras/Círculo do Livro, 1989.

Compreendendo o texto

1. Aponte elementos do texto que caracterizam a viagem dos imigrantes pelo oeste como sendo uma aventura.

2. "O único índio bom é o índio morto." Essa convicção dos colonizadores do oeste dos Estados Unidos tornou-se um desejo que quase se concretizou por completo no final do processo de expansão da fronteira norte-americana. Identifique no texto:

a) o destino dos indígenas norte-americanos.

b) elementos que permitem questionar a visão preconceituosa dos imigrantes em relação aos nativos.

c) a que animal do meio ambiente local o destino dos indígenas pode ser associado.

3. A evolução dos meios de transporte no século XIX teve grande impacto no desenvolvimento econômico dos Estados Unidos. Caracterize essa evolução e sua importância para o povoamento do oeste.

ATIVIDADES

Explorando o conhecimento

1 Com base no texto e no mapa da página 415, caracterize a formação dos Estados Unidos, identificando:

a) A data e os meios (diplomáticos, militares ou econômicos) pelos quais novos territórios foram obtidos.

b) Em seguida observe, no mapa, a linha pontilhada que marca os limites da colonização até 1860 e explique por que, até aquela data, não havia de fato uma verdadeira ocupação norte-americana do oeste.

2 Nos Estados Unidos do século XIX, nortistas e sulistas discordavam a respeito de tarifas de importação, política de acesso à terra e de gastos públicos, escravidão, entre outras questões. A esse respeito:

a) aponte as diferenças entre o norte e o sul dos Estados Unidos com relação às questões citadas.

b) relacione as formas de organização econômica do norte e do sul às suas divergências de interesses entre as duas regiões.

c) Comente a situação da população negra nos Estados Unidos após a Guerra de Secessão.

3 Observe a imagem a seguir.

MUSEU DE BELAS ARTES DE SÃO FRANCISCO

Montanhas Rochosas, *pintura de Palmer, 1854.*

a) Identifique o momento da história dos Estados Unidos representado na figura.

b) Relacione esse momento histórico à Lei do Homestead.

c) Que divergências a Lei do Homestead expressava?

4 Leia o texto a seguir.

Doutrina Monroe

"[...] Devemos, portanto, pelas sinceras e amistosas relações existentes entre os Estados Unidos e aquelas potências, declarar que consideramos qualquer tentativa por parte delas de estender seu sistema a qualquer porção deste hemisfério como perigosa para a nossa paz e segurança. Não interferimos nem interferiremos nas colônias existentes ou dependentes de qualquer potência europeia. Mas, quanto aos governos que declararam sua independência que reconhecemos, depois de muita consideração e sob justos princípios, não podemos ver nenhuma interferência por parte de qualquer potência europeia com o propósito de oprimi-los ou controlar-lhes o destino como o da manifestação de uma disposição inamistosa para com os Estados Unidos. [...]"

Trecho da mensagem do presidente Monroe ao Congresso, 2 de dezembro de 1823. In: MATTOSO, Kátia M. de Queirós (org.). *Textos e documentos para o estudo da história contemporânea.* São Paulo: Hucitec/Edusp, 1977.

a) Contextualize historicamente o documento acima.

b) Com base no documento, no mapa da página 415 e nas informações do capítulo, caracterize a política externa norte-americana no século XIX e início do século XX, especialmente com relação à América Latina.

A história e o tempo presente

5 Leia o texto com atenção para responder às questões solicitadas.

Número de brasileiros presos na fronteira dos EUA cai 95%

"Em 2006, 1.460 brasileiros foram presos tentando cruzar ilegalmente as fronteiras americanas, cerca de um vigésimo de 2005, quando 31.071 brasileiros foram detidos pela polícia de imigração. Entre outras razões, a impressionante queda brasileira foi atribuída ao fato de que, a partir de outubro de 2005, o México passou a exigir visto de entrada para cidadãos brasileiros. [...]

Autoridades americanas dizem que a política de 'tolerância zero' na fronteira tem colaborado para dissuadir imigrantes de entrar clandestinamente no país. No total, cerca de 1,09 milhão de pessoas foram presas em 2006, uma queda de 8,5% em relação a um ano antes. A tendência se torna mais clara quando se excluem da contagem os mexicanos, responsáveis por 90% do fluxo de ilegais. [...]"

UCHOA, Pablo. Número de brasileiros presos na fronteira dos EUA cai 95%. Disponível em <http://www.bbc.co.uk/portuguese/>. Acesso em mar. 2007.

a) Identifique a informação central do texto.

b) Duas características da nação norte-americana no século XIX foram a flexibilidade de sua fronteira e a valorização da liberdade do empreendedor individual. Pelo que foi estudado no capítulo, comente a importância dos imigrantes para a formação dos Estados Unidos.

c) Debata com os colegas as seguintes questões:

- Por que até hoje os Estados Unidos atraem imigrantes de vários países do mundo?
- A política do governo norte-americano de incentivo à imigração continua nos dias de hoje?
- Qual a perspectiva dos imigrantes que hoje entram nos Estados Unidos?

Vestibular / ENEM

1 (UFMG) Considerando-se as relações entre a América Latina e os Estados Unidos a partir de meados do século XIX, é correto afirmar que

a) a abertura do canal no estreito do Panamá possibilitou o desenvolvimento de relações comerciais equilibradas entre as Américas.

b) a consolidação dos Estados antilhanos e centro-americanos viabilizou o apoio constante do governo norte-americano às democracias dessa região.

c) a derrota do México, na guerra com os Estados Unidos, significou a perda de quase metade do território mexicano para este país.

d) a política do *Big Stick*, implementada pelo presidente Theodore Roosevelt, visava estreitar o diálogo diplomático entre os países americanos.

2 (UFSM-RS) "Tinha de haver uma luta [...]. Os estados do sul e os do norte trabalhavam de maneira diferente, pensavam diferente, viviam diferente. No norte, a lavoura em pequena escala, o transporte por navios, as manufaturas que cresciam, tudo produzido pelo trabalho branco; no sul havia a monocultura com o trabalho negro. [...] Essa luta se arrastou por 60 anos, e finalmente eclodiu com a guerra civil."

HUBERMANN, Leo. *História da riqueza dos Estados Unidos*. Rio de Janeiro: Guanabara, 1983.

Este texto remete à Guerra de Secessão Norte-americana (1861-1865) que teve como consequência(s):

I – a marginalização do negro que, após a escravidão, passou a sofrer uma série de pressões, inclusive de organizações, como a Ku Klux Klan.

II – a aprovação de tarifas protecionistas que levaram ao avanço do processo capitalista norte-americano.

III – a vitória da industrialização, a desorganização econômica do sul escravocrata, o rompimento do isolacionismo e o início da política imperialista.

Está(ão) correta(s)

a) apenas I.

b) apenas II.

c) apenas III.

d) apenas II e III.

e) I, II e III.

3 (Fuvest-SP) A incorporação de novas áreas, entre 1820 e 1850, que deu aos Estados Unidos sua atual conformação territorial, estendendo-se do Atlântico ao Pacífico, deveu-se fundamentalmente:

a) a um avanço natural para o oeste, tendo em vista a chegada de um imenso contingente de imigrantes europeus.

b) aos acordos com as lideranças indígenas, Sioux e Apache, tradicionalmente aliadas aos brancos.

c) à vitória na guerra contra o México que, derrotado, foi obrigado a ceder quase a metade de seu território.

d) à compra de territórios da Inglaterra e Rússia que assumiram uma posição pragmática diante do avanço norte-americano para o oeste.

e) à compra de territórios da França e da Espanha que estavam, naquele período, atravessando graves crises econômicas na Europa.

4 (Vunesp) "A Ku Klux Klan foi organizada para segurança própria [...] o povo do Sul se sentia muito inseguro. Havia muitos nortistas vindo para cá [Sul], formando ligas por todo o país. Os negros estavam se tornando muito insolentes e o povo branco sulista de todo o estado de Tennessee estava bastante alarmado."

Entrevista de Nathan Bedford Forrest. *Jornal de Cincinnati*, Ohio, 1868.

A leitura desse depoimento, dado por um membro da Ku Klux Klan, permite entender que essa organização tinha por objetivo:

a) assegurar os direitos políticos da população branca, pelo voto censitário, eliminando as possibilidades de participação dos negros nas eleições.

b) impedir a formação de ligas entre nortistas e negros, que propunham a reforma agrária nas terras do Sul dos Estados Unidos.

c) unir os brancos para manter seus privilégios e evitar que os negros, com o apoio dos nortistas, tivessem direitos garantidos pelo governo.

d) proteger os brancos das ameaças e massacres dos negros, que criavam empecilhos para o desenvolvimento econômico dos estados sulistas.

e) evitar confrontos com os nortistas, que protegiam os negros quando estes atacavam propriedades rurais dos sulistas brancos.

5 (Unicamp-SP) A Guerra Civil Americana afetou diretamente a indústria têxtil inglesa. A carência de matéria-prima levou a Inglaterra a incentivar o cultivo do algodão em várias partes do mundo. Em 1861, chegaram remessas de sementes de algodão a São Paulo distribuídas pela Associação para Suprimento do Algodão de Manchester. Em 1863, foram enviados os primeiros sacos produzidos nas terras do coronel Manoel Lopes de Oliveira. Os relatórios confirmaram a boa qualidade do algodão paulista.

Adaptado de CANABRAVA, Alice. *O algodão em São Paulo*: 1861-75. São Paulo: T. A. Queiroz Editor, 1984. p. 3-11.

a) Explique por que se pode considerar a Guerra Civil americana uma experiência decisiva para o capitalismo nos EUA.

b) A partir do texto, quais os vínculos entre a agricultura paulista e a indústria inglesa?

6 (Fuvest-SP) "De puramente defensiva, tal qual era, em sua origem, a Doutrina Monroe, graças à extensão do poder norte-americano e às transformações sucessivas do espírito nacional, converteu-se em verdadeira arma de combate sob a liderança de Teodoro Roosevelt."

Barral-Montferrat, 1909.

a) Qual a proposta da Doutrina Monroe?

b) Explique a razão pela qual a doutrina se "converteu em arma de combate sob a liderança de Teodoro Roosevelt". Exemplifique.

Ampliando o conhecimento

Leitura

BROWN, Dee. *Enterrem meu coração na curva do rio*. 11. ed. São Paulo: Melhoramentos, 1986.

A obra é um documento do extermínio de diversos povos indígenas do oeste norte-americano em decorrência da expansão territorial promovida pelo governo dos Estados Unidos na segunda metade do século XIX.

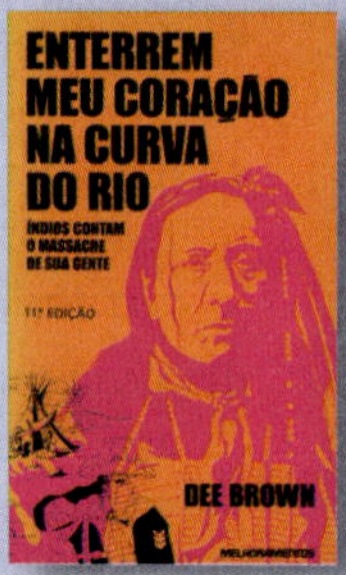

REPRODUÇÃO

Filmes

Dança com lobos

Direção de Kevin Costner. Estados Unidos, 1990. 180 min.

Após a Guerra de Secessão, um oficial do exército americano retira-se para o oeste e passa a conhecer melhor a cultura indígena e a entender e respeitar os nativos e a natureza. O filme procura mostrar a expansão para o oeste do ponto de vista dos indígenas.

... E o vento levou

Direção de Victor Fleming. Estados Unidos, 1939. 241 min.

DIVULGAÇÃO

Às vésperas da Guerra Civil Americana, a voluntariosa Scarlett O'Hara se envolve com Rhett Butler, um charmoso aventureiro. A explosão da guerra muda a vida da garota, que perde a riqueza e transforma-se numa mulher forte e determinada.

Gangues de Nova York

Direção de Martin Scorsese. Estados Unidos, 2002. 164 min.

Na Nova York de 1840 a 1860, em plena Guerra Civil, o jovem Amsterdam busca se vingar do assassino de seu pai, que era líder de uma gangue. O confronto definiria o domínio de um bairro nova-iorquino, dividido entre americanos e imigrantes, sobretudo irlandeses, reproduzindo o conflito entre católicos e protestantes.

Capítulo 32

O imperialismo na África e na Ásia

O xerife do mundo

"O imperialismo é um fantasma do passado. Hoje o planeta é dominado pelo Império, formação política que tende a se tornar predominante desde a queda do Muro de Berlim. [...] A evidente supremacia militar dos Estados Unidos sobre o resto do planeta depois que a União Soviética deixou de existir pôs um fim à competição imperialista. [...] Após o desmanche do bloco soviético, nada mais impediu Washington de exercer, em nome da ONU, o papel de polícia da Terra, o que hoje inviabiliza os projetos imperialistas de expansão territorial. Ao invadir o Kuait, em nome dos seus interesses na região, e assim violar as regras de convivência internacional, o Iraque tornou-se a primeira vítima do novo sistema mundial. Os EUA assumiram a condição de xerife do planeta e garantiram com a força das bombas a supremacia do Império."

SINGER, André. In: *Folha de S.Paulo*, São Paulo, 24 set. 2000.

Ingleses sendo carregados por nativos no Ceilão, cerca de 1875. A ideologia da superioridade do homem branco legitimava a dominação europeia sobre os povos da Ásia e da África.

ULSTEIN BILDERDIENST, BERLIM

Sala de aula de uma escola situada em Dar es Salaam, capital da antiga colônia alemã de Tanganica, no início do século XX. Observe os retratos do Kaiser Guilherme II e de sua esposa na parede, simbolicamente "zelando" pela ordem em sua colônia africana.

A "missão" do homem branco

No decorrer dos séculos XV e XVI, países como Espanha e Portugal impuseram seu domínio aos povos ameríndios, criando colônias que lhes permitiram obter lucros e se fortalecer economicamente. Esse foi um dos modelos mais simples de colonialismo.

O **neocolonialismo** surgiu quando as burguesias das grandes potências, no século XIX, rejeitaram as fronteiras nacionais, considerando-as barreiras à expansão econômica. Isso ocorreu porque elas precisavam investir o "dinheiro excedente", isto é, o excesso de poupança gerado pela acumulação de capital. Assim, conseguiram persuadir os governos de seus respectivos países a enveredar pelo caminho da política mundial.

Podemos dizer que a globalização ou a integração dos mercados em uma economia mundial teve início por volta de 1870, quando começaram as ondas de investimento de capitais no exterior. A expansão econômica global foi interrompida temporariamente em 1929, devido à crise da Bolsa de Nova York. Ganhou novo impulso, porém, ao término da Segunda Guerra Mundial.

Além dos fatores político-econômicos propulsores do neocolonialismo, é necessário considerar outras justificativas teóricas que deram suporte à investida das potências ocidentais sobre a África e a Ásia. Dentre elas, destaca-se o **darwinismo social**, que defendia a ideia de que a teoria da evolução das espécies de Darwin podia ser aplicada à evolução da sociedade. O darwinismo social pregava que na luta pela vida só sobreviveriam as raças e as nações "mais capazes". Daí a visão de que o neocolonialismo seria uma missão civilizadora de uma raça superior, a branca, representada sobretudo pelo europeu e pelo norte-americano. A missão civilizadora dos povos ocidentais também foi chamada de "o fardo do homem branco", uma vez que esse grupo "superior" teria a missão de levar a tecnologia, a civilização e a cultura cristã para lugares onde a "raça" local jamais as alcançaria sozinha. Essa visão racista que se propagou no século XIX acabou incentivando a violência contra os povos colonizados.

A partilha da África

Até o início do século XIX, os únicos redutos europeus existentes na África resumiam-se às regiões litorâneas de Angola, Moçambique e Guiné, ocupadas por Portugal desde o século XVI, e ao Cabo, ao sul do continente. Essa possessão meridional era uma antiga colônia de protestantes holandeses (os *bôeres*), ocupada pelos ingleses em 1806 devido ao seu valor estratégico, durante o confronto com Napoleão, e transferida para a soberania britânica em 1814, por decisão do Congresso de Viena.

A nova conquista da África ocorreu entre os anos de 1830 e 1880, e de modo muito mais violento e traumático do que no período anterior, uma vez que a partilha entre as potências não respeitou a unidade linguística e cultural pré-existente.

A conquista da Argélia, possessão turco-otomana governada por uma elite turca e árabe, iniciada em 1830 e completada em 1857 pelos franceses, teve como pretexto a ação de piratas argelinos no Mediterrâneo. No plano econômico, a expansão francesa na região assegurava grandes lucros aos grupos privados. No plano político, visava recuperar o prestígio internacional da França, abalado pelas derrotas napoleônicas.

O império francês na África se completou a partir das conquistas da Tunísia, África Ocidental Francesa (Guiné, Senegal, Daomé, Níger, Costa do Marfim, Alto Volta e Mali), África Equatorial Francesa (Gabão, Congo, Chade e República Centro-Africana), Marrocos e Madagascar.

A Grã-Bretanha reiniciou sua investida no continente africano com o estabelecimento de um protetorado no Egito. Depois apossou-se do Sudão, Rodésia, Uganda, Quênia, Zanzibar, Somália e África Oriental Inglesa. Na África Ocidental, os ingleses se estabeleceram em Gâmbia, Serra Leoa, Costa do Ouro e Nigéria.

Em 1876, o rei belga Leopoldo II tomou posse, como domínio pessoal, do território da bacia do Rio Congo, aproximadamente dez vezes maior que seu país. Em 1908, a região pertencente ao monarca foi assumida pelo governo belga, retirando qualquer ingerência do rei, considerado responsável pelo morticínio na região.

Unificadas somente na segunda metade do século XIX, a Alemanha e a Itália atrasaram-se na corrida imperialista.

Coube à Alemanha a África Oriental Alemã, formada por Tanganica e Ruanda-Burundi. Tal fato frustrou o projeto britânico de estabelecer uma ligação ferroviária norte-sul, do Cairo à Colônia do Cabo, que cortasse exclusivamente territórios sob domínio britânico. Na África Ocidental, os alemães ocuparam Camarões, Togo e o Sudeste Africano Alemão, atual Namíbia. Os italianos, por sua vez, instalaram possessões na Somália, Eritreia e Líbia.

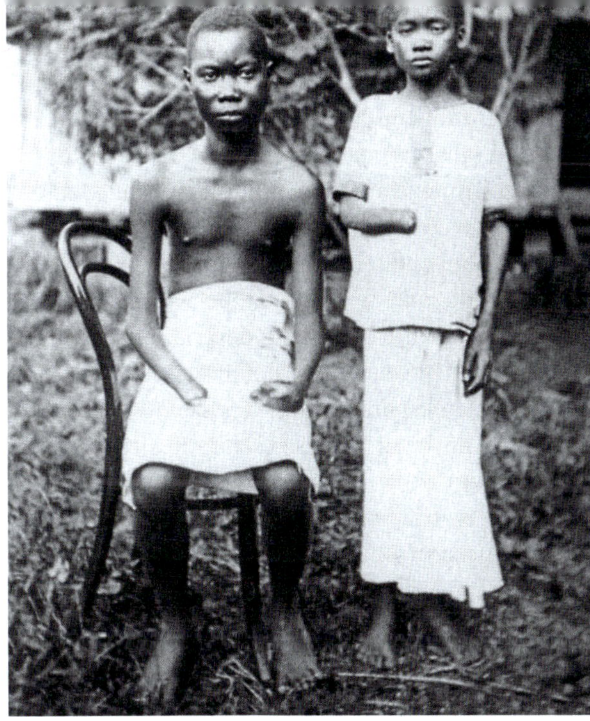

ARQUIVO INTERNACIONAL ANTIESCRAVOCRATA

Dois jovens do distrito do Equador, no antigo Congo Belga, final do século XIX. As mãos do rapaz foram destruídas pela gangrena, depois de terem sido amarradas com muita força pelos soldados. A mão da moça foi cortada por soldados que queriam ganhar comissão por sua morte.

Importante momento no processo da partilha da África foi a **Conferência de Berlim** (1884-1885), pro-

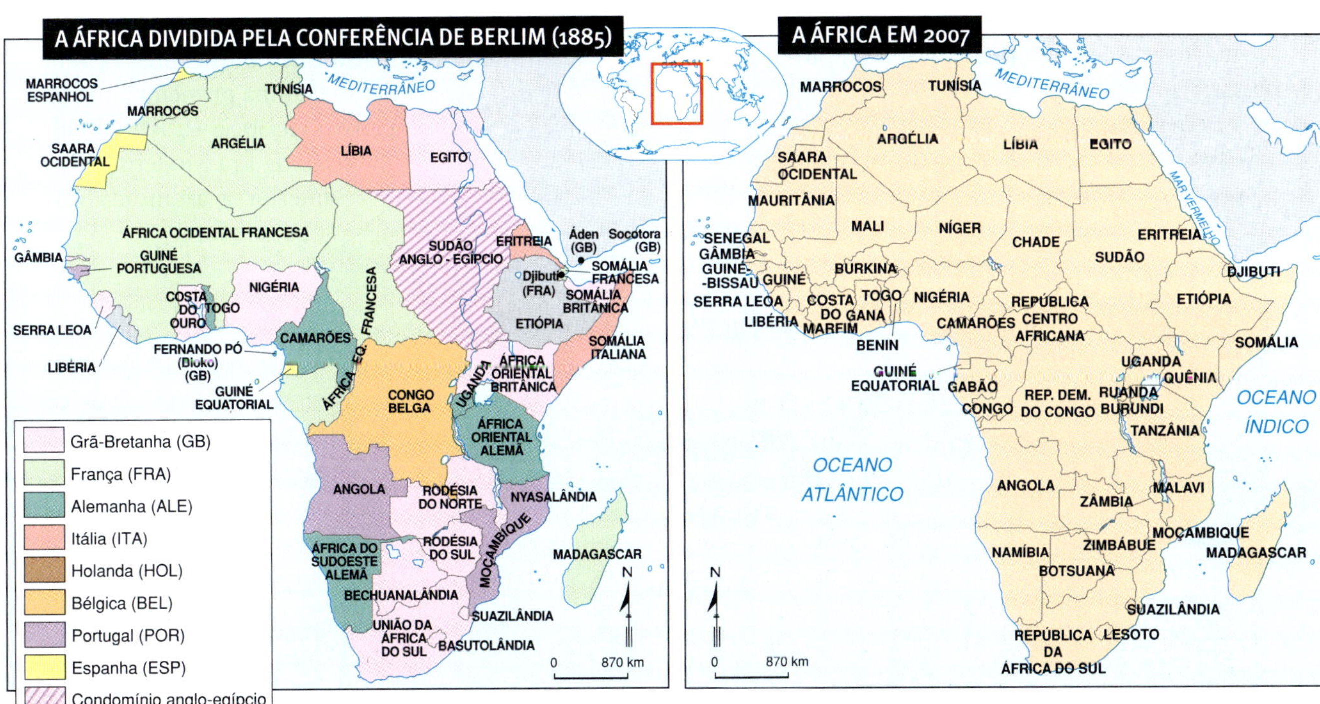

Fonte: *Atlas Verbo de história universal*. Lisboa/São Paulo: Editorial Verbo, 1997.

posta por Otto von Bismarck. O objetivo do político alemão era disciplinar e definir a repartição "amigável" do continente africano, tendo em vista concretizar a "missão civilizadora" do homem branco. Os participantes da conferência assinaram um documento estabelecendo que, a partir daquela data, qualquer anexação de território africano deveria ser comunicada imediatamente às outras potências, seguindo-se a ocupação efetiva para garantir a posse.

Muitos povos africanos resistiram à dominação, o que resultou em prolongados conflitos, como no Marrocos (França), no Sudão (Inglaterra) e em outras regiões. À exceção da Libéria e da Etiópia, as populações africanas não conseguiram resistir à expansão imperialista dos Estados europeus e acabaram subjugadas, após violências e atrocidades de toda sorte.

A expansão colonial na Ásia

Entre 1830 e 1880, as principais potências europeias, juntamente com os Estados Unidos e o Japão, desenvolveram políticas imperialistas na Ásia. Muito antes disso, porém, as riquezas desse vasto continente fascinavam os ocidentais. No início do século XIX, a presença portuguesa em Macau (China), Timor (Indonésia), Goa, Damão e Diu (Índia); a espanhola nas Filipinas; e a holandesa em Java (Indonésia), Sumatra e em outras ilhas davam testemunho de uma primeira onda de expansão europeia na Ásia no alvorecer da Era Moderna, bem anterior à arrancada imperialista.

Relatos de atrocidades

"Ouvi de alguns homens brancos e de alguns soldados as mais repulsivas histórias. O antigo homem branco (eu me sinto envergonhado de minha cor todas as vezes em que penso nele) se postava na porta do armazém para receber a borracha dos pobre-coitados trêmulos, que, depois de semanas de privações nas florestas, tinham ousado chegar com o que foram capazes de coletar. Quando um homem trazia menos que a porção apropriada, o homem branco encolerizava-se e, tomando um rifle de um dos guardas, fuzilava-o na hora.

Raramente a quantidade de borracha aumentava, mas um ou mais eram fuzilados na porta do armazém 'para fazer os sobreviventes trazerem mais da próxima vez'. Homens que tentavam fugir do país e tinham sido apanhados foram trazidos para a estação e enfileirados um atrás do outro, e uma bala era disparada através deles."

CARROL Jr., Harry. *The development of civilization.* Nova York: Scot Foreman, 1966.

O IMPERIALISMO NA ÁSIA

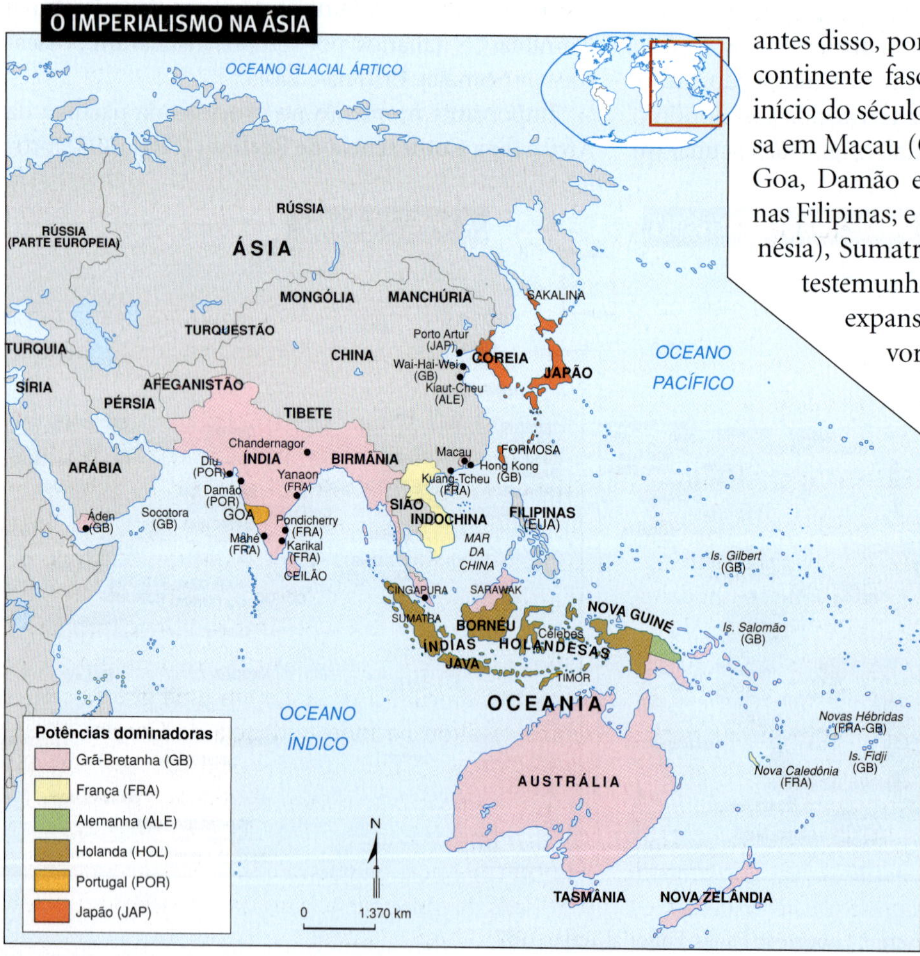

Fontes: *Atlas histórico escolar.* Rio de Janeiro: FAE, 1991; *Atlas da história do mundo.* São Paulo: Times/Folha de S.Paulo, 1995.

▷ A dominação britânica na Índia

Desde o século XVIII, a Índia, terra das especiarias, era mercado essencial para os tecidos de algodão e as exportações das manufaturas britânicas. Na década de 1750, a Companhia das Índias Orientais britânica reforçou sua presença no subcontinente indiano graças às campanhas de um brilhante soldado, Robert Clive, que derrotou príncipes nativos aliados aos franceses nas batalhas de Arcot (1751) e Plassey (1757). Esses conflitos entrelaçaram-se com a Guerra dos Sete Anos (1756-1763), entre ingleses e franceses. Derrotados na Índia e em outras frentes de combate, os franceses viram seus adversários tornarem-se senhores do subcontinente indiano.

Entre 1784 e 1858, a quase totalidade do território esteve submetida à Companhia das Índias Orientais britânica, que controlava a região por meio de alianças com os príncipes locais. A companhia praticava o comércio, coletava impostos e comandava tropas nativas conhecidas como **cipaios**. A partir de 1848, medidas econômicas adotadas pelos ingleses, como o pagamento de um imposto individual em dinheiro e a redução das tarifas alfandegárias para as importações, abalaram os costumes locais e liquidaram a indústria artesanal têxtil indiana, incapaz de concorrer com os produtos britânicos.

A reação veio com a grande **Revolta dos Cipaios**. A rebelião, que ocorreu entre 1857 e 1858, foi um levante popular que aliou soldados muçulmanos, hindus e príncipes, conscientes de que a verdadeira ameaça às autoridades indianas eram os britânicos. O movimento foi duramente reprimido pelos britânicos e serviu-lhes de pretexto para tomar em mãos o controle político do subcontinente. Em 1876, a Índia passou a integrar o Império Britânico, e a rainha Vitória recebeu o título de imperatriz da Índia.

▷ O império do Sol nascente: o Japão

Desde 1603, o Japão era governado pelo sistema de **xogunato**. O **xogum** era uma espécie de primeiro-ministro hereditário que concentrava todos os poderes, tornando o imperador uma figura decorativa. Tal modelo foi abalado no início da década de 1850, quando as potências ocidentais, lideradas pelos Estados Unidos, pressionaram e exigiram a abertura dos portos japoneses, reforçada pela assinatura de tratados comerciais conhecidos como **Tratados Desiguais**.

Reagindo à investida ocidental, a partir de 1860 os japoneses começaram a enviar jovens à Europa e aos Estados Unidos para cursarem universidades de ciência e tecnologia modernas. O conhecimento técnico adquirido no Ocidente permitiu aos japoneses impulsionar seu processo de industrialização.

A Revolução Meiji propiciou a modernização das cidades e dos transportes no Japão. Pintura representando a estação ferroviária de Takanawa em 1880.

Paralelamente, o Japão passou a reestruturar seu Exército e sua Marinha. Já em 1868, com apoio do Exército, o governo foi restaurado em nome do imperador Meiji, que iniciou uma série de reformas com o objetivo de retirar o país de sua condição de atraso. O poder dos grandes senhores de terras foi substituído por um sistema de prefeituras controladas por uma burocracia central. Uma nobreza, um gabinete governamental e um parlamento bicameral deram base à nova organização política. Tais reformas tornaram-se conhecidas como **Revolução Meiji**.

A modernização econômica foi obtida graças aos investimentos na agricultura, ao aperfeiçoamento da indústria metalúrgica e à adoção de instituições como as sociedades anônimas e os bancos, responsáveis por um ambiente financeiro eficiente. Uma reforma tributária garantiu boas fontes de renda ao governo, que investia cerca de um terço no comércio e na indústria, além de subsidiar a construção naval.

O sistema nacional de educação atingiu noventa por cento das crianças em idade escolar, já que o objetivo do governo era formar mão-de-obra qualificada para incrementar o progresso do país. Essa revolução transformou o Japão em um exemplo de industrialização no Oriente. Nas últimas décadas do século XIX, o país já participava da corrida imperialista ao lado das grandes potências ocidentais. Em 1894-1895, a vitória japonesa em uma guerra com a China resultou na independência da Coreia — que passou de uma área de influência chinesa para japonesa — e na entrega aos nipônicos de territórios como a Ilha de Formosa (Taiwan). Dez anos depois, a vitória japonesa na guerra com a Rússia confirmou a entrada de uma potência asiática no grupo fechado dos Estados imperialistas.

▷ A queda do dragão: a China

A China tradicionalmente representava um atraente mercado consumidor e fornecedor de produtos cobiçados pelos ocidentais como a seda, o chá, as porcelanas e o artesanato de luxo. Não obstante, o comércio com a região era raro e difícil, até porque os chineses viam os ocidentais como bárbaros e ignorantes e não se interessavam pelas suas mercadorias.

No início do século XIX, a situação mudou. Comerciantes ingleses descobriram um produto cujo consumo podia ser incentivado entre os chineses: o ópio. Tradicionalmente empregado como remédio, o ópio passou a ser usado como droga, afetando a saúde da população. Em represália, o governo chinês proibiu o comércio legal e combateu o contrabando com severas penas, até que as autoridades confiscaram uma carga inglesa e jogaram-na ao mar.

Alegando prejuízos à propriedade privada, o governo inglês iniciou uma série de retaliações que terminaram em conflitos conhecidos como **Guerras do Ópio** (1839-1842 e 1856-1860). Na primeira, os chineses foram derrotados pelos britânicos, e na segunda, por uma aliança anglo-francesa. O resultado dessas guerras foi a assinatura de tratados que beneficiavam os interesses europeus. Pelo **Tratado de Nanquim** (1842), a China teve de abrir cinco de seus portos ao livre comércio e entregar a Ilha de Hong Kong aos ingleses. Pelo **Tratado de Tientsin** (1858), os chineses admitiram a livre importação do ópio, abriram dez novos portos ao comércio europeu e permitiram a atuação de missionários cristãos no país, entre outras concessões.

Não tardou para que outras potências seguissem o exemplo da Inglaterra. Em 1844, franceses e norte-americanos obtiveram concessões comerciais e privilégios para seus cidadãos. Em 1860, a Rússia teve reconhecida sua soberania sobre territórios siberianos tradicionalmente disputados pela China. O Japão entrou tarde na corrida, mas venceu os chineses na guerra de 1894-1895 e conseguiu o controle de portos, além de anexar ou ocupar extensões do território chinês. Tal conjuntura desencadeou uma crise que se prolongou por várias décadas, até a reunificação da China continental pelas tropas de Mao Tsé-tung e o advento da República Popular da China, em meados do século XX.

Entre 1900 e 1901, surgiu um movimento contra a dominação ocidental na China que ficou conhecido como **Guerra dos Boxers**. Nacionalistas chineses insatisfeitos com a presença estrangeira no país deram início a uma série de atentados que acabaram gerando uma guerra contra o governo. Um exército internacional composto por europeus, norte-americanos e japoneses sufocou a rebelião. Os chineses foram condenados a pagar uma indenização e a permitir a presença de tropas estrangeiras em seu território.

▷ Lá na Cochinchina...

Entre 1858 e 1862, os franceses estabeleceram uma colônia na Península da Indochina com o nome de **Cochinchina**, correspondente ao sul do atual Vietnã. Nos trinta anos seguintes, a França estendeu seu domínio sobre a região. Em 1863, o **Camboja** passou a ser um protetorado francês. O norte do Vietnã (**Tonkim**) e o centro do território vietnamita (**Anã**) também se tornaram protetorados em 1883, e o **Laos**, em 1893.

Além dos interesses econômicos na região, o governo francês tinha necessidade de possuir uma base naval no Oriente, que servisse como agente facilitador no comércio com a China, grande fornecedora de seda para a indústria têxtil francesa.

Julgamento de dois membros da Sociedade dos Boxers na Suprema Corte Chinesa em 1919.

TEXTO COMPLEMENTAR

O novo sistema de tratados

Ingleses e chineses assinaram um tratado em 1842 que garantia a exploração econômica da China e a liberdade de ação dos britânicos em algumas cidades chinesas comercialmente importantes.

"O Tratado de Nanquim foi assinado no dia 29 de agosto de 1842, a bordo do navio britânico *Cornwallis*, ancorado no rio Yangzi, e ratificado em Hongcong dez meses mais tarde, depois de formalmente aprovado pela rainha Vitória e pelo imperador Daoguang. Foi o mais importante tratado da história moderna da China. Continha doze artigos principais que, cumulativamente, tinham ramificações significativas para as ideias chinesas de comércio e sociedade.

Artigo 1º Estipulava paz e amizade entre a Inglaterra e a China e 'plena segurança e proteção para as suas pessoas e propriedades nos domínios do outro'.

Artigo 2º Determinava a abertura de cinco cidades chinesas – Cantão, Fuzhou, Xiamen, Ningbo e Xangai – para a residência de súditos britânicos e suas famílias, 'para que levem a cabo seus propósitos mercantis, sem serem molestados ou restringidos'. Permitia também a abertura de consulados em cada uma dessas cidades.

Artigo 3º 'A ilha de Hongcong será possuída à perpetuidade' pela rainha Vitória e seus sucessores, e governada por eles 'como julgarem conveniente'.

Artigo 4º Pagamento pelos Qing de 6 milhões de dólares, 'como o valor do ópio que foi entregue em Cantão'.

Artigo 5º Abolição do sistema de monopólio do Cohong em Cantão e permissão nos cinco portos citados acima para que os mercadores ingleses conduzissem 'suas transações mercantis com quem lhes aprouver'. Os Qing deveriam pagar 3 milhões de dólares para liquidar as dívidas atrasadas do Cohong.

Artigo 6º Pagamento aos ingleses de mais 12 milhões de dólares 'por conta das despesas incorridas' nos recentes combates, menos quaisquer somas já recebidas 'como resgate por cidades e aldeias da China', desde 1º de agosto de 1841.

Artigo 7º Os 21 milhões de dólares estipulados nos artigos 4º e 6º deveriam ser pagos em quatro parcelas até o fim de 1845, com taxa anual de juros de 5% sobre os pagamentos em atraso.

Artigo 8º Libertação imediata de quaisquer prisioneiros que forem súditos britânicos, quer indianos, quer europeus.

Artigo 9º Anistia incondicional para todos os súditos chineses que houvessem residido, tratado ou servido aos ingleses. [...]

Além da estipulação de 6 milhões de dólares como compensação pelo ópio destruído em 1839, o narcótico não foi mencionado em nenhum lugar do tratado, nem foi discutido no tratado tarifário suplementar de 1843, que fixou as taxas para o chá, a seda, o algodão, as lãs, o marfim, os metais e os destilados. O ópio foi novamente ignorado nos complicados acordos de procedimento para a realização, supervisão e proteção do comércio estrangeiro nos cinco portos. [...]

As cláusulas do Tratado de Nanquim e seus suplementos foram estudados cuidadosamente por outras potências. Em 1843, o presidente John Tyler agiu em nome dos Estados Unidos e dos seus consideráveis investimentos no comércio com a China ao designar Caleb Cushing – congressista da costa de Massachussetts, onde se concentrava a maioria dos mais ricos negociantes americanos ligados ao comércio com a China – ministro plenipotenciário naquele país. Chegando a Macau em fevereiro de 1844, Cushing começou imediatamente a negociar com [...] o governador geral de Guangxi e Guangdong [...] o chamado Tratado de Wanghia [entre China e Estados Unidos]."

SPENCE, Jonathan D. *Em busca da China moderna*: quatro séculos de história. São Paulo: Companhia das Letras, 1996.

BIBLIOTECA NACIONAL DA FRANÇA, PARIS

A divisão do pastel chinês, *caricatura do século XIX representando as potências capitalistas repartindo a China em zonas de influência. Note os governantes da Grã-Bretanha, Alemanha, Rússia e Japão discutindo a partilha, sob os olhares dos Estados Unidos, representados pela Estátua da Liberdade.*

Compreendendo o texto

1. Complete a ficha sobre o Tratado de Nanquim.

TRATADO DE NANQUIM
Data:
Local:
Países que assinaram:
Governantes:
Setores que afetava:

2. Aponte o artigo do tratado que:

a) agredia a soberania chinesa sobre parte de seu território;

b) assegurava a liberdade de comércio para os ingleses na China;

c) estabelecia privilégios para os habitantes ingleses que se encontravam no país;

d) exigia da China pagamento de indenizações à Inglaterra.

3. Podemos considerar o Tratado de Nanquim uma agressão à soberania chinesa? Justifique.

4. A submissão da China à dominação estrangeira ainda se mantém nos dias de hoje? Converse com os colegas sobre o assunto.

ATIVIDADES

Explorando o conhecimento

1 Leia e compare os textos a seguir.

Texto 1

O imperialismo inglês

"O Império Britânico não se reduz às colônias autônomas e ao Reino Unido. Compreende uma parte muito mais vasta, uma população muito maior sob os climas tropicais, onde um grande povoamento europeu é impossível e onde as populações indígenas ultrapassam sempre largamente o número de habitantes brancos... Sentimos hoje que o nosso governo sobre esses territórios não pode justificar-se se não mostrarmos que ele aumenta a felicidade e a prosperidade do povo, e afirmo que o nosso governo efetivamente levou a esses países, que nunca tinham conhecido esses benefícios, a segurança, a paz e uma prosperidade relativa. [...] Afirmo que quase por toda a parte onde o governo da Rainha foi estabelecido e a (*Pax britannica*) reforçada, a vida e a propriedade tornaram-se mais seguras, e as condições materiais da massa da população foram melhoradas [...]."

CHAMBERLAIN, Joseph. Discursos coloniais. In: FREITAS, Gustavo de. *900 textos e documentos de História*. Lisboa: Plátano, 1977.

Texto 2

Os ingleses na Índia

"A tradição obriga o estado-maior inglês, civil ou militar, a residir em palacetes rodeados de jardins e espalhados pelas largas avenidas orladas de árvores que fazem da cidade inglesa um imenso labirinto... Lahore, Madras têm uma superfície quase igual à de Paris, da qual nove décimas partes, semelhantes aos subúrbios à moda das cidades inglesas, são ocupadas pela pequena colônia britânica, enquanto a enorme população indígena se amontoa em alguns hectares, nas casas sobrepovoadas e nas ruas estreitas da cidade antiga. [...] Dois casais de jovens funcionários que se estreiam nas Índias ocupam não menos de catorze criados cada um, e todos esses servidores, com suas mulheres e filhos, povoam uma pequena aldeia de cabanas instaladas atrás dos 'bangalows' dos amos..."

MÉTIN, A. A Índia de hoje, 1903. In: FREITAS, Gustavo de. *900 textos e documentos de História*. Lisboa: Plátano, 1977.

a) Identifique a ideia central contida no texto 1.

b) Identifique o contraste social descrito no texto 2.

c) Qual tema é comum aos dois documentos? Os autores apresentam a mesma visão a respeito desse processo?

2 Explique como as transformações ocorridas na Revolução Meiji favoreceram a expansão imperialista japonesa.

3 Na caricatura abaixo, os números representam: 1 – Itália; 2 – Alemanha; 3 – Holanda; 4 – Rússia; 5 – Japão; 6 – França; 7 – Estados Unidos; 8 – Inglaterra; 9 – Transvaal; 10 – China; 11 – a guerra.

Caricatura alemã do início do século XX (autor desconhecido).

a) Por que alguns países foram representados como cães?

b) Produza um texto associando a figura ao imperialismo europeu na China.

4 Escolha um dos fatos históricos a seguir e comente o seu significado.

a) Guerras do Ópio.

b) Tratado de Nanquin.

c) Tratado de Tientsin.

d) Guerra dos Boxers.

A HISTÓRIA E O TEMPO PRESENTE

5 Leia o texto e responda.

Fome e produção agrícola

"[...] a produção de um ou dois cultivos de exportação transformou-se em regra em 1935: cacau na Costa do Ouro, amendoim no Senegal e em Gâmbia, algodão no Sudão, café e algodão em Uganda, café e sisal na Tanzânia etc. [...] Em razão da concentração na produção de cultivos de exportação que ocorreu na época colonial, os africanos foram levados a abandonar a produção de alimentos destinada a seu próprio consumo. O trabalho forçado e o abandono da produção alimentar provocaram muita subnutrição, graves surtos de fome e epidemias, em certas partes da África, no início da era colonial. Assim, no sistema colonial, os africanos, na maioria dos casos, dedicavam-se a produzir o que não consumiam e a consumir o que não produziam — o que demonstra bem o caráter capenga e explorador da economia colonial."

BOAHEN, Albert Abu. O legado do colonialismo. In: *Correio da Unesco*, jul. 1984.

a) Em grupo, escolham um país africano localizado ao sul do Saara e recolham informações sobre as condições de vida da sua população. Pesquisem em fontes como jornais, revistas, livros e internet.

b) Elaborem um relatório e levem para a sala.

c) Na sala, troquem ideias sobre as informações levantadas e debatam a seguinte questão: Qual o papel do colonialismo europeu na organização socioeconômica da África atual, caracterizada pela fome e pelo avanço devastador da aids?

Vestibular / ENEM

1 (FGV-SP) Leia atentamente as afirmações abaixo, sobre a Guerra do Ópio, e escolha a alternativa correta.

I – O estopim da Guerra do Ópio (1839) entre ingleses e chineses foi a queima de milhares de caixas dessa substância, pelos chineses, como represália a esse comércio em suas fronteiras.

II – Como resultado imediato da derrota chinesa, outros portos são abertos às nações estrangeiras e inicia-se um processo revolucionário nacionalista dirigido por Mao Tsé-tung.

III – Os tratados de Nanquim e de Pequim definiram, a partir da vitória chinesa, o porto de Cantão como o único para o comércio internacional, possibilitando a não fragmentação do país em áreas de influência de nações estrangeiras.

IV – A transferência de Hong Kong à Inglaterra é um dos símbolos da derrota chinesa.

V – Manifestações e organizações contra a presença estrangeira prosseguiram por mais de 50 anos, após a derrota chinesa, sendo a Guerra dos Boxers, no final do século XIX, uma de suas expressões.

a) Apenas I, II e V estão corretas.

b) Apenas I, III e V estão corretas.

c) Apenas III e V estão corretas.

d) Apenas I, IV e V estão corretas.

e) Apenas II e V estão corretas.

2 (UFF-RJ) A Revolução Meiji é um evento da história do Japão que determinou:

a) o processo de avanço do capitalismo internacional na área da Ásia e o movimento de defesa de um Japão socialista, próximo da experiência da China;

b) o movimento de defesa das tradições orientais que propunha a união com a China a fim de fortalecer as áreas orientais contra o imperialismo ocidental;

c) divisões internas das elites dirigentes decorrentes das diferentes visões com relação à cultura ocidental — os progressistas, aliados da China, e os conservadores, aliados dos países ocidentais, reconheciam que a manutenção de uma estrutura fragmentada das ilhas limitava o desenvolvimento da agricultura e que a saída era a industrialização;

d) a modernização da estrutura econômica japonesa facilitou a entrada de capital estrangeiro, o processo de urbanização e a alteração de valores, desencadeando a ocidentalização do Japão;

e) a defesa da propriedade privada com a eliminação das formas feudais de organização da terra e o incentivo às reformas agrárias vinculadas ao socialismo, bem como a manutenção das tradições, mediante o fechamento das relações com os países ocidentais e o avanço militar sobre o Império Russo.

3 (UFMG) Entre, aproximadamente, 1880 e 1914, ocorreu a "corrida para a África", ou seja, uma aceleração no processo de conquista desse continente por parte das potências europeias. Nesse curto período — cerca de três décadas —, o continente africano foi quase inteiramente retalhado por alguns Estados europeus, que disputavam a primazia na formação de impérios coloniais.

Considerando-se a conquista imperialista e a subsequente colonização da África, é correto afirmar que

a) os missionários religiosos e cientistas que atuavam nesse continente denunciaram as ações praticadas pelos conquistadores, tentando deter a colonização.

b) a instalação efetiva de colonos europeus se deu em maior proporção nas atuais regiões da África do Sul e Argélia.

c) os Estados dominantes reservaram para si as conquistas, impedindo a participação das potências europeias de menor expressão na divisão das terras.

d) os europeus encontraram facilidade para estabelecer o domínio militar, dada a ausência de instituições políticas e de líderes locais capazes de organizar a resistência.

4 (UEL-PR) "A tomada de impressões digitais, inventada em Bengala, durante o domínio britânico na Índia, buscou uma nova maneira segura de identificar os súditos britânicos coloniais. Francis Galton, pai da eugenia moderna, esperava poder provar que elas revelavam a 'raça' de cada indivíduo. Mas, em 1892, foi forçado a admitir o fracasso: não havia diferenças sistemáticas entre as impressões digitais dos grupos."

VINES, Gail. *Folha de S.Paulo*, 6 ago. 1995.

Sobre o texto, é correto afirmar:

a) Os ingleses confirmaram na Índia diferenças biológicas entre as raças através de experimentos científicos realizados no corpo humano.

b) Na Índia, os súditos do Império Britânico, independentemente de suas origens, desconheceram ações de discriminação ou segregação.

c) As principais potências europeias estimulavam o desenvolvimento da ciência e da tecnologia, nas suas respectivas possessões coloniais, para beneficiar as populações locais.

d) Na Índia, a associação entre os ensaios científicos e a dominação política buscava comprovar a superioridade dos ingleses sobre os demais povos.

e) Na Ásia, o colonialismo aliou à busca de novos mercados para o capital a valorização dos atributos raciais dos povos colonizados.

5 (Enem-MEC) "O continente africano em seu conjunto apresenta 44% de suas fronteiras apoiadas em meridianos e paralelos; 30% por linhas retas e arqueadas, e apenas 26% se referem a limites naturais que geralmente coincidem com os de locais de habitação dos grupos étnicos."

MARTIN, A. R. *Fronteiras e nações*. São Paulo: Contexto, 1998.

Diferente do continente americano, onde quase que a totalidade das fronteiras obedece a limites naturais, a África apresenta as características citadas em virtude, principalmente,

a) da sua recente demarcação, que contou com técnicas cartográficas antes desconhecidas.

b) dos interesses de países europeus preocupados com a partilha dos seus recursos naturais.

c) das extensas áreas desérticas que dificultam a demarcação dos "limites naturais".

d) da natureza nômade das populações africanas, especialmente aquelas oriundas da África Subsaariana.

e) da grande extensão longitudinal, o que demandaria enormes gastos para demarcação.

6 (Uerj) "Se tivéssemos de definir o imperialismo da forma mais breve possível, diríamos que ele é a fase monopolista do capitalismo."

LENIN, V. I. *O imperialismo:* fase superior do capitalismo. São Paulo: Global, 1987.

"Melhor seria ver o imperialismo como uma extensão à periferia da luta política na Europa. No centro, o equilíbrio estava ajustado tão perfeitamente que não era possível nenhuma ação positiva, nenhuma mudança importante no *status* ou no território de qualquer dos lados. As colônias tornaram-se um modo de sair do impasse."

FIELDHOUSE. In: COHEN, B. J. *A questão do imperialismo*. Rio de Janeiro: Zahar, 1976.

Indique, tomando como ponto de referência os textos, dois fatores que estimularam a expansão imperialista entre 1870 e 1914.

7 (UFSCar-SP) "A antropologia cultural (que pôde prosperar graças à expansão colonial) procurava reparar os pecados do colonialismo, mostrando que aquelas culturas 'outras' eram justamente culturas, com suas crenças, seus ritos, seus hábitos, bastante razoáveis no contexto em que haviam se desenvolvido e absolutamente orgânicas, ou seja, se sustentavam sobre uma lógica interna. A tarefa do antropólogo cultural era a de demonstrar que existiam lógicas diferentes da ocidental, que deviam ser levadas a sério, não desprezadas e reprimidas."

ECO, Umberto. Simplificação gera guerras santas. *Folha de S.Paulo*, 7 out. 2001.

Considerando o texto, responda.

a) O autor se refere a quais culturas, quando diz "aquelas culturas 'outras'"?

b) Quais as ideologias neocoloniais que se confrontavam com as propostas da antropologia cultural mencionadas no texto?

8 (UFPE) A expansão capitalista no século XIX ficou conhecida como imperialismo, e o domínio dos países europeus sobre a África e a Ásia foi denominado neocolonialismo. Sobre o resultado da junção desses dois fenômenos — o imperialismo e o colonialismo — na África e na Ásia, é correto afirmar que:

a) O imperialismo e o neocolonialismo ajudaram os povos africanos e asiáticos a saírem de seu atraso secular, possibilitando-lhes o acesso ao progresso tecnológico.

b) A Segunda Revolução Industrial, o capitalismo monopolista e os ideais de progresso estão associados ao imperialismo, ao neocolonialismo e ao completo domínio dos Estados Unidos, no final do século XIX.

c) A maior beneficiária de todo o domínio imperialista e do neocolonialismo na Ásia e África foi a classe operária europeia, em face do pleno emprego da indústria.

d) Através do imperialismo e do neocolonialismo, as elites econômicas e políticas inglesas construíram a imagem de que eram o modelo de cultura e civilização, a ser imitado em todo o mundo.

e) Entre as nações da África, as que transferiram maiores quantidades de pedras preciosas para a Inglaterra foram Angola e Moçambique, em razão do neocolonialismo.

Ampliando o conhecimento

Leitura

CATANI, Afrânio Mendes. *O que é imperialismo.* São Paulo: Brasiliense, 1992.
Um estudo mais detalhado sobre o fenômeno do imperialismo, segundo a visão dos principais estudiosos do tema.

Filmes

As montanhas da Lua

Direção de Bob Rafaelson. Estados Unidos,1990. 136 min.
O filme narra os acontecimentos da expedição de Sir Richard Francis Burton, explorador, linguista e diplomata inglês que, em meados do século XIX, empreendeu viagem em busca das nascentes do Rio Nilo. O conhecimento geográfico e cultural preparou a dominação inglesa na região.

O último samurai

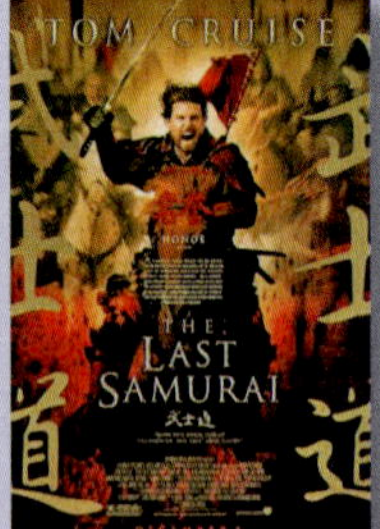

DIVULGAÇÃO

Direção de Edward Zwick. Estados Unidos, 2003. 144 min.
Em 1870 é enviado ao Japão um conceituado militar norte-americano encarregado de treinar as tropas do imperador Meiji para que elas pudessem eliminar os últimos samurais que ainda viviam na região. A história se passa durante a Revolução Meiji, ocasião em que o governo japonês adotou uma política de combate à estrutura semifeudal do país e de modernização seguindo o modelo do Ocidente.

Indochina

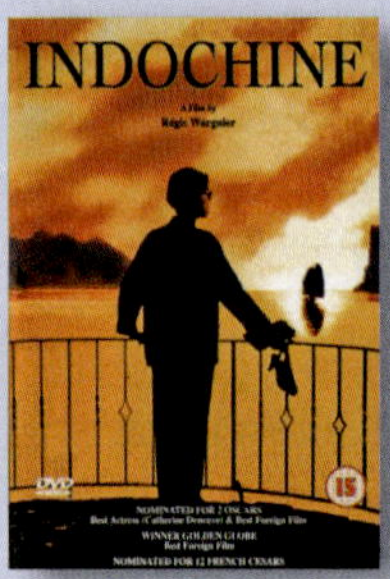

DIVULGAÇÃO

Direção de Régis Wargnier. França, 1992. 154 min.
O filme conta a trajetória de Eliane, de origem francesa nascida na Indochina. Filha de franceses, obteve concessão de grandes extensões de terras, onde decide cultivar seringueiras. Ela e sua filha adotiva, a princesa de Annan, são inseparáveis até começarem a disputar o mesmo homem, um fiscal da Marinha francesa. Neste conflito, Eliane foge em busca do seu amor e então conhece a verdadeira realidade do país, miserável e sofredor, e se engaja na luta contra a dominação colonial e pela revolução socialista.

Passagem para a Índia

Direção de David Lean. Inglaterra, 1984. 163 min.
Narra o conflito entre a cultura britânica e a tradição milenar do povo hindu. No final dos anos 1920, uma rica inglesa de ideias liberais viaja pela primeira vez para fora de seu país, para encontrar seu noivo, que está na Índia. Ela tenta se adaptar ao país, mas o choque cultural é inevitável.

Capítulo 33

O movimento operário e o advento do socialismo

O socialismo faliu?

“O socialismo pode estar morto, mas as tensões entre os que têm [dinheiro] e os que não têm vão dominar o século XXI, assim como fizeram em cada século anterior. O século XX foi o único período na história em que o igualitarismo brevemente pareceu ser vencedor. No futuro, a desigualdade prevalecerá, não por ser moralmente correta ou economicamente eficiente ou até inerente à natureza humana, mas porque se tornou aceitável.

As elites em todo o mundo estão descobrindo formas de acomodar e satisfazer as aspirações da maioria, sem minar suas próprias posições privilegiadas, e esse processo continuará. As batalhas do século XX entre a elite conservadora e o proletariado igualitário acabaram. As novas tensões políticas nascerão entre uma elite de maioria conservadora e proletariado de um lado e, do outro, uma subclasse socialmente excluída que, por razões sociológicas, genéticas ou religiosas, não pode ou não aceita ser cooptada pela sociedade burguesa.”

KALETSKY, Anatole. O conflito entre esquerda e direita definiu o século 20. Disponível em <http://noticias.uol.com.br/midiaglobal/>. Acesso em abr. 2007.

MUSEU NACIONAL DA FRANÇA, PARIS

Com o colapso do socialismo soviético no final do século XX, construiu-se a ideia de que o pensamento de Marx e Engels estivesse ultrapassado. Personagens e símbolos do ideário socialista tornaram-se, na mídia, sinônimos de arcaísmo, delírio e opressão. Nos séculos XIX e XX, no entanto, o chamado à unidade internacional dos trabalhadores acalentou muitos sonhos e impulsionou inúmeros movimentos revolucionários. Ao lado, cartaz da II Internacional dos Trabalhadores, de 1889, mostrando, no centro, a palavra de ordem de Marx e Engels: "Proletários de todo o mundo, uni-vos".

O século XIX foi marcado por discussões sobre a natureza da sociedade capitalista e a direção para onde ela estava sendo conduzida ou deveria se conduzir.

Para os representantes do liberalismo clássico, as bases para o bem da humanidade, tanto na esfera pública (a nação) como na esfera privada (a família), estariam na razão, na ciência e no progresso, sendo a ordem burguesa a mais apropriada às realizações humanas. Mas os descontentamentos sociais decorrentes do novo modelo deram origem a uma nova teoria: o **socialismo**. O ideário socialista exerceu enorme influência na organização dos trabalhadores e em sua luta pelo fim da exploração capitalista.

Foi no intuito de diminuir o espaço entre a classe dominante, rica e privilegiada, e os produtores diretos, marginalizados e excluídos, que os trabalhadores se uniram em torno de movimentos sociais voltados para a destruição de uma sociedade que consideravam injusta, baseada no frio interesse do lucro.

► Os socialistas utópicos

A primeira fase da história do socialismo, entre as guerras napoleônicas e as revoluções de 1848, está associada a pensadores como Claude-Henri de Rouvroy, Conde de Saint-Simon, François-Charles Fourier e Robert Owen. A literatura marxista refere-se a esses primeiros teóricos como socialistas utópicos, porque eles acreditavam na transformação total da sociedade de forma pacífica, sem a necessidade da luta de classes e da revolução proletária.

Vejamos, em poucas palavras, alguns conceitos dos principais socialistas utópicos.

Para **Saint-Simon** (1760-1825), a sociedade estava dividida entre "ociosos" e "produtores" e necessitava de um governo de trabalhadores, isto é, de operários, industriais, banqueiros e comerciantes. Ele aceitava a livre empresa e o lucro dos capitalistas, desde que estes concordassem em assumir certas responsabilidades sociais. Religioso, esse empreendedor francês imaginava uma organização social e a relação entre patrões e empregados baseadas em princípios cristãos. Para muitos historiadores, Saint-Simon foi um "liberal avançado".

Charles Fourier (1772-1837) propunha mudanças para a sociedade a partir de uma organização baseada na associação e no cooperativismo, que permitisse aos homens desenvolver plenamente os seus talentos. Ele afirmava que a última fase da história seria o socialismo. Todos obedeceriam às normas cooperativistas e viveriam em edifícios especialmente concebidos para a felicidade humana, os *falanstérios*, comunidades de produção compostas por aproximadamente 1.800 trabalhadores.

As ideias de **Robert Owen** (1771-1858), ao contrário dos teóricos anteriormente citados, apresentam-se como uma continuidade de temas do iluminismo. Para Owen, o caráter do homem era formado pelas circunstâncias; portanto, a reforma da sociedade envolveria a criação de circunstâncias que associassem a busca da felicidade com a harmonia e a cooperação, em lugar da concorrência e do conflito.

Apesar de as ideias dos socialistas utópicos apresentarem algumas diferenças, existiam pontos comuns entre elas: todos os três ambicionavam construir uma ciência da natureza humana; tinham a esfera moral e ideológica como base determinante do comportamento; pretendiam fazer dessa esfera o objeto de

MUSEU NACIONAL DA FRANÇA, PARIS

Bairro periférico da cidade de Paris no final dos anos 1860. As condições miseráveis em que viviam os trabalhadores urbanos deram o suporte social para os movimentos socialistas nascidos no século XIX.

MUSEU DOS TEMPOS, BESANÇON

Visão do falanstério de Charles Fourier. Obra anônima, cerca de 1834-1837.

uma ciência exata que resolveria o problema da harmonia social; identificavam a teoria moral, religiosa e política, anteriormente existente, como o principal obstáculo à realização das leis recém-descobertas da harmonia; e, finalmente, não estabeleciam distinção entre ciência física e ciência social.

▶ O socialismo científico

O movimento socialista moderno tem como marco a publicação, em 1848, do *Manifesto comunista*, de **Karl Marx** (1818-1883) e **Friedrich Engels** (1820-1895). Denominado **marxismo** ou **socialismo científico**, esse elaborado edifício teórico baseia-se em princípios como o materialismo histórico, o materialismo dialético, a luta de classes, a doutrina da mais-valia e a teoria da evolução socialista.

O **materialismo histórico** parte do pressuposto de que todos os grandes movimentos políticos, sociais e intelectuais da história têm sido determinados pela maneira como os homens organizam e distribuem a produção de bens necessários à sua sobrevivência. Em outras palavras, o modo de produção da vida material condiciona o conjunto dos processos da vida social, política e cultural, enfim, o sistema de valores, a ideologia.

O **materialismo dialético** tem como base a ideia de que o mundo não pode ser considerado um complexo de fenômenos acabados, mas de processos em que as relações e os reflexos delas estão em constante movimento. Isso quer dizer que cada sistema econômico particular está baseado em padrões definidos de produção e de troca que se expandem até alcançar um ponto de máxima eficiência. A partir desse momento, manifestam-se e se desenvolvem contradições internas que trazem consigo os elementos da sua destruição e os fundamentos de um sistema novo, que substituirá o antigo, ao mesmo tempo em que lhe absorve as características mais valiosas. Foi o que Marx sugeriu com a célebre frase: "tudo que é sólido desmancha no ar".

Marx e Engels também afirmavam que a história da humanidade era o resultado da **luta de classes**, isto é, do confronto entre setores sociais antagônicos em decorrência da oposição de interesses econômicos e políticos. Esse antagonismo se expressava de diversas maneiras, desde a luta econômica, passando pela luta política (por exemplo, a disputa parlamentar entre os partidos representantes das diversas classes), até

DAVE BARTRUFF/CORBIS-LATINSTOCK

Estátua de bronze de Karl Marx e Friedrich Engels esculpida por Ludwig Engelhardt. Berlim, Alemanha.

JACKY NAEGELEN/REUTERS-LATINSTOCK

Operário trabalha em linha de produção da fábrica da Peugeot na China em outubro de 2006. Em uma linha de montagem, de acordo com as teorias de Marx e Engels, o proprietário da empresa explora a mais-valia referente ao trabalho de todos os operários que participam do processo de produção.

a insurreição e outras formas de luta armada. Para o marxismo, a luta de classes constitui a principal força capaz de promover as transformações sociais e modificar a história.

Na **teoria da mais-valia**, os dois pensadores buscaram demonstrar uma das maneiras pelas quais o capital expropriava e explorava a classe trabalhadora. Segundo os teóricos, *mais-valia* é o valor acrescentado ao produto pela força de trabalho do operário e se expressa na diferença entre o valor da riqueza que o trabalhador produzia e o que ele recebia na forma de salário.

Toda riqueza é criada pelo trabalhador, e o valor de todos os bens é determinado pela quantidade de trabalho necessário para produzi-los. Mas o trabalhador não recebe o valor total do fruto do seu trabalho; ele recebe um salário que, na maioria das vezes, é suficiente apenas para sua subsistência e a de seus filhos, ou seja, para a reposição de sua força de trabalho. Assim, o capitalista nunca remunera o trabalhador de acordo com a riqueza que ele produz.

De acordo com o pensamento de Marx e Engels, a superação do capitalismo e a construção de uma sociedade sem classes só seria possível por meio de uma revolução socialista, conduzida pelos trabalhadores. Ao tomarem o poder, os trabalhadores dariam início a **ditadura do proletariado,** um processo de transição entre a ordem burguesa e o comunismo. O final dessa transição seria o **comunismo**, uma sociedade sem classes, sem propriedade privada dos meios de produção e sem Estado, na qual cada pessoa trabalharia de acordo com as suas capacidades e receberia um salário proporcional às suas necessidades.

As ideias e a produção intelectual de Marx e Engels (artigos de jornais e revistas, livretos e a monumental obra de Marx, *O capital*) serviram de base para pensadores e líderes políticos, que nelas se basearam para conduzir os movimentos operários em diversos países.

▶ As ideias anarquistas

Tal como as ideias socialistas, o **anarquismo** floresceu no final do século XVIII, a partir das considerações de **William Godwin** (1756-1836), que propôs uma nova maneira de organização social. Godwin escreveu sobre a recusa de autoridades governantes e da lei, em uma dinâmica dominada pela razão e pelo equilíbrio entre a necessidade e a vontade, e sobre a busca de uma liberdade total no campo ético-político — realizável apenas em um regime comunitário — e a rejeição da propriedade privada. No século XIX, esses pressupostos se tornaram típicos da discussão anarquista. Podemos citar vários teóricos como Pierre Joseph Proudhon, Mikhail Bakunin, Max Stirner, Enrico Malatesta, Peter Kropotkin e Leon Tolstoi.

A palavra **anarquismo**, de origem grega, não significa desordem e sim "sem governo". Por essa razão, os teóricos anarquistas discutiram a possibilidade de consolidar uma sociedade na qual os seres humanos se afirmariam por meio de uma ação própria em um contexto sociopolítico de liberdade, sem a opressão da Igreja e dos governos. Eles rejeitavam qualquer autoridade, porque viam nela a fonte básica dos males humanos. Também não admitiam o Estado e sua organização burocrática, considerando-os responsáveis pela consolidação da ordem política, econômica e social da burguesia.

Para o movimento anarquista, o ser humano deve viver sem Estado, a partir de uma gestão comunitária, ou seja, por meio da cooperação. Em livre associação, os indivíduos seriam capazes de produzir e distribuir a riqueza produzida de acordo com suas necessidades.

O movimento conviveu com um sério paradoxo: mesmo contrário a qualquer forma de autoritarismo e ao uso da força, os anarquistas admitiam esse método para a derrubada da autoridade e a instauração da condição ideal, ou seja, da sociedade anarquista.

▷ O anarco-sindicalismo

O **anarco-sindicalismo** foi uma importante corrente do movimento operário mundial e brasileiro. Essas ideias chegaram ao Brasil no início do século XX, graças principalmente aos imigrantes italianos. Os seguidores dessa corrente defendiam a destruição da ordem liberal burguesa e a construção de uma sociedade de indivíduos livres. Os anarco-sindicalistas acreditavam que a transformação da sociedade só seria possível com a ação direta dos trabalhadores, por meio de uma greve geral dirigida pelos sindicatos.

▸ Trabalhadores de todo o mundo

"[...] A partir de 1870-1880, o progresso do marxismo se acelera; na maioria dos países, ele se torna a própria filosofia do movimento operário. [...]"

RÉMOND, René. *O século XIX*. 2. ed. São Paulo: Cultrix, 1981.

Frontispício do manifesto lançado pelo Congresso da Internacional Socialista, realizado em Londres, em 1896.

A divulgação do socialismo de inspiração marxista foi possível sobretudo pela formação das Associações Internacionais dos Trabalhadores e, depois, das Internacionais Comunistas.

Conhecida como **Primeira Internacional**, a Associação Internacional de Trabalhadores (AIT) foi fundada em Londres em setembro de 1864. Consistia basicamente em uma federaçao da classe trabalhadora de vários países do oeste e do centro da Europa. A associação admitia tanto membros individuais como organizações locais e nacionais. Um Conselho Geral, eleito em seus congressos, normalmente anuais, teve sede na capital britânica até 1872.

Nos primeiros anos de atuação da AIT, o Conselho Geral, liderado por Marx, propunha medidas contra os "fura-greves" e protestos contra a guerra. Aos poucos, a Internacional conseguiu levantar uma pauta de reivindicações de caráter socialista e se declarou a favor da propriedade coletiva das minas, ferrovias, terras aráveis, florestas e comunicações.

Em setembro de 1871, a AIT manifestou-se oficialmente em favor da constituição de um partido político e da conquista do poder pelos operários. Tais posições sofreram forte oposição de Bakunin e de seus seguidores anarquistas, contrários à atuação na esfera política.

O conflito entre os seguidores de Marx e Bakunin aumentou quando os líderes da AIT pediram maiores poderes ao Conselho Geral. As divergências atingiram o auge no Congresso de Haia, em 1872, no qual sessenta e cinco delegados de treze países da Europa, da Austrália e dos Estados Unidos concederam maiores poderes ao Conselho Geral e expulsaram Bakunin do movimento, sob a acusação de "tentar organizar uma sociedade secreta dentro da Internacional".

A sede do Conselho Geral foi transferida para Nova York, mas a AIT deixou de existir efetivamente em 1876.

▸ A Comuna de Paris

Antes da ruptura entre os seguidores de Marx e os de Bakunin, ocorreu na França um movimento revolucionário que se transformaria em um marco decisivo da história da Associação Internacional dos Trabalhadores: a Comuna de Paris.

Os revolucionários da Comuna de Paris, chamados de communards, *fizeram barricadas nas ruas da capital francesa para resistir às tropas do governo de Thiers. Foto das barricadas no bulevar Belleville, em 18 de março de 1871.*

A causa imediata do movimento foi a derrota do exército francês para o exército prussiano em setembro de 1870, o que provocou uma série de manifestações populares em Paris. Tal conjuntura acabou levando à proclamação da república na França.

Chegaram a Paris notícias de que 170 mil soldados, mobilizados para dar continuidade à luta contra os prussianos e defender a capital, haviam se rendido. A indignação cresceu no seio da população, mas o governo provisório, liderado pela burguesia liberal, assinou um armistício em janeiro de 1871.

O governo provisório, já liderado por Adolphe Thiers, convocou eleições para a Assembleia Nacional. A maioria dos deputados eleitos pertencia ao setor republicano conservador e tinha o apoio dos pequenos proprietários rurais das províncias, interessados acima de tudo na defesa de suas terras. As tendências políticas se radicalizaram, uma vez que a população parisiense exigia reformas que incluíam modificações no direito à propriedade. Pressionado pela população, Thiers transferiu o governo para a cidade de Versalhes. Tal medida desagradou profundamente o povo, que se tornou o foco de resistência contra as disposições governamentais e "contagiou" com seu espírito de revolta a Guarda Nacional.

Com a aprovação dos prussianos, Thiers ordenou a invasão de Paris. Em resposta, a população mais pobre da capital organizou a **Comuna de Paris** — um governo popular encarregado da defesa da cidade e antecipador da ditadura do proletariado de que falavam Marx e Engels.

Eleito por sufrágio universal, o Conselho da Comuna reuniu republicanos próximos às concepções jacobinas e representantes de várias tendências do movimento operário. Seus integrantes estabeleceram um programa de reformas a partir das seguintes diretrizes: ensino gratuito e obrigatório, controle dos preços dos alimentos, direito da apropriação das fábricas pelo Estado (estas haviam sido abandonadas pelos proprietários, que fugiram de Paris) e o parcelamento e adiamento de prazo dos pagamentos de aluguéis das pessoas com dificuldades financeiras.

Mas o Conselho não se organizou o bastante para lutar contra os exércitos de Thiers. Em maio de 1871, tropas de Versalhes invadiram Paris e massacraram a população: houve 20 mil execuções, milhares de deportações e 15 mil prisões. Encerrava-se assim, após 72 dias, o primeiro "ensaio geral" de um governo operário.

"Quem saberá dizer quantos comunardos foram mortos durante a luta? Milhares foram massacrados posteriormente: os de Versalhes admitiram 17 mil, mas este número não pode ser mais do que a metade da verdade. Mais de 43 mil foram feitos prisioneiros, 10 mil foram sentenciados [...]. Esta era a vingança do 'povo respeitável'. Daquele momento em diante, um rio de sangue correu entre os trabalhadores de Paris e as 'classes melhores'. E daí em diante também os revolucionários sociais aprenderam o que os esperava se não conseguissem manter o poder."

HOBSBAWM, Eric J. *A era do capital.* 4. ed. Rio de Janeiro: Paz e Terra, 1988.

▶ O sindicalismo

O sindicalismo desenvolveu-se a partir do aparecimento do operariado, que variou de país para país e que somente se consolidou na segunda metade do século XIX.

Podemos chamar de **sindicato** uma associação de trabalhadores assalariados que tem como objetivos defender ou melhorar as condições de trabalho

DANILO VERPA/FOLHA IMAGEM

Comemoração do Dia do Trabalho promovida pela CUT (Central Única dos Trabalhadores) na avenida São João, centro da cidade de São Paulo. Foto de 2007.

dos seus associados, instituir e administrar assistência aos trabalhadores nas áreas de saúde, justiça, educação, lazer, treinamento e outras. Em vários países, os sindicatos se constituem em uma força política importante, graças sobretudo à vinculação com partidos políticos de natureza socialista e trabalhista.

Os primeiros movimentos sindicais surgiram na Inglaterra em decorrência da Revolução Industrial, entre a metade do século XVIII e o princípio do século XIX. Essa ideia de organizar os trabalhadores em uma associação logo foi seguida pelos franceses, mas em ambos os países o movimento sindicalista foi considerado criminoso — portanto, uma atividade proibida. Isso, porém, não impediu o aparecimento de movimentos clandestinos e, no final do século XIX, novas legislações permitiriam o funcionamento dos sindicatos ingleses e franceses.

Na Itália, Espanha, Alemanha e nações escandinavas, a fundação e o funcionamento de associações de trabalhadores seguiram caminhos semelhantes aos trilhados na França e na Grã-Bretanha. Nos Estados Unidos da América, o movimento sindical surgiu e organizou-se durante o século XIX, mas se apresentou em um modelo diferente do europeu, pois desde o início esteve desvinculado de correntes doutrinárias ou políticas.

No Brasil, o movimento sindical efetivou-se basicamente no século XX, em decorrência do processo de industrialização, e esteve ligado a correntes ideológicas, especialmente o marxismo, a social democracia, o anarquismo e o anarco-sindicalismo.

▶ O socialismo hoje

Em 1995, em uma entrevista ao jornal *Folha de S.Paulo*, o sociólogo Antonio Candido observou: "A história é feita de fluxos e refluxos, não caminha em linha reta. O fato de passarmos por um momento em que alguns postulados socialistas são questionados não significa que ele [o socialismo] esteja invalidado". O advogado e político gaúcho Tarso Genro, em um artigo para o mesmo periódico escrito em 1996, comentou: "O socialismo, tal como foi concebido pelos modernos, está impossibilitado. É preciso reinventá-lo".

O historiador marxista Eric Hobsbawm, ao discutir em seu livro *Era dos extremos* o suposto triunfo do capitalismo sobre o socialismo, adverte que o desenvolvimento da economia tecnocientífica, que dominou os últimos três séculos, liberou forças capazes de destruir o meio ambiente e implodir o mundo. Segundo o autor, mais importante do que debater a morte ou não do socialismo é reconhecer que as fundações materiais da vida humana estão sendo corroídas pelas forças geradas pela economia capitalista. E, se a humanidade insistir em construir um futuro que seja um prolongamento do presente e do passado, o resultado não será outro senão o fracasso e a escuridão.

Essas observações apontam para o debate que se trava atualmente em torno da teoria e prática do socialismo. São discussões recentes, que não chegaram ainda a qualquer conclusão amadurecida.

TEXTO COMPLEMENTAR

O *Manifesto* de Marx e Engels

Os trechos que você vai ler fazem parte do *Manifesto comunista*. Nos trechos selecionados, Marx e Engels expõem algumas ideias que representam a base do pensamento marxista.

"A história de todas as sociedades que existiram até nossos dias tem sido a história das lutas de classes. Homem livre e escravo, patrício e plebeu, senhor e servo, mestre de corporação e oficial, numa palavra, opressores e oprimidos, em constante oposição, têm vivido numa guerra ininterrupta, ora franca, ora disfarçada, uma guerra que termina sempre, ou por uma transformação revolucionária da sociedade inteira, ou pela destruição das suas classes em luta. [...]

A burguesia desempenhou na história um papel eminentemente revolucionário. Onde quer que tenha conquistado o poder, a burguesia destruiu as relações feudais, patriarcais e idílicas. Ela despedaçou sem piedade todos os complexos e variados laços que prendiam o homem feudal a seus 'superiores naturais', para só deixar subsistir, entre os homens, o laço do frio interesse, as cruéis exigências do 'pagamento à vista'. [...]

Pela exploração do mercado mundial, a burguesia imprime um caráter cosmopolita à produção e ao consumo em todos os países. Para desespero dos reacionários, ela retirou da indústria sua base nacional. As velhas indústrias nacionais foram destruídas e continuam a sê-lo diariamente. São suplantadas por novas indústrias, cuja introdução se torna uma questão vital para todas as nações civilizadas, indústrias que não empregam mais matérias-primas nacionais, mas sim matérias-primas vindas das regiões mais distantes, cujos produtos se consomem não somente no próprio país, mas em todas as partes do globo. [...]

A burguesia submeteu o campo à cidade. Criou grandes centros urbanos; aumentou prodigiosamente a população das cidades em relação à dos campos e, com isso, arrancou uma grande parte da população do embrutecimento da vida rural. Do mesmo modo que subordinou o campo à cidade, os países bárbaros ou semibárbaros aos países civilizados, subordinou os povos camponeses aos povos burgueses, o Oriente ao Ocidente. [...]

A burguesia, durante seu domínio de classe, apenas secular, criou forças produtivas mais numerosas e mais colossais que todas as gerações passadas em conjunto. A subjugação das forças da natureza, as máquinas, [...] a exploração de continentes inteiros, a canalização dos rios, populações inteiras brotando na terra como por encanto; que século anterior teria suspeitado que semelhantes forças produtivas estivessem adormecidas no seio do trabalho social? [...]

A sociedade burguesa moderna, que fez surgir gigantescos meios de produção e de troca, [...] já não pode controlar as forças internas que pôs em movimento [...] Basta mencionar as crises comerciais que, repetindo-se periodicamente, ameaçam cada vez mais a existência da sociedade burguesa. [...] Subitamente, [...] a indústria e o comércio parecem aniquilados. E por quê? Porque a sociedade possui demasiada civilização, demasiados meios de subsistência, demasiada indústria, demasiado comércio. [...] As armas que a burguesia utilizou para abater o feudalismo voltam-se hoje contra a própria burguesia. A burguesia, porém, não forjou somente as armas que lhe darão morte; produziu também os homens que manejarão essas armas — os operários modernos, os proletários. [...]"

MARX, Karl e ENGELS, Friedrich. *Manifesto do Partido Comunista* [1848]. Porto Alegre: LP&M, 2001.

Compreendendo o texto

1. Identifique no texto o fator que os autores consideram responsável pelas mudanças na história e selecione os trechos em que ele aparece.

2. Para Marx e Engels, qual a origem das crises que periodicamente abalam as bases da sociedade burguesa?

3. Qual papel os autores atribuem à classe dos operários modernos?

ATIVIDADES

Explorando o conhecimento

1 Observe a imagem a seguir.

COLEÇÃO PARTICULAR

Migração de trabalhadores do campo para a cidade de Manchester, Inglaterra, representada em pintura do século XIX.

a) Que camada social foi representada nessa pintura?

b) Como parecem ser as condições de vida representadas na imagem?

c) Relacione as condições de vida mostradas na imagem com as teorias socialistas desenvolvidas no século XIX.

2 Compare o chamado socialismo utópico com o socialismo científico, destacando os representantes de cada corrente de pensamento e os princípios básicos de cada uma delas.

3 Elabore um quadro comparando as propostas de anarquistas e comunistas em relação:

a) à propriedade privada;

b) ao papel do Estado na sociedade;

c) à forma de organização dos trabalhadores.

Com base nos dados coletados, explique as divergências entre Marx e Bakunin na Primeira Internacional ou Associação Internacional dos Trabalhadores (AIT).

4 Considere o texto a seguir, que mostra dois pontos de vista sobre a Comuna de Paris (1871).

Visões conflitantes

"Vista pela esquerda, a Comuna foi a primeira experiência moderna de um governo realmente popular. Um extraordinário acontecimento histórico resultante da iniciativa de grupos revolucionários e do espontaneísmo político das massas, combinando patriotismo, republicanismo e socialismo, em meio às circunstâncias dramáticas de uma guerra perdida (Franco-Prussiana) e de uma guerra civil em curso. Vista pela direita, tratou-se de uma aberração política, obra de fanáticos revolucionários e de uma plebe ignorante que, ao afrontar as instituições, símbolos e interesses burgueses-aristocráticos, mereceu o castigo exemplar: nada menos que um banho de sangue, para repor esta gentinha em seu lugar e pensar duas vezes antes de aventurar-se novamente a ameaçar a boa sociedade."

FONTANA, Remy J. Comuna de Paris – 130 anos. Revista *Espaço Acadêmico*, maio 2001. Disponível em <www.espacoacademico.com.br>.

a) Diferencie as duas visões apresentadas no texto.

b) Que camadas sociais tenderiam a defender cada uma dessas visões?

c) Com base no estudo do capítulo, elabore uma síntese da Comuna de Paris.

d) Explique como esse processo revolucionário afetou a sociedade francesa.

A história e o tempo presente

5 A palavra "sindicato" tem raízes no latim e no grego. No latim, *sindicus* denominava o procurador escolhido para defender os direitos de uma corporação; no grego, *syndicos* é aquele que defende a justiça.

Faça uma pesquisa sobre os sindicatos no Brasil utilizando o roteiro a seguir:

a) Quais são as funções de um sindicato?

b) O que é convenção coletiva de trabalho?

c) O que é CLT?

d) Quais são as principais organizações de trabalhadores no nosso país?

Vestibular / ENEM

1 (UFV-MG) O desenvolvimento e a consolidação do capitalismo, no século XIX, contribuíram para o surgimento de novas ideias sociais e políticas, principalmente no continente europeu.

Sobre estas ideias, é **correto** afirmar que:

a) o catolicismo social exprimiu o desejo da Igreja de "humanizar e pôr um freio" no capitalismo, atacando os seus fundamentos e a sua estrutura, buscando um significado mais político do que ético-social.

b) as concepções democráticas defendiam um sistema eleitoral censitário, no qual apenas os indivíduos escolarizados e ricos poderiam participar e atuar nas instituições políticas do Estado.

c) o socialismo utópico representou a primeira corrente do pensamento socialista porque procurou formular leis e princípios determinantes da história da humanidade em direção a uma sociedade sem classes e, portanto, igualitária.

d) o anarquismo surgiu como a doutrina política que defendia a necessidade de suprimir qualquer forma de governo, já que este e, consequentemente, o Estado representavam a origem dos males da sociedade.

e) o socialismo científico recebeu esta denominação porque seus teóricos, após criticarem a sociedade de sua época, expuseram os princípios de uma sociedade futura ideal, sem indicar os meios que a tornassem real.

2 (Uneb-DF) O avanço do socialismo e dos movimentos operários no decurso do século XIX relaciona-se diretamente com:

a) os efeitos sociais criados pela industrialização e as crises geradas pelo capitalismo.

b) o fim do sufrágio universal e a criação das milícias populares.

c) a preocupação nitidamente assistencialista de certas organizações de trabalho.

d) a propaganda anticolonialista e defesa da propriedade privada.

e) a caridade cristã e a negação dos postulados marxistas.

3 (PUC-Minas) O chamado socialismo científico, formulado por Marx e Engels no século XIX, propunha:

a) a superação do capitalismo pela ação revolucionária dos trabalhadores, aglutinados em torno da Internacional Socialista.

b) a redução do papel do Estado na economia para efetivar o controle direto pelo proletariado sobre os meios de produção.

c) a supressão de toda legislação trabalhista e social, tida como mecanismo de alienação e cooptação do proletariado.

d) a realização de sucessivas reformas na estrutura capitalista, possibilitando a gradativa implantação do comunismo avançado.

4 (PUC-PR) "Toda riqueza é criada pelo trabalho. O capital nada cria, mas ele próprio é criado pelo trabalho. O valor de todas as utilidades é determinado pela quantidade de trabalho necessária para produzi-las."

BURNS, Edward McNalls. *História da civilização ocidental.* Porto Alegre: Globo, 1964. v. 2.

Conforme a ideologia marxista ou doutrina comunista, o texto exprime uma das suas premissas fundamentais:

a) à interpretação econômica da História.

b) ao materialismo dialético.

c) à doutrina da mais-valia.

d) à luta de classes.

e) à teoria da evolução socialista.

5 (UFC-CE) A respeito do anarquismo, é correto afirmar que:

a) como doutrina, defendia a necessidade de eliminar qualquer forma de intervenção estatal.

b) seus teóricos defendiam a intervenção do Estado na economia com o apoio do operariado.

c) condenava a violência como meio de ação, angariando, assim, o apoio da Igreja Católica.

d) a sua difusão representou a primeira ruptura surgida no Partido Comunista da Rússia.

e) o movimento restringiu-se aos países da América do Sul.

6 (Unicamp-SP) Referindo-se aos acontecimentos ocorridos em Paris no ano de 1871, assim se expressou um militante socialista: "Eis o que significaram os acontecimentos de 18 de março. Eis por que esse movimento é uma revolução, eis por que todos os trabalhadores o reconhecem e aclamam".

a) A que movimento político a citação faz referência?

b) Explique o que foi esse movimento.

c) Qual foi sua importância para o movimento socialista até o período inaugurado com a Revolução Russa de 1917?

7 (Mackenzie-SP) "Para nós, a autoridade não é necessária à organização social; ao contrário, acreditamos que ela é sua parasita, que impede sua evolução e utiliza seu poder em proveito próprio de uma certa classe que explora e oprime as outras. Enquanto houver harmonia de interesses em uma coletividade, enquanto ninguém quiser ou puder explorar os outros, não haverá marca de autoridade [...]."

Enrico Malatesta

A respeito da doutrina professada por Enrico Malatesta, é correto afirmar que:

a) ambicionava construir uma ciência da natureza humana, não estabelecia distinção entre ciência física e ciência social e identificava a teoria moral, religiosa e política existente como o principal obstáculo à realização das leis da harmonia.

b) afirmava que, após a revolução, os trabalhadores estabeleceriam a ditadura do proletariado e, mais tarde, com o crescimento da produção e da riqueza, o próprio socialismo daria lugar ao comunismo, sociedade na qual não existiriam as classes sociais e o Estado.

c) considera que o Estado e a propriedade privada são a fonte de todos os males sociais e devem ser substituídos por uma sociedade de homens livremente associados, sem leis codificadas, sem polícia, sem tribunais ou forças armadas.

d) acreditava que o Estado, a Igreja e a burguesia financeira e industrial seriam extintas lentamente, sem a necessidade de lutas sociais, ao longo do processo histórico de desenvolvimento do socialismo e de sua transição para a sociedade anarquista.

e) preconiza uma sociedade na qual não haveria luta de classes, porque os ricos não seriam tão ricos e os pobres não seriam tão pobres. O capital e o trabalho deveriam viver em colaboração um com o outro, obedecendo aos princípios da caridade cristã.

Ampliando o conhecimento

Leitura

DELFINI, Luciano e PETTA, Nicolina Luiza de. *Para entender o anarquismo*. São Paulo: Moderna, 2004. (Coleção Polêmica)

Nessa obra os autores analisam a formação histórica das ideias anarquistas, a primeira experiência de autogestão, a Comuna de Paris, e as lutas do anarco-sindicalismo no Brasil. Abordam também os veículos pelos quais os anarquistas difundiam suas ideias: o teatro, as escolas, os jornais, as festividades, entre outros.

Filmes

A festa de Babette

DIVULGAÇÃO

Direção de Gabriel Axel. Dinamarca, 1988. 102 min.

Em 1871, uma fugitiva da Comuna de Paris chega a uma pequena vila dinamarquesa, onde duas irmãs a recebem como empregada doméstica. Após quatorze anos de serviço, ganha um grande prêmio de loteria francesa e decide usar o dinheiro na organização de um jantar comemorativo. O jantar transforma-se em um evento de confraternização entre vizinhos, amigos e parentes.

Daens, um grito de justiça

Direção de Stijn Coninx. Bélgica, 1991. 136 min.

A história se passa na virada do século XIX para XX, no norte da Bélgica, em plena Revolução Industrial. Trabalhadores de uma fábrica estão condenados a um estado de miséria absoluta. A imagem da exploração de crianças e mulheres nas fábricas é o ponto alto da trama. A vida da sociedade local passa a ter uma nova direção com a chegada de Daens, um padre revolucionário que se muda para a cidade e vai morar na casa de seu irmão jornalista.

Site

A Comuna de Paris e as mulheres revolucionárias

<www.ubmulheres.org.br>

O *site* possui um artigo sobre a participação das mulheres na Comuna de Paris.

Capítulo 34

O governo de D. Pedro I

A independência em cores épicas

MUSEU PAULISTA/USP, SÃO PAULO

Independência ou morte *(O Grito do Ipiranga)*, *óleo sobre tela de Pedro Américo, obra realizada já no final do Segundo Império, em 1888, 66 anos após a independência.*

A obra de Pedro Américo é reconhecida por muitos brasileiros e estrangeiros como a representação clássica do ato de independência do Brasil. O quadro do artista foi finalizado no ano de 1888. Pedro Américo fez uma ampla pesquisa sobre o fato histórico e concluiu que seria importante alterar algumas características da época para produzir um efeito épico sobre o 7 de setembro. O pintor modificou a topografia local para realçar o riacho do Ipiranga, substituiu as mulas por imponentes cavalos, criou trajes e incluiu uma fictícia Guarda de Honra do Imperador (instituição criada após a independência).

Um príncipe em leilão

O êxito da revolução liberal do Porto, em 1820, agradou aos brasileiros e a uma minoria de portugueses residentes no Brasil, que acreditavam ter chegado o momento de conquistar a autonomia política e econômica. Em vez disso, a metrópole tratou de jogar um balde de água gelada na euforia brasileira.

Logo que chegou a Portugal, D. João VI foi induzido, pelas Cortes lusitanas e por pressões da Santa Aliança, a decretar a revogacão do título de Príncipe Regente concedido a D. Pedro. Outros documentos determinaram o fechamento de importantes tribunais sediados no Rio de Janeiro. Uma ordem das Cortes portuguesas exigia a volta imediata do príncipe para Portugal.

Solidários a D. Pedro, e temendo a perda dos privilégios recebidos, segmentos da aristocracia brasileira manifestaram-se favoráveis ao não cumprimento das ordens de Lisboa. O movimento para reter o príncipe no Brasil tomou vulto. Mas regiões como Pará, Bahia, Alagoas, Sergipe e Paraíba, ainda intimidadas pela feroz repressão portuguesa à Revolução Pernambucana de 1817, optaram por manterem-se fiéis às Cortes. Enquanto isso, as províncias do sul esperavam o resultado das negociações entre pai e filho, na expectativa de tornar possível o sonho republicano.

MUSEU HISTÓRICO NACIONAL, RIO DE JANEIRO

Retrato de D. Pedro I executado pelo pintor francês Arnaud Julien Pallière, século XIX.

MUSEUS CASTRO MAIA/DIV. ICONOGRAFIA, RIO DE JANEIRO

Partida da Rainha para Portugal, *uma das litografias que ilustram a obra* Viagem pitoresca e histórica ao Brasil, *1834-1839, de Jean-Baptiste Debret.*

Em diversos cantos das províncias, panfletos populares esquentavam a opinião pública, representando importantes veículos de divulgação e propaganda. Os pasquins eram afixados em paredes e portas das casas nas principais ruas das cidades, durante a noite, e traziam notícias que exaltavam a imaginação da sociedade brasileira. Além disso, a revogação da lei que proibia a existência de gráficas, em 1808, incentivou o surgimento de uma rica variedade de jornais e revistas, que, apesar de passarem por uma minuciosa apreciação da censura, não deixaram de existir. Jornais como o satírico *A Malagueta* e o *Revérbero Constitucional Fluminense*, que tinham ampla circulação no Rio de Janeiro, incrementaram a discussão sobre a autonomia do país.

Desses órgãos, o de maior peso político foi o *Revérbero Constitucional Fluminense*. Fundado por

No estilo altissonante do jornalismo político da época, o *Revérbero* comentava a situação anterior à Revolução do Porto:

"Pasmada lançava a Europa seus olhos inquietos para a pátria ilustre dos Gamas, Castros, Pachecos e Albuquerques, e não podia compreender como os que foram terror da África; como os que primeiro haviam entrado nas portas do Oriente por mares nunca dantes navegados; e como os que dominavam senhores desde o Amazonas até o Prata pudessem dentro de casa gemer em vil e duro cativeiro."

Joaquim Gonçalves Ledo e pelo cônego Januário da Cunha Barbosa, era um periódico antiabsolutista, que propunha a independência plena e uma república no Brasil, nos moldes dos Estados Unidos.

Divergências entre as elites

Ao longo dos acontecimentos que culminaram com a independência, dois "partidos", o português e o brasileiro, tiveram importante atuação. Rigorosamente, esses grupos não passavam de correntes de opiniões, não podendo ser considerados legitimamente como partidos políticos.

O "**partido português**" — composto por comerciantes lusitanos, interessados na manutenção dos privilégios concedidos pela estrutura colonial, por burocratas e pelo alto escalão do Exército — pretendia o retorno de D. Pedro a Portugal e a implantação de medidas recolonizadoras.

O "**partido brasileiro**", por sua vez, reunia basicamente burocratas, comerciantes, grandes proprietários de terras, advogados e investidores urbanos, nascidos no Brasil ou em Portugal. Essa facção expressava os interesses dos que se beneficiaram com as mudanças na vida brasileira desde a chegada de D. João em 1808. Suas reivindicações iam além da liberdade de comércio ou da exigência de tributos menores: pretendiam que fosse respeitada a igualdade política e jurídica concedida com a elevação do Brasil a Reino Unido em 1815. Mais tarde, dissidentes desse grupo organizaram o Partido Liberal Radical — que não era "partido", nem "liberal" e muito menos "radical", no efetivo significado desses termos.

Os confrontos entre os "partidos" português e brasileiro ocorreram não apenas no Brasil, mas também nas Cortes de Lisboa, onde a correlação de forças era mais que favorável aos reinóis. Das 205 cadeiras da Assembleia, somente 75 pertenciam ao Brasil, e destas, 25 permaneceram vazias.

Entre os representantes brasileiros de maior expressão estavam o cirurgião baiano Cipriano Barata, veterano da Conjuração Baiana de 1798 e da Insurreição Pernambucana de 1817 e que participaria mais tarde da Confederação do Equador; Antônio Carlos Andrada e Silva, também veterano do movimento pernambucano de 1817, líder da bancada paulista e irmão de José Bonifácio e Martim Francisco Ribeiro de Andrada e Silva; padre Diogo Antônio Feijó e Nicolau de Campos Vergueiro, futuros regente e senador, respectivamente. Eles tiveram de enfrentar os "liberais" portugueses, que pretendiam reconduzir o Brasil à antiga condição de colônia ao restaurar o monopólio comercial.

Em outubro de 1822, Antônio Carlos, o padre Feijó, Cipriano Barata e outros deputados recusaram-se a jurar a Constituição portuguesa. Para escapar a eventuais represálias, esses parlamentares mais radicais refugiaram-se na Inglaterra antes de regressar ao Brasil.

O liberalismo no Brasil

No decorrer do processo de independência da América portuguesa, o liberalismo, ideologia burguesa surgida na Europa na era das revoluções do século XVIII, foi utilizado inicialmente como mecanismo contra o despotismo real português, sendo em seguida transformado em instrumento contrário às pretensões radicais de democracia. Por baixo de uma aparente ideia de liberdade escondiam-se enormes contradições que impunham limites à utopia liberal, como era o caso da escravidão. Essa instituição inviabilizava, a despeito de todos os discursos de uma minoria sonhadora, o projeto de uma nação nos moldes liberais.

Carta a D. João VI

"Jazemos por muito tempo nas trevas; hoje vemos a luz. Se Vossa Majestade cá estivesse seria respeitado, e então veria que o povo brasileiro, sabendo prezar sua liberdade e independência, se empenha em respeitar a autoridade real, pois não é um bando de vis carbonários e assassinos, como os que têm Vossa Majestade no mais ignominioso cativeiro.

Triunfa e triunfará a independência brasílica, ou a morte nos há de custar.

O Brasil será escravizado, mas os brasileiros não: porque enquanto houver sangue em nossas veias, há de correr, e primeiramente hão de conhecer melhor o — Rapazinho — e até que ponto chega a sua capacidade, apesar de não ter viajado pelas cortes estrangeiras.

Peço a Vossa Majestade que mande apresentar esta às Cortes! As Cortes que nunca foram gerais, e que são hoje em dia só de Lisboa, para que tenham com que se divirtam, e gastem ainda um par de moedas a este tísico tesouro.

Deus guarde a preciosa vida e saúde de Vossa Majestade, como todos nós brasileiros desejamos.

Sou de Vossa Majestade, com todo o respeito, filho que muito o ama e súdito que muito o venera."

Carta enviada por D. Pedro I a D. João VI, esclarecendo o episódio ocorrido em 7 de setembro de 1822. VIANNA, Hélio. *A história do Brasil no curso secundário*. In: Arquivos. Ministério da Educação e Cultura, n. 2.

As controvérsias entre as Cortes portuguesas, os interesses coloniais e os limites do liberalismo contribuíram para que fossem tomadas medidas no sentido de manter o príncipe no Brasil. No dia 9 de janeiro de 1822, o Senado da Câmara enviou a D. Pedro uma petição pública com milhares de assinaturas (a *Petição do Fico*), pela qual os brasileiros pediam ao regente que ficasse no país e apoiasse a consolidação da independência. Aceitando um pacto de compromisso com os brasileiros, D. Pedro decretou que nenhuma ordem que viesse das Cortes portuguesas poderia ser cumprida no Brasil sem a sua autorização.

A agitação crescia no Rio de Janeiro. O nacionalismo brasileiro, representado na época pelo sentimento antiportuguês, pressionava o príncipe. Um decreto preveniu que todas as tropas vindas de Portugal seriam "recebidas com hostilidade". Afinal, em 7 de setembro de 1822, D. Pedro oficializou a independência do Brasil.

MUSEU IMPERIAL, PETRÓPOLIS

Proclamação da Independência, *pintura de François-René Moreaux, dc 1844.*

O assentamento das bases do Império Brasileiro

O período que se seguiu à independência foi marcado por grandes agitações políticas provenientes de lutas internas e externas referentes ao processo de consolidação da autonomia do país. No âmbito interno, enormes diferenças regionais dificultaram o surgimento da verdadeira ideia de nação no território brasileiro. O norte do país, a Amazônia, manteve-se durante muito tempo afastada das decisões do Rio de Janeiro; o sul, habituado a desfrutar certa autonomia na atividade agropastoril, demonstrou pouco interesse com os recentes acontecimentos. No interior nordestino, as fazendas de gado conservavam-se alheias às autoridades e aos mecanismos de controle centrais. Apenas as áreas litorâneas, do Recife ao Rio de Janeiro, procuraram integrar-se à política nacional, embora tomadas por rivalidades regionais.

O Estado brasileiro nasceu como uma forma de preservar as prerrogativas de um segmento social elitista, que viu na permanência da monarquia uma maneira de se ver livre de grupos mais exaltados e da ameaça da fragmentação territorial do país. Diante de qualquer ameaça, real ou imaginária, as elites logo procuravam estabelecer junto ao imperador um compromisso ou, como se chamava então, uma transação, para preservar suas vantagens sociais e econômicas.

A organização do Estado brasileiro tendeu para uma monarquia constitucional de índole autoritária, nos moldes daquelas que a Europa conhecia desde a restauração real associada ao Congresso de Viena. Aliado ao grupo conservador, D. Pedro tomou medidas capazes de manter no Brasil um "liberalismo" bem moderado, que garantisse a superioridade do monarca sobre os representantes da nação, ao contrário do que ocorrera em Portugal. Por sua vez, os constituintes, em sua maioria representantes do "partido brasileiro", empenhavam-se em concluir o projeto constitucional, baseado nas ideias iluministas, que oficializava juridicamente a ruptura com a antiga metrópole. Paralelamente, negociavam o reconhecimento internacional da independência brasileira, contando com o apoio dos Estados Unidos e da Inglaterra, ambos interessados nas relações comerciais com a jovem nação.

Somente em 1825 Portugal reconheceu a independência de sua ex-colônia, mediante uma indenização de 2 milhões de libras, pagas por meio de um empréstimo fornecido pela Inglaterra.

A manutenção da unidade territorial foi outra questão importante para consolidar a independência do Brasil. Projetos mais radicais de independência impulsionados pelos republicanos e por grupos liberais avançados, como o de Gonçalves Ledo, ameaçavam os projetos de D. Pedro I, que foi coroado imperador em dezembro de 1822.

Nesse processo, José Bonifácio de Andrada e Silva, o Patriarca da Independência, e seu irmão Martim Francisco Ribeiro de Andrada e Silva desempenharam papel relevante na organização do novo Estado, levantando recursos junto aos grandes proprietários do centro-sul para financiar as campanhas militares pró-independência nas províncias lideradas por facções que se mantiveram contrárias ao processo separatista.

Negando o governo imperial, os governos da Bahia e do Maranhão optaram por permanecer ligados às

O BRASIL DA INDEPENDÊNCIA

Fonte: IBGE. *Atlas geográfico do Brasil.* Rio de Janeiro: IBGE, 2000.

O voto nas eleições constituintes

"O recrutamento do eleitorado que deveria escolher os deputados à Constituinte seguiu os seguintes critérios:

[...] Concedia-se o direito de voto a todo cidadão casado ou solteiro de mais de vinte anos, mas significativamente se excluíam os que recebessem salários ou soldadas. Destes, as únicas exceções eram os caixeiros de casas de comércio, os criados da Casa Real mais graduados e os administradores das fazendas rurais e das fábricas. Impedidos de votar ficavam os religiosos regulares (pertencentes a ordens religiosas), os estrangeiros não-naturalizados e os criminosos. Votavam, no entanto, os analfabetos, contingência evidente num país em que mesmo os senhores não sabiam ler. É óbvio que a massa escrava era previamente marginalizada. [...]"

MARANHÃO, Ricardo et al. *Brasil História:* texto & consulta. São Paulo: Brasiliense, 1982. v. 2.

Cortes portuguesas. Entre 7 de setembro de 1822 e 2 de julho de 1823, uma violenta guerra tomou conta da Bahia, com larga utilização de mercenários estrangeiros contratados pelo governo central. A conquista do Grão-Pará gerou em torno de 1.300 mortos, dos quais 252 sufocados por cal virgem lançada no porão de navios onde foram aprisionados por determinação de John Pascoe Grenfell, mercenário inglês a serviço do Império. A conquista da Bahia contribuiu para sufocar a reação contra a independência nas regiões de Alagoas, Sergipe, Ceará, Piauí e Maranhão.

▷ A Constituição de 1824

Iniciados os trabalhos constituintes, os debates voltaram-se muitas vezes para o papel do rei e as atribuições do Poder Legislativo. Duas concepções diferentes apontavam para caminhos opostos: a primeira delas defendia que a soberania residia na Nação, representada pelos deputados eleitos pelos cidadãos; a outra, que ela se partilhava entre o imperador e a Assembleia. O afastamento de José Bonifácio do projeto contribuiu para que amigos pessoais de D. Pedro I ganhassem maior influência junto a ele, modificando o andamento da constitucionalização brasileira.

O anteprojeto constitucional limitava os poderes do imperador, ao mesmo tempo em que assumia um caráter nitidamente elitista, mantendo o voto censitário para as futuras eleições. Um artigo votado pela Assembleia e que isentava de sanção imperial os atos dos deputados constituintes parece ter motivado o imperador a dissolvê-la, em um rasgo de autoritarismo.

D. Pedro nomeou um Conselho de Estado, composto por portugueses, e encarregou-o de redigir em ritmo acelerado uma nova Constituição. Em 25 de março de 1824, o imperador outorgou a primeira Constituição do país.

A **Constituição outorgada** em 1824 vigorou até o final do Império. Ela conservou algumas disposições discutidas em seu anteprojeto e teve caráter contraditório. Ao mesmo tempo em que mantinha, em linhas gerais, as influências do liberalismo europeu, apresentava traços marcantes de autoritarismo, por meio de um Poder Executivo forte, exercido pelo imperador. A restrição do direito de cidadania a um pequeno grupo privilegiado e a manutenção da escravidão traçaram o perfil do Estado brasileiro.

A Carta de 1824 estabelecia como forma de governo uma monarquia hereditária constitucional e representativa. Nessa estrutura unitária e centralizada, as províncias não tinham autonomia política, sendo administradas por presidentes escolhidos pelo imperador. Estabeleceram-se quatro poderes políticos: Executivo, Legislativo, Judiciário e Moderador. Este último era exercido exclusivamente pelo imperador, auxiliado por um Conselho do Estado. Tinha amplas atribuições, entre as quais a interferência direta no processo político através da dissolução da Câmara de Deputados, nomeação e demissão de juízes e assinatura de tratados.

O corpo legislativo constituiu-se em um sistema bicameral: um Senado vitalício e uma Câmara de Deputados eleita pelo voto censitário. O sistema de voto era indireto, dividido em dois momentos. Na primeira fase (eleições primárias), os cidadãos brasileiros possuidores de determinada renda anual escolhiam o corpo eleitoral que, numa segunda fase, elegeria os deputados e senadores.

A Igreja Católica permaneceu como religião oficial, sendo permitido o culto a outras religiões. Através do regime de **Padroado**, o imperador tinha a prerrogativa de nomear os bispos e outros membros da hierarquia eclesiástica.

A Confederação do Equador

A dissolução da Constituinte não provocou reações maiores nas províncias das atuais regiões Sudeste e Centro-Oeste, mas causou franca insatisfação nas demais. No Nordeste, empobrecido por uma forte crise na agricultura canavieira exportadora, a reação ao autoritarismo imperial se fez violenta, com a eclosão, em 2 de julho de 1824, da **Confederação do Equador**. O estopim para a deflagração do movimento foi a nomeação de um governador não-desejado para a província de Pernambuco, foco tradicional de difusão de ideias republicanas, federativas e antiportuguesas.

A Confederação do Equador costuma ser considerada um prolongamento da Revolução Pernambucana de 1817, uma vez que novamente as propostas liberais serviram de bandeira aos insurretos. Estes, em sua maioria, eram liberais radicais apoiados pela aristocracia rural e propunham a organização de uma república nos moldes dos Estados Unidos. Conseguiram empolgar amplos setores, o que valeu a Pernambuco o apoio das províncias do Ceará, da Paraíba e do Rio Grande do Norte.

A imprensa desempenhou um papel fundamental na divulgação das ideias revolucionárias. O jornal *Liberdade na Guarita de Pernambuco*, por exemplo, dirigido por Cipriano Barata, teve grande importância para a difusão do movimento em Pernambuco.

Contudo, a proibição do tráfico negreiro para o Recife e a adesão das massas populares acabaram afastando do levante a elite agrária. Enfraquecidos, os rebeldes não conseguiram resistir às tropas imperiais. Um tribunal orientado por D. Pedro I prendeu, julgou e condenou à morte os principais líderes da rebelião, entre eles frei Joaquim do Amor Divino Caneca, o frei Caneca.

MUSEU MURILO LA GRECA, RECIFE.

Quadro do artista Murilo La Greca, Execução de Frei Caneca. *Século XX.*

"A massa da província só se há de pacificar quando vir que as Cortes soberanas não estabelecem duas Câmaras; que não dão ao supremo chefe do Poder Executivo veto absoluto; e que ele não tem a iniciativa das leis no Congresso; quando vir a Imprensa livre, estabelecido o jurado; o imperador sem o comando da força armada. [...]"

CANECA, J. Frei. *Obras políticas e literárias*, v. 2. Recife: Tipografia Mercantil, 1876.

A Guerra da Cisplatina

Outro conflito que agravou a situação política e econômica do governo de D. Pedro I foi a **Guerra da Cisplatina**. A província, que integrava a América espanhola, foi anexada ao Brasil em 1820 devido a pressões da mulher de D. João VI, a espanhola Carlota Joaquina, que desejava ser a "Rainha do Prata" ou, pelo menos, governar a região como regente de seu irmão, o rei espanhol Fernando VII. Liderados pelo general Juan Antonio Lavalleja, os guerrilheiros cisplatinos estavam decididos a separar a sua terra natal do Império Brasileiro.

CONFEDERAÇÃO DO EQUADOR E PROVÍNCIA CISPLATINA

Fonte: *IstoÉ Brasil, 500 anos:* Atlas histórico. São Paulo: Três, 1998.

Em 1825, os revolucionários da Cisplatina se uniram na República das Províncias do Rio da Prata (atual Argentina), contrariando os interesses do governo brasileiro. Em resposta, o imperador D. Pedro I declarou guerra à Argentina. O conflito se estendeu até 1828, quando foi reconhecida a independência definitiva da Província da Cisplatina, que passou a se chamar República Oriental do Uruguai.

A herança portuguesa

O Brasil independente herdou de Portugal o tratado de 1810, assinado com Londres. Os ingleses ganharam o direito de viajar, negociar, fixar-se em cidades e portos brasileiros, o que explica o grande número de produtos e comerciantes britânicos em várias partes do Brasil. Somente após 1826 é que as tarifas alfandegárias foram estendidas, com igualdade, às demais "nações amigas".

O volume crescente de produtos importados encontrados no território do Brasil, principalmente os de origem inglesa, atestava o crescimento das importações brasileiras em detrimento das exportações junto ao mercado internacional. Esse desequilíbrio levou o Estado a recorrer a empréstimos externos junto à Inglaterra, agravando a crise econômica do período.

A agricultura, tradicional mantenedora da economia brasileira, enfrentava uma situação crítica devido à crise internacional e a questões internas, como a ausência de renovação nas técnicas de produção, a falta de capitais e a carência de mão-de-obra, notadamente nas regiões Norte e Nordeste. No Sudeste, o café, apesar de cultivado no Brasil desde o século XVIII, ainda não podia ser considerado o ponto forte da economia. Foi somente em 1827 que o café assumiu o segundo lugar na pauta de exportações, precedido pelo açúcar e seguido pelo algodão.

As camadas populares foram as mais diretamente afetadas pela crise econômica e pelo aumento de preços dos produtos de consumo básico.

As bases políticas do Estado nacional brasileiro pareciam estar lançadas, com a vitória das forças conservadoras. Mas as tensões e crises persistiram, impedindo a formação de uma mentalidade nacional. Na verdade, ainda não havia uma ideia do que significava ser brasileiro, pois a suposta identidade nacional estava restrita a uma língua e religião comuns.

A abdicação de D. Pedro I

Com o objetivo de neutralizar a oposição dos liberais radicais e dos moderados do "partido brasileiro", D. Pedro I iniciou uma excursão pelas províncias do país, acompanhado por uma pomposa comitiva que incluía sua segunda esposa, Dona Amélia de Leuchtenberg. O primeiro destino do imperador foi Minas, em 1830. Entretanto, a província recebeu-o friamente, com faixas de luto em protesto pelo assassinato do jornalista Líbero Badaró (1798-1830) fundador do *Observador Constitucional*, jornal que fazia oposição ao imperador. Irritado, D. Pedro retornou ao Rio de Janeiro.

Em um ato de desagravo, os portugueses residentes no Rio de Janeiro prepararam uma grande recepção para o imperador no dia 12 de março. Tal fato desagradou profundamente os brasileiros. Na noite seguinte, brasileiros e portugueses entraram em conflito aberto. Dezenas de brasileiros invadiram o quarteirão português; porém, inesperadamente, de todas as casas foram atiradas garrafas inteiras e aos pedaços sobre os invasores, em um episódio que ficou conhecido como **Noite das Garrafadas**.

Com seu espaço político cada vez mais reduzido — e tendo pela frente o projeto tentador de intervir na sucessão portuguesa —, D. Pedro I abdicou em favor do filho, que tinha 6 anos incompletos, em 7 de abril de 1831. A abdicação significou uma vitória para os setores agrários e outros grupos sociais que se proclamavam adeptos do "liberalismo". Com as regências, durante a menoridade do segundo imperador, o "partido brasileiro" chegou ao poder.

TEXTO COMPLEMENTAR

O escravismo na visão de José Bonifácio

O texto a seguir expressa a visão de um setor da elite brasileira do início do século XIX, que, em consonância com as ideias liberais da Revolução Francesa, pregava o fim da escravidão e o desenvolvimento econômico do país.

"Como cidadão livre e deputado da nação, dois objetos me parecem ser, fora a Constituição, de maior interesse para a prosperidade futura deste império. O primeiro é um novo regulamento para promover a civilização geral dos índios do Brasil, que farão com o andar do tempo inúteis os escravos [...]. Segundo, uma nova lei sobre o comércio da escravatura, e tratamento dos miseráveis cativos.

[...] Pois somos a única nação de sangue europeu que ainda comercia clara e publicamente em escravos africanos [...].

É tempo, pois, e mais que tempo, que acabemos com um tráfico tão bárbaro e carniceiro; é tempo que vamos acabando gradualmente até os últimos vestígios da escravidão entre nós, para que venhamos a formar em poucas gerações uma nação homogênea, sem o que nunca seremos verdadeiramente livres, respeitáveis e felizes. É da maior necessidade ir acabando com tanta heterogeneidade física e civil [...].

Com efeito, imensos cabedais saem atualmente deste império para a África; e imensos cabedais se amortizam dentro deste vasto país, pela compra de escravos, que morrem, adoecem, e se inutilizam, e demais pouco trabalham [...].

Demais, uma vez que acabe o péssimo método da lavoura de destruir matas e esterilizar terrenos em rápida progressão, e se forem introduzindo os melhoramentos da cultura europeia, decerto com poucos braços, a favor dos arados e outros instrumentos rústicos, a agricultura ganhará pés diariamente, as fazendas serão estáveis, e o terreno quanto mais trabalhado, mais fértil ficará. [...]

Além disso, a introdução de novos africanos no Brasil não aumenta a nossa população, e só serve de obstar a nossa indústria [...]. Para provar a segunda tese, que a escravatura deve obstar a nossa indústria, basta lembrar que os senhores que possuem escravos vivem, em grandíssima parte, na inércia, pois não se veem precisados pela fome ou pobreza a aperfeiçoar sua indústria, ou melhorar a sua lavoura [...].

A lavoura do Brasil, feita por escravos boçais e preguiçosos, não dá os lucros, com que homens ignorantes e fantásticos se iludem. Se calcularmos o custo anual da aquisição do terreno, os capitais empregados nos escravos que o devem cultivar, o valor dos instrumentos rurais com que deve trabalhar cada um destes escravos, sustento e vestuário, moléstias reais e afetadas, e seu curativo, as mortes numerosas, filhas do mau tratamento e da desesperação, as repetidas fugidas aos matos, quilombos, claro fica que o lucro da lavoura deve ser mui pequeno no Brasil, ainda apesar da prodigiosa fertilidade de suas terras, como mostra a experiência. [...]"

José Bonifácio, discurso pronunciado na Assembleia-Geral Constituinte e Legislativa, de 1824. In: FIGUEIREDO, Carlos. *Discursos históricos*. 5. ed. Belo Horizonte: Leitura, 2002.

Compreendendo o texto

1. Identifique o objetivo central do pronunciamento de José Bonifácio.

2. Relacione os argumentos apresentados pelo autor ao defender o fim da escravidão no Brasil.

3. É possível identificar no documento a intenção de promover o embranquecimento da população brasileira? Justifique sua resposta e selecione trechos do documento que a confirmem.

4. Considerando o que você estudou neste capítulo, responda à seguinte questão: A estrutura socioeconômica do Brasil imperial, formalizada na Constituição de 1824, coincidia com a visão de José Bonifácio? Justifique sua resposta.

ATIVIDADES

Explorando o conhecimento

1 Observe atentamente a imagem da abertura deste capítulo.

a) Levando em conta que um quadro figurativo também pode ser considerado uma narrativa, identifique os sujeitos da ação. Qual deles aparece como protagonista? Como foi possível identificá-lo?

b) Que elementos presentes no quadro representam exaltação e ânimo? Que tipo de efeito Pedro Américo procurou causar no receptor da mensagem?

2 Leia o texto a seguir.

Decreto das Cortes portuguesas

"A 24 de abril de 1821, as Cortes de Lisboa declararam os governos provinciais independentes do Rio de Janeiro, subordinando-os diretamente às Cortes. Antes mesmo que lá chegassem os deputados brasileiros, já tratavam as Cortes, em 29 de setembro de 1821, de assuntos de sumo interesse para o Brasil, decidindo transferir para Lisboa [...] o Conselho da Fazenda, a Junta de Comércio, a Casa de Suplicação e várias outras repartições instaladas no país por D. João VI. Decretava-se a seguir, em 29 de setembro, 1º e 18 de outubro a volta do príncipe regente, nomeando-se para cada província, na qualidade do Poder Executivo, um governador-de-armas, independente das juntas e destacando novos contingentes de tropas para o Rio de Janeiro e Pernambuco."

COSTA, Emília Viotti da. Introdução ao estudo da emancipação política do Brasil. In: MOTA, Carlos Guilherme (org.). *Brasil em perspectiva*. São Paulo: Difel, 1976.

a) Liste as medidas tomadas pelas Cortes portuguesas expostas no texto.

b) Identifique o objetivo das Cortes ao tomar essas medidas.

c) Explique a relação entre as Cortes portuguesas e a revolução liberal do Porto de 1820.

d) Qual a situação enfrentada pelos deputados brasileiros nas Cortes de Lisboa?

e) Que decisões políticas foram tomadas pelo príncipe regente, apoiado em setores da sociedade brasileira, em resposta aos decretos apresentados pelas Cortes portuguesas?

3 Explique por que a unidade territorial do Brasil esteve ameaçada, durante o processo de independência, e que ações foram realizadas para mantê-la.

4 Enquanto as ideias políticas de alguns brasileiros mais intelectualizados eram influenciadas pelos ideais da Revolução Francesa, a visão política de D. Pedro I correspondia ao modelo conservador implantado na restauração monárquica do Congresso de Viena. A esse respeito, responda.

a) Quais os limites do liberalismo no Brasil, de acordo com o modelo de Estado implantado por D. Pedro?

b) Quais foram os principais momentos de reação ao centralismo monárquico durante o Primeiro Reinado?

5 Considere a tabela a seguir.

EMPRÉSTIMOS EXTERNOS BRASILEIROS

Ano	Valor (libras)	Taxa de juros (%)	Finalidade
1824	1.332 300	5	Cobrir dívidas
1825	2.352 900	5	Cobrir dívidas, juros e amortizações
1829	769.200	5	Cobrir dívidas, juros e amortizações

Fonte: NORMANO, J. F. *Evolução econômica do Brasil*. São Paulo: Nacional, 1939.

a) Que informação importante a tabela apresenta?

b) Explique os motivos do desequilíbrio financeiro da economia brasileira após a independência.

6 Embora não houvesse uma clara consciência nacional, os conflitos ocorridos entre brasileiros e portugueses, cujo ápice foi a Noite das Garrafadas, acabaram por contribuir para diferenciar dois grupos de destaque na política brasileira da época da independência. A esse respeito:

a) caracterize a base social do "partido português" antes da independência.

b) comente a participação dos dois grupos no poder imperial após a independência.

c) explique por que a abdicação de D. Pedro I em 1831 pode ser considerada uma vitória do "partido brasileiro".

7 Compare o mapa da configuração territorial do Brasil após a independência, página 452, com um mapa da divisão política atual e identifique:

a) pelo menos duas unidades político-administrativas (estados hoje, províncias no Império) atuais que não existiam naquela época.

b) um estado atual que em 1824, na condição de província, tinha um território maior que o de hoje.

c) uma província que hoje, na condição de estado, tem um território maior que o daquela época.

d) um estado atual cujo território não pertencia ao Brasil em 1824.

e) uma província daquela época que hoje não pertence ao Brasil.

A HISTÓRIA E O TEMPO PRESENTE

8 Em grupo, comparem o texto constitucional de 1824 com o de 1988. Vocês podem acessar os textos na internet digitando "Constituição de 1824 – Constituição de 1988" em um *site* de busca. Estabeleçam a comparação analisando os seguintes critérios:

a) Forma de governo.

b) Direitos políticos e sociais.

c) Direitos e garantias fundamentais.

d) Direitos da criança, do adolescente e do idoso.

- Montem um quadro comparativo e levem-no para a classe.
- Conversem com os demais grupos a respeito dos resultados da comparação.

Vestibular / ENEM

1 (Uece) Durante o processo de formação do Estado nacional brasileiro (século XIX), muito se discutiu sobre a distância entre o *Brasil ideal*, europeu e branco, imaginado pelos intelectuais e políticos do período, e o *Brasil real*, periférico e mestiço, herança da colônia e da escravidão.

Como decorrência teórica e política deste contraste, é **correto** identificar:

a) a conciliação entre os mais ricos e os mais pobres como prática comum da política, desde os tempos da colônia e da escravidão.

b) a consciência revolucionária do povo brasileiro, expressada em inúmeras ocasiões, que impede as ditaduras e as arbitrariedades dos organismos estatais.

c) o mito da democracia racial, da benevolência das elites e do passado de paz e harmonia entre os brasileiros, que veio a constituir-se na crença sobre o caráter pacífico e conformado do povo brasileiro.

d) a consciência cívica da população, expressada nos momentos eleitorais, em que prevalece invariavelmente a preferência pelo voto ideológico, isto é, recusando os favores, os currais e a mercantilização do voto.

2 (UFU-MG) A independência e a organização do Estado brasileiro se processaram de acordo com os interesses e as aspirações da aristocracia rural, principal beneficiária do 7 de setembro.

Quais eram os interesses e as aspirações dessa aristocracia? Cite três.

3 (Vunesp-SP) "Brasileiros! Salta aos olhos a [...] perfídia, são patentes os reiterados perjuros do imperador, e está conhecida a nossa ilusão ou engano em adotarmos um sistema de governo defeituoso em sua origem e mais defeituoso ainda em suas partes componentes. As constituições, as leis e todas as instituições humanas são feitas para os povos e não os povos para elas. Eis, pois, brasileiros, tratemos de constituir-nos de um modo análogo às luzes do século em que vivemos [...], desprezemos as instituições oligárquicas, só cabidas na encanecida Europa."

Manifesto dos Revolucionários da Confederação do Equador, 1824.

Com base no texto, indique:

a) o tipo de governo qualificado como defeituoso.

b) o sistema de governo proposto pelos revoltosos.

4 (Ufes) O banco que financiou a independência:

"O Rothschild é o mais antigo banco de investimentos do mundo [...]. Foram os Rothschild que deram o primeiro financiamento ao Brasil independente, em 1825."

O Globo. Rio de Janeiro, 21 set. 1998.

O texto refere-se à dívida externa do Brasil no Primeiro Reinado, contraída com banqueiros ingleses, quase sempre com a casa Rothschild.

O Brasil começava sua história como país independente, acumulando dívidas com banqueiros internacionais, situação ligada, entre outras, à/ao.

a) legislação que visava à contenção das importações de supérfluos, o que causava prejuízos aos comerciantes.

b) redução do tráfico de escravos no Brasil, especialmente para o Nordeste, em troca do direito de os comerciantes brasileiros abastecerem com exclusividade algumas colônias inglesas, fato que endividava o país.

c) acordo sobre compensações, que previa o pagamento a Portugal de uma indenização em libras esterlinas em troca do reconhecimento da independência do Brasil.

d) rompimento de relações diplomáticas e comerciais com os Estados Unidos, que não concordaram com as taxas alfandegárias, medida que resultou na diminuição da receita tributária do país.

e) aumento do déficit público causado pelas despesas com a defesa das fronteiras brasileiras, devido às rivalidades políticas com a França.

5 (UFRN) A Inglaterra teve influência significativa no difícil processo de reconhecimento externo do Brasil como nação soberana, após a independência.

Analise um dos interesses da Inglaterra no reconhecimento da independência do Brasil.

6 (Uerj) "O Deus da natureza fez a América para ser independente e livre: o Deus da Natureza conservou no Brasil o príncipe regente para ser aquele que firmasse a independência deste vasto continente. Que tardamos? A época é esta. Portugal nos insulta... a América nos convida... a Europa nos contempla... o príncipe nos defende... Cidadãos! Soltai o grito festivo... Viva o Imperador Constitucional do Brasil, o senhor D. Pedro Primeiro."

Correio Extraordinário do Rio de Janeiro, 21 set. 1822.

a) Comparando os processos de emancipação política da América portuguesa e da América espanhola, aponte uma diferença verificada entre eles.

b) Apresente duas razões para a independência do Brasil.

7 (UFG-GO) A história do Brasil só pode ser bem compreendida se relacionada com os acontecimentos que marcaram a história mundial. O entrelaçamento entre os processos históricos nacionais e internacionais constitui elemento fundamental do trabalho do historiador.

A partir da relação estabelecida — nação e mundo —, analise o processo de emancipação política do Brasil ocorrido nas primeiras décadas do século XIX.

Ampliando o conhecimento

Leitura

TORERO, José Roberto. *O Chalaça*. Rio de Janeiro: Objetiva, 1999.

Forjando os diários de Chalaça, secretário particular de Dom Pedro I, o autor compôs uma obra literária reveladora e picaresca que conta, de maneira inteligente e agradável, os principais fatos do Primeiro Reinado no Brasil.

Filme

Independência ou morte

Direção de Carlos Coimbra. Brasil, 1972. 108 min.

Aborda o movimento de independência do Brasil, segundo a visão oficial da ditadura militar vigente no país durante os anos 1970.

REPRODUÇÃO

Site

Museu Paulista

<www.mp.usp.br>

Popularmente conhecido como Museu do Ipiranga, foi erguido às margens do riacho Ipiranga, local onde foi proclamada a independência do Brasil. Navegando pelo *site* é possível conhecer a história da instituição e parte do seu acervo. Boa parte das exposições é dedicada ao período da independência e do Brasil imperial.

CARLOS ONODERA/O DIA

Capítulo 35

O período regencial

Sobre o voto

“Se vemos afastar-se de nós o paternalismo, o coronelismo, em suma, as formas tradicionais de opressão, ao mesmo tempo crescem a indiferença, o descaso pela coisa pública. [...] O que hoje ameaça a qualidade do voto é outra coisa. Não é mais a pressão externa, quase física (a surra no opositor), é a indiferença interna, o desinteresse pelo espaço público. [...] Com ou sem a obrigatoriedade do voto, o fundamental é que haja uma consciência maior, na sociedade, da ideia de que a cidadania não se terceiriza. É preciso acentuar a responsabilidade social de cada cidadão.”

RIBEIRO, Renato Janine. Sobre o voto obrigatório. Disponível em <www.renatojanine.pro.br>. Acesso em abr. 2007.

Na década de 1980, vários partidos políticos se uniram para lutar por eleições diretas para presidente da República. Manifestação pelas Diretas-já em Belo Horizonte (MG), fevereiro de 1984.

DANIEL AUGUSTO JR./OLHAR IMAGEM

Debates sobre a obrigatoriedade ou não do voto são frequentes durante o período eleitoral. Porém pouco se fala sobre o grau de participação política dos brasileiros. Enquanto hoje as discussões são abertas e se concentram em questões de autonomia e consciência eleitoral da população, durante o período regencial poucos tiveram acesso a esse debate.

Nas primeiras décadas do século XIX, havia no Brasil um emaranhado de associações e grupos que, direta ou indiretamente, participaram dos primeiros governos regenciais, mas que tiveram pouca ou nenhuma participação popular. Alguns mecanismos legais, como o voto censitário, restringiam o privilégio de participação política a uma parcela mínima da população.

Em muitas regiões as eleições eram controladas pelos coronéis, responsáveis por uma rede de favores que incluía a compra de votos da população mediante a cessão de algum benefício. Outra forma de se obter votos era por meio de coerção e violência. Dessa maneira, o Estado que se construiu durante esse período pautou-se em eleições marcadas por fraudes, autoritarismo e desmandos.

▸ Tendências e debates políticos

A abdicação de D. Pedro I significou a consolidação do processo de independência política brasileira. Os inúmeros portugueses que ocupavam cargos públicos foram afastados e substituídos por cidadãos brasileiros, que se constituíram em grupamentos até então contidos pelo unitarismo imperial.

Normalmente, a elite nacional e parte das camadas médias urbanas organizavam reuniões nas quais discutiam seus interesses, seus ideais de Nação e seus projetos para o Brasil. Dessas reuniões acabaram surgindo três grupos políticos interessados nas disputas eleitorais para regentes: os liberais moderados, os liberais exaltados e os restauradores.

Os **liberais moderados**, também conhecidos como "chimangos", constituíam uma espécie de direita liberal e representavam parcelas da aristocracia agrária do centro-sul do país. Eram monarquistas, pois viam na figura do imperador a proteção dos seus privilégios, mas defendiam o aumento das atribuições e poder do Legislativo. Mostravam-se favoráveis à manutenção da ordem por meio de um governo centralizado, opondo-se às reformas sociais e econômicas. Destacaram-se, entre outros, o padre Diogo Antônio Feijó, Bernardo Pereira de Vasconcelos e o jornalista Evaristo da Veiga.

Os **liberais exaltados** (a "esquerda" daquele período) constituíam um grupo composto basicamente de pequenos proprietários e homens livres destituídos de propriedades. Denominados também "farroupilhas" (vestidos de farrapos), em virtude de sua influência junto às camadas populares urbanas, defendiam o direito de manifestação e reformas políticas, desde uma monarquia descentralizada até a proclamação da República. Queriam também a ampliação do direito do voto, o federalismo, o fim do Poder Moderador e do Conselho de Estado, a extinção da vitaliciedade do Senado. Essas concepções acabaram por gerar revoltas contra o poder central em várias regiões. Entre os

BIBLIOTECA NACIONAL, RIO DE JANEIRO

Tela Juramento da Regência Trina, *de Manuel de Araújo, Porto Alegre, século XIX.*

ACERVO AESP

Charge do início do século XIX que representa os adversários do liberalismo como um burro.

liberais exaltados de mais destaque estava Antônio Borges da Fonseca, que em 1848 redigiria o *Manifesto ao Mundo*, da Rebelião Praieira em Pernambuco.

Os **restauradores**, também denominados "caramurus", representavam o grupo mais conservador do quadro político nacional. Pretendiam restaurar a monarquia nas mãos de D. Pedro I. Defendiam uma monarquia forte, centralizada e nacionalista. Faziam veicular suas ideias através de jornais como *Carijó* e *Caramuru*, nos quais estampavam críticas severas aos demais grupos políticos. Composto basicamente por burocratas e comerciantes portugueses, tinha entre seus principais representantes José Bonifácio de Andrada. Com a morte de D. Pedro I, em 1834, a corrente perdeu força e seus integrantes incorporaram-se a outros partidos.

A Regência Trina

A Constituição de 1824, em seu Capítulo V, previa a existência de um período regencial:

"[...] Art. 121. O imperador é menor até a idade de dezoito anos completos.

Art. 122. Durante a sua menoridade, o Império será governado por uma Regência, a qual pertencerá ao Parente mais chegado do Imperador, segundo a Ordem de Sucessão, e que seja maior de vinte e cinco anos.

Art. 123. Se o Imperador não tiver Parente algum que reúna estas qualidades, será o Império governado por uma Regência permanente, nomeada pela Assembleia Geral, composta de três membros, dos quais o mais velho em idade será o Presidente."

Artigos da Constituição de 1824 — Cap. V — Da Regência na menoridade, ou impedimento do Imperador.

O que a Carta outorgada em 1824 não podia prever era o grau de agitação política do Período Regencial, um dos mais conturbados da história brasileira. Os debates giravam em torno da unidade territorial, da centralização *versus* descentralização, da organização das Forças Armadas e do grau de autonomia das províncias. As turbulentas circunstâncias políticas aliaram-se aos projetos das elites que pretendiam dar continuidade à concentração do poder e à "manutenção da ordem", em prol dos seus interesses.

A primeira Regência, organizada em abril de 1831, foi denominada **Trina Provisória** e governou até julho do mesmo ano, quando a Câmara, dominada pelos moderados, escolheu um novo governo. A **Regência Trina Permanente** era integrada pelo brigadeiro Francisco de Lima e Silva, João Bráulio Muniz e José da Costa Carvalho. O Ministério da Justiça coube ao padre Diogo Antônio Feijó.

A hegemonia dos liberais moderados

Durante o Período Regencial, prevaleceu a tendência política dos liberais moderados. Naquele instante, ser liberal significava ser contrário à concentração do poder político nas mãos de um soberano. Por meio de reformas constitucionais, os "chimangos" procuraram diminuir as funções do Poder Executivo e ampliar as atribuições do corpo legislativo. Os moderados acreditavam que tais medidas pudessem atender parte das reivindicações dos liberais exaltados, defensores do federalismo. Julgavam que, com essas medidas, possivelmente o ideal republicano desapareceria da pauta de discussões políticas. Isso não aconteceu. Em contrapartida, as alterações vieram reforçar o poder das elites agrárias.

As propostas de reformas apresentadas tratavam de suprir ou diminuir as atribuições de órgãos ligados à Monarquia e criar uma nova forma de organização militar, que reduzisse o papel do Exército, fonte de perturbações naquele período.

Em julho de 1831, uma rebelião militar foi esmagada por um batalhão de elite integrado exclusivamente por oficiais do Exército e pessoas vinculadas aos comerciantes e proprietários do Rio de Janeiro, sob o comando do major Luís Alves de Lima e Silva, o futuro Duque de Caxias. Em agosto, foi criada a **Guarda Nacional**, milícia civil formada por homens livres, em sua maioria oficiais do Exército, proprietários de terras e comerciantes, burocraticamente controlada e sob estreita supervisão do Estado. Organizada pelo ministro da Justiça Diogo Feijó, a Guarda Nacional aumentou rapidamente seus efetivos: em pouco mais

> "Artigo 1º As Guardas Nacionais são criadas para defender a Constituição, a Liberdade, a Independência e a Integridade do Império; para manter a obediência às leis. Conservar, ou estabelecer a ordem e a tranquilidade pública, e auxiliar o Exército de Linha na defesa das fronteiras, e costa. [...]
>
> "Artigo 10º Serão alistados para o Serviço das Guardas Nacionais nas cidades do Rio de Janeiro, Bahia, Recife, Maranhão e seus respectivos termos:
>
> § 1º Todos os cidadãos brasileiros que possam ser Eleitores, contanto que tenham menos de 60 anos de idade e mais de 21.
>
> § 2º Os cidadãos filhos de famílias que têm a renda necessária para serem Eleitores, contanto que tenham 21 anos de idade para cima."
>
> *Coleção de Leis do Império do Brasil de 1831*: 1ª parte. Rio de Janeiro: Typ. Nacional, 1875.

de três anos, praticamente em todo o território brasileiro existiam contingentes da nova corporação.

A Lei Orgânica que deu origem à Guarda Nacional inspirou-se em uma lei francesa, promulgada também em 1831. Porém, enquanto na França a "Garde Nationale" preservava os interesses da burguesia, no Brasil a milícia tornou-se um instrumento mantenedor da ordem escravista e o principal elemento de repressão às manifestações populares no Período Regencial.

O alistamento para compor a Guarda Nacional era obrigatório, desfalcando os quadros do Exército, de ingresso facultativo. A Guarda Nacional foi capaz de mobilizar milhares de homens livres em uma época em que o exército profissional teve seus efetivos reduzidos para 10 mil homens.

Desde o seu início, a Guarda Nacional serviu de instrumento no combate a qualquer grupo, facção ou instituição contestatória das novas autoridades imperiais e de seu monopólio de repressão legítima. A administração local de polícia e da justiça estava ligada aos serviços dos milicianos, que eram subordinados aos juízes de paz, aos juízes criminais, aos presidentes das províncias e ao ministro da Justiça. Muitos fazendeiros e chefes políticos municipais receberam a patente de **coronel** da Guarda Nacional, reforçando desse modo sua representatividade e poder em seus redutos. Os coronéis, que representavam o mandonismo local, sobreviveriam à queda do Império e chegariam a ocupar espaço importante na Primeira República, que se estendeu até 1930.

No ano de 1832, foi aprovado o **Código de Processo Criminal**, que fixou as normas para a aplicação da justiça. O Código deu maiores poderes aos juízes de paz, eleitos na localidade desde o governo de D. Pedro I, mas que passaram a ter o direito de julgar e prender pessoas acusadas de cometer pequenas infrações.

Introduzida como uma forma de aplacar as reivindicações dos liberais exaltados no que tange à autonomia municipal, a descentralização do sistema judiciário acabou reforçando o poder da aristocracia agrária. Ou seja, apesar do verniz liberal, o documento entregou aos senhores rurais um poderoso instrumento de impunidade criminal, dando origem a bandos armados a serviço dos coronéis.

A descentralização judiciária não foi um episódio isolado: em várias ocasiões, o poder dos moderados viu-se ameaçado pelas sucessivas reivindicações de maior autonomia vindas dos liberais exaltados.

▷ O Ato Adicional de 1834

Aprovado em agosto de 1834, o chamado **Ato Adicional** propôs importantes alterações à Constituição de 1824. A nova legislação atribuiu poderes crescentes às províncias. Cada uma delas foi autorizada a criar uma Assembleia, que poderia controlar os impostos e os gastos locais, bem como nomear seus próprios funcionários. Desse modo, ficou nas mãos dos políticos locais um mecanismo eficiente para obter votos em troca de favores.

A maior autonomia para as províncias deu aos liberais exaltados uma sensação de vitória política. Entretanto, as assembleias legislativas eram órgãos ligados diretamente aos presidentes das províncias, que continuaram a ser nomeados pelo governo central. Além disso, a administração provincial não poderia prejudicar os "decretos do governo central". O caráter ambíguo da nova lei manifestou-se igualmente na extinção do Conselho de Estado, órgão de assessoria do imperador, contrabalançada pela manutenção da vitaliciedade do Senado, o que agradou aos restauradores.

O Ato Adicional também determinou que o Poder Executivo deveria ficar nas mãos de apenas um representante eleito. Assim, a Regência, que era Trina, tornou-se **Una**, com eleições previstas de quatro em quatro anos. Do ponto de vista do conjunto do país, a tentativa de conciliação expressa pelo Ato Adicional fracassou. Alguns liberais exaltados se acalmaram, mas o país mergulhou em uma série de revoltas regionais que puseram em xeque sua unidade territorial.

Nesse momento, foi grande o número de candidatos que se lançaram àquela que seria a primeira elei-

Regente Feijó, *tela de Oscar Pereira da Silva, século XX.*

ção direta para o Executivo em todo o Império. O clima de disputa foi tenso. Indicações de fraudes foram constantes em todo o território nacional. Como cada votante indicava dois nomes, foram aproximadamente doze mil votos. A vitória do padre Diogo Feijó não pode ser considerada uma consagração: ele obteve menos de um quarto dos votos.

▶ A Regência Una

Defensor das propostas do Ato Adicional de 1834, Feijó foi eleito em 1835 para um mandato de quatro anos. O regente enfrentou forte oposição. Em uma tentativa de assegurar a autoridade política, Feijó impôs suas decisões à Câmara, desagradando os deputados. Líderes políticos como Bernardo de Vasconcelos, Honório Hermeto Carneiro Leão e Joaquim José Rodrigues Torres, entre outros, passaram a exigir concessões ao Legislativo.

O clima de insatisfação deu origem a uma junção de políticos que originou dois grupos políticos opostos: o dos **progressistas**, políticos que apoiavam as medidas descentralizadoras propostas pelo Ato Adicional de 1834, e o dos **regressistas**, que combatiam a descentralização política e propunham a revogação do Ato Adicional. Tais grupos seriam os embriões dos dois grandes partidos políticos do Segundo Reinado: **Liberal** e **Conservador**.

O desgaste entre o Executivo e o Legislativo agravou-se ainda mais no ano de 1837, quando a eleição para o Legislativo resultou na vitória da maioria regressista, em um momento em que o país convivia com diversas revoltas populares. No mesmo ano, Dio-

A eterna luta do povo brasileiro

"A abdicação fora precedida e seria seguida por geral agitação popular e das tropas. As lutas políticas do período foram também lutas étnicas e são inúmeras as referências aos temidos 'bandos de mulatos', ao pânico que provocaram, em especial entre os estrangeiros e os portugueses em particular. Sua existência constituiu um forte desmentido às teses que defendem a ausência de violência na História do Brasil e ao mesmo tempo nela enxergam a realização de uma original 'democracia racial'. [...]

Vejamos uma descrição do estado de espírito dos mulatos do Rio de Janeiro por ocasião da abdicação, ilustrativa também da politização do conflito racial. Seu autor foi um dos inúmeros mercenários alemães engajados a serviço do império, Carlos Seidler, que assim descreve como viveu a abdicação: 'Ébrios de triunfo e cambaleando de alegria, bem como exaltados pelas bebidas alcoólicas, [...] contavam ali uns aos outros do heroísmo brasileiro, do amor da liberdade e do espírito nacional que se erguia até as estrelas. Na sua opinião não havia, no mundo inteiro, um povo maior nem mais poderoso, e cada mulato estarrapado considerava-se um príncipe, porque no seu **bestunto**, a afirmativa orgulhosa de Eu sou brasileiro verdadeiro, o nobilitava'. Descontada [...] a ironia do autor, marcado pelos preconceitos **etnocentristas**, temos aí um testemunho importante de como a luta política imbricava-se na questão racial e encontrava um campo de expressão insuspeitado na época colonial."

BERNARDES, Denis. *Um império entre repúblicas.* São Paulo: Global, 1983.

Bestunto
Estupidez; pouco esclarecimento.

Etnocentrista
Aquele que considera a sua etnia superior.

go Feijó renunciou ao cargo de regente. O Poder Executivo foi assumido interinamente pelo senador Pedro de Araújo Lima, representante dos regressistas.

As revoltas regenciais

Uma série de contradições tornou particularmente tensas as relações entre o governo central e algumas províncias, no Período Regencial. A efervescência dos conflitos, em várias regiões do país, evidenciou questões que remontavam ao período colonial, carregado de exclusões sociais. Entre os movimentos ocorridos no decorrer das regências podemos citar: Cabanagem, Guerra dos Farrapos, Revolta dos Malês, Sabinada e Balaiada.

Neste livro, optamos por abordar três desses movimentos, importantes ou pela duração e por sua repercussão social e política ou por seu caráter de manifestação de rebeldia contra a ordem escravocrata e elitista do Império. São eles a Cabanagem, a Revolta dos Malês e a Farroupilha.

A Revolta dos Cabanos: Pará, 1835-1840

Entre 1832 e 1840, a província do Grão-Pará foi cenário de uma sublevação popular conhecida como **Guerra dos Cabanos** ou **Cabanagem**, que por um período conseguiu unir amplos setores sociais: escravos foragidos, camponeses, índios, mestiços, trabalhadores independentes e até mesmo comerciantes portugueses e ingleses e parcelas da elite local. Mas a maioria dos insurretos, e os mais dedicados à rebelião, provinha das camadas mais pobres. Eram os **cabanos**, assim chamados por morarem em cabanas à beira dos rios. Violentamente explorados, viviam em estado de quase absoluta miséria.

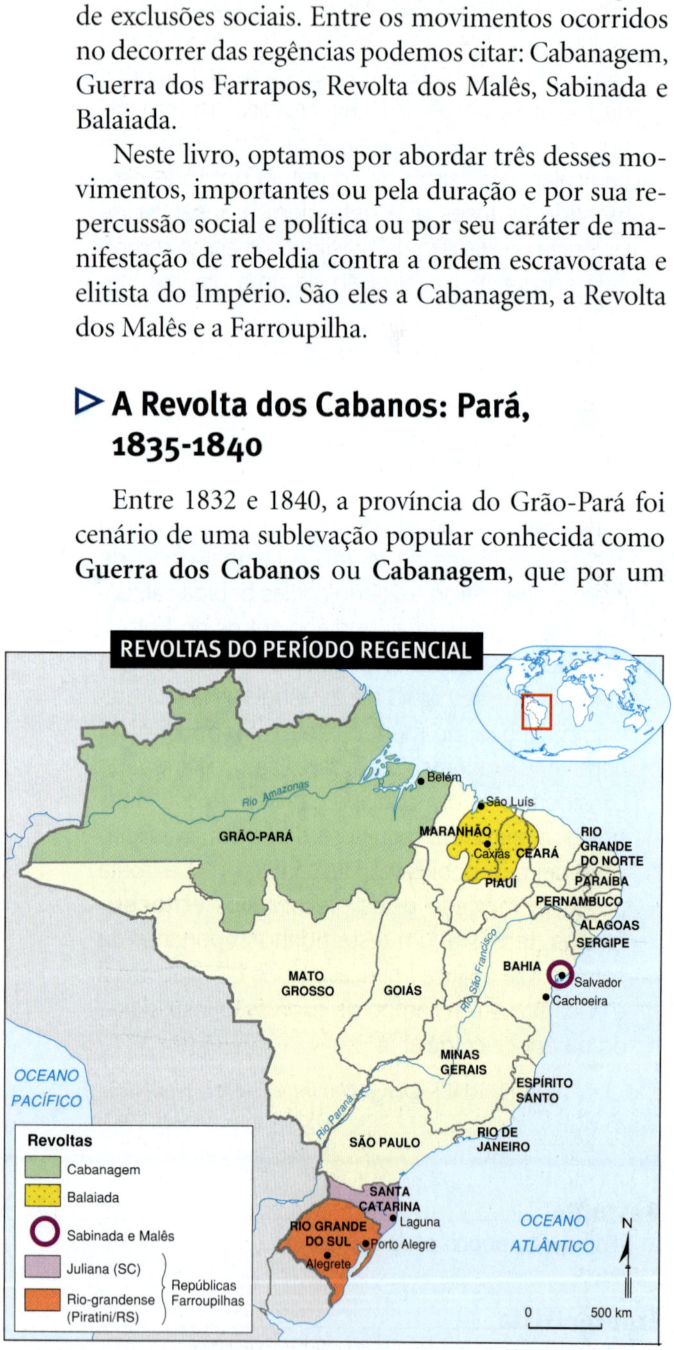

Fonte: *IstoÉ Brasil, 500 anos:* Atlas histórico. São Paulo: Três, 1998.

A província do Grão-Pará, na época da Cabanagem, compreendia o atual Pará e a comarca do Rio Negro, hoje o estado do Amazonas. A região tornou-se independente do Estado do Maranhão em 1772; até esse período, manteve poucos contatos com o Rio de Janeiro, pois seu governo era nomeado diretamente pela metrópole. As atividades econômicas baseavam-se no extrativismo dos produtos da floresta e em uma pequena produção de tabaco, cacau, algodão e arroz. O comércio, feito basicamente pelo porto de Belém, estava sob o virtual monopólio dos portugueses e de alguns negociantes ingleses.

Após a abdicação do imperador, ocorreram na província manifestações contra a interferência do Rio de Janeiro na administração local, uma vez que grande parte da população pretendia a volta de D. Pedro I e não reconhecia o governo regencial. Em 1832, um levante armado impediu a posse de um governador nomeado pela Regência e reivindicou a expulsão dos portugueses, responsabilizados pela miséria reinante.

Em 1833, o novo governador nomeado para o Pará, Bernardo Lobo de Sousa, administrou a província com severidade, perseguindo e deportando os revoltosos. Com isso, criou um clima tenso na região, incentivando novas manifestações.

Em 1835, os cabanos ocuparam a cidade de Belém e executaram o governador da província. Começaram a emergir lideranças populares, como os irmãos Vinagre e o jovem seringueiro cearense Eduardo Angelim, que mobilizaram as camadas marginalizadas e impulsionaram a radicalização do movimento. As tropas enviadas pela Regência não conseguiram reprimir os sublevados. Um dos líderes rebeldes, o fazendeiro Félix Antônio Malcher, assumiu o governo do Pará.

Conflitos internos, porém, logo enfraqueceram o governo cabano: diante da radicalização das manifestações, a elite abandonou o processo revolucionário. Na verdade, esse setor temia que a popularização do movimento prejudicasse seus interesses econômicos e passou a apoiar as forças repressoras. Essa atitude custou a vida de Malcher, executado pelos cabanos por ter apoiado a aristocracia rural.

Diante do enfraquecimento da rebelião, o governo central mandou novas tropas para a província. O almirante inglês John Taylor, a serviço da Regência, venceu os cabanos em Belém. Mas os rebeldes, com um exército de 3 mil homens, retomaram a capital, sob a direção de Eduardo Angelim. O líder seringueiro proclamou a república e separou do Império a província do Pará.

O governo de Angelim assumiu um perfil nitidamente popular e revolucionário, despertando grandes esperanças entre a população mais pobre. Mas as expectativas do povo de ver concretizado um programa democrático e radical logo desapareceram. Isolada das demais províncias, sem condições de criar uma administração coerente, a república dos cabanos não resistiu aos sucessivos ataques das tropas do governo central. Em 1839, chegou ao fim a Guerra dos Cabanos — um dos movimentos revolucionários mais importantes do Período Regencial, o único em que as camadas inferiores da população conseguiram tomar o poder de uma província, mesmo que durante pouco tempo.

MUSEUS CASTRO MAYA/DIV. DE ICONOGRAFIA, RIO DE JANEIRO

Vendedor de palmito, *gravura de Jean-Baptiste Debret representando escravo de origem muçulmana, século XIX. Muitos africanos escravizados eram "negros de ganho".*

▷ A Revolta dos Malês: Bahia, 1835

O termo *malê* era utilizado na Bahia do período colonial e do início do século XIX para designar o escravo, de qualquer etnia, que seguisse a religião muçulmana e soubesse ler e escrever em árabe. Também serviu para nomear a mais ampla e bem estruturada rebelião urbana de escravos da história brasileira, a única de lideranças exclusivamente negras: a **Revolta dos Malês**.

A rebelião explodiu em Salvador em 1835. Na ocasião, metade dos habitantes da capital baiana eram negros, na sua grande maioria escravos. Entre eles predominavam por larga margem os escravos de ganho,

Crimes de insurreição

"O Código Criminal de 1830, em seu artigo 113, Capítulo IV, definia como crime de insurreição a reunião de '20 ou mais escravos para haverem a liberdade por meio da força'. Prescrevia para os líderes a pena máxima de morte, pena média de galés perpétuas e penas mínimas de galés por quinze anos. Os condenados a galés cumpriam suas penas trabalhando, com os pés acorrentados, em obras públicas e instalações do governo. Escravos seguidores desses líderes seriam punidos com um número de açoites estabelecido pelo juiz no tribunal. O artigo 114 estendia as sentenças do anterior aos homens livres que liderassem escravos insurretos, e o artigo 115 punia com penas de vinte, doze e oito anos de prisão com trabalho [...] as pessoas livres culpadas de 'ajudar, excitar ou aconselhar escravos a insurgirem-se, fornecendo-lhes armas, munições ou outros meios para os mesmos fins'. Este foi o texto legal usado para castigar os escravos e libertos acusados de participarem da rebelião de 1835.

Ao contrário de outras sociedades escravistas – como as colônias inglesas e holandesas no Caribe, e os Estados Unidos – onde o Estado punia mais severamente, em geral com pena de morte, os escravos rebeldes e indenizava seus senhores, no Brasil Império optou-se por outra estratégia. Aqui, a classe proprietária teve seus interesses preservados de outra maneira. Os escravos eram açoitados e logo em seguida devolvidos ao serviço dos senhores. Só os líderes recebiam penas de morte ou prisão. Neste caso a lei não permitia concessões à economia individual dos senhores por se tratar de uma questão de segurança do Estado e manutenção da própria ordem escravista."

REIS, João José. *Rebelião escrava no Brasil*: a história do levante dos malês em 1835. São Paulo: Companhia das Letras, 2003.

MUSEU ANTÔNIO PARREIRAS, NITERÓI

Proclamação da República Rio Grandense, *quadro de Antônio Parreiras, s.d.*

que trabalhavam para outras pessoas como produtores e prestadores de serviços urbanos e entregavam a seus donos a maior parte do dinheiro recebido. Foi nas fileiras desse "proletariado escravo" que os malês recrutaram seus seguidores.

Várias mobilizações revolucionárias já haviam ocorrido anteriormente na região de Salvador, a exemplo da Conjuração dos Alfaiates, em 1798. E os escravos, na tentativa de libertar-se do jugo dos senhores, estiveram presentes em muitas. Mas a Revolta dos Malês foi a única tipicamente negra, sem a liderança de elementos intelectualizados brancos. Escravos e libertos negros de todas as etnias, sem o apoio de outros segmentos sociais, enfrentaram as tropas do governo e civis armados.

A rebelião mobilizou aproximadamente 1.500 negros, organizados em uma sociedade secreta. Tinham o objetivo de exterminar os brancos e mulatos, esses últimos vistos como os grandes delatores dos movimentos populares. O levante estava previsto para o dia 25 de janeiro. Porém, uma escrava liberta, em troca de favores pessoais, preveniu as autoridades. Os malês lançaram-se à luta apesar de terem perdido a vantagem da surpresa e, ao serem derrotados, fugiram para o Recôncavo, atacando os canaviais. Foram vencidos também nas áreas rurais e submetidos a severas punições: torturas, açoites e deportações. Os castigos físicos mais violentos recaíram sobre os libertos, pois os escravos eram valiosos bens de capital dos seus proprietários, que passaram a vigiá-los mais atentamente.

▷ A Revolta dos Farrapos: Rio Grande do Sul, 1835-1845

A Revolta dos Farrapos ocorreu no Rio Grande do Sul, entre 1835 e 1845, e se estendeu a Santa Catarina. Em sua origem estavam os conflitos entre os poderosos pecuaristas gaúchos e o governo central. O sul produzia bens para o mercado interno, abastecendo a região Sudeste com charque, gado e couro. A pecuária utilizava mão-de-obra livre, contando com um número reduzido de escravos.

Politicamente, a elite gaúcha rebelou-se contra uma medida alfandegária do governo central, que reduzia os impostos para a entrada de artigos da região do Prata, similares aos do sul. A justificativa do governo recaiu nas reclamações da população do sudeste, de que os preços dos produtos sulistas eram abusivos.

As lideranças gaúchas envolvidas na rebelião pretendiam conquistar maior parcela de autonomia, porém mantendo os vínculos com o Império. O separatismo, afinal, poderia significar a perda do mercado brasileiro de charque. Mas os trabalhadores pobres por eles mobilizados, os farrapos, viam no autogoverno, sob a forma republicana, o início da solução para a situação em que viviam. Foi o sonho republicano, e não o preço do charque, que atraiu para suas fileiras combatentes como Giuseppe Garibaldi, que mais tarde participou do movimento de unificação da Itália.

O movimento teve início em 1835, quando o rico estancieiro e militar Bento Gonçalves da Silva liderou tropas particulares para depor o presidente da província, nomeado pelo poder regencial. Os farrapos ocuparam Porto Alegre e proclamaram a República Rio-Grandense ou República de Piratini. Posteriormente, em julho de 1839, invadiram Santa Catarina e proclamaram a República Catarinense ou República Juliana (em referência ao mês em que foi proclamada), confederada à República Rio-Grandense.

Em 1845, tropas imperiais comandadas por Luís Alves de Lima e Silva detiveram o movimento. Para obter a vitória, o futuro Duque de Caxias soube explorar, no terreno político, as divergências entre os donos de estâncias mais moderados e outros líderes farroupilhas, de modo a isolar os mais radicais. O governo imperial agiu da mesma forma cautelosa, decretando, como queriam os estancieiros, uma tarifa de importação de 25% sobre a carne salgada da região do Prata. O movimento terminou sem que os estancieiros fossem punidos. Ao contrário do que aconteceu com os cabanos e os malês, o governou negociou, cedeu e pouco reprimiu.

Os regressistas no poder

Ainda como regente interino, Araújo Lima iniciou o processo de centralização política do Império. Ele articulou um ministério que representava os interesses da maioria regressista, destacando-se a presença de Bernardo Pereira de Vasconcelos no Ministério da Justiça. A união dos regressistas contribuiu para a expressiva vitória de Araújo Lima nas eleições para regente realizadas em 1838. Com 4.308 votos, ele venceu seu principal concorrente, Antônio Francisco de Paula e Holanda Cavalcanti, que obteve 1.901 votos.

O restabelecimento da ordem estava entre as preocupações do novo governo, que se sentia ameaçado pelas revoltas provinciais. O Ato Adicional de 1834 e o Código de Processo Criminal, considerados pelos regressistas como os responsáveis pela "anarquia", sofreram sérias modificações. O documento conhecido como **Lei de Interpretação do Ato Adicional**, publicado em 1840, revogou a autonomia legislativa concedida às províncias em 1834, devolvendo ao Senado e à Câmara, no Rio de Janeiro, o poder de legislar.

A aliança estabelecida entre o Executivo e o Legislativo foi importante para a repressão das revoltas populares. A liberação de verbas do governo central aumentou a eficácia dos governos provinciais, que conseguiram massacrar os revoltosos. Mas, mesmo assim, a instabilidade política levava a uma nova composição partidária. No ano de 1840, surgiram os partidos Liberal e Conservador, ambos representantes das elites nacionais. Havia diferenças de concepção e projeto entre os dois grupamentos: Assim, os conservadores defendiam um Estado centralizado e forte, enquanto os liberais eram adeptos da autonomia das províncias, desejando, portanto, um Estado descentralizado politicamente. No entanto, a opção por um ou outro "partido" muitas vezes exprimia divergências de caráter local entre as elites rurais. Na verdade, em sua maneira de fazer política e em se beneficiar do governo, os dois partidos eram bem semelhantes. Como observou o escritor Francisco José de Oliveira Viana: "Nada mais conservador que um liberal no poder. Nada mais liberal que um conservador na oposição".

O Golpe da Maioridade

No final de 1839, políticos que viriam a formar o Partido Liberal começaram a defender o projeto de antecipação da maioridade de D. Pedro II, apresentando-a como uma solução para a crise de governabilidade. Na verdade, os liberais contavam com a possibilidade de derrubar o ministério conservador de Araújo Lima e assumir o controle do governo, manipulando o imperador adolescente.

A fundação do Clube da Maioridade em 1840, presidido pelo liberal Antônio Carlos de Andrada e Silva, e o papel da imprensa, igualmente hostil à centralização regencial, contribuíram para o chamado **Golpe da Maioridade**. Em 23 de julho de 1840, o imperador, com apenas 14 anos, assumiu o Poder Executivo no Brasil, iniciando um reinado que se estenderia até 1889.

MUSEU IMPERIAL, PETRÓPOLIS

Retrato de D. Pedro II em 1840, com 14 anos, quando foi coroado imperador do Brasil. Óleo sobre tela de Felix Émile Taunay.

TEXTO COMPLEMENTAR

Os retornados

Um grande contingente de ex-escravos saídos do Brasil foi à África em busca da identidade perdida ao longo dos anos de escravidão. Durante o século XIX prosperou entre a costa brasileira e a africana um intenso trânsito de pessoas e mercadorias, que sobreviveu à abolição do tráfico, perdurou até o início do século XX e fincou raízes culturais nos dois continentes.

"Cresceram esses brasileiros em número e importância após 1835, data da chamada revolta dos malês na Bahia. Muitos dos acusados de nela terem participado foram, então, deportados para a costa da África. A maioria viajou contra a vontade, deixando atrás famílias, amigos e uma paisagem social a que se haviam acostumado. Outros os seguiram, mais tarde, de querer próprio ou porque se sentissem perseguidos, ou porque, muçulmanos piedosos, não mais aceitavam ser governados por infiéis. Mais numerosos ainda foram os cristãos e os devotos dos orixás e dos vodus que regressaram aos litorais africanos. Alforriados, [...] sentiam que não havia para eles espaço no Brasil ou este era tão apertado quanto os sapatos que a liberdade os obrigava a usar, a fim de se diferençarem dos que continuavam no cativeiro. [...]

Chegados ao outro lado do mar, muitos sentiram-se traídos. Não era aquela a África que traziam na memória. Nem muito menos aquela com sobre a qual os pais se tinham demorado em reminiscências felizes, nas conversas com os filhos nascidos no Brasil. [...] Quanto aos africanos, [...] viam-se como estrangeiros na África. E começaram a construção da saudade do Brasil. Uma saudade quase incompreensível, quando se tem em vista a violência da escravidão em terras brasileiras. [...]

O desejo de compartilhar a saudade de suas juventudes, bem como o sentimento de que se tinham tornado diferentes são duas das razões pelas quais os retornados não se reintegraram em suas comunidades de origem e se juntaram às dos antigos mercadores de escravos e seus dependentes. Em algum momento, passaram a ser conhecidos, do Togo à Nigéria, como 'agudás'. [...] Também na África era estreito o espaço que se lhes oferecia. Não mais pertenciam a uma linhagem. E haviam perdido a identidade original. Tiveram, por isso, de construir uma outra, a partir do idioma que os ligava, o português, e da igreja e da mesquita que não tardaram em erguer. [...]

Não estava nos planos dos retornados constituírem guetos de excluídos. Aspiravam dialogar com a aristocracia local e a receber dela tratamento idêntico ao que se reservava aos europeus. Ou que dele se aproximasse. E assim eram geralmente tratados: como brancos. Alguns olhavam para os da terra com mais do que altanaria – até com sua ponta de desprezo. Mas a maioria vinculou-se às estruturas de poder locais e muitos serviram em suas tropas e em suas burocracias. [...] O tráfico clandestino, que tinha tanto de jogo quanto de investimento, fez, de alguns poucos, potentados. Não só homens ricos – e dois, aos menos, por alguns anos riquíssimos – mas grandes chefes. [...]"

SILVA, Alberto da Costa e. *Um rio chamado Atlântico*. Rio de Janeiro: Nova Fronteira, 2003.

Compreendendo o texto

1. Quais foram as motivações dos ex-escravos que viviam no Brasil para irem à África?

2. Na sua opinião, que elementos culturais conferiam identidade aos "agudás"?

3. Segundo o texto, muitos ex-escravos lutavam para escapar do estigma da escravidão. Quais eram as estratégias utilizadas por eles?

ATIVIDADES

Explorando o conhecimento

1 O Período Regencial foi marcado por frequentes mudanças no cenário político-partidário. Diferencie os grupos políticos desse período, em suas propostas e bases sociais.

a) Até o Ato Adicional de 1834:
- Moderados.
- Exaltados.
- Restauradores.

b) De 1834 à Lei de Interpretação do Ato Adicional (1840):
- Progressistas.
- Regressistas.

2 O texto a seguir traz um relato do brigadeiro Francisco José Soares de Andréia ao ministro da Guerra, durante a Regência.

A destruição da guerra civil

"A insurreição foi geral. Por toda parte onde houve um homem branco ou rico a quem matar e alguma coisa que roubar aparecia logo quem quisesse se encarregar desse serviço, e deste modo ainda hoje estão em rebeldia todo o Alto e Baixo Amazonas e toda a Ilha de Marajó e estamos às mãos com rebeldes por todos os lugares. [...]

Em alguns lugares do Baixo Amazonas e do Marajó, onde a criação de gado constituía, *grosso modo*, o fundamento da vida das populações, fazendeiros que possuíam, no começo da triste jornada política, entre cinco e seis mil cabeças de gado, se viam reduzidos a doze vacas. As lavouras de cacau, algodão, tabaco, cana estavam destruídas."

O Grão-Pará e o Maranhão. In: HOLANDA, Sérgio Buarque de (org.). *História geral da civilização brasileira*. São Paulo: Difel, 1972.

a) Com base nas referências geográficas do texto, identifique a revolta regencial a que ele se refere.

b) Sintetize os efeitos que, segundo o documento, foram causados pela revolta.

c) Com base no documento e no que você estudou no capítulo, produza um texto sobre essa revolta, destacando:
- local, época e os fatores que levaram à eclosão da rebelião.
- características étnicas do movimento, comparando-o, nesse aspecto, à Revolta dos Malês.
- principais acontecimentos que marcaram o curso da revolta.

d) Na sua opinião, o relato feito pelo brigadeiro José Soares de Andréia foi de defesa ou de ataque à revolta? Justifique sua resposta.

3 Segundo o historiador João José Reis, a rebelião de 1835 foi uma revolta escrava, cujo sentido profundo deve ser buscado na articulação entre conflitos de classes, étnicos e religiosos, embora dela tenham participado não apenas escravos, mas também libertos. A região já tinha sido palco de outros movimentos populares. Explique o caráter peculiar da Revolta dos Malês.

4 No processo de repressão às rebeliões regenciais, caracterize:

a) o papel da Guarda Nacional.

b) o papel da Lei de Interpretação do Ato Adicional (1840).

5 Considere a quadrinha popular a seguir.

Do folclore pernambucano

"Por subir Pedrinho ao trono
Não fique o povo contente
Não pode ser coisa boa
Servindo com a mesma gente"

In: CALMON, Pedro. *História do Brasil na poesia do povo*. Rio de Janeiro: A Noite, s/d.

a) A que momento da história do Brasil esses versos se referem?

b) Explique por que o início do Segundo Reinado pode ser visto como a vitória de um projeto político centralizador e aristocrático.

A história e o tempo presente

6 A reportagem a seguir apresenta a luta política dos representantes do Rio Grande do Sul em favor dos interesses econômicos de seu estado.

"Na ponta do laço e dos cascos, bancada gaúcha vota unida

Vistos como bairristas e aguerridos, os parlamentares gaúchos formam a bancada das causas inglórias. Deixam de lado diferenças ideológicas e rivalidades eleitorais para batalhas 'em defesa do Rio Grande do Sul' e não têm medo de encarar temas controversos.

Defendem sem constrangimento os produtores de fumo e de armas, vão para a briga pela liberação dos transgênicos [...].

O que diferencia a bancada gaúcha, na visão do senador Paulo Paim (PT-RS), é que os parlamentares do Sul atuam no Congresso sem olhar as diferenças partidárias. [...] 'Para entender as características da bancada gaúcha, é preciso compreender a história do nosso estado. Isso vem de muito longe. É só olhar para a história, a Guerra dos Farrapos.' [...]"

O Estado de S. Paulo, 5 jun. 2005.

a) Identifique as questões econômicas que, segundo o texto, mobilizam os parlamentares gaúchos na atualidade.

b) Compare as diferenças entre as formas da atuação política dos gaúchos na Revolta dos Farrapos e na atualidade.

c) Qual a ideia central desse texto? Você concorda com ela? Justifique sua resposta.

Vestibular / ENEM

1 (Uerj)

"Fui liberal; então a liberdade era nova no país [...] o poder era tudo; fui liberal. Hoje [...] os princípios democráticos tudo ganharam [...] a sociedade, que então corria o risco pelo poder, corre o risco pela desorganização e pela anarquia."

Bernardo Pereira de Vasconcelos.
In: TORRES, João Camilo de Oliveira. *Os construtores do Império*. São Paulo: Nacional, 1968. p. 55.

O discurso acima, proferido pelo deputado regressista em 1838, demonstra o temor dos representantes da elite quanto aos rumos do Período Regencial (1831-1840).

Pode ser considerada como causa desta preocupação:

a) a supressão da Guarda Nacional.
b) a política regencial de protecionismo alfandegário.
c) as rebeliões ocorridas durante todo o período regencial.
d) a possibilidade de nova união entre as coroas portuguesa e brasileira.
e) a intenção do Partido Progressista em antecipar a maioridade de Pedro II.

2 (UEL-PR) "[...] explodiu na província do Grão-Pará o movimento armado mais popular do Brasil [...]. Foi uma das rebeliões brasileiras em que as camadas inferiores ocuparam o poder [...]."

Ao texto, podem-se associar:

a) a Regência e a Cabanagem.
b) o Primeiro Reinado e a Praieira.
c) o Segundo Reinado e a Farroupilha.
d) o Período Joanino e a Sabinada.
e) a abdicação e a Noite das Garrafadas.

3 (UFPI) "[...] Nasci e me criei no tempo da regência e nesse tempo o Brasil vivia, por assim dizer, muito mais na praça pública do que mesmo no lar doméstico."

Justiniano José da Rocha

Partindo do comentário apresentado, é correto afirmar que:

a) a constante afluência às ruas resultava do crescimento comercial, registrado durante a regência, nas principais cidades do país.
b) a ociosidade da nobreza brasileira estimulava a valorização dos passeios constantes nas ruas e praças do Rio de Janeiro.
c) o comércio ambulante, a cargo de escravos que eram transferidos do setor rural para as cidades, complementava a renda de seus senhores de engenhos.
d) a influência italiana nos usos e costumes da sociedade do Rio de Janeiro modificou a tradição da vida reclusa às residências.
e) a turbulência política desse período se fazia presente através das revoltas e manifestações populares nas ruas da capital do Brasil.

4 (Fuvest-SP) "[...] a carne, o couro, o sebo, a graxa, além de pagarem nas alfândegas do país o duplo dízimo de que se propuseram aliviar-nos, exigia mais 15% em qualquer dos portos do Império. Imprudentes legisladores nos puseram desde esse momento na linha dos povos estrangeiros, desnacionalizaram a nossa Província e de fato a separaram da Comunidade Brasileira."

Esse texto se refere:

a) ao problema dos altos impostos que recaíam sobre produtos do Maranhão e que ocasionaram a Balaiada.

b) aos fatores econômicos que motivaram a Revolução Farroupilha, iniciada durante o Período Regencial.

c) às implicações econômicas do movimento de independência da Província Cisplatina.

d) às dificuldades econômicas do Nordeste, que justificaram a eclosão da Confederação do Equador.

e) aos problemas econômicos do Pará, que deram origem à Cabanagem.

5 (PUC-RJ) Texto I – "Rebeldes, verdadeiros ou supostos, eram procurados por toda parte e perseguidos como animais ferozes! Metidos em troncos e amarrados, sofriam suplícios bárbaros que muitas vezes lhes ocasionavam a morte. Houve até quem considerasse como padrão de glória trazer rosários de orelhas secas de cabanos."

Relato de Domingos Raiol acerca da repressão à Cabanagem.

Texto II – "Reverendo! Precedeu a este triunfo derramamento de sangue brasileiro. Não conto como troféu desgraças de concidadãos meus, guerreiros dissidentes, mas sinto as suas desditas e choro pelas vítimas como um pai pelos seus filhos. Vá Reverendo, vá! Em lugar de *Te Deum*, celebre uma missa de defuntos, que eu, com meu Estado Maior e a tropa que na sua igreja couber, irei amanhã ouvi-la, por alma de nossos irmãos iludidos que pereceram no combate."

Pronunciamento do Barão de Caxias acerca da comemoração da vitória sobre os farroupilhas.

Os textos apresentam testemunhos sobre a repressão empreendida pelos dirigentes do governo a duas revoltas ocorridas no Império do Brasil: a Cabanagem (Grão-Pará, 1835-1840) e a Farroupilha (Rio Grande do Sul, 1835-1845). A partir da análise desses testemunhos:

a) Identifique os segmentos sociais predominantes na Cabanagem e na Farroupilha.

b) Explique por que os dirigentes do Estado imperial trataram de forma diferenciada os rebeldes envolvidos na Cabanagem e na Farroupilha.

6 (Uece) Durante o processo de formação do Estado Nacional brasileiro (século XIX), muito se discutiu sobre a distância entre o *Brasil ideal*, europeu e branco, imaginado pelos intelectuais e políticos do período, e o *Brasil real*, periférico e mestiço, herança da colônia e da escravidão.

Como decorrência teórica e política deste contraste, é correto identificar:

a) a conciliação entre os mais ricos e os mais pobres como prática comum da política, desde os tempos da colônia e da escravidão.

b) a consciência revolucionária do povo brasileiro, expressada em inúmeras ocasiões, que impede as ditaduras e as arbitrariedades dos organismos estatais.

c) o mito da democracia racial, da benevolência das elites e do passado de paz e harmonia entre os brasileiros, que veio a constituir-se na crença sobre o caráter pacífico e conformado do povo brasileiro.

d) a consciência cívica da população, expressada nos momentos eleitorais, em que prevalece invariavelmente a preferência pelo voto ideológico, isto é, recusando os favores, os currais e a mercantilização do voto.

7 (UFG-GO) A história do Brasil só pode ser bem compreendida se relacionada com os acontecimentos que marcaram a história mundial. O entrelaçamento entre os processos históricos nacionais e internacionais constitui elemento fundamental do trabalho do historiador.

A partir da relação estabelecida — nação e mundo —, analise o processo de emancipação política do Brasil, ocorrido nas primeiras décadas do século passado.

Ampliando o conhecimento

Leituras

LYRA, Maria de Lourdes Viana. *O Império em construção:* Primeiro Reinado e Regências. São Paulo: Atual, 2000.
O livro aborda as dificuldades dos diversos atores políticos e sociais do Brasil de conciliarem seus interesses para construir o Estado nacional.

JANOTTI, Maria de Lourdes M. *A Balaiada*. São Paulo: Brasiliense, 2005.
O livro traça um panorama da Balaiada, ressaltando a participação dos diversos grupos sociais envolvidos no conflito.

Filme

Anahy das Missões

Direção de Sergio Silva. Brasil, 1996. 134 min.
Épico gaúcho que retrata a Guerra dos Farrapos por meio da história de Anahy que, para sobreviver, pilha os cadáveres dos soldados mortos.

DIVULGAÇÃO

Capítulo 36

O governo de D. Pedro II

O passado e o presente da escravidão

“**Como ocorreu, afinal, a abolição?**

Em 1850, o Brasil foi levado a extinguir [...] o tráfico internacional, [...] Mas surgiu o tráfico interno, com a venda de escravos das áreas mais pobres para as que estavam se desenvolvendo. De qualquer maneira, a partir dessa época ficou claro que era preciso pôr fim a esse regime. Dom Pedro, assim como alguns setores da elite, se empenharam em aprovar leis que fossem reduzindo o alcance da escravidão — houve a Lei do Ventre Livre, que libertava o filho de mãe escrava, depois a Lei do Sexagenário, que libertava os velhos acima de 60 anos, até se colocar a questão da abolição. Houve um movimento abolicionista branco significativo [...]. Ocorreram também insurreições de escravos em fazendas de São Paulo.

Como a sociedade acolheu os ex-escravos?

[...] Representou um avanço, mas deixou também muitos problemas, porque não levou em conta a inclusão do negro, como cidadão, na sociedade brasileira. Os grandes fazendeiros de café optaram pelo imigrante europeu, e o negro perdeu seu lugar nas propriedades do Centro-Sul do país. Nem ao menos se cuidou de conceder-lhe terras, o negro ficou relegado às atividades marginais, em situações de subemprego, vítima de um pesado preconceito e sem a oportunidade de acesso à escola. Nesse processo, o preconceito contra o negro persiste até hoje.”

Entrevista concedida pelo historiador Boris Fausto à TV Escola, um programa da Secretaria da Educação a Distância, do Ministério da Educação.

COLEÇÃO PARTICULAR, SALVADOR

Negros carregadores, Bahia, c. 1900-1910. O preconceito contra a população de origem africana foi o maior legado da escravidão.

O Brasil tornou-se independente ainda sob o signo de uma sociedade conservadora, latifundiária e tradicional, cuja riqueza era impulsionada pelo trabalho escravo, como acontecera no período colonial. No decorrer do Segundo Reinado (1840-1889), o poder no Império escravista permaneceu sob controle das oligarquias agrárias. No entanto, as inevitáveis mudanças socioeconômicas e políticas que ocorreram nesse meio século da vida brasileira foram corroendo as bases de sustentação do regime, baseado em uma rígida estratificação social.

Na década de 1880, não apenas os setores populares e médios urbanos, mas também segmentos das elites urbanas e rurais aceitavam o projeto abolicionista e republicano. O fim do trabalho escravo, em 1888, representou a sentença de morte do Império. No ano seguinte, o Brasil tornou-se uma República, regime mais aberto a transformações modernizadoras — ainda que as elites agrárias tenham preservado suas posições dominantes e que a sociedade brasileira permaneça, até hoje, marcada por extrema desigualdade.

O longo governo de D. Pedro II

Como vimos, o Golpe da Maioridade, em 1840, pretendeu pôr fim às agitações e revoltas do Período Regencial. O golpe, entretanto, não produziu o efeito esperado, e o início do Segundo Reinado foi tão conturbado quanto o período anterior. À custa da força das armas e dos acordos políticos, as dificuldades foram superadas, e o Império, apoiado nas elites agrárias escravocratas, inaugurou um longo período de relativa estabilidade política.

Conservador é o mesmo que liberal?

O primeiro ministério do imperador adolescente D. Pedro II, após o Golpe da Maioridade, foi composto por maioria progressista. Antônio Francisco de Paula Holanda Cavalcanti de Albuquerque ocupava a pasta da Marinha, seu irmão Francisco de Paula Cavalcanti de Albuquerque, a da Guerra, e os irmãos Antônio Carlos e Martim Francisco de Andrada, as do Império

Um país de escravos

"Afinal, como explicar a permanência, por quase sessenta anos, de uma monarquia rodeada de repúblicas por todos os lados? Como entender o enraizamento de uma realeza Bragança, mas também Bourbon e Habsburgo, em um ambiente tropical, cercado de indígenas, negros e mestiços? A resposta é estranhar o que parece tão natural em nossos compêndios de história. Longe das luxuosas cortes europeias, a capital da monarquia brasileira, em 1838, possuía cerca de 37 mil escravos numa população total de 97 mil habitantes (38% da população), e em 1849, em uma população de 206 mil pessoas, 79 mil cativos (mesmos 38%). Além disso, 75% dos escravos eram, em média, africanos, dado que indica a importância da população de cor na cidade do Rio de Janeiro. Por outro lado, os grupos indígenas, tão afastados da corte e dizimados de forma bastante sistemática, eram convertidos, porém, em símbolo da monarquia. Distantes enquanto realidade, ganhavam vida na representação: nos quadros e alegorias, nas esculturas e nos títulos de nobreza."

SCHWARCZ, Lilia Moritz. *As barbas do imperador.* São Paulo: Companhia das Letras, 2004.

MUSEUS CASTRO MAYA/IBPC, RIO DE JANEIRO

Negros calceteiros, *gravura de Jean-Baptiste Debret, século XIX.*
Nas cidades, os escravos calceteiros trabalhavam calçando as ruas com pedras.

MARC FERREZ/INSTITUTO MOREIRA SALLES, SÃO PAULO

Apesar de ter chegado ao trono tão cedo, a imagem de D. Pedro II que foi imortalizada na República é a do imperador já idoso, diferentemente de seu pai, Pedro I, que é lembrado como um jovem monarca. Fotografia de Marc Ferrez, tirada em 1888.

Luzias e saquaremas

Durante o governo de D. Pedro II, dois "partidos políticos" disputaram o poder no Brasil. **Luzias** e **saquaremas**, ou liberais e conservadores, surgiram da cisão do "Partido Liberal" durante o período regencial, no governo de Diogo Feijó, e se tornaram progressistas e regressistas, respectivamente. Estavam comprometidos, portanto, com um passado de lutas – mas, é claro, não a ponto de sofrerem por suas convicções. A frase atribuída ao político pernambucano Holanda Cavalcanti, "Nada se assemelha mais a um 'saquarema' do que um 'luzia' no poder", traduz muito bem a opinião de grande parte da sociedade imperial.

Os liberais tinham o apelido de "luzias" em referência a Santa Luzia, vila mineira onde foram derrotados em 1842, ao protestarem de armas na mão contra a perda de poderes locais após a dissolução da Câmara Liberal escolhida na "eleição do cacete". "Saquaremas", o apelido dos conservadores, fazia alusão ao município fluminense (Saquarema) em que residiam importantes membros do partido.

Embora os dois "partidos" apresentassem inegáveis semelhanças em termos de origem social e interesses econômicos, havia entre eles algumas diferenças. Os conservadores defendiam o fortalecimento do Executivo e do poder central; os liberais batiam-se pelo federalismo e pela extensão das prerrogativas das províncias.

e da Fazenda, respectivamente. Por esse motivo, tornou-se conhecido como "Ministério dos Irmãos".

O gabinete não contava com o apoio da Câmara dos Deputados, em sua maioria composta por conservadores. As disputas políticas tornaram-se violentas, principalmente depois que os conservadores recusaram nomeações de presidentes das províncias determinadas pelo ministério. Atendendo à solicitação dos liberais, D. Pedro II dissolveu a Câmara.

As eleições para a nova Câmara tornaram-se um campo de batalha. Liberais e conservadores contratavam bandos armados para espancar os adversários políticos, a ponto de essa eleição ficar conhecida como "eleição do cacete". As urnas — ou melhor, a fraude e a pancadaria — deram a vitória aos liberais. Mas em 1841 D. Pedro II dissolveu novamente a Câmara, antes mesmo do início dos seus trabalhos, e organizou outro ministério, agora com uma maioria de conservadores. Os regressistas haviam retornado ao governo e passaram a propor medidas centralizadoras destinadas a fortalecer a autoridade imperial e a reduzir a margem de manobra dos presidentes das províncias. O Conselho de Estado, extinto em 1834, foi restaurado em 1841.

Outras reformas giraram em torno da interpretação do Ato Adicional de 1834, que propiciava ampla autonomia para as províncias. A Lei do Processo Criminal havia causado a indignação dos conservadores ao ser apresentada em 1832. Com a reforma do Código, as atribuições judiciárias, antes exercidas pelos presidentes das províncias, passaram às mãos do governo central.

Os critérios para a seleção dos integrantes da Guarda Nacional também sofreram modificações. A escolha dos oficiais passou a ser da competência de indivíduos indicados pelo imperador ou pelo presidente da província. Na tentativa de evitar conflitos de jurisdição com o Exército, as funções de ambas as instituições foram determinadas pelo imperador: o Exército se encarregaria das questões ligadas às disputas externas, à garantia das fronteiras e à manutenção da estabilidade do país; a Guarda Nacional defenderia os interesses dos grupos dominantes locais.

▷ 1848: a Rebelião Praieira

Nos meios liberais de Minas Gerais e de São Paulo, surgiram manifestações contrárias às novas medidas administrativas, tomadas no sentido de centralizar a justiça e a administração do país. Os liberais e os donos do poder local chegaram a se rebelar em nome da autonomia regional, sendo dispersados sem grande dificuldade pelas forças imperiais. Mas em Pernam-

RICARDO AZOURY/OLHAR IMAGEM

Centro histórico do Recife, Pernambuco. Foto de 2006.

buco, cenário de tantas rebeliões, a mobilização liberal assumiu maior amplitude.

Em 1842, uma facção mais radical assumiu o comando dos liberais pernambucanos. Eles divulgavam suas ideias pelo jornal *Diário Novo*, situado na Rua da Praia, no Recife. Por isso, tornaram-se conhecidos como **praieiros**, termo que também designaria a revolta.

As concepções dos praieiros apresentavam uma difusa influência dos socialistas utópicos do início do século XIX, como Robert Owen, Charles Fourier e Proudhon. Mas, apesar disso, o movimento não pode ser visto como uma rebelião de caráter socialista, e sim como um confronto entre grupos políticos pertencentes à mesma elite socioeconômica.

O início da revolta esteve ligado às insatisfações das elites locais com o favorecimento do centro-sul e também refletiu a crise da produção açucareira nordestina. Em âmbito local, o objetivo político era combater a oligarquia, as poucas famílias de senhores de engenho que comandavam Pernambuco; em âmbito nacional, o objetivo era lutar contra a centralização de poder e de recursos a que o Império submetia o país. Outro alvo do movimento eram os comerciantes portugueses que monopolizavam o comércio, não permitindo o acesso de brasileiros sequer a funções subalternas. Por isso os praieiros pretendiam nacionalizar o comércio e proibir a atuação dos estrangeiros na área.

Contando com o apoio dos senhores de engenho menores — à margem da tradicional elite açucareira —, profissionais liberais, além de artesãos e outros setores populares, os praieiros chegaram ao poder em 1845, com a nomeação de Antônio Pinto Chichorro da Gama para a presidência da província. A destituição do governo liberal, em 1847, iniciou uma nova fase do confronto, que se transformou em rebelião armada em novembro de 1848. Em dezembro, Pernambuco encontrava-se em estado de guerra civil. Em fevereiro de 1849, os praieiros atacaram o Recife. Quase conseguiram tomar a cidade, mas foram detidos pelas forças governistas, o que esfacelou o movimento. Nos combates e nas execuções que se seguiram, o movimento praieiro deixou mais de 800 mortos, entre rebeldes e governistas.

▷ Parlamentarismo à moda brasileira

O fracasso da Rebelião Praieira encerrou o ciclo de manifestações revolucionárias contra o poder central. O governo procurou aperfeiçoar as regras do jogo político, já que a restauração do Poder Moderador e do Conselho de Estado havia sido concluída. A transação política das elites começou a delinear-se com o funcionamento de um sistema de governo que se declarava baseado no modelo parlamentarista britânico.

Em 1847 foi introduzido o parlamentarismo no Brasil. Entretanto, o funcionamento do "parlamentarismo à brasileira" não deve ser confundido com o modelo clássico britânico. Na Grã-Bretanha, o monarca tem papel decorativo, e quem governa é o primeiro-ministro, originário da maioria da Câmara eleita. No Brasil, o imperador detinha a faculdade de nomear ou demitir o ministério. Enfim, era um "parlamentarismo às avessas", no qual o soberano reinava e governava.

No parlamentarismo à brasileira, o Gabinete deveria merecer a confiança do monarca e da Câmara dos Deputados. A escolha do presidente do Conselho de Estado era de competência exclusiva de D. Pedro II, que podia demiti-lo de acordo com sua vontade, utilizando as atribuições do Poder Moderador, como mostra o organograma abaixo:

ORGANOGRAMA DO PODER POLÍTICO-ADMINISTRATIVO NO SEGUNDO REINADO

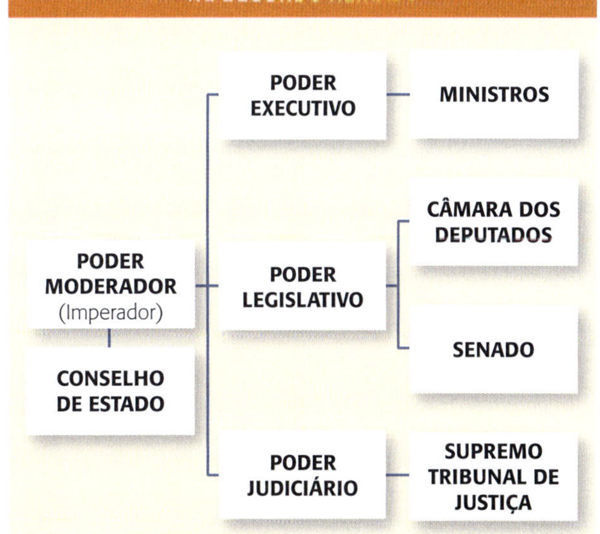

Fonte: CAMPOS, Flávio de e DOLHNIKOFF, Miriam. *Atlas histórico do Brasil.* São Paulo: Scipione, 1993.

No sistema parlamentarista britânico, a condição básica para o funcionamento do Gabinete é a confiança da Câmara; no Brasil, a reformulação do ministério cabia ao imperador. D. Pedro II também assegurou para si o direito de dissolver a Câmara, com o apoio do Conselho de Estado, constituído por políticos diretamente escolhidos pelo monarca. Nesse caso, novas eleições eram convocadas.

Na Grã-Bretanha, o primeiro-ministro é membro do partido que, nas eleições, obtém a maioria no Parlamento. No Brasil, vinha primeiro a nomeação do primeiro-ministro, que, em seguida, escolhia os demais membros do Conselho de Ministros, que por sua vez convocava as eleições para a Câmara. Organizadas de forma fraudulenta, essas eleições garantiam para o partido da situação a maioria do Legislativo.

Ao longo do Segundo Reinado, o país assistiu à organização de trinta e seis gabinetes, com uma média de um ano e três meses para cada governo. No total, os conservadores governaram por mais de 29 anos, e os liberais, por mais de 19 anos. A diferença confirma que os conservadores, com seus projetos de centralização, estavam mais próximos do poder imperial.

Na década de 1850, as disputas políticas foram amenizadas por mecanismos de aproximação entre os líderes mais moderados dos grupamentos liberal e conservador. O entendimento político foi oficializado em 1853, com a criação do chamado **Ministério da Conciliação**, por iniciativa do mineiro Honório Carneiro Leão, Marquês de Paraná, que organizou um Conselho de Ministros composto de liberais e conservadores. Além de contribuir para o abrandamento das divergências, o acordo consolidou a exclusão dos setores urbanos nascentes do cenário político.

Liberais e conservadores não tiveram problemas para chegar a um entendimento, considerando em especial suas origens comuns e a existência de uma certa homogeneidade de pensamento na sua formação. Em "tempo de conciliação", as pequenas divergências foram esquecidas em função do estabelecimento da ordem, visto pelas duas facções como necessária ao pleno desenvolvimento econômico, ligado à grande propriedade e à economia de exportação. Mas, para tal, os radicais de ambos os lados tiveram de ser excluídos do projeto conciliatório, em especial os radicais liberais, relativamente próximos do ideal republicano.

Assim, o período entre 1850 e 1870 foi considerado pela historiografia como o apogeu do Império. O Estado consolidado e os debates políticos circunscritos ao Parlamento foram as suas marcas. Cabe assinalar que a lavoura cafeeira, em franca expansão, permitiu o crescimento da economia. O suor do trabalho escravo sustentou a estabilidade tão almejada pelas elites.

> "Gabinete da Conciliação. Termo honesto e decente para qualificar a prostituição política de uma época [...], a política da conciliação era o imperialismo que se organizava em regra para o poder absoluto, formando-se com elementos de todos os partidos, que o executivo podia absorver pela intimidação ou pela corrupção, desculpando, por interesse próprio, todas as deserções, conduzindo ao triunfo todas as traições, mercadejando e procurando tarifar todas as consciências."
>
> ABREU, Capistrano de. *Fases do Segundo Império.* Rio de Janeiro: Briguiet, 1969.

FUNDAÇÃO BIBLIOTECA NACIONAL, RIO DE JANEIRO

Charge de V. Cruz criticando o imperador devido à vagareza do Partido Liberal e Conservador nas eleições diretas. Diz: "Sem receio de errar pode-se affirmar que o governo do Brasil está confiando à zoochresia do Sr. de Bragança que, honra lhe seja feita, com admirável habilidade sabe tirar dos seos animaes os valiosos serviços em proveito de sua pessoa. E viva nosso systema representativo...". *Publicada na revista* América Ilustrada, *de 26 de janeiro de 1879.*

A conciliação política

"A conciliação das elites políticas teve uma duração efêmera. Em 1855, foi aprovada uma nova lei eleitoral, 'A Lei dos Círculos'. Os deputados seriam escolhidos por circunscrições que ultrapassavam os limites provinciais, diminuindo o poder dos Presidentes de Província e favorecendo os liberais mais moderados. A lei dificultava a intervenção dos governantes e do ministério na escolha de nomes que seriam candidatos ao Parlamento. Com a morte do Marquês de Paraná, em 1856, e a realização de eleições, dentro das novas regras, para a Câmara, os liberais acabaram reforçando a conciliação. No entanto, setores do Partido Conservador insatisfeitos conseguiram alterar a Lei dos Círculos, em 1860, ampliando o número de deputados eleitos para três. Era a forma de tentar aumentar a sua representatividade.

As divergências entre liberais e conservadores aumentaram no decorrer da década, apesar de uma nova tentativa de conciliação com a 'Liga Progressista', que governou entre 1862 e 1868. A fórmula sofria críticas de setores dos dois partidos. Os liberais ampliaram as discussões sobre a necessidade de reformas mais profundas, em função das dificuldades financeiras decorrentes da Guerra do Paraguai (1864-1870) e da questão da escravidão. Os conservadores tentavam preservar o seu espaço na Câmara, esvaziado pela política de conciliação. A demissão do Gabinete liberal de Zacarias de Góis e Vasconcelos, em 1868, e sua substituição pelo dos conservadores favoreceu o surgimento do Partido Liberal Radical, que deu origem ao Partido Republicano, marcando o fim da conciliação das elites imperiais."

História do Brasil. Rio de Janeiro: ATR Multimedia. (CD-ROM).

▶ Sua majestade, o café

No início do século XVIII, o café já era bem conhecido na Europa, sendo considerado um produto de luxo. Atribui-se ao tenente-coronel Francisco de Melo Palheta a introdução do plantio de café no Brasil, em terras do atual estado do Pará, em 1727. Nessa versão, ele teria sido presenteado com mudas da planta pela esposa do governador da Guiana Francesa, quando lá esteve em missão diplomática. Por volta de 1760, temos notícias a respeito do cultivo de café nas cercanias da cidade do Rio de Janeiro.

As condições climáticas e topográficas mostraram-se decisivas para o desenvolvimento da cafeicultura no Rio de Janeiro. Os brejos e pântanos drenados da Baixada Fluminense tornaram-se ideais para as

EXPANSÃO DO CAFÉ ATÉ 1960

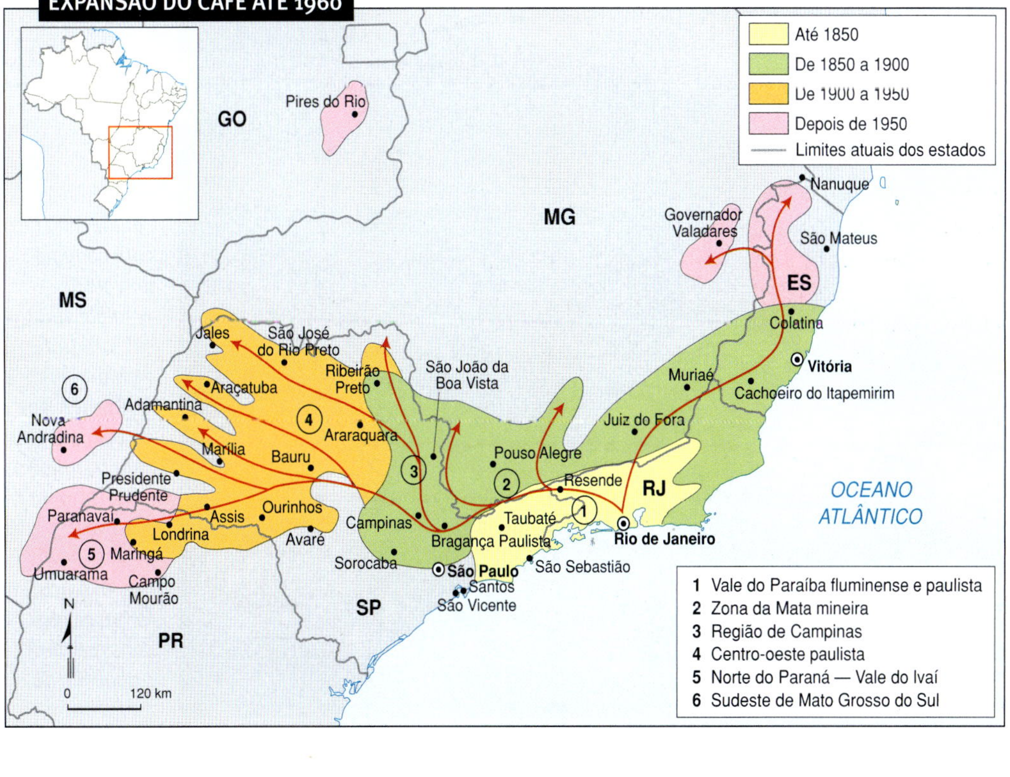

Fonte: RODRIGUES, João Antônio. *Atlas para estudos sociais.* Rio de Janeiro: Ao Livro Técnico, 1977.

Uma controvérsia

"Os holandeses mandaram no mercado internacional do café em seus primórdios. E foram os principais responsáveis pela difusão da cultura em todo o mundo. Por volta de 1690, levaram café da Península Arábica para várias de suas colônias do Oriente – Java, Bornéo e Sumatra. De lá, os plantios alcançariam o Sri Lanka, a Índia e outras regiões da Ásia, em rápida sucessão. Em princípios do século XVIII, a América cultivaria seus primeiros cafezais, formados a partir de mudas ou sementes trazidas pelos holandeses e franceses. De repente, o Brasil entrava na dança, abraçado ao café. E assim permanece até hoje, quase 300 anos depois. A primeira remessa do produto saiu do Maranhão para Lisboa, em 1731. Assim, fica difícil sustentar a tese de que o introdutor da cultura no Brasil foi Francisco de Melo Palheta, que teria contrabandeado sementes da Guiana Francesa, em 1727, para plantar a lavoura pioneira nos arredores de Belém, no Pará. O intervalo entre o retorno de Palheta da Guiana e a exportação maranhense foi de apenas quatro anos. Naquela época, cafezal de quatro anos não dava frutos. Só trabalho."

ABAG (Associação Brasileira de Agribusiness). *Agribusiness brasileiro*: a história. Texto de Rogério Furtado. São Paulo: Evoluir, 2002.

primeiras plantações. Recursos e equipamentos existentes na região, originários das minas e da atividade mercantil, foram reaproveitados pela cultura do café. Seguindo o crescimento do consumo internacional, as plantações foram se expandindo pelo Vale do Paraíba, que até 1870 foi o maior produtor nacional de café. Nessa época, o grão já era produzido em São Paulo e na Zona da Mata de Minas Gerais.

A dinâmica da produção cafeeira, no Vale do Paraíba, obedeceu a padrões já encontrados na economia colonial, isto é, ainda predominava o trinômio latifúndio, monocultura e mão-de-obra escrava. A montagem da fazenda começava pela construção da casa-grande e terminava com a posterior formação de roças de gêneros alimentícios (milho, feijão e mandioca), destinados a garantir a sobrevivência dos escravos. Grande parte da vegetação que cobria o solo do Vale do Paraíba, representada pela Mata Atlântica, foi derrubada para a montagem das fazendas de café. O mesmo aconteceria no Oeste paulista. O mecanismo de criar uma margem de economia própria para o escravo dentro do sistema escravista, a chamada **brecha camponesa**, teve função semelhante à que havia exercido no período colonial.

O declínio da produção do café na região do Vale do Paraíba, a partir de 1870, não desequilibrou a economia nacional. Nessa época, a região do Oeste paulista assistia à acelerada expansão do setor cafeeiro. As imensas lavouras de cana-de-açúcar foram substituí-

MARC FERREZ/INSTITUTO MOREIRA SALLES, SÃO PAULO

Escravos trabalhando em fazenda de café na região do Vale do Paraíba, 1882, em fotografia de Marc Ferrez. Os fazendeiros do Vale do Paraíba, onde a mão-de-obra escrava predominava nas lavouras, foram os que mais resistiram à abolição da escravatura.

das por cafezais. Até 1850, ano de proibição do tráfico negreiro, foram mantidas a forma de *plantation* e a utilização plena do braço escravo. A partir de 1850, o trabalho escravo foi aos poucos substituído pelo imigrante, em virtude da carência de mão-de-obra.

Os cafeicultores do Oeste paulista, apesar da utilização do trabalho escravo em muitas fazendas da região, puderam atrair, mais facilmente, o imigrante para as suas lavouras. Dotados de uma mentalidade mais empresarial, se comparada à dos produtores do Rio de Janeiro, os paulistas souberam introduzir tecnologia de beneficiamento do café, tornaram-se acionistas de empresas — bancos e companhias ferroviárias —, comerciantes e industriais.

Próximo aos centros produtores de café, principalmente em Sao Paulo, desenvolveu-se um eficiente mercado financeiro. Os **comissários**, como eram chamados aqueles que forneciam empréstimos aos cafeicultores mediante garantia das produções futuras, tiveram um papel significativo. Alguns latifundiários tiveram de recorrer a esse tipo de recurso para viabilizar a compra de máquinas e equipamentos. Além de empréstimos concedidos aos fazendeiros, os comissários exportavam café e importavam bens de consumo encomendados pela sociedade em geral.

A rápida expansão do cultivo de café contribuiu para a solução da crise econômica, instaurada na economia brasileira desde o governo de D. Pedro I. Nesse sentido, podemos afirmar que o café representou um importante fator de recuperação econômico-financeira do país. Além dos mercados europeus, o produto conquistou a praça de comércio norte-americana, que ainda no século XIX tornou-se a maior consumidora do café brasileiro.

Por volta de 1870, o café representava 56% da pauta de exportações do Império, atingindo 61% na década de 1880. Em resumo, depois de uma história de constantes *déficits*, a balança comercial brasileira passou a superavitária no período de 1861 a 1885. Além disso, o desenvolvimento do setor cafeeiro contribuiu decisivamente para o incremento das relações assalariadas de produção e possibilitou a acumulação de capital que, disponível, foi aplicado em sua própria expansão e em alguns setores urbanos, como o industrial e o ferroviário.

Por outro lado, a excessiva concentração da renda nas mãos dos cafeicultores dificultou o pleno desenvolvimento de outros setores produtivos de bens de consumo cotidiano, como tecidos e outros produtos industrializados. Assim, tornou-se necessário um grande volume de importações, que esvaziaram os cofres públicos.

MARC FERREZ/INSTITUTO MOREIRA SALLES, SÃO PAULO

Carros de boi transportando sacos de café chegam ao porto de Santos, no litoral paulista. Foto de Marc Ferrez, 1890.

▷ A expansão das ferrovias

O transporte ferroviário no Brasil foi impulsionado pelo desenvolvimento do setor cafeeiro, da segunda metade do século XIX ao início do século XX. Tal atividade mereceu atenção prioritariamente do governo central e da iniciativa privada, principalmente a inglesa.

Os capitais ingleses foram fator decisivo para a construção das estradas de ferro no Brasil. O objetivo era facilitar o escoamento de matérias-primas e produtos agrícolas, permitindo a chegada dos produtos aos portos. Sendo assim, as áreas produtoras de café, fluminense e paulista, foram privilegiadas com a construção de ferrovias que interligavam as regiões aos seus portos. A construção das ferrovias ocasionou um grande impacto no país, favorecendo um maior contato da sociedade com as inovações técnicas.

A primeira ferrovia foi inaugurada em 1854, no Rio de Janeiro, ligando o porto de Mauá, na Baía de Guanabara, à Serra da Estrela, visando alcançar Petrópolis e depois o Vale do Paraíba. Em 1864, com a participação de capitais ingleses, foi construída a Estrada de Ferro Pedro II (depois Central do Brasil), reivindicada pelos cafeicultores fluminenses de Vassouras (RJ). A ferrovia aumentou a rentabilidade de muitos fazendeiros do Vale do Paraíba fluminense, onerados com as pesadas despesas de transporte.

Na província de São Paulo, a primeira ferrovia foi a Santos-Jundiaí, inaugurada em 1867, que contribuiu para reduzir em quase 35% os custos com o transporte de café. A partir de 1870, com a criação das ferrovias Paulista, Mogiana e Sorocabana, foram beneficiadas as novas zonas de expansão da cafeicultura do interior de São Paulo. A rede ferroviária paulista acompanhou a "marcha do café" para o oeste. De maneira geral, as ferrovias foram construídas em direção a Santos, que se tornou, depois do Rio de Janeiro, o principal centro de exportação do café.

Um empresário do Império

A construção de ferrovias atraiu também empresários, como foi o caso de Irineu Evangelista de Souza, barão e depois visconde de Mauá. Ele foi um dos empresários de maior destaque e o proprietário do maior número de companhias fundadas no país, na segunda metade do século XIX. Tornou-se o pioneiro em diversas atividades, em uma época de prosperidade que se apoiava em bases frágeis com graves contradições, derivadas da sociedade escravista.

Em 1840, o futuro Barão de Mauá foi à Inglaterra, em visita a fábricas e estabelecimentos comerciais. Retornou ao Brasil bastante impressionado com o desenvolvimento industrial britânico. Alguns anos depois, já podia ser considerado um grande investidor, que contava com quase mil funcionários e atuava nas áreas de estaleiros, velas, curtumes, fundição de ferro e bronze, calderaria, serralheria, mecânica, entre outros investimentos.

Associado a companhias norte-americanas, Mauá fundou o Banco Mauá, MacGregor e Cia., com filiais em Londres, Paris, Nova York, Montevidéu e Buenos Aires, além de outras cidades uruguaias, argentinas e brasileiras. Os depósitos do Banco Mauá representavam, em 1857, aproximadamente 40% do total existente no Brasil.

Mas o arrojado projeto industrial que Mauá tentou implantar não teve bons frutos. A concorrência estrangeira, a falta de interesse da aristocracia agrária de ver nascer uma economia alheia às prioridades da agricultura de exportação e até as sabotagens que ele sofreu contribuíram para o fracasso de seus planos. Em 1874, ele recebeu o título de visconde; no ano seguinte, declarou-se falido. Era a ruína da industrialização brasileira no Império.

Outras atividades econômicas

Enquanto o café e a modernização tomavam conta do sudeste, o restante do país conhecia uma realidade bem diferente. Convivendo com uma economia precária e arcaica, a sociedade do norte e nordeste do Brasil permanecia alheia ao progresso. No sertão e no agreste o panorama socioeconômico era ainda mais crítico. Os sertanejos dedicavam-se basicamente à criação de gado e à agricultura de subsistência. A gravidade da situação estava também ligada às secas da região no final do século XIX, que desencadearam fortes movimentos migratórios. Em busca de trabalho e de melhores condições de vida, os nordestinos iam em direção ao sudeste, para trabalhar no café, ou para a Amazônia, trabalhar na extração do látex.

A **seringueira**, explorada pelos índios e conhecida pelos europeus desde a chegada ao território brasileiro, tornou-se uma riqueza importante no século XIX. Após a descoberta do processo de vulcanização pelo norte-americano Charles Goodyear, em 1839, que permitiu tornar a borracha mais resistente, iniciou-se um surto de exploração do produto, ainda na década de 1860.

A partir daí, a extração do látex ficou vinculada ao mercado externo e direcionada à produção de borracha natural. Com o aparecimento dos pneu-

JUCA MARTINS/OLHAR IMAGEM

O Teatro Amazonas, em Manaus, foi inaugurado em 1896. Construído em estilo neoclássico italiano, o edifício é uma das obras erguidas na região amazônica com os lucros gerados pela exploração da borracha. Foto de 2000.

máticos, na segunda metade do século XIX, a demanda da mercadoria cresceu ainda mais. Em 1850, a borracha representava 2% das exportações brasileiras; no início do século XX, correspondia a aproximadamente 25%.

Embora o **açúcar** continuasse a ocupar um importante lugar na pauta das exportações brasileiras durante o Império, a concorrência da produção antilhana e do açúcar de beterraba, produzido em larga escala na Alemanha, dificultou os investimentos na modernização de equipamentos. De maneira geral, presa ao trabalho escravo e a métodos tradicionais, a produção nordestina entrou em crise. Outras regiões, porém, como o Rio de Janeiro, São Paulo e Minas Gerais, desenvolveram uma produção expressiva.

A produção de **algodão**, fibra já trabalhada pelos indígenas, ganhou destaque a partir da segunda metade do século XVIII, para atender às necessidades decorrentes da Revolução Industrial na Inglaterra. O maior produtor brasileiro era o atual estado do Maranhão, que, a partir de meados do século XIX, sofreu forte concorrência do sul dos Estados Unidos. No início do século XIX, surgiram novas áreas produtoras de algodão nas províncias do Pará, Bahia, Minas Gerais e Goiás. A lavoura não requeria grandes investimentos e, por essa razão, foi explorada até por pequenos agricultores.

O **tabaco**, cultivado principalmente no sul da Bahia, servia basicamente como "moeda de troca" para as operações de escambo, que possibilitavam a aquisição de escravos africanos, desde o período colonial. No início do século XIX, a cultura tabagista espalhou-se por vários cantos do país.

A **pecuária**, desenvolvida desde os tempos coloniais, destinava-se basicamente ao mercado interno. Desde o século XVIII, a criação de mulas supria as necessidades de transporte, inicialmente na região das minas e depois na área cafeeira, antes da construção das ferrovias. No entanto, foi na província do Rio Grande do Sul que a pecuária ganhou mais importância, nas chamadas estâncias de criação de gado.

O uso da carne bovina na alimentação, no período colonial, não era muito apreciado. Em geral, o gado fornecia apenas couro, exportado com grande margem de lucro. Aos poucos, porém, a carne ganhou importância econômica. O charque, carne salgada, cortada em pedaços e exposta ao sol, era um produto destinado à população pobre e aos escravos do sudeste. Menos de cem anos depois, fatores como o fim do tráfico negreiro e a concorrência platina ocasionaram a decadência do charque gaúcho.

MARCOS BERGAMASCO/FOLHA IMAGEM

Plantação de algodão na cidade de Nova Mutum, Mato Grosso. Foto de 2005.

Uma sociedade em transformação

A sociedade imperial era composta basicamente por três segmentos distintos: o dos homens brancos, pertencentes às "boas famílias", quase sempre ligadas à propriedade da terra; o dos escravos, cujo trabalho impulsionava a economia do Brasil imperial; e o do povo, que incluía brancos, toda sorte de mestiços e negros libertos e abrangia variados grupos sociais, desde os profissionais de diversas áreas até os elementos de baixa renda.

Aos poucos desenvolveu-se um novo setor social, o das camadas médias urbanas, integrado por profissionais mais qualificados que viviam do rendimento do seu trabalho. Esse segmento contava com agrimensores, médicos, professores de música, dentistas, escultores, jornalistas, barbeiros, marceneiros e advogados, entre outros profissionais.

Nos centros urbanos em expansão, os homens brancos pobres costumavam encontrar emprego nas lojas como vendedores ou caixeiros. Os mestiços em geral trabalhavam como alfaiates, costureiros, artesãos de todo tipo. Muitas vezes sofriam a concorrência dos profissionais estrangeiros no Brasil, em especial franceses e ingleses. Essa gente encontrava poucas possibilidades de ascensão na sociedade imperial, rigidamente estratificada. Por isso, as camadas populares e médias urbanas logo passaram a exprimir sua insatisfação com o regime imperial.

Essas transformações eram mais evidentes no Rio de Janeiro, polo da vida urbana brasileira durante boa parte do século XIX. Sede do governo central, a cida-

CPDOC/FUNDAÇÃO GETÚLIO VARGAS

Interior de uma tecelagem na cidade do Rio de Janeiro no início do século XX.

de recebeu uma série de melhorias a partir de 1840, enquanto nos demais núcleos os equipamentos urbanos eram absolutamente precários ou não existiam. De modo geral, os centros portuários estavam em melhor situação do que os estabelecidos no interior, num reflexo da estrutura econômica voltada para as exportações de produtos primários.

▷ Incentivos à produção industrial

Desde os Tratados de Comércio assinados com a Inglaterra em 1810, as mercadorias inglesas eram taxadas em 15%, situação que desestimulava a produção nacional. Uma crise financeira instaurada no país após a independência, no entanto, alteraria essa política alfandegária. A crise foi gerada pelos gastos para conseguir o reconhecimento internacional do Império e pelas dificuldades da agricultura.

Assim, em 1844, um decreto do ministro da Fazenda, Manuel Alves Branco, gerou uma significativa modificação na política alfandegária brasileira.

O principal objetivo da **Tarifa Alves Branco** era aumentar os impostos cobrados para cerca de três mil artigos importados. Os produtos de similares nacionais passariam a pagar um imposto de 60%; se não houvesse similar, o percentual seria de 30%.

A política alfandegária, que a princípio parecia tentar resolver simplesmente a questão orçamentária, acabou servindo de estímulo para uma produção industrial, devido ao protecionismo que havia se instalado. Desse modo, o governo imperial estimulou uma incipiente onda de industrialização, especialmente no sudeste, que beneficiou até mesmo industriais do porte do Barão de Mauá. Com isso, começou a se formar um novo segmento das camadas populares urbanas: o operariado. O outro lado dessa arrancada industrial da segunda metade do século XIX foi o emprego da mão-de-obra infantil para baixar os custos de produção. Em 1870, era comum encontrar crianças participando ativamente do mundo do trabalho, principalmente nas indústrias têxteis de São Paulo.

▷ O fim do tráfico negreiro

Em 1845, numa represália à implantação das novas tarifas alfandegárias por Alves Branco, o Parlamento britânico aprovou um projeto de lei apresentado por George Aberdeen, ministro das Relações Exteriores do Reino Unido, que tornava legal o apresamento, pela marinha britânica, de navios negreiros de qualquer nacionalidade e estabelecia que caberia aos tribunais do país o julgamento da tripulação "infratora". Conhecida como **Bill Aberdeen**, a lei contribuiu para que o governo imperial brasileiro proibisse o tráfico negreiro.

A medida coroava décadas de luta do governo britânico contra a escravidão. Até o século XVIII, os ingleses obtiveram altos lucros com o comércio de escravos. Depois da Revolução Industrial, porém, que resultou no aumento extraordinário da produção de mercadorias, os ingleses passaram a defender o fim do tráfico negreiro e da escravidão. Com o fim do tráfico nas colônias, os proprietários poderiam investir os recursos antes aplicados na compra de escravos na aquisição de artigos ingleses. Além disso, nas Antilhas britânicas, o fim do tráfico obrigou os proprietários a empregar trabalhadores assalariados nos engenhos de açúcar. O resultado foi que o açúcar antilhano ficou mais caro que o brasileiro, que continuava sendo produzido por escravos.

Oficialmente, as pressões de Londres contra o tráfico negreiro voltaram-se para o Brasil. Em 1810, o príncipe regente D. João comprometeu-se com o governo britânico a abolir a escravidão nas colônias portuguesas. Entretanto, apesar da dependência econômica e política em relação à Inglaterra, a política de compromisso entre a corte no Brasil e os grandes proprietários de terras impediu uma solução imediata para a questão escravocrata. Após 35 anos de contemporizações e desculpas por parte do governo imperial, veio a Bill Aberdeen, garantida pelo poderio da marinha britânica. As relações anglo-brasileiras chegaram à beira da ruptura. Todavia, cinco anos depois, o Brasil aprovou a **Lei Eusébio de Queiroz** (1850), que extinguiu o tráfico negreiro. A entrada de africanos no Brasil caiu drasticamente e o preço de um escravo dobrou em poucos meses. O escravismo, além de desumano, tornou-se economicamente inviável.

▷ Modernizar é preciso...

O fim do tráfico de escravos liberou recursos que puderam ser investidos em outros setores, principalmente no meio urbano. Na década de 1850 foram fundados, no Rio de Janeiro e em outros centros, centenas de indústrias, alguns bancos, companhias de seguros, navegação, transporte urbano e de gás. O governo isentava de impostos a importação de maquinarias e facilitava o crédito dos investidores nos setores de serviços. A melhoria no sistema de transporte e novas máquinas no beneficiamento do café liberavam mão-de-obra escrava para o cultivo.

"[...] levantando-se cedo a fim de dar andamento aos serviços, ver se partir a lenha, se fazer o fogo na cozinha, se matar a galinha mais gorda para a canja; a fim de dar ordem ao jantar [...] e dirigir as costuras das mucamas molecas, que também remendavam, cerziam, remontavam, alinhavam a roupa da casa, fabricavam sabão, vela, vinho, licor, doce, geleia. Mas tudo devia ser fiscalizado pela iaiá branca, que às vezes não tirava o chicote da mão.

[...] acordando tarde por ter ido ao teatro ou a algum baile, lendo romance; olhando a rua da janela ou da varanda, levando duas horas no toucador [...] outras tantas horas no piano, estudando a lição de música; e ainda outras na lição de francês ou de dança. Muito menos devoção religiosa do que antigamente. O médico de família mais poderoso que o confessor. O teatro seduzindo as senhoras elegantes mais que a igreja. O próprio baile mascarado atraindo senhoras do sobrado."

FREYRE, Gilberto. *Sobrados e mucambos.* Rio de Janeiro: Record, 2000.

MARC FERREZ/INSTITUTO MOREIRA SALLES, SÃO PAULO

Modernização do Rio de Janeiro: Rua Direita (atual Rua Primeiro de Março) e Largo do Paço em fotografia de Marc Ferrez (c. 1890).

A cidade do Rio de Janeiro ganhou iluminação a gás e água canalizada. As antigas carruagens foram substituídas pelos bondes puxados a burro, que ligavam os bairros de Botafogo e Tijuca; mais tarde chegariam os bondes elétricos, saudados como sinal de progresso. Nas vitrines dos estabelecimentos comerciais podiam ser vistas as mais recentes novidades europeias. Paralelamente, a população mais rica tratou de refinar seus costumes. Tornou-se comum a presença de professores de francês e de piano entre as famílias da elite. O hábito de leitura foi adquirido principalmente pelas mulheres, motivadas pelo sucesso dos romances de José de Alencar e Joaquim Manuel de Macedo. Por meio dos casamentos, estabeleciam-se sólidas e rentáveis relações entre as grandes famílias, interessadas em preservar seus bens e sua posição social.

A diversão preferida da elite imperial eram os concertos líricos e as peças de teatro, geralmente europeias. Apaixonado por ópera, D. Pedro II incentivou o aperfeiçoamento de músicos na Europa, com bolsas de estudos fornecidas pelo Estado. As festas de salões (os *saraus*), encontros regulares nas residências dos personagens mais ilustres da corte, eram os locais apropriados para se ouvir boa música e, obviamente, discutir política e economia. O segmento urbano reservava momentos do seu dia-a-dia para ouvir música e dançar. A dança mais comum era o maxixe, uma mistura ousada, com requebros, de polca e habanera, um ritmo de origem africana.

O carnaval, a festa mais popular, desde aquela época promovia o encontro da elite e do povo nas ruas das cidades. O *entrudo* era uma brincadeira típica das camadas mais populares, incluindo os escravos. Com água, polvilho e lama, as pessoas brincavam de atirar essa mistura umas nas outras, divertindo-se por três dias.

Mas, naturalmente, nem tudo era festa. Havia, de um lado, a violência permanente, estrutural, da escravidão, ocasionalmente agravada por torturas e outros castigos físicos. Do outro lado, a miséria e a fome estavam reservadas a outros excluídos, que não eram "objetos valiosos" como os escravos. O século XIX mostrou-se ainda especialmente cruel em relação ao problema da criança pobre ou abandonada. Analisando-se a farta documentação a respeito das denúncias contra pessoas que maltratavam e abandonavam crianças, transparece a indiferença de grande parte da sociedade em relação ao mundo infanto-juvenil. A situação era agravada pela existência da escravidão, pelos abusos sexuais cometidos contra escravas e pela exploração de menores. O século XIX estava longe ainda das discussões sobre respeito e igualdade entre etnias, bem como sobre os direitos da mulher e da criança.

▷ A Lei de Terras

Em 1850, ano de extinção do tráfico de escravos, também foi votada pelo Parlamento brasileiro a chamada **Lei de Terras**. A lei proibia a obtenção de terras públicas, exceto se fossem compradas, geralmente por preços altos. Determinou também que todo proprietário registrasse suas propriedades nos Registros Paroquiais. Esse último item atendia aos desejos dos grandes proprietários, com recursos suficientes para registrar suas glebas.

Não por acaso, a Lei de Terras foi votada no mesmo ano da aprovação da Lei Eusébio de Queiroz. O fim do tráfico negreiro foi visto como uma ameaça ao latifúndio, que reagiu com a restrição do acesso à propriedade do solo. A terra transformou-se em mercadoria de alto preço, ficando proibida a doação de propriedades ou qualquer outra forma de aquisição de bens fundiários a não ser por meio de compra. Na prática, os grupos que aprovaram a lei, pertencentes à aristocracia agrária, queriam garantir que o alto custo do registro imobiliário impedisse que os posseiros mais pobres obtivessem a propriedade plena do solo onde plantavam. Os latifundiários também pretendiam evitar que os imigrantes — cujo trabalho substituiria o dos escravos nas plantações — conseguissem se tornar proprietários.

▷ Escravos e imigrantes no sudeste

As mudanças geradas não só pelo café, mas também pelo fim do tráfico de escravos e pelo desenvolvimento das atividades industriais acarretaram significativas modificações nas relações socioeconômicas. À medida que a escravidão se tornava obsoleta, tanto no sudeste como no restante do país, foram aparecendo novos tipos de relação social, como a **parceria** e o **colonato**. Tais inovações contribuíram para o aumento do número dos trabalhadores livres, muitos deles imigrantes, que chegaram ao Brasil para suprir a carência de mão-de-obra após o fim do tráfico negreiro, em 1850.

Parceria

Parceria é uma forma de contrato em que alguém cede um bem a outrem para ser por este explorado, com a repartição dos frutos ou lucros obtidos entre os contratantes na proporção estipulada. Essa forma de relação de produção, que constitui um dos traços dominantes da agricultura nas regiões subdesenvolvidas, é suscetível, em certos casos, de evoluir para o arrendamento ou para o trabalho assalariado. No Brasil, esse sistema é praticado principalmente na agricultura e eventualmente na pecuária. Há modalidades distintas de parceria agrícola, com características que variam de acordo com os costumes de cada região. Constituem modalidades mais comuns de parceria a *meação*, ou *meia*, em que ao parceiro — neste caso chamado *meeiro* — cabe a metade da colheita; e a *terça*, em que o *terceiro* fica com a terça parte da colheita. Usa-se, em escala menor, a *quarta* e outras variantes.

MÁRCIO PENA/FOLHA IMAGEM

Cafezal localizado na cidade de Alfenas, Minas Gerais. Foto de 2006.

Os primeiros imigrantes chegaram ao Brasil por iniciativa do príncipe-regente D. João, que favoreceu sua fixação no sudeste e no sul do país. Mas esse ensaio inicial de colonização desagradou os latifundiários, que desejavam a posse das terras destinadas aos recém-chegados.

Mais tarde, com a extensão das plantações de café e as restrições à compra de africanos, os fazendeiros tentaram suprir a falta de mão-de-obra por meio do **tráfico interprovincial de escravos**. A ideia era transferir escravos do nordeste, mergulhado em grave crise econômica, para o sudeste cafeeiro. Estima-se que 150 a 250 mil escravos foram vendidos para novas áreas de trabalho. Para os latifundiários nordestinos, tratava-se de um negócio lucrativo, e para os cafeicultores, de uma alternativa, ainda que temporária, para o problema da mão-de-obra. No entanto, para os fazendeiros do sudeste, a solução mais barata e eficaz estava mesmo associada ao trabalho livre do imigrante.

Entre 1847 e 1857, o senador Nicolau de Campos Vergueiro impulsionou a experiência pioneira de utilizar mão-de-obra imigrante na cafeicultura. Ele trouxe para sua fazenda no interior de São Paulo famílias belgas, suíças, alemãs e portuguesas, para trabalhar no **sistema de parceria**. Outros latifundiários paulistas seguiram seu exemplo. Todas as despesas com a viagem, a manutenção e a instalação do imigrante e sua família eram pagas pelo fazendeiro na qualidade de adiantamento. Ao começar a produzir, o colono teria direito a um percentual sobre o lucro da atividade. Além disso, ele poderia parcelar o saldo da dívida com o proprietário pagando 6% de juros anuais.

O sistema fracassou devido ao permanente endividamento do trabalhador. Além disso, muitas obrigações contratuais garantidas aos colonos foram simplesmente desprezadas pelos fazendeiros, acostumados a tratar seus escravos com brutalidade. A partir de 1870, o governo brasileiro e as autoridades paulistas passaram a investir em propaganda na Europa, para atrair imigrantes, procurando mostrar as opções de trabalho existentes no Brasil. Nesse período já havia a preocupação, por parte de intelectuais e políticos, de forjar um "povo brasileiro". A vinda desses imigrantes respondia aos desejos de "branquear" a população brasileira, no intuito de equipará-la à das grandes nações europeias.

A Europa vivia uma séria crise devido ao desemprego e às guerras associadas à unificação italiana e alemã. Essa conjuntura acabou levando grande número de europeus a migrar para a América, motivados pelo sistema de contrato, que definia salários e prêmios em função das colheitas. No final do Império, havia mais de 350 mil imigrantes no Brasil, em geral concentrados nas áreas cafeeiras.

MUSEU NACIONAL DE BELAS ARTES, RIO DE JANEIRO

Difundiu-se no Brasil do século XIX a ideia da necessidade de "branqueamento" da sociedade, que significava apagar os traços negros da população local. Observe o quadro Redenção de Cam *(1895), do pintor Modesto Brocos, que representa uma família que a cada geração está "mais branca".*

A Guerra do Paraguai

O Paraguai tornou-se independente em 1811, com o desmantelamento do Vice-reinado da Prata. Mas as elites argentinas, que pretendiam manter a região sob seu controle, não reconheceram a soberania do país e bloquearam a navegação dos navios paraguaios pela Bacia do Prata, prejudicando o comércio exterior do novo país.

Em 1813, José Gaspar de Francia assumiu o governo e conduziu o Paraguai com mão de ferro durante décadas. Francia tinha o projeto de superar o isolamento comercial por meio do desenvolvimento autônomo do país. Entre outras medidas, aboliu o trabalho escravo e a servidão, distribuiu terras aos camponeses e combateu o analfabetismo, tornando o ensino primário obrigatório.

Após a morte de Francia, o governo passou a Carlos Antonio López, que deu continuidade ao projeto de desenvolvimento autônomo. As indústrias foram incrementadas por meio de investimentos públicos, configurando uma economia e uma organização político-social baseadas na ditadura, na estatização e na pequena propriedade.

Em 1862, Francisco Solano López sucedeu ao pai no governo paraguaio, disposto a prosseguir com o envolvimento do país na política platina. No Uruguai, duas facções políticas, a dos *blancos* e a dos *colorados*, disputavam o poder, na ocasião dominado pelos *blancos*. Francisco Solano López apoiou os *blancos*, decidido a aproveitar a instabilidade platina para reforçar a presença política e econômica de seu país. O governo brasileiro, por sua vez, apoiava os *colorados*. A Argentina, governada desde 1861 por Bartolomeu Mitre, também apoiava os *colorados*.

A oportunidade esperada por López veio em 1864, quando uma frota brasileira seguiu para o Uruguai em apoio aos *colorados*, que organizavam guerrilhas contra o governo *blanco*. López se ofereceu para mediar a crise, mas sua proposta foi recebida com sarcasmo por brasileiros e argentinos. Em novembro, a esquadra imperial bloqueou Montevidéu; em represália, López ordenou que uma canhoneira aprisionasse, no Rio Paraguai, o navio brasileiro *Marquês de Olinda*, que se dirigia a Cuiabá e transportava o presidente da província de Mato Grosso. Logo em seguida, o ditador paraguaio rompeu relações com o Brasil, proibiu a navegação brasileira em águas paraguaias e invadiu a província de Mato Grosso. Era o início da Guerra do Paraguai.

Em 1865, os paraguaios invadiram a província argentina de Corrientes, onde boa parte da população falava guarani. Dali pretendiam alcançar o Rio Grande do Sul e o Uruguai. López esperava obter o apoio da população local e também o dos habitantes da vizinha província de Entre Ríos, controlada pelo estancieiro Justo Urquiza. Acreditava ainda que o governo central argentino permaneceria neutro no conflito e que o Brasil, ameaçado em Mato Grosso e no Rio Grande do Sul, desistiria de intervir no Uruguai. Mas esse projeto estratégico fracassou. Em janeiro de 1865, apoiados pelo Brasil, os *colorados* retomaram o poder no Uruguai; em março, o Paraguai declarou guerra à Argentina; em maio, o Brasil, a Argentina e o Uruguai assinaram o **Tratado da Tríplice Aliança**.

Essa derrota diplomática deixou López isolado e abalou sua política militar. Assim, as tropas paraguaias que invadiram o Rio Grande do Sul, em junho de 1865, alcançaram algumas vitórias iniciais mas ficaram totalmente isoladas depois que a frota brasileira destruiu a quase totalidade dos navios paraguaios na Argentina, na batalha do Riachuelo (11 de junho). Os paraguaios perderam o controle do Rio Paraná,

Fonte: *IstoÉ Brasil, 500 anos*: Atlas histórico. São Paulo: Três, 1998.

sua única via de acesso ao exterior. Sem abastecimento, as tropas paraguaias em território gaúcho renderam-se em setembro de 1865. Desse momento até o final da guerra, os paraguaios estiveram na defensiva. No entanto, seriam precisos mais cinco anos de lutas até a vitória dos aliados. Afinal, em 1º de março de 1870, López foi derrotado e assassinado, no combate de Cerro Corá. No último confronto, as tropas paraguaias estavam reduzidas a menos de 300 homens.

Ao terminar a guerra, o Paraguai se encontrava arrasado. Perdera todo o seu Exército, o mais preparado da América do Sul, e quase metade da população. Segundo o historiador Boris Fausto, as estimativas são de que o número de habitantes, 406 mil em 1864, tenha caído para 231 mil em 1872. A maioria dos sobreviventes eram velhos, mulheres e crianças.

A Guerra do Paraguai tem sido objeto de várias interpretações por parte da historiografia, desde a visão mais tradicional, de glorificação do Exército brasileiro, até a que se disseminou nos partidos e intelectuais de esquerda, no lado oposto, para os quais a guerra se resumiu a uma manobra do imperialismo britânico para sufocar o desenvolvimento autônomo da economia paraguaia. Leia o que escreveu sobre o assunto o historiador Ronaldo Vainfas:

"Desde o final da guerra e durante boa parte do século XX, a historiografia e os manuais didáticos brasileiros tenderam a ver a guerra a partir da ótica dos vencedores, explicando-a, no plano das causas imediatas, como uma reação do Império à agressão paraguaia e, no plano geral, como uma luta da civilização contra a barbárie representada pelo 'tirano' López. [...] No polo oposto, quase 100 anos depois da guerra, divulgou-se a interpretação simplória que resumia a guerra aos interesses imperialistas britânicos, e os países aliados a meros títeres de uma Inglaterra interessada em estrangular o desenvolvimento autônomo do Paraguai. Mas nem a visão detratora do Paraguai nem a vitimizadora resistiram à crítica histórica mais cuidadosa.

A ideia tão difundida de que a Grã-Bretanha tinha interesse na guerra, dela participou indiretamente e com ela lucrou de maneira expressiva parece carecer de provas concretas, conforme sugere o historiador inglês Leslie Bethell no importante ensaio O *imperialismo britânico* e a *Guerra do Paraguai*. Refutando a identificação da Grã-Bretanha como 'bode expiatório' da guerra, e da devastação do Paraguai dela resultante, afirma que a responsabilidade do conflito coube aos países beligerantes, cada qual com sua motivação específica, configurando antes de tudo 'uma guerra civil regional'. [...]"

VAINFAS, Ronaldo (dir.). *Dicionário do Brasil imperial*: 1822-1889. Rio de Janeiro: Objetiva, 2002.

A abolição da escravatura

No bojo das transformações que estavam ocorrendo no Brasil imperial, uma questão desencadeou discussões intermináveis e apaixonadas em toda a sociedade: a **abolição da escravatura**. A discussão para saber se o trabalho escravo poderia ser responsável pelo "atraso" do país, diante das "evoluídas" nações europeias, ocupou jornalistas, escritores e políticos. Sem dúvida, a mancha do escravismo desfigurava a imagem "moderna" e "civilizada" que o Império se preocupava em manter e anulava boa parte de seus esforços para atrair imigrantes europeus.

Na segunda metade do século XIX, a sobrevivência do escravismo não era apenas vista como criminosa e moralmente condenável. Manter escravos tornara-se um luxo dispendioso, o trabalho escravo era cada vez menos rentável.

INSTITUTO DE ESTUDOS BRASILEIROS/IEB-USP

Nas grandes cidades do Império, havia uma ativa imprensa abolicionista. Livre! *Litografia de Ângelo Agostini publicada na* Revista Illustrada, *do Rio de Janeiro, em 1884.*

A transição do trabalho escravo para o trabalho livre representava uma exigência da expansão capitalista. Os ingleses, pioneiros na Revolução Industrial e na luta contra o tráfico negreiro, tinham consciência de que o escravismo era um entrave à expansão dos mercados consumidores de seus produtos, e desde o início do século XIX exerciam forte pressão para pôr fim a esse obstáculo. As pressões externas aliavam-se às pressões internas decorrentes do próprio desenvolvimento urbano. Nas cidades, a contratação de trabalhadores livres se mostrava bem mais lucrativa do que o recurso à mão-de-obra escrava.

As leis abolicionistas

Tudo isso favoreceu a aprovação de uma série de leis que restringiram gradativamente a esfera de ação do escravismo. A primeira, em 1850, foi a Lei Eusébio de Queiroz, que proibiu o tráfico negreiro. Em 1871, a chamada **Lei do Ventre Livre** assegurou a liberdade dos filhos de escravas que nascessem após o início da vigência da lei.

A assinatura da Lei do Ventre Livre amorteceu temporariamente as pressões externas contra a escravidão no Brasil, as quais haviam se tornado mais fortes após a Guerra de Secessão nos Estados Unidos (1861-1865) e a libertação dos escravos naquele país. Em contrapartida, deu novo impulso à campanha abolicionista no Brasil, que conquistou adeptos entre a elite e os elementos das camadas médias urbanas. Em 1880, foi criada a **Sociedade Brasileira contra a Escravidão**, liderada por Joaquim Nabuco e outros abolicionistas. Em 1883, José do Patrocínio e outros militantes fundaram a **Confederação Abolicionista**, unindo diversas associações antiescravistas.

INSTITUTO DE ESTUDOS BRASILEIROS/IEB-USP

Fuga de escravos, *charge de Ângelo Agostini para a* Revista Illustrada, setembro de 1887.

A década de 1880 foi marcada por intensos debates sobre a questão abolicionista, principalmente na imprensa. Na capital do Império, circulavam diversas publicações abolicionistas. Em suas páginas eram abordados todos os assuntos que pudessem contribuir para o avanço da luta contra a escravidão: resumos de conferências, datas e locais de eventos organizados para angariar fundos destinados ao movimento abolicionista, cópias de alforrias e relatos de violências contra os escravos.

A maioria dos líderes abolicionistas conduziu sua campanha dentro da lei e da ordem — o que não os impediu, muitas vezes, de responsabilizar D. Pedro II e seus familiares pela manutenção da escravidão. Os mais devotados, porém, não hesitaram em apoiar fugas e mesmo rebeliões de escravos. Entre os que procediam desse modo estavam José do Patrocínio, Antônio da Silva Jardim — abolicionista e republicano radical — e Luís Gama. Mulato nascido livre, mas vendido como escravo na infância, Luís Gama conseguiu recuperar a liberdade e se tornou jornalista e advogado. Em sua atuação nos tribunais, conseguiu libertar mais de mil escravos.

INSTITUTO MOREIRA SALES, SÃO PAULO

A abolição da escravatura, em 1888, intensificou a migração de ex-escravos do campo para as cidades. Na foto, de Marc Ferrez, vendedor ambulante por volta de 1895.

Se alguns abolicionistas hesitavam em recorrer a métodos clandestinos de luta, os senhores de escravos não vacilaram em contratar capangas para dissolver as reuniões contra a escravidão. Os donos de escravos também reagiram à ação dos abolicionistas por meio de calúnias, difamações, punições e ameaças de morte. Joaquim Nabuco e José do Patrocínio chegaram a sofrer acusações de serem "socialistas" e "anarquistas".

Em 1885, as elites do Império tiveram de fazer novas concessões na tentativa de conter a campanha abolicionista. Foi assinada então a **Lei Saraiva-Cotegipe** ou **Lei dos Sexagenários**, que dava liberdade a todos os escravos com mais de 65 anos. Muitos abolicionistas a acolheram como uma brincadeira de mau gosto. A lei estabelecia que os libertos deveriam trabalhar mais três anos para os ex-senhores, para indenizá-los pelo "prejuízo". Mais ainda, os raros escravos que conseguiam atingir 65 anos já estavam no fim de sua vida produtiva. Assim, a Lei dos Sexagenários desobrigava os proprietários de sustentar os escravos idosos, que já não tinham condição de trabalhar. Devido a todos esses fatores, a Lei Saraiva-Cotegipe não conseguiu conter o ímpeto da campanha abolicionista.

▷ A aprovação da Lei Áurea

Em 1887, o marechal Deodoro da Fonseca, um dos principais líderes do Exército, enviou um documento à princesa Isabel, filha de D. Pedro II, comunicando que os militares se recusariam, dali em diante, a perseguir escravos. No mesmo ano, a Igreja Católica pronunciou-se, pela primeira vez, em favor da abolição.

Finalmente, em 13 de maio de 1888, a princesa Isabel, regente do Império na ausência do pai, que se encontrava na Europa, assinou a **Lei Áurea**, libertando os escravos no Brasil.

Após a abolição, a vida dos negros não sofreu muitas alterações, uma vez que não houve preocupação de integrá-los à sociedade. Alguns ex-escravos plantaram pequenas roças de subsistência. Outros conseguiram empregos precários nas regiões rurais ou então seguiram para as cidades, formando uma mão-de-obra marginalizada. Milhares de negros libertos dirigiram-se para o Rio de Janeiro. Como o mercado de trabalho na região da capital não conseguiu absorver todo o contingente, foi grande o número de desempregados e subempregados. Todos considerados, na época, preguiçosos, malandros e vadios pelas elites. Juízos de valor que em certa medida persistem, numa evidência de que o preconceito é continuamente alimentado por uma situação de inferioridade social. As camadas populares do Brasil estão longe da cidadania plena.

A proclamação da República

A resistência dos setores conservadores do Estado brasileiro à abolição da escravatura fazia sentido. A sobrevivência do Império se entrelaçava à do escravismo, numa imagem invertida da articulação entre os movimentos abolicionista e republicano. Quando os escravos foram libertados, a vitória republicana tornou-se uma questão de tempo.

Inconfidentes, cabanos, farroupilhas, praieiros, todos esses revolucionários foram republicanos. Praticamente todas as mobilizações populares no Brasil a partir da segunda metade do século XVIII tinham um projeto de República. As tropas a serviço da coroa portuguesa, e depois da coroa imperial, conseguiram esmagar esses movimentos. Mas o sonho dos revolucionários republicanos sobreviveu.

Na década de 1860, uma cisão do Partido Liberal criou o **Partido Liberal Radical**. A nova organização reivindicou reformas políticas e econômicas, como a abolição da escravidão, maior autonomia para as províncias e a extinção do Poder Moderador. Na década de 1870, o grupo liberal radical deu origem ao **Partido Republicano**.

Nos últimos anos do Império, as campanhas dos abolicionistas e dos republicanos se reforçavam mutuamente. Mobilizações, comícios e conferências agitaram as ruas do Rio de Janeiro, onde alguns líderes abolicionistas, como Silva Jardim, propunham uma aproximação com os setores populares da sociedade. Outros republicanos procuravam obter o apoio do Exército, temendo não ter forças suficientes para derrubar o regime.

Muitos militares encontravam no **positivismo**, doutrina elaborada pelo francês Auguste Comte, a justificativa teórica para sua convicção de que o Exército deveria ocupar papel de maior destaque na sociedade brasileira. Associadas aos ideais republicanos, essas noções fizeram numerosos adeptos na Escola Militar e nos quartéis. O Exército, que conquistara prestígio depois da Guerra do Paraguai, passou a ocupar no imaginário social a ideia de "salvador da pátria".

ACERVO PREFEITURA MUNICIPAL DE SÃO PAULO

Proclamação da República, *pintura de Benedito Calixto, 1893.*

A propaganda republicana, as críticas à família real e o crescimento do prestígio do Exército incentivaram o Clube Militar, fundado em 1887 e presidido por Deodoro da Fonseca, a conspirar contra a realeza.

O ano de 1889 foi marcado por boatos e conversações sigilosas. Difundiram-se notícias de que o governo estaria disposto a reaparelhar a Guarda Nacional para conter os republicanos, e também a deslocar os militares mais radicais para guarnições em áreas distantes do Rio de Janeiro.

No dia 15 de novembro de 1889, o marechal Deodoro da Fonseca, escolhido para liderar o golpe militar, dissolveu o gabinete imperial e proclamou a República no Brasil. Para que não houvesse dúvidas quanto ao sentido da manifestação das tropas, a "proclamação civil da República" foi feita na Câmara dos Vereadores do Rio de Janeiro pelo abolicionista José do Patrocínio, com apoio de membros do Partido Republicano. As camadas populares não participaram da derrubada do imperador. Indo ainda mais longe, Aristides Lobo, ministro do Interior do governo provisório de Deodoro da Fonseca, comentou: "o povo assistiu bestializado".

"Longe de corresponder às aspirações populares, a república não passaria de um mero golpe militar. A prova da escassa receptividade à ideia republicana pretende-se encontrá-la no insignificante número de pessoas inscritas no Partido Republicano e na sua escassa penetração nos meios parlamentares. A proclamação da República teria sido facilitada pelo desprestígio que recaía sobre a Monarquia, em virtude das críticas que os próprios monarquistas lhe dirigiam."

COSTA, Emília Viotti da. *Da Monarquia à República*: momentos decisivos. São Paulo: Brasiliense, 1985.

TEXTO COMPLEMENTAR

Sem raízes e sem medo

Arrancados de suas famílias e levados para outras regiões do Brasil, os escravos resistiram e, por meio de fugas maciças e insubordinação, criaram um ambiente favorável à abolição.

"Quem aboliu a escravidão? Não foi a princesa Isabel, que apenas sancionou a lei aprovada pelo Congresso. Mas por que o Congresso aprovou tal lei? Porque, por mais estranho que possa parecer, os próprios donos de escravos assim o reivindicaram quando se sentiram esmagados pela resistência dos cativos nas províncias de São Paulo e do Rio de Janeiro. Em 1887 e primórdios de 1888, uma fuga maciça de escravos tomou as autoridades de surpresa, pois foram incapazes de conter o grande fluxo de fugitivos. Inicialmente, os escravos fugiam às escondidas, mas logo começaram a fazê-lo às claras e chegaram algumas vezes a enfrentar as autoridades com armas de fogo. [...] Quando o exército foi chamado para ajudar a manter a ordem, seus líderes com desprezo declararam que não desejavam se encarregar 'da captura de pobres negros que fogem da escravidão'.

Diante de um fato consumado, o Congresso, precipitado, votou a lei que aboliu a escravidão em maio de 1888. [...] O barão de Cotegipe, a favor da escravidão, exclamou indignado: 'Para que uma Lei da Abolição? De fato está feita – e revolucionariamente'. [...]

O tráfico de escravos entre as províncias é um tema crucial se quisermos entender o processo que levou à abolição. Nas décadas de 1850 e 1860, depois do término do tráfico com a África, o número de cativos que vieram do Nordeste para as plantações do Sul atingiu 5 a 6 mil por ano. Este número dobrou na década seguinte, quando os preços do algodão e do açúcar caíram precipitadamente e o do café disparou. [...]

As experiências dos cativos envolvidos no tráfico interno nunca foram boas. Muitos caminharam longas distâncias até os portos do Nordeste para serem embarcados para o Sul. Depois, marcharam do Rio de Janeiro ou de Santos para as fazendas de café. Eles eram muito maltratados pelos negociantes que os recebiam. [...]

Jovens, na sua maioria homens, arrancados de seu lugar de origem, privados das influências moderadoras exercidas por parentes, os transportados provavelmente estavam cheios de raiva, prontos a explodir. Homens sozinhos sempre têm menos a perder do que os que têm esposas e filhos. Os escravos recém-chegados eram mais rebeldes do que os outros, sendo uma fonte de 'desordem e perturbação', como bem colocou o abolicionista Joaquim Nabuco (1849-1910). Os senhores que compraram tais escravos sentiam a intranquilidade entre eles. [...]

Os últimos anos da escravidão testemunharam um grande número de assassinatos de senhores e feitores nas regiões do café. Como consequência, os proprietários de escravos se tornaram cada vez mais temerosos. [...]

Viessem da cidade, das roças ou da pequena plantação, fossem transferidos de longe ou de perto, as terríveis condições da escravidão se tornaram cada vez mais visíveis, tanto para o escravo como para o livre. O deslocamento provocado pelo tráfico interno submeteu o sistema escravista a uma perigosa reviravolta."

GRAHAM, Richard. Sem raízes e sem medo. In: Revista *Nossa História*. São Paulo: Vera Cruz; Rio de Janeiro: Biblioteca Nacional. Ano 2, n. 24, out. 2005.

Compreendendo o texto

1. De acordo com o texto, quem aboliu a escravidão no Brasil?

2. Quais foram as consequências do estabelecimento do tráfico interno de escravos?

3. Retire do texto elementos que caracterizem a situação dos proprietários do Sul diante da escravidão.

ATIVIDADES

Explorando o conhecimento

1 Os problemas econômicos, sociais e políticos de Pernambuco presentes em 1817 e 1824 vão repetir-se em 1848, numa nova guerra civil, a Rebelião Praieira. O texto a seguir reflete a análise de um político experiente do Império.

Ódio ao monopólio

"O povo acreditava ter dois inimigos que o impediram de ganhar a vida e adquirir algum bem-estar: esses inimigos eram os portugueses, que monopolizavam o comércio nas cidades, e os senhores de engenho, que monopolizavam a terra no interior."

ARAÚJO, Joaquim A. B. Nabuco. *Um estadista do Império.* São Paulo: Nacional, 1936.

a) Identifique os grupos sociais que constituíam os inimigos do povo, de acordo com o trecho acima, e explique qual deles era especialmente visado pelas propostas da Rebelião Praieira.

b) Considerando o texto e o conteúdo estudado no capítulo, explique os problemas sociais e econômicos das províncias nordestinas, em especial Pernambuco, no século XIX.

2 Observe a tabela a seguir.

NÚMERO DE ESCRAVOS IMPORTADOS PELO BRASIL	
1845	19.453
1846	50.325
1847	56.172
1848	60.000
1849	54.000
1850	23.000
1851	3.278
1852	700

CALÓGERAS, J. P. *Formação histórica do Brasil.* São Paulo: Nacional, 1957.

a) A que fato político do Segundo Reinado a tabela se refere?

b) Que mudança os dados da tabela revelam?

c) Explique a interferência inglesa no processo que desembocou no fato histórico em questão.

3 O período de 1850 a 1870 foi caracterizado por relativa estabilidade política e social. A respeito dessa situação, considere o organograma na página 475 e explique:

a) Qual o papel do imperador na organização dos poderes executivo, legislativo e judiciário?

b) Compare o modelo parlamentarista brasileiro do Segundo Reinado com o britânico e discuta qual dos dois sistemas é mais representativo da vontade popular.

c) Caracterize os partidos políticos do período, em relação à sua base social.

4 Considere o depoimento a seguir, da autobiografia do Barão (e Visconde) de Mauá.

Consequência empresarial da Lei Eusébio de Queiroz

"Reunir os capitais, que se viam repentinamente deslocados do ilícito comércio, e fazê-los convergir a um centro donde pudessem ir alimentar as forças produtivas do país foi o pensamento que me surgiu na mente ao ter certeza de que aquele fato era irrevogável."

MAUÁ, Visconde de (Irineu Evangelista dos Santos). *Autobiografia.* Rio de Janeiro: Zélio Valverde, 1943.

a) A que fato irrevogável o texto se refere?

b) Na visão de Mauá, que efeito esse fato traria para o desenvolvimento do país?

c) O que há de comum entre o texto do Visconde de Mauá e a tabela da questão 2?

d) Identifique as contradições socioeconômicas do Brasil que contribuíram para o fracasso dos projetos industriais do Barão (Visconde) de Mauá.

5 Leia, no texto a seguir, o depoimento de um fazendeiro de café em 1847.

Razões de uma opção escravista

"[...] Abundância de braços cativos e o imenso terreno por cultivar esquivam o trabalhador livre do cultivo dos nossos campos. Vê-se, por experiência própria, que um colono, a quem vamos a bordo de um barco pagar a passagem, mal se sujeita a indenizar seu amo, retirando-se ou evadindo-se muitas vezes sem ter cumprido seu contrato, mas por quê? Por achar ele quem muitas vezes gratuitamente lhe oferta um pedaço de terra para trabalhar por sua conta, ou o inquieta com esperança de maior ganho. [...]"

WERNECK, Francisco P. de Lacerda (Barão de Pati do Alferes). Memória sobre a fundação de uma fazenda na província do Rio de Janeiro. In: MARTINS, Ana Luiza. *O império do café*: a grande lavoura no Brasil: 1850-1890. São Paulo: Atual, 1990.

a) Identifique a reclamação feita pelo fazendeiro e as causas que ele aponta para explicar o problema.

b) Explique a Lei de Terras de 1850 como uma resposta aos receios da aristocracia agrária, relacionando-a ao conteúdo desse texto.

c) Caracterize as novas formas de relação de trabalho surgidas com a expansão cafeeira.

6 A respeito dos dados mostrados na tabela a seguir, responda.

EXPORTAÇÕES DE CAFÉ (MILHARES DE SACAS DE 60 KG)	
1831/1840	10.430
1841/1850	18.367
1851/1860	27.339
1861/1870	29.103
1871/1880	32.509
1881/1890	51.631

PRADO Jr., Caio. *História econômica do Brasil.* São Paulo: Brasiliense, 1956.

a) Que fenômeno importante da economia brasileira do Império a tabela apresenta?

b) Comente o impacto provocado por esse fenômeno:

- para o meio ambiente nas áreas onde ele se desenvolveu.
- para as finanças do Segundo Reinado.

7 Leia o texto a seguir.

A formação social do Exército brasileiro

"A nobreza ia para a guerra comandando: os nobres formavam a maioria dos oficiais. [...] Outro meio de conseguir soldados foi criar o corpo de 'Voluntários da Pátria'. Os voluntários, porém, formados pela burguesia, principalmente, com aspiração à nobreza ou já chegando até ela através da compra de títulos nobiliárquicos, safavam-se facilmente do problema: podiam mandar em seu lugar negros escravos, que automaticamente se tornavam forros ao entrarem para o Exército. [...]"

CHIAVENATTO, J. J. *Genocídio americano*: a Guerra do Paraguai. São Paulo: Brasiliense, 1979.

a) Explique, com base nesse texto, o papel do Exército no contexto do movimento abolicionista.

b) A partir do que você estudou, comente o papel da Guerra do Paraguai no fortalecimento do Exército brasileiro durante o Segundo Reinado.

8 A pintura de Benedito Calixto, na página 489, representa a visão do artista sobre a proclamação da República. Sobre ela responda.

a) Que setor da sociedade aparece como protagonista desse acontecimento?

b) A pintura do artista condiz com o que você estudou neste capítulo? Por quê? Que mudanças você faria na pintura?

A HISTÓRIA E O TEMPO PRESENTE

9 É comum aparecerem na imprensa informações a respeito da economia brasileira, como a notícia a seguir.

Superávit no ano já ultrapassa os 16 bilhões de dólares

"A balança comercial registrou *superávit* – saldo positivo entre as exportações e as importações – de US$ 668 milhões na primeira semana de junho e acumula um saldo positivo de US$ 16,314 bilhões no ano, volume 37,9% superior ao de igual período de 2004."

Folha de S.Paulo. São Paulo, 7 jun. 2005.

a) Pesquise quais são os principais produtos de exportação do Brasil atual, estabelecendo diferenças e semelhanças com a pauta de exportações do Brasil durante o Segundo Reinado.

b) Considerando o que você estudou sobre a economia cafeeira, indique qual a repercussão econômica de uma balança comercial positiva:

- para os setores exportadores.
- para o desenvolvimento econômico do país.
- para a sociedade como um todo.

c) Ao final, debata com os colegas a seguinte questão: a existência de uma balança comercial favorável implica necessariamente a melhoria das condições de vida da população? Por quê?

10 Leia o texto a seguir e analise o mapa.

Heranças quilombolas

Durante todo o período em que o trabalho escravo foi praticado no Brasil, os africanos escravizados promoveram várias formas de resistência ao regime forçado. A formação de quilombos destacou-se como o método de luta mais organizado e ameaçador para a estrutura escravocrata. Particularmente nas três últimas décadas de escravidão, os quilombos se proliferaram pelo país, no campo e nas áreas urbanas, muitos deles contestando diretamente a legitimidade da ordem escravista, tornando-se referência para as fugas coletivas de escravos das fazendas e estabelecendo relações com os grupos abolicionistas. O quilombo do Jabaquara, em Santos, na província de São Paulo, chegou a reunir 10 mil escravos fugidos e teve papel decisivo no movimento abolicionista que levou à abolição da escravatura em 1888.

Hoje, passados 120 anos do fim da escravidão, existem em quase todo o Brasil comunidades remanescentes de antigos quilombos. De acordo com a Constituição, essas comunidades têm direito às terras que tradicionalmente ocupam. No entanto, apesar de muitas comunidades já terem sido identificadas, várias delas ainda não foram reconhecidas, o que facilita a ação de empresas interessadas em explorar os recursos naturais existentes nas terras. Veja no mapa onde se localizam as principais comunidades de antigos quilombolas.

COMUNIDADES REMANESCENTES DE QUILOMBOS

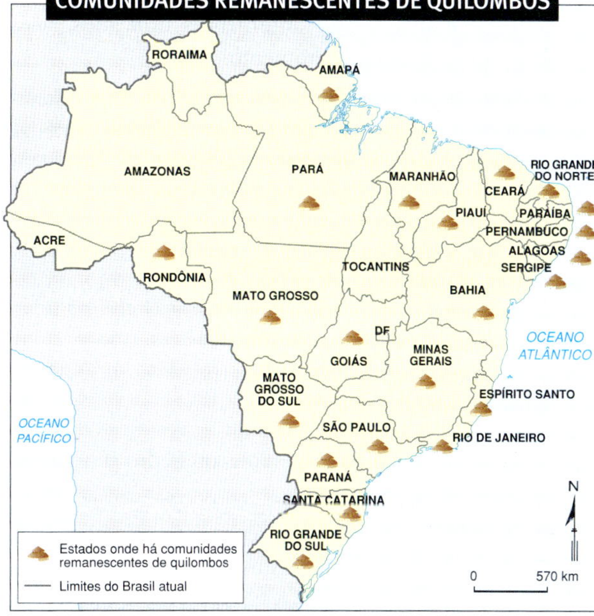

Fonte: Fundação Cultural Palmares e Instituto Nacional de Colonização e Reforma Agrária, 2004.

a) Observando o mapa, a que conclusão você chega a respeito da importância do trabalho escravo na história do Brasil?

b) Em grupo, escolham uma comunidade remanescente de antigos quilombos e façam uma pesquisa sobre ela, seguindo o roteiro proposto:

- Local e nome da comunidade.
- A história do quilombo que deu origem à comunidade.
- Como vivem hoje os descendentes: atividades que desenvolvem para a sobrevivência, sistema educacional, práticas religiosas, ameaças que enfrentam de grupos externos, etc.

c) Organizem as informações num cartaz, ilustrem com fotos, desenhos e mapas e afixem no painel da sala.

Uma excelente fonte de pesquisa para este trabalho é o *site* da Fundação Cultural Palmares (www.palmares.gov.br).

Vestibular / ENEM

1 (Unicamp-SP)

"Meu pai era um gigante, caçador de léguas,
um feroz domador de onças pretas,
terror do mato, assombração das borboletas...
... Hoje sou gente grande.
Sou um comissário de café. Tenho viadutos encantados.
Minha cidade é esse tumulto colorido que aí passa
levando as fábricas pelas rédeas pretas de fumaça!"

Cassiano Ricardo, poesia Brasil-Menino, em *Martim Cererê*, 1928.

a) A partir do texto, explique o processo econômico que propiciou o desenvolvimento urbano de São Paulo.

b) De que maneira o passado e o presente de São Paulo se fundem nesses versos?

2 (UFMG) Identifique os três segmentos sociais que expressam a dinâmica da economia brasileira no século XIX.

Escolha dois desses segmentos.

Indique a atividade econômica à qual cada um deles está vinculado e a região onde essa atividade se desenvolve.

3 (PUC-SP) A campanha abolicionista constitui uma dimensão importante para a compreensão do processo de abolição da escravidão no Brasil. Lendo com atenção o texto de Joaquim Nabuco, abaixo transcrito, destaque e analise dois argumentos utilizados pelos abolicionistas naquele momento.

"Porque a escravidão, assim como arruína economicamente o país, impossibilita o seu progresso material, corrompe-lhe o caráter, desmoraliza-lhe os elementos constitutivos, ... desvia os capitais de seu curso natural, afasta as máquinas, excita o ódio entre as classes, produz uma aparência ilusória de ordem..."

Joaquim Nabuco. *O abolicionismo.* Petrópolis: Vozes, 1988. p. 123-4.

4 (Mackenzie-SP)

O Golpe da Maioridade que colocou Pedro II no trono em 1840 representou:

a) o enfraquecimento do regime monárquico e o crescimento do republicano.

b) o declínio da aristocracia rural, já que o novo governo não apoiava a manutenção de seus privilégios.

c) o fortalecimento da democracia, fato comprovado na primeira eleição do Segundo Reinado, a "eleição do cacete".

d) a vitória dos liberais, que retornaram ao governo, convidados para formar o primeiro ministério do Segundo Reinado.

e) a ascensão dos conservadores, afastados do poder desde o avanço liberal.

5 (UFRJ)

"Ora, dizei-se: não é isto uma farsa? Não é isto um verdadeiro absolutismo, no estado em que se acham as eleições no nosso país? [...] O Poder Moderador pode chamar a quem quiser para organizar ministérios; esta pessoa faz a eleição porque há de fazê-la; esta eleição faz a maioria. Eis, aí está o sistema representativo do nosso país!"

Nabuco de Araújo, discurso ao Senado (17 de julho de 1868), citado no Manifesto Republicano de 1870.

Tido como ponto de partida para o movimento de 15 de novembro de 1889, o Manifesto, em sua crítica ao funcionamento das instituições políticas do Império, questiona o Poder Moderador e o sistema parlamentar vigentes na época.

a) Aponte o responsável pelo exercício do Poder Moderador, segundo a Constituição de 1824.

b) Explique, a partir do texto, o porquê de diversos historiadores considerarem o sistema parlamentar brasileiro, de então, um "parlamentarismo às avessas".

6 (Vunesp) Entre 1864 e 1870, a chamada Tríplice Aliança enfrentou o Paraguai em um conflito que ficou conhecido como Grande Guerra ou Guerra do Paraguai.

a) Quais os países que formavam a Tríplice Aliança?

b) Como se deu o início do conflito entre o Brasil e o Paraguai?

7 (Vunesp) O texto seguinte se refere a um esforço de implantação de fábricas no Brasil em meados do século XIX:

"Não se pode dizer [...] que tenha havido falta de proteção depois de 1844. Nem é lícito considerar reduzido seu nível [...] Não se está autorizado, portanto, a atribuir o bloqueio da industrialização à carência de proteção. O verdadeiro problema começa aí: há que explicar por que o nível de proteção, que jamais foi baixo, revelou-se insuficiente."

MELLO, J. M. Cardoso de. *O capitalismo tardio.* São Paulo: Brasiliense, 1982.

a) Qual foi a novidade da Tarifa Alves Branco (1844), comparando-a com os tratados assinados com a Inglaterra em 1810?

b) Indique duas razões do "bloqueio da industrialização" ao qual se refere o autor.

8 (UFMG) Considerando-se as relações entre a conjuntura econômica e o sistema de transporte brasileiro no século XIX, é **correto** afirmar que

a) o surgimento de uma extensa rede viária destinada ao escoamento da produção industrial foi possível, fundamentalmente, a partir do investimento público capitaneado pelo Banco do Brasil.

b) as principais rotas do sistema de circulação então criadas subsistem até os dias de hoje, notadamente no que respeita às autoestradas, que começaram a surgir no fim do século, para atender à crescente produção de automóveis.

c) as principais vias de transporte criadas à época se situaram nas áreas que hoje se situam na Região Sudeste, atendendo às demandas crescentes da cafeicultura, sendo os investimentos oriundos, em grande parte, de capital estrangeiro.

d) o comércio do açúcar, reabilitado após a crise da mineração, estimulou o surgimento de inúmeras autovias e ferrovias, construídas com capital nacional e que se concentravam na região da mata nordestina.

9 (UFRGS-RS) Sobre a legislação abolicionista do tráfico e da escravidão no Brasil do século XIX, pode-se afirmar que

a) a Lei de 1831 extinguiu definitivamente o tráfico de escravos ao sul da linha do Equador, sendo o primeiro grande baque no sistema escravista brasileiro.

b) a Lei Alves Branco permitia que embarcações inglesas inspecionassem navios negreiros brasileiros, confiscando seus "carregamentos" de cativos, que seriam devolvidos ao continente africano.

c) a Lei do Ventre Livre representou um avanço na legislação abolicionista, visto que dificultou a reprodução endógena do sistema escravista.

d) a Lei dos Sexagenários beneficiou a maioria da população escrava brasileira, pois os anciãos foram considerados libertos.

e) a Lei Áurea, assinada por Pedro II, extinguiu definitivamente a escravidão no Brasil, resguardando os direitos dos proprietários de cativos, que foram devidamente indenizados pelo Estado.

10 (Unicamp-SP) Tanto nos Estados Unidos como no Brasil, a política rural estava ligada a uma certa concepção de trabalho. Mas, enquanto a Lei Brasileira de 1850 dificultava a obtenção de terra pelo trabalhador livre, o *Homestead Act* de 1862, nos Estados Unidos, doava terra a todos os que desejassem nela se instalar.

Adaptado de Emília Viotti da Costa. *Da Monarquia à República*: momentos decisivos. São Paulo: Brasiliense, 1985.

a) Compare as políticas de acesso à terra nos Estados Unidos e no Brasil na segunda metade do século XIX, mostrando no que diferem.

b) Qual o impacto dessas políticas para o desenvolvimento agrícola e industrial no Brasil e nos Estados Unidos?

Ampliando o conhecimento

Leituras

GRAÇA FILHO, Afonso de Alencastro e LIBBY, Douglas Cole. *A economia do Império Brasileiro.* São Paulo: Atual, 2005.
Os autores traçaram um panorama da economia durante o período imperial, mostrando que ela foi movida por outras atividades além do café. A diversidade de atividades econômicas permitiu a existência de uma mão-de-obra livre, remunerada ou não.

FURTADO, Joaci Pereira. *A Guerra do Paraguai.* São Paulo: Formato, 2000.
A obra discute os fatores e consequências da guerra e analisa os interesses geopolíticos envolvidos.

Filmes

Mauá: o imperador e o rei

Direção de Sérgio Rezende. Brasil, 2001.138 min.
O filme narra a trajetória de sucesso e fracasso do Barão de Mauá, um caso raro de empreendedor industrial no Segundo Reinado.

Netto perde sua alma

Direção de Beto Souza e Tabajara Ruas. Brasil, 2001. 102 min.
O general brasileiro Antônio de Souza Netto, ferido na Guerra do Paraguai, recupera-se no Hospital Militar de Corrientes, Argentina. Lá ele reencontra o sargento Caldeira, ex-escravo com quem lutou na Guerra dos Farrapos, algumas décadas antes. Netto e Caldeira rememoram suas participações nas guerras e o encontro com Milonga, jovem escravo que se alistara no Corpo de Lanceiros Negros.

Sites

Fundação Joaquim Nabuco

<www.fundaj.gov.br>
O *site* possui um acervo digital com publicações e cartas do abolicionista Joaquim Nabuco.

Memorial do Imigrante

<www.memorialdoimigrante.sp.gov.br>
O Memorial do Imigrante, na cidade de São Paulo, foi criado no prédio que serviu como hospedaria para os imigrantes que vinham para São Paulo entre o fim do século XIX e meados do XX. O *site* possui um amplo acervo sobre a cultura imigrante trazida para o nosso país.

Capítulo 37 Os países hispano-americanos no início do século XX

Pintura e revolução

MUSEU DE ARTE MODERNA DE NOVA YORK

Zapatistas, *óleo sobre tela de José Clemente Orozco, 1931.*

A pintura representa um dos grupos mais respeitados da história dos movimentos sociais latino-americanos: os zapatistas. Seu líder, Emiliano Zapata, um dos mentores da Revolução Mexicana, lutou a favor do reconhecimento dos direitos dos indígenas e em defesa da reforma agrária.

A Revolução Mexicana de 1910 coincidiu com um importante momento político da história da América, marcado, em diversas regiões, por manifestações de repúdio contra os governos autoritários vigentes.

Organização socioeconômica após a independência

As elites coloniais estavam vinculadas ao mundo dos negócios estrangeiros e lutavam pela preservação de seus privilégios políticos e econômicos. Após a independência política, os novos Estados latino-americanos, importadores assíduos dos manufaturados ingleses, assumiram dívidas exorbitantes, ao passo que os comerciantes de Londres enriqueceram com o vultoso comércio de matérias-primas, metais preciosos, ferro e produtos como trigo, que abasteciam as populações das cidades em processo de crescimento. Tudo isso com a conivência das elites de cada país.

Assim, durante todo o século XIX, a Inglaterra preservou sua posição de destaque como exportadora para a América Latina, além de ser o principal mercado consumidor dos produtos latino-americanos.

COLEÇÃO PARTICULAR

Ilustração da obra História do Chile, *de Claudio Gay, representando índios araucanos, século XIX. Nos novos países que se formaram na América hispânica após a independência, os indígenas continuaram vítimas da exclusão política e econômica.*

Na segunda metade do século XIX, a Inglaterra perdeu gradativamente o quase-monopólio comercial conquistado no período das guerras de independência. Sua supremacia estava ameaçada pela concorrência dos Estados Unidos: apoiados numa eficiente marinha mercante, os norte-americanos implantaram um sistema de comércio e navegação mais ágil do que o modelo inglês. Ocorreu também uma intensificação das relações comerciais entre os países da América com a França, os Estados alemães e as antigas metrópoles.

No período compreendido entre as guerras napoleônicas e a Primeira Guerra Mundial, a economia mundial cresceu assustadoramente, sendo o comércio uma das atividades mais beneficiadas. Se, por um lado, o processo de industrialização dos países europeus atingiu cifras consideráveis, por outro observou-se, nos países exportadores de produtos primários, a exemplo dos latino-americanos, acentuado crescimento das exportações.

A emancipação política da América Latina trouxe efeitos benéficos para os grandes exportadores de produtos primários que controlavam a economia da região. Os proprietários de terras implementaram mudanças significativas na organização dos seus latifúndios, como a adoção de novas técnicas pro-

A AMÉRICA LATINA E A NOVA DIVISÃO INTERNACIONAL DO TRABALHO (INÍCIO DO SÉCULO XX)

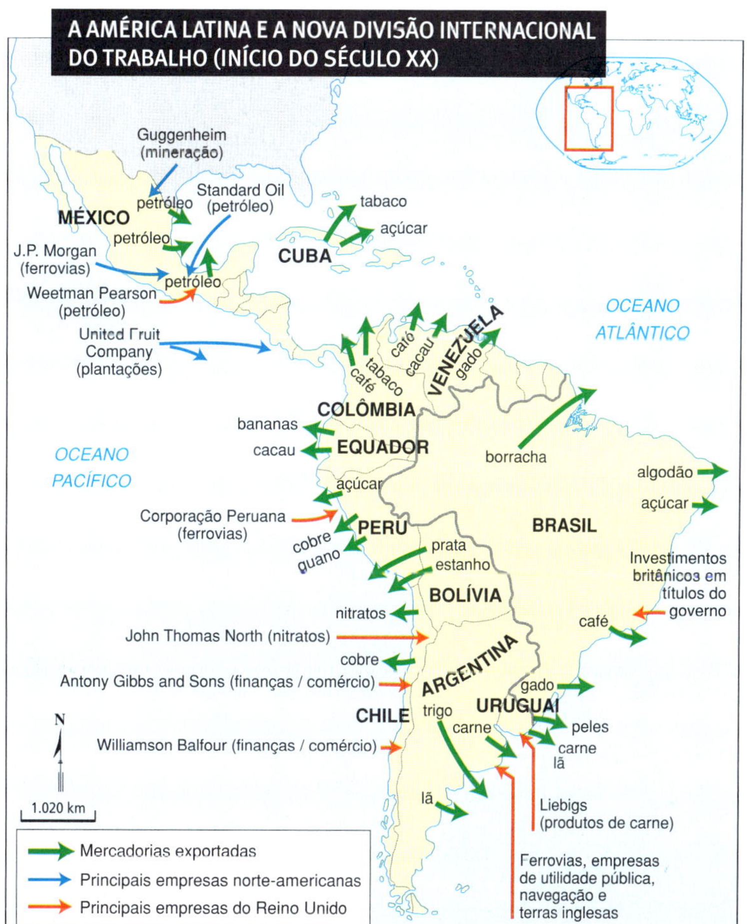

Fonte: *Atlas da história do mundo*. São Paulo: Publifolha; Times, 1995.

dutivas. Entretanto, conservaram quase intacta sua mentalidade tradicionalista no tocante ao sistema de valores e concepção política, defendendo a ordem social marcada pela desigualdade. O comprometimento econômico com o mercado internacional acabou por excluir uma massa populacional que vivia à margem da sociedade, submetida às decisões da elite agrária.

A concentração de terras nas mãos da minoria favoreceu a cristalização de uma aristocracia que detinha não só o poder econômico, mas também o político e o cultural. O aprimoramento intelectual era um privilégio das camadas abastadas, que, portanto, se viam como as "únicas capazes" de dirigir politicamente o Estado, dentro da filosofia liberal latino-americana.

A permanência de relações sociais da época colonial

No mundo do trabalho, sobreviveram características das relações surgidas no período colonial, o que representou um obstáculo ao completo desenvolvimento do sistema capitalista na América. O trabalho compulsório foi mantido por muito tempo em diversas áreas produtoras, gerando muita violência nas lutas sociais, especialmente porque os senhores se apossavam de parte do montante produzido pelos camponeses. A ideologia antiescravista divulgada pelos defensores do liberalismo, na Europa, demorou a ecoar nas economias latino-americanas, e mais ainda em Cuba e no Brasil, que só se decidiram pela abolição em 1886 e 1888, respectivamente.

As camadas médias da sociedade, formadas por funcionários públicos, profissionais liberais e militares, entre outros, não conseguiram organizar-se de maneira satisfatória nesse primeiro momento, permanecendo dispersas e desprotegidas juridicamente.

"[No México], durante a árdua luta anticolonial de 1810 a 1821, as propriedades agropecuárias foram devastadas mas não loteadas, e a decisão da elite mexicana em pôr fim aos controles espanhóis eliminou qualquer possibilidade de reforma agrária [...]. A legislação republicana do México ao longo do século XIX transformou propriedades religiosas, terras públicas e comunidades indígenas em vastas extensões de terras de propriedade privada em escala muito ampla."

STEIN, Stanley e STEIN, Barbara. *A herança colonial da América Latina*: ensaios de dependência econômica. Rio de Janeiro: Paz e Terra, 1977.

E os indígenas continuaram marginalizados. As terras antes pertencentes aos ameríndios foram pouco a pouco absorvidas por indivíduos que pretendiam aumentar a produção destinada ao mercado internacional. Rebeliões sangrentas motivadas pela disputa de terras marcaram as relações entre índios e brancos no século XIX.

Modernização e exclusão

A evolução dos países latino-americanos após a independência variou em razão de diversos fatores, entre eles a composição étnica muito diversificada. No Peru, na Bolívia, na Guatemala e no Equador havia uma significativa parcela da população indígena que não fora totalmente assimilada à cultura hispânica dominante. Em outras regiões, os mestiços eram maioria, e quase toda a população estava cultural-

Os limites do liberalismo latino-americano

"No campo da política nas décadas de 1820 e 30, são os liberais que se detêm a pensar, de forma mais consciente, a questão da democracia, associada, nos textos clássicos europeus, à ideia de soberania popular. [...]

A defesa da limitação dos direitos políticos passa por uma perspectiva iluminista e elitista própria dos liberais do século XIX, tanto na América Latina, quanto na Europa. [...]

Segundo José Maria Luis Mora (importante escritor mexicano do século XIX), alguns dos maiores males da República — caos político, desordem social, lutas intestinas — tinham sido causados pela 'perigosa e funesta' palavra 'igualdade'. Os excessos da teoria igualitária da democracia podiam ser medidos pela escandalosa profusão com que se prodigalizaram direitos políticos, tornando-os extensivos e comuns até as últimas classes da sociedade. [...]

Para se precaver de todos esses males, Mora prescrevia a limitação da participação política popular e determinava que o Congresso fixasse 'as condições para exercer o direito de cidadania em toda a República e que por elas ficassem excluídos de seu exercício todos os que não pudessem inspirar confiança alguma, isto é, os não proprietários'."

PRADO, Maria Ligia Coelho. *América Latina no século XIX*: tramas, telas e textos. São Paulo: Edusp, 1999.

Gravura de Philip de Bay representando o centro da cidade de Buenos Aires, entre 1832 e 1834.

mente integrada à sociedade espanhola. Essas diferenças exerciam influência direta sobre a atuação política. Assim, nas sociedades em que as camadas mais pobres eram compostas por indivíduos culturalmente muito diferentes da elite hispânica, praticamente não existia a possibilidade de os setores populares se envolverem ativamente na política.

▷ Os obstáculos à implantação da democracia

Desde a conquista de sua independência política, os Estados latino-americanos estiveram sob o estigma de governos autoritários. A imaturidade, a inexperiência e, por que não dizer, a falta de competência dos governantes escondiam-se por detrás de métodos autoritários de administração pública, gerando instabilidade política.

Um sistema em moldes democráticos era cerceado pelas condições sociais, responsáveis por uma rígida estratificação. Seria quase uma ironia implantar um governo baseado no respeito aos direitos individuais, na igualdade e na liberdade, embora esses direitos estivessem inscritos nas várias Constituições elaboradas no momento da formação dos Estados.

A postura das elites latino-americanas, que sempre transpuseram as leis em benefício próprio, acabou desencadeando reações populares que levaram ao fortalecimento do Executivo e, consequentemente, à implantação de ditaduras militares ao longo dos séculos XIX e XX. Essas ditaduras foram apoiadas por **caudilhos**, líderes político-sociais que comandavam o poder local e rural (semelhantes ao coronel brasileiro, presente na República oligárquica). A montagem do Estado oligárquico nas ex-colônias espanholas da América percorreu, na maioria das vezes, processos parecidos com a formação do Estado brasileiro.

Caudilhismo

"O caudilhismo surgiu na América Latina por volta de 1820, em decorrência da passagem inesperada e brusca do regime colonial para a independência. As novas instituições políticas inspiraram-se no pensamento teórico e nas formas de governo republicanos, sobretudo dos Estados Unidos. As primeiras constituições latino-americanas pretenderam adotar regras adequadas a condições históricas diferentes, que encontraram sérios obstáculos para ser posta em prática. Sucederam-se frequentes golpes e revoluções, geradores de reformas constitucionais fictícias, feitas apenas para legitimar anormalidades políticas vigorantes.

O caudilhismo latino-americano deveu-se fundamentalmente à incompatibilidade entre a democracia representativa, ainda incipiente, e a estrutura oligárquica das sociedades locais. A interposição de novos órgãos de governo — poder legislativo federal, estadual e municipal, nas repúblicas federativas; governadores e prefeitos eleitos ou designados pelo poder central — entre a vida municipal e estadual e a vida nacional acirrou os conflitos entre grupos oligárquicos locais e regionais, antes circunscritos a suas localidades de origem. Deu margem, além disso, a que aventureiros estranhos às oligarquias, mas com aspirações de mando, se valessem de sua popularidade pessoal para a conquista do poder.

A depressão econômica que se seguiu às lutas de independência teve influência decisiva para a expansão do caudilhismo, que no entanto não desenvolveu um corpo ideológico compatível com seu peso político. Assim, o federalismo propugnado por Juan Manuel de Rosas, na Argentina, representou os interesses dos proprietários rurais de manter seus privilégios, enquanto outros líderes, como Carlos Antonio López, no Paraguai, e Antonio Guzmán Blanco, na Venezuela, professavam ideias liberais e esclarecidas. O declínio do caudilhismo deu-se nas primeiras décadas do século XX com o influxo da imigração europeia, a industrialização, a reforma eleitoral e a profissionalização do exército. Esse último fato, no entanto, favoreceu a implantação de ditaduras militares em pleno século XX, como ocorreu no Brasil, Argentina, Bolívia, Uruguai, Chile, Haiti e Peru."

Encyclopaedia Britannica do Brasil. São Paulo: Melhoramentos, 1976.

▷ O desenvolvimento da indústria e da classe burguesa

A crise do modelo político oligárquico coincidiu com o surgimento da burguesia industrial latino-americana, no final do século XIX. A incipiente e frágil classe industrial, tencionando garantir alguns requisitos necessários ao desenvolvimento fabril, passou a reivindicar uma parceria no poder público. Apesar de não simbolizar uma ameaça aos grandes proprietários, apresentou propostas com o objetivo de modernizar o Estado oligárquico.

O surgimento da indústria também trouxe novos atores para o cenário social latino-americano: **o proletariado**, que até a segunda década do século XX era composto essencialmente por imigrantes, no Brasil, Chile, Argentina e Uruguai, e por indígenas e mestiços que haviam abandonado o campo, na América andina. O êxodo rural, motivado principalmente pela industrialização, abalou as estruturas agrárias. Os grupos médios, então fortalecidos, contribuíram para a desarticulação do Estado oligárquico, pois financiaram a urbanização, o crescimento do setor terciário (por exemplo, da área de construção civil), a formação de profissionais liberais e a fundação de bancos, além de outras atividades urbanas.

A modernização que assinalou o fim do século XIX e o início do século XX abriu espaço para o surgimento das leis trabalhistas, para as reivindicações sociais dos trabalhadores e para inúmeros conflitos que tinham como bandeira a busca de liberdade. Estes apresentaram diferentes motivações e origens, sendo ora deflagrados por grupos indígenas, ora liderados por grupos médios. O descontentamento com a crescente desigualdade social era cada vez maior, atingindo diferentes setores populares e exprimindo-se por meio de greves operárias, manifestações urbanas — nas quais uma elite intelectual pregava a revolução como instrumento de superação dos problemas sociais — e nos levantes camponeses, como os que ocorreram no México a partir de 1910.

▶ A Revolução Mexicana de 1910

Entre a conquista da independência política em 1821 e a Revolução de 1910, a história do México foi marcada pela instabilidade política e por ditaduras militares atreladas ao capital externo. As condições sociais eram precárias e as sucessivas intervenções estrangeiras causavam vários distúrbios na política e na economia do país.

Os motivos que levaram ao movimento revolucionário podem ser entendidos como resultados das frustrações acumuladas pela sociedade mexicana, até hoje marcada pelo abismo entre pobres e ricos.

▷ Da luta política à revolução social

De 1876 a 1911, o México esteve sob o governo do ditador Porfirio Díaz. Seu apoio político vinha das classes abastadas: basicamente, dos latifundiários, com os quais era conivente na questão da concentração de terras, e também dos grupos favorecidos pela facilitação à entrada do capital estrangeiro para explorar os recursos minerais e produtos de exportação. Enquanto isso, dentre os 15 milhões de pessoas que formavam a população mexicana, quase 70% (aproximadamente 11 milhões de pessoas) eram analfabetas.

As brechas do regime de Díaz assumiram particular relevância nos estados setentrionais do México, onde a população indígena, totalmente excluída da economia nacional, sobrevivia dentro de um sistema econômico baseado na dependência dos senhores de terras.

No início do século XX, um incipiente movimento contrário ao porfirismo começou a ganhar força, com o incentivo dos maçons, de caudilhos ambiciosos e de alguns frágeis grupamentos de esquerda. Destacou-se nessa luta o liberal Francisco Madero, que se transformou no porta-voz das reivindicações dos grupos contrários ao governo vigente. Surgiram clubes democráticos, a partir de 1908, defendendo liberdade política, eleições diretas e livres, e escolha imediata de um novo presidente.

O movimento mexicano, de início baseado na luta a favor da liberdade, acabou se transformando numa revolução social. Nos centros urbanos, o México foi tomado por greves operárias, e na zona rural, por manifestações camponesas. Em 1911, o movimento

HBO/EVERETT COLLECTION/KEYSTOCK-KEYSTONE

Cena do filme E estrelando Pancho Villa. *Foto de 2003.*

Quc viva, Zapata! Foto dc Emiliano Zapata, início do século XX.

ganhou força com a renúncia de Porfirio Díaz, que buscou exílio em Paris.

A presidência provisória do México foi entregue a Francisco Madero, que posteriormente foi escolhido em eleições livres, sob o lema "Sufrágio efetivo sem reeleição". Madero conquistou a população com promessas de reformas sociais urgentes e o compromisso de reorganizar a economia, visando diminuir a exclusão social.

Grupos de camponeses, liderados por chefes armados, posicionaram-se em torno do novo presidente na expectativa de realizar seus sonhos de terra, liberdade, pão, escola e reconhecimento do papel do indígena na sociedade mexicana. Como representantes dessas reivindicações, destacaram-se dois revolucionários: **Emiliano Zapata**, um caudilho camponês do sul — autor do Plano Ayala (1911), que defendia a devolução da propriedade ilegítima, a posse de terras aos indígenas e o combate à divisão das *haciendas* —, e **Pancho Villa**, analfabeto, filho de peões do norte. Liderando milhares de camponeses contra os latifundiários, as elites e a Igreja, ambos lançaram campanhas de terrorismo e destruição contra as classes dirigentes sob a palavra de ordem "*Tierra y Libertad*". As aspirações revolucionárias resumiam-se a dois pontos: reforma agrária e organização de uma legislação de Previdência Social.

Entretanto, Madero não realizou mais do que algumas tímidas reformas sociais, bem aquém das pretensões dos revolucionários. Em 1913, Madero foi assassinado a mando de Victoriano Huerta, comandante do Exército, ligado aos interesses ingleses, que no momento exploravam áreas petrolíferas na região. A ditadura foi reinstalada sob o olhar de reprovação do presidente dos Estados Unidos, Woodrow Wilson, que embargou o transporte de armas para o México.

Tal fato incitou novos movimentos revolucionários contra as forças federais. No norte, os insurretos eram liderados por Pancho Villa, e ao sul, por Emiliano Zapata, que lutava junto aos camponeses pela reforma agrária. As pressões levaram Huerta a renunciar em 1914 em favor de um governo constitucional, liderado provisoriamente por Venustiano Carranza, apoiado pelos Estados Unidos. A Revolução Mexicana tomava o rumo de uma luta entre caudilhos pela disputa do Poder Executivo.

Em 1917, foi promulgada uma nova Constituição no México, substituindo a Carta constitucional de 1857. Carranza foi eleito presidente da República, fato que desagradou as camadas populares, que prosseguiram na luta contra o governo central. Porém, depois dos assassinatos dos líderes revolucionários — Emiliano Zapata em 1919 e Pancho Villa em 1923 —, o movimento enfraqueceu consideravelmente. O liberalismo, apoiado pelos grupos dirigentes, foi vitorioso.

Exército Zapatista de Libertação Nacional

O subcomandante Marcos faz parte da liderança do movimento de guerrilha indígena conhecido como Exército Zapatista de Libertação Nacional (EZLN). Em 1994, os manifestantes tomaram a Cidade do México para protestar contra a vitória do presidente Ernesto Zedillo, tido como representante das elites locais.

O EZLN nasceu na região de Chiapas, onde vivem descendentes dos antigos maias. Esse organismo originou-se das Forças de Libertação Nacional (FLN), movimento armado que pretendeu organizar milícias em todo o país e preparar-se para o momento em que houvesse condições maduras para a revolução. O único órgão das FLN que prosperou, no entanto, foi o EZLN.

A principal demanda do EZLN é a democracia social. Em seus comunicados, afirma que somente pela democracia podem ser solucionados os demais problemas sociais, inclusive o da concentração das terras.

TEXTO COMPLEMENTAR

Os muralistas

O muralismo foi um movimento artístico mexicano que popularizou a pintura de grandes painéis ao ar livre. A arte nos muros foi uma das linguagens utilizadas pelos artistas para transmitir mensagens de luta contra as desigualdades sociais, a miséria e a exploração dos camponeses.

"A arte mural mexicana está estreitamente ligada à Revolução Mexicana de 1910. Vinda do sul, com as tropas do líder revolucionário Emiliano Zapata, e do norte com as tropas de Pancho Villa, deixou para trás um longo período da ditadura de Porfirio Diáz (1877-1911), durante o qual a oligarquia e os círculos da intelectualidade oficial haviam criado um sentimento nacional de esquecimento e vergonha da história mexicana. A Revolução, por sua parte, agitou aqueles anos porfiristas, deixando no caminho um ar de nacionalismo e reivindicações das massas rurais.

Escavando o passado em traços de cores ocres, Diego Rivera, David Siqueiros, José Clemente Orozco e outros artistas deixam de lado a arte que lhes remete à limitação dos cavaletes e saem às ruas, arrebatando a pinceladas os silenciosos muros do país.

Patrocinados pelo Estado, pintam tanto no México como no exterior, em museus, hospitais, palácios, institutos e universidades. Bastante polêmica criou o mural que Diego Rivera pintou no edifício Rockefeller (em 1933), prédio que representava um dos maiores símbolos do capitalismo. Uma vez que terminou a obra, ela foi destruída, devido ao fato que o milionário se sentiu perturbado pela imagem de Karl Marx, representada na pintura, e Rivera se recusou a retirá-la.

O eixo central do movimento muralista foi retratar a história do México antigo, uma história que até o momento não havia sido considerada dentro da arte dos pincéis. Desta forma, se afastam daquela arte rígida própria da academia europeia. Retratando o passado, tomam como ator principal ao povo, que se vê refletido nos mosaicos de sua própria história. É a partir deste momento que começa o processo da nacionalização da arte mexicana.

Los muralistas pintaram ensinando e educando a um povo que, apesar de ser, em sua quase totalidade, analfabeto, não era cego para conhecer sua história, seus deveres e seus direitos. Criaram assim uma linguagem que todos entenderam, um patrimônio que deixou de ser do domínio privado e se converteu em uma possessão pública, ficando nos olhos de todos e nas mãos de ninguém."

LAO, Waldo Fuentes. Os muralistas. Quando as paredes são a voz de um povo. *A palavra latina.* Ano 1, n. 2. Julho/Agosto de 2004. Disponível em <www.acepusp.org.br>. Acesso em abr. 2007.

GARCIA PELAYO/CID

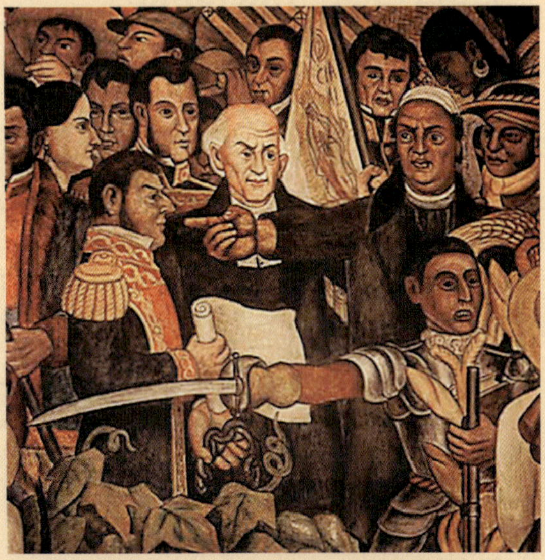

Detalhe do mural História do México: *a conquista do futuro, de Diego Rivera, 1935. A obra representa as lutas pela independência do México.*

Compreendendo o texto

1. Como os intelectuais do início do século XX representavam o povo mexicano? De que maneira os muralistas contestaram essas representações?
2. Observe a imagem ao lado. Quais são os grupos sociais destacados por Diego Rivera no mural?

ATIVIDADES

Explorando o conhecimento

1 Apesar da implantação de regimes republicanos após a independência, as nações latino-americanas não romperam com sua herança colonial. Veja o mapa e responda às questões:

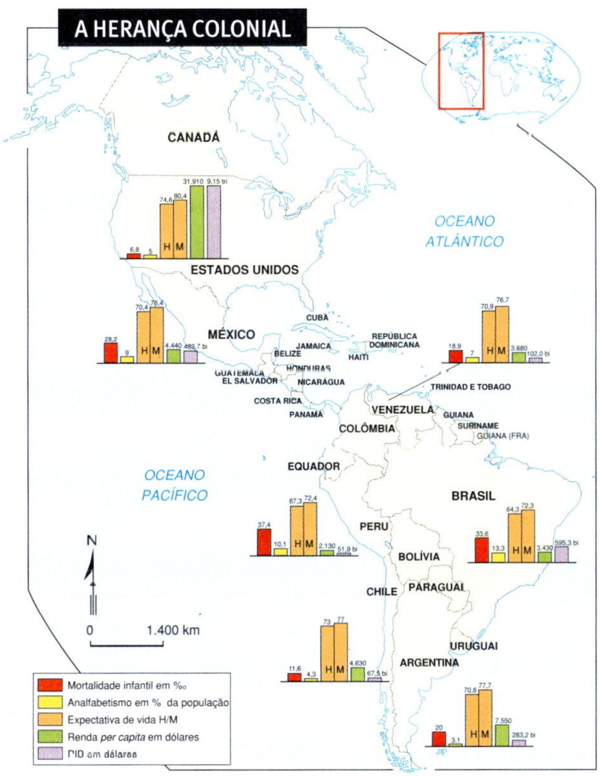

Fonte: *L´état du monde*, 2005. Paris: La Découverte, 2004.

a) Identifique as principais diferenças dos indicadores socioeconômicos das nações da América Latina e os dos Estados Unidos.

b) Caracterize a estrutura socioeconômica da América Latina após a independência.

c) Explique por que essa estrutura socioeconômica dificultou a aplicação dos princípios liberais e democráticos na região.

2 Leia o texto a seguir.

1908 – Mérida de Iucatã

"Já se afasta o trem, já vai-se embora o presidente do México. Porfirio Díaz examinou as plantações de *henequém** em Iucatã e está levando a mais grata impressão:

– *Belo espetáculo* – disse, enquanto jantava com o bispo e com os donos de milhões de hectares e milhares de índios que produzem fibras baratas para a International Harvester Company – *Aqui respira-se uma atmosfera de felicidade geral.* A fumaça da locomotiva se perde no ar. E então caem, tombadas por um tapa, as casas de cartolina pintada, com suas janelas formosas; grinaldas e bandeirinhas viram lixo, lixo varrido, lixo queimado, e o vento arranca num sopro os arcos de flores que cobriam os caminhos. Concluída a fugaz visita, os mercadores de Mérida recuperam as máquinas de costura, os móveis norte-americanos e as roupas novinhas em folha que os escravos tinham usado enquanto durou a função.

Os escravos são índios maias [...] e também índios yaquis das planícies do Norte, comprados a quatrocentos pesos por cabeça. Dormem amontoados em fortalezas de pedra e trabalham ao ritmo do açoite molhado. Quando alguém se põe arisco, é sepultado até as orelhas, e depois tocam os cavalos por cima dele."

GALEANO, Eduardo. *O século do vento.* Rio de Janeiro: Nova Fronteira, 1988.

* *Henequém*: erva ornamental originária do México.

a) Retire do texto elementos que caracterizem o lugar da economia mexicana, em especial a região de Iucatã, na divisão internacional do trabalho.

b) Que grupos sociais da sociedade mexicana estão representados no texto?

c) Que frase do texto permite caracterizar o México como uma das nações em processo de modernização no início do século XX? Cite outras duas nações latino-americanas em situação semelhante na época.

3 Releia a conceituação de caudilhismo, página 499. Depois sintetize os principais aspectos que caracterizam essa forma de exercício do poder.

4 Explique como a industrialização e o processo de modernização das sociedades latino-americanas abalaram as estruturas do caudilhismo.

5 Analise o mapa da página 497 e responda.

- Após a independência política dos Estados latino-americanos que produtos importados abasteciam as cidades norte-americanas e europeias? Que importância tiveram os Estados Unidos e a Inglaterra nesse processo?

A HISTÓRIA E O TEMPO PRESENTE

6 Leia a notícia a seguir.

A nacionalização dos hidrocarbonetos na Bolívia

"O presidente da Bolívia, Evo Morales, anunciou nesta segunda-feira (1º) a nacionalização da exploração de petróleo e gás no país, ordenando a ocupação dos campos de produção das empresas estrangeiras no país, entre eles os da Petrobras. Além da empresa brasileira, operam na Bolívia as petrolíferas Repsol YPF (Espanha e Argentina), British Gas e British Petroleum (Reino Unido), Total (França), Dong Wong (Coreia) e Canadian Energy. A partir de agora, elas ficam obrigadas a entregar sua produção para a empresa estatal Yacimientos Petrolíferos Fiscales Bolivianos (YPFB), que assumirá a comercialização do gás e do petróleo, definindo condições, volumes e preços tanto para o mercado interno quanto para exportação. A YPFB também assumirá o controle dos campos de produção de petróleo e gás. As companhias estrangeiras que exploram os produtos deverão regularizar sua situação no país com novos contratos em um prazo de 180 dias."

WEISSHEIMER, Marco Aurélio. Agência Carta Maior, 1º maio 2006. Disponível em <www.agenciacartamaior.uol.com.br>. Acesso em set. 2006.

a) Em grupo, faça uma pesquisa sobre a situação da Bolívia na atualidade. Destaquem os seguintes aspectos:

- a importância das riquezas minerais da Bolívia para a economia do país;
- o quadro dos indicadores sociais desse país;
- o significado da eleição do líder indígena Evo Morales para a presidência da República em 2006;
- a repercussão do decreto que nacionalizou a exploração do gás e do petróleo bolivianos;
- as características do governo de Evo Morales que o aproximam do venezuelano Hugo Chávez.

b) Organizem um relatório e levem-no para a classe. Com base nas informações obtidas na pesquisa, no estudo do capítulo e no texto dessa questão, discutam com os demais grupos os aspectos positivos e os negativos do modelo de governo adotado por Morales na Bolívia.

Vestibular / ENEM

1 (Fuvest-SP) O processo de modernização na América Latina (1870-1914) está associado

a) à pluralidade de partidos políticos, à ampla participação popular e à industrialização.

b) à organização sindical, à construção de estradas de ferro e à reforma agrária.

c) às reformas urbanas, ao estímulo à cultura letrada e à chegada da eletricidade.

d) ao sufrágio universal, à vigência de leis trabalhistas e à expansão da criação de universidades.

e) ao poder crescente da Igreja, à limitação de capitais externos e à dinamização do sistema bancário.

2 (Unicamp-SP)

"A ditadura de Porfirio Díaz (1876-1911) produziu no México uma situação de superficial bem-estar econômico, mas de profundo mal-estar social. [...] Fizeram-no chefe de uma ditadura militar burocrática destinada a sufocar e reprimir as reivindicações revolucionárias. [...] Amparavam-na capitalistas estrangeiros, tratados então com especial favor."

MARIÁTEGUI, José Carlos. *A Revolução Mexicana*. São Paulo: Ática. (Coleção Grandes Cientistas Sociais.)

a) Quais as características do desenvolvimento econômico mexicano durante esse período?

b) Explique a situação socioeconômica da população indígena e camponesa durante a ditadura de Porfirio Díaz.

c) Que grupos sociais e políticos se opuseram à ditadura de Porfirio Díaz e desencadearam o processo da Revolução Mexicana?

3 (UEL-PR) Leia o texto de José Romero sobre o poder das oligarquias na América Latina.

"As oligarquias fecharam o caminho pelo qual tendiam a incorporar-se à vida pública as classes médias em ascensão e, em alguns países, as classes populares. Geralmente utilizaram mecanismos eleitorais para evitar que as dissidências se expressassem, estabelecendo limites legais — por exemplo, para os analfabetos, ou fraudando nos comícios. Ademais, negaram-se obstinadamente a possibilidade de levar aos cargos públicos quem não pertencesse ao círculo oligárquico e criaram clientelas eleitorais e administrativas que respaldavam o sistema fechado e facilitavam o seu funcionamento. Naturalmente quem exercia a presidência da República não podia sair senão destes círculos."

José Romero. In: PINSKY, Jaime (org.). *História da América Latina através de textos.* São Paulo: Contexto, 1994. p. 116.

De acordo com o texto, as oligarquias da América Latina

a) manipularam os princípios liberais para barrar a participação das classes médias e populares.

b) incorporaram à vida pública setores da classe média em ascensão e, inclusive, em alguns países, da classe popular.

c) não tiveram as mesmas características, pois em alguns países estabeleceram mecanismos de participação popular.

d) barraram as classes populares, mas permitiram que a classe média ascendesse ao poder oligárquico.

e) incorporaram os dissidentes políticos nos altos postos públicos, obtendo o apoio deles na criação das clientelas eleitorais.

4 (UEL-PR) "O movimento guerrilheiro zapatista, desencadeado em 1994, utilizou-se do emprego da luta armada para a obtenção de fins políticos e conjugou reinvindicações econômicas e sociais com a defesa de valores culturais das populações indígenas".

O movimento, ao qual o texto se refere, tem alcançado grande repercussão e está localizado no:

a) Peru.

b) Haiti.

c) Panamá.

d) Equador.

e) México.

5 (Vunesp) "O levante urbano venceu rapidamente a resistência das tropas do general Porfírio Diaz, subindo ao poder Francisco Madero... Simultaneamente, porém, alastraram-se as insurreições camponesas cujos líderes não se contentaram com os propósitos de Madero, exigiram a reforma agrária. Era o começo da Revolução...".

A partir dos dados de trecho anterior:

a) Indique o país onde se desencadeou importante revolução social ao final da primeira década do século XX;

b) enumere os propósitos moderados e legalistas de Francisco Madero que acabou sendo preso e assassinado;

c) faça considerações objetivas sobre o legado da Revolução.

Ampliando o conhecimento

Filmes

E estrelando Pancho Villa

Direção de Bruce Beresford. Estados Unidos, 2003. 112 min.
Diretor hollywoodiano filma o exército revolucionário de Pancho Villa em ação contra as forças do presidente mexicano Victoriano Huerta.

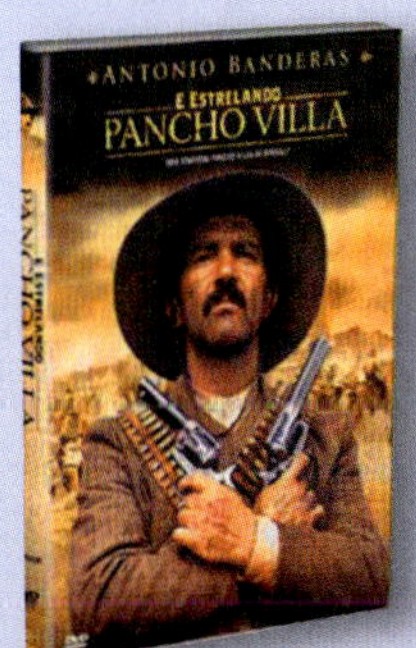

REPRODUÇÃO

Reed – México insurgente

Direção de Paul Ledue. Estados Unidos, 1970. 109 min.
O filme conta a história da Revolução Mexicana (1910) tal como foi percebida pelo jornalista John Reed. A história é narrada levando-se em conta as particularidades e as transformações ocorridas no país.

Viva Zapata!

Direção de Elia Kazan. Estados Unidos, 1952. 113 min.
Narra a trajetória do líder revolucionário Emiliano Zapata, filho de camponeses que liderou a revolução de lavradores mexicanos contra a dominação dos grandes proprietários de terras, que tinham o apoio do presidente Porfirio Díaz.

Frida

Direção de Julie Taymor. Estados Unidos, 2001. 123 min.
História de Frida Kahlo (1907-1954), aclamada pintora mexicana que realizou sobretudo autorretratos. Seus quadros representam quase sempre aspectos de sua vida sofrida, que foi em grande parte passada em cima de uma cama. Frida, que contraiu poliomielite aos três anos de idade, tinha a coluna estilhaçada e uma série de enfermidades.

A crise do modelo liberal

CID

Ⓐ

BETTMANN/CORBIS-STOCK PHOTOS

Ⓑ

Capítulos da Unidade 7

UNIDADE 7

C

TARSILA DO AMARAL LICENCIAMENTOS

(A) Fila de desempregados em Nova York, Estados Unidos, 1930; (B) multidão saudando Adolf Hitler a caminho da abertura dos Jogos Olímpicos de Berlim, em agosto de 1936; e (C) Operários, *pintura da artista plástica brasileira Tarsila do Amaral, 1933.*

"[...] Uma crise econômica mundial de profundidade sem precedentes pôs de joelhos até mesmo as economias capitalistas mais fortes [...]. Mesmo os EUA, a salvo de guerra e revolução, pareceram próximos do colapso. Enquanto a economia balançava, as instituições da democracia liberal praticamente desapareceram entre 1917 e 1942. [...] Enquanto isso, avançavam o fascismo e seu corolário de movimentos e regimes autoritários."

HOBSBAWM, Eric. *Era dos extremos:* o breve século XX (1914-1991). São Paulo: Companhia das Letras, 1995.

- **Como o autor caracterizou a situação mundial entre os anos de 1917 e 1942?**
- **Crie um outro título para esta unidade, com base nas imagens e nas palavras de Eric Hobsbawm.**

Capítulo 38

O Brasil na Primeira República

O nascimento da República no Brasil

K. LIXTO (CALIXTO CORDEIRO). BIBLIOTECA NACIONAL, RJ

Monarquia: "Não é por falar mal, mas, com franqueza... eu esperava outra coisa." República: "Eu também!" Charge publicada na Revista Fon-Fon, *em 1909.*

O modelo de República que se instalou no país não representava o pensamento de todos os republicanos. Aqueles que desejavam um modelo industrialista viram o Brasil permanecer agroexportador; aqueles que pretendiam mudanças mais profundas perceberam que os pobres continuariam afastados das decisões políticas.

A queda da Monarquia

A defesa do ideal republicano contou com o apoio de vários setores sociais e correntes políticas.

Havia os militares (**positivistas** e não-positivistas), partidários de um regime autoritário e defensores de um projeto modernizador.

Havia também os civis **evolucionistas**, liderados por Quintino Bocaiúva, que propunham uma transição pacífica, sem alterações socioeconômicas e sem a participação popular. Já os **revolucionários**, chefiados por Silva Jardim, defendiam a necessidade de um movimento armado para pôr fim ao Império.

E ainda havia os fazendeiros do Oeste paulista, que já utilizavam mão-de-obra imigrante em suas lavouras de café muito antes da abolição do trabalho escravo. Esses cafeicultores de mentalidade empresarial viam na República um regime capaz de ampliar a autonomia das províncias e de atender às necessidades do setor mais moderno da economia, algo que o Império, ligado a setores agrários em decadência, não conseguia fazer.

A proclamação da República

Em meados de 1889, Quintino Bocaiúva conseguiu unir os evolucionistas, os militares e os fazendeiros republicanos, e preparou o caminho para o golpe militar que derrubou a Monarquia. Tentando contornar a crise, o governo propôs reformas políticas que atendiam aos interesses republicanos, como, por exemplo, maior autonomia para as províncias. Mas o Parlamento rejeitou essas iniciativas destinadas a salvar o regime.

Em novembro de 1889, decididos a acelerar os acontecimentos, os republicanos convidaram o marechal Deodoro da Fonseca, principal chefe do Exército, para desferir o golpe final contra a Monarquia, que aconteceu no dia 15. No dia seguinte, à frente de um governo republicano provisório, Deodoro encaminhou a D. Pedro II um documento notificando que ele e sua família teriam de sair do país.

Em sintonia com os interesses dos evolucionistas, a República foi instaurada sem grandes conflitos e sem contar com a participação popular. De acordo com uma célebre frase do republicano Aristides Lobo, ministro do governo provisório de Deodoro da Fonseca, "o povo assistiu bestializado à proclamação da República". Veja como, no dia seguinte, a imprensa noticiou o acontecimento.

Positivismo

Doutrina filosófica que surgiu na França, no século XIX, sob a orientação de Auguste Comte. O positivismo rejeita a metafísica e afirma que o único conhecimento válido é aquele alcançado pela ciência. Comte defendia a ideia de que o altruísmo deveria sobrepor-se ao egoísmo para a sociedade alcançar o bem-comum.

Também conhecido como "Religião da Humanidade", o positivismo teve em Benjamin Constant, participante do golpe republicano, um dos seus principais representantes no Brasil. O lema "**Ordem e Progresso**" da bandeira brasileira tem inspiração positivista: "o amor por princípio e a ordem por base; o progresso por fim."

Sem festas

"A população desta cidade foi hoje, ao acordar, sobressaltada pela notícia de graves acontecimentos que se estavam passando no quartel-general do exército, em ordem a despertar as mais sérias inquietações. Era assustador o aspecto que oferecia a Praça da Aclamação, na parte em que se acha situado o referido exército e circunvizinhanças.

O quartel estava fechado e guardado por uma força do corpo militar de polícia, de baioneta calada, pronta ao primeiro ataque, corpo de bombeiros, 1º batalhão de infantaria e batalhão naval, municiado e dispondo de uma metralhadora. [...]

Todo o movimento social da cidade acha-se paralisado. O comércio em grande parte fechou as portas. As ruas mais frequentadas estão desertas; raros transeuntes passam, apressados, como perseguidos. [...] O serviço de bondes é feito com grande irregularidade; há longos intervalos no trânsito dos carros, que chegam aos pontos de estação aos grupos de cinco e seis. [...] O pânico anda no ar e nas consciências."

Novidades. Rio de Janeiro, 15 nov. 1889.

Os primeiros tempos da República

Nas suas quatro primeiras décadas, o Brasil republicano continuou sendo um país rural. Calcula-se que nesse período cerca de 70% da população habitava o campo onde homens, mulheres e crianças viviam em um mundo de miséria e sofrimento. Uma população carente de terra, saúde e educação, chamada com

CORREIO DO POVO

ORGÃO REPUBLICANO

REDACTOR-CHEFE – SAMPAIO FERRAZ

VIVA A REPUBLICA BRAZILEIRA!

VIVA O EXERCITO – VIVA A ARMADA!

VIVA O POVO BRAZILEIRO!

PROCLAMAÇÃO

FUNDAÇÃO BIBLIOTECA NACIONAL, RJ

No dia 16 de novembro de 1889, os cariocas puderam ler na primeira página do jornal Correio do Povo *a notícia da proclamação da República.*

Paris no Rio – salão de novidades

"Salve século XIX. Salve Animatógrafo Lumière – a última palavra do engenho humano. A mais sublime maravilha de todos os séculos. Pinturas moverem-se, andarem-se, trabalharem, ouvirem, chorarem, morrerem, com tanta perfeição e nitidez, como se homens, animais e coisas naturais fossem, é o assombro dos assombros. Salve Lumière! O Animatógrafo Lumière é invento tão majestoso, soberbo e imponente, que a própria natureza, que privilegiou o seu autor, conserva-se estática diante de sua pasmosa contemplação! [...]

As Exmas. famílias desta capital encontrarão à Rua do Ouvidor nº 141 um salão de espera digno de sua recepção e iluminado à luz elétrica, das 12 horas às 10 da noite. Ao Animatógrafo, pois, de Lumière cabem hoje, de todo o mundo civilizado os aplausos bem merecidos de uma admiração, sem limites. 141, Rua do Ouvidor."

Folha da Tarde. Rio de Janeiro, 9 ago. 1897.

desprezo de "caipira", que não podia consumir o que produzia e não gozava de nenhum benefício social.

Contrastando com o Brasil "caipira", as elites do Rio de Janeiro procuravam imitar o estilo de vida europeu, especialmente o francês. Nos salões de chá, homens de negócios, grandes proprietários, altos funcionários e políticos influentes, acompanhados de suas famílias, exibiam hábitos e moda europeus. Essa atitude, que vinha desde os últimos anos do Império, acentuou-se durante a fase republicana.

Ao longo das primeiras décadas da República, cidades grandes como São Paulo e Rio de Janeiro passaram por transformações inspiradas na urbanização de capitais europeias como Paris e Roma. No Rio de Janeiro, por exemplo, as áreas centrais, cheias de cortiços, foram desapropriadas e deram lugar a novas avenidas e construções mais arrojadas. Nas ruas, ao ruído dos transeuntes começava a somar-se o dos bondes elétricos e dos automóveis.

Em contrapartida, os habitantes mais pobres foram empurrados para a periferia, menos valorizada, na qual surgiram bairros operários, e as favelas começaram a dominar os morros.

O progresso que atingiu os principais centros urbanos não chegou aos latifúndios, que contavam com uma massa de camponeses empobrecidos e explorados pelos grandes proprietários, nem às fábricas, onde um amontoado de operários, desprotegidos pela falta de uma legislação trabalhista, eram obrigados a trabalhar de 10 a 12 horas por dia em troca de salários miseráveis.

À situação de desamparo no plano social correspondia uma precariedade de direitos políticos: no decorrer da Primeira República, grande parte da população brasileira continuou excluída de uma efetiva participação eleitoral. Tudo isso fez com que o período compreendido entre 1889 e 1930 assistisse a uma série de revoltas no campo e nas cidades, que evidenciavam o descaso do governo brasileiro com os direitos políticos e sociais de grande parcela da população.

A República da Espada

A proclamação da República inaugurou uma nova ordem política no país. O centralismo, presente no período imperial, foi substituído pelo federalismo, defendido principalmente pelas elites do Oeste paulista e de Minas Gerais. O poder político passou a ser controlado pelas oligarquias rurais. Todavia, isso não ocorreu de imediato. Os dois primeiros governos da Primeira República (1889-1894) corresponderam à **República da Espada**, sob a hegemonia do Exército.

MUSEU DA IMAGEM E DO SOM, RJ

ARQUIVO GERAL DA CIDADE DO RIO DE JANEIRO, RJ

Inauguração do Café do Rio (1911) e Barracões do Morro do Pinto (1912), registrados pelo fotógrafo Augusto Malta, demonstram os contrastes da vida na capital federal: o luxo das salas de café dos burgueses e os barracos onde os trabalhadores moravam.

Até que fossem realizadas eleições e o país tivesse uma nova Constituição, o marechal Deodoro da Fonseca liderou um **Governo Provisório** (1889-1891).

O marechal dissolveu as assembleias provinciais e as câmaras municipais, demitiu os presidentes das províncias e indicou novos dirigentes para elas. Uma elite civil (ligada aos grandes proprietários) e militar (principalmente do Exército) assumiu o aparelho administrativo, e os municípios tornaram-se peças fundamentais no cenário público devido à autonomia política e financeira que adquiriram com o federalismo.

INSTITUTO DE ESTUDOS BRASILEIROS/IEB - USP

Assim como aconteceu no período regencial, a mudança para o regime republicano desencadeou numerosos conflitos entre vários grupos políticos na disputa pelo exercício do poder. A charge publicada na Revista Illustrada, *n. 588, de 1890, mostra Deodoro jogando água fria nos problemas.*

As negociações políticas na Primeira República envolveram os vários partidos republicanos de expressão regional ou estadual. Como o mineiro (fundado em 1871), o paulista (1873) e o fluminense (1888).

Dentre os partidos republicanos, destacou-se o Partido Republicano Paulista (PRP), elemento fundamental nas articulações políticas do período. O PRP representava o centro econômico mais importante do Brasil naquele momento: o Oeste paulista cafeicultor. Apoiado por Minas Gerais, forneceu vários presidentes ao país, conseguindo manter a hegemonia paulista praticamente sem oposição até 1930.

A primeira Constituição republicana

No final de 1890, Deodoro da Fonseca convocou eleições para a Assembleia Constituinte, que no início de 1891 promulgou a **Constituição Republicana** do Brasil. A Carta refletiu a hegemonia dos defensores do liberalismo de influência norte-americana. Veja alguns de seus pontos significativos:

- O país tornou-se uma República Federativa, os **Estados Unidos do Brasil**.
- As antigas províncias passaram à condição de estados e ganharam autonomia para promulgar suas próprias constituições, fazer empréstimos no exterior, arrecadar impostos e eleger seus governadores (então chamados presidente de estado), ficando, no entanto, sujeitas a intervenção federal em caso de invasão estrangeira ou se manifestassem tendências separatistas.
- O presidente da República, os presidentes dos Estados e os membros do Congresso Nacional (Câmara de Deputados e Senado) seriam eleitos por voto direto, estando excluídos do direito ao

voto analfabetos, mendigos, mulheres, soldados e menores de 21 anos.

- O presidente da República, além de chefe de governo, tornou-se o chefe da Federação, por meio de um mandato de quatro anos sem direito à reeleição.
- Foi reconhecida a igualdade de todos perante a lei, a liberdade e segurança individual e, principalmente, a garantia de plenos direitos à propriedade.
- A Igreja separou-se do Estado, mas não havia garantias para a liberdade de todos os cultos, uma vez que os templos das religiões de origem africana eram constantemente fechados e seus praticantes perseguidos e presos.
- Instituíram-se o registro de nascimento, o registro de casamento civil e o atestado de óbito.

Após a promulgação da Constituição, os congressistas escolheram o novo presidente. Como naquela época era permitido votar em candidatos de chapas diferentes, o cargo de presidente da República foi ocupado pelo marechal Deodoro da Fonseca e o de vice-presidente ficou nas mãos do marechal Floriano Peixoto.

▷ Um pesadelo econômico

As reformas político-administrativas do Estado foram seguidas por medidas econômicas também necessárias ao funcionamento da República. Uma das primeiras decisões tomadas pelo então ministro da Fazenda, Rui Barbosa, em 1890, foi a política de incentivo à criação de empresas industriais e comerciais.

Rui Barbosa acreditava que a política financeira poderia ser implementada de maneira simplista: emitir dinheiro e emprestá-lo aos empreendedores. A facilidade de crédito induziu o surgimento de inúmeras empresas "fantasmas"— que só existiam no papel —, cujas ações eram negociadas na Bolsa de Valores sem a menor fiscalização do governo. Uma grave crise econômica, conhecida como **Encilhamento**, foi provocada por essa política mal dimensionada. Centenas de pessoas passaram a aplicar suas reservas na Bolsa, adquirindo ações baratas para posterior revenda. A especulação era favorecida pela abundância de dinheiro, circulando no país: em 1890, o total de moeda circulante era de 206.000 contos de réis; no ano seguinte, estavam em circulação 561.000 contos de réis.

Os falsos empreendedores, que captavam empréstimos sem jamais investir num negócio, tiveram altos lucros durante o Encilhamento.

Além de contribuir para a especulação, a nova política econômica fez crescer a inflação. O resultado final foi uma grande crise econômica. A moeda perdeu valor, as importações cresceram, empresas e bancos faliram e os cofres públicos ficaram vazios.

Encilhamento

O termo, empregado para designar o conturbado período da economia brasileira que se seguiu à proclamação da República, é uma alusão ao hipódromo, local onde os cavalos são encilhados e preparados para a corrida.

ACERVO ICONOGRAFIA / REMINISCÊNCIAS

Charge de Pereira Neto, de dezembro de 1890, mostra a corrida dos investidores na tentativa de amenizar o prejuízo causado pela política do Encilhamento.

▷ A renúncia de Deodoro

O fracasso da política de Rui Barbosa e a nomeação de ministros conservadores (entre eles o Barão de Lucena, um monarquista) desgastaram a autoridade de Deodoro, que passou a enfrentar forte oposição do Congresso. A tensão cresceu quando tramitou no Congresso um projeto de lei que limitava o poder do presidente. Em represália, em 3 de novembro de 1891, um decreto do Executivo dissolveu o Parlamento, anunciando a convocação de novas eleições e uma revisão constitucional.

A resistência ao autoritarismo do governo federal foi organizada por São Paulo, Minas Gerais, Rio de Janeiro, Pernambuco e Pará, com o apoio da Marinha e de setores do Exército. Paralelamente a essa movimentação, os ferroviários deflagraram uma greve na Central do Brasil, o que trazia sérios riscos para o abastecimento da capital federal. Doente e receando a explosão de uma guerra civil, Deodoro renunciou em 23 de novembro de 1891.

▷ O governo de Floriano Peixoto

A renúncia de Deodoro levou à presidência Floriano Peixoto, o consolidador da República. Para conseguir o apoio popular, Floriano tomou medidas como a diminuição dos preços dos aluguéis das casas dos operários, a isenção de impostos sobre a carne para baratear o produto e o controle dos preços dos gêneros de primeira necessidade. Outras iniciativas visavam combater os efeitos do Encilhamento, tais como incentivar a industrialização e fiscalizar a aplicação do erário público. Mas essas medidas não foram suficientes para evitar uma forte oposição civil e militar sob a forma de movimentos rebeldes, como a Revolução Federalista, no Rio Grande do Sul, e a Revolta da Armada, no Rio de Janeiro.

▷ A Revolução Federalista

De 1893 a 1895, as terras do sul serviram de cenário aos violentos combates da **Revolução Federalista**, travados entre os partidários de dois oligarcas gaúchos: de um lado, os federalistas (maragatos), liderados por Gaspar Silveira Martins; de outro, os republicanos (chimangos ou pica-paus), seguidores do positivista Júlio de Castilhos. Os federalistas defendiam a instalação de um regime parlamentarista nos moldes do que existiu no Segundo Reinado.

FUNDAÇÃO BIBLIOTECA NACIONAL, RJ

Caricatura representando o desrespeito do senador Pinheiro Machado pela Constituição (sob seus pés) e pelos interesses do povo (no lixo). Obra de Hugo Real.

Já os republicanos defendiam um presidencialismo forte, centralizador, no estilo do governo de Floriano Peixoto.

O confronto ultrapassou as fronteiras gaúchas, estendendo-se a Santa Catarina, ao Paraná e até ao Uruguai. Embora Floriano tivesse enviado tropas federais aos estados sulistas, somente em 1895, no governo de Prudente de Morais, é que seria assinado um acordo de paz na região.

▷ A Revolta da Armada

Em agosto de 1893 ocorreu a **Revolta da Armada**. O movimento resultou da disputa pelo poder entre os oficiais do Exército e da Marinha, representantes de grupos sociais distintos: enquanto a força terrestre reunia basicamente elementos dos setores médios, a Marinha, mais elitista, representava as classes oligárquicas. Também contribuiu para o conflito o fato de o almirante Custódio de Mello, ministro da Marinha, ser candidato à sucessão de Floriano, mas este apoiava o civil Prudente de Morais.

No dia 13 de setembro, navios da Armada começaram a bombardear a cidade do Rio de Janeiro. Contando com apoio de São Paulo e adesão popular, o governo tratou de organizar uma reação à revolta. Os rebeldes abriram novas frentes de batalha no sul do país, mas não puderam resistir à contraofensiva governamental. Em março de 1894, a rebelião estava vencida e, pela força, a República consolidava-se.

O rigor de Floriano Peixoto ante os dois movimentos revolucionários valeu-lhe o cognome "Marechal de Ferro".

Sob o poder das elites rurais

Enquanto o Exército esmagava os focos de descontentamento armado, os grupos oligárquicos, principalmente o cafeeiro, preparavam-se para assumir o controle da República.

No processo sucessório, o grupo mais beneficiado foi o paulista, que apoiou Floriano Peixoto e, nas eleições de 1º de março de 1894, elegeu Prudente de Morais, ligado ao PRP. A partir desse momento, o poder político passou a ser controlado pelas elites agrárias, notadamente de Minas Gerais e São Paulo, no que ficou conhecido como **República Oligárquica**.

Tão logo chegaram ao poder, as oligarquias agrárias trataram de implementar mecanismos que garantissem o seu controle sobre os poderes Executivo e Legislativo. A arena pública passou a ser controlada pelo PRP, graças a uma aliança com o Partido Republicano Mineiro (PRM) e aos privilégios concedidos aos dirigentes de estados de menor expressão.

FUNDAÇÃO JOAQUIM NABUCO/COL. FREDERICO PERNAMBUCANO DE MELO, RECIFE

O coronel José de Alencar e Carvalho e sua esposa em foto do final do século XIX.

Mecanismos de sustentação política

Para garantirem-se no poder, as elites rurais criaram três instrumentos: a política dos governadores, a política do café-com-leite e a Comissão de Verificação de Poderes.

Constituída entre 1898 e 1902, na presidência de Campos Sales, a **política dos governadores** visava assegurar um amplo apoio do Congresso Nacional para aprovar a política financeira e os acordos com o capitalismo internacional. O presidente firmou um acordo com os governadores (chamados presidentes de estado): eles apoiariam candidatos fiéis ao governo federal e, em troca, o governo federal não interferiria nas eleições estaduais.

Para viabilizar a política dos governadores, o governo federal criou a **Comissão de Verificação de Poderes**. Composta de cinco parlamentares, essa Comissão ganhou o direito de diplomar os candidatos que interessavam ao governo federal e "degolar" os opositores, ou seja, impedir que eles tomassem posse. Para isso, dizia-se que candidatos haviam cometido irregularidades durante a campanha eleitoral, algo corriqueiro em um período em que fraudes e outras ilegalidades definiam as eleições em todos os níveis. Apenas os deputados e senadores coniventes com a política dominante eram legitimados para assumir cargos públicos. Desse modo, o Executivo podia contar com um Congresso dócil, sempre disposto a aprovar os projetos do governo.

A consolidação do compromisso entre o governo federal e os governadores estaduais facilitou o predomínio político dos dois estados mais fortes na época: Minas Gerais e São Paulo. Além de economicamente dominantes, eles garantiam o maior número de cadeiras no Congresso Nacional. A chamada **política do café-com-leite** consistiu na alternância de paulistas e mineiros na presidência da República durante toda a Primeira República.

Em 1898, a reordenação política do governo Campos Sales foi acompanhada por um acordo financeiro com os credores britânicos conhecido como Funding Loan. O acordo suspendeu temporariamente o pagamento de juros de empréstimos anteriores e concedeu ao país um novo crédito de 10 milhões de libras. O Brasil teria três anos para iniciar o pagamento dos juros (de 5% ao ano) e treze anos para iniciar o pagamento da dívida, devendo pagar a totalidade do empréstimo em 63 anos. Para garantir o pagamento da dívida, as rendas alfandegárias nacionais foram hipotecadas a favor dos credores.

O coronelismo

A corrupção e o uso de cargos públicos para conquistar privilégios são práticas presentes na história do Brasil e em diversos outros países no mundo. Um elemento fundamental para compreender o funcionamento dessa prática no período da Primeira República é o **coronelismo**.

O título de **coronel** surgiu no período Regencial. Era normalmente concedido aos grandes fazendeiros que patrocinavam a Guarda Nacional, uma milícia responsável pela manutenção da ordem interna, reprimindo as revoltas sociais.

Com a proclamação da República e o fim da Guarda Nacional, os coronéis mantiveram o prestígio e o respeito político conquistados, atuando como chefes políticos locais. Cultivando a prática política da troca de favores, eles mantinham sob sua "proteção" uma série de afilhados em troca de obediência total. Esse mecanismo teve fundamental importância para as articulações políticas do período.

Os coronéis exerciam sua influência política na vizinhança das suas propriedades rurais. Essas áreas eram consideradas **currais eleitorais**.

Nos períodos de eleição, os dependentes do coronel votavam em massa nos candidatos apoiados por ele. Essa indução da escolha ficou conhecida como **voto de cabresto**. A eleição "a bico de pena" foi também amplamente utilizada. Consistia em incluir nas listas de eleitores o nome de pessoas mortas ou mesmo inexistentes.

Essas práticas eram facilitadas pelo sistema eleitoral em vigor, no qual o voto era aberto. Para votar, o cidadão dirigia-se à mesa eleitoral, escrevia o nome do seu candidato e assinava ao lado. Como era fácil saber em quem o eleitor tinha votado, o coronel podia pressioná-lo. Esse sistema favorecia a fraude eleitoral, garantindo a perpetuação das oligarquias rurais no poder.

Apostando no setor primário

Durante a Primeira República, o estímulo às atividades agroexportadoras esteve entre as prioridades do governo federal. O café, o "ouro verde", representou o principal produto de exportação. No início do século XX, o café já havia se expandido para diversas áreas de cultivo além de São Paulo, como, por exemplo, Minas Gerais.

A cultura cafeeira beneficiou-se da abertura de linhas de crédito, dos preços favoráveis no mercado internacional e do grande contingente de imigrantes europeus, utilizados como mão-de-obra nos cafezais. Mas também enfrentou momentos de crise provenientes da superprodução, responsável pela queda nos preços e pelos gastos com o armazenamento do produto. Por isso, os governos estaduais decidiram interferir no mercado e garantir um preço mínimo para o café, uma vez que o governo federal havia se recusado a desembolsar verbas para resolver a crise no setor.

FUNDAÇÃO BIBLIOTECA NACIONAL, RJ

A capa da revista satírica O Malho, *de 1º de junho de 1929, mostra uma mulher servindo uma xícara de café ao Tio Sam, personagem que representa os Estados Unidos. Os norte-americanos eram grandes compradores daquele produto.*

Para evitar prejuízos aos cafeicultores, o governo federal firmou em 1906, na cidade paulista de Taubaté, um acordo com os governadores de São Paulo, Minas Gerais e Rio de Janeiro. O **Convênio de Taubaté** determinou que os governos dos três estados comprariam a safra prevista de café por um preço fixado com antecedência, de modo a evitar a desvalorização; que seriam solicitados empréstimos no exterior para os governos estaduais, de modo que estes pudessem adquirir o produto; e que os estoques seriam armazenados e fornecidos mais tarde ao mercado de acordo com a procura.

Com esse mecanismo, os cofres públicos seriam onerados, uma vez que os estados teriam de contrair dívidas no exterior, e os gastos seriam repassados ao povo por meio do aumento dos impostos.

Além do café, o Brasil exportava em grande quantidade borracha, cacau e cana-de-açúcar. Desde os tempos do Império, o látex era extraído de seringueiras espalhadas pela floresta amazônica. Porém, no início do século XX, o crescimento da indústria automobilística favoreceu o bom preço da borracha no mercado externo e, com isso, levou ao aumento do extrativismo, especialmente entre 1905 e 1913. Mas, a partir desse ano, a produção brasileira entrou em declínio devido à concorrência da produção dos seringais cultivados na Ásia pelos ingleses.

Também originário da Amazônia, utilizado principalmente pela indústria do chocolate, o cacau ocupou igualmente uma posição de destaque na pauta de exportações. Aclimatado no sul da Bahia, no final do Império a região tornou-se a principal produtora do país.

Incorporada à economia desde os tempos coloniais, a cana-de-açúcar teve alguns momentos de expansão durante a República Oligárquica, principalmente nos anos 1920. Entretanto, o uso de açúcar de beterraba na Europa determinou a queda nas exportações e nos preços do produto, direcionando a produção para o mercado interno.

O desenvolvimento industrial

Devido à própria estrutura econômica do país, predominantemente agrícola desde os tempos coloniais, nas quatro décadas da Primeira República a indústria brasileira esteve relegada ao segundo plano.

Entretanto, a concentração de capitais acabou contribuindo para a expansão da atividade industrial em algumas cidades (São Paulo e Rio de Janeiro) e regiões brasileiras (Rio Grande do Sul, Pernambuco, Minas Gerais, Paraná, Bahia e Santa Catarina). Foram basicamente iniciativas localizadas, por vezes complementares à agricultura, que não representaram uma industrialização efetiva. O dinheiro necessário às instalações industriais provinha de investidores brasileiros, principalmente cafeicultores, imigrantes enriquecidos e do capital financeiro internacional. À medida que aumentava o número de empresas, cresciam o mercado de trabalho, a população urbana, o comércio e a prestação de serviços.

A maior concentração de estabelecimentos industriais ocorreu no Rio de Janeiro e em São Paulo. Pode-se afirmar que, em São Paulo, o capital industrial nasceu do capital cafeeiro: as crises periódicas de superprodução de café abriram caminho para o deslocamento de capitais para novas áreas de investimentos, entre elas o setor industrial. Já no Rio de Janeiro ocorreu a transformação do capital mercantil em capital industrial. Foi o caso da indústria têxtil, que se originou, em grande parte, do comércio de tecidos.

O tamanho das fábricas variava: desde pequenas oficinas até indústrias que reuniam centenas de operários. Os investimentos concentraram-se em indústrias leves de bens de consumo — setores têxtil, de alimento, bebidas, calçados, chapéus e fumo — que tinham custos iniciais relativamente pequenos e não demandavam tecnologia sofisticada.

Greves de trabalhadores paulistas

"Em 1911 houve a greve dos pedreiros, em São Paulo, com o fim de obter vinte e cinco por cento de aumento nos salários e pagamento semanal. Pelos mesmos motivos, entraram em greve os carpinteiros de Ribeirão Preto. Ainda, assinalou-se em Bauru a greve dos foguistas da Estrada de Ferro Noroeste; por outro lado os pedreiros de Barretos, São Paulo, lutavam por oito horas de trabalho e iniciavam o boicote aos empreiteiros. Em Campinas, São Paulo, desencadeou-se a greve dos colonos das fazendas Chapadão, Tapera e Araci, que reclamavam duzentos réis de aumento no preço do alqueire do café colhido (talvez seja esta a primeira greve organizada por camponeses). Ainda nesse ano, em Campinas, houve a greve dos pedreiros e serventes, que exigiam quinze por cento de aumento e dois mil-réis de diária para os serventes.

Em 1911 os trabalhadores de Bauru fundaram sua liga operária e o grupo de O Proletário, de Santos, procurou organizar a Federação Operária de Santos."

LINHARES, Hermínio. *Contribuição à história das lutas operárias no Brasil.* São Paulo: Alfa-Omega, 1977.

Durante a Primeira Guerra Mundial (1914-1918), a necessidade de substituir importações acabou ampliando a variedade de itens produzidos, tais como cimento, ferro, aço e papel. Nos anos 1920, algumas empresas estrangeiras chegaram a finalizar no Brasil produtos químicos e farmacêuticos; outras se estabeleceram nos ramos de carnes congeladas e de mineração.

A mão-de-obra

As fábricas absorveram tanto trabalhadores nacionais quanto estrangeiros, embora fizessem restrições aos que tivessem envolvimento com atividades políticas.

Mulheres e crianças formavam um segmento importante da mão-de-obra empregada nas fábricas e em geral recebiam salários mais baixos para tarefas similares àquelas exercidas pelos homens adultos.

As condições de trabalho eram rigorosas, às vezes brutais: a jornada variava entre 10 e 12 horas diárias e os operários constantemente eram punidos com multas ou agressões físicas. Não havia legislação trabalhista que garantisse ao assalariado descanso semanal,

Operárias e capatazes no interior de uma fábrica na Bahia, final do século XIX.

férias ou licenças remuneradas. Tais condições acabaram gerando vários movimentos reivindicatórios da classe trabalhadora.

Concomitantemente ao crescimento da classe operária, surgiu um novo personagem, o empresário industrial. Alguns também eram fazendeiros, grandes comerciantes, exportadores e importadores; outros haviam enriquecido depois de migrarem para o Brasil, como acontecera com Francesco Matarazzo em 1881.

Os movimentos sociais na República Oligárquica

A constituição de 1891 pouco regulamentava sobre questões sociais. Por isso, o destino dos mais pobres permaneceu nas mãos da classe dominante.

Sem usufruir dos benefícios da República, camponeses e operários manifestaram-se em movimentos rurais e urbanos que contestaram o modelo político vigente.

Movimentos rurais

O historiador Boris Fausto divide os movimentos sociais rurais em três grandes grupos: "os que combinaram conteúdo religioso com carência social; os que combinaram conteúdo religioso com reivindicação social; os que expressaram reivindicações sociais sem conteúdo religioso".

Guerra de Canudos (1893-1897)

O episódio de **Canudos**, relatado por Euclides da Cunha em *Os sertões* e tema constante do escritor Machado de Assis em suas crônicas semanais na *Gazeta de Notícias*, é talvez o melhor e o mais trágico exemplo das manifestações que associaram conteúdo religioso e carência social.

O movimento ocorreu no interior da Bahia, em uma região às margens do Rio Vaza-Barris. Ali se formou, em 1893, um arraial, fundado pelo beato Antônio Vicente Mendes Maciel, conhecido como **Antônio Conselheiro**.

Nascido em Quixeramobim, no Ceará, em 13 de março de 1830, Conselheiro foi comerciante, caixeiro e escrivão. Abandonado pela esposa, decidiu sair pelo sertão como pregador. Em meados de 1874, já perambulava pelo interior acompanhado de alguns fiéis, e nos dez anos seguintes percorreu os sertões do Ceará, Pernambuco, Sergipe e Bahia, construindo e reformando capelas, igrejas e cemitérios. O bispo da Bahia proibiu os fiéis de assistirem às pregações do beato, e o arcebispo, com o apoio do presidente da província, acusou Conselheiro de divulgar doutrinas contrárias ao catolicismo e ao Estado.

Criticado pela Igreja, Conselheiro e seus seguidores fixaram-se numa fazenda abandonada, próxima ao Rio Vaza-Barris, interior da Bahia. Nesse lugar, conhecido como Canudos, fundaram o arraial de Belo Monte.

Formado por casas construídas em regime de mutirão, dividindo os frutos do trabalho na terra e amparando os idosos e doentes, o povoado atraiu muita gente. Para Belo Monte afluíram sertanejos miseráveis, trabalhadores cansados da exploração pelos latifundiários, fugitivos da seca e gente procurada pela Justiça. Conselheiro acolheu a todos, desde que se submetessem às suas duras normas: nada de vícios e muitas orações e trabalho. A população do núcleo chegou a atingir 30 mil pessoas. Marcada por forte misticismo, essa gente acreditava que o Conselheiro era um enviado divino que traria a paz, a fartura e a felicidade.

Além da agricultura, o povoado dedicava-se ao artesanato e criava animais, que complementavam a alimentação e forneciam couro, utilizado como matéria-prima. O excedente da produção era vendido nos municípios vizinhos. No arraial havia duas escolas, lojas, oficinas e diversas moradias. A administração era da competência do Conselheiro e de doze chefes, que cuidavam das finanças, construções, registros de nascimento, entre outras atividades. Não havia polícia nem impostos. Oitocentos indivíduos formavam a Santa Companhia, uma milícia responsável pela guarda pessoal do líder.

Aos olhos dos fazendeiros, do governo e do clero, a comunidade de Canudos era um péssimo exemplo. Os fazendeiros temiam perder mão-de-obra, o governo não aceitava a autonomia de Canudos e a Igreja ressentia-se da liderança espiritual de Conselheiro.

A igreja de Belo Monte, destruída durante os ataques das forças do governo federal ao arraial. Foto de 1897.

Em 1896, o governo estadual enviou aproximadamente 120 soldados para prender Conselheiro, mas esse primeiro contingente fracassou. No início de 1897, uma segunda expedição, com mais de 600 homens, travou combates ferozes com os jagunços, mas bateu em retirada antes de chegar ao arraial. Os sertanejos mostravam grande coragem e habilidade militar, fustigando as tropas com ataques inesperados.

A terceira expedição, em fevereiro e março de 1897, reuniu 1.300 soldados federais. No comando estava o coronel Moreira César, apelidado de "corta-cabeças" devido a sua feroz repressão aos federalistas em Santa Catarina. Impetuoso, o comandante decidiu arrasar o arraial, mas também fracassou e morreu em combate. A derrota custou às tropas federais 116 mortos e 120 feridos.

A repercussão da derrota foi enorme, e não tardou para que a imprensa e políticos atribuíssem ao Conselheiro a intenção de restaurar o Império. Foi nesse clima de franca hostilidade a Conselheiro e seus seguidores que o governo federal resolveu destruir o arraial. Para isso, organizou nova expedição, comandada pelo general Artur Oscar de Andrade Guimarães. Cerca de 7 mil soldados com 18 canhões investiram contra Canudos. Os combates se iniciaram em junho, e em agosto chegou à região o ministro da Guerra, Carlos Machado Bittencourt, à frente de mais três mil soldados. Em outubro, quando ocorreu a ofensiva final contra Canudos, praticamente toda a população local já havia sido exterminada. Os poucos sobreviventes foram feitos prisioneiros.

A Guerra do Contestado (1912-1916)

Situada entre os rios Uruguai, Iguaçu e Negro e a fronteira da Argentina, a região do Contestado era disputada por Santa Catarina e Paraná devido à rica floresta existente e à extensa plantação de erva-mate. A área atraiu grandes companhias, que expulsavam os posseiros locais.

A situação agravou-se com a construção de um trecho da estrada de ferro São Paulo-Rio Grande do Sul. No final da obra, grande parte dos trabalhadores contratados tinha o projeto de permanecer na região. Contudo, os especuladores e as grandes companhias madeireiras exigiram a saída imediata deles, impedindo-os de ocupar os trechos junto à ferrovia.

A multiplicação do número de trabalhadores sem-terra criou um clima propício a agitações e conflitos. Foi nesse contexto que surgiu Miguel Lucena Boa-

Fonte: *Atlas histórico escolar*. Rio de Janeiro: FAE, 1991.

ventura, ex-soldado do exército, que se fazia chamar de "monge" José Maria.

Beato e curandeiro, o "monge" ajudava os caboclos e pregava uma sociedade igualitária. No povoado de Taquaruçu, ele organizou um grupo chamado Os doze pares de França; mais tarde criou a Monarquia Celeste. Seu propósito era resistir aos que pretendiam expulsar a população cabocla, que seguiu o líder confiante na promessa de justiça divina.

Os primeiros choques armados ocorreram em 1912. De um lado, a milícia da Monarquia Celeste, cujos integrantes raspavam o cabelo e ficaram conhecidos como "pelados"; do outro, os "peludos", que eram jagunços contratados pelas empresas, policiais e soldados do Exército.

Apesar de inferiorizada em armas e equipamentos, a irmandade cabocla resistiu até 1915, quando o general Setembrino de Carvalho, à frente de sete mil soldados e com apoio da artilharia e da aviação, forçou os sobreviventes a renderem-se.

A Guerra dos Pelados estendeu-se por mais de vinte mil quilômetros quadrados e matou cerca de seis mil pessoas.

O cangaço

O movimento conhecido como **cangaço** teve início no final do século XIX, estendendo-se até meados da década de 1940. Os cangaceiros integravam grupos armados violentos, que sobreviviam por meio de saques e pilhagens. Em geral, homens e mulheres do sertão aderiam ao congaço para fugir da miséria ou para vingar-se de alguém poderoso.

Os primeiros bandos de cangaceiros atuavam vinculados às ordens de um coronel, na defesa constante ou esporádica de seus interesses. Esses jagunços agiram muitas vezes em conflitos que envolviam brigas entre famílias, rivalidades entre as oligarquias locais.

No final do século XIX, formaram-se os bandos de cangaceiros independentes, que não se subordinavam a nenhum chefe local.

Dentre estes últimos, o mais conhecido é Virgulino Ferreira da Silva, o "capitão" ou Lampião, personagem de aventuras cantadas nos versos da literatura de cordel. Lampião assumiu a liderança do seu grupo em 1922.

"Por onde Lampião anda,
Minhoca fica valente
Macaco briga com onça
E o carneiro não amansa
Ele matava de brincadeira
Por pura perversidade
E alimenta os famintos
Com amor e caridade."

Alguns escritores afirmam ter sido Lampião uma espécie de Robin Hood da caatinga, o representante de uma gente pobre e corajosa que, farta de ser humilhada, atacava e roubava os fazendeiros. Entretanto, pesquisadores do cangaço não compartilham dessa opinião. Veja o que escreveu o historiador inglês Eric Hobsbawm:

"É verdade que ele fizera uma romaria ao famoso Messias de Juazeiro, o Padre Cícero, pedindo sua bênção antes de abraçar o cangaço, [...] Contudo, a balada de onde extraí a maior parte desse relato não menciona qualquer desagravo de ofensas (exceto no seio do próprio bando), nenhum ato de tirar dos ricos para dar aos pobres, nenhuma dispensação de justiça. Registra batalhas, ferimentos, ataques a cidades (ou contra o que passava por cidades no sertão brasileiro), sequestros, assaltos a ricos, combates com os soldados, aventuras com mulheres, episódios de fome e de sede, mas nada que lembre Robin Hood. Pelo contrário, registra 'horrores': como Lampião assassinou um prisioneiro, embora sua mulher o tivesse resgatado, como ele massacrava trabalhadores, como torturou uma velha que o amaldiçoara (sem saber de quem se tratava), fazendo-a dançar com um pé de mandacaru até morrer, como matou sadicamente um de seus homens, que o ofendera, obrigando-o a comer um litro de sal, e incidentes semelhantes. Causar terror e ser impiedoso é um atributo mais importante para esse bandido do que ser amigo dos pobres."

HOBSBAWM, Eric J. *Bandidos.* Rio de Janeiro: Forense-Universitária, 1976.

O controvertido personagem Lampião, ao lado de sua companheira Maria Bonita, em foto da década de 1930.

Os bandos de cangaceiros eram perseguidos pelas "patrulhas volantes" das polícias estaduais, mas conseguiam esgueirar-se pela caatinga. Essas forças policiais agiam com tanta brutalidade quanto os cangaceiros, e no meio dessa luta as maiores vítimas eram os sertanejos.

Lampião, Maria Bonita e outros cangaceiros morreram numa emboscada em 1938. O cangaço perdeu força na década seguinte, quando o governo federal organizou melhor a repressão e as indústrias do Sudeste absorveram mão-de-obra nordestina. Ao criar novas oportunidades de trabalho, as fábricas atraíram sertanejos que deixaram de ver no cangaço um meio de sobrevivência.

Movimentos urbanos

No decorrer da República Oligárquica, à exceção da desastrada experiência de Rui Barbosa, não houve uma política de incentivo à industrialização. A concorrência externa e o desinteresse da elite agrária inibiam o desenvolvimento industrial. Aos poucos, porém, as atividades industriais tomaram impulso, substituindo importações e produzindo maior variedade de bens de consumo. Na segunda metade da década de 1920, a indústria de bens de capital começou a crescer: surgiram, por exemplo, fábricas de cimento e de alguns tipos de máquina.

Se a indústria acelerava seu desenvolvimento, as cidades cresciam com rapidez ainda maior. O processo foi mais acentuado no Sudeste e no Sul, com destaque para as cidades de São Paulo, Rio de Janeiro e Porto Alegre. A população carioca quase triplicou entre 1900 e 1920, chegando a mais de 1,4 milhão de habitantes. São Paulo passou de 240 mil para 889 mil, e Porto Alegre, de 74 mil, para 256 mil habitantes no mesmo período. As cidades de Belém, Recife e Salvador também apresentaram crescimento expressivo.

As cidades mostravam uma composição social bastante diversificada, com operários (na maioria estrangeiros), burguesia industrial, mercantil e financeira, camadas médias (professores, médicos, advogados, engenheiros), funcionários públicos, intelectuais, setores populares e segmentos marginais, de desocupados e crianças de rua.

Os serviços públicos urbanos eram muito precários. A falta de tratamento de água e esgoto, principalmente nos arredores das cidades e nos cortiços, agravava a falta de higiene. Tais condições contribuíam para a disseminação de doenças e epidemias — sarampo, febre tifoide, tuberculose, varíola — que vitimavam milhares de pessoas. As melhorias promovidas pelo governo atingiam apenas os melhores bairros e os centros comerciais.

Foi nesse contexto de descaso do governo com os grupos menos privilegiados que surgiram os movimentos sociais urbanos que refletiam a insatisfação popular.

O crescimento industrial

"Nas primeiras décadas do século XX, a indústria foi estimulada por alguns fatores positivos, como a disponibilidade de capitais e mão-de-obra, presença de um mercado relativamente concentrado, matéria-prima disponível e barata, capacidade geradora de energia, existência de um sistema de transportes ligados aos portos e estímulos governamentais.

Quando a indústria de um determinado país torna-se rentável e amplia-se o mercado consumidor nacional, os capitais estrangeiros passam a se interessar pelo seu investimento em atividades produtivas. [...]

No Brasil, a entrada de capitais estrangeiros nas atividades produtivas data da Primeira Guerra Mundial, com os investimentos norte-americanos que substituíram os capitais britânicos, aplicados em infraestrutura e no setor terciário, até então hegemônicos no país."

ANASTASIA, Carla. 500 anos de indústrias no Brasil. Revista de Economia. *Jornal Estado de Minas.* Belo Horizonte, set. 2000.

A Revolta da Vacina (1904)

Durante o governo de Rodrigues Alves (1902-1906), o saneamento e a modernização do Rio de Janeiro tornaram-se prioridades. Essas benfeitorias eram necessárias até mesmo para melhorar a imagem da capital federal no exterior. Para efetivá-las, o presidente recorreu a empréstimos no exterior.

O prefeito do Rio, Pereira Passos, mandou derrubar casebres e cortiços para abrir avenidas, expulsando parte da população para os morros. Praças, cemitérios e canais de drenagem foram reformados, proibiu-se a circulação de mendigos e animais e foram instituídas visitas domiciliares de agentes sanitaristas para remover tudo que fosse considerado prejudicial à higiene. A população se revoltava com as vistorias nas casas feitas sem nenhum esclarecimento.

Revolta da Vacina. A população revoltada depredou lojas, incendiou quiosques e tombou bondes. Rio de Janeiro, novembro de 1904.

O combate às epidemias foi entregue ao médico sanitarista Oswaldo Cruz, que passou a implementar uma série de medidas de higiene pública com o objetivo de combater a febre amarela, a peste bubônica e a varíola.

No Congresso e na imprensa surgiram manifestações contrárias ao "despotismo sanitário" de Oswaldo Cruz. Em 1904, a aprovação do projeto de vacinação obrigatória contra a varíola para os brasileiros com mais de seis meses de idade acendeu o estopim da revolta popular, que culminou em novembro com a **Revolta da Vacina**.

Durante mais de uma semana a população enfrentou a polícia nas ruas, organizando barricadas, lutas corporais e quebradeiras. Depois de retomar o controle da cidade, o governo prendeu mais de mil pessoas e as deportou para o território do Acre.

A Revolta da Chibata (1910)

No início do século XX, os marinheiros de baixa patente levavam uma vida de baixos salários, exaustiva jornada de trabalho e castigos corporais por desobediência ao regulamento da Marinha — uma penalidade abolida desde a proclamação da República, mas que, na prática, continuava a vigorar na frota de guerra brasileira.

Os marinheiros eram em sua maioria negros e mestiços, geralmente recrutados à força — entre órfãos e rapazes de mau comportamento, criminosos e ladrões —, pressionados pela família a ingressar nas Forças Armadas. Outros eram simplesmente pobres e rudes.

Em 1910, os marinheiros dos encouraçados *Minas Gerais* e *São Paulo* revoltaram-se no Rio de Janeiro, chefiados pelo gaúcho João Cândido Felisberto, apelidado Almirante Negro, e reivindicavam o fim dos castigos corporais, folgas semanais e melhores salários. Os rebeldes enviaram um telegrama ao presidente da República comunicando a decisão de bombardear a cidade do Rio de Janeiro, caso não fossem atendidas suas reivindicações.

O estopim do levante foi o castigo brutal aplicado ao marinheiro Marcelino Rodrigues, no *Minas Gerais*: 250 chibatadas nas costas. A revolta recebeu o apoio de deputados de oposição, que pressionaram o governo federal a ceder às exigências dos marinheiros. O Congresso votou o fim dos castigos corporais na Marinha e anistiou os participantes da revolta. Entretanto, o decreto de anistia foi descumprido e o governo passou a perseguir e prender os marujos. Uma suposta revolta na Ilha das Cobras foi o fato culminante para a perseguição e prisão dos rebeldes.

O governo ordenou que o Exército atacasse a ilha e esmagasse os rebeldes. Os poucos sobreviventes foram deportados para a Amazônia, para trabalhos forçados nos seringais. Durante o trajeto, foi ordenado o fuzilamento de nove indivíduos. O Almirante Negro sobreviveu, sendo encaminhado para um hospital para doentes mentais. Foi julgado em 1912 e inocentado.

João Cândido (destacado na foto) e outros marinheiros participantes da Revolta da Chibata. Foto publicada na revista Fon Fon, *em 1910.*

O movimento operário

A Constituição de 1891 pouco se preocupava com questões sociais. Por isso, as relações de trabalho nas cidades eram definidas pela emergente burguesia industrial, mercantil e financeira. As primitivas modalidades de organização operária obedeceram, portanto, à iniciativa espontânea e às necessidades imediatas dos trabalhadores. O operariado brasileiro foi formado basicamente pelos imigrantes, somados a trabalhadores provenientes de regiões mais pobres do Brasil. Na maioria dos casos, as reivindicações operárias não tiveram caráter diretamente político, apenas visavam melhorar suas condições de sobrevivência.

Num primeiro momento, surgiram as ligas operárias e as sociedades de resistência. De modo geral, reivindicavam melhores salários, menor jornada de trabalho, assistência ao trabalhador doente ou acidentado e regulamentação do trabalho feminino e infantil. Logo em seguida começaram a ser organizados sindicatos, primeiro por ofício e depois por uma mesma atividade econômica, que atuaram por meio de greves e manifestações de caráter acentuadamente reivindicatório. À frente dessas mobilizações, militantes anarquistas e socialistas desenvolviam um importante trabalho de conscientização política.

Anarquismo X capitalismo

"Como as demais formas do socialismo, o anarquismo considerava a propriedade privada como a fonte principal dos problemas da nossa sociedade. Argumenta que os recursos naturais da Terra pertencem a todos os homens; sua apropriação para fins pessoais é 'roubo'. O capitalismo produziu a exploração e o empobrecimento de muitos para o enriquecimento e a avareza de poucos. O forte reduziu o fraco à servidão. E numa luta incessante e destrutiva pela riqueza, as nações entraram em guerra. O capitalismo foi projetado para servir aos interesses de uma classe parasitária e não aos interesses da sociedade. [...] Para pôr um fim a esse sistema de exploração, os meios de produção e distribuição devem ser passados ao controle dos trabalhadores."

MARAM, Sheldon Leslie. *Anarquistas, imigrantes e o movimento operário brasileiro*. 1890-1920. Rio de Janeiro: Paz e Terra, 1979.

As influências do anarquismo e do socialismo

O Partido Socialista Brasileiro foi fundado em 1902 com um programa marxista, que via na luta de classes o motor da história. Nas suas lutas no Brasil, os socialistas daquela época enfatizaram problemas econômicos e a necessidade de mudanças sociais.

O anarquismo foi a mais importante corrente organizatória do movimento operário no início da República. Propunha mudanças na estrutura da sociedade para substituir o Estado burguês por uma forma de cooperação entre indivíduos livres. Os anarquistas negavam toda e qualquer organização rígida, como a dos partidos políticos. Entre eles destacavam-se os anarco-sindicalistas, que acreditavam ser o sindicato a organização natural das massas, ao mesmo tempo instrumento de guerra e finalidade da ação libertária. A greve geral era a arma de protesto e de luta do operário.

Além de criarem ligas de resistência e sindicatos, os militantes anarquistas organizaram greves que visavam reivindicações imediatas e o fortalecimento da solidariedade entre os trabalhadores. Também fizeram da imprensa operária um meio eficaz de difusão e propaganda. Dentre os periódicos anarquistas, destacaram-se: *A Lanterna* (1873), *La Battaglia*, publicado de 1904 a 1912, e *La Barricata* (1904-1919). Os socialistas, por sua vez, publicaram entre 1900 e 1915 o semanário *Avanti* (mais tarde *Avante*), que chegou a circular diariamente.

A MÃO-DE-OBRA DO IMIGRANTE NA INDÚSTRIA NACIONAL

Década	Portugueses	Italianos	Espanhóis	Alemães	Japoneses	Outros	Total
1900-09	195.586	221.394	113.232	13.848	861	77.486	662.407
1910-19	318.168	138.168	181.561	25.902	27.432	123.819	815.453
1920-29	106.835	106.835	81.931	75.801	58.284	221.881	846.647

Fonte: MERRICK, Thomas e GRAHAM, Douglas. *População e desenvolvimento econômico no Brasil*. Rio de Janeiro: Jorge Zahar, 1979.

Algumas mulheres participaram ativamente do movimento operário nas primeiras décadas do século XX. Na foto, Maria Teresa Carini (Teresina) fala aos operários em um comício no bairro do Brás, em São Paulo (SP), durante a greve de 1917.

As greves

As mobilizações e greves operárias durante a República Oligárquica giraram em torno de reivindicações salariais, melhores condições de trabalho, reconhecimento dos direitos trabalhistas e sindicais e uma legislação previdenciária. Elas representaram o principal instrumento de resistência dos trabalhadores desde o início do regime republicano até aproximadamente os anos 1920.

Em 1903, os trabalhadores da fábrica de tecidos Aliança paralisaram suas atividades, com adesão de outras empresas e dos alfaiates. Em 1905, foi a vez de os portuários de Santos e do Rio de Janeiro cruzarem os braços, com o apoio dos trabalhadores de carvão, dos depósitos de gás, dos foguistas e dos carpinteiros da capital. Em 1906, houve greves em solidariedade aos ferroviários da Companhia Paulista. O governo reagiu, em janeiro de 1907, com a promulgação da lei que expulsava do país o estrangeiro que comprometesse a segurança nacional ou a tranquilidade pública. A ameaça, porém, não desmobilizou os operários: em maio de 1907, São Paulo assistiu a uma greve geral de trabalhadores.

A maior mobilização do proletariado brasileiro no período viria dez anos depois, com a greve geral de julho de 1917, iniciada na cidade de São Paulo e com repercussões no restante do país. Dela participaram operários da indústria têxtil e alimentícia, gráficos e ferroviários. Em São Paulo os grevistas entraram em choque com as forças policiais, e deste confronto resultou a morte de um operário, cujo enterro paralisou a cidade que foi transformada em campo de batalha.

O movimento terminou com um acordo de aumento salarial e a promessa do atendimento de outras reivindicações dos trabalhadores. As paralisações de inspiraçao anarquista estenderam-se até 1919, em São Paulo e em outros estados.

Durante os anos 1920, ocorreram greves em reação às péssimas condições de trabalho, salários baixos e custo de vida elevado. Algumas categorias obtiveram conquistas, mas o país continuou sem ter uma legislação trabalhista até 1943, quando foi promulgada a Consolidação das Leis do Trabalho (CLT).

Surgem os comunistas

Poucos meses depois da greve de 1917, mobilizações de impacto incomparavelmente maior derrubaram a ordem burguesa na Rússia e levaram os operários ao poder. Nos anos seguintes, a influência da Revolução Russa se estendeu ao movimento operário internacional, questionando as organizações e doutrinas até então dominantes, de inspiração socialista e anarco-sindicalista. Vários grupos passaram a se movimentar no intuito de formar um partido semelhante ao Partido Bolchevique, que liderou a revolução socialista na Rússia. Inspirados na organização do partido russo, os comunistas brasileiros procuravam formar um partido que priorizasse a luta política, com militantes submetidos a rígida disciplina, uma organização sindical centralizada e um plano de lutas por reformas sociais e políticas que conduzissem ao socialismo.

Em 1921 já existiam grupos comunistas nas cidades do Rio de Janeiro, Recife, Juiz de Fora, São Paulo e Santos. Em 1922, foi fundado o Partido Comunista

A moral burguesa e a moral comunista

"O antagonismo entre capitalistas e operários, porém, não se restringiria à oposição social e política e aos interesses materiais distintos. Haveria também padrões de moralidade diversos. [...]

Classe em decomposição, a burguesia viveria também um processo de decomposição moral, marcado pela corrupção, pelo amoralismo e pela depravação sexual. Tornou-se comum no discurso comunista a caracterização do burguês como indivíduo depravado. Na literatura de inspiração comunista frequentemente encontramos personagens com este perfil: famílias burguesas onde é comum a traição conjugal, a mentira, o vício e a corrupção econômica. Em contraposição, as personagens comunistas são decentes, honestas e morais.

A utopia comunista, portanto, além da promessa de igualitarismo social, acreditava também na constituição de um homem renovado, um 'homem novo' livre dos defeitos e vícios da sociedade capitalista e portador de uma moral superior."

MOTTA, Rodrigo Patto Sá. O PCB e a moral comunista. *Locus — Revista de História*. Juiz de Fora, n. 3, 1977.

do Brasil (PCB), que se constituiu, posteriormente, numa organização de âmbito nacional. Mas, até 1930, o PCB reuniu pouco mais de mil militantes — ainda que o bolchevismo conquistasse um revolucionário do porte de Luís Carlos Prestes, considerado o principal líder das rebeliões tenentistas.

O tenentismo

O **tenentismo** foi um movimento integrado por oficiais jovens do Exército, dentre os quais destacaram-se Luís Carlos Prestes, Juarez Távora, Eduardo Gomes, Siqueira Campos, Cordeiro de Farias e Juracy Magalhães.

No contexto da República Oligárquica, o movimento tenentista expressou o inconformismo político dos setores médios urbanos contra a ordem oligárquica. Paralelamente, trouxe à superfície a revolta da corporação militar contra os baixos salários e a sua marginalização política.

Os tenentes exigiam o voto secreto e o fim da corrupção oligárquica, podendo ser considerados, dessa perspectiva, defensores da democracia e do liberalismo. Todavia, o movimento assumiu uma conotação explicitamente contrária à democracia liberal ao defender a instalação de um governo forte e centralizado, capaz de determinar objetivamente as verdadeiras necessidades nacionais.

A insatisfação militar começou a vir à tona em 1921, ano de mobilizações políticas para a eleição presidencial de 1922. Em oposição ao candidato do esquema "café-com-leite", o mineiro Arthur Bernardes, as oligarquias de alguns estados dissidentes apoiaram o fluminense Nilo Peçanha para concorrer à presidência. A união das oligarquias ficou conhecida como **Reação Republicana**.

Os militares também se dividiram no momento de apresentar apoio aos candidatos. A tensão aumentou

FUNDAÇÃO BIBLIOTECA NACIONAL, RJ

Participantes da Coluna Prestes junto ao marco da fronteira entre Brasil e Paraguai, em 1925.

com a publicação de cartas mais tarde comprovadas como falsas, atribuídas a Bernardes, que insultavam o Exército. Leia a seguir um trecho da carta datada de 3 de junho de 1921 e publicada no final do ano pelo jornal carioca *Correio da Manhã*.

Uma carta ofensiva

"Ilmo. Raul Soares. Saudações afetuosas. Estou informado do ridículo e acintoso banquete dado por Hermes, esse sargentão sem compostura, aos seus apaniguados e tudo o que nessa orgia se passou. Espero que use de toda a energia de acordo com minhas últimas instruções, pois esse canalha precisa de uma reprimenda para entrar na disciplina."

Como era previsível, o candidato oficial venceu as eleições. A derrota motivou uma conspiração liderada pelos militares opositores à política do "café-com-leite", para impedir a posse de Arthur Bernardes.

O levante mais significativo foi o do forte de Copacabana, que terminou com o episódio conhecido como "Dezoito do Forte", em 5 de julho de 1922. Outras rebeliões tenentistas ocorreram no Rio Grande do Sul (1923) e São Paulo (1924). Durante esses movimentos, os tenentes reformularam suas propostas, transformando-as em apelos mais concretos e próximos dos grupos médios urbanos. Com isso, o tenentismo conquistou a simpatia popular nas cidades.

Depois de rebeliões tenentistas fracassadas em São Paulo e no Rio Grande do Sul, os participantes do movimento nesses dois estados uniram suas forças e formaram a **Coluna Prestes** (1925-1927), um destacamento de guerrilheiros militares e civis que, sob a liderança de Luís Carlos Prestes, atravessou mais de 24 mil quilômetros do território brasileiro, escapando a sucessivos cercos das polícias, tropas estaduais e federais. A epopeia da Coluna Prestes encheu os brasileiros de admiração, mas o movimento fracassou em seu objetivo de servir de estopim para novas rebeliões contra o poder oligárquico.

O caráter elitista dos tenentes impediu que os integrantes do grupo fossem aclamados pela população descontente com a ordem vigente, como líderes e representantes populares. Oligarquias, camadas médias e operários optaram pela organização partidária. Em 1928, Prestes, o líder dos tenentes, rompeu explicitamente com os partidos políticos das elites e aceitou uma aproximação com o Partido Comunista do Brasil (PCB), quando tomou contato com o marxismo.

A semana da ruptura

O ano de 1922, data da primeira revolta tenentista, da formação do PCB e do primeiro centenário da independência do Brasil, assistiu também a uma importante ruptura cultural em São Paulo: a realização da **Semana de Arte Moderna**.

O artista plástico Di Cavalcanti e o empresário Paulo Prado foram os articuladores do evento, que visava divulgar a renovação da arte e a temática nativista. Desse movimento tomaram parte pintores, escultores, literatos, arquitetos e intelectuais. Durante três dias — entre 13 e 17 de fevereiro —, o auditório do Teatro Municipal de São Paulo foi palco de encontros literários e musicais, além da exposição de artes plásticas no saguão. Foram apresentados projetos dos arquitetos Garcia Moya e Georg Przyrembel, esculturas de Victor Brecheret, Hildegardo Leão Velloso e Wilhem Haarberg, pinturas e desenhos de Anita Malfatti, Di Cavalcanti, Ferrignac (Inácio da Costa Ferreira), John Graz, Martins Ribeiro, Paim Vieira, Vicente do Rego Monteiro, Yan de Almeida Prado e Zina Aíta.

DORIS MALFATI

Índia (1917), pintura de Anita Malfatti, uma dos artistas modernistas que mais chocaram a sociedade da época, devido à inovação de suas obras. Monteiro Lobato chegou a escrever uma crítica avassaladora sobre a pintura da artista em 1917.

FUNDAÇÃO BIBLIOTECA NACIONAL, RIO NACIONAL

Comissão organizadora da Semana de Arte Moderna de 1922. Na foto, os escritores Manuel Bandeira (1), Mário de Andrade (2), Oswald de Andrade (3) e Graça Aranha (4).

O impacto foi intenso junto ao público, que reagiu com incompreensão às novas tendências. Muitas apresentações foram vaiadas, outras aplaudidas, mas o que se queria era mesmo o escândalo: chocar para mudar, apresentar "ousadas novidades", que revelassem a realidade brasileira tal como era.

A proposta dos participantes do movimento modernista foi a de conciliar uma linguagem importada das vanguardas europeias — Expressionismo, Cubismo e Futurismo — com um conteúdo nativista que resgatasse as raízes culturais brasileiras. A experiência europeia de alguns de nossos artistas fora adquirida durante o tempo em que viveram em Paris, nos anos 1920. A capital francesa, como centro de produção artística, definiu os novos rumos da arte brasileira, influenciando toda essa geração.

"E veio a Semana de Arte Moderna, uma coisa indefinível, eclética, amorfa, sem unidade interior, como todas as revoluções." São palavras de Menotti Del Picchia, um dos idealizadores da Semana de Arte

Dois manifestos, duas visões

Manifesto Antropófago

"Só a antropofagia nos une. Socialmente. Economicamente.

Filosoficamente.

Única lei do mundo. Expressão mascarada de todos os individualismos, de todos os coletivismos. De todas as religiões.

De todos os tratados de paz.

Tupy, or not tupy that is the question.

Contra todas as catequeses. E contra a mãe dos Gracos.

Só me interessa o que não é meu. Lei do homem. Lei do antropófago. [...]

Queremos a Revolução Caraíba. Maior que a Revolução Francesa. A unificação de todas as revoltas eficazes na direção do homem. Sem nós a Europa não teria sequer a sua pobre declaração dos direitos do homem. [...]

Filiação. O contato com o Brasil Caraíba. [...]. Montaigne. O homem natural. Rousseau. Da Revolução Francesa ao Romantismo, à Revolução Bolchevista, à Revolução Surrealista [...]. Caminhamos. [...]

Já tínhamos o comunismo. Já tínhamos a língua surrealista. A idade de ouro.

Catiti Catiti

Imara Notiá

Notiá Imara

Ipejú.

Antes dos portugueses descobrirem o Brasil, o Brasil tinha descoberto a felicidade. [...]

A alegria é a prova dos nove.

No matriarcado de Pindorama. [...]

Oswald de Andrade

Em Piratininga

Ano 374 da deglutição do Bispo Sardinha."

Revista de Antropofagia. São Paulo, n.1, ano 1, maio 1928. Disponível em <www.mac.usp.br>. Acesso em jul. 2007.

Nhengaçu Verde-Amarelo — Manifesto do Verde-Amarelismo ou da Escola da Anta

"O grupo 'verdamarelo', cuja regra é a liberdade plena de cada um ser brasileiro como quiser e puder; cuja condição é cada um interpretar o seu país e o seu povo através de si mesmo, da própria determinação instintiva; — o grupo 'verdamarelo', à tirania das sistematizações ideológicas, responde com a sua alforria e a amplitude sem obstáculo de sua ação brasileira [...].

Nosso nacionalismo é 'verdamarelo' e tupi."

Correio Paulistano. São Paulo, 17 maio. 1929.

Moderna. Os modernistas, de fato, não sabiam definir com precisão quais projetos artísticos defendiam, mas sabiam muito bem o que **não** queriam: o **passadismo**. O termo se referia às tendências artísticas do século XIX, em especial o romantismo e o parnasianismo, considerados conservadores e ultrapassados. Observe os versos extraídos do poema *Os Sapos*, de Manuel Bandeira:

"O sapo-tanoeiro
Parnasiano aguado
Diz: — Meu cancioneiro
É bem martelado."

Manuel Bandeira.

O movimento modernista teve uma "fase heroica" (1922 a 1930) rica em manifestos, como o Pau-Brasil, a Antropofagia, O Verde-Amarelismo e em revistas como *Klaxon — Mensário de Arte Moderna*, lançada em maio de 1922. As propostas variavam e às vezes se combatiam — por exemplo, o Verde-Amarelismo de Cassiano Ricardo e Plínio Salgado se contrapôs ao primitivismo destruidor e debochado da Antropofagia de Oswald de Andrade. Algumas obras desse período tornaram-se marcos na literatura brasileira, como: *Pau-Brasil*, de Oswald de Andrade, *Macunaíma*, de Mário de Andrade, e *Martim Cererê*, de Cassiano Ricardo.

▷ Os herdeiros da Semana de Arte Moderna

Nas décadas de 1930, 1940 e 1950, a literatura brasileira conheceu uma fase de amadurecimento, de liberdade de pesquisa e engajamento político-social. Na prosa, o romance regionalista ganhou força, com uma linguagem popular, mostrando a evolução das ideias geradas na Semana de 1922. Autores como José Lins do Rego, Erico Veríssimo, Graciliano Ramos, Rachel de Queiroz e outros fizeram um retrato das regiões do Brasil, em obras que denunciaram as injustiças sociais associadas à seca no Nordeste, o êxodo rural, a situação do migrante e outras características da nossa realidade.

Na composição poética, Cecília Meireles, Jorge de Lima, Vinicius de Moraes e Carlos Drummond de Andrade continuaram a pesquisa estética dos autores de 1922, cultivando o verso e a poesia sintética. Entretanto, no aspecto temático havia uma diferença considerável: a tentativa destes últimos de explorar e interpretar o "eu", o estar no mundo.

Nos anos 1950, os irmãos Augusto e Haroldo de Campos e Décio Pignatari mostraram uma nova

JOÃO CANDIDO PORTINARI/PROJETO PORTINARI

A temática social também aparece na pintura das décadas de 1930 e 1940. Candido Portinari pintou a dura realidade dos que fogem da seca em Retirantes *(1944).*

perspectiva para a poesia brasileira: o concretismo, cuja inovação era propor uma literatura quase artesanal. "Crie um verso", diziam eles. Veja um exemplo:

COCA-COLA
BEBA COCA COLA
BABE COLA
BEBA COCA
BABE COLA CACO
CACO
COLA
CLOACA

Décio Pignatari.

Mesmo não sendo bem recebido pelo público, o concretismo teve grande importância, e nos anos 1960 a poesia concreta encontrou respaldo nos tropicalistas. Mais tarde, chegou a ser mencionada nos versos de *Sampa*, de Caetano Veloso, composta em 1978:

"Alguma coisa acontece no meu coração
que só quando cruza a Ipiranga e a
avenida São João
é que quando eu cheguei por aqui eu nada
entendi
da dura poesia concreta de tuas esquinas
da deselegância discreta de tuas meninas
[...]"

Caetano Veloso.

Mantendo pelo menos duas das principais propostas modernistas, os autores das décadas de 1970 e 1980, como Roberto Drummond, Ana Miranda, João Ubaldo Ribeiro e Inácio de Loyola Brandão, entre outros, buscaram a liberdade formal e o engajamento da literatura com a história, numa tentativa de redescobrir a identidade do povo brasileiro. Foram novas confirmações do alcance da Semana de Arte Moderna.

A crise dos anos 1920

O final dos anos 1920 e o início dos anos 1930 foram marcados por uma crise generalizada, em preparação desde o início da era republicana e agravada pelo *crash* de 1929, que desestabilizou as relações econômicas em escala mundial.

A quebra da bolsa de valores de Nova York teve forte impacto sobre a economia brasileira, já abalada porque as políticas de valorização do café criadas com o Convênio de Taubaté não mais conseguiam manter a estabilidade do preço do produto. Houve uma queda acentuada no valor das exportações e interrupção da entrada de capitais estrangeiros no país. A indústria e o comércio reduziram drasticamente suas atividades, causando desemprego em massa. A insatisfação cresceu não só entre as camadas populares, ameaçadas pela miséria e pela fome, mas também entre as elites. A crise política resultante dividiu as oligarquias e pôs em xeque as instituições da República Oligárquica.

A escolha do candidato presidencial governista para o período de 1930 a 1934 gerou mais insatisfação, alimentando o movimento que derrubaria o então presidente Washington Luís. Segundo o esquema "café-com-leite", as lideranças republicanas dos estados apoiavam ora um presidente de origem paulista, ora um presidente de origem mineira. Inesperadamente, Washington Luís, do PRP, preferiu o "café puro" e decidiu apoiar para seu sucessor o paulista Júlio Prestes, descartando o candidato de Minas Gerais. Descontentes, as elites mineiras romperam com o governo, aliaram-se aos políticos dirigentes do Rio Grande do Sul, da Paraíba e a grupos de oposição de outros estados, e formaram a **Aliança Liberal**.

Com um programa que incluía pontos como o fim dos privilégios do setor cafeeiro, proteção aos trabalhadores, moralização da vida pública e instituição do voto secreto, a Aliança Liberal lançou em setembro de 1929, no Rio de Janeiro, as candidaturas do gaúcho Getúlio Vargas à presidência e do paraibano João Pessoa à vice-presidência.

ARQUIVO DO ESTADO DE SÃO PAULO

Cartaz da campanha da Aliança Liberal divulgado em março de 1930.

A campanha ocorreu em um clima de tensão, com agressões verbais e até choques armados. Entretanto, a força da máquina governamental deu a vitória a Júlio Prestes.

Enquanto o gaúcho Borges de Medeiros e outros líderes da Aliança Liberal admitiam publicamente a derrota, a ala mais radical começou a conspirar. Em 26 de julho de 1930, João Pessoa foi assassinado no Recife por um de seus adversários na política paraibana. Surgiu o boato de que Washington Luís encomendara o crime: foi o estopim da rebelião.

O movimento estourou em Minas Gerais e no Rio Grande do Sul em 3 de outubro de 1930. Nos dias 4 e 5, os choques entre as tropas federais e os revoltosos se espalharam por todo o país, com exceção de São Paulo, que se manteve à margem das articulações golpistas. As próprias forças governistas aconselhavam Washington Luís a reconhecer a derrota e renunciar, após a ocupação da capital federal pelos oposicionistas, em 23 de outubro. O presidente se recusou.

No dia seguinte, os rebeldes cercaram o Palácio Guanabara e decretaram a prisão do chefe de Estado. A República Oligárquica chegava ao fim.

TEXTO COMPLEMENTAR

Todos nós temos nossos arraiais de Canudos

Um Brasil que se divide em oficial e real. É assim que o escritor paraibano Ariano Suassuna define a causa da injustiça social presente no país.

"Em Canudos, a bandeira usada pelo povo era a do Divino Espírito Santo, a bandeira do Brasil real que, a meu ver, é o do povo pobre, negro, índio e mestiço.

É o país que o Brasil oficial, o dos brancos e poderosos, mais uma vez — e como já sucedera em Palmares — iria esmagar e sufocar ali, confrontando-se então, no caso, duas visões opostas de justiça.

Como era de esperar, a justiça dos poderosos esmagou a do povo, e os acontecimentos de Canudos continuam a se repetir no Brasil a cada instante.

Em todos os campos de atividade; diariamente; incessantemente. Quando, no interior, uma milícia de poderosos, governamental ou não, assassina um pobre posseiro e sua família, é o Brasil dos que incendiaram, assolaram ou arrasaram Canudos que está atirando, que está matando o Brasil real, o do Povo. Quando, numa cidade qualquer, a polícia invade e destrói uma favela, é outro dos nossos inumeráveis arraiais de Canudos que está sendo destruído e assolado pelo Brasil oficial.

E temos que, ao mesmo tempo, ampliar e restringir a imagem, para que ela se torne realmente eficaz como expressão do nosso pensamento. Ampliá-la no plano internacional para dizer que, diante de países ricos e poderosos como os Estados Unidos, a Alemanha e a Rússia, o Terceiro Mundo é um imenso arraial de Canudos, pobre e injustiçado.

De modo que, quando os Estados Unidos invadem o Panamá e Granada, ou ameaçam a Líbia; quando a Rússia invade o Afeganistão; quando a França se impõe ao Chad; e quando todos se juntam para esmagar o povo do Iraque, assassinando crianças, velhos e pessoas de todos os tipos com mísseis e outras armas de seus poderosos arsenais, o Panamá, Granada, a Líbia, o Chad e o Iraque são, todos, arraiais de Canudos que estão sendo esmagados ou humilhados.

Mas, para não sermos hipócritas, temos também que restringir a imagem ao âmbito de nossas vidas pessoais [...].

Tenhamos então a hombridade de confessar que todos nós, integrantes do Brasil oficial, possuímos também — na cozinha, no jardim, no lavador — nossos arraiais de Canudos.

Por isso, quando, na casa de qualquer um de nós, brasileiros brancos e privilegiados, um casal oprime e explora uma empregada doméstica negra e pobre, é o Brasil oficial que está humilhando o Brasil real e violando a dignidade de seu direito. [...]

Por isso concluo afirmando que, no Brasil, a justiça somente será efetiva quando, um dia, se anular essa terrível dilaceração de opostos; quando, afinal, se transformar, por meio de uma fusão, de uma identificação verdadeira e fraterna, a justiça do país oficial segundo a imagem e semelhança do país real. Ou, em palavras mais exatas: quando a justiça do Brasil oficial, pela primeira vez em nossa atormentada história, se tornar expressão perfeita e acabada da justiça do Brasil real."

SUASSUNA, Ariano. *Folha de S.Paulo*. São Paulo, 3 out. 1997.

Compreendendo o texto

1. De acordo com o texto, há dois "Brasis": o oficial e o real. Quem faz parte de cada um deles?

2. Que acontecimentos de nossa história, mencionados no texto, confirmam a ideia da questão anterior?

3. "[...] todos nós, integrantes do Brasil oficial, possuímos também – na cozinha, no jardim, no lavador – nossos arraiais de Canudos". Comente essa afirmação.

ATIVIDADES

Explorando o conhecimento

1 Entre os grupos que implantaram a República no Brasil, encontravam-se civis "evolucionistas" e "revolucionários". Defina cada um deles e responda: qual foi a tendência que predominou?

2 Observe as imagens com atenção e depois responda.

FUNDAÇÃO BIBLIOTECA NACIONAL, RJ

FUNDAÇÃO BIBLIOTECA NACIONAL, RJ

À esquerda, "Saneamento dos morros", ilustração publicada no Jornal do Brasil, *em 1904; à direita, "Scenas cariocas", ilustração da revista* Fon-Fon, *década de 1910.*

a) Identifique os dois "Brasis" representados nas imagens.

b) Retome o texto do capítulo e retire exemplos que se relacionem à contradição mostrada nas imagens.

c) Na sua opinião, as características brasileiras mostradas nas duas imagens ainda permanecem? Justifique sua resposta.

3 O texto a seguir ilustra muito bem um dos tipos de indústria que surgiram no Brasil durante a República Oligárquica.

A origem de uma marca

"A jovem com trajes típicos que aparece no rótulo da embalagem é uma camponesa suíça do século XIX. Naquela época, o leite condensado mais popular da Suíça tinha a marca 'La Laitière', que significa 'vendedora de leite'. Quando esse leite foi exportado para outros países, procurou-se um nome equivalente na língua de cada região para onde o produto foi levado, nome sempre associado à figura da camponesa típica, com seus baldes de leite. Em espanhol, por exemplo, foi adotada a marca 'La Lechera'. No Brasil, quando o produto começou a ser importado, em 1890, adotou-se inicialmente, por falta de um equivalente adequado em português, o nome inglês 'Milkmaid', tradução de 'La Laitière'. Mas as pessoas tinham dificuldade para pronunciar esse nome e passaram a chamar o produto de 'esse leite da moça', referindo-se à ilustração da camponesa. Assim, quando a Nestlé iniciou a produção do leite condensado no país, em 1921, optou pela solução lógica de utilizar uma designação criada espontaneamente pelos consumidores. Foi assim que surgiu a tradicional marca Leite Moça."

Museu virtual história da propaganda. Disponível em <www.memoriadapropaganda.org.br.>. Acesso em jun. 2005.

a) Relacione o texto aos principais tipos de indústria predominantes no Brasil da Primeira República.

b) Indique a origem do capital que fomentou a nascente indústria brasileira.

c) Aponte a mão-de-obra utilizada no processo produtivo.

4 No trecho a seguir, a escritora Zélia Gattai, em sua obra autobiográfica, relembra um momento da sua infância.

Sacco e Vanzetti

"Assunto palpitante, o processo de Sacco e Vanzetti, dois anarquistas italianos, condenados à morte nos Estados Unidos, dava motivo aos jornais para vasto noticiário e grande número de artigos que papai e mamãe liam atentamente. [...]

Papai, que não perdia ocasião para doutrinar os filhos, nos explicou que iam a uma reunião nas Classes Laboriosas, que trataria de um assunto sério e urgente. Contou-nos então a história de Nicola Sacco e Bartolomeu Vanzetti, que estavam para ser executados na cadeira elétrica, nos Estados Unidos, por crimes que não haviam cometido [...]. Os condenados aguardavam, no corredor da morte, o momento da execução. Acrescentou que se eles ainda não haviam sido executados [...] era porque existia um movimento mundial cada vez maior de protesto, organizado por pessoas idôneas, pertencentes a todos os partidos de todas as tendências filosóficas — não apenas os anarquistas."

GATTAI, Zélia. *Anarquistas, graças a Deus.* Rio de Janeiro: Record, 1985.

a) Resuma a informação central do relato feito pela escritora.

b) Sacco e Vanzetti, como os pais de Zélia, eram anarquistas. Com base no que você estudou, apresente as principais características do anarquismo e das formas de luta que seus adeptos organizavam.

5 A imagem a seguir é um detalhe da página de abertura do *site* do jornal *O Estado de S. Paulo*, de 2003. Observe-a e responda.

CID

a) A imagem refere-se a um importante movimento messiânico ocorrido no Brasil no início da República. Identifique-o.

b) A imagem mostra um povoado e montanhas ao fundo. Identifique o povoado e explique como ele se formou.

c) No lado esquerdo da imagem aparece o título *Os Sertões*, numa referência ao livro de Euclides da Cunha. Pesquise para saber mais sobre essa obra e escreva uma síntese.

d) Qual o desfecho do fato histórico relacionado com essa imagem?

A HISTÓRIA E O TEMPO PRESENTE

6 Leia o texto a seguir.

O voto de cabresto na atualidade

"O fenômeno da compra de votos é um assunto relevante na política contemporânea. A própria legislação eleitoral reconhece a existência do problema proibindo explicitamente a compra de votos. [...]

A compra de voto ainda é uma realidade nas eleições brasileiras. A observação empírica confirma que as eleições são caracterizadas por uma intensa negociação de bens materiais, favores administrativos e promessa de cargos. [...] Pode ser organizada por integrantes da própria máquina de campanha do candidato (distribuição de cestas e bens pelo candidato), por correligionários independentes que, com recursos próprios ou de terceiros, conseguem comprar votos para um candidato (por exemplo, médicos que dão atendimento gratuito) ou por cabos eleitorais, que profissionalizaram a negociação dos votos. Estes últimos estão geralmente ligados a um representante político municipal, e atuam como uma espécie de intermediário permanente de serviços públicos e outros favores."

SPECK, Bruno Wilhelm. A compra de votos — uma aproximação empírica. Revista *Opinião Pública*, maio de 2003. Disponível em <www.scielo.br>. Acesso em jul. 2007.

a) De acordo com o texto, que práticas dos coronéis da República Oligárquica ainda são exercidas pelos políticos atuais?

b) Em relação ao ato de votar, aponte as diferenças entre o Brasil atual e o do início do século passado.

7 Durante a República Oligárquica houve inúmeros movimentos sociais no país. Atualmente, existem importantes movimentos de natureza reivindicatória.

a) Identifique pelo menos dois movimentos de natureza reivindicatória existentes atualmente no Brasil.

b) Escolha um dos movimentos que você identificou e faça um breve relato sobre ele.

8 Um dos graves problemas sociais da República Oligárquica era o trabalho infantil, que persiste até os nossos dias. Colete alguns dados atuais (região, tipo de atividade, idade média das crianças, relação com escolaridade etc.) e escreva um comentário sobre isso.

Vestibular / ENEM

1 (Unicamp-SP)

> "O Brasil não tem povo, tem público."
>
> Lima Barreto

Esta frase sintetiza ironicamente, para o autor, a relação entre o Estado republicano e a sociedade brasileira.

O que Lima Barreto quis dizer com essa afirmação?

2 (UFF-RJ)

TARSILA DO AMARAL LICENCIAMENTOS

Tarsila do Amaral foi uma das mais expressivas pintoras do modernismo brasileiro. Sua obra *A gare* (A estação) apresenta alguns dos principais símbolos da modernidade, na cidade de São Paulo, na década de 1920, momento marcante nas transformações da sociedade brasileira.

a) O modernismo no Brasil ganha força e expressão com a Semana de Arte Moderna, em 1922. Cite dois outros marcos da década de 1920, explicando sua importância histórica para as transformações que se passavam na sociedade brasileira naquele momento.

b) Explique o papel desempenhado pela cidade de São Paulo no desenvolvimento e expansão do setor industrial brasileiro.

3 (Unicamp-SP)

> Na repressão à greve de 1917, em São Paulo, o Comitê de Defesa dos Direitos do Homem do Rio de Janeiro denunciou: Todos os componentes do Comitê de Defesa Proletária e os membros mais ativos dos sindicatos, das ligas, dos centros e dos periódicos libertários foram agarrados e encarcerados. As oficinas em que se fazia o semanário *A Plebe* foram invadidas, tendo sido o seu diretor preso. Para muitos presos, foi preparada a expulsão do território nacional.
>
> PINHEIRO, Paulo Sérgio e HALL, Michael. *A classe operária no Brasil*: 1889-1930. São Paulo: Brasiliense, 1981.v. 2. Adaptado.

a) Qual a importância da greve de 1917 iniciada em São Paulo?

b) A partir do texto, identifique as formas de repressão adotadas pelo governo de São Paulo contra a greve de 1917.

c) Qual o papel da imprensa operária nas primeiras décadas do século XX no Brasil?

4 (UFRJ)

> "O coronel é o homem que comanda a política nacional, porque ele é quem elege os homens que a fazem. Sem ele, ninguém é eleito [...]. Em verdade, o coronel é o homem que resolve os casos sem solução. É ele quem atende o cidadão que bate à sua porta às três horas da madrugada, porque não tem recursos [...]. Ele se levanta e vai procurar um médico, que o atende porque é seu amigo e leva a pessoa para a Santa Casa ou ao hospital [...]. Todo mundo pensa que o sujeito vai para o curral eleitoral à força. Não, ele vai porque quer."
>
> ANDRADA, J. B. L. de. Coronel é quem comanda a política nacional. In: NEVES, M. de S. e HEIZER, A. *A ordem é o progresso*. São Paulo: Atual, 1991.

Na Primeira República (1889-1930), o coronelismo aparece como uma característica marcante da vida política nacional. No texto acima, um membro das elites locais explica o que vem a ser o coronel, procurando justificar as relações de dependência que se criavam em torno dele.

a) Explique o papel dos currais eleitorais na sustentação política da Primeira República.

b) Identifique dois movimentos sociais surgidos na Primeira República que se apresentavam como alternativas às estruturas políticas vigentes.

5 (Fuvest) Uma das características da República oligárquica (1894 a 1930) foi a "política do café-com-leite". Explique-a.

6 (UFMG) Um dos episódios mais marcantes na história das revoluções brasileiras deu-se com a Coluna Prestes que, entre 1924 e 1927, percorreu milhares de quilômetros do interior brasileiro na tentativa de manter acesa a luta por seus ideais.
Como solução para os problemas brasileiros, os líderes da Coluna Prestes defendiam:

a) o estabelecimento de uma ditadura militar, que alinhasse o país às experiências inovadoras do fascismo europeu.

b) a destruição do sistema oligárquico, acompanhada da reformulação dos costumes e práticas políticas vigentes.

c) a distribuição das terras dos latifúndios entre os camponeses, que seriam mobilizados para lutar nas fileiras da própria Coluna.

d) a realização de uma revolução comunista, seguida da estatização das propriedades e da implantação do socialismo.

7 (UFRJ) O gráfico abaixo mostra que, durante a Primeira República, o café era o principal produto da pauta de exportações do Brasil. O chamado Convênio de Taubaté (1906) proveu os cafeicultores de importantes mecanismos para a continuidade da hegemonia do café dentre os produtos exportados pelo Brasil.

FLUTUAÇÃO (%) DA PARTICIPAÇÃO DO CAFÉ NA PAUTA DE EXPORTAÇÕES DO BRASIL, 1889-1929

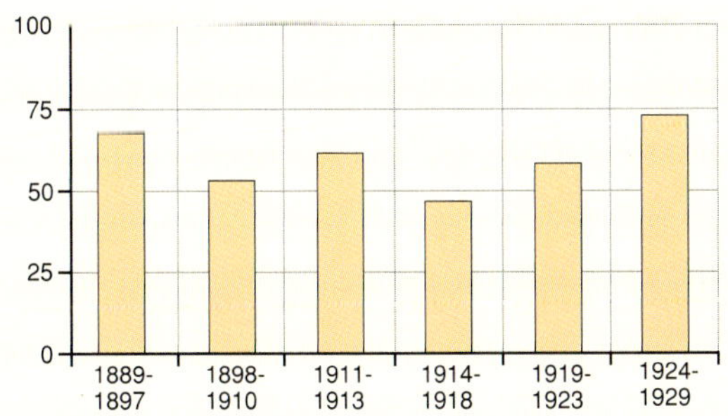

Fonte: FREIRE, Américo et al. *História em curso* (o Brasil e suas relações com o mundo ocidental). Rio de Janeiro: Brasil; FGV; CPDOC, 2004.

Cite duas iniciativas estabelecidas pelo Convênio de Taubaté que visavam à valorização dos preços do café.

8 (Cesgranrio-RJ) Nas últimas décadas do século XIX e no início do século XX o Brasil foi palco de importantes movimentos rurais de resistência às mudanças que se efetivaram com os governos republicanos.
Sobre esses movimentos, pode-se afirmar que:

a) foram fruto da grande seca que assolou o sertão nordestino no final do século XIX, obrigando a população rural a se transferir para áreas urbanas.

b) foram, em sua maioria, movimentos de caráter messiânico, movidos pela miséria e abandono da população, sem projetos definidos de mudança.

c) decorreram da mobilização da população rural em torno da luta pela posse da terra, face à reforma agrária empreendida pelo último gabinete do Império, na tentativa de manter-se no poder.

d) surgiram no Nordeste e resultaram do enfraquecimento político da oligarquia rural brasileira, contribuindo para a articulação de movimentos sociais organizados no campo.

e) levaram à formação de Ligas Camponesas que, por ameaçarem o poder organizado, foram proibidas, sendo seus componentes expulsos, por determinação da Constituição de 1934.

9 (UFG-GO)

A Guerra de Canudos (1896-1897) é emblemática no debate sobre a formação da nação no período republicano. A República recém-proclamada enfrentou um Brasil desconhecido: o sertão e os sertanejos. A guerra, tragicamente, significou um aprendizado para os brasileiros demonstrando que a

a) fragmentação e as grandes distâncias das regiões litorâneas impediram a organização e o crescimento das comunidades sertanejas.

b) unidade cultural do país é fruto de um longo processo de gestação iniciado com a ocupação do litoral e o fabrico do açúcar.

c) presença da Igreja Católica no sertão representava um elo entre a comunidade e as autoridades republicanas.

d) frágil base política em que se assentava o governo republicano foi incapaz de reconhecer a questão social e cultural suscitada por Canudos.

e) resistência política dos monarquistas organizados no arraial de Canudos era uma ameaça à ordem republicana.

10 (UFPE)

Leia as afirmativas abaixo, referentes aos anos vinte do século passado, no Brasil.

1. Os anos vinte reforçaram o poder das oligarquias e não envolveram lutas por reivindicações políticas democráticas.
2. O movimento tenentista expressava as insatisfações políticas do momento apenas do ponto de vista da estratégia militar.
3. O movimento modernista significou, entre outras coisas, uma reflexão sobre a identidade cultural brasileira, apesar das influências europeias modernistas.
4. Apesar da importância da cultura do café, já existiam, nos anos 1920, investimentos em diversos setores da economia brasileira.
5. Os anos 1920 representaram a ascensão dos comunistas dentro do movimento operário da Primeira República.

Estão corretas apenas:

a) 1, 2 e 4
b) 2, 3 e 4
c) 1 e 3
d) 3, 4 e 5
e) 1 e 5

11 (UFG-GO) A charge abaixo refere-se à política republicana brasileira, no período de 1898 a 1930. Relacione a charge com a forma de alternância do poder federal nesse período e explique como se deu o desdobramento dessa política nos estados da federação.

CID

12 (Ufes)

O movimento operário no Brasil iniciou-se em fins do século XIX e tinha como principal objetivo colocar um fim à exploração capitalista e construir uma nova sociedade. Na década de dez do século seguinte, viveu anos de fortalecimento, quando as principais cidades brasileiras foram sacudidas por greves, sendo uma das mais importantes a de 1917, em São Paulo, em que 70 mil trabalhadores cruzaram os braços, exigindo melhores condições de trabalho e aumentos salariais. Os anos 1920, apesar de alguns avanços em termos de legislação social, foram difíceis para o movimento operário, que foi obrigado a enfrentar grandes desafios, entre os quais o recrudescimento da repressão por parte do governo. Apesar disso, não se pode deixar de reconhecer que foi nessa década que o movimento operário brasileiro ganhou maior legitimidade entre os próprios trabalhadores e a sociedade mais ampla, transformando-se em um ator político que iria atuar com maior desenvoltura nas décadas seguintes.

Disponível em <www.cpdoc.fgv.br>
Acesso em: 24 ago. 2003. Adaptado.

Tendo como referência o texto acima, é correto afirmar que:

a) a classe operária assumiu a liderança da articulação sindical nacional, e sua principal conquista obtida pela greve de 1917 foi a criação do Ministério do Trabalho, cujo objetivo era enfrentar a questão social dos baixos salários.

b) os operários imigrantes tiveram participação expressiva na organização política do país e na criação de jornais, defendendo princípios oligárquicos e difundindo ideais vinculados ao totalitarismo, principalmente o nazismo e o comunismo.

c) o movimento operário no Brasil, nas primeiras décadas do século XX, recebeu forte influência do anarquismo e do anarco-sindicalismo, que fomentaram a criação, em 1932, do Partido Comunista Brasileiro, ligado à III Internacional.

d) a proibição do trabalho infantil até aos 12 anos e a fixação de jornada de trabalho diária de oito horas agitavam as principais bandeiras da classe operária, no início da organização sindical no Brasil.

e) o sindicalismo brasileiro surgiu no ABC paulista, por meio da organização de greves nas grandes montadoras de automóveis e da superação das diretorias sindicais pelegas, apesar da grande resistência imposta pelos governos da Primeira República.

Ampliando o conhecimento

Leitura

MORAES, José Geraldo Vinci de. *Cidade e cultura urbana na Primeira República*. São Paulo: Atual, 1994.
O autor discute a formação das primeiras metrópoles no Brasil durante o início do século XX e a transformação dos valores tradicionais rurais em urbanos.

Filmes

Gaijin – os caminhos da liberdade

Direção de Tizuka Yamasaki. Brasil, 1980. 112 min.
O relacionamento social dos imigrantes japoneses com nordestinos e italianos é o tema deste filme.

Guerra de Canudos

Direção de Sérgio Rezende. Brasil, 1997. 169 min.
O filme está centrado na trajetória de uma família que se vê envolvida com os seguidores de Antônio Conselheiro e desenvolve opiniões conflitantes sobre o líder do movimento de Canudos.

O cangaceiro

Direção de Lima Barreto. Brasil, 1953. 105 min.
O bando de cangaceiros do capitão Galdino semeia o terror pela caatinga nordestina. O filme, premiado no Festival de Cannes, mistura aventura, drama e romance, na linha dos melhores épicos do cinema mundial.

Capítulo 39 A Primeira Guerra Mundial e a Revolução Russa

O revolucionário russo Vladimir Ilitch Ulianov, conhecido como Lênin, discursa em Moscou, Rússia, outubro de 1917.

AKG IMAGES-LATINSTOCK

A *Belle Époque*

"Felizes décadas as entre 1870 e 1914: a Bela Época! Período histórico que, num primeiro momento, desperta na consciência de todos nós a imagem de um mundo marcado pela estabilidade, paz e valores seguros. Na realidade, esta sociedade paradisíaca existiu, mas somente para os estratos superiores das classes privilegiadas. A grande burguesia, sem dúvida, tinha razões de sobra para o seu otimismo: as revoluções científica e tecnológica, extremamente aceleradas ao longo do século XIX, haviam aberto perspectivas de fortuna e poder até pouco antes nem sequer imagináveis. O mundo, aos olhos das elites dominantes, parecia pronto e acabado, e a história quase realizada, faltando apenas levar os 'miraculosos' produtos da civilização ocidental aos pobres e retardados povos dos continentes periféricos. [...].

Esta sociedade feliz terminaria de forma explosiva nas sangrentas trincheiras da Grande Guerra de 1914. [...]."

RODRIGUES, Luiz Cesar B. *Primeira Guerra Mundial*. São Paulo: Atual, 1994.

GENERAL PHOTOGRAPHIC AGENCY/GETTY IMAGES

A Primeira Guerra Mundial foi um conflito que utilizou largamente o sistema de trincheiras. Na foto, soldados búlgaros, durante refeição, em trincheira no front do norte da Bulgária, em 1917.

A *Belle Époque* é uma expressão que designa o clima intelectual e artístico do período que vai aproximadamente de 1870 até o início da Primeira Guerra Mundial, em 1914.

Foi uma época de profundas transformações no pensamento e na cultura. Inovações tecnológicas como o automóvel, o avião, o telefone, o cinema, a bicicleta, o telégrafo sem fio, entre outros inventos, marcaram o período. Paris era o centro da modernidade e da cultura boêmia. Com seus cafés-concertos, balés, operetas, livrarias, teatros e alta costura, a capital francesa reunia artistas, escritores, atores e inventores.

Enquanto a arte e a inovação floresciam, esta época também viu a ascensão de militantes operários e socialistas organizados. Contudo, o período de renovação foi bruscamente interrompido com o início da Primeira Guerra Mundial.

Os antecedentes da guerra

Entre 1871 e 1914 não ocorrera nenhum conflito que envolvesse diretamente as potências europeias. Mas os governos das grandes potências lançaram-se numa **corrida armamentista**. Tais armas foram testadas em terras da Ásia e da África, ajudando a submeter as populações locais ao domínio de Estados como Grã-Bretanha e França, que construíram vastos impérios coloniais.

A Alemanha e a Itália, de unificação política tardia, realizada na segunda metade do século XIX, haviam se atrasado na corrida imperialista e controlavam territórios menos extensos e menos ricos. Porém, estavam decididas a alcançar suas rivais — e, para isso, era fundamental dispor de equipamento bélico mais moderno. Ao mesmo tempo que modernizavam seus exércitos, as potências europeias firmavam acordos político-militares entre si. Foi a **política de alianças**.

Formada em 1882, a **Tríplice Aliança** envolvia as Potências Centrais (Império Alemão e Império Austro-Húngaro) e a Itália. A aliança entre Alemanha e Áustria-Hungria se explicava pela necessidade de manter o equilíbrio interno do novo império alemão. A aproximação com a Itália estava indiretamente ligada à unificação territorial tardia dos italianos e alemães e ao atraso destes povos na corrida imperialista. O acordo foi renovado até as vésperas da Primeira Guerra Mundial — mas, quando começou o conflito, a Itália permaneceu neutra.

A **Tríplice Entente**, por sua vez, era formada pela Inglaterra, França e Rússia e foi constituída entre 1893 e 1907. A participação da França em um bloco antigermânico pode ser explicada pela derrota francesa na Guerra Franco-Prussiana de 1870 e a subsequente anexação ao Império Alemão das províncias francesas da Alsácia e de Lorena. Já a presença da Rússia veio como contrapeso ao envolvimento da Áustria-Hungria (aliada da Alemanha) nos Balcãs, região de interesse do Império Russo.

No mosaico de povos iugoslavos (termo que significa “eslavos do sul”), havia populações que habitavam a metade austríaca do Império Austro-Húngaro (eslovenos, croatas, dálmatas); outras habitavam a metade húngara (croatas, alguns sérvios) ou estavam submetidos à administração imperial conjunta (Bósnia-Herzegovina); o restante formava pequenos reinos independentes (Sérvia e Montenegro) ou ainda se encontrava sob controle turco (Macedônia). O governo russo, que alegava ser o protetor de todos os povos eslavos, via com hostilidade a presença austríaca na região.

Um outro olhar

"Passeávamos [eu e minha mãe] [...] pois eu queria mostrar-lhe algo na vitrina da livraria [...]. Então veio ao nosso encontro um grupo de oficiais franceses em seus uniformes vistosos. Alguns deles tinham dificuldade para caminhar, os outros se adaptavam aos passos daqueles; paramos para deixá-los passar vagarosamente. 'Foram gravemente feridos', disse minha mãe, 'estão na Suíça para se restabelecerem. Foram trocados por alemães'. E já vinha do outro lado um grupo de alemães, também entre eles alguns usando muletas, e os outros retardando o passo por causa deles. Lembro-me, ainda, como o medo me paralisou. O que acontecerá agora? Eles se lançarão uns contra os outros? [...] Vimos seus rostos bem de perto, ao darem passagem uns aos outros. Nenhum rosto estava desfigurado pelo ódio ou pela raiva, como eu temia. Eles se olharam calma e amistosamente, como se nada estivesse acontecendo. Alguns se saudaram. Eles andavam muito mais devagar do que as outras pessoas, o que me pareceu uma eternidade. Um dos franceses ainda se virou, agitou sua muleta no ar e gritou para os alemães, que já haviam passado: 'Salut!'. Um dos alemães, que o havia ouvido, imitou-o, também ele abanando uma muleta, e retribuiu a saudação em francês: 'Salut!'. "

CANETTI, Elias. *A língua absolvida.* São Paulo: Companhia das Letras, 1987.

TRÍPLICE ALIANÇA E TRÍPLICE ENTENTE

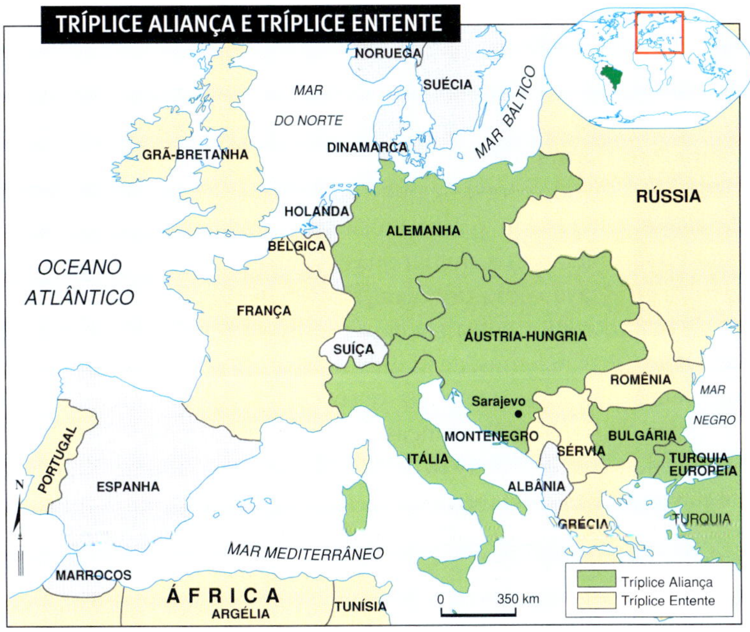

Fonte: LEONE, Alba Rosa. *Orientarsi nella storia*. Milão, RCS Libri e Grandi opere, 1995.

A surpresa na formação da Entente foi a inclusão da Grã-Bretanha em 1904, adversária da França em quase todas as guerras europeias, desde o século XVII. Além de secular, o antagonismo anglo-francês vinha crescendo no século XIX devido à competição pela primazia na corrida imperialista.

O próprio desenvolvimento do capitalismo ajudara a criar rivalidades novas. Já no início do século, a economia mundial deixara de ser um sistema que girava em torno da Grã-Bretanha. Outros países industrializados disputavam com os britânicos os mercados consumidores, e nenhum concorrente era tão agressivo quanto os alemães. País de industrialização mais recente que a Grã-Bretanha, a Alemanha havia incorporado tecnologias mais avançadas. Assim, os produtos que fabricava não raro tinham qualidade superior à das manufaturas britânicas.

A concorrência se estendia à esfera financeira: os empréstimos alemães às vezes eram mais vantajosos que os dos banqueiros britânicos.

Além disso, a força naval do Império Alemão preocupava os ingleses, que necessitavam muito do mar para distribuir suas mercadorias aos quatro cantos do mundo.

▷ As doutrinas ufanistas e a guerra

A conjuntura europeia foi agravada por um outro fator não menos importante: o **nacionalismo**.

Na primeira metade do século XIX, liberais, republicanos e representantes do nascente movimento operário lutaram lado a lado contra o despotismo real, e isso ajudou a criar um sentimento nacionalista, que no final daquele século passou a ser manipulado pelos governos e classes dominantes. A nação era o novo "objeto de culto" patriótico dos Estados, elemento de união entre os cidadãos e o Estado; a propaganda nacionalista se fez a partir da escola, onde as crianças aprendiam a ser bons súditos e bons cidadãos. Isso gerou um novo tipo de movimento político, baseado no patriotismo exagerado, no temor e no ódio ao estrangeiro, na idealização da expansão territorial, na conquista e no próprio ato de guerra.

A intensa exaltação do sentimento nacional assumiu formas particularmente perigosas. Dentre elas, estava o projeto da Grande Sérvia, o revanchismo francês, o pan-eslavismo na Rússia e o pangermanismo na Alemanha.

O plano da **Grande Sérvia** consistia em estender a jurisdição sérvia sobre os povos da mesma etnia que habitavam as províncias turcas da Bósnia e da Herzegovina, administradas desde 1878 pela Áustria, e as províncias meridionais da Áustria-Hungria. Esse projeto nacionalista tinha suas origens na própria formação da Sérvia que, depois de séculos de domínio turco, tornou-se em 1829 um principado autônomo (embora formalmente subordinado a Istambul) e em 1878 obteve a independência plena. Em 1908, a anexação da Bósnia pela Áustria provocou o rancor do nacionalismo sérvio. Logo depois, nas guerras dos Balcãs de 1912-1913, os sérvios ocuparam parte da Macedônia, mas foram obrigados

O sentimento das massas

"As massas alemãs, francesas e inglesas, ao marchar para a guerra em 1914, o fizeram não como guerreiros e aventureiros, mas como cidadãos e civis. É este mesmo fato que, para governos que operam em sociedades democráticas, demonstra a necessidade do patriotismo e igualmente a sua força. Apenas o sentimento de que a causa do Estado era genuinamente a sua poderia mobilizar com eficácia as massas: e em 1914 os ingleses, franceses e alemães sentiam isso."

HOBSBAWM, Eric J. *A era dos impérios: 1875-1914*. Rio de Janeiro: Paz e Terra, 1988.

por Viena a abrir mão de territórios albaneses. Essas pressões fizeram crescer a hostilidade sérvia em relação ao Império Austro-Húngaro, que se manifestaria no atentado contra o herdeiro do trono.

O **revanchismo** francês foi o resultado de um desejo de vingança dos nacionalistas exacerbados da França, dispostos a recuperar os territórios da Alsácia e de Lorena, perdidos em decorrência da derrota dos franceses na Guerra Franco-Prussiana. O **pan-eslavismo** na Rússia, por sua vez, baseava-se na ideia de que os russos deveriam ser líderes e protetores dos Estados eslavos dos Balcãs. E o **pangermanismo**, movimento originário da Liga Pangermânica de 1895, preconizava a expansão da Alemanha com a incorporação de todos os povos de origem germânica que habitavam a Europa Central.

▶ Quatro anos de destruição

O "Atentado de Sarajevo" aumentou a tensão entre os dois blocos de países, e acusações mútuas desencadearam o conflito em agosto de 1914.

Esperava-se que a guerra fosse curta. Mas o conflito durou quatro anos e três meses, obrigando os beligerantes a mudar suas estratégias. O que se apresentava como uma guerra de movimentos ampliou-se e acabou substituído por uma guerra de posições ou de trincheiras, de grande desgaste físico e psicológico.

Passo a passo, o conflito se tornou mundial. O sistema de alianças arrastou outros países à luta. Entre 1914 e 1916, Alemanha, Áustria, Rússia, França e Grã-Bretanha envolveram no confronto suas colônias e áreas de influência da África e da Ásia. O Império Otomano e a Bulgária se juntaram à Alemanha porque o primeiro era inimigo da Rússia e os búlgaros alimentavam ressentimentos contra a Sérvia. Em contrapartida, em 1915, a Itália, antes de entrar em combate, transferiu-se para a Entente depois de firmar um acordo com os ingleses, que lhe prometeram territórios.

Em abril de 1917 foi a vez de o continente americano ser envolvido com a entrada dos Estados Unidos na Entente. Foram decisivos para isso os interesses comerciais norte-americanos na França e Inglaterra.

Nesse mesmo ano, sofrendo pesadas derrotas militares e com graves problemas internos, a Rússia firmou um armistício com a Alemanha e retirou-se do

O espírito nacionalista em cartões postais da época: o alemão (A) mostra uma Valquíria (figura mítica) segurando uma coroa de louros; o francês (B) evoca a participação das mulheres na guerra.

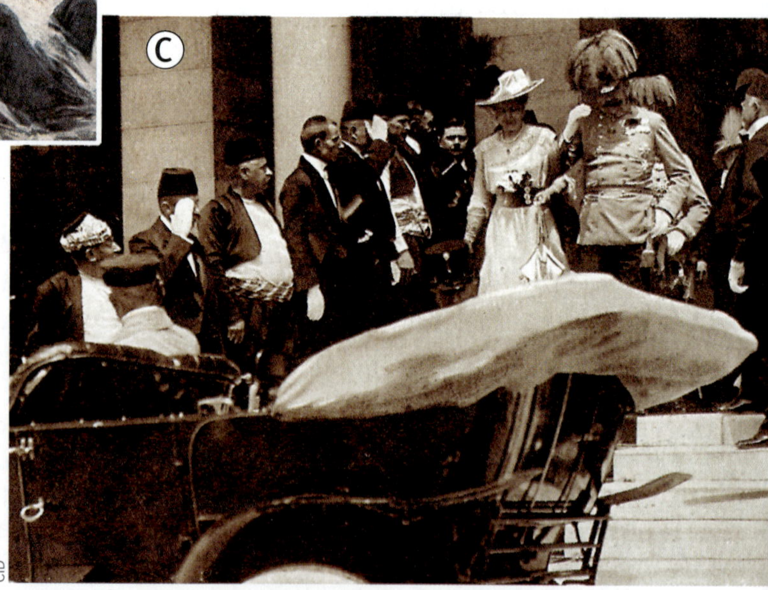

Francisco Ferdinando e esposa, herdeiros do trono da Áustria-Hungria, em 28 de junho de 1914. A morte do casal no "Atentado de Sarajevo", feito por um nacionalista sérvio, foi o pretexto para o início da Primeira Guerra Mundial.

Durante a Primeira Guerra, a aviação teve grande importância estratégica: os aviões revelavam as posições do inimigo e eliminavam possíveis espiões aéreos. Na foto, esquadrilha britânica estacionada em solo francês, 1916.

Em algumas frentes, soldados chegaram a ficar vários meses entrincheirados. A foto, tirada no dia 28 de outubro de 1914, mostra o pouco espaço e o desconforto em uma linha de trincheira britânica.

conflito. No final de 1917, Alemanha e Áustria-Hungria julgavam-se perto do triunfo.

O colapso russo permitiu que os alemães deslocassem tropas para a frente ocidental. Elas foram utilizadas em uma grande ofensiva lançada em março de 1918, antes da chegada da maior parte dos efetivos dos Estados Unidos. Mas o ataque, apesar de obter ganhos territoriais, não quebrou a resistência anglo-francesa. Em julho teve início a contraofensiva aliada, já com apoio norte-americano.

A partir daí, os acontecimentos se precipitaram. Em setembro, derrotada por tropas sérvias com apoio francês, a Bulgária pediu um armistício; no mesmo mês, os ingleses venceram os exércitos turcos na Palestina e avançaram até a Síria. No final de outubro, o Império Otomano capitulou e em breve deixaria de existir. Na Europa, tropas italianas venceram os austríacos na batalha de Vittorio Veneto, e o Império Alemão mergulhou numa crise profunda. Rebeliões no Exército, greves operárias, formação de conselhos populares e falta de alimentos resultaram na renúncia do imperador Guilherme II, na proclamação da República e na rendição alemã.

A paz de Versalhes

Em janeiro de 1918, o presidente dos Estados Unidos, Woodrow Wilson, apresentou ao Congresso Americano um plano de paz, que ficou conhecido como *Os 14 pontos de Wilson*. Entretanto, tal programa foi recebido por algumas potências como "admirável, mas muito abstrato", por não levar em conta "determinadas realidades duras da situação" — em outras palavras, por não punir a Alemanha devido à sua responsabilidade no conflito.

No ano seguinte, representantes dos países vencedores reuniram-se em Versalhes para elaborar um tratado de paz. Foi uma tarefa complexa devido aos muitos interesses que deveriam ser harmonizados.

As autoridades alemãs estavam convictas de que a nação seria tratada de acordo com os princípios defendidos pelo presidente dos Estados Unidos. Mas isso não ocorreu. Assim, em 28 de junho de 1919, a Alemanha foi obrigada a assinar o **Tratado de Versalhes**, cujos termos frustravam suas expectativas. Eis alguns pontos impostos pelos vencedores: perda de territórios na Europa; as antigas colônias alemãs seriam cedidas à Grã-Bretanha e à França; o exército alemão seria reduzido a 100 mil soldados e o país não poderia constituir uma força aérea; navios mercantes alemães passariam a pertencer aos países que compunham a Tríplice Entente (especialmente à Grã-Bretanha e à França), bem como locomotivas, vagões e gado; como indenização, a Alemanha deveria pagar 269 milhões de marcos-ouro aos governos dos países vencedores, uma vez que reconhecia sua responsabilidade no desencadeamento do conflito.

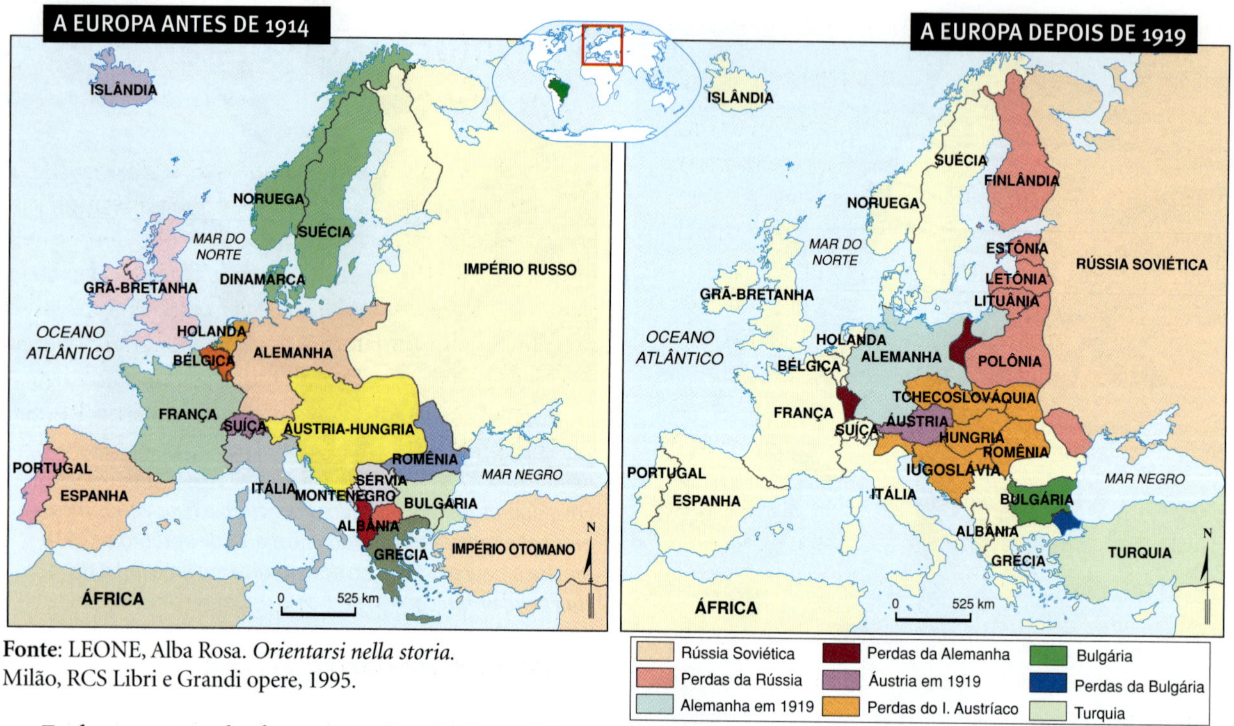

Fonte: LEONE, Alba Rosa. *Orientarsi nella storia.* Milão, RCS Libri e Grandi opere, 1995.

Embora o tratado fosse considerado humilhante e injusto, a Alemanha não teve alternativa senão concordar com os termos impostos. Para a Itália, membro do bloco vitorioso, as condições de Versalhes também não foram satisfatórias, na medida em que não atenderam a suas pretensões imperialistas.

Com o propósito de evitar-se uma nova guerra, foi criada a **Liga das Nações**. Mas a entidade já nasceu falida, uma vez que dela não participaram a Alemanha, a Rússia, nem os Estados Unidos, pois o Senado norte-americano alegou que os problemas europeus deveriam ser resolvidos na Europa.

Já o **Tratado de Saint-Germain**, assinado também em 1919, desmembrou o Império Austro-Húngaro e retirou da Áustria sua saída para o mar. Além disso, forçou aquele país a reconhecer a independência da Polônia, Tchecoslováquia, Hungria e Iugoslávia.

▶ O fim da era europeia

Travada essencialmente nas terras, mares e céus da Europa, a Primeira Guerra arrasou aquele continente e determinou o seu declínio no cenário mundial. Isso permitiu a ascensão dos Estados Unidos como maior potência econômica.

Em termos políticos, surgiu a descrença em relação ao modelo liberal, o que influenciou o aparecimento de regimes e partidos de tendência autoritária, como os de inspiração socialista e fascista.

Mais de 20 milhões de pessoas morreram nesse conflito, principalmente jovens em idade produtiva.

A guerra interrompeu uma revolução de valores, de aspirações e de comportamentos iniciados no final do século XIX. Numa síntese rápida, ela suspendeu a expansão do movimento trabalhista europeu, as aspirações dos jovens, das mulheres e das vanguardas intelectuais e artísticas.

Mas ela também estimulou o desenvolvimento da ciência e foi responsável por grandes avanços tecnológicos. Conhecimentos de química, física e me-

DECRÉSCIMO DA PRODUÇÃO DE ALIMENTOS — 1914-1918

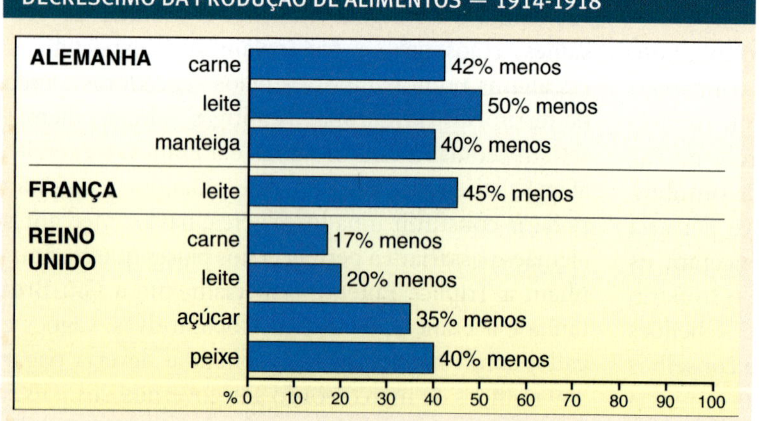

Fonte: *História do século XX.* São Paulo: Abril Cultural, 1968. v. 2.

O Brasil e a Guerra

Durante o período da Guerra, o Brasil foi um dos principais fornecedores de borracha para as indústrias norte-americanas. Dessa maneira, o Brasil tornou-se alvo do Império Alemão, cujos submarinos afundaram cinco navios mercantes brasileiros.

Declarando guerra aos alemães e seus aliados, o Brasil assumiu o patrulhamento do Atlântico e enviou médicos para a Europa.

Com dificuldades para importar produtos industrializados, o país passou a produzir alguns desses artigos nas principais capitais. Cidades como São Paulo, Rio de Janeiro, Salvador e Porto Alegre, por exemplo, ganharam fábricas de bens de consumo. Foi a chamada **indústria de substituição**.

talurgia, desenvolvidos com a Revolução Industrial, foram aprimorados e aplicados à indústria militar. Os gases venenosos, os torpedos com precisão de até cinco quilômetros e os veículos blindados resultaram dessas inovações. Os combatentes usaram, pela primeira vez, aviões e tanques de guerra; os submarinos, desenvolvidos pelos Estados Unidos, foram aprimorados pelos alemães.

Felizmente, os avanços não se restringiram às ações bélicas. Há de se destacar a importante participação de Marie Curie, que trabalhou na França administrando um novo setor da medicina: a radiologia.

Revolução socialista na Rússia

Em 1848, o Manifesto Comunista escrito por Marx e Engels anunciava: "um espectro ronda a Europa – o espectro do comunismo". Quase 70 anos depois, em novembro de 1917 (outubro pelo antigo calendário russo), revolucionários socialistas liderados por Lênin, Trotsky e Stalin tomaram o poder e iniciaram a construção de um Estado baseado nas doutrinas marxistas.

As repúblicas socialistas estabelecidas na Rússia, Ucrânia e em outros domínios dos czares deram origem, em 1922, à União das Repúblicas Socialistas Soviéticas.

A Rússia às vésperas da revolução

Às vésperas do movimento revolucionário de 1917, o Império Russo apresentava particularidades políticas, econômicas e sociais que se tornariam fatores de sua própria destruição.

A população, cerca de 160 milhões de pessoas, era constituída por indivíduos de diferentes nacionalidades, forçados a viver juntos em um Estado despótico, cujo poder absoluto e arbitrário concentrava-se nas mãos do czar, apoiado pela nobreza proprietária de terras e pela Igreja Ortodoxa Russa.

EXTENSÃO MÁXIMA DO IMPÉRIO RUSSO

Fonte: Baseado em KINDER, Herman; HILGEMANN, Werner. *Atlas histórico mundial.* Madri, Istmo, 1983.

A economia baseava-se na agricultura, e a maior parte das terras pertencia à nobreza e à Igreja. Os camponeses eram, portanto, muito explorados, o que levou intelectuais a se deslocarem para o campo e divulgarem entre eles as ideias de Marx e Engels.

A industrialização da Rússia teve início na metade do século XIX graças a um grande afluxo de capitais estrangeiros (ingleses, franceses, belgas e alemães) e estatais, investidos principalmente nas grandes cidades da porção ocidental do Império, tais como Moscou e São Petersburgo. A partir daí, surgiram empresas que concentravam um enorme contingente de operários. Os trabalhadores estavam submetidos a condições extremas de exploração: jornadas de trabalho entre 12 e 16 horas, baixos salários, falta de segurança e inexistência de uma legislação trabalhista, além da proibição de organização de sindicatos.

Tal situação contribuiu para que o operariado se mantivesse em constante confronto com o czarismo e para que o pensamento marxista se difundisse no meio urbano.

A preparação política

A divulgação das concepções marxistas no Império Russo possibilitou a formação de diversos agrupamentos e organizações de esquerda e, a partir destes, a criação do primeiro partido político de caráter marxista do país, em 1898, o **Partido Operário Social-Democrata Russo** (POSDR).

REPRODUÇÃO

Família imperial russa. Ao centro, o czar Nicolau II e a czarina Alexandra, que foram depostos e executados pelos revolucionários.

"Enquanto os bolcheviques pretendiam que a classe operária deveria liderar a revolução, em aliança principalmente com o campesinato, a maior parte dos mencheviques queria que fosse liderada pela burguesia e era favorável a alianças com os liberais."

BOTTOMORE, Tom. *Dicionário do pensamento marxista*. Rio de Janeiro: Jorge Zahar, 1988.

As discussões sobre a natureza da luta contra o czarismo criaram duas tendências no interior do POSDR: os mencheviques (minoria) e os bolcheviques (maioria).

Os **mencheviques**, liderados por Yuly Martov e Georgy Plekanov, defendiam a tese de que a luta contra o czarismo deveria passar por uma etapa democrático-burguesa. Ou seja, a burguesia deveria tomar o poder e instaurar uma república que promovesse reformas econômicas e sociais visando ao desenvolvimento do capitalismo. Só depois se colocaria a revolução socialista.

Os **bolcheviques**, liderados por Vladimir Ilitch Ulianov, **Lênin**, defendiam a necessidade de uma revolução proletária conduzida por uma organização clandestina, de revolucionários profissionais, centralizada e submetida a rigorosa disciplina.

Enquanto bolcheviques e mencheviques disputavam a hegemonia no seio do POSDR, a Rússia sofria as consequências da derrota na **Guerra Russo-Japonesa**. Travado em 1904-1905, o conflito teve origem na política expansionista russa e japonesa no Extremo Oriente.

A sociedade civil reagiu às irreparáveis perdas em homens e recursos, além da humilhação a que fora submetida a Rússia. Tal percepção gerou um clima de descontentamento popular responsável por uma série de confrontos entre o povo e o governo despótico do czar.

O ensaio geral de 1905

Um dos episódios determinantes para que ocorresse uma revolução na Rússia foi o **Domingo Sangrento**, ocorrido em 1905. Em dezembro de 1904, um grupo de trabalhadores da usina de Putilov, situada em São Petersburgo, então capital da Rússia, elaborou um boletim de reivindicações trabalhistas apresentado à direção da empresa. Os dirigentes não só ignoraram as exigências como demitiram todos aqueles que aderiram à iniciativa.

GLENN LONEY/EVERETT COLLECTION – KEYSTONE

Cena do filme O encouraçado Potemkin, *de 1925: o cineasta russo Sergei Eisenstein fez uma obra-propaganda que trata da revolta dos marinheiros em 1905 contra os maus-tratos.*

Em solidariedade aos demitidos, as Seções Operárias (formações de operários) organizaram, em janeiro do ano seguinte, uma manifestação pública. Os operários e populares, liderados pelo padre Gapon, marcharam rumo ao Palácio de Inverno onde entregariam uma petição ao czar, solicitando reformas sociais, políticas, religiosas e fiscais, além da convocação de uma Assembleia Nacional Constituinte. Em resposta, centenas de trabalhadores foram metralhados pelos soldados do czar.

Numa reação indignada ao Domingo Sangrento, greves e manifestações eclodiram em todo o país, estendendo-se às unidades militares. A rebelião dos marinheiros do encouraçado *Potemkin*, o maior navio de guerra do império, no mesmo ano, ilustra o grau de insatisfação do povo russo. E foi ainda no decorrer dos confrontos de 1905 que surgiram os **sovietes** e os **partidos liberais** russos.

A repressão czarista resultou em milhares de mortos e prisioneiros, além do exílio de várias lideranças socialistas. Procurando evitar novos conflitos e atrair os liberais, o czar Nicolau II prometeu realizar uma reforma agrária e respeitar as liberdades civis. Além disso, convocou a *Duma*, uma Assembleia de representantes do povo, composta por uma maioria da nobreza e da alta burguesia, que tinha função apenas consultiva e podia ser dissolvida a qualquer momento.

Até 1916, a Rússia experimentou um simulacro de democracia com a convocação da Duma em 1906, 1907, 1909 e 1912. Após a quarta Duma, o governo decidiu impedir todos os debates de ordem pública e constitucional. A Rússia e boa parte da Europa mergulhavam no clima de autoritarismo, exaltação nacional e predisposição para a guerra que culminou na Primeira Guerra Mundial.

Soviete

Soviet, em russo, significa "conselho". O termo designava as assembleias ou os conselhos de deputados eleitos e formados por operários, soldados e camponeses no decorrer das revoluções de 1905 e 1917. Duramente reprimidos e extintos após a revolução de 1905, os sovietes renasceram em 1917 e se tornaram, após a Revolução de Outubro, um órgão deliberativo do Estado. Durante a Revolução os sovietes controlaram as tropas locais, os transportes e as comunicações, e suas iniciativas refletiam as aspirações das classes revolucionárias.

O fim do regime czarista

Assim como a derrota russa na guerra com o Japão contribuíra para o levante de 1905, o fracasso dos exércitos czaristas na Primeira Guerra Mundial favoreceu a explosão revolucionária de 1917.

De 1914 — quando a Rússia, aliada aos britânicos e aos franceses, entrou em luta contra a Alemanha e a Áustria-Hungria — até o final de 1916, os enormes porém mal-equipados exércitos russos sofreram derrotas sucessivas. Enquanto isso, a situação interna tornava-se cada vez mais insustentável: inflação desenfreada, desemprego, falta de alimentos e enfraquecimento dos laços sociais foram alguns dos ingredientes que contribuíram para desencadear uma série de manifestações populares contra a guerra e o governo czarista.

Um clima de efervescência revolucionária tomou conta da sociedade. Manifestações espontâneas de rua, greves operárias e atos de insubordinação dos soldados contra os comandos militares culminaram na **Revolução de Fevereiro** (março, pelo calendário ocidental), que derrubou o regime czarista.

"Glória às mulheres em luta pela liberdade", estava escrito num cartaz em comemoração ao Dia Internacional da Mulher, em 23 de fevereiro de 1917 (8 de março pelo calendário gregoriano). Em vários pontos da capital, milhares de manifestantes repetiam as palavras de ordem: "pão e paz". Em 26 de fevereiro, uma multidão se dirigiu à Duma cantando hinos revolucionários e bradando: "Abaixo a **autocracia**!", "Abaixo a guerra!" O governo, como costumava fazer, respondeu com a repressão.

Autocracia

Governo em que o soberano tem poderes ilimitados e absolutos.

Lênin discursa para o Exército Vermelho dos Trabalhadores em 5 de maio de 1920. *Pintura de Isaak Israilevich Brodsky, 1933.*

Os grupamentos revolucionários bolcheviques, mencheviques, socialistas-revolucionários e anarquistas, apanhados de surpresa, intensificaram suas ações. Nesse contexto, o presidente da Duma suplicou inutilmente ao czar que atendesse a algumas reivindicações populares e formasse um novo governo. Tarde demais, pois, no dia 27, soldados e operários ocuparam o Palácio de Inverno e em poucas horas a capital do Império caiu nas mãos dos revolucionários.

A partir de São Petersburgo, a revolução se propagou por toda a Rússia. As autoridades imperiais foram exoneradas de seus cargos e substituídas por elementos nomeados pelos sovietes.

Em sua maioria, os novos dirigentes eram mencheviques. A participação dos bolcheviques no movimento tinha sido limitada, atingindo apenas o operariado da capital e de Moscou.

Em 2 de março de 1917, um acordo entre a Duma e o soviete de Petrogrado — a nova denominação de São Petersburgo — permitiu a formação de um governo provisório de maioria liberal. Como chefe de governo foi nomeado o príncipe Georg Lvov, político tradicional e rico proprietário de terras. Seus ministros pertenciam a diversas facções.

A dualidade de poderes

Com a abdicação do czar, estabeleceu-se uma aliança entre o governo provisório, de caráter liberal e controlado pela burguesia, e o soviete de Petrogrado, eleito pelos operários e soldados.

Num primeiro momento, os setores populares representados nos sovietes tiveram ilusões quanto à aliança com os liberais. A crença de que a revolução anticzarista fosse de fato uma "etapa democrático-burguesa" que deveria se desenvolver plenamente levou inclusive facções revolucionárias como os bolcheviques a apoiar o Governo Provisório.

Em curto prazo, o governo de alianças acabou cedendo lugar a uma situação de **dualidade de poderes**.

Imagem do início do século XX mostrando operários russos em frente ao local de trabalho. Os trabalhadores urbanos foram a base social da Revolução de 1917.

"O novo governo não pode dar aos povos da Rússia [...] nem a paz, nem o pão, nem a completa liberdade; por isso, a classe operária deve prosseguir sua luta pelo socialismo e pela paz, aproveitando-se para isso da nova situação e explicando às massas."

LÊNIN, V. I. 17 de março de 1917. In: *Obras escolhidas*. São Paulo: Alfa-Omega.

De um lado estava o Governo Provisório, cujas decisões não correspondiam às aspirações populares, e de outro o soviete, detentor de uma representação local mais direta e efetiva.

MUSEU CENTRAL ESTATAL DA HISTÓRIA CONTEMPORÂNEA DA RÚSSIA, MOSCOU

Este cartaz, produzido no período da Revolução pelo poeta Vladimir Maiakovski, comemora o exército a serviço do povo: "Eis a quem o soldado defendia antes!", diz a legenda do primeiro quadro. "Eis a quem o soldado defende hoje!", diz o segundo.

Uma das mais fortes discordâncias entre o Governo Provisório era em relação à guerra em andamento, na qual o exército russo sofria pesadas baixas com mortes e deserções. Enquanto o Governo Provisório pretendia continuar a guerra "até a vitória final", o soviete de Petrogrado encaminhava uma proposta de paz.

Além disso, operários reivindicavam uma legislação trabalhista e a gestão das empresas, camponeses clamavam por uma reforma agrária e grande parte da nação exigia a convocação de uma Assembleia Constituinte, que os governantes insistiam em adiar até o término da guerra.

Em abril, Lênin apresentou ao Partido Bolchevique suas propostas, as chamadas **Teses de Abril**. Nelas, ele propunha a paz imediata; a dissolução do Governo Provisório e "todo poder aos sovietes"; a supressão da polícia, do exército e do conjunto dos funcionários do Estado; confisco das grandes propriedades rurais e nacionalização da terra; criação de um banco nacional único; controle da produção social e da distribuição dos produtos pelos sovietes. Num primeiro momento, as propostas do líder bolchevique não foram levadas a sério por seus companheiros e em julho vários levantes puseram em xeque o poder. O Governo Provisório aproveitou o fato para pôr o Partido Bolchevique na ilegalidade e prendeu vários líderes. Para não ser preso, Lênin refugiou-se na Finlândia.

A Revolução Bolchevique

De março a outubro, a Rússia assistiu a sucessivas mobilizações populares em defesa da paz e de mudanças políticas e econômicas profundas, que se refletiram no fortalecimento dos partidos revolucionários.

O agravamento da crise em setembro e outubro criou condições para que as palavras de ordem bolcheviques, "Paz, Pão e Terra", encontrassem respaldo entre a grande maioria da população.

Em 10 de outubro, numa reunião do Comitê Central do Partido Bolchevique, Lênin, de volta do seu exílio na Finlândia, se tornou líder dos bolcheviques e propôs o desencadeamento imediato da insurreição para derrubar o Governo Provisório. As bases bolcheviques, sob a liderança de Lênin e Trotsky, colocaram em marcha a insurreição. A criação do Comitê Militar Revolucionário do Soviete de Petrogrado e a preparação da Guarda Vermelha concorreram para que os insurretos tomassem o poder em nome dos sovietes, em 25 de outubro de 1917 (7 de novembro no nosso calendário).

Leon Trotsky discursa na Praça Vermelha, em Moscou, em uma assembleia da Terceira Internacional, realizada em 1919.

Ditadura do proletariado ou sobre o proletariado?

Após a tomada do poder, os revolucionários adotaram medidas nos mais diversos campos para que a velha ordem fosse destruída. Entre elas destacam-se: alterações nas leis referentes aos direitos civis; anulação dos títulos de nobreza; separação entre Igreja e Estado; simplificação da língua escrita russa; autogoverno local; liberdade de expressão, de imprensa, de greve e de associação; eleição de juízes pela população; substituição da polícia e do exército permanente pelo armamento geral do povo; controle das empresas pelos operários por meio de instituições eleitas; igualdade e soberania dos povos da Rússia e o direito destes povos a disporem de si próprios, até mesmo o direito à separação e constituição de um Estado independente.

Uma questão traumática enfrentada pelo governo revolucionário bolchevique dizia respeito à saída da Rússia da Primeira Guerra Mundial. As negociações em separado com a Alemanha acarretaram a assinatura do **Tratado de Brest-Litovsk**, em 3 de março de 1918. A Rússia teve de ceder ao inimigo vastas regiões férteis, renunciar às suas pretensões territoriais e reconhecer a independência da Ucrânia e da Finlândia. Além disso, teve de abrir mão do controle sobre a Estônia, Letônia, Lituânia, Polônia e parte da Bielo-Rússia, e ceder territórios à Turquia.

Apoiados pelas potências vitoriosas no conflito mundial, antigos oficiais monarquistas e políticos conservadores formaram uma força militar contrarrevolucionária, o Exército Branco, e se lançaram contra o Exército Vermelho, representante do poder soviético. A guerra civil incendiou a Rússia.

Para derrotar os Brancos, o poder soviético estabeleceu um rígido controle sobre a produção e o consumo, o **comunismo de guerra**, e impôs rigorosa disciplina ao Exército Vermelho, sob o comando de Trotsky. No final de 1920, haviam sido eliminados praticamente todos os focos da contrarrevolução.

Nos vitoriosos combates para derrotar os Brancos, o Exército Vermelho anexou territórios que formaram a **União das Repúblicas Socialistas Soviéticas (URSS)**.

Paralelamente, os adeptos de Lênin passavam à ofensiva no plano político: em 1919, foi fundada em Moscou a Terceira Internacional ou Internacional Comunista, que passou a levar as propostas e os exemplos da Revolução Russa às massas populares de outros países europeus.

Naquele momento, porém, a situação na Rússia era dramática:

"Crianças, velhos fracos, morriam aos milhares. [...] O país estava completamente esgotado, a produção quase parada, não havia mais reservas de coisa alguma, nem mesmo reservas nervosas na alma das massas. O proletariado de elite, formado pelas lutas do antigo regime, estava literalmente dizimado."

SERGE, Victor. *Memórias de um revolucionário*. São Paulo: Companhia das Letras, 1987.

A adoção da NEP

Tal situação concorreu para que o governo soviético adotasse a **Nova Política Econômica (NEP)**, em março de 1921, recuando de alguns aspectos do comunismo de guerra.

Na esfera comercial, a NEP permitiu a existência de um setor privado, que se encarregaria do comércio varejista; o comércio atacadista permaneceria sob o controle de organismos estatais e seria possível criar cooperativas de comércio, que atuariam tanto no atacado como no varejo.

Stalin (à direita) ao lado de Lênin, em foto de 1920, provavelmente uma montagem para demonstrar a afinidade política entre os dois líderes.

Em relação ao campo, ocorreu uma revisão radical da política agrária. A formação de cooperativas agrícolas continuou a ser efetivada. Mas os camponeses que haviam prosperado durante a revolução, ao se apoderarem de terras da nobreza, puderam utilizar seus recursos crescentes para alugar novas glebas. Nas cidades, foi proibida a nacionalização das fábricas sem deliberação dos órgãos administrativos superiores, desapareceu a prestação de serviços obrigatórios, foi autorizada a livre circulação da mão-de-obra e suprimiu-se a remuneração igualitária do trabalho, buscando-se, em vez disso, a estrita correlação entre o salário e a produtividade.

Outras reformas da NEP recaíram sobre aspectos do cotidiano da população introduzidos no início do processo revolucionário ou no decorrer da guerra civil: foi abolida, por exemplo, a gratuidade dos serviços (moradia, água, eletricidade, gás) e do uso de recursos essenciais postos à disposição da coletividade (transportes, correio, jornais). Finalmente, o governo soviético tentou atrair capitais estrangeiros em forma de concessões ou de empréstimos.

A vitória da política de Stalin

A abertura econômica, porém, não foi acompanhada por uma abertura política. A centralização do Estado acabou por substituir o poder da classe operária pelo poder do Partido Comunista, reforçado ainda mais a partir da ascensão de Joseph Stalin ao posto de secretário-geral em 1922. Foi nesse contexto que Trotsky problematizou: a ditadura do proletariado (como previa Marx) ou sobre o proletariado?

Com a morte de Lênin, em 1924, teve início uma disputa pelo poder entre Trotsky e Stalin. Entre as numerosas divergências dos dois líderes bolcheviques estava o modo como viam a União Soviética. Trotsky a considerava uma conquista revolucionária, um Estado sob o controle dos operários. Mas era um Estado com muitas dificuldades, que permaneceria longe do socialismo até que a revolução na Europa permitisse o livre desenvolvimento das forças produtivas em escala continental. Stalin, ao contrário, admitia a possibilidade da construção do socialismo primeiramente na União Soviética.

No XIII Congresso do Partido Comunista (1924), Trotsky foi derrotado por uma aliança entre Stalin e importantes dirigentes bolcheviques. O XIV Congresso do Partido Comunista (1925) aprovou a tese de primeiramente consolidar o socialismo na União Soviética, e Stalin tornou-se o principal líder soviético. Em contrapartida, Trotsky se empenhou numa

A RETOMADA DA PRODUÇÃO APÓS A GUERRA CIVIL

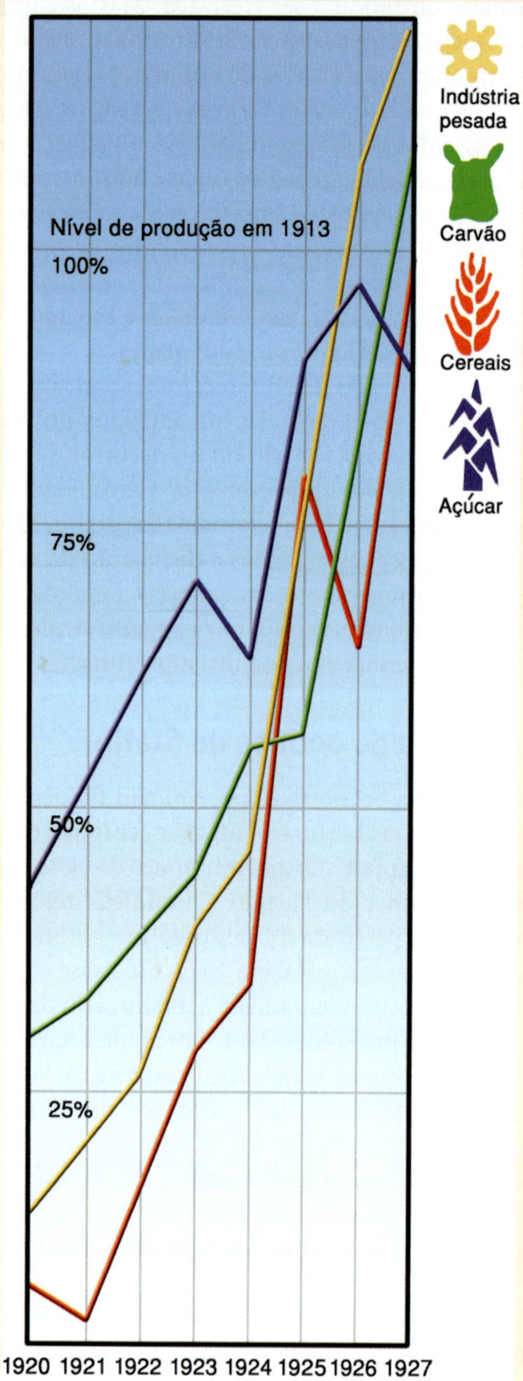

Fonte: *História do século XX*. São Paulo, Abril, 1974. v. 3.

luta sem trégua contra o regime stalinista, cujo centralismo estaria colocando em perigo a revolução. Fundador do Exército Vermelho, principal líder do Soviete de Petrogrado durante as revoluções de 1905 e 1917, Trotsky acabou sendo expulso do partido e exilado em 1927.

No decorrer dos anos 1930, Trotsky afirmou que a burocracia soviética havia "expropriado politicamente o proletariado". Essa expropriação assumiu a forma de um massacre nos grandes expurgos de 1936, nos quais foram executados Zinoviev, Kamenev e muitos bolcheviques. Trotsky, por sua vez, foi assassinado no México em 1940, a mando de Stalin. Nos últimos anos de sua vida, multiplicaram-se nos seus escritos referências ao totalitarismo na União Soviética.

Stalin governou como um ditador. As liberdades individuais foram suspensas e os seus adversários políticos — inclusive os líderes da revolução — acabaram presos ou assassinados pelo regime.

O isolamento da União Soviética obrigou o governo a financiar o desenvolvimento tecnológico e industrial do país com recursos internos. O Estado promoveu o desenvolvimento da indústria de base, como energia elétrica e metalurgia, investiu na educação e na qualificação da mão-de-obra, e formou cooperativas agrícolas, os *kolkhozes* e *sovkhozes*, para ampliar a produção.

"Ninguém, e não faço exceção de Hitler, aplicou ao socialismo um golpe tão mortal. Hitler ataca as organizações operárias no exterior. Stalin as ataca no interior. Hitler destrói o marxismo; Stalin o prostitui. Não há princípio que permaneça intacto; não há uma ideia que não tenha sido enlameada. Até mesmo os termos socialismo e comunismo foram gravemente comprometidos, agora que a gendarmaria incontrolável, com diplomas de 'comunista', chama de socialismo ao regime que impõe. Repugnante profanação!"

TROTSKY, Leon. Stalin e a burocracia. In: MIRANDA, Orlando. *Leon Trotski:* política. São Paulo: Ática, 1981.

TEXTO COMPLEMENTAR

Marcas da guerra

O texto a seguir retrata algumas marcas deixadas pela Primeira Guerra na Europa.

"A 'Grande Guerra', contemporânea da Revolução Russa, inaugura uma nova era na história da humanidade. A insegurança do futuro e do emprego, a que estavam sujeitas as classes populares, se apodera da burguesia. Depois de anos 'batendo na mesma tecla', a incredulidade se generalizou. É uma guerra recontada, repisada, ensinada às crianças dentro de casa. Não existem famílias sem viúvas, órfãos, grandes mutilados, entre os quais os mais impressionantes são os 'queixos quebrados'. À mesa, rememoram-se os Dardanelos, Verdun, as 'atrocidades dos boches' [alemães], celebram-se os heróis, execram-se os que não foram mobilizados, os aproveitadores da guerra, os 'novos-ricos'. Nega-se acolhida aos que ficaram 'escondidos' nas horas de sofrimento. Os antigos combatentes do mesmo regimento se reúnem periodicamente em jantares onde evocam lembranças de guerra, essas histórias de homens. Muitos são os que ficaram definitivamente alquebrados por esses anos de horror, incapazes de se readaptar a uma vida civil que, alguns anos depois, sofrerá o abalo da Grande Depressão. Para uma unidade que 'descia' de Verdun, bastava a metade dos caminhões que tinham sido necessários para a ida. É a lembrança indelével que entretém as insônias e alimenta os pesadelos. [...] Os mortos da Grande Guerra, se for permitido dizê-lo, constituíam a nata. Eram, em sua maioria, homens entre dezoito e 32 anos, os mesmos que, se tivessem sobrevivido, iriam ocupar no entreguerras os cargos de responsabilidade de onde poderiam organizar a resposta aos desafios econômicos lançados pela 'crise' a uma economia que, se antes de 1914 estava cambaleante, foi arruinada pela guerra. Nunca se insistirá demais na tristeza dos anos 1930, quando um povo inteiro, obcecado pela lembrança dos massacres recém-vividos, se retraiu numa espera que iria desembocar no holocausto."

VINCENT, Gérard. Uma história do segredo? In: PROST, Antoine e VINCENT, Gérard. *História da vida privada*: da Primeira Guerra aos nossos dias. São Paulo: Companhia das Letras, 1995. v. 5.

Compreendendo o texto

1. De que maneira a Primeira Guerra Mundial igualou burguesia e camadas populares?

2. Retire do texto exemplos das marcas físicas, emocionais, econômicas e familiares deixadas na geração de europeus contemporâneos da Primeira Guerra.

3. O texto informa que a Primeira Guerra aconteceu ao mesmo tempo em que eclodiu a Revolução Russa. Explique como o conflito mundial contribuiu para as profundas mudanças ocorridas na Rússia.

ATIVIDADES

Explorando o conhecimento

1 Observe com atenção os mapas das páginas 537 e 540.

a) Identifique as alianças políticas e os países que delas participavam.

b) Explique por que o sistema de alianças levou os países europeus a um confronto em 1914.

c) Compare os mapas e produza um quadro conforme o modelo abaixo.

A Europa após a Primeira Guerra Mundial	
Novos países	**Império(s) de origem**
Finlândia	Império Russo

2 Segundo o historiador inglês Eric J. Hobsbawm, "os dois lados tentaram vencer pela tecnologia". (*Era dos extremos:* o breve século XX: 1914-1991.) Retire dos textos deste capítulo argumentos que comprovam a afirmação do historiador.

3 Leia o texto a seguir e responda.

Uma paz punitiva

"Impôs-se à Alemanha uma paz punitiva, justificada pelo argumento de que o Estado era o único responsável pela guerra e todas as suas consequências [...], para mantê-la permanentemente enfraquecida. Isso foi conseguido não tanto por perdas territoriais [...]; essa paz punitiva foi, na realidade, assegurada privando-se a Alemanha de toda uma marinha e uma força aérea efetivas; limitando-se seu exército a 100 mil homens; impondo-se 'reparações' teoricamente infinitas; [...] privando-se a Alemanha de todas as suas antigas colônias no ultramar."

HOBSBAWM, Eric. J. *Era dos extremos:* o breve século XX: 1914-1991. São Paulo: Companhia das Letras, 1995.

a) Identifique o acontecimento histórico que impôs à Alemanha uma paz "punitiva".

b) Liste as principais punições impostas à Alemanha, citadas neste texto ou no capítulo.

c) Explique por que o acontecimento histórico a que se refere o texto levaria mais tarde a um novo conflito mundial.

4 O pintor alemão Otto Dix combateu pela Alemanha na frente ocidental da Primeira Guerra Mundial. As experiências vividas nos campos de batalha marcaram profundamente sua obra nos anos posteriores ao conflito.

AUTVIS, SÃO PAULO, BRASIL, 2007—ARS, NOVA IORQUE, 2007

Soldado morrendo *(1924), tela de Otto Dix.*

a) Descreva os elementos que compõem a pintura.

b) A pintura representa uma crítica ou uma defesa da guerra? Justifique sua resposta.

c) Descreva a sensação que essa tela provoca em você.

5 Leia o texto a seguir.

A Rússia czarista e a revolução

"Que a Rússia czarista estava madura para a revolução, merecia muitíssimo uma revolução, e na verdade essa revolução certamente derrubaria o czarismo, já fora aceito por todo observador sensato do panorama mundial desde a década de 1870."

HOBSBAWM, Eric. J. *Era dos extremos:* o breve século XX: 1914-1991. São Paulo: Companhia das Letras, 1995.

a) Identifique a ideia central deste trecho.

b) Retire do capítulo argumentos que comprovem a afirmativa do historiador.

6 A divisão entre mencheviques e bolcheviques é o tema do texto a seguir. Leia-o e depois responda.

Bolcheviques e mencheviques

"O Partido Operário Social-Democrata foi organizado, formalmente, em 1903, em um congresso em Londres. Lá, o movimento imediatamente dividiu-se em duas facções, uma liderada por Martov, apelidado 'menchevique', e a outra por Lênin, que chamava a si mesmo de 'bolchevique'."

PIPES, Richard. *O comunismo*. Rio de Janeiro: Objetiva, 2002.

a) Explique as principais divergências políticas entre as duas facções.

b) Relacione essas diferenças políticas à dualidade de poderes durante o Governo Provisório, que se seguiu à Revolução de Fevereiro de 1917.

c) Aponte qual projeto político (o menchevique ou o bolchevique) saiu vitorioso com a Revolução de Outubro de 1917.

7 Observe a charge a seguir com bastante atenção.

ARQUIVO/AE

a) Relacione o conteúdo da charge com os propósitos dos bolcheviques na Rússia.

b) Com base no que você estudou no capítulo anterior, comente a influência da Revolução Bolchevique no Brasil.

8 Monte uma linha do tempo com os principais acontecimentos da Primeira Guerra Mundial e da Revolução Russa.

A HISTÓRIA E O TEMPO PRESENTE

9 Analise as fotos a seguir.

REPRODUÇÃO

Cena da Primeira Guerra Mundial.

U.S. ARMY

Cena da Guerra do Iraque.

a) Compare as imagens e estabeleça semelhanças e diferenças entre os equipamentos bélicos.

b) Debata com seus colegas as seguintes questões relacionadas à guerra.

- A influência das indústrias de armas na eclosão de conflitos militares.
- A relação entre desenvolvimento científico e indústria bélica.

10 A Revolução Russa foi um dos principais indícios da crise que caracterizou a sociedade liberal no início do século XX, além de ter influenciado processos revolucionários em vários continentes.

a) Identifique pelo menos três movimentos revolucionários que foram influenciados pela Revolução Russa de 1917 durante o século passado.

b) Escolha um país no qual você identificou um processo revolucionário inspirado nos ideais da Revolução Russa e pesquise na biblioteca da sua escola a atual conjuntura política, econômica e sociocultural desse país.

11 O poeta soviético Vladimir Maiakovski nasceu em 1893, na Geórgia, que, na época da revolução socialista, pertencia ao Império Russo. Principal representante do movimento de modernização artística da Rússia e militante do Partido Bolchevique, Maiakovski dedicou sua curta existência a combater em suas obras a sociedade burguesa, o que o levou a ser perseguido e preso pelo regime czarista. Leia a seguir um trecho de um dos seus poemas.

A plenos pulmões

"Professor,
........jogue fora
..............as lentes-bicicleta!
A mim cabe falar
................de mim
..........................de minha era. [...]
a revolução
................me convoca e me alista.
Troco pelo *front*
.........a horticultura airosa
............................da poesia –
....................................fêmea caprichosa.
Ela ajardina o jardim virgem [...]
E todo
......este exército aguerrido,
......................vinte anos de combates,
não batido,
..........eu vos doo,
.................proletários do planeta,
cada folha
............até a última letra.
O inimigo
......da colossal
..............classe obreira,
.................................é também
meu inimigo
................figadal.
Anos
........de servidão e de miséria
..............................comandavam
..............................nossa bandeira vermelha.
Nós abríamos Marx
........volume após volume,
............................janelas
...................................de nossa casa
abertas amplamente,
.............mas ainda sem ler
...........................saberíamos o rumo!
onde combater,
...............de que lado,
.........................em que frente.

MAIAKOVSKI, Vladimir. A plenos pulmões (1929). In: CAMPOS, Haroldo de e outros. *Poesia russa moderna*. São Paulo: Brasiliense, 1985.

a) Identifique no poema trechos que expressam o compromisso do poeta com o socialismo e a revolução.

b) Muitos artistas brasileiros usaram e ainda usam suas obras para denunciar os problemas sociais do país. Cite e comente dois exemplos.

Vestibular / ENEM

1 (Ufes-ES) Explique como a questão da Bósnia-Herzegovina influiu na deflagração da Primeira Guerra Mundial.

2 (PUC-Campinas-SP)

I– "[...] a disputa de mercados pela indústria inglesa, mais antiga, e a emergente indústria alemã."

II– "[...] conflitos do capital internacional e problemas das minorias nacionais oprimidas pelos grandes impérios."

III– "[...] interesse anglo-francês em manter a sua hegemonia imperialista sobre as áreas periféricas do planeta, situação privilegiada, ameaçada pela concorrência da Alemanha Imperial, recém-chegada à corrida neocolonialista."

Aos itens I, II e III pode-se associar:

a) as consequências da escalada militarista e expansionista durante o nazifascismo.

b) os aspectos das relações políticas internacionais no período entre guerras.

c) as razões da descolonização afro-asiática após a Segunda Guerra Mundial.

d) as causas principais dos conflitos étnicos no Leste europeu.

e) os fatores responsáveis pela Primeira Guerra Mundial.

3 (Enem-MEC)

I. Para o filósofo inglês Thomas Hobbes (1588-1679), o *estado de natureza* é um *estado de guerra* universal e perpétuo. Contraposto ao estado de natureza, entendido como estado de guerra, o *estado de paz* é a sociedade civilizada.

Dentre outras tendências que dialogam com as ideias de Hobbes, destaca-se a definida pelo texto abaixo.

II. "Nem todas as guerras são injustas e, correlativamente, nem toda paz é justa, razão pela qual a guerra nem sempre é um desvalor, e a paz, nem sempre um valor."

BOBBIO, N., MATTEUCCI, N. e PASQUINO, G. *Dicionário de política*. 5. ed. Brasília, Universidade de Brasília; São Paulo: Imprensa Oficial do Estado, 2000.

Comparando as ideias de Hobbes (texto I) com a tendência citada no texto II, pode-se afirmar que:

a) em ambos, a guerra é entendida como inevitável e injusta.

b) para Hobbes, a paz é inerente à civilização e, segundo o texto II, ela não é um valor absoluto.

c) de acordo com Hobbes, a guerra é um valor absoluto e, segundo o texto II, a paz é sempre melhor que a guerra.

d) em ambos, a guerra ou a paz são boas quando o fim é justo.

e) para Hobbes, a paz liga-se à natureza e, de acordo com o texto II, à civilização.

4 (Uerj) Observe as imagens referentes ao período da Primeira Guerra Mundial.

CID

CID

Considerando as transformações desse período, descreva:

a) uma transformação social que, decorrente da guerra, está diretamente relacionada às gravuras;

b) um reflexo da Primeira Guerra sobre a economia do Brasil.

5 (UFRJ)

"O Tratado de paz de Versalhes

(28 de junho de 1919)

Art. 45 - Em compensação da destruição das minas de carvão no norte da França... [a Alemanha] cede à França a propriedade inteira e absoluta das minas de carvão situadas na bacia do Sarre [...] Art. 51 – Os territórios cedidos à Alemanha em virtude dos preliminares de paz assinados em Versalhes a 26 de fevereiro de 1871 e do Tratado de Frankfurt de 10 de maio de 1871 [Alsácia e Lorena] são reintegrados na soberania francesa a datar do armistício de 11 de novembro de 1918 [...] Art. 80 - A Alemanha reconhece e respeitará estritamente a independência da Áustria [...] Art. 81 - A Alemanha reconhece a completa independência da Polônia [...] Art. 119 - A Alemanha renuncia, a favor das Principais Potências aliadas e associadas [Estados Unidos, Império Britânico, França, Itália e Japão], a todos os seus direitos e títulos sobre as suas possessões de além-mar [...]"

O Tratado de Versalles. In: FREITAS, Gustavo de. *900 textos e documentos de História*. Lisboa: Plátano s.d.

O Tratado de Versalhes, pretensamente voltado a garantir a paz em uma Europa devastada pela Primeira Guerra Mundial (1914/18), acabou por tornar-se símbolo de opressão nacional para muitos alemães, sendo então [no período entre as duas guerras mundiais] motivador de reações ultranacionalistas.

a) Retire do texto do Tratado de Versalhes o artigo cujo desrespeito pelos alemães em 1939 levou à eclosão da Segunda Guerra Mundial.

b) Explique as reações ultranacionalistas dos alemães a partir de um dos artigos da Paz de Versalhes, citado acima.

6 (Fuvest-SP) A Primeira Guerra Mundial (1914-1918) foi o primeiro conjunto de acontecimentos que abalou seriamente o domínio colonial e a existência de impérios europeus no século XX.

Tendo por base o texto, explique:

a) A associação entre o colonialismo europeu e a Primeira Guerra.

b) A relação entre a Primeira Guerra e a destruição do Império Russo.

7 (UFRGS-RS) A Primeira Guerra Mundial singularizou-se por uma certa conjugação de fatores até então inéditos nos conflitos entre povos.

- A esperança de suprimir as causas dos litígios levou à fundação da Sociedade das Nações, onde as relações internacionais seriam regulamentadas visando à paz.
- A conferência de paz iniciada em Paris, em janeiro de 1919, realizou-se com a presença dos derrotados e elaborou um documento final, chamado Tratado de Versalhes, que previa a destinação de recursos para a reconstrução dos países vencidos.
- A Alemanha, país fortemente envolvido no conflito, considerava-se prejudicada na partilha colonial da Ásia e da África.
- Com a derrota alemã em 1918, surge na Alemanha a República de Weimar.
- Em 1917, quando a Rússia estava por se retirar da guerra, os EUA entraram com novas forças.

A sequência **correta**, de cima para baixo, é:

a) F - V - F - F - V.

b) V - F - V - F - F.

c) F - V - V - V - F.

d) V - F - V - V - V.

e) F - V - F - V - F.

8 (UFV-MG) A Revolução Russa de 1917 significou a formação do primeiro Estado socialista do mundo, provocando uma ruptura no sistema capitalista mundial e influenciando os movimentos revolucionários no pós-guerra e a divisão do mundo em socialismo e capitalismo, com os consequentes conflitos de interesses.

a) Cite duas condições existentes na Rússia czarista que contribuíram para a eclosão da Revolução de 1917.

b) O que eram os sovietes e qual o seu papel no processo revolucionário?

9 (PUC-PR) A respeito da Revolução Socialista na Rússia e da URSS (União das Repúblicas Socialistas Soviéticas) é correto afirmar:

a) A revolução socialista que derrubou o Governo de Kerensky, o qual estabelecera uma república liberal-burguesa, exilou a família imperial Romanov em Paris.

b) A revolução socialista chegou ao poder com a liderança de Lênin e Leon Trotsky e se empenhou em manter a Rússia na Primeira Guerra Mundial, fiel ao tratado da Tríplice Entente.

c) Exceto a Comuna de Paris (1871), a revolução socialista na Rússia significou a instauração do primeiro governo inspirado na ideologia de Karl Marx–Friedrich Engels.

d) Após a morte de Lênin, Stalin triunfou na luta pelo poder com Trotsky e defendeu sempre a ideia da "revolução permanente", de que deveria o modelo ser levado ao restante da Europa e ao mundo.

e) A URSS terminou, como organização política, em 1945, quando terminou também a Segunda Guerra Mundial.

10 (UFJF-MG) Sobre o contexto social da Rússia, anterior à Revolução Bolchevique de 1917, é **incorreto** dizer que:

a) a grande massa da população era camponesa, reflexo das condições econômicas e sociais anteriores, havendo grande concentração fundiária nas mãos de poucos.

b) a industrialização estava restrita a poucas cidades, como Moscou e São Petersburgo, e fora financiada, em grande parte, pelo capital europeu ocidental.

c) apresentava uma burguesia forte e organizada, com um projeto revolucionário amadurecido, que defendia, entre outros aspectos, a criação de uma República no lugar do governo czarista.

d) o proletariado enfrentava péssimas condições de vida nas cidades, fruto dos baixos salários, mas dispunha de um certo grau de organização política, que possibilitava sua mobilização.

e) após o fim da servidão, houve uma intensa migração do campo em direção à cidade, contribuindo para o aumento da mão-de-obra disponível, que seria direcionada, em grande parte, para a indústria.

11 (UFRRJ) Leia o texto a seguir.

"Em 1921, o problema nacional central era o da recuperação econômica — o índice de desespero do país é eloquente: naquele ano, 36 milhões de pessoas não tinham o que comer. Nas novas e ruinosas condições da paz, o 'comunismo de guerra' revelava-se insuficiente:

era preciso estimular mais efetivamente os mecanismos econômicos da sociedade. Assim, ainda em 1921, no X Congresso do Partido, Lênin propõe um plano econômico de emergência: a Nova Política Econômica."

NETO, J. P. *O que é stalinismo*. São Paulo: Brasiliense, 1981.

Sobre a chamada Nova Política Econômica é **correto** afirmar que:

a) ela reintroduziu práticas de exploração econômica anteriores à Revolução Russa de 1917 que se traduziram num abandono temporário de todas as transformações socialistas já feitas e um retorno ao capitalismo.

b) ela consistiu na manutenção de elementos econômicos socialistas, na organização da economia (como o planejamento) e na permissão para o estabelecimento de elementos capitalistas por meio da livre iniciativa em certos setores.

c) ela significou fundamentalmente uma reforma agrária radical que promoveu a coletivização forçada das propriedades agrárias e a construção de fazendas coletivas, os kolkhozes.

d) seu resultado foi catastrófico, mesmo permitindo a volta controlada de relações capitalistas na economia, já que ela ampliou ainda mais o nível de desemprego e produziu fome em grande escala.

e) ela significou, com a abertura para o capitalismo, um aumento substancial da produção industrial, mas, ao mesmo tempo, por ter retirado todos os incentivos anteriormente concedidos à produção agrícola, foi a razão da ruína do campo.

12 (UFS-SE) A Revolução Russa de 1917 constituiu-se em um desafio concreto à ordem burguesa e capitalista na medida em que:

a) deu início à penetração das ideias marxistas na Europa Ocidental, terreno fértil entre os intelectuais de esquerda e entre as massas operárias.

b) possibilitou a transformação da sociedade e das relações sociais de produção, extinguindo a propriedade privada e socializando os meios de produção.

c) provocou desequilíbrios econômico-sociais no país, acelerando as transformações nas estruturas da sociedade e do processo de produção.

d) promoveu o enfraquecimento da burguesia industrial, vinculada ao capital estrangeiro e representante dos interesses europeus na época.

e) favoreceu a criação de uma consciência revolucionária entre o proletariado de todos os países da África.

13 (PUC-RS) Responda à questão com base nas afirmativas a seguir, sobre a Revolução Russa de 1917.

I – A Revolução teve origem no fracasso das negociações diplomáticas entre Rússia e Alemanha em torno da cidade de Dantzig e do desejado Corredor Polonês.

II – A Revolução caracterizou-se como um movimento liberal, organizado pelos intelectuais orgânicos dos Sovietes dos Camponeses, Burgueses e Operários.

III – As questões sociais relacionadas à terra, à carência de abastecimento (e fome crônica) e à permanência da Rússia na Primeira Guerra foram fundamentais para a eclosão dessa Revolução.

IV – Stalin e Trotsky divergiram quanto aos rumos da Revolução, já que o primeiro defendeu o "socialismo em um só país", ao passo que o segundo propôs a "revolução permanente".

V – A Revolução resultou na saída da Rússia da Primeira Guerra Mundial em 1917, por Lênin considerar esta uma guerra imperialista.

A análise das afirmativas permite concluir que é correta a afirmativa:

a) I, II e III

b) I, III e IV

c) I, III e V

d) II, III e V

e) III, IV e V

14 (Cefet-PR)

"Segundo a concepção dos bolcheviques, a Rússia revolucionária não sobreviveria isoladamente e o mundo marchava para a revolução internacional. O centro de atenções era a Europa, particularmente a Alemanha; o resto não se esclarecia, bem como viria a reboque."

REIS FILHO, Daniel Aarão. *A Revolução Russa (1917-1921)*. São Paulo: Brasiliense, 1983.

Tendo como base o texto acima, é correto afirmar sobre os desfechos da Revolução Russa de 1917, que:

a) o socialismo triunfou em todo o Leste europeu, na chamada "Cortina de Ferro".

b) o medo do comunismo internacional levou as burguesias nacionais a apoiarem ações contrárias de extrema direita, o que levou ao apoio posterior a regimes de exceção, como o fascismo e o nazismo.

c) a vitória dos bolcheviques em 1917 fez com que os Estados Unidos reagissem, numa contraofensiva chamada "Guerra Fria".

d) A crise do populismo que provocou o golpe militar de 1964, depondo o presidente João Goulart.

e) O agravamento do segundo governo Vargas que levou ao suicídio do presidente.

Ampliando o conhecimento

Leituras

REMARQUE, Erich Maria. *Nada de novo no front.* Porto Alegre: L&PM, 2004.
Romance do escritor e veterano de guerra alemão Erich M. Remarque, publicado em 1929, que conta os horrores da guerra e a indiferença da população civil diante do sofrimento dos que retornavam das frentes de batalha.

REED, John. *Dez dias que abalaram o mundo*: história de uma revolução. Rio de Janeiro: Ediouro, 2003.
Relato da Revolução de Outubro feito a partir da experiência do jornalista norte-americano John Reed, que acompanhou os acontecimentos de 1917. Quase 90 anos depois da revolução, quando já não existe mais o país que ela originou, a obra continua despertando emoção e interesse.

Filmes

Glória feita de sangue

Direção de Stanley Kubrick. Estados Unidos, 1957. 87 min.
Após um frustrado ataque suicida contra os alemães, planejado por um oficial francês, ele pede a execução de todo o regimento, acusando-o de covardia. Um coronel tenta de todas as formas suspender essa decisão.

Lawrence da Arábia

Direção de David Lean. Estados Unidos, 1962. 222 min.
Filme baseado na vida do tenente inglês T. E. Lawrence que, durante a Primeira Guerra, tentou unir os árabes para lutarem contra os turcos.

Sem novidade no front

Direção de Lewis Milestone. Estados Unidos, 1930. 131 min.
Grande filme pacifista, baseado no livro de Erich Maria Remarque, que conta a história de sete jovens alemães que se apresentam como voluntários para lutar pela Alemanha durante a Primeira Guerra Mundial. Nas trincheiras, descobrem os horrores e a irracionalidade da guerra.

Doutor Jivago

Direção de David Lean. Estados Unidos, 1965. 201 min.
A história de um médico casado com uma aristocrata, mas que ama uma plebeia, tem como cenário a Rússia da época da Revolução de 1917.

Nicolas e Alexandra

Direção de Franklin J. Schaffner. Inglaterra, 1971. 183 min.
O filme reconta os últimos anos dos imperadores Nicolau e Alexandra e sua família, todos mortos pelos bolcheviques em 1917.

O encouraçado Potemkin

Direção de Sergei M. Eisenstein. União Soviética, 1925. 74 min.
Filme encomendado pelo governo bolchevique para comemorar os 20 anos da revolta dos marinheiros do encouraçado Potemkin, que colaborou para a queda do regime czarista.

Rasputin

Direção de Uli Edel. Estados Unidos, 1996. 105 min.
A aproximação do polêmico religioso Rasputin com a família imperial russa, devido à doença do filho do czar.

Reds

Direção de Warren Beatty. Estados Unidos, 1981. 200 min.
O filme é baseado nos relatos do jornalista norte-americano John Reed, que registrou no livro *Dez dias que abalaram o mundo* os momentos cruciais da Revolução Russa de 1917.

Capítulo 40

A crise dos anos 1920 e a ascensão nazifascista

Na Alemanha, o número de crimes cometidos por neonazistas cresce a cada ano. Na foto, integrantes do Partido Nacional Democrático, grupo de extrema-direita, participam de comemoração promovida pelo partido em 2005.

JOHN MACDOUGALL/AFP

O avanço da extrema-direita na Europa

"A história ensina que não é bom subestimar a capacidade dos nazistas de perceber oportunidades históricas. Assim como na década de 20 do século passado, a extrema-direita alemã está aproveitando agora uma mistura explosiva de crise econômica e hesitação política dos partidos tradicionais para alimentar um projeto declarado de se tornar uma força nacional.

Os neonazistas alemães, cuja ação é bastante limitada pela legislação, crescem a reboque do desemprego, da desatenção do poder federal e de uma indiferença mais ou menos generalizada. Mecklenburgo-Pomerânia Ocidental, que fica no antigo lado comunista da Alemanha, é o Estado mais pobre do país e, portanto, é o ecossistema ideal para o florescimento do extremismo de direita. [...]

O apelo dos grupos neonazistas desde os anos 70, e especialmente desde a reunificação, deixou de ser basicamente o antissemitismo e agora é a propaganda anti-imigração. [...] O relativo sucesso [dos grupos neonazistas] neste momento reflete, portanto, a recorrência da questão da imigração como problema na Alemanha.

A perseguição ao imigrante, muitas vezes violenta, feita por grupamentos paramilitares, [...] lembra os ataques aos judeus nos anos 20 e 30. Trata-se de uma ação que visa a destruir o sujeito desenraizado que surge como uma ameaça ao modo de vida alemão. A preocupação é saber até aonde os neonazistas conseguirão ir."

GUTERMAN, Marcos. Crise acelera avanço neonazista. In: *O Estado de S. Paulo*. Out. de 2006. Disponível em <www.estadao.com.br>. Acesso em jun. 2007.

Ainda ecoam as marcas do nazifascismo no início desse milênio. Crises econômicas, desemprego, degradação do nível de vida e preconceitos raciais e étnicos favoreceram, em meados da década de 1970, a retomada de movimentos nazifascistas. Seus militantes difundem ideias separatistas, antissemitas e racistas, além de promoverem pichações, depredações e agressões físicas. No Brasil, principalmente no eixo sul-sudeste, as vítimas de violência por parte de grupos neonazistas são homossexuais e nordestinos.

Felizmente, o nazifascismo não apresenta grandes blocos de organização e não possui um programa de ação específico no país. No caso da Europa, porém, os nazifascistas formam partidos de extrema-direita que crescem a cada eleição. Muito jovens europeus extremistas agridem imigrantes, que têm sido as principais vítimas de violência em países como Alemanha, Áustria, França, Itália e Rússia.

As raízes desse tipo de intolerância estão localizadas no início do século XX. Em 1929, uma grave crise econômica atingiu proporções mundiais. Como solução para o problema, diversos países adotaram regimes políticos totalitários, baseados no autoritarismo e na violência, com os objetivos de contornar a Grande Depressão e conter o avanço dos comunistas. As ideias presentes naquele período ajudaram a deflagrar um dos piores conflitos que a humanidade já presenciou e, rearticuladas, tomam rumos assustadores nos dias atuais.

A crescente indústria automobilística norte-americana inundava jornais e revistas com a publicidade de seus veículos. Propaganda de automóvel conversível de 1919.

▶ *The american way of life*

A Primeira Guerra Mundial trouxe consequências bastante diversificadas para a sociedade internacional. O conflito submeteu alguns países a um castigo severo, outros escaparam quase ilesos e vários alcançaram uma prosperidade nunca antes vista. As perdas populacionais e as perturbações econômicas atingiram principalmente os Estados da Europa oriental, França, Alemanha e Itália.

Já Estados Unidos, Canadá, Austrália, África do Sul, Índia e parte da América do Sul tiveram suas economias estimuladas. Primeiramente, porque estavam distantes da destruição das frentes de batalha; em segundo lugar, devido à demanda de matérias-primas e alimentos por parte de uma Europa arrasada pelos efeitos devastadores de uma conflagração de caráter mundial.

Os Estados Unidos foram os grandes beneficiados: entre 1914 e meados da década de 1920, o país foi o maior exportador mundial de armas, equipamentos

Nos Estados Unidos, durante a década de 1920, havia mais automóveis do que trabalhadores com dinheiro para comprá-los. Foto da linha de produção da fábrica da Ford em Dearborn, Michigan, 1928.

militares, remédios, alimentos, bens de consumo e capitais. Os países envolvidos no conflito, principalmente Inglaterra e França, contraíram empréstimos de bancos norte-americanos para pagar os que importavam dos Estados Unidos.

No final dos anos 1920, os Estados Unidos estavam em plena euforia econômica. A agricultura, tida como a mais mecanizada do mundo, inundava de alimentos os mercados interno e externo, e as indústrias funcionavam a todo vapor. Essa dinâmica estimulou os norte-americanos a investirem cada vez mais na Bolsa de Valores de Nova York, o que garantia altos lucros no momento da negociação. Com a expectativa de ganhar dinheiro fácil, economias de uma vida inteira eram confiadas às firmas de Wall Street e investidas no mercado de **ações**. Todos acreditavam que a prosperidade jamais terminaria — mas o *crash* de Wall Street cortou a expansão econômica e as ilusões.

Desempregados diante do Congresso dos Estados Unidos reivindicam ajuda federal. Na faixa, os dizeres: "Nós queremos trabalho". Foto de 1932.

▷ A crise econômica norte-americana

A capacidade de consumo da sociedade não se desenvolveu com a mesma intensidade do crescimento econômico. A renda se concentrou nas mãos dos capitalistas e de parcelas da classe média, enquanto uma grande massa de trabalhadores não tinha dinheiro para consumir o que eles mesmos produziam.

Além disso, no final dos anos 1920, os investidores norte-americanos concentraram seus investimentos nos negócios internos, afetando os países europeus, que passaram a ter dificuldades de obter empréstimos e de exportar mercadorias para os EUA. Esse contexto provocou um atraso nas amortizações das dívidas externas dos países europeus, bem como uma diminuição das importações dos produtos norte-americanos.

Como as indústrias norte-americanas não diminuíram o ritmo de produção e os mercados europeus se retraíram, estabeleceu-se uma **crise de superprodução**.

Ação

A ação é um documento que representa a propriedade de parte do capital de uma empresa, de maneira que, ao adquirir uma ação, você se torna sócio da empresa, o que pode significar lucro ou prejuízo. Um exemplo: o total das suas ações corresponde a 5% do valor da empresa. Se a empresa for valorizada, suas ações passam a valer mais; se ocorrer o contrário, as ações também desvalorizam. Para reduzir os prejuízos, os acionistas procuram vender suas ações antes que os preços caiam demais. Por isso o mercado de ações é considerado um negócio de risco.

Quando a oferta de produtos é maior que a procura, os preços tendem a cair. E foi isso que aconteceu. Mas, à medida que os preços caíam, os investidores iam despejando as ações das empresas no mercado, até que muitos queriam vender e poucos queriam comprar. Resultado: a Bolsa de Nova York quebrou e, com ela, toda a economia dos Estados Unidos entrou em bancarrota.

Foi o caos. Uma vez que o centro das finanças mundial havia se transferido para a América, a desordem econômica norte-americana não afetou apenas os Estados Unidos. O *crash* da Bolsa de Nova York atingiu também o resto do mundo, com exceção da União Soviética; golpeou os empréstimos norte-americanos e provocou uma reação em cadeia que parecia incontrolável. A retração do comércio internacional provocou milhares de falências e concordatas, deixando milhões de pessoas desempregadas e causando sérios problemas sociais. Era a grande recessão mundial.

A partir daí, grupos nacionalistas mais radicais, especialmente os da extrema-direita, passaram a utilizar a crise econômica como justificativa para atacarem todo o sistema liberal-capitalista e para exigirem políticas nacionais mais positivas, apoiadas por uma ditadura, se necessário.

Nos países em que a democracia se encontrava mais fragilizada — Alemanha, Espanha e Romênia, entre outros — as pressões político-econômicas conseguiram levar ao poder regimes políticos fascistas ou muito próximos ao fascismo. Com eles, viria a se desenrolar um novo e sombrio capítulo da história: a **Segunda Guerra Mundial** (1939-1945).

"Tomei consciência pela primeira vez do problema do desemprego em 1928 [...]. Lembro-me do choque, do espanto que senti, quando pela primeira vez me misturei com vagabundos e mendigos, ao descobrir que uma boa parte, talvez uma quarta parte dessa gente [...] eram mineiros e colhedores de algodão, jovens honestos, contemplando seus destinos com aquele assombro estúpido de um animal que caiu em armadilha. Simplesmente não conseguiam entender o que acontecia com eles. Tinham sido criados para trabalhar, e — vejam! — era como se nunca fossem ter a oportunidade de voltar ao trabalho."

ORWELL, George. O caminho para Wigan Pier. In: *História do século XX*, v. 3. São Paulo: Abril Cultural, 1974.

DOROTHEA LANGE/CORBIS/LATINSTOCK

O Farm Security Administration (FSA) foi um órgão público criado em 1935 pelo governo norte-americano que tinha o objetivo de ajudar os fazendeiros e suas famílias afetados pela Grande Depressão. A foto acima, feita pela fotógrafa Dorothea Lange, contratada pelo FSA, registra o cotidiano de uma mãe faminta com seus filhos em Nipomo, Califórnia, em 1936.

Soluções para a crise

Os Estados do mundo inteiro costumam adotar medidas ou normas que definem orientações políticas e econômicas destinadas a aumentar a riqueza nacional e promover o bem-estar da população. Esse conjunto de medidas é chamado **política econômica**. Em geral, ao adotar determinada política econômica, os governos buscam atingir quatro objetivos principais: o pleno emprego, a estabilidade de preços, o crescimento econômico e o equilíbrio na balança de pagamentos.

A busca de uma política econômica que amenizasse os efeitos causados pela grande depressão de 1929 levou os Estados Unidos, a Alemanha, a Grã-Bretanha, a França, o Japão e outros países a adotarem diferentes programas de ação que, a curto prazo, lhes devolvessem a prosperidade que haviam conhecido antes de 1914. Alguns desses governos encontraram na militarização o meio de reanimar as fábricas e absorver desempregados — um caminho perigoso, que conduziu diretamente a uma nova Guerra Mundial.

O *New Deal*: a solução democrática

O New Deal (novo acordo ou nova transação) foi um programa de recuperação econômica proposto pelo governo do presidente **Franklin Delano Roosevelt**, nos Estados Unidos, entre 1933 e 1945. Baseava-se na ideias do economista britânico John Maynard Keynes, que defendia a intervenção governamental na economia e argumentava que o desemprego poderia ser evitado se os governos canalizassem seus gastos para programas de obras públicas.

Consideradas de caráter inovador, pois negavam os princípios do livre mercado, as diretrizes do *New Deal* levaram a algumas medidas importantes por parte do governo federal: intervenção nos setores econômico e financeiro; intensificação da vigilância sobre as atividades bancárias e as operações da Bolsa; regulamentação das atividades das associações operárias e dos sindicatos; mudança do curso da economia por meio da distribuição de encomendas oficiais às empresas. Além disso, foram criadas frentes de trabalho para a realização de obras públicas, como novas autoestradas, barragens e trabalhos de saneamento urbano, a partir do recrutamento de milhares de desempregados nas grandes cidades.

Para reduzir a superprodução agrícola, o governo passou a fornecer subsídios aos fazendeiros para que deixassem suas terras em repouso. Também decretou a semana legal de quarenta horas e o pagamento de salário mínimo, com o objetivo de impor à indústria a admissão de maior número de trabalhadores.

Franklin Delano Roosevelt

Democrata, foi eleito presidente dos Estados Unidos em 1932. Sua eleição deveu-se principalmente ao programa de auxílio e de combate ao desemprego, implantado por ele no estado de Nova York durante seu mandato de governador.

COLEÇÃO THYSSEN-BORNEMISZA, LUGANO, ITÁLIA

Os anos da Grande Depressão foram um período de profunda angústia na sociedade norte-americana. Este sentimento também foi expresso nas artes, como no quadro Quarto de hotel *(1931), de Edward Hooper.*

> "De 1929 a 1940, a produção industrial soviética triplicou, no mínimo dos mínimos. Subiu de 5% dos produtos manufaturados do mundo em 1929 para 18% em 1938, enquanto no mesmo período a fatia conjunta dos EUA, Grã-Bretanha e França caía de 59% para 52% do total do mundo. E mais, não havia desemprego. Essas conquistas impressionaram mais os observadores estrangeiros de todas as ideologias, incluindo um pequeno mas influente fluxo de turistas socioeconômicos em Moscou em 1930-35, que o visível primitivismo e ineficiência da economia soviética, ou a implacabilidade e brutalidade da coletivização e repressão em massa de Stalin."
>
> HOBSBAWM, Eric J. *Era dos extremos:* o breve século XX: 1914-1991. São Paulo: Companhia das Letras, 1995.

Em complemento à política econômica interna, o governo Roosevelt alterou a orientação da política externa dos Estados Unidos ao estabelecer relações cordiais com os países da Europa e da Ásia. Ele propôs que o país adotasse uma política de abertura, entendimento e colaboração internacional, mais de acordo com a realidade dos novos tempos.

Tal qual aconteceu nos Estados Unidos, outros países, como a Inglaterra e a França, tiveram de mudar as regras do jogo ditadas apenas pelo mercado, para reativar suas economias e conduzir amplas reformas no campo social baseadas no *New Deal.*

Além de diretrizes econômicas, esses planos apresentavam um outro ponto em comum: preservavam a democracia, pois garantiam o pluripartidarismo, eleições e liberdade de expressão.

Uma exceção ao *crash* de 1929

Em meio à turbulência causada pela Grande Depressão e à procura de novos modelos econômicos, um Estado chamava a atenção do resto do mundo. Enquanto os países adeptos do capitalismo liberal buscavam doutrinas e políticas econômicas capazes de restaurar a antiga prosperidade, a União Soviética entrava numa fase de industrialização extremamente rápida e intensa.

Essa expansão econômica ocorreu devido aos **Planos Quinquenais** soviéticos postos em prática durante o governo de Stalin. O primeiro foi lançado em maio de 1929, antes portanto da quebra da Bolsa norte-americana. Os planos estipulavam o que produzir, como produzir e como distribuir. A planificação, e não o mercado, visava satisfazer às necessidades da sociedade.

A solução totalitária: o nazifascismo

Destruição material, perdas humanas, crise econômica, obscuridade cultural, desemprego e inflação — essa era a conjuntura europeia após a Primeira Guerra Mundial. Da sociedade insatisfeita irrompiam greves e revoltas, mobilizações que contestavam a ordem liberal. O crescimento dos partidos socialistas e comunistas preocupava a burguesia, temerosa que se repetisse em seus países uma revolução operária semelhante àquela que ocorrera na Rússia.

Na Itália

Após 1918, a Itália encontrava-se numa situação crítica, apesar de pertencer ao bloco vitorioso da Primeira Guerra Mundial. O orgulho nacional sofrera humilhações nos campos de batalha; as pretensões expansionistas de antes do conflito não se haviam consolidado; o país estava mergulhado na retração econômica, com milhares de desempregados e muitas agitações sociais.

A estagnação econômica e o crescimento das forças operárias de esquerda fizeram com que o Partido Socialista chegasse a ter 216 mil membros em 1920. Nesse ano, a Itália assistiu a um amplo movimento de ocupação de fábricas, com a formação de Conselhos Operários nas unidades produtivas. No ano seguinte, surgiu o Partido Comunista, a partir de uma cisão dos socialistas.

Havia também o Partido Nacional Facista, liderado por Benito Mussolini. O termo **fascismo** vem do italiano *fascio*, palavra derivada de fascis, que em

Totalitarismo x autoritarismo

O totalitarismo é um regime político que se caracteriza pela máxima intervenção do governo na sociedade. As relações sociais são reguladas pelo Estado e o cotidiano é rigidamente policiado, uma das marcas do terror. A propaganda ideológica é intensa e todos os meios de comunicação são fortemente controlados. Outra característica marcante do totalitarismo é o partido único; outras posições políticas não são aceitas, senão a predominante, e os opositores são perseguidos como inimigos nacionais. Já o autoritarismo é um regime de governo antidemocrático, caracterizado pelo abuso da autoridade, do poder e pela ausência de liberdade. Todos os regimes totalitários são autoritários, porém os regimes autoritários nem sempre são totalitários. Via de regra, consideram-se totalitaristas apenas a Alemanha nazista, a Rússia stalinista e a Itália fascista, regimes que promoveram grandes perseguições aos seus opositores e causaram milhões de mortes.

latim significa feixe, fardo de vara. O *fascis* era usado pelos magistrados romanos para açoitar condenados por crimes.

Rejeitando o socialismo e defendendo a ideia de que somente um governo forte faria a Itália prosperar, em meados de 1922 os fascistas já haviam assegurado o apoio de setores da pequena-burguesia, que temiam o avanço da esquerda. Em 27 de outubro, os militantes fascistas, chamados Camisas Negras, realizaram uma passeata, a **Marcha sobre Roma**. Nela, exigiam equilíbrio social, mas o pano de fundo era a tomada do poder. Este lhes foi entregue sem necessidade de confronto com as forças do aparelho de Estado. Pressionado pelos grupos que apoiavam o movimento, o rei Vitor Emanuel III demitiu o primeiro-ministro e convidou Mussolini para organizar um novo governo dentro das normas do sistema parlamentarista em vigor.

▷ Os fascistas tomam o poder na Itália

As eleições de abril de 1924, realizadas já sob o governo de Mussolini, deram maioria no Parlamento aos fascistas. A oposição, atordoada e dividida, extinguiu-se após violenta repressão do novo governo; muitos deputados foram presos, exilados ou mortos. Foi nesse contexto que Mussolini instaurou um Estado totalitário na Itália.

O Parlamento tornou-se um órgão sem poder; a imprensa, controlada de perto, transformou-se em

Mussolini lidera marcha facista em Roma (1928). Para os fascistas, a democracia era um regime político frágil e um dos responsáveis pela crise mundial.

porta-voz do governo; o trabalho foi disciplinado pelas leis da *Carta Del Lavoro*; a sociedade se organizou em corporações de empregados e patrões — era o Estado corporativo. Além disso, a economia, sob a direção do Estado, deu ênfase à indústria pesada e ao setor bélico.

Em busca de territórios coloniais, a Itália envolveu-se numa aventura imperialista dispendiosa, a conquista da Etiópia, que esgotou suas finanças e pouco acrescentou em termos de preparação para uma guerra moderna. O Estado fascista estava econômica e militarmente despreparado quando se envolveu no turbilhão da Segunda Guerra Mundial.

▶ O nazismo na Alemanha

A crise da Alemanha era mais grave que a da Itália. A economia alemã estava totalmente desestruturada e notava-se o crescimento das lutas sociais e do desemprego. Além disso, o orgulho nacional estava ferido, tanto pela derrota militar na Primeira Guerra Mundial como pelas cláusulas do Tratado de Versalhes.

Essa situação gerou duas propostas antagônicas, que se diziam capazes de solucionar a crise alemã. De um lado, a esquerda, representada pelo Partido Social-Democrata e pelo Partido Comunista Alemão; de outro, a extrema-direita, representada principalmente pelo Partido Nacional-Socialista dos Trabalhadores Alemães ou, simplesmente, Partido Nazista. O termo **nazismo** deriva da sigla formada pelo nome do partido em alemão.

Tal como acontecera na Itália, o grande capital e a pequena burguesia, temerosos do avanço da esquerda, optaram pelo apoio aos nazistas, liderados por Adolf Hitler. Os partidos Fascista e Nazista tinham muitos pontos em comum: repudiavam socialistas e comunistas e tiveram o apoio de grandes banqueiros e industriais. Outra importante semelhança foi a formação de milícias usadas para reprimir os opositores. Na Alemanha chamavam-se "**Tropas de Assalto**" (SA) e na Itália eram as "**Fasci di Combattimento**".

No final da década de 1920, a recuperação da economia alemã foi violentamente interrompida pelo *crash* de 1929; no ano seguinte, as eleições para o *Reichstag* (Parlamento) realizaram-se em um clima de instabilidade econômica e social. O Partido Nazista ocupou 107 cadeiras no Parlamento e, em 1932, elegeu 230 deputados, recebendo 38% dos votos.

Naquele momento, os social-democratas e os comunistas ainda eram fortes, e uma aliança entre eles talvez tivesse barrado a ascensão nazista. Mas essa estratégia nem sequer foi tentada.

Diante pressões da alta burguesia, dos latifundiários e dos setores médios, o presidente Paul von Hindenburg nomeou Hitler primeiro-ministro em 1933. Foi o primeiro passo para a instauração de um governo ditatorial. Logo depois que o chefe nazista assumiu o poder, o prédio do Reichstag foi incendiado, em 1933 — e a culpa recaiu sobre os comunistas.

A partir desse episódio, o nazismo adotou uma série de medidas responsáveis pela consolidação de um sistema totalitário. Após a morte de Hindenburg, em 1934, a elite civil e os chefes militares alemães aprovaram a fusão das chefias do governo e do Estado e Hitler acumulou os cargos, além de tornar-se o comandante supremo das forças armadas.

Sob o domínio nazista, a imprensa passou a ser controlada e converteu-se em porta-voz do governo, os partidos de oposição deixaram de existir, os indivíduos contrários à ideologia nacional-socialista foram presos, deportados ou executados, o Estado organizou a sociedade em corporações e a indústria pesada recebeu incentivos, em especial a indústria bélica.

Entre 1933 e 1939, o Estado alemão adotou uma política expansionista, militarista, racista e nacionalista exacerbada. Grande parte dessas iniciativas foi inspirada no livro *Mein kampf* (Minha luta), escrito por Hitler na década de 1920. Essa obra sintetiza a ideologia nazista e defende princípios como a superioridade racial dos povos germânicos e a legitimidade da conquista de territórios.

NARA, WASHINGTON

Hitler é ovacionado no Reichstag ao anunciar a anexação da Áustria, em 1938.

Miséria e politização

"Vinte milhões de alemães sentem fome como você. [...] Amanhã você vai voltar à agência de empregos e marcar o ponto. Além disso, nada há para fazer amanhã. [...] Nos campos, há trigo medrando, mas o camponês já não o pode vender. Reduzido à pobreza, ele já não trabalha a sua terra. Por quê? Com que objetivo? Você bem que gostaria de ter esse pão, essa carne, esse leite... [...]

Dispomos de tudo o que é preciso: a terra que produz o pão, as mãos que trabalham, as máquinas que poderiam fabricar em abundância tudo aquilo que necessitamos. Por que permanecemos assim famintos? [...] Será que você acredita que tudo isso é normal?

Então, siga em frente e vote naqueles cuja política em nada mudou a miséria e até a fez crescer de ano para ano. Mas, se ainda te resta uma centelha de esperança, vote nos nacional-socialistas! Porque eles pensam que é possível mudar tudo isso.

Que diz Hitler de toda essa situação? Absolutamente nada! Adolph Hitler faria alguma coisa! [...] Ele aguarda o dia em que você se decidirá a apoiá-lo para acorrer em seu auxílio."

BENNECKE, H. In: BURON, Thierry; GAUCHON, Pascal. *Os fascismos*. Rio de Janeiro: Zahar, 1980.

▶ Autoritarismo na Península Ibérica

Na Europa e em outras partes do mundo, o fascismo italiano e o nazismo alemão serviram de inspiração e modelo para movimentos políticos direitistas

HULTON ARCHIVE/GETTY IMAGES

Primeiro de maio de 1974, após a Revolução dos Cravos em Lisboa.

e para regimes autoritários, que não apenas reprimiram seus opositores, como chegaram a estabelecer uma organização corporativa do Estado. Do final da década de 1920 até o final da década de 1930, regimes autoritários desse gênero foram implantados em Portugal e na Espanha e só desapareceram em meados dos anos 1970. Em Portugal, esse regime recebeu o nome de **salazarismo** — alusão ao estadista português Antônio de Oliveira Salazar; na Espanha, ficou conhecido como **franquismo**, devido ao nome de seu líder, o general Francisco Franco.

O salazarismo em Portugal

A república portuguesa foi proclamada em 1910. Todavia, o novo regime não conseguiu solucionar sérios problemas de ordem socioeconômica, como o desemprego e a difícil situação dos trabalhadores urbanos e rurais. Isso contribuiu para o golpe militar de 1926, que encerrou a experiência da República parlamentarista.

Entre 1926 e 1928, o grau de insatisfação da sociedade cresceu e ela se polarizou. O clima de agitação e confronto levou a elite portuguesa a apoiar as propostas ditatoriais e de forte cunho nacionalista e antissocialista do governo do general Antonio Carmona. Participante do movimento militar de 1926, Carmona tornou-se primeiro-ministro nesse mesmo ano e indicou para ministro da Fazenda Antônio de Oliveira Salazar.

Inspirado no modelo fascista da Itália, Salazar adotou medidas favoráveis aos representantes do capital, e estes apoiaram em 1932 a sua ascensão ao cargo de primeiro-ministro. Em 1933, Salazar outorgou aos portugueses uma Constituição de natureza fascista, iniciando uma nova fase política no país, denominada **Estado Novo**.

Iniciou-se assim uma das mais longas ditaduras do século XX, que só chegaria ao fim em abril de 1974, com a deposição do sucessor de Salazar, Marcelo Caetano, derrubado por um movimento militar, conhecido como **Revolução dos Cravos**.

O franquismo na Espanha

Proclamada em 1931, a república espanhola enfrentou uma série de perturbações políticas. Até 1934, o poder esteve nas mãos da esquerda, que foi sucedida por um governo controlado pela direita.

As eleições de 1936 reconduziram ao poder a **Frente Popular** (uma coligação formada por socialistas, grupos republicanos e comunistas), graças às alianças de trabalhadores organizadas por todo o país. A vitória da esquerda provocou uma reação violenta, de caráter terrorista, dos grupos de direita e extrema-direita contra o governo eleito.

Em julho de 1936, um grupo de generais simpatizantes do fascismo — Francisco Franco, Gonzalo

FUNDAÇÃO FIGUERAS, BARCELONA, ESPANHA

Voluntários de vários países engrossaram as fileiras republicanas na Guerra Civil Espanhola. O cartaz traz a inscrição "Não Passarão!", que se tornou o mote dos antifascistas na Espanha.

Queipo de Llano, Emilio Mola e José Sanjurjo — tentou dar um golpe de Estado e derrubar o governo republicano. Os golpistas tinham o apoio do bloco conservador, que se estendia dos monarquistas aos fascistas da Falange, uma facção política conservadora. Porém, milícias improvisadas pelos trabalhadores e demais setores populares conseguiram resistir, dando tempo para que as tropas republicanas se organizassem. Assim, o golpe militar transformou-se numa guerra civil que se estendeu por três anos.

A Espanha dividiu-se em dois campos político-militares. De um lado, as milícias de trabalhadores e os setores do Exército leais à República e ao governo eleito; do outro, os milicianos monarquistas e fascistas e os militares golpistas, que controlavam a maioria do Exército. O bloco republicano tinha o apoio da França, da União Soviética e das Brigadas Internacionais, compostas de antifascistas do mundo inteiro. Os golpistas, que chamavam a si próprios de nacionalistas, eram apoiados pelo governo salazarista de Portugal, por Hitler e por Mussolini. Em abril de 1937, a força aérea alemã bombardeou a cidade de Guernica, com o objetivo de testar a eficiência dos equipamentos alemães e apoiar os fascistas na guerra.

A guerra civil chegou ao fim em março de 1939 com a vitória dos nacionalistas do general Franco, que governou o país até 1975.

Autoritarismo no Japão

O Japão modernizou-se no século XIX, quando a Revolução Meiji promoveu a industrialização do país. A partir daí, veio o expansionismo em busca de mercados consumidores e matérias-primas, que foi bruscamente interrompido pelo *crash* de 1929. Como consequência, os mercados estrangeiros do Japão reduziram-se de maneira drástica, desencadeando uma grave crise.

Tal conjuntura despertou nos japoneses um sentimento nacionalista exacerbado, estimulando os militaristas ultranacionalistas a tomarem o poder e a consolidar um regime político de caráter autoritário, influenciado pelo nazifascismo.

Para atender às necessidades da economia, os militares japoneses conceberam o projeto de se apoderar de uma vasta parcela do território chinês. Seus exércitos tiveram êxito, mas ao preço do envolvimento japonês num conflito de longa duração, que se estendeu de meados da década de 1930 até 1945.

O Japão, ao final dos anos 1930, apresentava-se ao mundo como uma nação forte e determinada a manter e ampliar sua hegemonia na Ásia — especialmente no que se referia aos territórios que ocupava na China. Seus dirigentes consideravam a União Soviética a grande rival em termos de hegemonia no Extremo Oriente. Assim, em 1936, o governo japonês assinou um pacto com a Alemanha, o **Pacto Anti-komintern**, isto é, contra a União Soviética e o que ela representava: o comunismo.

A influência do nazifascismo na América

Fascistas, comunistas, socialistas e militantes das mais variadas correntes políticas apresentaram-se contra as democracias liberais, consideradas responsáveis pela desordem social e econômica que se manifestou após o *crash* de 1929. Foi nessa conjuntura que surgiu o ideário nazifascista na América.

Na América do Norte, não se desenvolveram movimentos de caráter fascista de importância nacional. Eles ocorreram, quando muito, em determinadas comunidades de imigrantes cujos membros haviam trazido consigo as ideologias dos respectivos países de origem.

Na América Latina, a influência fascista europeia foi mais difundida e reconhecida. Alguns autores consideram que, dentre os movimentos latino-americanos influenciados pelo fascismo, destacaram-se aqueles ligados a políticos como Jorge Eliezer Gaitán, na Colômbia, Juan Domingo Perón, na Argentina, e Getúlio Vargas e Plínio Salgado, no Brasil. Para muitos outros autores, entretanto, esses movimentos não apresentaram as mesmas características do fascismo europeu, podendo ser vistos como parte integrante do declínio e queda do modelo político liberal.

A sedução do fascismo

"Se havia um modelo no mundo a ser imitado por políticos promissores de um continente que sempre recebera inspiração das regiões culturalmente hegemônicas, [...] esse modelo certamente podia ser encontrado em Berlim e Roma, uma vez que Londres e Paris não mais ofereciam muita inspiração política, e Washington estava fora de ação."

HOBSBAWM, Eric. *Era dos extremos*: o breve século XX: 1914-1991. São Paulo: Companhia das Letras, 1996.

Komintern

Sigla, em russo, da Internacional Comunista, criada em março de 1919 em Moscou.

TEXTO COMPLEMENTAR

Guernica

Pablo Picasso foi um dos maiores artistas de todos os tempos. Por meio da arte denunciou os males de sua época.

Em 1937, a convite dos organizadores da exposição universal de Paris, Pablo Picasso produziu o que muitos críticos consideram a sua obra-prima, a tela *Guernica*. O quadro é o retrato dos horrores sofridos pela população da pequena cidade espanhola de Guernica, durante o bombardeio alemão conduzido pela *Luftwaffe*, a força aérea alemã. Foi o prenúncio de uma tragédia que marcou a vida de milhões de pessoas em todo o mundo.

Picasso foi um dos precursores do **cubismo**, movimento de grande importância na arte contemporânea, caracterizado principalmente pela introdução de inovações marcantes na pintura, como o uso de colagens com diversos tipos de materiais, e a representação de objetos e seres humanos por meio de formas geométricas.

SUCESSION PABLO PICASSO - AUTVIS, BRASIL, 2007

A obra-prima Guernica *(1937), de Pablo Picasso, denuncia o drama da Guerra Civil Espanhola. O quadro utiliza diversas técnicas do cubismo.*

Compreendendo o texto

1. Observe o quadro e responda:

a) Que figuras você identifica na pintura?

b) Como estão representadas as expressões no quadro?

c) Na sua opinião por que o artista optou por esses tons de cores?

2. Qual foi o estopim da Guerra Civil Espanhola? Que forças atuavam no conflito?

3. Por que a cidade de Guernica foi bombardeada pelos alemães?

4. Por que a obra acima é considerada um manifesto a favor do pacifismo?

ATIVIDADES

Explorando o conhecimento

1 Após a Primeira Guerra Mundial, os Estados Unidos tornaram-se o centro da economia mundial. Explique como a guerra contribuiu para o declínio das economias europeias e fortaleceu a economia norte-americana.

2 Leia o texto a seguir.

1930 - Nova York

"Com maus modos, às bofetadas, a crise desperta os norte-americanos. A catástrofe da Bolsa de Valores de Nova York rompeu o Grande Sonho, que prometia encher todos os bolsos de dinheiro, todos os céus de aviões, todas as terras de automóveis e arranha-céus.

Não há quem venda otimismo no mercado. A moda se entristece. Caras compridas, roupas compridas, cabelos compridos: acabaram-se os enlouquecidos anos vinte e com eles acabaram as pernas à vista e o cabelo curto das mulheres.

Verticalmente desce o consumo de tudo. Só aumentam as vendas de cigarros, horóscopos e lâmpadas de vinte e cinco velas, que dão luz mortiça mas gastam pouco. Hollywood prepara filmes sobre gigantescos monstros desatados, King Kong, Frankenstein, inexplicáveis como a economia, irrefreáveis como a crise, que semeiam o terror nas ruas das cidades."

GALEANO, Eduardo. *O século do vento.* Rio de Janeiro: Nova Fronteira, 1988.

a) Que elementos do texto podem simbolizar a Grande Depressão que se abateu sobre a sociedade norte-americana?

b) Como o autor caracteriza o período anterior à crise de 1929?

c) Caracterize o papel do cinema na cultura da sociedade norte-americana da época.

3 Explique por que a União Soviética não sofreu os efeitos da crise financeira de 1929.

4 Após o final da Primeira Guerra Mundial, muitos países da Europa mergulharam numa profunda crise econômica e política, o que favoreceu o desenvolvimento da doutrina totalitária conhecida como fascismo. A esse respeito, responda às questões a seguir.

a) Cite quatro características comuns aos regimes fascistas.

b) Caracterize o contexto histórico europeu em que surgiram os regimes fascistas na Itália e na Alemanha.

5 Leia o documento a seguir:

Origens do fascismo

"Depois da tragédia de Bolonha [o assassinato do deputado de direita Giordanni], os meios agrários agitam-se, reúnem-se, organizam-se. Nos burgos do vale do Pó, jovens oficiais, de volta da guerra, convocam os seus amigos e parentes agricultores e dizem-lhes que é preciso defender-se contra aqueles que não queriam a guerra e que agora não reconhecem a vitória, contra aqueles que incitam à violência e à desordem, contra as correntes que querem instaurar na Itália a experiência da Rússia. Pesa sobre o campo uma atmosfera de combate."

BONOMI, I. La política italiana dopo Vittorio Veneto. In: BURON, T. e GAUCHON, P. *Os fascismos.* Rio de Janeiro: Jorge Zahar, 1980.

a) Caracterize os grupos sociais em luta na Itália após a Primeira Guerra Mundial, com base no texto.

b) Com base nos conhecimentos obtidos no capítulo, explique qual foi o desfecho político da crise apresentada no texto.

6 Leia o texto a seguir e responda.

A mitificação do Estado

"O novo movimento (nacional-socialista ou nazi) é, na sua essência e na sua íntima organização, antiparlamentar, ou seja, ele nega o princípio – em geral como na sua própria organização interna – duma soberania da maioria em virtude da qual o chefe do governo é rebaixado à categoria de simples executante da vontade dos outros. O movimento põe o princípio de que, nas grandes como nas pequenas questões, o chefe detém uma autoridade incontestada, comportando a sua mais inteira responsabilidade... Aquele que quer ser o chefe carrega, com a autoridade suprema e sem limites, o pesado fardo duma responsabilidade total... Só um herói pode assumir esta função... Para restituir ao nosso povo a sua grandeza e o seu poder, é preciso, antes de mais nada, exaltar a personalidade do chefe e restabelecê-la nos seus direitos."

HITLER, Adolf. *Mein kampf (Minha luta)*, 1925. In: FREITAS, Gustavo de. *900 textos e documentos de história.* Lisboa: Plátano, 1977.

a) Identifique a ideia central do texto.

b) Explique por que essa ideia, defendida por Hitler, se choca com os princípios da democracia liberal.

c) Caracterize o tipo de Estado que se apoia na ideia defendida nesse texto.

d) Qual é sua opinião a respeito da posição exposta nesse documento?

7 A foto abaixo mostra combatentes republicanos na Guerra Civil Espanhola.

REPRODUÇÃO

a) Comente a formação das forças republicanas.

b) Quem eram os defensores da Monarquia?

8 Leia o texto, observe a pintura e responda.

A educação nazista

"Nosso povo alemão, hoje esfacelado, jazendo entregue, sem defesa, aos pontapés do resto do mundo, tem, precisamente, necessidade da força, que a confiança em si proporciona. Todo o sistema de educação e de cultura deve visar a dar às crianças de nosso povo a convicção de que são absolutamente superiores aos outros povos."

HITLER, Adolf. *Minha luta*. FREITAS, Gustavo de. *900 textos e documentos de história*. Lisboa: Plátano, 1977.

COLEÇÃO PARTICULAR, RÚSSIA

Família de camponeses de Kalenberg, *de A. Wissel (1939), pintura que exprime a ideologia oficial nazista.*

a) Identifique a ideia principal contida no discurso de Hitler.

b) Compare o trecho do livro *Minha luta* com a pintura anterior.

- Quais valores da doutrina nazista aparecem nas duas obras?
- Observe cada personagem representado na pintura e descreva as características que o artista atribuiu a cada um deles.

9 Os Jogos Olímpicos realizados em Berlim, no ano de 1936, serviram de propaganda para o nazismo. A excelente organização do evento e o desempenho dos seus atletas ajudaram a transmitir a imagem de uma Alemanha unida e próspera.

a) Comente a relação entre a ideologia nazista e o culto do corpo.

b) Um atleta americano, Jesse Owens, frustrou parcialmente os planos alemães. Pesquise para saber o que ele fez e escreva um resumo.

A HISTÓRIA E O TEMPO PRESENTE

10 Compare as notícias.

Número de milionários cresce 7% no país

"O número de milionários no Brasil aumentou 7,1% em 2004 em relação a 2003 e eles são hoje 98 mil no país, segundo relatório divulgado pelo banco de investimento Merrill Lynch e pela empresa de serviços financeiros Capgemini.

A política fiscal e monetária do país ajudou a aumentar o número de ricos, segundo o relatório. [...] A pesquisa considera como patrimônio investimentos em ações, títulos, fundos e depósitos à vista, entre outros. A residência [...] do milionário não é considerada para o cálculo. [...]

De acordo com o relatório, o crescimento do número de ricos pode ser atribuído ao crescimento global e à boa performance dos mercados."

Folha de S.Paulo. São Paulo, 10 jun. 2005.

O aumento da pobreza

"Penúltimo lugar em termos de distribuição de renda entre 130 países — só ganha de Serra Leoa, na África — o Brasil ainda não aprendeu a dividir o bolo e continua aumentando o contingente da população de miseráveis. Foi o que mostrou uma pesquisa do Ipea, divulgada na quarta-feira 1º, pelo ministro do Planejamento, Paulo Bernardo. [...] 53,9 milhões de pessoas, ou 31,7% da população brasileira, vivem com menos de meio salário mínimo. [...] A verdade é que entra governo e sai governo e a população que vive abaixo da linha da pobreza só aumenta. [...] De 1995 para 2003 o número de desempregados aumentou de 6,2% para 10%. [...] Crescimento econômico, com geração de emprego e renda, é o que pode diminuir o fosso que existe entre os muito pobres ou indigentes, como mostra o documento do Ipea, e os pobres."

IstoÉ. São Paulo, jun. 2005, n. 1850.

a) Identifique as contradições entre as duas notícias.

b) Explique o papel do mercado de ações no enriquecimento dos investidores (leia-se especuladores) milionários.

c) Discuta numa redação as duas situações apresentadas e imagine possíveis soluções.

11 Observe a imagem da página 560 e responda.

a) Identifique os elementos da foto que caracterizam os sentimentos produzidos pela Grande Depressão.

b) Você seria capaz de identificar imagens semelhantes nos dias de hoje? Pesquise em revistas ou jornais fotos que expressem os mesmos sentimentos. Identifique a imagem e o contexto responsável por esse tipo de sentimento.

12 O jornal *Folha de S.Paulo* publicou um interessante artigo sobre o movimento neonazista na Europa. Leia-o com atenção.

Claro que a história não se repete. Mas o reprimido sempre volta em nova roupagem, enquanto não é elevado à consciência e superado junto com suas condições. Europa, a mãe da modernidade capitalista, também deu à luz o fascismo e, com a versão alemã do nacional-socialismo, inaugurou o crime contra a humanidade. [...] O pesadelo vivido pela Europa entre 1933 e 1945 parecia não deixar outra alternativa: fascismo nunca mais! No entanto, como os fundamentos sociais desse pesadelo permaneceram totalmente inalterados, as próprias raízes do terror fascista não foram postas de lado. Na efêmera época do 'milagre econômico' após a Segunda Guerra Mundial, os demônios desapareceram nos subterrâneos, mas com a crise socioeconômica da terceira revolução industrial eles voltaram à tona. [...]

O novo desemprego estrutural de massas é acompanhado pela ascensão de ideologias neofascistas e sentimentos racistas. O potencial intimidativo com que se enriqueceram as sociedades europeias na crise estrutural ao fim do século XX se descarrega em sucessivas ondas de 'radicalismo de direita' amplamente difundido, que ainda não assumiu contornos nítidos.

Não são apenas (e nem sequer são tantos) os rebaixados sociais em quem se manifesta o potencial neofascista. [...] Juventude brutalizada. E consta do hábito da superioridade arrogante fazer praça de uma crueldade racista e sociodarwinista, ou mesmo colocá-la em prática. Não raro são jovens de posses, com carro e celular, que depois da discoteca se juntam em bandos neofascistas para dar caça a estrangeiros, pessoas de pele escura ou deficientes. Tais fenômenos de negligência moral existem em todos os continentes; mas na Europa eles se prendem a uma recaída no terror especificamente fascista. [...]

Fascismo pop-cultural. Em certo sentido, trata-se de uma união entre o avô fascista, que nunca largou mão de sua ideologia soturna, e o neto neofascista, que, numa espécie de versão pop-cultural, recai nessa mesma ideologia."

KURT, Robert. A síndrome neofascista da fortaleza Europa. In: *Folha de S.Paulo*. Mais! 14 maio 2000.

a) Após a leitura atenta do texto e levando em consideração as atividades anteriores, procure identificar as razões que favoreceram o ressurgimento dos movimentos nazistas na Europa.

b) No Brasil, os primeiros jovens que se identificaram com os *skinheads* eram, originalmente, *punks*. Faça uma pesquisa sobre os grupos neonazistas no Brasil. Pesquise suas teorias e sua postura diante do preconceito.

Vestibular / ENEM

1 (Vunesp) Em 1929, a Bolsa de Valores de Nova York quebrou. As ações se desvalorizaram drasticamente; os estoques de cereais se acumularam; os preços dos produtos baixaram. Fazendeiros faliram. As grandes indústrias diminuíram fortemente a produção; as médias e pequenas fecharam. Grandes massas de trabalhadores ficaram desempregadas. O Estado, essencialmente liberal, não intervinha na produção e o mercado sozinho não controlava a crise. Para controlar a crise, Franklin Delano Roosevelt, democrata eleito presidente em 1932, lançou um programa de reconstrução nacional, o *New Deal*, cuja meta era promover reformas profundas na sociedade norte-americana.

Baseando-se no texto, responda.

Qual a diferença entre o liberalismo econômico clássico e o liberalismo praticado pelo *New Deal*?

2 (Fatec-SP) Entre os fatores que ocasionaram a crise de 1929 nos EUA destaca(m)-se:

a) o protecionismo rígido, a escassez de crédito bancário e a superprodução.

b) a saturação do mercado, a crise na agricultura e o *crash* da bolsa de Nova York.

c) a superprodução, a saturação do mercado e a expansão desmedida do crédito bancário.

d) a adoção de programas de construção de obras financiadas pelo Estado para minorar o desemprego.

e) a excessiva oferta de terras e o protecionismo rígido.

3 (Unicamp-SP) "Uma família isolada mudava-se de suas terras. O pai pedira dinheiro emprestado ao banco e agora o banco queria as terras. A companhia das terras quer tratores em vez de pequenas famílias nas terras. Se esse trator produzisse os compridos sulcos em nossa própria terra, a gente gostaria do trator, gostaria dele como gostava das terras quando ainda eram da gente. Mas esse trator faz duas coisas diferentes: traça sulcos nas terras e expulsa-nos dela. Não há quase diferença entre esse trator e um tanque de guerra. Ambos expulsam os homens que lhes barram o caminho, intimidando-os, ferindo-os."

John Steinbek, *As vinhas da Ira*, 1972.

a) De acordo com o texto, como pode ser caracterizada a situação do camponês norte-americano após a crise de 1929?

Cite duas medidas adotadas pelo programa de reformas de Roosevelt (*New Deal*) para solucionar os problemas sociais criados pela crise de 1929.

4 (Uerj) A Grande Depressão eclodiu num mundo otimista que parecia caminhar na direção de uma prosperidade permanente. Ela iniciou-se com o *crack* da bolsa de Nova York em outubro de 1929, afetando todas as atividades econômicas dos Estados Unidos e se propagando através do mundo.

a) Caracterize a Grande Depressão e indique o motivo pelo qual seus efeitos foram sentidos em diversas regiões do mundo.

b) Indique e analise uma consequência da Grande Depressão para a economia brasileira.

5 (UnB-DF) Leia o texto que segue.

"Uma das ironias deste estranho século é que o resultado mais duradouro da Revolução de Outubro, cujo objetivo era a derrubada global do capitalismo, foi salvar seu antagonista, tanto na guerra quanto na paz, fornecendo-lhe o incentivo — o medo — para reformar-se após a Segunda Guerra Mundial, e, ao estabelecer a popularidade do planejamento econômico, oferecendo-lhe alguns procedimentos para sua reforma."

HOBSBAWM, Eric J. *Era dos extremos:* o breve século XX: 1914-1991. São Paulo: Companhia das Letras, 1995.

Em relação a acontecimentos marcantes do século XX, julgue os seguintes itens:

a) A corrida armamentista, o jogo de alianças e as disputas anti-imperialistas levaram à Primeira Guerra Mundial (1914-1918), após a qual, o Japão, a Alemanha e a Itália assumiram o domínio do mundo.

b) Iniciada pelos bolcheviques, a Revolução Russa de 1917, sob liderança menchevique, implantou o primeiro Estado socialista da História, tendo em Trotsky seu comandante supremo por duas décadas.

c) O *New Deal* (novo pacto), implementado por Roosevelt em meio aos efeitos devastadores da crise de 1929, representou a substituição do liberalismo pela fundamental presença do Estado na organização da economia e da sociedade.

d) De forma geral, os regimes fascistas, que floresceram a partir dos anos 1920, caracterizam-se, entre outros aspectos, por terem sido expansionistas, militares, antiliberais, antidemocráticos e anticomunistas.

6 (UFRGS-RS) Não pode ser considerado(a) consequência da crise econômica de 1929:

a) a retração do comércio internacional e da produção industrial, bem como a queda do preço das matérias-primas.

b) o crescimento do desemprego na Alemanha, país cuja economia era baseada na exportação de produtos industrializados.

c) o crescimento econômico da União Soviética baseado na Nova Política Econômica (NEP).

d) a eleição de Franklin Delano Roosevelt para a presidência dos Estados Unidos, com um programa de recuperação econômica.

e) o crescimento eleitoral do Partido Nazista na Alemanha.

7 (UFC-CE) "Cheguei tarde à cultura militante. Pertenço a uma geração que saiu do fascismo, que não deixava nenhuma escolha entre a apologia e o silêncio [...]".

BOBBIO, Norberto. *O tempo da memória:* de Senectude e outros escritos autobiográficos. Rio de Janeiro: Campus, 1997.

A partir do depoimento acima apresentado, explique como nos regimes totalitários se estabelecem as relações entre:

a) o Estado e a organização da sociedade civil.

b) o Estado e os meios de comunicação de massa.

8 (UFMG) Observe os quadros, cujos dados permitem estabelecer uma relação entre o desemprego na Alemanha e a presença dos nazistas no Parlamento Alemão.

DESEMPREGO NA ALEMANHA (1929-1932)			
Anos	**Quantidade**	**Anos**	**Quantidade**
1929	1.892.000	1931	4.520.000
1930	3.076.000	1932	5.575.000

CADEIRAS OCUPADAS PELOS NAZISTAS NO PARLAMENTO ALEMÃO (1928-1933)					
Anos	**Cadeiras**	**Anos**	**Cadeiras**	**Anos**	**Cadeiras**
1928	13	1932 (jul.)	230	1933	288
1930	107	1932 (nov.)	196	-	

Identifique a alternativa em que a citação apresentada explica essa relação.

a) "A nova Constituição alemã traduz em verdade muito pouco o espírito alemão: o direito eleitoral ampliado, a dominação do parlamento, a debilidade do governo, a insignificância do presidente e a prática do referendo tornam a Alemanha tão radical como nenhum grande país civilizado foi até agora."

b) "Que viemos fazer no 'Reichstag'?
Somos um partido antiparlamentar.
Entramos no 'Reichstag' para procurar, no arsenal da democracia, suas próprias armas. Sentamo-nos no 'Reichstag' para paralisar a ideologia weimariana com seu próprio apoio! [...] Para nós, todo meio é bom, desde que revolucione o atual estado de coisas."

c) "Só uma raça alemã forte, que proteja resolutamente suas características e seu ser e se preserve de toda influência estrangeira, pode constituir o fundamento seguro de um Estado alemão forte. É por esta razão que combatemos todo espírito antialemão destruidor, quer provenha dos meios judeus ou de outros."

d) "Tu crês que a fome é necessária? Talvez já a tenhas conhecido? Vinte milhões de alemães têm fome como tu [...]. Amanhã, tu voltarás ao escritório de empregos e te inscreverás.

Fora isto, não terás mais nada a fazer amanhã. [...]

Mas, se tens ainda que seja um vislumbre de esperança, então vote nos nacional-socialistas, pois que pensam que se pode mudar tudo isto."

9 (Unicamp-SP) Leia os trechos a seguir e responda à questão:

> Após a Primeira Guerra Mundial, a República de Weimar teve controle muito limitado sobre as forças militares e policiais necessárias à manutenção da paz interna. No final, a República caiu em consequência dessa limitação, fragilidade explorada por organizações da classe média, as quais achavam que o regime parlamentar-republicano as discriminava e, assim, procuraram destruí-lo.
>
> ELIAS, Norbert. *Os alemães*. Rio de Janeiro: Jorge Zahar, 1997. Adaptado.

> A exigência da anulação da "paz imposta" pelo Tratado de Versalhes foi, ao lado do antissemitismo, o ponto mais importante na propaganda nazista durante a República de Weimar.
>
> GAY, Peter. *A cultura de Weimar*. Rio de Janeiro: Paz e Terra, 1978. Adaptado.

a) O que foi a República de Weimar? Relacione-a à ascensão do nazismo.

b) O que foi o Tratado de Versalhes e qual o significado da expressão "paz imposta"?

10 (PUC-Campinas-SP) A Guerra Civil Espanhola, entre os anos de 1936 e 1939, teve estreitas relações com os fatos históricos que engendraram a Segunda Guerra Mundial. O final dessa guerra civil representou a:

a) vitória dos social-democratas na Península Ibérica, local utilizado pelos Aliados para iniciar os preparativos finais para os bombardeios contra os nazifascistas.

b) derrota das forças socialistas, anarquistas e democráticas espanholas que não conseguiram sobrepor-se ao exército franquista, uma vez que este tinha o apoio incondicional dos EUA, Inglaterra e França.

c) ascensão das forças fascistas que, apesar de terem sido derrotadas na Segunda Guerra Mundial, ganharam fôlego na Espanha até a década de 1970.

d) derrota das forças militares dos nazifascistas, que não conseguiram suportar os ataques realizados pela milícia republicana, que tinha o apoio financeiro da União Soviética e de outros países aliados.

e) vitória do Partido Comunista Espanhol, que soube organizar uma grande frente de oposição ao movimento das classes burguesas, que sustentavam financeiramente os fascistas, especialmente os de Barcelona e Madri.

11 (UFRJ) Apresente um argumento que permita afirmar ter sido a Guerra Civil Espanhola uma espécie de antecipação da Segunda Guerra Mundial.

Ampliando o conhecimento

Leitura

MCCOY, Horace. *A noite dos desesperados*. São Paulo: Sá Editora, 2000.

Esta nova edição do livro *Mas não se matam cavalos?*, lançado no Brasil no final dos anos 1960, leva o mesmo nome do filme homônimo de Sydney Pollack, inspirado na história criada por Horace Mccoy.

Durante a Grande Depressão dos anos 1930, jovens famintos e desempregados participam de uma maratona de dança. Em troca de comida, roupas e alguns dólares, deveriam dançar exaustivamente, às vezes até a morte.

Filmes

A luta pela esperança

Direção de Ron Howard. Estados Unidos, 2005. 144 min.

Conta a história real do boxeador Jim Braddock, o "Homem Cinderela", que conheceu a glória e o fracasso nos tempos da Grande Depressão.

Capitães de abril

Direção de Maria de Medeiros. Portugal, França, Itália, 2000. 140 min.

Em Portugal, na noite de 24 de abril de 1974, uma canção desencadeia um golpe de Estado militar que irá mudar o país. A história é contada por meio de dois oficiais e uma jovem professora e jornalista.

ALBUM - LATINSTOCK

1900

Direção de Bernardo Bertolucci. Itália, França, Alemanha, 1977. 243 min.

Painel sobre a história da Itália no século XX. A trama é desenvolvida em torno da vida de dois jovens italianos: um camponês e o herdeiro de um latifúndio. À medida que transformações político-econômicas vão ocorrendo, os dois amigos percebem que o elo que os unia no passado começa a ser desfeito, principalmente com a implantação do fascismo (1922).

Wall Street

Direção de Oliver Stone. Estados Unidos, 1987. 124 min.

O filme mostra a especulação na Bolsa de Valores de Nova York. Inspirado em fato real, discute a amoralidade do capitalismo financeiro.

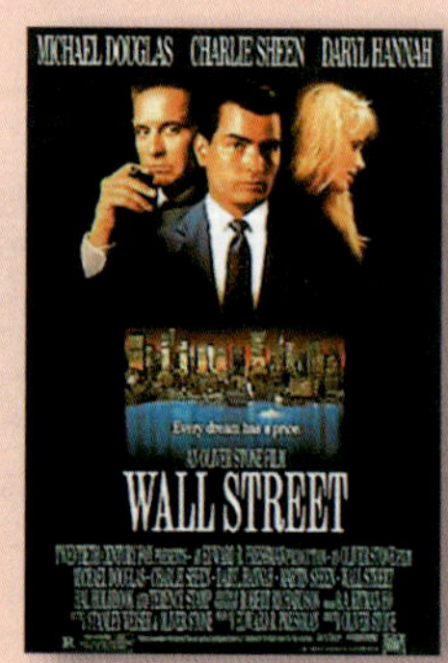

REPRODUÇÃO

Arquitetura da destruição

Direção de Peter Cohen. Suécia, 1992. 121 min.

Documentário produzido com o objetivo de estudar a importância da propaganda e da arte para o regime nazista na Alemanha. O documentário apresenta as realizações nazistas, vistas pela óptica da epopeia romântica, exaltando o magnífico, o majestoso, a aventura, a coragem, o amor e a disciplina.

Terra e liberdade

Direção de Ken Loach. Itália, Espanha, Inglaterra, Alemanha, 1995. 109 min.

O filme traz a história de Dave, jovem britânico desempregado que resolve ir para a Espanha lutar contra as forças franquistas na Guerra Civil Espanhola. Ao reconstituir a guerra contra Franco, Ken Loach mostra as diferenças no interior da frente republicana, formada de anarquistas, comunistas e socialistas, além de outros grupos, e a solidariedade internacional à luta dos republicanos. O filme é uma leitura apaixonada de um momento marcante da história espanhola.

Capítulo 41

A Segunda Guerra Mundial

Carta a Stalingrado

"Stalingrado...
Depois de Madri e de Londres, ainda há
[grandes cidades!
O mundo não acabou, pois que entre as ruínas
outros homens surgem, a face negra de pó e
[de pólvora,
e o hálito selvagem da liberdade dilata os seus
[peitos,
Stalingrado, seus peitos que estalam e caem,
enquanto outros, vingadores, se elevam.

A poesia fugiu dos livros, agora está nos jornais.
Os telegramas de Moscou repetem Homero.
Mas Homero é velho.
Os telegramas cantam um mundo novo que nós,
na escuridão, ignorávamos.
Fomos encontrá-lo em ti, cidade destruída,
na paz de tuas ruas mortas mas não conformadas, no
teu arquejo de vida mais forte que o
[estouro das bombas,
na tua fria vontade de resistir. [...]
Stalingrado, miserável monte de
[escombros,
entretanto resplandecente!
As belas cidades do mundo contemplam-te
[em pasmo e silêncio.
Débeis em face do teu pavoroso poder, [...]
sinto-te como uma criatura humana, e que
és tu, Stalingrado, senão isto?
Uma criatura que não quer morrer e
[combate,
contra o céu, a água, o metal, a criatura
[combate,
contra milhões de braços e engenhos
[mecânicos a criatura combate,
contra o frio, a fome, a noite, contra a
[morte a criatura combate, e vence.
As cidades podem vencer, Stalingrado! [...]"

ANDRADE, Carlos Drummond de. *Poesia completa*. Rio de Janeiro: Nova Aguillar, 2002.

BETTMANN/CORBIS/LATINSTOCK

A Batalha de Stalingrado foi um dos confrontos mais importantes da Segunda Guerra Mundial. Com uma resistência bem articulada, o exército russo conseguiu barrar a expansão alemã no Leste Europeu. A foto mostra soldados soviéticos defendendo suas bases da ofensiva nazista, em 1942.

A cidade de Stalingrado, localizada às margens do Rio Volga, no sul da União Soviética, foi palco de uma das mais importantes batalhas travadas na Segunda Guerra Mundial. Durante cinco meses (setembro de 1942 a janeiro de 1943), tropas nazistas e soviéticas participaram de um confronto que se transformou em lenda da resistência soviética.

Os versos que abrem este capítulo, do poeta mineiro Carlos Drummond de Andrade, exprimem a importância desse episódio, que alterou a correlação de forças nesse longo conflito. O poema demonstra também a influência dos ideais socialistas, naquele momento representados pelo Estado soviético, no pensamento de importantes intelectuais e escritores do Brasil e do mundo.

BETTMANN/CORBIS/LATINSTOCK

Milhares de meninas acenam para Hitler, em Berlim. Foto de 1938.

▶ A escalada nazista

O regime nazista contava com o apoio das massas. Segundo a escritora Hannah Arendt, pesquisas de opinião pública realizadas nos anos de 1934 a 1944, e trazidas ao público apenas na década de 1960, confirmaram que um segmento considerável da população alemã estava ciente dos atos criminosos cometidos por Hitler e seus colaboradores.

Os estudantes alemães transformaram-se em importante veículo de divulgação dos símbolos e das propostas nazistas. Em 1933, quando Hitler assumiu o governo contava com o apoio de 50% dos integrantes da Associação Geral, composta por jovens alemães de classe média.

O culto aos mitos, símbolos, bandeiras e à Nação fez parte do quadro de crise do período entreguerras (1919 a 1939), no qual a sociedade europeia sofreu profundos abalos na política, na economia e nos seus valores. O desemprego acentuou as incertezas e se expressou no aumento da criminalidade e na formação de guetos geográficos, culturais e raciais. Greves, protestos e manifestações de rua ameaçavam a integridade de alguns países europeus como a Alemanha.

> "O jovem alemão, relatou Erika Mann, fazia a saudação hitlerista de cinquenta a cento e cinquenta vezes por dia: ao deixar a casa familiar de manhã, saudava com um 'Heil Hitler' o 'chefe da célula', com quem cruzava na escola, seus camaradas encontrados na rua e o fiscal do bonde; repetia essa mesma saudação transformada em lei com seus professores, no começo e no fim de cada hora do curso, com o padeiro ou com o dono da papelaria à saída da escola, com seus pais quando voltava na hora do almoço."
>
> LEVI, Giovanni e SCHMITT, Jean-Claude. *História dos jovens*. São Paulo: Companhia das Letras, 1994, v. 2.

A instabilidade política e a descrença nas instituições e nos partidos tradicionais, de tendência liberal ou conservadora, fizeram surgir grupos de extrema-esquerda ou de extrema-direita que buscavam inspiração no modelo soviético (em sua versão stalinista) ou nos modelos do fascismo italiano e do nazismo alemão.

Os tratados de paz assinados ao término da Primeira Guerra Mundial puseram fim aos combates. Mas suas cláusulas, redigidas pelos vencedores (Estados Unidos, França e Grã-Bretanha) e impostas aos vencidos, foram consideradas abusivas e humilhantes, notadamente pelos alemães. Desse modo, incitaram o revanchismo, lançando as bases do conflito de 1939.

As duras condições impostas à Alemanha em 1919 e a crise econômica de dez anos depois favoreceram o crescimento do nazismo. Em março de 1929 havia na Alemanha 2,8 milhões de trabalhadores sem emprego. Em 1931, o número de desempregados era superior a cinco milhões, e no ano seguinte atingiu seis milhões. O governo de Adolf Hitler afirmava que os problemas alemães estavam ligados ao Tratado de Versalhes e à conspiração internacional de financistas judeus. Com isso, a comunidade judaica passou a ser perseguida no país.

Para minimizar o problema do desemprego, Hitler financiou a construção de grandes obras públicas e incentivou a instalação de fábricas de armas, equipamentos militares e bens duráveis.

Para cooptar os trabalhadores do campo e das cidades, o Partido Nacional Socialista garantiu-lhes direitos e benefícios, como férias, clubes e facilidades para adquirirem bens de consumo.

Na política externa, o programa do líder nazista era claro. Em primeiro lugar, queria recuperar regiões antes pertencentes à Alemanha, ricas em matérias-primas valiosas para o pleno desenvolvimento industrial do Terceiro Reich, o terceiro império alemão (o primeiro fora o Sacro Império Romano-Germânico, na Idade Média, e o segundo, o Império de 1870). Depois, conquistaria fontes de matérias-primas em territórios sob controle de povos "inferiores": Hitler cobiçava o petróleo da Romênia e do Cáucaso, o carvão e o ferro da Sibéria e o trigo ucraniano. Para alcançar esses objetivos, em 1935 a Alemanha estabeleceu o serviço militar obrigatório e iniciou o seu rearmamento.

A Grã-Bretanha e a França, responsáveis pela manutenção da paz mundial, proposta pela Liga das Nações, preferiram ignorar as ostensivas ambições do governante alemão, considerando que poderiam ser muito úteis no bloqueio à União Soviética, formando um cordão contra o avanço do comunismo na Europa.

Em 1936, sem disparar um só tiro, Hitler retomou a Renânia, região alemã que fora desmilitarizada pelo Tratado de Versalhes e ocupada pelos franceses como pagamento de indenização de guerra. Os alemães aplaudiram essa atitude ousada do líder nazista, que reanimava os sonhos de um Estado poderoso e competitivo.

"Economize cinco marcos por semana e compre seu próprio carro" dizia o anúncio de 1938, do Terceiro Reich, destinado a seduzir a classe trabalhadora.

DESPESAS MILITARES DA ALEMANHA (1933-1939)

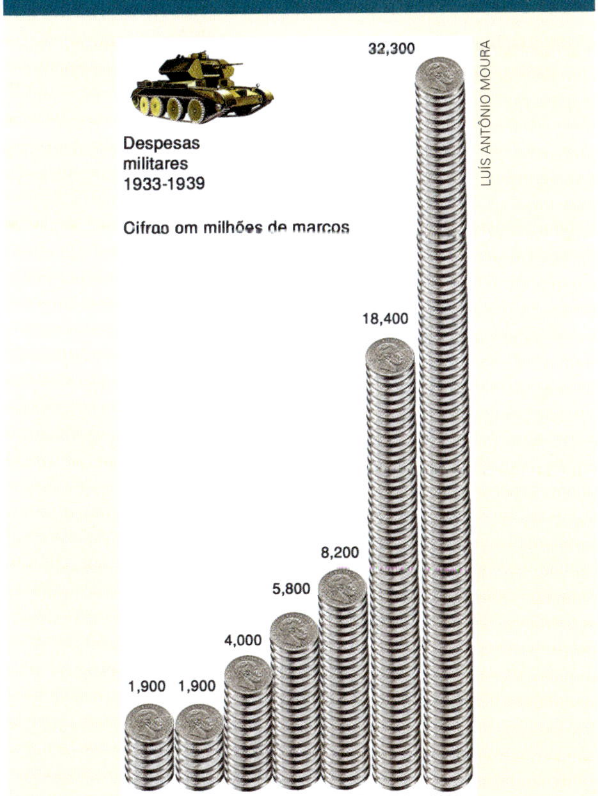

Fonte: *História do século XX*. São Paulo: Abril Cultural, 1974.

▷ A formação do Eixo

O Tratado de Versalhes fora rasgado. Como reagiriam as grandes potências da Europa?

Não reagiram. A "benevolência" da Liga das Nações foi muitas vezes justificada com o argumento de que, assim, evitaria um confronto direto com os nazistas. A atitude de indiferença em relação ao expansionismo nazifascista ficou conhecida como **Política de Apaziguamento**.

Encorajadas pela indiferença das potências democráticas, a Alemanha expandiu-se em direção do Ocidente europeu, a Itália invadiu a Albânia e a Etiópia, e o Japão conquistou territórios asiáticos.

O avanço do fascismo foi realçado em novembro de 1936 pela assinatura do Pacto Antikomintern entre a Alemanha e o Japão. O acordo era dirigido diretamente contra a União Soviética. O termo *Komintern* era a sigla da Internacional Comunista (ou III Internacional), que em 1935 decidira formar uma barreira contra os países fascistas, na Europa e na Ásia. No

COLEÇÃO PARTICULAR

O artista plástico tcheco Josef Capek pintou suas angústias diante da ascensão nazista na série Fogo *(1936), da qual faz parte a imagem acima. Capek morreu anos depois em um campo de concentração.*

ano seguinte, Mussolini aderiu ao pacto, selando o compromisso bélico dos três países no chamado **Eixo Berlim-Roma-Tóquio**.

Em 1938, os alemães invadiram e anexaram o território da Áustria, sem qualquer resistência armada. Conhecida como *Anschluss*, a anexação teve como justificativa a unidade dos povos germânicos. A Liga das Nações não se manifestou diante do ocorrido.

A anexação da Áustria acirrou o nacionalismo das populações de ascendência germânica da região dos Sudetos (antes pertencente ao Império Alemão), na Tchecoslováquia, que reivindicavam o direito de voltarem a ter nacionalidade alemã. Atordoados com o desaparecimento da Áustria, franceses e britânicos resolveram intervir, uma vez que o governo tcheco não aceitava a autonomia dos Sudetos e muito menos sua incorporação pela Alemanha.

Em nome da Liga das Nações, as potências aliadas deram início a gestões diplomáticas junto à Tchecoslováquia e à Alemanha, pretendendo, assim, evitar uma guerra na região. No dia 29 de setembro de 1938, o primeiro-ministro britânico Neville Chamberlain, Hitler, Mussolini e o primeiro-ministro francês Édouard Daladier reuniram-se em Munique. A presença de um representante da Tchecoslováquia foi considerada desnecessária.

O encontro, denominado **Conferência de Munique**, chegou a uma solução de compromisso. A Alemanha ganhou o direito de anexar algumas regiões da Tchecoslováquia. Foi assinado também um documento no qual Hitler se comprometia, a partir daquela data, a resolver todas as questões de interesse internacional mediante consulta. Nas palavras de Chamberlain, Munique significava "a paz para a nossa época".

A um passo da guerra total

A "paz para a nossa época" durou pouco. O governo alemão começou a pressionar a Polônia, exigindo a construção de uma estrada e uma ferrovia extraterritoriais através do chamado *corredor polonês*, que separava a Prússia oriental dos demais territórios alemães. Exigia também a devolução de Dantzig (em polonês, Gdansk), antes pertencente à Alemanha. Além disso, em março de 1939, Hitler invadiu o que sobrara da Tchecoslováquia. O desrespeito alemão ao acordo de Munique levou os governos britânico e francês a selarem uma aliança com a Polônia, comprometendo-se a protegê-la de uma eventual agressão alemã. Tal compromisso incluía a Romênia e a Grécia.

As garantias dadas à Polônia deixaram a União Soviética numa posição delicada. A princípio, Stalin chegou a acreditar que essa atitude poderia significar um trampolim para uma possível invasão anglo-francesa à União Soviética. Em agosto de 1939, alemães e soviéticos assinaram um acordo de não-agressão e neutralidade, conhecido como **Pacto Germânico-Soviético**. O pacto estabelecia que, se a Grã-Bretanha e a França decretassem guerra à Alemanha após um eventual ataque alemão à Polônia, os soviéticos deveriam manter-se afastados do conflito. Uma outra cláusula dividia o território polonês em duas zonas de influência, a alemã e a soviética.

Desde meados de 1939, Hitler pretendia atacar a Polônia, etapa que finalizaria a conquista do Leste europeu. Mas sabia que isso ocasionaria a guerra contra os aliados. O Pacto Germano-Soviético evitava que a Alemanha tivesse de lutar em duas frentes, como acontecera em 1914.

AS AGRESSÕES HITLERISTAS

Fonte: CHURCHILL, W. S. *Memórias da Segunda Guerra mundial*. 3. ed. Rio de Janeiro: Nova Fronteira, 2005.

NARA, WASHINGTON

Crianças em frente aos escombros de sua casa, em um subúrbio a leste de Londres destruído por bombardeio nazista, em setembro de 1940.

No dia 1º de setembro de 1939, Hitler divulgou que as operações militares para a invasão da Polônia haviam se iniciado. A Grã-Bretanha e a França ainda tentaram enviar uma advertência à Alemanha, na expectativa de frear a agressão. Como não houve retorno, no dia 3 as duas potências declararam guerra ao Terceiro Reich. Em poucas semanas, a resistência polonesa foi arrasada e o exército alemão tomou o país, empregando um estilo de ofensiva que ficou conhecido como **Blitzkrieg**, ou guerra-relâmpago, que consistia em um ataque rápido com tanques blindados, que acabavam com a defesa adversária e cortavam as linhas de comunicação, e no uso de aviões, que bombardeavam pontos estratégicos nas batalhas.

A ofensiva do Eixo

A conquista da Polônia marcou também o acirramento da perseguição nazista aos judeus. Em seguida, a fulminante ocupação da Noruega e da Dinamarca garantiu à Alemanha o abastecimento de aço pelos mares Báltico e do Norte. Os territórios belga e holandês foram conquistados, facilitando a penetração alemã na França, a partir da Bélgica.

Hitler dominou a França, obrigando-a a assinar, em 1940, o armistício com a Alemanha e a Itália. Boa parte do território francês, incluindo a capital, permaneceu sob ocupação alemã, e no restante foi estabelecido um Estado colaboracionista, que ficou conhecido como **República de Vichy**.

Procurando apaziguar os nazistas, Moscou apresentou a Hitler uma proposta de partilhar o mundo em zonas de influências, divididas entre a Alemanha e a União Soviética. Entretanto, seguro da vitória e precisando de petróleo os alemães invadiram a União Soviética em junho de 1941. Por essa época, Bulgária, Iugoslávia, Albânia, Grécia, Romênia e Hungria já estavam sob o domínio nazista.

Meses depois, no dia 7 de dezembro, o Japão lançou um ataque aéreo de surpresa à base militar norte-americana de Pearl Harbor, no Havaí, afundando ou colocando fora de combate boa parte da frota dos Estados Unidos no Pacífico. As tentativas do governo de Washington de impedir as constantes ameaças à integridade da China teriam motivado a atitude dos japoneses, decididos a se livrar da presença norte-americana na Ásia.

Um dia após o ataque japonês a Pearl Harbor, o presidente Franklin Delano Roosevelt entregou ao Congresso dos Estados Unidos uma mensagem anunciando seu desejo de declarar guerra ao Japão, que foi prontamente aceita. Os norte-americanos tomaram conhecimento da decisão do governo por meio de um pronunciamento do próprio Roosevelt, transmitido pelo rádio:

> Ontem, 7 de dezembro de 1941: uma data que viverá marcada pela infâmia — os Estados Unidos foram repentina e deliberadamente atacados pelas forças navais e aéreas do Império do Japão. Os Estados Unidos estavam em paz com aquela nação e, por solicitação do Japão, ainda entabulavam conversações com o seu Governo e seu Imperador visando à manutenção da paz no Pacífico. [...] Com a confiança em nossas forças armadas — com a ilimitada determinação de nossa gente — desejamos obter o triunfo inevitável — se assim Deus nos ajudar. Solicito ao Congresso declarar que a partir do ataque não provocado e covarde desfechado pelo Japão [...] existe uma guerra definida entre os Estados Unidos e o Império japonês."
>
> MORRIS, Richard B. *Documentos básicos da história dos Estados Unidos*. Rio de Janeiro: Fundo de Cultura, 1964.

A ofensiva dos aliados

A entrada da União Soviética e dos Estados Unidos na guerra ocorreu com poucos meses de intervalo. No Pacífico, a luta entre norte-americanos e japoneses motivou a participação da Alemanha e da

Itália no conflito. No leste da Europa, desde junho a União Soviética estava em guerra contra seu antigo aliado. Desse modo, as guerras europeia e asiática fundiram-se em um só conflito em escala mundial, que opunha os aliados (Grã-Bretanha, Estados Unidos, União Soviética) aos países do Eixo (Alemanha, Itália e Japão).

Com a sua indústria funcionando a todo vapor, contando com armas e equipamentos modernos, além de soldados bem treinados, os Estados Unidos juntaram-se aos aliados no combate aos países do Eixo.

Em 1942 a guerra começou a tornar-se favorável aos aliados: no mar, os norte-americanos impuseram derrotas aos japoneses; em terra, os soviéticos resistiram ao avanço alemão em Stalingrado.

No Norte da África, em 1943, os alemães da *África-Korps* foram vencidos por tropas anglo-americanas, que depois ocuparam a Sicília e desembarcaram na Península Itálica. Na frente oriental, depois da vitória em Stalingrado, os soviéticos esmagaram os alemães na batalha de Kursk (julho de 1943), afastando qualquer perspectiva de uma retomada da ofensiva nazista.

Ainda em 1943, durante a **Conferência de Teerã**, Joseph Stalin, o primeiro-ministro britânico Winston Churchill e o presidente Roosevelt ajustaram sua estratégia para derrotar a Alemanha. Nesse encontro, ficou confirmado o desembarque aliado na Europa Ocidental, no dia 6 de junho de 1944, que ficou conhecido como **Dia D**.

AKG IMAGES/LATINSTOCK

Após a declaração de guerra contra o Japão, em dezembro de 1941, milhares de japoneses e seus descendentes foram presos e confinados no campo de concentração de Manzanar, Califórnia. Na foto, norte-americanos de ascendência japonesa em fila no escritório de Manzanar, em março de 1942.

Comandado pelo general norte-americano Dwight D. Eisenhower, o desembarque aliado na província francesa da Normandia envolveu cerca de 3,5 milhões de soldados, 6.400 navios de guerra e milha-

BETTMANN/CORBIS/LATINSTOCK

Multidão comemora a desocupação nazista da cidade de Paris, em 25 de agosto de 1944.

res de aviões. Apesar da dura resistência alemã, o desembarque foi bem-sucedido, e os aliados iniciaram seu lento mas contínuo avanço em direção à Alemanha, libertando Paris e o norte da França do jugo nazista — enquanto o exército soviético, no extremo oposto da Europa, libertava a Romênia, a Bulgária e a Iugoslávia do domínio alemão.

O ano de 1945 assistiu à "corrida" para Berlim, disputada por exércitos soviéticos, a partir do leste, e por norte-americanos e britânicos, pelo oeste. Esgotada, em maio daquele ano a Alemanha rendeu-se.

O brilho dos mil sóis

No Oriente, a guerra ainda se estendeu por mais dois meses. A maré havia mudado desde as vitórias norte-americanas nas batalhas do Mar de Coral e de Midway, em 1942. Entrincheirados nas ilhas do Pacífico, os japoneses esperavam por ataques que em certos casos jamais se realizaram: a superioridade naval e aérea dos aliados permitia-lhes escolher quando e onde golpear.

Em fevereiro de 1945, os norte-americanos conquistaram a ilha japonesa de Iwo Jima. Mas a resistência do Japão se intensificava com os *kamikases* — pilotos que mergulhavam com seus aviões carregados de bombas contra os navios aliados, sacrificando-se para afundá-los. Diante da perspectiva do prolongamento do conflito, os Estados Unidos optaram por um novo tipo de arma: a bomba atômica. O primeiro ataque nuclear realizou-se contra a cidade de Hiroshima, em 6 de agosto de 1945, matando cerca de 140 mil pessoas. O segundo, três dias depois, teve como alvo a cidade de Nagasaki e provocou mais de 70 mil vítimas fatais.

"Desde o início da Segunda Guerra Mundial desenvolviam-se nos Estados Unidos e na Europa pesquisas destinadas a desenvolver a fabulosa bomba que se poderia obter a partir da fissão do átomo. No caso dos Estados Unidos, considera-se que foi decisiva, para a implementação de um projeto oficial, uma carta do físico Albert Einstein ao presidente Franklin Roosevelt alertando que, se os EUA não corressem, os alemães desenvolveriam antes a nova arma. [...] No dia 16 de julho, foi realizado com sucesso, no Deserto de Alamogordo, Estado do Novo México, o primeiro teste nuclear do mundo. Menos de um mês depois, o agora presidente Harry Truman deu sinal verde para que a nova bomba fosse jogada de verdade. O alvo eram os japoneses."

TOLEDO, Roberto Pompeu de. Memórias dos filhos do claro. Revista *Veja*. São Paulo, 2 ago. 1995.

AEG IMAGES/LATINSTOCK

A foto de Joe Rosenthal, que mostra o hasteamento da bandeira dos Estados Unidos no Monte Suribachi, em Iwo Jima, se transformou em propaganda da ofensiva aliada e ícone da guerra. Foto de fevereiro de 1945.

A rendição do Japão foi assinada no dia 2 de setembro de 1945, e a ocupação do país por tropas aliadas estendeu-se até 1956.

O acerto de contas

Em fevereiro de 1945, realizou-se a **Conferência de Yalta**. Nessa cidade soviética, os líderes aliados discutiram a criação da **Organização das Nações Unidas (ONU)**. Também confirmaram algumas decisões da Conferência de Teerã referentes ao estabelecimento de zonas de influência sob hegemonia norte-americana e soviética. Por esse acordo, coube à União Soviética o predomínio sobre a Europa Oriental, podendo até mesmo incorporar territórios alemães. Os soviéticos poderiam intervir na guerra contra o Japão e participar do projeto de divisão da Coreia em áreas distintas de influência. Começava a ser traçada a divisão do mundo em blocos que logo se tornariam antagônicos, sob a hegemonia dos Estados Unidos e da União Soviética.

Em junho de 1945, a **Carta das Nações Unidas** foi assinada por cinquenta países (excluídos os integrantes do Eixo), em São Francisco, nos Estados Unidos. A entidade internacional contava com cinco órgãos fundamentais: Assembleia Geral, Conselho de Segurança, Secretariado, Conselho Econômico e Social e Corte Internacional de Justiça.

Alguns meses depois, os aliados novamente se reuniram para decidir o futuro da Alemanha. Na **Conferência de Potsdam** (agosto de 1945), estiveram presentes Stalin, o primeiro-ministro britânico Clement Attlee, sucessor de Churchill, e Harry Truman, então presidente dos Estados Unidos. O encontro ocorreu nos arredores de Berlim, no Castelo de Potsdam.

Os líderes aliados decidiram que o território alemão e a cidade de Berlim seriam divididos em quatro zonas: sob administração francesa, britânica, norte-americana e soviética. A Alemanha deveria pagar aos aliados uma indenização no valor de 20 bilhões de dólares, além de devolver o porto de Dantzig à Polônia. Para julgar os criminosos de guerra, desmilitarizar a Alemanha e punir os agentes financeiros que subsidiaram os nazistas, foi criado um Tribunal Internacional, sediado em Nuremberg.

A agonia do Velho Mundo

Para a Europa, o legado da Segunda Guerra Mundial foi devastador, com uma terrível destruição de vidas e bens materiais e uma profunda crise ideológica e moral. Quase todos os países envolvidos no conflito, vencedores ou vencidos, levaram anos para se reerguer. A vitoriosa Grã-Bretanha encontrava-se esgotada física e moralmente em 1945, distante da posição hegemônica mundial que ocupava até o início do século XX. O fascismo foi varrido do continente, numa ilusão de que jamais teria novos êxitos. Ao contrário, o socialismo e o comunismo ganharam novas forças, e a "pátria do socialismo real", a União Soviética, constituiu um poderoso império, que só se desestruturaria em 1991.

A ascensão soviética foi contrabalançada pela dos Estados Unidos. Substituindo os impérios do Velho Mundo — e o mais poderoso dentre eles, o Império Britânico —, as duas superpotências, à frente das respectivas esferas de influência, passaram a dar as cartas no jogo político internacional.

EUROPA ANTES DA SEGUNDA GUERRA

EUROPA APÓS A SEGUNDA GUERRA

Fonte: SCALZARETO, R.; MAGNOLI, Demétrio. *Atlas geopolítico*. São Paulo: Scipione, 1996.

TEXTO COMPLEMENTAR

Horror em Auschwitz

Em nome da suposta superioridade étnica alemã e da unidade do regime nazista, milhares de judeus, ciganos, homossexuais, eslavos, doentes mentais e opositores de Hitler foram perseguidos, confinados e assassinados em campos de concentração como o de Auschwitz, na Polônia.

"No curso das últimas semanas, um mundo já atônito pela agonia de cinco anos de guerra ouviu relatos que parecem indicar o desaparecimento da humanidade, pelo menos em sua concepção previamente conhecida. [...] Campanhas de extermínio coletivo não são episódio inédito nas páginas mais escuras do compêndio de crimes da raça humana. Mas como explicar a prática de uma mortandade em escala tão monstruosa, com ódio tão febril e, paradoxalmente, com tamanha frieza? [...]

Em 27 de janeiro de 1945, [...] quatro jovens soldados de um batalhão de cavalaria soviético caminhavam cautelosamente por uma estrada que conduzia a um complexo de galpões e cabanas. [...] Estavam às portas de Auschwitz-Birkenau, o campo da morte, o maior centro de extermínio nazista. Apenas algumas centenas de prisioneiros ainda habitavam o amplo complexo, já abandonado pelos alemães. [...] Com difteria, febre escarlate e tifo, os sobreviventes foram largados à morte. [...] Nos dias que precederam a chegada da tropa vermelha, conseguiram resistir de forma inexplicável ao frio e à fome. [...]

De acordo com testemunhos dos prisioneiros resgatados, [...] sobreviver era a possibilidade mais rara entre os diversos destinos de quem chegava ao campo. Logo de cara, uma porção significativa das vítimas trazidas através da ferrovia que corta Auschwitz era condenada à morte de forma sumária. Nesta primeira triagem, separava-se quem era capaz de trabalhar dos que eram frágeis demais para produzir. Para o segundo grupo, era o fim. Tropas nazistas conduziam o contingente – na maioria mulheres, crianças e idosos – para uma ala mais afastada. Os carrascos anunciavam: era hora de tomar banho e se livrar dos piolhos contraídos na viagem nos vagões de carga. Não era. Espremidos em câmaras seladas, sem roupas, no escuro, eram fatalmente sufocados por uma nuvem letal de gás Zyklon B. [...] No passo seguinte, a faxina: gigantescos crematórios vizinhos às câmaras engoliam os cadáveres, cuspindo fumaça negra de forma quase ininterrupta. [...]

Os prisioneiros considerados saudáveis eram colocados em galpões e campos de trabalho para intermináveis turnos de duríssimas tarefas. Sob a ilusão da reconquista da liberdade, cumpriam suas funções e tornavam-se engrenagens da máquina bélica alemã. No portão principal, um letreiro de ferro prometia aos que chegavam: 'Só o trabalho liberta'. [...]

Conforme informações obtidas pelo comando dos aliados, cerca de 20.000 prisioneiros com maiores chances de sobrevivência para a prática de trabalho forçado foram transportados a outros campos semelhantes quando os soviéticos se aproximaram. Acovardados, os alemães não só fugiram como também tentaram eliminar todos os indícios do massacre, explodindo os crematórios e incendiando os registros que detalhavam a 'produtividade' dos fornos. Deixaram para trás, no entanto, documentos e evidências que ajudam a esclarecer o que se passava ali. Já é possível saber, por exemplo, quais grupos 'indesejados' eram eliminados: eslavos, ciganos, deficientes físicos e mentais, testemunhas de Jeová, dissidentes políticos, homens homossexuais. Todos eram identificados por triângulos coloridos costurados às roupas. O triângulo rosa identificava um homossexual; o vermelho, um opositor político. O grupo majoritário, porém, não era nenhum desses. Identificado por dois triângulos, compondo uma estrela de Davi de cor amarela, ele foi sem dúvida o alvo prioritário da fúria dos fornos nazistas: os judeus.

Odiada e perseguida de forma implacável por Adolf Hitler desde sua ascensão ao poder, em 1933, a comunidade judaica europeia foi aniquilada. Algumas dezenas de milhares ainda conseguiram fugir para a Palestina antes da adoção da 'solução final', no fim de 1941. Mas quem caiu nas garras de Hitler dificilmente escapou. [...] E quem sobrou para contar a história guarda cenas de horror inimaginável na lembrança."

Fábrica da morte. Especiais *Veja*. Fev. 1945. Disponível em <http://veja.abril.com.br>. Acesso em jul. 2007.

RIA NOVOSTI/TOP FOTO/KEYSTONE

Prisioneiros confinados no campo de concentração nazista em Auschwitz, Polônia, 1945.

Compreendendo o texto

1. Segundo o texto, quais grupos eram perseguidos pelos nazistas? Como eram identificados?
2. Com base na leitura do texto, produza um texto sintetizando o cotidiano dos prisioneiros confinados em Auschwitz.
3. Quais foram as impressões que os soldados soviéticos tiveram ao entrar em Auschwitz?
4. Discorra sobre as posições de Stalin durante a guerra e a importância das tropas soviéticas para a conclusão do conflito.

ATIVIDADES

1 Com base no cartaz e no gráfico da página 575, caracterize a política industrial do regime nazista e comente seus efeitos sobre o desemprego na sociedade alemã.

2 Caracterize a importância dos seguintes encontros diplomáticos:

a) Conferência de Teerã.
b) Conferência de Yalta.
c) Conferência de Potsdam.

3 Observe os mapas da página 580 com bastante atenção. Em seguida, identifique as mudanças geopolíticas no período pós-Segunda Guerra Mundial.

4 A carta a seguir jamais chegou ao seu destinatário; ela foi confiscada pelo serviço secreto alemão para avaliar o moral das tropas em Stalingrado.

Carta de um jovem soldado alemão

"Agora você sabe que não voltarei. Diga-o da melhor maneira à minha mãe e a meu pai. Tive um choque terrível e as piores dúvidas sobre tudo. Antes eu era forte e acreditava, agora sou fraco e incrédulo. Sobre muito do que está acontecendo aqui jamais saberei coisa alguma; mas o pouco que sei é demais para o estômago. Ninguém poderá dizer-me que meus camaradas morreram com palavras como 'Alemanha' ou *'Heil Hitler'* nos lábios... A última palavra de um homem vai para sua mãe ou para quem mais ama, ou então é apenas um grito de socorro. Já vi centenas caírem e morrerem, e muitos, como eu, estavam na Juventude Hitlerista. Mas todos, na hora fatal, gritavam por ajuda ou por alguém que nada podia fazer por eles."

Citado em: *História do século XX*. São Paulo: Abril Cultural, 1973. v. 4.

a) Retire do texto elementos que apresentam a condição e as ideias do autor da carta antes e depois da batalha de Stalingrado.
b) Com base no texto e no capítulo, explique quem venceu a Batalha de Stalingrado e qual a sua importância no desfecho da Segunda Guerra Mundial.
c) O que revela, a respeito da sociedade alemã da época, o método do serviço secreto alemão de obter informações interceptando as correspondências?

A HISTÓRIA E O TEMPO PRESENTE

5 Leia o documento abaixo.

Carta das Nações Unidas

"Nós, povos das Nações Unidas,

Resolvidos

- a preservar as gerações futuras do flagelo da guerra que, duas vezes no espaço de uma vida humana, infligiu à humanidade indizíveis sofrimentos;
- a proclamar novamente nossa fé nos direitos fundamentais do homem, na dignidade e no valor da pessoa humana, na igualdade dos direitos de homens e mulheres, assim como das nações, grandes e pequenas;
- a criar as condições necessárias à conservação da justiça e do respeito das obrigações nascidas dos Tratados e outras fontes do direito internacional;
- a favorecer o progresso social e instaurar melhores condições de vida dentro de uma maior liberdade [...].

Decidimos associar nossos esforços para realizar esses desígnios. Em consequência, nossos respectivos governos [...] estabelecem, pelos presentes artigos, uma organização que tomará o nome de Nações Unidas."

Carta das Nações Unidas, São Francisco, 25 de junho de 1945.

a) Avalie os princípios estabelecidos na Carta das Nações Unidas, em 1945. Na sua opinião, a civilização humana cumpriu as resoluçoes proclamadas pela ONU? Justifique sua resposta. Em seguida, troque ideias com os colegas sobre o assunto.
b) Pesquise as guerras no mundo atual.
   - Em que regiões do planeta atualmente há guerras?
   - Qual tem sido o papel da ONU nas guerras atuais?
   - Faça um painel com fotos, obtidas em jornais, revistas e outras fontes, retratando a guerra.

Vestibular / ENEM

1 (UFSM-RS)

"A poesia fugiu dos livros, agora está nos jornais.
Os telegramas de Moscou repetem Homero.
Mas Homero é velho. Os telegramas cantam
[um mundo novo
que nós, na escuridão, ignorávamos."

Os versos pertencem à *Carta a Stalingrado*, de Carlos Drummond de Andrade, e tratam de uma batalha decisiva para os aliados, durante a Segunda Guerra Mundial, assim como apontam a construção de um "mundo novo".

Através desses versos, inferem-se as tensões e esperanças da época, ou seja:

I – a consolidação do socialismo.

II – o esgotamento da literatura.

III – a vitória sobre o nazifascismo.

Está(ão) correta(s):

a) apenas I

b) apenas II

c) apenas III

d) apenas I e III

e) apenas II e III

2 (PUC-SP) Leia atentamente.

"No caso de Hiroshima, trata-se da catástrofe mais concentrada que já se abateu sobre os homens. Numa passagem de seu diário, o dr. Hachiya [que testemunhou o fato] pensa em Pompeia. Mas nem mesmo esta oferece termo de comparação. Sobre Hiroshima se abateu uma catástrofe que foi planejada e executada com a maior precisão por seres humanos. A 'natureza' está fora do jogo."

CANETTI, Elias. *A consciência das palavras.* São Paulo: Companhias das Letras, 1990.

O texto refere-se à explosão atômica:

a) com a qual os EUA conseguiram a capitulação dos japoneses, último núcleo de resistência do Eixo, ao fim do conflito mundial ocorrido entre 1939-45.

b) que funcionou como demonstração do poder militar americano, para intimidar a China que havia aderido ao bloco comunista no fim da Segunda Guerra.

c) cujo objetivo foi colocar fim ao conflito dos EUA com o Vietnã, onde os guerrilheiros locais impunham derrotas sistemáticas aos soldados americanos.

d) que resultou de acidente aéreo envolvendo caças americanos e soviéticos, quando realizavam operações conjuntas com arsenal nuclear no Oceano Pacífico.

e) resultante do bombardeio promovido pelos EUA, durante o Segundo Conflito Mundial, a Pearl Harbor, base militar japonesa onde era desenvolvida a bomba de hidrogênio.

3 Os ataques aéreos às torres gêmeas do WTC em Nova York e ao prédio do Pentágono em Washington, ocorridos nos Estados Unidos em 11 de setembro de 2001, fizeram com que os americanos e a imprensa evocassem o ataque à base militar de Pearl Harbor, no Havaí, em 7 de dezembro de 1941.

a) O que foi o ataque a Pearl Harbor?

b) Qual foi a arma utilizada pelos americanos para obrigar à rendição o país que os atacou?

c) Cite duas diferenças políticas entre o ataque a Pearl Harbor e os ocorridos em 11 de setembro de 2001.

4 (Fatec-SP) O término da Primeira Guerra Mundial, em 1918, põe fim às hostilidades militares entre os países em conflito, mas lança as questões que levam à explosão da Segunda Guerra. Na verdade, aquela acelerou as contradições que, não resolvidas pelo Tratado de Versalhes, culminaram na Segunda Guerra Mundial.

Sobre esse assunto, afirma-se:

I – nas origens do primeiro conflito mundial predominaram os problemas europeus, e no segundo foram as questões relacionadas ao Oriente Médio.

II – tanto a Primeira quanto a Segunda Guerras podem ser definidas como "guerras de redivisão de mercados e colônias, questões internas do sistema imperialista".

III – as várias contradições sociais, econômicas e ideológicas entre as principais potências capitalistas levaram, tanto no período anterior a 1914, quanto no que precede a Segunda Guerra, à corrida armamentista e às guerras localizadas.

Dessas afirmações:

a) apenas I e II estão corretas.

b) apenas I e III estão corretas.

c) apenas II e III estão corretas.

d) todas estão corretas.

e) nenhuma está correta.

5 (UnB-DF) Julgue os itens a seguir.

A Segunda Guerra Mundial (1939-1945) é antecipada por uma série de conflitos e pactos e, entre esses, destaca(m)-se:

a) a invasão da Etiópia pelas tropas da Alemanha em 1935/1936.

b) o flagrante apoio de Hitler e Mussolini à Falange fascista do General Franco, na Guerra Civil Espanhola.

c) a invasão da China pelas tropas japonesas, que dominam regiões de grande importância econômica.

d) a assinatura do Pacto Antikomintern, entre Estados Unidos, Inglaterra e França, que assinalava a unidade de esforços visando conter o avanço de Stalin.

e) a anexação da Áustria e dos Sudetos pela Alemanha, em 1938, e da Albânia pela Itália, em 1930.

f) a conferência de Munique, em 1938, na qual a Inglaterra e a França impedem o avanço alemão, o que serve de pretexto para o início da Segunda Guerra.

g) o pacto Germano-Soviético, em agosto de 1939, que garante a neutralidade da Rússia e prepara o caminho para a invasão da Polônia.

6 (UFRJ)

Somos uma raça superior e devemos governar com dureza [...]. Arrancarei deste país tudo que puder. Não vim para espalhar bem-aventurança [...]. A população deve trabalhar sempre [...]. Não viemos para distribuir o maná [vantagens]. Viemos para criar as bases da vitória. Somos uma raça superior que precisa lembrar que o mais humilde operário alemão é, racial e biologicamente, mais valioso que a população daqui.

KOCH, Erich, Comissário do Reich na Ucrânia, mar. 1943. In: SHIRER, William L. *Ascensão e queda do III Reich.* Rio de Janeiro: Civilização Brasileira, 1967, v. 4. Adaptado.

O texto permite identificar alguns valores que permeavam a ação alemã na Segunda Guerra Mundial (1939-1945).

a) Identifique no texto dois valores da ideologia nazista.

b) Cite duas razões que levaram o Brasil a participar da Segunda Guerra Mundial.

7 (Fatec-SP)

"Até setembro de 1944, não existiam crianças em Auschwitz: eram todas mortas a gás na chegada. Depois dessa data, começaram a chegar famílias inteiras de poloneses: todos eles foram tatuados, inclusive os recém-nascidos."

LEVI, Primo. *Os afogados e os sobreviventes.*

O texto acima refere-se:

a) ao chamado holocausto do povo palestino.

b) ao chamado holocausto do povo judeu.

c) à Primeira Guerra Mundial e à política de Anchluss.

d) à Segunda Guerra Mundial e à política de Anchluss.

e) ao terror retratado pelo palestino Levi ao ver seu povo sendo dominado pelos ingleses.

8 (PUC-Minas)

A máquina de propaganda nazista procurava sensibilizar os diversos segmentos da sociedade alemã utilizando os mais diferentes apelos emocionais. Abaixo estão reproduzidos dois *slogans* utilizados pelos nazistas.

Para o homem: "Arbeit macht frei" — É o trabalho que te faz livre.

Para a mulher: "Kinder, Küche, Kirche" — Crianças, cozinha, igreja.

A análise e integração desses *slogans* no conjunto ideológico/doutrinário do nazismo permitem concluir, **exceto**:

a) A questão do trabalho foi intensamente utilizada, tendo em vista que a população alemã tinha fresca, em sua memória, a lembrança do desemprego.

b) A ideologia nazista pregava a igualdade entre os sexos, assegurada por meio do trabalho, fator de nivelamento de todos os cidadãos.

c) Os valores tradicionais da família, do trabalho e da religião representavam um apelo muito forte, pois quem poderia se opor a ideias tão sadias?

d) O lócus social da mulher era reforçado a partir do enaltecimento das funções tidas como sendo eminentemente femininas.

9 (Uerj)

"As causas do neonazismo levam ao nascimento do próprio nazismo: a ausência do Estado. A República de Weimar, nascida no mesmo caldo que fabricou o Tratado de Versalhes, teria de gerar um monstro. [...]

Fazer da política a expressão da vitória do mais forte é o centro de gravidade do nazismo. De qualquer tipo de nazismo. O resto é tempero, produção teatral.

Uma sociedade centrada na justiça social jamais será nazista. Não é o caso do Brasil, onde se discriminam negros, nordestinos, crianças sem casa e torcedores do Botafogo."

CONY, Carlos Heitor. Proibição inútil. *Folha de S.Paulo*, 9 jun. 1994.

Conforme mostra Carlos Heitor Cony, já em 1994, o neonazismo deve ser motivo de preocupação para os governos e as sociedades democráticas em todo o mundo. As duas características político-ideológicas que identificam tanto o nazismo quanto o neonazismo são:

a) federalismo – arianismo.

b) xenofobismo – militarismo.

c) fascismo – bipartidarismo.

d) pluripartidarismo – corporativismo.

Ampliando o conhecimento

Leituras

CHIARETTI, Marco. *A Segunda Guerra Mundial*. São Paulo: Ática, 1998.
O autor traça um panorama dos fatos mais importantes da guerra e discute seu significado e consequências.

FRANK, Anne. *Diário de Anne Frank*. Rio de Janeiro: Record, 2003.
Diário da adolescente judia Anne Frank que em 1942, juntamente com sua família, ficou escondida em um sótão durante a ocupação alemã na Holanda. Anne morreu pouco tempo depois em um campo de concentração.

MONTELLO, Josué. *Antes que os pássaros acordem*. Rio de Janeiro: Nova Fronteira, 1987.
O romance trata da ocupação de Paris pelos nazistas durante a Segunda Guerra sob a ótica de Davi, um judeu que divide refúgio com um casal de amigos.

Filmes

Bem-vindos ao paraíso

Direção de Alan Parker. Estados Unidos, 1990. 135 min.
A discussão central é mostrar um outro lado da história americana, que foi a criação de campos de confinamento para japoneses e seus descendentes, durante a Segunda Guerra Mundial. O filme retrata bem a luta dos descendentes nipônicos para alcançar o reconhecimento da cidadania norte-americana. Paralelamente, também é discutida a organização dos sindicatos no final da década de 1930 e a repressão por parte do governo norte-americano.

A conquista da honra

Direção de Clint Eastwood. Estados Unidos, 2006. 132 mim.
O filme mostra o conflito travado na ilha de Iwo Jima sob a ótica dos soldados norte-americanos. A narrativa desconstrói a imagem de heroísmo dos combatentes durante o conflito, a partir do episódio do hasteamento da bandeira dos Estados Unidos em Iwo Jima e da famosa foto tirada por Joe Rosenthal.

O pianista

Direção de Roman Polanski. França, Alemanha, Polônia, Inglaterra, 2002. 148 min.
O filme aborda a ocupação nazista na Polônia e o confinamento dos judeus em guetos. A história é baseada na vida de Wladislaw Spilman, um grande pianista polonês.

Rapsódia em agosto

Direção de Akira Kurosawa. Japão, 1991. 98 min.
Conta a história de um jovem norte-americano que vai ao Japão para conhecer seus parentes e encontra a avó, sobrevivente do bombardeio atômico a Nagasaki. Um dos fimes pacifistas do célebre diretor japonês, ilustra bem o sentimento de uma geração contemporânea à Segunda Guerra Mundial.

Cartas de Iwo Jima

Direção de Clint Eastwood. Estados Unidos, 2006. 141 mim.
O filme reconta o momento chave da campanha do Pacífico, durante a Segunda Guerra, e apresenta a batalha do ponto de vista dos japoneses, estabelecendo um diálogo com o filme *A conquista da honra*.

Círculo de fogo

Direção de Jean-Jacques Annaud. Estados Unidos, 2001. 131 min.
A história se passa em 1942, quando soldados nazistas tentam invadir a cidade de Stalingrado, na União Soviética. O centro do filme é a figura de Vassili Zaitsev, um soldado soviético que se transformou em símbolo da resistência aliada contra os invasores nazistas.

Site

Anos de chumbo
<www.tvcultura.com.br>
O *link* "Alô escola" possui uma página exclusiva para a Segunda Guerra Mundial, com uma boa variedade de mapas, atividades e sugestões de leitura.

Capítulo 42 A Era Vargas

O atrito entre a lei e a realidade

"É fato sabido existir um enorme abismo entre a lei e a realidade no campo do trabalho. Embora o Brasil possua uma das legislações mais protecionistas do mundo, apenas 40% dos brasileiros que trabalham desfrutam das proteções mínimas. Ou seja, 60% vivem na informalidade, sem nenhuma proteção e causando um grande rombo nas contas da Previdência Social.

A Constituição Federal e a CLT estabelecem um grande conjunto de direitos a serem respeitados por todas as empresas para a contratação legal de seus empregados. Ocorre que nenhum desses direitos é negociável entre empregados e empregadores. Mesmo que estes desejam, a lei não permite negociá-los. Esse conjunto de direitos, obviamente, gera um conjunto de deveres que, por sua vez, se traduzem em despesas de contratação que chegam a 103,46% do salário.

Isso se aplica a todas as empresas, independentemente de seu porte. Portanto, uma microempresa de quatro empregados tem as mesmas despesas de contratação que tem uma megaempresa montadora de automóveis ou fabricante de aviões. Isso se aplica também a todas as regiões e a todos os setores da economia.

Além das despesas indicadas, os direitos legais geram uma série de procedimentos administrativos e uma pesada burocracia para preencher dezenas de guias de recolhimento e para fazer cálculos complexos. Qualquer afastamento desses procedimentos dispara uma ação trabalhista. O Brasil é o campeão mundial de ações trabalhistas: entre nós, surgem quase 2 milhões por ano, enquanto na França são cerca de 70 mil, nos Estados Unidos, 75 mil e no Japão — incrível! — são apenas 2.500 ações por ano."

SILVA, Paulo Ferreira da. *Folha de S.Paulo*. São Paulo, 24 mar. 2002.

ANDRÉ SARMENTO/FOLHA IMAGEM

Ato da Força Sindical contra o desemprego, na praça da República, São Paulo, em março de 2004.

O texto que você leu apresenta um quadro sintético da Previdência Social no Brasil e as dificuldades que, segundo o autor, são geradas pela legislação trabalhista em vigor, caracterizada por engessar as relações entre trabalhadores e patrões.

Legislação trabalhista, Justiça do Trabalho, intervenção do Estado para estender os direitos da massa de assalariados urbanos e também para enquadrá-la em estruturas controladas pelo poder público — todos esses aspectos do Brasil contemporâneo foram construídos nas décadas de 1930 e 1940, período crucial de modernização da sociedade brasileira.

1930: revolução ou golpe?

Como já foi estudado no capítulo sobre a Primeira República, o Brasil viveu uma crise generalizada na década de 1920. A recessão econômica, motivada principalmente pelas baixas no preço do café, atingia importantes setores nacionais. Após a Primeira Guerra Mundial (1914-1918), diminuiu a entrada de capitais estrangeiros no país, abalando drasticamente as reservas públicas.

A situação tornou-se ainda mais grave com os efeitos do *crash* mundial de 1929, que golpeou duramente a economia dos Estados Unidos e do resto do mundo. Os setores de exportação e comércio do Brasil também sofreram os efeitos da crise internacional. Na verdade, toda a sociedade brasileira foi atingida, até mesmo as elites, que tiveram suas rendas reduzidas. Como resultado, manifestou-se uma ruptura política que colocou em risco a ordem vigente.

Essa ruptura ocorreu no momento em que o país se preparava para escolher o presidente que o governaria entre 1930 e 1934. O presidente Washington Luís, representante da oligarquia paulista, descartou os mineiros e indicou o paulista Júlio Prestes para a sucessão. Sentindo-se traído, o governo de Minas Gerais começou a articular uma candidatura de oposição ao candidato oficial, aliando-se ao Rio Grande do Sul e à Paraíba. Formou-se desse modo a chamada **Aliança Liberal**, que indicou o gaúcho Getúlio Vargas para a presidência e o paraibano João Pessoa para a vice-presidência. Essa chapa contou com o apoio do **movimento tenentista**, das camadas médias urbanas e dos trabalhadores, descontentes com o predomínio político dos grandes fazendeiros. Mas, como era previsível, a força da máquina governamental deu a vitória a Júlio Prestes, o candidato oficial.

Vargas e João Pessoa insistiram em denunciar as fraudes. Paralelamente, políticos que compunham a Aliança Liberal buscavam apoio em outros estados para iniciar uma revolta armada, defendida pelos tenentes. O processo revolucionário acabou sendo desencadeado após o assassinato de João Pessoa por João Dantas, um adversário na política paraibana. O crime, atribuído a um complô que envolvia o presidente Washington Luís, serviu de estopim para o início da rebelião, chefiada por Getúlio Vargas.

No dia 3 de outubro de 1930, nos estados de Minas Gerais e Rio Grande do Sul, os tenentes tomaram as ruas. Nos dias subsequentes, os choques entre as tropas do governo federal e os revoltosos se espalharam por todo o país, com exceção de São Paulo, que se manteve à margem do movimento. No dia 24 de outubro a vitória estava assegurada. Washington Luís foi deposto e em 3 de novembro Vargas assumiu o governo federal em caráter provisório.

Manifestação popular de saudação às tropas que apoiaram Getúlio Vargas. Rio de Janeiro, 1930.

O movimento de 1930 não se afinava com a ideia comum de revolução, pois não resultou em uma ruptura total da ordem ou na substituição radical da classe dominante, como discute o texto abaixo.

"No Brasil, ao longo do século XX, ocorreram, pelo menos, dois movimentos conhecidos também como revoluções: um em 1930 e outro em 1964. Nenhum dos dois totalmente afinado com a ideia que se tem de uma revolução. Nenhum comparável ao que aconteceu na França em 1789 ou na Rússia em 1917. Isto porque sempre que se pensa na categoria revolução, pensa-se imediatamente em uma total ruptura da ordem, em uma tomada brusca do poder, em uma substituição radical da classe dominante, em uma ampla participação popular. No Brasil, tanto em 1930 como em 1964, apesar de ter havido uma ruptura da ordem constitucional, não houve alterações substantivas na estrutura de classe do País, nem uma total substituição dos grupos no poder.

Em diferentes medidas, mesmo que esses movimentos tenham recebido apoio da população, não contaram com uma significativa participação popular. Em ambos, o apoio decisivo veio dos militares. Por isso, muitas vezes, as chamadas revoluções brasileiras são registradas na categoria de golpe. Entretanto, enquadrá-las como golpe ou como revolução não é o mais importante. Importa entender o significado, os dilemas e, sobretudo, o legado deixado por esses movimentos."

PANDOLFI, Dulce. O Brasil e suas revoluções. Século XX — Retrospectiva. Edição especial de *O Estado de S. Paulo*. Disponível em <www.estadao.com.br>. Acesso em jun. 2007.

O golpe de 1930 resultou no deslocamento da tradicional oligarquia paulista do centro do poder. Nenhum dos setores sociais a ele articulados e vitoriosos teve condições, isoladamente, de legitimar o novo regime ou de oferecer uma solução à crise econômica.

O Governo Provisório de Vargas (1930-1934)

Recebendo o poder na condição de chefe do Governo Provisório, Getúlio Vargas procurou atender às reivindicações das forças políticas que lhe deram sustentação. Mas logo ficaram patentes as divergências entre os grupos que subiram ao poder: civis (classe média urbana, banqueiros, industriais e latifundiários), que desejavam a democratização do país por meio de eleições livres, um governo constitucional e plena liberdade civil; e os tenentes, que propunham um governo forte e centralizado, capaz de empreender a racionalização da economia e a modernização das estruturas do Estado.

Uma das primeiras medidas do Governo Provisório foi substituir a Constituição de 1891 pelo Decreto nº 19.398, que dissolveu o Legislativo nas instâncias federal, estadual e municipal. Dessa forma, Vargas acumulou os poderes Executivo e Legislativo e passou a governar por meio de decretos-leis. Ele promulgou o Código dos Interventores, que legalizava e definia a competência dos tenentes nomeados **interventores** como substitutos dos antigos governadores dos estados. Contudo, eles ficaram pouco tempo no poder.

A ascensão dos militares enfrentou a resistência das oligarquias estaduais, principalmente de São Paulo, que defendiam a volta da normalidade constitucional e exigiam a imediata convocação de uma Assembleia Constituinte. O movimento constitucionalista de 1932, em São Paulo, representou a maior demonstração estadual de repúdio ao governo Vargas.

O Movimento Constitucionalista

A partir de 1931, como reflexo da crise de 1929 nos Estados Unidos, os preços do café caíram aproximadamente um quarto do valor. Retomando a política

HERNÂNI DONATO, A REVOLUÇÃO DE 32 – COLEÇÃO PARTICULAR

Soldado paulista opera metralhadora antiaérea na estação de Cruzeiro, no estado de São Paulo, em 1932.

de valorização do café, Vargas comprou e queimou milhares de sacas do produto. Por meio de decreto, o governo proibiu novas plantações de café. Milhares de camponeses que trabalhavam nas fazendas de café migraram para as cidades paulistas, agravando os problemas sociais já existentes.

A situação política estadual também era tensa. A nomeação do tenente João Alberto Lins de Barros, veterano da Coluna Prestes, frustrou o Partido Democrático de São Paulo, que havia apoiado o movimento de 1930 e esperava alcançar o governo do Estado. O Partido Democrático aliou-se ao velho Partido Republicano Paulista e, juntos, passaram a exigir o fim do Governo Provisório, a convocação imediata de uma Assembleia Nacional Constituinte e eleições gerais no país.

Diante da crise, Vargas anunciou eleições para a Assembleia Constituinte. Todavia, o anúncio não deteve a marcha da conspiração paulista. Nos dias 22 e 23 de maio de 1932, confrontos de rua resultaram na morte de quatro estudantes de Direito, Martins, Miragaia, Dráusio e Camargo. Suas iniciais batizariam o movimento MMDC, que preparou a rebelião.

O movimento rebelde teve início em 9 de julho. Os paulistas esperavam receber o apoio de mineiros, gaúchos e mato-grossenses, mas apenas estes últimos apoiaram efetivamente a rebelião. Em outubro, após três meses de lutas contra forças muito superiores, os paulistas se renderam.

A Constituição de 1934

As eleições de 1933 obedeceram aos dispositivos do novo Código Eleitoral, elaborado no governo Vargas. Na legislação estavam incorporadas tradicionais reivindicações dos constitucionalistas, como: o voto direto, secreto e facultativo a todos os brasileiros maiores de 18 anos (incluindo as mulheres), com exceção dos analfabetos, mendigos, soldados e padres. Também foi criada a Justiça Eleitoral com o objetivo de combater a fraude nas eleições. Tais medidas representaram um grande avanço para o sistema político.

Os constituintes formavam dois grupos distintos: os deputados eleitos pela representação dos estados e os deputados eleitos pelos sindicatos profissionais, chamados deputados classistas. Em 16 de julho de 1934 foi promulgada a nova Constituição, contando com 187 artigos. Quatro dias depois, Getúlio Vargas foi empossado como presidente constitucional, eleito pelo Congresso Nacional. Seu mandato iria até 1938 e seu sucessor seria escolhido por eleição direta.

A nova Carta Magna mesclava características jurídicas liberais, autoritárias e corporativas. Dentre alguns pontos destacavam-se: a manutenção da separação dos poderes Executivo, Legislativo e Judiciário; a preservação do federalismo e do sistema presidencialista de governo; a inclusão dos capítulos dedicados ao trabalho, à educação, à saúde pública e à família.

No que diz respeito às questões do trabalho, a Constituição estabeleceu a proibição de diferenças salariais por questões de idade, sexo, nacionalidade e estado civil; instituiu o salário mínimo; reduziu a jornada de trabalho para oito horas diárias; proibiu o trabalho de menores de 14 anos; criou o repouso semanal remunerado, férias anuais remuneradas e indenização do trabalhador dispensado sem justa causa.

No campo econômico, o governo estabeleceu uma política de incentivo às atividades industriais. Para tanto, abriu linhas de crédito para a instalação de novos estabelecimentos e estimulou a criação de conselhos, companhias e fundações para debater a questão da industrialização e da produção industrial.

Para impulsionar, aperfeiçoar as técnicas de produção e ampliar a variedade de produtos agrícolas da pauta de exportação, o governo criou organismos especializados, como o Instituto do Açúcar e do Álcool (1931) e o Conselho Federal de Comércio Exterior (1934).

A educação também mereceu cuidados do governo. Em suas metas educacionais, o Estado privilegiou os ensinos superior e secundário. Ideologicamente defendeu o ensino religioso nas escolas privadas e públicas, bem como a diferenciação do ensino para meninos e meninas — para o governo, eles desempenhariam papéis diferentes na sociedade. O novo governo estabeleceu ainda o ensino primário público, gratuito e de frequência obrigatória.

A novidade da nova Constituição era a preocupação com a ordem social, explicitada nas conquistas trabalhistas com a vitória do **corporativismo**.

A legislação sindical e o Estado corporativista

A ideia da estruturação de um Estado corporativista surgiu na Europa após a Primeira Guerra Mundial, um período de fortes críticas ao liberalismo. As ideias liberais pregavam a não-intervenção do Estado na economia e nas relações entre patrão e empregado. Ao Estado cabia interferir apenas nas questões que os profissionais não conseguissem resolver, como as greves.

A situação de muitos países depois do conflito mundial era caótica. Fome, desemprego, miséria, adaptação à vida civil de milhares de soldados faziam

Getúlio Vargas e os trabalhadores: operários desfilam com o retrato do presidente nas comemorações de 1º de Maio de 1942 no estádio do Vasco da Gama, Rio de Janeiro.

parte dos problemas da sociedade europeia. O clima de instabilidade política ainda foi agravado pela crise econômica mundial de 1929.

Em tais condições, algumas sociedades buscaram uma alternativa política que representasse o fim dos problemas sociais e econômicos.

Na Itália, por exemplo, diante da desordem política, e na tentativa de encontrar uma melhor forma de relacionar Estado e sociedade civil, o governo fascista implementou o corporativismo, ou seja, o controle do Estado nas negociações entre patrões e empregados. Nesse tipo de relação, trabalhadores e patrões se unem ao Estado, que passa a promover a colaboração entre eles. Para efetivar isso, o Estado necessita controlar tanto os sindicatos patronais quanto os de empregados. Esse modelo inspirou a política de Vargas.

A primeira iniciativa do governo Vargas no sentido de atender a algumas reivindicações dos trabalhadores — e ao mesmo tempo controlá-los — foi a criação do **Ministério do Trabalho**, em novembro de 1930. No ano seguinte foram regulamentados direitos e deveres de todas as classes patronais e operárias que exercessem profissões idênticas, similares ou conexas e que se organizassem em sindicatos.

Corporativismo

Doutrina que prega a reunião das classes produtoras em corporações, sob a fiscalização do Estado. Para tanto, o Estado controla a ação dos sindicatos de trabalhadores e o nível de exploração exercida pelos patrões. Esse mecanismo só é possível por meio de leis reguladoras. O corporativismo não pode ser entendido como um mecanismo utilizado apenas em regimes autoritários.

O governo estabeleceu que, em cada localidade, poderia existir um único sindicato por categoria profissional, desde que fosse reconhecido pelo governo. Essa medida impedia o funcionamento de sindicatos independentes.

Na Constituição promulgada em 1934 foi permitida a volta da pluralidade sindical. Contudo, mantinha-se a exigência do reconhecimento dos sindicatos pelo Ministério do Trabalho.

Um decreto determinou que a jornada diária de trabalho seria de 8 horas e que a cada seis dias de trabalho o trabalhador teria direito a um dia de folga. Desse modo, foi instituída a semana de 48 horas. No caso de prolongamento das jornadas de trabalho para até 10 ou 12 horas, mediante acordo coletivo, caberia o pagamento de hora extra ao empregado.

O trabalho da mulher e da criança passou a merecer regulamentação especial. Coube às mulheres salários iguais aos dos homens, quando exercessem o mesmo trabalho, ficando proibido o trabalho noturno em bares e restaurantes e, em geral, nos serviços considerados perigosos e insalubres. Concedia-se às mulheres grávidas garantia no emprego e licença-maternidade. Além disso, após a volta ao emprego, elas deveriam gozar de descansos para amamentação.

O trabalho dos menores nas indústrias também foi regulamentado, impondo às empresas várias exigências, tais como: idade mínima de 14 anos, necessidade de autorização expressa dos pais, atestados de saúde e prova de que os menores sabiam ler, escrever e contar.

Contudo, a simples existência das leis trabalhistas não garantia sua aplicação: os sindicatos e a interferência do poder público nas relações entre patrões e empregados garantiram que essas leis fossem geralmente respeitadas.

Medidas posteriores criaram o imposto sindical, contribuição obrigatória paga anualmente pelo empregado, sindicalizado ou não, correspondente a um dia de trabalho; e a Justiça do Trabalho, cuja função era intermediar os conflitos entre patrões e empregados. Em 1943 foi promulgada a **Consolidação das Leis do Trabalho (CLT)**, sistematizando a legislação trabalhista.

Se por um lado essas medidas ofereceram benefícios reais aos trabalhadores, por outro, forneceram ao Estado instrumentos para combater, quando julgasse oportuno, o movimento operário organizado.

ACERVO AESP

Luís Carlos Prestes dá depoimento ao Conselho de Justiça Militar, em fevereiro de 1937. Agentes da polícia especial de Vargas acompanham o depoimento ao lado de Prestes, ilustrando bem o poder repressivo sobre os aliancistas.

Comunistas *versus* integralistas

O governo constitucional de Vargas foi marcado por forte instabilidade, com manifestações provenientes tanto da direita quanto da esquerda. Na direita, o governo viu-se pressionado pela **Ação Integralista Brasileira (AIB)**, liderada por Plínio Salgado e com características fascistas. Na esquerda, Getúlio enfrentou a **Aliança Nacional Libertadora (ANL)**, composta de comunistas e simpatizantes, liderada pelo Partido Comunista do Brasil (PCB).

A ANL reunia também socialistas e a ala esquerda dos tenentes, e seu presidente de honra era Luís Carlos Prestes. Ela condenava o imperialismo, o fascismo e a divisão fundiária do país, que concentrava muitas terras nas mãos de poucos. Defendia um programa de natureza democrática baseado na realização de reformas estruturais profundas, que contestavam a ordem econômica e social em vigor.

Em poucos meses a ANL ganhou enorme projeção e conseguiu arregimentar pessoas dos mais diferentes segmentos sociais, especialmente operários, militares e outros setores das camadas médias. Entretanto, seus dirigentes hesitavam entre uma tentativa de consolidação de uma aliança de classes e uma insurreição para tomar o poder.

No início de 1935, o governo federal, apoiado pela Lei de Segurança Nacional, colocou a ANL na ilegalidade e fechou diversos sindicatos de orientação comunista.

Apesar disso, a ANL estimulou seus quadros militares, ligados basicamente ao PCB, a programar um levante armado em novembro de 1935. Planejaram tomar o poder a partir dos quartéis e apoiar as ações militares com greves e manifestações de massa.

O levante da ANL — conhecido pejorativamente como **Intentona Comunista** — teve início no Rio Grande do Norte, com a vitória dos militares rebeldes sobre a polícia. Posteriormente, as forças revolucionárias travaram combates contra tropas de outros estados, sendo derrotadas.

A repressão foi violenta. Os aliancistas foram presos ou deportados e a perseguição se estendeu a todos os setores da esquerda. Estava aberto o caminho para a escalada do autoritarismo que tomou conta do Brasil entre 1937 e 1945. Num primeiro momento, porém, com o fracasso da ANL, o caminho parecia livre para que o fascismo brasileiro chegasse ao poder.

A AIB nasceu logo após o Movimento Constitucionalista de 1932. Seus membros defendiam o corporativismo e o fortalecimento do Estado, representado pelo chefe da nação, e diziam combater o socialismo, o liberalismo e o capitalismo financeiro.

Os integralistas ganharam forte adesão de parte das classes médias urbanas, da juventude e, em menor grau, dos militares. Muito eficiente em rituais e símbolos, a AIB organizava desfiles com os adeptos vestidos com camisas-verdes e braçadeiras contendo a letra grega sigma [Σ]. Como saudação, gritavam, com o braço estendido, a palavra indígena anauê, uma versão tropical do *Heil Hitler* nazista.

Na década de 1930, os camisas-verdes integralistas enfrentaram nas ruas os militantes do movimento operário e, a partir de 1935, da ANL. Mas seus sonhos de tomar o poder se chocaram com a resistência do grupo já instalado no governo que defendia o autoritarismo.

"Havia traços comuns entre a corrente autoritária e o integralismo totalitário, mas eles não eram idênticos. O integralismo pretendia alcançar seus objetivos através de um partido que mobilizaria as massas descontentes e tomaria de assalto o Estado. A corrente autoritária não apostava no partido e sim no Estado; não acreditava na mobilização em grande escala da sociedade, mas na clarividência de alguns homens. Para ela, no limite, um partido fascista levaria à crise do Estado; o estadismo autoritário, ao contrário, conduziria ao seu reforço."

FAUSTO, Boris. *História do Brasil.* São Paulo: Edusp, 1995.

A construção do Estado autoritário

A campanha presidencial para as eleições de janeiro de 1938 iniciou-se sob forte tensão, pois o governo relembrava o movimento militar de 1935 e insistia na possibilidade de uma nova ameaça comunista no país. Foram lançados três candidatos: Armando de Sales Oliveira, representante da oligarquia paulista; Plínio Salgado, líder da AIB, e José Américo de Almeida, candidato da situação apoiado pela maioria dos governadores. Durante a campanha, Vargas agiu com aparente neutralidade, pois nada fez para promover o candidato oficial nem se mostrou simpático às demais candidaturas. Na verdade, ele preparava o golpe de Estado que asseguraria sua permanência no poder.

O pretexto veio mediante a invenção de um suposto plano de insurreição comunista, em setembro de 1937. Era um documento forjado que se tornou conhecido como **Plano Cohen**, pois, de acordo com as fontes oficiais, trazia a assinatura de um certo Cohen — militante comunista e judeu —, que pretendia tomar o poder, com apoio soviético, às vésperas das eleições de 1938. O Congresso Nacional acreditou na existência do plano comunista e concordou com a mudança dos rumos políticos.

ACERVO ICONOGRAPHIA / REMINISCÊNCIAS

Primeiro Congresso da Ação Integralista Brasileira, no Rio de Janeiro, em 1935.

Dessa forma, apoiado pela cúpula das Forças Armadas, por intelectuais e pelos integralistas, Vargas deu um golpe de Estado em novembro de 1937. Ao estabelecer o **Estado Novo**, o presidente suspendeu a Constituição e aboliu os partidos políticos, iniciando uma era de autoritarismo que duraria até 1945. Os integralistas, que haviam apoiado o golpe, tiveram a desagradável surpresa de ver a AIB colocada na ilegalidade em dezembro, juntamente com os demais grupamentos políticos. Alguns integralistas chegaram a tentar um levante contra o governo em maio de 1938, no Rio de Janeiro, mas foram rapidamente derrotados.

O Estado Novo: a ditadura varguista (1937-1945)

Imediatamente após o golpe, Vargas dissolveu o Congresso e outorgou uma Constituição que estruturou o Estado brasileiro com elementos vindos do fascismo italiano. A imprensa escrita, o cinema e o rádio foram submetidos à rígida censura controlada pelo **Departamento de Imprensa e Propaganda** (**DIP**). Foi instituída a pena de morte, que seria aplicada em casos de crimes contra a ordem pública e a organização do Estado; os direitos individuais foram suspensos; os estados perderam sua autonomia e os poderes Legislativo e Judiciário ficaram subordinados ao Executivo. As greves e o *lock-out* (paralisação da produção por iniciativa do empregador) foram proibidos.

No decorrer do Estado Novo, teve prosseguimento a construção do aparelho de Estado que caracterizou toda a Era Vargas. Uma iniciativa importante foi a criação do **Departamento Administrativo do Serviço Público** (**Dasp**) com o objetivo de melhorar a eficiência dos serviços públicos, formando quadros somente com funcionários concursados.

Em termos de política econômica, o Estado passou a realizar investimentos diretos, assumindo os papéis de interventor e empresário. O governo instalou a Companhia Siderúrgica Nacional (CSN), a Companhia Vale do Rio Doce (CVRD) e a Companhia Hidrelétrica do São Francisco, além de investir no setor de transportes e acompanhar de perto e interferir no mercado e no setor financeiro.

Surgiram depois o Instituto Nacional do Mate, o Instituto Nacional do Pinho e o Conselho Nacional do Petróleo (1938).

CPDOC/FGV

Página da cartilha A juventude no Estado Novo. *A propaganda do regime pregava que a disciplina e a virtude eram necessárias para alcançar o progresso do país. Na imagem, a bandeira foi utilizada como símbolo da unidade e da grandeza do Brasil.*

A vigilância do DIP

"Pedia-se que as escolas produzissem cidadãos cujas atitudes conduzissem ao desenvolvimento nacional. Os técnicos experimentavam novas abordagens que visavam à nacionalização da cultura e à 'difusão emocional de valores nacionais'. O órgão mais importante do Estado Novo e o mais envolvido com essas novas abordagens era o Departamento de Imprensa e Propaganda, o DIP. [...] As atribuições do departamento incluíam a censura de toda a mídia pública, assim como a responsabilidade de promover o sentimento nacionalista mediante eventos públicos e também por meio do sistema escolar. [...] O DIP não só censurava a imprensa, como 'sugeria' que editores publicassem a matéria produzida pelo departamento. Os que se recusavam a fazê-lo corriam o risco de ver tiragens inteiras de seus jornais apreendidas ou queimada."

LEVINE, Robert M. *Pai dos pobres? O Brasil e a Era Vargas.* São Paulo: Companhia das Letras, 2001.

▷ A FEB na Segunda Guerra Mundial

Na política externa, Vargas optou por uma linha de neutralidade e pragmatismo, negociando com quem oferecesse melhores condições. Dessa forma, assinou acordos comerciais tanto com a Grã-Bretanha e os Estados Unidos quanto com a Alemanha.

No início da Segunda Guerra Mundial (1939-1945), o governo brasileiro manteve-se neutro, apesar de a simpatia de muitos integrantes do governo se voltar para os países do Eixo (Alemanha, Itália e Japão). Mas o ataque japonês a Pearl Harbor, base militar dos Estados Unidos, em dezembro de 1941, alterou os rumos do conflito e a posição de neutralidade brasileira. Os Estados Unidos entraram na guerra e passaram a pressionar o Brasil pelo rompimento de relações diplomáticas e comerciais com os países do Eixo.

Porém, o afundamento de navios brasileiros, supostamente pelos alemães, em fevereiro de 1942, determinou a entrada do país no conflito mundial.

A contribuição brasileira na luta contra o nazifascismo se deu através de cooperação produtiva, com fornecimento de matérias-primas como borracha e minério de ferro; logística, com a concessão de bases militares em Belém, Natal, Recife, Salvador e outros núcleos; pela participação direta da **Força Expedicionária Brasileira (FEB)** e da **Força Aérea Brasileira (FAB)** nos combates contra os alemães na Itália e nos céus da Holanda. Em contrapartida, o governo Vargas recebeu créditos para a recuperação das jazidas de ferro de Minas e da ferrovia do Vale do Rio Doce e para a construção da usina siderúrgica de Volta Redonda, no estado do Rio de Janeiro.

CPDOC/FGV

A foto de 1944 mostra soldados brasileiros do Segundo Escalão da Força Expedicionária Brasileira (FEB) chegando de navio à Itália para combater ao lado dos aliados.

ARQUIVO NACIONAL, RIO DE JANEIRO

A cantora Dalva de Oliveira, acompanhada de vários músicos, durante gravação de programa de rádio no final da década de 1930.

ATLÂNTIDA CINEMATOGRÁFICA/DIVULGAÇÃO/AE

Grande Otelo, Oscarito e Humberto Catalano, estrelas da Atlântida, em cena do filme E o mundo se diverte, *de 1948.*

A cultura do Estado Novo

Apesar do forte controle do DIP, o Brasil conheceu uma intensa vida cultural nos anos 1930 e 1940. O rádio, com seus programas de auditório, musicais e novelas, tornou-se um dos divertimentos preferidos da população. O *Repórter Esso* e o programa oficial, a *Hora do Brasil*, eram responsáveis pelas notícias do país e do mundo. O segundo foi usado insistentemente na propaganda e na veiculação das ideias do regime. Além disso, o rádio representou um importante veículo para a divulgação da música popular brasileira. Cantores como Orlando Silva, Francisco Alves, Vicente Celestino, Carmem Miranda e o Bando da Lua, Emilinha Borba, Marlene e muitos outros se popularizaram graças às ondas do rádio.

A valorização do samba deu-se em virtude do rádio, dos desfiles oficiais das escolas e dos bailes nos clubes. Dorival Caymmi passou a ser reconhecido nacionalmente com a música *O que é que a baiana tem?*, graças à interpretação da cantora Carmem Miranda, grande responsável pela divulgação da MPB nos Estados Unidos. Ary Barroso também fez sucesso com sua *Aquarela do Brasil*, quando Walt Disney a escolheu para musicar o filme *Saludos Amigos* (Alô, amigos). A Rádio Nacional colocou no ar uma das futuras paixões nacionais: a novela, com a estreia de *Em busca da felicidade*.

Na literatura, importantes obras foram lançadas, tais como *Vidas secas*, de Graciliano Ramos; *A estrela sobe*, de Marques Rebelo; *Perto do coração selvagem*, de Clarice Lispector; e *Terras do sem fim*, de Jorge Amado.

O arquiteto Oscar Niemeyer, cujo projeto arquitetônico mais famoso é Brasília, colocou em prática suas ideias inovadoras com a construção do Conjunto da Pampulha, em Belo Horizonte, contratada pelo então prefeito Juscelino Kubitschek.

Em São Paulo, o recém-construído estádio do Pacaembu ficou superlotado para a apresentação de um dos espetáculos mais populares do país: o futebol. O teatro de revista, com suas vedetes, e as salas de cinema, com as musas de Hollywood e do cinema nacional, completavam a gama de entretenimento dos principais centros urbanos.

O Instituto Nacional do Cinema (INC), órgão criado pelo governo Vargas, obrigou a apresentação de pelo menos um filme nacional por ano nas salas de projeção, o que contribuiu para o nascimento de companhias como a Atlântida e a Cinédia.

Era o Brasil moderno e urbano, mas dilacerado pela ditadura. E como dizia o **Manifesto dos Mineiros**, pró-democratização, publicado em 1943: "Um povo reduzido ao silêncio e privado da faculdade de pensar e opinar é um organismo corroído".

O fim do Estado Novo

O envolvimento brasileiro na luta contra o nazifascismo impulsionou as mobilizações democráticas no país.

O Estado Novo desabou após a vitória aliada por uma questão de lógica: o Brasil lutara na guerra em favor das democracias, logo, não fazia sentido manter-se como ditadura. Diante dessa incoerência, a oposição questionava: "Se a liberdade fora defendida lá fora que fosse respeitada aqui dentro". A pressão crescente levou o governo a marcar para 2 de dezembro de 1945 a realização de eleições gerais.

Neste ínterim, foram autorizadas a formação de partidos políticos e a organização de campanhas publicitárias dos candidatos ao governo. Entre os partidos políticos de maior expressão estavam a União Democrática Nacional (UDN), partido composto de adversários do regime, que apresentou a candidatura do brigadeiro Eduardo Gomes à presidência da República; o Partido Social Democrático (PSD), composto de políticos ligados a Vargas e ao Estado Novo, que lançou a candidatura do general Eurico Gaspar Dutra; o Partido Trabalhista Brasileiro (PTB), nascido sob a cobertura política de Vargas e que teve como base eleitoral as camadas populares urbanas beneficiadas pela obra social e trabalhista do Estado Novo, apoiou o candidato do PSD; e o Partido Comunista do Brasil (PCB), novamente legalizado e com milhares de adeptos no país, que lançou como candidato à presidência Iedo Fiúza.

O último fôlego

"Apesar da repressão, as manifestações em favor da abertura se realizaram com uma frequência cada vez maior. No final de 1943, a UNE (União Nacional dos Estudantes) organizou em São Paulo uma passeata em que os participantes caminhavam amordaçados em sinal de protesto. O ato, dissolvido a tiros pela polícia, acabou em duas mortes. Um ano depois, no início de 1945, o Primeiro Congresso Brasileiro de Escritores, também em São Paulo, transformou-se num ato público pró-democracia, um dos últimos a serem censurados. [...] Em junho, nova pressão foi desencadeada com a volta apoteótica dos primeiros pracinhas. Cada navio que chegava da Itália ressaltava a contradição entre a realidade doméstica e a mundial, incomodando cada vez mais a sociedade. Afinal, ao desfilar pelas avenidas das capitais, os soldados da FEB representavam a contribuição brasileira para a derrota do nazifascismo, o que era devidamente capitalizado pelos defensores da democracia."

PILAGALLO, Oscar. *O Brasil em sobressalto.* 80 anos de história contada pela Folha. São Paulo: Publifolha, 2002.

CPDOC/FGV

Getúlio Vargas (à esquerda) e Eurico Gaspar Dutra (ao seu lado) assistem a exercícios de tiro da Artilharia Divisionária. Foto de 1944.

Enquanto os candidatos desenvolviam suas campanhas, Vargas manobrava nos bastidores ao anistiar Luís Carlos Prestes e ao decretar a **Lei Malaia** (antitruste), que previu a desapropriação de empresas ligadas ao capital estrangeiro. Com isso, caiu no desfavor dos empresários, principalmente dos udenistas.

Essa conjuntura acabou gerando o **queremismo**, apoiado pelo PCB, que defendeu a convocação de uma Constituinte com Vargas no governo. O próprio presidente manifestou publicamente seu desejo de continuar no cargo, a ponto de ser alvo de uma anedota que circulou em 1945:

"Meu candidato é Eurico; mas se houver oportunidade, eu mudo uma letra: Eufico."

A situação se agravou quando Vargas nomeou seu irmão, Benjamin Vargas, para o cargo de chefe da polícia do Distrito Federal, tradicionalmente ocupado por militares.

A oposição pressionou até que, em 30 de outubro de 1945, Vargas foi intimado pelos militares a renunciar. A presidência da República passou interinamente ao ministro do Supremo Tribunal Federal, José Linhares.

As eleições realizaram-se na data prevista, com a vitória do candidato da coligação PSD-PTB, Eurico Gaspar Dutra. O ex-ditador, beneficiado pela lei eleitoral, disputou ao mesmo tempo um cargo ao Senado e outro a deputado. Eleito, escolheu ser senador pelo PSD gaúcho. Em sua propriedade em São Borja, no Rio Grande do Sul, Vargas aguardaria o momento para retornar ao governo federal em 1951, desta vez eleito pelo voto popular.

TEXTO COMPLEMENTAR

A arte de Candido Portinari

A obra de Portinari alcançou enorme reconhecimento internacional. Mesmo assim, seus quadros foram duramente afetados pela crítica brasileira.

"Por que um dos mais populares artistas plásticos do Brasil, se não o mais popular, Candido Portinari (nascido em 30 de dezembro de 1903), tem uma discreta comemoração de seu centenário? [...] Provavelmente, isso ocorre pela sua popularidade e pela sua vinculação com o governo Getúlio Vargas, fatos que levaram a crítica a olhar seus trabalhos com má vontade. [...]

Nos anos 30, questões brasileiras tornaram-se seu principal tema. [...] Portinari, um membro do Partido Comunista, incorporou em suas obras as classes trabalhadoras, os tipos nacionais, como índios, negros e mestiços, e heróis, como Tiradentes. [...] A partir de então, Portinari torna-se pintor oficial e passa a realizar vários murais e painéis externos de azulejos, como no Ministério da Educação. [...]

Talvez, então, o estilo variado de Portinari, que incorporou elementos de muralistas mexicanos, [...] e do cubismo de Picasso, também tenha incomodado certos críticos."

CYPRIANO, Fábio. Caminhos das pedras: influências múltiplas. *Folha de S.Paulo*. São Paulo, 28 out. 2003.

JOÃO CANDIDO PORTINARI/PROJETO PORTINARI

A obra Café, *de 1935, compõe a série* Ciclos econômicos do Brasil, *um marco da produção de Portinari. Os temas brasileiros foram predominantes na pintura do artista até o fim da sua vida.*

Compreendendo o texto

1. Que razões o autor do artigo aponta para a desvalorização da obra de Portinari por parte dos críticos?

2. Observe o quadro acima. Como é a expressão dos rostos e dos corpos? Que cores predominam na pintura? Que elementos Portinari utilizou no quadro para enaltecer os trabalhadores?

3. De que forma as obras do artista da década de 1930 se vinculavam à política do governo Vargas?

4. Faça uma pesquisa sobre a vida e a obra de Portinari. Escreva um pequeno texto e promova um debate com seus colegas, ao final do trabalho, sobre a relação entre arte e política.

ATIVIDADES

Explorando o conhecimento

1 Leia o texto abaixo.

Novo processo industrial

"A década de 1930 é especialmente significativa para a definição do processo do desenvolvimento industrial do Brasil, por dois motivos básicos e de grande alcance. Ao nível político, é um período de redefinição profunda da ação do Estado, fruto da rearticulação dos grupos de poder efetuada pela revolução de 1930 [...]. Ao nível econômico, é marcado pelos efeitos da grande crise internacional de 1929, que, nessa área, traduziram-se na plena expansão do processo de 'substituição de importações', típico da industrialização brasileira. Com efeito, por essa crise, que afetou mais diretamente a cafeicultura de exportação, ficaram traçados os limites da expansão possível do esquema tradicional da organização da economia brasileira, fundado no comércio exterior."

COHN, Gabriel. Problemas da industrialização no século XX. In: MOTA, Carlos Guilherme. *Brasil em perspectiva*. São Paulo: Difel, 1976.

a) A partir do texto, apresente os motivos externos e internos das modificações ocorridas no Brasil após a década de 1930.

b) Com base no texto e nas informações do capítulo, caracterize a política econômica do período em questão.

c) A partir das informações do capítulo, descreva a mudança que houve no Brasil, com respeito ao controle do poder político, a partir do movimento de 1930.

2 Explique as siglas a seguir, caracterizando sua função no contexto do Estado Novo.

a) DIP. **b)** Dasp.

c) CSN. **d)** CVRD.

3 Observe as imagens das páginas 591 e 594 e responda.

a) Identifique os símbolos nacionais representados. Como a figura de Vargas se associa a esses símbolos? Interprete o significado dessa associação.

b) Que grupos sociais estão representados na foto? Pesquise no capítulo como eles foram contemplados pela legislação do governo Vargas.

4 Explique por que a luta contra o nazifascismo significou uma contradição política do Estado Novo.

5 Leia o texto a seguir.

A união pelas ondas de rádio

"O rádio é o maior fator de expansão cultural e educação cívica dos nossos tempos, pois com a facilidade de penetração e a rapidez de divulgação das ideias, vencendo o espaço e o tempo, para atingir os mais longínquos rincões da terra brasileira, leva em suas ondas misteriosas e encantadoras a palpitação e a certeza do progresso, divulgando os acontecimentos marcantes da civilização que se verificam nos centros mais adiantados do mundo, mantendo unidos, pelo contato direto e permanente de seus elementos vitais, os pontos mais afastados do território pátrio."

SILVEIRA, Décio Pacheco. Revista *Cultura Política*, 1941.

a) Explique a importância política e social do rádio ao longo do governo de Getúlio Vargas.

b) O aparecimento de novos veículos de propaganda possibilita a maior circulação de notícias, ideias e valores. No caso brasileiro, explique quais os instrumentos de comunicação mais utilizados para a divulgação dos projetos políticos.

6 O livro *Memórias do cárcere*, de Graciliano Ramos, conta a experiência do autor como prisioneiro político do Estado Novo. Já o livro *Olga*, escrito por Fernando Morais, é a biografia de Olga Benário. Judia-alemã, comunista e esposa de Luís Carlos Prestes, Olga foi presa e deportada para a Alemanha, onde morreu num campo de concentração.

a) Quais semelhanças e diferenças existem entre as duas histórias?

b) Olga e o escritor alagoano Graciliano Ramos foram presos durante a repressão que se seguiu à Intentona Comunista de 1935. Caracterize esse movimento, destacando seus objetivos e o grupo político que os liderou.

A história e o tempo presente

7 Participe da discussão sobre o projeto de flexibilização das leis trabalhistas. Proponha a divisão da classe em dois grupos: um contra e outro a favor da reforma legislativa da CLT. Entreviste alguns trabalhadores na sua casa, na escola e no bairro. Procure informações na internet, em revistas e jornais. Organize um debate e monte um painel informativo para os demais alunos da escola sobre o tema.

Vestibular / ENEM

1 (UFC-CE) Leia o texto abaixo.

"O par de interlocutores legítimos estava formado: de um lado o povo, a quem se apelava como fonte e base do governo e que era identificado na população de trabalhadores corporativamente hierarquizada; de outro, o Estado, corporificado funcional e pessoalmente na figura do presidente Getúlio Vargas."

GOMES, Ângela de C. A política brasileira em busca da modernidade: na fronteira entre o público e o privado. In: SCHWARCZ, Lilia M. (org.). *História da vida privada no Brasil*: contrastes da intimidade contemporânea. São Paulo: Companhia das Letras: 1998, vol. 4.

A partir da citação acima, identifique a alternativa que indica **corretamente** as relações mantidas, no contexto do trabalhismo, entre a população trabalhadora no Brasil e o presidente Vargas.

a) as campanhas destinadas aos trabalhadores enfatizavam a necessidade de organização em torno dos sindicatos e partidos políticos, principais interlocutores do presidente.

b) as liberdades políticas permitiam o estabelecimento, durante o Estado Novo, de uma permanente negociação entre os trabalhadores e o governo através do Parlamento.

c) o sindicalismo corporativo era combatido pelo governo, pois permitia a livre expressão das lutas de classes e dos conflitos no interior da sociedade brasileira.

d) a ideologia do Estado Novo pretendia estabelecer uma ligação direta entre o governante e o povo, através de cartas, programas de rádio e outros mecanismos de comunicação.

e) Getúlio Vargas fazia chegar até a população, através do programa *A voz do Brasil*, mensagens de estímulo à organização sindical livre, combatendo assim o comunismo.

2 (Ufscar-SP) Os anos 30 do século XX foram marcados por disputas ideológicas, por propostas revolucionárias e pela emergência de regimes centralizados e autoritários. No Brasil, a polarização ideológica intensificou-se em 1935, opondo:

a) a Ação Integralista Brasileira, partido político simpatizante do fascismo, à Ação Nacional Libertadora, que lutava pela instalação de um governo popular revolucionário.

b) os anarco-sindicalistas, líderes do movimento operário em toda a Primeira República, ao Partido Comunista do Brasil, de tendência revolucionária bolchevista.

c) os católicos ultramontanos do Centro Dom Vital, situado no Rio de Janeiro, aos partidários do fascismo italiano e, sobretudo, do nazismo hitlerista.

d) a social-democracia, representada pelo Partido Democrático de São Paulo, às tendências políticas autoritárias do movimento tenentista.

e) os constitucionalistas paulistas, que haviam combatido na Revolução de 1932, ao Estado Novo, dominado pelo presidente Getúlio Vargas.

3 (Vunesp) A Consolidação das Leis do Trabalho (CLT), criada em 1943, reunia toda a legislação trabalhista existente no país e foi uma das principais marcas do trabalhismo getulista.

a) Como é denominado, pelos historiadores, esse período?

b) Cite um acontecimento internacional dessa época.

4 (UFF-RJ) "A Revolução de 1930 pôs fim à hegemonia do café, desenlace inscrito na própria forma de inserção do Brasil no sistema capitalista internacional."

FAUSTO, Boris. *A revolução de 30*: historiografia e história. São Paulo: Brasiliense, 1972.

a) Vários fatores sociais determinaram esse processo revolucionário. Cite dois deles.

b) Analise os desdobramentos da Revolução de 1930 na industrialização brasileira.

5 (UFRJ) "Após o advento do Estado Novo, deu-se a consolidação de uma política de massas que vinha se preparando desde o início da década. Constituídos a partir de um golpe de Estado, sem qualquer participação popular, os representantes do poder buscaram legitimação e apoio de setores populares mais amplos da sociedade através da propaganda [...]. Além da busca de apoio, a integração política das massas visava ao seu controle em novas bases."

CAPELATO, Maria Helena. Estado Novo: o que trouxe de novo. In: FERREIRA, Jorge (org.). *O Brasil republicano*. Rio de Janeiro: Civilização Brasileira, 2003, v. 2.

O Estado Novo correspondeu ao período do governo Vargas iniciado em 1937, com um golpe de Estado, e encerrado com a deposição do presidente.

a) Identifique duas medidas adotadas pelo governo Vargas, durante o Estado Novo, que buscavam assegurar a realização dos objetivos mencionados pela autora do texto.

b) Explique um fator ligado à conjuntura internacional que tenha contribuído para o fim do Estado Novo.

6 (UFG-GO) Em março de 1934, Luís Carlos Prestes fundou uma frente popular, a Aliança Nacional Libertadora, que objetivava atrair setores democráticos e antifascistas da sociedade para um programa de reformas políticas e sociais. O governo de Vargas perseguiu Prestes devido à:

a) emergência de regimes autoritários na Europa, influenciando a organização partidária no Brasil.

b) cooptação dos sindicatos pelo Estado, com suas sedes tornando-se locais da propaganda oficial.

c) proposta política de estabelecer um governo revolucionário no Brasil alinhado com a União Soviética.

d) organização da Ação Integralista Brasileira, que defendia um projeto de Estado autoritário para o país.

e) rivalidade entre integralistas e aliancistas, os quais mobilizaram o país, ampliando o clima de confrontos.

7 (PUC-Campinas-SP) Observe a caricatura.

CID

Fonte: SANTOS, Joel Rufino dos. *História do Brasil.* São Paulo: Marco Editorial, 1979.

A caricatura revela um momento da chamada "era de Vargas", quando Getúlio preparava-se para:

a) assumir a presidência da República, após a sua eleição indireta pela Assembleia Constituinte.

b) liderar um golpe militar, instaurando um período histórico conhecido por Estado Novo.

c) disputar as eleições diretas para a presidência da República, no contexto da redemocratização do país.

d) executar os princípios do Plano Cohen, visando impedir o avanço dos comunistas e dos integralistas ao poder.

e) comandar uma revolução constitucionalista, contra a oligarquia do setor agroexportador.

8 (Enem-MEC) A figura de Getúlio Vargas, como personagem histórica, é bastante polêmica devido à complexidade e à magnitude de suas ações como presidente do Brasil durante um longo período de quinze anos (1930-1945). Foram anos de grandes e importantes mudanças para o país e para o mundo. Pode-se perceber o destaque dado a Getúlio Vargas pelo simples fato de este período ser conhecido no Brasil como a "Era Vargas".

Entretanto, Vargas não é visto de forma favorável por todos. Se muitos o consideram um fervoroso nacionalista, um progressista ativo e o "pai dos pobres", existem outros tantos que o definem como ditador oportunista, um intervencionista e amigo das elites.

Considerando as colocações acima, identifique a alternativa **correta**:

a) um dos grupos está totalmente errado, uma vez que a permanência no poder depende de ideias coerentes e de uma política contínua.

b) o grupo que acusa Vargas de ser ditador está totalmente errado. Ele nunca teve uma orientação ideológica favorável aos regimes politicamente fechados e só tomou medidas duras forçado pelas circunstâncias.

c) os dois grupos estão certos. Cada um mostra Vargas da forma que serve melhor aos seus interesses, pois ele foi um governante apático e fraco — uma verdadeira marionete nas mãos das elites da época.

d) o grupo que defende Vargas como um autêntico nacionalista está totalmente enganado. Poucas medidas nacionalizantes foram tomadas para iludir os brasileiros, devido à política populista do varguismo, e ele fazia tudo para agradar aos grupos estrangeiros.

e) os dois grupos estão errados, por assumirem características parciais e, às vezes, conjunturais como sendo posturas definitivas e absolutas.

9 (Unirio-RJ) "O ano de 1930 foi um divisor de águas na história do país. A partir dessa data, houve aceleração das mudanças sociais e políticas, a história começou a andar mais rápido. No campo que aqui nos interessa, a mudança mais espetacular verificou-se no avanço dos direitos sociais. [...] Os direitos políticos tiveram evolução mais complexa. O país entrou em fase de instabilidade, alternando-se ditaduras e regimes democráticos."

CARVALHO, José Murilo de. *Cidadania no Brasil:* o longo caminho. Rio de Janeiro: Civilização Brasileira, 2002.

Com relação ao momento histórico acima retratado por José Murilo de Carvalho, indique como podemos relacionar tais mudanças com a vitória do "corporativismo", na Constituição de 1934.

10 (FUVEST) A ascensão de Getúlio Vargas em 1930 deu-se num contexto de crise mundial.

a) Como essa crise afetou o Brasil?

b) Comente sobre as forças políticas que o apoiaram.

Ampliando o conhecimento

Leitura

RAMOS, Graciliano. *Memórias do cárcere*. Rio de Janeiro: Record, 2001.

Graças às perseguições políticas empreendidas pelo governo Vargas e pelo Tribunal de Segurança Nacional, em 1936 Graciliano Ramos foi detido e conduzido ao presídio da Ilha Grande, no Rio de Janeiro. O autor fez da sua experiência na prisão um relato das condições subumanas a que eram submetidos os presos durante a Era Vargas.

Filmes

Cinema, aspirina e urubus

Direção de Marcelo Gomes. Brasil, 2005. 99 min.

O alemão Johann foge de seu país durante a Segunda Guerra e estabelece-se no Brasil. Para ganhar a vida, roda o Nordeste com seu caminhão vendendo aspirinas e exibindo filmes publicitários do remédio. A narrativa mostra o cotidiano dos habitantes do sertão nordestino – marcado pela seca, pelo poder dos latifundiários e pela miséria – e, ainda, a perseguição do governo Vargas aos estrangeiros provenientes de países que compunham o Eixo após a entrada do Brasil na Segunda Guerra Mundial.

Memórias do cárcere

Direção de Nelson Pereira dos Santos. Brasil, 1984. 187 min.

O filme é o registro da experiência na prisão do escritor Graciliano Ramos, detido sob a alegação de ter cooperado com a Aliança Nacional Libertadora (ANL) no episódio conhecido como Intentona Comunista.

Getúlio Vargas

Direção de Ana Carolina. Brasil, 1974. 76 min.

O filme mostra os fatos que marcaram a Era Vargas como a participação da Força Expedicionária Brasileira (FEB) na Segunda Guerra Mundial e a comoção popular causada pelo suicídio de Vargas, por meio de montagens de jornais cinematográficos produzidos pelo DIP. Uma obra extremamente atual, que discute o populismo varguista e a sua herança nos dias atuais.

Olga

Direção de Jayme Monjardim. Brasil, 2004. 141 min.

Narrativa centrada na história de Olga Benário, que conheceu Luís Carlos Prestes na União Soviética e tornou-se sua mulher. Vivendo na clandestinidade, foi perseguida pela ditadura do Estado Novo e deportada para a Alemanha nazista.

Eternamente Pagu

Direção de Norma Benguell. Brasil, 1988. 100 min.

O filme conta a história de Patrícia Galvão, a Pagu, poetisa, militante comunista, ligada à vanguarda política e literária dos anos de 1920 e 1930. Perseguida por sua atuação política, Pagu foi presa várias vezes pelo governo de Getúlio Vargas, mas a repressão não a impediu de dedicar a sua vida à luta pela liberdade e pela justiça.

O mundo bipolar

GILBERTO ANTE/ROGER VIOLLET/GETTY IMAGES

Multidão comemora o triunfo da Revolução Cubana em frente ao antigo Palácio Presidencial, em Havana, janeiro de 1959.

1959

ROBERT LACKENBACH/TIME LIFE PICTURES/GETTY IMAGES

Crianças observando as obras de construção do Muro de Berlim, do lado oriental da cidade, em novembro de 1961.

1961

ÚLTIMA HORA/ARQUIVO DO ESTADO DE SÃO PAULO

Mulher vietnamita foge com os filhos de uma aldeia em chamas, durante a Guerra do Vietnã, setembro de 1963.

1963

ARQUIVO DO ESTADO DE SÃO PAULO

Conflito entre estudantes e a polícia militar na cidade do Rio de Janeiro, abril de 1968.

1968

Capítulos da Unidade 8

UNIDADE 8

testo contra a Guerra Vietnã, na cidade de shington DC, Estados dos, em 1969.

CID

O astronauta norte-americano Edwin E. Aldrin prestes a pisar no solo lunar. Missão da Apollo 11, em 20 de julho de 1969.

GAMMA/OTHER IMAGES

Cerimônia de encerramento dos Jogos Olímpicos de Moscou, 1980.

1969 — 1980

► Observe a linha do tempo e selecione as imagens que mais chamam a sua atenção. Justifique sua escolha.

► O que significa o termo Guerra Fria? Discuta com seus colegas tendo como referencial as imagens da linha do tempo e seus próprios conhecimentos.

Capítulo 43 A Guerra Fria

Hollywood busca seus novos vilões

"O cinema americano é também a longa história da representação de vilões nacionais, da criação fantasmática de inimigos do povo dos Estados Unidos. A cada época do século 20, eles assumiram diferentes configurações no cinema, em decorrência [...] das paranoias sociais e das necessidades de propaganda política transferidas a Hollywood. [...]

No início da Guerra Fria, os comunistas e seus aliados são os novos bandidos. Aparecem também os primeiros delírios paranoicos de invasão dos Estados Unidos, de destruição do país pela bomba atômica e de disseminação da ideologia comunista entre os americanos. [...] Data dessa época o desenvolvimento do filme de espionagem, já praticado desde a Primeira Guerra. [...]

Com a queda do Muro de Berlim, o cinema americano começa a ter muitos problemas para encontrar 'o' inimigo. [...] O país vive a era neoliberal e politicamente correta, com a plena expansão de sua hegemonia ideológica e econômica. Os vilões raramente surgem. [...] Com frequência são individualistas exasperados, doentes mentais, *serial killers* ou fantasmas, formas variadas de um inimigo dessocializado, que não atua em nome de nada, exceto de seu instinto, de sua vingança e de sua loucura. [...]

Seria preciso restabelecer no plano da narrativa coletiva o maniqueísmo para poder rematerializar a figura de um inimigo público na América. Foi o que aconteceu após 11 de setembro. [...] Quando Bush definiu o 'eixo do mal', dividindo o mundo entre os que são a favor e contra os Estados Unidos, ele reanimou de certa forma a representação hollywoodiana, definindo também para ela um conflito. [...] Quanto ao inimigo, ele é claramente o 'terrorista'."

NETO, Alcino Leite. Hollywood busca seus novos vilões. *Folha de S.Paulo*. 2 jul. 2002. Disponível em < http://www1.folha.uol.com.br> . Acesso jun. 2007.

ISABELLA VOSMIKOVA/FOX/ALBUM/LATINSTOCK

ALBUM/LATINSTOCK

Os filmes do agente secreto James Bond representaram a tensão vivida durante a Guerra Fria com a polarização do mundo em dois blocos: socialista e capitalista. Frequentemente, as histórias do agente 007 envolviam o risco de uma guerra nuclear. À esquerda, cena do filme 007: somente para seus olhos, *de 1981. Acima, cena de episódio da série* 24 horas, *de 2001, que personifica a luta dos Estados Unidos contra seus novos inimigos. Foto de 2001.*

Toda sociedade produz e reproduz uma imagem ideal de si mesma, e dessa forma, procura minimizar seus aspectos negativos. Ao longo de todo o século XX, a imagem tornou-se uma questão estratégica para os povos. Com o desenvolvimento de mídias que permitem a rápida disseminação de uma imagem por todo o mundo, a propaganda ideológica ganhou ferramentas como o cinema e a televisão para alardear suas proposições.

Após o fim da Segunda Guerra Mundial, iniciou-se um conflito que opunha de um lado os países aliados aos Estados Unidos e a sua política econômica; e, de outro, os países socialistas, liderados pela União Soviética. Até então, nenhuma outra batalha havia sido explorada pelos meios de comunicação de forma tão intensa.

Embora as produções de Hollywood sejam obras de ficção, elas nos fornecem valiosas informações sobre a época em que foram produzidas, a exemplo do que ocorre hoje com a disseminação de séries e filmes sobre as ameaças que cercam a integridade dos Estados Unidos e o medo do terrorismo. Muitos produtores, diretores e roteiristas do cinema norte-americano levaram para os filmes a ideologia do governo dos Estados Unidos, centrada na luta contra o "eixo do mal".

O confronto de ideologias

Realizada pouco antes do fim da Segunda Guerra Mundial, a Conferência de Yalta serviu para que os aliados não apenas coordenassem a fase derradeira da luta contra o nazismo, mas também decidissem a organização do mundo no pós-guerra. Nessa conferência, Estados Unidos e União Soviética definiram os padrões da nova ordem mundial, cabendo à Grã-Bretanha uma posição coadjuvante.

Pouco depois, na Conferência de Potsdam, que dividiu a Alemanha e a cidade de Berlim nas zonas de influência britânica, francesa, norte-americana e soviética, os negociadores já deixaram transparecer suas desconfianças recíprocas, com Estados Unidos e União Soviética querendo influenciar cada vez mais territórios.

Proclamaçoes em favor da paz e do entendimento, como as que acompanharam a fundação da Organização das Nações Unidas (ONU), em 1945, não tinham meios de superar as divergências ideológicas entre os Estados Unidos e a Grã-Bretanha, de um lado, e a União Soviética, de outro. Formaram-se, desse modo, duas grandes áreas de influência em escala planetária: a capitalista e a socialista, sob a hegemonia, respectivamente, dos Estados Unidos e da União Soviética.

Durante quase toda a segunda metade do século XX, as duas superpotências disputaram áreas de influência, criando uma tensão que ficou conhecida como **Guerra Fria**. Nesse conflito, todas as táticas eram permitidas, menos o enfrentamento direto entre as superpotências nucleares.

O historiador Eric Hobsbawm definiu assim a expressão Guerra Fria:

> "A Segunda Guerra Mundial mal terminara quando a humanidade mergulhou no que se pode encarar, razoavelmente, como uma Terceira Guerra Mundial, embora uma guerra muito peculiar. Pois, como observou o grande filósofo Thomas Hobbes, a guerra consiste não só na Batalha, ou no Ato de lutar: mas num período do tempo em que a vontade de disputar pela batalha é suficientemente conhecida. A Guerra Fria entre os EUA e URSS, que dominou o cenário internacional na segunda metade do breve século XX, foi sem dúvida um desses períodos. Gerações inteiras se criaram à sombra de batalhas nucleares globais que, acreditava-se firmemente, podiam estourar a qualquer momento e devastar a humanidade."
>
> HOBSBAWM, Eric J. *Era dos extremos:* o breve século XX: 1914-1991. São Paulo: Companhia das Letras, 1995.

Uma cortina e uma doutrina

Referindo-se à influência soviética sobre o Leste europeu, o inglês Winston Churchill afirmou que uma "cortina de ferro" fora descerrada na região.

Em resposta, o presidente Harry Truman, dos Estados Unidos, anunciou que Washington iria "dar apoio às pessoas livres que estão resistindo a tentativas de subjugações por minorias armadas ou pressões externas". Ou seja, os Estados Unidos passariam a atuar, em escala mundial, como um polo antis soviético, a fim de conter a expansão do bloco liderado por Moscou. A **Doutrina Truman**, formulada em março de 1947, serviu de orientação para mapear a política externa do país ao estabelecer que o comunismo deveria ser combatido a qualquer custo.

Ainda em 1947, um arrojado programa econômico de investimentos e de recuperação, cuja principal meta era atender aos países arrasados pela Guerra Mundial, foi lançado pelo governo dos Estados Unidos. Proposto pelo secretário de Estado norte-americano, George Marshall, o programa ficou conhecido como **Plano Marshall**.

HULTON-DEUTSCH/CORBIS-STOCK PHOTOS

Reconstrução da região próxima às ruas Aldermanbury e Gresham em Londres (Inglaterra), durante o programa de reconstrução pós-Segunda Guerra. Foto tirada provavelmente em 1954.

Concebido para recuperar a economia comercial das regiões fortemente abaladas pela guerra e para consolidar uma economia tipicamente capitalista na Europa Ocidental, o Plano Marshall concedeu aos países beneficiados empréstimos e auxílios diversos a juros irrisórios, contribuindo efetivamente para a reconstrução europeia. O plano atraiu para os Estados Unidos a simpatia, até mesmo, de países sob influência soviética. Aliás, o programa também previa ajuda à União Soviética e aos Estados da Europa Oriental, mas desconfianças recíprocas já associadas à formação dos blocos antagônicos impediram que isso acontecesse. Em 1949, os soviéticos lançaram seu próprio programa de ajuda econômica para o Leste europeu. Denominado Conselho para Assistência Econômica Mútua, o plano ficou conhecido como **Comecon**.

CID

No cartaz soviético "O paraíso com Marshall", vê-se a representação de George Marshall e o "clã dos imperialistas" expulsando do mundo o anjo da paz.

▷ A corrida nuclear

Em 1949, diante do crescimento da tensão nas relações entre os mundos capitalista e socialista, foi fundada, por iniciativa dos Estados Unidos, a **Organização do Tratado do Atlântico Norte (Otan)**. Tratava-se de uma aliança político-militar composta originalmente pelos Estados Unidos, França, Bélgica, Canadá, Países Baixos, Dinamarca, Reino Unido, Luxemburgo, Noruega, Finlândia, Itália e Portugal. Posteriormente, a Alemanha Ocidental, a Grécia e a Turquia também ingressaram na aliança.

A militarização também tomou conta dos serviços de inteligência desses países, colocados em maior ou menor grau sob a hegemonia da Agência Central de Inteligência (CIA) e de outros órgãos de informações dos Estados Unidos. A resposta soviética viria em 1955, com a formação do **Pacto de Varsóvia**, aliança militar que reunia os países do Leste europeu como Polônia, Tchecoslováquia, Hungria, Albânia, Bulgária, Romênia e posteriormente a Alemanha Oriental.

Outro evento crucial de 1949 foi a realização do primeiro teste nuclear soviético, no Deserto do Cazaquistão, mostrando que os Estados Unidos não detinham mais o monopólio da destruição atômica. Decididos a recuperar a superioridade, os norte-americanos realizaram em 1952 testes com a bomba de hidrogênio,

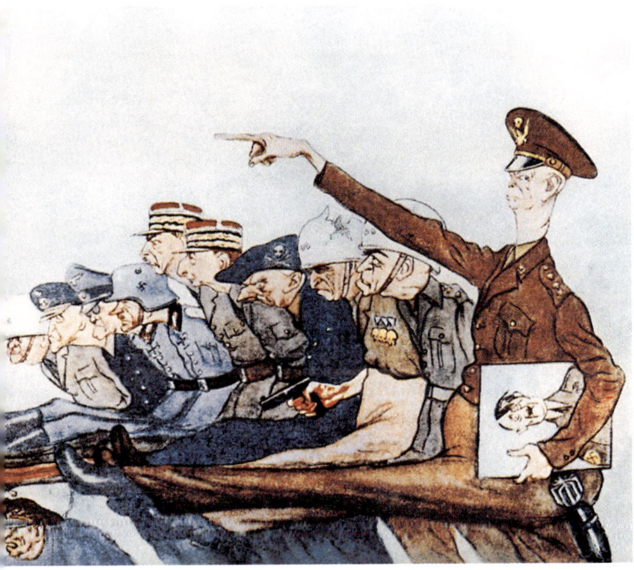

Caricatura soviética de 1952 que representa os generais da Otan como nazistas modernos.

"A economia de guerra proporciona abrigos confortáveis para dezenas de milhares de burocratas com e sem uniformes que vão para o escritório todo dia construir armas nucleares ou planejar uma guerra nuclear; milhões de trabalhadores cujo emprego depende do sistema de terrorismo nuclear; cientistas e engenheiros contratados para buscar aquela 'inovação' final que pode oferecer segurança total; fornecedores que não querem abrir mão de lucros fáceis; intelectuais guerreiros que vendem ameaças e bendizem guerras."

BARNET, Richard. In: HOBSBAWM, Eric J. *Era dos extremos:* o breve século XX: 1914-1991. São Paulo: Companhia das Letras, 1995.

ainda mais terrível que a bomba atômica. Três anos depois, os soviéticos já dispunham dessa arma. Pela primeira vez na história ficou claro que o homem tinha capacidade de arrasar todo o planeta.

A corrida armamentista entre as duas potências mundiais fez com que as indústrias bélicas aumentassem seus lucros e absorvessem um número grande de trabalhadores.

Na verdade, o ano de 1949 assinalou uma abrupta escalada na Guerra Fria, que assumiu proporções de um confronto verdadeiramente mundial. Na Europa, formaram-se dois Estados alemães de sistemas políticos e econômicos antagônicos, enquanto a Ásia assistiu à vitória da revolução comunista na China e, no ano seguinte, à deflagração da Guerra da Coreia (1950-1953).

O MUNDO DA GUERRA FRIA

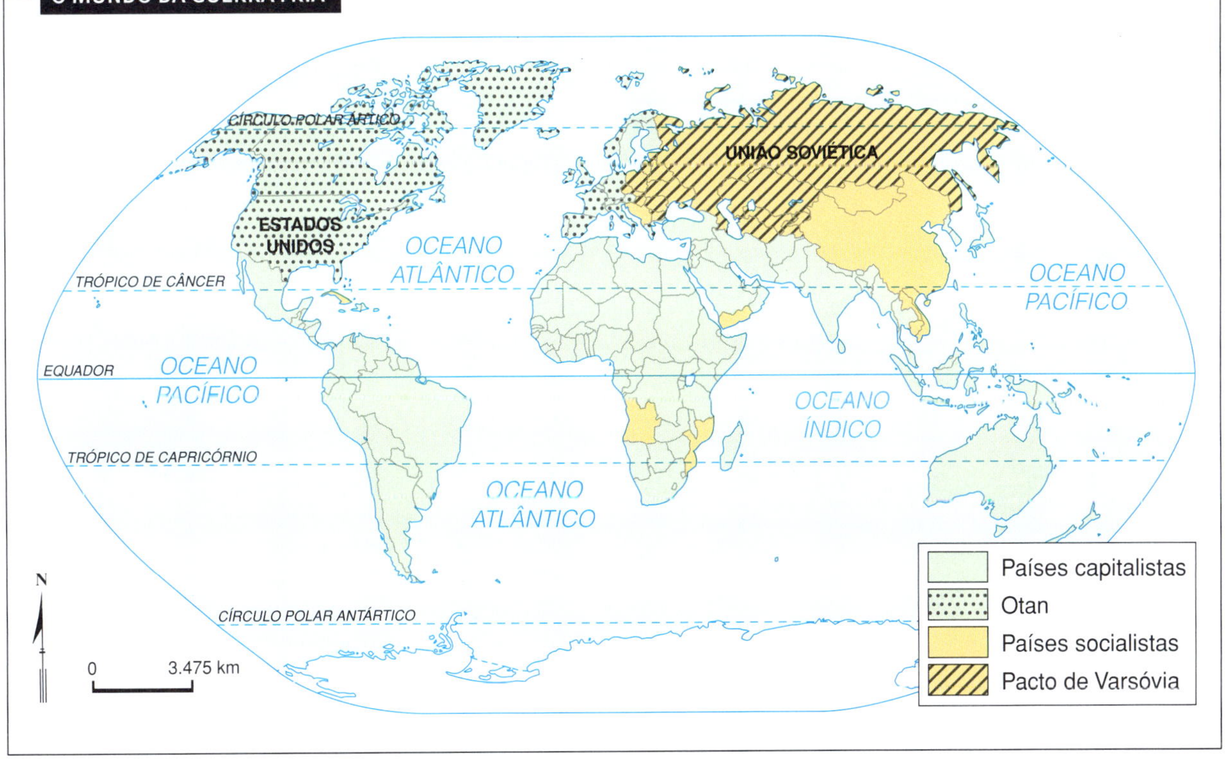

Fonte: *Atlas da história do mundo*. São Paulo: Folha/Times, 1995.

▷ A divisão da Alemanha

A rendição incondicional da Alemanha nazista, em maio de 1945, colocou na ordem do dia a questão do futuro da nação alemã.

As grandes cidades industrializadas estavam destruídas e a sociedade sentia-se amedrontada, sem saber o que estava reservado para o país. As perdas humanas chegaram a quase 8% da população alemã, cerca de cinco milhões de pessoas. Os vencedores deram início ao julgamento dos criminosos nazistas, nos processos conhecidos como Tribunal de Nuremberg. Esse julgamento introduziu no direito internacional a noção de crime contra a humanidade e permitiu à recém-criada Organização das Nações Unidas (ONU) empregar o termo **genocídio**, que qualifica o crime mais bárbaro que possa ser cometido contra o homem — e que continua a ser praticado. A execução de dez dos doze líderes nazistas condenados à morte simbolizou a punição aos responsáveis pelos campos de concentração.

No decorrer de 1946, novos acordos alteraram a divisão da Alemanha. As zonas americana e inglesa fundiram-se, e o território ocidental voltou a ser administrado por alemães, formando a **República Federal da Alemanha (RFA)**, em 1949. Os soviéticos responderam, no mesmo ano, com a criação, na porção leste, de um segundo Estado alemão: a **República Democrática Alemã (RDA)**.

Os dois Estados tiveram uma evolução bem diferente. Com a interferência dos Estados Unidos, os alemães ocidentais realizaram uma reforma econômica que apresentou resultados positivos desde a década de 1950. Foi implementado um modelo de economia de mercado que teve um de seus pontos altos na criação do novo marco alemão (*Deutschmark*). A proposta econômica era essencialmente capitalista, porém com a obrigação do Estado de fornecer educação e serviços médicos e previdenciários para a população, criando condições sociais mais favoráveis à reconstrução do país.

A formação da Alemanha Oriental enfrentou dificuldades bem maiores, até porque o Estado foi estabelecido no trecho menos desenvolvido da Alemanha, no qual predominavam as grandes propriedades rurais dos *junkers*, a aristocracia militar prussiana. Em um primeiro momento, os comunistas alemães defenderam a formação de um estado independente da tutela soviética. Eles pretendiam instalar uma

FOX PHOTOS/STRINGER/HULTON ARCHIVE/GETTY IMAGES

Trecho do Muro de Berlim próximo à Praça Potsdamer, República Democrática Alemã, 1966.

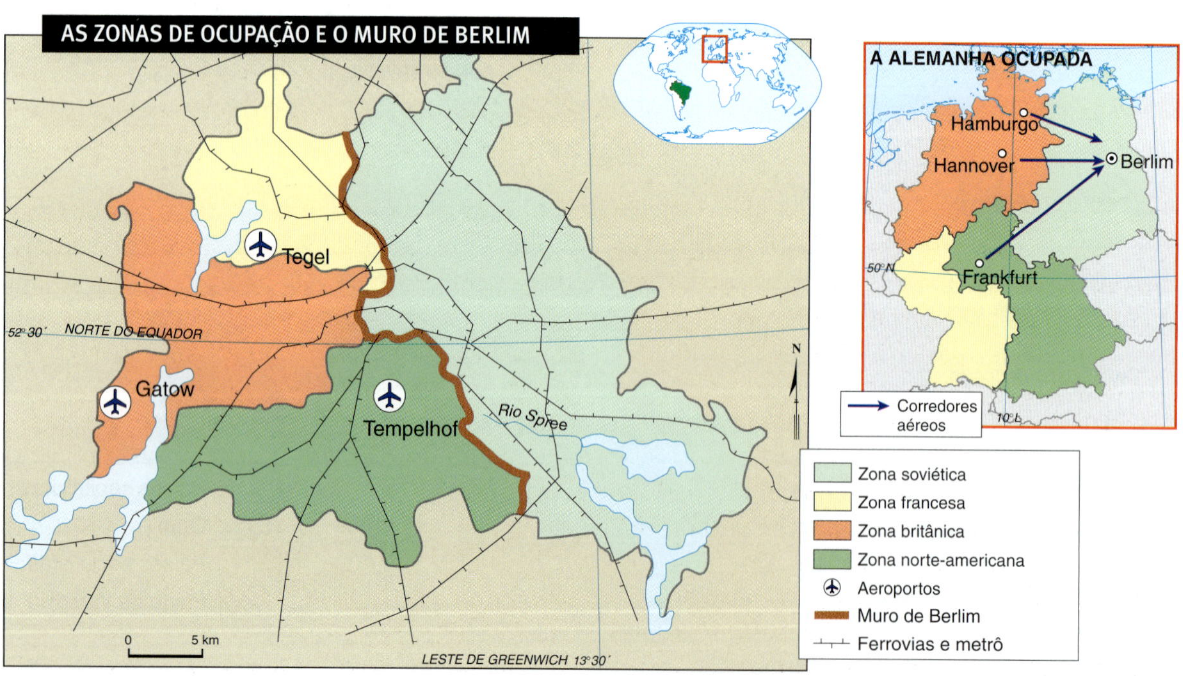

Fonte: HILGEMANN, W. e KINDER, H. *Atlas historique.* Paris: Perrin, 1992.

república parlamentar e democrática, que garantisse os direitos de todos os cidadãos e o pluripartidarismo. Ainda não estava em pauta a opção pelo comunismo.

Desde 1947, ano de lançamento do Plano Marshall, os soviéticos pressionaram no sentido de acelerar as definições políticas na Alemanha do Leste. A opção de autonomia em relação à União Soviética foi abandonada, e a via pluripartidária transformou-se numa fachada que não escondia o predomínio do Partido Comunista. Em 1955, o ingresso da Alemanha Oriental no Pacto de Varsóvia selou a união entre soviéticos e alemães orientais.

Durante todo o período da Guerra Fria, foram eliminadas quaisquer chances de reunificação da Alemanha. No ano de 1961, a separação ganhou um símbolo de enorme impacto: a construção de um muro que dividia a cidade de Berlim, situada no interior da RDA e ainda dividida em zonas de ocupação britânica, americana, francesa e soviética.

Erguido por iniciativa do governo da RDA, o muro dividiu a cidade de Berlim em zonas distintas, cortando bairros e até cemitérios. A obra foi realizada para impedir a fuga dos habitantes da zona oriental para os "bolsões capitalistas" da cidade, isto é, para as zonas sob administração das potências ocidentais. O Muro de Berlim tornou-se um triste símbolo da Guerra Fria e da divisão do mundo em áreas de influência.

A Revolução Chinesa

A China foi a maior referência cultural e tecnológica da Ásia, equiparada à Grécia na Europa. Sua cultura influenciou a formação de importantes países, como o Japão. Até o período das Grandes Navegações, no século XV, a China apresentava tecnologia de navegação superior à europeia. No século XIX, a China, que até então se mantinha isolada do Ocidente, teve de ceder territórios aos britânicos e facilidades comerciais a outras potências como a França, a Rússia e o Japão. A Dinastia Manchu, que governava o país desde meados do século XVII, não conseguiu impedir que os estrangeiros dominassem a economia local, e a revolta da população contra as autoridades incapazes de defender a China crescia a cada dia.

Em 1900, o médico Sun Yat-sen fundou o Kuomintang (Partido Nacionalista), e em 1911 liderou a proclamação da república no país. Mas os problemas internos persistiram, uma vez que os republicanos não tiveram autoridade para administrar o imenso território. As crises contribuíram para a instauração de um modelo autoritário, distante dos ideais de Sun Yat-sen.

COLEÇÃO PARTICULAR

A longa marcha *(1934-1935), de autoria desconhecida, é uma representação do episódio em que comunistas chineses fugiam das forças governamentais.*

A vitória da Revolução Russa, em 1917, influenciou a criação de um outro agrupamento político: o Partido Comunista Chinês (PCC). Entre seus fundadores estava Mao Tsé-tung, futuro dirigente da República Popular da China.

Em 1925, após a morte de Sun Yat-sen, o Kuomintang passou a ser controlado por Chiang Kai-shek. Ele contou com a colaboração dos comunistas em suas campanhas militares de reunificação da China, empreendidas entre 1925 e 1928. O apoio ao Kuomintang era uma orientação da Internacional Comunista, que havia aclamado Chiang Kai-shek como um de seus dirigentes honorários — apesar do anticomunismo do líder chinês. O PCC aceitou disciplinadamente essa decisão. No entanto, o partido apresentava algumas divisões internas. Alguns achavam que a revolução chinesa seria feita a partir das cidades, tendo como núcleo a classe operária. Por sua vez, Mao Tsé-tung e outros dirigentes consideravam que a revolução deveria partir dos camponeses, maioria absoluta da população chinesa.

Em abril de 1927, sentindo-se mais seguro no poder, Chiang Kai-shek ordenou o massacre dos comunistas em Xangai e em outras cidades. A guinada desconcertou a Internacional Comunista, que ordenou a insurreição dos operários de Cantão, em dezembro de 1927. O Kuomintang esmagou com ferocidade o levante improvisado. O fracasso das tentativas de insurreição operária acabou fortalecendo o grupo de Mao, pois, para escapar ao massacre nas cidades, os comunistas refugiaram-se nos campos, onde organizaram guerrilhas contra os ataques de Chiang Kai-shek.

Várias campanhas de cerco e aniquilamento dos comunistas fracassaram, até que, em outubro de 1934, cerca de 100 mil deles tiveram de abandonar a região de Kiangsi. Foi o início da epopeia conhecida como Longa Marcha. Um ano depois, cerca de 30 mil sobreviventes chegaram a Yenan, na província de Shensi. Haviam atravessado onze províncias e percorrido cerca de 12.500 quilômetros, travando combates incessantes.

Em 1937, foi a vez de o imperialismo japonês desestabilizar o governo da China. Em menos de noventa dias, os japoneses ocuparam a parte oriental do país, sem que o governo nacionalista pudesse impedi-los. Enquanto isso, Mao Tsé-tung distribuía terras aos camponeses e pregava a resistência ao Japão, atraindo as simpatias dos chineses.

CHINA PHOTOS/STRIGER/GETTY IMAGES

Turistas reverenciam a estátua de Mao Tsé-tung, em 4 de agosto de 2006, no 30º aniversário de morte do líder chinês, em Shaoshan, China.

Os comunistas no poder

Com a rendição do Japão aos aliados, em 1945, reiniciou-se a guerra civil na China. Chiang Kai-shek não conseguiu deter as ofensivas do PCC, apesar da ajuda que recebeu dos Estados Unidos. Os comunistas entraram em Pequim em janeiro de 1949 e, no dia 1º de outubro, proclamaram a República Popular da China, com Mao Tsé-tung como dirigente supremo. Chiang Kai-shek fugiu com seus soldados e funcionários para a Ilha de Formosa (Taiwan), onde instalou a República da China, recebendo apoio dos Estados Unidos.

A China continental foi, então, reorganizada nos moldes comunistas, com apoio soviético. Os contrarrevolucionários sofreram brutal repressão: 5 milhões foram mortos em dois anos. Em 1950, a China assinou um tratado de amizade com a União Soviética. Neste mesmo ano, os chineses ocuparam o Tibete, que foi anexado como uma província. Tropas chinesas também participaram da Guerra da Coreia (1950-1953), lutando ao lado da Coreia do Norte (comunista), contra os Estados Unidos e a Coreia do Sul.

Em 1953, foi lançado o primeiro plano quinquenal, que deu grande impulso à indústria e à agricultura, coletivizada desde 1949. Mas a morte do ditador Josef Stalin, em 1953, provocou mudanças de rumo no Partido Comunista da União Soviética, que levaram o regime de Mao a enfatizar sua autonomia em relação a Moscou. Em 1956, o PCC lançou a Campanha das Cem Flores, no intuito de estimular as críticas da população às autoridades e diminuir o poder da burocracia partidária. As críticas, no entanto, ultrapassaram os limites que Mao se dispôs a tolerar. O regime reagiu, então, com a Campanha Antidireitista, na qual milhares de intelectuais foram perseguidos.

Em 1958, Mao lançou a campanha do "Grande Salto para a Frente", um projeto utópico que pretendia transformar a China em um país desenvolvido em um tempo recorde. Outra proposta desse projeto era construir a sociedade igualitária preconizada pelo comunismo. Os camponeses foram obrigados a se juntar em gigantescas comunas agrícolas, de até 20 mil famílias cada uma. Siderúrgicas improvisadas com tecnologia rudimentar foram instaladas por toda parte. O "salto" foi um tremendo desastre, que levou à desorganização total da economia e provocou a morte de milhões de camponeses por causa da fome.

Um desastre semelhante resultou da **Grande Revolução Cultural Proletária**, lançada em 1966 com o objetivo de devolver a Mao Tsé-tung a hegemonia no Partido Comunista e no Estado chinês. A crise estendeu-se até depois da morte de Mao Tsé-tung, em 1976, e resultou na ascensão de Deng Xiaoping ao poder em 1978. Dirigente de guerrilhas contra o Kuomintang na década de 1920, veterano da Longa Marcha, ex-secretário-geral do PCC, Deng Xiaoping perdeu todos os cargos públicos durante a Revolução Cultural. De volta ao poder, o pragmático dirigente lançou as bases da política de desenvolvimento capitalista que vem permitindo à China bater recordes de crescimento econômico. Todavia, o controle comunista permanece forte nas esferas econômica, social e política. Episódios como o massacre de estudantes em 1989, na Praça da Paz Celestial, em Pequim, mostra que a China está muito longe de se tornar uma democracia.

"Não há dúvidas de que nas próximas duas gerações o que vai acontecer na China vai condicionar o comportamento geopolítico do planeta. Até 2050, pelo menos meio bilhão de chineses vão tentar trocar o campo pelas cidades. A relação EUA-China — a superpotência e a aspirante — continuará a ser a relação bilateral mais turbulenta. [...]

O resto é absolutamente imponderável. A entrada na OMC (Organização Mundial de Comércio) representa o bilhete da China para o próximo estágio na escalada do desenvolvimento. Mas o risco é abissal para os líderes do Partido Comunista.

A China vai passar por tremendas convulsões sociais e políticas ao tentar equilibrar liberalização e reforma com os mantras da estabilidade, paz e ordem. Ninguém sabe até quando o PC chinês será capaz de controlar a entrada do Reino do Meio na modernidade. A China pode implodir como a ex-União Soviética. Pode afundar em guerras civis como a Iugoslávia. Ou pode evoluir para uma democracia normal — como vários países da ex-Cortina de Ferro. Os próprios chineses — do alto de sua superioridade cultural de cinco milênios — só têm uma certeza: a nação mais populosa também deve ser a potência número 1 do planeta."

ESCOBAR, Pepe. Modernização da China pode abalar o mundo. *O Estado de S. Paulo*. São Paulo, 25 jun. 2000.

A Guerra da Coreia

Anexada pelos japoneses desde 1910, a Coreia foi libertada por tropas soviéticas e norte-americanas durante a Segunda Guerra Mundial. Com o fim do conflito, soviéticos e norte-americanos dividiram entre si o território coreano. O Paralelo 38º, a linha imaginária que separava as áreas de atuação das duas potências, serviu de divisória entre o norte e o sul da Península Coreana. O acordo resultou no surgimento de dois Estados independentes e ideologicamente opostos. A **República da Coreia do Sul** ficou sob o domínio dos Estados Unidos, e a **República Popular Democrática da Coreia do Norte**, sob tutela dos soviéticos.

Em junho de 1950, no contexto das divergências políticas e ideológicas que marcavam a Guerra Fria, a Coreia do Sul foi invadida pelo exército norte-coreano, numa tentativa de unificar o país. Foi o início da Guerra da Coreia, que se estendeu até 1953.

Uma sessão extraordinária da ONU decidiu intervir no conflito, propondo aos representantes das Nações Unidas o envio de tropas ao local. O delegado soviético, que poderia vetar a decisão, estava ausente do Conselho de Segurança, em protesto contra a recusa ocidental em admitir a República Popular da China nas Nações Unidas em substituição ao regime de Taiwan.

As unidades militares da ONU, formadas basicamente por tropas dos Estados Unidos e seus aliados, lançaram um contra-ataque em setembro de 1950 e ocuparam rapidamente toda a Coreia do Norte, atingindo a fronteira com a China. A situação modificou-se em novembro com a entrada de tropas chinesas no conflito, em auxílio aos norte-coreanos. Em dezembro, os norte-americanos estavam de volta no Paralelo 38º; no início de 1951, chineses e norte-coreanos lançaram novo ataque à Coreia do Sul e chegaram a capturar Seul, a capital sul coreana, mas logo tiveram de recuar. A frente de batalha acabou se estabilizando ao longo do Paralelo 38º.

Em julho de 1953, após mais de dois anos de combates desgastantes, os adversários assinaram um armistício, que restabelecia as antigas fronteiras dos dois Estados coreanos. O acordo foi assinado na localidade

A DIVISÃO DA COREIA

Fonte: CHALIAND, Gérard e RAGEAU, Jean-Pierre. *Atlas politique du XXe siècle*. Paris: Seuil, 1988.

de Panmunjon, onde se instalou a sede das negociações. Cerca de 4 milhões de pessoas haviam morrido em um conflito que não trouxe vantagens efetivas a nenhum dos antagonistas. A divisão da Coreia em duas áreas de influências opostas gerou atritos que se estenderam por várias décadas.

Na Coreia do Norte, o governo comunista manteve a aliança com chineses e russos e tirou partido dos conflitos que envolveram esses dois países, aumentando sua autonomia política. Entretanto, acentuou-se a dependência junto à União Soviética, que tinha condições de abastecer o país com produtos industrializados e armamentos. O desenvolvimento de uma política militarista e armamentista, inclusive com um programa nuclear, promoveu a concentração de recursos, provocou uma diminuição da produção agrícola e determinou o empobrecimento da população. Por outro lado, o analfabetismo foi erradicado e o sistema de saúde atendia às necessidades da população. Hoje, o regime norte-coreano ensaia uma aproximação com seus vizinhos do sul.

A Coreia do Sul, por sua vez, reconstruída com apoio econômico dos Estados Unidos, sobreviveu a governos ditatoriais e corruptos, até se tornar um dos mais dinâmicos Tigres Asiáticos.

Coexistindo quase pacificamente

A trégua de Panmunjon, assinada em 1953, reaproximou os chefes dos Estados soviético e norte-americano. Além disso, a morte de Stalin e a eleição de um novo presidente nos Estados Unidos pareciam ter encerrado uma fase crítica entre as duas potências. O novo líder soviético Nikita Kruschev e o presidente norte-americano Dwigtht Eisenhower iniciaram uma fase de relações entre os dois países conhecida como **Coexistência Pacífica**.

Tanto no leste como no oeste, o crescimento do arsenal atômico era assustador. Os dois "líderes do mundo" sabiam perfeitamente que, no caso de uma guerra direta entre eles, não teriam como evitar a destruição do planeta. A solução para evitar uma possível terceira guerra mundial consistiu na abertura de novos canais de comunicação entre Moscou e Washington. Os soviéticos tomaram a iniciativa, quando decidiram apresentar programas educativos e sistemáticos a respeito dos efeitos nocivos de uma possível guerra nuclear, ao mesmo tempo em que abriram a possibilidade para o início das discussões acerca do desarmamento nuclear.

No XX Congresso do Partido Comunista da União Soviética (PCUS), em 1956, Nikita Kruschev afirmou: "O princípio da coexistência pacífica está ganhando cada vez mais a aceitação internacional. E isso é lógico, pois não há outra saída para a situação atual. Na realidade, só existem duas soluções: a coexistência pacífica ou então a mais devastadora guerra da história. Não há uma terceira alternativa [...] Não há qualquer inevitabilidade fatal de guerra".

Entretanto, a Guerra Fria repercutia seriamente na política interna dos dois países. Nos Estados Unidos, no início da década de 1950, o senador Joseph McCarthy idealizou um verdadeiro plano de caça às bruxas. Conhecido como **macarthismo**, o plano desencadeou no país uma onda de perseguição a supostos simpatizantes comunistas (leia o boxe abaixo).

"Caça às bruxas" em Hollywood

Em 1947, o Congresso dos Estados Unidos, por meio do Comitê de Atividades Antiamericanas, investigou a "infiltração comunista" em Hollywood. O macarthismo reavivou a caça às bruxas e as listas negras em Hollywood, afastando dezenas de atores, diretores e roteiristas talentosos. Várias personalidades da Meca do Cinema denunciaram seus colegas, mas houve um núcleo de diretores, produtores e roteiristas que se recusou a depor. Conhecidos como "Os Dez de Hollywood", eles passaram de seis meses a um ano na prisão por essa atitude de firmeza. Em seguida, os "Dez" foram colocados na lista negra. Alguns não conseguiram mais trabalhar, enquanto outros roteiristas tiveram de escrever sob pseudônimo. Foi o caso de Dalton Trumbo. Ele recebeu um Oscar pelo roteiro de *The Brave One* (1956), escrito sob o pseudônimo de Robert Rich.

BETTMANN/CORBIS-STOCK PHOTOS

Grupo de atores e diretores de cinema durante sessão de depoimentos ao Comitê de Atividades Antiamericanas, em 20 de outubro de 1947, em Washington, DC (EUA).

A Guerra do Vietnã

Em 1963, o primeiro acordo que limitava as experiências nucleares foi assinado pelas duas superpotências, dando início a um lento processo de distensão. Nos anos seguintes, a coexistência pacífica seria submetida a uma dura prova por um conflito na Ásia, que provocou sérios traumatismos na sociedade americana: a Guerra do Vietnã. Os Estados Unidos e a União Soviética deram apoio militar e econômico aos antagonistas, e os norte-americanos chegaram a enviar mais de meio milhão de soldados para a região.

Um povo em armas

A Guerra do Vietnã tem suas raízes no domínio francês sobre a Indochina, região formada pelo Vietnã, Laos e Camboja, estabelecido na segunda metade do século XIX. Em 1939, o dirigente comunista Ho Chi Minh criou a Liga pela Independência (Vietminh), para lutar contra o colonialismo francês. No ano seguinte, porém, os japoneses ocuparam a região, e o Vietminh organizou guerrilhas contra o novo invasor.

Após a derrota japonesa no conflito mundial, a França e o Vietminh lutaram pelo controle do país. Iniciou-se, então, a **Guerra da Indochina**, encerrada somente em 1954 com a derrota francesa na batalha de Diem Bien Phu. No mesmo ano, um acordo estabelecido em Genebra impôs a retirada das tropas francesas e dividiu o Vietnã em dois: o do Norte, sob o regime comunista de Ho Chi Minh, e o do Sul, com monarquia independente, chefiada por Bao Dai. Por exigência dos Estados Unidos, o acordo marcou para julho de 1955 um plebiscito em que os vietnamitas decidiriam sobre a reunificação do país.

A divisão territorial foi aceita pelos norte-vietnamitas, que acreditavam que a unificação sob o governo comunista seria referendada nas urnas. Entretanto, Ngo Dinh Diem, primeiro-ministro do Sul, anticomunista fervoroso, deu um golpe de Estado em 1955 e instalou uma ditadura militar contrária à reunificação. As forças armadas sulistas passaram, então, a receber dos Estados Unidos dinheiro e treinamento militar. A resistência comunista do Sul, apoiada por Ho Chi Minh, criou, em 1960, a Frente de Libertação Nacional (FLN), tendo o movimento guerrilheiro Vietcong como braço armado.

Em 1961, os Estados Unidos iniciaram seu envolvimento no conflito vietnamita, apoiando o regime anticomunista do Sul. O presidente norte-americano

Fonte: HILGEMANN, Werner e KINDER, Hermam. *Atlas historique*. Paris: Perrin, 1987. p. 512.

John Kennedy, reagindo à FLN, enviou para o Vietnã do Sul 15 mil "conselheiros militares". Paralelamente, crescia a ruptura entre o governo sulista e o povo. Para chamar a atenção mundial sobre a intolerância da ditadura, monges budistas queimaram-se em praça pública. Em 1963, Diem foi assassinado, iniciando-se, assim, uma série de golpes que geraram o caos político e levaram os Estados Unidos a intervir efetivamente na guerra.

A escalada norte-americana

O apoio norte-americano ao regime anticomunista do Sul ampliou-se de forma gradual até a completa intervenção militar a partir de 1965. Essa intervenção, decidida em 1964 por Lyndon Johnson, sucessor de Kennedy (assassinado em 1963), marcou o início da escalada da guerra.

O suposto ataque norte-vietnamita a navios norte-americanos no Golfo de Tonquim serviu de pretexto para que os Estados Unidos se envolvessem ainda mais no conflito. O país enviou tropas ao Vietnã do Sul e iniciou sistemáticos ataques aéreos ao Vietnã do Norte. O Vietcong resistiu com táticas de guerrilha aos sofisticados armamentos ocidentais, tais como bombas de fragmentação, napalm e desfolhantes químicos.

Em janeiro de 1968, guerrilheiros vietcongs e soldados norte-vietnamitas lançaram a ofensiva do Tet (Ano Novo vietnamita). Invadiram a embaixada dos

A Guerra do Vietnã escandalizou a América porque, pela primeira vez na história, as imagens dos horrores de uma guerra chegavam diariamente às casas dos cidadãos comuns, fosse por fotografias, fosse pela televisão. Foto de crianças correndo após o bombardeio com napalm, em Trang Bang (Vietnã do Sul), 8 de julho de 1972.

Estados Unidos em Saigon, atacaram quase todas as bases norte-americanas e marcharam sobre as principais cidades do Sul. As forças norte-americanas e sul-vietnamitas reagiram com ferocidade, provocando a morte de 165 mil vietnamitas e deixando 2 milhões de refugiados.

Nos Estados Unidos, o governo enfrentou crescentes protestos do povo americano, mas, mesmo assim, o presidente Richard Nixon ordenou o ataque à trilha Ho Chi Minh — rede de estradas, pontes camufladas e sistemas de comunicação que alimentavam a FLN com armas e munições vindas da China e da União Soviética. Apesar de provocarem grande destruição, os ataques não obtiveram resultados estratégicos reais, e o mesmo aconteceu com o intenso bombardeio da capital norte-vietnamita, em 1972, e o bloqueio dos portos do país. Os Estados Unidos acabaram aceitando o Acordo de Paris de 1973, que estabeleceu o cessar-fogo. Foram convocadas eleições gerais no Vietnã do Sul e libertados os prisioneiros de guerra.

Com a retirada das tropas norte-americanas, o confronto transformou-se em guerra civil entre vietcongs e forças do governo do Sul. Em 1976, após três décadas de guerra e arruinados economicamente, os dois Vietnãs se unificaram sob o nome de República Socialista do Vietnã, com capital em Hanói.

Sequelas da Guerra do Vietnã

"Entre 1961 e 1971, o exército norte-americano realizou pulverizações maciças de desfolhantes sobre o Vietnã. Pretendia arrasar a cobertura vegetal, para impedir que o adversário se camuflasse, e destruir as colheitas para matar de fome as populações e os combatentes. O segundo objetivo era explícito: como as operações de guerrilha dependiam estreitamente das colheitas locais para seu abastecimento, os agentes antiplantas possuíam um elevado potencial ofensivo para destruir ou limitar a produção de alimento.

Os desfolhantes compreendiam essencialmente o agente laranja – que contém a dioxina, um produto químico particularmente tóxico. [...] Foi uma catástrofe sanitária e ambiental para o Vietnã. E ainda é, porque a dioxina, produto químico muito estável, degrada-se lentamente e se integra na cadeia alimentar. Seus efeitos persistem no ambiente e afetam os habitantes das zonas atingidas. [...] Trinta anos após o fim das pulverizações, o agente laranja continua a provocar mortes, patologias de extrema gravidade e malformações no nascimento. [...]

Em relação ao meio ambiente, ainda que as taxas de dioxina no solo sejam felizmente baixas, regiões inteiras tornaram-se impraticáveis para os agricultores. [...] Perante a amplitude do desastre, a questão fundamental permanece: responsabilidade."

GRENDEU, Francis. Quem faz as guerras químicas. *Le monde diplomatique*, 1º jan. 2006. Disponível em: <http://diplo.uol.com.br>. Acesso em jun. 2007.

Duas décadas depois do conflito, o Vietnã informou as suas baixas: morreram 2 milhões de civis e 1 milhão de combatentes. Os norte-americanos, por sua vez, contabilizaram a maior derrota de sua história. Foram 45.941 soldados mortos, 1.811 desaparecidos em ação e 800.635 feridos.

O processo de descolonização da África e da Ásia

Desgastadas com a Segunda Guerra, as potências europeias enfraqueceram o controle sobre territórios coloniais na África e na Ásia, onde surgiram movimentos de independência. Os Estados Unidos e a União Soviética, interessados em ampliar suas áreas de influência no contexto da Guerra Fria, também se posicionaram favoráveis aos projetos de descolonização, intervindo direta ou indiretamente nos conflitos regionais que ocorriam em territórios até então sob domínio europeu, como o caso das guerras na Coreia e no Vietnã.

Desse modo, surgiu nas décadas de 1940 e 1950 um grupo de países descolonizados, independentes politicamente e com uma economia fragilizada, chamado, na época, **Terceiro Mundo**. Juntamente com os países da América Latina, os Estados afro-asiáticos recém-libertados passaram a ocupar um importante papel na geopolítica internacional.

Em 1955, representantes desse novo grupo político se reuniram na **Conferência de Bandung**, na Indonésia, com o objetivo de discutir medidas comuns a serem tomadas no intuito de preservar a independência e estabelecer uma política de cooperação entre eles. A decisão do **não-alinhamento** às políticas dos Estados Unidos e da União Soviética norteou as propostas do congresso. Essa conferência teve grande repercussão na ONU, que passou a exercer pressões sobre as antigas potências, para que fosse reconhecida a autonomia dos países afro-asiáticos.

"A primeira coisa, portanto, é dizer-vos a vós mesmos: Não aceitarei mais o papel de escravo. Não obedecerei às ordens como tais, mas desobedecerei quando estiverem em conflito com a minha consciência. O assim chamado patrão poderá sussurrar-vos e tentar forçar-vos a servi-lo. Direis: Não, não vos servirei por vosso dinheiro ou sob ameaça. Isso poderá implicar sofrimentos. Vossa prontidão em sofrer acenderá a tocha da liberdade que não pode jamais ser apagada."

(Mahatma Gandhi)

Descolonização da Ásia

No continente asiático, o processo de libertação iniciado nos anos 1940 acarretou a desagregação dos enormes impérios coloniais da Grã-Bretanha, da França e Holanda. Você já examinou a independência do Vietnã, núcleo principal da Indochina Francesa. Em 1953, envolvida com a guerra contra o Vietminh, a França concedeu independência ao Camboja e ao Laos.

Em 1945, o líder nacionalista Sukarno proclamou a independência da Indonésia, um arquipélago de quase 2 milhões de quilômetros quadrados dominado pelos holandeses, mas que na ocasião se encontrava sob ocupação japonesa. Após quatro anos de lutas, a Holanda reconheceu a independência do território,

BETTMANN/CORBIS-STOCK PHOTOS

O então presidente da Indonésia, Sukarno, discursa em frente ao palácio presidencial em Jacarta, na Indonésia, em 1952.

que em 1955 acolheria a Conferência dos Países Não-Alinhados. Em 1965, Sukarno foi afastado do poder por um golpe militar, mas conservou a popularidade: em 2001, sua filha, Megawati Sukarnoputri, tornou-se presidente da Indonésia.

Por sua vez, o gigantesco Império Britânico começou a se desfazer em 1947, com a retirada dos ingleses do subcontinente indiano. Formaram-se no território dois Estados independentes, divididos por fatores étnicos e religiosos: a Índia, povoada essencialmente por hindus, e o Paquistão, de população basicamente muçulmana. Este último dividiu-se, e em 1970 sua porção oriental formou a República de Bangladesh.

A descolonização asiática também envolveu a Palestina, no Oriente Médio. Após a Segunda Guerra Mundial, os ingleses decidiram abandonar a região e encarregaram as Nações Unidas de encontrar uma solução para o confronto entre judeus e palestinos, cada vez mais grave. Em 1947, a ONU determinou a formação de dois Estados na Palestina, mas apenas o Estado judeu (Israel) chegou a se constituir, no ano seguinte. Mais de meio século depois, a questão do Estado Palestino e das populações palestinas desalojadas pelos sucessivos conflitos na região permanece em aberto.

Descolonização da África

Ao fim da Segunda Guerra Mundial, cerca de 800 etnias, falando mais de mil idiomas, conviviam no continente africano, que estava então dividido em áreas de exploração colonial entre França, Grã-Bretanha, Itália, Portugal, Espanha, Bélgica e Alemanha.

Os colonizadores haviam dividido os territórios segundo seus interesses políticos e econômicos, estabelecendo fronteiras artificiais que reuniam, em um mesmo território, grupos étnicos muitas vezes inimi-

DESCOLONIZAÇÃO AFRO-ASIÁTICA

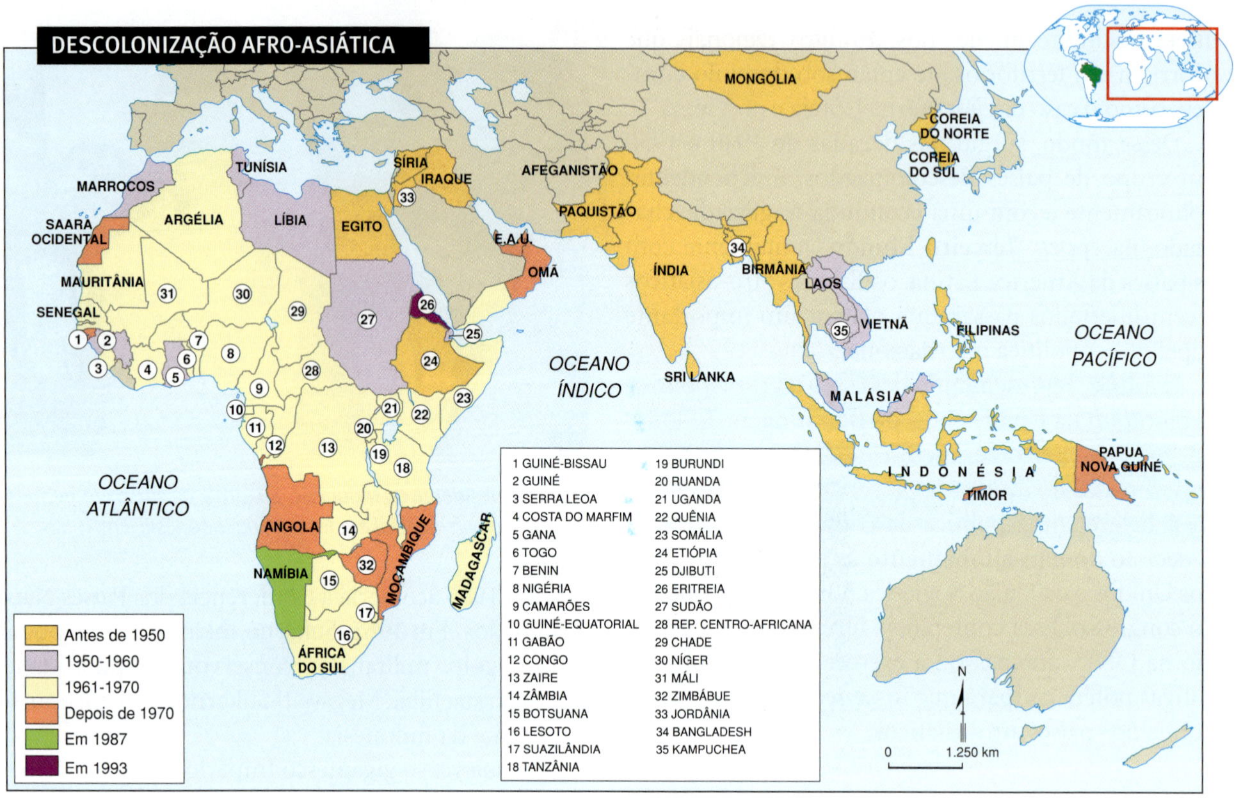

Fonte: CHALIAND, G. et al. *Atlas politique du XX*[e] *siècle.* Paris: Seuil.

gos viscerais. Ao desenhar o mapa político do continente africano, as potências europeias ignoraram as tradições e a história desses povos, produzindo tensões que transformaram a África em verdadeiro barril de pólvora. Esse foi o caso, por exemplo, de Ruanda, onde se encontram dois grupos étnicos — os tutsis e os hutus, inimigos de longa data. Em 1994, esses grupos entraram em conflito aberto, que teve como saldo cerca de 800 mil mortos, a maioria tutsis.

Os movimentos de independência tiveram de conviver com essas divisões arbitrárias. Eles tenderam a preservar as fronteiras fixadas pelos colonizadores, adiando a tarefa de redesenhar politicamente o continente de acordo com suas tradições.

África negra francesa

Em 1956, o governo da França procurou regulamentar o processo de emancipação de seus territórios africanos. Segundo uma lei aprovada nesse ano, os colonos de cada território teriam direito de voto para eleger representantes para as assembleias locais e para os conselhos de governo. Dois anos depois, em viagem à África francesa, o presidente Charles de Gaulle prometeu que os colonos seriam consultados sobre o futuro de cada região em referendo (consulta popular), no qual todos os indivíduos teriam de decidir se queriam ou não fazer parte da Comunidade Francesa.

A Guiné foi a única que se manifestou contrária à permanência na Comunidade Francesa. Segundo o líder político Ahmed Sekou Touré, ingressar na Comunidade significava a manutenção dos laços de dominação.

Sem dúvida, o ingresso dos futuros países na Comunidade Francesa favorecia a continuidade dos negócios metropolitanos na região. Por outro lado, isso permitiu que o movimento de emancipação das colônias ocorresse de modo negociado, sem os confrontos armados que marcaram, por exemplo, a independência da Argélia. Assim, em 1960, uma onda de independência tomou conta da África Negra francesa, e novos países se constituíram: República dos Camarões, Madagascar, Costa do Marfim, Senegal, Máli, Gabão e outros. A maioria permaneceu ligada à Comunidade Francesa.

Argélia

Iniciada em 1954, a guerra pela libertação da Argélia foi marcada pela violência dos confrontos entre os argelinos e as tropas metropolitanas, apoiadas por milhares de colonos de origem francesa. O movimento foi conduzido pela **Frente de Libertação Nacional** (**FLN**), que conseguiu unificar organizações nacionalistas, camponesas e grupos urbanos para uma longa luta.

Em um plebiscito realizado na França em 1961, De Gaulle obteve carta branca para iniciar conversações com os argelinos em busca de paz na região. No ano seguinte, a França reconheceu a independência da Argélia, pondo fim a uma guerra que resultou em um saldo de quase um milhão de argelinos mortos.

Após a independência, as dificuldades não desapareceram na Argélia. A aproximação entre grupos muçulmanos tradicionalistas e organizações leigas e de inspiração socialista, durante os sete anos de conflito, tinha sido possível graças ao objetivo comum, que era a libertação. Consolidada a independência, porém, não havia um partido político capaz de unir os argelinos em um projeto de reforma das estruturas sociais e de combate ao peso da tradição. Essas contradições alimentaram o golpe militar que derrubou em 1965 o presidente Ahmed Ben Bella, fundador da FLN, principal porta-voz da independência do país e primeiro-ministro da Argélia entre 1962 e 1963. Hoje, as divergências ideológicas se manifestam sob a forma do apoio popular às ações de guerrilha e aos atentados de grupos como a Frente Islâmica de Salvação (FIS), que propõe a transformação da Argélia em um Estado islâmico nos moldes do Irã.

CID

Multidão celebra a independência do país no centro da capital Argel. Na cena, menina vestida com as cores da bandeira da Argélia é erguida como símbolo da liberdade. Foto de julho de 1962.

Congo Belga

O movimento separatista do Congo teve início em 1955, quando o rei belga Balduino I visitou a colônia. A sociedade congolesa esperava que sua visita resultasse em melhorias para a população. Mas não foi o que aconteceu. A decepção contribuiu para que uma associação cultural de nome Abako se transformasse em partido político e passasse a liderar a luta pró-independência, pregando a constituição de partidos e a emancipação do país.

O processo de independência ganhou impulso com o fracasso das primeiras eleições populares municipais no Congo, organizadas em 1957. No ano seguinte, a realização do Congresso Pan-Africano reuniu lideranças nacionalistas de todo o continente. O congolês Patrice Lumumba destacou-se por seus discursos inflamados contra a exploração colonial.

Finalmente, em 1960, com a intervenção das autoridades belgas, realizou-se em Bruxelas uma reunião com os principais chefes políticos congoleses. Nesse encontro, fixou-se a data de 30 de junho de 1960 para a independência do Congo, hoje, sob a denominação de República Democrática do Congo.

E agora?

De maneira geral, podemos afirmar que a descolonização pouco alterou a vida das populações da África e Ásia. Na África negra, em especial, por causa das constantes guerras civis, resultantes principalmente de uma divisão político-administrativa não condizente com as tradições históricas de cada povo. Com exceção da África do Sul, da Nigéria e do Quênia, a África negra está praticamente abandonada pelos interesses internacionais. Os demais países estão mergulhados em intermináveis guerras intertribais e civis. É incalculável o número de mutilados e mortos, e milhões de refugiados se espalham pelo continente africano ou migram para outras partes do mundo, onde são, na maioria das vezes, rejeitados. Calcula-se que 50% dos refugiados do mundo todo são africanos.

A miséria, a fome e terríveis epidemias, como a aids, fazem parte do cotidiano desses povos, ou seja, apesar de serem hoje independentes, permanecem na mesma situação de quando eram colônias. É inegável que a miséria e a humilhação dessas nações resultam de uma dependência econômica em relação aos países desenvolvidos e de políticas econômicas regionais insustentáveis, que ampliam cada vez mais o abismo que separa os ricos dos pobres. A África pede socorro, e aos crimes praticados durante séculos pelos europeus contra os africanos somam-se, agora, as ações irresponsáveis das elites locais.

TEXTO COMPLEMENTAR

Uma década de mudanças

A década de 1960 foi marcada por guerras, pela emancipação política de países da Ásia e da África, pelo advento de movimentos civis de reivindicação e por uma grande mudança comportamental. Uma revolução que modificou a vida de várias gerações.

"Os anos 50 chegaram ao fim com uma geração de jovens, filhos do chamado 'baby boom', que vivia no auge da prosperidade financeira, em um clima de euforia consumista gerada nos anos do pós-guerra nos EUA. A nova década que começava já prometia grandes mudanças no comportamento, iniciada com o sucesso do *rock and roll* e o rebolado frenético de Elvis Presley, seu maior símbolo.

A imagem do jovem de blusão de couro, topete e jeans, em motos ou lambretas, mostrava uma rebeldia ingênua sintonizada com ídolos do cinema como James Dean e Marlon Brando. [...] Os anos 60, acima de tudo, viveram uma explosão de juventude em todos os aspectos. Era a vez dos jovens, que influenciados pelas ideias de liberdade *On the Road* (título do livro do *beatnik* Jack Keurouac, de 1957) da chamada geração *beat*, começavam a se opor à sociedade de consumo vigente. [...]

Nessa época, Londres havia se tornado o centro das atenções, a viagem dos sonhos de qualquer jovem, a cidade da moda. Afinal, estavam lá, o grande fenômeno musical de todos os tempos, os *Beatles*. [...] No Brasil, a Jovem Guarda fazia sucesso na televisão e ditava moda. Wanderléa de minissaia, Roberto Carlos, de roupas coloridas e como na música, usava botinha sem meia e cabelo na testa (como os *Beatles*). A palavra de ordem era 'quero que vá tudo pro inferno'.

Os avanços na medicina, as viagens espaciais, o Concorde que viaja em velocidade superior à do som, são exemplos de uma era de grande desenvolvimento tecnológico que transmitia uma imagem de modernidade. [...] Nesse contexto, nenhum movimento artístico causou maior impacto do que a Arte Pop. Artistas como Andy Warhol, Roy Lichetenstein e Robert Indiana usaram irreverência e ironia em seus trabalhos. Warhol usava imagens repetidas de símbolos populares da cultura norte-americana em seus quadros, como as latas de sopa Campbell, Elvis Presley e Marilyn Monroe. [...]

No final dos anos 60, de Londres, o reduto jovem mundial se transferiu para São Francisco (EUA), região portuária que recebia pessoas de todas as partes do mundo e também por isso, berço do movimento hippie, que pregava a paz e o amor, através do poder da flor (*flower power*), do negro (*black power*), do gay (*gay power*) e da liberação da mulher (*women's lib*). Manifestações e palavras de ordem mobilizaram jovens em diversas partes do mundo.

A esse conjunto de manifestações que surgiram em diversos países deu-se o nome de contracultura. Uma busca por um outro tipo de vida, *underground*, à margem do sistema oficial. [...] No Brasil, o grupo *Os Mutantes*, formado por Rita Lee e os irmãos Arnaldo e Sérgio Batista, seguiam o caminho da contracultura e afastavam-se da ostentação do vestuário da jovem guarda. [...].

Toda a rebeldia dos anos 60 culminou em 1968. O movimento estudantil explodiu e tomou conta das ruas em diversas partes do mundo e contestava a sociedade, seus sistemas de ensino e a cultura em diversos aspectos, como a sexualidade, os costumes, a moral e a estética. No Brasil, lutava-se contra a ditadura militar, contra a reforma educacional, o que iria mais tarde resultar no fechamento do Congresso e na decretação do Ato Institucional nº 5.

Talvez o que mais tenha caracterizado a juventude dos anos 60 tenha sido o desejo de se rebelar, a busca por liberdade de expressão e

FOX PHOTOS/GETTY IMAGES; MICHAEL OCHS ARCHIVES/CORBIS/LATINSTOCK; ANDY WARHOL FOUNDATION/ARS/AUTVIS, BRASIL; JEAN-PIERRE TARTRAT/GAMMA/OTHER IMAGES; KSC/NASA; BILL EPPRIDGE/TIME LIFE PICTURES/GETTY IMAGES

As fotos acima representam fatos e pessoas marcantes da década de 1960.

1 – a banda inglesa The Beatles *desembarca em Londres em 1964;*
2 – o ativista político norte-americano Malcom X, em foto de 1965;
3 – quadro Marilyn, *de Andy Warhol, de 1967;*
4 – manifestação de estudantes em Paris, em maio de 1968;
5 – lançamento da nave Apollo 11 em 1969;
6 – participantes do Festival de Música e Artes de Woodstock, realizado em agosto de 1969, nos Estados Unidos.

liberdade sexual. Nesse sentido, para as mulheres, o surgimento da pílula anticoncepcional, no início da década, foi responsável por um comportamento sexual feminino mais liberal. Porém, elas também queriam igualdade de direitos, de salários, de decisão. Até o sutiã foi queimado em praça pública, num símbolo de libertação.

Os 60 chegaram ao fim, coroados com a chegada do homem à Lua, em julho de 1969, e com um grande show de rock, o *Woodstock Music & Art Fair*, em agosto do mesmo ano, que reuniu cerca de 500 mil pessoas [...]."

GARCIA, Claudia. Anos 60. A época que mudou o mundo. Disponível em <http://almanaque.folha.uol.com.br>. Acesso em jun. 2007.

Compreendendo o texto

1. Que fatores propiciaram o aumento da população jovem nos Estados Unidos na década de 1960?

2. Quais eram as críticas dos jovens dos anos 1960 à sociedade em que viviam? Liste algumas delas e converse com seus colegas.

3. Como eram incorporadas as mudanças de comportamento dos jovens europeus e norte-americanos no Brasil daquele período? E atualmente? Você nota heranças culturais daquele período?

4. Quais foram os movimentos de contestação mais expressivos que surgiram na década de 1960? Quais eram as reivindicações propostas por esses grupos?

ATIVIDADES

Explorando o conhecimento

1 As imagens a seguir representam dois momentos importantes da polarização entre capitalismo e socialismo nos anos da Guerra Fria.

NOVOSTI/SPL-STOCK PHOTOS

O astronauta soviético Yuri Gagárin momentos antes de embarcar na Vostok 1, *no primeiro voo tripulado até a órbita terrestre (1961).*

CID

Edwin Aldrin, astronauta norte-americano da Apollo 11, *pisa em solo lunar (1969). Foi a primeira missão tripulada a pousar na Lua.*

a) Explique por que as duas imagens traduzem a rivalidade entre Estados Unidos e União Soviética durante a Guerra Fria.

b) Caracterize o período conhecido como Guerra Fria.

c) Dê outros exemplos de situações que exprimiram o intenso conflito político e ideológico dos anos da bipolaridade mundial.

2 Conceitue as expressões a seguir.

a) Doutrina Truman.

b) Plano Marshall.

c) Otan/Pacto de Varsóvia.

3 Observe o mapa de Berlim, na página 608. A respeito da situação descrita no mapa, explique qual o simbolismo representado pelo muro no contexto da Guerra Fria.

4 Leia o depoimento a seguir.

Retrato da "caça às bruxas" em Hollywood

"[...] telefonou-me um comissário da polícia federal; segundo ordem que recebera, avisava-me que eu devia aguardar convocação para comparecer, em Washington, perante a Comissão de Atividades Antiamericanas. Éramos dezenove notificados. [...] passei telegrama aos convocadores, acentuando que tinha em suspenso uma vasta empresa, com prejuízos sensíveis [...]. Contudo — concluí —, como declaração prévia, posso desde logo adiantar que não sou comunista, nem jamais me inscrevi em qualquer partido ou organização política, sendo apenas o que se chama 'um pacifista'. Espero que isto não chocará (sic) a Comissão.

Atenciosamente, Charles Chaplin."

CHAPLIN, Charles. *Minha vida*. Rio de Janeiro: José Olympio, 1989.

a) O que o texto mostra sobre a sociedade norte-americana da época?

b) Identifique o aspecto da Guerra Fria que o texto enfoca.

5 Leia o texto a seguir.

Razões da derrota norte-americana

"Os norte-vietnamitas e o Vietcong estavam lutando por uma coisa em que acreditavam fervorosamente; e mesmo os que não acreditavam estavam sujeitos à disciplina de um regime totalitário, apaixonadamente nacionalista. O sistema de governo sul-vietnamita, em contraste, parecia corrupto, impopular e em clara minoria, tendo a oposição dos monges budistas, sem encontrar apoio em um campesinato atemorizado, explorado e cansado da guerra. [...] Um número cada vez maior de americanos questionavam a eficácia de lutar pelo regime de Saigon, e preocupavam-se com a maneira pela qual tudo isso estava corrompendo as próprias forças armadas americanas — com o declínio do moral, o aumento do cinismo, indisciplina, uso de drogas [...]."

KENNEDY, Paul. *Ascensão e queda das grandes potências*: transformação econômica e conflito militar de 1500 a 2000. Rio de Janeiro: Campus, 1989.

a) Com base no texto e nas informações do capítulo, caracterize o problema do Vietnã.

b) O texto revela a atitude da maior parte da sociedade americana quanto à guerra, nas décadas de 1960 e 1970. Explique como essa atitude ajudou a colocar em xeque a Guerra Fria.

6 O trecho abaixo refere-se à afirmação do chamado Terceiro Mundo, em uma conferência realizada em 1955.

Conferência de Bandung

"A Conferência afro-asiática examinou ansiosamente a questão de paz mundial e cooperação. Tomou nota com profunda inquietação do estado de tensão internacional e do perigo de guerra atômica. [...]

Em verdade, todas as nações deveriam ter o direito de escolher livremente seus próprios sistemas político e econômico e seu próprio modo de vida, conforme os princípios e objetivos das Nações Unidas."

Comunicado final da Conferência de Bandung. In: MATTOSO, Kátia M. de Queirós (org.). *Textos e documentos para o estudo da história contemporânea (1789-1963)*. São Paulo: Hucitec/Edusp, 1977.

- Explique os objetivos dos participantes da Conferência, dado o contexto histórico da época.

A HISTÓRIA E O TEMPO PRESENTE

7 Leia o texto a seguir e observe o mapa.

A descolonização da África

"O fim da Segunda Guerra Mundial provocou o colapso dos dois grandes impérios coloniais na África, a Grã-Bretanha e a França. Só em [1962] surgiram quatro novos países: Argélia e Uganda (antigas colônias da França e da Grã-Bretanha) e Ruanda e Burundi, que pertenciam à Bélgica. Até o final daquele ano será a vez do Quênia e de Zanzibar. [...]

A África dividiu-se então entre dois blocos. De um lado os socialistas africanos, como Gana, Guiné, Máli, Marrocos e Frente de Libertação Nacional, que lutavam contra o domínio francês na Argélia. Do outro, governos pró-ocidentais, como o Daomé, a República Malgaxe e a República Centro-Africana."

BRENER, Jayme. *Jornal do século XX*. São Paulo: Moderna, 1998.

ÁFRICA: LÍNGUAS E ETNIAS

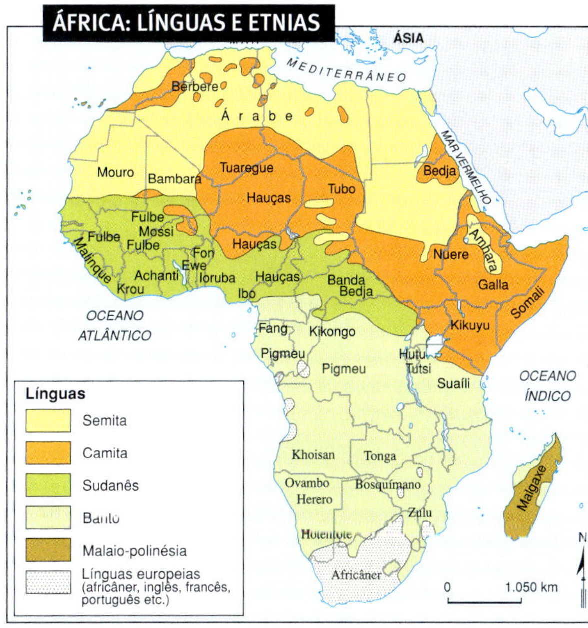

Fonte: FERREIRA, Graça Maria L. *Atlas geográfico:* espaço mundial. São Paulo: Moderna, 2003.

a) A partir da leitura desse texto, explique como o processo de descolonização da África exprimiu o embate ideológico da época da Guerra Fria.

b) Observe com atenção o mapa: a configuração territorial africana estabelecida pelos colonizadores coincide com as divisões étnicas que existiam antes da colonização? Justifique apresentando exemplos.

c) Avalie os resultados da divisão política fixada na África para o futuro do continente.

d) Organizados em pequenos grupos, escolham um país da África subsaariana para realizar uma pesquisa sobre a história recente e a situação atual desse país. Sugerimos o seguinte roteiro:

- Nome e localização do país.
- Breve relato da história colonial do país.
- Como foi o processo de independência.
- Situação política atual do país: regime de governo, existência de guerra civil.
- Principais atividades econômicas.
- Condições de vida da população: saúde, educação, moradia, cultura etc.

8 Durante a Guerra Fria, vários conflitos ocorridos no chamado Terceiro Mundo e outros acontecimentos traduziram a polarização entre Estados Unidos e União Soviética: Guerra da Coreia, Guerra do Vietnã, corrida espacial, disputas olímpicas, entre outros.

E hoje, passados 15 anos desde o fim da União Soviética, como se caracteriza a ordem vigente no mundo? Há ainda algum tipo de polarização ideológica? A Rússia substituiu a antiga União Soviética no posto de grande potência mundial, ao lado dos Estados Unidos? Quais as características dos principais conflitos existentes no mundo? O que predomina no mundo atual: a oposição entre duas potências, o controle mundial por parte de uma única grande potência ou a divisão do poder entre várias potências?

Reflita sobre essas questões e as debata com seus colegas.

Vestibular / ENEM

1 (UFC-CE) Leia o texto abaixo.

"O aspecto mais marcante da ordem geopolítica bipolar foi a chamada Guerra Fria. Ela consistiu simultaneamente numa disputa e numa conivência entre Estados Unidos e ex-União Soviética. Foi uma disputa tanto político-militar e econômica como diplomática, cultural e ideológica. Pode-se dizer que ela representou uma espécie de prolongamento da Segunda Guerra Mundial, só que sem as batalhas, sem os conflitos militares diretos."

VESENTINI, José William. *A nova ordem mundial.* São Paulo: Ática, 1995.

A partir da leitura do texto, pode-se compreender que a ausência de conflitos militares diretos entre as duas superpotências significa que:

a) a competição econômica neutralizou os conflitos militares durante os anos da Guerra Fria.

b) as disputas militares ocorreram de forma indireta em outros países, como os do Terceiro Mundo.

c) a ideia de democracia presente na ideologia capitalista e na socialista impediu a eclosão de movimentos militares.

d) a paz predominou no mundo a partir do pleno funcionamento das relações diplomáticas.

e) o progressivo desarmamento no planeta ocorreu com o fim da Segunda Guerra Mundial.

2 (Fuvest-SP) A era de paz e cooperação, que muitos esperavam se seguiria à vitória dos aliados na Segunda Guerra Mundial, não resistiu até o final dos anos de 1940, tendo sido substituída pela "guerra fria", entre as grandes potências, e por "guerras quentes" localizadas.

Considerando a "guerra fria":

a) Explique as divergências fundamentais entre as grandes potências.

b) Relacione a "guerra fria" com um conflito de "guerra quente".

3 (UFRJ)

"A Segunda Guerra Mundial mal terminara quando a humanidade mergulhou no que se pode encarar, razoavelmente, como uma Terceira Guerra Mundial, embora uma guerra muito peculiar. [...] A peculiaridade da Guerra Fria era a de que, em termos objetivos, não existia perigo iminente de guerra mundial. Mais que isso: apesar da retórica apocalíptica de ambos os lados, mas, sobretudo do lado americano, os governos das duas superpotências aceitaram a distribuição global de forças no fim da Segunda Guerra Mundial [...]. A URSS controlava uma parte do globo, ou sobre ela exercia predominante influência — a zona ocupada pelo Exército Vermelho e/ou outras Forças Armadas comunistas no término da guerra — e não tentava ampliá-la com o uso da força militar. Os EUA exerciam controle e predominância sobre o resto do mundo capitalista, além do hemisfério norte e oceanos [...]. Em troca, não intervinha na zona aceita de hegemonia soviética."

HOBSBAWM, Eric J. *Era dos extremos.* São Paulo: Companhia das Letras, 1995, p. 224.

No texto acima, o historiador inglês buscou resumir as principais características das relações internacionais no período compreendido entre o final da Segunda Guerra Mundial e o fim da década de 1980, genericamente denominado Guerra Fria. Explique o papel da Organização do Tratado do Atlântico Norte (Otan) e do Pacto de Varsóvia naquela conjuntura.

4 (FGV-SP) Podemos definir o macarthismo como:

a) Uma dura campanha de investigações dirigida por parlamentares norte-americanos, voltada a quem fosse considerado suspeito de subversão ou colaboração com os países comunistas.

b) Uma campanha antissemita que se estabeleceu nos Estados Unidos após a Segunda Guerra Mundial e que investigava as vinculações entre os judeus e os dirigentes soviéticos.

c) Uma campanha de investigações que se voltou contra sindicalistas, intelectuais e cientistas e poupou os artistas de Hollywood, os diretores de cinema e os escritores norte-americanos.

d) Uma campanha publicitária que procurava enaltecer o Senador Joseph McCarthy, candidato republicano à Presidência dos Estados Unidos da América e que era profundamente anticomunista.

e) Uma política de aproximação entre os EUA e a União Soviética liderada, na década de 1940, pelo socialista Joseph McCarthy, em virtude da necessidade de derrotar o nazifascismo.

5 (UFMG)

"Entre 1961 e 1973, um total de 57.939 norte-americanos morreram no conflito da Indochina, a mais longa e custosa guerra externa na história dos Estados Unidos. A Força Aérea dos EUA jogou sobre o Vietnã uma tonelagem de bombas mais de três vezes superior ao que foi jogado na Alemanha durante a Segunda Guerra."

KEYLOR, William R. *The twentieth-century world; an international history.* New York: Oxford University Press, 1996.

Considerando-se a Guerra do Vietnã, é **correto** afirmar que:

a) o conflito foi motivado pela intenção do Governo norte-americano de impedir a expansão do Comunismo no Sudeste asiático.

b) os norte-americanos deram apoio decidido às ações de seu Governo no Vietnã e manifestaram insatisfação quando suas tropas foram retiradas de lá.

c) os vietnamitas que enfrentavam o exército dos EUA lutavam em condições difíceis, pois não dispunham de apoio externo.

d) a saída das tropas norte-americanas e a subsequente derrota das forças locais pró-Ocidente levou à divisão do Vietnã.

6 (Uerj)

Rosa de Hiroshima

"[...]
Pensem nas feridas
Como rosas cálidas
Mas oh não se esqueçam
Da rosa da rosa
Da rosa de Hiroshima
[...]
A antirrosa atômica."

Vinicius de Moraes

Vinicius de Moraes, nesse poema, fala-nos do horror da bomba atômica jogada sobre Hiroshima em 1945, um dos marcos mais trágicos da Segunda Guerra Mundial.

Um desdobramento político do pós-guerra está caracterizado em:

a) esfacelamento do território japonês, determinando a divisão do seu império colonial.

b) fortalecimento das ideologias fascistas, gerando a expansão do totalitarismo no Oriente.

c) constituição de uma nova ordem mundial, contribuindo para a intensificação dos conflitos regionais.

d) enfraquecimento político-econômico do Japão, permitindo a ascensão de novas potências regionais.

7 (FGV-SP) Entre junho de 1950 e julho de 1953, transcorreu a chamada Guerra da Coreia, sobre a qual é correto afirmar:

a) O conflito foi provocado pelos interesses expansionistas do governo sul-coreano, que procurava estabelecer sua hegemonia político-militar na região.

b) O conflito foi provocado pela negativa japonesa em aceitar a desmilitarização imposta após a Segunda Guerra Mundial.

c) A ameaça de uma revolução socialista levou o governo da Coreia do Sul a solicitar ajuda norte-americana, o que provocou a reação do governo da Coreia do Norte.

d) Tratou-se de uma guerra civil que resultou na divisão da Coreia em dois Estados independentes.

e) O conflito teve início com a tentativa de unificação da Coreia sob iniciativa do regime comunista da Coreia do Norte, com apoio da China.

8 (Enem-MEC)

"Os 45 anos que vão do lançamento das bombas atômicas até o fim da União Soviética não foram um período homogêneo único na história do mundo. [...] dividem-se em duas metades, tendo como divisor de águas o início da década de 70. Apesar disso, a história deste período foi reunida sob um padrão único pela situação internacional peculiar que a dominou até a queda da URSS."

HOBSBAWM, Eric J. *Era dos extremos*: o breve século XX: 1914-1991. São Paulo: Companhia das Letras, 1995.

O período citado no texto e conhecido por "Guerra Fria" pode ser definido como aquele momento histórico em que houve:

a) corrida armamentista entre as potências imperialistas europeias ocasionando a Primeira Guerra Mundial.

b) domínio dos países socialistas do Sul do globo pelos países capitalistas do Norte.

c) choque ideológico entre a Alemanhã Nazista/União Soviética Stalinista, durante os anos 30.

d) disputa pela supremacia da economia mundial entre o Ocidente e as potências orientais, como a China e o Japão.

e) constante confronto das duas superpotências que emergiam da Segunda Guerra Mundial.

Ampliando o conhecimento

Leituras

ARBEX, José. *Guerra Fria*: o Estado terrorista. São Paulo: Moderna, 2005.
O autor faz um paralelo entre o terrorismo contemporâneo e o terrorismo criado pelos blocos capitalista e socialista durante a Guerra Fria.

KEROUAC, Jack. *On the road* – pé na estrada. Porto Alegre: L&PM pocket, 2004.
O livro narra a viagem de dois jovens inteligentes e carismáticos pelos Estados Unidos. Durante a viagem, deparam com os mais variados tipos de pessoas, numa jornada marcada pela busca do autoconhecimento. O livro influenciou profundamente a geração de jovens da década de 1960 e serviu de inspiração a artistas, músicos, atores e aos movimentos de contestação que surgiram no período.

Filmes

A batalha de Argel

Direção de Gillo Pontecorvo. Argélia, Itália, 1965. 117 min.
O filme aborda as características da luta armada contra a dominação colonial francesa na Argélia, a qual, no contexto da Guerra Fria, acabou por assumir um caráter nacionalista e esquerdista.

Adeus, minha concubina

Direção de Chen Kaige. China, Hong Kong, 1993. 70 min.
O filme traz a história de dois atores da Ópera de Pequim, que iniciaram suas carreiras em 1925, ano em que Chiang Kai-shek, do Kuomintang, chegou ao poder na China. A história pessoal dos dois amigos cruza com a história chinesa, desde o período da revolução socialista até a morte do líder Mao Tsé-tung, em 1976.

Boa noite e boa sorte

MELINDA SUE GORDON/WARNER INDEPENDENT PICTURES/ALBUM/LATINSTOCK

Direção de George Clooney. Estados Unidos, 2005. 93 min.
Programa de TV norte-americano passa a investigar a política de "caça às bruxas" do senador Joseph McCarthy, que perseguia supostos comunistas durante a década de 1950.

Bom dia, Vietnã

Direção de Barry Levinson. Estados Unidos, 1987. 121 min.
O filme se passa em Saigon, em 1965. A história gira em torno de um disc-jóquei americano que é enviado para a cidade com o objetivo de comandar um programa de rádio e animar as tropas sul-vietnamitas. Porém, seu humor e sua paixão pelo rock acabam por criar inúmeros conflitos com os centros de comando norte-americanos. É interessante observar as reflexões feitas pelo protagonista sobre questões morais, físicas e mentais de uma guerra.

Juventude transviada

Direção de Nicholas Ray. Estados Unidos, 1955. 111 min.
Na tela a história dos amigos Jim Stark, Judy e Platão, que se envolvem em um acidente que marca a vida de todos eles. São mostradas pela primeira vez as dificuldades de relacionamento entre jovens e seus pais no conservadorismo da sociedade americana do pós-guerra.

Site

Organização das Nações Unidas
<www.onu-brasil.org.br>
Site oficial da ONU no Brasil. Disponibiliza páginas sobre a história da instituição e sua atuação no Brasil e no mundo.

Capítulo 44 Governos populistas no Brasil

Sobre o sentido da palavra "populismo"

"O sentido de 'populismo' que passou para a história tem uma carga semântica altamente negativa. Os políticos populistas são estigmatizados como enganadores do povo, por suas promessas jamais cumpridas e como aqueles capazes de articular retórica fácil com falta de caráter. O sentido negativo não diz respeito apenas à figura do político populista, mas ao fenômeno como um todo, pois só é possível a eleição de um populista por eleitores que não sabem votar ou que sempre se comportam de maneira dependente, como se estivessem à espera do 'príncipe encantado'.

MAURÍCIO SIMONETTI/PULSAR

Mas nem sempre foi esse o significado de populismo. No início do século XX, lembra Jorge Ferreira, ser considerado populista no Brasil era um elogio. Em pesquisas em arquivos de jornais, o autor encontrou algumas menções a 'populismo' e 'populista' em sentido positivo, utilizadas em discursos dos próprios políticos. Populista, no caso, era aquele que estava próximo do povo, ouvia suas aflições e conseguia compreendê-lo. Sentido comum em sociedades nas quais as elites políticas encontram-se distante das massas: onde não há canais de interlocução convencionais, o povo busca alternativas para ver atendidas suas demandas."

CERVI, Emerson Urizzi. Revista *Sociologia e Política*. n. 17. Curitiba, nov. 2001.

O candidato à presidência da República, Fernando Collor de Mello, durante a campanha eleitoral de 1989. Fazendo-se valer de práticas populistas, Collor alcançou extraordinária popularidade junto às massas e foi apoiado pela maior parte das forças conservadoras. Elegeu-se presidente com mais de 35 milhões de votos.

Populismo na América Latina

O **populismo** é um fenômeno político que ainda hoje ocorre em diversos países da América Latina, e que tem como principal atributo a conquista de extraordinários picos de popularidade dos principais líderes políticos junto às massas. Ao estilo de intervenção política dessas lideranças é dado o nome de **populista**.

Após a grande depressão dos anos 1930, a América Latina enfrentou profundas mudanças econômicas, sociais e políticas. A época foi propícia a golpes e movimentos revolucionários, que acarretaram a queda dos governos oligárquicos.

O momento em que surgiu o populismo coincidiu com o início dos processos de urbanização e industrialização. Na verdade, pode-se afirmar que o populismo latino-americano resultou da crise do poder das oligarquias agrárias. O populismo é um fenômeno estritamente urbano, que se alimentou dos mesmos ingredientes que sustentavam as oligarquias agrárias — a pobreza e a desinformação.

Em alguns países, o período populista pode ser considerado um dos mais importantes de sua história. Na Argentina, a trajetória mais marcante foi a do ex-coronel do Exército Juan Domingo Perón. Em 1943, Perón participou do golpe militar que depôs o governo civil e foi nomeado ministro do Trabalho e do Bem-estar Social. Adotou políticas de forte cunho assistencialista e conquistou a massa trabalhadora argentina, aqueles a quem ele chamava "os descamisados", conseguindo eleger-se presidente da República em 1946.

Ao lado de Eva Duarte Perón, ex-artista de rádio com quem ele se casou e que gozava de ampla popularidade junto ao povo argentino, o militar promoveu reformas importantes na economia, por meio da expansão da indústria e da adoção de medidas capazes de assegurar melhores condições de vida à classe trabalhadora. Ao mesmo tempo, reprimiu todas as formas de oposição. Reeleito em 1951, Perón permaneceu no poder até 1955, quando foi derrubado por um levante das Forças Armadas, que alegavam descontentamento do povo com a inflação, a corrupção e o cerceamento da liberdade. Refugiou-se na Espanha em 1960 e retornou à Argentina somente em 1971, ganhando mais uma vez as eleições para presidente em 1973. Entretanto, nove meses depois de eleito, Perón morreu.

Lázaro Cardenas, no México, Juan Domingo Perón, na Argentina, e Getúlio Vargas, no Brasil (1951-1954), foram eleitos por via direta. Entretanto, o boliviano Victor Paz Estenssoro e o equatoriano José Maria Velasco Ibarra chegaram ao poder pela via revolucionária.

J. CARLOS

Nesta caricatura, Tio Sam, o símbolo dos Estados Unidos, usa uma roupa feita com as bandeiras dos países latino-americanos.

Populismo e inclusão social

O político populista autêntico tem de fato um projeto de inclusão social, ainda que este muitas vezes se realize de forma ineficaz ou paternalista. Um exemplo desse tipo de procedimento é a proposta de implantação de restaurantes e hotéis a preços populares, que em 2002 serviu de bandeira para a campanha do político fluminense Anthony Garotinho à presidência da República. Também vale lembrar que foi no governo de Vargas que a legislação brasileira deu largos passos rumo à proteção dos interesses do povo trabalhador. Assim, ainda que adotem posturas e discursos próximos ao populismo, os políticos conservadores que atuam em benefício direto das classes dominantes não podem ser rigorosamente enquadrados na categoria de populistas.

A história recente da América Latina demonstra que discursos populistas ainda contribuem para que muitos políticos ocupem cargos importantes.

No clima da Guerra Fria

Ao término da Segunda Guerra Mundial, a vitória dos aliados fez florescer um clima de euforia e otimismo democrático em várias partes do mundo.

Na América Latina, incluindo o Brasil, a derrota dos regimes autoritários inspirou o surgimento de campanhas em favor da liberdade, da democracia e das eleições livres. Pela primeira vez em quinze anos, os brasileiros puderam sonhar com eleições livres e democráticas para presidente.

Mas esse sentimento de fraternidade acima das ideologias logo deu lugar à chamada Guerra Fria, que mudou o caráter da política internacional tradicionalmente exercida pelos Estados Unidos em suas relações com os países da América Latina. As questões deixaram de ser domésticas e passaram a integrar o contexto dos compromissos globais de defesa do sistema capitalista. O anticomunismo tornou-se um instrumento ideológico do apoio de Washington à penetração do capital monopolista, e qualquer tentativa dos países latino-americanos de limitar as possibilidades de exploração de seus mercados e recursos naturais começou a ser encarada como sintoma de uma conspiração comunista internacional.

Foi nesse contexto que o populismo se tornou predominante em alguns países da América Latina, como Brasil, Argentina, México, Bolívia, Peru e Equador.

ERIC HESS/CPDOC/FGV

Durante as décadas de 1930, 1940 e 1950, importantes centros urbanos do Brasil se modernizaram e receberam progressivamente grandes fluxos populacionais provenientes de diversas partes do país, atraídos pela perspectiva de emprego. Foto de Porto Alegre na década de 1940.

Organização dos Estados Americanos

A divisão do mundo em dois blocos acentuou-se com o alinhamento da China aos países socialistas, o que foi visto como ameaça à hegemonia mundial norte-americana.

Com o propósito de fortalecer o capitalismo na América, em 1948 criou-se a Organização dos Estados Americanos (OEA), liderada pelos Estados Unidos, objetivando estreitar os laços econômicos, políticos e culturais entre os países do continente.

As bases socioeconômicas do populismo

Os governos populistas atuaram na América Latina basicamente entre os anos 1930 e 1960, sobretudo nos países de industrialização recente, mas com a economia ainda baseada na agricultura tradicional. Em outras palavras, a política populista desenvolveu-se em um momento de transição, em que os sistemas agroexportadores entraram em crise, cedendo lugar à sociedade urbano-industrial.

Esses governos adotaram um comportamento paternalista e autoritário: ao mesmo tempo em que concediam direitos aos trabalhadores, mantinham-nos sob estreita vigilância e controle permanente. Assim, essa prática política reproduzia as contradições existentes nos países latino-americanos, divididos entre a sociedade rural oligárquica e o mundo urbano burguês.

Por essas razões, os governos populistas apoiavam-se em bases sociais heterogêneas: seu apoio partia de setores do empresariado nacional, das classes médias e do operariado. Nesses países de industrialização tardia, era comum o discurso nacionalista que apontava a espoliação dos grupos estrangeiros como elemento causador do subdesenvolvimento.

No Brasil, o populismo teve início nos anos 1930, na Era Vargas, e chegou ao fim com o golpe militar de 1964. Nomes como Getúlio Vargas, Juscelino Kubitschek e João Goulart fazem parte da galeria de presidentes populistas.

Os antecedentes do populismo no Brasil

O período do Estado Novo (1937-1945) sofreu forte abalo com o fim da Segunda Guerra Mundial. Pressionado pela oposição, Getúlio Vargas tomou a iniciativa de dar início ao processo de redemocratização. Assim, os partidos políticos começaram a se organizar e foi marcada a data para a eleição do próximo presidente da República. O Partido Comunista do Brasil (PCB), ilegal desde a derrota da Intentona Comunista, em 1935, voltou à legalidade.

Brasileiro, do Brasil

Na década de 1960, as divisões ideológicas ocorridas no movimento comunista internacional ecoaram no Partido Comunista do Brasil, que também "rachou" em duas facções e deu origem a dois partidos. Assim, o partido manteve a mesma sigla (PCB), mas teve seu nome alterado para Partido Comunista Brasileiro. A facção minoritária deu origem ao PC do B, Partido Comunista do Brasil.

Surgiram o Partido Trabalhista Brasileiro (PTB), o Partido Social Democrático (PSD), a União Democrática Nacional (UDN), o Partido Social Progressista (PSP), liderado por Ademar de Barros, além de outras siglas de menor importância.

O PTB tinha como principal bandeira a promoção de melhorias sociais e econômicas no Brasil. O PSD, ligado a grupos que apoiavam Vargas, representava os interesses do Estado Novo e seus aliados. A UDN surgira em torno dos movimentos liberais de oposição a Getúlio Vargas que conduziram à deposição do presidente, em 1945.

Nas eleições presidenciais, o general Eurico Gaspar Dutra, ministro da Guerra no Estado Novo e candidato apoiado pelo PSD, venceu as eleições com 55,39% dos votos válidos. Contando com o apoio de Vargas e com a maioria dos setores da UDN, Dutra enfrentou a oposição exclusiva do Partido Comunista.

O governo Dutra (1946-1951)

O início do governo Eurico Gaspar Dutra coincide com os primeiros momentos da Guerra Fria. Logo que assumiu o governo, Dutra convocou uma Assembleia Constituinte para dar início à elaboração de uma nova Constituição para o país. A Assembleia reuniu representantes dos diferentes partidos políticos brasileiros, com predominância da ala conservadora. Mas isso não impediu que a Carta fosse emoldurada pelos princípios liberais.

O Partido Comunista ressurgiu com força total, elegendo quinze membros para a Assembleia Constituinte. Luís Carlos Prestes, candidato a senador pelo PCB, foi o mais votado no Distrito Federal, com 157.397 votos.

A Constituição promulgada em 1946 garantia a autonomia dos poderes Legislativo, Executivo e Judiciário e estabelecia eleições diretas e obrigatórias para os cargos executivos e legislativos municipais, estaduais e federais. Ficavam excluídos do direito de voto os analfabetos e os praças (militares não graduados). Diferentemente do que ocorrera na Constituição de 1934, quando o direito do sufrágio foi estendido às mulheres maiores de 21 anos, todas as mulheres com idade superior a 18 anos também se tornaram eleitoras, mas só eram obrigadas a votar aquelas que exerciam funções públicas remuneradas.

Dutra deu ao seu governo um caráter liberal e alinhado aos Estados Unidos. Por conta disso, em maio de 1946, o presidente decidiu demitir todos os funcionários públicos comunistas. Meses depois, apoiando-se em um dispositivo da Constituição que autorizava excluir os partidos considerados "antidemocráticos", da atividade política, o governo colocou o PCB na ilegalidade. No ano seguinte, Dutra rompeu relações diplomáticas com a União Soviética.

Entre os anos de 1947 e 1951, o governo tentou incentivar a industrialização com medidas que facilitavam a importação de combustíveis, máquinas e equipamentos industriais, principalmente no Sudeste do país.

Essa iniciativa representou os primeiros passos para o Plano SALTE – Saúde, Alimentação, transportes e Energia (1950), que tinha o propósito de promover uma ampla modernização e industrializar o país.

Seguidor fiel da Constituição, o governo controlou a classe trabalhadora proibindo greves e intervindo em sindicatos. Porém, acostumados aos discursos inflamados de Vargas, os operários resistiam constantemente às propostas do novo governo. Sem bases populares, os partidos majoritários (PSD e UDN) tinham dificuldades em organizar coligações fortes para concorrer às próximas eleições.

No final dos anos 1940, a sociedade brasileira estava mobilizada para a escolha de um novo presidente da República. Os partidos começavam a apresentar seus candidatos em um cenário político bastante conturbado, onde ainda não surgira nenhum candidato expressivo. Vargas, apoiado pelo PTB, sobressaiu com um discurso renovado, forjando uma imagem de democrata, bem diferente do modelo autoritário do período do Estado Novo.

A nova roupagem política do ex-presidente foi despertando cada vez mais a simpatia das camadas baixas e médias urbanas. Pelas ruas das principais cidades brasileiras, o samba *Retrato do velho*, cantado por Francisco Alves, que na época era tido como o rei da voz, tornou-se o maior sucesso do carnaval do ano de 1951:

"Bota o retrato do velho outra vez
Bota no mesmo lugar
O sorriso do velhinho
Faz a gente se animar, oi
Eu já botei o meu
E tu não vais botar?
Já enfeitei o meu
E tu vais enfeitar?
O sorriso do velhinho
Faz a gente trabalhar"

Mário Pinto e Haroldo Lobo.

A UDN fazia oposição a Getúlio Vargas, sobretudo depois que ele ganhou o apoio do PSD, cujo candidato, Cristiano Machado, não conseguira decolar. Em 3 de outubro de 1950, o pleito se realizou e o resultado não trouxe surpresas: com 48,70% dos votos válidos, elegeu-se Getúlio Vargas. O "velhinho" voltava ao poder, desta vez pelo voto direto.

O governo Vargas (1951-1954)

Tão logo assumiu a presidência da República, Getúlio Vargas encaminhou ao Congresso Nacional um programa de governo que apresentava a expansão da indústria como prioridade. Para atingir essa meta, o governo dedicou atenção especial a quatro pontos essenciais: 1) investimento na relação entre Estado e empresários; 2) priorização da empresa pública para os investimentos industriais, visando estimular o ainda frágil capital nacional; 3) fundação de um banco de investimento — o Banco Nacional de Desenvolvimento Econômico, BNDE, com vistas a assegurar financeiramente o Plano de Reaparelhamento Econômico (**Plano Lafer**); 4) elaboração de um projeto de desenvolvimento que integrasse a agricultura, a indústria pesada e a emergência política das massas.

A gestão da economia no governo Vargas foi enredada por uma contradição. De um lado, Getúlio assumiu o compromisso de dar continuidade ao projeto industrial brasileiro. De outro, enfrentou a necessidade de conter a inflação, que aniquilava o poder de compra dos salários e gerava tensões sociais. Restou ao presidente tentar estabelecer uma política anti-inflacionária combinada com o desenvolvimentismo.

CPDOC/FGV

Getúlio Vargas desfila em carro aberto durante a campanha à presidência da República em Manaus, Amazonas. Foto de 1950.

Para a execução de seu Plano de Governo, Vargas precisou recorrer a empréstimos externos. Porém, um dos maiores parceiros econômicos do Brasil, os Estados Unidos, decidiu suspender os empréstimos a partir de 1953, em retaliação à política nacionalista adotada pelo governo. Outro mecanismo utilizado por Vargas foi um aumento de 15% sobre o Imposto de Renda. Os empresários reagiram com veemência.

O nacionalismo de Vargas

O fragmento abaixo faz parte do primeiro discurso de Vargas ao Congresso Nacional. Seu teor revela a filosofia da política econômica que o presidente pretendia adotar:

> "A elevação dos níveis de vida, num país como o Brasil, depende, assim, muito menos da justa distribuição da riqueza e do produto nacional, do que do desenvolvimento econômico. A grande verdade é que temos pouco que dividir. Devemos, portanto, por um lado, atender ao problema de justiça, corrigindo os abusos e a ostentação de uma minoria, e ainda elevar a produtividade através de melhores níveis de consumo, mas por outro lado, não devemos permitir que uma distribuição insensata venha prejudicar o potencial de capitalização necessário ao desenvolvimento econômico geral, e assim, à criação de maiores e mais amplas oportunidades de emprego e de salários. [...]
>
> O progresso nacional se vinculará solidamente ao desenvolvimento econômico. O Governo não poupará esforços para favorecer a cumulação de recursos públicos e privados, que se destinam a ampliar a produção nacional, e assim, melhorar, pelo emprego e pela abundância, as condições de vida do nosso povo. [...]"
>
> Câmara dos Deputados. Mensagens presidenciais — 1947-1964. Brasília, 1978.

Em 1952, o governo Vargas inaugurou o Banco Nacional de Desenvolvimento Econômico (BNDE) e propôs a criação da Eletrobrás. No ano seguinte, criou a Petrobras, estabelecendo o monopólio estatal da exploração do petróleo brasileiro. Instituiu também a Comissão de Desenvolvimento Industrial, de onde saiu a subcomissão de fabricação de jipes, tratores, caminhões e automóveis, estratégica para a implantação da indústria automobilística no país.

Com a criação da Petrobras, ficou evidenciado o caráter nacionalista de Getúlio Vargas. E nesse momento tornou-se explícito o confronto entre os interesses do governo (nacionalistas) e os representantes do capital estrangeiro, chamados pejorativamente "entreguistas". Paralelamente, a União Nacional dos Estudantes (UNE) organizou debates visando mobilizar a opinião pública em torno da palavra de ordem "O petróleo é nosso".

Em 1953 foi sancionada a Lei nº 2.004, estabelecendo a Petrobras como empresa totalmente nacional, com participação majoritária do Estado, que passou a controlar todas as etapas da indústria petrolífera, exceto a da distribuição dos derivados de petróleo.

A disputa entre a burguesia, dependente do capital internacional, e o Estado nacionalista levou a um clima tenso, que progressivamente se tornou insuportável. O papel da imprensa foi importante no processo de agravamento das questões políticas no Brasil. O jornal *Tribuna da Imprensa*, de Carlos Lacerda, contrapunha-se ao *Última Hora*, fundado pelo jornalista Samuel Wainer, porta-voz do governo federal.

ARQUIVO/AE

Carlos Lacerda, por meio de seu jornal Tribuna da Imprensa, *atacou duramente os comunistas, e criticou o nacionalismo econômico de Vargas. Foto de 1958.*

A crise do governo Vargas

A vitória de Getúlio Vargas em 1950 dividiu a nação. O centro da oposição nacional ficou nas mãos da UDN e dos militares de direita. Vargas contava com algum apoio entre os militares nacionalistas e tentou se valer de táticas antigas, procurando atrair os adversários para seu lado, mas fracassou.

A animosidade entre os dois grupos militares e as acusações formuladas por parte da direita de que o ministro da Guerra, Estillac Leal, teria ligações com os comunistas resultaram na renúncia do ministro, em março de 1952.

No ano de 1953 foi decretada uma lei que previa punições para aqueles que cometessem crimes contra o Estado, o que incluía a organização de comícios, greves e manifestações sem a autorização da polícia. Indiferentes à proibição, cerca de 500 mil pessoas participaram de uma manifestação que ficou conhecida como **Panela Vazia**, campanha que criticava o aumento abusivo do custo de vida no país.

No mesmo ano, as lideranças do Partido Comunista do Brasil, na ilegalidade, organizaram em São Paulo um movimento grevista reivindicando aumento salarial e controle da inflação. A greve reuniu cerca de 300 mil trabalhadores de diferentes categorias, tais como construção civil, metalúrgicos, carpinteiros, vidreiros e gráficos.

Após um mês de greve, os trabalhadores aceitaram um reajuste de 32% e a garantia de que os líderes do movimento não seriam punidos e que os dias de greve seriam pagos. Um dos resultados da greve foi o enfraquecimento do governo Vargas, acusado pelos empresários de ter fomentado o movimento. Nesse instante, os oposicionistas, liderados por Carlos Lacerda, criaram o Clube da Lanterna, com o objetivo de pôr fim ao governo de Getúlio. Diante de tais dificuldades, o presidente optou pela reforma ministerial como instrumento para reorientar sua política.

Entre os novos ministros estavam Osvaldo Aranha, indicado para a pasta da Fazenda, e João Goulart, para o Ministério do Trabalho. Goulart era muito malvisto pela oposição em geral, por conta da sua ligação com os sindicatos e com o PTB, do qual era presidente nacional. Ele foi um dos responsáveis pela organização dos sindicalistas **pelegos**, que atuavam nos sindicatos

Pelego

Pedaço de pele ou lã utilizado para amenizar os impactos em uma cavalgadura. Sindicalistas pelegos são aqueles que, aparentemente representando os trabalhadores, atendem de fato aos interesses do governo ou dos patrões.

com o objetivo de facilitar a ação do governo junto aos trabalhadores. Também auxiliou na formação dos sindicatos rurais e garantiu a participação desse grupo nas discussões acerca do salário mínimo.

Dois importantes acontecimentos contribuíram para abalar ainda mais a situação política do presidente Vargas: o aumento do salário mínimo em 100%, em 1954, e o crime da Rua Toneleros.

O aumento do salário mínimo foi decretado pelo próprio Vargas, durante as comemorações do Dia do Trabalhador (1º de maio). A reação dos empresários e de parte da imprensa veio como uma bomba. A oposição chegou a pedir o *impeachment* do presidente.

Um documento assinado por 82 coronéis foi publicado. Nele, as medidas de Getúlio Vargas eram criticadas, principalmente o aumento do salário mínimo, que praticamente colocava o salário dos trabalhadores em pé de igualdade com o dos oficiais do Exército. Esse episódio agravou ainda mais a situação política nacional.

Devido à repercussão negativa do fato, Vargas optou por substituir o ministro da Guerra, general Ciro do Espírito Santo Cardoso, e o do Trabalho, João Goulart, que formalmente renunciou.

No dia 5 de agosto, Carlos Lacerda, acompanhado de seu segurança, o major-aviador Rubens Florentino Vaz, sofreu um atentado na Rua Toneleros, no Rio de Janeiro. O major foi morto e Carlos Lacerda foi baleado no pé. O episódio logo se tornou conhecido como o Atentado da Toneleros. As constantes denúncias de Lacerda contra Vargas contribuíram para que fosse interpretado como um crime político. O presidente foi acusado de ser o mandante, e o chefe de sua segurança pessoal, Gregório Fortunato (o Anjo Negro), apontado como o articulador do atentado.

Lacerda organizou uma campanha contra Vargas, exigindo o apoio das Forças Armadas na retirada do presidente:

> "Em primeiro lugar é preciso alijar Getúlio Vargas. Erradicá-lo, extirpá-lo da vida pública nacional, como se faz, pela cirurgia, com as infecções e com os cancros. Ele pesteia, deteriora, tudo em que toca. [...] Ele é um viciado do crime político. Só como criminoso sabe agir. Realista, materialista como os animais e como os primários. Caem as forças morais, decai o espírito público, deturpa-se o patriotismo, transmudam-se os valores."
>
> LACERDA, Carlos. *Tribuna da Imprensa*, 8 ago. 1954.

A investigação do atentado levou à prisão de Climério Euribes de Almeida, que confessou ter contratado o pistoleiro de nome Alcino a mando de Gregório Fortunato.

A oposição reuniu-se e organizou um documento que sugeria o afastamento do presidente. No dia 24 de agosto, Getúlio Vargas, que se recusava a deixar o cargo, reuniu-se com seus ministros na intenção de encontrar um consenso entre eles. Ao verificar a impossibilidade de contornar a situação, suicidou-se com um tiro no coração. Deixou uma carta-testamento dirigida à sociedade brasileira:

> "Mais uma vez, as forças e os interesses contra o povo coordenaram-se novamente e se desencadeiam sobre mim. Não me acusam, insultam; não me combatem, caluniam; e não me dão o direito de defesa. Precisam sufocar a minha voz e impedir a minha ação, para que eu não continue a defender, como sempre defendi, o povo e principalmente os humildes. Sigo o destino que me é imposto. Depois de decênios de domínio e espoliação dos grupos econômicos e financeiros internacionais, fiz-me chefe de uma revolução e venci. Iniciei o trabalho de libertação e instaurei o regime de liberdade social. Tive de renunciar. Voltei ao Governo nos braços do povo. A campanha subterrânea dos grupos internacionais aliou-se à dos grupos nacionais revoltados contra o regime de garantia do trabalho. A lei de lucros extraordinários foi detida no Congresso. Contra a justiça da revisão do salário mínimo se desencadearam os ódios. Quis criar a liberdade nacional na potencialização das nossas riquezas através da Petrobras; mal começa esta a funcionar, a onda de agitação se avoluma. A Eletrobrás foi obstaculada até o desespero. Não querem que o trabalhador seja livre. Não querem que o povo seja independente. Assumi o Governo dentro da espiral inflacionária que destruía os valores do trabalho. Os lucros das empresas estrangeiras alcançavam até 500% ao ano. Nas declarações de valores do que importávamos existiam fraudes constatadas de mais de 100 milhões de dólares por ano. Veio a crise do café, valorizou-se o nosso principal produto. Tentamos defender seu preço e a resposta foi uma violenta pressão sobre a nossa economia, a ponto de sermos obrigados a ceder. Tenho lutado mês a mês, dia-a-dia, hora a hora,

resistindo a uma pressão constante, incessante, tudo suportando em silêncio, tudo esquecendo, renunciando a mim mesmo, para defender o povo que agora se queda desamparado. Nada mais vos posso dar a não ser meu sangue. Se as aves de rapina querem o sangue de alguém, querem continuar sugando o povo brasileiro, eu ofereço em holocausto a minha vida. Escolho este meio de estar sempre convosco. Quando vos humilharem, sentireis minha alma sofrendo ao vosso lado. Quando a fome bater à vossa porta, sentireis em vosso peito a energia para a luta por vós e vossos filhos. Quando vos vilipendiarem, sentireis no meu pensamento a força para a reação. Meu sacrifício vos manterá unidos e meu nome será vossa bandeira de luta. Cada gota de meu sangue será uma chama imortal na vossa consciência e manterá a vibração sagrada para a resistência. Ao ódio respondo com o perdão. E aos que pensam que me derrotaram respondo com a minha vitória. Era escravo do povo e hoje me liberto para a vida eterna. Mas esse povo de quem fui escravo não mais será escravo de ninguém. Meu sacrifício ficará para sempre em sua alma e meu sangue terá o preço do seu resgate.

Lutei contra a espoliação do Brasil. Lutei contra a espoliação do povo. Tenho lutado de peito aberto. O ódio, as infâmias, a calúnia, não abateram meu ânimo. Eu vos dei a minha vida. Agora ofereço a minha morte. Nada receio. Serenamente dou o primeiro passo no caminho da eternidade e saio da vida para entrar na história."

Getúlio Vargas, 24 de agosto de 1954.

ARQUIVO NACIONAL, RJ

Os funerais de presidentes e outras figuras populistas (como Evita Perón, na Argentina, por exemplo) criavam uma verdadeira comoção nacional. No velório de Getúlio Vargas, pessoas choraram e até desmaiaram diante da imagem do presidente morto. Sala do Gabinete Militar da Presidência, Rio de Janeiro (RJ), agosto de 1954.

Meses de instabilidade política

A morte de Vargas causou imensa comoção nacional. A UDN e o governo norte-americano passaram a ser responsabilizados pela morte do presidente. Os jornais da oposição e a embaixada dos Estados Unidos foram atacados por populares. Nos principais centros do país, a multidão confrontou-se com opositores, e Carlos Lacerda teve de ficar sob proteção da Aeronáutica até rumar para a Europa em um exílio voluntário.

Com a morte de Getúlio, assumiu o poder o vice-presidente Café Filho, que rompera com Vargas nos últimos momentos de sua administração. A reação popular limitou a atuação do novo presidente.

Nas eleições presidenciais de 1955, elegeram-se os candidatos da coligação PSD-PTB, Juscelino Kubitschek e João Goulart.

Da vitória de Juscelino, em outubro de 1955, até sua posse, em janeiro de 1956, houve novo período de grande instabilidade política, marcado por tentativas de golpes de Estado orquestradas por setores das Forças Armadas e da UDN. Os udenistas tentaram impedir a posse de Juscelino e João Goulart sob a alegação de que os candidatos não haviam obtido a maioria dos votos e incitaram o Exército a dar um golpe e impedir a posse dos candidatos eleitos. No entanto, o ministro da Guerra, marechal Lott, controlou a situação, manteve a ordem constitucional e possibilitou a posse dos eleitos. Desse modo, mesmo enfrentando ferrenha oposição, Juscelino assumiu a presidência da República.

O governo Juscelino Kubitschek (1956-1961)

Mineiro de Diamantina, Juscelino Kubitschek destacou-se por seu estilo empreendedor quando foi prefeito de Belo Horizonte e governador de Minas

NÁSSARA/O PASQUIM

Juscelino Kubitschek e sua obra-símbolo, Brasília, no traço do caricaturista e compositor Nássara.

Gerais. Na presidência da República, inaugurou seu governo com otimismo e grandes projetos. O "presidente bossa-nova" não aceitava a ideia de que o Brasil estava condenado a ser um eterno exportador de matérias-primas e injetou ânimo no empreendimento industrial. Ele mexeu com a imaginação da sociedade brasileira ao afirmar que realizaria "cinquenta anos de progresso em cinco de governo: 50 em 5".

A posse de JK foi garantida pelas armas, mas, conforme afirmam vários estudiosos, seu governo foi marcado pela estabilidade política e pela manutenção da democracia. Outros garantem que JK foi o maior responsável pelo aumento da dívida externa brasileira, uma vez que optou pela abertura do país ao capital estrangeiro. A entrada de capitais europeus e japoneses impediu que os Estados Unidos assumissem a plena hegemonia nos investimentos brasileiros.

A campanha de Juscelino baseou-se na proposta de ampliação e modificação da produção industrial brasileira. Até aquele momento, o processo industrial fora tutelado pelo Estado. Vargas conseguira instalar uma indústria siderúrgica e garantira, no seu segundo mandato, o controle de importantes fontes de energia, com a criação da Petrobras. Além disso, o governo havia incentivado a construção de indústrias produtoras de bens de consumo não-duráveis, como alimentos, calçados, tecidos etc.

A acelerada industrialização

A acentuada queda da exportação de produtos primários, desde a crise de 1929, fez surgir uma deliberação que permitia a entrada de capitais estrangeiros no país, a Instrução nº 113 da Superintendência de Moeda e Crédito (Sumoc), instituída em 1955.

Dessa forma, foi aberta a possibilidade de crescimento da indústria nacional, não apenas com recursos internos, mas também por meio da captação de investimentos estrangeiros, estimulando a criação do setor de bens de consumo duráveis, marca de uma indústria moderna.

Durante o governo de Juscelino, a produção de automóveis e eletrodomésticos ganhou enorme impulso, o que promoveu a criação de novos hábitos entre as classes médias. Em 1950, surgiu a primeira emissora de televisão da América Latina, a TV Tupi, sediada na cidade de São Paulo. Com telenovelas, programas de auditório, seriados norte-americanos e telejornais, a televisão foi seduzindo a classe média brasileira e mais tarde toda a população, desbancando o rádio, até então senhor absoluto do gosto popular.

ACERVO ÚLTIMA HORA/FOLHA IMAGEM

Juscelino Kubitschek participa da inauguração da fábrica da Volkswagen, em São Bernardo do Campo, São Paulo, em novembro de 1959.

Em 1955, sob o *slogan* "rodando à frente do progresso", começaram a circular os primeiros carros produzidos no Brasil. A Vemaguet, a Rural Willys, o JK, o DKW, o Fusca, o Simca e o Aero Willys produziram forte impacto nos sonhos de consumo da sociedade brasileira.

A aliança entre os dois maiores partidos políticos do Brasil, o PSD e o PTB, garantiu a estabilidade política do governo JK. Assim, foi possível atender às expectativas da elite agrária e ao mesmo tempo ampliar o mercado de trabalho nas áreas urbanas. Tais fatos contribuíram para a boa relação entre o governo e o Congresso.

O plano de governo de JK, conhecido como **Plano de Metas**, privilegiava os setores de energia, transporte, alimentação, indústria de base, educação e a construção de Brasília. Considerado ousado para a época, em função dos poucos recursos internos existentes, recebeu críticas veementes dos adversários políticos, os denominados nacionalistas.

A parceria do governo JK com o capital internacional custou caro para o Brasil. Uma das heranças do Plano de Metas foi o aumento da inflação. A elevação do custo de vida e da dívida externa levou centenas de trabalhadores a protestar contra as autoridades. Em seus discursos, JK referia-se à crise como "própria do crescimento".

Na tentativa de contornar a crise econômica, o governo recorreu ao **Fundo Monetário Internacional (FMI)** solicitando empréstimos que ficaram condicionados a um controle da inflação, o que seria complicado no momento. O resultado foi o rompimento das relações com o FMI. O presidente recebeu manifestações de apoio de diversos segmentos sociais, incluindo os militares, empresários, sindicalistas e políticos.

O retrato da crise

"Não era fácil. O Plano de Metas ia sendo tocado, mas a agricultura brasileira permanecia atrasada. Havia adubos, mas a mentalidade dos proprietários rurais era retrógrada e predatória. O Nordeste atravessava uma crise gravíssima. O café ia mal das pernas, ameaçado pela produção africana, que entrava para valer no mercado do solúvel nos Estados Unidos. Havia uma alternativa capaz de atrair a atenção de Washington: os russos poderiam entrar no vácuo dos americanos. Em 1957, depois de pleitear em vão empréstimos junto ao FMI e ao Banco Mundial (BIRD), [o governo] propôs pragmaticamente o reatamento de relações diplomáticas entre o Brasil e a URSS. O Brasil estava rompido com Moscou desde 1947. Se os americanos abriam mercado para os africanos, venderíamos café para os socialistas. Era um cálculo de *realpolitik*, conquista de novos mercados e normalização de nova política externa num mundo de evolução.

Agências estatais, setores políticos e parcelas do empresariado apoiaram a proposta de reatamento com Moscou. Grupos conservadores, o alto clero, os grandes jornais, setores do empresariado, das Forças Armadas e do Itamaraty opuseram-se com firmeza à medida, alegando que 'os russos nunca dissociavam o comércio da política'. Lacerda foi contra, Jango a favor. [...]

Só em novembro de 1959, uma missão econômica brasileira seguiu para Moscou, assinando no mês seguinte a retomada de relações comerciais entre o Brasil e a URSS."

BOJUNGA, Cláudio. *JK:* o artista do impossível. Rio de Janeiro: Objetiva, 2001.

Anúncio de enceradeira publicado na revista O Cruzeiro, *de julho de 1959.*

O Plano de Metas teve, pelo menos, dois resultados importantes: consolidou o setor de bens de consumo duráveis e estabeleceu novas relações entre o Estado e a economia.

Fundo Monetário Internacional (FMI)

Organização financeira internacional criada em 1944, na Conferência de Bretton Woods, nos Estados Unidos. Sua função central era levantar fundos entre os países-membros para auxiliar os que estivessem em dificuldades. Segundo estudiosos, as exigências feitas pelo FMI para a liberação de empréstimos aos países necessitados têm produzido efeitos muito negativos nesses países, como a queda no nível da produção e do emprego e o corte de investimentos públicos na saúde e na educação.

Luta pela terra: flagelados protestam, em Recife (PE), contra a falta de alimentos, em abril de 1958.

Os resultados da política desenvolvimentista

O desenvolvimento industrial e a euforia do consumo não atingiram todas as regiões brasileiras. O Nordeste, apontado como uma das regiões mais pobres do mundo, sensibilizou a opinião pública, levando a Igreja Católica a declarar-se a favor da reforma agrária, em meados de 1959.

No mesmo ano, um documento de análise sobre a situação do Nordeste foi encaminhado ao Congresso Nacional e serviu de inspiração para que fosse criada a Superintendência para o Desenvolvimento do Nordeste (Sudene), sob a administração do economista Celso Furtado. O órgão tinha como metas aprofundar os estudos sobre a situação socioeconômica do Nordeste e encontrar soluções imediatas para a região. A questão da reforma agrária foi deixada de lado.

Mas a agitação no campo aumentou ao longo dos anos 1950. Excluídos da festa do desenvolvimento, os trabalhadores rurais começaram a sofrer o impacto da industrialização. A mecanização provocava desemprego e redução dos salários. Nesse contexto, os problemas no campo se agravaram e a reforma agrária tornou-se ponto primordial.

Fundadas em 1955, as **Ligas Camponesas**, voltadas para a defesa dos interesses do homem do campo, começaram a promover o surgimento de organizações de trabalhadores, que abandonaram seu caráter assistencialista inicial e passaram a assumir uma atuação mais política a partir da década de 1950. Porém, a força dos grandes proprietários inibia o trabalho dessas entidades.

Apesar de todas as dificuldades — como a alta taxa de inflação e o aumento considerável da dívida externa —, quase todas as metas de Juscelino foram alcançadas. O volume dos gastos públicos não acompanhou a arrecadação de impostos, pois grande parte das indústrias nacionais tinha o benefício da isenção fiscal concedida pela Instrução 113 da Sumoc.

Na verdade, é preciso considerar que parte dos gastos públicos favoreceu a sociedade como um todo. Nesse rol, incluem-se a construção de estradas, a ampliação da rede de energia, os novos produtos industrializados e a construção da nova capital (projeto extremamente oneroso, mas que abriu o caminho para o desenvolvimento da região do Planalto Central).

A campanha para a sucessão presidencial transcorreu sem maiores problemas. O rompimento da aliança PSD PTB levou à formação de outras alianças políticas. Nas eleições de 1960, concorreram três candidatos, cada um apoiado por facções diferentes. Os candidatos foram Ademar de Barros, pelo PSP; Jânio Quadros, pela aliança PDC-UDN; e o marechal Lott, que contou com o apoio da Frente Parlamentar Nacionalista (PSB, PTB, PSD).

DÍVIDA EXTERNA DE 1930 A 1964

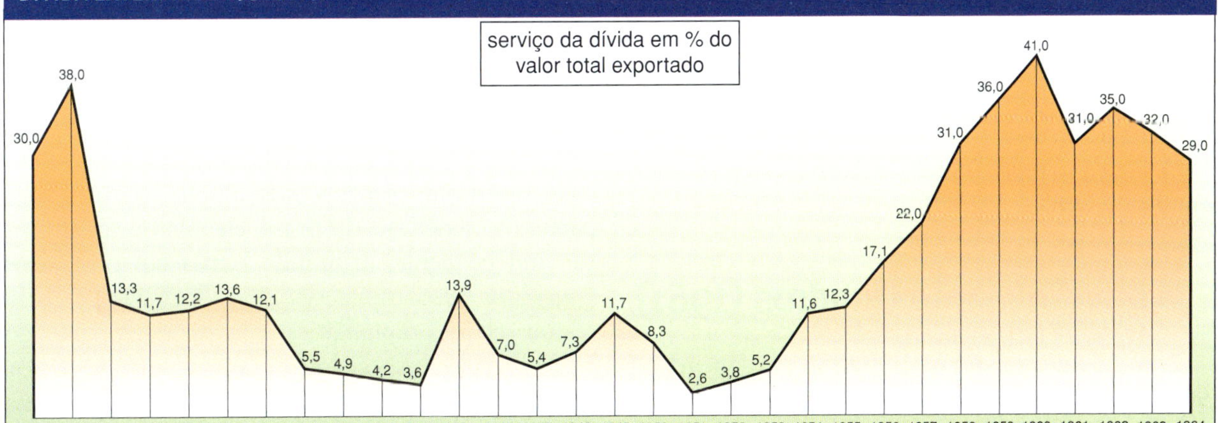

Obs.: não há dados para os anos de 1936, 1938, 1939 e 1946.

Fonte: *Retrato do Brasil*. São Paulo: Política, 1968, v. 3.

Uma nova música

"A Bossa Nova foi a manifestação tardia do modernismo na MPB, libertando-a dos laivos parnasianos e românticos, dissolvendo a sentimentalidade no compromisso jovem com a beleza, no flerte, na pescaria e no prazer. O 'expressionismo' da fossa abriu espaço para canções que tinham as cores do Matisse. Foi um gênero próprio. Os 'nativistas' e 'tradicionalistas' que interpretaram na época a Bossa Nova como 'americanização' do samba brasileiro pela classe média da Zona Sul, tinham seus correspondentes políticos nos que viam em Juscelino um 'entreguista'. Confundiam a cultura urbana nascente, a ascensão da classe média e suas promessas de felicidade [...] com alienação.

A 'revista Bossa Nova' do período foi a mensal *Senhor*, nascida em março de 1959. [...] *Senhor* foi a cara do Brasil kubitschekiano. A revista *Manchete*, de Adolfo Bloch, tinha o apoio de JK e o apoiava em seu inconfundível estilo chapa-branca ufanista. [...]

JK foi também assunto dos versinhos de Juca Chaves, que tentou pegar uma carona no barquinho de Menescal e Bôscoli : 'Bossa Nova mesmo é ser presidente / Desta terra descoberta / por Cabral / Para tanto basta ser / Tão simplesmente / simpático, risonho / original. [...]'.

Por isso Carlinhos Lyra diz que a Bossa Nova só foi possível graças a Juscelino. [...] o sujeito oculto da produção cultural daqueles anos."

BOJUNGA, Cláudio. *JK: o artista do impossível*. Rio de Janeiro: Objetiva, 2001.

Seis meses após a inauguração de Brasília, Jânio Quadros ganhou as eleições com 5.636.623 votos (48,3% dos votos válidos). O segundo colocado, Lott, recebera 3.846.825 votos. Jânio gabava-se de ter sido o presidente eleito com o maior número de votos até então. Para a vice-presidência, a vitória coube ao veterano João Goulart, do PTB.

O governo Jânio Quadros (1961)

Jânio Quadros assumiu o governo em janeiro de 1961, herdando um país com altíssima taxa de inflação, dívida externa crescente e uma organização administrativa marcada pela corrupção. Seu mandato foi o mais curto de nossa história: com apenas sete meses de governo, Jânio renunciou sob a alegação de que estaria sendo pressionado por "forças terríveis", insinuando a existência de um complô contra seu governo.

Ainda hoje, muitos políticos acreditam que a vitória de Jânio resultou da insatisfação popular em face do aumento do custo de vida registrado no governo anterior. Durante a campanha, Jânio Quadros interpretou admiravelmente o papel de líder das massas oprimidas. Ele projetou sua imagem como a de um vingador, surgido para realizar as aspirações do povo massacrado pelas oligarquias dominantes.

Demagogo, populista e engraçado, Jânio era um político teatral. Tomava injeções em público, simulava desmaios, aplicava pó de cal nos ombros para dar a impressão de estar cheio de caspa e comia sanduíches de mortadela nos comícios. Seu símbolo de campanha era uma vassoura (para varrer a corrupção). Em março de 1960, visitara Cuba a convite de Fidel Castro. Com uma vasta comitiva formada por jornalistas (Carlos Castello Branco, Villas Boas Corrêa, Marcio Moreira Alves), políticos (como o senador Afonso Arinos de Melo Franco) e o líder das Ligas Camponesas (Francisco Julião), Jânio foi em busca de legitimação internacional para seu futuro governo. Ao retornar, afirmou apoiar a Revolução Cubana.

Com o objetivo de reduzir o *déficit* público, diminuir os gastos sociais e conter a inflação, Jânio adotou uma política econômica austera, ditada pelo FMI. Restringiu o crédito e congelou os salários, medidas que serviram para atear fogo no caldeirão das lutas sociais.

O governo Jânio ficou mais conhecido pelas diretrizes saneadoras e moralizadoras, algumas delas bastante estranhas, dada a gravidade da situação na época: ele proibiu, por exemplo, as rinhas de galos, as corridas de cavalo em dias úteis e o uso de biquínis em desfiles. Também regulamentou os espetáculos públicos e decretou o controle da qualidade dos programas radiofônicos, de televisão, de cinema, de teatro e de casas noturnas.

Em clima de Guerra Fria, Jânio Quadros apresentou uma forma de governar bem original. Ele não levou em conta, por exemplo, a orientação ideológica dos países com os quais estabeleceu relações comerciais. Em outras palavras, para ampliar o número de parceiros comerciais do Brasil, ele adotou uma posição independente, realizando transações comerciais tanto com países capitalistas como socialistas. E mais: reatou relações diplomáticas com diversos países do bloco socialista, especialmente com a União Soviética, e combateu o colonialismo português na África e na Ásia. Uma demonstração de independência em relação aos Estados Unidos foi a recusa em encontrar-se com o presidente John Kennedy. Na verdade, a política de distanciamento adotada por Jânio Quadros tinha como objetivo secundário desarmar os nacionalistas ou pelo menos desnorteá-los. E, sobretudo, dividi-los.

Seu comportamento produziu grande impacto na comunidade internacional, principalmente nos Estados Unidos. A polêmica chegou ao clímax em agosto de 1961, quando Jânio condecorou o líder revolucionário e então ministro da Economia de Cuba, Ernesto Che Guevara, com a Grã-Cruz da Ordem Nacional do Cruzeiro do Sul.

"A condecoração foi [...] um ato artificial que não era uma adesão política de Jânio ao Guevara. O Governo todo, aliás, ficou horrorizado com ela. Ninguém queria dar o almoço protocolar, nem os ministros, nem o próprio Palácio do Planalto. O chefe do Protocolo do Itamaraty me visitou, contou o que estava acontecendo, e me perguntou se, como prefeito de Brasília, eu me dispunha a oferecer o almoço a Guevara. Concordei. A cerimônia de condecoração, imagine, ocorreu às 6 horas da manhã. Depois, o Guevara foi deixado às moscas. Após o almoço, eu sobrevoei Brasília, de helicóptero, com ele. Mostrei, do alto, a cidade, tendo na mão um mapa, que depois ofereci a ele, com uma dedicatória. Quando nós aterrissamos, de volta, no aeroporto, não havia nos esperando um único ministro de Estado, uma única figura oficial, sequer havia um único soldado. E quando Guevara já ia embora, as únicas pessoas que apareceram no aeroporto para dar as despedidas a Guevara, que, é bom lembrar, era ministro de Estado, foram os deputados da Frente Parlamentar Nacionalista."

SANTOS, Paulo de Tarso. *64 e outros anos*. São Paulo: Cortez, 1984.

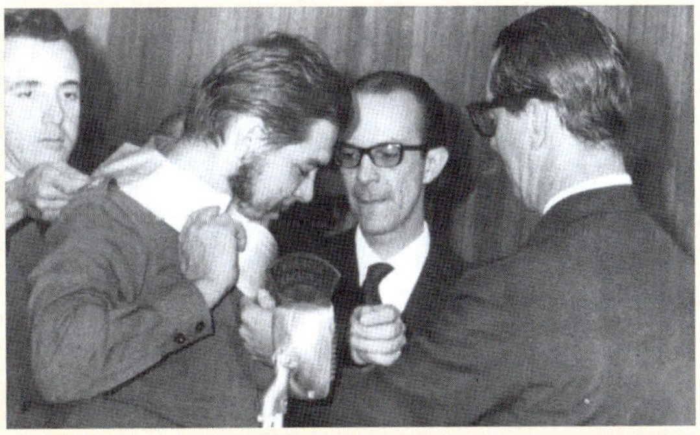
FOLHA IMAGEM

O presidente Jânio Quadros (à direita) condecorando com a Grã-Cruz da Ordem Nacional do Cruzeiro do Sul o líder revolucionário argentino Ernesto Che Guevara. Brasília, agosto de 1961.

A condecoração do líder revolucionário cubano foi um dos acontecimentos mais polêmicos do governo de Jânio. A ala conservadora desconfiava que o presidente pretendia aproximar-se da esquerda. Leia, no boxe ao lado, o depoimento de Paulo de Tarso, prefeito de Brasília na época.

Em 25 de agosto de 1961, tentando uma manobra política para manter o poder diante da crise político-econômica, Jânio renunciou à presidência. Tal decisão foi prontamente aceita pelo Congresso Nacional. Em seu lugar ficou João Goulart (Jango), vice-presidente da República, que no momento da renúncia encontrava-se em visita diplomática à China comunista.

Muitos estudiosos acreditam que a verdadeira intenção de Jânio Quadros era aumentar seu próprio poder. Ele não contava com a prontidão do Congresso em aceitar sua renúncia. Esperava receber do Congresso poderes extraordinários, em troca de anular o pedido de renúncia. Mas não foi o que aconteceu.

O governo João Goulart (1961-1964)

A imagem de João Goulart como ministro do Trabalho do governo Vargas ainda era viva na memória dos políticos brasileiros. As Forças Armadas também se assustaram com a possibilidade de Jango ocupar a presidência da República, pois o associavam ao comunismo. Apesar das manifestações contrárias a Jango, sua posse foi assegurada com base na Constituição brasileira de 1946.

O desrespeito à Constituição começou logo após a renúncia de Jânio Quadros. Em primeiro lugar, o Congresso Nacional nomeou o então presidente da Câmara, Ranieri Mazzilli, como presidente provisório, sendo que Jango estava a caminho do Brasil, regressando da China. No Rio Grande do Sul, o governador Leonel Brizola, cunhado de Jango, iniciou uma campanha legalista, exigindo a posse imediata de João Goulart como presidente constitucional.

Consciente das resistências à sua posse, Goulart retardou a volta ao Brasil, passando primeiramente pelos Estados Unidos, numa tentativa de deixar claro que não pretendia implantar o socialismo no Brasil.

Uma segunda medida inconstitucional foi tomada por aqueles que se diziam responsáveis pelo poder federal: o Congresso Nacional instituiu, sem a aprovação de Goulart, o regime parlamentarista no país. A intenção dos congressistas era amenizar a crise política. Jango assumiu a presidência em 1º de setembro de 1961, com seus poderes já limitados pelo parlamentarismo.

ASSIS HOFFMANN/EDITORA ABRIL

João Goulart no avião, voltando de viagem à China, após a renúncia do presidente Jânio Quadros (1961).

Preocupado com a possibilidade de uma guerra civil, Jango aceitou a mudança proposta. Segundo a Emenda Constitucional que estabeleceu o **parlamentarismo**, ficou prevista a realização de um plebiscito (consulta popular) para decidir sobre o futuro do novo regime no prazo de um ano.

Mesmo com poderes limitados, o presidente deu início à elaboração de um plano de governo que ficou conhecido como **Plano Trienal**. Seu objetivo era combater a inflação, reduzir o déficit público e promover o crescimento econômico. Para isso, foram tomadas algumas medidas, como a desvalorização da moeda e a redução das importações.

Paralelamente, Jango passou a articular a realização do plebiscito, que estava previsto em lei, e a fazer apologia sobre a conveniência do retorno ao presidencialismo, conquistando a opinião pública; em 6 de janeiro de 1963, o povo votou pela volta do sistema presidencialista.

As reformas de base e o golpe militar

No mesmo ano, apoiado pela esquerda e pelos grupos nacionalistas, Jango lançou as chamadas **reformas de base**, que abrangiam educação, política agrária, tributação, habitação e sistema bancário.

As propostas de reforma agrária apresentadas pelos setores de esquerda assustaram os grandes proprietários de terra. Outros projetos acentuaram a desconfiança das elites empresariais, burocráticas e militares, que passaram a tramar um golpe contra o presidente. Os opositores de Jango argumentavam que as medidas do governo punham em risco as bases do capitalismo no país e o poder hegemônico dos Estados Unidos no continente.

As forças reacionárias organizaram-se em torno do Instituto de Pesquisas e Estudos Sociais (Ipes), criado em 1961; do Instituto de Ação Democrática (Ibad), fundado no final dos anos 1950; e da Escola Superior de Guerra (ESG), fundada em 1949 por ex-integrantes da Força Expedicionária Brasileira (FEB). Civis e militares uniram-se contra o "perigo vermelho", ou seja, contra as reformas de base, que simbolizariam a ideologia socialista.

Do lado de Jango colocaram-se o PTB, setores nacionalistas, líderes sindicais urbanos e os partidos de esquerda. Com o apoio desses grupos, Jango procurou fortalecer seu governo, realizando uma série de comícios pela aprovação das reformas de base. Após um comício realizado em 13 de março de 1964, Jango comprometeu-se com o programa reformista e acirrou o clima de radicalização política vivido pela sociedade brasileira.

A tensão social atingiu seu auge em 31 de março de 1964, com a deposição de João Goulart. A partir daquele momento, o país ingressou em um longo período de obscurantismo, em que as arbitrariedades e todo tipo de violência venceram a democracia. Os militares tomaram o poder e só o devolveram aos civis duas décadas depois.

As reformas de base

"O documento compreendia as seguintes medidas, que, se aprovadas, provocariam profundas transformações na sociedade brasileira: reforma agrária, com indenizações pagas em títulos públicos, e não em dinheiro, como exigia a Constituição de 1946 [...]; reforma urbana, por intermédio de iniciativas que reduzissem o *déficit* habitacional e a especulação imobiliária, como o congelamento dos aluguéis e sanções a quem mantivesse seus imóveis residenciais desocupados por longo tempo; reforma universitária, assegurando plena liberdade de ensino [...]; reforma política, com a extensão do direito de voto a todos os brasileiros [...]."

RABELO, José Maria e RABELO, Thereza. *Diáspora*: os longos caminhos do exílio. São Paulo: Geração Editorial, 2001.

Parlamentarismo

Sistema de governo dirigido pelo parlamento. O primeiro-ministro e o seu gabinete exercem a função executiva e governam o país.

TEXTO COMPLEMENTAR

Brasília

As modificações na economia brasileira rumo à industrialização, somadas ao populismo e ao desenvolvimentismo, concretizaram-se na construção de Brasília, cidade que marcou um período caracterizado pelos projetos de integração nacional.

"Eleito presidente, JK encaminhou, a 18 de abril de 1956, mensagem ao Congresso, e, a 19 de setembro, foi sancionada a Lei 2.874, que autorizava o executivo a tomar providências para a construção. A primeira delas foi a criação da Novacap – Cia. Urbanizadora da Nova Capital. [...]

Com a criação da Novacap, a aventura de Brasília, apoiada no plano piloto de Lúcio Costa e no gênio arquitetônico de Oscar Niemeyer, começa a tornar-se realidade. Em pouco tempo, JK inaugura, em pleno cerrado goiano infestado de cobras, o 'Catetinho', o primeiro 'palácio de tábuas', onde, à noite, 'só se ouvia o miado da onça'. [...] Em fevereiro de1957, contavam-se cerca de três mil trabalhadores. [...] Multiplicam-se os 'candangos' ('peões'), chegam os funcionários públicos, e famílias inteiras aceitam o desafio: nove meses após o início da construção, 12.700 pessoas moravam em Brasília. Em 1960, o novo Distrito Federal tinha uma população de 141.742 habitantes, distribuídos pelo centro, pelas cidades-satélites e pelos núcleos rurais. [...] A lei da Novacap, redigida por Santiago Dantas, autorizava o Governo a fazer todas as operações de crédito sem interferência do Congresso. Só para as estruturas de aço dos ministérios foram carreados 10 milhões de dólares americanos. O resto seria financiado pelos bancos. A Novacap vendia terrenos e garantia os títulos. A oposição parlamentar tentou boicotar o que chamava de 'aventura irresponsável de um governo corrupto'. O projeto de transferência só não foi obstruído graças à atuação da UDN de Goiás, obviamente interessada na nova capital. Mais tarde, a própria UDN desistira de 'vasculhar os escândalos': um dispositivo da lei permitia à oposição participar da diretoria da Novacap. [...] Mas vários órgãos da imprensa continuavam no ataque a Brasília. Setores políticos e econômicos condenavam 'o ritmo de construção excessivamente rápido' e denunciavam os altos custos e as inviabilidades técnicas. Mas o presidente Juscelino conquistava o apoio dos intelectuais, dos estudantes, dos líderes sindicais, dos empresários, dos políticos e até da esquerda, que apoiava a sua política desenvolvimentista e de amplas liberdades públicas. Brasília significava a abertura de novas fontes de enriquecimento para os empresários e tornava-se fator de mobilização política em torno das bandeiras de 'integração nacional'. A nova capital era o símbolo de concreto da nova era desenvolvimentista. As crises que surgiam, tanto no plano político quanto no econômico, acabavam se 'resolvendo' pela 'política do adiamento': os interesses e recursos prioritários concentravam-se na construção da nova capital; os problemas decorrentes dessa corrida para o desenvolvimento seriam herdados pelo governo seguinte."

Nosso Século. São Paulo: Abril Cultural, 1980, v. 4.

Compreendendo o texto

1. Como era administrado o projeto da nova capital?

2. Caracterize os grupos que se opunham à construção de Brasília e aponte as críticas que a oposição fazia ao projeto de construir a nova capital.

3. Que setores da sociedade brasileira apoiaram a construção de Brasília? Destaque elementos do texto que caracterizem esse apoio.

4. O que Brasília simbolizava para os diversos sujeitos históricos envolvidos no projeto?

ATIVIDADES

Explorando o conhecimento

1 O carisma do presidente é um dos elementos essenciais ao populismo. Nesse sentido, analise as fotos de ex-presidentes, nas páginas 629 e 633, e responda a seguir:

a) As imagens contribuem para construir o carisma dos presidentes?

b) Tais fotos são espontâneas ou cuidadosamente produzidas? Justifique, apoiando seus argumentos na definição de populismo.

c) Com base no estudo deste capítulo, sintetize as principais características da política populista.

2 Identifique os partidos políticos abaixo, caracterizando seus interesses ou propósitos:

a) PCB b) PTB c) PSB d) UDN

3 Leia a carta-testamento de Getúlio Vargas, nas páginas 631 e 632 e transcreva os trechos que caracterizam o nacionalismo de Vargas.

4 Aponte os objetivos e as consequências do Plano de Metas do governo Juscelino Kubitschek.

5 Observe o gráfico da página 635 e responda.

a) Durante quais governos a dívida externa comprometeu menor porcentagem das exportações?

b) Caracterize a situação econômica do país durante os governos de JK, Jânio Quadros e João Goulart.

A história e o tempo presente

6 Um dos propósitos da construção de Brasília foi promover a ocupação e o desenvolvimento do interior do Brasil, especialmente a região Centro-Oeste.

a) Identifique no Brasil pelo menos duas cidades que foram planejadas como Brasília.

b) Comente a repercussão econômica e política deste projeto.

Vestibular / ENEM

1 (UFRJ) Em 1951, Getúlio Vargas volta ao poder pela via eleitoral. Este seu governo, desde logo, imprimiu uma política econômica nacionalista. Após grande e entusiástica campanha de mobilização, da qual participaram setores representativos da sociedade, foi criada, em 1953, a Petrobras.

A partir da segunda metade dos anos de 1980, tem surgido, em todo o mundo, uma tendência de privatização da economia. No Brasil, em especial, essa política, e o consequente debate, encontra-se em curso desde 1990.

a) Explique duas razões que levaram à criação da Petrobras em 1953.

b) Dê um argumento favorável e um argumento contrário à privatização das empresas estatais no Brasil atual.

2 (UFMG)

> "Por sugestão do general Humbero Castello Branco, o marechal Mascarenhas de Morais, chefe do EMFA, realizou uma reunião do Conselho de Chefes do Estado-Maior. Apreensivo, Mascarenhas ouviu dos Chefes das três forças – Exército, Marinha e Aeronáutica – que somente a renúncia do presidente Vargas poderia solucionar a crise."
>
> FONSECA, Rubem. *Agosto*. São Paulo: Companhia das Letras, 1990.

Esse trecho relata um episódio da crise política que culminou com o suicídio de Getúlio Vargas em 1954.

a) Cite dois outros momentos, um anterior e outro posterior ao mencionado, em que as Forças Armadas tiveram papel decisivo na alteração do quadro político do Brasil Republicano.

b) Identifique as ideologias que justificaram essas intervenções golpistas referidas no texto e as citadas no item *a*.

3 (PUC-Minas) O período da história republicana no Brasil, compreendido entre a queda do Estado Novo (1945) e o golpe civil-militar de 1964, ficou conhecido como populista, embora suas raízes estivessem presentes na revolução de 1930. Sobre o populismo, é correto afirmar que foi, **exceto**:

a) um estilo de governar com e para o povo, permitindo a livre manifestação das insatisfações da massa popular urbana e autonomia de suas formas de organização e participação política.

b) um estilo de governo sempre sensível às pressões populares e, concomitantemente, enquanto política de massas, procurou conduzir e manipular as aspirações das camadas sociais.

c) expressão da crise da forma oligárquica de governo típica da República Velha, representando também a democratização do Estado, embora apoiado no autoritarismo.

d) a constituição de um Estado mediador com a conquista e a manutenção de uma base social urbana de apoio e a execução de uma política industrializante, regulando as relações de classes.

e) expressão política do deslocamento do polo dinâmico da economia, do setor agrário para o urbano, por meio do processo de desenvolvimento industrial.

4 (Fuvest-SP)

Em 1947, o Partido Comunista foi colocado na ilegalidade no Brasil. Esta decisão se explica basicamente:

a) pela bipartição do mundo em blocos antagônicos, consequência da Guerra Fria.

b) pela linha insurrecional dos comunistas que pretendiam iniciar uma revolução a curto prazo.

c) por ser o Partido Comunista frágil e destituído de expressão social.

d) por um acordo partidário firmado pela UDN, o PSD e o PTB.

e) pelo desejo de acalmar as Forças Armadas que ameaçavam interromper o jogo democrático.

5 (Vunesp) São características do segundo governo Vargas (1951-1954):

a) instabilidade política, crescente aumento do custo de vida, oposição sistemática do PTB e PSD às medidas governamentais, não participação do capital estrangeiro nas atividades econômicas.

b) estabilidade política, desenvolvimento econômico, monopólio estatal do petróleo, apoio da ampla frente partidária (UDN, PTB, PCB) ao programa de governo.

c) crescente instabilidade política, aumento do custo de vida, greves, monopólio estatal do petróleo, sistemática oposição da UDN ao governo.

d) intransigente defesa dos interesses populares, apoio sistemático do Partido Comunista, monopólio estatal do petróleo, proibição da entrada de capitais estrangeiros no país.

e) limitada participação do capital estrangeiro nas atividades econômicas, controle da inflação, estabilidade política, oposição sistemática da UDN e do PC ao programa de governo.

6 (UCSal-BA) O Plano de Governo de Juscelino Kubitschek estava definido no seu Programa de Metas, voltado para o desenvolvimento de seis setores "estratégicos" na esfera do desenvolvimento econômico nacional: energia, alimentação, transportes, indústrias de base, educação e construção da nova capital federal — Brasília.

No plano de suas realizações, qual o único elemento que expressa medidas para desenvolver as indústrias de base?

a) A criação do Instituto Superior de Estudos Brasileiros, que propagaria um pensamento marcadamente nacionalista.

b) Os incentivos aos investimentos estrangeiros verificados, por exemplo, com a criação, em 1958, da indústria Volkswagen.

c) A criação da Superintendência de Desenvolvimento do Nordeste (Sudene) que desenvolveu a indústria da Região Nordeste.

d) A criação de uma política inflacionária que gerava divisas para o desenvolvimento industrial.

e) A criação de uma política de desenvolvimento apenas para a Região Sudeste.

7 (Unimep-SP) O presidente Jânio Quadros (1961) apresentou-se na vida pública brasileira como um líder carismático e a sua política provocou inquietação nos meios empresariais, entre outros motivos por:

a) revogar medidas que favoreciam a acumulação de capitais estrangeiros.

b) valorizar constantemente o cruzeiro, graças a artifícios contábeis

c) conceder subsídios federais para vários produtos, como o trigo.

d) adotar uma política populista de descongelamento de salários.

e) determinar medidas que geraram uma grande restrição no crédito.

8 (Uece) O regime parlamentarista, instituído no Brasil após a renúncia do presidente Jânio Quadros, foi revogado pelo plebiscito de 6 de janeiro de 1963, quando a maioria absoluta dos eleitores resolveu reintegrar plenos poderes ao presidente João Goulart. Como fatores que influenciaram a adoção do parlamentarismo, pela segunda vez na história brasileira, podemos identificar:

a) a decisão da Assembleia Constituinte de 1946, ainda não cumprida, e o desejo do então vice-presidente João Goulart.

b) a influência norte-americana, o medo da instabilidade governamental do presidencialismo e as posições radicais do novo presidente.

c) os temores dos militares e políticos conservadores diante das reformas pretendidas por João Goulart, com o apoio do PTB e, inclusive, dos comunistas liderados por Prestes.

d) instituído por influência da esquerda, por desconfiar das intenções autoritárias do novo presidente, o parlamentarismo foi derrotado com amplo apoio das forças conservadoras da sociedade brasileira.

9 (UFBA) Na década de 1950, a economia brasileira oscilou entre nacionalismo e desenvolvimentismo. Isso significa que:

a) houve alternância entre abertura e isolacionismo econômico.

b) a indústria de bens de consumo sofreu severas restrições nesse período.

c) alguns setores básicos passaram para o controle do Estado.

d) medidas protetoras da indústria nacional foram constantes no período.

e) o país tendia ao alinhamento político com o socialismo soviético.

10 (Uerj)

A culpa é do governo

"Bossa-nova mesmo é ser presidente

desta terra descoberta por Cabral.

Para tanto basta ser tão simplesmente

simpático... risonho... original."

Juca Chaves

Retrato do Velho

"Bota o retrato do velho outra vez

Bota no mesmo lugar

O sorriso do velhinho

Faz a gente se animar, oi.

[...]

O sorriso do velhinho

Faz a gente trabalhar."

Mário Pinto e Haroldo Lobo

Os estilos de governar de Getúlio Vargas e de Juscelino Kubitschek são abordados nas letras de música acima.

Um elemento comum das políticas econômicas destes dois governos está indicado na seguinte alternativa:

a) trabalhismo.

b) monetarismo.

c) industrialismo.

d) corporativismo.

Ampliando o conhecimento

Leituras

RODRIGUES, Marly. *A década de 50*: populismo e metas desenvolvimentistas no Brasil. São Paulo: Ática, 1993. (Série Princípios)
A autora analisa o governo de Getúlio Vargas e o de Juscelino Kubitschek durante a década de 1950, enfatizando as mudanças sociais e econômicas que ocorreram no período.

FONSECA, Rubem. *Agosto*. São Paulo: Companhia das Letras, 1990. O mais popular romance do autor, *Agosto* narra as conspirações que conduziram ao suicídio de Getúlio Vargas. A fusão entre realidade e ficção é tão magistral que fica difícil, para o leitor, perceber onde termina a história e onde começa o romance.

Filmes

Vidas secas

Direção de Nelson Pereira dos Santos. Brasil, 1963. 103 min.
Pressionada pela seca, família de retirantes, acompanhada da cachorra Baleia, atravessa o sertão em busca de meios de sobrevivência. Adaptação para o cinema da obra de Graciliano Ramos.

Jango

Direção de Sílvio Tendler. Brasil, 1984. 117 min.
Documentário que mostra a trajetória do governo de João Goulart.

Site

<www.memorialjk.com.br>
Oferece grande acervo eletrônico de fotos, vídeos e discursos do presidente Juscelino Kubitschek.

Capítulo 45

Experiências de esquerda na América Latina

O homem e o mito

"Em *Diários de motocicleta*, o diretor [Walter Salles] pretende retratar o homem Ernesto Guevara antes de ter se transformado no mito Che. O longa se baseia no relato da viagem em que o futuro líder revolucionário — então com apenas 22 anos de idade e na exclusiva companhia do amigo Alberto Granado — cortou a América do Sul, da Argentina até a Venezuela. [...] Na entrevista a seguir, Salles comenta o projeto do filme [...].

Como fazer um filme de personagem sobre Che que se sustente em si mesmo, e não seja ultrapassado pela figura mítica do personagem?

A dimensão de uma vida como a de Ernesto Guevara transcende em muito o cinema. Qualquer tentativa de narrar a sua trajetória completa seria um exercício redutor. *Diários de motocicleta* é uma pequena história que antecede a história com h maiúsculo, o relato de uma viagem de descobrimento ocorrida durante os anos de formação de dois jovens latino-americanos. [...]

Jovem se cobre com bandeira estampada com o rosto de Che Guevara, em manifestação contra o fórum econômico de Davos, Suíça, em 2004.

GIORGIO RONNA/FOLHA IMAGEM

O que Diários de motocicleta *quer comunicar, para além do fato histórico da viagem do jovem Che pela América Latina?*

[...] O filme tem o desejo, talvez utópico, de mergulhar num continente que merece ser conhecido 'desde su propia mirada', para usar um termo em espanhol. Há 50 anos, dois jovens mostraram que esse não é um continente irrelevante.

Na escola, aprendemos mais sobre os gregos e os fenícios do que sobre as culturas que nos são próximas. Aprendi dezenas de coisas que desconhecia, informações que me ajudaram a entender um pouco melhor de onde viemos, quem somos. Talvez o filme consiga passar essa sensação."

ARANTES, Silvana. *Folha de S.Paulo.* Disponível em <www1.folha.uol.com.br> Acesso em 11 jul. 2005.

Combatente, pensador, médico, ministro da Economia em Cuba, estrategista militar e revolucionário, Ernesto Guevara de la Serna, o Che, transformou-se numa das mais fascinantes personagens da história da América Latina. Talvez ele tenha se tornado um mito exatamente por sua capacidade única de ser tantos e, ao mesmo tempo, um só. E, como os mitos nunca morrem, Che Guevara permanece vivo, seja na estampa da camiseta de um adolescente ou nos sonhos daqueles que ainda cultivam a utopia de construir uma sociedade mais justa.

Cuba

Na década de 1950, Cuba era considerada o quintal dos Estados Unidos. Essa situação vinha desde os movimentos de independência, em 1898, quando tropas norte-americanas tomaram parte na luta contra os espanhóis. Assim, a política econômica da ilha estava sob a tutela de Washington, e as tropas dos Estados Unidos realizaram diversas ocupações: 1906, 1912, 1913, 1917 e 1933. Segundo a Constituição cubana, tais ocupações eram legítimas, pois a Emenda Platt assegurava o direito de intervenção militar norte-americana. Em 1934, esse privilégio foi substituído por um acordo comercial.

No ano de 1952, o general Fulgêncio Batista liderou um golpe de Estado e implantou uma ditadura em Cuba. Batista não solucionou problemas como os elevados índices de analfabetismo, o atraso econômico e a crise no campo. Além disso, o regime caracterizou-se pela corrupção e pela brutalidade, o que favoreceu o surgimento de opositores.

BETTMANN/CORBIS/LATINSTOCK

Apostadores jogam em cassino cubano, em Havana. Foto de 1940. O luxo dos elegantes cassinos era acessível apenas a cubanos e norte-americanos ricos.

ARCHIVO BOHEMIA/AFP

Ernesto Che Guevara (segundo, da esquerda para a direita), Fidel Castro (em pé, no centro) e Raúl Castro (agachado) em foto tirada durante a guerrilha contra o ditador Fulgêncio Batista, em 1957.

A Revolução Cubana

Em janeiro de 1959, cerca de 80 guerrilheiros, liderados por Fidel Castro e pelo argentino Ernesto Che Guevara, instalaram-se no território cubano de Sierra Maestra, de onde lançaram um movimento de guerrilha e tomaram o poder. Os aliados de Batista foram fuzilados e Fidel Castro foi proclamado primeiro-ministro. O novo líder prometeu a realização de eleições livres assim que a situação interna se normalizasse — no entanto, até hoje, essas eleições não aconteceram.

Ainda assim, o governo revolucionário teve inegáveis méritos no campo social: o analfabetismo foi erradicado, a saúde passou a ser um direito efetivo da população, as empresas estrangeiras foram nacionalizadas e a reforma agrária se tornou realidade. Não obstante, o quadro político, marcado pelo desrespeito às liberdades individuais, acarretou a fuga em massa de cubanos, que começaram a buscar exílio nos Estados Unidos.

Em 1961, cubanos anticastristas treinados e equipados pelos Estados Unidos desembarcaram na ilha com o objetivo de provocar uma guerra civil e derrubar o regime. A invasão, que se tornou conhecida como ataque à Baía dos Porcos, foi um estrondoso fracasso e causou um grande desgaste à política norte-americana. A partir desse momento, e no contexto da Guerra Fria, Cuba obteve o apoio da União Soviética e declarou-se socialista.

Receoso de que o castrismo pudesse favorecer o surgimento de novas manifestações de rebeldia na América, o presidente dos Estados Unidos, John F. Kennedy, formulou a **Aliança para o Progresso**, um programa de ajuda econômica aos países do continente semelhante ao Plano Marshall, mas em menor escala. Além disso, tratou de isolar a ilha revolucionária. Em outubro de 1962, os Estados Unidos decretaram o bloqueio econômico a Cuba, que foi expulsa da Organização dos Estados Americanos (OEA); a maioria dos países latino-americanos rompeu relações com Havana. Nesse mesmo mês, ocorreu a tentativa de instalação de mísseis nucleares soviéticos na ilha, o que levou o governo de Washington a decretar o bloqueio naval a Cuba. Após tensas negociações entre Estados Unidos e União Soviética, os mísseis foram retirados.

Entre 1965 e 1967, Cuba apoiou movimentos guerrilheiros na América Latina. Em 1967, Che Guevara foi executado pelo exército boliviano quando tentava estabelecer um foco de guerrilhas no interior da Bolívia.

Problemas econômicos

Quando Cuba tornou-se socialista, os Estados Unidos impuseram um forte boicote econômico, suspendendo seus negócios com o pequeno país do Caribe e pressionando parceiros comerciais para que fizessem o mesmo.

Em 1972, o país ingressou no Comecon, o mercado comum do bloco socialista. A nova parceria levou Cuba a uma situação de extrema dependência em relação à ajuda soviética: a ilha obtinha divisas exportando açúcar e importando petróleo a preços favoráveis. Porém, com a ascensão do líder reformista soviético Mikhail Gorbatchev, a ajuda financeira a Cuba reduziu-se drasticamente, até ser eliminada por completo em 1990, quando ocorreu o colapso do bloco soviético. Em 1991, houve a dissolução da União Soviética, e em 1992 o Congresso dos Estados Unidos endureceu ainda mais o embargo comercial a Cuba. Esses fatores agravaram a crise e o isolamento da ilha. Privado do petróleo soviético e com suas exportações despencando, o governo cubano introduziu um severo racionamento de energia e passou a incentivar a entrada de empresas estrangeiras em um sistema de parceria com o Estado.

ADALBERTO ROQUE/AFP

Outdoor de propaganda política contra o presidente dos Estados Unidos, George W. Bush, em Havana, Cuba, em 2005.

Em 1993 foi autorizada a formação de pequenas empresas privadas em Cuba e, no ano seguinte, os investimentos estrangeiros nas áreas de turismo e serviços tiveram aumento significativo. Entre os maiores investidores encontram-se os espanhóis, que possuem ligações culturais com os cubanos.

Quando o papa João Paulo II visitou o país, em 1998, manifestou-se contra a postura norte-americana: "os embargos econômicos são condenáveis por prejudicar os mais necessitados". A visita do papa foi um grande avanço em relação à política externa desenvolvida pelo regime cubano, além de ter promovido a reconciliação entre Igreja e comunistas.

Em janeiro de 2004, o presidente norte-americano George W. Bush resolveu fechar o cerco econômico contra Cuba estabelecendo novas restrições ao país.

CLAUDIA DAUT/REUTERS/LATINSTOCK

Há mais de quarenta anos os Estados Unidos boicotam o comércio exterior cubano. Por essa razão, faltam muitos produtos na ilha, como peças para automóveis. A frota de veículos é mantida com o reaproveitamento de peças e acessórios de segunda mão. Na foto, automóveis estacionados na Velha Havana, em 2004.

Por sua vez, os cubanos exigem que o governo norte-americano ponha fim ao que qualificam de “tortura e crueldade” praticadas na base militar de Guantánamo, situada em território cubano. Os Estados Unidos obtiveram a concessão do local para estabelecer uma base em 1903 e transformaram-na num campo de prisioneiros políticos.

A Organização das Nações Unidas (ONU), apoiada pelos Estados Unidos e outros países europeus e americanos, exige que Cuba pare de adotar medidas que ponham em risco direitos fundamentais e condena as longas sentenças impostas a dissidentes políticos e jornalistas que criticam o regime.

Em 27 de junho de 2002, a Assembleia Nacional de Cuba, diante dos discursos contra Cuba feitos nos Estados Unidos, aprovou uma emenda constitucional que tem como objetivo preservar a revolução mesmo depois que seu líder, Fidel Castro, e seu irmão e sucessor designado, Raúl Castro, não estejam mais no poder.

Em 2006, Fidel Castro afastou-se da presidência de Cuba em virtude de graves problemas de saúde. Raúl Castro assumiu o comando do governo interinamente e sinalizou a disposição de Cuba em negociar com os Estados Unidos.

Fonte: *Atlas da história do Mundo.* São Paulo: Times/Folha de S.Paulo, 1995.

A ditadura militar no Chile

Com a Segunda Guerra Mundial, a economia chilena experimentou forte desenvolvimento, impulsionado pelo conflito que permitira o crescimento da exportação dos minerais para as potências beligerantes e a redução das importações. Grandes empresas estrangeiras se interessaram em instalar filiais no país, contribuindo para o domínio externo das mais importantes fontes de riqueza do Chile. Isso levou os principais países capitalistas, em particular os Estados Unidos, a acompanhar com especial interesse a vida política chilena.

Entre 1964 e 1970, no governo de Eduardo Frei, foram adotadas medidas reformistas moderadas, que incluíam a reforma agrária e o gradual controle da indústria do cobre, que naquele momento estava nas mãos de investidores norte-americanos.

Nas eleições de 1970, a Unidade Popular — aliança formada por cristãos de esquerda, socialistas e comunistas — conseguiu levar ao poder o socialista Salvador Allende, que adotou uma política de independência em relação aos Estados Unidos. Algumas medidas, como a nacionalização de empresas norte-americanas, despertaram a hostilidade do governo e dos grupos financeiros dos Estados Unidos. O Chile, pela via pacífica, caminhava para o socialismo. Era um exemplo perigoso.

Os segmentos conservadores reagiram a essa proposta. Foram organizadas greves em setores fundamentais, como os de transporte e abastecimento, em uma manobra para sabotar os planos do governo. Em setembro de 1973, após três anos de desgaste minuciosamente orquestrado pela direita chilena — com assessoria internacional —, uma quartelada depôs Allende, que acabou morto no palácio de La Moneda.

Um grupo de militares chefiados pelo general Augusto Pinochet assumiu o poder e instaurou uma feroz ditadura, responsável por milhares de mortes. O governo militar voltou a manter uma relação preferencial com os Estados Unidos e devolveu as empresas nacionalizadas por Allende. Em 1980, uma nova Carta Constitucional, aprovada em plebiscito, legitimou o regime ditatorial.

Porém, em 1983, grupos oposicionistas manifestaram-se contrários à ditadura chilena e reavivaram o sonho da redemocratização. Os partidos políticos, com exceção do Partido Comunista, foram reorganizados em 1987, e no ano seguinte um plebiscito negou o direito de Pinochet permanecer no poder por mais oito anos. A partir de então, teve início a redemocratização do Chile.

BETTMANN/CORBIS/LATINSTOCK

Prisioneiros políticos no Estádio Nacional de Santiago, sob a guarda de tropas do Exército chileno, em 22 de setembro de 1973.

A polêmica morte de Salvador Allende

Logo após a morte de Salvador Allende, durante o cerco ao palácio de La Moneda, os militares divulgaram a notícia de que presidente teria se suicidado, fato que causa controvérsia entre intelectuais e ativistas de esquerda até hoje.

Principalmente ao longo das décadas de 1970 e 1980, alguns historiadores tendiam a defender que a tese do exército chileno de suicídio do presidente era uma farsa, quando na verdade ele teria sido assassinado pelas forças de Pinochet.

Porém, recentemente, biógrafos e historiadores revisionistas têm reforçado a teoria do suicídio de Allende. Para sustentar essa afirmação, defendem a ideia de que durante o período da ditadura chilena era politicamente importante para a esquerda acusar o governo de Pinochet pela execução. Isso explica por que a trajetória de Allende tenha sido utilizada como símbolo da resistência contra os governos autoritários.

A volta da democracia

À frente de uma coligação contra a ditadura, foi eleito em 1989 o presidente Patricio Aylwin, que tomou medidas de restabelecimento das liberdades civis e puniu os militares envolvidos em crimes políticos durante a ditadura. Também foram descobertos os cemitérios clandestinos onde eram sepultados os opositores ao regime de Pinochet, mortos a tiros ou sob tortura. Em 1991 foi divulgada uma lista com 2.279 nomes de vítimas fatais do regime militar e seus torturadores.

Nas eleições de 1993 foi eleito o democrata-cristão Eduardo Frei Ruiz Tagle, filho do ex-presidente eleito em 1964. Na economia, o seu governo adotou uma política favorável ao capital estrangeiro, semelhante à do período militar, baseada em privatizações, abertura aos investimentos externos, incentivo às pequenas e médias empresas e diversificação das exportações. Na política, enfrentou o desafio de um dispositivo constitucional que mantinha a direção das Forças Armadas nas mãos do ex-presidente Pinochet até 1997.

Em agosto de 1995, o presidente Frei apresentou ao Congresso Nacional a proposta de acabar com os senadores biônicos e reduzir o poder do Exército. O fato gerou controvérsias e tensões, até que, em 11 de setembro, no 22º aniversário do golpe, um grave conflito entre partidários de Pinochet e de Frei resultou em dezenas de feridos na capital chilena. Por fim, Frei teve de se conformar com a derrota: os senadores

LIKAS COCH/REUTERS/LATINSTOCK

Memorial do Detido Desaparecido e do Executado Político, no cemitério geral, em Santiago, Chile. Foto de 2004. No memorial estão gravados mais de 2 mil nomes de vítimas da ditadura de Augusto Pinochet.

nomeados pelo ex-ditador conservaram-se no poder, e Pinochet assumiu uma cadeira vitalícia no Senado. Isso, entretanto, não o impediu de ser acusado por tribunais estrangeiros de ter cometido crimes contra a humanidade.

Em 1998, quando foi para Londres em missão diplomática, Pinochet teve sua prisão solicitada pelo juiz espanhol Baltasar Garzón. A justiça inglesa acatou o pedido de extradição e o ex-ditador foi detido, mas conseguiu escapar sob a alegação de graves problemas de saúde.

No ano 2000, já no governo de Ricardo Lagos, eleito pelo partido socialista em 1999, o regresso do general ao Chile foi festejado por seus seguidores civis e militares, convencidos de que ele havia ludibriado a justiça britânica. Mas o ex-ditador foi levado a julgamento no Chile e, para escapar da condenação, teve de alegar senilidade.

Pinochet morreu em dezembro de 2006 e, apesar das acusações que recaíam sobre o ex-ditador, o general nunca foi condenado.

Em março de 2006, assumiu a presidência do Chile Michelle Bachelet, primeira mulher a ocupar o cargo no país. Assim como milhares de outras vítimas do regime de Pinochet, o pai de Bachelet fora torturado, o que pouco tempo depois causou a sua morte. Ela própria foi presa e torturada na prisão em razão do seu envolvimento com o partido socialista do Chile.

Nos últimos anos, o Chile vem se destacando devido à recuperação econômica. Nas últimas duas décadas, o produto interno bruto chileno tem crescido a um ritmo de 5,8% anuais. Em 15 anos, a miséria foi reduzida de 21% para 4% da população. O analfabetismo foi praticamente eliminado, e a educação secundária já é quase universal.

Os acordos de livre comércio assinados pelo Chile com europeus e norte-americanos, além das relações com a Apec e com o Mercosul, foram muito importantes para a economia chilena. No entanto, esses tratados não constituem o único motivo de o país estar à frente, por exemplo, de Brasil e Argentina no potencial de atração de investimentos estrangeiros. A economia estável, os juros baixos, o nível de instrução de sua mão-de-obra, a pequena burocracia e a estrutura tributária mais simples são alguns fatores que também pesam a favor do país.

Nicarágua: Sandino vive!

No início do século passado, o poder na Nicarágua foi controlado pela elite ligada aos interesses estrangeiros, principalmente dos Estados Unidos. Em 1926, eclodiu uma guerrilha liderada pelos líderes liberais José Maria Moncada e César Augusto Sandino. O governo nicaraguense recorreu à ajuda de fuzileiros norte-americanos para sufocar a guerrilha. Após negociações entre governo e rebeldes, em 1933 os fuzileiros retiraram-se da Nicarágua; Sandino depôs as armas, mas foi assassinado por ordem do general Anastasio Somoza García, comandante da Guarda Nacional. Iniciava-se na Nicarágua a dinastia Somoza.

Em nome do ideal de uma Nicarágua livre e independente, em 1961 Carlos Fonseca, Tomás Borge e Carlos Mayorga criaram a **Frente Sandinista de Libertação Nacional** (FSLN), de inspiração socialista. A FSLN iniciou um trabalho político nas cidades, onde se organizaram sindicatos e células sandinistas, e no campo, onde se criaram as primeiras escolas de alfabetização.

Em janeiro de 1978, eclodiu uma guerra civil no país após o assassinato de Pedro Joaquín Chamorro, diretor do jornal mais importante do país, o *La Prensa*, e líder da oposição a Somoza. Em agosto os sandinistas conseguiram tomar o Palácio Nacional em Manágua. Em 1979 a dinastia Somoza foi destituída do poder. Iniciou-se então um programa de reforma agrária, e um intenso esforço para promover melhorias nas áreas de educação e saúde. No plano internacional, a política sandinista caracterizou-se pelo estreitamento das relações do país com o bloco dos países socialistas e pela suspensão, em 1981, da ajuda econômica dos Estados Unidos à Nicarágua. No plano interno, o governo revolucionário ainda enfrentou a oposição do grupo armado **Contras**, apoiado pelos Estados Unidos e pela alta hierarquia da Igreja Católica.

O período sandinista caracterizou-se pelo aumento do *déficit* público, pelos cortes dos investimentos externos, pela inflação elevada, pela ausência de serviços governamentais que consolidassem as reivindicações da maioria da população rural e indígena. Essa conjuntura favoreceu a criação e a expansão das bases políticas da oposição nicaraguense, com o apoio direto ou indireto do governo norte-americano.

Em 2007, Daniel Ortega foi eleito presidente. Ortega já havia governado a Nicarágua de 1985 a 1990. Em seu primeiro mandato lutou contra a oposição dos Contras e enfrentou atritos com os Estados Unidos. Agora, bem mais moderado, e contando com o apoio dos Estados Unidos, ele tem a difícil tarefa de governar um país com altas taxas de inflação e desemprego, atraso tecnológico, infraestrutura desmantelada e enorme dívida externa.

TEXTO COMPLEMENTAR

Retrato de um embaixador imperial

No texto abaixo, o escritor uruguaio Eduardo Galeano ironiza a dominação norte-americana, em um retrato às vésperas da Revolução Cubana.

"Earl Smith, embaixador dos Estados Unidos, recebe as chaves da cidade de Santiago de Cuba. Enquanto transcorre a cerimônia e se derramam, caudalosos, os discursos, um clamor vem crescendo no outro lado das cortinas. O embaixador aparece discretamente na janela e consegue ver uma quantidade de mulheres vestidas de negro, que avançam cantando o hino nacional e gritando 'liberdade'. Os policiais as derrubam a cacetadas.

No dia seguinte, o embaixador visita a base militar norte-americana de Guantánamo. Depois percorre as minas de ferro e níquel da Freeport Sulphur Company, que graças aos seus empenhos acabam de ser exoneradas de impostos.

O embaixador torna público o seu desgosto pelas cacetadas da polícia, embora reconheça que o governo tem o direito de se defender da agressão comunista. Os assessores explicaram ao embaixador que Fidel é anormal desde a infância, depois de um tombo de motocicleta.

O embaixador, que foi campeão de boxe em seus tempos de estudante, considera que é preciso manter a qualquer preço o general Batista. Batista jamais negará proteção a nenhuma coisa ou pessoa que seja dos Estados Unidos. Com Batista no poder, os turistas podem escolher pela fotografia, no avião, uma linda mulata para o fim de semana. Havana é uma cidade norte-americana, cheia de máquinas caça-níqueis de Nevada e mafiosos de Chicago, com muitos telefones para pedir que alguém mande pedir um jantar quentinho no próximo voo de Miami."

GALEANO, Eduardo. *O século do vento.* Rio de Janeiro: Nova Fronteira, 1988.

Compreendendo o texto

1. Como o autor caracteriza o regime cubano na época?

2. Tão logo tomaram o poder, os revolucionários combateram um dos mais graves problemas cubanos na época: a prostituição feminina. Transcreva o trecho do texto que mostra esse problema.

3. Selecione alguns trechos do texto em que o autor usa imagens para simbolizar a dependência de Cuba em relação aos Estados Unidos.

4. No ano de 2005, sucessivas denúncias de prática de tortura e maus-tratos de prisioneiros na base militar norte-americana de Guantánamo levaram a Comissão de Direitos Humanos da ONU a iniciar uma rigorosa investigação. No ano seguinte, a ONU pediu o fechamento da prisão de Guantánamo.

Converse com seus colegas sobre a prática de tortura por um país que se apresenta como o defensor mundial da democracia e dos direitos humanos, e escreva as conclusões do grupo.

ATIVIDADES

Explorando o conhecimento

1 Leia o texto abaixo.

A cruzada anticomunista

"Milhares de volumes foram escritos sobre a ideologia, a história e os perigos do comunismo, mas não muito sobre o anticomunismo. Contudo, o anticomunismo é a mais poderosa força política do mundo. Dotado de uma imponente ideologia, de uma série de brilhantes imagens e sagrados dogmas, ele dispõe dos recursos psíquicos e materiais do mais potente arsenal industrial-militar da história da humanidade."

PARENTI, Michael. *A cruzada anticomunista.* Rio de Janeiro: Civilização Brasileira, 1970.

a) Identifique políticas anticomunistas adotadas pelo governo dos EUA contra o governo de Fidel Castro, de 1959 ao dias atuais.

b) Explique de que maneira a política anticomunista norte-americana agiu no Chile e na Nicarágua.

2 Com base nas informações do capítulo, apresente as principais medidas tomadas pelo regime cubano, no plano econômico e social, após a revolução.

3 Observe a imagem a seguir.

WWW.SERGIOMICHILINI.COM/WWW.LABOTTEGADELPITTORE.IT

Mural do artista Sérgio Michillini, na Igreja de Santa Maria de Los Angeles, em Manágua.

Augusto Sandino é representado nesse mural segurando a bandeira azul e branca do país. Qual é a importância desse personagem na história da Nicarágua?

4 Descreva as principais medidas políticas e socioeconômicas adotadas por Salvador Allende na execução do seu projeto de governo e explique o desfecho da crise política no Chile.

5 Os governos de Fulgêncio Batista, em Cuba, e da família Somoza, na Nicarágua, já foram caracterizados como "fantoches" dos Estados Unidos.

a) Explique o sentido da expressão.

b) Compare as revoluções ocorridas em Cuba e na Nicarágua e comente até que ponto foram capazes de recuperar a soberania desses países.

6 Explique o significado e o contexto histórico dos termos ou expressões a seguir:

a) OEA

b) Aliança para o Progresso

c) FSLN

d) Bloqueio econômico a Cuba

A história e o tempo presente

7 Analise o texto a seguir.

Fiscalização da democracia

"Como previsto, a proposta americana de criar um mecanismo de fiscalização da democracia no continente, para agir de forma preventiva em crises institucionais, seguia naufragando na Assembleia Geral da Organização dos Estados Americanos (OEA), até o início da noite de ontem, último dia do encontro. [...] A proposta americana foi criticada pelas delegações brasileira e venezuelana, que interpretaram o texto como uma tentativa de intervenção em assuntos internos."

Folha de S.Paulo, 8 jun. 2005.

a) Explique por que os governos brasileiro e venezuelano criticavam a criação de um mecanismo de fiscalização da democracia no continente pelos Estados Unidos. Depois, exponha sua visão sobre o assunto.

b) Com base no texto acima e no capítulo, discuta o que mudou nas relações entre os Estados Unidos e as nações latino-americanas.

c) Pesquise episódios ocorridos na base militar de Guantánamo, em Cuba, e mostre como eles contradizem o discurso e as propostas norte-americanas para a América Latina.

Vestibular / ENEM

1 (Unicamp-SP) Com o fim da Guerra Hispano-Americana, a condição da retirada militar americana de Cuba foi a aprovação da Emenda Platt, uma emenda à Constituição cubana que determinou as relações cubano-americanas de 1901 a 1934.

a) Qual era o conteúdo da Emenda Platt?

b) Qual era a política norte-americana para a América Latina que estava evidenciada na Emenda Platt?

c) Como a Revolução Cubana de 1959 contestou a política norte-americana do pós-guerra para a América Latina?

2 (UFMG) Considerando-se as relações internacionais com Cuba após a vitória da Revolução, em 1959, é **correto** afirmar que:

a) o Governo norte-americano estabeleceu, progressivamente, retaliações políticas e econômicas ao regime socialista cubano, acabando por romper relações diplomáticas com a ilha.

b) o Governo soviético, envolvido com os problemas econômicos e políticos internos, não forneceu aos cubanos o apoio necessário para sustentar o regime socialista.

c) o regime revolucionário cubano contou com o apoio da maioria dos países da América Latina, numa fase em que o continente presenciava a ascensão de governos nacionalistas.

d) os governos social-democratas europeus apoiaram firmemente o novo regime cubano, com o objetivo de contrabalançar o papel hegemônico dos Estados Unidos nas Américas.

3 (UFPE) Sobre a Revolução Cubana é incorreto afirmar que:

a) Fidel Castro comandou um ataque ao Quartel de Moncada em 1953, sendo preso e só anistiado em 1955.

b) Do México, Fidel Castro organizou junto com Che Guevara uma invasão a Cuba em 1956.

c) Em Cuba governava o ditador Fulgêncio Batista, que sem nenhum apoio dos Estados Unidos lutou contra os revolucionários cubanos.

d) Fidel Castro e Che Guevara organizaram nas montanhas de Sierra Maestra um movimento guerrilheiro que cresceu rapidamente.

e) Em 1959, Fidel Castro implantou um novo regime de governo em Cuba: um regime socialista.

4 (UFF-RJ)

"O filme *Diários de motocicleta* colocou em evidência a figura de Ernesto Guevara, médico argentino, líder revolucionário, na década de 1960. Ao lado do romantismo que envolve a figura de 'CHE' há um processo histórico sangrento e dotado de um sentido de busca da identidade da América Latina, incluído aí o Brasil. Esse sentimento decorreu da exploração imperialista que conduziu o mundo latino-americano ao subdesenvolvimento."

Revista *Época*, 9 ago. 2004.

A partir das referências contidas no texto, identifique a opção que reúne fatos ilustrativos da repressão aos movimentos sociais de oposição à política americana para a América Latina.

a) A vitória de Pinochet no Chile, a intervenção do exército argentino no Uruguai, a morte de Che Guevara e a Revolução de 1964 no Brasil.

b) A morte de Anastácio Somoza, a intervenção americana na Nicarágua, a Revolução Cubana de 1958 e a formação das FARCS na Colômbia.

c) A morte de Che Guevara, a repressão política após o golpe de 1964 no Brasil, a oposição ao governo de Salvador Allende no Chile e a invasão da Baía dos Porcos pelo exército americano.

d) A ditadura militar implantada no Brasil em 1964, a Revolução Cubana de Fidel Castro e a vitória inglesa na Guerra das Malvinas.

e) A vitória inglesa na Guerra das Malvinas, a Revolução Cubana de Fidel Castro, a morte de Che Guevara e a Revolução de 1964 no Brasil.

5 (PUC-RS) A chamada "Crise dos Mísseis", de 1962, que levou as relações Washington–Moscou a um ponto crítico no contexto da Guerra Fria, foi resultante:

a) da aproximação entre o governo de Fidel Castro e a URSS.

b) do escândalo político internacional conhecido como Watergate.

c) do fim da política continental norte-americana da Aliança Para o Progresso.

d) da afirmação do stalinismo na política interna da URSS.

e) do avanço do macarthismo no Congresso norte-americano.

6 (Unirio-RJ) Em 11 de setembro de 1973, o Chile sofreu um golpe militar que derrubou o governo do presidente Salvador Allende, iniciando um período de exceção que provocou o desaparecimento e a morte de milhares de pessoas no país.

Dentre os diversos antecedentes, aquele que contribuiu para o golpe militar é:

a) a insatisfação popular com as reformas liberalizantes que privatizaram ricos setores da economia chilena, tais como as indústrias siderúrgica e petrolífera.

b) a entrega à exploração internacional do sistema bancário e da exploração de cobre, símbolos do capitalismo chileno.

c) o rompimento do compromisso político do governo Allende com a democracia expresso na supressão da Constituição ao assumir a presidência do país.

d) o agravamento da crise gerada pela interrupção da política de reforma agrária, que difundiu a violência no campo e justificou institucionalmente a intervenção militar.

e) a interferência estrangeira, destacadamente dos Estados Unidos, insatisfeitos com a opção ideológica em andamento no país, expressa na via chilena para o socialismo.

7 (Vunesp) Nas décadas de 1960 e 1970, a relação dos EUA com a América Latina:

a) caracterizou-se pela ausência de investimentos econômicos significativos, uma vez que a região oferecia menos oportunidades de lucro do que os chamados tigres asiáticos.

b) alterou-se quando os norte-americanos condicionaram a ajuda financeira aos relatórios de organizações internacionais que avaliavam o respeito aos direitos humanos e à democracia.

c) desenvolveu-se de acordo com o programa do Departamento de Estado Norte-Americano, com o objetivo de suplantar o domínio político e cultural dos países europeus da região.

d) particularizou-se pela aplicação da "política da boa vizinhança", que objetivava industrializar e desenvolver o sul do continente, ainda que sob o controle dos norte-americanos.

e) pautou-se por um clima tenso, sobretudo depois da subida ao poder de Fidel Castro e da crise dos mísseis na baía dos Porcos.

8 (UECE) Conhecido como "para-choque capitalista", o Plano Marshall representou investimentos maciços no Ocidente europeu pós-Segunda Guerra para impedir a expansão do socialismo. A versão desse plano para a América Latina foi denominada:

a) Plano Dawes

b) Plano Colombo

c) Aliança para o Progresso

d) Política da Boa Vizinhança

e) Grupo de Contadora

Ampliando o conhecimento

Filmes

Diários de motocicleta

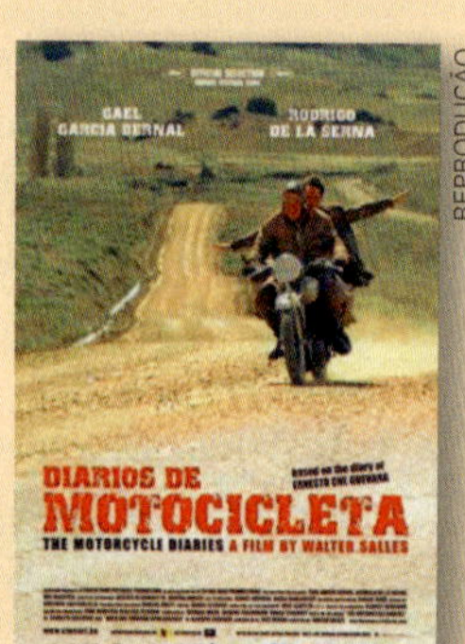

Direção de Walter Salles. Estados Unidos, 2004. 128 min.
O filme reconstrói a formação da consciência social de Ernesto "Che" Guevara, revolucionário socialista e futuro ministro do governo de Fidel Castro em Cuba. Guevara, então estudante de Medicina, realiza com seu amigo, Alberto Granado, uma longa viagem pela América do Sul, inicialmente em uma motocicleta, durante a qual experimenta a solidariedade e passa a conhecer a exploração do povo latino-americano.

Missing – o desaparecido

Direção de Costa-Gavras. Estados Unidos, 1982. 122 min.
A história se passa no Chile, durante o golpe militar de Pinochet. A trama gira em torno do desaparecimento de um norte-americano e a luta de seu pai para encontrá-lo.

Visões

Direção de Christopher Hampton. Estados Unidos, Inglaterra, Espanha, 2003. 107 min.
Em plena ditadura militar na Argentina na década de 1970, diretor de teatro infantil tem sua vida mudada radicalmente quando sua esposa, jornalista, escreve uma matéria sobre o desaparecimento de crianças. Após a publicação da matéria, a própria esposa desaparece.

Machuca

Direção de Andrés Wood. Chile, Espanha, 2004. 120 min.
Tendo como pano de fundo o quadro de lutas políticas e sociais que marcaram o Chile em 1973, o filme traz a história de dois garotos de classes sociais diferentes (Gonzalo e Machuca) que estudam no colégio Saint Patrick, dirigido por um padre progressista. O filme aborda a amizade que nasce entre os dois meninos, apesar do abismo social que os separa, a luta do padre para abrir o colégio à frequência das crianças pobres e a forte agitação política que antecedeu o golpe de 1973.

Capítulo 46

A ditadura militar no Brasil

Cone Sul do terror

"'Caí preso por azar', relembra ainda hoje traumatizado por tudo que sofreu. 'Estava na casa de amigos chilenos quando chegou uma patrulha do Exército, que fazia uma operação pente-fino no bairro'.

'Todo mundo em fila, com a identidade na mão', gritou o comandante da patrulha.

Ao ver meu documento de refugiado, o oficial se enfureceu:

'Ah, exilado brasileiro! Comunista, não é?'

Ficou mais enfurecido ainda quando descobriu a semelhança de meu nome, Pedro José Maria Martins Rabelo, com o de meu pai, integrante daquela lista das primeiras pessoas procuradas pela Junta.

Não precisei esperar. Fui levado imediatamente para o ônibus estacionado na frente da casa, aos socos e pontapés. [...]

Passei uma semana esquecido. Logo após, teria uma nova surpresa. Na tribuna de honra do estádio, para onde me levaram na companhia de outros brasileiros, havia um grupo de elementos diferentes dos chilenos, inclusive porque estavam à paisana. Percebemos logo que iríamos ser interrogados por policiais brasileiros."

Citado em RABELO, José Maria e RABELO, Thereza. *Diáspora*: os longos caminhos do exílio. São Paulo: Geração Editorial, 2001.

Os estudantes foram os alvos mais imediatos da repressão do regime militar. Na foto, estudantes de Porto Alegre, em manifestação contra o golpe, são duramente reprimidos pela polícia, em 2 de abril de 1964.

ACERVO ICONOGRAPHIA–REMINISCÊNCIAS

O depoimento da página anterior é de Pedro Rebelo – filho do jornalista José Maria Rabelo –, que aos 17 anos foi detido e torturado no Chile. A família Rabelo, a exemplo do que aconteceu com centenas de outras pessoas, foi obrigada a sair do Brasil após o golpe militar de 1964.

Ao longo das décadas de 1960 e 1970 diversos governos latino-americanos instauraram ditaduras militares com o pretexto de eliminar a "ameaça comunista" de seus países. A perseguição aos opositores do regime levou os governos de Brasil, Argentina, Uruguai, Paraguai e Chile a firmar um tratado de co-operação no combate aos dissidentes.

Conhecido como "Operação Condor", esse acordo previa desde trocas de informações sobre os perseguidos até autorização para a prática de prisões e torturas. Idealizada pelo general Augusto Pinochet, ditador do Chile, a Operação Condor foi responsável pela morte de quase 13 mil pessoas, além de um número muito maior de torturados.

No Brasil, os primeiros momentos desse processo ocorreram ainda na década de 1960, quando militares e empresários brasileiros conquistaram o apoio de boa parte dos setores médios para a derrubada do presidente constitucional.

O golpe militar de 1964

Em 1961, João Goulart assumiu a presidência do Brasil logo após a renúncia do então presidente Jânio Quadros, que governou o país por sete meses. Os setores conservadores, aliados aos militares, não concordavam com as medidas propostas pelo novo presidente, conhecidas como **reformas de base**, que incluíam reforma agrária, cortes de subsídios dados à importação de certos produtos, reforma urbana, reforma bancária, reforma eleitoral e reforma educacional.

Após uma planejada campanha de desestabilização do governo, em 31 de março de 1964 um **golpe** militar derrubou João Goulart. A partir desse momento, os militares passaram a agir com o intuito de desmobilizar toda e qualquer oposição ao regime. As organizações trabalhistas, como o Comando Geral dos Trabalhadores (CGT), os políticos e os jornalistas de oposição e os estudantes estiveram entre os alvos da repressão. A violência atingiu especialmente as organizações vinculadas às Ligas Camponesas, sobretudo no Nordeste. A União Nacional dos Estudantes (UNE) foi fechada e teve seu prédio incendiado.

Golpe

Refere-se às mudanças políticas realizadas com base em violação à Constituição de um país, geralmente de forma violenta por parte daqueles que pretendem assumir o poder.

ARQUIVO/AE

Retirada de tanques do Exército da frente do Palácio da Guanabara, Rio de Janeiro, em 8 de abril de 1964. Muitos militares apoiaram o golpe sob a justificativa de destruir o perigo comunista no Brasil.

Por conveniência, alguns setores das Forças Armadas e da sociedade civil chamaram de "**Revolução**" o movimento que derrubou o presidente Goulart. Contudo, não se pode dizer que tenha ocorrido uma revolução.

A análise sobre o significado do período militar dividiu opiniões no Brasil e no mundo. Professores, políticos, militares, a imprensa nacional e estrangeira apresentaram opiniões diferentes sobre o período.

"[...] em 1964 a Nação recebeu um tiro no peito. Um tiro que matou a alma nacional [...]. Os personagens que pareciam fazer parte da história brasileira, ou da História do Brasil como nós imaginávamos, esses personagens de repente sumiram. Ou fora do poder, ou presos ou mortos. E em seu lugar surgiram outros, que eu nunca tinha visto. Idiotas que nem mereciam ser notados. [...] Aí me veio a percepção clara de que o Brasil tinha mudado para sempre. [...] Havia sido cometido um assassinato político. Ali morreu um país, morreu uma liderança popular, morreu um processo. Uma derrota política da qual você jamais vai se recuperar nos mesmos termos. [...] Não se matam somente as pessoas, também se matam os países, os processos históricos."

SOUZA, Herbert José de – o Betinho. In: BARROS, Edgard Luiz de. *Os governos militares*. São Paulo: Contexto, 1991.

Personagem do golpe

"Falhamos. Participei do golpe de 64 como capitão e, por isso, faço essa autocrítica muito à vontade. Falhamos. O AI-5 foi um dos grandes erros, porque institucionalizou o arbítrio justamente quando houve a oportunidade de uma transição para a democracia com a Constituição de 1967. O regime causou, também, um crescimento da dívida social, através de uma alta concentração de renda que aumentou brutalmente a taxa de analfabetismo e a pobreza, além da ampliação da corrupção na burocracia do Estado. Houve práticas injustificáveis, como a tortura em um sistema baseado nos DOI-CODIS que provocou desaparecimentos e mortes de presos políticos, como Wladimir Herzog, Manoel Fiel Filho e Rubens Paiva."

CAVAGNARI, cel. Geraldo. In: CONTREIRAS, Hélio (org.). *Militares* — confissões. Rio de Janeiro: Mauad, 1998.

Construindo a ditadura

Logo após o golpe de 1964, ficou claro que o Brasil entraria em uma ditadura militar. Embora o movimento tenha contado com o apoio dos civis, notadamente dos políticos da UDN, os militares não pretendiam entregar o poder a eles, como ocorrera em 1930 e 1945. Desta vez, representantes das Forças Armadas estariam no controle direto do aparelho de Estado.

Em abril de 1964 foi editado o **Ato Institucional nº 1**, pelos comandantes do Exército, da Marinha e da Aeronáutica. Dentre várias disposições, destacaram-se as seguintes:

a) Nomeação do general Humberto de Alencar Castello Branco para a presidência da República.

b) As Constituições federais e estaduais em vigor seriam mantidas.

c) A eleição do presidente e do vice-presidente da República passaria a ser efetuada pelo Congresso Nacional.

d) O presidente da República poderia remeter ao Congresso sugestões para a reforma da Constituição de 1946, leis sobre qualquer assunto, para criar ou aumentar as despesas públicas.

e) As investigações e processos legais com relação a crimes contra o Estado ou sua propriedade, bem como contra a ordem política e social, poderiam ser instaurados contra indivíduos ou coletivamente.

f) Os Comandantes-em-Chefe das Forças Armadas, que assinaram o Ato Institucional, poderiam suspender direitos políticos por um prazo de 10 anos e anular mandatos legislativos (federais, estaduais e municipais) sem revisão judicial.

Em relação à política externa, os militares optaram pelo alinhamento com os Estados Unidos. Este país reconheceu a legitimidade do governo provisório logo após o golpe militar, o que indica o interesse de Washington na derrubada de João Goulart.

Os Estados Unidos tinham bons motivos para desejar o fim do governo de Jango. Ao aprovar a Lei de Remessas de Lucros e incentivar uma política independente para o país, o presidente estava prejudicando os interesses das empresas americanas instaladas no Brasil. Seria exagerado afirmar que os Estados Unidos financiaram o golpe militar, mas não restam dúvidas de que financiaram os conspiradores.

Revolução

É o desencadeamento de ações, na maioria das vezes violentas, por segmentos da sociedade que não pertencem às camadas dirigentes ou às elites, e que pretendem realizar profundas mudanças na política, na economia, na estrutura social e nas leis.

Ato Institucional

Conjunto de leis promulgado pelo governo, sem necessidade da aprovação do Congresso Nacional.

"A disposição norte-americana de cooperar com os conspiradores, no entanto, iria muito além da transferência dos dólares. No mesmo dia em que o movimento militar foi deflagrado, o governo dos EUA deu sinal verde para a Operação Brother Sam — uma resposta ao pedido de apoio logístico feito pela Embaixada dos EUA. A operação consistia no envio de uma esquadra liderada pelo porta-aviões Forrestal, que contava com destróieres de apoio e petroleiro para o abastecimento das tropas rebeldes. Além disso, prepararam-se aviões para transportar para o Brasil mais de cem toneladas de armas e munição. Era um plano de contingência. Seria colocado em prática em caso de resistência capaz de levar a uma guerra civil. A esquadra zarpou dos Estados Unidos em 1º de abril, mas nunca se aproximou de qualquer porto brasileiro. Quanto aos aviões, jamais decolaram. A missão foi abortada por ser desnecessária."

PILAGALLO, Oscar. *O Brasil em sobressalto*: 80 anos de história contada pela *Folha*. São Paulo: PubliFolha, 2002.

FUNDO ÚLTIMA HORA/ACERVO AESP

Charge satirizando o general Castello Branco, um dos líderes do golpe de 1964, elaborada por Fritz e publicada no jornal oposicionista Última Hora*, em 18 de dezembro de 1964.*

O governo Castello Branco (1964-1967)

Ao assumir a presidência, ainda em 1964, o general Humberto de Alencar Castello Branco afirmou que seu objetivo era implantar uma "democracia restringida" — para ele, isso significava atuar na reformulação da economia e da política do Estado, com o propósito de "combater o comunismo e promover a consolidação da democracia". Ele foi o idealizador de importantes órgãos de controle e repressão, como o Serviço Nacional de Informações (SNI), encarregado de supervisionar e coordenar as atividades de informação e contrainformação, com especial atenção às questões de segurança nacional.

Imbuído de poderes excepcionais, o governo Castello Branco pôde promover prisões arbitrárias e torturar os opositores, apesar de ainda estar em vigor o *habeas corpus*, extinto em 1968. Lideranças sindicais e camponesas foram mortas ou desapareceram; governadores eleitos perderam seus mandatos. Entre os primeiros cassados pelo governo constavam: João Goulart, Jânio Quadros, Miguel Arraes, Leonel Brizola, Luís Carlos Prestes, Celso Furtado, Darcy Ribeiro e outras importantes figuras públicas do país.

Em 1966, a oposição foi vitoriosa nas eleições para governador nos estados de Minas Gerais e da Guanabara. O governo militar reagiu, editando o **Ato Institucional nº 2**, que extinguiu os partidos existentes e autorizou a formação de apenas duas legendas: a Arena (Aliança Renovadora Nacional), que apoiava o regime, e o MDB (Movimento Democrático Brasileiro), uma oposição moderada.

A reação popular contra a arbitrariedade do governo foi imediata. Nas ruas, renasceu o movimento estudantil. Passeatas e manifestações tomaram conta dos centros urbanos. O governo respondeu com violência, reprimindo duramente os movimentos de rebeldia.

Enquanto isso, o governo empreendia o combate à inflação, que se aproximava dos 100% ao ano, e incentivava os investimentos estrangeiros. A abertura para o exterior contribuiu para a consolidação de um modelo tipicamente exportador, gerando altas na balança comercial. O controle das linhas de crédito para o setor privado, a redução dos gastos públicos e a contenção dos salários também receberam prioridade. Esse plano ficou conhecido como Programa de Ação Econômica do Governo (Paeg).

A aliança com o capital estrangeiro, notadamente o norte-americano, ficou claramente demonstrada com a revogação da Lei de Remessa de Lucros, aprovada pelo Congresso em 1962, durante o governo João Goulart. A lei, que controlava a liberação da entrada, movimentação e saída de capitais estrangeiros do país, foi anulada com o propósito de incentivar o fluxo de capital externo para o país.

A política econômica incluía forte repressão aos trabalhadores. Para tal, foi criado o **Fundo de Garantia do Tempo de Serviço (FGTS)** em janeiro de 1967, que extinguiu a estabilidade no emprego, permitindo uma maior rotatividade de trabalhadores.

A Constituição de 1967

A Carta Constitucional de 1946 sofreu reformas por meio do **Ato Institucional nº 3**, que estabeleceu eleições indiretas para governadores e prefeitos das capitais e cidades consideradas de segurança nacional. Em seguida, para aprovar um novo texto constitucional, o Congresso foi convocado para uma sessão extraordinária por meio do **Ato Institucional nº 4**.

A Constituição de 1967 aumentou ainda mais o poder do Executivo e limitou a autonomia dos estados, enfraquecendo o princípio federalista. Além disso, foram promulgadas novas leis e assinados decretos executivos, dentre eles um que submetia o Executivo a um planejamento de feitio militar. Por fim, foram publicadas uma severa Lei de Imprensa e a Lei de Segurança Nacional, destinada a facilitar a atuação dos órgãos de segurança do Estado contra os denominados inimigos internos.

Embora a nova Constituição determinasse que a escolha do presidente da República ficaria a cargo do Congresso Nacional, na prática as coisas aconteceram de forma bem diferente. Na verdade, o nome do presidente era definido no interior da corporação militar — os parlamentares apenas sacramentavam a ordem vinda de cima.

Repressão aos participantes da missa de 7º dia do estudante Édson Luís, na Igreja da Candelária, Rio de Janeiro, abril de 1968.

ACERVO ICONOGRAPHIA-REMINISCÊNCIAS

Arthur da Costa e Silva (1967-1969)

O general Arthur da Costa e Silva fazia parte da chamada "linha dura" do Exército e era defensor do nacionalismo. A princípio, discordou da política econômica implantada no governo anterior, que primava pela aproximação com os Estados Unidos e com o capital estrangeiro.

Costa e Silva demitiu todos os funcionários civis que ocupavam importantes cargos públicos, nomeando militares para substituí-los. As exceções se restringiram ao Ministério da Fazenda e ao do Planejamento, atribuídos respectivamente a Antonio Delfim Netto e Hélio Beltrão. Os dois ministros iniciaram um projeto econômico que visava retomar o crescimento sem aumentar a inflação. A insatisfação dos trabalhadores foi um dos problemas enfrentados por Costa e Silva, pois a política deflacionária implementada no governo anterior ocasionara a diminuição dos salários e reduzira o poder de compra das empresas de capital brasileiro.

EVOLUÇÃO DO SALÁRIO MÍNIMO REAL EM SÃO PAULO

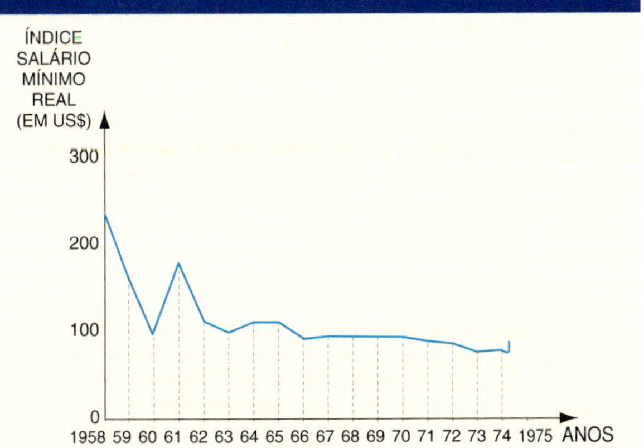

Fonte: Dieese. In: *Jornal da Tarde*. São Paulo, 30 abr. 1975.

As novas medidas incluíam o aumento da linha de crédito bancário para o setor privado e o controle de preços por meio da criação do Conselho Interministerial de Preços (CIP). E, para garantir sua política de combate à inflação, o governo fixou oficialmente os valores dos salários do setor público e privado.

Inicialmente, a nova política econômica trouxe resultados positivos, uma vez que o PIB (Produto Interno Bruto) alcançou um índice de crescimento entre 10 e 11,2%. Iniciava-se então o período que ficou conhecido como "milagre econômico brasileiro".

Os primeiros tempos do governo Costa e Silva foram marcados por forte reação da sociedade civil. Destacam-se, nesse período, as greves operárias de Contagem (MG) e Osasco (SP), em 1968. Os estudantes protestavam nas ruas, exigindo o retorno da democracia plena, a criação de mais vagas nas universidades públicas e a melhoria da qualidade do ensino. Também manifestavam repúdio ao acordo MEC-Usaid, que fora uma tentativa de introduzir o pagamento de mensalidades nas universidades públicas.

As táticas dos comícios relâmpagos e das passeatas entusiasmavam os estudantes. Em 28 de março de 1968, realizou-se uma dessas manifestações no Rio de Janeiro. O protesto era contra a má qualidade e o preço elevado das refeições servidas no restaurante do Calabouço, destinado a alimentar estudantes sem recursos. A Polícia Militar chegou atirando e matou Édson Luís, um jovem de 16 anos. O fato abalou a opinião pública. O corpo do estudante foi velado na Assembleia Legislativa, e ao enterro compareceram cerca de 50 mil pessoas. No cemitério, os estudantes proferiram um juramento: "Neste luto, a luta começou".

Após a morte de Édson Luís, as passeatas multiplicaram-se por todas as capitais. A sequência de manifestações violentamente reprimidas em todo o país terminaria por despertar a indignação das classes mé-

1968, o ano que abalou o mundo

"Certas datas irradiam uma aura de revolução. É o caso de 1968, ano de mobilizações e confrontos políticos e também de transformações no campo das artes, do comportamento e especialmente da sexualidade. Pois, afinal, *é proibido proibir* — a palavra de ordem dos estudantes franceses em maio. [...]

Veja alguns acontecimentos desse ano emblemático, tempo de transformações em escala mundial:

Estados Unidos — em junho é assassinado Robert Kennedy, irmão do presidente John Kennedy e candidato à Presidência; em outubro, o pastor Martin Luther King, líder do movimento pelos direitos civis da população negra, é morto a tiros.

Tchecoslováquia — tropas soviéticas e de outros Estados-membros do Pacto de Varsóvia invadem o país em agosto, esmagando a 'Primavera de Praga', projeto de reformas democratizantes impulsionado desde 1967 pelo dirigente comunista Alexander Dubcek.

França — manifestações estudantis na faculdade de Nanterre em 22 de março desdobram-se, em maio, em confrontos com a polícia e em greves operárias. No dia 9, Paris cobre-se de barricadas e os paralelepípedos arrancados das ruas tornam-se projéteis para deter a investida policial. A essa altura, operários participam das passeatas ao lado dos estudantes. No dia 13 é decretada a greve geral; no dia 16, os operários ocupam a Renault; no dia 21, há 10 milhões de franceses em greve. [....]

Brasil

Março — no dia 28, a morte do secundarista Édson Luís de Lima Souto, morto pela polícia no Rio de Janeiro, causa indignação; 50 mil pessoas protestam no seu enterro.

Abril — no dia 16 têm início os 9 dias de greve dos metalúrgicos de Contagem (MG).

Junho — no dia 26 realiza-se no Rio de Janeiro a Passeata dos 100 Mil; representantes do movimento se reúnem com o presidente Costa e Silva.

JEAN-PIERRE REY/GAMMA/OTHER IMAGES

Em maio de 1968, na França, estudantes universitários organizaram manifestações contra a política educacional francesa. O movimento contou com o apoio de operários e desencadeou greves e confrontos com a polícia.

Julho — nos dias 16, 17 e 18, operários em greve paralisam seis das onze empresas metalúrgicas de Osasco (SP). Na capital paulista, militantes do CCC (Comando de Caça aos Comunistas) agridem os artistas do espetáculo 'Roda Viva', no Teatro Ruth Escobar.

Outubro — no dia 2, alunos da 'Maria Antonia', sede da Faculdade de Filosofia, Ciências e Letras da USP e polo da contestação estudantil, enfrentam os do Mackenzie, reduto conservador no qual atuavam núcleos anticomunistas. No confronto é morto a tiros o secundarista José Guimarães, que apoiava a 'Maria Antônia'. No dia 12, em Ibiúna (SP), são presos os delegados do Congresso da UNE, clandestino.

Dezembro — a decretação do AI-5 inaugura uma nova fase, ainda mais repressora, do regime militar. Setores radicais de oposição à ditadura voltam-se para as ações armadas."

BRAICK, Patrícia. *Veja na sala de aula. Baseado em: "1968". Veja*, ed. 1545. São Paulo, 6 maio 1998.

dias do Rio de Janeiro, que organizaram uma gigantesca manifestação de repúdio ao regime: a Passeata dos Cem Mil, no dia 26 de junho de 1968. O movimento contou com a participação de artistas, intelectuais, grupos de trabalhadores, parlamentares, jornalistas, professores e religiosos. A exemplo da mobilização dos estudantes parisienses, em maio, muitos brasileiros esperavam colocar o regime militar na defensiva.

O governo decidiu, ao contrário, ampliar os mecanismos de repressão, a fim de acabar com os "subversivos".

Nos dias 2 e 3 de setembro de 1968, o jovem deputado Márcio Moreira Alves, do MDB da Guanabara, usou a tribuna do Congresso Nacional para fazer seus discursos parlamentares convencionais.

No entanto, o procurador-geral da República pinçou trechos das falas do deputado e encaminhou os textos para os quartéis. Os oficiais, indignados, alegaram que o deputado havia abusado dos direitos individuais e políticos, praticando um "atentado à ordem democrática". Abaixo, trecho de um dos discursos:

> "Vem aí o 7 de setembro. As cúpulas militaristas procuram explorar o sentimento profundo de patriotismo do povo e pedirão aos colégios que desfilem junto com os algozes dos estudantes. Seria necessário que cada pai, cada mãe, se compenetrasse que a presença de seus filhos nesse desfile é um auxílio aos carrascos que os espancam e os metralham nas ruas. Portanto, que cada um boicote esse desfile. Esse boicote pode passar também — sempre falando de mulheres — às moças que dançam com os cadetes e namoram os jovens oficiais. Seria preciso fazer hoje no Brasil com que as mulheres de 1968 repetissem as paulistas da Guerra dos Emboabas e recusassem a entrada à porta de suas casas àqueles que vilipendiam a Nação, recusassem aqueles que silenciam e, portanto se acumpliciam. Discordar em silêncio pouco adianta."
>
> Trecho do pronunciamento do deputado Márcio Moreira Alves em 3 de setembro de 1968. In: ALVES, Márcio Moreira. *68 mudou o mundo*. Rio de Janeiro: Nova Fronteira, 1993.

FOLHA IMAGEM

Pouco antes do início da Passeata dos Cem Mil, estudantes, intelectuais e manifestantes de outros setores da sociedade reuniram-se diante do edifício da Assembleia Legislativa, no Rio de Janeiro, em 26 de junho de 1968.

▷ O Ato Institucional nº 5 (AI-5)

O governo encaminhou ao Congresso Nacional um pedido de autorização para processar Márcio Moreira Alves, suspendendo sua imunidade parlamentar. Antes disso, alterou a composição da Comissão de Justiça, garantindo a maioria da Arena. A estratégia surtiu efeito: a Comissão deu licença para punir o parlamentar. Contudo, no plenário, os deputados rejeitaram a sentença por 216 votos contra 141. Temendo a reação do governo, Márcio Moreira Alves decidiu exilar-se.

A resposta do governo veio numa sexta-feira, 13 de dezembro de 1968. Nesse dia foi publicada uma das maiores arbitrariedades do período ditatorial: o **Ato Institucional nº 5**.

O novo ato delegou ao presidente poderes para fechar o Congresso Nacional e as assembleias estaduais e municipais, cassar mandatos, suspender direitos políticos por 10 anos, demitir, remover, aposentar ou pôr em disponibilidade funcionários públicos e juízes, decretar estado de sítio e confiscar bens como punição por corrupção. O governo também passou a ter o poder de suspender o direito de *habeas corpus* em caso de crimes contra a Segurança Nacional e de efetuar o julgamento de crimes políticos por tribunais militares, sem recurso para os réus.

Mas o presidente não teve tempo suficiente para avaliar os efeitos do AI-5. Em agosto de 1969, Costa e Silva foi afastado do cargo por motivos de saúde. A Junta Militar que assumiu o governo durante a doença do presidente permaneceu no mandato até a realização de novas eleições. O vice-presidente, o civil Pedro Aleixo, também foi afastado, entre outras razões, por ter sido o único integrante da equipe de Costa e Silva que se negou a assinar o AI-5.

A falta de crédito na ação parlamentar, que se mostrava incapaz de barrar o avanço da ditadura, levou setores da esquerda brasileira a se lançar em ações guerrilheiras pela derrubada do regime.

Nesse processo, a esquerda acabou se dividindo: o Partido Comunista Brasileiro (PCB), pró-soviético, desenvolveu uma resistência no interior do MDB e dos sindicatos; o Partido Comunista do Brasil (PC do B), alinhado com o pensamento do líder chinês Mao Tsé-tung, iniciou uma campanha de guerrilhas rurais, com escasso apoio camponês; outros grupos, como a Aliança Libertadora Nacional (ALN), a Vanguarda Armada Revolucionária (VAR-Palmares), o Movimento Revolucionário 8 de Outubro (MR-8) e a Ação Popular, de orientação católica, desenvolveram a guerrilha urbana. Essas organizações agiram entre 1968 e 1974.

A luta armada

"O feito mais espetacular da luta armada seria o sequestro do embaixador americano, no dia 4 de setembro de 1969. Tratava-se de uma ofensiva inédita; nunca um diplomata dos Estados Unidos em qualquer parte do mundo fora sequestrado. A ação planejada e executada pelos membros da ALN e do MR-8 foi eficiente, apesar de os militantes quase terem abordado, por engano, o embaixador de Portugal. 'Íamos nos enganar de século', escreveu Fernando Gabeira, um dos autores do sequestro, em *O que é isso companheiro?*, numa bem-humorada referência aos dois países que influenciaram o Brasil em épocas diferentes. Charles Elbrick foi levado a uma casa num bairro do Rio, onde permaneceu três dias no cativeiro. A polícia logo descobriu o local, mas não agiu, temendo a repercussão internacional da possível morte do diplomata. Os sequestradores conseguiram o que queriam: o rádio e a televisão divulgaram um manifesto revolucionário denunciando a ditadura militar e, no dia 7 de setembro, o embaixador foi solto em troca da libertação de quinze prisioneiros políticos, embarcados rumo ao México. Entre eles, os principais líderes estudantis: Palmeira, Travassos e Zé Dirceu."

PILAGALLO, Oscar. *O Brasil em sobressalto*: 80 anos de história contada pela *Folha*. São Paulo: PubliFolha, 2002.

ARQUIVO DO ESTADO DE SÃO PAULO

Presos políticos trocados pelo embaixador norte-americano Charles Elbrick embarcam para o exílio no México, setembro de 1969.

A Junta Militar respondeu com mais dois atos institucionais: um dava ao governo o direito de expulsar do país quem fosse considerado subversivo, e outro introduzia a pena de morte.

Para aprimorar a eficiência da repressão e do controle da "ordem", foram criadas organizações como a Operação Bandeirante (Oban) e os DOI-Codi (Destacamento de Operações de Informações — Centro de Operações de Defesa Interna). Alguns desses órgãos eram financiados por empresários. Esse aparelho repressivo foi responsável pelo desaparecimento, morte e tortura de centenas de cidadãos brasileiros.

Em outubro de 1969, o estado de saúde do presidente Costa e Silva chegara a um quadro de gravidade praticamente irreversível. Diante disso, a Junta Militar declarou vagos os cargos de presidente e vice-presidente. Novas eleições foram realizadas em 25 de outubro, pelo Congresso Nacional.

Para assumir a presidência da República, o nome do general Albuquerque Lima era o mais cotado entre a jovem oficialidade do Exército. Porém, a proximidade do candidato com políticos do MDB e com empresários civis motivou seu afastamento pela cúpula dos militares, sob a justificativa de que o presidente deveria ser um oficial graduado com quatro estrelas — ele só possuía três. O alto comando do Exército preferiu o general Emílio Garrastazu Médici.

Tortura

"[...] A assistente social Ilda Brandle Siegl, de 26 anos, declarou em seu depoimento no Rio, em 1970:

[...] que disseram a ela que a tortura ali era científica, não deixava marca; que foi espancada e despiram a depoente e provocaram choques elétricos; que, enquanto um aplicava choque, o Dr. Mimoso abanava a depoente para que a mesma não desmaiasse; que havia pausa a critério médico; que aplicaram choques nos seios, no umbigo e na parte interna das coxas; que, após, foi jogada numa cadeira, já que não podia ficar de pé [...].

[...] a estudante Iná de Souza Medeiros, de 21 anos, contou ao Conselho de Justiça:

[...] que, após, trouxeram Milton despido, pendurado no pau-de-arara, para que a declarante visse o seu estado e dizendo que, com ela, fariam a mesma coisa e, constantemente, os torturadores proferiam nomes contra Milton e a declarante; [...] que essas moças levaram ferro na unha, choque elétrico e tentativa de afogamento que consistia em tapar o nariz da pessoa e jogar água em cima [...]."

Arquidiocese de São Paulo. *Brasil: nunca mais*. Petrópolis: Vozes, 1985.

A máquina da repressão e da tortura

O governo Médici (1969-1974)

No início da década de 1970, o Brasil viveu o período mais duro e violento da ditadura militar. A censura estava institucionalizada, e a tortura e os assassinatos tornaram-se práticas comuns dentro dos presídios. Os guerrilheiros, na maioria jovens, foram desmobilizados após o assassinato de Carlos Marighella e Carlos Lamarca. O único movimento de guerrilha que sobreviveu foi o do Araguaia, região localizada entre os estados de Goiás, Maranhão e Pará. Nesse local, um grupo do PC do B conseguiu resistir por mais de três anos às investidas das Forças Armadas. A Guerrilha do Araguaia foi finalmente derrotada em 1975.

O governo Médici destacou-se por ter sido o mais repressivo. Para fortalecer o regime e encobrir o clima de terror instaurado no país, montou-se um aparato de propaganda que tinha como base a ideia da cooperação dos brasileiros para o engrandecimento da nação. Foram forjados *slogans* ufanistas, do tipo "Você constrói o Brasil", "Ninguém segura este país", "Brasil, conte comigo" e "Brasil, ame-o ou deixe-o", que despertavam euforia naqueles que acreditavam no progresso brasileiro.

O auge da campanha publicitária oficial foi atingido quando a seleção brasileira de futebol ganhou o tricampeonato na Copa do Mundo de 1970, disputada no México. O general-presidente e todos aqueles que lhe davam sustentação no poder transformaram o evento em uma conquista do Estado brasileiro e fortaleceram-se com esse acontecimento. A música *Pra frente Brasil*, que se tornou uma espécie de hino da Copa de 1970, era repetido em todos os cantos:

"Noventa milhões em ação
Pra frente Brasil, do meu coração
Todos juntos vamos pra frente Brasil
Salve a seleção
De repente é aquela
Corrente pra frente,
Parece que todo o Brasil deu a mão
Todos ligados na mesma emoção
Tudo é um só coração..."

Miguel Gustavo, 1970.

Dessa forma, o chefe de governo do período mais violento da ditadura militar tornou-se um governante muito popular. Sua imagem era polida por uma eficiente campanha de publicidade, que explorava, entre outras características, a sua paixão pelo futebol.

LEMYR MARTINS/EDITORA ABRIL

Carlos Alberto, capitão da seleção brasileira de futebol na Copa de 1970, com a taça Jules Rimet, conquistada definitivamente pelo Brasil nesse ano.

As torturas e a repressão permaneciam encobertas em meio ao clima de euforia coletiva. Eram poucos os brasileiros que percebiam o que acontecia nos porões da ditadura. A maioria da população estava "enfeitiçada" pela vitória da seleção brasileira de futebol e pelo "**milagre econômico**" por que passava o país.

Na tentativa de aquecer o mercado sem aumentar a inflação, Delfim Netto recorreu à ampliação da linha de crédito bancário ao setor privado. Ele também criou um conselho interministerial para controlar os preços e fixou valores para os salários dos empregados dos setores públicos e privados. Essa política surtiu efeitos rápidos: o Produto Interno Bruto (PIB) apresentou índices de crescimento entre 10,0 e 11,2%. Foi assim que teve início o "milagre econômico".

Milagre econômico

Foi a consagração da política econômica preconizada pelo então ministro Delfim Netto, defensor do modelo produtivista — e, portanto, contrário ao chamado modelo distributivista. Delfim afirmava que "o bolo precisa crescer antes de ser repartido", ou seja, para haver a distribuição das riquezas entre todas as camadas da população, antes era necessário que a economia crescesse. Essa política levou a uma brutal concentração da renda e ao processo de exclusão do mercado da maioria da população.

O Brasil tornou-se conhecido pelas grandes obras públicas, como a ponte Rio-Niterói, a hidrelétrica de Itaipu e a rodovia Transamazônica. O governo federal e os governadores de estado não mediram esforços para viabilizar projetos faraônicos, responsáveis pela imagem de uma nação emergente e gloriosa, que caminhava rapidamente rumo à grandeza industrial. A economia internacional foi favorável à política do "milagre econômico". Parte do capital mundial excedente foi canalizada para o Brasil, por meio de empréstimos que fizeram a dívida externa brasileira bater na casa dos US$ 10 bilhões entre os anos de 1967 e 1972. Um dos pilares econômicos do governo foi o fortalecimento do setor estatal: entre 1968 e 1972, a participação do Estado na economia nacional passou de um quarto para um terço. Durante o governo Médici e, posteriormente, do general Ernesto Geisel (de 1974 a 1979), surgiram no Brasil quase trezentas empresas estatais.

O governo Médici criou também o Instituto Nacional de Colonização e Reforma Agrária (Incra), o Plano de Integração Social (PIS) e o Movimento Brasileiro de Alfabetização (Mobral). A oposição questionou a eficácia desses projetos, que consumiram milhares de dólares, garantidos principalmente por investimentos externos.

Na era do "Brasil grande"

Quando o general Médici assumiu a presidência, o país estava em pleno crescimento econômico, especialmente nos setores da indústria automobilística, da construção civil e da produção agrícola. Assim, o crescimento da economia brasileira durante seu governo nada teve de milagroso. O "milagre econômico" sustentou-se sobre três pilares básicos: o arrocho salarial, os empréstimos externos e a repressão política. Os baixos salários e os recursos estrangeiros garantiram a expansão industrial. Tal crescimento começou a se desenhar em 1968, quando a taxa de crescimento do Produto Interno Bruto (PIB) alcançou a marca de 11,2%. A partir de então, os números foram os seguintes: 1969, 10,0%; 1970, 8,8%; 1971, 13,3%; 1972, 11,7%; e 1973, 14,0%. A indústria automobilística se constituiu na vanguarda do processo de crescimento industrial, sendo acompanhada de perto pela construção civil.

No campo, o sistema de financiamento proposto pelo governo possibilitou a compra de equipamentos e implementos agrícolas a juros baixos. O mercado imobiliário também se expandiu, concedendo facilidades à classe média para a aquisição da casa própria; os *shopping centers* cresceram, com abundante oferta de novidades em produtos eletrodomésticos. A criação de um moderno sistema de crédito ao consumidor e a intensa propaganda de produtos e serviços pela televisão contribuíram para o aquecimento do mercado interno. Isso beneficiou principalmente a classe média e os setores qualificados da classe operária, que, bem remunerados e ansiosos para consumir, não atentavam para os desmandos repressivos do regime.

ARQUIVO/AE

O presidente Emílio Garrastazu Médici na inauguração da ponte Rio-Niterói, março de 1974.

A economia, entretanto, não conseguiu manter as suas taxas de crescimento, pois a má distribuição de renda impedia a expansão continuada do consumo. A isso se somavam as altas do preço do barril de petróleo, a partir de 1973, e o consequente aumento dos juros internacionais, que acabaram por inviabilizar o projeto de crescimento econômico continuado. A insatisfação social não demorou em se expressar.

> "O 'capitalismo selvagem' caracterizou aqueles anos e os seguintes, com seus imensos projetos que não consideravam nem a natureza nem as populações locais. A palavra 'ecologia' mal entrara nos dicionários e a poluição industrial e dos automóveis parecia uma bênção. No governo Médici, o projeto da Rodovia Transamazônica representou um bom exemplo desse espírito. Ela foi construída para assegurar o controle brasileiro da região — um eterno fantasma na óptica dos militares — e para assentar em agrovilas trabalhadores nordestinos. Após provocar muita destruição e engordar as empreiteiras, a obra resultou em fracasso."
>
> FAUSTO, Boris. *História do Brasil.* São Paulo: Edusp, 1995.

▷ O governo Ernesto Geisel (1974-1979)

Chefe do Gabinete Militar no governo Castello Branco, presidente da Petrobras no governo Costa e Silva e ministro do Superior Tribunal Militar no governo Médici, Ernesto Geisel foi eleito presidente da República pelo Colégio Eleitoral (instituição composta por membros do Congresso e delegados das Assembleias Legislativas estaduais). A vitória de Geisel não agradou à "linha dura" — mas isso não quer dizer que o novo presidente fosse favorável à plena liberalização do regime.

Para disputar simbolicamente a "eleição" com Ernesto Geisel, o MDB lançou seus "candidatos": Ulysses Guimarães para presidente e Barbosa Lima Sobrinho para vice. Embora soubessem que não teriam como vencer o pleito, ambos percorreram o país em "campanha", e aproveitaram a oportunidade para denunciar as eleições indiretas, o estado de repressão, a falta de liberdade e o modelo econômico concentrador.

"Um confronto importante entre o governo e a linha dura ocorreu afinal às claras em São Paulo. Embora a guerrilha tivesse sido eliminada, os militares linha dura continuavam a enxergar subversivos por toda a parte. Continuava também a prática de tortura, acrescida do recurso do 'desaparecimento' de pessoas mortas pela repressão. [...] Em outubro de 1975, no curso de uma onda repressiva, o jornalista Vladimir Herzog, diretor de jornalismo da TV Cultura, foi intimado a comparecer ao DOI-CODI de São Paulo. Ele era suspeito de ter ligações com o PCB. Herzog apresentou-se ao DOI-CODI e daí não saiu vivo. Sua morte foi apresentada como suicídio por enforcamento, uma forma grosseira de encobrir a realidade: tortura, seguida de morte.

O fato provocou grande indignação em São Paulo sobretudo nos meios da classe média profissional e da Igreja. [...]

O presidente Geisel, que já emitira sinais de descontentamento ao 'público interno', resolveu agir. [...] Geisel substituiu o general Ednardo Dávila Melo por um general de sua inteira confiança — Dilermando Gomes Monteiro — que começou a usar outra linguagem e a estabelecer pontes de contato com a sociedade."

FAUSTO, Boris. *História do Brasil*. São Paulo: Edusp, 1995.

O resultado das eleições não causou nenhuma surpresa. Geisel assumiu o poder em um país assolado pelas dificuldades econômicas e à beira de uma crise social. A conjuntura econômica internacional também era difícil naquele momento, em decorrência da crise do petróleo de 1973.

Foi durante a gestão de Ernesto Geisel que se iniciou o processo de abertura política, em um estilo que o general definiu como "lento, gradual e seguro". Na prática, a liberalização do regime, chamada de **distensão**, trilhou um caminho tortuoso, marcado por avanços e retrocessos.

O anseio da sociedade brasileira por reformas e mudanças ficou evidenciado nas eleições parlamentares de 1974, que deram ampla vitória às forças da oposição. Vitorioso nos principais centros urbanos, o MDB quase dobrou sua representação: de 87 deputados federais, saltou para 165, enquanto as forças da Arena se reduziam de 223 para 199 deputados. No Senado Federal, o MDB passou de 7 para 20 senadores, ao mesmo tempo que a bancada da Arena diminuía de 59 para 46 senadores.

O receio de ver um novo triunfo do MDB nas eleições levou Geisel a lançar o **Pacote de Abril**, em 1977. Assim, valendo-se do AI-5, o presidente fechou o Congresso e passou a governar por decreto. Dentre as novas medidas presidenciais, destacaram-se a reforma do sistema judiciário (Emenda Constitucional número 7) e a alteração da legislação eleitoral (Emenda Constitucional número 8), que, entre outras medidas, confirmou a eleição indireta dos governadores estaduais. Além disso, a **Lei Falcão**, baixada em 1976 e restrita às eleições municipais, estendeu-se às demais eleições. Por essa lei, os candidatos ficavam proibidos de aparecer ao vivo no rádio e na televisão durante a campanha eleitoral. A veiculação das candidaturas seria feita apenas pela apresentação do currículo e da fotografia. O mandato presidencial

HENFIL

Charge de Henfil ironizando a Lei Falcão, de 1976.

Oposição e movimentos sociais

"No decorrer da segunda metade da década de 1970, foram se multiplicando atos de contestação e de protestos. [...]

Cronologicamente, foram os estudantes os primeiros a ocuparem as ruas a partir de 1975. O movimento ressurgiu não só em torno de reivindicações específicas como também em torno das questões gerais contra a ditadura. Nesse ano, os estudantes promoveram greves em várias cidades, encontros nacionais para a reorganização da UNE. [...].

Em 1975 foi criado o Movimento Feminino pela Anistia, com a participação de mães e familiares de 'desaparecidos', presos políticos e exilados. Nos anos seguintes, [...], a luta pela anistia envolveu amplos setores da sociedade e, em 1978, com o apoio da Igreja Católica, da OAB e da ABI foi fundado o CBA (Comitê Brasileiro pela Anistia), no Rio de Janeiro. Em pouco tempo [...] a campanha tomou fôlego em torno da bandeira da 'anistia ampla, geral e irrestrita', passando a ser incluída nas plataformas de lutas de todos os movimentos sociais. [...]

A classe operária que ocupou o centro dos acontecimentos nacionais a partir de 1978 apresentava características novas, sinal das profundas mudanças ocorridas nos anos da ditadura.

Uma delas foi o seu crescimento: o operariado industrial havia praticamente duplicado em dez anos, passando de 5,5 milhões em 1970 para 11 milhões em 1980. [...]

Crescimento e concentração geográfica e setorial: quase 70% dos operários estavam concentrados nos grandes centros industriais da região sudeste (São Paulo, Rio de Janeiro e Minas Gerais). [...]

Foram exatamente os operários das chamadas 'indústrias de ponta', como os metalúrgicos de São Bernardo do Campo e de São Paulo, que encabeçaram os movimentos grevistas de 1978.

O ano de 1979 assistiu à generalização do movimento grevista por praticamente todos os estados do país, envolvendo milhões de trabalhadores da cidade e do campo. Além dos metalúrgicos, pararam motoristas e cobradores de ônibus, professores, funcionários públicos, lixeiros, médicos e enfermeiros, jornalistas, trabalhadores da construção civil. [...]

Nas greves, os trabalhadores enfrentaram toda sorte de violência, a polícia cercando as fábricas e dissolvendo os piquetes e as manifestações com gás lacrimogêneo, cassetetes e tiros. Centenas de trabalhadores foram presos e três foram mortos."

HABERT, Nadine. *A década de 70:* apogeu e crise da ditadura militar brasileira. São Paulo: Ática, 1996.

ACERVO ICONOGRAPHIA – REMINISCÊNCIAS

Assembleia de Trabalhadores em São Bernardo do Campo, no estado de São Paulo, durante a greve dos metalúrgicos do ABC, em abril de 1979.

aumentou de cinco para seis anos, e as decisões do Congresso passaram a depender somente da maioria simples — metade dos votos mais um — para serem aprovadas. Por fim, um terço das cadeiras do Senado foi concedido aos "senadores biônicos", eleitos por voto indireto nas assembleias estaduais.

Diversas entidades, como a Ordem dos Advogados do Brasil (OAB), a Sociedade Brasileira para o Progresso da Ciência (SBPC), o Comitê Brasileiro pela Anistia, a Associação Brasileira de Imprensa, as Comunidades Eclesiais de Base e a UNE, promoveram debates com participação expressiva da sociedade. No meio operário, a insatisfação acabou dando origem a diversas organizações, que brotaram dentro das fábricas, sob a liderança de trabalhadores como Luiz Inácio da Silva, o Lula.

A crise internacional obrigou o governo a criar o II PND (Plano Nacional de Desenvolvimento), tendo em vista a retomada do crescimento econômico por meio da expansão da indústria de base. Também se pretendia diminuir a dependência brasileira em relação aos países fornecedores de petróleo. Nesse momento, o Estado converteu-se no principal investidor econômico.

O plano deu bons resultados: os índices de crescimento econômico de fato assinalaram uma alta expressiva. Mas a dívida externa aumentou, em virtude dos empréstimos contraídos pelo governo.

O verão da abertura

O governo João Baptista Figueiredo (1979-1985)

O último general-presidente, João Baptista Figueiredo, tinha por tarefa dar continuidade ao lento processo de abertura política. O presidente encaminhou para o Congresso um projeto de anistia restrita e parcial, que foi repudiado por todas as correntes políticas que lutavam pela anistia ampla, geral e irrestrita. O projeto, aprovado em junho de 1979, apresentava muitas restrições à absolvição dos civis, mas anistiava automaticamente os torturadores. Aos poucos, porém, o alcance da lei de anistia foi ampliado. Assim, muitos cassados puderam concorrer às eleições de 1982.

E os desaparecidos? Campanhas foram organizadas para descobrir o paradeiro de centenas de pessoas sequestradas durante o regime militar. Ainda hoje existem dezenas de famílias sem notícias concretas de parentes que foram vítimas da repressão dos governos militares.

A reforma política implementada pelo Estado permitiu a volta do pluripartidarismo. A Arena se transformou no Partido Democrático Social (PDS), e o MDB passou a se denominar Partido do Movimento Democrático Brasileiro (PMDB). Surgiram: PTB (Partido Trabalhista Brasileiro), PDT (Partido Democrático Trabalhista), PT (Partido dos Trabalhadores) e o PP (Partido Popular), que se fundiu com o PMDB. Nas eleições de 1982, o PMDB e o PDT conseguiram eleger governadores em estados como São Paulo, Rio de Janeiro e Minas Gerais.

O processo de abertura política não era aplaudido por toda a sociedade. A direita, ligada ao aparelho da repressão, inconformada com os últimos acontecimentos, decidiu partir para o terrorismo. Bombas foram colocadas em locais públicos como bancas de revistas, sedes de jornais da oposição, igrejas e até na sede da OAB, no Rio de Janeiro. Um dos atentados mais sérios ocorreu no Riocentro, no dia 30 de abril de

CEDEM/UNESP

Desaparecidos políticos em cartaz do Comitê Brasileiro pela Anistia (CBA), do final da década de 1970.

Mobilização pela memória dos desaparecidos

"'Não esquecer os companheiros mortos pela ditadura militar, como também não perder de vista o que eles queriam, pelo que lutavam.' Com esta frase, a presidente do Movimento Tortura Nunca Mais de Pernambuco, Amparo Araújo, explica o principal objetivo da associação. [...] O movimento tem unidades em nove estados brasileiros e é uma das associações espalhadas pelo país que buscam resgatar a história daqueles que perderam a vida, foram torturados ou desapareceram na luta contra a repressão.

A militância dessas organizações não-governamentais já chegou à internet. [...] A página do Comitê Catarinense Pró-Memória dos Mortos e Desaparecidos Políticos, com sede em Criciúma, em Santa Catarina, é uma delas. Fundado há 20 anos, ele reúne mães e irmãos de desaparecidos, além de ex-presos políticos e algumas pessoas que se comoveram com o trabalho da associação. O comitê trabalha em conjunto com o Movimento Tortura Nunca Mais.

De acordo com a coordenadora da instituição, Derlei Catarina de Luca, [...] a luta para que a população brasileira saiba mais sobre o destino de ex-presos, mortos e desaparecidos políticos da época da ditadura militar tem dois objetivos principais: desfazer a imagem de bandidos dos torturados que o governo militar sempre quis passar e mostrar que a luta antirrepressão não foi em vão. 'Não fomos torturados nem vimos nossos companheiros morrerem à toa. Por isso, a luta de nossas associações tem tanto valor', completa."

CARDOSO, Carolina. Sites têm resgate histórico de desaparecidos. Disponível em <www.torturanuncamais.org.br>. Acesso em jun. 2007.

1981. Durante um evento que comemorava o Dia do Trabalho, cerca de 20 mil pessoas assistiam a um *show* musical quando uma bomba explodiu dentro de um carro no estacionamento. A explosão causou a morte de um sargento e feriu gravemente um capitão.

Abriu-se um inquérito para apurar a autoria do atentado no Riocentro, mas, após quase três meses de investigação, foi declarado que os dois militares haviam sido vítimas de uma armação perpetrada pelos grupos de esquerda. O resultado do inquérito não convenceu ninguém: no fundo, todos sabiam muito bem que o grupo da "linha dura" do Exército estava em guerra contra a redemocratização do país.

▷ O terror está chegando ao fim

Logo que assumiu o governo, João Figueiredo enfrentou uma crise ministerial que foi solucionada com a volta de Delfim Netto ao Ministério da Fazenda, em substituição a Mário Henrique Simonsen. Como um "superministro", Delfim estabeleceu o III Plano Nacional de Desenvolvimento. Entretanto, a permanência da crise econômica mundial trouxe dificuldades para a economia brasileira, como a resistência dos bancos internacionais em conceder novos empréstimos, o aumento da dívida externa, a diminuição dos investimentos públicos em obras de infraestrutura e a redução de créditos para o setor privado. O fantasma da recessão rondava o país.

A partir de 1983, as oposições lançaram a campanha pelas **Diretas Já**. O movimento tinha como objetivo aprovar o projeto de lei de autoria do deputado federal Dante de Oliveira, que estabelecia a realização de eleições diretas e livres para a presidência da República em 1985. Comícios foram realizados em todo o país, as ruas tingiram-se de amarelo – a cor escolhida como símbolo da campanha –, e personalidades importantes, como artistas, jornalistas, intelectuais e políticos de todas as facções de centro e de esquerda, aderiram ao movimento. Apesar da forte mobilização, a emenda não foi aprovada pela Câmara dos Deputados.

Restava a opção de eleger indiretamente, por meio do Colégio Eleitoral, um presidente civil.

Assim, pela primeira vez desde o golpe de 1964, a disputa se deu entre dois civis: de um lado, apoiado pelo PDS e pelo regime militar, estava o empresário e deputado federal Paulo Maluf, ex-prefeito e ex-governador biônico do Estado de São Paulo; do outro lado, estava o mineiro Tancredo Neves, candidato da Aliança Democrática, bloco que reunia os partidos da oposição (exceto o PDT, que no entanto votou em Tancredo, e o PT, que se negou a ser conivente com um pleito realizado por via indireta).

Em 15 de janeiro de 1985, foram eleitos Tancredo Neves e José Sarney, respectivamente presidente e vice-presidente da República.

BRASIL — DÍVIDA EXTERNA BRUTA NO GOVERNO FIGUEIREDO (1979-1985) EM BILHÕES DE US$	
1979	49,9
1980	53,8
1981	61,4
1982	69,6
1983	81,3
1984	91,0
1985	95,8

Fonte: *Almanaque Abril 97*. São Paulo: Abril, 1997.

"Vai passar
Nessa avenida um samba popular
Cada paralelepípedo
Da velha cidade
Essa noite vai
Se arrepiar
Ao lembrar
Que aqui passaram sambas imortais
Que sangraram pelos nossos pés
Que aqui sambaram nossos ancestrais.
Num tempo
Página infeliz de nossa história
Passagem desbotada na memória
Das novas gerações
Dormia
A nossa pátria mãe tão distraída
Sem perceber que era subtraída
Em tenebrosas transações. [...]"

Chico Buarque de Hollanda e Francis Hime. Vai Passar.

REPRODUÇÃO

Capa do LP Chico Buarque, *1984.*

MAURÍCIO SIMONETTI/PULSAR

A campanha pelas Diretas Já foi um dos maiores movimentos cívicos realizados no Brasil em todos os tempos. Comício das Diretas Já na Praça da Sé, na cidade de São Paulo, em janeiro de 1984.

O presidente eleito não chegou a ser empossado em razão de um câncer no intestino, agravado por infecção hospitalar, que o levou à morte em 21 de abril daquele mesmo ano. O fato gerou comoção nacional: a coincidência de datas — 21 de abril é também a data de morte de Tiradentes — reforçava a aura de mártir emprestada a Tancredo. Na data marcada para a posse, 15 de março de 1985, a faixa presidencial foi entregue ao ex-líder da Arena e ex-presidente do PDS, José Sarney. Nasceu assim um novo (e conturbado) período para o povo brasileiro: a Nova República.

Seguindo a canção...

Poucas décadas foram tão criativas — e ao mesmo tempo tão marcadas pela repressão — como a década de 1960. Em todo o planeta, os jovens protestaram contra um mundo burocratizado e materialista.

Valendo-se das mais diferentes formas de manifestação, parte da juventude procurou criar novas formas de expressão e recriar modelos de relacionamento com a natureza e os seus semelhantes.

Dentre essas manifestações, a música é uma das que mais merecem destaque, em especial o *rock'n'roll* dos Beatles, dos Rolling Stones, do Pink Floyd e de todas as demais personalidades do *underground*. Letras aparentemente ingênuas dos anos 50 cederam lugar a poesias mais complexas e elaboradas. Assim, o *rock'n'roll* se impôs como um estilo que veio para ficar. Os acordes primários e repetitivos e as letras com temática pouco variada foram sucedidos pelos poemas de temática existencialista.

No Brasil, o cenário musical seguiu as influências europeias e americanas. Ocupando o espaço deixado pelo futebol em 1965, quando os clubes vetaram a transmissão dos jogos pela televisão, deixando grande quantidade de televisores desligados nas tardes de domingo, a TV Record lançou o programa *Jovem Guarda*. Tinha o comando de Roberto Carlos e reunia um "time" que colecionaria sucessos por vários

W. SANTOS/AJB

Apresentação do programa televisivo Jovem Guarda, *em São Paulo, em 19 de janeiro de 1968. O programa projetou artistas como Roberto Carlos e Wanderléia, que seguiam os rastros dos movimentos culturais contestadores da década de 1960.*

CID

Capa do disco Tropicália *ou* Panis et Circencis *de 1968, de Caetano Veloso e Gilberto Gil, que faz parte de um amplo movimento de renovação musical e artística que provocou uma verdadeira revolução na cultura e na moral brasileira no final de década de 1960.*

anos: Erasmo Carlos, Wanderléia, Sérgio Reis, Martinha, os Vips, Jerry Adriani, Golden Boys e muitos outros.

Assim como a "beatlemania", a Jovem Guarda se tornou uma febre para a juventude brasileira. Nós tínhamos nossos próprios reis do iê, iê, iê! A grande maioria das músicas eram versões de sucessos do *rock'n'roll*, como o *Calhambeque* e *Splish Splash*, de Roberto Carlos, ou versões dos Beatles, como *Menina linda* (*I should have know better*), de Renato e Seus Blue Caps. Embora fiéis às regras criadas pelos pioneiros do *rock* nos anos 50, essas criações serviram como base para o surgimento de uma música mais tropical e diferenciada.

A música brasileira dos anos 1960 não viveu apenas da Jovem Guarda. Os festivais da TV Record também empolgaram as plateias e abriram espaço para artistas como Chico Buarque de Hollanda, Elis Regina, Gilberto Gil, Jair Rodrigues, Geraldo Vandré e muitos outros.

Outro espaço valioso para a música brasileira foi o programa *O Fino da Bossa*, apresentado na TV Record por Elis Regina e Jair Rodrigues, mostrando o melhor do samba e da bossa-nova. Surgiu também o **Movimento Tropicalista**, com sua proposta de criar uma arte ampla, combinando elementos da cultura popular brasileira com aspectos da sociedade urbana e industrial e influências internacionais. Os principais representantes do tropicalismo foram Caetano Veloso, Gilberto Gil, Gal Costa, Tom Zé e Os Mutantes (grupo do qual fazia parte Rita Lee).

Esse movimento expôs, sem preconceitos, todas as influências da MPB, de Luís Gonzaga a Vicente Celestino. O tropicalismo equivaleu ao movimento modernista de 1922, sendo inegável o caráter antropofágico da arte de Caetano Veloso, um dos maiores nomes do tropicalismo e um dos expoentes da MPB atual.

As inovações culturais do período não se limitaram à música. Os filmes *Deus e o diabo na terra do sol* (1964) e *Terra em transe* (1967), de Glauber Rocha, e *Vidas secas* (1963), de Nélson Pereira dos Santos, são exemplos de uma nova proposta para o cinema brasileiro. Era o **cinema novo**, um movimento que procurava levar para as telas os problemas sociais do Brasil, com uma linguagem própria da nossa cultura.

Não obstante, toda essa efervescência dos anos 60, a utopia de uma arte sem barreiras, comandada por nomes como Caetano Veloso, Chico Buarque, Milton Nascimento, Geraldo Vandré, Edu Lobo e Os Mutantes, encontrou um rival quase imbatível: a repressão.

No final das contas, quem terá vencido?

ARQUIVO DO ESTADO DE SÃO PAULO

Cena do filme Deus e o diabo na terra do sol, *do diretor Glauber Rocha, 1964. O filme representa uma das produções do Cinema Novo.*

TEXTO COMPLEMENTAR

A arte de Ziraldo

A charge é a leitura satirizada de uma época, geralmente veiculada pela imprensa. Seus desenhos bem-humorados são um poderoso instrumento de crítica social e política.

A charge é uma representação visual elaborada por artistas que, por meio de seus traços simples e caricatos, denuncia abusos sofridos pela população e faz sátiras da situação política, social e econômica de um país.

Um dos maiores expoentes no Brasil desse tipo de arte é o mineiro Ziraldo, autor das charges abaixo.

ZIRALDO

Charge de Ziraldo Ame-o ou ... Deixe-o, *1984.*

ZIRALDO

Charge de Ziraldo sobre a conquista do tricampeonato da Copa do Mundo de futebol, no México, em 1970.

Compreendendo o texto

1. A que fato a charge 1 faz referência? E a charge 2? A quais períodos do regime militar as charges dizem respeito?
2. Que tipo de crítica está implícita na charge 1? E na charge 2?
3. Procure em jornais ou revistas uma charge atual. Analise o conteúdo da charge, identificando os personagens, os fatos e as críticas a que se refere o desenho.

ATIVIDADES

Explorando o conhecimento

1 Em 1964, ainda durante o governo de João Goulart, o embaixador norte-americano Lincoln Gordon afirmou: "Nuvens sombrias se fecham sobre nossos interesses econômicos no Brasil".

Com base nos conhecimentos obtidos no capítulo:

a) Identifique as medidas do governo João Goulart que incomodaram o embaixador americano.

b) Descreva as ações do governo norte-americano em relação ao golpe de 1964.

2 A foto a seguir mostra uma das partidas de futebol mais empolgantes da Copa de 1970, quando a seleção brasileira venceu a equipe italiana por 4 x 1, conquistando o tricampeonato.

ARI GOMES/AJB

Pelé, Jairzinho e Rivelino na partida final da Copa do Mundo de 1970, no México.

Explique como o governo brasileiro da época utilizou essa vitória para atingir fins políticos.

3 Leia o depoimento abaixo.

Ofensiva política e reação humorística

"A ofensiva da direita prosseguia em todos os campos. Lançaram o Primeiro Ato Institucional, ainda sem número. Logo após as eleições, que deram a vitória à oposição na Guanabara e em Minas, editaram o AI-2, suprimindo os partidos políticos e decretando eleições indiretas para governador. No Rio, tinha vencido o Negrão de Lima, que tomaria posse em 1965 e estaria no governo ainda em 1968, já durante as grandes passeatas de meio do ano. A supressão das eleições diretas não chegou a provocar uma reação na massa. Foi apenas mais um ato, um pouco obscuro no seu texto, e que a maioria das pessoas recebeu um pouco resignadamente. Não sei se no carnaval de 1966, creio que foi por ali, ainda se via a banda de Ipanema desfilando com um imenso cartaz de Tomé de Souza dizendo: 'Para Governador Geral, Tomé de Souza'. Era uma crítica bem-humorada, uma espécie de precursora do tipo de oposição que o Pasquim surgiria para fazer, após o AI-5."

GABEIRA, Fernando. *O que é isso, companheiro?* Rio de Janeiro: Codecri, 1979.

a) Explique o significado da expressão Ato Institucional e descreva os principais atos institucionais que caracterizaram a ditadura militar.

b) Cite duas formas de reação à ditadura apresentadas no texto.

4 Com base nas informações obtidas no capítulo e na tabela da página 666, caracterize a política econômica dos governos militares.

5 Leia o boxe *Oposição e movimentos sociais*, na página 664, e explique o papel das instituições da sociedade civil no processo de abertura política.

6 Leia os versos das canções a seguir.

1 "Caminhando e cantando e seguindo a canção
Somos todos iguais, braços dados ou não
Nas escolas nas ruas, campos, construções
Caminhando e cantando e seguindo a canção

Vem, vamos embora, que esperar não é saber,
Quem sabe faz a hora, não espera acontecer [...]

Há soldados armados, amados ou não
Quase todos perdidos de armas na mão
Nos quartéis lhes ensinam antigas lições
De morrer pela pátria e viver sem razão"

(Caminhando) Pra não dizer que não falei das flores. Geraldo Vandré.

2 "De que vale o céu azul e o sol sempre a brilhar
Se você não vem e eu estou a lhe esperar
Só tenho você no meu pensamento
E a sua ausência é todo o meu tormento
Quero que você me aqueça nesse inverno
E que tudo o mais vá pro inferno.

De que vale a minha boa vida de *playboy*
Se entro no meu carro e a solidão me dói
Onde quer que eu ande tudo é tão triste
Não me interessa o que de mais existe
Quero que você me aqueça nesse inverno
E que tudo o mais vá pro inferno."

Quero que vá tudo pro inferno. Roberto Carlos e Erasmo Carlos.

a) Qual das canções expressa uma crítica à ditadura? Justifique sua resposta citando trechos da canção.

b) Você conhece alguma canção atual que contenha críticas sociais ou políticas? Dê exemplos.

7 A imagem superior da página 667 registra um momento muito importante da história recente do Brasil. Observe com atenção a foto e responda.

a) Onde e quando ocorreu o acontecimento registrado pela foto?

b) A que mobilização política importante essa foto está relacionada?

c) Produza um breve texto sintetizando os objetivos dessa mobilização nacional e os resultados que ela produziu.

A HISTÓRIA E O TEMPO PRESENTE

8 Leia o depoimento a seguir.

O ano que não terminou

"1968 foi um ano, como já disse Zuenir Ventura, que não acabou. Foi um ano onde, na verdade, houve uma revolta do espírito da juventude contra o autoritarismo no mundo todo. No Brasil, a juventude se rebelou, primeiro contra o autoritarismo (na família, na escola, na sociedade), e fez uma revolução de comportamento (na roupa, no modo de falar, nos direitos da mulher, no modo de cortar o cabelo, na linguagem e também na cultura: cinema novo, música popular brasileira, teatro de arena).

O movimento estudantil [...], como se fosse a voz de uma grande parcela da sociedade que não se conformou, resistiu e queria derrubar a ditadura (por isso que se chamava 'movimento contra a ditadura'). Também era uma defesa do acesso à educação, da igualdade de oportunidades, da educação pública. E também de um projeto para o País, um projeto nacional. Daí o apoio à ciência e tecnologia. Um movimento que se estendeu e teve o apoio de jornalistas, intelectuais, artistas, dos sindicatos que queriam renascer e resistiam à ditadura."

Depoimento de José Dirceu à Radio Eldorado.
O Estado de S. Paulo, Especial 1968.
Disponível em www.estadao.com.br

Conforme mostra o texto, na década de 1960 uma parte da juventude brasileira envolveu-se com política fazendo oposição à ditadura.

a) Por que 1968 ficou conhecido como o ano que não terminou?

b) Você acha que a juventude atual se interessa por política? Converse com seus colegas e anote no caderno as conclusões.

Vestibular / ENEM

1 (Fuvest-SP) "Na presidência da República, em regime que atribui ampla autoridade e poder pessoal ao chefe de governo, o Sr. João Goulart constituir-se-á, sem dúvida alguma, no mais evidente incentivo a todos aqueles que desejam ver o país mergulhado no caos, na anarquia, na luta civil."

(Manifesto dos ministros militares
à Nação, 29 ago. 1961.)

Este Manifesto revela que os militares:

a) estavam excluídos de qualquer poder no regime de democracia presidencial.

b) eram favoráveis à manutenção do regime democrático e parlamentarista.

c) justificavam uma possibilidade de intervenção armada em regime democrático.

d) apoiavam a interferência externa nas questões de política interna do país.

e) eram contrários ao regime socialista implantado pelo presidente em exercício.

2 (UEPG-PR) Sobre o período do regime militar no Brasil (1964-1985), identifique o que for correto.

a) Os militares raramente atuaram em bloco na esfera política. Dividiram-se em diversas correntes, embora houvesse pontos de aproximação entre elas. Castelistas, nacionalistas, a linha-dura, o poder de cada um desses grupos variou ao longo do período.

b) O regime consistiu num simples instrumento da classe dominante, que foi beneficiária de todas as políticas governamentais, participando efetivamente da condução da esfera econômica.

c) Os militares deram destaque a uma burocracia técnica de Estado, em especial o setor ligado à política econômica.

d) Esse período conheceu três fases de institucionalização do Estado. Na primeira, abrangendo os governos Castello Branco e Costa e Silva, foram lançadas as bases do Estado de Segurança Nacional; na segunda, governo Médici, foram desenvolvidos o modelo econômico e o aparato repressivo; e na terceira, governos Geisel e Figueiredo, foram adotadas práticas políticas conhecidas como "dissensão".

e) O regime não teve características fascistas, pois não se realizaram esforços para organizar partido único acima do Estado e para organizar o apoio das massas.

3 (UFF-RJ) A economia brasileira, em fins da década de 1960, apresentou um novo direcionamento analisado de modo ambíguo pelos especialistas: tanto corresponderia a uma política distributivista, quanto a uma política econômica altamente concentracionista da riqueza e da renda do país.

Apesar dessa ambiguidade, não se pode negar que, nesse período:

a) o aspecto concentracionista da economia foi determinado pela violência da perseguição política movida pelo regime militar aos setores médios urbanos.

b) o novo direcionamento econômico elevou o nível médio salarial da classe operária no Brasil.

c) o cunho distributivista da economia brasileira, para os que o defendem, teve sua origem no caráter altamente democrático de participação no mercado financeiro.

d) a característica distributivista deveu-se ao aumento da renda dos trabalhadores do setor primário da economia.

e) a economia concentracionista deveu-se à política de arrocho salarial seletiva, praticada pelos governos militares.

4 (Unicamp-SP) Em 1970, o Brasil se consagrou tricampeão mundial de futebol, quando se cantava:

"Noventa milhões em ação,

pra frente, Brasil

do meu coração. [...]

Salve a seleção."

Falava-se de um "Brasil Grande", "Brasil Potência", e distribuíam-se adesivos com a inscrição "Brasil, ame-o ou deixe-o". Com bandeiras do Brasil na mão, cantava-se repetidamente "Este é um país que vai pra frente".

GASPARI, Elio. *A ditadura escancarada.* São Paulo: Companhia das Letras, 2002. Adaptado.

a) Relacione *slogans* como "Esse é um país que vai pra frente" com o chamado "milagre econômico".

b) Relacione o *slogan* "Ame-o ou deixe-o" com a repressão do regime militar instaurado em 1964.

c) Cite e caracterize um movimento de oposição ao regime militar.

5 (UFMG) Considerando-se a atuação dos partidos políticos no Brasil entre 1964 e 1984, é incorreto afirmar que:

a) o Movimento Democrático Brasileiro (MDB) foi uma frente de oposição desde sua criação, nos anos 1960, até os anos mais duros do Regime Militar, o que lhe rendeu perseguições e rígido controle.

b) o Partido da Social Democracia Brasileira (PSDB) foi criado, no fim dos anos 1970, como opção para setores médios ansiosos pelo alinhamento à nova ordem mundial, capitaneada pelo FMI e pelo neoliberalismo.

c) o Partido Trabalhista Brasileiro (PTB) criado no início dos anos 1980 teve sua legenda disputada por diferentes seguidores de Vargas, mas, na prática, revelou-se distante do trabalhismo histórico.

d) a Aliança Renovadora Nacional (Arena), criada nos anos 1960, foi um dos principais esteios do Regime Militar, sustentando até atos que atentavam contra a liberdade do próprio Parlamento.

6 (Uerj) "A Lei da Anistia foi a coroação de uma luta e o início de um processo irreversível de democratização. [...] Não foi concessão. Foi conquista."

Deputado Sigmaringa Seixas

"Não vimos a anistia como perdão, mas como esquecimento. Passaram um borrão na história".

Deputado Ricardo Zarattini. *O Globo*, 8 ago. 2004.

Os posicionamentos dos deputados acima refletem diferenças observadas na sociedade civil brasileira no tocante à redação final da Lei da Anistia, aprovada pelo Congresso Nacional, em 28 de agosto de 1979.

a) Apresente duas críticas feitas por segmentos da sociedade brasileira ao conteúdo do projeto de lei de anistia enviado ao Congresso pelo governo Figueiredo.

b) Dentre as medidas liberalizantes que antecederam a Lei da Anistia, encontra-se a revogação do Ato Institucional nº 5, em outubro de 1978. Cite duas prerrogativas que tenham sido atribuídas ao presidente da República pelo AI-5.

7 (UFPI) Leia, com atenção, o depoimento do general Bandeira a respeito da participação dos militares na política brasileira:

"No movimento de 1964, a ideologia política foi puramente a de preservar o regime democrático. Essa foi a grande mola que conduziu o movimento".

D'ARAÚJO, Maria Celina et al.
Visões do golpe: a memória militar sobre 1964.
Rio de Janeiro: Relume-Dumará, 1994.

Considerando a tendência interpretativa da História, na atualidade, é correto afirmar que:

a) a real compreensão da situação política nacional fundamenta-se na objetividade do conhecimento histórico, isento de intencionalidade política.

b) a interpretação do referido militar é inaceitável, pois no estudo da história torna-se imprescindível um maior distanciamento cronológico entre o depoente e a realidade estudada.

c) a renovação metodológica, decorrente da valorização da história oral no Brasil, propiciou um novo entendimento a respeito da visão democrática dos militares.

d) a marca da objetividade, nos estudos históricos, comprova a validade da opinião apresentada, evitando uma versão partidária da história.

e) o testemunho apresentado, mesmo considerando a realidade política brasileira, vivida a partir de 1964, comprova a presença da subjetividade na interpretação histórica.

8 (UFMG) O Cinema Novo e o movimento de renovação teatral liderado pelo Teatro de Arena e pelo Grupo Oficina foram expressões artísticas, com objetivos e características comuns, afinadas com o contexto brasileiro das décadas de 1950 e 1960 do século passado.

Entre as características desses movimentos culturais, não se inclui a:

a) vinculação a grandes estúdios cinematográficos e a companhias teatrais já estabelecidas.

b) concepção da obra de arte como meio de conscientização política, influenciada por tendências de esquerda.

c) crítica à realidade brasileira, aos seus problemas e contradições, com forte conteúdo social.

d) realização de produções de custos reduzidos, caracterizadas pelo uso de novas linguagens e inovações cênicas.

Ampliando o conhecimento

Leitura

ARNS, Paulo Evaristo. *Brasil:* nunca mais. Petrópolis: Vozes, 2003.
O livro traça um panorama da repressão política durante os anos de 1964 a 1979, a partir de documentos oficiais.

Filmes

Batismo de sangue

Direção de Helvécio Ratton. Brasil, 2006. 110 min.
Em São Paulo, no final da década de 1960, um grupo de frades dominicanos, entre eles Frei Betto, resolve apoiar a luta armada contra o regime militar. Um a um, os frades vão sendo presos e sofrem terríveis torturas na prisão, que marcam as vidas deles para sempre.

O ano em que meus pais saíram de férias

Direção de Cao Hamburger. Brasil, 2006. 110 min.
No ano de 1970 os pais do menino Mauro tiram "férias", um eufemismo para o fato de partirem para a clandestinidade. O menino passa a viver no bairro do Bom Retiro, em São Paulo, junto à comunidade judaica.

Cabra-cega

Direção de Toni Venturi. Brasil, 2005. 107 min.
O filme é a história de dois jovens militantes de esquerda que lutam contra a ditadura militar no Brasil e sonham realizar a revolução socialista no país. Enquanto ele é obrigado a se esconder da repressão, ela é seu único contato com o mundo exterior.

Site

Movimento Tortura Nunca Mais

<http://www.torturanuncamais.org.br>
Site da organização que procura resgatar e divulgar a história das lutas políticas e dos direitos do cidadão no Brasil.

A nova ordem mundial

SARA K. SCHWITTEK GMH/ME/REUTERS/LATINSTOCK

PASCAL ROSSIGNOL/ REUTERS-LATINSTOCK

As torres gêmeas do World Trade Center, em Nova York, em chamas após o ataque de 11 de setembro de 2001.

Capítulos da Unidade 9

UNIDADE 9

Na França, imigrante africano segura uma placa onde se lê "Direito de residência para todos nós", durante ocupação da igreja de Sainte Jeanne d'Arc em Paris, março de 2001.

As fotos destas páginas mostram acontecimentos e personagens que marcaram a primeira década do século XXI.

CHICO SANCHES / EFE / EPA / CORBIS/LATINSTOCK

O presidente da Venezuela Hugo Chávez, com a famosa boina vermelha, durante as comemorações do terceiro aniversário de seu governo. Caracas, 24 de agosto de 2003.

- **Analise as fotos e exponha a situação que cada uma delas representa.**
- **Elabore uma frase que sintetize o que você pensa sobre o período da história que está vivendo.**
- **Qual dessas imagens representa melhor o que você pensa sobre o século XXI? Justifique.**

Capítulo 47

O fim do socialismo real

A falência de um modelo

"[...] O que iria substituí-lo? Aqui não mais podemos seguir o otimismo do século XIX de Marx, que dizia que a derrubada do velho sistema devia conduzir a um sistema melhor, porque a 'humanidade sempre se propõe apenas problemas que pode resolver'. Os problemas que a 'humanidade', ou, antes, os bolcheviques, se propuseram em 1917, não eram solúveis nas circunstâncias de seu tempo e lugar, ou apenas muito incompletamente. E hoje seria preciso um alto grau de confiança para afirmar que no futuro previsível se delineie uma solução para os problemas surgidos no colapso do comunismo soviético, ou que alguma solução surgida dentro da próxima geração pareça aos habitantes da ex-URSS e dos Balcãs comunistas uma melhora óbvia.

Com o colapso da URSS, a experiência do 'socialismo realmente existente' chegou ao fim. Pois, mesmo onde os regimes comunistas sobreviveram e tiveram êxito, como na China, abandonaram a ideia original de uma economia única, centralmente controlada e estatalmente planejada, baseada num Estado completamente coletivizado — ou uma economia de propriedade coletiva praticamente operando sem mercado. Será essa experiência, algum dia, renovada? Claramente não o será na forma desenvolvida na URSS, nem provavelmente em qualquer outra, a não ser em condições de uma guerra econômica total ou algo semelhante, ou em alguma outra emergência análoga."

HOBSBAWM, Eric J. *Era dos extremos*: o breve século XX: 1914-1991. São Paulo: Companhia das Letras, 1995.

PETER TURNLEY/CORBIS/LATINSTOCK

Máquina de refrigerante norte-americano instalada em Moscou, União Soviética, 1990: uma das facetas da perestroika.

A Revolução Bolchevique implantou na União Soviética um modelo centralizador de socialismo, que se enrijeceu ainda mais durante o governo de Stalin.

Todas as tentativas de democratizar o governo foram consideradas contrarrevolucionárias e duramente reprimidas. Esse era o **socialismo real**.

Porém, a excessiva centralização político-administrativa nos países socialistas gerou problemas que se tornaram crônicos: ineficiência, desperdício de recursos, baixa produtividade do trabalho, falta de inovação tecnológica e de capacidade para a produção de bens e serviços, particularmente para atender a uma procura diferenciada e exigente.

▶ O fim da União Soviética

Entre 1985 e 1991, o reformista Mikhail Gorbatchev foi o secretário-geral do Partido Comunista da União Soviética; ele também presidiu o país entre 1990 e 1991. Nesse período, a União Soviética era a segunda potência mundial e o principal polo do bloco socialista europeu. Gorbatchev iniciou uma série de transformações políticas e econômicas que tiveram profundas repercussões na Europa Oriental e também em países de outros continentes, como Cuba, ligados à esfera de influência soviética.

A *perestroika* (reestruturação econômica) e a *glasnost* (transparência ou abertura política) foram apresentadas por Gorbatchev como essenciais à modernização do Estado soviético. Observe um trecho do relato de Gorbatchev sobre sua política de mudanças:

> "A perestroika é uma necessidade urgente que surgiu da profundidade dos processos de desenvolvimento em nossa sociedade socialista. Esta encontra-se pronta para ser mudada e há muito tempo que anseia por mudanças. Qualquer demora para implantar a perestroika poderia levar, num futuro próximo, a uma situação interna exacerbada que, em termos claros, constituiria um terreno fértil para uma grave crise social, econômica e política."
>
> GORBATCHEV, Mikhail. *Perestroika:* novas ideias para meu país e o mundo. São Paulo: Best Seller, 1987.

De início, Gorbatchev encaminhou as reformas de modo lento e gradual, pois ele necessitava alçar aos cargos de direção do partido e do Estado tecnocratas mais jovens que estivessem abertos às transformações. Porém, a população soviética, ávida por uma democracia plena, passou a exigir maior agilidade no pro-

Fonte: FERREIRA, Graça M. L. *Atlas geográfico*: espaço mundial. São Paulo: Moderna, 2003.

cesso de transição. Ao mesmo tempo, reivindicações autonomistas ganharam corpo nas demais repúblicas que compunham a União Soviética.

Em 19 de agosto de 1991, setores conservadores do Partido Comunista e das forças armadas soviéticas sequestraram Gorbatchev, numa tentativa de restabelecer o modelo anterior à *perestroika* e à *glasnost*. Entretanto, o presidente do Soviete Supremo da República Russa, Boris Yeltsin, mobilizou a população de Moscou e de Leningrado e conseguiu frustrar o golpe de Estado. Fortalecido, o dirigente russo proclamou a independência da Rússia e das demais repúblicas. Quando Gorbatchev foi libertado, a União Soviética não existia mais. Em seu lugar surgira a Comunidade dos Estados Independentes (CEI), com autoridade apenas para coordenar os vários países, isto é, sem um governo central.

▷ O difícil retorno ao capitalismo

A necessidade de sintonizar a economia com as reformas políticas que se operavam levou Yeltsin a anunciar, em 1992, um programa radical de desestatização da economia. Entre outras mudanças, foram decretadas a liberação dos preços de taxas de energia e produtos em geral e a abertura aos investimentos estrangeiros. Começou, então, a surgir uma série de problemas totalmente inéditos para a população russa: aumentos abusivos nos preços, inflação, recessão, desemprego e até o crime organizado.

O ano de 1993 assistiu a um confronto aberto e direto entre o presidente da Rússia e o Parlamento, que passou a se opor ao programa de reformas. O embate culminou com a demissão de Yeltsin, determinada por votação parlamentar. Em reação, ele ocupou militarmente a sede do Parlamento, em uma ação que provocou muitas mortes. Com o apoio militar russo e do governo dos Estados Unidos, Yeltsin retomou o controle da situação e reformou a Constituição, reforçando o poder presidencial.

Essas medidas não impediram que 1994 fosse um ano agitado para Yeltsin. Em dezembro, a Rússia lançou uma ofensiva contra os separatistas da Chechênia, uma república do Cáucaso que proclamara sua independência em 1991. Os russos conseguiram retomar dois terços do território, mas a guerra deixou um saldo de 50 mil mortos.

Em dezembro de 1995, o primeiro-ministro da Rússia, Viktor Tchernomirdin, assinou um acordo com o governo títere (controlado pela Rússia) da Chechênia e concedeu à república rebelde maior autonomia em termos de política externa e legislação. O país conquistou o direito de ter Constituição e orçamento próprios, nos moldes dos acordos feitos com outras regiões que haviam se tornado autônomas.

Muitos atribuíram as perturbações político-econômicas que afligiram a Rússia nos anos 1990 à transição da economia socialista para a de mercado. De fato, a passagem de um sistema para outro teve custos sociais elevados e pôs em risco o processo de abertura política. Em 1996, Yeltsin foi reeleito presidente da República Russa, sob a bandeira da construção de um país melhor. No entanto, a inflação, a recessão, o desemprego e o crime organizado tornaram-se problemas constantes no cotidiano do povo russo.

Em 2000, o presidente eleito, Vladimir Putin, recebeu de seu antecessor um país com a economia destroçada e com cerca de 35% da população vivendo abaixo do nível de pobreza. Mas a Rússia dispõe de algumas vantagens. Dentre elas, destacam-se um alto índice de alfabetização, fabulosas reservas de madeira, minério e energia, mão-de-obra qualificada e notável progresso científico.

▷ As dificuldades da economia russa

A grave crise econômica que afligiu os russos a partir do final da década de 1990 foi fruto da transição de uma economia planificada para o modelo capitalista. Ao trocar a gestão socialista pela administração nos moldes capitalistas, os russos tiveram, entre 1992 e 1998, quedas consecutivas do PIB (Produto Interno Bruto), ou seja, do valor total da produção de bens e serviços do país.

A evasão fiscal foi um dos maiores problemas enfrentados pelo governo na época. Muitas empresas e pessoas físicas não pagavam impostos. A **descapitalização** era tão intensa que muitas suspendiam o pagamento dos salários de seus funcionários por vários meses. A falta de capital também levou muitos empresários a operarem entre si por meio de um sistema de trocas que se assemelhou ao escambo.

Por sua vez, os cidadãos comuns, vítimas dos baixos salários e do desemprego, não tinham meios de pagar tributos. A fraude fiscal e os altos gastos do governo russo fizeram do *déficit* público um problema crônico do país. Diante de tantos obstáculos, o Estado viu-se na contingência de recorrer a empréstimos no FMI.

Descapitalização

Redução no valor do capital ou diminuição do patrimônio.

Porto de São Petersburgo, Rússia. Foto de 2005. Após o fim do socialismo burocrático, um intenso movimento de exportação e importação de mercadorias passou a ocorrer com o mundo capitalista, fato que não acontecia antes.

A situação se agravou em julho de 1997, com o início de uma séria crise financeira nos países do Sudeste Asiático que atingiu Coreia do Sul, Indonésia, Tailândia, Malásia e Filipinas – os chamados Tigres Asiáticos –, e provocou a fuga de capitais especulativos. Na verdade, aumentou a desconfiança dos investidores em relação a todas as economias emergentes (incluindo a da Rússia), causando a evasão de capital.

A nova conjuntura obrigou o governo russo a lançar um pacote de medidas restritivas, que englobava a suspensão do pagamento das dívidas externas de bancos e empresas por um período de 90 dias, a substituição dos papéis do governo e a desvalorização do rublo.

Dados oficiais recentes mostram que a economia russa tem apresentado taxas de crescimento econômico favoráveis, especialmente no que diz respeito às exportações. O Brasil, desde os anos 1990, tem expandido suas relações comerciais com a Rússia, exportando sementes, alimentos, peças de vestuário, automóveis e produtos para higiene; em contrapartida, tem importado cloreto de potássio, ureia, amoníaco, álcool etílico, rolamentos, lâminas de ferro e aço, óleo diesel, papel jornal em rolos, peixes congelados, peles e outros.

▸ O colapso do bloco socialista

Uma série de acontecimentos semelhantes aos que ocorreram na União Soviética desorganizou o Leste europeu, causando uma onda de separatismos, nacionalismos exacerbados e conflitos étnicos e religiosos há muito encobertos ou reprimidos. O socialismo real entrou em colapso, provocando o fim do bloco militar do Pacto de Varsóvia e o término da Guerra Fria. Hoje, países como Hungria, República Tcheca e Polônia integram a Organização do Tratado do Atlântico Norte (Otan), aliança militar antes restrita ao bloco Estados Unidos-Europa Ocidental.

▷ Alemanha: a queda do Muro de Berlim

Historicamente, a Alemanha é uma das principais potências europeias e o elo entre a Europa do oeste e os países do leste. Entretanto, sua unidade territorial e nacional foi rompida após a Segunda Guerra Mundial. Em 1949, formou-se, a oeste, a República Federal da Alemanha (RFA), organizada em moldes liberais e sob hegemonia norte-americana; a leste, formou-se a República Democrática Alemã (RDA), baseada no modelo socialista soviético.

Em 1955, a Alemanha Ocidental ingressou na aliança militar do bloco ocidental; logo em seguida, a RDA tornou-se integrante do Pacto de Varsóvia, contrapartida da Otan no bloco oriental. Essa situação exacerbou as rivalidades entre os EUA e a URSS pelo controle da região. O conflito chegou ao auge em 1961, quando as autoridades orientais construíram o **Muro de Berlim**, a fim de evitar fugas do trecho urbano sob controle soviético para as áreas sob controle anglo-franco-americano.

A oportunidade para a reunificação da nação alemã surgiu no final dos anos 1980, a partir das reformas impulsionadas por Gorbatchev na União Soviética. Na época, a República Democrática Alemã era dirigida por Erich Honecker, no poder desde 1971. Honecker recusou-se a promover reformas semelhantes às que ocorriam na sociedade soviética. Sua resistência à abertura acabou provocando fugas em massa dos alemães orientais para o lado ocidental (através da Hungria e da Áustria) e manifestações pró-democracia. Em outubro de 1989, o Partido Comunista substituiu Honecker por Egon Krenz. Em novembro caiu o Muro de Berlim e a Alemanha iniciou seu processo de reunificação.

A unificação política dos dois Estados alemães ocorreu em 1990, mas gerou novos problemas.

Os alemães orientais tinham a expectativa de usufruir os mesmos benefícios que o Estado concedia aos ocidentais; porém, faltavam recursos ao governo. O desemprego, a recessão, um clima social tenso, atentados neonazistas e a diminuição das garantias sociais foram alguns dos desafios enfrentados pela nação alemã na década de 1990.

Os esforços para amenizar o distanciamento provocado por tantos anos de separação física, política e

Derrubada do Muro de Berlim, novembro de 1989.

econômica começaram a frutificar. Isso ficou evidente na Copa do Mundo de Futebol, realizada na Alemanha, em 2006. Tanto a população da parte ocidental quanto a da oriental expressaram, pelos diferentes meios de comunicação, o sentimento de pertencerem a um único país e o orgulho de formar uma só nação. As desigualdades econômicas e até culturais que marcaram as duas Alemanhas ainda persistem, mas têm diminuído de forma acentuada nos últimos anos.

▷ Polônia

Colocada na órbita soviética após a Segunda Guerra Mundial, a Polônia viveu até os anos 1970 um período de prosperidade. Ao mesmo tempo, porém, assumiu uma enorme dívida com alguns bancos ocidentais. No final daquela década, uma grave crise econômica se instalou no país, marcando o início do movimento de oposição polonês, sob a liderança do sindicato **Solidariedade**, primeira instituição operária independente do Leste europeu. No início dos anos 1980, ocorreram greves nas cidades portuárias do Báltico e nas minas de carvão da Silésia. Seguindo a liderança de Lech Walesa, os trabalhadores reivindicavam o direito de greve e a liberdade de organização sindical.

Como resposta, a União Soviética concentrou tropas na fronteira e levou ao poder o então ministro da Defesa, general Wojciech Jaruzelski, que decretou a Lei Marcial, tornou ilegal o Solidariedade e prendeu seus dirigentes. No entanto, as manifestações contra o governo persistiram na década de 1980, sendo apoiadas na época pelo papa João Paulo II, nascido na Polônia.

No final dos anos 1980, Jaruzelski iniciou uma política de distensão. Reconheceu o Solidariedade e deu início a um programa de desestatização da economia. Os anos 1990 assistiram à eleição de Lech Walesa para presidente da Polônia. Chegava ao fim o socialismo real no país.

▷ Bulgária

Os acordos de Yalta, de fevereiro de 1945, colocaram a Bulgária na esfera de influência soviética. Entretanto, a consolidação do regime comunista só ocorreu em 1947, quando o governante Georgi Dimitrov determinou a prisão e o fuzilamento dos deputados oposicionistas. Em 1949, o poder passou às mãos de Vulko Chervenkov, que prosseguiu com a política de industrialização acelerada, coletivização da agricultura e controle policial sobre a sociedade, iniciada pelo governo anterior.

Na década de 1950, Todor Jivkov, um comunista da linha moderada, assumiu o poder e permaneceu à frente do governo búlgaro por 35 anos. Jivkov melhorou o padrão de vida da população e, no final dos anos 1980, tentou adaptar-se às reformas de Gorbatchev, admitindo a presença de candidatos independentes no processo político, o que favoreceu a organização da oposição. Em 1991, a União das Forças Democráticas (UDF) venceu as eleições, pondo fim ao monopólio dos comunistas no poder.

▷ Hungria

A transformação da Hungria em país-satélite da União Soviética ocorreu gradativamente entre os anos de 1945 e 1949. No entanto, na década de 1950, o país passou por um processo de abertura política que se expressou nas medidas adotadas pelo governante Imre Nagy: proclamação de neutralidade da nação húngara, extinção da censura, abertura de fronteiras e retirada do Pacto de Varsóvia.

Em resposta, o governo soviético enviou tropas que invadiram a Hungria em 1956 e esmagaram o regime liberalizante. János Kádár foi colocado no poder em substituição a Nagy, que foi preso e executado.

BETTMANN/CORBIS/LATINSTOCK

Tanques russos nas ruas de Budapeste durante a invasão da Hungria, em 1956, esmagando um movimento que pretendia renovar o socialismo, tornando-o mais democrático.

Kádár governou o país até 1988, quando foi substituído por Károly Grósz. O novo governo, simpatizante da *glasnost* soviética, promoveu o processo definitivo de abertura política.

Os primeiros anos da década de 1990 foram marcados pela retirada das tropas russas do território húngaro e pela vitória eleitoral do Fórum Democrático Húngaro, que aprofundou as reformas econômicas e as mudanças políticas democratizantes.

Romênia

País de língua neolatina com importantes minorias húngaras e ciganas, a Romênia ingressou na área de influência soviética mediante a eleição de políticos comunistas em 1947. Na década de 1960, adotou uma política externa mais independente em relação à União Soviética, principalmente após a subida ao poder do líder Nicolau Ceausescu. Este se recusou, em 1968, a apoiar a invasão da Tchecoslováquia pelo bloco soviético. Mas seu governo não passou de uma ditadura cruel, garantida pela violência da *Securitate*, a polícia política, e pelo massacre das oposições e minorias étnicas.

Em meados dos anos 1980, cansados da repressão e duramente afetados por uma crise econômica, os romenos multiplicaram as manifestações contra o regime de Ceausescu. Em dezembro de 1989, o governo mandou abrir fogo contra uma passeata, ferindo e matando centenas de pessoas. No final do mês, o dirigente romeno teve a ousadia de convocar uma manifestação a favor do governo na capital: o ato popular acabou se transformando em insurreição. Ceausescu e sua mulher, Elena, foram executados. No início de 1990, Iliescu tornou-se presidente, eleito pelo voto popular.

Tchecoslováquia

A Tchecoslováquia nasceu da união das nações tcheca e eslovaca após a Primeira Guerra Mundial, em decorrência da fragmentação do Império Austro-Húngaro. No final da Segunda Guerra Mundial, tropas soviéticas libertaram o país do jugo nazista. A implantação do modelo socialista teve início em 1948, quando os comunistas, liderados por Klement Gottwald, deram um golpe de Estado.

Em 1968 o comunista moderado Alexander Dubcek iniciou uma série de reformas democráticas no país, que se tornaram conhecidas como **Primavera de Praga**. Entretanto, Moscou não aceitou essa guinada e tropas soviéticas invadiram a Tchecoslováquia, obrigando o retorno à linha dura. No final dos anos 1980, as reformas desencadeadas por Gorbatchev favoreceram a **Revolução de Veludo**, assim denominada por ter promovido mudanças sem violência.

Em julho de 1990, o escritor tcheco Václav Havel, líder da oposição democrática, foi eleito presidente e logo deu andamento às reformas econômicas e políticas. Entretanto, um movimento separatista teve início no seio da nação eslovaca e se tornou irreversível em 1992; assim, em 1º de janeiro de 1993, a Tchecoslováquia se dividiu em dois Estados: a República Tcheca e a República da Eslováquia.

Iugoslávia

Os conflitos que levaram à desagregação da Iugoslávia na década de 1990 serviram para mostrar o potencial explosivo, representado pelas diferentes culturas, etnias e religiões de povos obrigados a conviver em um mesmo território por determinação do Estado.

Em outro nível, a guerra na Bósnia expressou o fracasso do projeto de uma Iugoslávia socialista, democrática e respeitadora dos direitos das minorias étnicas e religiosas, desenvolvido pelo fundador do moderno Estado iugoslavo, o croata Josip Broz, conhecido pelo nome de guerra Tito.

Militante comunista, Tito liderou o mais importante movimento de resistência à ocupação nazista do país e, em 1945, proclamou a República Iugoslava, uma federação de seis repúblicas socialistas: Sérvia, Croácia, Bósnia-Herzegovina, Macedônia, Eslovênia e Montenegro, além de duas repúblicas autônomas ligadas à Sérvia, Voivodina e Kosovo. Em 1948, conflitos com Stalin ocasionaram a primeira fratura no bloco do socialismo real: a Iugoslávia deixou de alinhar-se com a União Soviética e procurou seguir uma política independente na Guerra Fria, embora

Soldados sérvios queimam a bandeira da Croácia em Jasenovac, Croácia, 1991, durante os conflitos ocorridos na Iugoslávia.

conservasse estruturas socioeconômicas coletivistas e continuasse a declarar-se socialista.

Preocupado em conservar a frágil unidade iugoslava, Tito procurou fortalecer as repúblicas mais fracas, mas essa política foi posta em xeque com a sua morte em 1980. Sem o carisma e a força integradora do dirigente croata, a crise econômica dos anos 1980 e a eclosão de vários movimentos nacionalistas romperam a frágil unidade do Estado iugoslavo.

A guerra da Bósnia

Em 1992, o assassinato de quatorze muçulmanos bósnios em Sarajevo, capital da Bósnia, por nacionalistas sérvios, desencadeou o conflito mais longo (1.606 dias) e mais violento vivido pela Europa após a Segunda Guerra Mundial. Foi um movimento que se estendeu além da região da Bósnia-Herzegovina e envolveu três grupos étnicos da Iugoslávia: os bósnios, os sérvios e os croatas.

A Bósnia-Herzegovina formou-se a partir da união de territórios de população majoritariamente muçulmana que antes integravam a Sérvia e a Croácia. Nesse território conviviam minorias sérvias (adeptas da Igreja Ortodoxa), minorias croatas (seguidoras do catolicismo romano) e bósnios muçulmanos descendentes de sérvios e croatas convertidos ao islamismo no tempo do domínio turco sobre a região. Essa convivência, de aparência pacífica, foi interrompida no final dos anos 1980, quando na Sérvia renasceu o nacionalismo exacerbado que visava restaurar a Grande Sérvia, incorporando os territórios da Sérvia e de Montenegro, partes da Croácia e quase toda a Bósnia.

Em 1992, os muçulmanos bósnios declararam a independência da Bósnia-Herzegovina. Entretanto, os sérvios não aceitaram a iniciativa, que significaria a frustração dos ideais de criar a Grande Sérvia. Tal situação acabou gerando uma série de combates entre bósnios e sérvios.

Inicialmente, os sérvios obtiveram muitas vitórias e promoveram nos territórios ocupados a chamada **limpeza étnica**, isto é, expulsaram da região os não-sérvios, massacraram civis e aprisionaram populações de outras etnias em campos de concentração construídos durante a Segunda Guerra Mundial. Diante desse contexto, a Bósnia-Herzegovina pediu apoio militar às nações europeias, mas recebeu apenas ajuda humanitária: alimentos e medicamentos. A situação se agravou com a entrada da Croácia no conflito. Primeiramente, os croatas reivindicavam parte do território bósnio e, em um segundo momento, voltaram-se contra a Sérvia.

A ONU elaborou uma proposta de paz que não foi aceita pelas partes. Tal situação provocou o envio de tropas da Otan, mais tarde engrossadas pelas forças de paz da ONU. Não obstante as forças ofensivas enviadas à região, no início de 1995 os sérvios já dominavam 70% da Bósnia-Herzegovina. Em agosto do mesmo ano os croatas venceram os sérvios na batalha de Krajina, tornando a relação de forças mais equilibrada. Esse fato favoreceu a estratégia do presidente norte-americano Bill Clinton de promover as negociações de paz.

Refugiados muçulmanos são retirados de Srebrenica, na Bósnia-Herzegovina, por caminhões das Nações Unidas, em 1993. Mais de 2 mil muçulmanos foram evacuados pelas tropas da ONU durante o conflito.

GRUPOS NACIONAIS NAS REPÚBLICAS DA ANTIGA IUGOSLÁVIA

Fonte: FOVCHER, Michel. Revista *Herodote*, n. 29-30, 1983. p. 101.

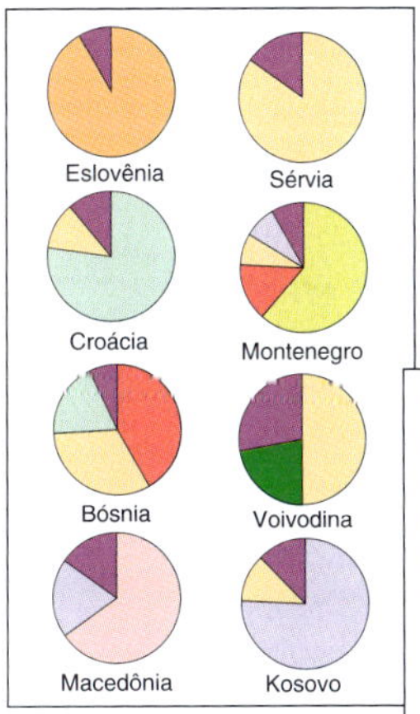

Em novembro de 1995, na cidade norte-americana de Dayton, no estado de Ohio, foi firmado um acordo proposto pelos Estados Unidos que estabelecia a manutenção do Estado da Bósnia-Herzegovina nas suas fronteiras atuais, dividido em uma federação bósnio-croata, abrangendo 51% do território, e uma república de sérvios ocupando os 49% restantes. O governo seria único, isto é, exercido por representantes sérvios, croatas e muçulmanos. O acordo não conseguiu agradar totalmente às três partes envolvidas no conflito, por causa das concessões que cada uma delas seria obrigada a fazer. Entretanto, ele encerrou, mesmo que temporariamente, um conflito que deixou cerca de 100 mil mortos e milhões de refugiados.

A antiga Iugoslávia reunia as repúblicas da Bósnia, Sérvia, Macedônia, Croácia, Eslovênia e Montenegro. Ao final da guerra da Bósnia, em 1995, ela estava reduzida a Sérvia e Montenegro, além das províncias autônomas de Kosovo e Voivodina.

Em maio de 2006, houve nova divisão. Por meio de um referendo, a população de Montenegro foi consultada sobre a autonomia e independência em relação à Sérvia. O Congresso europeu considerou que, se 55% da população votasse sim, pela separação, o resultado seria válido. Mais de 55,5% da população montenegrina votou nesse dia a favor da autonomia, encerrando, dessa forma, os laços com a Sérvia. A 3 de junho de 2006, foi proclamada oficialmente a República de Montenegro, constituindo-se no mais novo país da Europa.

"O reverso da utopia"

A fragmentação da União Soviética e do Leste europeu demonstrou a persistente vitalidade do nacionalismo e a afirmação dos direitos humanos individuais. De acordo com Norberto Bobbio:

> "A catástrofe do comunismo histórico está literalmente à vista de todos. Catástrofe do comunismo enquanto movimento mundial, nascido da Revolução Russa, que prometia a emancipação dos pobres e oprimidos, os 'miseráveis da terra'. [...]. Contudo, isso não significa o fim dos regimes comunistas, que podem durar ainda muito tempo [...]. É inegável, porém, que o fracasso não é apenas dos regimes comunistas, mas da revolução inspirada pela ideologia comunista — ideologia que postulava a transformação radical de uma sociedade vista como injusta e opressora em uma sociedade bem diferente, livre e justa. [...] A maior prova do fracasso é o fato de que todos quantos se rebelaram ao longo desses anos [...] pediam exatamente o reconhecimento dos direitos à liberdade, que constituem o pré-requisito da democracia."
>
> BOBBIO, Norberto. O reverso da utopia. In: BLACKBURN, Robin (org.). *Depois da queda:* o fracasso do comunismo e o futuro do socialismo. Rio de Janeiro: Paz e Terra, 1993.

TEXTO COMPLEMENTAR

A Alemanha em dois tempos

A comparação entre os mundiais de futebol de 1974 e 2006, ambos disputados na Alemanha, ajuda a entender as mudanças que ocorreram no mundo no decorrer desses anos.

"'O futebol é a síntese de seu tempo', resume o historiador José Sebastião Witter, professor aposentado da USP, um dos grandes especialistas da bola como cultura no Brasil. 'Pode-se entender o mundo por meio das Copas.' Não há oportunidade mais adequada que comparar o torneio de 1974 e o de 2006, ambos na Alemanha. Cabe lembrar que naquele tempo havia o Muro de Berlim. [...] Quem abrigou os jogos foi a Alemanha Ocidental (não houve partidas em Berlim). Respirava-se política, e ela entrava em campo. Hoje, não. Há um mês, Sérvia e Montenegro separaram-se por decisão em referendo. No entanto, a seleção defenderá um país que já não existe. Com a avalanche do *marketing*, perdeu-se muito dessa metáfora do esporte como retrato das sociedades. 'O que vale, atualmente, são os dólares e os euros, embora eles não consigam apagar a força do futebol quando o jogo começa', diz Witter. [...]

Ronaldinho Gaúcho, o gênio da bola, é parte de uma geração que, movida a vastos contratos de publicidade, trocou seu país pelo sucesso profissional na Europa. São jogadores que, diante da globalização, comportam-se de maneira curiosa: são cosmopolitas porque vivem em cidades como Barcelona e Milão, mas fazem questão de transferir a família, como se estivessem transportando junto o Brasil, no avesso da globalização. [...] É fenômeno mundial, e também nesse aspecto pôr lado a lado 1974 e 2006 embute conclusões interessantes. Em 1974, os 22 jogadores da Seleção de Zagallo atuavam no Brasil – agora, apenas Rogério Ceni, Ricardinho e Mineiro, reservas, batem ponto em clubes nacionais. [...]

Ninguém questiona a força do futebol, embora, tanto há 30 anos como hoje, ele seja incapaz de estancar os paradoxos que a realização do torneio na Alemanha ampliará. As seleções africanas, de países mergulhados na miséria, levarão a campo atletas que são estrelas internacionais, como o marfinense Drogba (Chelsea) e Michael Essien (também do Chelsea), craque de Gana. Em contrapartida, uma seleção rica como a da Alemanha terá atletas praticamente desconhecidos, com raras exceções como Michael Ballack, do Bayern de Munique. [...] Como na Alemanha o código de nacionalidade foi sempre ligado ao direito de sangue e não de território, os jovens sempre se identificaram mais com o país de origem de seus pais do que com aquele em que vivem, [...] diferentemente do que ocorre com a França miscigenada, liderada por um filho de argelino: Zinedine Zidane."

ALTMAN, Fábio. A Alemanha em dois tempos. Revista *IstoÉ*. Disponível em <www.terra.com.br/istoe>. Acesso em 9 out. 2007.

Compreendendo o texto

1. Por que, segundo o historiador José Sebastião Witter, "o futebol é a síntese de seu tempo"?
2. Por que, para o historiador, o futebol vem perdendo a metáfora de retrato da sociedade? Você concorda com a posição defendida por ele? Justifique?
3. Na sua opinião, é importante para um país sediar um evento como a Copa do Mundo? Converse com seus colegas sobre o assunto.

ATIVIDADES

Explorando o conhecimento

1 Releia o texto de Gorbatchev da página 677. Depois, faça o que se pede.

a) Defina *perestroika* e *glasnost*.

b) Explique por que as últimas quatro linhas do texto têm um significado profético em relação à história da União Soviética.

2 Observe o mapa da página 677.

a) Descreva, em uma frase, o processo que ele representa.

b) Com base em seus conhecimentos, explique quais problemas esse processo apresentou.

3 Elabore uma tabela listando, na primeira coluna, o nome dos países da Europa Oriental e, na segunda, a data da queda do regime socialista. Com base nessa tabela, identifique a influência da queda do regime soviético nos demais países da Europa Oriental.

4 Explique o significado de:

a) CEI.

b) Sindicato Independente Solidariedade.

c) Revolução de Veludo.

5 A respeito da eleição de um cardeal polonês, Karol Wojtyla, que assumiu o pontificado no final dos anos 1970 com o nome de João Paulo II, responda:

a) Qual sua participação política no processo de oposição ao regime comunista?

b) Como era a relação entre o chamado "socialismo real" e as igrejas até então?

6 Observe a foto na página 680. Dê um título para ela e produza um texto sobre o significado histórico do acontecimento que essa foto registrou.

7 Construa uma linha de tempo registrando os principais acontecimentos que marcaram o fim dos regimes socialistas no Leste europeu.

A história e o tempo presente

8 Leia a reportagem a seguir.

Massacre de inocentes em Beslan

"Nada justifica a matança de quase duas centenas de crianças como a cometida por um grupo de terroristas islâmicos chechenos e árabes numa escola no interior da Rússia. [...] O assalto aos inocentes teve início na quarta-feira, quando três dezenas de terroristas invadiram o ginásio da escola, onde pais e alunos comemoravam o primeiro dia de aula do ano letivo russo, e terminou na sexta-feira, quando forças policiais russas mataram a maioria dos terroristas e libertaram os reféns sobreviventes. Em uma primeira contagem foram encontrados mais de 200 mortos, incluídos os adultos. [...] As cenas pungentes de homens carregando crianças queimadas e dilaceradas e da fila de pequenos corpos mortos cobertos de lençóis, transmitidas para todo o mundo pela televisão, abrem um novo capítulo no entendimento da sombria ameaça representada pelo terrorismo."

BARELLA, José Eduardo. O massacre dos inocentes. *Veja*, 8 set. 2004. Disponível em <http://veja.abril.com.br>. Acesso em ago. 2007.

a) Caracterize o movimento separatista da Chechênia.

b) Compare a crise política da Chechênia com as manifestações de nacionalismo na ex-Iugoslávia e explique que conflitos culturais e ideológicos substituíram a oposição capitalismo/socialismo nos movimentos separatistas.

9 Analise a foto abaixo e responda.

a) A foto remete a que acontecimento na União Soviética no ano de 1991?

b) Faça um breve relato desse acontecimento e dos resultados que ele produziu para a então União Soviética e para os movimentos e partidos de esquerda em todo o mundo.

REUTERS/LATINSTOCK

Boris Yeltsin acena para a multidão em frente ao Parlamento russo, em 1991.

Vestibular / ENEM

1 (UFPE) Sobre a desagregação do bloco socialista, é incorreto afirmar que:

a) as reformas iniciadas por Gorbatchev impulsionaram o processo de desmembramento da União Soviética e de democratização dos países do Leste europeu.

b) a queda do Muro de Berlim assinalou o colapso do socialismo na Alemanha Oriental.

c) a fracassada tentativa golpista do vice-presidente Guennadi Yanayev impulsionou o declínio de Gorbatchev e a ascensão de Bóris Yeltsin.

d) como consequência dessa desagregação, houve a abertura econômica e política da China.

e) na Iugoslávia, o fim do socialismo ocorreu paralelamente a uma guerra civil.

2 (Uerj)

Tropas russas avançam na Chechênia

"Tropas terrestres da Rússia começaram ontem a avançar sobre a Chechênia e ocuparam cinco pequenas cidades do Norte da república separatista. [...]

Além da ofensiva militar, a Rússia ataca a Chechênia no terreno político. O primeiro ministro russo, Vladimir Putin, anunciou que não reconhecia mais a legitimidade do presidente checheno."

O Globo, 2 out. 1999.

Os conflitos de caráter nacionalista que hoje se verificam na antiga URSS estão relacionados ao desmantelamento do antigo mundo comunista soviético.

Um dos fatores que contribuiu para acelerar a crise da URSS foi:

a) falta de apoio do Ocidente às mudanças de Mikhail Gorbatchev.

b) implementação da indústria de bens de consumo por Boris Yeltsin.

c) tentativa do golpe militar conservador de 1991 contra Boris Yeltsin.

d) o processo de reformas políticas e econômicas de Mikhail Gorbatchev.

3 (UFMG) O ano de 1989 representou o ápice da crise do socialismo real.

Considerando-se os desdobramentos dos acontecimentos desse ano, é **correto** afirmar que:

a) na Alemanha, apesar da queda do Muro de Berlim, a reunificação foi adiada, em razão do enorme desequilíbrio econômico e social entre as regiões oriental e ocidental.

b) na China, se iniciou um processo de reforma do Estado que possibilitou a democratização das estruturas de poder pela adoção do pluripartidarismo, de eleições livres e da abertura da imprensa.

c) na Polônia, na Hungria, na Tchecoslováquia e na Romênia, os governos foram derrubados e reformas políticas e econômicas liberalizantes começaram a ser adotadas.

d) na Tchecoslováquia, na Hungria e na Romênia, se iniciaram movimentos de reforma do Estado em direção à construção de um novo socialismo, mais humanista e pluralista.

4 (Unifesp)

"Embora o terreno ideal do socialismo-comunismo tenha desmoronado, os problemas que ele pretendeu resolver permanecem: o uso descarado da vantagem social e o desordenado poder do dinheiro, que muitas vezes dirige o curso mesmo dos acontecimentos. E se a lição global do século XX não servir como uma vacina curativa, o imenso turbilhão vermelho pode repetir-se em sua totalidade."

Soljenitsin, A. *The New York Times*, 28 nov. 1993.

Do texto, depreende-se uma:

a) crítica ao neoliberalismo e a crença na história como um campo aberto de possibilidades.

b) admiração pelo socialismo e a convicção de que o futuro histórico pertence ao comunismo.

c) hostilidade para com o socialismo e uma visão otimista quanto ao futuro do capitalismo.

d) incompreensão com relação ao capitalismo e ao socialismo e cegueira com relação ao futuro.

e) aceitação do capitalismo e a aceitação conformista da tese que sustenta o fim da história.

5 (UFG-GO)

"Embora o colapso do socialismo soviético e suas enormes consequências, por enquanto impossíveis de calcular por inteiro, mas basicamente negativas, fossem o incidente mais dramático das Décadas de Crise que se seguiram à Era de Ouro, essas iriam ser décadas de crise universal ou global. A crise afetou as várias partes do mundo de maneiras e em graus diferentes, mas afetou a todas elas, fossem quais fossem suas configurações políticas, sociais e econômicas."

HOBSBAWM, Eric J. *Era dos extremos:* o breve século XX: 1914-1991. São Paulo: Companhia das Letras, 1995. p. 19.

Hobsbawm avalia que a queda do socialismo soviético se insere em um contexto de crise global que se desdobra no mundo contemporâneo. Nessa direção, a crise global:

a) cria uma nova polarização política baseada no antagonismo entre a Europa e os Estados Unidos.

b) favorece a emergência de novas nações, levando à eclosão de conflitos étnicos e religiosos.

c) impede o desenvolvimento de tecnologias capazes de produzir armas químicas, biológicas e atômicas.

d) libera uma grande quantidade de capitais, para o financiamento do desenvolvimento industrial da Rússia.

e) elimina os conflitos políticos e sociais que ameaçavam a hegemonia norte-americana no mundo.

6 (UFPE) Na segunda metade do século XIX, Karl Marx afirmou que o capitalismo substituiria a autossuficiência e o isolamento das nações por "uma circulação universal, uma interdependência geral dos países".

A respeito dessa questão, identifique abaixo as afirmativas verdadeiras.

a) A afirmativa de Karl Marx vem sendo confirmada, na contemporaneidade, pela tendência hegemônica da economia de mercado.

b) Russos e norte-americanos disputaram, de forma acirrada, o domínio do mundo. O século XX viveu a ascensão e o declínio dessa luta.

c) A aparente diminuição da distância geográfica entre as nações muito se deve à intensificação dos meios de comunicação informatizados.

d) A Rússia integrou-se ao mercado capitalista, mas a China ainda resiste, negando-se a participar do comércio global.

e) O crescente fluxo migratório da Ásia e da África para a Europa confirma as análises de Karl Marx, de que o capitalismo produziria: "uma circulação universal e interdependência geral dos países".

7 (UFRJ) Leia o texto a seguir.

"As Revoluções que transformaram a Europa nos três últimos meses de 1989 foram aquele tipo de evento muito raro, de evento que realmente abala o mundo. Os esforços para captar a escala desses acontecimentos há muito se transformaram em lugares-comuns. O terremoto ocorrido no leste, porém, representa mais do que o colapso de seis regimes (Polônia, Hungria, Alemanha Oriental, Bulgária, Tchecoslováquia e Romênia) ou a consequente reorganização do sistema estatal internacional."

CALLINICOS, A. *A vingança da história:* o marxismo e as revoluções do Leste Europeu. Rio de Janeiro: Jorge Zahar, 1992.

Em relação ao processo de desconstituição da União Soviética e do Bloco Socialista, é **correto** afirmar que:

a) o golpe de Estado que dissolveu a União Soviética em 1987, comandado pelo então presidente da Rússia, Boris Yeltsin, desencadeou uma reação em cadeia na qual foram caindo, um a um, os regimes socialistas da Europa do Leste, encerrando-se o processo com a famosa queda do Muro de Berlim.

b) o colapso do Bloco Socialista foi um processo originado nas reformas levadas a cabo na própria União Soviética, através das políticas conhecidas como *glasnost* e *perestroika*, adotadas a partir de meados dos anos de 1980.

c) a desintegração das assim chamadas "democracias populares" foi um processo iniciado em novembro de 1985 com uma revolta popular em Berlim Oriental, responsável por derrubar o muro de Berlim, e espalhou-se posteriormente para os outros países do Bloco, dentre os quais a própria URSS.

d) as reformas realizadas em países como Polônia e Hungria foram responsáveis, em função da íntima vinculação entre os países do Bloco Socialista, por uma reação em cadeia na qual a URSS foi obrigada a adotar as políticas reformistas, conhecidas como *glasnost* e *perestroika*, que levaram à sua desintegração.

e) as políticas de reformas conhecidas como *glasnost* e *perestroika*, desenvolvidas em países do Leste Europeu que queriam se libertar do jugo da URSS, tiveram um incansável adversário em Gorbatchev, o então líder da União Soviética, que queria impedir a dissolução do Bloco Socialista.

8 (Fuvest-SP) A partir dos anos setenta do século XX, muitos ativistas políticos, sobretudo jovens, abandonaram os partidos tradicionais de esquerda e se engajaram em movimentos:

a) partidários, que defendem a construção de estados étnicos autônomos.

b) sociais, que lutam pelos interesses das classes médias e da globalização.

c) feministas, visando à obtenção do direito ao voto, sem distinção de sexo.

d) internacionalistas, que retomam a antiga bandeira socialista de união de todos os explorados.

e) de mobilização mais especializada, notadamente os de defesa do meio ambiente.

Ampliando o conhecimento

Leitura

GORENDER, Jacob. *Fim da URSS*: origens e fracasso da *perestroika*. São Paulo: Atual, 2003.

A obra faz uma análise da trajetória do socialismo na União Soviética, desde suas origens até a *perestroika* e a formação da Comunidade dos Estados Independentes (CEI).

Filmes

Adeus, Lênin!

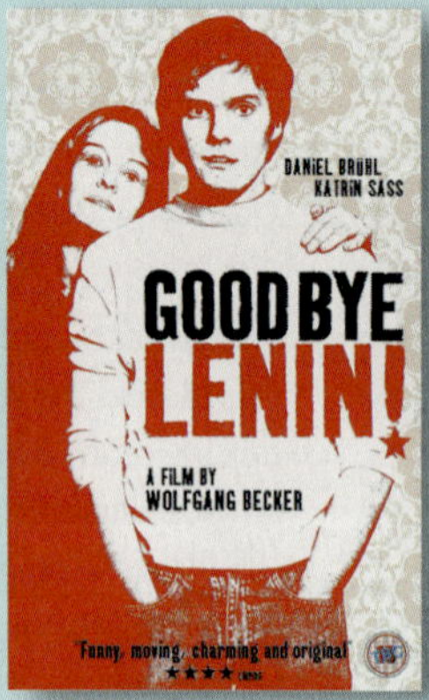

REPRODUÇÃO

Direção de Wolfganger Becker. Alemanha, 2003. 118 min.

Em 1989, na Alemanha, pouco antes da queda do Muro de Berlim, uma mulher entra em coma, assim permanecendo até meados de 1990, quando sua cidade, Berlim Oriental, está sensivelmente modificada. Seu filho, temendo que as drásticas mudanças pudessem prejudicar a saúde da mãe, decide esconder dela os acontecimentos.

Antes da chuva

Direção de Milcho Manchevski. França, Macedônia, Inglaterra, 1994. 110 min.

A história é uma leitura especial dos conflitos étnico-religiosos que assombraram a região da antiga Iugoslávia. O enredo se desenvolve em torno de três histórias emocionantes que discutem, com grande sensibilidade, o confronto entre macedônios ortodoxos e albaneses muçulmanos.

Taxi blues

Direção de Pavel Lounguine. Estados Unidos, França, 1990. 110 min.

Narra a história de um motorista de táxi e de um saxofonista em Moscou. O filme apresenta muitos dos problemas por que passou a União Soviética no momento da *perestroika*. O enredo provoca uma boa discussão sobre antagonismos e carências entre cidadãos de diferentes classes e posturas, vistos sob a ótica de um trabalhador e de um artista.

Capítulo 48

Brasil: da redemocratização aos dias atuais

A luta pela democracia econômica

"No contexto brasileiro atual, a luta pela democratização da economia deve desenvolver-se em dois planos: por um lado, levando adiante um substancial processo de distribuição de riqueza e de renda; [...] por outro lado, impondo uma regulamentação efetiva ao funcionamento do mercado, a fim de controlar a tendência à excessiva concentração da renda, assegurar um padrão de vida decente a todos e impedir que a atividade econômica devaste os recursos naturais do país.

Esses conceitos parecem fora de moda, nesta hora em que o neoliberalismo promove um verdadeiro bombardeio de propaganda em torno das virtudes do mercado livre. [...] Mas o conceito da democratização não pertence ao passado. Basta dar uma olhada nas famílias que vivem embaixo dos viadutos; nas mulheres e crianças que se digladiam, disputando os lixos do Ceasa; nos milhões de jovens que estão fora da escola. [...] Não pode haver democracia política, sem econômica.

Quem sabe agora – que não dá mais para invocar o risco do comunismo, a fim de escapar dessas questões espinhosas – nossa sociedade possa encará-las e fazer com que a democracia política, conquistada a duras penas, favoreça a construção da democracia econômica."

SAMPAIO, Plínio de Arruda. *O Brasil pode dar certo*. São Paulo: Paulinas, 1994.

EVILAZIO BEZERRA/O POVO/AE

Professores e servidores públicos em greve fazem manifestação pelas ruas de Forlaleza, Ceará, reivindicando melhores salários e protestando contra a votação da reforma da previdência na Câmara Federal. Foto de 2003.

O Brasil é um dos países com pior taxa de distribuição de renda no mundo. Em decorrência desse fato, alguns direitos sociais básicos como saúde, educação, habitação, trabalho e respeito às diferenças são infringidos. Um dos frutos da desigualdade mais preocupantes é o aumento da violência, que vem assombrando a população nos últimos anos, especialmente nos grandes centros urbanos.

A violência torna os jovens cada vez mais vulneráveis e se manifesta principalmente nas ruas, nas escolas e no seio de algumas famílias. Hoje, apesar da indiferença e do sentimento generalizado de que o modelo econômico vigente é inabalável, muitos brasileiros manifestam seu repúdio à política social de exclusão, exigem o combate à corrupção, participam de passeatas em lembrança das vítimas da violência e, de modo geral, reivindicam um país melhor e com justiça social.

Assegurar melhores condições de vida para a população mais pobre é apenas o primeiro passo. O combate à corrupção e à impunidade é essencial e garante que esforços sejam tomados para democratizar a economia e manter as vitórias sociais alcançadas. A luta pela construção de um país mais digno continua.

▶ Mais uma eleição indireta!

A derrota do projeto de eleições diretas, de autoria do deputado federal Dante de Oliveira, frustrou grande parte da sociedade civil brasileira. Embora tenha obtido a maioria dos votos, a emenda constitucional precisava ter a aprovação de 2/3 dos deputados — e 112 parlamentares do PDS se ausentaram do plenário. Faltaram apenas 22 votos para a emenda das eleições presidenciais diretas ser aprovada.

Sendo assim, o Colégio Eleitoral novamente decidiu a eleição para o presidente do Brasil, em 1985. Desta vez, porém, a batalha sucessória foi entre dois civis.

A escolha do candidato do governo ficou a cargo dos políticos da antiga Arena, no momento filiados ao Partido Democrático Social (PDS). O escolhido foi Paulo Maluf, que derrotara Mário Andreazza na convenção do partido. Mas muitos governistas contrários a essa candidatura abandonaram o PDS e formaram a Frente Liberal, liderada por Marco Maciel e José Sarney, entre outros.

Este grupo aproximou-se do PMDB, que indicara Tancredo Neves à presidência da República. José Sarney foi indicado a vice de Tancredo, e a nova coligação recebeu o nome de **Aliança Democrática**.

No Colégio Eleitoral, Tancredo derrotou Maluf por 480 a 180 votos. O vencedor recebeu 166 votos da Frente Liberal e também os sufrágios do PDT, que não integrava a Aliança Democrática. O PT se absteve da votação, denunciando a eleição indireta como um arranjo das elites.

A vitória de Tancredo despertou grande entusiasmo popular, como descreve o poeta Ferreira Goulart:

> "Eu estava lá no meio deles. Eu estava lá. Só me neguei a ir para o palanque quando me convidaram. Mas estava lá no meio das massas. Acho que aquilo foi uma maravilha. Quando se decidiu que o Tancredo Neves era candidato, eu já comecei a ficar na maior euforia, fizemos uma reunião aqui no teatro Casa Grande, chamamos o Tancredo, e preparamos um ato que ficou famoso, aquele negócio das mãos dadas para cima, cantando o Hino Nacional, uma coisa organizada por nós. [...] E eu vibrava com aquilo. No dia em que ele foi eleito, nós fizemos uma manifestação em Ipanema. Terminamos bêbados, de alegria e de chope. Estava na maior euforia. Infelizmente, Tancredo em seguida adoeceu."
>
> GOULART, Ferreira. In: DINES, Alberto; FERNANDES JR., Florestan e SALOMÃO, Nelma. *Histórias do poder*: 100 anos de política no Brasil. São Paulo: Editora 34, 2000. v. 1.

ANTONIO RIBEIRO/EDITORA ABRIL

Multidão acompanha cortejo fúnebre de Tancredo Neves, em Belo Horizonte, Minas Gerais, em 23 de abril de 1985.

Mas esse entusiasmo se frustrou, pois na véspera da posse o presidente eleito adoeceu e o vice-presidente José Sarney assumiu a presidência interinamente.

O governo José Sarney (1985-1990)

A morte de Tancredo Neves em 21 de abril, feriado nacional associado à execução de Tiradentes, foi uma coincidência que reforçou, ainda mais, a imagem do novo presidente como mártir da democracia. Na época, muitos brasileiros acreditaram que a morte de Tancredo tinha sido um crime premeditado, organizado pelos militares e por políticos do PDS.

A posse de José Sarney recebeu poucos aplausos. Ex-presidente do PDS, filiado à Arena durante o regime militar, Sarney não era o presidente ideal para muitos brasileiros. Movimentos e partidos de oposição lançaram palavras de ordem que expressavam a indignação com um chefe de Estado associado ao velho regime: "O povo não esquece, Sarney é PDS"; "Sarney não dá, diretas já".

Sem grande apoio popular, o presidente José Sarney iniciou o período conhecido como **Nova República** com dois grandes desafios: recuperar a economia do país, na época com uma inflação na casa dos 200% ao ano, e dar continuidade ao processo de redemocratização.

Avanços políticos, problemas econômicos

Em 10 de maio de 1985, o presidente aprovou uma Emenda Constitucional que restabeleceu as eleições diretas para as prefeituras das capitais e das demais cidades consideradas pelo regime militar áreas de segurança nacional. O projeto extinguiu a fidelidade partidária e abrandou as exigências para registro de novos partidos. Isso permitiu a legalização do PCB e do PC do B e o surgimento de um grande número de pequenas agremiações. A mais importante medida, todavia, foi a convocação de uma nova Constituinte, que viria a promulgar uma nova Constituição em 1988.

Em 1986, aconteceram eleições para os governos estaduais, com esmagadora vitória do PMDB em todo o país. Também foram eleitos deputados estaduais, federais e senadores, sendo que estes dois últimos tinham a importante missão de elaborar a nova Constituição brasileira. Assim, em 1º de fevereiro de 1987, a Assembleia Constituinte deu início aos trabalhos para a elaboração da nova Constituição.

Paralelamente, o governo tentava apresentar soluções para a grave crise econômica e a inflação alta. Em agosto de 1985, o presidente nomeou para o Ministério da Fazenda o empresário paulista Dilson Funaro. O novo ministro lançou no dia 1º de março de 1986 o **Plano Cruzado**.

A moeda nacional, na época chamada cruzeiro, perdeu três zeros, dando origem a uma nova moeda que recebeu o nome de cruzado. O pacote também restringiu o alcance da correção monetária, conservada apenas para as cadernetas de poupança, o FGTS, o PIS-Pasep e certas aplicações financeiras de longo prazo. Essa medida quebrou o círculo vicioso da economia indexada, pelo qual o aumento dos preços gerava a correção dos salários, cujos custos eram repassados aos preços dos produtos. O governo determinou ainda o congelamento de preços e de salários, prevendo-se para estes últimos o reajuste pela média dos seis meses anteriores.

O salário mínimo teve um reajuste imediato de 33%, e todos os salários receberam um abono de 8%. Além disso, foi criado um "gatilho salarial", mecanismo que reajustava automaticamente os salários toda vez que a inflação atingisse 20%.

O Plano Cruzado teve o efeito imediato de conter a inflação e aumentar o poder aquisitivo dos brasileiros. Com isso, cresceu o consumo em todos os extratos sociais. O país foi tomado por um clima de euforia. Milhares de pessoas passaram a vigiar os preços no comércio e a denunciar as remarcações feitas. Eram os **fiscais do Sarney**. Donas-de-casa, munidas com a tabela da Superintendência Nacional do Abastecimento (Sunab), percorriam as prateleiras dos supermercados à procura de mercadorias ilegalmente remarcadas. Proprietários e gerentes de estabelecimentos comerciais foram presos por transgredir a lei.

Novos pacotes econômicos

Quatro meses depois, porém, o Plano Cruzado começou a fracassar. As mercadorias desapareceram das prateleiras dos supermercados, os fornecedores passaram a cobrar ágio, a inflação voltou a subir. O plano sofria o boicote de produtores, empresários e comerciantes, diante da proibição de aumentar os preços das mercadorias. Na verdade, era impossível manter uma economia em funcionamento por meio de medidas proibitivas, que ignoravam as leis do mercado. O consumidor podia denunciar aumentos abusivos nos supermercados, mas ao longo da cadeia produtiva os problemas eram mais complexos.

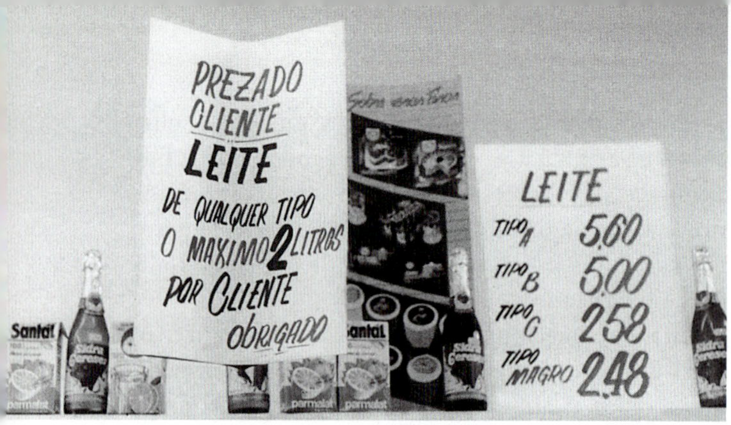

JAIR MALVAZI/AE

O cartaz, afixado em um supermercado, informa os consumidores do racionamento de leite provocado pelo desabastecimento ocorrido durante o Plano Cruzado, em 1986.

O governo ameaçava com a liberalização das importações e a formação de estoques reguladores, mas as ameaças surtiam cada vez menos efeito — até porque os produtores sabiam que estoques reguladores não se improvisam da noite para o dia. Desse modo, desapareceu a oferta dos produtos a preços congelados, que no entanto passaram a ser vendidos com ágio.

Em julho, o governo anunciou a introdução de um empréstimo compulsório de até 25%, por três anos, sobre serviços e bens como viagens internacionais, carros e gasolina. O compromisso era de que o "empréstimo" seria devolvido ao consumidor após o fim do prazo estabelecido e destinava-se a angariar recursos que seriam investidos no desenvolvimento do país. O governo manteve o congelamento até as eleições estaduais e municipais, tentando extrair o máximo de dividendos políticos do pacote — estratégia que, por sinal, revelou-se bastante eficaz.

Até o final do governo Sarney, foram aplicados mais três "choques heterodoxos": o Plano Cruzado II, o Plano Bresser e o Plano Verão, igualmente infrutíferos.

O **Plano Cruzado II** foi apresentado no dia 21 de novembro, logo após as eleições. O governo optou por liberar os preços de serviços e produtos. Autorizou que o aumento do valor dos aluguéis fosse diretamente negociado entre proprietário e inquilino, e determinou que se fizesse o cálculo da inflação com base no cálculo dos gastos das famílias com renda até cinco salários mínimos. Os impostos sobre combustíveis, telefonia, energia elétrica, bebidas, automóveis e cigarros aumentaram. A nova política contribuiu para o declínio das exportações e o aumento das importações, esgotando as reservas cambiais.

Em janeiro de 1987, o Brasil decretou a moratória (suspensão do pagamento da dívida externa). O plano provocou também um aumento generalizado dos preços. A inflação disparou e a população perdeu a confiança no governo. Desgastado, Funaro foi substituído por Luiz Carlos Bresser Pereira.

Em abril de 1987 foi lançado um novo pacote econômico, o **Plano Bresser**. O pacote congelou os preços por dois meses, aumentou as tarifas públicas e os impostos e extinguiu o abono salarial. As negociações com o FMI foram retomadas, suspendendo a moratória. Mas isso não conteve a inflação, que no final do ano chegou a 366%. Em janeiro de 1988, Bresser foi substituído por Maílson da Nóbrega.

Um ano depois, foi lançado o último pacote econômico do desacreditado governo Sarney: o **Plano Verão**. O cruzado perdeu três zeros, dando origem ao Cruzado Novo. O plano incluía também o congelamento do câmbio, dos salários e dos preços de 175 produtos; o fim da correção monetária; a privatização de diversas estatais e cortes nos gastos públicos, com a exoneração dos funcionários contratados nos últimos cinco anos. Mas os cortes não ocorreram e a inflação disparou. Só em dezembro de 1989 os preços subiram 53,55%.

▷ 1988: A Constituição Cidadã

No dia 5 de outubro de 1988 foi promulgada a nova Constituição do país. O presidente da Câmara, Ulysses Guimarães, chamou-a de **Constituição Cidadã**, numa referência aos avanços na área da extensão dos direitos sociais e políticos das minorias e dos cidadãos em geral.

As disposições do novo texto constitucional estenderam o direito de voto aos analfabetos e aos adolescentes entre 16 e 18 anos, o *habeas corpus* teve pleno restabelecimento e foi instituído o *habeas data* (que assegura a todos o acesso a informações de interesse geral ou particular registradas em órgãos públicos). A tortura e o racismo passaram a ser crimes inafiançáveis. Ao capítulo dos direitos individuais e coletivos seguiu-se outro novo, dos direitos sociais. Ele incluía as principais conquistas trabalhistas desde a CLT, estabelecia jornada de trabalho de 44 horas semanais (e não 48), férias com adicional salarial de 1/3, licença-gestante de 120 dias, criação da licença-paternidade, posteriormente fixada em 5 dias, amplo direito de greve (mas dependente de regulamentação), liberdade e autonomia sindical (mantendo a unicidade) e proibição de intervenção nos sindicatos.

O mandado de injunção permitiu ao cidadão recorrer ao Judiciário para garantir direitos constitucionais não regulamentados pelo Legislativo. Partidos e sindicatos adquiriram o direito de impetrarem mandado de segurança coletivo contra ato ilegal ou abuso de poder praticado pelas autoridades. Além disso, foi criado o juizado de pequenas causas; as medidas provisórias substituíram os decretos-leis do

CLÁUDIO VERSIANI/EDITORA ABRIL

Deputados e senadores da Assembleia Nacional Constituinte aprovam a nova Constituição do Brasil, em 5 de outubro de 1988.

regime militar; os benefícios da Previdência Social estenderam-se aos trabalhadores do campo; foram determinadas medidas de proteção do meio ambiente e dos grupos indígenas; foi reconhecido o direito das comunidades remanescentes de quilombos às terras ocupadas por seus antepassados.

"Ao mesmo tempo que representou avanços, especialmente no campo dos direitos sociais, a Constituição de 1988 gerou problemas, como o tempo iria demonstrar. O sistema tributário retirou muitos recursos da União, passando-os aos estados e municípios, sem que estes assumissem obrigações de gastos em nível correspondente. Por sua vez, a manutenção da aposentadoria por idade, para qualquer profissão, sobrecarregou a previdência social, a ponto de torná-la deficitária, apesar da melhoria de seu funcionamento. [...] Por outro lado, a Constituição refletiu o clima de instabilidade vivido pelo país, pois nasceu com o destino de durar pouco, na sua forma original. A própria definição do sistema presidencialista de governo e até mesmo da forma republicana ficaram sujeitas a um plebiscito marcado para 1993. Nesta data a população deveria optar pelo presidencialismo ou pelo parlamentarismo, pela República ou pela Monarquia. Como se sabe, venceram o presidencialismo e a República. Previu-se ainda uma revisão constitucional, a ser realizada cinco anos após a promulgação da Constituição."

FAUSTO, Boris. *História do Brasil*. São Paulo: Edusp, 1995.

▷ As relações internacionais

Durante seu mandato, o presidente Sarney procurou ficar atento às questões ligadas à política externa. O próprio crescimento da dívida externa brasileira contribuía para que o governo se posicionasse diante do conflito Norte-Sul, predominante no cenário internacional à medida que o antagonismo Leste-Oeste da Guerra Fria passava para segundo plano.

Em junho de 1986, Sarney reatou relações diplomáticas com Cuba, rompidas no governo Castello Branco. O governo estendeu também as relações diplomáticas com os países africanos de colonização portuguesa. E, em novembro de 1989, no Encontro de Chefes de Estado de Língua Oficial Portuguesa, em São Luís (MA), foi criado o Instituto Internacional de Língua Portuguesa, importante instrumento de formalização da Comunidade dos Povos de Língua Portuguesa. No entanto, a iniciativa mais expressiva uniu os governos do Brasil e da Argentina. A Declaração de Iguaçu, assinada em novembro de 1985 por Sarney e pelo presidente argentino Raúl Alfonsín, representou um importante instrumento de aproximação com o Estado vizinho, que culminou, em 1991, na formação do Mercado Comum do Sul, o **Mercosul**.

Depois das esperanças suscitadas pelo início da Nova República, e apesar de alguns êxitos no plano internacional, o governo Sarney se encerrava em clima de descrédito. A principal causa era a elevada inflação: de fevereiro de 1989 a fevereiro de 1990, o índice chegou a 2.751%.

▷ Eleições diretas à vista

Depois de 29 anos sem eleição direta para presidente da República, em 1989 os brasileiros finalmente votaram. Apresentaram-se 24 candidatos dos mais diferentes partidos: Fernando Collor de Mello (PRN), Ulysses Guimarães (PMDB), Leonel Brizola (PDT), Luiz Inácio Lula da Silva (PT), Roberto Freire (PCB), Aureliano Chaves (PFL), Guilherme Afif Domingos (PL), Paulo Maluf (PDS), Mário Covas pelo recém-fundado Partido da Social Democracia Brasileira (PSDB), entre outros.

Como previa a Constituição de 1988, as eleições ocorreram em dois turnos. O primeiro turno, realizado em 15 de novembro, teve como vencedores Fernando Collor de Mello e Luiz Inácio Lula da Silva. O primeiro com 28,52% dos votos e o segundo com 16,08%. O segundo turno foi marcado por forte polarização ideológica: Collor e Lula eram as novas caras da direita e da esquerda no Brasil.

VIDAL CAVALCANTI/FOLHA IMAGEM

Fernando Collor (esquerda): a imagem de político moderno e bem preparado convenceu os eleitores. Também pesou a seu favor o apoio de grandes meios de comunicação. Debate entre Lula e Collor na TV Bandeirantes (14/12/1989).

Collor vinha de uma família de empresários e políticos. Seu avô materno, Lindolfo Collor, foi o primeiro-ministro do Trabalho nomeado por Getúlio Vargas. Seu pai, o jornalista Arnon de Mello, proprietário do jornal *Gazeta de Alagoas*, foi governador de Alagoas, no início dos anos 1950, e mais tarde senador. Collor estreou na política antes de completar 30 anos, como prefeito de Maceió, em 1979. No ano de 1982 foi eleito deputado federal pelo PDS e em 1984 votou em Paulo Maluf, no Colégio Eleitoral. Posteriormente, passou para o PMDB e elegeu-se governador de Alagoas, beneficiado, como outros políticos, pelos efeitos positivos do Plano Cruzado.

A imprensa nacional pôde conhecer melhor o governador de Alagoas a partir dos ataques violentos que ele começou a fazer contra o governo Sarney. A imagem de homem público "moderno", campeão da luta contra a corrupção e "caçador de marajás" passou a ser amplamente divulgada pelos meios de comunicação. Com bom domínio da linguagem televisiva, Collor lançou-se candidato à presidência pelo pequeno Partido da Reconstrução Nacional (PRN) prometendo, com uma política neoliberal, conduzir o país ao primeiro mundo.

Contrapondo-se a Collor, Luiz Inácio Lula da Silva apresentava-se como o candidato dos trabalhadores e dos excluídos do crescimento econômico do Brasil. No segundo turno, com o apoio de Ulysses Guimarães, Leonel Brizola, Mário Covas e Roberto Freire, os militantes do PT enchiam os comícios com suas bandeiras vermelhas e suas palavras de ordem de mudança para o país.

Lula nasceu em Garanhuns, interior de Pernambuco, em uma família pobre e com pouca instrução. Veio cedo para São Paulo e, nos anos 1970, destacou-se como sindicalista, organizando greves de expressão nacional em 1977, 1978 e 1979. Nesse último ano, mais de 3 milhões de trabalhadores fizeram paralisações em 15 estados. Em seguida, foi um dos fundadores do PT.

Na última semana da campanha eleitoral, Collor lançou uma bomba que causou irreparáveis prejuízos à candidatura do ex-metalúrgico. No horário eleitoral, Collor expôs problemas pessoais de Lula, o que abalou a imagem do petista. Tendo contra si a grande imprensa e a desconfiança de amplos setores da classe média e da população de baixa renda, Lula perdeu a disputa.

Em 17 de dezembro de 1989, os eleitores voltaram às urnas para o segundo turno. Collor venceu com 42,75% dos votos contra 31,07% de Lula. Houve 14,4% de abstenções, 1,2% dos eleitores votaram em branco e 3,7% anularam o voto.

O governo Fernando Collor de Mello (1990-1992)

Sem o apoio de grandes figuras da política, Collor formou um ministério de pessoas pouco conhecidas do público, cujo núcleo era constituído por amigos de Maceió. Tal núcleo passou a ser depreciativamente conhecido como "República das Alagoas".

Durante a campanha eleitoral, Collor procurou assustar a classe média, afirmando que a vitória de Lula significaria a aplicação de medidas econômicas

JOSÉ PAULO LACERDA/AE

O presidente Fernando Collor praticando cooper *(Brasília, DF, 1990). A prática de esportes fazia parte da estratégia de fixar a imagem de Collor como um político moderno, bem-disposto e capaz de conduzir o Brasil ao primeiro mundo.*

radicais, como o confisco da poupança dos brasileiros. Contudo, essa foi a sua primeira iniciativa.

No dia seguinte ao da posse, ocorrida em 15 de março de 1990, a nação ficou em estado de choque com as medidas de um novo pacote lançado pela ministra da Fazenda e Planejamento, Zélia Cardoso de Mello. O plano criou uma nova moeda circulante, o cruzeiro, e estabeleceu o bloqueio, pelo prazo de um ano e meio, dos depósitos em contas correntes e cadernetas de poupança superiores a 50 mil cruzeiros, um valor irrisório na época. Nas demais aplicações financeiras, o limite de saque era 25 mil cruzeiros. Os preços das mercadorias e serviços foram congelados.

O chamado **Plano Collor** bloqueou aproximadamente 85 bilhões de dólares dos poupadores. Os depositantes só poderiam retirar dos bancos 50 mil cruzeiros, no máximo. O restante seria devolvido depois de 18 meses em doze parcelas mensais.

O "choque heterodoxo" foi, no entanto, de curta eficácia. A inflação, que era de 84,3% em março, desceu para 7,87% em maio, mas logo voltou a crescer, chegando a 18,3% em dezembro de 1990. Em fevereiro de 1991 foi lançado o **Plano Collor II**. O novo pacote congelou novamente preços e salários, sem que a espiral inflacionária fosse detida.

▷ A campanha do *impeachment*

Em nome da modernização da economia, o governo liberou as importações de bens de consumo, o que levou à quebradeira diversas indústrias nacionais e iniciou um processo de privatizações.

Foi nesse contexto que começaram a circular notícias sobre o envolvimento de ministros e personalidades da "República das Alagoas" em negociações desonestas.

As suspeitas transformaram-se em manchetes. Em abril de 1992, Pedro Collor, irmão do presidente, deu uma entrevista explosiva à revista *Veja*. Nela, denunciou a montagem de um enorme esquema de tráfico de influências, irregularidades financeiras, contas bancárias "fantasmas", entre outras falcatruas, envolvendo o presidente e aliados políticos. Segundo Pedro Collor, toda essa operação era dirigida por Paulo César (PC) Farias, tesoureiro de campanha e amigo pessoal de Collor.

A trama de corrupção, que tomou conta da mídia nacional, ficou conhecida como "esquema PC". Em maio de 1992, a Câmara Federal instalou uma Comissão Parlamentar de Inquérito (CPI) para investigar a veracidade das acusações. Por todo o país, manifestações populares exigiam o total esclarecimento das denúncias.

"Sem explicações plausíveis a oferecer, Collor fez um apelo emocionado à população. Num discurso de improviso em 13 de agosto, uma quinta-feira, pediu aos que o apoiavam que saíssem às ruas vestindo as cores da bandeira nacional no domingo seguinte. Com isso, pretendia mostrar que os defensores do *impeachment* eram minoria: a maioria silenciosa, ele acreditava, iria demonstrar que continuava com o presidente."

PILAGALLO, Oscar. *O Brasil em sobressalto*: 80 anos de história contada pela *Folha*. São Paulo: Publifolha, 2002.

SERGIO AMARAL/AE

Caras-pintadas na manifestação "Fora Collor" em setembro de 1992, em Brasília.

Em vez do verde-e-amarelo sugerido por Collor, a imprensa sugeriu o uso do preto. Dois dias após o discurso do presidente, no sábado, alguns jornais circularam com tarjas pretas na primeira página. No domingo, o Brasil amanheceu vestido de preto. Logo, cores mais vivas juntaram-se ao luto dos brasileiros: eram as pinturas dos rostos dos estudantes, que se tornaram conhecidos como "caras-pintadas". Apoiados por entidades representativas da sociedade civil, como a Ordem dos Advogados do Brasil (OAB), Associação Brasileira de Imprensa (ABI), Central Única dos Trabalhadores (CUT), União Nacional dos Estudantes (UNE) e União Brasileira dos Estudantes Secundaristas (Ubes), os estudantes de rostos pintados passaram a clamar nas ruas pelo *impeachment* do presidente.

Em agosto, Collor tomou conhecimento do relatório final da CPI, que considerava o presidente passível de indiciamento em cinco crimes: corrupção passiva, formação de quadrilha, prevaricação, defesa de interesses privados no governo e estelionato. O relatório serviu de base para encaminhar o afastamento do presidente. No dia 29 de setembro foi autorizada, pela Câmara, a abertura do processo de *impeachment*, decisão inédita na América Latina. A votação foi de 441 votos contra o presidente e 38 a favor. Dois dias depois, Collor recebeu o documento oficial que legitimava seu afastamento por 180 dias.

A presidência passou, em caráter provisório, ao vice-presidente Itamar Franco. Faltava apenas o aval do Senado. Em dezembro, antes do início dos trabalhos no Senado, o advogado do presidente apresentou a carta-renúncia de Collor, esperando que essa medida lhe garantisse os direitos políticos. Foi uma tentativa inútil. Por ampla maioria, o Senado aprovou a continuidade do julgamento, condenou o presidente por crime de responsabilidade e cassou seus direitos políticos por oito anos.

▶ O governo Itamar Franco (1992-1994)

O vice-presidente Itamar Franco já vinha governando o Brasil, interinamente, desde a abertura do processo de *impeachment*. Com o afastamento e a renúncia de Collor, Itamar Franco tomou posse para governar até o final do mandato, em 1994. Devido a seu rompimento com o presidente desde o início das denúncias contra o esquema PC, Itamar tinha o apoio da maioria dos partidos de oposição.

JOSÉ VARELLA/AE

Posse de Itamar Franco na presidência da República. Foto de dezembro de 1992.

De formação política nacionalista, Itamar atenuou o programa de abertura e privatização da economia. No entanto, aos poucos, revelou-se de temperamento difícil. Alguns ministros não se ajustaram ao jeito de ser do presidente, o que provocou constantes mudanças na equipe ministerial.

Coube a Itamar prosseguir com a redemocratização de um país fortalecido com os episódios associados ao *impeachment*. Sua primeira missão foi conduzir, em abril de 1993, um plebiscito previsto pela Constituição de 1988 sobre a forma de governo que deveria existir no Brasil — Monarquia ou República —, e o sistema de governo — presidencialista ou parlamentarista. Venceu a República, com mais de 66% dos votos, e o presidencialismo, com mais de 55%.

Entretanto, na esfera econômica, o governo enfrentou sérias dificuldades. O país ainda não havia encontrado uma política que combatesse de fato o processo inflacionário. A situação só se definiu quando o sociólogo Fernando Henrique Cardoso foi nomeado para o Ministério da Fazenda. No final de 1993, ele anunciou seu plano de estabilização econômica, o **Plano Real**, implantado ao longo de 1994.

Mais uma vez o Brasil ganhou uma nova moeda, o real, e grandes promessas de acabar com a inflação. Em março de 1994 entrou em vigor a Unidade Real de Valor (URV), um indexador para realizar a transição do cruzeiro para o real. No dia 30 de junho, com a extinção da URV, um real passou a equivaler a CR$ 2.750,00.

Esperando impedir a desvalorização do real, o governo estabeleceu a paridade da nova moeda com o dólar americano. Também foi lançado um conjunto de medidas com o objetivo de garantir a estabilização econômica e reduzir o *déficit* público, considerado o responsável pela inflação: privatização de empresas estatais, elevação das taxas de juros, liberação do mercado nacional às importações, entre outras.

Com o desenvolvimento do Plano Real, verificou-se uma estabilização gradual da economia, mediante a valorização da moeda. Desse modo, a popularidade de Itamar Franco atingiu níveis elevadíssimos. E, junto, cresceu o prestígio de seu ministro da Fazenda, que conseguira reduzir a inflação, sem choques nem congelamentos.

Paralelamente, o governo Itamar sofreria os efeitos negativos das investigações da Comissão Parlamentar de Inquérito (CPI) do Congresso Nacional, entre 1993 e 1994, ligadas a denúncias de irregularidades na elaboração do Orçamento da União. A CPI provou o envolvimento de altos funcionários, ministros e, especialmente, de parlamentares — os chamados "anões do orçamento", liderados por João Alves (na época deputado federal pelo PPB-BA) — em um amplo esquema de manipulação de verbas públicas, com o desvio sistemático de recursos para entidades filantrópicas fantasmas, empreiteiras e pessoas protegidas por políticos.

Entretanto, a autoridade do presidente não foi abalada e, quando deixou o governo, Itamar estava

MARINGONI

Charge em que Fernando Henrique Cardoso e Itamar Franco conversam depois da sucessão presidencial de 1994.

no auge da popularidade. No final de seu mandato, ele transferiu todo seu prestígio para a candidatura de Fernando Henrique Cardoso, indicado pelo PSDB para disputar as eleições de 1994.

O candidato do Real

Fernando Henrique Cardoso apresentou-se à disputa eleitoral como o idealizador do Plano Real. Seu programa de campanha foi todo centrado na possibilidade de uma verdadeira estabilização econômica e na reforma da Constituição. Concorreu ao cargo máximo do país com o apoio do governo e da aliança formada entre o PSDB, de centro-esquerda, e o Partido da Frente Liberal (PFL), de direita, que lançou Marco Maciel para a vice-presidência. As urnas deram a vitória, já no primeiro turno, a FHC, com 34.364.961 votos — 54,27% do total. Lula, o segundo colocado, obteve 17.122.127 votos, correspondentes a 27,04% do eleitorado. O novo presidente tomou posse em 1º de janeiro de 1995, tendo como data para o término de seu mandato 31 de dezembro de 1999.

Os governos de Fernando Henrique Cardoso (1995-2002)

O primeiro ano de mandato de Fernando Henrique foi dedicado à política e à economia. Na esfera política, o governo esforçou-se em ampliar sua base parlamentar no Congresso a fim de conseguir a aprovação de suas propostas.

Entre as medidas aprovadas, destacaram-se a quebra dos monopólios do petróleo e das telecomunicações e a alteração do conceito de empresa nacional, a fim de se evitar a discriminação do capital estrangeiro. As privatizações multiplicaram-se, com a venda de estatais como a Companhia Vale do Rio Doce. Outras reformas também foram discutidas pelo Congresso, como a da Previdência Social, do estatuto do funcionalismo público, dos sistemas fiscal, tributário e administrativo — e a reeleição nas instâncias federal, estadual e municipal, aprovada em 1997.

Na economia, a preocupação do governo foi manter a taxa de juros a um nível elevado para atrair os capitais externos necessários ao êxito do Plano Real. Desse modo, a equipe econômica conseguiu controlar a inflação em níveis bastante baixos em relação aos índices dos governos anteriores. O presidente e sua equipe desconsideraram as críticas de que essa políti-

EDU GARCIA/AE

O candidato Fernando Henrique Cardoso em campanha eleitoral para a Presidência da República. Foto de 1994.

ca estava levando o país a uma recessão. No entanto, a queda do consumo e a elevação do índice de desemprego nos setores agrícola e industrial deixaram a sociedade apreensiva.

▷ Mortes no campo

Uma das maiores batalhas enfrentadas pelo primeiro governo de Fernando Henrique foi travada no campo. Vários confrontos envolveram integrantes do Movimento dos Trabalhadores Rurais Sem Terra (MST) e forças policiais. Os mais violentos ocorreram em Corumbiara (RO), em 1995, e em Eldorado dos Carajás (PA), em abril de 1996, quando 19 sem-terra foram massacrados por policiais do estado. Esses episódios, principalmente o do Pará, chocaram a comunidade nacional e internacional.

OTÁVIO MAGALHÃES/AE

Manifestação do MST e de estudantes na porta da Assembleia Legislativa no centro da cidade do Rio de Janeiro, em abril de1998, pela reforma agrária e punição aos responsáveis pela morte dos 19 sem-terra em Eldorado dos Carajás, Pará.

"No dia 17 de abril de 1996, no estado brasileiro do Pará, perto de uma povoação chamada Eldorado dos Carajás (Eldorado. Como pode ser sarcástico o destino de certas palavras...), 155 soldados da polícia militarizada, armados com espingardas e metralhadoras, abriram fogo contra uma manifestação de camponeses que bloquearam a estrada em ação de protesto pelo atraso dos procedimentos legais de expropriação de terras, como parte do esboço ou simulacro de uma suposta reforma agrária na qual, entre avanços mínimos e dramáticos recuos, se gastaram já cinquenta anos, sem que alguma vez tivesse sido dada suficiente satisfação aos gravíssimos problemas de subsistência (seria mais rigoroso dizer sobrevivência) dos trabalhadores do campo. Naquele dia, no chão de Eldorado dos Carajás, ficaram 19 mortos, além de umas quantas dezenas de pessoas feridas. [...] Demasiado sabemos que, muito antes da invenção das primeiras armas de fogo, já as pedras, as foices e os chuços haviam sido considerados ilegais nas mãos daqueles que, obrigados pela necessidade a reclamar pão para comer e terra para trabalhar, encontraram pela frente a polícia militarizada do tempo, armada de espadas, lanças e alabardas. Ao contrário do que geralmente se pretende fazer acreditar, não há nada mais fácil de compreender que a história do mundo, que muita gente ilustrada ainda teima em afirmar ser complicada demais para o entendimento rude do povo."

SARAMAGO, José. In: SALGADO, Sebastião. *Terra.* São Paulo: Companhia das Letras, 1997.

▷ O Brasil no Mercosul

Em 1º de janeiro de 1995 entrou em vigor o Mercado Comum do Sul (Mercosul), um acordo que criou uma zona de integração econômica regional entre os países do Cone Sul (Argentina, Brasil, Paraguai e Uruguai). Os países membros tinham entre suas metas a comercialização de mercadorias sem impostos de importação a partir de 2001. O acordo previa ainda a aplicação de uma tarifa aduaneira conjunta aos produtos importados de outros países que não fazem parte do pacto econômico.

PAÍSES MEMBROS E PAÍSES ASSOCIADOS AO MERCOSUL (2007)

Fonte: <www.mercosur.int>. Acesso em jul. 2007.

No Encontro de Assunção, em agosto de 1995, os países do Mercosul estabeleceram algumas medidas comuns. Ficou instituído que um dos quesitos fundamentais para a associação de um novo país ao Mercosul é que este viva sob um regime democrático; foi renovada a disposição de se negociar com a Comunidade Econômica Europeia (CEE) um acordo econômico conjunto, bloco a bloco; o país membro que quiser promover mudanças em suas políticas de comércio exterior deverá consultar seus parceiros, que poderão apresentar restrições.

Em 2006, a Venezuela formalizou o desejo de se integrar ao Mercosul. Detentora de ricas reservas energéticas (gás e petróleo), ela representa um mercado produtor e consumidor de peso no projeto de cooperação com os demais países do bloco. O país está em processo de adesão plena ao bloco.

Paralelamente à formação do Mercosul, foi desenvolvido o projeto de reunir as economias do continente americano em uma única área de livre comércio. O processo teve início em uma reunião realizada em Miami (Estados Unidos), em 1994, denominada **Cúpula das Américas**.

Nessa reunião, governantes de 34 países do continente americano decidiram criar a **Área de Livre Comércio das Américas (Alca)**, cujas negociações deveriam ser concluídas em 2005. Com o início de seu funcionamento previsto para 2006, ainda hoje, 2007, a Alca não entrou em vigor.

Podemos destacar três grandes objetivos da Alca: assegurar o mercado latino-americano para a economia dos Estados Unidos, promover o crescimento das relações comerciais entre os países americanos e ampliar os laços econômicos da América Latina com os países da União Europeia. A formação desse bloco revela a importância da América Latina para os investimentos norte-americanos. Se levados às últimas consequências, os acordos regionais constituídos no continente, como o Mercosul, deixariam de existir.

O segundo mandato

Uma das mais importantes vitórias políticas de Fernando Henrique foi a aprovação da emenda constitucional que permitiu a reeleição do presidente da República, governadores e prefeitos. Essa lei beneficiou o próprio presidente, que, em 1998, reelegeu-se para um segundo mandato no primeiro turno da eleição. Fernando Henrique obteve 35.936.540 votos (53,06% de apoio) contra 21.475.210 votos concedidos a Lula, o segundo candidato mais votado (31,71% do eleitorado).

O aumento dos votos oposicionistas expressava o desgaste do governo. Após quatro anos no poder, a administração FHC apresentava a menor taxa de crescimento e a maior taxa de desemprego da história do país.

CELIC JR/AE

Manifestação contra a privatização da Siderúrgica Vale do Rio Doce durante o leilão na Bolsa de Valores do Rio de Janeiro, em 1º de maio de 1997.

EVOLUÇÃO DA DÍVIDA EXTERNA BRASILEIRA

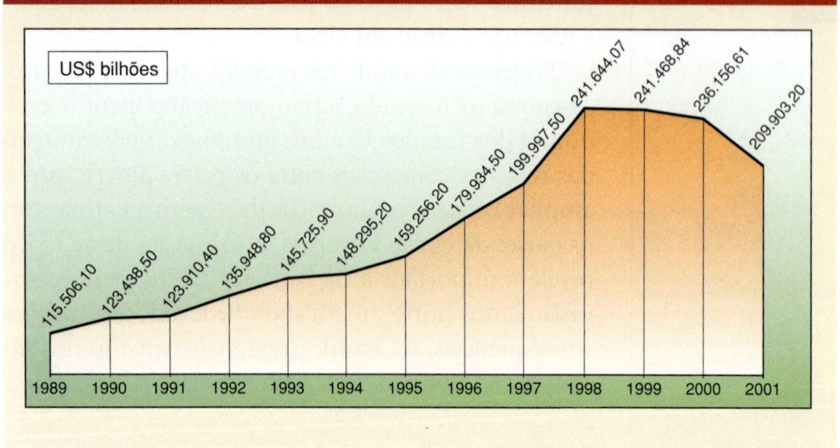

Fonte: Banco Central. Disponível em <www.bcb.gov.br>

A implantação do programa de privatizações, que segundo o governo era necessário para reduzir o *déficit* público, parecia ter provocado o efeito contrário. Entre 1994 e 1999, período de inúmeras privatizações, a dívida interna pública saltou de 108 para 328 bilhões de reais, representando no final do primeiro mandato 39% do PIB brasileiro. Além disso, o real foi mantido em um patamar artificialmente elevado (1 dólar valia 1 real), e somente após as eleições é que o governo desvalorizou a moeda, tornando as exportações brasileiras mais competitivas.

▷ Balanço do governo FHC

O governo FHC conseguiu convencer setores expressivos da nação brasileira de que bom governo é aquele que só gasta o que arrecada, que não emite moeda sem lastro, não contrai dívidas e tem um orçamento equilibrado. Entretanto, no final do segundo milênio, a dívida externa brasileira estava perto de 241 bilhões de dólares e a interna em torno de 400 bilhões de reais.

▶ De olho na modernidade

Um balanço dos anos posteriores à ditadura militar — e da chamada Era FHC, que ocupa quase a metade desse período — deve levar em conta que a capacidade de organização da sociedade brasileira cresceu, nas décadas de 1980 e 1990, em virtude do processo de redemocratização. Novas formas de luta surgiram, e o movimento sindical aumentou seu poder de interlocução com o empresariado e o governo por meio de negociações e greves organizadas pelas centrais sindicais como a Central Única dos Trabalhadores (CUT) e a Força Sindical.

Formaram-se organizações não-governamentais (ONGs) diante da violação dos direitos humanos e de cidadania, despertando movimentos de solidariedade em torno de questões como a fome e a miséria; a violência contra as crianças, principalmente as de rua; a coerção nos presídios; a demarcação de terras indígenas; a discriminação das minorias (sociais, raciais e sexuais) e a luta contra a aids.

A esfera cultural beneficiou-se com a regulamentação da Lei 8.685, que instituiu mecanismos de incentivo à atividade audiovisual, contribuindo para o crescimento da indústria cinematográfica brasileira. Filmes como *Sábado*, *Lamarca*, *O quatrilho*, *Carlota Joaquina*, *O guarani*, *Tieta*, *O baile perfumado*, *Central do Brasil* e *Abril despedaçado* de maneira geral conquistaram o público.

O mercado editorial produziu obras de autores expressivos e reeditou os clássicos da literatura brasileira, por meio de coleções voltadas para o grande público. Concomitantemente, a indústria fonográfica lançou no mercado os mais diversos gêneros musicais.

Apesar da violência que persiste contra os excluídos, sejam eles sem-terra, crianças de rua ou índios, a sociedade brasileira parece reencontrar o caminho para um futuro melhor — o sonho que levou os caras-pintadas às ruas e mudou os rumos do Brasil contemporâneo.

Esses dados sugerem um balanço positivo para esse período e a Era FHC? Não se pode dar uma resposta categórica. A reportagem *A luta para entrar na festa*, publicada em 29 de maio de 2002 na revista *Veja*, registrou um crescimento do PIB brasileiro de apenas 8%: de 465 bilhões de dólares em 1990 para 504 bilhões de dólares em 2001. No mesmo período, o desemprego aumentou de 3,7% para 6,4%.

Cena do filme Central do Brasil, *de 1998, dirigido por Walter Salles. No filme é possível perceber que, mesmo com todas as dificuldades e desilusões causadas pela pobreza, há espaço para o amor, o reencontro, a solidariedade.*

No tocante à corrupção, pesquisas da ONG Transparência Internacional, feitas em 1999, com 99 países, colocaram o Brasil na 45ª posição, a meio caminho entre o país mais honesto, a Dinamarca, e o mais corrupto, Camarões.

Quanto ao bem-estar da população, a situação de cada país é medida pelo Índice de Desenvolvimento Humano (IDH), baseado nos indicadores de expectativa de vida, grau de escolaridade, sanitarismo e renda *per capita*. De acordo com o Relatório do Desenvolvimento Humano 2001, da Organização das Nações Unidas, o Brasil ocupava a 69ª posição entre 162 países.

A avaliação da pobreza é mais complexa devido às diferenças entre os métodos de aferição. O Banco Mundial, por exemplo, considera indigentes, isto é, indivíduos situados abaixo da linha de pobreza, todos os que vivem com menos de um dólar norte-americano por dia. Segundo esse critério, em 1999 haveria no Brasil 15 milhões de indigentes (9% da população da época).

Já o Instituto de Pesquisa Econômica Aplicada (Ipea), órgão do Ministério do Planejamento, baseia seus cálculos não na capacidade de consumo, mas na possibilidade de atender a um mínimo de necessidades nutricionais. Dessa perspectiva, em 1999, 15% da população era indigente. Em 2001, os pesquisadores da Fundação Getúlio Vargas de São Paulo consideraram miseráveis todos os brasileiros que viviam com menos de R$ 79,00 por mês. De acordo com esse dado, quase 50 milhões de brasileiros (29,3% da população) estavam abaixo da linha de pobreza.

Finalmente, há o problema da distribuição de renda no Brasil, medida pelo chamado índice de Gini. O valor do índice de Gini varia de 0 a 1. Quanto mais o índice se aproxima de 0, menor é o grau de desigualdade, ou seja, a renda dos indivíduos se aproxima do mesmo valor. De acordo com dados da Pesquisa Nacional de Amostras por Domicílio (Pnad), de 1998, o índice brasileiro era 0,6, o que tornava o país um dos mais desiguais do mundo.

A sucessão de FHC

Crítico feroz da administração e da política econômica do governo FHC, o Partido dos Trabalhadores tinha, em 2001, Luiz Inácio Lula da Silva como possível candidato. Porém, se por um lado todas as pesquisas apontavam Lula como o principal candidato à sucessão, por outro sua imagem estava desgastada, depois de três eleições perdidas.

O PSDB, partido do então presidente, articulou-se em torno da candidatura do paulista José Serra. Respaldado na grande presença na mídia, era um nome forte para a sucessão.

Havia dúvidas quanto à efetivação da candidatura de Luiz Inácio Lula da Silva pelo PT. Ao mesmo tempo que ostentava altos índices de popularidade e intenção de votos, a rejeição à sua candidatura mantinha-se em níveis preocupantes. Na falta de outro candidato com a força, o carisma e, sobretudo, os votos de Lula, o Partido dos Trabalhadores investiu pesado na campanha e no *marketing* político.

Para perder a fama de radical e o estigma de comunista, o PT, tradicionalmente um partido de esquerda, surpreendeu o meio político ao aliar-se ao PL (Partido Liberal), de centro-direita. Um claro sinal da aproximação e do bom trânsito do PT com setores conservadores foi a escolha, para vice, do empresário José Alencar Gomes da Silva. Político mineiro, o senador foi um dos interlocutores do novo governo com setores empresariais e conservadores.

▷ Estratégias de campanha

Essa guinada para o centro veio acompanhada de uma intensa campanha de transformação da imagem de Lula: elegante, bem-vestido, ponderado e conciliador, Lula foi apelidado durante a campanha de "Lulinha paz-e-amor", tamanha sua habilidade política em fugir de embates com adversários e discussões polêmicas. Esse novo perfil menos radical, mais maduro e sóbrio, tornou o candidato da oposição mais palatável à classe média e ao empresariado, diminuindo sua rejeição.

O PSDB, por sua vez, no início utilizou uma tática parecida com a de FHC na primeira eleição. Explorou o fato de Serra ter experiência administrativa, contrastando com a situação de "funcionário do Partido dos Trabalhadores" de Lula. O candidato social-democrata era sempre apresentado como mais preparado que o candidato do PT.

O candidato do PT vendia a ideia da transformação, da mudança de rumos, da alternativa à política econômica vigente. Afinal, depois de três eleições perdidas para candidatos conservadores, o candidato do PT, partido sempre crítico das administrações anteriores, era a alternativa política para uma classe média desiludida com os rumos da economia do país. Para as camadas mais baixas da população, Lula era uma figura com enorme carisma e de identificação quase automática.

Sem obter bons resultados, Serra mudou sua estratégia de *marketing* político e partiu para o ataque. Explorou antigos receios do mercado financeiro, como o não-pagamento da dívida externa e o descumprimento dos compromissos assumidos pelo governo brasileiro. Para assombrar a população de classe média alta, lembrou que Lula foi líder sindical e comandou greves operárias, além de vincular sua imagem ao fantasma do comunismo. Explorou também o temor

J. F. DIORIO/AE

Debate promovido pela TV Bandeirantes, em 2002, entre Lula e Serra durante o segundo turno da campanha presidencial.

dos investidores nacionais e estrangeiros com relação ao perigo vermelho, ou seja, à mudança das regras de mercado sob a tutela de um governo petista.

Mesmo assim, o Partido dos Trabalhadores, depois de três derrotas e oito anos de oposição a Fernando Henrique Cardoso (com críticas ao modelo econômico e ao legado na área social), elegeu Lula presidente da República. Segundo o Tribunal Superior Eleitoral (TSE), Lula venceu, no segundo turno, o economista José Serra, candidato oficial, duas vezes ministro de FHC e uma das principais lideranças do PSDB, obtendo cerca de 53 milhões de votos — 61% dos votos válidos.

Lula foi o primeiro líder de um partido de esquerda eleito presidente e, no cargo, o primeiro operário e o primeiro civil sem diploma universitário.

▶ O governo Lula (2003-)

Depois de vencer a eleição, o novo presidente encontrou o país em uma situação não muito confortável. Nos últimos meses do ano de 2002, sobretudo naqueles que antecederam os dois turnos das eleições, as expectativas do mercado e dos investidores com relação ao resultado das eleições presidenciais agravaram a situação da economia brasileira.

A campanha do candidato da situação gerou incertezas quanto ao futuro da economia brasileira, caso o candidato do PT ganhasse as eleições. Os especuladores do mercado financeiro internacional também ajudaram a criar o clima desfavorável à economia do país, mas muito rentável para o capital especulativo. George Soros, um dos maiores e mais influentes investidores do mundo, chegou a declarar, em meados do ano de 2002, que para o Brasil era "Serra ou o caos".

Um ajuste cambial e da taxa básica de juros se fazia urgente. O governo Lula herdou uma enorme dívida pública, um real desvalorizado e a inflação dando sinais de que estaria de volta em breve, se medidas urgentes não fossem tomadas. A situação do país e das contas públicas foi chamada, na época, "herança maldita".

Para contornar essa situação e acalmar os mercados, o novo governo indicou para ocupar a presidência do Banco Central do Brasil Henrique Meirelles, ex-dirigente de diversas instituições financeiras. Um homem do mercado, portanto, que teve sua vida sempre vinculada aos bancos e ao capital.

Henrique Meirelles, mediante a manutenção de uma política monetária ortodoxa e a defesa do equilíbrio fiscal, assegurou o controle da inflação e conquistou a confiança da comunidade financeira internacional, o que possibilitou a estabilização da economia brasileira.

Alguns setores do PT, sobretudo a ala socialista mais radical, conhecida como "a esquerda do PT", não conseguiram esconder sua revolta com a indicação e a atuação de Meirelles à frente do Banco Central. Isso causou uma cisão na base aliada e uma crise no PT, que culminou na expulsão de deputados e senadores que não se adaptaram ao novo direcionamento do partido.

▷ Fome Zero

O governo FHC desenvolveu um programa social denominado "Comunidade Solidária". Aprimorando alguns dos seus princípios e unificando programas sociais, o governo Lula criou o **Fome Zero**. O programa teve início efetivo em Guaribas e Acuã, no Piauí, onde 500 famílias de cada cidade passaram a receber R$ 50,00 mensais por meio do cartão-alimentação. O plano do governo era que, até o fim daquele ano, 1,5 milhão de famílias de mil municípios estivessem recebendo os recursos.

Porém, esse programa, carro-chefe do governo Lula, recebeu muitas críticas em relação ao seu funcionamento e eficácia. A burocracia que tomou conta do programa durante sua instalação foi indicada como o maior problema. Os críticos também apontaram um retrocesso em direção ao assistencialismo nos programas sociais. O Fome Zero foi criticado até pelo então vice-presidente do Banco Mundial para a América Latina, David de Ferranti. Segundo ele, "a doação de alimentos não funciona no combate à fome".

GOVERNO FEDERAL

Cartaz do programa Fome Zero, lançado pelo governo Lula. O combate à fome foi o mote da primeira campanha presidencial de Lula.

O presidente eleito Luiz Inácio Lula da Silva recebe a faixa presidencial do ex-presidente Fernando Henrique Cardoso, durante a cerimônia de posse, em 1º de janeiro de 2003.

▷ Realizações na política externa

Um dos pontos positivos da administração petista foi a política externa brasileira. O presidente Lula realizou muitas viagens internacionais, levou a maior comitiva de empresários à África, e fez a segunda visita ao Oriente Médio em mais de cem anos. Paralelamente, a equipe do Ministério das Relações Exteriores, coordenada pelo ministro Celso Amorim, orquestrou ações como o enfrentamento às nações ricas na reunião de Cancun, em 2003, com a criação do G20 (união de países emergentes para assuntos relativos à agricultura, com a liderança de Brasil, Índia, China e África do Sul), que garantiram ao Brasil poder de barganha nas negociações internacionais.

Ao contrário do previsto por alguns analistas na época das eleições, Lula não assustou os investidores internacionais. Ele surpreendeu-os com discursos em favor dos países que, como o Brasil, lutam contra a miséria, a pobreza, o analfabetismo e a violência. Lula, além de colocar o Brasil como peça importante no cenário internacional, transformou-se em uma importante liderança em âmbito mundial.

Em campanha pela inclusão do Brasil como membro do Conselho de Segurança da Organização das Nações Unidas (ONU), pela primeira vez o país liderou uma Força de Paz. Desde junho de 2004, o Brasil mantém na capital do Haiti, Porto Príncipe, 1.200 militares e está à frente de um grupo de 6.700 militares de várias nações que têm a missão de restabelecer a paz e assegurar a ordem naquele país.

Em sua luta pela multipolarização da economia internacional, contrapondo-se ao unilateralismo norte-americano, o Brasil avançou nos entendimentos com relação à formação do Mercosul, por exemplo, por meio da realização da cúpula de Ouro Preto, em dezembro de 2004. Com a assinatura do Protocolo de Ouro Preto, o Mercosul passou a ter suas regras mais definidas e uma personalidade jurídica.

O Brasil também estreitou laços comerciais com a China, o Japão e a Coreia do Sul, além de abrir novas oportunidades de negócios com a Rússia e com a União Europeia. Com a realização da Cúpula América do Sul-Países Árabes, que teve a presença de 34 países, na cidade de Brasília, em maio de 2005, o Brasil avançou mais alguns passos rumo à formação de novos eixos político-comerciais independentes.

▷ A reeleição de Lula

O governo Lula decepcionou seus eleitores quanto ao direcionamento da política econômica e à articulação política no Legislativo.

As esperadas mudanças na Previdência Social e a redução na carga de impostos não foram efetivadas. Lula editou muitas medidas provisórias, instrumento que ele mesmo condenou quando utilizado por adversários políticos.

Como o PT e Lula sempre foram críticos vorazes da política econômica do governo FHC, a expectativa (e as promessas de campanha) girava em torno da ruptura com o antigo modelo, o que não aconteceu. Henrique Meirelles e Antonio Palocci (ministro da Fazenda) aplicaram uma política econômica ultraconservadora, baseada na austeridade fiscal, muito semelhante à atuação de Pedro Malan quando minis-

PAULO WHITAKER/REUTERS/LATINSTOCK

Haitianos acompanham o desfile da seleção brasileira de futebol em Porto Príncipe, em agosto de 2004. A rápida passagem da seleção pelo país causou comoção entre os haitianos.

tro do governo Fernando Henrique. Muitos adversários políticos e até mesmo aliados e petistas históricos acusaram o governo de traição e de ter praticado "estelionato eleitoral".

No terreno político, denúncias de corrupção atingiram o governo Lula e o Partido dos Trabalhadores. Em 2005, acusações de um suposto esquema de "mesada" paga a deputados para votarem a favor de projetos apresentados pelo governo federal envolveram quadros políticos do PT próximos ao presidente e parlamentares da base aliada. O suposto esquema de compra de votos ficou conhecido como "escândalo do mensalão".

Apesar da grande repercussão das denúncias nos meios de comunicação, a popularidade do presidente não foi abalada. Principalmente a estabilidade econômica e a implantação do programa **Bolsa-Família** compensaram os estragos causados pelas denúncias de corrupção. Nas eleições presidenciais de 2006, Lula derrotou, no segundo turno, o candidato do PSDB Geraldo Alckmin e foi eleito para um novo mandato.

Leia a seguir dois depoimentos sobre o governo Lula:

> "Todos têm esperança em Lula. Eu tenho confiança nele. A situação econômica não permite muitas mudanças. Mesmo se eu ficar um pouco desiludido, ele continua tendo o meu voto."
>
> HOLLANDA, Chico Buarque de. *Estado de Minas*, 25 maio 2005.
>
> "Convertido à filosofia do Banco Mundial, o governo do PT abandonou toda veleidade de combater as desigualdades e eliminar a pobreza. [...] Com uma mão, retira direitos sociais e, com a outra, distribui fortuitamente as migalhas da arrecadação fiscal, anunciando um punhado de programas sociais esquálidos, mal definidos e desarticulados (Bolsa-Família, Fome Zero, Programa de Crédito Fundiário (ex-Banco da Terra), Prouni, Farmácia Popular etc.)."
>
> SAMPAIO, Plínio de Arruda. *Folha de S.Paulo*, 12 fev. 2005.

Bolsa-Família

Programa de transferência de renda pelo qual o governo federal concede um benefício mensal a famílias com renda *per capita* de até 120 reais mensais.

ANTÔNIO GAUDÉRIO/FOLHA IMAGEM

Manifestantes protestam contra o desemprego e o governo Lula no Dia Nacional de Mobilização e Lutas (Av. Paulista, na cidade de São Paulo, em 2004).

TEXTO COMPLEMENTAR

O *rap* e a cultura africana

O *rap* nasceu na periferia e ultrapassou as barreiras impostas pelo preconceito. Hoje, é uma manifestação artística contestadora e vibrante, que ganha mais adeptos a cada dia.

"A importância da palavra entre as sociedades africanas reaparece numa das mais fortes manifestações afro-brasileiras contemporâneas: o *rap*. Nele, a força da musicalidade africana está presente em circuitos que unem os negros dos Estados Unidos aos negros do Brasil. [...] Além de narrar fatos do cotidiano e fazer a crônica dos acontecimentos, como fazem as sociedades africanas, as letras das músicas de *rap* denunciam a opressão e a marginalização a que estão submetidos os habitantes das periferias dos grandes centros urbanos, em sua maioria negros e mestiços. [...]

O *rap* surge em um momento em que a adoção dos valores do mundo branco dominante não é mais vista como necessária no caminho da ascensão social e em que as raízes africanas são valorizadas em vez de negadas. A contestação da ordem social e a denúncia da violência presentes nas letras desse gênero musical fazem parte de um movimento de valorização da negritude que tomou corpo a partir da década de 1960. [...]

Os grupos de *rap* muitas vezes se engajam em atividades que visam enfrentar os problemas dessas comunidades, como promoção de oficinas e palestras voltadas para o aperfeiçoamento profissional e intelectual das pessoas. Dessa forma, apesar de serem vistos com suspeita pela opinião pública, sendo acusados em alguns casos de incitar à violência em virtude da crueza das letras que cantam, muitas vezes, além de serem canais de denúncia da exclusão e da marginalização dos afro-brasileiros, empreendem ações que buscam solucionar os problemas que afligem esses grupos e, portanto, uma transformação na ordem social em vigor."

SOUZA, Marina de Mello e. *África e Brasil africano*. São Paulo: Ática, 2006.

BRUNO DOMINGOS/REUTERS/LATINSTOCK

Apresentação do rapper *MV Bill no show* Live Earth, *realizado na praia de Copacabana, Rio de Janeiro, em julho de 2007.*

Compreendendo o texto

1. Qual a contribuição da cultura africana para o desenvolvimento do *rap*?
2. Quais são as temáticas expressas nas letras das músicas de *rap*? Por que os *rappers* encontram resistência em alguns setores da sociedade?
3. Segundo o texto, qual a saída encontrada pelos grupos de *rap* para enfrentar os problemas descritos nas letras das suas composições?
4. Procure uma letra de *rap* e produza um texto relacionando-a ao atual momento político e cultural do Brasil.

ATIVIDADES

EXPLORANDO O CONHECIMENTO

1 Apesar das eleições indiretas, o período de redemocratização caracterizou-se por rupturas com o passado político. Aponte elementos de ruptura:

a) no aspecto político-partidário.

b) no aspecto constitucional.

2 Observe a imagem da página 692. Identifique e contextualize a situação apresentada.

3 Escreva um texto dissertativo sobre a influência da imprensa na política, durante o governo Collor.

4 Defina:

a) Inflação.

b) Plano Collor.

c) Plano Real.

d) *Marketing*.

e) CPI.

f) *Impeachment*.

5 Leia o texto abaixo, sobre a privatização da Companhia Vale do Rio Doce (CVRD), empresa estatal de logística e prospecção mineral, durante o governo FHC.

Privatização

"O governo brasileiro pretende vender a Companhia Vale do Rio Doce (CVRD) nos próximos meses [...]. O ministro Pedro Malan, da Fazenda, [...] quer abater a dívida pública, hoje em torno de R$ 180 bilhões e cujo crescimento é de uma Vale a cada dois meses, por conta das taxas de juros. [...] Mendonça de Barros [presidente do BNDES] declarou no Senado que a Vale era um mau negócio para o seu controlador. [...] Foi logo acompanhado pelo deputado Roberto Campos (PPB-SP): 'A empresa é medíocre no contexto internacional. É uma péssima aplicação financeira. Sua privatização é um teste de firmeza e determinação do governo na modernização do Estado.' [...]

Estranho país, o Brasil. Em todos os povos e épocas, os vendedores apregoam as excelências do seu produto. Aqui, não. E, mesmo assim, a notícia da privatização da Vale mobilizou pelo menos dez grandes grupos empresariais, quase todos estrangeiros [...]. Os potenciais compradores não partilham das avaliações negativas. 'A Vale é uma empresa de primeiríssima linha, não conheço no mundo nada igual, o grupo é completo', declarou o britânico Nicholas Hurd, diretor do Banco Flemings. [...] A revista *Euromoney* coloca a Vale em primeiro lugar na lista das *Top companies in Brazil*, que inclui empresas privadas. 'Apesar de controlada pelo governo, a CVRD se afasta da ideia corrente que se faz de uma estatal. É uma organização bem administrada, lucrativa e forte financeiramente'."

BENJAMIN, C. e BUENO, R. O negócio do século. In: *Atenção!*, n. 10, 1997.

a) Identifique, a partir do texto, os motivos alegados para a privatização da empresa estatal.

b) Com base no texto e no capítulo, discuta os resultados da política de privatizações no governo Fernando Henrique Cardoso.

c) Pesquise, em jornais e revistas de economia, a situação da CVRD após a privatização.

6 A partir da análise da imagem abaixo, responda.

Cartaz do filme brasileiro O quatrilho, *dirigido por Fábio Barreto, 1995.*

a) Com base no capítulo, que contexto político-cultural possibilitou a realização do filme retratado acima?

b) Pesquise outras realizações culturais (teatro, música, literatura etc.) ocorridas no mesmo período.

7 Na política atual, o *marketing* e as estratégias de campanha são cuidadosamente trabalhados por profissionais de diversos setores.

Reveja conteúdos deste capítulo, pesquise e escreva um texto sobre esse assunto.

A HISTÓRIA E O TEMPO PRESENTE

8 Pesquise sobre a Constituição da República Federativa do Brasil promulgada em 1988. Escolha um dos itens a seguir e escreva um comentário sobre ele.

a) Dos direitos e garantias fundamentais (título II, capítulo I da Constituição).

b) Da educação, da cultura e do desporto (título VIII, capítulo III).

c) Da família, da criança, do adolescente e do idoso (título VIII, capítulo VII).

Vestibular / ENEM

1 (Enem-MEC) Em uma disputa por terras, em Mato Grosso do Sul, dois depoimentos são colhidos: o do proprietário de uma fazenda e o de um integrante do Movimento dos Trabalhadores Rurais Sem Terra:

Depoimento 1

"A minha propriedade foi conseguida com muito sacrifício pelos meus antepassados. Não admito invasão. Essa gente não sabe de nada. Estão sendo manipulados pelos comunistas. Minha resposta será à bala. Esse povo tem que saber que a Constituição do Brasil garante a propriedade privada. Além disso, se esse governo quiser as minhas terras para a Reforma Agrária, terá que pagar, em dinheiro, o valor que eu quero."

Proprietário de uma fazenda no Mato Grosso do Sul.

Depoimento 2

"Sempre lutei muito. Minha família veio para a cidade porque fui despedido quando as máquinas chegaram lá na Usina. Seu moço, acontece que eu sou um homem da terra. Olho pro céu, sei quando é tempo de plantar e de colher. Na cidade não fico mais. Eu quero um pedaço de terra, custe o que custar. Hoje eu sei que não estou sozinho. Aprendi que a terra tem um valor social. Ela é feita para produzir alimento. O que o homem come vem da terra. O que é duro é ver que aqueles que possuem muita terra e não dependem dela para sobreviver pouco se preocupam em produzir nela."

Integrante do Movimento dos Trabalhadores Rurais Sem Terra (MST), de Corumbá/MS.

A. A partir da leitura do depoimento 1, os argumentos utilizados para defender a posição do proprietário de terras são:

I – A Constituição do país garante o direito à propriedade privada, portanto, invadir terras é crime.

II – O MST é um movimento político controlado por partidos políticos.

III – As terras são o fruto do árduo trabalho das famílias que as possuem.

IV – Este é um problema político e depende unicamente da decisão da Justiça.

Estão corretas as proposições:

a) I, apenas.
b) I e IV, apenas.
c) II e IV, apenas.
d) I, II e III, apenas.
e) I, III e IV, apenas.

B. A partir da leitura do depoimento 2, quais os argumentos utilizados para defender a posição de um trabalhador rural sem-terra?

I – A distribuição mais justa da terra no país está sendo resolvida, apesar de que muitos ainda não têm acesso a ela.

II – A terra é para quem trabalha nela e não para quem a acumula como bem material.

III – É necessário que se suprima o valor social da terra.

IV – A mecanização do campo acarreta a dispensa de mão-de-obra rural.

Estão corretas as proposições:

a) I, apenas.
b) II, apenas.
c) II e IV, apenas.
d) I, II e III, apenas.
e) III, I e IV, apenas.

2 (PUC-Campinas-SP) Analise os textos.

"Diante dos documentos internacionais que começam a expor a verdadeira situação do Brasil, depois das reformas neoliberais da Constituição e da economia, o único álibi que os responsáveis pelo resultado clamoroso podem invocar é que o 'processo não está concluído'."

Freitas, Janio de. *Folha de S.Paulo*, 19 set. 1999, Cad. 1, p. 5.

"Nos anos 1980 e 1990, sob o paradigma neoliberal, diluiu-se a 'legitimidade' dos projetos de desenvolvimento e debilitaram-se os Estados nacionais. Liberalização, desregulação e privatização passaram a constituir os pilares de uma suposta 'nova ordem' que promoveria a modernização e o progresso por força das virtudes da eficiência alocativa dos mercados de capitais."

Coutinho, Luciano. *Folha de S.Paulo*, 12 set. 1999, Cad. 2.

Os dois autores referem-se ao Projeto Neoliberal implantado no Brasil pelos últimos governos da Federação. A partir da análise dos textos, pode-se depreender que o Projeto Neoliberal, no Brasil,

a) acelerou o processo de distribuição de renda no país.
b) fortaleceu o poder de intervenção do Estado na economia.
c) não alcançou ainda os objetivos pretendidos pelos seus idealizadores.
d) ultrapassou a fase de implantação do progresso e da modernização econômica.
e) alavancou o projeto de desenvolvimento industrial.

3 (Mackenzie-SP) Dentre os fatores que favoreceram a vitória, por reduzida margem de votos, de Fernando Collor de Mello sobre Luiz Inácio Lula da Silva, no segundo turno das eleições em 1989, apontamos:

a) as táticas amedrontadoras de Collor sobre o eleitorado conservador, o confronto ideológico e o apoio da mídia.

b) a oposição do governo norte-americano ao candidato Collor de Mello, já que este se posicionava contra o modelo neoliberal.

c) a proposta social de Collor, francamente favorável à reforma agrária, e a defesa de um maior papel do Estado na economia.

d) a convicção de Lula de privatizar estatais e o discurso moralizante assustaram os segmentos mais ilustrados da classe média.

e) Lula e Collor tinham em comum o apoio da massa, mas a proposta de Luiz Inácio Lula da Silva de abertura total do mercado impediu o apoio da burguesia nacional à sua candidatura.

4 (UFPE) Nas últimas décadas, a sociedade, no Brasil, tem vivido expectativas políticas de renovação, depois do período dominado pelo autoritarismo dos governos militares do pós-64. Sobre essas expectativas de renovação, podemos identificar como verdadeiras as afirmativas:

a) A sociedade tem resistido ao forte esquema de propaganda política, não havendo influência dessa prática na escolha dos candidatos à Presidência da República.

b) Os partidos políticos defendem propostas viáveis de mudanças sociais, conscientizando seus eleitores e efetivando práticas políticas de cidadania.

c) Apesar do crescimento dos partidos, como o Partido dos Trabalhadores, ainda existem muitas dificuldades para mudar as práticas políticas tradicionais.

d) A presença da televisão tem influenciado nos hábitos e nos costumes do cotidiano da sociedade, inclusive nas suas escolhas políticas.

e) Há movimentos sociais que atuam buscando melhoria nas condições de vida dos grupos mais pobres da sociedade, apresentando propostas diferentes das propostas dos partidos.

5 (FGV-SP) Em janeiro de 1985, Tancredo Neves foi eleito presidente da República pelo PMDB. A respeito da chamada Transição Democrática, é correto afirmar:

a) O governo de Tancredo Neves foi marcado por uma grande instabilidade política que levou à renúncia do presidente e à posse de seu vice, José Sarney.

b) Tancredo Neves foi eleito presidente de forma indireta pelo Colégio Eleitoral, tendo como vice José Sarney, ex-presidente do PDS, partido que apoiava o Regime Militar.

c) Em torno de Tancredo Neves formou-se a Aliança Democrática, que reunia o PMDB e dissidentes do PDS, entre os quais José Sarney e Paulo Salim Maluf.

d) A candidatura de Tancredo Neves contou com o apoio oficial de todos os partidos de oposição, isolando completamente os colaboradores do Regime Militar.

e) Apesar de vitorioso nas eleições indiretas, Tancredo Neves foi impedido de assumir o governo pelas Forças Armadas, que fecharam questão em torno do nome de José Sarney.

6 (Uerj) **Geração Coca-Cola**

"Quando nascemos fomos programados
A receber o que vocês nos empurraram
Com os enlatados dos USA, de 9 às 6.
Desde pequenos nós comemos lixo
Comercial e industrial
Mas agora chegou nossa vez
Vamos cuspir de volta o lixo em cima de vocês.
Somos os filhos da revolução
Somos burgueses sem religião
Somos o futuro da nação
Geração Coca-Cola.
Depois de vinte anos na escola
Não é difícil aprender
Todas as manhas do jogo sujo
Não é assim que tem que ser?
Vamos fazer nosso dever de casa
E aí então, vocês vão ver
Suas crianças derrubando reis
Fazer comédia no cinema com as suas leis."

Renato Russo

O título e a letra da canção expressam a insatisfação e a visão crítica de parte da juventude brasileira da década de 1980, em relação a padrões de comportamento dominantes na sociedade.

Dois problemas característicos da juventude dessa década, que estão identificados na letra e que melhor justificam o rótulo *geração coca-cola*, são:

a) decadência moral – rígido controle social

b) pobreza econômica – limitações culturais

c) alienação cultural – insatisfação política

d) nacionalismo musical – falta de acesso à escola

7 (PUC-RS) A vitória de Fernando Henrique Cardoso nas eleições presidenciais de 1994 teve como fator decisivo a

a) adoção de uma política eficaz de controle da natalidade, visando a conscientizar parcela da população menos favorecida.

b) redução da criminalidade no campo, devido ao programa de reforma agrária que prevê tolerância em relação à invasão de terras improdutivas no país.

c) política externa de importação de produtos do Mercosul, com o objetivo de reduzir as taxas alfandegárias, resultando em preços mais atrativos no mercado brasileiro.

d) implantação do Plano Real, que criou uma moeda estável no país após décadas de inflação.

e) queda do desemprego devido à adoção do plano de estatização e intervenção reguladora do Estado na economia.

8 (UFF-RJ) Em julho de 1998 foi privatizado o conjunto de empresas estatais brasileiras do sistema Telebrás, dando prosseguimento ao programa neoliberal do governo Fernando Henrique Cardoso.

Identifique a opção que melhor define *privatização*:

a) aplicação de instrumento legal pelo Estado brasileiro no favorecimento de empresas estrangeiras em leilões das Bolsas de Valores.

b) apropriação do Estado pelo capital privado, nacional ou estrangeiro.

c) processo de incorporação de novas empresas privadas ao Estado — o mesmo que Estado-mínimo.

d) processo de organização de vendas das empresas estatais através de leilões nas Bolsas de Valores.

e) transferência do patrimônio público para o controle privado de setores empresariais, nacionais ou estrangeiros.

9 (Vunesp) "O principal defeito do elefante é, como eu ia dizendo, o de certos políticos brasileiros: é um bicho interessante, mas come demais [...]. Tem um apetite latifundiário [...]."

BRAGA, Rubem. *A traição das elegantes.*

Este fragmento de uma crônica de Rubem Braga refere-se

a) ao gigantismo do Estado brasileiro.

b) ao aspecto ingênuo da política e da sociedade brasileiras.

c) a temas permanentes da vida geral dos povos.

d) à corrupção política e à desigualdade de riqueza no Brasil.

e) a uma situação política e social ultrapassada na história brasileira.

Ampliando o conhecimento

Filmes

Bob Roberts

Direção de Tim Robbins. Estados Unidos, 1992. 104 min.
O filme, além de discutir como uma eleição pode se transformar em um *show* eleitoral, alerta para o perigo de se escolherem os dirigentes de uma nação com base apenas em aparências e discursos demagógicos.

Carandiru

Direção de Hector Babenco. Brasil, 2003. 147 min.
Narra o cotidiano da antiga Casa de Detenção de São Paulo, conhecida como Carandiru. Em meio à superlotação, às doenças e às condições precárias, os detentos encontram espaço para a organização e a solidariedade.

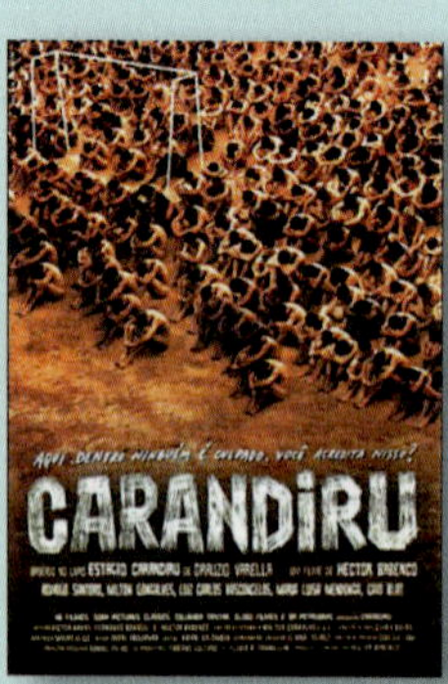

REPRODUÇÃO

Central do Brasil

Direção de Walter Salles. Brasil, 1998. 112 min.
Garoto, cuja mãe morreu atropelada, é ajudado por uma mulher que escreve cartas para pessoas analfabetas, na estação Central do Brasil (RJ). Juntos, eles viajam para o Nordeste, a fim de encontrar os parentes do menino.

Cidade de Deus

Direção de Fernando Meirelles. Brasil, 2002. 135 min.
A vida de jovens de uma comunidade pobre no Rio de Janeiro é retratada pelas lentes de um deles, que conseguiu escapar da violência devido ao seu talento como fotógrafo.

Terra estrangeira

Direção de Walter Salles. Brasil, 1995. 100 min.
Após o caos gerado pela instauração do Plano Collor e a morte de sua mãe, rapaz decide abandonar o Brasil. Para isso, aceita contrabandear um objeto para a Europa.

Site

Portal do governo brasileiro

<www.brasil.gov.br>
Disponibiliza serviços para o cidadão, notícias e informações oficiais do governo e do país.

Capítulo 49 Conflitos e tensões no mundo atual

Da bipolaridade ao desequilíbrio

MALCOLM LINTON/LIAISON/GETTY IMAGES

Destruição causada por bombardeio israelense em Beirute, no Líbano, em agosto de 2006, durante o conflito entre Israel e o Hezbollah.

Prédios destruídos por bombas na cidade de Kuito, Angola, em dezembro de 1999, durante a guerra civil entre o MPLA (Movimento Popular de Libertação de Angola) e a Unita (União Nacional para a Independência Total de Angola).

MARCO DI LAURO/GETTY IMAGES

JOHN MOORE/GETTY IMAGES

Destruição no centro da cidade de Ramadi, no Iraque, causada pelos combates entre as tropas dos Estados Unidos e muçulmanos sunitas, que resistem à ocupação norte-americana. Foto de janeiro de 2007.

Jovens soldados liberianos do governo, em Monróvia, capital da Libéria. Foto de 2003.

O mundo pós-Guerra Fria é bastante diferente daquele que se configurou após a Segunda Guerra Mundial. As relações entre os Estados ficaram mais complexas, e novos focos de atrito passaram a exigir formas originais de tratamento por parte da comunidade internacional. As tensões e conflitos no Oriente Médio, África Subsaariana, Índia, Afeganistão, Haiti, Bolívia e Colômbia são exemplos dessa nova configuração mundial.

Neste capítulo, apresentamos um painel de diversos conflitos regionais estimulados por razões políticas, econômicas, culturais, religiosas ou étnicas. Para facilitar o estudo e a compreensão das zonas de tensão, optamos por agrupá-las por continente. Contudo, isso não quer dizer que nesses conjuntos geopolíticos os motivos causadores de conflitos sejam semelhantes.

▶ Ásia: um continente explosivo

No continente asiático, os nacionalismos exacerbados, os embates entre diferentes etnias e a influência religiosa estão entre os fatores que desencadeiam ondas de intolerância e massacres como os que têm ocorrido no Afeganistão e no Oriente Médio (Israel, Palestina, Jordânia, Líbano e Síria).

▶ Afeganistão

O Afeganistão é um dos países mais pobres do mundo. Calcula-se que cerca de um terço da população afegã já deixou o país, abalado não só por guerras e conflitos internos, que arruinaram sua infraestrutura econômica, mas também por desastres naturais, como terremotos e secas.

Devido à sua posição estratégica — o país está situado entre o Oriente Médio, a Ásia Central e a Índia, ao longo da antiga "Rota da Seda" —, o Afeganistão tem sido disputado por vários povos ao longo da história. Integrante do Império Persa (século VI a.C.), a região foi subjugada por Alexandre, o Grande, no século IV a.C., passando a fazer parte do universo helenista. Também ingressou no espaço cultural do budismo. Nos séculos seguintes, soberanos helenistas, príncipes indianos, nômades iranianos convertidos ao budismo e a dinastia persa dos sassânidas sucederam-se no controle total ou parcial do território, até a conquista árabe, no século VII. Com isso, o islamismo se sobrepôs ao hinduísmo e ao budismo, até então predominantes no Afeganistão.

Em 1953, o general Mohammed Daud Khan tornou-se primeiro-ministro e voltou-se para a União Soviética em busca de ajuda econômica e militar. Sob seu governo, o país passou por uma série de mudanças sociais, tais como a abolição do **purdah**, prática de segregar mulheres dentro de casa. Em 1963, Mohammed Daud foi forçado a deixar a chefia do governo. Dez anos depois, porém, ele voltou ao poder com um golpe militar e transformou o Afeganistão em uma república. Como presidente, Mohammed Daud reforçou a influência soviética sobre o país. Mas em 1978 ele foi deposto e assassinado durante um golpe liderado pelo Partido Democrático do Povo do Afeganistão (PDPA), de esquerda, grupo dividido em várias facções antagônicas. Ao mesmo tempo, islâmicos conservadores e líderes de etnias contrárias às mudanças sociais se rebelaram em áreas distantes da capital.

Em 1979, a disputa entre os líderes esquerdistas Hafizullah Amin e Nur Mohammed Taraki, em Cabul, resultou na ascensão de Amin e na morte de Taraki. Todavia, o PDPA permaneceu dividido e a União Soviética enviou soldados para ajudar a afastar Amin do poder. Ele foi derrubado e morto, e o Afeganistão tornou-se território ocupado pelos soviéticos.

▷ O Afeganistão sob a intervenção soviética

Em 1980, Barbrak Karmal, dirigente do PDPA, foi nomeado presidente com o apoio dos soviéticos. Entretanto, vários grupos de ***mujahedins*** (guerrilheiros) lutaram contra as forças de ocupação. Estados Unidos, Paquistão, China, Irã e Arábia Saudita forneciam armas e dinheiro à resistência.

PRINCIPAIS REGIÕES DE CONFLITO NA ÁSIA

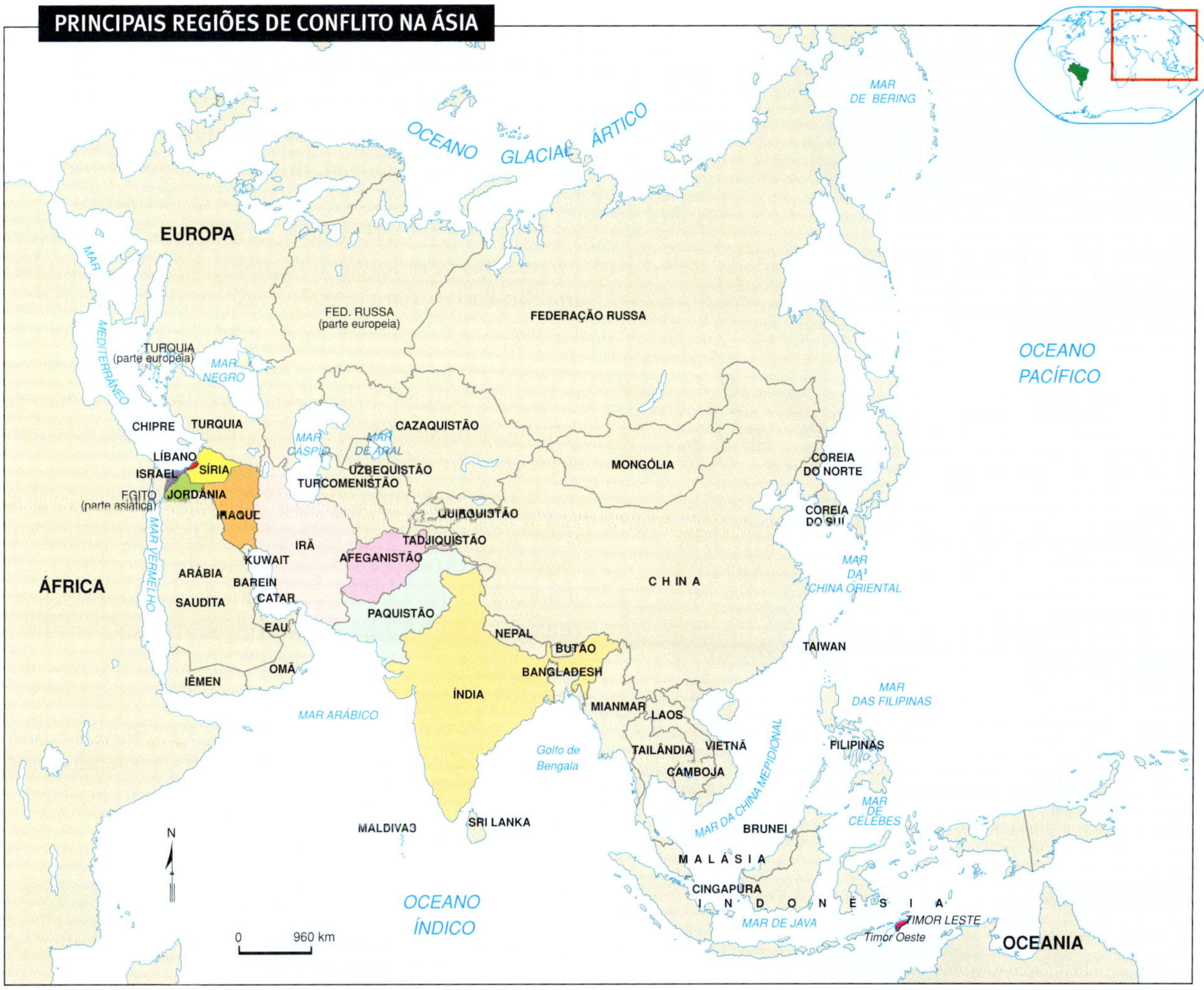

Fonte: *Atlas da história do mundo*. São Paulo: Times/Folha de S.Paulo, 1995.

Em 1985, os *mujahedins* se uniram ao vizinho Paquistão para formar uma aliança contra a intervenção soviética. Diante de tal conjuntura, o líder da União Soviética, Mikhail Gorbatchev, afirmou que suas tropas abandonariam o país. Em 1988, o Afeganistão, a União Soviética, os Estados Unidos e o Paquistão assinaram acordos de paz, e os soldados soviéticos começaram a deixar o território afegão. A retirada, porém, não colocou fim à guerra civil que assolava o país, naquele período sob o governo de Mohammad Najibullah, ex-chefe da polícia secreta.

▷ Sob o poder dos *mujahedins*

Em 1992, a resistência cercou a cidade de Cabul. Najibullah foi deposto e milícias rivais continuaram a disputar o poder. No ano seguinte, facções dos *mujahedins* concordaram em formar um governo com a etnia *tadjique* (dominante no vizinho Tadjiquistão). O *tadjique* Burhanuddin Rabbani foi nomeado presidente, mas não conseguiu controlar as facções em luta e em especial a etnia *pashtun*, majoritária no país e base de sustentação da milícia Talebã. Grupo formado por estudantes fundamentalistas muçulmanos que defendiam a criação de um Estado islâmico "puro", o Talebã passou a ser visto como a única organização capaz de proteger a população dos desmandos praticados pelas diversas facções guerrilheiras.

Em 1996, a milícia Talebã assumiu o controle de Cabul e introduziu uma versão ortodoxa do islamismo, proibindo mulheres de trabalhar e decretando punições como o apedrejamento até a morte. Rabbani fugiu e se juntou à aliança antitalebã, no norte do país.

Em 1997, o Talebã foi reconhecido como governo legítimo pelo Paquistão e pela Arábia Saudita. A essa altura, o grupo já controlava cerca de dois terços do território afegão e buscava estender sua hegemonia às regiões ainda dominadas por Rabbani e seus aliados, estabelecidos em uma fortaleza no norte do país, perto de Mazar-e-Sharif. Em julho de 1998, o Talebã iniciou uma nova ofensiva e, em agosto, Mazar-e-Sharif foi ocupada. Durante aquele ano, o povo afegão passou

SAEED ALI ACHAKZAI/REUTERS-LATINSTOCK

O líder do Talebã, Hayatullah Khan, posa para foto durante entrevista no Afeganistão, em fevereiro de 2007.

por duras provações. Terremotos mataram milhares de pessoas, ao mesmo tempo que os Estados Unidos lançaram ataques com mísseis a supostas bases do militante fundamentalista Osama bin Laden, suspeito de ser responsável pelos atentados a bomba contra embaixadas americanas no Quênia e na Tanzânia.

Em 1999, a ONU impôs embargo aéreo e sanções financeiras para forçar o Afeganistão a entregar Osama Bin Laden, para que ele fosse levado a julgamento. Em janeiro do ano seguinte, a entidade internacional ampliou as sanções, decretando um embargo de armas, o fechamento dos escritórios internacionais da Ariana, a linha aérea afegã e o congelamento dos bens do regime no exterior.

No dia 1º de março de 2001, o Talebã iniciou a destruição de centenas de estátuas de valor cultural inestimável, por considerá-las ofensivas a um preceito muçulmano contrário à adoração de ídolos. Um dos principais centros da campanha de destruição das imagens foi a cidade de Bamiyan, que abrigava duas estátuas gigantes de Buda datadas do século V e classificadas pela ONU como patrimônio da humanidade. Apesar dos vários apelos internacionais, inclusive de países muçulmanos, a intolerância fundamentalista não poupou esse testemunho do passado budista do país.

MUZAMMIL PASHA/REUTERS-LATINSTOCK

SAYED SALAHUDDIN/REUTERS-NEWSCOM

Com aproximadamente 55 metros de altura, a estátua de Buda da cidade afegã de Bamiyan estava entre os grandes tesouros da humanidade. À esquerda, a obra de arte em 1997, antes de ser destruída pelo Talebã, e à direita em 2001, após os atentados.

Os atentados de 11 de setembro de 2001

PAUL COLANGELO/CORBIS-LATINSTOCK

"*United States Under Attack!*" ("Estados Unidos sob ataque!") Essa foi a manchete em toda a imprensa norte-americana no dia 11 de setembro de 2001, logo após as torres gêmeas do complexo do World Trade Center, em Nova York, serem atingidas por aviões comerciais da American Airlines e United Airlines. Concomitantemente ao atentado às torres gêmeas, um terceiro avião chocou-se contra o Pentágono, em Washington, a cerca de 3 km da Casa Branca, e um quarto avião caiu perto da cidade de Pittsburgh, no estado da Pensilvânia.

Graças à transmissão ao vivo pela televisão, o mundo pôde ver o país mais poderoso do planeta ser atacado. Mas por quem e por quê? A resposta do governo Bush foi imediata: Osama bin Laden, terrorista representante do fundamentalismo saudita, era o suspeito de ter arquitetado os atentados a Nova York e Washington.

AMI VITALE/GETTY IMAGES

"Olho por olho, dente por dente", duas imagens do mesmo horror. No alto, ruínas do World Trade Center após o atentado terrorista de 11/9/2001, em Manhattan, Nova York; acima, as ruínas da cidade de Cabul, no Afeganistão, após o ataque norte-americano de 2001.

A ofensiva dos Estados Unidos

Enquanto nos Estados Unidos a população se refazia do choque do maior e mais ousado ataque terrorista da história norte-americana, o governo Bush iniciava uma ofensiva contra o Afeganistão, país onde, acreditava-se, Osama bin Laden, líder da organização terrorista Al Qaeda, havia se refugiado.

Se, por um lado, Washington exigia a entrega do terrorista e a destruição das bases da Al Qaeda; de outro, Osama bin Laden convocava os muçulmanos para uma guerra santa contra os "infiéis" do Ocidente. Não obstante o apelo de Osama, o mundo islâmico não deu respaldo à sua convocação. A Arábia Saudita e os Emirados Árabes Unidos cortaram relações com o Afeganistão, ao mesmo tempo em que o Paquistão se declarava aliado dos Estados Unidos. Essa conjuntura política acabou deixando o Afeganistão isolado, uma vez que o governo do Talebã havia perdido o apoio dos únicos países que o reconheciam como autoridade política afegã.

Em 7 de outubro de 2001, norte-americanos e ingleses, unidos em campanha antiterrorista, bombardearam as principais cidades afegãs, bem como as bases da Al Qaeda e as tropas do Talebã. Os ataques aéreos atingiram também depósitos da Cruz Vermelha, várias aldeias e áreas residenciais de Cabul e Kandahar, causando a morte de centenas de civis. A queda do regime talebã ocorreu no mês seguinte e formou-se um novo governo, com apoio da ONU e dos Estados Unidos representando diversas forças políticas do país: chefes tribais, grupos étnicos e monarquistas ligados ao rei deposto.

Em outubro de 2004 ocorreu a primeira eleição presidencial da história do Afeganistão. Hamid Karzai, representante dos *pashtuns*, foi eleito presidente

CLAUDIUS

O presidente dos Estados Unidos George W. Bush atormentado com a insônia provocada pela figura de Osama Bin Laden. Charge do cartunista Claudius, 2004.

para um governo de transição de três anos. Contudo, a região continua sofrendo com os ataques do Talebã. Forças internacionais permanecem no país combatendo focos de resistência da milícia, e, aos poucos, milhares de refugiados estão retornando ao Afeganistão.

▶ Palestina

A disputa pela região da Palestina entre israelenses e palestinos tem suas raízes na Antiguidade. Os primeiros grupos de pastores, agricultores e pescadores chegaram à região por volta de 3500 a.C. Com o tempo, os grupos locais se organizaram, surgindo povos como os cananeus, que deram seu nome à região: Terra de Canaã. Eles dominavam o território no momento da chegada dos clãs hebraicos, por volta de 2000 a.C.

Algumas tribos hebraicas deixaram Canaã por volta de 1750 a.C., fugindo de uma prolongada seca. Fixaram-se no Egito e chegaram a ocupar cargos públicos a serviço dos hicsos, que então dominavam o país. Quando os hicsos foram expulsos, os hebreus passaram a ser perseguidos e escravizados. Veio então o episódio do **Êxodo**, relatado na *Bíblia*: o retorno dos hebreus a Canaã, liderados por Moisés, após uma permanência de cerca de 500 anos no Egito.

Tão logo chegaram ao que denominavam Terra Prometida, as tribos hebraicas reiniciaram as lutas pelo controle da região com os povos que lá viviam. Por volta de 1000 a.C., Davi conquistou Jerusalém, que se tornou a sede do Reino de Israel, mais tarde dividido nos reinos de Israel e Judá. Entre 935 a.C. e 63 d.C., os dois Estados foram dominados por egípcios, assírios, caldeus, persas, gregos e romanos; somente o Reino de Judá sobreviveu, tornando-se a pátria dos judeus. Em 70 d.C., estes se rebelaram contra os romanos, mas foram duramente reprimidos. Milhares de pessoas foram mortas, outras vendidas como escravas, e muitos acabaram fugindo da região. Expulso de sua pátria, o povo judeu se espalhou pela Ásia e pela Europa, em um movimento que ficou conhecido como **Diáspora**.

Até o século V, a região da Palestina pertencia ao Império Romano do Oriente e era habitada, em sua maioria, por cristãos. No século VII, a região foi conquistada pelos árabes muçulmanos e mais tarde se incorporou ao Império Otomano (ou turco). Este último começou a se formar no século XII e abrangeu terras na Síria, Mesopotâmia, Irã, Palestina, Arábia, Egito, Argélia, Bulgária, Sérvia, Grécia, Hungria e Turquia.

No século XIX surgiu na Europa o **sionismo**, um movimento político e religioso que visava o restabelecimento, na Palestina, de um Estado judaico. Sediado em Viena, o movimento sionista ganhou poder e influência com a atuação de Theodor Herzl, um jornalista austríaco que defendia a formação de uma nação judaica em um território unificado. No início do século XX, o governo turco recusou a reivindicação de Herzl pela autonomia da Palestina e o movimento buscou apoio da Grã-Bretanha. Em 1903, o governo britânico ofereceu 15.500 km^2 de terras em Uganda para assentamento, mas os sionistas recusaram.

Depois da Primeira Guerra Mundial, os países europeus, interessados no petróleo e na posição estratégica da região, passaram a dominar a área. Em 1918, a Grã-Bretanha ficou responsável pela Palestina. Um ano antes, o ministro das Relações Exteriores da Grã-Bretanha, Lord Arthur Balfour, apoiou a fundação de um "Lar Nacional" para os judeus na Palestina. Mas, ao mesmo tempo, os britânicos haviam prometido a independência aos árabes em troca de apoio para ajudar a expulsar os turcos da região.

Diante das promessas de Lord Balfour, centenas de judeus foram para a Palestina, compraram terras e se estabeleceram em núcleos agrícolas. Esse fato provocou a deterioração nas relações entre judeus e árabes, uma vez que os primeiros haviam adquirido a maior parte das áreas boas para o cultivo. Em 1936, os judeus já constituíam cerca de 34% da população na Palestina.

Durante a Segunda Guerra Mundial, devido à perseguição alemã, a emigração judaica para a Palestina fez aumentar o grau de tensão entre árabes e judeus. Os judeus tinham apoio de vários países, em especial dos Estados Unidos, que passaram a pressionar a Grã-Bretanha para liberar a imigração judaica para a Palestina.

Finalmente, em 1948, os ingleses deixaram a administração da região para a Organização das Nações Unidas, que determinou a divisão da Palestina em duas partes. Os palestinos, que somavam 1,3 milhão de habitantes, ficaram com 11.500 km², e os 700 mil judeus, com os 14.500 km² restantes. Desde a criação do Estado de Israel, em 1948, o Oriente Médio tornou-se palco de confrontos que envolvem israelenses, palestinos e outros povos árabes. Os motivos do conflito não dizem respeito apenas às diferenças religiosas; eles compreendem também o controle de fronteiras, de terras cultiváveis, de recursos hídricos e o domínio de regiões petrolíferas próximas de Israel.

▷ A primeira guerra entre árabes e israelenses

A recusa árabe à partilha da Palestina, determinada pela ONU, gerou uma declaração de guerra contra o Estado de Israel por alguns países da Liga Árabe, em 15 de maio de 1948. Esse conflito, que terminou em janeiro de 1949, envolveu Israel, Egito, Iraque, Jordânia, Líbano, Síria e Arábia Saudita. Os israelenses, que contavam com o apoio dos Estados Unidos, derrotaram seus oponentes e ocuparam a Galileia e o Deserto de Neguev. Jerusalém foi dividida entre a Jordânia e Israel, que incorporou a Cisjordânia a oeste do Rio Jordão. A Faixa de Gaza, com 40 quilômetros de comprimento e 8 quilômetros de largura, ficou com o Egito.

Esse primeiro confronto após a criação do Estado de Israel fez surgir um dos mais complicados problemas para a paz na região: um imenso número de refugiados palestinos ficou sem um território. Tal fato, similar ao problema enfrentado pelos judeus desde o ano 70 d.C., provocou a Diáspora palestina. Milhares de palestinos emigraram para os Estados árabes.

KEYSTONE/FRANCE/GAMMA – OTHER IMAGES

Pessoas caminham em quarteirão judeu em Jerusalém, destruído durante a guerra de 1948.

▷ Guerra de Suez

Em outubro de 1956, o governo de Israel — com o apoio da França e da Grã-Bretanha — declarou guerra ao Egito, que havia nacionalizado o canal de Suez e determinado o fechamento do porto de Eilat, no Golfo de Ácaba, iniciativas que ameaçavam os projetos dos judeus de irrigação do Deserto de Neguev, além de cortar o único contato daquele povo com o Mar Vermelho. Ainda mais importante, o controle egípcio sobre Suez era um forte golpe contra os interesses financeiros e geopolíticos franco-britânicos.

Em investida impetuosa, as forças militares de Israel conquistaram a Península do Sinai e controlaram o Golfo de Ácaba, reabrindo o porto de Eilat. No entanto, pressões da União Soviética e dos Estados Unidos fizeram Israel recuar às fronteiras de 1949, sob a supervisão das tropas da ONU.

▷ Al Fatah

Na década de 1950, os palestinos passaram a se organizar na luta contra o Estado de Israel. A mola propulsora desse movimento de resistência foi a classe média exilada, grupo que tinha maior acesso à participação política. Essa reação gerou um importante grupo político-militar palestino denominado Al Fatah, que significa "luta armada" ou "conquista por meio da guerra santa". Esse grupo começou a tomar corpo entre 1956 e 1959 e projetou o nome de seu fundador, Yasser Arafat. A organização Al Fatah caracterizou-se como um movimento antissionista e anti-imperialista, com o objetivo de criar um Estado laico em território palestino.

▷ Guerra dos Seis Dias

Após a criação do Al Fatah, cresceram os ataques terroristas palestinos às instalações judaicas. Cada ataque era respondido com uma retaliação israelense. A tensão atingiu níveis críticos em 1966, quando a

Síria passou a dar apoio aos guerrilheiros. Em abril de 1967, a Força Aérea israelense atacou a Jordânia. No mês seguinte, o Egito colocou suas Forças Armadas em alerta. Além disso, o presidente Nasser ordenou a retirada das tropas da ONU do Egito e as substituiu por divisões egípcias. O Golfo de Ácaba e o porto de Eilat foram bloqueados.

No final de maio de 1967, Jordânia e Síria firmaram um Acordo de Defesa Mútua com o Egito. Em julho do mesmo ano, as forças israelenses atacaram de surpresa as forças egípcias. O exército egípcio foi derrotado em menos de uma semana, juntamente com o da Jordânia e o da Síria. Como resultado, Israel conquistou a Península do Sinai (devolvida ao Egito em 1982), a Faixa de Gaza, a Cisjordânia, Jerusalém Oriental e as colinas sírias de Golã. O cessar-fogo, decretado pela ONU, foi atendido, mas Israel não retirou suas tropas dos territórios ocupados.

▷ Guerra do Yom Kippur

Em 1973, Egito, Síria e Israel se envolveram em um novo conflito que ficou conhecido como Guerra do Yom Kippur. O nome deriva do ataque surpresa, desferido por tropas da Síria e do Egito, durante o feriado judeu do Yom Kippur (Dia do Perdão), contra áreas ocupadas pelos israelenses desde 1967. Os egípcios chegaram a adentrar 15 quilômetros em território controlado pelos judeus, mas a contraofensiva israelense atingiu Damasco, na Síria, e isolou as tropas egípcias no Sinai. O conflito armado terminou graças à interferência dos Estados Unidos, da União Soviética e da ONU. Alguns acordos de cessar-fogo foram assinados em 1973, 1974 e 1975; não obstante, os israelenses não devolveram os territórios conquistados nas guerras anteriores.

▷ O petróleo se transforma em arma

A Questão Palestina ganhou destaque internacional após a Guerra do Yom Kippur, uma vez que o petróleo começou a ser usado como arma pelos Estados árabes: a Organização dos Países Exportadores de Petróleo (Opep) boicotou o fornecimento aos países que apoiavam Israel. Ao mesmo tempo, o aumento no preço do barril de petróleo, em decorrência da guerra, gerou uma crise que derrubou bolsas de valores de todo o mundo e golpeou a economia de vários países, causando desemprego e inflação.

EXPANSÃO DE ISRAEL ENTRE 1948 E 1967

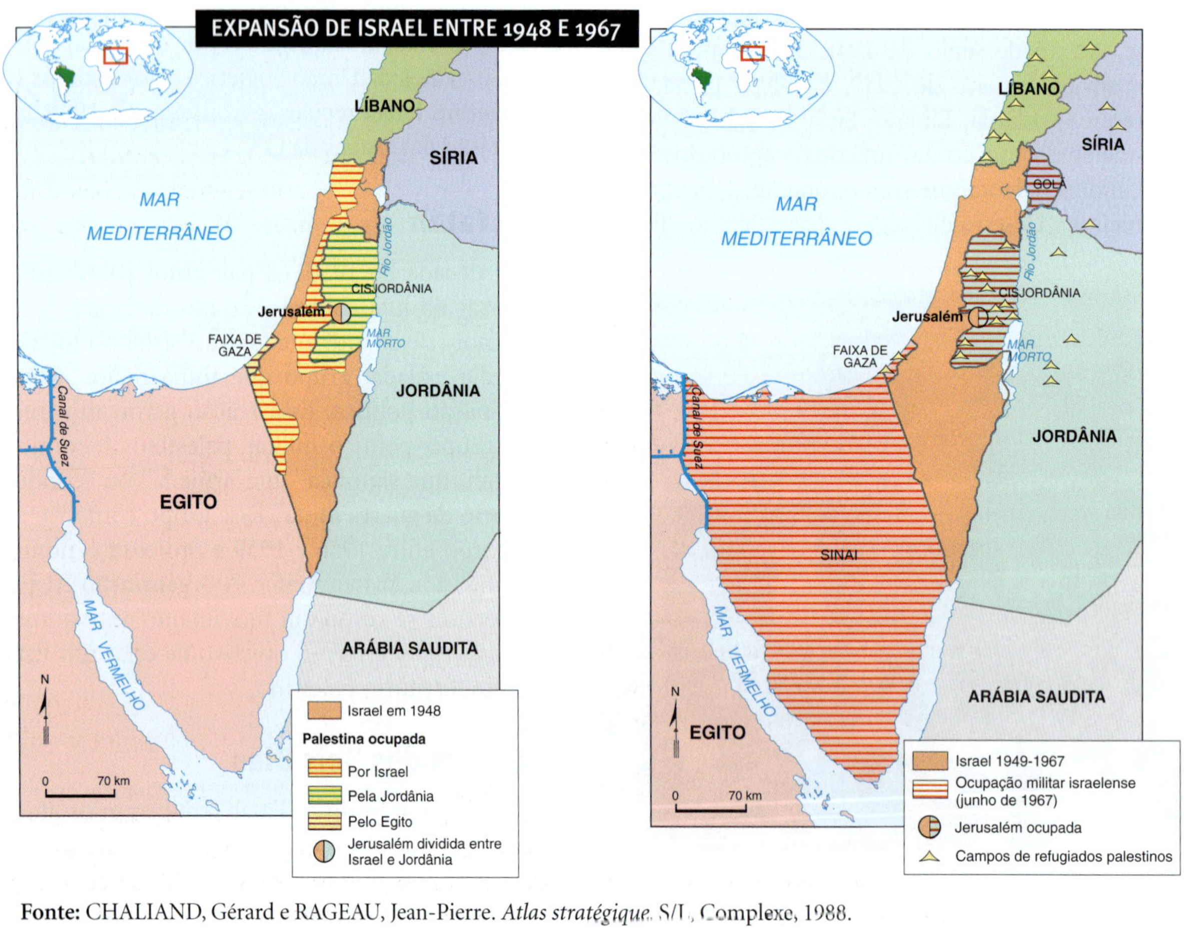

Fonte: CHALIAND, Gérard e RAGEAU, Jean-Pierre. *Atlas stratégique*. S/l., Complexe, 1988.

EVOLUÇÃO DO PREÇO DO PETRÓLEO BRUTO (1940-2004)

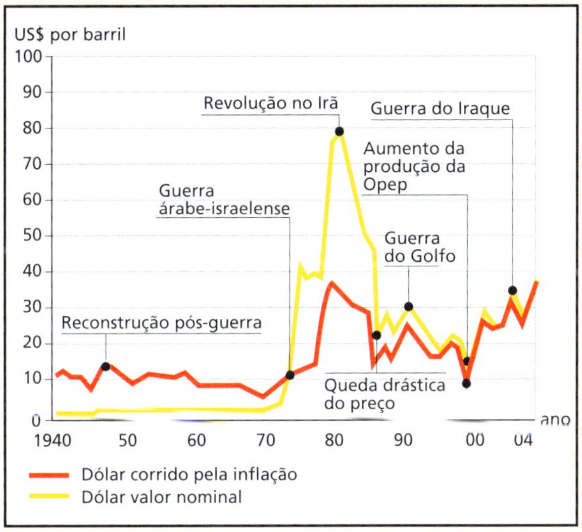

Fonte: Disponível em <www.bbc.co.uk/portuguese>. Acesso em jul. 2007.

A partir desse momento, Arafat mudou sua estratégia. Começou um trabalho diplomático, conseguindo que a Organização para a Libertação da Palestina (OLP) — formada em torno da Al Fatah — fosse reconhecida como representante do povo palestino e admitida na ONU como membro observador.

▷ A Intifada

Em 1987 explodiu uma rebelião popular em Gaza, após o atropelamento e a morte de quatro palestinos por um caminhão do exército israelense. Adolescentes munidos de paus e pedras enfrentaram, nas ruas, soldados israelenses que combatiam com bombas de gás, tanques e balas de borracha.

Os resultados da Intifada foram positivos para os palestinos. A repressão israelense recebeu a condenação do Conselho de Segurança da ONU, fato que influenciou a opinião pública mundial a favor da OLP. Em novembro de 1988, o Conselho Nacional Palestino proclamou o Estado Independente da Palestina, ao mesmo tempo que reconhecia a existência do Estado de Israel. Além disso, o Conselho declarou sua rejeição ao terrorismo e tornou claro seu interesse em participar de uma conferência internacional de paz.

▷ Tentativas de paz

Em **1993**, no dia 13 de setembro, Israel e a OLP chegaram a um primeiro acordo sobre a autonomia

CENTRO DE ESTUDOS DE HISTÓRIA CONTEMPORÂNEA, PARIS

Cartaz palestino de propaganda sobre a Intifada, de 1989. Em árabe, Intifada significa "guerra das pedras".

palestina. Os líderes Itzhak Rabin, Shimon Peres e Yasser Arafat receberam o prêmio Nobel da Paz.

Em **1994**, no dia 1º de julho, Arafat voltou para a Palestina depois de 27 anos e formou, em Gaza, um governo autônomo, a Autoridade Palestina.

Em **1995**, no dia 28 de setembro, Itzhak Rabin e Yasser Arafat assinaram, em Washington, um acordo

STEPHEN FERRY/LIAISON/GETTY IMAGES

Yasser Arafat (à direita), líder da OLP, e Itzhak Rabin (à esquerda), primeiro-ministro de Israel, assinaram um acordo de paz em 13/9/1993, em Washington. Na foto, que registrou esse momento histórico, também aparece Bill Clinton (ao centro), presidente dos Estados Unidos.

interino sobre a extensão da autonomia palestina na Cisjordânia. No dia 4 de novembro daquele mesmo ano, Itzhak Rabin foi assassinado por um militante religioso israelense de extrema-direita.

Em **1996**, nos dias 1º e 2 de outubro, realizou-se uma reunião de cúpula em Washington entre o presidente americano Bill Clinton, o líder palestino Yasser Arafat, o primeiro-ministro israelense Benjamin Netanyahu e o rei Hussein, da Jordânia. Em novembro de 1997, Israel aceitou retirar parte de suas tropas da Cisjordânia.

Em **1998**, entre 15 e 23 de outubro, as negociações entre Israel e palestinos resultaram no acordo de Wye Plantation, que definiu uma segunda retirada militar israelense da Cisjordânia e a libertação de 750 prisioneiros palestinos. Em 20 de novembro, Israel transferiu aos palestinos a autoridade civil sobre 21% da Cisjordânia. Em **1999**, o primeiro-ministro de Israel, Ehud Barak, e Arafat assinaram uma versão renegociada dos acordos de Wye Plantation. Israel efetuou uma retirada da Cisjordânia.

Em fevereiro de **2000**, fracassou a reunião de cúpula palestino-israelense destinada a relançar as negociações de paz.

O papa João Paulo II fez um apelo contra a violência no Oriente Médio, e palestinos e judeus chegaram a um acordo que previu o fim da violência, a criação de uma comissão de investigação supervisionada pelos Estados Unidos e a retomada das discussões sobre os territórios disputados.

No final daquele ano, uma pesquisa publicada no jornal *Maariv*, de Israel, revelou que 57% dos israelenses eram favoráveis à criação de um Estado palestino independente, enquanto 36% se opunha ao projeto. No entanto, 66% dos israelenses consultados apoiavam a ideia de uma "separação" entre israelenses e palestinos.

No final de **2000,** o presidente Bill Clinton, dos Estados Unidos, apresentou propostas de paz para o Oriente Médio; porém, os palestinos rejeitaram os termos do acordo alegando que não haveria paz se Ariel Sharon fosse eleito primeiro-ministro de Israel. Comandante das tropas que promoveram massacres no Líbano, Sharon venceu as eleições para primeiro-ministro de Israel e enviou uma carta a Arafat afirmando que ele deveria continuar com as negociações de paz baseadas nas resoluções da ONU.

O ano de **2002** não se apresentou otimista quanto às perspectivas de paz no Oriente Médio. Ao contrário, assistiu aos ataques israelenses contra territórios sob a administração palestina e à multiplicação dos atentados dos homens-bomba palestinos contra a população de Israel.

No dia 11 de novembro de **2004**, morreu o líder palestino Yasser Arafat, e em janeiro de **2005** os palestinos elegeram seu novo líder. O candidato do movimento nacionalista Fatah, Mahmoud Abbas, recebeu entre 66% e 70% dos votos, tornando-se, assim, o novo dirigente da autoridade palestina.

A eleição de Abbas deixou as lideranças israelenses e ocidentais otimistas, pois acreditavam que o novo representante palestino tinha interesse em negociar a paz com Israel e com os grupos radicais que criam obstáculos à paz na região.

▶ Guerras no Líbano

Tradicionalmente, o poder no Líbano era repartido com base em critérios religiosos. O cargo de presidente da República era ocupado pelos **cristãos maronitas** (membros de uma comunidade árabe cristã, unida à Igreja Católica desde o século XII e regida por um patriarcado autônomo, sediado no Líbano), o primeiro-ministro era **sunita** (grupo majoritário entre os muçulmanos no país), e os cargos inferiores ficavam com os **xiitas**, **cristãos ortodoxos** e **drusos**. Estes últimos eram membros de uma seita religiosa secreta também presente na Síria e em Israel, cuja crença é basicamente maometana. Os drusos afirmam que o califa al-Hakim, da dinastia fatímida, cuja crueldade o tornou conhecido como "O califa louco", foi a última de uma série de encarnações terrenas de Deus.

Esse "equilíbrio" foi quebrado sobretudo em decorrência do aumento no número de refugiados palestinos no Líbano. Assim, os cristãos maronitas passaram a exigir a saída dos palestinos do território libanês, uma vez que os muçulmanos passaram a constituir a maioria no país, e os guerrilheiros da OLP começaram a agir de forma independente.

Para minimizar as tensões, a ONU sugeriu que o governo fosse composto pelos líderes dos vários grupos religiosos, mas a proposta não conseguiu impedir o início, em 1975, de uma guerra entre as diversas facções religiosas no Líbano.

A Síria rompeu sua aliança com a OLP e interveio diretamente no conflito ao lado dos maronitas. A presença do Exército sírio em solo libanês causou protestos dos árabes e uma intervenção direta de Estados Unidos, França e União Soviética no conflito. Estes países organizaram o Encontro de Riad, na Arábia Saudita, em 1976, que obrigou a Síria a se reconciliar com a OLP e a retirar suas tropas do Líbano.

Entretanto, no ano seguinte, o assassinato do líder druso Kamal Jumblatt desencadeou nova onda

Bairros de Sabra e Chatila, na periferia de Beirute, antigos campos de refugiados palestinos. Fevereiro de 2005.

de violência que culminou na invasão do Líbano por Israel. Durante a ocupação israelense aconteceram os massacres de **Sabra** e **Chatila**.

Nos anos 1990, com o fim da guerra civil, iniciou-se um processo de reconstrução da economia, das cidades e da infraestrutura do Líbano. No ano 2000, ocorreu um evento positivo para a paz na região: Israel retirou seus soldados do sul do Líbano, onde havia estabelecido uma "faixa de segurança" desde 1978.

Em 2005, soldados sírios, que permaneceram no Líbano por 29 anos, também se retiraram do país. Entretanto, a saída dos soldados sírios não trouxe a tão desejada paz para o Líbano. Ao sul do país, na fronteira com Israel, estão as bases do mais importante grupo político e religioso do país, o **Hezbollah**, formado por muçulmanos xiitas e que atua principalmente no sul do Líbano, área de maioria xiita. O grupo é apoiado pela comunidade árabe pobre da região, pois garante o funcionamento de escolas e hospitais. O objetivo do Hezbollah é destruir o Estado de Israel para construir no lugar o Estado palestino. Assim, desde 1982, quando a milícia foi criada no Irã, o Hezbollah ataca o território israelense.

Em 2006, militantes do Hezbollah sequestraram dois soldados israelenses para exigir em troca a libertação de membros da organização mantidos prisioneiros pelo Estado israelense. Preocupado com o contínuo crescimento do Hezbollah, o governo de Israel deu início à guerra contra o Líbano, atacando-o por terra, mar e ar. Supostamente para destruir as bases do grupo xiita libanês, Israel atingiu com seus ataques a população civil libanesa, matando milhares de inocentes. Israel e o Hezbollah aceitaram um acordo de cessar-fogo a partir das propostas do Conselho de Segurança da ONU, que ocupou com suas tropas a região fronteiriça entre Israel e Líbano.

Sabra e Chatila

São atualmente áreas deterioradas e superpovoadas na periferia de Beirute, nas quais convivem palestinos, sírios e libaneses pobres, trabalhadores imigrantes da Ásia e da África. Vinte anos atrás, Sabra e Chatila tinham uma população mais homogênea: eram campos de refugiados palestinos. No dia 14 de setembro de 1982, foi assassinado o presidente libanês Bashir Gemayel, ligado à organização direitista Falange Cristã (Kataeb). No dia seguinte, tropas israelenses autorizaram a entrada nos campos de milicianos da Falange, para procurar terroristas. Naquele momento, a maioria da população palestina em Sabra e Chatila era composta de mulheres, velhos e crianças.

Com a anuência do general israelense Ariel Sharon, cerca de 2.000 pessoas foram mortas. O massacre fez com que Sharon perdesse o cargo de ministro da Defesa, embora tenha permanecido no governo.

▶ Tensões no Irã e no Iraque

A moderna história do Irã começou em 1921, com o golpe militar liderado por Reza Khan contra o governo da dinastia Kajar. Em 1925, Reza Khan foi proclamado xá da Pérsia e adotou o nome de Reza Pahlevi. O primeiro governante da dinastia Pahlevi também alterou, em 1935, o nome do país, de Pérsia para Irã. Contrapondo-se à tradicional influência russa e britânica sobre o país, Reza Pahlevi aproximou-se da Alemanha, a ponto de ser considerado simpatizante do nazismo.

Libaneses, caminham em local destruído em um subúrbio no sul de Beirute. Era o primeiro dia do cessar-fogo entre Israel e o Hezbollah: 14 de agosto de 2006.

Em 1941, com o envolvimento da União Soviética no conflito mundial ao lado dos britânicos, a posição do governante iraniano tornou-se insustentável. O país foi ocupado por forças britânicas e soviéticas e Reza Pahlevi abdicou do poder em nome do seu filho, Mohamed Reza Pahlevi, que se voltou para o Ocidente. Em 1951, o primeiro-ministro Mohammad Mossadegh nacionalizou o petróleo iraniano, contrariando interesses ingleses e norte-americanos e iniciando um confronto com o xá, que chegou a deixar o país. Afinal, em 1953, o governo dos Estados Unidos enviou para a região uma equipe da Agência Central de Inteligência (CIA), que derrubou Mossadegh, abrindo as portas à influência direta dos norte-americanos no país.

Em 1975, foi instituído o unipartidarismo no Irã, o que, somado às perseguições promovidas pelo governo, intensificou a oposição à monarquia. Os muçulmanos xiitas, que compunham 93% da população do Irã, condenavam a ocidentalização dos Pahlevi e começaram a protestar contra o governo.

Em 1977, os protestos se intensificaram e os manifestantes exigiram a volta do aiatolá Ruholá Khomeini, líder religioso xiita exilado do Irã desde 1963. Após inúmeros confrontos, Khomeini retornou ao país, enquanto o xá fugiu para o exterior. O aiatolá assumiu o poder, e o Irã tornou-se uma república islâmica.

▷ Guerra Irã-Iraque

O radicalismo xiita do Irã alertou o presidente do Iraque, Saddam Hussein, seguidor da seita sunita e antigo aliado dos Estados Unidos. Em setembro de 1980, aproveitando-se da fragilidade política do Irã, Hussein declarou guerra aos iranianos. Seu objetivo era conquistar os territórios petrolíferos iranianos, alcançar a chefia moral do mundo árabe e debilitar a influência xiita no Iraque e nos demais países do Oriente Médio. No entanto, o Irã resistiu, e a guerra estendeu-se por oito anos, deixou quase um milhão de mortos e desgastou os dois países.

▷ A Guerra do Golfo

O Iraque invadiu o Kuwait em agosto de 1990, acusando aquele país de causar uma baixa no preço do petróleo, além de vender acima da cota estabelecida pela Opep. Saddam Hussein exigiu uma indenização do Kuwait para compensar as perdas do Iraque com a queda no preço do petróleo, o que elevou a dívida externa do país ao patamar de US$ 80 bilhões;

Ofensiva terrestre de soldados norte-americanos no Kuwait, em fevereiro de 1991, durante a Guerra do Golfo.

além disso, o líder iraquiano reivindicou territórios kuwaitianos para compensar o prejuízo.

Em resposta à invasão do Kuwait, o presidente norte-americano George Bush enviou tropas para o Golfo Pérsico, e o Conselho de Segurança da ONU decretou o boicote econômico ao Iraque. Hussein, por sua vez, proclamou a anexação do Kuwait e ordenou a prisão dos estrangeiros ali residentes. Enquanto as bolsas de valores mundiais despencavam, o ditador iraquiano passou a vincular a retirada de suas tropas do Kuwait à criação de um Estado palestino.

Como a ONU autorizou o uso da força caso o Iraque não deixasse o Kuwait, os americanos iniciaram os bombardeios contra as forças iraquianas e destruíram o país. Em represália, o Iraque bombardeou Israel e a Arábia Saudita, aliados dos Estados Unidos.

Em fevereiro de 1991 as forças de coalizão (formadas por 28 países sob a liderança dos Estados Unidos) invadiram o Kuwait e o sul do Iraque praticamente sem encontrar resistência. No último dia de fevereiro, o Iraque assinou o cessar-fogo. A aventura de Hussein havia custado ao país a perda de 100 mil soldados.

▷ Uma nova guerra contra o Iraque

Após a Guerra do Golfo, as relações entre Estados Unidos e Iraque continuaram tensas. Em janeiro de 2002, o presidente George W. Bush afirmou que Irã, Iraque e Coreia do Norte formavam o "eixo do mal", pois desenvolviam armas de destruição em massa.

Os três países rejeitaram a acusação, porém operações do serviço secreto norte-americano tentaram derrubar o governo de Saddam Hussein. Ao mesmo tempo, o presidente Bush exigiu da ONU uma ação mais efetiva para desarmar o Iraque e afirmou que iria atacar Bagdá caso o governo iraquiano não cumprisse as resoluções das Nações Unidas de destruição das armas.

Em março de 2003, contrariando as decisões do Conselho de Segurança da ONU, a coalizão anglo-americana iniciou uma guerra contra o Iraque. As tropas avançaram rapidamente rumo a Bagdá, a capital. Finalmente, no início de abril de 2003, os soldados da coalizão tomaram a capital; a ONU suspendeu as sanções contra o Iraque e legitimou a presença da Autoridade Provisória da Coalizão — liderada pelos Estados Unidos — no governo do país.

No mesmo ano, dois acontecimentos tiveram grande repercussão no cenário internacional. Em agosto, o brasileiro Sérgio Vieira de Mello — representante especial da ONU no Iraque — e outros 14 funcionários da instituição foram mortos em um atentado em Bagdá. Em dezembro, soldados norte-americanos capturaram Saddam Hussein em Tikrit.

Conflitos no Oriente Médio

Principais grupos envolvidos

Hamas (Movimento de Resistência Islâmica). Criada em 1987 com o objetivo de estabelecer um Estado palestino islâmico, atua em territórios palestinos ocupados por Israel.

Hezbollah (Partido de Deus). Milícia xiita que atua no Líbano, com ramificações nos Estados Unidos, na Europa, na Ásia, na África e na América do Sul. Prega o fim de Israel e a criação de um Estado palestino.

Al Jihad. Atua no Egito, com conexões no Afeganistão, Paquistão, Iêmen, Sudão, Líbano e Reino Unido. Iniciou suas atividades nos anos 1970. Seu objetivo é implantar um Estado islâmico no Egito.

Kach. Grupo direitista israelense fundado por Mehir Kahane, rabino radical nascido nos Estados Unidos e assassinado em 1990. Pretende estender as fronteiras de Israel até os limites descritos na *Bíblia*.

Jihad Islâmica da Palestina. Atua em Israel, nos territórios palestinos ocupados, na Jordânia e no Líbano e tem base na Síria. Desde os anos 1970, tem pregado a destruição de Israel e a criação de um Estado palestino islâmico.

Al Qaeda (A Base). Grupo criado no final dos anos 1980 por Osama bin Laden com o objetivo de reunir os árabes que lutaram no Afeganistão contra os soviéticos. Tem como metas a criação de um califado pan-islâmico e a expulsão dos ocidentais dos países muçulmanos. É considerado responsável pelos atentados de 11 de setembro de 2001.

Em 2005, os iraquianos foram às urnas para escolher os integrantes da Assembleia Nacional, instituição responsável por elaborar e aprovar uma nova Constituição. Os eleitores também escolheram os integrantes de 18 assembleias regionais e do parlamento curdo, situado no norte do país.

A mais importante aliança xiita do Iraque, a Aliança Iraquiana Unida, conquistou a maioria das cadeiras na Assembleia Nacional, e o curdo Jalal Talabani foi eleito presidente pela Assembleia Nacional.

A deposição de Saddam Hussein e a formação de um governo apoiado pelos Estados Unidos não garantiram a estabilidade do Iraque. O país mergulhou em uma violenta guerra civil, envolvendo sunitas e xiitas, cujo fim parece distante.

A característica marcante dessa guerra, chamada pelos norte-americanos de Segunda Guerra do Iraque, foi a ação dos Estados Unidos de assumir o papel de comandante de um mundo "livre e democrático". Constatou-se depois que o Iraque não possuía nenhuma das armas que motivaram a invasão anglo-americana. Pelo que foi apurado, há claros indícios de que essa informação já era do conhecimento das autoridades inglesas. Ao final, a ONU também não aplicou nenhuma punição aos Estados Unidos por desrespeitarem o Conselho de Segurança da ONU, que não autorizou a guerra.

▶ Índia *versus* Paquistão: a guerra pela Caxemira

A disputa pela região da Caxemira entre Índia e Paquistão vem ocorrendo desde a independência do subcontinente indiano do domínio britânico, em 1947, ano em que os dois países foram criados. Com a divisão da região, centenas de principados semiautônomos tiveram de optar pela integração a uma das nações. Enquanto o Paquistão se formou a partir de uma maioria muçulmana, a Índia permaneceu dominada pelos hindus.

A área correspondente ao Estado indiano da Caxemira era dominada politicamente por um marajá hindu que resolveu incorporá-la à Índia. Assim, entre 1947 e 1948, ocorreram os primeiros conflitos pela disputa da Caxemira. O resultado foi a divisão, liderada pela ONU, em 1949, de uma parte da Caxemira para a Índia e outra para o Paquistão.

No início dos anos 1960, os chineses ocuparam uma parte do leste da Caxemira indiana, reclamada pela Índia até os dias atuais. Na década de 1980, o crescimento do fundamentalismo muçulmano fortaleceu o movimento separatista na Caxemira indiana, que passou a contar com o apoio do Paquistão. Os integrantes do movimento separatista querem a independência do território e sua anexação ao Paquistão.

Os confrontos se intensificaram nos anos 1990, motivados pelo radicalismo crescente dos guerrilheiros paquistaneses e, no lado indiano, pelo acirramento da repressão militar e do fundamentalismo hindu. A tensão na Caxemira serviu de justificativa para que Índia e Paquistão militarizassem suas fronteiras e, mesmo sendo países com enormes taxas de pobreza, gastassem muito dinheiro em tecnologias bélicas. Índia e Paquistão dispõem de bombas atômicas. Atualmente, a Índia tem 65 bombas atômicas, e o Paquistão, 40.

O conflito está longe de se resolver, uma vez que as motivações não são apenas questões territoriais, mas também diferenças religiosas.

Perigo atômico

"Já seria a terceira pior guerra da história da humanidade. Se todas as 65 bombas atômicas da Índia e as 40 do Paquistão forem detonadas e forem considerados os efeitos do envenenamento radioativo em longo prazo, os 50 milhões de mortos da Segunda Guerra Mundial seriam facilmente superados."

COSTA, Antonio Luiz M. C. De Alá e Vishnu à bomba atômica. Revista *Carta Capital*. São Paulo, 5 jun. 2002.

KAMAL KISHORE/REUTERS-LATINSTOCK

Arsenal nuclear indiano é apresentado em desfile na cidade de Nova Délhi, em 1999. O armamento nuclear indiano e paquistanês causa apreensão em decorrência do conflito entre os dois países, o que pode resultar em uma guerra devastadora.

▶ África: estudos de caso

Grande parte do continente africano é cenário de profundos conflitos sociais, econômicos, políticos e étnicos. Os problemas que atingem a maioria dos países africanos refletem em grande parte a herança colonial, que desequilibra as economias locais e gera conflitos entre grupos sociais e políticos.

Mesmo com o processo de descolonização, mais acentuado na década de 1960, os países africanos pouco prosperaram. Na esfera política, os regimes "socialistas" implantados não apresentaram um mínimo de eficiência, enquanto os Estados de economia "liberal"

ÁFRICA: LOCALIZAÇÃO DA ÁFRICA DO SUL E DE ANGOLA (2007)

Fonte: FERREIRA, Graça M. L. *Atlas geográfico:* espaço mundial. São Paulo: Moderna, 2003.

não passam de tristes exemplos dos frutos podres do neocolonialismo. E na esfera econômica, independentemente da orientação ideológica dos governos, o *deficit* público e a crescente dívida externa vêm agravando a miséria da grande maioria da população.

▸ África do Sul

Os europeus chegaram à região em 1487, quando o navegador português Bartolomeu Dias contornou o cabo da Boa Esperança. O sul da África, trecho estratégico na rota comercial para as Índias, era habitado por diversos grupos, como os bosquímanos (san), os hotentotes (khoi), os xhosas e os zulus. Durante o século XVII, a área foi povoada por protestantes holandeses, franceses e alemães. Esses colonos brancos, denominados *bôeres ou africânderes*, fixaram-se na região e desenvolveram uma língua própria derivada do holandês, o *africâner*. No decorrer do século XIX, os ingleses tomaram a Cidade do Cabo e venceram guerras travadas com diferentes grupos africanos e os bôeres.

A partir de 1913, a minoria branca, composta de africânderes e descendentes de britânicos, promulgou uma série de leis que consolidaram seu poder sobre a maioria da população negra. A primeira foi a Lei das Terras Nativas, que destinou 87% das terras do país à minoria branca. Depois, com a urbanização e a industrialização crescentes, os negros foram obrigados a morar em guetos. Em meados do século XX, o Partido Nacional (PN), basicamente africânder, chegou ao poder e estabeleceu uma política ainda mais abrangente e rigorosa de segregação racial, o ***apartheid*** (separação, em africâner). O *apartheid* impediu o acesso dos negros à propriedade da terra e à participação política, além de obrigá-los a viver em zonas residenciais separadas das dos brancos. Também os casamentos e as relações sexuais entre brancos e negros foram proibidos.

Esse sistema discriminatório foi duramente combatido no país, especialmente a partir da década de 1950, período em que o **Congresso Nacional Africano (CNA)**, organização negra criada em 1912, lançou uma campanha de desobediência civil. Em 1960, a polícia matou 67 negros que participavam de uma manifestação em Sharpeville, favela situada a 80 km de Johanesburgo. O chamado "Massacre de Sharpeville" provocou protestos no país e no exterior. Como consequência, o CNA foi declarado ilegal. Em 1962, o líder do CNA, Nelson Mandela, foi preso e condenado à prisão perpétua, por sua atuação em grupos de resistência e guerrilha contra o *apartheid*.

▷ A reação internacional

Entre os anos de 1958 e 1978, durante os governos de Hendrik Verwoerd e John Vorster, a política do *apartheid* agravou-se, especialmente devido a uma série de leis que passaram a classificar e separar os negros em diferentes grupos étnicos e linguísticos. Esse artifício acabou criando, em 1971, os bantustões, territórios tribais "independentes" onde os negros eram confinados em condições mais que precárias. Populações urbanas que tinham perdido os vínculos tribais havia gerações viam-se obrigadas a se deslocar para os bantustões reservados aos xhosas, aos zulus e a outros grupos étnicos. A medida fez aumentar a tensão entre o governo e os segregados.

O regime racista da África do Sul entrou em crise no final dos anos 1970 e início dos anos 1980, em decorrência do fim do império colonial português, em 1974-1975, e da queda do governo de minoria branca na Rodésia (atual Zimbábue) em 1980. Em 1984, uma revolta popular contra o *apartheid* levou o governo a decretar a lei marcial. A comunidade internacional reagiu à

BETTMANN/CORBIS-LATINSTOCK

Homem negro sentado em banco de rua onde está escrito "Somente europeus", na África do Sul, em 1970. As consequências do segregacionismo racial sul-africano se fazem sentir ainda muito fortemente no presente devido à miséria em que vive grande parte da população negra naquele país.

medida, e a ONU declarou sanções à África do Sul, uma forma de pressão para forçar o fim do *apartheid*. Nesse contexto, o presidente Peter Botha viu-se obrigado a promover reformas nos aspectos essenciais do regime. Ao mesmo tempo, crescia no mundo um movimento pró-libertação de Mandela.

A eleição de Frederik De Klerk para presidente, em 1989, trouxe uma série de mudanças para o país. Em 1990, Mandela foi libertado, o CNA conquistou a legalidade e foram revogadas as leis raciais. Em 1992, num plebiscito realizado somente por brancos, sessenta e nove por cento dos votantes se pronunciaram a favor do fim do *apartheid*.

▷ O fim do *apartheid*

Em 1993, inconformados com as reformas, os líderes extremistas brancos fundaram a Frente Nacional Africânder (FNA) e ameaçaram uma secessão para criar um país no Transvaal (região norte da África do Sul). O presidente De Klerk não se intimidou e convocou as primeiras eleições multirraciais do país para 1994.

Em outubro de 1993, De Klerk e Mandela ganharam o Prêmio Nobel da Paz. Em maio de 1994, Nelson Mandela, eleito presidente da África do Sul pelo CNA, tomou posse do cargo. Essa organização juntou-se ao PN, formando o primeiro governo multirracial do país.

Em novembro de 1994, o parlamento aprovou a Lei de Direitos sobre a Terra, restituindo propriedades às famílias negras atingidas pela Lei das Terras Nativas. Em 1995, houve mais um avanço: a Comissão de Reconciliação e Verdade (CRV) foi criada para investigar e julgar crimes contra os direitos humanos praticados durante a vigência do *apartheid*. A CRV foi presidida pelo arcebispo anglicano Desmond Tutu, agraciado em 1984 com o Prêmio Nobel da Paz. Entre 1995 e 1997, a comissão recebeu cerca de 8 mil confissões de crimes contra os direitos humanos.

Em 1997, Nelson Mandela renunciou à liderança do CNA, mas permaneceu no cargo de presidente até junho de 1999, quando foi substituído por Thabo Mbeki, eleito presidente da África do Sul.

DAVID TURNLEY/CORBIS-LATINSTOCK

Sul-africanos comemoram a vitória de Nelson Mandela nas eleições presidenciais de 1994.

▶ Angola, um país dilacerado

A colonização portuguesa em Angola transformou a área em fonte fornecedora de escravos para o Ocidente. Cidades como Luanda e Benguela, fundadas em 1576 e 1617, respectivamente, serviram de base para o comércio negreiro. Calcula-se que, entre os séculos XVI e XIX, cerca de 3 milhões de angolanos foram enviados como escravos para o Brasil.

Na década de 1960 cresceu a resistência ao colonialismo português, organizada pela União dos Povos Angolanos (UPA). Mas a luta anticolonial logo se dividiu em três grupos, caracterizados por diferenças étnicas e ideológicas: o Movimento Popular de Libertação de Angola (MPLA), multirracial e marxista pró-soviético, com predomínio da etnia quimbundo; a Frente Nacional para a Libertação de Angola (FNLA), anticomunista, sustentada pelos Estados Unidos e pela República Democrática do Congo (ex-Zaire), com base na etnia bacongo, do norte do país; e a União Nacional para a Independência Total de Angola (Unita), com base na etnia ovimbundo (centro e sul), inicialmente de orientação maoísta e posteriormente anticomunista.

▷ O processo de independência

Após a Revolução dos Cravos, em 25 de abril de 1974, que pôs fim ao regime salazarista em Portugal, o

Soldados examinam ponte destruída sobre o Rio Luzia na cidade de Bucako, em Angola, em 1976. Os conflitos da Guerra Fria também atingiram o país.

novo governo português anunciou um plano de descolonização de Angola. Assinado em 1975, o Tratado de Alvor, firmado entre Lisboa e os três grupos revolucionários angolanos, previa um governo de transição naquele país. Não obstante, o acordo resultou em uma sangrenta guerra civil entre as facções.

A maioria dos brancos angolanos emigrou para a África do Sul, Portugal ou Brasil. Em outubro de 1975, tropas sul-africanas auxiliaram a Unita em um ataque contra Luanda. Concomitantemente, soldados cubanos ajudaram o MPLA a manter o domínio sobre a capital. Em novembro, Portugal saiu formalmente de Angola, porém não reconheceu nenhum dos grupos como governo. Tal conjuntura acabou favorecendo a ascensão do líder do MPLA Agostinho Neto. O Brasil foi o primeiro país a reconhecer o novo Estado independente.

▷ O impasse angolano

No final dos anos 1970, a FNLA dissolveu-se, enquanto a Unita manteve sua guerrilha, com o apoio da África do Sul e dos Estados Unidos. Em 1979, com a morte de Agostinho Neto, José Eduardo dos Santos, também do MPLA, assumiu a presidência. No entanto, a guerra civil continuou. Em 1988, um acordo assinado entre Angola, Cuba e África do Sul definiu a retirada das tropas cubanas.

Em maio de 1991, ao terminar a retirada cubana, o governo do MPLA e a Unita assinaram um acordo de paz e convocaram eleições. Estas foram realizadas em setembro de 1992 na presença de observadores internacionais, que reconheceram como legítima a vitória de José Eduardo dos Santos, do MPLA, para a presidência. Apesar disso, Jonas Savimbi, líder da Unita, não aceitou a derrota da sua facção e recomeçou a guerra civil. Os Estados Unidos reconheceram o governo angolano e retiraram o apoio à Unita, que ainda assim conservou o controle de parte do território.

▷ O acordo de Lusaka

Em 1994, em Lusaka, Zâmbia, o MPLA e a Unita assinaram um novo acordo de paz, e dois anos depois a ONU confirmou que cerca de 50 mil soldados da Unita (81%) haviam deposto as armas. Mas Jonas Savimbi, que deveria assumir a vice-presidência do novo governo, permaneceu com seus homens no interior e recusou-se a entregar o controle das áreas minerais mais lucrativas na exploração de diamantes.

Em 1998 a ONU reconheceu que as tropas da Unita ainda estavam em atividade no interior e proibiu representantes daquela organização de atuarem no governo e na Assembleia Nacional para que a organização cumprisse todos os termos do acordo de paz.

Afinal, em abril de 2002, os comandantes das Forças Armadas de Angola e os rebeldes remanescentes da Unita assinaram um cessar-fogo, acabando com a guerra civil, iniciada em 1975, que matou 1 milhão de pessoas e ainda faz vítimas. Segundo estimativas da ONU e da Cruz Vermelha, existem cerca de 12 milhões de minas terrestres no solo angolano, que continuam matando e mutilando a população.

A proposta previu, entre outras cláusulas, a integração dos guerrilheiros da Unita ao Exército e à polícia angolanos. A Assembleia Nacional angolana aprovou por unanimidade uma anistia aos soldados da Unita. Esse ato gerou controvérsias, pois a ONU não admite perdão a acusados de cometer crimes de guerra.

Terminada a guerra, o desafio do governo é a reconstrução do país. Com a sua infraestrutura destruí-

Angolanos comemoram o fim de 27 anos de guerra civil em Luanda, um dia após o governo de Angola e lideranças da Unita terem assinado um acordo de cessar-fogo. Foto de 2002.

da e terras férteis comprometidas pela existência de minas explosivas, Angola vale-se de diamantes e petróleo para contratar empresas estrangeiras que atuam na recuperação de todos os setores.

▶ América Latina

▷ Haiti

A história do Haiti, um dos países mais pobres do mundo, é marcada por sucessivos golpes de Estado e governos autoritários. O país viveu durante 30 anos sob a ditadura da família Duvalier: com o apoio dos Estados Unidos, François Duvalier (conhecido como Papa Doc) governou de 1957 a 1971; depois, seu filho Jean-Claude Duvalier (o Baby Doc) governou de 1971 a 1986.

As três décadas de tirania dos Duvalier deixaram uma herança de miséria, bandos armados ligados ao poder e corrupção institucionalizada. Uma junta governamental levou quatro anos para organizar eleições gerais no país. Em 1990, sob o olhar atento da comunidade internacional, foi eleito presidente o padre de esquerda Jean-Bertrand Aristide. Empossado em 1991, Aristide foi deposto no final do mesmo ano com um golpe liderado pelo general Raoul Cédras. Aristide exilou-se nos Estados Unidos.

A ONU e os Estados Unidos impuseram sanções econômicas ao país para forçar a volta de Aristide, que em 1993 assinou um pacto com Cédras, em Nova York, prevendo seu retorno ao cargo. Depois de governar até o fim do mandato, em 1995, Aristide venceu outra eleição, em 2000, com 92% dos votos. Desde então, crises políticas e econômicas enfraqueceram sua liderança de maneira irreversível.

Em 2004, Aristide deixou o país rumo à África do Sul. O chefe do Judiciário, Alexandre Boniface, assumiu a presidência interinamente. Nos dias que sucederam a renúncia, saques e tumultos foram registrados no Haiti. Fuzileiros norte-americanos desembarcaram no país no final do mesmo ano e, por decisão da ONU, o Brasil foi designado para comandar uma missão de paz no Haiti. É a primeira vez que o país lidera uma força de paz da ONU.

A difícil missão dessa tropa é assegurar a ordem, desmantelar as milícias locais, dar segurança e proteção aos civis, garantir a restauração do Estado democrático e monitorar o cumprimento dos direitos humanos. Apesar de todas essas medidas e dos bons resultados conseguidos, em 2007 o Haiti era um país que apresentava graves problemas sociais e uma economia com baixas perspectivas de crescimento.

▷ Bolívia

A economia da Bolívia baseia-se principalmente na exportação de produtos primários, tais como estanho, chumbo, zinco, cobre, antimônio, tungstênio, bismuto, prata, petróleo e gás natural para vários países da América.

Em 1952, um movimento revolucionário modernizador da economia resultou na implantação da reforma agrária, do voto universal e no reconhecimento dos direitos dos indígenas. Contudo, como as decisões não foram totalmente respeitadas, muitos problemas, tais como a exclusão social e o analfabetismo, permaneceram sem solução. Os anos 1960 e 1970 foram marcados pela instabilidade política e econômica causada por golpes de Estado civis e militares.

Em 1985, o presidente Victor Paz Estenssoro, do Movimento Nacionalista Revolucionário (MNR), promulgou uma lei estabelecendo a abertura dos mercados ao comércio internacional. Seguiram-se então a "racionalização" das empresas públicas, o desemprego de aproximadamente trinta mil operários das minas de estanho e a falência da nascente indústria nacional que não tinha como concorrer com os produtos importados.

Ao longo dos anos 1990, os recursos naturais — em particular o petróleo e o gás —, assim como os serviços básicos, foram privatizados. Ao mesmo tempo, os movimentos populares se desestruturavam e se desmobilizavam. A reorganização popular só ocorreu em 2000, quando ondas de protestos, greves de fome, ocupações de estradas e insurreições tomaram conta do país.

Os setores populares iniciaram então um novo período de lutas com a formação de movimentos de esquerda originados nos grupos de camponeses indígenas. Uma conquista importante para os camponeses foi a vitória de 41 deputados indígenas nas eleições de 2002, filiados ao Movimento Indígena Pachacuti (MIP) e ao Movimento ao Socialismo (MAS), este dirigido pelo líder dos produtores de coca Evo Morales.

Em 2003, Gonzalo Sánchez de Lozada foi eleito presidente da República. A publicação de um projeto do governo estabelecendo o início da exportação de gás natural para Estados Unidos e México — países defensores da erradicação da cultura da folha de coca e beneficiários da economia boliviana — desencadeou violentos protestos, que tomaram as ruas da Bolívia. O presidente, conhecido como El Gringo, permaneceu no poder apenas catorze meses, sendo substituído pelo vice-presidente Carlos Mesa. Entretanto, o novo governo não atendeu às reivindicações populares, o que culminou em mais uma renúncia.

AGÊNCIA BOLIVIANA DE INFORMAÇÃO/ HANDOUT / EPA / CORBIS-LATINSTOCK

O presidente boliviano Evo Morales, em San Alberto, lê o Decreto Supremo, medida que marca o processo de nacionalização e controle absoluto dos hidrocarbonetos pelo governo da Bolívia, em 2006.

Um indígena na presidência

O avanço dos movimentos populares resultou em um fato inusitado na história da América. Em dezembro de 2005, o líder dos cocaleiros e candidato do Movimento ao Socialismo (MAS), Evo Morales, foi eleito presidente da Bolívia. Pela primeira vez na história do continente um representante indígena foi alçado ao posto de presidente da República.

Morales contou com grande apoio dos pobres e dos indígenas. Em campanha, fez promessas de que seu governo valorizaria a cultura indígena, apoiaria a população pobre do país e nacionalizaria a produção de hidrocarbonetos.

Em 2006, cumprindo suas promessas, Evo nacionalizou as refinarias de petróleo e de exploração de gás que atuavam no país, atingindo assim a empresa brasileira Petrobras, que possuía vários acordos comerciais com a Bolívia. Em 2007 o governo boliviano formalizou a compra das refinarias, colocando um fim ao impasse promovido durante o anúncio da nacionalização.

▷ Colômbia

O conflito na Colômbia é protagonizado por guerrilheiros, narcotraficantes e paramilitares que lutam entre si e contra as Forças Armadas, deixando a população refém dessa luta. As causas da guerra que hoje o país enfrenta podem ser buscadas nos anos 1930, época da crise do modelo político liberal.

Endossadas pelas **teorias keynesianas**, surgiram novas propostas para a atuação dos governantes, em que a intervenção parcial do Estado na economia, a estatização das indústrias e o estímulo à industrialização eram apontados como mecanismos para alcançar o progresso. Na América Latina, Getúlio Vargas e Perón são exemplos de estadistas que se adequaram às novas regras da política internacional. Na Colômbia, a aliança entre o governo (apoiado pela ala conservadora) e os Estados Unidos impediu que essas propostas fossem implementadas no país.

Ao longo da década de 1940 teve início a atuação de grupos armados, de inspiração socialista, que defendiam a urgência da implementação de um pacote de reformas, incluindo a reforma agrária e o aumento no número de empregos. Com o apoio dos Estados Unidos, o governo iniciou um período de repressão às manifestações populares conhecido como *La violencia*, no qual morreram cerca de 200 mil pessoas entre 1948 e 1953.

Na década de 1960, o movimento revolucionário passou a contar com três importantes grupos guerrilheiros: as Forças Armadas Revolucionárias da Colômbia (Farc), de orientação comunista, o Exército de Libertação Nacional (ELN), de orientação guevarista, e o Exército Popular de Libertação (EPL), inspirado nas concepções socialistas da China.

O presidente eleito em 2002, e reeleito em 2006 sob a bandeira do combate ao narcotráfico e ao terrorismo, Álvaro Uribe, também não tem conseguido sucesso no processo de acabar com o confronto sangrento entre governo e os guerrilheiros das Farc.

Por enquanto, a conquista da paz na Colômbia está longe de ser uma realidade. O receio público e a insegurança geram respostas cada vez mais duras e antidemocráticas por parte dos governos e das forças armadas. Além disso, a pobreza e a desigualdade social aumentam a probabilidade de os cidadãos se envolverem em atividades ilícitas como forma de sobrevivência.

REUTERS-LATINSTOCK

Policial colombiano observa os escombros de prédio destruído em confronto entre tropas do governo e rebeldes das Farc em Granada, Colômbia, 2001.

TEXTO COMPLEMENTAR

Carta da América

O texto abaixo foi retirado de um documento assinado por 60 intelectuais norte-americanos em resposta às acusações feitas por analistas de várias partes do mundo sobre a parcela de responsabilidade dos Estados Unidos nos atentados terroristas de 11 de setembro de 2001.

"Reconhecemos que esses movimentos que se revestem da religião também têm complexas dimensões políticas, sociais e demográficas, às quais se deve prestar a devida atenção.

Ao mesmo tempo, a filosofia que impulsiona este movimento islâmico radical, no seu desprezo pela vida humana e por enxergar o mundo como uma luta de vida ou morte entre crentes e não-crentes (sejam eles muçulmanos não-radicais, judeus, cristãos, hindus ou outros), claramente nega a dignidade de todas as pessoas e, ao fazer isso, trai a religião e rejeita o próprio fundamento da vida civilizada e a possibilidade de paz entre as nações.

O mais grave de tudo é que, inegavelmente, o morticínio de 11 de setembro demonstrou, pela primeira vez, que este movimento agora possui não somente o desejo declarado e aberto, mas também a capacidade e a perícia — incluindo o possível acesso e a disposição de usar armas químicas, biológicas e nucleares — para promover devastação maciça em seus alvos pretendidos.

Aqueles que chacinaram mais de 3 mil pessoas em 11 de setembro e que admitem que querem nada mais do que fazer isso novamente constituem um perigo nítido e presente a todas as pessoas de boa vontade em qualquer lugar do mundo e não somente nos Estados Unidos.

Tais atos são um exemplo cabal da pura agressão contra a vida humana inocente, um mal que ameaça o mundo e que nitidamente requer o uso da força para ser removido.

Assassinos organizados com alcance global agora ameaçam a todos nós. Em nome da moralidade humana universal e plenamente conscientes das restrições e requisitos de uma guerra justa, apoiamos as decisões do nosso governo e da nossa sociedade de usar a força das armas contra eles.

Prometemos fazer tudo que pudermos para nos resguardar contra as tentações danosas — especialmente aquelas da arrogância e da xenofobia — às quais as nações em guerra tão frequentemente parecem se render. [...]

Lutamos para defender a nós mesmos, mas também acreditamos que combatemos para defender esses princípios universais morais de direitos humanos e dignidade humana que são a melhor esperança para a humanidade. [...]

Acreditamos que estamos combatendo a favor da nossa dignidade humana, não menos que pela de vocês. Sabemos que, da parte de alguns de vocês, a desconfiança em nós é grande e sabemos que nós, americanos, somos parcialmente responsáveis por essa desconfiança."

BLANKENHORN, David. Carta da América. *O Estado de S. Paulo*, 17 fev. 2002.

Compreendendo o texto

1. Em que contexto a Carta foi escrita?
2. Identifique alguns movimentos radicais que tenham as características mencionadas na Carta da América.
3. Considere as frases iniciais do texto e identifique exemplos de causas políticas, sociais e demográficas nos movimentos fundamentalistas do Oriente Médio.
4. O texto utiliza um discurso típico da época da Guerra Fria? Justifique sua resposta.

ATIVIDADES

EXPLORANDO O CONHECIMENTO

1 Elabore um quadro-síntese das intervenções estrangeiras nos conflitos do Líbano.

2 Leia o texto abaixo:

Profecia fundamentalista

"Poucos anos antes de morrer, em 1989, o aiatolá Ruholá Khomeini, líder religioso e político da revolução islâmica de 1979 no Irã, escreveu ao então homem-forte soviético Mikhail Gorbatchev: 'Em 10 anos, o comunismo, esta perversão do espírito humano, terá desaparecido da face da Terra. Já o islamismo, que só prega o amor e não o ódio, prosseguirá em sua campanha vitoriosa, porque nada nem ninguém pode bloquear a nossa fé'."

BRENER, Jayme. *O mundo pós-guerra fria.* São Paulo: Scipione, 1994.

a) Explique o título dado ao texto.

b) Até que ponto as manifestações do fundamentalismo islâmico confirmam ou desmentem as afirmações do aiatolá?

c) A história do Afeganistão dos últimos vinte anos pode ser um exemplo do prognóstico do aiatolá Khomeini? Responda à questão fazendo uma síntese da história recente desse país.

d) O fundamentalismo não é exclusividade do islã. Exemplifique e contextualize outros movimentos fundamentalistas.

3 Defina:

a) Talebã.

b) Sionismo.

c) Al Fatah.

d) OLP.

e) *Apartheid.*

f) CNA.

4 A política do *apartheid* na África do Sul gerou manifestações de protesto em todo o mundo, levando a ONU a aprovar sanções econômicas ao regime racista então vigente naquele país. Sobre isso, produza um texto seguindo o roteiro proposto:

a) Processo que conduziu a África do Sul ao regime do *apartheid.*

b) Características do *apartheid.*

c) Lutas internas e externas pelo fim do regime racista sul-africano.

d) Mudanças ocorridas no país a partir dos anos de 1990.

A HISTÓRIA E O TEMPO PRESENTE

5 Leia a reportagem a seguir:

Assembleia Geral exige que Israel derrube muro

"A Assembleia Geral da ONU aprovou ontem por esmagadora maioria uma resolução exigindo que Israel acate a decisão da Corte Internacional de Justiça que declarou ilegal o muro construído nos territórios palestinos ocupados e derrube a barreira. Votaram a favor 150 países. Seis países votaram contra.

O governo israelense sustenta que o muro, de 680 quilômetros de comprimento, do qual já foi construído um quarto, fez com que os atentados palestinos diminuíssem em cerca de 90%. [...] Pelo menos oito palestinos ficaram feridos ontem durante um ataque da polícia de fronteira contra os moradores de Bartaa, perto de Jenin, Cisjordânia, que tentavam impedir as demolições de casas de palestinos para a construção do muro."

Folha de S.Paulo, 21 jul. 2004.

a) Retire do texto palavras e expressões que caracterizam a tensão na região.

b) Com base nos conhecimentos obtidos no capítulo, discuta a proposta de construção do muro.

c) Produza um texto sintetizando os conflitos que marcaram a relação entre árabes e israelenses após 1948. Ao final, construa uma linha de tempo ordenando os principais fatos contidos no texto.

6 Observe as imagens do ataque terrorista às Torres Gêmeas de Nova York, em setembro de 2001, e responda.

STR/REUTERS-LATINSTOCK

STR/REUTERS-LATINSTOCK

a) Qual o sentido simbólico do ataque terrorista representado na imagem?

b) Quais as consequências desse ataque para as relações internacionais neste início de terceiro milênio?

Vestibular / ENEM

1 (Enem-MEC) Em dezembro de 1998, um dos assuntos mais veiculados nos jornais era o que tratava da moeda única europeia. Leia a notícia destacada abaixo.

"O nascimento do euro, a moeda única a ser adotada por onze países europeus a partir de 1º de janeiro, é possivelmente a mais importante realização deste continente nos últimos dez anos que assistiu à derrubada do Muro de Berlim, à reunificação das Alemanhas, à libertação dos países da Cortina de Ferro e ao fim da União Soviética. Enquanto todos esses eventos têm a ver com a desmontagem de estruturas do passado, o euro é uma ousada aposta no futuro e uma prova da vitalidade da sociedade europeia. A 'Euroland', região abrangida por Alemanha, Áustria, Bélgica, Espanha, Finlândia, França, Holanda, Irlanda, Itália, Luxemburgo e Portugal, tem um PIB (Produto Interno Bruto) equivalente a quase 80% do americano, 289 milhões de consumidores e responde por cerca de 20% do comércio internacional. Com este cacife, o euro vai disputar com o dólar a condição de moeda hegemônica."

Gazeta Mercantil, 30 dez. 1998.

A matéria refere-se à "desmontagem das estruturas do passado" que pode ser entendida como:

a) o fim da Guerra Fria, período de inquietação mundial que dividiu o mundo em dois blocos ideológicos opostos.

b) a inserção de alguns países do Leste europeu em organismos supranacionais, com o intuito de exercer o controle ideológico no mundo.

c) a crise do capitalismo, do liberalismo e da democracia levando à polarização ideológica da antiga URSS.

d) a confrontação dos modelos socialista e capitalista para deter o processo de unificação das duas Alemanhas.

e) a prosperidade das economias capitalista e socialista, com o consequente fim da Guerra Fria entre EUA e a URSS.

2 (Enem-MEC) Os efeitos abomináveis das armas nucleares já foram sentidos pelos japoneses há mais de 50 anos (1945). Vários países têm, isoladamente, capacidade nuclear para comprometer a vida na Terra. Montar o seu sistema de defesa é um direito de todas as nações, mas um ato irresponsável ou um descuido pode desestruturar, pelo medo ou uso, a vida civilizada em vastas regiões. A não-proliferação de armas nucleares é importante.

No 1º domingo de junho de 1998, Índia e Paquistão rejeitaram a condenação da ONU, decorrente da explosão de bombas atômicas pelos dois países, a título de teste nuclear e comemoradas com festa, especialmente no Paquistão. O governo paquistanês (país que possui maioria da população muçulmana) considerou que a condenação não levou em conta o motivo da disputa: o território da Caxemira, pelo qual já travaram três guerras desde sua independência (em 1947, do Império Britânico, que tinha o Subcontinente Indiano como colônia). Dois terços da região, de maioria muçulmana, pertencem à Índia e um terço ao Paquistão.

Sobre o tempo e os argumentos podemos dizer que:

a) a bomba atômica não existia no mundo antes de o Paquistão existir como país.

b) a força não tem sido usada para tentar resolver os problemas entre Paquistão e Índia.

c) Caxemira tornou-se um país independente em 1947.

d) os governos da Índia e Paquistão encontram-se numa perigosa escalada de solução de problemas pela força.

e) diferentemente do século anterior, no início do século XX, o Império Britânico não tinha mais expressão mundial.

3 (Fuvest-SP) Na década de 1950, dois países islâmicos tomaram decisões importantes: em 1951, o governo iraniano de Mossadegh decreta a nacionalização do petróleo; em 1956, o presidente egípcio, Nasser, anuncia a nacionalização do canal de Suez. Esses fatos estão associados:

a) às lutas dos países islâmicos para se livrarem da dominação das potências ocidentais.

b) ao combate dos países árabes contra o domínio militar norte-americano na região.

c) à política nacionalista do Irã e do Egito decorrente de uma concepção religiosa fundamentalista.

d) aos acordos dos países árabes com o bloco soviético, visando à destruição do Estado de Israel.

e) à organização de um Estado unificado, controlado por religiosos islâmicos sunitas.

4 (Unirio-RJ)

"[...] os acontecimentos da segunda metade deste século geraram [...] novos problemas materiais que todas as sociedades e [...] todos os seres humanos precisam enfrentar."

HOBSBAWM, Eric J. A crise atual das ideologias. In: SADER, Emir (org.). *O mundo depois da queda.* São Paulo: Paz e Terra, 1995.

A afirmação do historiador Eric Hobsbawm aponta principalmente para três problemas fundamentais que as sociedades humanas atuais deverão enfrentar e que podemos constatar nos nossos dias. São eles a(o):

a) crise de confiança dos governos socialistas, a expansão do modelo liberal burguês, a bipolarização do mundo, na década de 1990.

b) poluição sonora decorrente dos conglomerados urbanos, o tráfico de drogas internacional e a política de apaziguamento.

c) violência urbana, a explosão de doenças infecto-contagiosas e os problemas derivados da desinformação global.

d) explosão demográfica, a crescente desigualdade entre países ricos e pobres e o conjunto de problemas ecológicos.

e) desemprego estrutural, a ameaça das guerras atômicas e o perigo do ressurgimento dos modelos liberais burgueses.

5 (UFRGS-RS) A guerra desencadeada pelos Estados Unidos e pelo Reino Unido contra o Iraque gerou sérias consequências internacionais. A esse respeito, identifique a alternativa **incorreta**.

a) A atitude de Washington, ao forçar o conflito, provocou uma divisão na Otan, devido à reação de Paris, Berlim e Bruxelas.

b) A rápida vitória militar não permitiu aos EUA reverter o desgaste diplomático, econômico e de opinião pública que precedeu o conflito.

c) A Turquia, o Paquistão e a Arábia Saudita, tradicionais aliados dos Estados Unidos no mundo muçulmano, não deram o apoio solicitado pela Casa Branca.

d) Um dos principais objetivos da guerra, o combate ao terrorismo, não foi atingido, pois houve um aumento no número de atentados.

e) A ONU, percebendo que não teria força para impedir a guerra, teve de aceitar a resolução proposta pelos EUA e retirou seus inspetores do Iraque.

6 (Uerj)

"Ou estão do nosso lado ou do lado dos terroristas."

George W. Bush

"Com um fervor patriótico e união nacional nunca vistos desde a Segunda Guerra Mundial, os Estados Unidos vão ao contra-ataque ao terror."

Veja, 26 set. 2001.

As relações internacionais vêm, nos últimos anos, dando cada vez mais destaque à discussão sobre o terrorismo.

Neste sentido, as atuais ações norte-americanas no espaço político do Oriente Médio têm por objetivo:

a) inserir sociedades periféricas nos fluxos globais de produção e informação.

b) alterar as diretrizes das políticas interna e externa dos países dessa região.

c) democratizar as monarquias totalitárias e fomentadoras do terrorismo internacional.

d) neutralizar os movimentos favoráveis à ocidentalização das instituições políticas e jurídicas.

7 (UFMG) Na última década, movimentos indígenas têm-se fortalecido em vários países da América Latina — entre os quais, Bolívia, Equador, Guatemala e México. Nos últimos meses de 2003, milhares de indígenas bloquearam estradas e saíram às ruas de cidades bolivianas em gigantescas manifestações.

Considerando-se o movimento que, então, sacudiu a Bolívia, é **incorreto** afirmar que ele:

a) desencadeou uma mobilização nacional que levou à retirada das tropas norte-americanas, instaladas no país com o objetivo de combater a ação de traficantes e terroristas.

b) foi estimulado pela crescente insatisfação das populações indígenas com os altos níveis de desemprego, pobreza, concentração da terra e da renda, agravados pela globalização econômica.

c) provocou a queda do presidente da República, contestado, entre outros motivos, por negociar a exportação de gás natural através do Chile, país para o qual a Bolívia perdera sua saída marítima.

d) defendeu os direitos e as tradições culturais das diversas etnias, inclusive a manutenção das plantações de coca, cultivo tradicional das populações indígenas.

8 (Uerj)

"Mas nossa maior força é o povo venezuelano. É a consciência política. [...] Eu não sou nada. Sou, quando muito, um instrumento dessa grande revolução bolivariana. É fundamental a organização popular. Simón Rodríguez [...] dizia: 'A força material está na massa, e a força moral, no movimento da massa'."

Entrevista de Hugo Chavez ao jornal argentino *El Clarín*. Disponível em <www.unidadepopular.org> Acesso em 28 jun. 2005.

A história política da Venezuela nos últimos anos tem sido bastante tumultuada. Seu atual presidente, Hugo Chávez, vem enfrentando uma forte oposição tanto interna quanto externa, em especial do governo dos EUA. O ideal do "bolivarismo" e a proximidade entre Chávez e as camadas mais pobres são vistos, pela população do país e por analistas estrangeiros, ora como expressão de seu caráter democrático, ora como evidência de seu caráter demagógico e autoritário.

a) Um ponto comum aos discursos de Bolívar e de Chávez é a ênfase dada ao pan-americanismo. Explique o significado desse ideal.

b) Cite dois motivos pelos quais o governo de Chávez é visto como ameaça aos interesses norte-americanos

9 (Enem-MEC) Em 1947, a Organização das Nações Unidas (ONU) aprovou um plano de partilha da Palestina que previa a criação de dois Estados: um judeu e outro palestino. A recusa árabe em aceitar a decisão conduziu ao primeiro conflito entre Israel e países árabes.

A segunda guerra (Suez, 1956) decorreu da decisão egípcia de nacionalizar o canal, ato que atingia interesses anglo-franceses e israelenses. Vitorioso, Israel passou a controlar a Península do Sinai. O terceiro conflito árabe-isralense (1967) ficou conhecido como Guerra dos Seis Dias, tal a rapidez da vitória de Israel.

Em 6 de outubro de 1973, quando os judeus comemoravam o Yom Kippur (Dia do Perdão), forças egípcias e sírias atacaram de surpresa Israel, que revidou de forma arrasadora. A intervenção americano-soviética impôs o cessar-fogo, concluído em 22 de outubro.

Com base no texto, assinale a opção correta.

a) A primeira guerra árabe-israelense foi determinada pela ação bélica de tradicionais potências europeias no Oriente Médio.

b) Na segunda metade dos anos 1960, quando explodiu a terceira guerra árabe-israelense, Israel obteve rápida vitória.

c) A guerra do Yom Kippur ocorreu no momento em que, a partir da decisão da ONU, foi oficialmente instalado o Estado de Israel.

d) A ação dos governos de Washington e Moscou foi decisiva para o cessar-fogo que pôs fim ao primeiro conflito árabe-israelense.

e) Apesar das sucessivas vitórias militares, Israel mantém suas dimensões territoriais tal como estabelecido pela resolução de 1947 aprovada pela ONU.

Ampliando o conhecimento

Leitura

OLIC, Nelson Bacic e CANEPA, Beatriz. *Oriente Médio e a Questão Palestina*. São Paulo: Moderna, 2003.
Os autores traçam um panorama dos principais problemas enfrentados no Oriente Médio, entre eles a disputa pelas jazidas de petróleo e o conflito árabe-israelense e o do Afeganistão.

Filmes

O Dia do Perdão

Direção de Amos Gitai. França, 2003. 117 min.
O diretor, que esteve na Guerra do Yom Kippur, mostra o drama de civis israelenses mobilizados para o Exército, onde servem numa unidade de socorro médico.

Fahrenheit 11 de setembro

Direção de Michael Moore. Estados Unidos, 2001. 85 min.
Documentário que analisa os acontecimentos ligados ao trágico episódio do dia 11 de setembro em Nova York.

Hotel Ruanda

Direção de Terry George. Estados Unidos, Itália, África do Sul, 2001. 121min.
Em 1994, no auge do conflito entre as etnias *tutsi* e *hutu* em Ruanda, mais de mil pessoas são abrigadas em um hotel pelo gerente do estabelecimento.

Capítulo 50 A globalização e a economia mundial

Vamos internacionalizar as riquezas do mundo?

"Durante debate recente, nos Estados Unidos, fui questionado sobre o que pensava da internacionalização da Amazônia. O jovem introduziu sua pergunta dizendo que esperava a resposta de um humanista e não de um brasileiro. [...] Respondi que, como humanista, sentindo o risco da degradação ambiental que sofre a Amazônia, podia imaginar a sua internacionalização, como também de tudo o mais que tem importância para a humanidade.

Se a Amazônia, sob uma ótica humanista, deve ser internacionalizada, internacionalizemos também as reservas de petróleo do mundo inteiro. O petróleo é tão importante para o bem-estar da humanidade quanto a Amazônia para o nosso futuro. Apesar disso, os donos das reservas sentem-se no direito de aumentar ou diminuir a extração de petróleo e subir ou não o seu preço. [...]

Cena do desmatamento de centenas de hectares da floresta Amazônica, em Mato Grosso. Foto de maio de 2005. No Brasil, o desmatamento é o principal fator de contribuição para o aumento do efeito estufa.

Antes mesmo da Amazônia, eu gostaria de ver a internacionalização de todos os grandes museus do mundo. O Louvre não deve pertencer apenas à França. Cada museu do mundo é guardião das mais belas peças produzidas pelo gênio humano. Não se pode deixar que esse patrimônio cultural, como o patrimônio natural amazônico, seja manipulado e destruído pelo gosto de um proprietário ou de um país. [...]

Internacionalizemos as crianças tratando-as, todas elas, não importando o país onde nasceram, como patrimônio que merece cuidados do mundo inteiro. Ainda mais do que merece a Amazônia. Quando os dirigentes tratarem as crianças pobres do mundo como um patrimônio da humanidade, eles não deixarão que elas trabalhem quando deveriam estudar; que morram quando deveriam viver.

Como humanista, aceito defender a internacionalização do mundo. Mas, enquanto o mundo me tratar como brasileiro, lutarei para que a Amazônia seja nossa. Só nossa."

BUARQUE, Cristóvam. *O Globo*, 23 out. 2000.

JEFFERSON BERNARDES/AFP

Durante protesto realizado no encerramento do Fórum Social Mundial, em Porto Alegre, manifestantes queimam boneco representando o presidente norte-americano George W. Bush. Foto de 2005.

Palavras como globalização, imperialismo, neoliberalismo, multipolarização e blocos econômicos tornaram-se parte do cotidiano das sociedades, principalmente a partir dos anos 1970. Cada uma delas faz parte do conjunto de acontecimentos chamado **nova ordem mundial**, expressão utilizada para identificar a organização das relações internacionais pós-Guerra Fria.

A nova ordem mundial estabeleceu-se no final da década de 1980, após a queda do Muro de Berlim e a desintegração do bloco soviético. Essa nova ordem aponta para um mundo integrado em torno do capitalismo. Atualmente, as denominações "países capitalistas" e "países socialistas" foram substituídas pelos termos Norte e Sul para classificá-los, respectivamente, em **desenvolvidos** (entre eles alguns se destacam como "ilhas de desenvolvimento") e **subdesenvolvidos industrializados** (também chamados "em desenvolvimento" ou "emergentes").

▸ Neoliberalismo: a política do Estado mínimo

A prática do neoliberalismo é norteada, fundamentalmente, pela ideia do **Estado mínimo**, que, em termos econômicos, significa intervenção estatal mínima sobre a atividade econômica, e esta deve ser regulada pelo mercado e suas leis, segundo a doutrina liberal da "mão invisível", cuja referência central é a obra de Adam Smith.

A doutrina político-econômica neoliberal foi elaborada para adaptar o modelo liberal às condições do sistema capitalista do século XX. Os teóricos neoliberais acreditam que a peça fundamental da economia de um país é o controle dos preços. É necessário que o Estado mantenha o equilíbrio dos preços por meio da estabilização financeira e monetária, com a adoção de políticas econômicas anti-inflacionárias e cambiais. A liberdade econômica continua a existir, porém o governo tem a função de combater os excessos da livre concorrência e o controle dos mercados por parte dos grandes monopólios econômicos.

Outra questão fundamental é a postura assistencialista do poder público. Os expoentes do neoliberalismo acreditam que a sociedade civil deve buscar soluções para seus problemas, e não o Estado. A ele cabe apenas a tarefa de garantir o bem comum e o equilíbrio social.

A política neoliberal só seria consolidada de fato nos anos 1970 e 1980, principalmente nos governos de Margaret Thatcher, no Reino Unido, de Ronald Reagan, nos Estados Unidos, e de Helmut Kohl, na Alemanha Ocidental, difundindo-se posteriormente

VALORES DAS PRIVATIZAÇÕES NO BRASIL (1991–2002)

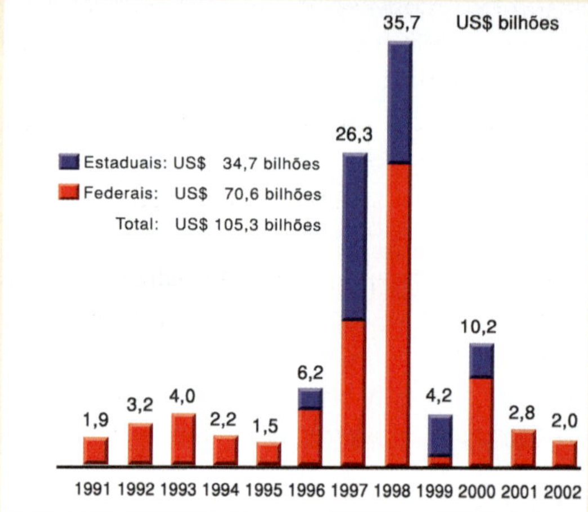

DISTRIBUIÇÃO DAS PRIVATIZAÇÕES POR RAMO DE ATIVIDADE (1991–2002)

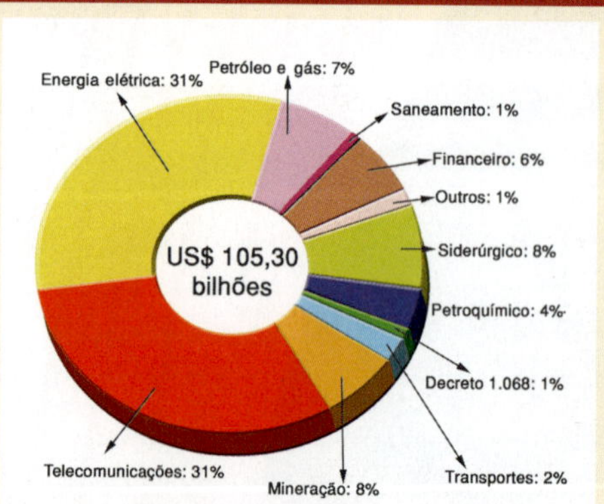

Fontes: BNDES. Disponível em <www.bndes.gov.br> Acesso em jul. 2007.

para outros países do mundo. No Brasil e em outros países, essa perspectiva gerou uma onda de privatizações de empresas públicas, que foram severamente criticadas pela sociedade civil.

Depois de mais de duas décadas de aplicação dessa política econômica pelos países em desenvolvimento, com resultados nada satisfatórios (tanto do ponto de vista social quanto econômico), ela vem sendo questionada por cientistas sociais e economistas no mundo todo.

▶ Globalização

Um dos principais fenômenos que caracterizam os anos que se seguiram ao fim da Guerra Fria é o crescente processo de **globalização**, ou seja, a integração do espaço mundial, caracterizada pelo fluxo intenso de capitais, serviços, produtos e tecnologias entre os países. A globalização criou uma interdependência entre os mercados financeiros, em escala mundial, encurtou as distâncias e barateou a informação.

Um exemplo pode ser a indústria automobilística, que fabrica um mesmo modelo de carro em montadoras localizadas em diversos países e os comercializa no mundo todo. As empresas não ficam mais restritas a um país, sejam como vendedoras ou como produtoras.

À primeira vista, a palavra globalização remete a um mundo sem fronteiras de produção e consumo, em que as empresas transnacionais operam com a mesma tecnologia, elaborando os mesmos produtos. Infelizmente, nem sempre tais avanços se refletem em

ERIC VANDEVILLE/GAMMA-OTHER IMAGES

Operário trabalha na linha de produção de uma indústria automobilística, em Módena, Itália. Foto de 2005.

conquistas sociais, pois os resultados da integração dos mercados variam de continente para continente, de país para país.

O texto a seguir, por exemplo, descreve as condições de vida de dois operários que se encontram no processo de globalização em continentes diferentes:

"James Dweyer, 43 anos, operador de máquinas, nasceu na Inglaterra e, aos 25 anos, quis se aventurar. Foi parar em Tiel, na Holanda. Casou e mudou para Zaanstad e, em 1980, foi trabalhar na firma Stuurman, adquirida pela Gerkens/Cargill. Hoje mora em Purmerend, tem duas filhas, de 11 e 7 anos, e sua mulher trabalha numa creche, com jornada de 20 horas semanais. Tem casa própria há 16 anos e termina de pagar em 8. [...] Ganha o piso salarial, mais os adicionais de turno e o salário chega a 80 mil florins por ano, cerca de US$ 48.500. James tem carro próprio e costuma passar as férias na Alemanha, Inglaterra e França. [...]

José Alves Filho, 34 anos, tem três filhos, de 12, 13 e 14 anos, e trabalha na Cargill desde 1986. Ganha R$ 750,00 por mês (março de 1996). Mora numa casa própria inacabada de dois cômodos. O transporte público é difícil, lazer não existe. Marilúcia, sua mulher, acha que tudo poderia ser melhor se, ao menos, eles tivessem condições de terminar o reboco da casa."

Coisas da globalização: trabalhadores da Cargill no Brasil e Holanda contam suas histórias. São Paulo: Centro de troca de informações sobre empresas transnacionais (TIE), ago. 1996.

Muitos trabalhadores se encontram em situação ainda pior que José Alves Filho, pois estão desempregados ou sobrevivendo de "bicos" em atividades informais, como a de vendedores ambulantes. O desemprego é um dos efeitos mais graves do processo de globalização e atinge tanto os países subdesenvolvidos quanto as economias centrais do sistema capitalista.

O desemprego característico da era da globalização, no entanto, não decorre da crise econômica, como aconteceu em outras fases do capitalismo. Ele é produto da revolução tecnológica e das novas formas de organização do trabalho. Essa modalidade de desemprego é o que chamamos de **desemprego estrutural**. Essas mudanças permitiram o aumento da produtividade; em contrapartida, geraram uma grande redução de mão-de-obra. Muitas funções tornaram-se arcaicas,

RALL/ATLANTIC SYNDICATION

Tirinha Capitalismo: os anos finais, *de Ted Rall, 2005.*

fora de uso ou desapareceram. A economia cresceu, mas parte da população economicamente ativa tem ficado fora do mercado de trabalho. Este é apenas um dos efeitos perversos da globalização, que alguns observadores têm apontado como um processo capaz de causar um "*apartheid* social" de natureza mundial.

O discurso do presidente Lula durante reunião da Comissão Mundial sobre a Dimensão Social da Globalização, na cidade de Nova York, em 20 de setembro de 2004, esclarece alguns dos efeitos da globalização para os países menos desenvolvidos:

Multipolaridade ou "ditadura de Washington"?

Outra questão importante decorrente do fim da Guerra Fria diz respeito às tendências mundiais de organização política e econômica dos países do planeta. Atualmente predominam duas visões sobre o cenário internacional: a multipolaridade e a "ditadura de Washington".

Estratégias da multipolaridade

A teoria da multipolaridade, ou formação de megablocos, parte do pressuposto de que o mundo hoje tem como base associações de países de uma mesma região geográfica por meio do estabelecimento de relações político-econômicas privilegiadas, visando a uma atuação conjunta no mercado internacional.

Em 1988, Estados Unidos, Canadá e México formaram o **Nafta**, a fim de criar uma zona de livre comércio e promover a integração econômica entre os países-membros.

Também conhecida como Grupo Andino ou Pacto Andino, a **CAN** é uma organização subregional, com personalidade jurídica internacional, composta por Bolívia, Colômbia, Equador, Peru e Venezuela. Os cinco países têm mais de 120 milhões de habitantes e PIB de US$ 279 bilhões (dados de 2006).

"[...] Durante a Cúpula de 2000 foi anunciado solenemente, aqui, nas Nações Unidas, a decisão coletiva de fazer do Terceiro Milênio uma era de paz e desenvolvimento para todos, especialmente para os que se encontram à margem dos enormes avanços econômicos, científicos e tecnológicos do mundo contemporâneo. [...]

Não estamos aproveitando o potencial que a globalização oferece para reduzir a fome e a pobreza, para prover de condições dignas o mundo do trabalho, para atender às demandas de homens e mulheres por alimentação, moradia, água, saneamento, educação e cultura.

O relatório da Comissão Mundial sobre a Dimensão Social da Globalização vem em boa hora. Mostra, com números eloquentes, que a globalização aumentou a distância entre ricos e pobres, acirrou assimetrias e aprofundou desigualdades. A suposta racionalidade dessa globalização não satisfaz os interesses da maioria. [...]

Sabemos que o mercado é importante estímulo à produção e à alocação de recursos. Mas os mecanismos de mercado não são capazes, por si mesmos, de assegurar o fim das desigualdades e das injustiças. Em alguns casos podem mesmo agravá-las, por isso é necessária a intervenção de líderes comprometidos com o progresso social.

É preciso tomar as rédeas da globalização. É necessário torná-la uma força positiva para todos os povos do mundo. O fortalecimento do sistema multilateral das Nações Unidas é fundamental para desenvolvermos estratégias integradas e consistentes que respondam aos múltiplos desafios. Globalização justa significa regimes multilaterais mais eficazes, transparentes e democráticos. [...]

Cada organização internacional, cada instituição financeira, cada governo têm responsabilidade. O trabalho decente tem de ser uma realidade para todos. [...]"

Luiz Inácio Lula da Silva, 2004.

O **Mercosul** é um acordo de integração econômica reunindo inicialmente Brasil, Argentina, Uruguai e Paraguai. Constituído em 26 de março de 1991, com a assinatura do **Tratado de Assunção**, recebeu, no final de 2005, o protocolo de adesão de um novo membro, a Venezuela. O Mercosul tem dois grandes pilares: a democratização política e a liberalização econômico-comercial.

Desde janeiro de 1995, o Mercosul é um projeto de construção de um mercado comum cuja execução se encontra na fase de união aduaneira. Alguns dos objetivos do Mercosul são: a eliminação de barreiras tarifárias e não-tarifárias entre os países-membros, a coordenação de políticas macroeconômicas, livre comércio de serviços, livre circulação de mão-de obra e capitais. O Protocolo de Ouro Preto, de 17 de dezembro de 1994, definiu a estrutura institucional básica do Mercosul e dotou-o de personalidade jurídica internacional, habilitando o Conselho de Mercado Comum a firmar acordos com outros países em nome do bloco, como já foi feito com Chile, Bolívia e a União Europeia.

A **Apec** foi criada em 1989. Antes dela, falava-se muito na formação de um bloco asiático comandado pelo Japão, mas o Oceano Pacífico, e não a Ásia, acabou sendo o elemento de união desse bloco comercial. Os integrantes da Apec são: Estados Unidos, México

JIMIN LAI/AFP

Mulher trabalha em linha de produção de televisores de empresa de eletrônicos, em Kajang, Malásia. Foto de 2000.

e Canadá; Hong Kong, Cingapura, Taiwan, Malásia, Tailândia, Indonésia e Coreia do Sul (os chamados Tigres Asiáticos); Japão, China, Brunei, Filipinas, Vietnã, Austrália, Nova Zelândia, Papua Nova-Guiné, Peru, Chile e Rússia. Somada a produção industrial de todos esses países, chega-se à metade de toda a produção mundial. Quando estiver em pleno funcionamento, este será o maior bloco econômico do mundo.

O Japão ocupa o antigo lugar da Grã-Bretanha nas relações comerciais com a Austrália e a Nova Zelândia. O governo japonês tem deslocado para aquela região empresas, empréstimos em dinheiro e tecnologia. Dessa forma, os produtos japoneses e o modelo nipônico têm penetrado cada vez mais no vasto espaço composto, sobretudo, pelos Tigres Asiáticos, os quais, a partir da década de 1970, direcionaram a indústria de eletrônicos para a exportação de produtos baratos.

GRANDES BLOCOS ECONÔMICOS EM 2007

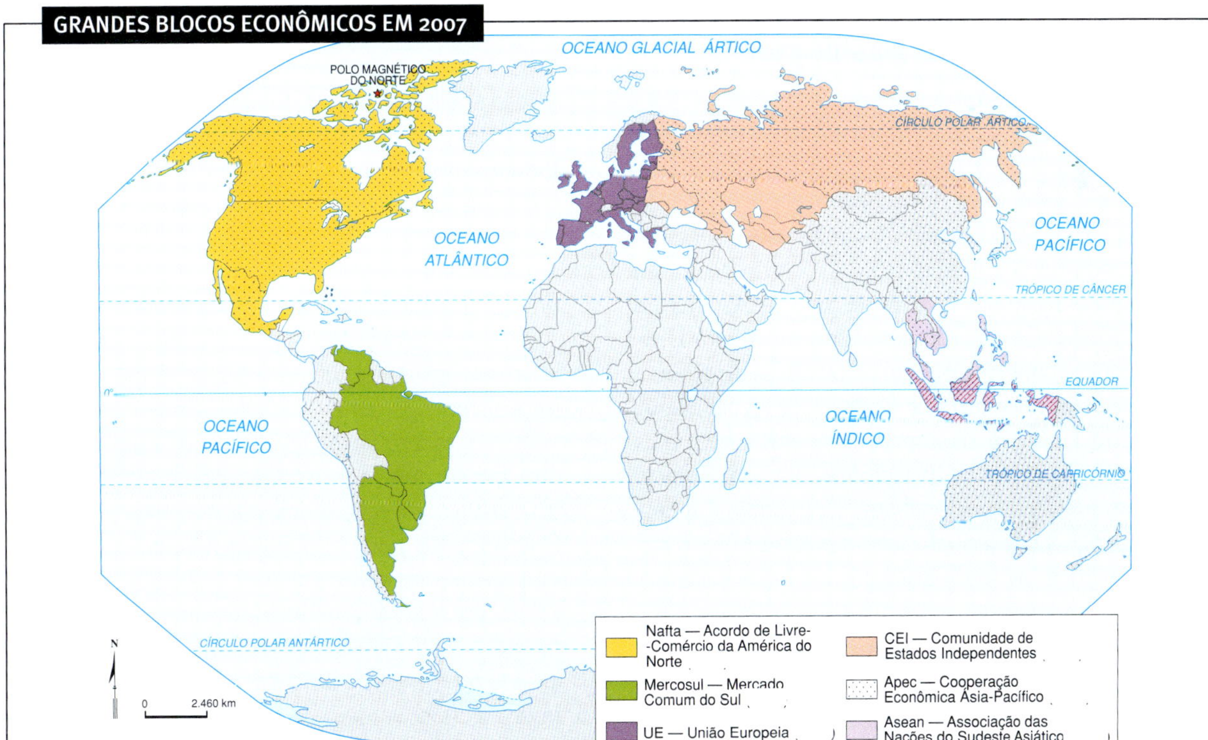

Fonte: FERREIRA, Graça Maria L. *Atlas geográfico:* espaço mundial. São Paulo: Moderna, 2003. (com atualizações)

Em torno da Alemanha formou-se o bloco econômico denominado **União Europeia**, uma resposta coletiva das nações da Europa ocidental à nova conjuntura mundial. A principal meta do tratado, assinado em 7 de fevereiro de 1992 em Maastricht (Áustria), é a integração do continente baseada em uma unificação econômica, monetária e política.

Mais que um bloco econômico, a União Europeia tem características supranacionais, pois os cidadãos dos países-membros podem circular livremente entre as fronteiras e pertencem a um mercado unificado, com uma política externa e de defesa comum. Um passo importante para a integração europeia foi a criação do euro. Em 1º de janeiro de 2002, as notas e moedas em euros entraram em circulação. Um mês após a introdução da nova moeda, mais de 95% das operações em dinheiro já eram feitas em euros. Em 2007, a União Européia reunia 27 países, treze dos quais adotavam o euro.

A integração política entre os países-membros tem como base a cidadania europeia e a codecisão do Parlamento europeu. Será cidadão da UE qualquer pessoa que tenha a nacionalidade de um Estado membro. O Parlamento europeu, por sua vez, deve, em conjunto com o Conselho de Ministros, fixar regulamentos, decisões e diretrizes. Trata-se, portanto, de um desafio para forjar uma identidade europeia capaz de consolidar aquisições comunitárias e nas ações autônomas em âmbito europeu e mundial.

▷ Sob a "ditadura de Washington"

A Guerra Fria terminou no início dos anos 1990, quando o planeta assistiu à implantação de uma nova organização político-econômica. A nova ordem se configurou com a assinatura dos acordos do Gatt (Acordo Geral de Tarifas e Comércio) — mais tarde Organização Mundial do Comércio (OMC) —, do Nafta, da Ansean (Associação das Nações do Sudeste Asiático) e da Apec. Todos esses acordos associam os Estados Unidos às regiões economicamente estratégicas do globo.

Estrategistas afirmam que as decisões tomadas por Washington resultam dos apelos das elites nacionais (políticas, industriais e intelectuais) à Casa Branca, conscientes do "internacionalismo" e prontas a se engajar no processo de globalização das economias e nas decisões políticas de seus países.

▷ A globalização e a banalização da cultura

No mundo contemporâneo, a produção cultural e a formação de conceitos estéticos têm sido constantemente associadas à organização do sistema de produção e consumo. Trata-se da "filosofia do dinheiro", tendência que estabeleceu uma correspondência entre arranjos de *marketing* sofisticados e os mais variados tipos de consumidores. Isso quer dizer que criatividade e talento não são elementos suficientes para se

Cultura e globalização

"Segundo a globalização, é proibido nos vermos em nossa própria arte. Para nos sentirmos bem, na 'moda' e deixar de sermos quadrados, temos que assistir a filmes que roubam nossa subjetividade e massacram nossas culturas nacionais e locais. Quando assistimos a um filme norte-americano, não é apenas o enredo que temos de digerir, são também as roupas 'fantásticas' de brim, os chapéus texanos usados por artistas famosos e que nos dão a sensação de participar do 'espetáculo' quando as/os usamos. Nos empolgamos com os carros que explodem em modernas pontes de aço e são jogados no mar lotados de jet skis, as sirenes policiais, as estratégias da CIA, a violência e os últimos modelos de metralhadoras que serão usados no Brasil, não pelos nossos policiais, mas sim pelos nossos traficantes com as inovações bélicas. Enquanto nos 'afogamos' em admiração aos poderosos e suas invenções tecnológicas, somos psicologicamente prejudicados e manipulados por líderes carismáticos da globalização e de instituições poderosas. [...] O aumento incalculável de pessoas que admiram e se empolgam com as atuações do mercado globalizante, com sujeitos que nele imperam, faz entender a origem do problema numa infância reprimida, onde admirar os que têm força e detestar os que não têm revela o desprezo pelas nossas riquezas que foram sendo construídas no Brasil e um apego afetivo com as coisas externas.

A globalização deseja o monólogo e exige o lucro em todas as suas atividades. Impõe a uniformização dos seres humanos onde todos devem ser iguais, vestir igual, comer hambúrguer etc., impõe também normas de comportamentos, valores morais, ideologias e gosto estético. É importante para a globalização do lucro destruir as culturas nacionais, bem como as culturas locais, ou seja, dizimá-las a qualquer custo, nem que para isso milhares de pessoas agonizem em 'pratos de fome'. Ao destruir nossas culturas, destroem as nossas identidades."

ROSAS, Elcio. Disponível em <www.mundojovem.pucrs.br>. Acesso em jul. 2007.

produzir um artefato cultural. Torna-se necessário também que se faça propaganda, direta ou indireta, para que a produção final alcance sucesso.

Seguindo os movimentos da moda, a massa de consumidores procura, em todas as categorias, produtos que se identificam com a sua camada social, formando a partir daí representações e símbolos próprios. Assim, a grife de uma roupa, por exemplo, é também o símbolo de um grupo socioeconômico, que se transforma em consumidor daquela mercadoria.

Ao mesmo tempo, podemos perceber a informática como um agente transformador da informação, da comunicação e, por que não dizer, da própria educação. Entretanto, essa revolução tecnológica pode ser percebida de duas maneiras diferentes. De um lado, ela se apresenta como um fator de desequilíbrio, uma vez que pode contribuir para reforçar os grupos privilegiados que têm acesso a esse tipo de tecnologia. Por outro lado, pode se constituir em uma poderosa alavanca capaz de auxiliar no resgate da cidadania, se for utilizada para criar uma base ampla de conhecimento, um dos elementos fundamentais para uma revolução científica e cultural.

CAROLINE PENN / CORBIS-LATINSTOCK

Fiéis muçulmanos jogam dominó em lanchonete no Egito, em 2000, diante de propaganda da Coca-Cola em árabe. A expansão das empresas transnacionais é uma das características da globalização.

▷ O clube dos ricos

Em 1975, Valéry Giscard d'Estaing (presidente francês de 1974 a 1981) reuniu os chefes de Estado e de governo da Alemanha, dos Estados Unidos, do Japão, do Reino Unido e da Itália para um encontro informal no castelo de Rambouillet, próximo a Paris. Depois do sucesso desse primeiro encontro, as reuniões passaram a ser anuais e, em 1976, na cúpula de Porto Rico, o Canadá foi admitido como sétimo membro do grupo. Nascia assim o G-7, o grupo dos sete países mais ricos do mundo. Posteriormente, em 1997, o grupo teve a adesão da Rússia. Embora não esteja entre os países de maior desenvolvimento econômico, a entrada da Federação Russa se justifica por sua importância estratégica e poderio militar. A primeira cúpula do G-8 ocorreu em 1998.

O fórum girava essencialmente em torno do ajuste de políticas econômicas de curto prazo entre os países participantes. Mais tarde adotou uma perspectiva mais geral e estrutural, acrescentando à pauta de discussões um grande número de questões políticas e sociais, em especial na área do desenvolvimento sustentável e da saúde. O caráter informal do grupo permitiu-lhe evoluir sem deixar de lado a eficiência e a adequação às necessidades que iam surgindo.

O G-8 realiza encontros com o objetivo de decidir as linhas políticas de intervenção global. Não obstante, para muitos observadores e especialistas de política internacional, as linhas políticas de intervenção global determinadas pelo G-8 não passam de decisões pré-estabelecidas pelo Banco Mundial (BM), pelo Fundo Monetário Internacional (FMI) e, desde 1995, pela Organização Mundial do Comércio (OMC).

▷ A outra face da globalização

Outros temas presentes na agenda do G-8 — e também do FMI e do Banco Mundial — são as crises que, de tempos em tempos, golpeiam as economias dos países em desenvolvimento. Algumas estão associadas a ataques especulativos dirigidos contra a moeda e os títulos desses países, que proporcionam lucros fabulosos aos manipuladores do mercado. Uma parte desses ataques atingiu o México (1994-1995), os chamados Tigres Asiáticos (1997), a Rússia e o Brasil (1998).

Os fatores que acarretaram essas crises permanecem em discussão. O respeitado economista Jeffrey

Sachs, diretor do Centro de Desenvolvimento Internacional da Universidade Harvard (Estados Unidos), salienta aspectos como o pânico dos credores e a consequente retirada de investimentos e depósitos, que podem ocorrer com extraordinária rapidez em uma economia globalizada.

Todas essas crises evidenciam a outra face da globalização: os ataques de especuladores internacionais contra economias fragilizadas, o medo dos investidores e as reviravoltas no fluxo de capitais, que abandonam um país em desenvolvimento ao primeiro sinal de instabilidade.

A marcha contra a globalização

As reuniões do G-8, Banco Mundial, FMI e OMC têm sido acompanhadas por protestos cada vez mais amplos e organizados contra a atuação dessas instituições. Os movimentos antiglobalização têm composição heterogênea: arregimentam ambientalistas, indígenas, sindicalistas, militantes de grupos de esquerda, agricultores, estudantes, religiosos e outros segmentos sociais.

De acordo com o jornalista Fernando Evangelista, os diferentes movimentos antiglobalização mundiais são unidos por três pilares:

"1 – Objetivos: o movimento, além de divergências e antagonismos, tem muitas bandeiras em comum. Por exemplo, a exigência do cancelamento das dívidas dos países pobres, a proteção do meio ambiente, com a aplicação e ampliação do Protocolo de Kyoto, que prevê a redução na emissão de poluentes, a modificação das regras do comércio internacional, com a limitação do 'poder do capital global' e a denúncia contra o superpoder das multinacionais.

2 – Inimigos em comum: instituições como o Fundo Monetário Internacional (FMI), Banco Mundial, Organização para Cooperação e Desenvolvimento Econômico (OCDE) e Organização Mundial do Comércio (OMC) são os principais alvos do movimento.

3 – A internet: o movimento tem um meio de comunicação 'global' que oferece instrumentos de luta, debate e formação nunca antes imaginados. A rede é a grande alma do movimento."

EVANGELISTA, Fernando. *Caros Amigos*, ago. 2001, ed. 53.

Nos anos 1990, a marcha antiglobalização foi organizada na Grã-Bretanha durante a reunião do G-8; em 1999, na Alemanha, Holanda, Mônaco, Itália e em Seattle (Estados Unidos), durante a terceira conferência ministerial da OMC; em 2000, na Suíça, Tailândia, Estados Unidos, Argentina, Japão, Austrália, República Tcheca, Coreia e França; em 2001, em Davos (Suíça) e no **Fórum Social Mundial** de Porto Alegre. Os encontros na capital gaúcha (2001, 2002, 2003 e 2005) tiveram grande importância, não porque ofereceram uma alternativa ao Fórum de Davos ou às reuniões do G-8, mas pelas discussões feitas na busca de saídas para as principais questões geradas ou acentuadas pela globalização.

Um outro mundo é possível

"Cerca de 60 mil participantes provenientes de uma centena de países estão em Porto Alegre, interessados nas grandes conferências matutinas e em mais de 800 seminários e oficinas, em torno de múltiplos temas, que darão conteúdo ao 2º Fórum Social Mundial. A prioridade não é contrapor-se ao Fórum Econômico Mundial, transferido de Davos para Nova York, nem denunciar os desacertos gritantes do atual modelo de globalização, mas abrir pistas de esperança, a partir de experiências concretas, rumo a um novo modelo de sociedade sustentável, solidária [...].

A grande vantagem do amplo ecumenismo deste fórum de debates é que sobre ele não recai nenhuma camisa-de-força ideológica ou comando partidário. Ele difere de Seattle ou Gênova por não pretender ser uma manifestação de protesto. É um rico laboratório [...]."

BETTO, Frei. *Um outro mundo é possível.* Disponível em <http://alainet.org.>. Acesso em jun. 2005.

GEORGES GOBET/AFP

Manifestantes antiglobalização participam de um debate no fórum batizado de "encontro dos pobres", na cidade de Sikasso, Mali, em junho de 2007. O encontro também se opôs à reunião do G-8, que ocorreu, no mesmo período, na Alemanha.

TEXTO COMPLEMENTAR

O mundo solidário

O Fórum Social Mundial é uma instância alternativa ao Fórum Econômico Mundial e reúne vários setores que combatem a globalização.

"O Fórum Social Mundial de 2006 é policêntrico; realiza-se em três continentes. Acabam de acontecer os eventos africano (Bamako, Mali) e americano (Caracas, Venezuela) e, no próximo mês de março, ocorre o asiático (Karachi, Paquistão). O FSM de Bamako, em que participaram cerca de 20.000 pessoas, revelou mais uma vez a capacidade de África para, apesar de todas as dificuldades, sediar realizações internacionais que permitem dar visibilidade às perspectivas africanas, não só sobre os problemas da África, como também sobre os problemas do mundo. Mereceram especial atenção os temas da segurança e da paz, dívida externa, modelos de desenvolvimento, acesso à terra e à água, luta das mulheres contra as muitas formas de discriminação (violência doméstica, destruição dos mercados locais, HIV/aids). O Fórum de Bamako tornou claro que os problemas que afligem a África não são apenas o produto das relações injustas entre o Norte e o Sul; devem-se também a governos nacionais corruptos e autoritários. [...]

No FSM de Caracas participaram cerca de 100.000 pessoas, sendo particularmente significativas as delegações da Colômbia, do Brasil e dos EUA. A grande participação de organizações não-governamentais e movimentos sociais norte-americanos foi uma das novidades mais vincadas deste fórum. A presença destacada da ativista contra a guerra no Iraque Cinthia Sheehan – que montou a sua tenda de protesto em frente ao rancho de G. W. Bush no Texas – simbolizou a integração das forças progressistas norte-americanas – até agora relativamente isoladas – na luta continental e mundial por uma sociedade mais justa e pacífica. [...]

Nunca como hoje os EUA tiveram tantas dificuldades de relacionamento com tantos países importantes do continente. O projeto de livre-comércio continental (Alca), promovido pelos EUA, ficou enterrado (talvez definitivamente) em Mar da Prata, onde teve lugar a última cimeira interamericana (novembro de 2005). [...] Não restam dúvidas de que a América Latina é hoje o elo fraco do imperialismo norte-americano.

Em segundo lugar, o contexto regional levou a múltiplos debates sobre a 'onda' de governos democráticos de esquerda que perpassa o continente, de que as manifestações mais recentes são a eleição de Evo Morales na Bolívia e a de Michelle Bachelet no Chile [...]. Esta 'onda' suscita um conjunto novo de questões sobre as estratégias dos movimentos sociais e, em especial, sobre as articulações destes com os governos e os partidos progressistas. Bamako e Caracas foram nas últimas semanas os rostos da sociedade civil global em luta pela paz e a justiça social."

SANTOS, Boaventura de Sousa. O mundo solidário, 2006. Fórum Social Mundial. Disponível em <http://forumsocialmundial.org.br> Acesso em set. 2006.

Compreendendo o texto

1. Por que o Fórum Social Mundial, edição 2006, foi policêntrico?
2. Comente uma importante conclusão das discussões realizadas no Fórum de Bamako, na África, a respeito dos principais problemas que afligem o continente.
3. O que a presença de uma ativista norte-americana no Fórum de Caracas expressa sobre as relações entre o presidente George W. Bush e a população dos Estados Unidos?
4. Dê sua opinião sobre a última frase do texto: "Bamako e Caracas foram nas últimas semanas os rostos da sociedade civil global em luta pela paz e a justiça social."

ATIVIDADES

EXPLORANDO O CONHECIMENTO

1 Leia os textos a seguir.

Produção globalizada

"Um carro esporte Mazda é desenhado na Califórnia, financiado por Tóquio; o protótipo é criado em Worthing (Inglaterra) e a montagem é feita nos Estados Unidos e no México, usando componentes eletrônicos inventados em Nova Jersey e fabricados no Japão. [...] Já a indústria de confecção norte-americana, quando inscreve em seus produtos *made in USA*, esquece de mencionar que eles foram produzidos no México, no Caribe ou nas Filipinas."

ORTIZ, Renato. Mundialização e cultura. In: CARMO, Paulo Sérgio do. *O trabalho na economia global*. São Paulo: Moderna, 2004.

Nova revolução técnico-científica

"Os fundamentos desse novo ciclo repousam sobre a automatização e a robotização, que reduzem as necessidades de mão-de-obra e ampliam a produtividade. [...] A contínua incorporação de tecnologias de ponta no processo produtivo implica investimentos de alto custo em produtos que rapidamente se tornam obsoletos, o que exige uma ampliação da escala de mercados. Novas e gigantescas corporações econômicas passam a liderar uma ampla integração do mercado mundial, diluindo os limites representados pelas barreiras nacionais."

MAGNOLI, Demétrio e ARAUJO, Regina. *O projeto da Alca*: hemisfério americano e Mercosul na ótica do Brasil. São Paulo: Moderna, 2003.

a) Com base nessas leituras e no estudo do capítulo, aponte as principais características do processo de globalização.

b) Explique os motivos estruturais da formação de megablocos, considerando os aspectos de produção e consumo.

c) Qual a relação do processo acima exposto com o crescimento do desemprego?

d) É possível identificar, a partir da leitura dos textos e dos seus conhecimentos sobre o assunto, características positivas do processo de globalização? Justifique sua resposta.

2 Defina:

a) Nafta.
b) Apec.
c) União Europeia.
d) G-8.
e) OMC.
f) Mercosul

3 Os princípios do liberalismo clássico desde Adam Smith podem ser resumidos em: respeito ao direito à propriedade privada e ao lucro, economia de mercado, não-intervenção e não-regulamentação do Estado na economia e controle de preços através da livre concorrência.

a) Quais dessas características são retomadas pelo neoliberalismo?

b) Compare a nova tendência da economia política à antiga.

4 Considere as informações a seguir e responda.

Globalizando o imposto

"James Tobin, prêmio Nobel de economia, propôs a aplicação de um imposto de 0,1% sobre o valor das aplicações financeiras especulativas. No mundo, de cada um bilhão e meio de dólares que são intercambiados todos os dias, somente 5% destes estão ligados ao comércio de bens e serviços, enquanto os 95% restantes estão destinados à especulação financeira. Em junho de 2004, o parlamento da Bélgica aprovou a entrada em vigor da Taxa Tobin, desde que os outros países da zona do euro façam o mesmo. A França já havia tomado uma decisão parecida."

Disponível em <www. adital.com.br> Acesso em ago. 2007.

a) Quais as características financeiras do mundo globalizado?

b) A organização dos países em blocos econômicos facilita ou dificulta a adoção de uma legislação reguladora do mercado financeiro?

c) Com base em sua compreensão do neoliberalismo, justifique as dificuldades que a Taxa Tobin enfrenta para entrar em vigor.

A HISTÓRIA E O TEMPO PRESENTE

5 Observe a foto a seguir e faça o que se pede.

JEFFERSON BERNARDES/AFP

Participantes do Fórum Social Mundial, em Porto Alegre, Rio Grande do Sul. Foto de 2005.

a) Pesquise na internet, em jornais ou revistas a *Carta de Princípios do Fórum Social Mundial*. Após a leitura do documento, destaque os principais objetivos do Fórum.

b) Em grupo, façam uma pesquisa sobre os encontros do Fórum Social Mundial que foram realizados desde a sua criação, identificando local e data de cada um deles. Façam uma síntese das principais resoluções de cada encontro.

c) Estabeleça as diferenças entre o Fórum Social Mundial e o Fórum Econômico Mundial.

6 Leia o texto abaixo.

Uma proposta para combater o desemprego

"Se o ser humano pode criar robôs teleguiados por computadores trabalhando para ele, por que parar tal processo? Por que não colocá-los a serviço de todos? Por que não redistribuir o trabalho para todos, com menor carga horária, como já havia proposto Keynes em 1930? Talvez não seja necessário mais do que isso, embora soluções como essas impliquem grandes transformações na sociedade dos que detêm o poder econômico. [...] Os benefícios, porém, surgirão na medida em que repartirmos os ganhos da produção. *Sem emprego, quem consumirá? Sem consumo, quem empregará?* É por esse motivo que a formulação de uma renda mínima, independentemente de qualquer trabalho, encontra defensores em quase todos os segmentos sociais."

CARMO, P. Sérgio do. *O trabalho na economia global*. São Paulo: Moderna, 2004.

a) Discuta o paradoxo da economia globalizada (em destaque no texto) e as soluções apresentadas pelo autor.

b) Entreviste algumas pessoas que estejam desempregadas, ou que trabalhem de maneira informal, identificando especialmente se já tiveram registro na carteira de trabalho, e caracterize sua situação atual.

c) Sob a orientação do professor, debata com seus colegas o problema do desemprego.

Vestibular / ENEM

1 (Fuvest-SP) Nunca, na história contemporânea mundial, como nesta virada de século e de milênio, a propriedade privada dos meios de produção em geral e da terra em particular foi tão forte e os ideais coletivos tão enfraquecidos. Essa situação pode ser atribuída:

a) à vigência cada vez mais ampla dos Direitos Humanos e do multiculturalismo étnico.

b) às exigências da divisão internacional do trabalho e ao avanço da democracia social.

c) à imposição da política econômica keynesiana e à adoção da terceira via ou política do possível.

d) à vitória do capitalismo na Guerra Fria sobre o chamado socialismo real e à crise das utopias.

e) à força cada vez maior das regiões e das Igrejas, favoráveis, por princípio, ao individualismo.

2 (UFF-RJ) O neoliberalismo dos tempos atuais é tanto uma política econômica voltada para a consolidação do "Estado mínimo", quanto um programa ideológico que prega a adesão de todos a seus princípios.

Estes dois aspectos do neoliberalismo convergem para:

a) a mundialização do padrão fordista de produção industrial.

b) a reemergência do Estado do Bem-Estar Social, em escala planetária.

c) o surgimento do fenômeno da globalização.

d) as metamorfoses do trabalho, mediante sua precarização, flexibilização e descentralização.

e) a hegemonia britânica inaugurada pelo governo Thatcher.

3 (UFSM-RS) As políticas neoliberais da maioria dos Estados da América Latina, na atualidade, orientam-se pelo chamado "Consenso de Washington" (1989), articulado pelo Banco Mundial, Fundo Monetário Internacional (FMI), Banco Interamericano de Desenvolvimento e pelo governo dos Estados Unidos da América (EUA).

Entre os principais pontos desse "Consenso", não se incluem as políticas de:

a) cortes nos gastos públicos, abertura dos mercados e redução dos direitos trabalhistas.

b) desregulamentação da economia, eliminação das barreiras restritivas e liberação das importações.

c) controle do *déficit* fiscal, reforma tributária e liberdade para a entrada de investimentos externos.

d) diminuição das desigualdades sociais, proteção dos direitos dos trabalhadores e garantia dos direitos sociais.

e) privatização de empresas estatais, administração das taxas de juro e câmbio e garantia dos direitos de propriedade.

4 (Enem-MEC) Você está fazendo uma pesquisa sobre a globalização e lê a seguinte passagem, em um livro:

A sociedade global

As pessoas se alimentam, se vestem, moram, se comunicam, se divertem, por meio de bens e serviços mundiais, utilizando mercadorias produzidas pelo capitalismo mundial, globalizado.

Suponhamos que você vá com seus amigos comer Big Mac e tomar Coca-Cola no McDonald's. Em seguida, assiste a um filme de Steven Spielberg e volta para casa num ônibus de marca Mercedes.

Ao chegar em casa, liga seu aparelho de TV Philips para ver o videoclip de Michael Jackson e, em seguida, deve ouvir um CD do grupo Simply Red, gravado pela BMG Ariola Discos em seu equipamento Aiwa.

Veja quantas empresas transnacionais estiveram presentes nesse seu curto programa de algumas horas.

PRAXEDES, Walter e PILETTI, Nelson. *O Mercosul e a sociedade global.* São Paulo: Ática, 1999. Adaptado.

Com base no texto e em seus conhecimentos de Geografia e História, identifique a resposta **correta**.

a) O capitalismo globalizado está eliminando as particularidades culturais dos povos da terra.

b) A cultura, transmitida por empresas transnacionais, tornou-se um fenômeno criador das novas nações.

c) A globalização do capitalismo neutralizou o surgimento de movimentos nacionalistas de forte cunho cultural e divisionista.

d) O capitalismo globalizado atinge apenas a Europa e a América do Norte.

e) Empresas transnacionais pertencem a países de uma mesma cultura.

5 (UFC-CE) "Ocorre que o capitalismo, visto em perspectiva histórica de longa duração, logo se revela como modo de produção e processo civilizatório [...]. Neste sentido, desenvolveram-se o mercantilismo, o colonialismo, o imperialismo e o globalismo [...]. Cabe reconhecer, pois, que a globalização, a globalidade ou o globalismo compreende um novo surto de expansão das forças produtivas e relações de produção capitalistas."

IANNI, Otávio. *A globalização e o retorno da questão nacional.* Primeira Versão, n. 90, IFCH, Unicamp, Campinas, jun. 2000.

A fase de expansão do capitalismo chamada globalização caracteriza-se por:

a) concretizar o ideal internacionalista, que nasceu no século XIX, no seio do movimento operário, no contexto de expansão do capitalismo.

b) cristalizar o ideal do Fórum Mundial Antidavos junto com os postulados do movimento pacifista, surgido na década de 1970, após a guerra do Vietnã.

c) implementar políticas de estatização de empresas privadas, empréstimos internacionais com juros baixos para os países emergentes.

d) internacionalizar a economia, junto ao surgimento de organismos específicos, como a Organização Planetária do Comércio, tendo como marco geral a teoria neomercantilista.

e) usar um discurso em favor do mercado e contra o planejamento econômico governamental, junto ao surgimento de organizações multinacionais e estruturas mundiais de poder.

6 (UFC-CE) Em 1993, Brasil, Argentina, Paraguai e Uruguai estruturaram o Mercosul, enquanto Estados Unidos, Canadá e México estabeleciam o Nafta, seguindo a tendência mundial de formação de blocos econômicos. Atualmente se está discutindo a formação da Área de Livre Comércio das Américas.

Sobre a proposta dessa criação, é **correto** afirmar que:

a) é contrária ao neoliberalismo, pois propõe a defesa das economias nacionais e a proteção aos pequenos agricultores.

b) significa um grande avanço, pois defende um comércio mais intenso entre os países de todo o continente americano, incluindo Cuba, o que será um fator de ativação para a economia brasileira.

c) garante o livre trânsito de mercadorias, capitais e pessoas em todo o continente.

d) afeta, além do comércio, o meio ambiente, a educação, os direitos trabalhistas, os modelos agrícolas e a tecnologia.

e) tem sido discutida abertamente desde 1997, e todos os países, inclusive o Brasil, têm seus negociadores que garantem, nas reuniões, o respeito aos interesses e necessidades do país.

7 (Vunesp) O neoliberalismo predomina nas economias internas das nações e nas relações econômicas internacionais desde o final do século XX. No Brasil, o neoliberalismo manifesta-se:

a) no crescimento da concentração de riqueza.

b) na intensificação do desenvolvimento industrial.

c) no fortalecimento das organizações sindicais.

d) na diminuição da distância entre ricos e pobres.

e) na socialização da produção agrícola.

8 (Unirio-RJ) Sergio Cofferati, líder da Confederazione Generali Italiana, a maior confederação sindical da Itália, fez, em recente entrevista à revista *Carta Capital*, as seguintes declarações sobre o processo de globalização:

"Quando não acompanhada por regras claras, [a globalização] produz desequilíbrios e inquietude. Os jovens é que percebem os riscos. Desequilíbrio porque as condições de competição entre países pobres e ricos jamais serão alteradas. É provável que as diferenças se acentuem porque os países ricos descarregam sobre os mais pobres suas próprias contradições. [...] Para que se tenha mercado global é necessária a existência de órgãos supranacionais dotados de capacidade de ação. Para criá-los é preciso ceder cotas de soberania dos Estados. Desse modo, se faz necessário repensar os modelos de democracia.

É um processo complexo em que os Estados devem deixar claro aonde querem chegar. Caso contrário, prevalecem as preocupações."

Revista *Carta Capital*, 2002.

De acordo com o texto, pode-se afirmar que, para Cofferati, a globalização é um fenômeno que deve ser visto com cautela, já que provoca a:

a) inevitável diminuição das desigualdades entre os países ricos e pobres.

b) necessidade de elaboração de regras claras e de questionamento dos modelos de democracia atualmente adotados pelos Estados nacionais.

c) substituição de governos nacionais por uma administração supranacional.

d) maior intervenção dos Estados Nacionais sobre seus mercados.

e) impossibilidade de ação regulatória de órgãos supranacionais sobre os mercados globais.

9 (UFPI) Leia, com atenção, a seguinte afirmação.

"O neoliberalismo reinterpreta o processo histórico de cada país: os vilões do atraso econômico passam a ser os sindicatos e, junto com eles, as conquistas sociais [...]"

Emir Sader

Tal afirmação se configura diretamente como uma:

a) crítica à inexpressiva conscientização política dos sindicatos.

b) defesa dos ideais da direita, na elaboração e preservação de políticas públicas.

c) reação à política neoliberal, que menospreza as reivindicações dos sindicatos.

d) ampliação do conceito de cidadania social a toda a população brasileira.

e) resultante do acordo estabelecido entre os países ricos e os menos favorecidos.

10 (Enem-MEC) Um dos fenômenos mais discutidos e polêmicos da atualidade é a globalização, a qual impacta de forma negativa:

a) na mão-de-obra desqualificada, desacelerando o fluxo migratório.

b) nos países subdesenvolvidos, aumentando o crescimento populacional.

c) no desenvolvimento econômico dos países industrializados desenvolvidos.

d) nos países subdesenvolvidos, provocando o fenômeno da exclusão social.

e) na mão-de-obra qualificada, proporcionando o crescimento de ofertas de emprego e fazendo os salários caírem vertiginosamente.

Ampliando o conhecimento

Filmes

As invasões bárbaras

Direção de Denys Arcand. Canadá, 2003. 99 min.
À beira da morte, Rémy busca encontrar a paz e viver seus últimos dias ao lado de seu filho, que há muito não via, sua ex-mulher e velhos amigos. O filme é uma reflexão crítica sobre os tempos atuais, caracterizados pela desumanização das relações, pela crise das ideologias e pelo fim do Estado de bem-estar social.

Denise está chamando

Direção de Hal Salwen. Estados Unidos, 1995. 115 min.
O filme aborda as relações sociais nesses tempos de globalização, em que as pessoas se recolhem na esfera da vida privada e se comunicam apenas por *e-mail* e telefone. Os encontros reais são programados, mas nunca se concretizam.

Bibliografia

ABREU, Capistrano de. *Fases do Segundo Império*. Rio de Janeiro: Briguiet, 1969.

ALFODY, Géza. *História social de Roma*. Lisboa: Presença, 1989.

ALVES, Márcio Moreira. *68 mudou o mundo*. Rio de Janeiro: Nova Fronteira, 1993.

ANASTASIA, Carla Maria Junho. *Inconfidência Mineira*. São Paulo: Ática, 1995.

ANDERSON, Perry. *Passagens da Antiguidade ao feudalismo*. 3. ed. São Paulo: Brasiliense, 1991.

ANTONIL, André João. *Cultura e opulência do Brasil*. Belo Horizonte: Itatiaia; São Paulo: Edusp, 1982.

ARENDT, Hannah. *Origens do totalitarismo*. São Paulo: Companhia das Letras, 1989.

ARIÈS, Philippe e CHARTIER, Roger (org.). *História da vida privada*: do Império Romano ao ano mil. São Paulo: Companhia das Letras, 1989. v. 1.

______. *História da vida privada*: da Europa feudal à Renascença. São Paulo: Companhia das Letras, 1991. v. 2.

______. *História da vida privada*: da Renascença ao século das luzes. São Paulo: Companhia das Letras, 1989. v. 3.

ARNAUT, Luiz. *A segunda grande guerra*: do nazifascismo à Guerra Fria. São Paulo: Atual, 1994.

BAKOS, Margaret M. *Fatos e mitos do antigo Egito*. Porto Alegre: EDIPUCRS, 2001.

BARSOTTI, Paulo e PERICÁS, Luiz Bernardo (org.). *América Latina*: história, ideias e revolução. São Paulo: Xamã, 1998.

BEAUD, Michel. *História do capitalismo*: de 1500 aos nossos dias. São Paulo: Brasiliense, 1991.

BERMAN, Marshall. *Tudo que é sólido desmancha no ar*: a aventura da modernidade. São Paulo: Companhia das Letras, 1986.

BERNARDES, Denis. *Um Império entre Repúblicas*. São Paulo: Global, 1983.

BETHELL, Leslie (org.). *História da América Latina*. São Paulo: Edusp, 1998.

BLOCH, Marc. *A sociedade feudal*. Lisboa: Edições 70, 1979.

BOSI, Ecléa. *Memória e sociedade*: lembrança de velhos. São Paulo: Companhia das Letras, 1998.

BOUZON, Emanuel. *O código de Hamurabi*. Petrópolis: Vozes, 1987.

BRANDÃO, Carlos Rodrigues e outros. *Colcha de retalhos*: estudos sobre a família no Brasil. Campinas: Editora Unicamp, 1994.

CAILLIÉ, R. Diário de uma viagem a Tombuctu e Jena. In: *O Correio da Unesco*. Rio de Janeiro: FGV, jun. 1987.

CARONE, Edgar. *Movimento operário no Brasil*: 1877-1944. São Paulo: Difel, 1984.

CARVALHO, José Murilo de. *A formação das almas*: o imaginário da República no Brasil. 4. ed. São Paulo: Companhia das Letras, 1990.

CHESNAIS, François. *A mundialização do capital*. São Paulo: Xamã, 1996.